D1618235

LÄNDLICHE GESELLSCHAFT UND LANDWIRTSCHAFT
IN WESTFALEN 1919 - 1969

WESTFÄLISCHES INSTITUT FÜR REGIONALGESCHICHTE
LANDSCHAFTSVERBAND WESTFALEN-LIPPE
MÜNSTER

FORSCHUNGEN ZUR REGIONALGESCHICHTE

Band 20

Herausgegeben von Karl Teppe

Peter Exner

Ländliche Gesellschaft
und Landwirtschaft in Westfalen
1919 - 1969

FERDINAND SCHÖNINGH PADERBORN 1997

Redaktion: Matthias Frese

Die Deutsche Bibliothek – CIP-Einheitsaufnahme
Exner, Peter:
Ländliche Gesellschaft und Landwirtschaft
in Westfalen 1919 - 1969 / Peter Exner. – Paderborn: Schöningh, 1997
(Forschungen zur Regionalgeschichte; Bd.20)
Zugl.: Münster (Westfalen), Univ., Diss., 1995
ISBN 3-506-79592-9
NE: GT

© 1997 Ferdinand Schöningh, Paderborn
(Verlag Ferdinand Schöningh GmbH, Jühenplatz 1, D-33098 Paderborn)

Alle Rechte vorbehalten. Dieses Werk sowie einzelne Teile desselben sind urheberrechtlich geschützt. Jede Verwertung in anderen als den gesetzlich zugelassenen Fällen ist ohne vorherige schriftliche Zustimmung des Verlages nicht zulässig.

Printed in Germany. Herstellung: Druckhaus Cramer, Münster
ISBN 3-506-79592-9

Meinen Eltern und Marion

Inhaltsverzeichnis

Verzeichnis der Grafiken im Text XI

Vorwort XIII

Einleitung 1
   A. Forschungsstand 1
   B. Leitende Fragestellungen 11

Teil I
Topographie der ländlichen Gesellschaft:
Die drei Dörfer Ottmarsbocholt, Heek und Rödinghausen 15

Erstes Kapitel: Typologie: Die Auswahl der Untersuchungsgemeinden 16
   A. Ottmarsbocholt 17
   B. Heek 17
   C. Rödinghausen 18
   D. Dorfmilieus 19

Zweites Kapitel: Determinanten dörflicher Existenz 20

Drittes Kapitel: Politik und soziale Schichtung 22

Viertes Kapitel: „Alles ist in Bewegung geraten: Menschen, Güter, Vor-
              stellungen und Werte": Die demographische Entwicklung 27
   A. Rivalen um Ressourcen: Dörfliche Sozialgruppen zwischen
      Konfrontation und Koexistenz 42
      1. Verwaltung und Verteilung des Mangels: Alt- und Neubürger im Span-
         nungsfeld der Zuteilungskonkurrenz 42
      2. Unterkünfte als „menschenunwürdige Räume": Die Wohnraumnot und
         andere Komplikationen 47
   B. Institutionelle Autonomiebestrebungen der Flüchtlinge:
      Die Vertriebenenvereinigungen 61

Fünftes Kapitel: Konfession 65
   A. Das Aufbrechen der konfessionellen Homogenität 65
   B. Zwei langwierige Streitfragen: Volksschule und Gottesdienstraum für
      die neuen Dorfbewohner 71

Sechstes Kapitel: Ökonomie 75
   A. Wirtschaftliche Charakteristika der Landgemeinden 75
   B. Die Gewerbestruktur: Das Dorfhandwerk und
      andere außeragrarische Arbeitsbereiche 78
   C. Der stetige Personalabbau: Der Bedeutungsrückgang des Agrarsektors ... 80
      1. Erwerbspersonen in der Landwirtschaft 80
      2. Berufszugehörige zur Landwirtschaft 84
   D. Wirtschaftsweise im Wandel:
      Von der arbeits- zur kapitalintensiven Produktion 87
      1. Ertragssteigerung durch Modernisierung: Landwirtschaftliche
         Bodennutzung im Übergang 88
      2. Die Entwicklung der Viehhaltung 90
      3. „Einmal darüber – alles vorüber": Die Vollmotorisierung und
         -mechanisierung der landwirtschaftlichen Erzeugung 93
      4. Der Einsatz künstlicher Betriebsmittel: Die Chemisierung der
         Agrarproduktion 108
      5. Der Zeitpunkt des landwirtschaftlichen Strukturwandels 109
      6. Landflucht, Rumpfbetrieb und Nebenerwerb:
         Die Folgen der industrialisierten Agrarproduktion 110
         6.1. Der landwirtschaftliche Arbeitsmarkt 110
              6.1.1. Familieneigene Arbeitskräfte 112
              6.1.2. Familienfremde Arbeitskräfte 112
         6.2. Die Landflucht und die Pendlerexistenz 116
         6.3. Das Wechselspiel von Landflucht und Maschinisierung 124
         6.4. „Wachse oder weiche": Die Veränderung im Größengefüge
              und beim Personal der Betriebe 124
   E. Externe Eingriffe: Zur Rolle der Flüchtlingsbauern 134
   F. „Wenn die Frauen Hosen tragen und die Wagen ohne Deichseln
      fahren, dann ändern sich die Zeiten":
      Westfälische Landwirtschaft im Wandel 139

Teil II

Traditionelle Orientierungs- und Verhaltensmuster zwischen Beharrung
und Wandel: Elitenrekrutierung und Wahlverhalten, generatives Verhalten, Fest- und Vereinsleben 141

Erstes Kapitel: Die Herrschaft der Verwandtschaft:
                 Die Rekrutierung dörflicher Eliten 141
   A. Die Leiter der Amtsverwaltung und die Amtsvertretungen 144
      1. Die Leiter der Amtsverwaltung 144
      2. Die Amtsvertretungen 172
   B. Die Gemeindebürgermeister und -vertretungen 215

1. Die Gemeindebürgermeister 215
2. Die Gemeindevertretungen 231
C. Die politische Integration der Neubürger 281
D. Präferenz politischer Parteien:
   Das Wahlverhalten zwischen Anstössen und Starrheit 286

Zweites Kapitel: Acker zu Acker: Das Heiratsverhalten als Spiegelbild
              traditioneller Einstellungs- und Verhaltensmuster 303
A. Die Heiratskreise 306
   1. Hochzeiten in vertrauter sozialer und lokaler Umgebung:
      Die Heiratskreise zwischen 1930 und 1938 308
      1.1. Oberschichtverbindungen 312
      1.2. Mittelschichtverbindungen 314
      1.3. Unterschichtverbindungen 316
   2. Kriegsbedingter Heiratsstau:
      Die Heiratskreise zwischen 1939 und 1945 316
      2.1. Oberschichtverbindungen 320
      2.2. Mittelschichtverbindungen 321
      2.3. Unterschichtverbindungen 322
   3. Trauungen mit Flüchtlingsbeteiligung:
      Die Heiratskreise zwischen 1946 und 1960 322
      3.1. Oberschichtverbindungen 327
      3.2. Mittelschichtverbindungen 331
      3.3. Unterschichtverbindungen 335
   4. Das Heiratsverhalten der Neubürger 338
      4.1. Reine Vertriebenenverbindungen 339
      4.2. Trauungen zwischen Einheimischen und Flüchtlingen 340
           4.2.1. Konfessionell homogene Verbindungen 343
           4.2.2. Konfessionell heterogene Verbindungen 343
B. Das Heiratsalter 348
   1. Das Heiratsalter zwischen 1930 und 1938 349
   2. Das Heiratsalter zwischen 1939 und 1945 352
   3. Das Heiratsalter zwischen 1946 und 1960 356
      3.1. Das Heiratsalter der Einheimischen 359
      3.2. Das Heiratsalter der neuen Dorfbewohner 361
   4. Das Heiratsalter im Längsschnitt: Säkularer Trend und Vertrie-
      benenbeitrag 364
C. Eheschließungen und Kinderzahl 371
   1. Eheschließungen und Kinderzahl zwischen 1930 und 1955 371
   2. Die eheliche Kinderzahl zwischen 1930 und 1955 373
      2.1. Die eheliche Kinderzahl in der Oberschicht 375
      2.2. Die eheliche Kinderzahl in der Mittelschicht 377

       2.3. Die eheliche Kinderzahl in der Unterschicht unter
besonderer Berücksichtigung der Flüchtlinge 378
   D. Generatives Verhalten in ländlicher Gesellschaft: Ein Überblick 382

Drittes Kapitel: Vereine und Feste: Dörfliche Geselligkeits- und Freizeitformen 387
   A. Das Hauptfest im Dorf und sein Trägerverein: Schützenverein und
-fest, Freiwillige Feuerwehr und Feuerwehrfest 391
   B. Andere Vereine und Feste 408
       1. Das Erntefest 408
       2. Kriegerverein und Kriegerfest 411
       3. „Leibesübungen auf dem Lande" und Sportvereine 416
   C. Exkurs: Nationalsozialistische Feiern, Fest- und Vereinspolitik 427
   D. „Streng geschlossene Gesellschaft": Reine Vertriebenenvereinigungen . . 430
   E. „Der holt sich die Welt ins Zimmer und behält seine Kinder und
Leute zu Hause": Kino, Filmvorführungen und Hörfunk 431

Schlußbetrachtung 443

Anhang 453
   Verzeichnis der Tabellen 453

Abkürzungsverzeichnis 493

Quellen- und Literatur 495
   A. Ungedruckte Quellen 495
   B. Gedruckte Quellen 499
   C. Literatur 504
       1. Wissenschaftliche Abhandlungen 504
       2. Zeit- und Festschriften 532

Register 534
   A. Ortsregister 534
   B. Personenregister 539

Verzeichnis der Graphiken im Text

Ottmarsbocholt. Einwohner/Soziale Gruppen 1925 - 69 28
Heek. Einwohner/Soziale Gruppen 1925 - 63 36
Rödinghausen. Einwohner/Soziale Gruppen 1925 - 61 40
Haushaltungen. Ottmarsbocholt/Heek/Rödinghausen 47
Ottmarsbocholt. Einwohner/Konfession 65
Heek. Einwohner/Konfession 67
Rödinghausen. Einwohner/Konfession 70
Ottmarsbocholt. Erwerbspersonen/Wirtschaftssektoren 82
Rödinghausen. Erwerbspersonen/Wirtschaftssektoren 83
Heek. Berufszugehörige/Wirtschaftssektoren 85
Rödinghausen. Berufszugehörige/Wirtschaftssektoren 86
Ottmarsbocholt. Landwirtschaftliche Betriebe 127
Heek. Landwirtschaftliche Betriebe 128
Rödinghausen. Landwirtschaftliche Betriebe (Amt) 130
Ottmarsbocholt. Amtsvertreter nach Berufsgruppen 187
Ottmarsbocholt. Amtsvertreter/Schichtzugehörigkeit 188
Ottmarsbocholt. Gemeinderäte/Schichtzugehörigkeit 243
Ottmarsbocholt. Gemeinderäte/Berufsgruppen 1919 - 74 244
Heek. Amtsvertreter nach Berufsgruppen 260
Heek. Gemeinderäte/Berufsgruppen 1919 - 69 262
Heek. Gemeinderäte/Schichtzugehörigkeit 264
Heek. Amtsvertreter/Schichtzugehörigkeit 265
Rödinghausen. Amtsvertreter/Schichtzugehörigkeit 276
Rödinghausen. Gemeinderäte/Schichtzugehörigkeit 277
Rödinghausen. Amtsvertreter nach Berufsgruppen 278
Rödinghausen. Gemeinderäte/Berufsgruppen 1933 - 69 279
Eheschließungen 1930 - 1960. Ottmarsbocholt/Heek/Rödinghausen 307
Ottmarsbocholt. Heiratskreise nach regionaler Herkunft 1930 - 38 308
Heek. Heiratskreise nach regionaler Herkunft 1930 - 38 310
Rödinghausen. Heiratskreise nach regionaler Herkunft 1930 - 38 311
Ottmarsbocholt. Heiratskreise nach regionaler Herkunft 1939 - 45 317
Heek. Heiratskreise nach regionaler Herkunft 1939 - 45 318
Rödinghausen. Heiratskreise nach regionaler Herkunft 1939 - 45 319
Ottmarsbocholt. Heiratskreise nach regionaler Herkunft 1946 - 60 323
Heek. Heiratskreise nach regionaler Herkunft 1946 - 60 325
Rödinghausen. Heiratskreise nach regionaler Herkunft 1946 - 60 326
Ottmarsbocholt. Heiratsalter 1930 - 38 349
Heek. Heiratsalter 1930 - 38 350
Rödinghausen. Heiratsalter 1930 - 38 351
Ottmarsbocholt. Heiratsalter 1939 - 45 352
Heek. Heiratsalter 1939 - 45 354

Rödinghausen. Heiratsalter 1939 - 45 355
Ottmarsbocholt. Heiratsalter 1946 - 60 356
Heek. Heiratsalter 1946 - 60 357
Rödinghausen. Heiratsalter 1946 - 60 358
Ottmarsbocholt. Heiratsalter der Einheimischen 1946 - 60 359
Heek. Heiratsalter der Einheimischen 1946 - 60 360
Rödinghausen. Heiratsalter der Einheimischen 1946 - 60 361
Ottmarsbocholt. Heiratsalter der Flüchtlinge 1946 - 60 362
Heek. Heiratsalter der Flüchtlinge 1946 - 60 363
Rödinghausen. Heiratsalter der Flüchtlinge 1946 - 60 364
Heiratsalter 1930 - 60. Ottmarsbocholt/Heek/Rödinghausen 365
Ottmarsbocholt. Heiratsalter nach Geschlecht 1930 - 60 366
Heek. Heiratsalter nach Geschlecht 1930 - 60 368
Rödinghausen. Heiratsalter nach Geschlecht 1930 - 60 370
Ottmarsbocholt. Heiraten und Geburtenzahl 1930 - 56 371
Heek. Heiraten und Geburtenzahl 1930 - 55 372
Rödinghausen. Heiraten und Geburtenzahl 1930 - 55 373
Eheliche Kinderzahl 1930 - 55. Ottmarsbocholt/Heek/Rödinghausen 374
Eheliche Kinderzahl in der Oberschicht. Ottmarsbocholt/Heek/Rödinghausen .. 376
Eheliche Kinderzahl in der Mittelschicht. Ottmarsbocholt/Heek/Rödinghausen . 377
Ottmarsbocholt. Eheliche Kinderzahl/Unterschicht-Flüchtlinge 378
Heek. Eheliche Kinderzahl/Unterschicht-Flüchtlinge 380
Rödinghausen. Eheliche Kinderzahl/Unterschicht-Flüchtlinge 381

Vorwort

Die vorliegende Studie ist die gekürzte und überarbeitete Fassung meiner Dissertation, die im Sommersemester 1995 von der Philosophischen Fakultät der Westfälischen Wilhelms-Universität Münster angenommen wurde.

Ein Projekt wie das vorliegende hinlänglich zufriedenstellend abzuschließen ist ohne fremde Hilfe nicht möglich. In verschiedenen Institutionen haben mich zahlreiche Menschen unterstützt, meine Studien voranzutreiben. Für sie alle möchte ich stellvertretend nennen Herrn Mertens (Leiter Statistik/Buchführung) und Frau Evers (Bibliothek) in der Landwirtschaftskammer Westfalen-Lippe, im Staatsarchiv Münster die Herren Warnke und Averbeck sowie die Dres. Knackstedt und Wolf, im Bistumsarchiv Münster Dr. Sowade, im Westfälischen Archivamt die Dres. Conrad, Frese und Bockhorst, in den Kreisarchiven Borken, Coesfeld und Herford Dieter Böhringer, Ursula König-Heuer und Wolfgang Silger. Eine besonders enge Zusammenarbeit hat sich mit den Leitern der von mir eingesehenen Gemeindearchive entwickelt. Die Begegnungen mit Christian Wermert (Senden), Heinz Schaten (Heek) und Dr. Rolf Botzet (Rödinghausen) behalte ich in guter Erinnerung.

Nicht vergessen möchte ich auch die Kommilitoninnen und Kommilitonen des Doktorandenkolloquiums an der Westfälischen Wilhelms-Universität, die meine unausgegorenen Entwürfe aufmerksam und kritisch gelesen oder angehört haben, stellvertretend hierfür Prof. Dr. Rudolf Schlögl (Konstanz), der in seinen letzten Münsteraner Tagen freundlicherweise das Korreferat für diese Arbeit übernommen hat. Fachkundigen Rat haben Dr. Susanne Rouette (Essen), Dr. Michael Schwartz (Berlin), Prof. Dr. Josef Mooser (Basel) und Prof. Dr. Ulrich Kluge (Dresden) beigesteuert. Hinweise auf entlegene Literatur verdanke ich Helene Albers und Gisbert Strotdrees (Münster). Einblicke in Nachbardisziplinen eröffneten mir Prof. Dr. Dieter Sauermann, Volkskundliche Kommission für Westfalen, und Dr. Karl Temlitz, Geographische Kommission für Westfalen, Münster.

Zu besonderer Verbundenheit fühle ich mich dem Westfälischen Institut für Regionalgeschichte, Münster, gegenüber verpflichtet. Seinem Leiter, Prof. Dr. Karl Teppe, dessen ermutigende Gespräche und Ratschläge manches Licht in das Forschungsdunkel geworfen haben, danke ich für die Aufnahme meiner Studie in das Forschungsprojekt „Gesellschaft in Westfalen. Kontinuität und Wandel 1930-1960" und das damit verbundene Stipendium des Landschaftsverbandes Westfalen-Lippe sowie die Aufnahme meiner Dissertation in die Reihe „Forschungen zur Regionalgeschichte". Dr. Michael Prinz, Dr. Matthias Frese, Dr. Franz-Werner Kersting sowie die promovierenden Kolleginnen und Kollegen des Forschungsprojektes haben in einem angenehmen und fruchtbaren Diskussionklima für manche ‚produktive Verunsicherung' gesorgt.

Last not least habe ich Prof. Dr. Hans-Ulrich Thamer aufrichtig zu danken. Die ‚lange Leine', die er bei seiner Betreuung zu mir aufrechterhalten hat, gab mir sowohl genügend Raum für ungehinderte kreative Entfaltung als auch die Gewähr, mich nicht im Dickicht der Details zu verlaufen.

Die Arbeit möchte ich meinen Eltern, die meinen Lebensweg stets mit Zutrauen begleitet haben, und Marion, meiner Frau, widmen. Ihren positiven Einfluß auf den Fortgang dieser Arbeit angemessen zu beschreiben, erscheint mir unmöglich.

Münster,   Peter Exner

Einleitung: Das Dorf und die ländliche Gesellschaft als Forschungsobjekt

> *„Die Suche nach dem Menschen erfolgt zwangsläufig immer noch über die Evolution von Strukturen."*
> (Jacques Le Goff)

A. Forschungsstand

Das Dorf der Gegenwart unterscheidet sich – in seinem Wesen als typische Siedlungsform in der ländlichen Gesellschaft – erheblich von seinen Vorgängern vergangener Jahrzehnte und Jahrhunderte.[1] Das ‚alte Dorf' existiert in seiner charakteristisch lokalistischen Verdichtung als Nahrungs- und Lebensraum (Landwirtschaft) sowie als Schicksals- und Lebensgemeinschaft seiner Bewohner (ländliche Gesellschaft) nicht mehr.[2] Landwirtschaft und ländliche Gesellschaft gerieten seit dem 19. Jahrhundert in den Bannkreis einer urbanen wissenschaftlichen wie „politisch-wirtschaftlichen Fremdsteuerung"[3] und erfuhren dabei externe Modernisierungsschübe. Seit der Mitte des 20. Jahrhunderts hat auf dem Land binnen Kürze „eine wenig beachtete, stille Revolution stattgefunden, die nachdrücklich alle idyllisierenden Vorstellungen von der Dauerhaftigkeit und Stabilität bäuerlicher Existenz widerlegt".[4] Sie hat namentlich die bäuerlichen Lebens- und Arbeitsmuster nachhaltig verändert. Diesen radikalen sozioökonomischen und -kulturellen Umbruch kann „man in Tiefe und Ausmaß am ehesten mit der spätmittelalterlichen Agrarkrise vergleichen".[5] Landflucht, Pendlerwesen und Strukturwandel beispielsweise sorgten dafür, daß der Agrarsektor als Arbeitsplatz für die Dorfbewohner zunehmend an Bedeutung verlor. Aber auch das Dorfhandwerk verschwand zusehends. Neben den Höfen starben auch die gewerblichen Betriebe, die mit diesen wirtschaftlich eng verbunden waren. Mit den Gewerbebetrieben gingen überlieferte Berufe und althergebrachte Arbeitsweisen unter, „bis kein Drechsler, Wagner oder Stellmacher, kein Hufschmied",

---

[1] Konstitutiv für den Sozialraum Dorf waren seine räumliche und soziale Überschaubarkeit in Form einer Face-to-Face-Gesellschaft und seine Prägung durch die Landwirtschaft; vgl. Schröter-von Brandt/Westerheide, Zukunft für die Dörfer, S. 1; Zimmermann, Dorf und Land in der Sozialgeschichte, S. 94; Wunder, Die bäuerliche Gemeinde in Deutschland, S. 7 - 11 u. 18 - 25.

[2] Für das Dorf, S. 56; Haller, Dorfentwicklung im Vorarlberg, S. 87f. Siehe auch Jeggle/Ilien, Die Dorfgemeinschaft als Not- und Terrorzusammenhang, S. 38 - 53.

[3] Tagungsbericht „Schadet die Wissenschaft dem Dorf?" S. 107; Henkel (Hg.), Schadet die Wissenschaft dem Dorf?

[4] Petzina, Industrieland im Wandel (1945 - 1980), S. 441 - 531, S. 492.

[5] Wiegelmann (Hg.), Gemeinde im Wandel, S. 11.

Holzschuhmacher oder Hausschlachter, kein Schneider oder Sattler mehr im Dorf werkte.[6]

Bis zu diesem Umbruch in den fünfziger und sechziger Jahren war das Dorf in seinem wirtschaftlichen und sozialen Gefüge eine Insel erstaunlicher Stabilität. Aufgrund dieser Entwicklung bildet das Dorf als Produktions- und Sozialverband, d.h. die ländliche Gemeinde mit ihren Bewohnern sowie ihren politischen, wirtschaftlichen, gesellschaftlichen und kulturellen Strukturen, den Ausgangs- und Fluchtpunkt dieser Untersuchung.[7]

Erstaunlicherweise hat die Wirtschafts- und Sozialgeschichte den Veränderungen in Landwirtschaft und ländlicher Gesellschaft der neuesten Zeit nur wenig Beachtung geschenkt, während der Industrialisierungsprozeß in den urbanen Zentren und im sekundären, industriell-gewerblichen Sektor breiter aufgearbeitet ist.[8] Historische Wandlungsprozesse auf dem Lande fielen hingegen weitgehend vom Schreibtisch der Historiker – trotz der unbestreitbaren Tatsache, daß der Agrarsektor und der ländliche Raum bis zum Beginn der Industrialisierung dem überwiegenden Bevölkerungsteil Lebensraum, Ernährungs- und Erwerbsgrundlage waren und erst infolge des Industrialisierungsprozesses von dem sekundären und tertiären Sektor in puncto volkswirtschaftlicher Bedeutung an den Rand gedrängt wurden. Seit dieser Zeit dominierte die nicht-agrarische Wirtschafts- und Lebensweise die übrigen Lebensbereiche und verdrängte die Landwirtschaft und den ländlichen Raum von der Position eines bislang bedeutsamen Arbeits- und Lebensbereichs.[9] Möglicherweise ist in diesem Verdrängungsprozeß ein Grund für das mangelnde Interesse der Wirtschafts- und Sozialhistoriker an diesem Thema zu sehen.

Somit mangelt es noch immer an einer Untersuchung der Landwirtschaft und ländlichen Gesellschaft im 20. Jahrhundert, die einen Bogen von der Weimarer Zeit bis in die Bundesrepublik schlagen kann.[10] Dabei wird vor allem die Forschungssituation als ungenügend erachtet. Der Kölner Wirtschafts- und Sozialhistoriker Friedrich-Wilhelm Henning bedauert den gegenwärtigen Zustand der deutschen Agrargeschichtsforschung und sieht diese auf einem Niveau wie vor dem Ersten Weltkrieg;[11] Christoph Dipper diagnostiziert das Defizit einer Agrargeschichte des 19. und 20. Jahrhunderts.[12] Hans-Jürgen Teuteberg beklagt für den Raum Westfalen

---

[6] Der Niedergang des Dorfhandwerks fand auch in anderen Gemeinden wie z. B. dem ostwestfälischen Lüchtringen bei Höxter statt. Vgl. Fromme, Lüchtringen, S. 177f. In der Untersuchungsgemeinde Heek gab es Mitte der fünfziger Jahre keinen einzigen Holzschuhmacher, Zimmermann und Stellmacher mehr, nur noch drei Näherinnen sowie Schlosser und Schmiede und zwei Müller. Vgl. Lensings Adreßbücher für den Kreis Ahaus 1954/55, S. 268 - 288.
[7] Ausführlich siehe den Teil I: Topographie der ländlichen Gesellschaft: Die drei Dörfer Ottmarsbocholt, Heek und Rödinghausen.
[8] Brelie-Lewien, Im Spannungsfeld zwischen Beharrung und Wandel, S. 347; Bauerkämper, Landwirtschaft und ländliche Gesellschaft in der Bundesrepublik in den 50er Jahren, S. 188.
[9] Vgl. Tagungsbericht „Schadet die Wissenschaft dem Dorf?" S. 107.
[10] Vgl. die Vorbemerkung von Schwartz, Zwischen „Reich" und „Nährstand", S. 303, für den Zeitraum vom ‚Dritten Reich' bis zu den Anfangs- und Konsolidierungsjahren der Bundesrepublik.
[11] Henning, Die agrargeschichtliche Forschung in der Bundesrepublik Deutschland von 1949 bis 1986, S. 72 - 80.
[12] Dipper, Bauern als Gegenstand der Sozialgeschichte, S. 9 - 33.

das Desiderat einer umfassenden Gesamtdarstellung der westfälischen Agrargeschichte angesichts der „dominierende(n) Rolle der Landwirtschaft für die Entwicklung Westfalens".[13] Neuere wirtschafts- und gesellschaftsgeschichtliche Untersuchungen für den Raum Westfalen im 20. Jahrhundert, die die Geschichte der Landwirtschaft und ländlichen Gesellschaft mitbehandeln, sind vornehmlich seit dem letzten Jahrzehnt entstanden.[14] Sie vermögen die „unbefriedigende(n) Forschungssituation" nur geringfügig zu lindern.[15]

Ein weiteres Forschungsdesiderat stellt die Sozialgeschichte der Gründungs- und Konsolidierungsjahre der Bundesrepublik dar. Der Bonner Historiker Hans-Peter Schwarz hat bei seinen Forschungen zur Nachkriegszeit und jungen Bundesrepublik „mit einer gewissen Verwunderung"[16] konstatiert, daß dieser für die neueste deutsche Sozialgeschichte bedeutende Zeitraum bislang nicht die ihm gebührende Beachtung erfahren habe. Gemessen an anderen Untersuchungszeiträumen „steht die innere Entstehungsgeschichte der Bundesrepublik jedoch nach wie vor im Windschatten der Forschung. Das gilt für keinen Aspekt mehr als für die sozialgeschichtlichen Voraussetzungen der zweiten Demokratiegründung."[17]

Dabei kann gerade die Sozialgeschichte einen fundierten Beitrag zur relativen Bedeutung des Schwellenjahres 1945, der sogenannten Stunde Null, leisten, indem sie auf vorhandene Kontinuitäten über diese vermeintliche Zäsur hinaus verweist.[18] In bezug auf die ländliche Gesellschaft sind die Integration neuer Dorfbewohner und die möglichen Veränderungen der Dorfgesellschaft von besonderem Interesse. Auch hier wird beklagt, daß daß Integration der Vertriebenen „nur relativ selten behandelt wird" und „die vielschichtige Problematik der Veränderung der Mentalitäten unter dem Einfluß der Wanderungsbewegungen... ein Desiderat der Forschung bleibt."[19] Angesichts dieser offenen Fragen formulierte Hans-Peter Schwarz sein Postulat an eine künftige Sozialgeschichtsforschung. Sie habe in Einzelanalysen zu untersuchen, welches Paradigma sich als das tragfähigere erweise, das der Restauration oder der Modernisierung der deutschen Nachkriegsgesellschaft.[20] Während bei Schwarz hier

---

[13] Teuteberg, Agrarhistorische Forschungen in Westfalen, S. 1 u. 7.
[14] Vgl. Borscheid, Vom Ersten zum Zweiten Weltkrieg (1914 - 1945), S. 336 - 346; Petzina, Industrieland im Wandel (1945 - 1980), S. 492 - 502; Moeller, Zur Ökonomie des Agrarsektors in den Provinzen Rheinland und Westfalen 1896 - 1933, S. 290 - 313; Schulz, Gesellschaftliche Veränderungen in Rheinland-Westfalen zur Zeit der Weimarer Republik, S. 35 - 50; Schumacher, Agrarpolitische Weichenstellung 1945 - 1950, S. 257 - 277; Strotdrees, Höfe, Bauern und Hungerjahre; v.a. Theine, Westfälische Landwirtschaft in der Weimarer Republik.
[15] Teuteberg, Agrarhistorische Forschungen in Westfalen, S. 7. Daran hat sich auch auf bundesrepublikanischer Ebene nichts geändert; Erker, Zeitgeschichte als Sozialgeschichte, S. 202 - 238.
[16] Schwarz, Modernisierung oder Restauration? S. 280.
[17] Frese/Kersting/Prinz/Rouette/Teppe, Gesellschaft in Westfalen, S. 449.
[18] Siehe beispielsweise Schwarz, Modernisierung oder Restauration? S. 282.
[19] Waldmann, Die Eingliederung der ostdeutschen Vertriebenen in die westdeutsche Gesellschaft, S. 165; Köllmann, Die Bevölkerungsentwicklung der Bundesrepublik, S. 94.
[20] Schwarz, Modernisierung oder Restauration? S. 284, favorisiert ein „nuancierte(s) Modernisierungsparadigma". Zur Frage nach Restauration oder Modernisierung der Gesellschaft der Nachkriegszeit und jungen Bundesrepublik siehe Kocka, Neubeginn oder Restauration? S. 141 - 168; Wenzel, Wirtschafts- und Sozialordnung, S. 293 - 339. Zur neueren Diskussion dieser Frage siehe Prinz, Vom neuen Mittel-

noch eine Kritik an den alten Restaurationstheorien anklingt,[21] wird in dieser Studie in Anlehnung an neuere Ergebnisse die Nachkriegszeit als Rekonstituierungsphase mit einzelnen Modernisierungselementen gesehen.[22] Die neuere Forschung rückt von einer polarisierten Position ab und konstatiert angesichts der komplexen historischen Realität eine Gemengelage aus Kontinuitäten und Diskontinuitäten.[23] Christoph Kleßmann hat das Verhältnis von Phänomenen des Wandels und der Konstanz exemplarisch auf die Formel von der „Modernisierung unter konservativen Auspizien" gebracht.[24]

Theoretische Grundlage der Studie ist die Modernisierungstheorie, die dazu geeignet ist, epochenübergreifenden Wandel zu erfassen.[25] Modernisierung wird hier in Abkehr von den universalen Erklärungsansätzen, die nach dem Zweiten Weltkrieg im angelsächsischen Raum entstanden sind und ein Modell für eine systematische Entwicklungstheorie aller Industriegesellschaften behaupteten,[26] als ein „gesamtge-

stand zum Volksgenossen; Uffelmann, Gesellschaftspolitik zwischen Tradition und Innovation in der Gründungsphase der Bundesrepublik Deutschland, S. 3 - 17; Niethammer, Zum Wandel der Kontinuitätsdiskussion, S. 61 - 83; Borchardt, Die Bundesrepublik in den säkularen Trends der wirtschaftlichen Entwicklung, S. 20 - 45.

[21] Siehe dazu Schildt, Nachkriegszeit, S. 569f., 572f.; Doering-Manteuffel, Deutsche Zeitgeschichte nach 1945, S. 7; Prinz, Demokratische Stabilisierung, S. 657f.; Erker, Zeitgeschichte als Sozialgeschichte, S. 216. Den Begriff der Restauration führte Dirks ein, Der restaurative Charakter der Epoche, S. 942 - 954; ders., Die Aussichten der Restauration, S. 165 - 177.

[22] Siehe dazu den Teil II. zu den politischen, generativen und soziokulturellen Orientierungs- und Verhaltensmustern in den Untersuchungsgemeinden. Zur Forschungssituation siehe den Sammelband von Schildt/Sywottek (Hg.), Modernisierung im Wiederaufbau, bes. S. 13 - 39; dies., „Wiederaufbau" und „Modernisierung", S. 18 - 32; Doering-Manteuffel, Deutsche Zeitgeschichte, S. 23. Siehe auch Kleßmann, Untergänge – Übergänge, S. 86; Mommsen, Der lange Schatten der untergehenden Republik, S. 362 - 404; Teppe, Politisches System, S. 1 - 82.

[23] Hockerts, Ausblick: Bürgerliche Sozialreform nach 1945, S. 245 - 273.

[24] Kleßmann, Ein stolzes Schiff und krächzende Möwen, S. 476 - 494, Zitat S. 485.

[25] Zum Erfordernis eines theoretischen Ansatzes siehe die unorthodoxe und mit britischen Humor gespickte Formulierung von Edward Hawlett Carr: „Da war das Alter der Unschuld; im Angesicht des Gottes der Geschichte ergingen sich die Historiker [des Historismus, P.E.] im Garten Eden ohne jeden Fetzen Philosophie als ihrer Bedeckung und schämten sich ihrer Blöße nicht. Inzwischen sind wir gefallen, wir haben die Sünde kennengelernt; und jene Historiker, die heutzutage vorgeben, ohne jede Geschichtsphilosophie auszukommen, versuchen nur, eitel und selbstbewußt wie die Anhänger der Nacktkultur, den Garten Eden in ihren Schrebergärten wieder erstehen zu lassen"; ders., „Was ist Geschichte?" S. 20.

[26] Grundlegend zur Frage der Modernisierungstheorien Wehler, Modernisierungstheorie und Geschichte, S. 11 - 17, mit ausführlichen Literaturhinweisen. Diese Theorien mit ihren „relativ geschlossenen... fundamentalen Grundauffassungen" (Goetze, Entwicklungssoziologie, S. 88) propagierten die westliche Entwicklung als den Königsweg zu Demokratie und Wohlstand und erinnerten damit „an den (älteren) Begriff der ‚Verwestlichung', (ebd.), der „Europäisierung" oder der „Zivilisierung" (Wehler, Modernisierungstheorie und Geschichte, S. 11). Mit dieser immanenten kulturpolitischen Nabelschau und „ethnozentrische(n) Selbstgefälligkeit" traten deutlich politisch-ideologische Intentionen zutage. Diese Theorien verstanden sich als Interpretationsmuster für die Entwicklung der westlichen Welt und erhoben im Hinblick auf die unterentwickelten Staaten der sogenannten Dritten Welt den Anspruch, ein „universeller Entwicklungsprozeß" zu sein (a.a.O., S. 18). Wehler, a.a.O., S. 29f., wirft dieser „sich auf Politik konzentrierende(n) Schule der ‚politischen Entwicklung'," eine „theoretisch und empirisch fatale Unterschätzung der Politik" vor, die aus der „Vorstellung von einem notwendigen Nexus zwischen Industrialisierung und Demokratisierung" entstanden sei.

sellschaftlicher Transformationsprozeß"[27] verstanden, der in drei Dimensionen zutage tritt.[28] Die politische Dimension beinhaltet Strukturmerkmale wie die politische Mobilisierung (auf demokratische wie totalitäre Weise) sowie die Vergrößerung der Teilhabe an politischen Entscheidungen (Partizipation) im Verbund mit Wandlungen des Bewußtseins und des sozialen Verhaltens, der Empathiesteigerung.[29] Die ökonomische Dimension betrifft Phänomene wie Differenzierung, Kommerzialisierung, Technisierung des Alltags, Arbeitsteilung, Spezialisierung, industrielle Massenproduktion,[30] permanente technische Innovation, Rationalisierung des alltäglich-nüchternen zweckgebundenen Handelns mit dem Grundmuster der „Effizienzsteigerung"[31] sowie ein relativer Bedeutungsrückgang des Primärsektors gegenüber dem Sekundär- und Tertiärsektor in der Volkswirtschaft. Die soziale Dimension gilt für Modernisierungskomponenten wie die Ausdehnung der Zugangschancen zu materiellen und nichtmateriellen Gütern sowie der Verfügbarkeit über diese. Sie betrifft ebenso den Abbau althergebrachter Muster gesellschaftlicher Ungleichheit, d.h. Leistung statt Status als Kategorie sozialer Plazierung, und die Säkularisierung, d.h. die sogenannte „Entzauberung der Welt"[32]. Schließlich steht sie für die Urbanisierung, die Vergrößerung der sozialen Mobilität sowie die Individualisierung bei gleichzeitigem Abschleifen kollektiver (Milieu-)Bindungen.[33]

Modernisierung bedeutet speziell in der Landwirtschaft unter anderem deren Bedeutungsschwund für die Volkswirtschaft sowie den Rückgang der Erwerbstätigen und Berufszugehörigen im Agrarsektor. Weitere Phänomene sind die Kapitalisierung, Spezialisierung und Rationalisierung der landwirtschaftlichen Erzeugung durch Motorisierung, Mechanisierung und Chemisierung mit dem Ziel umfassender Produktions- und Produktivitätssteigerung. Weiter zeigt sich eine Agrarmodernisierung im Höfesterben bei gleichzeitiger Konzentration der Nutz- und Betriebsflä-

---

[27] Vgl. Kaelble u.a., Probleme der Modernisierung in Deutschland, S. 5f. Ebenso Matzerath/Volkmann, Modernisierungstheorie und Nationalsozialismus, S. 86 - 116, bes. S. 92; sie gehen dabei zurück auf Lerner, Die Modernisierung des Lebensstils, S. 362 - 381. – Im Anschluß an Webersches Gedankengut definiert Peukert, Max Webers Diagnose der Moderne, S. 78, Modernisierung als „die Verflechtung von industriell-kapitalistischer Wirtschaft und Klassenstruktur, bürokratisch-formaler Herrschaft und Sozialintegration, wissenschaftlich-technischer Weltbemächtigung und rational geordneter disziplinierter Lebensführung".

[28] Zusätzlich u. a. Nipperdey, Probleme der Modernisierung in Deutschland, S. 292f.; Zitelmann, Nationalsozialismus und Moderne, S. 195 - 223.

[29] Kaelble u.a., Probleme der Modernisierung in Deutschland, S. 5f.

[30] Nach Peukert, Max Webers Diagnose der Moderne, S. 74, gilt die Produktion als das „Kerngebiet der industriegeschichtlichen Moderne".

[31] A.a.O., S. 79. Zum Prozeß der Rationalisierung siehe Weber, Wirtschaft und Gesellschaft, S. 196, 447.

[32] Weber, Wirtschaft und Gesellschaft, S. 308.

[33] Zur Modernisierungstheorie vgl. ebenso die soziologischen Studien von Bendix, Modernisierung und soziale Ungleichheit, S. 179 - 246, der nach Wehler, a.a.O., S. 80, zur „historisch-restriktive(n)" Weber-Rezeption in der Modernisierungsdebatte gehört; Schissler, Theorien des sozialen Wandels, S. 155 - 189; Goetze, Entwicklungssoziologie, S. 70 - 89; Lepsius, Soziologische Theoreme über die Sozialstruktur der „Moderne" und der „Modernisierung", S. 10 - 29; Zapf (Hg.), Probleme der Modernisierungspolitik; Hartfiel/Hillmann, Modernisierung, S. 510f.; Endruweit, Modernisierung, S. 454f. – Mit dem Thema „Die Modernisierung moderner Gesellschaften" befaßte sich der 25. deutsche Soziologentag 1990 in Frankfurt. Siehe Zapf (Hg.), Die Modernisierung moderner Gesellschaften.

che, im Personalabbau von familieneigenen wie -fremden Arbeitskräften mit der Tendenz zum bäuerlichen Rumpfbetrieb sowie in zunehmender Landflucht beziehungsweise Berufsflucht aus dem Agrarsektor und in erhöhter regionaler Mobilität in Form des Pendlerwesens.

In der ländlichen Gesellschaft zeigt sich die Modernisierung allgemein im Abbau traditioneller Orientierungs- und Verhaltensmuster als wachsende Durchlässigkeit für Außeneinflüsse sowie als Abbau traditioneller Stadt-Land-Gegensätze in der Übernahme urbaner Verhaltensweisen durch Berufspendler und den Zuzug bauwilliger Städter. Phänomene einer solchen Modernisierung sind im politischen Bereich eine veränderte Elitenrekrutierung durch erhöhte soziale Mobilität und ein geändertes Wahlverhalten. Beim Heiratsverhalten steht eine Modernisierung für einen Abbau schichtkonsistenter Vermählungen, d.h. es werden zunehmend schichtübergreifende Ehen geschlossen, ein sinkendes Heiratsalter und eine abnehmende Kinderzahl je Lebensbund. Beim dörflichen Gemeinschaftsleben, den Festen und Vereinen, manifestiert sich ein gesellschaftlicher Wandel in einer Öffnung von bislang „gänzlich abgeschotteten Bastionen"[34] für neue Dorfbewohner, konkret in der Integrationskraft des Sozialraumes Dorf.

Eine der zentralen wissenschaftlichen und erkenntnisleitenden Frage- und Problemstellungen der Arbeit betrifft das Verhältnis von Modernisierung und Nationalsozialismus, d.h. die Frage nach der Modernisierungsfunktion nationalsozialistischer Herrschaft, die an dieser Stelle komprimiert vorgestellt werden soll. Diese Frage wird in der Forschung heftig und kontrovers diskutiert.[35] Ausgangs- sowie Bezugspunkt der Diskussion sind die Thesen von Ralf Dahrendorf und David Schoenbaum,[36] die in den sechziger Jahren im Zusammenhang mit dem Paradigmenwechsel in der deutschen Historiographie von der Politik- zur Sozialgeschichte die Interpretation des ‚Dritten Reiches' in eine neue Richtung gelenkt haben. Dahrendorf und Schoenbaum attestieren dem Nationalsozialismus den Charakter einer – freilich wider Willen – sozialrevolutionären Bewegung. Die Position von Dahrendorf und Schoenbaum war für die folgende Forschung immer wieder Anhaltspunkt zu einer Auseinandersetzung mit ihnen. Die These von der braunen Revolution wurde abgelehnt, weil der Nationalsozialismus als antimoderner Reflex auf die Moderne[37] bzw. als Gegenbewegung zur „abendländische(n) Rationalisierung oder... Modernisierung" galt,[38] weil dem NS-Regime eine vorgetäuschte,[39] bestenfalls eine partielle,

---

[34] Brelie-Lewien, Im Spannungsfeld zwischen Wandel und Beharrung, S. 364.
[35] Einen gebündelten Literaturüberblick bietet Marßolek, Der Nationalsozialismus und der Januskopf der Moderne, S. 312 - 334.
[36] Dahrendorf, Gesellschaft und Demokratie in Deutschland; Schoenbaum, Die braune Revolution (engl.: Hitler's Social Revolution. Class and Status in Nazi Germany 1933 - 1939, Garden City, N.Y., 1966, klammert die Kriegszeit aus).
[37] Matzerath/Volkmann, Modernisierungstheorie und Nationalsozialismus, S. 99.
[38] Rauh, Anti-Modernismus im nationalsozialistischen Staat, S. 113. Nach Rauh, S. 98, zielte die „nationalsozialistische Weltdeutung" darauf ab, „die Folgen der Modernisierung auf wirtschaftlichem, geistigem und politischem Gebiet... gewaltsam rückgängig" zu machen.
[39] Mommsen, Der Nationalsozialismus als vorgetäuschte Modernisierung, S. 31 - 46.

Modernisierung attestiert wurde[40] oder aber wegen der Kürze der NS-Herrschaft.[41] Andere Historiker bescheinigten dem Nationalsozialismus eine modernisierende Wirkung als Deutschlands „einzig genuiner Revolution".[42] Die Frage nach der Wirkung des Nationalsozialismus für die deutsche Gesellschaft läßt sich freilich nur beantworten, indem die Entwicklung in einem gesellschaftlichen Sektor in einer Langzeituntersuchung analysiert[43] und dabei die Ambivalenz der Moderne mitberücksichtigt wird.[44]

In diesem Zusammenhang kommt auch die Frage nach der Periodisierung sozialgeschichtlicher Entwicklungen in den Blick, die unlängst wieder aufgeworfen wurde.[45] Einer Modernisierungsfunktion des Nationalsozialismus wird in der politik-, sozial- und wirtschaftsgeschichtlichen Forschung auch „eine ‚Einheit der Epoche' von der Weltwirtschaftskrise bis zum Ende der fünfziger Jahre" gegenübergestellt.[46] Diese Position betont den Kontinuitätsaspekt von den endzwanziger Jahren bis in die endfünfziger Jahre, d.h. über die NS-Jahre hinweg, und sieht die entscheidenden gesellschaftlichen Brüche in der bereits konsolidierten bundesrepublikanischen Nachkriegsgesellschaft seit Ende der fünfziger Jahre.[47]

In den Kontext der angeführten Forschungsdesiderata in regionaler Agrar- und Gesellschaftsgeschichte sowie der Sozialgeschichte der frühen Bundesrepublik ist die vorliegende Studie einzuordnen. Sie beabsichtigt eine Analyse des soziökono-

---

[40] Winkler, Vom Mythos der Volksgemeinschaft, S. 490; Kershaw, Das Dritte Reich: „Soziale Reaktion" oder „Soziale Revolution", S. 284 u. 288.
[41] Alber, Nationalsozialismus und Modernisierung, S. 351; siehe auch jüngst die harsche Kritik v.a. an Zitelmanns Thesen bei Frei, Wie modern war der Nationalsozialismus? S. 367 - 387.
[42] Kettenacker, Sozialpsychologische Aspekte der Führer-Herrschaft, S. 130. Ähnlich Turner, Faschismus und Anti-Modernismus, S. 159 u. 172; in jüngster Zeit Zitelmann, Die totalitäre Seite der Moderne, S. 205.
[43] Mommsen, Diskussionsbeitrag zum Referat von Matzerath/Volkmann, S. 117; Thamer, Nationalsozialismus – Faschismus, S. 108; Schwarz, Modernisierung oder Restauration? S. 283f.
[44] Thamer, Der Januskopf der Moderne, S. 169 - 183; Marßolek, Der Nationalsozialismus und der Januskopf der Moderne, S. 331f.
[45] Zu der jüngst neu diskutierten Frage nach der Periodisierung der deutschen Zeitgeschichte siehe bes. die jüngst erschienen Aufsätze von Schildt, Nachkriegszeit, S. 567 - 584; Erker, Zeitgeschichte als Sozialgeschichte, S. 202 - 238; Doering-Manteuffel, Deutsche Zeitgeschichte nach 1945, S. 1 - 29; Prinz, Demokratische Stabilisierung, S. 655 - 675; Kleßmann, Untergänge – Übergänge, S. 83 - 97; Niethammer, Zum Wandel der Kontinuitätsdiskussion, S. 68ff. Siehe ebenso Hockerts, Zeitgeschichte in Deutschland, S. 98 - 127; Tenfelde, 1914 bis 1990: Die Einheit der Epoche, S. 70 - 80, sowie die Aufsatzsammlungen von Broszat (Hg.), Zäsuren nach 1945, und Conze/Lepsius (Hg.), Sozialgeschichte der Bundesrepublik Deutschland.
[46] Doering-Manteuffel, Deutsche Zeitgeschichte nach 1945, S. 23.
[47] Vgl. dazu Frese/Kersting/Prinz/Rouette/Teppe, Gesellschaft in Westfalen, S. 454. Aus sozialhistorischer Perspektive siehe ebenso diverse Einzelbeiträge in Schildt/Sywottek, Modernisierung im Wiederaufbau; dies., „Wiederaufbau" und „Modernisierung", S. 18 - 32; Prinz, Demokratische Stabilisierung, S. 665 u. 667f.; aus politikgeschichtlicher Sicht Schwarz, Die Fünfziger Jahre als Epochenzäsur, S. 473 - 496; ders., Modernisierung oder Restauration? S. 278 - 293; aus wirtschaftshistorischer Sicht Abelshauser, Wirtschaft und Gesellschaft der Bundesrepublik Deutschland 1949 - 1966; Borchardt, Zäsuren in der wirtschaftlichen Entwicklung, S. 21 - 34; aus sozialpolitischer Perspektive Hockerts, Metamorphosen des Wohlfahrtsstaates, S. 35 - 45; ders., Zeitgeschichte in Deutschland, S. 98 - 127; aus alltagsgeschichtlicher Erfahrungsperspektive Niethammer, Zum Wandel der Kontinuitätsdiskussion, S. 81.

mischen Strukturwandels in der Landwirtschaft und ländlichen Gesellschaft Westfalens in den Jahren 1919 bis 1969. Anhand des regionalen Beispiels sollen bedeutsame Entwicklungen und Prozesse der Weimarer, NS-, Besatzungs- und bundesrepublikanischen Zeit im Primärsektor und der ländlichen Gesellschaft Westfalens deutlich werden. Ziel der Arbeit soll sein, die Geschichte der sozialen und ökonomischen Dimensionen landwirtschaftlichen und ländlichen Lebens nachzuzeichnen. Dabei soll keine Geschichte der politischen Agrarbewegung geboten werden, denn für die Bewohner des ländlichen Raumes geben sozioökonomische und -kulturelle Kontinuitäten und Diskontinuitäten eine gänzlich andere, weil subjektiv intensiver erfahrene Periodisierung vor als die Eckdaten der Politik. Dennoch soll die politische Geschichte, soweit sie für die Existenzbedingungen der ländlichen Gesellschaft und der Landwirtschaft relevant ist, nicht unberücksichtigt bleiben. Mit anderen Worten: Untersucht werden soll das wirtschaftliche Wachsen und Werden, die ökonomische Genese des Agrarsektors sowie die Entwicklung der ländlichen Gesellschaft in Westfalen zwischen 1919 und 1969.

Eine Langzeitstudie, die den Zeitraum von rund fünfzig Jahren als Bezugsrahmen vorgibt, ist dazu geeignet, sozioökonomische Prozesse, Wandel bzw. Stillstand, im Sinne des Forschungsprojektes des Westfälischen Instituts für Regionalgeschichte ausführlich zu erfassen. Die vorliegende Studie steht in Kongruenz und Korrespondenz mit der Zielsetzung des Forschungsprojekts „Gesellschaft in Westfalen. Kontinuität und Wandel 1930-1960", Sozial- und Regionalgeschichte miteinander zu verknüpfen sowie die Geschichte Westfalens in dieser Zeitspanne „mit Blick auf langfristige sozialgeschichtliche Prozesse themen- und methodeninnovativ zu erforschen"[48]. Hierbei sollen sozialgeschichtliche Frage- und Problemstellungen auf den regionalen Rahmen transponiert werden. „Region und Gesellschaft werden als ein variables Beziehungsgefüge angesehen, das den Forschungsrahmen darstellt für problemorientierte, theoriegeleitete Fragestellungen... Allgemein gesprochen geht es also um Untersuchungen zu den Formen, dem Wandel und den Triebkräften des Wandels von historischen Strukturen und Prozessen einerseits und von Handlungen, Erfahrungen und Wahrnehmungen andererseits."[49]

Das Untersuchungsgebiet der vorliegenden Studie ist die vormalige preußische Provinz Westfalen und das Land Lippe im gegenwärtigen Bundesland Nordrhein-Westfalen. Dieser Raum stellt einer sozialhistorischen Längsschnittuntersuchung ein weites Tableau „von unterschiedlichen Räumen, Typen der Gesellschaft, sozialen Gruppen und Problemfeldern" bereit.[50] Westfalen „umfaßt eine größere Zahl unterschiedlich strukturierter Teilregionen"[51] und ermöglicht als Untersuchungsraum damit einen differenzierten strukturellen Vergleich einzelner unterschiedlicher strukturierter ländlicher Regionen, zum Beispiel ländlicher Landstriche ohne ausgesprochene urbane Zentren wie im West- oder Kernmünsterland oder ländlich-industrielle Mischgebiete wie in Ostwestfalen. Aus diesen drei Teilregionen stammen auch die

---

[48] Frese/Kersting/Prinz/Rouette/Teppe, Gesellschaft in Westfalen, S. 447.
[49] Dies., a.a.O., S. 446.
[50] Dies., a.a.O., S. 448.
[51] Dies., a.a.O., S. 455.

drei Untersuchungsgemeinden dieser Arbeit.[52] Demzufolge bietet Westfalen ausreichend Ansatzpunkte für eine problemorientierte, vergleichend angelegte Studie innerhalb der Gesamtregion.[53] Darüber hinaus strebt die Untersuchung auch die Gegenüberstellung mit anderen Regionen Deutschlands sowie den internationalen Vergleich an.

Der Untersuchungszeitraum umfaßt, wie bereits angedeutet, rund fünfzig Jahre. Die Festlegung eines bewußt gesetzten Startpunktes erfordert eine eingehende Begründung. Grundsätzlich ist zu betonen, daß nahezu jede Festlegung eines historischen Ausgangspunktes „den prinzipiell weiter fortführbaren Rückgriff ab(bricht) und gewaltige heterogene Verursachungskomplexe zu einigen dominierenden Grundbedingungen (rationalisiert)."[54] Deshalb soll die Entwicklung bis zum Anfang der Untersuchungszeitspanne zusammengefaßt und auf einzelne Problem- und Themenfelder gebündelt werden. Der vom Forschungsprojekt angebotene Zeitraum von 1930 bis 1960 wurde hier als Kernspanne zugrunde gelegt.[55] Es erschien jedoch notwendig, den Abschnitt auf der Zeitleiste nach vorne wie nach hinten zu erweitern. Bei der Untersuchung der Dorfgesellschaften, besonders der politischen Gremien, wurde der Bogen vom Beginn der Weimarer Republik bis zur kommunalen Neugliederung Ende der sechziger bzw. Anfang der siebziger Jahre gespannt. Das Jahr 1919 läutete mit seiner gemeindlichen Wahlrechtsreform den Wechsel von der Grundbesitzer- zur Einwohnergemeinde ein.[56] Die bislang geltende preußische Gemeindeordnung und das Dreiklassenwahlrecht unterschieden zwischen Gemeindeangehörigen, die entsprechend ihrem Steueraufkommen die Geschicke der Kommune mitgestalten durften, und den weniger begüterten Gemeindegliedern, die kein Mitspracherecht besaßen, worunter auch alle Frauen fielen.[57] Neben der Abschaffung des Dreiklassenwahlrechts betraf die Reform von 1919 auch die Stellung des Amts- bzw. Gemeindebürgermeisters, der nicht mehr als staatliches Vollstreckungsorgan von oben eingesetzt wurde, sondern nun vom Gemeinderat gewählt wurde. Um die Inhaber der Spitzenfunktionen in der Kommunalverwaltung bzw. -politik sozial zu verorten, wurde zum Teil bis vor die Jahrhundertwende zurückgegangen. Der Endpunkt mit der Kommunalreform seit 1969 schuf neue territoriale und administrative Einheiten, die mit den vorherigen Gemeinden nicht mehr kompatibel waren.[58] Beim Fest- und Vereinsleben wurde die Entwicklung dörflicher Geselligkeits- und Interessenformen

---

[52] Zu den drei Untersuchungsgemeinden siehe ausführlich Teil I: Erstes Kapitel: Typologie: Die Auswahl der Untersuchungsgemeinden.

[53] Frese/Kersting/Prinz/Rouette/Teppe, Gesellschaft in Westfalen, S. 448.

[54] Vgl. Wehler, Deutsche Gesellschaftsgeschichte, S. 23.

[55] Als Startpunkt bot das Forschungsprojekt 1930 an als „letztes Normaljahr vor der Wirtschaftskrise, den Sonderbedingungen der Rüstungskonjunktur und des Krieges, das in vielen statistischen Reihen als Bezugspunkt auf(taucht)"; Frese/Kersting/Prinz/Rouette/Teppe, Gesellschaft in Westfalen, S. 453.

[56] Zur Reform des kommunalen Wahlrechts 1919 und ihren Folgen siehe Linde, Zur sozialökonomischen Struktur und soziologischen Situation des deutschen Dorfes, S. 14f.

[57] Pflaum, Politische Führung und politische Beteiligung als Ausdruck gemeindlicher Selbstgestaltung, S. 233ff.

[58] Zur kommunalen Neugliederung und ihren Auswirkungen siehe Wallthor/Petri (Hg.), Grundfragen der Gebiets- und Verwaltungsreform in Deutschland.

über die sechziger Jahre hinaus verfolgt. Ferner zeichneten sich gerade zu diesem Zeitpunkt Umbruchserscheinungen in der ländlichen Gesellschaft, vor allem auf politischem Gebiet, ab.[59] Auch für die Entwicklung im Agrarsektor bietet sich die Weimarer Zeit als Ausgangspunkt an, da bereits eine detaillierte Untersuchung der sozioökonomischen Lage der westfälischen Landwirtschaft in dieser Epoche vorliegt.[60] Als Endpunkt für die Vorgänge in der Urproduktion kommen wiederum die sechziger und siebziger Jahre in Frage, weil dort die gesellschaftlichen und wirtschaftlichen Folgen einer forcierten Agrarmodernisierung drastisch hervortraten.

Demgegenüber hat das Münchner Institut für Zeitgeschichte eine andere Periodisierung gewählt. Es sieht in Stalingrad und der Währungsreform Schnittstellen des Umbruchs vom traditionellen Deutschland mit seiner von innerer Zerrissenheit gezeichneten Sozialstruktur des 19. Jahrhunderts zu einer modernen und homogenen Gesellschaft nach westeuropäischem, demokratischem Vorbild.[61] Diesem Umbruch schreiben die Institutsmitarbeiter eine „revolutionäre Dimension" zu.[62] Trotz dieses für die Forschung unbestreitbar innovativen Zugriffs ist die vom Münchner Institut gewählte Periodisierung auf Kritik gestossen.[63] Es hat sich in der Forschung die Erkenntnis durchgesetzt, „daß die Konzentration auf die unmittelbare Nachkriegszeit, welche wohl das auffälligste Merkmal der meisten bislang vorliegenden Studien war, zu kurz greift, um den Prozeß der gesellschaftlichen Konstituierung der Bundesrepublik angemessen zu verstehen."[64]

Der Vorteil eines solchen Ansatzes, wie ihn das Westfälische Institut für Regionalgeschichte vertritt, liegt auf der Hand: Er ermöglicht es, punktuelle, von der Politikgeschichte gesetzte Eckdaten und Zäsuren aus sozialgeschichtlicher Perspektive zu beleuchten und gegebenenfalls in Frage zu stellen, denn gesellschaftliche Entwicklungen mit ihrem spezifischen Prozeßcharakter verlaufen nicht immer zeitgleich zu den politisch bedingten Zäsuren oder Brüchen. Konkret: Die ‚Stunde Null' im Jahre 1945 wird einem westfälischen Bauern keinen Einschnitt in seiner landwirtschaftlichen Erzeugung bedeutet haben; er wird im Frühjahr 1945 seine Felder bestellt und im Sommer geerntet haben genauso wie im Jahr zuvor und danach. Für ihn wird vielmehr die Anschaffung eines Schleppers oder einer anderen Maschine einen Einschnitt in seiner Produktionsweise dargestellt haben. Gerade für die landwirtschaftlichen Erzeuger geben die Kontinuitäten und Diskontinuitäten auf wirtschaftlichem Sektor in ihrer Selbstwahrnehmung „häufig eine ganz andere Periodisierung vor als die Schlüsselereignisse und -daten im politischen Bereich".[65]

---

[59] Siehe dazu die Themenfelder Politik, Wahlverhalten, generatives Verhalten sowie Fest- und Vereinsleben im Teil II.
[60] Theine, Westfälische Landwirtschaft in der Weimarer Republik.
[61] Broszat/Henke/Woller (Hg.), Von Stalingrad zur Währungsreform, S. XXV; für unser Thema bes. Erker, Revolution des Dorfes? S. 367 - 425.
[62] Broszat/Henke/Woller, Von Stalingrad zur Währungsreform, S. XXV.
[63] Vgl. die Kritik von Winkler, Sozialer Umbruch zwischen Stalingrad und Währungsreform, S. 408f., wegen der Kürze des Untersuchungszeitraumes.
[64] Frese/Kersting/Prinz/Rouette/Teppe, Gesellschaft in Westfalen, S. 451.
[65] Moeller, Zur Ökonomie des Agrarsektors, S. 291.

B. Leitende Fragestellungen

Die vorliegende Untersuchung gliedert sich in zwei Bereiche. Im ersten Teil, einer Topographie der ländlichen Gesellschaft, wird die Frage nach Kontinuität oder Umbruch in der demographischen, konfessionellen und sozioökonomischen Entwicklung der drei westfälischen Landgemeinden erörtert. Hier rücken unter anderem sozioökonomische und -kulturelle Konflikte bei der Integration neuer Dorfbewohner, die Entwicklung außeragrarischer Arbeitsfelder sowie die Stellung des Agrarsektors in der Volkswirtschaft, der Wandel der Produktionsweise in Bodennutzung und Viehhaltung durch Vollmotorisierung bzw. -mechanisierung sowie Chemisierung, schließlich die sozialen und wirtschaftlichen Folgen dieses Strukturwandels in das Blickfeld. Den größeren Teil der Studie macht die Untersuchung von Kontinuität und Veränderung in der ländlichen Gesellschaft Westfalens aus. Die hier erkenntnisleitende Frage ist: Bleiben die sozialen Determinanten Familie und Besitz weiterhin die bestimmenden Faktoren in der ländlichen Gesellschaft Westfalens zwischen 1919 und 1969?[66] An drei zentralen Bereichen dörflichen Lebens soll dieser Frage nach Konstanz oder Wandel traditioneller Orientierungs- und Handlungsmuster nachgegangen werden: der Herrschaftsausübung und Elitenrekrutierung,[67] dem generativen Verhalten sowie dem Fest- und Vereinsleben.

Diese Frage berührt neben der Stellung der Determinanten dörflicher Existenz, Besitz und Familie, auch die mentale Dispositionen der Dorfbewohner sowie die politische Kultur im Sozialraum Dorf. Mentalitäten bilden „die praktische Sinngewißheit der sozialen Wirklichkeit" sowie „die unmittelbare Sinngewißheit des überlieferten Weltverständnisses" und damit ein konstitutives Element bestehender Denk- und Verhaltensmuster.[68] Unter politischer Kultur ist hier der Fundus der politischen Erfahrung der Dorfbewohner zu verstehen. Konkret ist damit ein intuitiver Code von Wahrnehmungsformen, Deutungs- und Handlungsmustern gemeint, die im Kontext der ländlichen Gesellschaft erlebt und angewandt werden. Dieses Geflecht von Mentalitäten, Wert- und Handlungsmustern bestimmt die Kommunikation und Interaktion der Individuen des Sozialgebildes Dorf.[69]

Im Hinblick auf das politische Gefüge der ländlichen Gesellschaft wird zum einen nach qualitativer Neuorientierung gefragt: Wandelten sich traditionelle Einstellungs- und Handlungsmuster? Veränderten sich gewohnheitsgemäße Ausrichtungen an bestehenden Normen und gesellschaftlichen Konventionen im Hinblick auf Elitenrekrutierung und Wahlverhalten? Zum anderen wird bei einer festgestellten Veränderung nach den Wirkkräften zu fragen sein: der Herrschaft der Nationalsozialisten oder dem Einfluß unterschiedlicher externer Sozialgruppen im Dorf. Zu fragen

---

[66] Zu den sozialen Determinanten Besitz und Verwandtschaft siehe den Teil I: Zweites Kapitel: Determinanten dörflicher Existenz.

[67] Bei der Elitenrekrutierung wird nur die politische und nicht die kirchliche Gemeindevertretung berücksichtigt.

[68] Sellin, Mentalitäten in der Sozialgeschichte, S. 106. Zur mentalen Disposition der Dorfbewohner siehe ausführlich die Überlegungen zu Mentalität und Mentalitätsgeschichte im Teil II: Zweites Kapitel: Acker zu Acker: Das Heiratsverhalten als Spiegelbild traditioneller Einstellungs- und Verhaltensmuster.

[69] Siehe dazu Kaschuba, Lebenswelt und Kultur, S. 67 - 70.

ist, ob die auswärtigen Sozialgruppen, ausländische Arbeitskräfte, Evakuierte, Flüchtlinge oder Vertriebene, die althergebrachten Deutungs- und Handlungsweisen der gebürtigen Dorfbewohner beeinflußten, vielleicht sogar veränderten.[70]

Die Analyse des generativen Verhaltens in den Landgemeinden leiten folgende Fragestellungen:[71] Blieben die die ländliche Gesellschaft charakterisierenden sozialen Determinanten – Besitz und Familie – die Faktoren, die das Heiratsverhalten dominierten? Regulierte der (Grund-)Besitz nach wie vor das Heiratsverhalten? Bestand weiterhin ein enger Kontext von ökonomischer und generativer Reproduktion im Sozialraum Dorf? Existierte ein Unterschied im generativen Verhalten unter den einzelnen dörflichen Schichten? Gab es eine schichtspezifische Partnerwahl? In welchem Maße herrschte eine Schichtkonsistenz vor, und welche Kriterien waren dabei ausschlaggebend? Blieben die schichtspezifischen Heiratskreise exklusiv oder wurden sie durchlässiger? Stellte sich bei den schichtspezifischen Heiratsstrategien soziale Mobilität ein? Angesichts des massiven Zuzugs einer neuen sozialen Gruppe wie der Flüchtlinge, die durch den Krieg deklassiert und pauperisiert in der Dorfgesellschaft als Habenichtse untergeschichtet wurden, ist zu fragen: Wie reagierten die Dorfbewohner in ihrem generativen Verhalten auf diese neue soziale Gruppe? Welches generative Verhalten legten wiederum die neuen Dorfbewohner an den Tag? Gelang ihnen mittels der Heirat – als einem Teil der klassischen Integrationstrias: Kommerzium, Kommensalität und Konnubium – die rasche Eingliederung in die Dorfgesellschaft? Veränderten sich unter ihrem Einfluß die Heiratskreise, und wandelten sich Heiratsalter oder Kinderzahl pro Ehe? Welche einheimischen sozialen Schichten heirateten die neuen Dorfbewohner? Wie reagierten die alteingesessenen Dorfbewohner auf die konfessionell verschiedenen Flüchtlinge? Kam es dabei zu konfessionellen Mischehen, und welche gesellschaftlichen Schichten gingen diese ein?[72]

Beim dörflichen Gemeinschaftsleben ist zu fragen, welche Feste aus dem dörflichen Leben verschwanden und welche neu hinzukamen. Veränderten sich die Feste im Hinblick auf Ablauf, Inhalt und Stellung im dörflichen Leben? In die gleiche Richtung zielt auch die Untersuchung der dörflichen Vereine. Auch hier interessiert, welche Vereine sich – unter Umständen zwangsweise – auflösten, welche ins Leben

---

[70] Wie im allgemeinen Sprachgebrauch werden hier die beiden Begriffe Flüchtling und Vertriebener synonym verwendet. Dieser Gebrauch läßt sich zudem damit begründen, daß die Dorfbewohner in den ländlichen Gemeinden Westfalens zwischen diesen Kategorien nicht unterschieden haben, sondern die Neuankömmlinge als einheitliche Gruppe wahrgenommen haben. – Zur semantischen und juristisch korrekten Definition der Begriffe „Vertriebene" und „Flüchtlinge" siehe Benz, Fremde in der Heimat, S. 374 - 386; Reichling, Flucht und Vertreibung der Deutschen, S. 46 - 56; Lüttinger, Der Mythos der schnellen Integration, S. 21f. Durch das Bundesvertriebenengesetz von 1953 wurde der Terminus „Flüchtling" für die aus der SBZ bzw. der DDR Geflohenen gebraucht.

[71] Bei der Untersuchung des generativen Verhaltens rücken innerhalb der Dorfgesellschaft die Landfrauen stärker in den Vordergrund, die das Thema für eine weitere Dissertation im Forschungsprojekt „Gesellschaft in Westfalen. Kontinuität und Wandel 1930 - 1960" abgeben, an der Helene Albers arbeitet.

[72] Noch 1958 befand ein Hirtenwort der katholischen Bischöfe Deutschlands: „Wer vor der Mischehe warnt, zerstört nicht den konfessionellen Frieden, sondern hilft, vor dem Leid des gespaltenen Glaubens und seelischen Konflikten zu bewahren"; zitiert nach Hollenstein, Die Katholische Kirche, S. 250.

gerufen wurden. Untersucht wurde auch die Mitgliederrekrutierung verschiedener Vereine, die im Hinblick auf die Integration neuer Dorfbewohner aussagekräftig ist. Schließlich ist nach einem Wandel im Freizeitverhalten durch die modernen Massenkommunikationsmittel Hörfunk, Fernsehen und Kino zu fragen.[73]

Die angedeutete Frage nach der Flüchtlingsintegration liegt quer zu den genannten Themenkomplexen. Die Eingliederung neuer Dorfbewohner war eine der fundamentalsten Herausforderungen für die Dorfgesellschaften im Untersuchungszeitraum.[74] Durch den massiven Zuzug und die Zwangseinquartierung von Evakuierten, Flüchtlingen und Vertriebenen wurde die alteingesessene Dorfbevölkerung mit den alternativen Lebenskoordinaten der Neuankömmlinge konfrontiert. Damit war „alles in Bewegung geraten: Menschen, Güter, Vorstellungen, Werte."[75] Zu fragen ist hier nach der Art und dem Grad der Eingliederung der Neubürger, die jedoch „eher und öfter Spannungsträger als Faktoren der Stärkung dörflicher Integration" waren.[76]

Unter Integration ist ein auf Gegenseitigkeit angelegter, mehrdimensionaler Prozeß zu verstehen, der in den drei genannten Bereichen dörflichen Lebens untersucht wird: der politischen Partizipation, dem Heiratsverhalten und dem Fest- und Vereinsleben. Darüber hinaus wird auch die Aufnahme und Unterbringung der Neuankömmlinge[77] sowie deren Einfluß auf die bis dahin weitgehend konfessionell homogenen Gebiete behandelt.[78] Von Interesse ist in diesem Kontext, wie sich in den westfälischen Landgemeinden das Zusammenleben von Einheimischen und „Neubürgern"[79] gestaltete. Standen sich die beiden Sozialgruppen beinahe geschlossen „mißtrauisch oder gar feindselig" gegenüber?[80] Verbanden sich alte und neue Dorfbewohner tatsächlich zu „einem neuen Volk aus Binnendeutschen und Ostvertriebenen"?[81] Gelang es, „aus der sozial, konfessionell und stammesmäßig bunt zusammengewürfelten Einwohnerschaft des Dorfes wirklich eine Dorfgemeinschaft im

---

[73] Auf eine Untersuchung des Leseverhaltens von Zeitungslesern wird hier verzichtet. Sie ist Teil der Dissertation von Gerd Meier, die auch im Forschungsprojekt „Gesellschaft in Westfalen. Kontinuität und Wandel 1930 - 1960" des Westfälischen Instituts für Regionalgeschichte angesiedelt ist.

[74] Den Forschungsstand zur Integration der Flüchtlinge und Vertriebenen geben wieder Haerendel, Flüchtlinge und Vertriebene in der Bundesrepublik Deutschland, S. 35 - 42; Sywottek, Flüchtlingseingliederung in Westdeutschland, S. 38 - 46; Brelie-Lewien, Zur Rolle der Flüchtlinge und Vertriebenen in der westdeutschen Nachkriegsgeschichte, S. 24 - 45.

[75] Pfeil, Der Flüchtling, S. 11.

[76] Müller, Die soziale Wirklichkeit des deutschen Dorfes von heute, S. 29.

[77] Müller/Simon, Aufnahme und Unterbringung, S. 300 - 446.

[78] Menges, Wandel und Auflösung von Konfessionszonen, S. 1 - 22. Für katholische Gebiete siehe Kindermann, Religiöse Wandlungen und Probleme im katholischen Bereich, S. 92 - 158; für evangelische Regionen siehe Spiegel-Schmidt, Religiöse Wandlungen und Probleme im evangelischen Bereich, S. 23 - 91.

[79] Der Terminus „Neubürger" geht zurück auf das Flüchtlingsgesetz für die amerikanische Besatzungszone v. 14. 2. 1947. Vgl. Pfeil, Der Flüchtling, S. 75; Brändle, Die Eingliederung der Heimatvertriebenen, S. 36f.

[80] Waldmann, Die Eingliederung der ostdeutschen Vertriebenen in die westdeutsche Gesellschaft, S. 188.

[81] Rundschreiben 3/1950 des Westfälischen Heimatverbundes; GA Senden, Bestand Ottmarsbocholt, C 127. Vom Autoren dieser Schrift und Referenten bei dieser Veranstaltung, Eugen Lemberg, siehe auch ders./Krecker (Hg.), Die Entstehung eines neuen Volkes aus Binnendeutschen und Ostvertriebenen.

echten Sinne wachsen zu lassen",[82] oder ist die harmonisierende Formel von der raschen Integration der neuen Dorfbewohner vielmehr doch ein „Mythos"?[83]

---

[82] Aussage des Vertriebenen und ersten Lehrers der evangelischen Volksschule Ottmarsbocholt, Günter Löhrke, in: Schulchronik der evangelischen Volksschule, Teil 2, in: Ottmarsbocholt. Geschichte und Geschichten 7 (1986), S. 35.
[83] Lüttinger, Der Mythos der schnellen Integration, S. 20 - 36. Siehe dazu auch Siewert, Der Verein, S. 83; Haerendel, Flüchtlinge und Vertriebene in der Bundesrepublik Deutschland, S. 40f.

Teil I
Topographie der ländlichen Gesellschaft:
Die drei Dörfer Ottmarsbocholt, Heek und Rödinghausen

Die ländliche Gesellschaft zeichnete sich zu Beginn des Jahrhunderts in ihrer Sozialstruktur durch eine niedrige Bevölkerungsdichte und eine vorherrschend von der Landwirtschaft und dem Handwerk geprägte Lebens- und Arbeitsweise seiner Bewohner, die über Haus- und Landbesitz verfügten, aus. Weitere Kennzeichen der ländlichen Gesellschaft waren eine weitgehend konfessionell homogene Bevölkerung und eine relativ starre soziale Schichtung mit geringer regionaler, professioneller und besonders sozialer Mobilität.[1] Zu den Charakteristika zählte noch der Vorrang personaler und informaler Kommunikations- und Interaktionsstrukturen sowie direkte Sozialverbindungen in einem übersichtlichen lokalen Rahmen. Diese idealtypischen Charakteristika der ländlichen Gesellschaft, die in der Realität jedoch verschiedenartige soziale Spielarten kannten, fanden sich in dem vorherrschenden Siedlungstyp des Dorfes.

Das Dorf als das Zentrum der ländlichen Gesellschaft gab den Brennpunkt von Transformationen in der Land- und außeragrarischen Wirtschaft einerseits sowie Veränderungstendenzen oder Beharrungsmomenten im Bereich der ländlichen Gesellschaft andererseits ab. Der Entwicklung der dörflichen Strukturen und der Dorfbewohner gilt – wie eingangs bereits betont – das Hauptaugenmerk der Analyse, da das Dorf die vorrangige ländliche Siedlungseinheit darstellt.[2] Das Dorf, dessen Merkmale es zu bestimmen gilt,[3] ist mit seinen Bewohnern der Ausgangs- und Fluchtpunkt dieser Studie.

---

[1] Vgl. Siewert, Der Verein, S. 70; Wurzbacher, Beiträge zur gegenwärtigen Verfassung und Entwicklung der westdeutschen Landfamilie, S. 247.
[2] Haller, Dorfentwicklung im Vorarlberg, S. 88f.
[3] Eine allgemeingültige Definition dessen, was das Dorf oder die ländliche Gesellschaft ausmacht, liegt noch nicht vor. Vgl. Brelie-Lewien, Im Spannungsfeld zwischen Beharrung und Wandel, S. 347. Die im zweiten Kapitel: Determinanten dörflicher Existenz folgende Bestimmung ist daher ein Versuch.

Erstes Kapitel: Typologie: Die Auswahl der Untersuchungsgemeinden

Die Auswahl der Untersuchungsgemeinden erfolgte anhand einer Typologie. Diese Typologie richtete sich an einem Bündel von Kriterien aus, die vornehmlich aus sozioökonomischen Gesichtspunkten bestanden. Es waren dies der Anteil der hauptberuflich in der Landwirtschaft Beschäftigten, die Größenverhältnisse der landwirtschaftlichen Betriebe, der Grad der gewerblichen und industriellen Prägung und nicht zuletzt die Konfessionsstruktur.

Dabei gerieten zum einen Agrargemeinden, zum anderen gewerblich bzw. industriell geprägte Landgemeinden ins Blickfeld. Als Agrargemeinden gelten in der Soziologie dörfliche Siedlungseinheiten, bei denen mehr als die Hälfte der örtlichen Erwerbstätigen im Agrarsektor beschäftigt sind. Diese Agrargemeinden werden untereinander nach ihrer Prägung durch die Größenverhältnisse der landwirtschaftlichen Betriebe differenziert. Dies können Agrargemeinden mit vorherrschend groß-, mittel- oder kleinbäuerlichen bzw. nebenberuflich betriebenen Kleinst-Betrieben sein.[4] Daneben existierten noch gewerblich oder industriell geprägte Landgemeinden, bei denen zwanzig bis fünfzig Prozent der Beschäftigten hauptberuflich in der Landwirtschaft tätig waren. Diese Kommunen waren entweder durch dörfliche Kleingewerbetreibende, Handwerker oder Kleinhändler stark geprägt oder befanden sich meist im Einzugsgebiet urbaner Industriezentren, in die die Arbeiterbauern einpendelten.[5] Quer zu diesen ökonomischen Differenzierungskriterien liegt der Faktor Konfession und die daraus resultierende Sozialisation.

Die drei ausgewählten Landgemeinden lagen in den unterschiedlichen regionalen bzw. agrargeographischen Gliederungsräumen Westfalens. Mit ihrer Größe und ihrer agrarischen Prägung zum zeitlichen Ausgangspunkt der Untersuchung gehörten alle drei Gemeinden zu einem weit verbreiteten, aber in der Forschung wenig beachteten Siedlungstyp.[6] Anfang der dreißiger Jahre zählten 93,1 Prozent aller Gemein-

---

[4] Wurzbacher, Dorf, S. 10; Siewert, Der Verein, S. 72. Vgl. auch die Einteilung „Sozioökonomische Gemeindetypen 1928" bei Smula, Die Lage der Landwirtschaft im Kreis Lüdinghausen 1925 bis 1933, S. 88ff., und ders., Der Einfluß der Sozial- und Wirtschaftsstrukturen, S. 110f. Smula legt einen Anteil von 40% der Erwerbstätigen einer Kommune im Primärsektor für eine Klassifizierung als „Agrargemeinde" zugrunde.

[5] Wurzbacher, Dorf, S. 10; Siewert, Der Verein, S. 72.

[6] Bei der Volks-, Berufs- und Betriebszählung (im folgenden VBBZ) 1933 zählte Ottmarsbocholt 1635, Heek 2672 und Rödinghausen 711 Einwohner; vgl. VBBZ 1933, StDR Bd. 455,15, S. 64f. Siehe auch das vierte Kapitel zur Bevölkerungsentwicklung der Untersuchungsgemeinden.

den des Deutschen Reiches weniger als 2000 Einwohner,[7] in denen exakt ein Drittel der Reichsbevölkerung lebte.[8]

A. Ottmarsbocholt

Geographisch liegt Ottmarsbocholt im agrarischen Ring um Münster,[9] südwestlich der westfälischen Metropole. Ottmarsbocholt befindet sich somit auf dem Gebiet der ertragreichen Böden des Kern- bzw. Kleimünsterlandes.[10] Der Gemeindebezirk ist Teil der beiden geographischen Räume, Davert und Ascheberger Platte, wo gewässerreiche, staufeuchte und schwere Lehmböden die landwirtschaftliche Nutzung in Form von Grünlandwirtschaft und Waldbau bedingten, aber auch gewinnbringenden Getreideanbau ermöglichten.[11] Administrativ gliederte sich Ottmarsbocholt in vier Teilbezirke, die Ober-, Dorf- und Klosterbauerschaft sowie das Dorf selbst. Die Gemeinde gehörte zum ehemaligen Kreis Lüdinghausen und bildete zusammen mit der Gemeinde Venne das Amt Ottmarsbocholt, das bis zur kommunalen Neugliederung am 1. Januar 1975 bestand.[12] Danach verlor sie ihre politische Selbständigkeit und wurde Teil der Gemeinde Senden im Kreis Coesfeld.

Ottmarsbocholt, in dem 1933 56,1 Prozent der Bevölkerung dem Primärsektor zugehörten, war von allen drei Untersuchungsgemeinden das am stärksten agrarisch geprägte.[13] Die Kommune im Kernmünsterland war stark groß- und mittelbäuerlich verfaßt und wies ein traditionelles Dorfhandwerk auf.[14] Industriebetriebe fehlten gänzlich.

B. Heek

Die zweite Untersuchungsgemeinde befindet sich im Westmünsterland. Das östlich der Dinkel gelegene Heek gehört naturräumlich also zum sogenannten Sandmünsterland. Die „‚uralte' Volkstums- und Sprachscheide" zwischen Klei- und Sand-

---

[7] 47362 der insgesamt 50881 Kommunen des Deutschen Reiches wiesen eine Bevölkerungsziffer von bis zu 2000 Einwohnern auf; VBBZ 1933, StDR Bd. 451,1, S. 41.
[8] Vgl. VBBZ 1933, StDR Bd. 451,1, S. 32 u. 42. Die Provinz Westfalen lag aufgrund des industriellen Ballungsraumes an der Ruhr unter dem Reichsmittel. Dort wohnten knapp zwanzig Prozent der Bevölkerung auf dem Land; vgl. a.a.O., S. 46.
[9] Vgl. Kloosterhuis, Schwarz-Weiß-Grüne Landgemeinden, S. 397.
[10] Zur naturräumlichen Gliederung des Kernmünsterlandes siehe Wermert, Die Land- und Forstwirtschaft, S. 553f.; Ditt, Struktur und Wandel westfälischer Agrarlandschaften, S. 41f.
[11] Theine, Westfälische Landwirtschaft in der Weimarer Republik, S. 24; Smula, Die Lage der Landwirtschaft im Kreis Lüdinghausen 1925 bis 1933, S. 81 - 84.
[12] Siehe Gebietsänderungsvertrag zwischen den von der Kommunalreform betroffenen Gemeinden und Ämtern v. 28.5.1973; GA Senden, Bestand Ottmarsbocholt, D 3. Vgl. auch Wermert, Senden in den neunziger Jahren des 20. Jahrhunderts, S. 655.
[13] Heek und Rödinghausen konnten mit 56 bzw. 37,4% nur einen geringen Grad an land- und forstwirtschaftlicher Bevölkerung vorweisen; vgl. VBBZ 1933, StDR Bd. 451,15, S. 15/64f.
[14] Der Anteil an groß- und mittelbäuerlichen Betrieben lag 1939 in Ottmarsbocholt bei 19,5 bzw. 33,7% der Gehöfte, während Heek mit 18,3 bzw. 28,7% und Rödinghausen mit 3,75 bzw. 28,75% demgegenüber deutlich abfielen; vgl. VBBZ 1939, StDR Bd. 559,9, S. 9/6f. u. 9/11.

münsterland schlug sich unter anderem auch in einem agrarsozialen Kontrast nieder.[15] Die geringere Ertragsfähigkeit seiner (lehmig-)sandigen Böden kennzeichnete das Sandmünsterland im Vergleich zum darin bevorteilten Kleimünsterland.[16] Bedingt durch die Höhe des Grundwasserstandes herrschten im Sandmünsterland größere Grünlandanteile und damit stärkere Futterbauwirtschaft und Viehhaltung, vorwiegend Rindviehhaltung, vor.[17] Neben der Bodenqualität kennzeichneten vor allem die Größenverhältnisse der landwirtschaftlichen Betriebe den Unterschied zwischen Klei- und Sandbauerntum. Während es im Kleimünsterland mehr größere Betriebe gab, wies das Sandmünsterland mehr Kleinbetriebe auf. Verwaltungstechnisch bildete die Gemeinde Heek mit ihrer in Größe und Struktur vergleichbaren Nachbargemeinde Nienborg das Amt Nienborg-Heek, das mit der Kommunalreform 1969 zur neugeschaffenen Gemeinde Heek verschmolz.[18] Bis Ende der sechziger Jahre gehörte Heek zum Kreis Ahaus, dann zum neugeschaffenen Kreis Borken.

Im Vergleich mit Ottmarsbocholt wies die zweite Untersuchungsgemeinde Unterschiede sowie Gemeinsamkeiten auf: Die Einwohnerschaft beider Gemeinden war bis zur Jahrhundertmitte konfessionell homogen und damit charakteristisch für das Münsterland vollständig katholisch sozialisiert. Obgleich stark agrarisch geprägt war Heek im Vergleich zu Ottmarsbocholt etwas industrialisierter und beheimatete damit auch mehr Arbeiterbauern.[19]

C. Rödinghausen

Die Gemeinde Rödinghausen liegt im äußersten Nordwesten des Ravensberger Landes, das einen Teil des Weserberglandes bildet.[20] Damit zählt das Gemeindegebiet, das im Norden durch das Wiehengebirge begrenzt wird, zu einer Mittelgebirgslandschaft. Das dadurch bedingte Landschaftsgefüge wirkte auf die Erwerbsgrundlagen der Bewohner ein, was sich zum Beispiel bei der örtlichen Landwirtschaft im Hackfruchtbau, in der intensiven Schweinehaltung und im hohen Anteil der forstwirtschaftlichen Nutzung des Waldes an der Südabdachung des Wiehengebirges niederschlug, wie der Ortsname bereits andeutet.[21] Administrativ gehörte das „Dorn-

---

[15] Ditt, Siedlungs- und wirtschaftsgeographischer Überblick, S. 15 - 28, S. 16; dies., Struktur und Wandel westfälischer Agrarlandschaften, S. 36f.
[16] Zur naturräumlichen Zugehörigkeit Heeks siehe Flächennutzungsplan der Gemeinde Heek v. 23.8.1963; GA Heek, Zwischenarchiv, Reg.-Nr. 0-13/1A. Zur Bodenqualität und den notwendigen Meliorationen siehe Nacke, Bodenverbesserung im Dinkeltal, in: Heimat- und Rathausspiegel 16 (1984),S. 415 - 420.
[17] Altevogt, Die natürlichen Grundlagen des Kreises, S. 41; Ditt, Siedlungs- und wirtschaftsgeographischer Überblick, S. 26; Theine, Westfälische Landwirtschaft in der Weimarer Republik, S. 24.
[18] Am 1.7.1969 wurden die beiden ehemaligen Amtsgemeinden Heek und Nienborg zur Gemeinde Heek zusammengefaßt. Schreiben des Gemeindedirektors an den Deutschen Adreßbuch-Verlag v. 15.7.1969; GA Heek, Zwischenarchiv, Reg.-Nr. 0-01/1B.
[19] Während die Kleinbetriebe in Ottmarsbocholt nur 47,8% der Höfe zählten, ergaben sie in Heek 53 %; VBBZ 1939, StDR Bd. 559,9, S. 9/6f.
[20] Siehe dazu Schüttler, Rödinghausen im Ravensberger Land, S. 4ff.
[21] Von den 446 ha Gemeindegemarkung waren 116 ha Wald; Beiträge zur Statistik des Landes Nordrhein-Westfalen, Sonderreihe Volkszählung 1961, Heft 3a, S. 374. Ditt, Struktur und Wandel westfälischer

röschen am Wiehengebirge" als Amtsgemeinde zum Landkreis Herford im Regierungsbezirk Minden bzw. ab 1946 im neugebildeten Regierungsbezirk Detmold.[22] Zusammen mit den Gemeinden Bieren, Ostkilver, Schwenningdorf und Westkilver bildete es das von 1843 bis zur kommunalen Neugliederung 1969 selbständige Amt Rödinghausen.[23]

Charakteristisch für Rödinghausen war die besondere sozioökonomische Prägung und die gegenüber Ottmarsbocholt und Heek unterschiedliche Konfession. Die dritte Vergleichsgemeinde war – typisch für den Raum Ostwestfalen – protestantisch sozialisiert. Aufgrund eines Anteils der land- und forstwirtschaftlichen Bevölkerung von 37,4 Prozent galt die Kommune als ländliche Gewerbegemeinde, in der wegen der Nähe zu städtischen Zentren viele Industriearbeiter wohnten. Dementsprechend besaß Rödinghausen von allen drei Dörfern den höchsten Prozentsatz von landwirtschaftlichen Kleinbetrieben.[24] Im Gegensatz zu den beiden anderen Kommunen existierte in Rödinghausen eine extrem schmale Oberschicht, die quantitativ gegenüber den zahlreichen Arbeitern als Unterschichtangehörigen eine Randgröße bildete.

D. Dorfmilieus

Mit ihrer unterschiedlichen Sozial- und Konfessionsstruktur waren die drei Landgemeinden von sozialmoralischen Milieus gezeichnet.[25] Unter einem Milieu wird allgemein „eine spezielle Zuordnung von Konfession, regionaler Tradition, ökonomischer Struktur" verstanden.[26] Prägend für das Mitglied ist das Milieu als Ort der kollektiven Sinndeutung und der lebensgeschichtlichen Erfahrung, das in seiner spezifischen lokalistischen Verdichtung eine spezifische Gemeinde-Identität vermittelt. Transmissionsriemen einer sozialmoralischen Milieu-Prägung sind je nachdem intermediäre Gruppen, Geistliche im katholischen oder Funktionäre im Arbeiter-Milieu, sowie eine generative Sozialisation. Die beiden Milieutypen begegneten in den Untersuchungsgemeinden. Während die beiden Münsterlandgemeinden Ottmarsbocholt und Heek vom katholischen Milieu dominiert waren, beeinflußte das Arbeitermilieu das ostwestfälische Rödinghausen.

Agrarlandschaften, S. 51ff.; Theine, Westfälische Landwirtschaft in der Weimarer Republik, S. 24, 197 u. 282.

[22] Westfalen-Zeitung Nr. 190 v. 14.12.1949; GA Rödinghausen, Zwischenarchiv, C 1-20/2c.

[23] Botzet, Bauersleut und Heimarbeiter, S. 20; ders., Kaiserzeit in Rödinghausen, S. 52; ders., Ereygnisse, Merckwürdigkeiten und Begehbenheiten aus Rödinghausen, S. 241.

[24] In Rödinghausen zählten 67,5% der landwirtschaftlichen Höfe zu den Klein- und Kleinstbetrieben; VBBZ 1939, StDR Bd. 559,9, S. 9/6f. u. 9/11.

[25] Den Begriff des sozialmoralischen Milieus hat Lepsius eingeführt, um damit sowohl den Katholizismus als auch die Arbeiterbewegung zu erfassen. Dagegen plädiert der Arbeitskreis für kirchliche Zeitgeschichte (AKKZG), Münster, Katholiken zwischen Tradition und Moderne, S. 588 - 654, dafür, das katholische Milieu als Gesinnungsmilieu anzusehen.

[26] Vgl. Naßmacher/Rudzio, Das lokale Parteiensystem auf dem Lande, S. 130; Prinz, Demokratische Stabilisierung, S. 674.

Zweites Kapitel: Determinanten dörflicher Existenz

Der Sozialraum Dorf als Lebens- und Arbeitsmitte der ländlichen Bevölkerung barg traditionell die oben für die ländliche Gesellschaft aufgestellten ökonomischen und sozialen Realitäten.[27] Hier fielen in einer spezifischen räumlichen Verdichtung das Leben, Arbeiten, Wohnen und Gemeinschaftsleben der Bewohner zusammen.[28] Die relative Überschaubarkeit des Sozialraumes Dorf konnte zugleich als identitätsstiftende Geborgenheit und als soziale Kontrolle empfunden werden: „Verwurzelt entpuppt sich gern als verhockt".[29] Zudem prägten das Dorf seine direkten, personalen Kommunikations- und Interaktionsstrukturen. Aus beiden Gründen konnte man in dem Sozialgefüge Dorf eine Face-to-face-Struktur sehen.

Diese spezielle Verfaßtheit des Dorfes als Face-to-face-Gesellschaft entsprang der Kleinheit und Begrenztheit dieses Sozialraumes.[30] Dabei darf das Dorf nicht idealistisch oder romantisierend als ein harmonisches, organisches Ganzes gesehen werden,[31] sondern gerade wegen seiner Enge konnte es zu inneren Konflikten zwischen Gruppen und Schichten der Dorfgesellschaft kommen. Besonders bei dem Flüchtlingszuzug offenbarte sich, daß der Sozialraum Dorf den Rahmen einer täglichen „Konfliktgeschichte" bildete.[32]

Ein wichtiges Merkmal der Dorfgesellschaft war ihre patriarchalische Disposition. Autoritätsstrukturen sowie die Art und Weise, zu kommunizieren und Konflikte zu lösen, entsprach dem vertrauten Vorbild des vom Vater dominierten Haushalts.[33] So ist es nicht verwunderlich, wenn gewohnheitsgemäß auch in der Gemeindeöffentlichkeit dieselbe Personengruppe wie im familiären Haushalt als Handlungs- und

---

[27] Schröter-von Brandt/Westerheide, Zukunft für die Dörfer, S. 1: „Wesensmerkmal des Dorfes ist seine räumliche und soziale Überschaubarkeit und seine Prägung durch die Landwirtschaft"; Zimmermann, Dorf und Land in der Sozialgeschichte, S. 94; Wunder, Die bäuerliche Gemeinde in Deutschland, S. 7 - 11 u. 18 - 25; Ziegler, Dorfentwicklung in der Ostschweiz und am Zürichsee, S. 106 - 108. – Die Merkmale wurden bei der Auswahl der Untersuchungsgemeinden zu Grunde gelegt. Siehe das erste Kapitel: Typologie: Die Auswahl der Untersuchungsgemeinden

[28] Siehe dazu die agrarsoziologische Literatur der fünfziger Jahre von Tenhumberg, Grundzüge im soziologischen Bild des deutschen Dorfes, S. 21ff.; Linde, Zur sozialökonomischen Struktur und soziologischen Situation des deutschen Dorfes, S. 5f.

[29] Jeggle, Krise der Gemeinde – Krise der Gemeindeforschung, S. 102 u. 106ff. Siehe weitere volkskundliche Studien zur Struktur ländlicher Gemeinden von dems./Ilien, Die Dorfgemeinschaft als Not- und Terrorzusammenhang, S. 38 - 53; Haller, Dorfentwicklung im Vorarlberg, S. 88f.

[30] Wurzbacher, Die Nachbarschaft als Ausgleichsfaktor gegen Vereinzelung und Anonymisierung, S. 149: „Die Kleinheit der Ortschaften hat die gegenseitige Bekanntschaft aller zur Folge, auf der allein das ... Wissen über Familien- und Ortsgeschichte beruht."

[31] Vgl. Zimmermann, Dorf und Land in der Sozialgeschichte, S. 90.

[32] Erker, Revolution des Dorfes, S. 386. Zu den Interessenkonflikten zwischen Neuankömmlingen und Alteingesessenen siehe das vierte Kapitel zur demographischen Entwicklung sowie die folgenden Unterpunkte.

[33] Jeggle/Ilien, Die Dorfgemeinschaft als Not- und Terrorzusammenhang, S. 47f.

Entscheidungsträger hervortrat.[34] Die patriarchalischen Gesellschaftsstrukturen werden in den folgenden Kapiteln zur Elitenrekrutierung, dem Heiratsverhalten sowie dem Fest- und Gemeindeleben durchschimmern. Sie sollten erst mit der zunehmenden - besonders beruflichen - Mobilität in den fünfziger Jahren abgebaut werden.[35]

---

[34] Zur patriarchalen Struktur der Bauernfamilie Weber-Kellermann, Die deutsche Familie, S. 85ff.; siehe die Befragung einer Zeitzeugin bei Inhetveen, Staatliche Macht und dörfliche Ehre, S. 133 - 162; Schelsky, Die Gestalt der Landfamilie im gegenwärtigen Wandel der Gesellschaft, S. 55.

[35] Wurzbacher, Beiträge zur gegenwärtigen Verfassung und Entwicklung der westdeutschen Landfamilie, S. 254ff., sieht in der gestiegenen Mobilität die Ursache für den Abbau patriarchalischer Gesellschaftsmuster.

Drittes Kapitel: Politik und soziale Schichtung

Die soziale Schichtung der westfälischen Landgemeinden zwischen 1919 und 1969 spiegelte deren komplexe Struktur wider.[36] Sie orientierte sich an der dominanten Stellung des primären Schichtungsmerkmals: des (Grund-)Besitzes. Die selbständige Verfügbarkeit über Grund und Boden verkörperte den „wichtigsten Sektor der agrarischen, innerdörflichen Produktionssphäre".[37] Umfangreicher (Land-)Besitz stellte eine der substantiellen „Quellen lokaler politischer Macht" dar.[38] Im Rahmen der dörflichen Sozialstruktur stellte er das entscheidende Kriterium für soziale Plazierung im Produktions- und Sozialverband Dorf dar. Die Besitzverhältnisse gaben die Skala ab, auf der sich die soziale Differenzierung der Dorfgesellschaft abzeichnete. Im Verbund mit dem damit eng verwobenen Faktor Verwandtschaft bildete der Besitz die Determinante dörflicher Existenz:[39] Familie und Besitz stellten für die dörfliche Sozialstruktur „statusbildende Elemente" dar.[40] Unter Sozialstruktur wird hier die Zusammenfassung der Bevölkerung in soziale Schichten unter Beachtung von Einstellungs- und Verhaltensmustern, Werten und Mentalitäten verstanden.[41]

Die dörfliche Stratifikation bestand aus drei Schichten: einer Ober-, Mittel- und Unterschicht. Die Schichtzugehörigkeit erfüllte für die dörfliche Stratifikation zwei Funktionen. Sie bildete zum einen den für die wirtschaftliche Situation bedeutenden „familiären Produktionsmittelbesitz" ab: Die „Hauptsache [dörflicher Existenz, P.E.] war der Landbesitz, der... unentbehrlich war".[42] Damit differenzierten sich auch die Landbesitzer sozial, d.h. die Größe des Landbesitzes bestimmte die Schichtzugehörigkeit. Demnach ist es sowohl in sozialer als auch ökonomischer Hinsicht eine Fiktion, die ländliche Gesellschaft als einheitliche Schicht wahrzunehmen. Zum anderen steckte dörfliche Schichtzugehörigkeit den im Hinblick auf politische Einflußnahme und das Heiratsverhalten[43] relevanten „Reproduktionsrahmen ab, in dessen

---

[36] Die historiographische Notwendigkeit einer sozialen Schichtung der ländlichen Gesellschaft betont Dipper, Bauern als Gegenstand der Sozialgeschichte, S. 9 - 33.
[37] Kaschuba/Lipp, Dörfliches Überleben, S. 102. Zum Bodenbesitz als sozialem Merkmal und Unterscheidungskriterium der Bauern auch Erker, Der lange Abschied vom Agrarland.
[38] Planck/Ziche, Land- und Agrarsoziologie, S. 175.
[39] Zur Plazierungsleistung der Familie siehe Kromka, Die Bedeutung von Ehe und Familie für die ländliche Gesellschaft, S. 222f.
[40] Kaschuba/Lipp, Dörfliches Überleben, S. 297.
[41] Zimmermann, Dorf und Land in der Sozialgeschichte, S. 92. Zur Definition von Sozialstuktur siehe Zapf, Zum Verhältnis von sozialstrukturellem Wandel und politischem Wandel, S. 130f.
[42] Siehe dazu die Aussage einer Dorfbewohnerin aus einer Westerwaldgemeinde; Wurzbacher, Die Familie als sozialer Eingliederungsfaktor, S. 101.
[43] Zur Elitenrekrutierung und zum generativen Verhalten in den einzelnen Dörfern siehe den Teil II: Traditionelle Orientierungs- und Verhaltensmuster zwischen Beharrung und Wandel.

sachhaften und... auch sozialkulturellen Koordinaten sich die einzelnen sozialen Gruppen beweg(t)en."[44]

Die Oberschicht und Unterschicht sind am einfachsten zu bestimmen. Die Oberschicht bildeten in den ländlichen Untersuchungsgemeinden, die einen hohen Prozentsatz von in der Landwirtschaft Beschäftigen besaßen, die Großbauern. Sie bestritten aufgrund ihrer materiellen Reproduktionsbasis ihren Lebensunterhalt ausschließlich aus der Landwirtschaft. Bereits seit der Neuzeit waren die Dörfer Nordwestdeutschlands aufgrund der geschlossenen Hofvererbung „meist großbäuerlich dominiert";[45] die Existenz von Großbauern in Dorfgemeinden brachte eine „regelrechte Klassenspaltung" mit sich und strahlte somit bis in die dörfliche Sozialstruktur sowie in die Sphäre des Moralkodex hinein.[46]

Die Unterschicht setzte sich aus Kleinbauern und Arbeitern zusammen, die oft in einer beruflichen Doppelexistenz als „Arbeiter-Bauern" für ihr Auskommen sorgten.[47] Sie waren im Westmünsterland und vor allem in Ostwestfalen stark verbreitet. Auf der Skala der ländlichen Sozialschichten nahmen sie – aus Mangel an einem für eine vollbäuerliche Existenz ausreichenden Grundbesitz – eine untere Position ein. Die Lebensform der Arbeiterbauern kennzeichnete eine professionelle Doppelexistenz, eine „Zwitterstellung"[48] von industrieller Erwerbstätigkeit und agrarischer Selbstversorgung, gewissermaßen ein duales materielles Reproduktionsmuster. Ihre landwirtschaftliche Nebenexistenz sollte vor allem der Selbstversorgung dienen und die Folgen industrieller Konjunkturschwankungen lindern. Auch in der mentalen Disposition waren die Arbeiterbauern maßgeblich von dem beeinflußt, was sie von den städtischen Industriearbeitern unterschied: ihrem eigenen Grund- und auch Hausbesitz. Dieses Festhalten an bäuerlichen Orientierungs- und Verhaltensmustern aufgrund der materiellen Verwurzelung führte dazu, daß sich auf dem Land kein dem städtischen vergleichbares Proletariat bildete, und daß vor allem katholisch sozialisierte Arbeiter sich der organisierten Arbeiterbewegung gegenüber zurückhaltend verhielten.[49] Dies wird bei der Untersuchung der personellen Rekrutierung der politischen Vertretungen und der Präferenz politischer Parteien noch zu sehen sein. In ihrer Selbstwahrnehmung bezogen die Arbeiterbauern wiederum eine Zwitterstellung, da sie weder den hauptberuflichen Vollerwerbsbauern noch dem urbanen Industrieproletariat zuzurechnen waren. Man kann sie als lohnabhängige Industriearbei-

---

[44] Kaschuba/Lipp, Dörfliches Überleben, S. 102.
[45] Troßbach, Bauern 1648 - 1806, S. 27. Für den Untersuchungsraum Westfalen zeigt sich anhand der analysierten Landgemeinden, daß der großbäuerliche Anteil je nach Gebiet schwankte: Am höchsten war er unter anderem aufgrund der Bodenverhältnisse im Kernmünsterland, weniger hoch im Westmünsterland, am niedrigsten in Ostwestfalen. Insofern läßt die Struktur der sozialen Schichtung Rückschlüsse auf das materielle Fundament der Gemeinden zu.
[46] Troßbach, Bauern, S. 38ff. u. 31. Seit dieser Zeit festigte sich das großbäuerliche Standesbewußtsein, nicht zuletzt durch ökonomischen Wohlstand.
[47] Der Begriff des Arbeiterbauern geht zurück auf Hecht, Drei Dörfer im badischen Hard, S. 38f. u. 93ff. Eine Standortbestimmung aus den fünfziger Jahren zum Verhältnis von Bauernstand und Arbeiterklasse legte Nell-Breuning, Bauer und Arbeiter im Staat, S. 8 - 21, vor.
[48] Wagner, Leben auf dem Lande, S. 303.
[49] Siehe dazu Hecht, Drei Dörfer im badischen Hard, 38ff. u. 93ff. sowie Wagner, Leben auf dem Lande, S. 313 - 318.

ter mit der mentalen Disposition von Kleinbauern bezeichnen.[50] Hierbei rangen – aufgrund des „Leben(s) in zwei Welten"[51] – die Einflüsse des heimischen, bäuerlichen Sozialverbandes Dorf und die Beeinflussung durch die industrielle Tätigkeit in urbanem Umfeld miteinander, welcher sich als prägender und damit als vorrangig identitätsstiftend erwies.[52]

Der alles dominierende Faktor Landbesitz legte demnach ein bipolares Schichtungsmodell fest, das man sich graphisch in Form einer vertikal ausgerichteten Ellipse vorstellen muß. Als Zwischenform zwischen den beiden Polen viel bzw. wenig Landbesitz bildete sich die Mitte der ländlichen Gesellschaft ab und erlaubte vielgestaltige Übergangsformen. Die Mittelschicht bestand als alter Mittelstand aus Mittelbauern und aus selbständigen Kleingewerbetreibenden, d.h. aus Handwerksmeistern, Kleinhändlern und Kaufleuten, schließlich dem zunehmend auftretenden neuen Mittelstand in Gestalt der Angestellten.[53]

Die dörfliche, vollagrarische wie gewerbliche Arbeit der Oberschicht und Mittelschicht war örtlich und ortsfest organisiert. Die halbagrarische, gewerbliche wie industrielle Tätigkeit, vor allem der Unterschicht-Arbeiterbauern, bewegte sich dagegen vornehmlich im dörflichen Außenraum. Sie war im Hinblick auf die männlichen Nachgeborenen eines landwirtschaftlichen Betriebes „gewissermaßen vom Negativangebot des agrarischen Leitsektors"[54] bestimmt.

Aufgrund der determinierenden Rolle des Grundbesitzes ging die Unterscheidung dörflicher Schichten mit der Einteilung der bäuerlichen Betriebe in drei Größenklassen konform. Als Kleinbetriebe galten zu Beginn des Untersuchungszeitraumes Höfe mit einer Fläche von bis zu fünf Hektar. Mittelbäuerliche Betriebe wiesen eine Größe von fünf bis zwanzig Hektar auf, darüber lagen die großbäuerlichen Betriebe.[55] Diese Einteilung erhält zusätzliche Legitimation aus dem Umstand, daß das Statistische Reichsamt diese Besitzverhältnisse den Volks-, Berufs- und Betriebszählungen zugrunde legte.[56] Die Trennlinie zwischen haupt- und nebenberuflich betriebener Landwirtschaft bildeten zwei Hektar Betriebsfläche.[57]

---

[50] Wagner, Leben auf dem Lande, S. 314, spricht in diesem Kontext von einem „doppelten Bewußtsein" der Arbeiterbauern angesichts zweier konträrer Lebenswelten.
[51] Kaschuba, Lebenswelt und Kultur, S. 35.
[52] Wagner, Leben auf dem Lande, S. 315. Seit dem Strukturwandel der fünfziger Jahre hat sich der industriell-urbane Einfluß als der prägendere erwiesen; siehe hierzu Tenhumberg, Grundzüge im soziologischen Bild des deutschen Dorfes, S. 23f.
[53] Zum Mittelstand siehe Winkler, Zwischen Marx und Monopolen, bes. die Einleitung S. 7ff.
[54] Kaschuba/Lipp, Dörfliches Überleben, S. 104.
[55] Dieselbe Einteilung der Betriebe in Betriebsklassen wird auch in dem Projekt ‚Bayern in der NS-Zeit' zugrunde gelegt. Siehe dazu Fröhlich/Broszat, Politische und soziale Macht auf dem Lande, S. 548. – Dieselbe Klassifikation siehe auch bei Schwartz, Zwischen „Reich" und „Nährstand", Tabellen S. 324 u. 329.
[56] So galt bei der VBBZ 1939 ein Betrieb über 20 Hektar als großbäuerlich; siehe VBBZ 1939, StDR Bd. 560, S. 32, 36, 47 u.ö. Betriebe von fünf bis 20 Hektar wurden als mittelbäuerlich gekennzeichnet; siehe VBBZ 1933, Bd. 459,1, S. 1/47. Betriebe von zwei bis fünf Hektar wurden als kleinbäuerlich definiert, Betriebe von einem halben bis zwei Hektar trugen die Bezeichnung Kleinbetriebe; siehe ebd. – Sozioökonomische Kriterien wie Voll-, Zu- oder Nebenerwerbsbetriebe, die an ihrer betriebsökonomischen Situation klassifiziert werden, finden erst in den siebziger Jahren Eingang in die Agrarstatistik.
[57] Vgl. VBBZ 1933, StDR, Bd. 461,1, S. 1/12 u. 1/47. – Im südwestdeutschen Realteilungsgebiet dagegen

Bestimmend für die Stratifikation der Dorfgesellschaft war mithin das „Denken in besitzhierarchischen Systemen".[58] Der Besitz von Grund und Boden determinierte die Position in der dörflichen Sozialhierarchie. Die Stellung zum Produktionsmittel Boden legte „als Besitz- und Arbeitsverhältnis die Position im Produktionsprozeß wie den sozialen Standort" im Produktions- und Sozialverband Dorf fest und besiegelte folglich „eine Summe charakteristischer Unterschiede der dörflichen Lebenslagen."[59] Denn außer dem ländlichen Gewerbesektor, dem Dorfhandwerk, „existierten keine außer-landwirtschaftlichen beruflichen Alternativen einer ökonomisch und sozial vollgültigen Existenz"; gewerbliche Erwerbsquellen, wie sie den Arbeiterbauern die wirtschaftliche Lebensgrundlage boten, „besaßen nur substituierenden Charakter und dienten gleichsam als wirtschaftliche ‚Lückenbüßer' für fehlende agrarische Einkommensanteile."[60] Die Lage der Arbeiterbauern belegt diesen Befund. Diese sicherten ihre materielle Existenz, indem sie einer gewerblichen Arbeit nachgingen, weil ihr Klein- und Kleinstbesitz an landwirtschaftlicher Nutzfläche dazu nicht ausreichte. Die „materiell sichere und sozial primäre, höherwertige Determinante dörflicher Existenz" hingegen war der Status des landwirtschaftlichen Erzeugers.[61] Dieser Stand erfuhr in Zeiten, in denen Versorgungskrisen herrschten, besonders in den Mangeljahren 1945 bis 1948, noch mehr Wertschätzung und Gewicht in der dörflichen Gesellschaft.

Die Dorfgesellschaft fußte also auf „einer ökonomischen-rationalen Grundlage",[62] die gleichermaßen zu solidarischem Handeln wie zu Auseinandersetzungen motivieren konnte. Die Determinanten Verwandtschaft und Besitz besaßen lebensprägenden Charakter für das jeweilige Individuum, bestimmten sie doch Teilhabe an der politischen Herrschaft und den Kreis der zukünftigen Lebenspartner. Die Familie und die größere Klammer der Verwandtschaft[63] waren „Basisorganisationen bei der Verteilung politischer Macht und den Strategien der Verwandtschaftsbildung."[64] Familie, der als bürgerlicher Grundwert zu Beginn des Jahrhunderts der Stellenwert einer „innerweltlichen Transzendenz" zukam, ergriff mit der Wertschätzung einer sinnstiftenden, letztgültigen Lebenskategorie, als lebensprägendes gesellschaftliches Ord-

---

bildeten im 19. Jahrhundert drei Hektar Grundbesitz die Grundlage für „ein(en) vollbäuerliche(n) Betrieb"; siehe dazu Kaschuba/Lipp, Dörfliches Überleben, S. 96.

[58] Weber-Kellermann, Die deutsche Familie, S. 86; Hund, Flüchtlinge in einem deutschen Dorf, S. 49 u. 126f.

[59] Kaschuba/Lipp, Dörfliches Überleben, S. 91. Zum Faktor Bodeneigentum siehe auch Weber, Wirtschaft und Gesellschaft, S. 201; Kocka, Theorien in der Sozial- und Gesellschaftsgeschichte, S. 41, nimmt an, daß „unter den Bedingungen der Industrialisierung und des vorhergehenden und begleitenden sozialen Wandels die auch vorher schon äußerst bedeutsamen sozialökonomischen Schichtungsdimensionen relativ noch weiter nach vorn (traten)."

[60] Kaschuba/Lipp, Dörfliches Überleben, S. 90.

[61] Ebd.

[62] Siewert, Der Verein, S. 73.

[63] Zur Differenzierung zwischen Familie als einer Lebens-, Arbeits- und Hausgemeinschaft und Verwandtschaft als den blutsmäßig Angehörigen siehe Weber-Kellermann, Die deutsche Familie, S. 151; Hausen, Familie und Familiengeschichte, S. 73.

[64] Kaschuba/Lipp, Dörfliches Überleben, S. 572.

nungsmuster gleichermaßen alle dörflichen Schichten.⁶⁵ Familie und der umfassendere Rahmen der Verwandtschaft waren als „Besitz-Clans"⁶⁶ wesentliche „soziale Struktur-Elemente des dörflichen Produktions- und Reproduktionssystems".⁶⁷ Das Strukturmerkmal Verwandtschaft leitete mittels Heiratsstrategie die Weitergabe des eigenen materiellen und sozialkulturellen Kapitals. Verwandtschaft als Besitzverband „sagt alles, was den Grundbesitz, den Besitz überhaupt angeht."⁶⁸

Das Ausmaß des (Grund-)Besitzes wirkte nachhaltig auf das Dorfleben ein.⁶⁹ Die Eigentumsverhältnisse, die vom Faktor Verwandtschaft nicht losgelöst werden können, verfügten über eine immense Prägekraft hinsichtlich des Werdeganges jedes Einzelnen: „Jede Verwandtschaft hat ihre eigene Geschichte, die wiederum von jeweils eigenem Besitz bestimmt war, dessen Größe, Lage, Qualität definierte die Menschen, ihre kindliche Entwicklung, ihre Fähigkeit, ihre Sinnlichkeit, ihre Partnerwahl, ihre Arbeitsamkeit, ihre öffentliche Reputation, ihre Sexualität, ihr Verhältnis zu den Frauen, Kindern, Eltern, ihr gesamtes Leben."⁷⁰ Nach den Eigentumsverhältnissen richtete sich, „welches Wirtshaus man besuchte, mit wem man Umgang pflegte und woher man Schwiegersohn oder -tochter wählte."⁷¹ Schließlich gehörte der Besitz nicht dem jeweiligen Individuum, dieses verfügte lediglich über ihn.⁷² Besitz war „Bestandteil einer Familie", er gehört also immer auch den Erben. Der (Grund-)besitz bildete somit auch die „strukturelle Determinante der Partnerwahl".⁷³ Er „war das eigentlich Beständige, die Besitzer wechselten, die konnte man austauschen, Boden war unersetzlich."⁷⁴

---

[65] Vgl. Nipperdey, Religion im Umbruch, S. 137f.
[66] Jeggle, Krise der Gemeinde – Krise der Gemeindeforschung, S. 103.
[67] Ilien, Prestige in dörflicher Lebenswelt, S. 46f.
[68] Ilien/Jeggle/Schelwies, Verwandtschaft und Verein, S. 103. Zur Familie als Abstammungskriterium Hausen, Familie und Familiengeschichte, S. 73.
[69] Weber-Kellermann, Die deutsche Familie, S. 86.
[70] Jeggle, Kiebingen, S. 201.
[71] Weber-Kellermann, Die deutsche Familie, S. 86 u. 156f.
[72] Jeggle, Krise der Gemeinde – Krise der Gemeindeforschung, S. 103, schreibt über die Bewohner seiner Untersuchungsgemeinde: „Bis heute sehen die Hausener in den Äckern besessene Äcker, es gibt keine Flur an sich, keinen herrschafts- und besitzfreien Raum, genauso wie es für die Hausener keinen Menschen gibt, der nicht von Äckern besessen wäre."
[73] Kaschuba, Volkskultur zwischen feudaler und bürgerlicher Gesellschaft, S. 232.
[74] Jeggle, Kiebingen, S. 73.

Viertes Kapitel: „Alles ist in Bewegung geraten: Menschen, Güter, Vorstellungen und Werte"[75]: die demographische Entwicklung

Der folgende Überblick skizziert die Bevölkerungsentwicklung der Untersuchungsgemeinden. Er zeigt die Entwicklung „demographischer Strukturen und strukturwandelnder Prozesse raumgebundener sozialer Kollektive", hier der Dorfgesellschaften, in Korrelation mit ihrer vielgestalten Umwelt.[76] Dabei soll das Augenmerk auf Kontinuitäten hinsichtlich der Einwirkungen von außen gelegt und der Frage nachgegangen werden, ob von neuen Dorfbewohnern solche strukturwandelnden Prozesse ausgingen. Das Phänomen der Fremden im Dorf existierte nicht erst seit dem Vertriebenenzuzug nach dem Zweiten Weltkrieg und war damit auch nicht zu Ende, weil in den sechziger Jahren Gastarbeiter für die Landwirtschaft angeworben wurden.[77] Mit dieser Zuwanderung von ausländischen Arbeitskräften setzte ein erneuter Unterschichtungsprozeß ein, der dazu führte, daß die Gastarbeiter den Platz der Flüchtlinge einnahmen und diese mit den Einheimischen näher zusammenrückten.[78]

Während vor dem Krieg in den Untersuchungsgemeinden vereinzelt saisonale, ausländische Fachkräfte wie zum Beispiel Melker zu registrieren waren, kamen während des Krieges ausländische Arbeitskräfte und Kriegsgefangene gezwungenermaßen in die westfälischen Dörfer.[79] In der Zeit nach dem Zweiten Weltkrieg setzte ein Zuzug in drei Phasen ein: die „Vertreibungsphase", die von der Massenflucht aus den deutschen Ostgebieten bis Ende der vierziger Jahre geprägt war, sodann die Phase der Zuwanderung aus der Sowjetischen Besatzungszone bzw. der DDR bis zum Mauerbau 1961 sowie schließlich der Zuzug von Arbeitskräften aus Südeuropa zu Beginn der sechziger Jahre.[80] Der Überblick über die Bevölkerungsentwicklung soll

---

[75] Pfeil, Der Flüchtling, S. 11.
[76] Zur Theorie Köllmann, Bevölkerungsgeschichte, S. 9 - 31, Zitat S. 18. Zum Unterschied zur „vorstatistischen" Historischen Demographie siehe a.a.O., S. 19, sowie Imhof, Historische Demographie, S. 32 - 63.
[77] Zum Thema „Fremde" siehe den einleitenden Beitrag von Bade, Einführung: Das Eigene und das Fremde – Grenzerfahrungen in Geschichte und Gegenwart, S. 15 - 25, sowie Erker, Revolution des Dorfes, S. 377.
[78] Zu Kontinuität und Wandel der Migration siehe Herbert, Zwangsarbeiter – Vertriebene – Gastarbeiter, S. 171 - 174; Bade, Sozialhistorische Migrationsforschung und „Flüchtlingsintegration", S. 127 - 138; ders., Migration und Migrationsforschung, S. 393 - 407. Zum Thema Gastarbeiter vgl. ders., Einheimische Ausländer: „Gastarbeiter" – Dauergäste – Einwanderer, S. 393 - 401; Esser, Gastarbeiter, S. 127 - 156.
[79] Seit 1938 war abzusehen, daß der Arbeitskräftebedarf in Deutschland nur noch mittels Zwangsrekrutierung zu befriedigen war. Vgl. Esser, Gastarbeiter, S. 130.
[80] Zur Phaseneinteilung in der Nachkriegszeit siehe Köllmann, Die Bevölkerungsentwicklung der Bundesrepublik, S. 68ff. – Um den Arbeitskräftemangel in der Landwirtschaft zu beheben wurde bereits 1955 in Rom ein Anwerbabkommen mit Italien abgeschlossen, wohingegen im Laufe der sechziger Jahre sich

also zweierlei leisten: Zum einen soll hier die Entwicklung der Einwohnerzahlen von der Jahrhundertwende bis Ende der sechziger Jahre dargestellt,[81] zum anderen aber auch aus der Sicht der Dorfgesellschaften die Zuwanderung von Neuankömmlingen beleuchtet werden.

OTTMARSBOCHOLT. EINWOHNER/SOZIALE GRUPPEN 1925 - 69

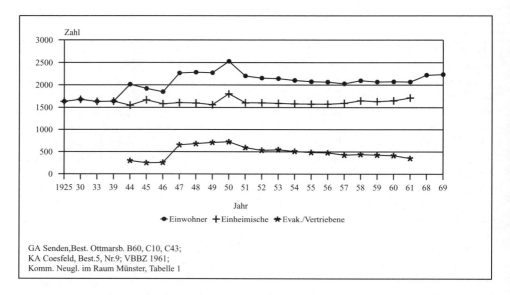

GA Senden,Best. Ottmarsb. B60, C10, C43;
KA Coesfeld, Best.5, Nr.9; VBBZ 1961;
Komm. Neugl. im Raum Münster, Tabelle 1

In Ottmarsbocholt veränderte sich die Einwohnerzahl bis zur Einquartierung der Evakuierten und zum Vertriebenenzuzug nach dem Zweiten Weltkrieg kaum. Nach einem kleinen Rückgang zu Ende des 19. Jahrhunderts stieg die Bevölkerungsziffer bis 1930, um dann in den dreißiger Jahren leicht zu sinken.[82] Zum Zeitpunkt der Volks-, Berufs- und Betriebszählung (VBBZ) 1925 zählte die Bevölkerung 1632 Bewohner. 1930 war sie auf 1676 Einwohner angewachsen.[83] Bei der VBBZ 1933 zählte Ottmarsbocholt 1635 und sechs Jahre später 1614 Einwohner.[84] Im Gefolge

immer weniger ausländische Arbeitskräfte für den Agrarsektor anwerben ließen; vgl. Esser, Gastarbeiter, S. 131 - 134.

[81] Allgemein ist ein starker Bevölkerungsanstieg nach dem Zweiten Weltkrieg festzustellen. Auf dem Gebiet der alten Bundesrepublik stieg die Bevölkerungszahl von 1939 bis 1949 um mehr als sechs und zwischen 1949 und 1961 um weitere sieben Millionen. Vgl. Korte, Bevölkerungsstruktur und -entwicklung, S. 13f.

[82] Zählte Ottmarsbocholt 1871 1481 Einwohner, so umfaßte die Gemeinde zur Zeit der Jahrhundertwende 1435 Ansässige. Vor Kriegsbeginn 1914 zählte Ottmarsbocholt 1539 Bewohner; GA Senden, Bestand Ottmarsbocholt, B 60; Kommunale Neugliederung im Raum Münster, Tabelle 1.

[83] GA Senden, Bestand Ottmarsbocholt, B 60 u. C 43.

[84] Vgl. VBBZ 1933, StDR, Bd. 450, S. 113 bzw. Bd. 455,15, S. 15/64 und VBBZ 1939, StDR, Bd. 550, S. 123. Die Gemeindestatistik ermittelte dagegen andere Werte: 1631 (1933) und 1637 (1939); vgl. GA

der Kriegsereignisse stieg die Einwohnerzahl seit 1944 durch Evakuierte sprunghaft an. Im Gegensatz zu anderen Landgemeinden, in die durch ausgelagerte Rüstungs- oder Industriebetriebe schon in der NS-Zeit neue Bewohner zugezogen waren, wurde Ottmarsbocholt mit dem Phänomen Fremde im Dorf erst zu diesem Zeitpunkt konfrontiert. Im Mai des vorletzten Kriegsjahres wurden 2012 in Ottmarsbocholt ansässige Personen gezählt, davon lediglich noch 1548 Einheimische. Kriegsgefangene, ausländische Zivilarbeiter, Wehrmachtsangehörige und rund 300 Evakuierte sorgten für den Bevölkerungsanstieg.

Ausländische Arbeitskräfte hatten in der Ottmarsbocholter Landwirtschaft schon in den zwanziger Jahren Arbeit gefunden. 1927 wurden drei ausländische Landarbeiter beschäftigt, darunter einer mit tschechoslowakischer Nationalität.[85] Begehrt waren niederländische Landarbeiter, die zumeist bei Ottmarsbocholter Großbauern als Fachpersonal, zum Beispiel als Melker, eine Anstellung fanden.[86] Zu Beginn des Zweiten Weltkriegs versuchten die Bauern, ihren Bedarf an Arbeitskräften von auswärts zu decken. Polnische Kriegsgefangene sollten den Ausfall der zur Wehrmacht Einberufenen ausgleichen. Die staatlichen Stellen konnten jedoch die gewünschte Zahl von Kriegsgefangenen nicht bereitstellen.[87] Stattdessen ergab sich die Möglichkeit, polnische Landarbeiterinnen und Landarbeiter bei den Behörden „anzufordern", für deren Beschäftigung in der Landwirtschaft sich der kommissarische Amtsbürgermeister und Ortsgruppenleiter Adrian aussprach. Er empfahl den Bauern, die Arbeitskräfte suchten, in einem Einladungsschreiben: „Es besteht noch die Möglichkeit, polnische Landarbeiter zu bekommen."[88] Insgesamt 43 landwirtschaftliche Betriebsleiter forderten daraufhin vom Arbeitsamt Lünen 53 Arbeitskräfte an, unter denen zwei Frauen waren.[89] Tatsächlich trafen in Ottmarsbocholt zwanzig polnische Zivilarbeiter ein,[90] für die die Behörde eine Vermittlungsgebühr erhob.[91] Die begehrten billigen Arbeitskräfte wurden vornehmlich auf großbäuerliche Betriebe verteilt.[92] Am 1. Januar 1942 lebten 32 polnische Zivilarbeiter in Ottmarsbocholt,

---

Senden, Bestand Ottmarsbocholt, C 43. Wiederum einen anderen Wert für die VBBZ 1939 nennt die Schrift Kommunale Neugliederung im Raum Münster, Tabelle 1.

[85] GA Senden, Bestand Ottmarsbocholt, B 70.
[86] GA Senden, Bestand Ottmarsbocholt, C 60 u. 61. Die Melker erhielten in den dreißiger Jahren neben freier Kost und Wohnung einen monatlichen Arbeitslohn von 100 RM.
[87] Schreiben des Kreiskulturbauamtes an den Amtsbürgermeister Ottmarsbocholt v. 9.12.1939; GA Senden, Bestand Ottmarsbocholt, C 192.
[88] Einladungsschreiben des Amtsbürgermeisters i. V. Adrian v. 27.2.1940; a.a.O.
[89] Schreiben des Arbeitsamts Lünen an den Amtsbürgermeister v. 3.4.1940; a.a.O.
[90] GA Senden, Chronik der Gemeinde Ottmarsbocholt, o. Sig., Eintrag v. 29.4.1940. – Die Chronik wurde von dem Lehrer und NSDAP-Ortspropagandaleiter Franz Doth verfaßt. Ihr Quellenwert liegt nicht in der tendenziösen Berichterstattung, vielmehr kann sie – mit aller Vorsicht verwandt – als Steinbruch für geschichtliche Ereignisse dienen. Zum Quellenwert der Chronik siehe auch Wermert, Die Zeit des Nationalsozialismus, S. 498.
[91] Schreiben des Arbeitsamts Lünen v. 19.8.1940; GA Senden, Bestand Ottmarsbocholt, C 192.
[92] Vgl. Verzeichnis der polnischen Zivilarbeiter; a.a.O. Von den Landarbeitern war lediglich einer des Schreibens kundig, alle anderen signierten mit einem Kreuz; ebd.

drei Jahre später waren es noch 26.[93] Beim Heranrücken der alliierten Truppen wurden sie auf Fuhrwerken von Ottmarsbocholt nach Drensteinfurt gebracht.[94]

Das Verhältnis von polnischen Zivilarbeitern und deutscher Bevölkerung wurde in der NS-Propaganda und Rassenideologie als problematisch eingestuft, wie das „Merkblatt für deutsche Betriebsführer über das Arbeitsverhältnis und die Behandlung von Zivilarbeitern polnischen Volkstums aus dem Generalgouvernement" zeigte.[95] In Ermahnungen zur „Reinerhaltung des deutschen Blutes" radikalisierten die NS-Rassenideologen die Deutung von Fremdheit.[96] Um Ausländer und Einheimische zu trennen,[97] war es den polnischen Arbeitskräften verboten, sich von ihrem Arbeitsplatz zu entfernen, ihre Unterkunft zu verlassen, ihr spezifisches Kennzeichen – ein violettes P auf gelbem Grund – nicht sichtbar zu tragen, an Geselligkeitsveranstaltungen mit Deutschen teilzunehmen und schließlich sich über diese Verbote zu verbreiten.[98] Die strengen Vorschriften für polnische Landarbeiter reglementierten deren Verhalten gegenüber der deutschen Bevölkerung bis ins Kleinste. Hierbei war den Polen der Besuch von Gaststätten ebenso untersagt wie das Fahrradfahren nach Feierabend oder an Sonntagen.[99] Bei Zuwiderhandlungen war die Polizei angewiesen, die Fahrräder einzubehalten.[100] Äußerst rigide wurden Fälle von sexuellem Kontakt zwischen Polen und Einheimischen geahndet. Geschlechtsverkehr eines Polen mit einer Deutschen, „auch wenn die deutsche Frau eine Dirne ist", wurde mit dem Tode bestraft.[101] Um Unkenntnis darüber auszuschließen, wies die Gestapo Münster die Ortspolizeibehörde Ottmarsbocholt an, alle polnischen Arbeitskräfte per Dolmetscher über dieses Strafmaß zu unterrichten. Die polnischen Arbeitskräfte hatten die Kenntnisnahme schriftlich zu bescheinigen.[102]

---

[93] Ebd. Reichsweit lag der Anteil der sogenannten Fremdarbeiter in der Landwirtschaft bei 44 Prozent; Thamer, Verführung und Gewalt, S. 713.

[94] GA Senden, Schulchronik Venne, o. Sig., S. 119.

[95] STAMS, Oberpräsidium, Nr. 7469, S. 63 - 68.

[96] Zitiert nach Herlemann, Bäuerliche Verhaltensweisen unterm Nationalsozialismus, S. 119.

[97] STAMS, Oberpräsidium, Nr. 7469, S. 2 u. 6; STAMS, Gauleitung Westfalen-Nord, Gauamt für Volkswohlfahrt Nr. 1164.

[98] Dienstblatt „Pflichten der Zivilarbeiter und -arbeiterinnen polnischen Volkstums während des Aufenthalts im Reich in deutscher und polnischer Sprache" sowie Schreiben des Amtsbürgermeisters i. V. an den Landrat zwecks Übersendung weiterer Abzeichen v. 4.7.1941; a.a.O. Zu den Bekleidungsvorschriften siehe auch STAMS, Oberpräsidium, Nr. 7469, S. 6, 158 u. 172.

[99] Schreiben des Amtsbürgermeisters an den Landrat von Lüdinghausen v. 3.1.1941 sowie Schreiben desselben v. 18.12.1940; GA Senden, Bestand Ottmarsbocholt, C 192.

[100] Bekanntmachung des Amtsbürgermeisters Woltin v. 26.4.1943; a.a.O.

[101] Verlautbarungstext und Unterschriften der polnischen Arbeiter v. 29.12.1941; GA Senden, Bestand Ottmarsbocholt, D 257. Zur Situation der Landarbeiter und Landarbeiterinnen sowie der Kriegsgefangenen siehe auch Weidner, Nur Gräber als Spuren.

[102] Der Text lautete: „Die ‚Pflichten der Zivilarbeiter und -arbeiterinnen polnischen Volkstums' während meines Aufenthalts im Reich sind mir bekanntgegeben. Insbesondere bin ich darüber belehrt, daß jeder Umgang mit deutschen Frauen und Mädchen verboten ist und daß jeglicher Geschlechtsverkehr sowie jede unsittliche Handlung mit deutschen Frauen und Mädchen mit dem Tode bestraft wird." Siehe Schreiben des Amtsbürgermeisters i. V. Adrian an den Landrat v. 28.1.1941; GA Senden, Bestand Ottmarsbocholt, D 257.

Das Zusammenleben der beiden Gruppen in Ottmarsbocholt war natürlich auch von arbeitsökonomischen Aspekten geprägt. Dies lag an der Arbeitskräftenot auf dem Land, derentwegen die Betriebsleiter gern weitere Arbeitskräfte aufnahmen. Polnische Landarbeiterinnen und -arbeiter galten bei den Dorfbewohnern als „arbeitswillige Leute".[103] Sie wurden nach althergebrachter Sitte wie Gesinde behandelt, dem ein Essen und Platz am gleichen Tisch wie den Bauersleuten zustand.[104] Der Einsatz für die zusätzlichen Arbeitskräfte ging so weit, daß sich in einem Fall der Ottmarsbocholter Amtsbürgermeister und das Arbeitsamt Lünen für einen Bauern, der einen polizeilich gesuchten, polnischen Landarbeiter beschäftigt hatte, mit dem Hinweis auf den „großen Mangel an landwirtschaftlichen Kräften" verwendeten.[105] Dies geschah nicht uneigennützig, denn die sogenannten Ostarbeiter waren als moderne Arbeitssklaven konkurrenzlos billig. Demzufolge nahm der Prozentsatz der in der deutschen Landwirtschaft zwangsweise herangezogenen Ausländer von 1,1 Prozent (1939) auf 22,1 Prozent (1944) zu. Im vorletzten Kriegsjahr hatten in der deutschen Landwirtschaft 7,8 Mio Ausländer zu arbeiten, die mit 46 Prozent knapp die Hälfte aller Beschäftigten stellten.[106]

Zu der pragmatischen Motivation für ein einvernehmliches Verhältnis infolge des Arbeitskräftemangels kam in katholischen Dörfern wie Ottmarsbocholt noch das verbindende Element des gemeinsamen Bekenntnisses, das ein Gefühl von Gemeinsamkeit zwischen deutschen Dorfbewohnern und polnischen Zwangsarbeitern zu vermitteln vermochte. Wenngleich polnischen Zivilarbeitern der Gottesdienst in ihrer Muttersprache untersagt war, erfolgte eine separate kirchliche und seelsorgerische Betreuung der katholischen Polen.[107] Fälle von Widersetzlichkeiten wurden nicht aktenkundig, lediglich hinter Krankmeldungen vermuteten die deutschen Behörden Arbeitsunlust.[108] Bei amtsärztlich diagnostizierter Arbeitsunfähigkeit wurden die Polen in ihre Heimat zurückgebracht.[109] Nur ein Fall von unerlaubter Entfernung vom Arbeitsplatz in Verbindung mit einem Fahrraddiebstahl wurde festgehalten: Das Amtsgericht Münster verurteilte den polnischen Landarbeiter deswegen zu fünf Monaten Gefängnis.[110]

Konfliktreich gestaltete sich der Einsatz sowjetischer Ostarbeiter, von denen 1944 78 überwiegend zwanzig- bis dreißigjährige Männer in Ottmarsbocholter Betrieben arbeiteten. Teilweise lebten bis zu vier von ihnen auf einem Hof, die sich „nach Volkstumsgruppen", Ukrainer, Russen, Galizier oder Ruthenen, durch ihre Kleidung

---

[103] GA Senden, Schulchronik Venne, o. Sig., S. 116.
[104] Vgl. für andere Gebiete Herlemann, Bäuerliche Verhaltensweisen unterm Nationalsozialismus, S. 118f.
[105] Schreiben derselben v. 5. u. 6.6.1942; GA Senden, Bestand Ottmarsbocholt, C 192.
[106] Herbert, „Ausländer-Einsatz" in der deutschen Kriegswirtschaft, S. 354 u. 361.
[107] Erfahrungsberichte des Amtsbügermeisters i. V. Adrian über den Einsatz polnischer Zivilarbeiter und -arbeiterinnen v. 6.7.1940 u. 6.11.1940; GA Senden, Bestand Ottmarsbocholt, C 192. Siehe auch Schreiben der Geheimen Staatspolizei Münster v. 1.11.1939; GA Heek, D 164.
[108] Erfahrungsberichte des Amtsbügermeisters i. V. Adrian über den Einsatz polnischer Zivilarbeiter und -arbeiterinnen v. 6.7. u. 6.11.1940; GA Senden, Bestand Ottmarsbocholt, C 192.
[109] Schreiben des Staatlichen Gesundheitsamts Lüdinghausen an den Landrat v. 4.6.1940; Abschrift v. 7.6.1940 an den Amtsbürgermeister Ottmarsbocholt; a.a.O.
[110] Schreiben des Strafgefängnisses und der Untersuchungsanstalt Hagen v. 22.12.1941; a.a.O.

zu kennzeichnen hatten.[111] Eine ungleich höhere Zahl dieser Männer floh von ihren Arbeitsstellen als dies polnische Landarbeiter taten.[112] Dies war sicherlich eine Folge der Behandlung, bei der im NS-Jargon „Sentimentalitäten... nicht am Platze" waren, weil die Ostarbeiter diese nicht verstünden, sondern nur falsch auslegten.[113]

Für eine weitere Gruppe von fremden Arbeitskräften, die Kriegsgefangenen, wurde nach dem militärischen Überfall auf Polen in einem bisherigen Getreide- und Kunstdüngerlager bei einer Ottmarsbocholter Gaststätte ein Kriegsgefangenenlager errichtet. Die sanitären Verhältnisse dort waren derart katastrophal – Waschschüsseln für die Gefangenen kamen erst nach Monaten ins Lager –, daß deutsche Inspektoren auf Abhilfe drängten.[114] Die Unterbringungsform in einem Lager sollte unerwünschte Kontakte zwischen Einheimischen und den gefangenen Fremden unterbinden. Anfänglich waren im Lager 25 Kriegsgefangene interniert, die in der Landwirtschaft eingesetzt wurden.[115] Wegen der weiten Wege vom Lager zu den Höfen der Bauerschaften beantragten einzelne Betriebsleiter die Erlaubnis, die Kriegsgefangenen auf ihren Höfen übernachten zu lassen.[116] Dies wurde ihnen unter der Bedingung genehmigt, daß die Bauern sich verpflichteten, „den Kriegsgefangenen ständig unter Verschluß zu halten und etwaige Fenster oder dergleichen entsprechend (zu sichern)."[117] Mit dieser Vorschrift wollten die NS-Behörden den unliebsamen „Familienanschluß" der Fremden unterbinden.[118] Bei den Betriebsleitern waren angesichts des Arbeitskräftemangels landwirtschaftliches Fachpersonal, insbesondere Melker, begehrt.[119] 1940 trafen in Ottmarsbocholt Kriegsgefangene ein, die zum Ausgleich des Arbeitskräftebedarfs „zur Arbeit in der Landwirtschaft angefordert waren."[120] Im Sommer 1941 arbeiteten 48 Kriegsgefangene auf 38 Höfen, vorwiegend – wie die ausländischen Zivilarbeiter – in mittel- bis großbäuerlichen Betrieben. Die Kriegsgefangenen wurden jedoch auch zu Schanzarbeiten herangezogen, um Deckungen ge-

---

[111] Schreiben der Landesbauernschaft Westfalen, Kreisbauernschaft Lüdinghausen, an den Ortsbauernführer v. 9.10.1944; GA Senden, Bestand Ottmarsbocholt, C 193.
[112] Vgl. Abschrift der Anzeige gegen einen landwirtschaftlichen Ostarbeiter v. 22.4.1944 sowie Berichte des Gendarmerie-Meisters v. 16.8. u. 25.8.1942; a.a.O.
[113] Artikel „Ostarbeitereinsatz in der Landwirtschaft", in: Wochenblatt der Landesbauernschaft Westfalen Jg. 1942, S. 633.
[114] Vgl. Wermert, Die Zeit des Nationalsozialismus, S. 506.
[115] Verzeichnis der im hiesigen Amtsbezirk eingesetzten Kriegsgefangenen v. 21.12.1939; GA Senden, Bestand Ottmarsbocholt, C 194.
[116] Zur praktischen Undurchführbarkeit der Unterbringung in Lagern siehe auch Herbert, „Ausländer-Einsatz" in der deutschen Kriegswirtschaft, S. 356.
[117] Schreiben des Amtsbürgermeisters i. V. an 3. Komp.L.Schtz.Batl. v. 16.10. u. 3.11.1942; GA Senden, Bestand Ottmarsbocholt, C 194.
[118] Herlemann, Bäuerliche Verhaltensweisen unterm Nationalsozialismus, S. 119.
[119] Schreiben des Amtsbürgermeisters i. V. an Stalag VID in Dortmund v. 27.1.1940; GA Senden, Bestand Ottmarsbocholt, C 194.
[120] GA Senden, Chronik der Gemeinde Ottmarsbocholt, o. Sig., Eintrag v. 19.7.1940. Die Hofbesitzer hatten für die Kriegsgefangenen im Sommer eine höhere Abgabe zu zahlen als im Winter. In den Sommermonaten belief sich die Abgabe auf 1,30 RM.

gen Splitterbomben auszuheben.[121] Nach Kriegsende versuchte die britische Militärregierung, den Abtransport dieser Displaced Persons in die Wege zu leiten.[122]

Eine weitere Gruppe von Fremden stellten die Evakuierten dar, die mit den Luftangriffen auf Münster und Städte des Ruhrgebiets immer zahlreicher in Ottmarsbocholt einquartiert wurden. Seit der Bombardierung Münsters im Juli 1941 fanden aus der Stadt geflüchtete Bewohner Aufnahme in Bauernscheunen.[123] Mit dem Schulbeginn 1943 besuchten auch evakuierte Kinder aus Münster, Bochum und Recklinghausen den Unterricht in Ottmarsbocholt.[124] Im folgenden Jahr kamen immer mehr Evakuierte, jetzt auch aus anderen Städten wie Gelsenkirchen,[125] und mit ihnen urbane Verhaltensweisen.[126] Der Venner Dorfschullehrer, der seine Dienstwohnung mit Evakuierten teilte, konstatierte: „Die Großstadtbevölkerung strömt aufs Land."[127] Um den zunehmend nachgefragten Wohnraum sicherzustellen, fertigten bereits im Januar 1941 die Zellenwarte sechs Quartierlisten mit Haushalten an, die bei großzügiger Belegung 200, bei knapper Belegung weitere 100 Evakuierte unterbringen sollten.[128] Für die Bevölkerung aus den Ballungsräumen schien ein Unterkommen auf dem Land eine sicherere Bleibe zu bieten als der Aufenthalt in den bombenbedrohten Städten. Nach schweren Luftangriffen setzte ein regelrechtes Sicherheits-Pendlerwesen ein, bei dem in Münster ansässige Personen in Ottmarsbocholt Zimmer mieteten und täglich dorthin zum Schlafen pendelten.[129] Andere wollten wenigstens ihre Kinder in Sicherheit wissen und versuchten, diese in der Landgemeinde unterzubringen.[130] Im September 1942 waren in Ottmarsbocholt insgesamt 91 Evakuierte untergebracht: 46 kamen aus Münster, 16 aus Dortmund, sechs aus Bochum und Bottrop, vier aus Lünen und Mülheim/Ruhr, drei aus Essen und Köln, zwei aus Wuppertal sowie einer aus Castrop-Rauxel.[131] Ein Jahr später waren drei Evakuierte dazugekommen, jeweils eine Person aus Münster, Dortmund und Bochum.[132] Im Dezember 1945 beherbergte Ottmarsbocholt 255 Evakuierte.

Die Bevölkerungszunahme seit 1944 löste augenscheinlich der Zuzug von Evakuierten, Flüchtlingen und Vertriebenen aus. Blieb die Zahl der Einheimischen von 1944 bis 1949 relativ beständig, war für einen weiteren Einwohnerschub zunächst

---

[121] GA Senden, Chronik der Gemeinde Ottmarsbocholt, o. Sig., Eintrag v. 1.2.1943.
[122] Schreiben des Landrats von Lüdinghausen an den Amtsbürgermeister v. 6.7.1945. Zur Lage der ehemaligen Kriegsgefangenen nach der Kapitulation siehe Jacobmeyer, Ortlos am Ende des Grauens, S. 367 - 373; ders., Die Displaced Persons (DPs), S. 175 - 179.
[123] GA Senden, Schulchronik Venne, o. Sig., S. 114.
[124] A.a.O., S. 116.
[125] A.a.O., S. 117.
[126] Ähnliches ereignete sich auch in der hessischen Untersuchungsgemeinde von Rudolph, Strukturwandel eines Dorfes, S. 61.
[127] GA Senden, Schulchronik Venne, o. Sig., S. 118.
[128] GA Senden, Bestand Ottmarsbocholt, C 141.
[129] A.a.O. Zu den Münsteraner Pendlern siehe auch Kuropka, Münster in nationalsozialistischer Zeit, S. 326.
[130] Siehe Anträge von Privatpersonen an die Amtsverwaltung Ottmarsbocholt zwecks Unterbringung von Verwandten; GA Senden, Bestand Ottmarsbocholt, C 141.
[131] Ebd.
[132] Schreiben des Amtsbürgermeisters an die jeweiligen Stadtverwaltungen v. 21.9.1943; a.a.O.

die Evakuierung der Stadtbewohner, dann die Vertriebenenzuwanderung verantwortlich. Letztere kamen seit Ende März 1946 nach Ottmarsbocholt (Mai 1944: 1548 Einheimische bei 300 Evakuierten, Oktober 1945: 1666 zu 251, Februar 1946: 1580 zu 229, April 1946: 1596 Alteingesessene bei 464 Evakuierten und Vertriebenen, August 1946: 1572 zu 664).[133]

1946 sorgte die „Operation Schwalbe" für weiteren Bevölkerungszuwachs. Der Transport von über einer Million Menschen aus den polnisch verwalteten Ostgebieten in die britische Besatzungszone erfolgte nach einem festen Verteilerschlüssel.[134] Vor allem Bewohner niederschlesischer Gemeinden aus den Kreisen Glatz und Habelschwerdt und dem Raum Breslau trafen in Ottmarsbocholt ein.[135] Im August stieg die Einwohnerzahl weiter auf mittlerweile fast 2500 Personen an, sie schwoll damit gegenüber dem Vorkriegsstand um mehr als Hälfte an.[136] Ein Drittel der Dorfbewohner waren nunmehr Flüchtlinge und Vertriebene. Die Mehrzahl der Flüchtlinge stammte aus Schlesien und dem Sudetenland;[137] beide Bevölkerungsgruppen waren die zahlenstärksten unter allen Vertriebenen.[138] Deren Zuzug nahm in den Folgejahren weiter zu, so daß die Bevölkerungszahl im Oktober 1949 den Spitzenwert von 2528 Menschen erreichte. Die Zahl der Heimatvertriebenen kletterte im Januar 1947 auf 652, ein Jahr später auf 678 und Anfang 1949 auf 706. Den Höchststand erreichte sie im August 1949 mit 750 Menschen.[139] Vom Dezember 1949 (743) an sank die Zahl erst leicht, dann ab Oktober 1950 (661) merklich.

Bei der Volks-, Berufs- und Betriebszählung am 13. September 1950 war die Bevölkerung Ottmarsbocholts auf 2253 Ansässige zurückgegangen.[140] Legt man die Zahl der VBBZ von 1933 von 1635 Einwohnern zugrunde, so schnellte der Bevölkerungsindex 17 Jahre später auf 137,8. Der Anteil der Vertriebenen lag zu diesem Zeitpunkt bei 24 Prozent und damit deutlich über dem Kreisdurchschnitt Lüdinghau-

---

[133] Flüchtlingselend und Wohnungsnot. Das Jahr 1946 aus der Pfarrchronik von Pfarrer Schleppinghoff, in: Ottmarsbocholt. Geschichte und Geschichten 7 (1986), S. 12, sowie STAMS, Kreis Lüdinghausen, Nr. 1500 u. 1595. – Zum Bevölkerungsanstieg vgl. oben Graphik Ottmarsbocholt. Einwohner/Soziale Gruppen 1925 - 69.

[134] Zum Ausmaß der Umsiedlung siehe Benz, Fremde in der Heimat, S. 382. Zur Auswirkung der „Operation Schwalbe" auf westfälische Landgemeinden siehe Schlesinger, Die Integration von Flüchtlingen in den Amtsbezirk Gescher nach 1945, S. 112 - 116; Frie, Die Eingliederung von Flüchtlingen in den Landkreis Münster nach dem Zweiten Weltkrieg, S. 125 - 131; Hoffmann, Flüchtlinge und Einheimische, S. 164.

[135] Die Mehrheit der Vertriebenen im Kreis Lüdinghausen (46,35%) kam aus Niederschlesien, gefolgt von den Oberschlesiern (15,12%) sowie den Ost- und Westpreußen (13,72%); STAMS, Kreis Lüdinghausen, Nr. 1500.

[136] In den Gemeinden des Nachbarkreises, des Landkreises Münster, nahm die Bevölkerung um ein Drittel gegenüber 1939 zu. Vgl. Frie, Die Eingliederung von Flüchtlingen in den Landkreis Münster nach dem Zweiten Weltkrieg, S. 125f.

[137] Vgl. GA Senden, Bestand Ottmarsbocholt, C 64 u. C 127.

[138] Nach Waldmann, Die Eingliederung der ostdeutschen Vertriebenen in die westdeutsche Gesellschaft, S. 169, stellten Schlesier und Sudetendeutsche mit 2 bzw. 1,9 Millionen Menschen das größte Kontigent der Vertriebenen.

[139] GA Senden, Bestand Ottmarsbocholt, C 43.

[140] Vgl. Beiträge zur Statistik des Landes Nordrhein-Westfalen, Sonderreihe Volkszählung 1950, Heft 15, S. 132; STAMS, Kreis Lüdinghausen, Nr. 1500.

sens, der auf 16,8 Prozent kam.[141] Ein Abwärtstrend der Einwohnerzahl kennzeichnete Ottmarsbocholt von Anfang bis Mitte der fünfziger Jahre. Zählte die Gemeinde im April 1951 exakt 2200 Einwohner, so waren es drei Jahre später 2163 und fünf Jahre später nurmehr 2061. Dieser Rückgang ergab sich nahezu vollständig aus dem Fortzug der Evakuierten und Vertriebenen. Während die Zahl der Einheimischen innerhalb dieser vier Jahre lediglich um 24 Personen abnahm,[142] verringerte sich die Zahl der Einquartierten um 119 von 592 auf 473.

Seit 1956 lief die Entwicklung der Zahl der Einheimischen und neuen Dorfbewohner wie eine Schere auseinander: Die Zahl der gebürtigen Ottmarsbocholter stieg durch natürliche Bevölkerungszunahme von 1565 (April 1956) über 1655 (April 1958) auf 1712 (Juni 1961). Im gleichen Zeitraum verminderte sich die Zahl der Vertriebenen von 468 über 436 auf 354.[143]

War die Einwohnerzahl abschließend zwischen 1939 und 1961 insgesamt um 27,8 Prozent gestiegen, so schwand sie speziell zwischen 1950 und 1961 um 8,3 Prozent.[144] Gemessen am Index der VBBZ 1933 stieg die Einwohnerziffer 1950 auf 137,8, elf Jahre später fiel sie wieder auf 122,7. Verfolgt man diese Entwicklung weiter, so wird ein leichter Bevölkerungsanstieg sichtbar. 1968 zählte Ottmarsbocholt 2219 Bewohner, im Jahr darauf 2233.[145] Die Indexzahlen nahmen demzufolge wieder etwas zu: Der Wert von 1968 lag bei 135,7, der von 1969 mit 136,6 wieder nahe am Spitzenwert Anfang der fünfziger Jahre von 137,8. Der Bevölkerungsanstieg von 1961 bis 1968 ist auf ein Plus von 214 bei der natürlichen Bevölkerungsveränderung zurückzuführen,[146] der ein Minus von 71 bei der Wanderungsbilanz gegenüberstand.

---

[141] Beiträge zur Statistik des Landes Nordrhein-Westfalen, Sonderreihe Volkszählung 1950, Heft 15, S. 132 u. 14. Insgesamt betrug der Anteil der Neubürger, Ostvertriebenen und SBZ-Flüchtlinge, im Kreis 18,8%; Statistische Rundschau für das Land Nordrhein-Westfalen 4 (1952), 1. Sonderheft, S. 29.
[142] Die Zahl der gebürtigen Ottmarsbocholter sank von 1603 (April 1951) auf 1579 (Oktober 1955); vgl. GA Senden, Bestand Ottmarsbocholt, C 43.
[143] GA Senden, Bestand Ottmarsbocholt, C 43 u. Beiträge zur Statistik des Landes Nordrhein-Westfalen, Sonderreihe Volkszählung 1961, Heft 3a, S. 293.
[144] Beiträge zur Statistik des Landes Nordrhein-Westfalen, Sonderreihe Volkszählung 1961, Heft 3a, S. 291.
[145] Kommunale Neugliederung im Raum Münster, Tabelle 1.
[146] Zwischen dem 6.6.1961 und dem 31.12.1968 verzeichnete Ottmarsbocholt 371 Geburten gegenüber 157 Todesfällen, während im gleichen Zeitraum 622 Bürger zu-, jedoch 693 fortzogen. Vgl. Kommunale Neugliederung im Raum Münster, Tabelle 5.

HEEK. EINWOHNER/SOZIALE GRUPPEN 1925-63

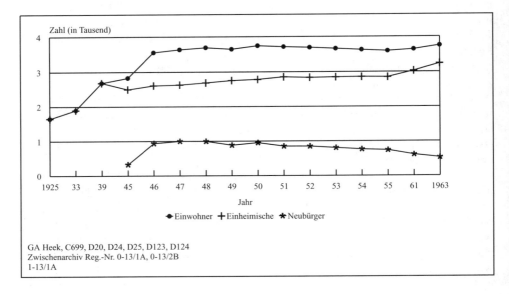

Die demographische Geschichte Heeks ist auch durch anfängliche Beständigkeit und nachfolgenden Umbruch gekennzeichnet. Die Einwohnerzahlen stiegen zu Beginn des Jahrhunderts gleichförmig. Externe dörfliche Sozialgruppen gab es in solch geringem Umfang, daß sie nicht ins Gewicht fielen. So lebten 1930 drei ausländische Arbeitskräfte, niederländische Facharbeiter, auf großbäuerlichen Betrieben.[147] Erst Mitte der dreißiger Jahre erfuhr die Bevölkerungsziffer einen quantitativen Sprung, als das Heeker Gemeindegebiet 1936 neu gegliedert wurde.

Hatte die Einwohnerrate zu Beginn des Untersuchungszeitraums bei etwas über 2000 Menschen gelegen,[148] so kletterte sie Ende der dreißiger Jahre auf nahezu 3000, da die Gemeinde 1936 infolge einer Kommunalreform die Bauerschaften Ahle und Gemen dazugewann, während Wichum zur Nachbargemeinde Nienborg wechselte.[149] Anfang der vierziger Jahre sollten neben holländischen Landarbeitern polnische Zivilarbeiter und -arbeiterinnen den notorischen Landarbeitermangel in der Heeker Landwirtschaft beheben. Als Lückenbüßer sollten sie angesichts der vom NS-Regime verschleppten Mechanisierung und Rationalisierung die landwirtschaftliche Produktion steigern.[150] Wie in Ottmarsbocholt wurde dabei peinlich ge-

---

[147] Nachweisung der bei der Prüfung der landwirtschaftlichen Betriebe festgestellten ausländischen Arbeiter v. 13.9.1930; GA Heek, D 257.

[148] 1933 zählte Heek 2672, zwanzig Jahre zuvor waren es noch 2281 Einwohner gewesen. STAMS, Kreis Ahaus, Nr. 794 u. 1640.

[149] Schreiben des Geographischen Instituts der Universität Münster vom 12.10.1937; GA Heek, D 134. Zu Wichum 1936 vgl. GA Heek, C 699, D 24, D 123, D 124.

[150] Nachweisung v. 18.10.1940; GA Heek, D 257.

nau auf die Einhaltung der rigiden Unterbringungsvorschriften geachtet, die allesamt „eine möglichst weitgehende Isolierung von der einheimischen Bevölkerung zu erreichen" beabsichtigten.[151] Bei Mißachtung hatten die lokalen NSDAP-Funktionäre die Betreffenden dem Amt für Volkstumsfragen zu melden. Wie im Falle einer Heeker Witwe drohten die nationalsozialistischen Machthaber zur Abschreckung mit „sofortiger Einlieferung in ein Konzentrationslager".[152]

Ähnliche Verhaltensmaßregeln galten auch für den Umgang mit Kriegsgefangenen. „Feind bleibt Feind – auch in Kriegsgefangenschaft" lautete ein Aufruf an die westfälische Landbevölkerung.[153] Den Arbeitseinsatz von Kriegsgefangenen in landwirtschaftlichen Betrieben gestattete das NS-Regime nur, wenn ein dringender Arbeitskräftebedarf, vor allem aufgrund von Einberufungen zur Wehrmacht, geltend gemacht werden konnte. Bereits Ende Oktober 1939 luden Ortsbauernführer Hermann Piegel, genannt Große Voß, und Landrat Sümmermann Landwirte zu einer Besprechung von Fragen, die die Tätigkeit von Kriegsgefangenen auf dem Land betrafen, nach Ahaus ein.[154] In der Folge dieses Treffens gingen zwanzig Anträge auf Zuteilung von Arbeitskräften bei Landrat Sümmermann ein.[155] Tatsächlich kamen zu diesem Zeitpunkt fünf Kriegsgefangene auf die Höfe dreier Großbauern.[156] Insgesamt bestanden während der Kriegsjahre im Amtsbezirk fünf Kriegsgefangenenlager mit einhundert Franzosen und 450 Sowjets, 21 im Krankenhaus Heek untergebrachten Franzosen sowie zwei Lager für ausländische Arbeitskräfte mit 180 Personen und ein Straflager mit 100 Inhaftierten.[157]

Trotz ausländischer Arbeitskräfte sank die Einwohnerziffer kriegsbedingt zu Beginn der vierziger Jahre,[158] um dann ab 1944 einen neuen Aufschwung zu erfahren, besonders durch die Zuweisung von Evakuierten. Bereits 1941 hatte das Regierungspräsidium im Zusammenhang mit den Luftangriffen auf urbane Zentren die Unterbringungsmöglichkeiten von Ausgebombten auf dem Land ausgelotet und in Heek eine Kapazität für 300 bis maximal 550 Personen bei enger Belegung festge-

---

[151] Schreiben des Präsidenten des Landesarbeitsamts Westfalen v. 20.3.1940; Schreiben des NSDAP-Kreisleiters Tewes an die Kreisbauernschaft v. 5.6.1941; Schreiben der Geheimen Staatspolizei Münster v. 9.6.1941, 8.12.1941 u. 3.8.1942; Schreiben der Ausländerbehörde des Landratsamts v. 15.1.1942; Benachrichtigung der Arbeitgeber polnischer Arbeitskräfte v. 13.8.1942; GA Heek, D 257. Vgl. auch Herbert, „Ausländer-Einsatz" in der deutschen Kriegswirtschaft, S. 356.
[152] Schreiben des Amtsbürgermeisters v. 1.9.1941; GA Heek, D 257. Rundschreiben der NSDAP-Kreisleitung Ahaus, Amt für Volkstumsfragen, v. 22.2.1945; GA Heek, D 4.
[153] Wochenblatt der Landesbauernschaft Westfalen Jg. 39, Folge 50, o. S.
[154] Einladungsschreiben v. 25.10.1939; GA Heek, D 58.
[155] Rundschreiben des Landrats v. 28.10.1939; GA Heek, D 23.
[156] GA Heek, D 23.
[157] Schreiben des Amtsdirektors an die Kreisverwaltung Ahaus v. 2.10.1947 u. 8.4.1949; GA Heek, D 4. Vgl. auch Verzeichnis der Kriegsgefangenenlager im Amtsbezirk Nienborg v. 25.11.1947; GA Heek, D 5. Zu den Kriegsgefangenen siehe auch FS SV 1920 Heek, S. 76 u. Heimat- und Rathausspiegel 6 (1979), S. 84ff.
[158] Ende 1941 arbeiteten zehn polnische Staatsbürger in Heek. Vgl. Schreiben des Amtsbürgermeisters an das Arbeitsamt Rheine v. Nov. 1941; GA Heek, D 257. Im Amtsbezirk lebten auf Höfen ohne männlichen Betriebsleiter im Mai 1944 neun Niederländer, sieben Franzosen, je drei Polinnen und Russinnen und ein Pole. Nachweisung v. 16.5.1944; D 245.

stellt.[159] Im Februar 1943 kamen die ersten 43 Ausgebombten aus dem rheinisch-westfälischen Industrierevier, drei Monate später weitere einhundert Menschen aus Recklinghausen, denen weitere Evakuierte aus Münster, dem Rheinland (Düsseldorf, Duisburg und Jülich), Gelsenkirchen, Essen, Bottrop und anderen Städten des nördlichen Ruhrgebietes sowie aus Ostwestfalen (Rheda), Lippe (Lemgo) und Großstädten wie Berlin und Prag folgen sollten.[160] Je näher die Kampfhandlungen rückten, desto größer wurde der Prozentsatz der Evakuierten aus den zerbombten Nachbarstädten wie Ahaus und dem stark zerstörten Stadtlohn.[161] In den letzten beiden Kriegsjahren stieg die Zahl der Evakuierten von 339 auf den Höchstwert von 555 Mitte Februar 1945, ehe die Ziffer im darauffolgenden März auf 320 sank.[162] Im Mai 1945 stammten 60 Prozent der nach Heek Evakuierten aus zerschossenen benachbarten Kommunen und 40 Prozent aus dem Industrierevier.[163]

Für den Bevölkerungsanstieg sorgte auch die Einquartierung von Militär. Im Januar 1945 lebten im Amtsbezirk 669 Angehörige der Wehrmacht und der Waffen-SS sowie 281 Schanzarbeiter des Reichsarbeitsdienstes während ihres Einsatzes am Westfalenwall in Heeker Unterkünften.[164] Von Februar bis zum Beginn der Kampfhandlungen hatte Heek 655 Soldaten und Volkssturmmänner, 554 ausländische Schanzarbeiter, rund 500 russische Kriegsgefangene und 237 Evakuierte unterzubringen.[165] Unmittelbar am Ende des Krieges lebten 330 Evakuierte in Heek und stellten 11,6 Prozent der Dorfbevölkerung, desweiteren hatte die Gemeinde auf Veranlassung der Militärregierung vorübergehend 40 Quartiere für deutsche Lazarettinsassen bereitzustellen.[166]

In der Nachkriegszeit wuchs die Einwohnerschaft weiter an. Die Evakuierten mußten auf Anordnung der Militärregierung einstweilen auf dem Land bleiben, vor allem aber schraubten die vielen Vertriebenen aus Ostdeutschland die Bevölkerungsziffer nach oben.[167] Auch in Heek waren die Folgen der „Operation Schwalbe" zu spüren. Nach einem vorgeschriebenen Verteilerschlüssel kamen vornehmlich die ehemaligen Einwohner ober- und niederschlesischer Gemeinden nach Heek. Für den gesamten Kreis Ahaus sahen die Militärbehörden eine Aufnahmekapazität von 10000 Vertriebenen bis Ende 1945 vor, von denen das Amt Nienborg 700 Menschen Unterkunft bieten sollte.[168] Der erste Transport Ende März 1946 brachte 151, der

---

[159] GA Heek, D 20.
[160] Schreiben des Landrats v. 6.2. u. 21.5.1943, Schreiben des NSV-Ortsamtsleiters v. 25.8.1943; GA Heek, D 471. Verzeichnis der Evakuierten; GA Heek, D 661.
[161] Zu den Evakuierten aus Ahaus siehe Heimat- und Rathausspiegel 24 (1988), S. 930.
[162] Belegungsmeldungen des Amtsbürgermeisters an den Landrat von Ahaus v. 27.11.1944 bis 10.3.1945; GA Heek, D 20.
[163] Bevölkerungserhebung v. 7.5.1945; GA Heek, D 20.
[164] Im November 1944 waren es noch 181 Diensttuende und 270 Evakuierte gewesen. Vgl. Belegungsmeldungen des Amtsbürgermeisters an den Landrat von Ahaus v. 26.9.1944, 6.11.1944, 2.1.1945 u. 15.1.1945; GA Heek, D 471.
[165] Schreiben des Amtsbürgermeisters an den Standortältesten in Rheine v. 6.2.1945; GA Heek, D 656.
[166] Schreiben des Landrats an den Amtsbürgermeister v. 7.8. u. 20.8.1945; GA Heek, D 20.
[167] Schreiben des kommissarischen Landrats Ahaus v. 2.5.1945; a.a.O.
[168] Trautmann, Die Vertriebenen in Vreden und Ammeloe, S. 25.

zweite 118 Ostpreußen, Nieder- und Oberschlesier nach Heek.[169] Weitere Transporte von Mai bis Juli und im September leiteten weitere Menschen ohne Bleibe in die Dinkelgemeinde.[170] Ende 1946 waren es bereits über eintausend Neuankömmlinge, die in Heek eine neue Wohnstätte zu finden hofften.[171] Sie stellten bereits über ein Viertel der Gesamtbevölkerung.[172] In den Endvierzigern stieg die Gesamtzahl der Dorfbewohner noch einmal leicht an, um Ende 1950 den Höchststand von 3742 Ansässigen zu erreichen. Der leichte Anstieg Ende der vierziger Jahre ist vor allem auf den Bevölkerungszuwachs bei den Einheimischen zurückzuführen, während die Zahl der neuen Dorfbewohner von kleinen Schwankungen abgesehen gleich blieb. Die Vertriebenen allein stellten 1950 17,9 Prozent der Gemeindebevölkerung,[173] lagen damit aber deutlich über dem Mittel des Kreises Ahaus von 12,5 Prozent.[174]

Nach dem Höchstwert Ende 1950 nahm die Einwohnerrate in den fünfziger Jahren langsam, aber beständig ab. Wie in Ottmarsbocholt sorgten vor allem die abwandernden Evakuierten und Flüchtlinge für diesen Abwärtstrend, während die Zahl der gebürtigen Heeker leicht anstieg. Der Blick auf die Werte der Volkszählung von 1961 verdeutlicht die Entwicklung der beiden sozialen Gruppen, die wie eine Schere auseinanderlief: Die Zahl der Einheimischen wuchs, wogegen die auswärtigen Dorfbewohner noch immer die Gemeinde verliessen. Hatten die Evakuierten und Vertriebenen 1951 noch ein knappes Viertel der Bevölkerung (24,3%) ausgemacht, so stellten sie zehn Jahre später lediglich ein Sechstel (16,8%), 1963 nur noch ein Siebtel (14,2%).[175]

Eine Gesamtschau verdeutlicht abschließend das Auf und Ab in der Heeker Bevölkerungsentwicklung. Während die Bevölkerungsziffer von Mitte bis Ende der vierziger Jahre um ein Drittel sprunghaft anstieg, nahm sie in den fünfziger Jahren wieder um 3,2 Prozent ab.[176] Insgesamt nahm die Einwohnerzahl zwischen 1939 und 1961 um 20,3 Prozent zu. Betrachtet man die weitere Entwicklung in den sechziger Jahren, so wird ein weiterer Bevölkerungsanstieg offenbar. 1963 zählte Heek 3748 Bewohner. Die Einwohnerzahl erhöhte sich durch natürliche Bevölkerungszunahme und den Zuzug bauhungriger Stadtbewohner erneut um drei Prozent.

---

[169] Aufstellung v. 25.3.1946; GA Heek, D 9.
[170] Die Transporte erreichten Heek am 6.5., 26.6., 3. u. 22.7. sowie am 4. u. 11.9.1946; GA Heek, D 415.
[171] Am 31.12.1946 lebten 1075 Neubürger in der Gemeinde; GA Heek, D 123.
[172] Am 30.11.1946 stellten die 1024 Evakuierten und Vertriebenen 27,9% der Dorfbevölkerung; GA Heek, D 123.
[173] Beiträge zur Statistik des Landes Nordrhein-Westfalen, Sonderreihe Volkszählung 1950, Heft 15, S. 120.
[174] Beiträge zur Statistik des Landes Nordrhein-Westfalen, Sonderreihe Volkszählung 1950, Heft 15, S. 14. Im Vorjahr war der Kreisdurchschnitt genauso hoch; Statistisches Jahrbuch Nordrhein-Westfalen 1 (1949), S. 39.
[175] Zu den Werten vgl. GA Heek, D 123 sowie Zwischenarchiv, Reg.-Nr. 0-13/2B u. Flächennutzungsplan der Gemeinde Heek v. 23.8.1963, Zwischenarchiv Reg.-Nr. 0-13/1A, Beiträge zur Statistik des Landes Nordrhein-Westfalen, Sonderreihe Volkszählung 1961, Heft 3a, S. 257.
[176] Zu den Heeker Werten siehe oben sowie Beiträge zur Statistik des Landes Nordrhein-Westfalen, Sonderreihe Volkszählung 1961, Heft 3a, S. 254. Früheste Vergleichsziffer ist 1939, da die vorherigen Werte wegen einer anderen kommunalen Zuordnung nicht vergleichbar sind.

RÖDINGHAUSEN. EINWOHNER/SOZIALE GRUPPEN 1925-61

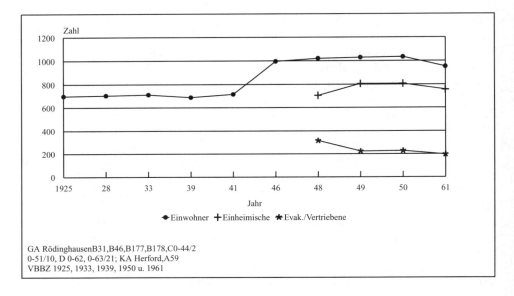

Die Entwicklung der Rödinghauser Einwohnerschaft ist ebenfalls von anfänglicher Stabilität und anschließendem Wandel charakterisiert. Die Bevölkerungswerte der Landgemeinde stagnierten bis in die vierziger Jahre hinein auf einem Niveau von rund 700 Personen. Bei der Volkszählung 1900 zählte die Kommune 728, fünf Jahre später 683 Ansässige.[177] Bei den Volkszählungen 1925, 1933 und 1939 kam sie auf 698, 711 bzw. 688 Bürger.[178] 1941/42 kamen erstmals zahlreiche Fremde in die Ravensberger Landgemeinde, wo zu Beginn der dreißiger Jahre nur zwei polnische Landarbeiter gelebt hatten.[179] Französische Kriegsgefangene sowie polnische und ukrainische Zivilarbeiter hatten die einzogenen männlichen Dorfbewohner in der Landwirtschaft zu ersetzen.[180]

Die Behandlung der Fremden wurde von wirtschaftlichen Notwendigkeiten diktiert. Die von den Nationalsozialisten auferlegte Abschottung der Kriegsgefangenen und Zwangsarbeiter „in volkspolitischer Hinsicht", um „Ehre und Ansehen der deutschen Nation" zu wahren,[181] stieß beim Arbeiten und Essen an die Grenzen der alltäglichen Erfordernisse. Die Arbeitssklaven wurden zwei Jahre nach Kriegsbeginn nicht mehr in Lagern untergebracht. Zuweilen durften sie sogar die Wirtshäuser der

[177] GA Rödinghausen, B 46 u. B 176.
[178] GA Rödinghausen, B 177, B 178 u. Zwischenarchiv, C 0-44/2.
[179] KA Herford, A 1866.
[180] Artikel „Der Ortsbauernführer" u. „Die Arbeitskräfte in der Landwirtschaft", in: Chronik Rödinghausen (1942 - 1949); GA Rödinghausen, Buchbestand Nr. 23.
[181] Zehn Jahre Landesbauernschaft Westfalen, S. 16; Artikel „Kriegsgefangene in der Landwirtschaft", in: Wochenblatt der Landesbauernschaft Westfalen Jg. 1940, Folge 15, o. S.

Einheimischen besuchen. In einem Fall aber brach sich der Rassismus Bahn. In einer Art Lynchjustiz wurde ein polnischer Kriegsgefangener, der ein Verhältnis mit einer Bewohnerin der Nachbargemeinde Westkilver hatte, von den Einheimischen erhängt.[182]

Erst im Zuge der Evakuierungs- und Vertreibungswellen schwoll die Einwohnerzahl merklich an. Seit dem Jahre 1943 wurden immer mehr Ausgebombte aus dem Industrierevier an der Ruhr in Rödinghausen einquartiert.[183] Im Oktober 1946 betrug die Zahl der Wohnbevölkerung 996, im Januar 1948 erreichte sie erstmals eine vierstellige Zahl. Im Februar 1949 kletterte sie weiter auf 1029 und erreichte bei der Volkszählung 1950 den Höchststand von 1034 Menschen.[184] Für diesen Anstieg waren die vertriebenen Schlesier, die vor allem aus dem Kreis Glatz stammten, Sudetendeutschen, Memelländer, Danziger, Westpreußen und Pommern sowie danach die Flüchtlinge aus der sowjetischen Besatzungszone verantwortlich.[185] In den fünfziger Jahren nahm die Bevölkerungsziffer etwas ab, so daß bei der Volkszählung 1961 nur noch 952 Bürger in Rödinghausen wohnten.[186] Der Bevölkerungsrückgang war, wie die Graphik ausweist, auf den Fortzug der Evakuierten und Vertriebenen zurückzuführen, die zu den städtischen Arbeitsplätzen abwanderten.[187] Die Zahl der neuen Dorfbewohner sank von 316 (1948) auf 196 Menschen (1961). Stellten die Zugezogenen Ende der vierziger Jahre mit 31 Prozent noch knapp ein Drittel der Dorfbevölkerung, so erreichten sie Anfang der sechziger Jahre einen Anteil von 20,6 Prozent. Dabei wies Rödinghausen jedoch immer einen höheren Schnitt als das Kreismittel aus. Dort belief sich der Vertriebenenanteil 1949 und im Folgejahr auf 15 bzw. 14,9 Prozent.[188]

Zwar hatten die Folgen des Zweiten Weltkriegs der Landgemeinde einen Bevölkerungszuwachs um rund die Hälfte der Bewohner gebracht, doch setzte sich seit der ökonomischen Konsolidierung der Bundesrepublik der Sog der urbanen Ballungsgebiete weiter fort. Die Gemeinde selbst verlor von 1950 bis 1955 einen Bevölkerungsanteil von 11,5 Prozent.[189] Erst seit den sechziger und siebziger Jahren sorgte

---

[182] Botzet, Ereygnisse, S. 209.

[183] Die meisten kamen aus Dortmund, Gelsenkirchen, Bochum, Gladbeck, Wanne-Eickel sowie Bottrop; GA Rödinghausen, B 30.

[184] GA Rödinghausen, Zwischenarchiv, C 0-00/2 u. C 0-44/2; Beiträge zur Statistik des Landes Nordrhein-Westfalen, Sonderreihe Volkszählung 1950, Heft 15, S. 180. Im Amtsbezirk war die Bevölkerung innerhalb der Dekade von 1939 bis 1949 um 1900 Menschen angewachsen; Chronik Rödinghausen (1942 - 1949); GA Rödinghausen, Buchbestand Nr. 23.

[185] Siehe dazu GA Rödinghausen, Zwischenarchiv, C 4-40/1 u. C 4-40/2.

[186] Beiträge zur Statistik des Landes Nordrhein-Westfalen, Sonderreihe Volkszählung 1961, Heft 3a, S. 374.

[187] Für Westdeutschland siehe dazu Ipsen, Bemerkungen zum industriell-agraren Gemenge, S. 45.

[188] Zusammen mit den SBZ-Flüchtlingen machten die Neubürger Anfang der fünfziger Jahre 18,2 Prozent der Kreisbewohner aus. Statistisches Jahrbuch Nordrhein-Westfalen 1 (1949), S. 40; Statistische Rundschau für das Land Nordrhein-Westfalen 4 (1952), 1. Sonderheft, S. 29.

[189] Beiträge zur Statistik des Landes Nordrhein-Westfalen, Sonderreihe Volkszählung 1961, Heft 3a, S. 24. Landkreise mit einem ausgesprochen ländlichen Charakter wie der Kreis Herford hatten von 1950 bis 1955 einen Einwohnerschwund von rund 20 Prozent hinnehmen müssen. Siehe Schreiben des Statistischen Landesamtes Nordrhein-Westfalen an die Amtsverwaltung von Rödinghausen v. 11.6.1956; GA

die umgekehrte Bewegung, der Zuzug bauwilliger Städter, für einen Bevölkerungsanstieg. Zusammenfassend präsentierte sich die Bevölkerungsentwicklung Rödinghausens im Untersuchungszeitraum als eine Wellenbewegung. Stellt man die Einwohnerzahl von 1933 der von 1961 gegenüber, so ergibt sich ein Bevölkerungsanstieg von 33,9 Prozent.[190] Der höchste Zuwachs war im Jahre 1950 mit 45,4 Prozent gegenüber dem Ausgangsjahr festzustellen, wohingegen die Bevölkerungsziffer in den fünfziger Jahren um 8,5 Prozent sank.[191]

A. Rivalen um Ressourcen: Dörfliche Sozialgruppen zwischen Konfrontation und Koexistenz

1. Verwaltung und Verteilung des Mangels: Alt- und Neubürger im Spannungsfeld der Zuteilungskonkurrenz

Wie gezeigt werden konnte, charakterisierte ein rasanter Bevölkerungsanstieg die demographische Entwicklung in den Untersuchungsgemeinden. Darüber hinaus rief der Vertriebenenzuzug in allen drei Dörfern ähnliche Probleme hervor. Aufgrund ihrer Herkunft, Prägung und Konfession brachten die Neubürger für die ansässigen Dorfbewohner unterschiedliche, meist urbane Deutungs- und Verhaltensmuster mit.[192] Die daraus resultierenden Probleme im Umgang der unterschiedlich geprägten Menschen ergaben sich vor allem für die Vertriebenen, denn mangels einer Alternative konnten sie vorerst nicht aus dem ihnen zugewiesenen Dorf abwandern. Während die Evakuierten wie zuvor die ausländischen Zivilarbeiter und Kriegsgefangenen nach und nach in ihre Heimatorte zurückgingen,[193] blieben die Flüchtlinge – als Fremde im Dorf. Nicht von ungefähr erkannte auch der westfälische Heimatbund dieses Problem und nahm sich auf dem Westfalentag 1950 in Bielefeld der Thematik „Integration von Vertriebenen" an.[194] Besonders wenn Flüchtlinge in so großer Zahl dem Sozialraum Dorf zugewiesen wurden, daß sie bei den Einheimischen das abstoßende Gefühl der Bedrohung hervorriefen, war eine anfänglich starre Frontbildung zwischen den beiden Gruppen feststellbar.[195] Das Gefühl der Bedro-

---

Rödinghausen, Zwischenarchiv, C 0-51/10. Vgl. auch Beiträge zur Statistik des Landes Nordrhein-Westfalen, Sonderreihe Volkszählung 1961, Heft 3a, S. 374.

[190] VBBZ 1933, StDR, Bd. 415,15, S. 15/65; Beiträge zur Statistik des Landes Nordrhein-Westfalen, Sonderreihe Volkszählung 1961, Heft 3a, S. 374.

[191] Beiträge zur Statistik des Landes Nordrhein-Westfalen, Sonderreihe Volkszählung 1950, Heft 15, S. 180; Beiträge zur Statistik des Landes Nordrhein-Westfalen, Sonderreihe Volkszählung 1961, Heft 3a, S. 374.

[192] Neben Schlesien mit seiner „agrarisch-industriellen Mischkultur" war auch auch das Sudetenland „durch Heimindustrie und Nähe der Industriegebiete weitgehend industrialisiert"; Lemberg/Krecker, Die Entstehung eines neuen Volkes aus Binnendeutschen und Ostvertriebenen, S. 6; Rudolph, Strukturwandel eines Dorfes, S. 68.

[193] Ebenso Aussage des ersten Lehrers der evangelischen Volksschule, Günter Löhrke, in: Schulchronik der evangelischen Volksschule, Teil 4, in: Ottmarsbocholt. Geschichte und Geschichten 8 (1987), S. 28.

[194] Siehe Rundschreiben 3/1950 des Westfälischen Heimatbundes; GA Senden, Bestand Ottmarsbocholt, C 127.

[195] Vgl. Waldmann, Die Eingliederung der ostdeutschen Vertriebenen in die westdeutsche Gesellschaft, S. 188; Benz, Fremde in der Heimat, S. 383f.

hung bzw. Irritation durch die fremden Zugezogenen stellte sich bei den Alteingesessenen besonders deshalb ein, weil ihr Sozialraum auf Vertrautes ausgerichtet war. Die materielle Notlage der Bevölkerung, die in der unmittelbaren Nachkriegszeit vorherrschte, forcierte noch die Bedrohungsängste auf seiten der Einheimischen und das Gefühl der Ablehnung bei den Neuankömmlingen.[196] In den drei Vergleichskommunen herrschte wie im übrigen Deutschland ein bedrohliche Nahrungsnot sowie ein desolates Wohnungsdefizit „in Höhe eines Drittels des notwendigen Wohnungsbestandes".[197]

Paradigmatisch für diesen Ausnahmezustand war die Situation in Ottmarsbocholt, wo die Unterbringung der Vertriebenen wie im gesamten Kreisgebiet als „mangelhaft" erachtet wurde.[198] Umquartierungen sollten Linderung verschaffen und „die größten Übelstände... beseitigen". Jedoch stieß dieses Vorhaben wegen der reservierten einheimischen Bevölkerung „auf größte Schwierigkeiten". Deshalb konnten die Vertrauenspersonen des kommunalen Flüchtlingsamtes „den Flüchtlingen nur selten helfen". Auch die unzureichenden Ernährungsverhältnisse schufen eine „sehr gedrückte Stimmung". Daher sorgte sich das Kreisflüchtlingsamt in Lüdinghausen, „daß diese Mißstimmung, insbesondere unter den Flüchtlingen, von radikaler Seite mißbraucht wird, um die verzweifelten Menschen gegen Recht und Ordnung zu beeinflussen".[199] Mit dem Zusammenbruch der Versorgung mit täglichen Bedarfsgütern wankten auch die traditionellen Normen und Handlungsweisen. Das Eigentums- und Rechtsempfinden hatte „in weiten Kreisen der Bevölkerung" nachgelassen.[200] Felddiebstähle, vor allem von Kartoffeln und Obst, bildeten einen Teil der täglichen Überlebensstrategie und ebbten erst mit der verbesserten Ernährungslage nach der Währungsreform ab.[201] Der Inspekteur des Kreisflüchtlingsamts charakterisierte die Stimmung der Neuankömmlinge „so, wie sie bei einem Menschen sein muß, dem man die primitivsten Rechte, nämlich Heimat, Unterbringung, Kleidung und Nahrung vorenthält ohne Aussicht, jemals wieder ein menschenwürdiges Dasein führen zu können."[202]

Demnach war an ein harmonisches Zusammenwachsen der beiden Bevölkerungsgruppen anfänglich nicht zu denken. Dazu stieß das Vorhaben, die Flüchtlinge „hier heimisch werden zu lassen... wegen der schlechten Unterbringung und der mangelnden Arbeitsmöglichkeit auf unüberwindliche Schwierigkeiten."[203] In Ottmarsbocholt

---

[196] Zur Notlage allgemein siehe Trittel, Die westlichen Besatzungsmächte und der Kampf gegen den Mangel 1945 - 1949, S. 18ff.

[197] Hockerts, Ausblick: Bürgerliche Sozialreform nach 1945, S. 252.

[198] Bericht des Kreisflüchtlingsamtes an die Militärregierung in Lüdinghausen v. 13.3.1947; STAMS, Kreis Lüdinghausen, Nr. 1500. Zur Situation im Nachbarkreis Coesfeld siehe Krabbe, Alltag zwischen Kriegsende und Währungsreform, S. 165 - 176.

[199] Bericht des Kreisflüchtlingsamtes an die Militärregierung in Lüdinghausen v. 15. 4. u. 16.5.1947; STAMS, Kreis Lüdinghausen, Nr. 1500. – Die Unzufriedenheit sollte natürlich auch als Druckmittel gegenüber der Militärregierung, die in den Flüchtlingen ein Konfliktpotential sah, eingesetzt werden.

[200] STAMS, Oberpräsidium, N5. 7365, S. 110.

[201] STAMS, Kreis Coesfeld, Nr. 967 u. 968.

[202] Bericht des Kreisflüchtlingsamtes an die Militärregierung in Lüdinghausen v. 15.9.1947; STAMS, Kreis Lüdinghausen, Nr. 1500.

[203] Bericht v. 16.7.1947; a.a.O.

konnte erstmals nach der Währungsreform 1948 „eine hoffnungsvolle Stimmung über die Besserung der Wirtschaftsverhältnisse" konstatiert werden,[204] zumal damit die Rationierung von Nahrungsmitteln entfiel, die nun mittlerweile fast ein Jahrzehnt angedauert hatte.

Auch in Heek stieg der örtliche Bedarf an materiellen Grundbedürfnissen, den der sprunghafte Zuzug von Flüchtlingen und Vertriebenen nach 1945 hervorgerufen hatte, immens. Aus dieser Mangellage, die die erhöhte Nachfrage anfänglich nur ungenügend decken konnte,[205] ergaben sich zahlreiche Spannungen, die sich vor allem in Konflikten zwischen Angehörigen der beiden dörflichen Sozialgruppen entluden. Auch in Heek zog der Zusammenbruch der Versorgung mit täglichen Bedarfsgütern anarchische Aktionsformen wie Felddiebstähle und Plünderungen nach sich. Wegen dieser „Moral der tausend Kalorien"[206] fürchtete die Militärregierung sogar „zivile Unruhen"[207] und erließ aus Furcht vor revanchistischen Umtrieben ein Koalitionsverbot für Flüchtlinge, das bis 1948 bestand.[208]

Wie in Ottmarsbocholt wehrte sich die Amtsvertretung gegen weitere Flüchtlingszuweisungen, da man sich in Heek im Vergleich zu den Nachbargemeinden bei der Vertriebenenverteilung übervorteilt fühlte und das eigene Amt „überbelegt" wähnte.[209] Im Februar 1949 hatten 978 Evakuierte und Vertriebene, 530 Frauen und 448 Männer, 26,7 Prozent der Gesamtpopulation ausgemacht.[210] Die Flüchtlinge brächten der Dinkelgemeinde „eine bedeutende Belastung auf allen Gebieten". Die Amtsvertreter reklamierten, „daß eine gleichmäßige Belegung der Gemeinden des Kreises nicht gegeben" sei.[211] Tatsächlich lag Heek über dem Belegungsmittel des Kreises, hatte jedoch verglichen mit anderen Gemeinden eine beneidenswerte Wohnraumsituation. Beim Einmarsch der Engländer wurde lediglich ein Haus in Brand geschossen und eines beschädigt.[212] Die nahezu intakte Wohnraumlage war die Ursache der Vertriebenenzuteilung.[213] Indes räumten die Amtsverordneten ein, daß durch die

---

[204] Bericht v. 20.7.1948; a.a.O. Zur erfahrungsgeschichtlichen Verarbeitung der Währungsreform siehe Schildt, Nachkriegszeit, S. 568f.

[205] Zur Notsituation siehe die Schilderung in FS SV 1920 Heek, S. 77.

[206] Ausspruch des Leiters des Zentralamts für Wirtschaft in der Britischen Zone, Viktor Agartz; zit. nach Trittel, Die westlichen Besatzungsmächte und der Kampf gegen den Mangel 1945 - 1949, S. 27.

[207] Schreiben der Militärregierung an den Landrat v. 5.3.1946; GA Heek, D 164.

[208] Vgl. Stefanski, Zuwanderungsbewegungen in das Ruhrgebiet, S. 427; Wiesemann, Zweite Heimat Nordrhein-Westfalen, S. 431.

[209] Auch im benachbarten Amtsbezirk Gescher sahen sich die Bürgermeister im Frühjahr 1946 außerstande, weitere Vertriebene aufzunehmen; Schlesinger, Die Integration von Flüchtlingen in den Amtsbezirk Gescher nach 1945, S. 112.

[210] Statistische Erhebung der Gemeinde Heek v. 4.2.1949; GA Heek, D 134.

[211] Beschluß der Amtsvertretung u. Schreiben an den Kreisdirektor von Ahaus v. 31.1.1950; GA Heek, D 413.

[212] FS 150 Jahre Heimat- und Schützenverein St. Ludgerus, S. 46. In Heek kamen auf 3691 Bewohner 24442 qm nutzbare Wohnfläche, also pro Einwohner 6,6 qm. Nachweisung des festgestellten Wohnraums v. 28.9.1946; GA Heek, D 703. Den 5814 Amtsbewohnern stand eine nutzbare Wohnfläche von 38678 qm zur Verfügung. Schreiben des Amtsbürgermeisters an das Kreisflüchtlingsamt v. 6.10.1946; GA Heek, a.a.O.

[213] Der Anteil der Heimatvertriebenen lag auf Kreisebene bei 12,5%; Beiträge zur Statistik des Landes Nordrhein-Westfalen, Sonderreihe Volkszählung 1950, Heft 15, S. 14.

letzten Belegungen „z. Zt. keine wohnraummäßige Belastung" der Gemeinde eingetreten sei.[214] Um den materiellen Mangel notdürftig zu lindern, verteilte die Kommunalverwaltung auf Veranlassung der Militärregierung Objekte aus dem ehemaligen NSV-Vermögen.[215] Die „bedürftigen Familien" unter den Heimatvertriebenen erhielten so Möbelstücke, Öfen und Herde auf Mietbasis.[216]

Vielfache Entbehrung herrschte auch im Rödinghausen der Nachkriegszeit. Hier stand ebenso ein radikal dezimiertes Angebot an Waren und Gütern des täglichen Bedarfs einer sprunghaft gewachsenen Bevölkerung gegenüber. Angesichts dieser Diskrepanz konnten Grundbedürfnisse nur mühselig, häufig völlig unzureichend befriedigt werden. Der Mangel konnte lediglich verwaltet werden.[217] Lebensmittel waren noch bis zur Währungsreform 1948 rationiert; dringend benötigte Güter, wie zum Beispiel Brennholz, mußten geteilt werden, um die Unterversorgung strukturell benachteiligter Bevölkerungsteile wie der mittellosen Zugezogenen zu verhindern.[218]

Der stoßweise Zuzug weiterer Vertriebener spitzte die Lage der Verknappung weiter zu und drohte der Kommune über den Kopf zu wachsen. Einzelne Alteingesessene klagten über die Belastungen durch die zwangsweisen Einquartierungen.[219] Bereits bei der Sitzung aller Hauptkreis- und Hauptgemeindebeamten im Regierungsbezirk Detmold im Oktober 1948 protestierten die Funktionsträger „mit aller Schärfe gegen eine weitere Zuweisung von Flüchtlingen in den Regierungsbezirk".[220] Der Rödinghauser Amtsdirektor Beckmann und seine Kollegen legten eine „einstimmig gefaßte Resolution" nieder, die sie auch dem Herforder Oberkreisdirektor unterbreiteten. Darin erklärten sie „einmütig und auf das Entschiedenste, daß die Gemeinden die weitere Aufnahme von Flüchtlingen ablehnen", da ihnen deren Unterbringung „fast unmöglich geworden" sei.[221]

Die Flüchtlingsfürsprecher auf Amtsebene hingegen kamen bei ihrer nahezu zeitgleich ausgetragenen Zusammenkunft zu einer unterschiedlichen Einschätzung der

---

[214] Beschluß der Amtsvertretung u. Schreiben an den Kreisdirektor von Ahaus v. 31.1.1950; GA Heek, D 413.

[215] Nach einem Schreiben der Provinzial-Militärregierung v. 1.11.1945 konnten Liegenschaften und bewegliches Eigentum der NSV zu Wohlfahrtszwecken verwendet werden; GA Heek, D 20.

[216] Schreiben des Referenten der Militärregierung Ahaus v. 17.4. u. 23.7.1946; GA Heek, D 6. Nachweisung der Amtsverwaltung über das in Benutzung befindliche NSV-Vermögen v. 28.12.1948; GA Heek, D 3. Mietvertrag zwischen der Gemeinde und einem Vertriebenen über die Nutzung zweier kleiner Schränke v. 18.10.1946; GA Heek, D 6.

[217] Zur materiellen Not und Versorgungsmisere in der Nachkriegszeit siehe Schlange-Schöningen, Im Schatten des Hunger; Gies, Von der Verwaltung des „Überflusses" zur Verwaltung des „Mangels", S. 302 - 333; Vogel, Familie, S. 98 - 126; Brunhöber, Wohnen, S. 186ff.

[218] Siehe dazu Liste über die Verteilung der Brennholzlieferung an die Gemeinden des Amtsbezirks v. 5.7.1947; GA Rödinghausen, Zwischenarchiv, B XI-1-14. Abgabesoll für das Amt Rödinghausen, in: Anlage zu Verfügung über Kleiderabgabe im Landkreis Herford; GA Rödinghausen, Zwischenarchiv, C 0-42/3-5.

[219] Vgl. auch die Klage einer Einheimischen im niedersächsischen Walsrode bei Brelie-Lewien, Im Spannungsfeld zwischen Beharrung und Wandel, S. 348.

[220] Die Sitzung am 25.10.1948 fand unter Leitung des Regierungspräsidenten Drake statt. Bericht des Amtsdirektors Beckmann v. 27.10.1948; GA Rödinghausen, Zwischenarchiv, C 0-00/21.

[221] Protokoll der Amtsdirektoren-Konferenz v. 22.11.1948; a.a.O.

Lage und der Mißstandsbekämpfung.[222] Sie sahen einen Grund für die bestehenden Probleme in der Arbeit der örtlichen Verwaltung. Da die Vorsitzenden der Flüchtlingsausschüsse in den einzelnen Amtsgemeinden eine „verschiedenörtliche Handhabung des Flüchtlings-Problems" feststellten, baten sie den Amtsdirektor und -bürgermeister sowie die Gemeindebürgermeister um eine Aussprache.[223] Bei der daraufhin für den 19. November 1948 anberaumten, außerordentlichen Sitzung der kommunalen Funktionsträger mit den Flüchtlingsausschußvorsitzenden der Amtsgemeinden kam der Präsident des Amtsflüchtlingsausschusses, Hans Hauswitzer, zu einem ernüchternden Situationsbericht. Hauswitzer, als Mitglied des Kreisflüchtlingsbeirats mit den Verhältnissen in anderen Kommunen vertraut,[224] klagte zuvorderst die 1948 unterbliebenen Neuwahlen der Flüchtlingsausschüsse ein und führte aus:

„Es kümmert sich niemand um die Flüchtlinge. Die Flüchtlinge sind nicht ordnungsgemäß untergebracht, besonders die jetzt in Westkilver eingetroffenen. Die Richtlinien bleiben unbeachtet, Bestimmungen werden nicht ausgenutzt... Das Amt hat bei der Betreuung nicht viel erreicht."

Angesichts dieser niederschmetternden Beurteilung versuchte der gebürtige Oberschlesier, dem Gremium konstruktive Vorschläge zu unterbreiten:

„Gewerbliche Räume können in Anspruch genommen werden. Beim Amt soll eine Schlichtungsstelle gebildet werden. Das Gericht wird gescheut. Die Flüchtlingsbetreuung soll durch ein [vom Wohnungsamt getrenntes, P.E.] Flüchtlingsamt erfolgen."[225]

Hauswitzers Rede, die die Verhältnisse offen geißelte, zeitigte Wirkung. Um die Mißstände eingermaßen zu beheben, faßte die Versammlung umgehend vier Beschlüsse: Erstens wurden die von Hauswitzer beanstandeten Neuwahlen der Flüchtlingsausschüsse anberaumt. Zweitens fand die Idee, Weihnachtsfeiern für die neuen Dorfbewohner zu veranstalten, die Zustimmung aller Teilnehmer und avancierte so zu einer festen Einrichtung.[226] Des weiteren sollte eine „Dosenaktion", d.h. eine Hausschlachtspende der Selbstversorger an die besitzlosen Flüchtlinge, deren karge Ernährungslage zu Weihnachten 1948 verbessern. Der vierte und weitreichendste Punkt, die Einrichtung eines Flüchtlingsamtes, das sich ausschließlich um die Belange der neuen Dorfbewohner kümmern sollte, wurde vertagt. Hier behielt sich der Amtsdirektor die letztgültige Entscheidung vor.[227]

---

[222] Siehe Einladung zur außerordentlichen Sitzung über Flüchtlingsangelegenheiten v. 19.11.1948; a.a.O. Die Flüchtlingsausschußvorsitzenden waren der Bierener Klein, Laubenstein für Ostkilver, Bernhard Wreders (Rödinghausen) und Hans Hauswitzer (Westkilver).
[223] Schreiben des Flüchtlingsausschusses v. 5.11.1948; a.a.O.
[224] Schreiben des Flüchtlingsamtes der Kreisverwaltung Herford v. 7.6.1950; GA Rödinghausen, Zwischenarchiv, C 4-40/2B.
[225] Protokoll der außerordentlichen Sitzung über Flüchtlingsangelegenheiten v. 19.11.1948; GA Rödinghausen, Zwischenarchiv, C 0-00/21.
[226] Diese Weihnachtsfeiern wurden auch in den Folgejahren abgehalten. Siehe z. B. Protokoll der Bürgermeisterbesprechung v. 1.12.1949; a.a.O.
[227] Protokoll der außerordentlichen Sitzung über Flüchtlingsangelegenheiten v. 19.11.1948; a.a.O.

2. Unterkünfte als „menschenunwürdige Räume": die Wohnraumnot und andere Komplikationen

Die Entwicklung der Haushaltungen bestätigt die beschriebenen Veränderungen auf dem Gebiet der Einwohnerzahl. Die Gemeinde Ottmarsbocholt zählte im Jahre 1925 auf einer Gemeindefläche von 2617 Hektar, die bis zur kommunalen Neuordnung unverändert blieb, 272 Haushaltungen.[228] Dieser Wert hielt sich im großen und ganzen bis zur großen Bevölkerungsumwälzung nach dem Zweiten Weltkrieg: 278 Haushaltungen im Jahre 1930, 285 (1933), 325 (1939).[229] Bei der VBBZ 1950 war infolge der Vertriebenenansiedlung die Zahl der Haushaltungen um 61,5 Prozent auf 525 sprunghaft gestiegen,[230] ehe diese Rate zu Anfang der sechziger Jahre aufgrund der abwandernden Vertriebenen wieder abflaute.[231]

HAUSHALTUNGEN. OTTMARSBOCHOLT/HEEK/RÖDINGHAUSEN

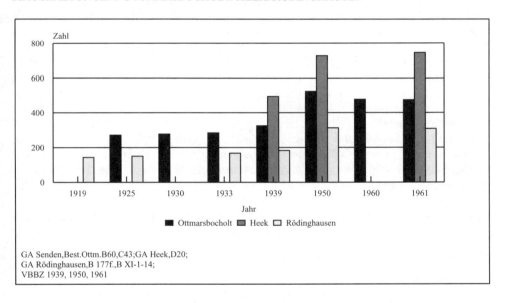

GA Senden,Best.Ottm.B60,C43;GA Heek,D20;
GA Rödinghausen,B 177f.,B XI-1-14;
VBBZ 1939, 1950, 1961

Das außerordentliche Anschwellen der Bevölkerungszahl durch den Vertriebenenzuzug hatte eine heikle Wohnungsnot zur Folge. Auf Kreisebene wurde ab Frühjahr

---

[228] Für die VBBZ 1933 siehe GA Senden, Bestand Ottmarsbocholt, C 11. Von 1939 bis zur kommunalen Neugliederung 1969 maß die Flächenausdehnung 2625 Hektar; vgl. GA Senden, Bestand Ottmarsbocholt, C 10 u. Beiträge zur Statistik des Landes Nordrhein-Westfalen, Sonderreihe Volkszählung 1961, Heft 3a, S. 295.
[229] GA Senden, Bestand Ottmarsbocholt, C 43; VBBZ 1939, StDR, Bd. 559,9, S. 9/7.
[230] Beiträge zur Statistik des Landes Nordrhein-Westfalen, Sonderreihe Volkszählung 1950, Heft 15, S. 132.
[231] Beiträge zur Statistik des Landes Nordrhein-Westfalen, Sonderreihe Volkszählung 1961, Heft 3a, S. 293.

1947 eine „ordnungsmäßige Unterbringung" immer schwieriger und stieß „bei den beschränkten Wohnverhältnissen... auf größte Schwierigkeiten".[232] Dabei muß man sich vergegenwärtigen, daß die Bauernhäuser nicht für mehrere Mietparteien konzipiert waren.[233] Bereits die Aufnahme von Evakuierten hatte zu gelegentlichen Belastungen und Konflikten geführt. Reibungspunkte gab es bei diesem Zusammenprall von fremden Menschen auf zum Teil sehr engem Raum zuhauf. Die Stimmung unter den Einheimischen wie den Vertriebenen war daher „sehr gedrückt" und „von Tag zu Tag am Sinken".[234] So mußte die Amtsverwaltung einer Neubürgerin ein anderes Quartier zuweisen, weil diese „durch ihre Redereien" zwischen der ansässigen und einer ebenfalls einquartierten Familie „Unstimmigkeiten hervorgerufen" hatte.[235] In einem Fall wurden Evakuierte in einem alten Bauernhaus in zwei Zimmern auf halber Höhe einquartiert. Die Zimmer waren zu diesem Zeitpunkt „nicht in gutem Zustand, insbesondere der Vorputz und der Anstrich (waren) schadhaft."[236] Ein Gutachter ging jedoch davon aus, daß die Unterkunft bei entsprechender Instandsetzung und Aufstellung eines Ofens und Herdes „nicht mehr als dürftig, sondern als besonders günstig" anzusehen sei.[237] Im benachbarten Seppenrade dagegen lebten zwei fünf- bzw. sechsköpfige Familien im Hühnerstall, nur durch die Bretterwand von den Tieren getrennt; eine Familie war „in zwei Löchern untergebracht", in die es hineinregnete.[238]

Im August 1945 schien der vorhandene Wohnraum durch 300 Evakuierte ausgeschöpft. Zur Entspannung der als äußerst belastend empfundenen Wohnverhältnisse sollten fünf zusätzliche Behelfsheime sorgen.[239] Wie angespannt die Lage war, verdeutlichte die vergebliche Suche des Pastoren Schleppinghoff nach geeignetem Wohnraum für seinen Nachfolger als Amtsbürgermeister. Dem Geistlichen gelang es nicht, „im gütlichen Wege" die vom Landrat geforderte Wohnung, bestehend aus einer Küche, einem Wohnzimmer und zwei Schlafzimmern, zu beschaffen.[240]

Der weiterhin enorme Andrang von Vertriebenen verschärfte die ohnehin kritische Wohnraumsituation. Bevor an eine Integration der Zuwanderer gedacht werden konnte, mußten die über 600 Neuankömmlinge zunächst notdürftig untergebracht

---

[232] Bericht des Kreisflüchtlingsamtes v. 12.6.1947 an die Militärregierung; Bericht des Oberkreisdirektors Lüdinghausen an die Militärregierung v. 18.3.1947; STAMS, Kreis Lüdinghausen, Nr. 1500.
[233] Siehe dazu Brändle, Die Eingliederung der Heimatvertriebenen in ländliche Orte, S. 183. Ebenso der Lagebericht des Amtsbürgermeisters Rorup an den Landrat von Coesfeld v. 26.4.1946; STAMS, Kreis Coesfeld, Nr. 948.
[234] Bericht des Oberkreisdirektors Lüdinghausen an die Militärregierung v. 16.5.1947; STAMS, Kreis Lüdinghausen, Nr. 1500.
[235] Schreiben des Amtsbürgermeisters v. 29.9.1944; GA Senden, Bestand Ottmarsbocholt, C 141.
[236] Schreiben eines Rechtsanwalts an den Bürgermeister v. 5.7.1944; a.a.O.
[237] Ebd.
[238] Bericht des Kreistagsmitglieds Pytlik über die Wohnverhältnisse der Vertriebenen im Kreis Lüdinghausen auf der Kreistagssitzung am 30.9.1947; STAMS, Kreis Lüdinghausen, Nr. 1523.
[239] Schreiben des Amtsbürgermeisters an den Landrat von Lüdinghausen v. 20.8.1945; GA Senden, Bestand Ottmarsbocholt, C 21.
[240] Ebd. Siehe ebenso Schreiben des Amtsbürgermeisters an die Kreisverwaltung v. 23.8.1945; STAMS, Kreis Lüdinghausen, Nr. 1571.

und versorgt werden.[241] Amtsbürgermeister Horn beauftragte den neuen Ortsbauernführer mit der Sicherung von Lebensmitteln; Kartoffeln, Möhren und Steckrüben mußten abgeliefert werden.[242] Als erste Sammelunterkunft diente der große Saal einer örtlichen Gaststätte, der mit Stroh ausgelegt wurde.[243] Ein Blick auf die Wohnraumlage 1946 verdeutlicht die ausgereizte Situation. Im Mai dieses Jahres mußten sich 2079 Bewohner, davon 285 Vertriebene und 204 Evakuierte, 306 Wohngebäude teilen, das heißt fast sieben Personen ein Gebäude.[244] Vor dem Krieg hatten 1616 Menschen in 325 Haushaltungen, also durchschnittlich knapp fünf Personen je Gebäude, gelebt.[245] Wie dicht die Bevölkerung aufeinander saß, verdeutlicht ein Vergleich der Trizone 1948 mit dem Deutschen Reich 1927. Die Wohndichte hatte sich nahezu verdoppelt: 1948 betrug sie durchschnittlich 1,8 Personen, während sie zwanzig Jahre zuvor noch unter einer Person gelegen hatte.[246]

Auf dem Höhepunkt der Zuwanderungswelle nach Ottmarsbocholt war das Wohnraumproblem ein ständiges Thema bei den Sitzungen des eigens eingerichteten Wohnungsausschusses.[247] Da die Zwangseinquartierungen in Privatunterkünfte schon im August 1945 ausgereizt waren, mußten viele Neuankömmlinge in Notwohnungen untergebracht werden. Im Juli 1949, als mit 750 Vertriebenen der Höchststand erreicht war, besaßen 449 Menschen, das waren rund 60 Prozent der neuen Dorfbewohner, keine ausreichende Unterkunft.[248] Vielfach lebten ganze Familien in einem Zimmer, in dem sie wohnten, kochten und schliefen: „Es waren häufig menschenunwürdige Räume."[249] Ein Jahr später, Ende Juni 1950, mußten noch mehr Menschen, diesmal 458, in Notwohnungen leben.[250] Die Zahl dieser Personen sank erst in den fünfziger Jahren unter 400 und pendelte sich auf diesen Wert ein, da die

---

[241] Vgl. GA Senden, Bestand Ottmarsbocholt, C 21.
[242] Schreiben des Amtsbürgermeisters Horn an die Kreisbauernschaft Lüdinghausen v. 18.10.1945; GA Senden, Bestand Ottmarsbocholt, C 141. – Die Organisation der Landesbauernschaft und der Provinzial-Ernährungsverwaltung hatte noch über 1945 hinaus Bestand bis zur Auflösung des Reichsnährstands am 21.1.1948 und der Gründung der Landwirtschaftskammer Westfalen-Lippe im Jahre 1949; vgl. Kleßmann, Untergänge – Übergänge, S. 91; Kuhne, Landarbeiter, S. 45; Herlemann, Bäuerliche Verhaltensweisen unterm Nationalsozialismus, S. 122. Dementsprechend existierten die alten Amtsbezeichnungen weiter, wenngleich neue Personen die Funktionen bekleideten.
[243] Schreiben des Amtsbürgermeisters v. 26.10.1945; GA Senden, Bestand Ottmarsbocholt, C 141. Siehe auch Mitmenschen unter uns – Vertriebene, in: Ottmarsbocholt. Geschichte und Geschichten 7 (1986), S. 14.
[244] Vgl. Schreiben des Amtsbürgermeisters an die Oberkreisdirektion Lüdinghausen, Wirtschaftsamt, v. 9.6.1946; GA Senden, Bestand Ottmarsbocholt, C 43.
[245] VBBZ 1939, StDR, Bd. 550,9, S. 9/7.
[246] Vgl. Waldmann, Die Eingliederung der ostdeutschen Vertriebenen in die westdeutsche Gesellschaft, S. 178.
[247] GA Senden, Bestand Ottmarsbocholt, Protokollbuch des Amtes Ottmarsbocholt von 1938 bis 1969, o. Sig., Eintrag v. 27.8.1948: „Die Beschaffung von Wohnungen wurde lang und breit besprochen."
[248] GA Senden, Bestand Ottmarsbocholt, C 43.
[249] Aussage des ersten Lehrers der evangelischen Volksschule, Günter Löhrke, in: Schulchronik der evangelischen Volksschule, Teil 2, in: Ottmarsbocholt. Geschichte und Geschichten 7 (1986), S. 34. Ebenso das Urteil der Besichtigungskommission über die Wohnverhältnisse der Vertriebenen im Kreis Lüdinghausen vom September 1947; STAMS, Kreis Lüdinghausen, Nr. 1523.
[250] GA Senden, Bestand Ottmarsbocholt, C 43.

Zahl der bewohnten Gebäude in dieser Zeit von 275 auf 350 nur leicht anstieg.[251] Von den 1961 existierenden 350 bewohnten Gebäuden galten aber bloß 337 als ausgewiesene Wohngebäude.[252]

In den Jahren nach 1945 verlangte die prekäre Wohnungssituation, „die an der Grenze des menschlich Zumutbaren" lag,[253] nach spürbarer Abhilfe und forderte die Kommunalpolitiker zu raschem und couragiertem Handeln auf. Im Dezember 1948 erörterte die Amtsvertretung die Möglichkeit, neuen Wohnraum durch Darlehen und Zuschüsse für den Wohnungsbau zu schaffen. Aus zwei Gründen übte man jedoch bei der Ausführung Zurückhaltung. Zum einen fanden die Flüchtlinge in Ottmarsbocholt keine Anstellung und wandten sich „in augenfälliger Weise" der Industrie zu.[254] Die Folge war eine schrittweise Abwanderung der Vertriebenen, die aus der Sicht des Gremiums das Problem schließlich von selbst lösen würde. Zum anderen zeichnete sich Ottmarsbocholt durch eine ungünstige Verkehrsanbindung aus – der nächste Bahnhof in Davensberg war vier Kilometer vom Ortszentrum entfernt –, wodurch die Möglichkeit eines individuellen Pendlerwesens stark eingeschränkt war. Aus diesen Gründen hielt es die Amtsvertretung „vor allem aber aus finanzpolitischen Erwägungen für verfrüht, schon jetzt darüber zu entscheiden, ob und in welchem Maße der Wohnungsnot durch Wohnungsbau entgegenzutreten ist."[255] Dasselbe Konfliktlösungsmuster legte die Amtsverwaltung auch beim Bau der Volksschule an den Tag. Während in einzelnen Nachbargemeinden Ende der fünfziger Jahre neue Volksschulen gebaut wurden, übte sich die Ottmarsbocholter Amtsverwaltung in gewohnter Zurückhaltung.[256]

Hier offenbarte sich, daß die schicksalhafte Koexistenz von Einheimischen und Vertriebenen im Sozialraum Dorf ein unnachgiebiges Ringen um Ressourcen zur Folge hatte. Die Konflikte drehten sich um Nahrungsmittel, Wohnungen, Möbel, Hausrat, Heizstoffe, Kleidung und vieles anderes mehr, was in der Mangelphase der Nachkriegszeit gehörigen Wertzuwachs erfahren hatte.[257] „Alle Kräfte und alle Zeit waren eingespannt für die Sicherung der elementaren Lebensgrundlagen".[258] Gerade durch die unterschiedliche Ausgangslage bei Alt- und Neubürgern verschärften sich im Ringen um Ressourcen die ohnehin schon vorhandenen Spannungen und Ressen-

---

[251] Vgl. Beiträge zur Statistik des Landes Nordrhein-Westfalen, Sonderreihe Volkszählung 1950, Heft 15, S. 135 u. Beiträge zur Statistik des Landes Nordrhein-Westfalen, Sonderreihe Volkszählung 1961, Heft 3a, S. 298. – Die gemeindeeigene Statistik ermittelte für die VBBZ 1961 351 bewohnte Häuser; vgl. GA Senden, Bestand Ottmarsbocholt, C 43.

[252] Beiträge zur Statistik des Landes Nordrhein-Westfalen, Sonderreihe Volkszählung 1961, Heft 3a, S. 298.

[253] Waldmann, Die Eingliederung der ostdeutschen Vertriebenen in die westdeutsche Gesellschaft, S. 178.

[254] GA Senden, Bestand Ottmarsbocholt, Protokollbuch des Amtes Ottmarsbocholt von 1938 bis 1969, o. Sig., Eintrag v. 16.12.1948.

[255] Ebd.

[256] Aussage des ersten Lehrers der evangelischen Volksschule, Günter Löhrke, in: Schulchronik der evangelischen Volksschule, Teil 3, in: Ottmarsbocholt. Geschichte und Geschichten 8 (1987), S. 19.

[257] Zur speziellen Situation im Kreis Lüdinghausen vgl. Schulze-Westen, Das Flüchtlingsproblem. – Für Ottmarsbocholt vgl. Flüchtlingselend und Wohnungsnot. Das Jahr 1946 aus der Pfarrchronik von Pfarrer Schleppinghoff, in: Ottmarsbocholt. Geschichte und Geschichten 7 (1986), S. 12.

[258] Maase, Freizeit, S. 210.

timents.²⁵⁹ Materielle Grundbedürfnisse wie Wohnraum waren in der Not der Nachkriegsjahre ein ständiger Streitgrund.²⁶⁰ Die Auseinandersetzungen entzündeten sich daran, daß Einheimische wie Vertriebene die knappe Ressource des Wohnraums für die Befriedigung ihrer Bedürfnisse verwendet sehen wollten.²⁶¹ „Sich im nackten Existenzkampf zu behaupten, war in den ersten Jahren die Hauptsache".²⁶² So nahmen vor allem Vertriebene diese Jahre wahr. Sie sahen sich gegenüber ihrer zerstörten Heimat in eine vergleichsweise intakte Infrastruktur gestellt, spürten aber die rivalisierende Reserviertheit der Einheimischen: „Man war zwar in Ottmarsbocholt in ein unzerstörtes Dorf gekommen, aber nicht immer hilfsbereit aufgenommen worden."²⁶³

An dieser Stelle ist zu betonen, daß der Wille zur Eingliederung auf beiden Seiten vorhanden sein mußte.²⁶⁴ Auf der einen Seite stießen die Flüchtlinge auf eine reservierte Dorfbevölkerung und waren als Rivalen im Verteilungskampf der knappen Güter nur selten willkommen. Auf der anderen Seite zeigten die in den Westen Deutschlands gekommenen Ostvertriebenen anfänglich wenig Bereitschaft, sich in ihre neue Umgebung zu integrieren, hoffte man doch, daß der Aufenthalt fern der Heimat kein Dauerzustand werden würde: „In den ersten Jahren aber war die Hoffnung noch groß, in die alte Heimat zurückzukommen."²⁶⁵ Der Leiter des Kreisflüchtlingsamtes vermerkte zum Rückkehrwunsch der neuen Dorfbewohner: „Die Flüchtlinge wollen nicht im hiesigen Volkstum aufgehen. Sie wollen ihre Heimat wiederhaben."²⁶⁶ Darüber hinaus hemmten unterschiedliche Sozialisation, Konfession, aber auch Dialekt, Sitte und Brauchtum die Kommunikation und Interaktion unter den Angehörigen der beiden sozialen Gruppen.

Die Ottmarsbocholter Amtsvertretung erkannte dieses Spannungspotential und führte es auf eine außerordentlich hohe Vertriebenenzuweisung zurück. Im Vergleich mit anderen Gemeinden des Kreises Lüdinghausen sah sie sich mit einem überdurchschnittlich hohen Vertriebenenzuzug konfrontiert und wandte sich daher an den Oberkreisdirektor, weil sie meinte, „die enorme Mehrbelastung mit Flüchtlin-

---

[259] Dieses Ringen um Ressourcen war kein originäres Phänomen in Landgemeinden, sondern trat auch in Großstädten zu Tage. Vgl. Stefanski, Zuwanderungsbewegungen in das Ruhrgebiet, S. 427.
[260] Zu den Konflikten um Wohnraum im Landkreis Münster vgl. Frie, Die Eingliederung von Flüchtlingen in den Landkreis Münster nach dem Zweiten Weltkrieg, S. 127.
[261] Nach Kaschuba/Lipp, Dörfliches Überleben, S. 572 berührt die „Artikulation und Bestimmung von Bedürfnissen wie auch (die) Produktion und Verteilung von Mitteln der Befriedigung" die Machtfrage.
[262] Aussage des ersten Lehrers der evangelischen Volksschule, Günter Löhrke, in: Schulchronik der evangelischen Volksschule, Teil 2, in: Ottmarsbocholt. Geschichte und Geschichten 7 (1986), S. 33 - 38, Zitat S. 33.
[263] Mitmenschen unter uns – Vertriebene, in: Ottmarsbocholt. Geschichte und Geschichten 7 (1986), S. 17. Bei einer Befragung unter den Bewohnern einer Westerwaldgemeinde behaupteten 26,6% der Einheimischen, die Neubürger würden wie Altbürger geachtet, was nur 7,1% der Flüchtlinge so empfinden; Wurzbacher, Die Nachbarschaft als Ausgleichsfaktor gegen Vereinzelung und Anonymisierung, S. 142.
[264] So auch Hoffmann, Flüchtlinge und Einheimische, S. 172.
[265] Mitmenschen unter uns – Vertriebene, in: Ottmarsbocholt. Geschichte und Geschichten 7 (1986), S. 16f.
[266] STAMS, Kreis Lüdinghausen, Nr. 1500. Zum Rückkehrwunsch vor allem der älteren Flüchtlingsgeneration Brändle, Die Eingliederung der Heimatvertriebenen in ländlichen Orte, S. 179 u. 184f.; Rudolph, Strukturwandel eines Dorfes, S. 70f.

gen gegenüber anderen Gemeinden des Kreises nicht länger hinnehmen" zu können.[267] Die Klage war berechtigt: Während der Vertriebenenprozentsatz bei der Volkszählung 1950 auf dem Gebiet der Bundesrepublik bei 16,5 Prozent,[268] auf Kreisebene bei 16,8 Prozent lag,[269] kam das Amt Ottmarsbocholt auf 24,3 Prozent.[270] Tatsächlich hatte nur ein Amtsbezirk kreisweit höhere Wert als Ottmarsbocholt aufzuweisen: das Amt Olfen mit 24,9 Prozent. Die Gemeinde Ottmarsbocholt selbst erreichte 24 Prozent und wurde auf Kreisebene lediglich von den Kirchspielen Olfen und Drensteinfurt mit 32,3 und 31,3, ihrer Amtsgemeinde Venne mit 27,7 und Walstedde mit 24,5 Prozent übertroffen.[271] Die zahlreichen Vertriebenenzuweisungen nach Ottmarsbocholt hatten jedoch ihren Grund in der vergleichsweise extrem gering zerstörten Bausubstanz. Dort wurden von 306 Wohngebäuden lediglich zwei Häuser durch Kriegseinwirkungen total und nur eines schwer beschädigt.[272]

Gleichwohl griffen die gemeindeeigenen Lösungsstrategien ebenso wenig, wie sich der Wohnungsausschuß als nur bedingt handlungsfähig erwies. Zwangseinquartierungen bei den Nachbarn anzuordnen war eine ebenso brisante wie unangenehme Aufgabe. So fand sich aus der einheimischen Bevölkerung niemand bereit, „bei Beschlagnahme von Wohnräumen durchzugreifen".[273] Hier offenbarte sich die eingangs angedeutete Prägekraft der Lebenskoordinaten Besitz und Verwandtschaft und der daraus resultierende enge Spielraum für die Individuen im Sozialsystem Dorf. Noch Ende 1948 und während des folgenden Jahres war trotz über 700 wohnungssuchenden neuen Dorfbewohnern, die ein Drittel der Einwohnerzahl ausmachten, der tatsächlich vorhandene Wohnraum noch nicht exakt ermittelt.[274] Schließlich sah die Amtsvertretung keinen anderen Ausweg, als das Kreiswohnungsamt zu bitten, sich des heiklen Falles anzunehmen. Besserung erhoffte man sich auch durch die Einstellung eines neuen Amtssekretärs, von dem man sich in dieser Sache weniger Befangenheit versprach.[275]

---

[267] GA Senden, Bestand Ottmarsbocholt, Protokollbuch des Amtes Ottmarsbocholt von 1938 bis 1969, o. Sig., Eintrag v. 16.12.1948.
[268] Waldmann, Die Eingliederung der ostdeutschen Vertriebenen in die westdeutsche Gesellschaft, S. 169.
[269] Beiträge zur Statistik des Landes Nordrhein-Westfalen, Sonderreihe Volkszählung 1950, Heft 15, S. 14. Dieser Wert war der zweithöchste im Regierungsbezirk Münster, er wurde lediglich im Kreis Beckum mit 18,5% übertroffen. – Im Vorjahr hatte der Vertriebenenanteil noch 17,8 Prozent betragen; Statistisches Jahrbuch Nordrhein-Westfalen 1 (1949), S. 40. Drei Jahre zuvor, Stand 10.8.1947, hatte der Kreis Lüdinghausen mit einem Flüchtlingsanteil von 15,9% an der Gesamtbevölkerung an zweiter Stelle im Regierungsbezirk Münster (9,6%) und an zehnter Position in Westfalen (10%) gelegen; Vgl. Schreiben der Untersuchungsleiterin der Sozialforschungsstelle an der Universität Münster, Dr. Irmgard Schulze-Westen, an die Kreisverwaltung Lüdinghausen v. 20.10.1947, STAMS, Kreis Lüdinghausen, Nr. 1500; Statistisches Jahrbuch Nordrhein-Westfalen 1 (1949), S. 35.
[270] Beiträge zur Statistik des Landes Nordrhein-Westfalen, Sonderreihe Volkszählung 1950, Heft 15, S. 132.
[271] Ebd.
[272] GA Senden, Bestand Ottmarsbocholt, C 43.
[273] GA Senden, Bestand Ottmarsbocholt, Protokollbuch des Amtes Ottmarsbocholt von 1938 bis 1969, o. Sig., Eintrag v. 27.8.1948.
[274] A.a.O., Eintrag v. 16.12.1948 u. 29.11.1949.
[275] A.a.O., Eintrag v. 27.8.1948.

In der zweiten Untersuchungsgemeinde, Heek, stellte die Unterbringung der neuen Dorfbewohner gleichermaßen eine außerordentliche organisatorische Schwierigkeit dar. Bei einer Volkszählung im Oktober 1946 umfaßte der Amtsbezirk 705 normale und 228 sogenannte „anormale" selbständige Wohnungen.[276] Das waren Behausungen, die nicht als Wohnungen bestimmt waren, jedoch aus der Not heraus als solche genutzt wurden. Von den insgesamt 5721 Amtsbewohnern lebten 5512 in 3832 normalen Räumen. Das waren im Schnitt 1,4 Menschen pro Zimmer. Die restlichen 209 Personen mußten in „anormalen" Räumen leben.

Der völlig überbeanspruchte dörfliche Wohnungsmarkt bildete einen ständig schwelenden Konfliktherd. Während bereits die Unterbringung ausgebombter Familien in den letzten Kriegsjahren von einzelnen Dorfbewohner abgelehnt worden war,[277] verdichteten sich die materiellen und sozialen Probleme in den direkten Nachkriegsmonaten und -jahren.[278] Im Juli 1946 beschwerte sich ein Schlesier aus Breslau über seine Unterbringung in Heek.[279] Er war sechs Wochen zuvor mit seiner Familie nach Heek gekommen und wohnte in einem spärlich möblierten Geschäftsraum. Der Ostdeutsche wünschte mehr Betten sowie eine Zwei-Zimmer-Wohnung und beklagte sich über zwei Dinge, die ihn von den einheimischen Dorfbewohnern unterschieden: Zum einen reklamierte er die gute Versorgungssituation seines Vermieters, eines Tabakhändlers, dessen NSDAP-Mitgliedschaft er als zusätzliches Argument anführte: „Wie kann man heute noch jeden Tag Kakao kochen, Speck ins Essen tun, schon früh Käse und Schinken aufs Weißbrot! So leben Nazis! Ich kann meinen Kindern kaum eine trockene Kartoffel bieten!"[280] Zum anderen beklagte er dessen gute Verbindungen im Dorf, da der Kaufmann zum politischen Establishment zu zählen war.[281] Da der Vertriebene sich von der Lokalverwaltung nur unzureichend unterstützt wähnte, wandte er sich zugleich an das Oberpräsidium in Münster,[282] an die Militärregierung in Ahaus, wo er sich von der Anspielung auf die NS-Vergangenheit seines Hausherren mehr Reaktion erhoffte,[283] und an den Entnazifizierungsausschuß des Kreises Ahaus, da er in der örtlichen Verwaltung „alle Posten noch von Nazis besetzt" sah, die „sich natürlich einander helfen" würden.[284]

---

[276] Unterlagen der Volkszählung v. 29.10.1946; GA Heek, D 134.
[277] Aufforderung des Landrats Ahaus v. 17.2.1944 an einen Heeker Gastwirt, seine sieben Fremdenzimmer Evakuierten zur Verfügung zu stellen. Der Gastronom hatte sich bislang mit dem Hinweis auf eine eventuelle Beschädigung der Betten geweigert; GA Heek, D 347.
[278] Zu Weigerungen einheimischer Dorfbewohner, Vertriebene aufzunehmen, GA Heek, D 1137.
[279] Schreiben des Klägers an die Militärregierung in Ahaus v. 20.7.1946; a.a.O.
[280] Schreiben des Klägers an den Oberpräsidenten in Münster v. 21.7.1946; a.a.O.
[281] Der Hausherr sollte 1948 in die Amts- und Gemeindevertretung gewählt werden. Vgl. Schreiben des Amtsdirektors an den Landrat von Ahaus betr. Verzeichnis der neugewählten Vertretungskörperschaften v. 11.11.1948; GA Heek, D 40.
[282] GA Heek, D 1137.
[283] Tatsächlich hatte der Hausbesitzer der NSDAP angehört. Mitgliederverzeichnis der NSDAP-Ortsgruppe Heek; GA Heek, D 3.
[284] Schreiben an den Entnazifizierungsausschuß des Kreises Ahaus v. 20.7.1946; GA Heek, D 493. Der Kläger schrieb weiter: „Schon viele wundern sich, wieso die Nazis noch immer im Amt sitzen." Dieser Vorwurf war auch auf den ehemaligen Amtsbürgermeister gemünzt, der seinen Posten von 1933 bis 1946 bekleidete.

Amtsbürgermeister Schlichtmann dagegen war in seinem Bericht an den Landrat bestrebt, die Überbelegung der Gemeinde und die daraus resultierende, schlechte Versorgungslage sowie das überzogene Ansinnen des Neubürgers für den Vorfall verantwortlich zu machen, da auch der Flüchtlingsausschuß nach eingehender Prüfung die Unterkunft nicht beanstandet hatte.[285] Schlichtmann erkannte sehr genau die Konkurrenz der beiden Sozialgruppen und deren rivalisierende Bedürfnisse als Antrieb für Zwistigkeiten: „Daß hierbei [der unzureichenden Versorgungssituation, P.E.] die oft gegenteiligen Ansichten und Wünsche der Bevölkerung und der Flüchtlinge Schwierigkeiten verursachen, ist unausbleiblich."[286] Interessant ist die Argumentation Schlichtmanns, der sorgsam zwischen ‚in-group', den Ansässigen, und ‚out-group', den Zugewanderten, unterschied. Demzufolge verwandte sich das Amtsoberhaupt für die dörfliche ‚pressure-group' und wies auf die fundamentalen Anliegen der einheimischen Dorfbewohner hin: „Allerdings müssen die Interessen der ortsansässigen Bevölkerung ebenfalls berücksichtigt werden."[287]

Auch der beklagte Tabakhändler griff in den Schriftwechsel ein und hob die der Flüchtlingsfamilie entgegengebrachten Vergünstigungen hervor. Er belastete nun umgekehrt den neuen Dorfbewohner als ehemaligen nationalsozialistischen „Polit-Offizier". Seine eigene Parteimitgliedschaft entschuldigte er mit dem Hinweis auf den existenziellen Sachzwang angesichts seines „lebenswichtigen Postens im Dienste der Allgemeinheit", den er „nicht verantwortungslosen Elementen überlassen wollte." Der Kaufmann wies auf seinen alsbaldigen Parteiaustritt hin und bezeichnete sich als einen „in der ganzen Gegend als antifaschistisch bekannt(en)" Bürger.[288]

Schließlich reagierten die örtlichen Gemeindevertreter „mit Entrüstung" auf die Beschwerdeschreiben des Vertriebenen.[289] Die Ratsmitglieder beurteilten dessen Proteste als „tendenziös übertrieben und unwahr". Sie sahen wie der Amtsbürgermeister den Konfliktgrund weniger in einer mangelnden Hilfeleistung ihrerseits, sondern vielmehr in der fehlenden Bereitschaft der Flüchtlingsfamilie, sich mit den gegebenen Verhältnissen abzufinden. Schließlich müsse „doch auch der Beschwerdeführer... Verständnis für die hiesige Bevölkerung zeigen, da sonst ein Zusammenleben unmöglich" sei.[290]

Diese ausführliche Schilderung eines einzelnen Streits hat exemplarischen Charakter für eine Vielzahl von Konflikten. Häufig richteten sich Klagen an die Amtsverwaltung wegen „menschenunwürdiger" Unterbringung.[291] Die Flüchtlinge „mußten sich mit dem begnügen, was ihnen von den Einheimischen mehr oder weniger

---

[285] Schreiben des Amtsbürgermeisters an den Landrat von Ahaus v. 9.8.1946; a.a.O.
[286] Ebd.
[287] Ebd.
[288] Schreiben des beklagten Kaufmanns an das Bürgermeisteramt v. 6.8.1946; a.a.O.
[289] Stellungnahme der Gemeindevertretung v. 18.8.1946; a.a.O.
[290] Die Gemeindevertreter kennzeichneten den Vertriebenen als einen „unzufriedenen bekannten Beschwerdeführer"; ebd.
[291] Siehe dazu Verzeichnis der Einspruchs- und Beschwerdeverfahren in Wohnungsangelegenheiten; GA Heek, D 621, über den Zeitraum von 1947 bis 1950 u. die bei der Verwaltung eingegangenen Proteste; GA Heek, D 160, 348, 349, 413-417, 493 sowie KA Borken, Flüchtlingsamt, Ortsbestand Nienborg, o. Sig.

freiwillig überlassen wurde: mit Notunterkünften, Baracken und Lagerbehausungen als Wohnungsersatz".[292] Manchmal wurden sie sogar in gesundheitsschädlichen Behausungen wie Viehställen und Wellblechhütten untergebracht. So protestierte eine neue Dorfbewohnerin gegen die Unterbringung in einem Viehstall: „Schließlich sind wir Menschen und kein Vieh!"[293] Das mit Anträgen überhäufte Wohnungs- und Flüchtlingsamt konnte die Hausbesitzer nur dazu anhalten, die Einquartierten besser unterzubringen.[294] Landrat Sümmermann ermahnte die Kreisbevölkerung zu einer korrekten Aufnahme der Neuankömmlinge, da „auch einzelne Fälle der Ablehnung und schlechter Behandlung bekannt geworden" waren. Er drohte den Personen, die sich fehlverhielten, „daß sie auf Befehl der Militärregierung aus ihren Häusern entfernt und Flüchtlinge in diese eingewiesen" würden.[295]

Tatsächlich erfolgte die Aufnahme der Vertriebenen „nicht immer rosig, oft sogar abweisend."[296] Die Klage eines Neubürgers über die Art und Weise der Aufnahme dokumentiert die sozialpsychologische Erfahrung eines Statusverlusts bei den Vertriebenen, die bei ihrer Aufnahme in Heek von den ansässigen Bauern unter dem „Gesichtspunkte der Arbeitsfähigkeit" ausgesucht worden waren, was bei den Ausgewiesenen den ehrabschneidenden „Eindruck eines Sklavenmarktes" erweckte.[297] Die dörflichen Führungsgruppen hingegen sahen es als ihre Pflicht – auch im Interesse der Flüchtlinge – an, „daß arbeitsfähige Menschen bei Landwirten und nicht bei Dorfbewohnern, wo sie zum Nichtstun verurteilt sind, untergebracht werden."[298] Hier zeichnete sich eine Kontinuität in der Aufnahme und Behandlung fremder Sozialgruppen ab; der Übergang von den Zwangsarbeitern und Kriegsgefangenen zu den Vertriebenen ereignete sich als „bloßer Austausch".[299]

Nach einer Welle der mildtätigen Hilfsbereitschaft reagierte die einheimische Bevölkerung auf die Vertriebenen, deren Rückkehr immer unwahrscheinlicher wurde, mit Abgrenzung und dem Willen, den eigenen Besitzstand zu wahren. Von den für die Neuankömmlinge ausgehobenen Unterkünften in Einheimischenwohnungen mußten nahezu alle zwangsrekrutiert werden, lediglich eine wurde freiwillig abgegeben.[300] Eine einheimische Witwe zum Beispiel weigerte sich, zwei Zimmer einer Gemeindewohnung zu räumen, worauf der Amtsbürgermeister ihr nahelegte, der Auf-

---

[292] Waldmann, Die Eingliederung der ostdeutschen Vertriebenen in die westdeutsche Gesellschaft, S. 170.
[293] Schreiben v. 30.7.1947; GA Heek, D 348.
[294] Siehe Ermahnung an eine einheimische Familie in dieser Angelegenheit v. 11.2.1947; GA Heek, D 417. Einzelne Flüchtlinge warfen den Behörden hingegen Untätigkeit vor. Siehe dazu Schreiben einer Vertriebenen an das Kreiswohnungsamt in Ahaus v. 5.3.1947; GA Heek, D 348.
[295] Bekanntmachung des Landrats v. 28.3.1946; GA Heek, D 656.
[296] Aussage einer Vertriebenen; Heimat- und Rathausspiegel 32 (1992), S. 1404.
[297] Schreiben des Klägers an die Militärregierung in Ahaus v. 20. 7. u. an den Oberpräsidenten in Münster v. 21.7.1946; GA Heek, D 1137.
[298] Stellungnahme der Gemeindevertreter v. 18.8.1946; GA Heek, D 493.
[299] Herbert, Zwangsarbeiter – Vertriebene – Gastarbeiter, S. 172; ähnlich Sywottek, Flüchtlingseingliederung in Westdeutschland, S. 46.
[300] Zwischen 1947 und 1950 waren dies 108 Zimmer und eine Wohnung mit drei Zimmern, von denen nur ein Zimmer zwanglos abgegeben wurde. In Nienborg wurden von 65 Zimmern und zwei Wohnungen bloß 2 Zimmer und eine 3-Zimmer-Wohnung freiwillig gestellt. Verzeichnis der freien oder beschlagnahmten Wohnungen, Zimmer oder Schlafstellen; GA Heek, D 620.

forderung nachzukommen, andernfalls werde er die gesamte, gemeindeeigene Wohnung beschlagnahmen lassen.[301] Nicht zu Unrecht sprach das Sozialministerium des Landes Nordrhein-Westfalen in einem Rundschreiben davon, daß die Flüchtlinge in zahlreichen Fällen schlechter Behandlung sich gezwungen sahen, „gegen einheimische Quartiergeber Anzeige wegen Beleidigung, Körperverletzung und Hausfriedensbruch zu erstatten".[302] Eine vertriebene Familie aus Ostdeutschland bat die Heeker Amtsverwaltung um Verlegung von ihrem Quartier bei einem Bauern im Ortsteil Averbeck. Den dortigen Aufenthalt empfanden die Neubürger als „unerträglich", seitdem das Gerücht kursierte, sie wollten den Hof übernehmen; auch das Einschalten des örtlichen Polizisten änderte die Verhältnisse nicht, weswegen die Neuankömmlinge „noch lieber... in ein Flüchtlingslager" umziehen wollten, als auf dem Hof zu bleiben.[303] Dies war kein Einzelfall. Der Flüchtlingsausschuß der Gemeinde Heek hatte sich ständig mit Umsiedlungswünschen zu befassen und mußte die raren Unterbringungsmöglichkeiten wohlbedacht verteilen.[304]

Jedoch erreichten die Kommunalverwaltung nicht nur Beschwerden von den Neuankömmlingen, sondern auch solche über sie.[305] Eine Bäuerin beschwerte sich im Juni 1946 über die „zu anspruchsvolle" Haltung der bei ihr Einquartierten, die die gebotene Verpflegung als „saumäßig" bezeichnet hatten.[306] Ein Bauer beklagte sich über eine bei ihm untergebrachte, „sehr unsaubere" Ostvertriebene, die „aus hygienischen Gründen" nicht weiter zu beherbergen sei.[307] Ein Großbauer weigerte sich sogar gänzlich, Vertriebene auf seinen Hof aufzunehmen, worauf ihn Amtsbürgermeister Wermelt ermahnte, „Verständnis für die Lage der Ostflüchtlinge und deren Unterbringung auf(zu)bringen".[308] Angesichts der Vielzahl protestierender Vertriebener hielt ein einheimischer Angehöriger des Flüchtlingsausschusses einem klagenden Neubürger vor: „Wenn alle Evakuierten so wären wie Sie, dann stünde ganz Heek Kopf!"[309]

Manchmal führte die Wohnungsnot auch zu handfestem Streit. Im Juli 1948 wurde der Leiter des Wohnungsamtes von einem Ostvertriebenen nach einem Disput über Wohnungsangelegenheiten öffentlich beleidigt, gewalttätig angegriffen und dabei mit einem Aktenlocher am Kopf verletzt.[310] Ebenso wollte ein frisch vermählter

---

301 Schreiben des Amtsbürgermeisters v. 8.10.1945; GA Heek, D 20. Ähnlich Hund, Flüchtlinge in einem deutschen Dorf, S. 84, wo eine Zwangseinquartierung unter Polizeieinsatz erfolgte.
302 Schreiben des Sozialministers des Landes Nordrhein-Westfalen v. 12.7.1948; GA Heek, D 418.
303 Schreiben der Flüchtlingsfrau v. 23.5.1946 u. Protokoll des Flüchtlingsmannes v. 28.5.1946; GA Heek, D 415.
304 Siehe z. B. die im Dezember 1946 vorgetragenen 16 Umsiedlungswünsche; GA Heek, D 416.
305 Siehe auch unter diesem Aspekt Verzeichnis der Einspruchs- und Beschwerdeverfahren in Wohnungsangelegenheiten; GA Heek, D 621.
306 Schriftliche Klage der Bäuerin v. 4.6.1946; GA Heek, D 415.
307 Beschwerde v. 17.9.1946; GA Heek, D 416. Auch im benachbarten Kreis Coesfeld beklagte sich eine einheimische Familie über eine evakuierte Frau, „die einfach den Inhalt des Nachtgeschirrs durchs Fenster in den Garten geschüttet" haben soll; STAMS, NSDAP-Kreis- und Ortsgruppenabteilungen, Nr. 109.
308 KA Borken, Flüchtlingsamt, Ortsbestand Nienborg, o. Sig.
309 GA Heek, D 493.
310 Siehe dazu polizeiliche Ermittlungen v. 16., 17., 23., 24. u. 30.7.1948; GA Heek, D 160.

Hausbesitzersohn sich den Zugang zu einer elterlichen Wohnungen mit Gewalt verschaffen. Dort wohnte aber noch eine Kriegerwitwe samt Kindern und Bruder zur Miete. Da diese aufgrund des Wohnungsmangels nicht ausziehen konnten, setzte sich der Sohn des Vermieters mit beiden erwachsenen Mietern derart handgreiflich auseinander, daß diese ärztlich versorgt werden mußten. Daß es sich hierbei um keinen Einzelfall handelte, bemerkte das Ahauser Kreisblatt: „Das Geschehnis wäre weniger von öffentlichem Interesse, wenn dasselbe nicht allzusehr ähnlichen Vorkommnissen glich."[311] Auch zu Beginn der fünfziger Jahre hatte sich die Lage auf dem Wohnungsmarkt noch nicht entspannt und die reservierte Haltung zwischen Einheimischen und neuen Dorfbewohnern noch nicht gelockert. Exemplarischen Charakter dafür hatte das Inserat eines wohnungssuchenden Ehepaares in der Ahauser Kreisausgabe der Westfälischen Nachrichten, das sein Gesuch mit dem Zusatz „einheimisch" versah, weil es sich dadurch mehr Angebote erhoffte.[312]

In der dritten Untersuchungsgemeinde zeigten sich dieselben Schwierigkeiten wie in Ottmarsbocholt oder Heek. Auch in Rödinghausen stieß der Wille, die Neuankömmlinge unterzubringen, auf materielle und mentale Grenzen.[313] Die ständige steigende Zahl der Haushaltungen war nur eine quantitative Antwort auf die Anforderung in den Endvierzigern, zeitweise über 300 neue Dorfbewohner aufzunehmen. Existierten zu Beginn der dreißiger Jahre noch 166 Haushaltungen, so war deren Zahl bereits 1947 um drei Viertel auf 289 in die Höhe geschnellt, bis sie im August 1950 mit 313 ihr Maximum erreichte.[314] Eine exakte Aufstellung aus dem April 1949 vermittelt einen authentischen Eindruck von der Wohnsituation. Zu diesem Zeitpunkt lebten in Rödinghausen:

16	Familien mit vier Personen auf einem Raum,
6	Familien mit fünf Personen auf einem Raum,
1	Familie mit sechs Personen auf einem Raum,
65	Familien mit vier Personen auf zwei Räumen,
36	Familien mit fünf Personen auf zwei Räumen,
7	Familien mit sechs Personen auf zwei Räumen,
3	Familien mit sieben Personen auf zwei Räumen,
1	Familie mit acht Personen auf zwei Räumen.[315]

---

[311] Ahauser Kreisblatt v. 15.10.1949; GA Heek, D 349.
[312] Kreis Ahauser Nachrichten v. 18. u. 28.10.1952; GA Heek, Zwischenarchiv, Reg.-Nr. 0-11/1A.
[313] Zur Unterbringung der Evakuierten und Flüchtlinge siehe GA Rödinghausen, Zwischenarchiv, C 6-40/9. Zur Wohnungsnot in der Nachkriegszeit allgemein siehe auch Kleßmann, Untergänge – Übergänge, S. 89ff.
[314] Übersicht über die Ergebnisse der VBBZ 1933 v. 16.6.1933; GA Rödinghausen, B 178. Liste über die Verteilung der Brennholzlieferung an die einzelnen Haushalte der Gemeinde v. 5.7.1947; GA Rödinghausen, Zwischenarchiv, B XI-1-14. Beiträge zur Statistik des Landes Nordrhein-Westfalen, Sonderreihe Volkszählung 1950, Heft 15, S. 180.
[315] Aufstellung v. 30.4.1949; GA Rödinghausen, Zwischenarchiv, o. Sig. (Aktenordner Wohnungsnotstände). Zu ähnlichen Verhältnissen in einer solchen Aufstellung gelangt Hund, Flüchtlinge in einem deutschen Dorf, S. 90ff.

Im Juni 1949 fehlten in Rödinghausen 650 Wohnungen.[316] Wie in den anderen Gemeinden oblag es dem Wohnungsamt, die knappe Ressource zu verteilen.[317] Bis November 1949 konnte das Wohnungsamt 16 Dauerwohnungen für die in beengten Räumlichkeiten lebenden Menschen bereitstellen.[318] Die gedrängten Wohnverhältnisse betrafen naturgemäß zuvorderst die neuen Dorfbewohner, die Anfang 1950 knapp 30 Prozent der Bevölkerung stellten.[319] Sieben einheimischen Familien mit 23 Personen standen 45 Flüchtlings- und 15 Evakuiertenfamilien mit 125 bzw. 49 Mitgliedern gegenüber, die behelfsmäßig oder in stark überbelegten Wohnungen untergebracht waren, obwohl das Wohnungsamt von einer noch höheren Dunkelziffer ausging.[320] In einem Fall wohnte eine siebenköpfige Familie in einer Unterkunft, bei der es an Sparren und Dachlatten mangelte, um die Decke renovieren zu können.[321] Im Jahre 1950 sollten weitere zwei Dauerwohnungen fertiggestellt werden, wobei eine vorausschauende Prognose einen Bedarf von zusätzlichen 64 Wohnungen einschätzte.[322]

Dennoch waren die Rödinghauser Verhältnisse, gemessen an der Wohnungsnot größerer Kommunen, geradezu rosig.[323] Die ostwestfälischen Städte Bielefeld und Herford mußten noch Anfang der fünfziger Jahre 1129 bzw. 404 Notunterkünfte für 3108 bzw. 1297 Menschen einrichten. In Rödinghausen lebte 1950 eine Familie mit fünf Personen in einer Notwohnung. Auf Amtsebene waren es 17 solcher Notunterkünfte für 67 Menschen,[324] die noch 1956 Bestand hatten.[325] 1961 hatte sich die Situation etwas entspannt. Bei der ungefähr gleichgebliebenen Zahl von Haushaltungen sorgte der Bevölkerungsrückgang auf 952 Einwohner für Erleichterung.[326]

---

[316] Artikel „Wohnungsnot", in: Chronik Rödinghausen (1942 - 1949); GA Rödinghausen, Buchbestand Nr. 23.

[317] Auch in dem ostwestfälischen Lüchtringen stand das Wohnungsamt vor dem „große(n) Problem, wie und wo diese vielen hundert [zugewanderten, P.E.] Menschen unterzubringen waren." Siehe Fromme, Lüchtringen, S. 174.

[318] Siehe dazu Gesamtzusammenstellung über die im Bereich des Wohnungsamtes Rödinghausen beengt wohnenden starken Familien v. 1.4.1949; GA Rödinghausen, Zwischenarchiv, o. Sig. (Aktenordner Wohnungsnotstände).

[319] Am 1.3.1950 zählte Rödinghausen 736 Einheimische, 223 Flüchtlinge und 75 Evakuierte.

[320] Das Wohnungsamt vermutete eine noch höhere Zahl der beengt wohnenden Familien und diagnostizierte eine große Zahl von Familien, die bislang von ihrem Recht, sich um eine größere Wohnung zu bewerben, nicht Gebrauch gemacht hatte. Vgl. Aufstellung der im Bereich der Gemeinde Rödinghausen beengt wohnenden Familien v. 9.3.1950; GA Rödinghausen, Zwischenarchiv, o. Sig. (Aktenordner Wohnungsnotstände).

[321] Schreiben des Amtsdirektors v. 22.7.1947; GA Rödinghausen, Zwischenarchiv, B XI-1-4.

[322] Aufstellung v. 22.2.1950; GA Rödinghausen, Zwischenarchiv, o. Sig. (Aktenordner Wohnungsnotstände).

[323] Zum Verhältnis von Normal- und Notwohnungen im Bundesgebiet auf Basis der VBBZ 1950 siehe Kleßmann, Untergänge – Übergänge, S. 90.

[324] Im Landkreis Herford existierten 761 solcher Not-Wohnparteien für 2859 Menschen. Vgl. Beiträge zur Statistik des Landes Nordrhein-Westfalen, Sonderreihe Volkszählung 1950, Heft 15, S. 18 u. 183.

[325] Wohnungsstatistik v. 25.9.1956; GA Rödinghausen, Zwischenarchiv, C 0-51/10.

[326] Beiträge zur Statistik des Landes Nordrhein-Westfalen, Sonderreihe Volkszählung 1961, Heft 3a, S. 374 u. 377.

Trotz der vergleichsweise günstigen Wohnraumlage ergaben sich bei Zwangseinquartierungen in der Ravensberger Gemeinde die bekannten sozialen Spannungen.[327] Auch hier erschienen die Eingewiesenen den Einheimischen als „ungebetene Gäste".[328] In Bieren machte sich der Bürgermeister des Hausfriedensbruchs schuldig, als er die bei einem Bekannten untergebrachten Flüchtlinge trotz eben erfolgter Zwangseinquartierung eigenmächtig wieder auswies.[329] Der Flüchtlingsobmann Hauswitzer mußte in seinem Bericht über die Arbeit des Flüchtlingsbeirats vom Oktober 1949 eine Reihe von Mißständen anprangern. So erhielten die bei einem Mittelbauern einquartierten Flüchtlinge lediglich einen Eimer Wasser als Tagesration.[330] Die beim Dorflehrer untergebrachten Vertriebenen hatten sich beim Verlassen des Hauses bei ihm abzumelden.[331] Da der Antrag eines wohnungssuchenden Zugezogenen 14 Monate bei der Amtsverwaltung gelegen habe,[332] drohte Hauswitzer:

„Wenn die verantwortlichen Stellen weiter schweigen, wird der Flüchtlingsausschuß sich an den Sozialminister wenden und gleichzeitig eine Überprüfung der Wohnraumverhältnisse bei der Gemeindevertretung und deren Verwandtschaft veranlassen."[333]

Noch im Mai 1950 konstatierte Amtsdirektor Beckmann, daß in Flüchtlingsversammlungen bei Wohnungsfragen „eine lebhafte und etwas gereizte Stimmung" aufkomme.[334] Erst ein kräftig angekurbelter Wohnungsbau schaffte Abhilfe. Zwischen 1948 und 1957 wurden 217 Häuser mit 399 Wohnungen, 1958 bis 1967 279 Eigenheime mit 454 Unterkünften gebaut; im Rekordjahr 1961 waren dies allein 72 Gebäude mit 126 Wohnungen. Dabei nahm das Verhältnis von Wohnungen pro Haus von 1,84 auf 1,63 ab und verdeutlichte einen Trend, im eigenen Heim zu leben.[335]

Eine konfliktfreie Koexistenz von Alt- und Neubürgern war wie gesehen in keinem der drei Dörfer zur Zeit der Trümmergesellschaft möglich.[336] Bei den manchmal handfest ausgetragenen Streitigkeiten lieferte neben der materiellen Not und unterschiedlichen materiellen Ausgangslage die mentale Hürde traditioneller Deutungs-

---

[327] GA Rödinghausen, Zwischenarchiv, C 6-40/9.
[328] Allgemein Kleßmann, Untergänge – Übergänge, S. 90.
[329] Der Flüchtlingsfrau gegenüber erklärte der Gemeindevorsteher: „Die [für die Zwangseinquartierung verantwortlichen Vollstreckungsbeamten, P.E.] aus Herford hätten ihre Sache jetzt erledigt, nun könne er wieder handeln." Siehe dazu die Abschrift des Urteils des Schöffengerichts Bielefeld v. 29.4.1949; GA Rödinghausen, Zwischenarchiv, C 0-00/4.
[330] Das Verhalten des mittelbäuerlichen Quartiergebers war den dortigen Vertriebenen noch im Mai 1950 Anlaß zu Klage. Siehe dazu Aktenvermerk des Amtsdirektors über die Sitzung des Flüchtlingsbeirats v. 16.5.1950; GA Rödinghausen, Zwischenarchiv, C 4-40/2B.
[331] Von Fällen der Schlüsselverweigerung berichtet auch Hund, Flüchtlinge in einem deutschen Dorf, S. 85f.
[332] Die Verzögerung des Wohnungsgesuchs war noch im Mai 1950 akut; GA Rödinghausen, Zwischenarchiv, C 4-40/2B.
[333] Siehe dazu die Presseausschnitte der Freien Presse, Nr. 151, und der Westfalen-Zeitung, Nr. 150, v. 26.10.1949; GA Rödinghausen, Zwischenarchiv, C 4-40/1A.
[334] Aktenvermerk des Amtsdirektors über die Sitzung des Flüchtlingsbeirats v. 16.5.1950; GA Rödinghausen, Zwischenarchiv, C 4-40/2B.
[335] In der Dekade 1978 - 1987 sank das Verhältnis auf 1,27; Botzet, Ereygnisse, S. 218.
[336] Zur Trümmergesellschaft siehe Teppe, Trümmergesellschaft im Wiederaufbau, S. 22 - 33.

und Handlungsmuster zusätzlichen Antrieb. Im Dorf als dem „Kristallisationspunkt der Begegnung von Flüchtlingen und Einheimischen"[337] offenbarten sich die Kommunikationsprobleme zwischen den sich unvermittelt gegenüberstehenden Ansässigen und Ankömmlingen mit ihren unterschiedlichen Denk- und Verhaltensweisen. Die Fremdheit des Anderen, ob nun wegen seiner unterschiedlichen Herkunft oder Konfession, seiner Bräuche oder Sprache, behinderte die Kommunikation und verschärfte die gegenseitige Abneigung. Verallgemeinerungen wie ‚die Rucksackdeutschen' oder ‚die Einheimischen' waren Ausdruck einer gleichermaßen undifferenzierten wie abschätzigen Betrachtungsweise.

Das Aufeinandertreffen verschiedener Kulturen lieferte Nahrung für Vorurteile auf beiden Seiten. Voreingenommenheit war oft der Hemmschuh im Umgang der beiden sozialen Gruppen und Antrieb für mangelndes Verständnis, ja sogar feindselige Haltungen auf beiden Seiten.[338] Vor allem auf einheimischer Seite führte die Stigmatisierung der fremden Neuankömmlinge zu deren Ausgrenzung: „Hängt die Wäsche ab, die Flüchtlinge kommen" – dieser Ausspruch eines Alteingesessenen im badischen Schriesheim angesichts zuwandernder Vertriebener zeigte eine Konstante im Verkehr mit Fremden im Dorf und stand symptomatisch für den Umgang mit den Neuankömmlingen, die als Eindringlinge empfunden wurden.[339] Eine Vertriebene beschrieb die Stigmatisierung in Heek rückblickend so: „Viele Vorwürfe mußte man über sich ergehen lassen, wie z. B. ‚hergelaufenes Pack' oder ‚Polacken'."[340] Solche abfälligen Urteile drückten die „kollektive Ablehnung unangepaßter Zuwanderer" aus.[341] Die Nichtangepaßtheit der Neuankömmlinge an bestehende Normen brachte ihnen schnell das Klischee der Faulheit oder der Arroganz ein.[342] Eine evangelische Flüchtlingsfrau beschrieb in ihrer Klage diese gespannte Atmosphäre in Heek: „Krach, Streitigkeiten und ein solches Verhältnis verekeln mir das Leben."[343]

---

[337] Haerendel, Flüchtlinge und Vertriebene in der Bundesrepublik Deutschland, S. 36; ähnlich Brändle, Die Eingliederung der Heimatvertriebenen in ländliche Orte, S. 180.

[338] Eine Umfrage unter den Bewohnern einer Westerwaldgemeinde bestätigte diese abweichende Fremd- und Selbstwahrnehmung. Die Mehrheit der Neuankömmlinge (75%) gab an, man stehe ihnen ablehnend bis feindlich gegenüber, wohingegen die meisten Alteingesessenen (40,3%) aussagten, sie stünden den Neubürgern kritisch, aber keinesfalls feindlich gegenüber; Wurzbacher, Die Nachbarschaft als Ausgleichsfaktor gegen Vereinzelung und Anonymisierung, S. 142.

[339] Hund, Flüchtlinge in einem deutschen Dorf, S. 130.

[340] Zur sozialen Wahrnehmung der ostdeutschen Vertriebenen in den Augen der Einheimischen als „Polenkinder" siehe unten in Teil II, Zweites Kapitel, A.4.1. zu den reinen Vertriebenenverbindungen. Das Stereotyp „Polacken" begegnete auch den Flüchtlingen in einer Westerwaldgemeinde; Wurzbacher, Die Nachbarschaft als Ausgleichsfaktor gegen Vereinzelung und Anonymisierung, S. 142. Die Vertriebenen im badischen Schriesheim wurden als „Slowakenpack" bezeichnet; Hund, Flüchtlinge in einem deutschen Dorf, S. 83. Zur Ausgrenzung und Stigmatisierung Dorffremder über das Beispiel der Vertriebenen hinaus siehe auch Ilien/Jeggle/Schelwies, Verwandtschaft und Verein, S. 99.

[341] Brelie-Lewien, Im Spannungsfeld zwischen Beharrung und Wandel, S. 360.

[342] Zum Vorwurf der Faulheit siehe auch Brändle, Die Eingliederung der Heimatvertriebenen in ländliche Orte, S. 180, u. Hund, Flüchtlinge in einem deutschen Dorf, passim.

[343] Beschwerde v. 30.7.1947; GA Heek, D 348. Zur spannungsgeladenen Atmosphäre siehe auch den Inspektionsbericht eines bayerischen Beamten vom Frühjahr 1946 in Benz, Fremde in der Heimat, S. 383f.

B. Institutionelle Autonomiebestrebungen der Flüchtlinge: Die Vertriebenenvereinigungen

Angesichts des geringen Engagements von seiten der kommunalen Verwaltungen griffen die Neubürger zur Selbsthilfe und organisierten sich in einer Interessengemeinschaft der Ostvertriebenen (IGO). Zusammenschlüsse von Flüchtlingen auf lokaler Ebene dienten nicht nur der Interessenartikulation, sondern hatten auch sozialpsychologische Funktion. Sie sollten den Statusverlust kompensieren, den die Ostdeutschen durch Flucht und Vertreibung eingebüßt hatten.[344]

1948 war das Koalitionsverbot aufgehoben worden, 1950 erteilte das nordrhein-westfälische Sozialministerium eine Zulassung für Vertriebenenvereinigungen, womit der Artikel neun des Grundgesetzes, der allen Deutschen das Recht einräumte, Vereine zu bilden, auch für Vertriebene zur vollen Gültigkeit gelangte.[345] Die Ottmarsbocholter Vertriebenen gründeten ihre Ortsvereinigung offiziell am 12. September 1948.[346] Der Vereinigung schlossen sich anfänglich 96 Personen an, die für die Wahrnehmung ihrer Interessen einen Monatsbeitrag zwischen dreißig und fünfzig Pfennigen entrichteten. Später zählte die Interessengemeinschaft 113, im März 1950 100 Mitglieder.[347] Zu ihrem Vorsitzenden wurde der Knappschaftsrentner Franz Gröger aus Krainsdorf, Kreis Glatz, gewählt.[348] Sein Stellvertreter und Schriftführer wurde der Arbeiter Hermann Bartsch aus Altwaltersdorf, Kreis Habelschwerdt. Zur Kassiererin wurde Elfriede Peikert aus Zaughals, Kreis Glatz, zum landwirtschaftlichen Berufs- und Siedlungsvertreter wurde Oskar Soffke bestimmt.[349] Eine besondere Stellung nahm Günther Röhr ein, der seit Februar 1952 auch dem Wohnungsausschuß angehörte.[350] Der Rentner, der im gleichen Jahr auch in die Amts- und Gemeindevertretung gewählt wurde,[351] saß damit in den Kommissionen beider Seiten und galt deshalb als ein wichtiger Ansprechpartner und Mittelsmann. Als IGO-Vorsitzender hatte er von der Amtsvertretung die Möglichkeit eingeräumt bekommen, Sprechstunden im DRK-Zimmer der Dorfschule abzuhalten.[352] Von die-

---

[344] Vgl. Waldmann, Die Eingliederung der ostdeutschen Vertriebenen in die westdeutsche Gesellschaft, S. 174 u. 183.
[345] Runderlaß des Sozialministers v. 14.4.1950; GA Senden, Bestand Ottmarsbocholt, C 64.
[346] Schreiben der Oberkreisdirektion Lüdinghausen an das Regierungspräsidium v. 24.9.1949; STAMS, Kreis Lüdinghausen, Nr. 1487.
[347] Zum Beitrag und zu den Mitgliederzahlen siehe Schreiben der Interessengemeinschaft an die Amts- und Gemeindeverwaltung Ottmarsbocholt v. 19.3.1950; a.a.O.
[348] Der Lehrer der evangelischen Volksschule, Günter Löhrke, hatte das Angebot des Vorsitzes abgelehnt; siehe Schulchronik der evangelischen Volksschule, Teil 2, in: Ottmarsbocholt, Geschichte und Geschichten 7 (1986), S. 37. Zur Vorstandschaft siehe Schreiben der Oberkreisdirektion Lüdinghausen an das Regierungspräsidium v. 24.9.1949; STAMS, Kreis Lüdinghausen, Nr. 1487.
[349] Runderlaß des Sozialministers v. 14.4.1950; GA Senden, Bestand Ottmarsbocholt, C 64.
[350] GA Senden, Bestand Ottmarsbocholt, Protokollbuch des Amtes Ottmarsbocholt von 1938 bis 1969, o. Sig., Eintrag v. 22.2.1952.
[351] Siehe die Zusammensetzung der Amtsvertretung und des Gemeinderats von 1952 in Teil II, Erstes Kapitel, A.2. bzw. B.2.
[352] GA Senden, Bestand Ottmarsbocholt, Protokollbuch des Amtes Ottmarsbocholt von 1938 bis 1969, o. Sig., Eintrag v. 21.2.1951. Siehe auch Schulchronik der evangelischen Volksschule, Teil 2, in: Ottmarsbocholt, Geschichte und Geschichten 7 (1986), S. 37.

ser Kompetenzübertragung versprach sich die Kommunalverwaltung eine Entlastung des Publikumsverkehrs, vor allem in Wohnungsangelegenheiten.[353]

Das in den ersten Mangeljahren nach dem Krieg so konfliktträchtige Verhältnis zwischen Alt- und Neubürgern entspannte sich während des ökonomischen Aufschwungs in den fünfziger Jahren. Dabei lief ein schrittweiser Prozeß ab, in dem sich die beiden sozialen Gruppen allmählich aneinander gewöhnten. Bereits Ende der vierziger Jahre war bei den neuen Dorfbewohnern ein Stimmungsumschwung festzustellen. Ihre Hoffnung, „einmal wieder in die Heimat zurückzukehren, schwand in Anbetracht der außenpolitischen Lage mehr und mehr."[354] Die Währungsreform 1948 tat ein übriges, die Assimilationsbereitschaft zu erhöhen.[355] Verklammerungsinstitutionen bei diesem Einbürgerungsprozeß waren Heirat und Vereinsleben.[356]

Neben einzelnen Flüchtlingsfürsprechern auf der Ebene der institutionalisierten Dorfpolitik gründeten die Vertriebenen in Heek ebenfalls eine Organisation zur Artikulation und Vertretung ihrer kollektiven Anliegen. Die Interessengemeinschaft der Ostvertriebenen (IGO) bildeten „Schicksalsgenossen... welche infolge Vertreibung, Ausweisung oder Flucht aus ihrer ostdeutschen Heimat durch gemeinsame Interessen verbunden" waren. Mitglied konnte werden, wer nach dem Landesflüchtlingsgesetz als „Flüchtling" galt. Da unter den Ostvertriebenen Angehörige beider christlichen Großkirchen vertreten waren, bezeichnete sich der Zusammenschluß als überkonfessionell. Neben einer caritativen Betreuung der Mitglieder sowie einem Beistand in Streitfällen hatte sich der Flüchtlingszusammenschluß der „Pflege ostdeutschen Kulturgutes" verschrieben.[357] Die Vereinigungen in Heek wie im Ortsteil Ahle umfaßten zum Zeitpunkt der Gründung 1948 63 bzw. 42 Mitglieder. Ihre Vorstandsfunktionen waren ausschließlich mit Schlesiern und Schlesierinnen besetzt.[358] Allein die Existenz von Vertreterinnen unterschied diese Vertriebenenversammlung von den offiziellen Heeker Gemeindegremien, in denen über den gesamten Zeitraum keine Frauen saßen.

Auch in Rödinghausen schlossen sich die zugewanderten Neubürger zu einer Interessengemeinschaft der Ostvertriebenen (IGO) zusammen. Die IGO wurde am 1. August 1948 ins Leben gerufen. Dem Gründungsaufruf folgten 108 neue Dorfbe-

---

[353] GA Senden, Bestand Ottmarsbocholt, Protokollbuch des Amtes Ottmarsbocholt von 1938 bis 1969, o. Sig., Eintrag v. 21.2.1951.
[354] Bericht des Kreisflüchtlingsamtes v. 15.8.1947 an die Militärregierung in Lüdinghausen; STAMS, Kreis Lüdinghausen, Nr. 1500.
[355] Zur Auswirkung der Währungsreform auf die Stimmung vor allem der Neubürger siehe Bericht des Kreisflüchtlingsamtes an die Militärregierung in Lüdinghausen v. 20.7.1947; STAMS, Kreis Lüdinghausen, Nr. 1500, Aussage des Vertriebenen und ersten Lehrers der evangelischen Volksschule in Ottmarsbocholt; Schulchronik der evangelischen Volksschule, Teil 3, in: Ottmarsbocholt. Geschichte und Geschichten 8 (1987), S. 13.
[356] Haerendel, Flüchtlinge und Vertriebene in der Bundesrepublik Deutschland, S. 37f.; Schwarz, Die Fünfziger Jahre als Epochenzäsur, S. 480; Siehe dazu in Teil II, das zweite und dritte Kapitel zum Heiratsverhalten sowie zum Fest- und Vereinsleben. Im politischen Bereich gelang diese Integration nur unvollkommen, wie das erste Kapitel: Die Herrschaft der Verwandtschaft: Die Rekrutierung dörflicher Eliten zeigt.
[357] Siehe Statuten der Interessengemeinschaft Heek-Ahle; GA Heek, D 418.
[358] Vgl. Anträge auf Zulassungen als eingetragene Vereinigungen von 1949; GA Heek, D 418.

wohner. Unter dem Vorsitz des Schachtmeisters Bernhard Wreders stammten die sechs Präsidiumsangehörigen aus nahezu allen ostdeutschen Gebieten: aus Westpreußen, Schlesien, Pommern und dem Memelgebiet.[359] Ziel der Vereinigung war auch hier neben der Geselligkeit die Bewahrung und Pflege heimatlichen Kulturguts zur kulturellen Selbstvergewisserung in neuer Umgebung. Daneben bot sie ihren Mitgliedern und Interessenten auch Informationen über ihre Arbeit und Ziele. So sprach der Vorsitzende des Kreisflüchtlingsausschusses, Hermann Tiemann aus Sprenge, kurz nach der Gründung am 10. September 1948 über die Tätigkeitsfelder der IGO.[360] Im Juli 1949 veranstaltete die IGO einen der typischen „bunten Abende mit Tanz" zur Kultur- und Geselligkeitspflege, deren Ansinnen es war, „den ostdeutschen Landsleuten die Heimat wachzuhalten". Hierfür führte die 25köpfige, vereinseigene Spielerschar Volkslieder und -tänze aus Schlesien und Ostpreußen auf. Dabei zeigte sich die Vertriebenenvereinigung nicht so exklusiv wie die in Heek, sondern beabsichtigte, „die Zusammengehörigkeit mit der einheimischen Bevölkerung zu fördern".[361] Deshalb organisierte die IGO zusammen mit Gemeinderepräsentanten seit 1948 die alljährliche Weihnachtsfeier und erhielt dafür wie zum Beispiel 1952 von der Gemeindeverwaltung einen finanziellen Zuschuß.[362] Die Weihnachtsfeier mit der Gemeinde 1948 hatte so großen Anklang auf beiden Seiten gefunden, daß sie fortan jedes Jahr in dieser Form stattfand.[363]

Daneben entwickelte sich das von dem Vorsitzenden des Amtsflüchtlingsausschusses Hauswitzer postulierte separate Flüchtlingsamt zu einem Politikum. Das Thema war seit Herbst 1945 ein Dauerbrenner in den politischen Auseinandersetzungen zwischen Einheimischen und Zugezogenen und harrte lange einer einvernehmlichen Lösung. Bereits im November 1945 hatten sich die Gemeindevorsteher und deren Stellvertreter mit dem Landrat in Herford getroffen, um über die Bildung besonderer Ausschüsse und Ämter wegen der außerordentlichen Situation nachzudenken. Die fünf Gemeindebürgermeister des Amtes Rödinghausen zeigten sich gegenüber administrativen Neuerungen reserviert. Ein vom Wohnungsamt gesondertes Flüchtlingsamt zu errichten, lehnten sie ab, indem sie auf die bereits bestehenden Gremien, die Wohnungskommission sowie den Wohlfahrts- und Fürsorgeausschuß, hinwiesen. Die Dorfschulzen argumentierten mit steigenden Kosten, wenn ein hauptamtlicher Beamter neu eingestellt werden müsse.[364] Sie tendierten dazu, Flüchtlingsangelegenheiten vom eingerichteten Fürsorgeausschuß bearbeiten zu lassen, „so daß sich die Bildung eines besonderen Flüchtlingsamtes erübrigt".[365] Noch vier Jahre später wehrten sich die Mandatsträger gegen die neue Institution und mel-

---

[359] Antrag der IGO auf Zulassung; GA Rödinghausen, Zwischenarchiv, C 4-40/1A.
[360] Ankündigung der IGO an die Amtsverwaltung v. 6.9.1948; a.a.O.
[361] Schreiben der IGO an die Amtsverwaltung v. 17.7.1949; GA Rödinghausen, Zwischenarchiv, C 9-00.
[362] Beschluß der Gemeindevertretung v. 1.12.1952. Siehe Presseausschnitte der Westfalen-Zeitung und der Freien Presse Nr. 280 v. 3.12.1952; GA Rödinghausen C 0-04/3.
[363] Schreiben des Bürgermeisters an die Amtsverwaltung v. 4.1.1949; GA Rödinghausen C 4-40/2B.
[364] Sparsamkeit hat auch Botzet, Kaiserzeit in Rödinghausen, S. 54, als ein Charakteristikum der Rödinghauser Bevölkerung festgestellt.
[365] Besprechungsprotokoll v. 28.11.1945; GA Rödinghausen, Zwischenarchiv, D 0-23/10.

deten Bedenken an, ob „der Leiter eines Flüchtlingsamtes nur mit Flüchtlingssachen voll beschäftigt werden kann".[366]

1949 aber wurde doch noch ein gesondertes Flüchtlingsamt eingerichtet. Für den Umschwung sorgte jedoch nicht ein Meinungswandel bei den dörflichen Honoratioren, die bei ihrem Dezembertreffen 1948 die Etablierung der Institution auf die nächste Sitzungssession vertagt hatten,[367] sondern das Flüchtlingsgesetz vom 2. Juni 1948 und seine Durchführungsverordnung vom 31. Dezember 1948.[368] So kam es im Mai 1949 zu einer administrativen Trennung von Wohnungs- und Flüchtlingsamt.[369] Über die veränderte Bezeichnung hinaus lieferte die juristische Grundlage auch inhaltliche Neuerungen: Das Flüchtlingsamt sollte als „Berater, Vermittler und Anwalt der Flüchtlinge" fungieren – auch gegenüber anderen Dienststellen. Deshalb war der Amtsleiter auch nicht den Weisungen des Behördenleiters, in diesem Falle dem Amtsdirektor, untergeordnet, was die Wahrnehmung von Flüchtlingsinteressen ungemein erleichterte und verbesserte. Der Amtsleiter sollte idealiter ein Vertriebener sein, wogegen es genügte, wenn das restliche Amtspersonal sich zur Hälfte aus Flüchtlingen zusammensetzte.[370]

---

[366] Protokoll der Besprechung des Amtsbürgermeisters und -direktors v. 10.11.1949; GA Rödinghausen, Zwischenarchiv, C 0-00/21.
[367] Protokoll der Amtsvertretersitzung v. 3.12.1948; GA Rödinghausen, Zwischenarchiv, C 0-23/10.
[368] Besonders die Paragraphen 7, 11 und 12 des Flüchtlingsgesetzes kamen hier zur Anwendung.
[369] Protokoll der Amtsvertretersitzung v. 14.5.1949; GA Rödinghausen, Zwischenarchiv, D 0-23/10.
[370] Bei der Besetzung des Amtsleiterposten handelte es sich lediglich um eine Kann-Bestimmung, d.h. auch ein Einheimischer konnte diese Aufgabe versehen. Siehe dazu Artikel VII der Durchführungsverordnung, Protokoll der Dienstbesprechung des Amtsdirektors beim Herforder Oberkreisdirektor v. 24.6.1949, Vortrag des Mitglieds des Landesflüchtlingsbeirats v. 24.6.1949; GA Rödinghausen, Zwischenarchiv, C 0-00/21.

Fünftes Kapitel: Konfession

A. Das Aufbrechen der konfessionellen Homogenität

Konfessionell waren alle drei Vergleichsgemeinden bis zur Jahrhundertmitte faktisch gänzlich geschlossene Gemeinschaften. Ottmarsbocholt beispielsweise war zu Beginn der Untersuchungsspanne nahezu vollständig konfessionell homogen.[371] 1925 lebten 1602 Katholiken und nur vier Protestanten in der Gemeinde. Der Katholikenanteil betrug demnach 99,7 Prozent.[372] 1933 bekannten sich 1618 der 1631 Einwohner zum katholischen Bekenntnis, das waren 99,2 Prozent.[373] 1940, bei der letzten Zählung vor der Einquartierung von Evakuierten und der Flüchtlingszuwanderung, bekannten sich von 1638 Ottmarsbocholtern 1627 zur katholischen Konfession, mithin ein Anteil von 99,3 Prozent.[374]

OTTMARSBOCHOLT. EINWOHNER/KONFESSION

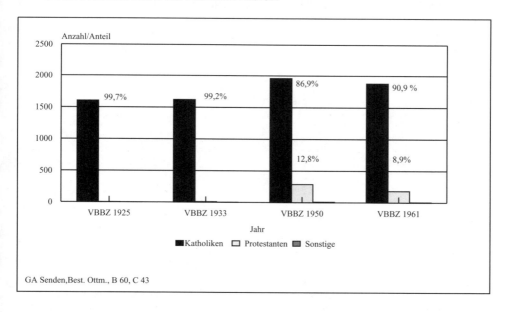

GA Senden, Best. Ottm., B 60, C 43

---

[371] Zur konfessionellen Homogenität im 19. Jahrhundert siehe Kloosterhuis, Schwarz-Weiß-Grüne Landgemeinden, S. 397.
[372] GA Senden, Bestand Ottmarsbocholt, B 60.
[373] GA Senden, Bestand Ottmarsbocholt, C 43.
[374] Handbuch des Bistums Münsters, Bd. 2, S. 638.

Die Vertriebenen weichten als exogener Faktor die konfessionelle Homogenität Ottmarsbocholts auf.[375] Bei der nächsten Volkszählung 1950 war der Katholikenanteil auf 86,9 Prozent gesunken, während der Prozentsatz der Protestanten auf 12,8 angewachsen war.[376] Dieser Wert lag auch jetzt noch deutlich unter dem Kreisdurchschnitt Lüdinghausens von 24,6 Prozent Protestanten.[377] Unter dem Eindruck des Fortzugs der Evakuierten und Vertriebenen in den fünfziger Jahren stieg der Anteil der katholischen Einwohner wieder, während die Rate der Protestanten wieder zurückging. Dennoch blieb ein bedeutender Teil von Bürgern, die der evangelischen Konfession anhingen. Er belief sich 1961 auf 8,9 Prozent, während die Katholiken mit 90,9 Prozent immer noch die große Mehrheit ausmachten.[378]

Das Aufeinandertreffen unterschiedlicher Normenkataloge und Lebensentwürfe stellte sich als ein schwerwiegendes Problem für das Zusammenleben der unterschiedlichen Gruppen dar. Deshalb ergab sich die Eingliederung der Vertriebenen als dringliche Notwendigkeit. Konfessionell und demographisch homogene Gebiete Westfalens wie das katholische Ottmarsbocholt veränderten unter dem Zuzug vornehmlich protestantischer Schlesier und Schlesierinnen ihr Bild.[379] Selbst die konfessionellen Gemeinsamkeiten konnten sich als trennend erweisen. So waren die Katholiken aus dem Sudetenland vom Josefinismus des 18. Jahrhunderts beeinflußt, ihre westfälischen Bekenntnisgeschwister dagegen vom Kulturkampf im 19. Jahrhundert.

---

[375] Zur Zerstörung homogener Milieus durch exogene Faktoren siehe auch Kleßmann, Untergänge – Übergänge, S. 88 u. 92.
[376] Ebd; Beiträge zur Statistik des Landes Nordrhein-Westfalen, Sonderreihe Volkszählung 1950, Heft 15, S. 133.
[377] Beiträge zur Statistik des Landes Nordrhein-Westfalen, Sonderreihe Volkszählung 1950, Heft 15, S. 16. Über die Hälfte der Vertriebenen im Kreis Lüdinghausen (51,8%) war evangelisch; STAMS, Kreis Lüdinghausen, Nr. 1500. – Im benachbarten Landkreis Münster, der mit nahezu 94 % katholischer Bevölkerung ähnlich konfessionell homogen war, bekannte sich rund die Hälfte der Vertriebenen zum Protestantismus. Vgl. Frie, Die Eingliederung von Flüchtlingen in den Landkreis Münster nach dem Zweiten Weltkrieg, S. 126 u. 129.
[378] GA Senden, Bestand Ottmarsbocholt, C 43 u. Beiträge zur Statistik des Landes Nordrhein-Westfalen, Sonderreihe Volkszählung 1961, Heft 3a, S. 293.
[379] Für die Landgemeinden der fünfziger Jahre siehe als zeitgenössische Literatur Müller, Die soziale Wirklichkeit des deutschen Dorfes von heute, S. 28: „Es gibt heute in Westdeutschland kein geschlossenes Dorf mehr"; Menges, Wandel und Auflösung von Konfessionszonen, S. 1 - 22.

HEEK. EINWOHNER/KONFESSION

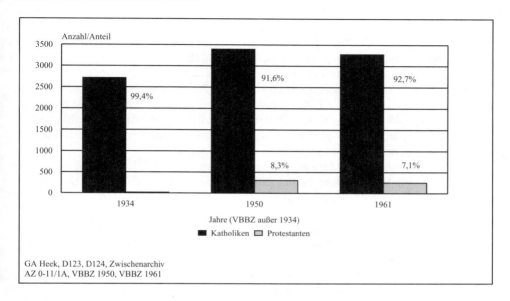

GA Heek, D123, D124, Zwischenarchiv
AZ 0-11/1A, VBBZ 1950, VBBZ 1961

Auch die Gemeinde Heek war bis in die vierziger Jahre hinein ein fast vollständig einheitliches konfessionelles Gebilde. Von den 2732 Einwohnern bekannte sich die überragende Mehrheit von 2717 Christen (99,4%) zur römisch-katholischen Lehre, 15 Gläubige gehörten der evangelischen Kirche an (0,5%).[380] Zu diesem Zeitpunkt lebten keine Juden in Heek, während in der Nachbargemeinde Nienborg fünf Juden wohnten.[381] Noch 1940 gehörten von 2857 Heekerinnen und Heekern 2835, 99,2 Prozent, zur katholischen Kirche.[382]

Erst der Vertriebenenzuzug nach dem Zweiten Weltkrieg änderte die althergebrachten Bekenntnisverhältnisse und löste die konfessionelle „Geschlossenheit" Heeks auf.[383] Vornehmlich evangelische Schlesier bewirkten, daß der Anteil der protestantischen Dorfbewohner Zuwachs erfuhr und die bislang homogene Konfessionsstruktur aufgebrochen wurde.[384] Dennoch waren mehrheitlich katholische Vertriebene nach Heek gekommen. Von den 978 neuen Dorfbewohnern im Februar

---

[380] Schreiben des Amtsbürgermeisters an das Evangelische Pfarramt Ahaus v. 3.12.1934; GA Heek, D 123. Ein Jahr später zählte die Gemeinde 2689 Katholiken, 14 Angehörige der evangelischen Kirche und einen Anhänger der Glaubensbewegung Deutsche Christen; Schreiben des Amtsbürgermeisters an das Evangelische Pfarramt Ahaus v. 19.12.1935; GA Heek, D 124.
[381] GA Heek, D 123. Siehe auch Verzeichnis der im Amt Nienborg-Heek wohnenden Juden v. 14.10.1939; GA Heek, D 392. Nacke, Heek-Nienborg, S. 80.
[382] Handbuch des Bistums Münster, S. 507f.
[383] Müller, Die soziale Wirklichkeit des deutschen Dorfes von heute, S. 28.
[384] Im benachbarten Amtsbezirk Gescher lag 1946 der Anteil der Katholiken bei 89,5%, der der Protestanten bei 10,5%; vgl. Schlesinger, Die Integration von Flüchtlingen in den Amtsbezirk Gescher nach 1945, S. 115.

1949 waren 808 (82,6%) Katholiken, die restlichen 170 (17,4%) gehörten der evangelischen Kirche an.[385] Insgesamt lebten 1950 zur Zeit der Volkszählung 91,6 Prozent Katholiken und 8,3 Prozent Protestanten in Heek.[386] Das Dinkeldorf lag damit weit unter dem Kreisdurchschnitt von 18,9 Prozent Protestanten.[387] Mit diesem Wert zu Beginn der fünfziger Jahre war zugleich der Höchststand des evangelischen Bevölkerungsanteils erreicht. Bei der nächsten Volkszählung elf Jahre später kamen die Protestanten in Heek lediglich auf eine Rate von 7,1 Prozent, während sich der katholische Bevölkerungsteil auf 92,7 Prozent vermehrt hatte.[388] Auf Kreisebene hingegen blieben die konfessionellen Relationen unverändert: Der Katholikenanteil blieb bei etwas über achtzig Prozent, die Protestantenquote wurde weiterhin mit rund 18 Prozent beziffert.[389]

Diese spezifisch Heeker Auseinanderentwicklung ist auf die Abwanderung von Evakuierten und Vertriebenen zurückzuführen. 1963 hatte sich diese Entwicklung bereits weiter fortgesetzt. Nun lebten in Heek nur noch 6,9 Prozent Protestanten, der Anteil der Angehörigen der katholischen Kirche hatte sich auf 93,1 Prozent erhöht.[390] Ein Jahr danach hatten sich die Werte noch weiter auseinanderentwickelt. Die Katholikenrate lag nun bei 94,2 Prozent, die Quote der Protestanten hatte sich auf 5,8 Prozent reduziert.[391]

Bereits vor dem Zuzug vertriebener Protestanten barg der konfessionelle Unterschied Zündstoff. Mitte der dreißiger Jahre beschwerte sich der Leiter des örtlichen Amtes für Volkswohlfahrt bei der NSV-Kreisleitung in Ahaus, daß der ortsansässige Vikar Büscher mit seinem Einsatz für Freistellen für katholische Ferienkinder die gleichgerichtete Aktion des Heeker NSV-Leiters erheblich erschwere, ja sogar unterlaufe.[392] Die Anzeige wegen Verstosses gegen das Sammlungsgesetz vom 5. November 1934 zog Kreise.[393] Die NSV-Kreisleitung leitete das Schreiben an die Geheime Staatspolizei in Münster weiter, die den Ahauser Landrat Sümmermann und den Heeker Amtsbürgermeister zum Bericht aufforderte.[394] Amtsbürgermeister Schlicht-

---

[385] Statistische Erhebungen der Gemeinde Heek v. 4.2.1949; GA Heek, D 134.
[386] Beiträge zur Statistik des Landes Nordrhein-Westfalen, Sonderreihe Volkszählung 1950, Heft 15, S. 121. Geringfügig differierende Zahlen präsentierte die Lokalausgabe der Westfälischen Nachrichten zur VBBZ 1950 mit 91,8% Katholiken und 8,2% Protestanten. Vgl. Kreis Ahauser Nachrichten v. 1.12.1950; GA Heek, Zwischenarchiv, Reg.-Nr. 0-11/1A.
[387] Beiträge zur Statistik des Landes Nordrhein-Westfalen, Sonderreihe Volkszählung 1950, Heft 15, S. 16.
[388] Beiträge zur Statistik des Landes Nordrhein-Westfalen, Sonderreihe Volkszählung 1961, Heft 3a, S. 257. Für die Werte des Jahres 1961 vgl. auch Konfessionsstatistik für den Landkreis Ahaus v. 13.3.1962; GA Heek, Zwischenarchiv, Reg.-Nr. 0-13/1A.
[389] Beiträge zur Statistik des Landes Nordrhein-Westfalen, Sonderreihe Volkszählung 1950, Heft 15, S. 16 u. Beiträge zur Statistik des Landes Nordrhein-Westfalen, Sonderreihe Volkszählung 1961, Heft 3a, S. 27.
[390] Stand August 1963; GA Heek, Zwischenarchiv, Reg.-Nr. 0-13/1A.
[391] Konfessionsstatistik für den Landkreis Ahaus, Stand 31.12.1964; GA Heek, Zwischenarchiv, Reg.-Nr. 0-13/1A.
[392] Schreiben des Heeker NSV-Ortsamtsleiters Kinolt an die Kreisleitung der NSV in Ahaus v. 6.4.1937; GA Heek, D 160.
[393] Zum Sammlungsgesetz v. 5.11.1934 siehe RGBl I, S. 1086, sowie Dienstanweisung v. 29.7.1937; a.a.O.
[394] Schreiben des Heeker NSV-Ortsamtsleiters Kinolt an die Kreisleitung der NSV in Ahaus v. 6.4.1937 sowie Schreiben der Geheimen Staatspolizei Münster v. 14.8.1937; a.a.O.

mann stand nun in diesem idealtypischen Fall im Konflikt zwischen einerseits traditioneller kirchlich-katholischer Sozialisation und Loyalitätsbezeugung sowie andererseits parteipolitischem Gefolgschaftsanspruch, kurz: zwischen Dorfdenken und Parteiraison.[395] Da der Bürgermeister fest im katholischen Milieu seiner Gemeinde verwurzelt war, stellte er sich demonstrativ vor den Vikar, der zudem noch ein gebürtiger Sohn des Dorfes war, und lobte den Kirchenmann als uneigennützigen Interessenwalter der erholungsbedürftigen Kinder. Er betonte die Sympathie und das große Vertrauen, das die Bevölkerung Büscher entgegenbrachte:

„Was den Vikar Büscher anbelangt, so ist dieser unter meinen Augen groß geworden. Er ist einfacher Leute Kind und hat ein warmes Herz für die Nöte der Industriearbeiterfamilien, unter denen er lebt. Er ist ein ruhiger freundlicher Mann. Ich halte es für ausgeschlossen, daß ihn bei der Unterbringung der Ferienkinder etwas anderes geleitet hat als die Liebe zu seinen Pfarrkindern."[396]

In bezug auf seinen Parteigenossen legte Schlichtmann nicht dieselbe Zuneigung an den Tag und hob nachdrücklich auf den Umstand ab, der dem Interessenkonflikt weitere Brisanz bescherte, nämlich daß NSV-Ortsamtsleiter Kinolt der „einzigen evangelischen Familie der Gemeinde" entstammte. Ernst Kinolt ist somit als klassischer Außenseiter im Dorf anzusehen: Der gelernte Buchhalter war 1931 als Auswärtiger nach Heek gezogen, um in der Textilfabrik Schniewind als Betriebsleiter zu arbeiten. Er war nach der sogenannten Machtergreifung der Nationalsozialisten der Partei beigetreten. Aufgrund seiner außergewöhnlichen Sozialisation konnte der ortsfremde Protestant eine Vertrauensposition – wie der Vikar sie innehatte – „nicht erwerben". Amtsbürgermeister Schlichtmann beurteilte „unter diesen Umständen" Kinolts Ernennung zum Ortsgruppenleiter „nicht als besonders glücklich".[397] Der Bericht Schlichtmanns belegt prägnant die kirchliche, speziell katholische, Sozialisation, die auch noch in der Nachkriegszeit vernehmbar vorherrschen sollte.

---

[395] Zu diesem Konflikt zwischen althergebrachten, konfessionell fundierten sowie neuen, parteipolitisch motivierten Konflikten siehe Inhetveen, Staatliche Macht und dörfliche Ehre, S. 137ff.
[396] Schreiben des Amtsbürgermeisters Schlichtmann an Landrat Sümmermann v. 28.7. u. v. 20.9.1937; GA Heek, D 160.
[397] Schreiben des Amtsbürgermeisters Schlichtmann an Landrat Sümmermann v. 28.7.1937; a.a.O.

RÖDINGHAUSEN: EINWOHNER/KONFESSION

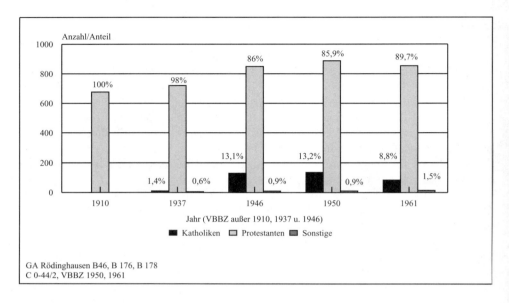

Wie die anderen Gemeinden war auch Rödinghausen bis in die Zeit des Zweiten Weltkriegs hinein ein konfessionell geschlossenes Gebiet – jedoch mit umgekehrten Vorzeichen. Bereits vor 1914 lebten in der Landkommune ausschließlich Protestanten, nur vorübergehend zwei Juden, aber keine Katholiken.[398] Die Protestanten unterteilten sich in die Mehrheit evangelisch-lutherischer und in die Minderzahl altlutherischer Gemeindemitglieder, die zum Kirchgang nach Schwenningdorf mußten. Rödinghausen selbst besaß mit der St. Bartholomäus-Gemeinde eine evangelisch-lutherische Pfarrei.[399] An der konfessionellen Grundkonstellation änderte sich auch in den zwanziger und dreißiger Jahren nichts. Bei der Volkszählung 1925 gehörten sämtliche 698 Ortsansässige einem reformatorischen Bekenntnis an. 1933 traf dies auf 710 der 711 Bürger zu; lediglich einer bekannte sich zur katholischen Konfession. 1937 lebten bereits 10 Katholiken in Rödinghausen, wenngleich die Protestanten mit 720 der 735 Einwohner den größten Teil der Bevölkerung stellten. Neu hinzugekommen war eine Zahl von fünf Ansässigen, die sich zur „menschenfreundlichen Versammlung" rechneten.[400]

---

[398] Rödinghausen zählte 1900 bei 728 Ansässigen 726 Protestanten und zwei Juden, 1905 bei 683 Einwohnern 681 Evangelische und zwei Juden, 1910 bekannten sich alle 676 Seßhaften zum reformatorischen Bekenntnis; GA Rödinghausen, B 46 u. B 176; Botzet, Ereygnisse, S. 204.

[399] Die große Mehrheit war Mitglied der evangelischen Landeskirche (1925: 659, 1933: 685), und eine kleine Gruppe von Gläubigen bildete die Gemeinde der Altlutheraner (1925: 35, 1933: 25); GA Rödinghausen, B 178 u. B 191.

[400] GA Rödinghausen, B 178.

Umwälzungen in der Konfessionsstruktur in Gestalt eines Auf und Ab brachten erst die Evakuierungs- und Vertreibungswellen. Im Herbst 1946 war die Zahl der zugewanderten Katholiken auf 130 (13,1%) angewachsen. 850 (86%) der mittlerweile 989 Bewohner bekannten sich noch zur reformatorischen Tradition.[401] Bei der Volkszählung 1950 erreichte der Katholikenanteil durch die Vielzahl der Zugezogenen mit 13,2 Prozent seinen Höchststand, um elf Jahre später auf einen Anteil von 8,8 Prozent zu sinken. Demzufolge stieg die Rate der protestantischen Bewohner in den fünfziger Jahren wieder von 85,9 auf 89,7 Prozent.[402] Die katholischen Vertriebenen versammelten sich seit 1960 in einer gemieteten Scheune, die sie zu einer Kapelle ausbauten.

B. Zwei langwierige Streitfragen: Volksschule und Gottesdienstraum für die neuen Dorfbewohner

In Ottmarsbocholt wurde 1946 mit der Weihnachtsfeier in der Schule ein erster Versuch der Annäherung beider Bevölkerungsgruppen, der Alteingesessenen und Neubürger, unternommen. Bereits ein Jahr zuvor war eine solche Feier angeordnet worden, die jedoch nicht zustande kam. Stattdessen hatte man Wäsche und Kleidungsstücke an die mittellosen Neubürger verteilt.[403] Unter dem Leitsatz „Bringt Weihnachtsfreude den heimatlosen Flüchtlingen" bastelten 1946 die Schüler Spielzeuge aus Holz und Stoff für Kleinkinder und studierten ein Krippenspiel und einen Einakter ein.[404] Die Weihnachtsfeier fand solchen Widerhall, daß sie auf Wunsch der Gemeinde wiederholt wurde.[405]

Probleme ergaben sich aber in der gottesdienstlichen Praxis und vor allem in der Schule. Die Frage der bekenntnisübergreifenden Erziehung hatte sich in Ottmarsbocholt nicht gestellt, bis im Frühjahr 1946 Schulkinder evangelischer Konfession am Unterricht teilnahmen.[406] In Jahre 1947 besuchten bereits 58 evangelische Kinder die beiden katholischen Volksschulen.[407] Nach Anordnung der staatlichen Schulaufsicht wurde der Religionsunterricht als „ordentliches Schulfach" angesehen.[408] Damit war konfessionellen Minderheiten Religionsunterricht dann zu erteilen, wenn an einer Schule mindestens zwölf Schüler waren, deren Erziehungsberechtigte dies wünsch-

---

[401] Die restlichen neun Bürger waren sogenannte Gemeinschaftslose. Erhebung vom Oktober 1946; GA Rödinghausen, Zwischenarchiv, C 0-44/2.

[402] Die Quote der Gemeinschaftslosen war von 0,9 auf 1,5% unbeträchtlich gestiegen. Beiträge zur Statistik des Landes Nordrhein-Westfalen, Sonderreihe Volkszählung 1950, Heft 15, S. 181; Beiträge zur Statistik des Landes Nordrhein-Westfalen, Sonderreihe Volkszählung 1961, Heft 3a, S. 377.

[403] Siehe dazu Verfügung v. 18.12.1945 zur Abhaltung von Weihnachtsfeiern. Schreiben des Amtsbürgermeisters an den Landrat v. 19.1.1946; STAMS, Kreis Lüdinghausen, Nr. 1595.

[404] Verfügung des Landrats v. 18.11.1946 sowie Schreiben des Amtsbürgermeisters v. 11.12.1946; STAMS, Kreis Lüdinghausen, Nr. 1595.

[405] GA Senden, Schulchronik Venne, o. Sig., S. 124. Auch 1947 wurde die Weihnachtsfeier wegen der positiven Resonanz zweimal abgehalten.

[406] Vgl. GA Senden, Schulchronik Venne, o. Sig., S. 124.

[407] In Venne waren es Anfang 1950 19 Kinder; siehe GA Senden, Schulchronik Venne, o. Sig., S. 46f.

[408] Rundverfügung des Regierungspräsidiums, Schulabteilung, v. 12.4.1947; GA Senden, Bestand Ottmarsbocholt, C 107.

ten. Für Gemeinden mit etwa 50 Kindern einer konfessionellen Minderheit war die Gründung einer einklassigen Bekenntnisschule vorgesehen.[409]

Die Schulabteilung des Regierungspräsidiums forcierte daher den Bau einer evangelischen Bekenntnisschule in Ottmarsbocholt,[410] den die Gemeindevertretung aber mit dem Hinweis auf die Raumnot, die zu erwartende sinkende Zahl evangelischer Schüler und die langen Schulwege für die Kinder, „was ihnen bei dem schlechten Schuhwerk usw. unter keinen Umständen zugemutet werden kann",[411] abgelehnt hatte. Bei einer Klassenstärke von siebzig katholischen Kindern sei es „nicht möglich, einen besonderen Klassenraum für eine evangelische Schule freizumachen."[412]

Bevor aber eine Entscheidung in der Frage der evangelischen Volksschule getroffen wurde, genehmigte das Regierungspräsidium eine der von der Gemeindevertretung geforderten neuen Planstellen für die einklassige katholische Volksschule im Dorf.[413] Jedoch geschah dies mit der Auflage, einen evangelischen Lehrer mit dieser Stelle zu betrauen, um die dortige konfessionelle Minderheit von 35 Schülern zu unterrichten.[414] Ab dem 16. Januar 1948 wurde der evangelische Schulmann als außerplanmäßige Lehrkraft der katholischen Volksschule zugewiesen. Er unterrichtete jedoch bis Juli 1948 zunächst an der Schule in der Oberbauerschaft, weil der dortige Kollege 98 Schüler zu betreuen hatte, von denen mit 54 über die Hälfte nicht in Ottmarsbocholt zur Welt gekommen war und ein Viertel, das heißt 23 Kinder, Protestanten waren.

Mittlerweile wünschte auch der Schulvorstand die Einrichtung einer besonderen evangelischen Schulklasse ebenso wie die Elternschaft, um den „konfessionelle(n) Charakter der Schule" zu wahren.[415] Entsprechend der altvertrauten Einstellung sollten katholische Lehrkräfte die katholischen Schüler und ein evangelischer Lehrer die protestantische Jugend erziehen. Der rein katholische Schulvorstand setzte sich als eine Honoratiorenversammlung aus dem Großbauern und Bürgermeister Brüse, dem Pfarrer Schleppinghoff, dem Hauptlehrer Schneider und zwei Bauern, beide Amts- und Gemeindevertreter, zusammen.[416] Am 1. September 1948 nahm die einklassige,

---

[409] Rundverfügung des Regierungspräsidiums v. 1947 über „Religionsunterricht für konfessionelle Minderheiten"; GA Senden, Bestand Ottmarsbocholt, C 122.
[410] Schreiben des Regierungspräsidiums, Schulabteilung, v. 6.7.1947 an den zuständigen Schulrat in Werne; a.a.O.
[411] Schreiben des Amtmanns Horn an den Schulrat in Werne v. 29.9.1947; GA Senden, a.a.O.
[412] Ebd.
[413] Die einklassige Landvolksschule wurde später, nach den beiden Kurzschuljahren 1966 und 1966/67, zugunsten des Grund- und Hauptschultyps abgeschafft; GA Senden, Schulchronik Venne, o. Sig., S. 86.
[414] Schreiben des Regierungspräsidiums an den Schulrat in Werne v. 25.7.1947; GA Senden, Bestand Ottmarsbocholt, C 122.
[415] Auszug aus dem Protokollbuch des Schulvorstandes Ottmarsbocholt v. 28.4.1948; a.a.O.
[416] Mitglieder des Schulvorstands von 1948; GA Senden, Bestand Ottmarsbocholt, C 106. – Der Schulvorstand bestand gemäß Paragraph sieben des Schulgesetzes v. 7.10.1920 seit der Weimarer Zeit aus dem Ehrenamtmann, dem Gemeindevorsteher, dem Pfarrer, zwei Gemeindemitgliedern und zwei Lehrpersonen. In der NS-Zeit wurde der Geistliche Schleppinghoff als Vorstand unter Hinweis auf Paragraph 12 der Durchführungsverordnung zur Vereinfachung und Verbilligung v. 30.3.1933 abgesetzt, 1948 aber wieder eingesetzt; siehe GA Senden, Bestand Ottmarsbocholt, A 128 zur Vorgeschichte, B 91 zur idealtypischen Zusammensetzung und C 106 zur Rolle des Ortsgeistlichen.

öffentliche, evangelische Volksschule im Dorf den Unterrichtsbetrieb in einem Raum der katholischen Dorfschule auf.[417] Die evangelische Planstelle wurde von der katholischen Dorfschule auf die neue Lehranstalt übertragen, an der der Erzieher bis 1961 wirkte.[418]

Die zweite Streitfrage in Ottmarsbocholt, das Problem eines eigenen Gottesdienstraumes für die evangelischen Neubürger, gewann deshalb große Bedeutung, weil die evangelische Kirche mit ihrer landsmannschaftlichen Prägung „einen besonders günstigen institutionellen Rahmen für die Sammlung und Reorganisation der Vertriebenen" darstellte.[419] Für ihr seelsorgerisches und religiöses Gemeindeleben mußten sich die zahlreichen evangelischen Dorfbewohner anfänglich mit einem Klassenraum der katholischen Volksschule,[420] dann mit dem Pfarrsaal der katholischen Kirchengemeinde St. Urban zufriedengeben.[421] Regelmäßige Gottesdienste konnten erst im Laufe des Jahres 1946 gefeiert werden.[422] Jedoch war es den evangelischen Dorfbewohnern nicht möglich, im Pfarrsaal alle Gemeindezusammenkünfte zu organisieren, weil dieser Raum zugleich von der katholischen Pfarrgemeinde benötigt wurde. Deshalb stellten die protestantischen Vertriebenen in der Gemeinderatssitzung vom 14. April 1954 als evangelische Kirchengemeinde den Antrag, ihr einen Raum im Jugendheim für gottesdienstliche Zwecke zu überlassen. Auch der evangelische Pfarrer aus Ascheberg, Ohlenburg, der die dortige Pfarrstelle Ende der vierziger Jahre angetreten hatte und in Ermangelung eines Kollegen auch die evangelischen Ottmarsbocholter betreute, setzte sich für dieses Vorhaben ein.[423] Die Gemeindevertretung lehnte diesen Antrag jedoch mit der Begründung ab, das Jugendheim werde noch bewohnt.[424] Zu diesem Zeitpunkt lebten in Ottmarsbocholt noch 200 Bewohner, die sich zur evangelischen Lehre bekannten. Nachdem die evangelische Schule im Jahre 1956 schließlich den beschriebenen Raum erhalten hatte, diente dieser auch für Gottesdienste der evangelischen Kirchengemeinde. Für ein eigenes Gotteshaus und eine eigenständige Kirchengemeinde war die Zahl der evangelischen Christen zu gering und nicht einflußreich genug. Eine evangelische Gemeinde, zu

---

[417] Die Raumübergabe erschien dem evangelischen Lehrer als „Entgegenkommen von seiten der katholischen Schule", der auch die „kollegiale und kameradschaftliche Einstellung" seiner katholischen Kollegen hervorhob; Aussage des ersten Lehrers der evangelischen Volksschule, Günter Löhrke, in: Schulchronik der evangelischen Volksschule, Teil 2, in: Ottmarsbocholt. Geschichte und Geschichten 7 (1986), S. 34 u. 36.
[418] GA Senden, Bestand Ottmarsbocholt, C 118.
[419] Waldmann, Die Eingliederung der ostdeutschen Vertriebenen in die westdeutsche Gesellschaft, S. 173f. Zur Annäherung der konfessionellen Lager in der Frage der Gotteshausbenutzung siehe Kindermann, Religiöse Wandlungen und Probleme im katholischen Bereich, S. 155f.
[420] Aussage des ersten Lehrers der evangelischen Volksschule, Günter Löhrke, in: Schulchronik der evangelischen Volksschule, Teil 3, in: Ottmarsbocholt. Geschichte und Geschichten 8 (1987), S. 17.
[421] Ebd. Vgl. ebenso BAMS, PfA Ottmarsbocholt, KV 31, Protokollbuch der Kirchenvorstandssitzungen (1876 - 1971).
[422] Barten/Braumann, Evangelische Kirche im Kreis Coesfeld, in: Kreis Coesfeld, S. 276.
[423] Schreiben des evangelischen Pfarrers aus Ascheberg an die Gemeindeverwaltung Ottmarsbocholt v. 9.4.1954; GA Senden, Bestand Ottmarsbocholt, C 129. Zum Dienstantritt Ohlenburgs siehe Barten/Braumann, Evangelische Kirche im Kreis Coesfeld, S. 276.
[424] GA Senden, Bestand Ottmarsbocholt, C 129.

der auch die Ottmarsbocholter Protestanten zählten, sollte erst im Oktober 1968 mit der kirchenpolitischen Großgemeinde Ascheberg entstehen.[425]

---

[425] Barten/Braumann, Evangelische Kirche im Kreis Coesfeld, S. 276.

Sechstes Kapitel: Ökonomie

Die Analyse der westfälischen Landwirtschaft als die „ökonomische Basis des Landlebens"[1] erfolgt auf Grundlage von Archivalien und Statistiken sowie Unterlagen der Landwirtschaftskammer Westfalen-Lippe, wodurch diese Region den Gegenstand dieser Teilstudie bildet.[2] Eine vergleichbare Informationsdichte liegt weder auf Dorfebene noch auf der Grundlage einzelner Betriebe vor. Stellvertretend für die drei Untersuchungsgemeinden Ottmarsbocholt, Heek und Rödinghausen wurde die landwirtschaftliche Entwicklung in den Kreisen Ahaus, Herford und Lüdinghausen verfolgt, und, wo es möglich war, wurden Daten aus den drei Untersuchungsgemeinden in die Analyse eingeflochten.

Wie bereits anfänglich ausgeführt, wird auch für die Analyse der Vorgänge im Agrarsektor ein Zeitraum von rund einem halben Jahrhundert zugrunde gelegt. Ausgehend von der Volks,- Berufs- und Betriebszählung zu Ende der Weimarer Zeit drängen sich als Endpunkt wie bei der Analyse der ländlichen Gesellschaft die sechziger und siebziger Jahre auf, weil dort die sozialen und ökonomischen Folgen einer forcierten Agrarmodernisierung und des landwirtschaftlichen Strukturwandels nachdrücklich in den Vordergrund traten. Der landwirtschaftliche Strukturwandel bedeutete, daß „immer weniger landwirtschaftliche Betriebe und Arbeitskräfte" insgesamt immer weniger Fläche bewirtschafteten, dabei aber eine steigende Produktivität erzielten. Indessen vergrößerten und spezialisierten sich die verbleibenden Betriebe.[3]

A. Wirtschaftliche Charakteristika der Landgemeinden

Charakteristisch für die Landgemeinde Ottmarsbocholt war das Fehlen industrieller Betriebe. Die Mehrheit der Bevölkerung war entweder in der Landwirtschaft beschäftigt oder arbeitete im Dorfhandwerk.[4] So galten 1940 als Hauptberufe Bauer und Handwerker. Mitte der dreißiger Jahre hoben die Gemeinderepräsentanten „den

---

[1] Bieback-Diehl/Bohler/Hildenbrand/Oberle, Der soziale Wandel auf dem Lande, S. 120.
[2] Der Begriff Landwirtschaft schließt im folgenden immer auch die Forstwirtschaft mit ein. Für Beispiele siehe die Tabellen im Anhang. – Im folgenden ist Lippe immer mitzudenken, wenn von Westfalen die Rede ist. Zwar unterscheiden die staatlichen Statistiken vor 1945 zwischen Westfalen und Lippe, doch beziehen sich schon die Erhebungen der Landwirtschaftskammer vor 1933 und der Landesbauernschaft seit 1933 auf Westfalen und Lippe, was für die Zeit nach 1949 mit der Neugründung der Landwirtschaftskammer gleichermaßen gilt.
[3] Vogel/Nieder-Vahrenholz, Landwirtschaft und Landschaft im Industrieland Nordrhein-Westfalen, S. 128; Schmitt, Der Strukturwandel der deutschen Landwirtschaft, S. 24 - 42; Bühl, Strukturkrise und Strukturwandel, S. 141 - 166.
[4] Handbuch des Bistums Münster, Bd. 2, S. 638. Vgl. auch Schulchronik der evangelischen Volksschule, Teil 3, in: Ottmarsbocholt. Geschichte und Geschichten 8 (1987), S. 12.

ländlichen Charakter" der Gemeinde hervor, da „größere gewerbliche Unternehmungen... nicht vorhanden" waren.[5] Noch im Jahre 1960 sah sich die Gemeinde Ottmarsbocholt in einem Beitrag für das Heimatadreßbuch des Kreises Lüdinghausen als „ein(en), ruhige(n), ländliche(n) Ort ohne Industrie", und die amtsangehörige Nachbargemeinde Venne warb für sich mit dem Spruch: „Wer noch die Stille und die Einsamkeit sucht, wird sich in der Venne wohlfühlen."[6]

Anfang der dreißiger Jahre gehörten 56,1 Prozent der Ottmarsbocholter Einwohnerschaft der landwirtschaftlichen Bevölkerung an. Die Kernmünsterland-Gemeinde lag damit deutlich über dem Kreisdurchschnitt von 24,7 Prozent.[7] Ottmarsbocholt zählte zum Typus einer „Agrargemeinde" mit stark großbäuerlicher Prägung, in der über die Hälfte der erwerbstätigen Dorfbevölkerung in der Landwirtschaft tätig war und ein Gutteil der landwirtschaftlichen Betriebe als großbäuerlich anzusehen war.[8] Der Kreis Lüdinghausen wies innerhalb Westfalens eine der höchsten Durchschnittsgrößen je landwirtschaftlicher Betrieb aus.[9]

Die Sandmünsterland-Gemeinde Heek war stärker gewerblich und industriell geprägt als die erste Untersuchungsgemeinde aus dem Kernmünsterland, wenngleich der Agrarsektor eine ähnlich bedeutende Stellung einnahm. Wirtschaftsgeographisch lag die Gemeinde im Textilgürtel des Westmünsterlandes, der den Bewohnern neben der Landwirtschaft und dem Dorfhandwerk auch zahlreiche Arbeitsplätze in den Großwebereien in Ahaus, Epe, Gronau und Heek bot.[10] Zwar zeigte sich die ansässige textile Massenfabrikation krisenanfällig, aber in wirtschaftlichen Blütezeiten fanden dort viele Heeker Bürgerinnen und Bürger Beschäftigung. Die 1882 gegründete Seidenweberei Schniewind beispielsweise hatte „der Gemeinde ihr besonderes Gepräge" gegeben,[11] indem sie in Spitzenzeiten 400 Menschen bzw. jeden fünften der damaligen Einwohner beschäftigte.[12] In den zwanziger Jahren wurde sogar ein Stra-

---

[5] Mit diesem Hinweis argumentierten die Repräsentanten gegen die administrative Auflösung des Amtes Ottmarsbocholt. Siehe Schreiben des Ehrenbürgermeisters Ermke, Amtsbeigeordneten Vollmer, NSDAP-Ortsgruppenleiters Adrian und Ortsbauernführers Bracht betreffs „Vereinigung des Amtes Ottmarsbocholt mit einer Nachbargemeinde" v. 3.11.1934; STAMS, Kreis Lüdinghausen, Nr. 1784.
[6] GA Senden, Bestand Ottmarsbocholt, C 127. Vgl. auch Westfalenspiegel 10 (1961), S. 42.
[7] VBBZ 1933, StDR, Bd. 455,15, S. 15/64 u. Bd. 458, S. 131.
[8] Wurzbacher, Dorf, S. 10. Ebenso Ditt, Struktur und Wandel westfälischer Agrarlandschaften, S. 41; Theine, Westfälische Landwirtschaft in der Weimarer Republik, S. 24. Vgl. damit die Einteilung „Sozioökonomische Gemeindetypen 1928" bei Smula, Die Lage der Landwirtschaft im Kreis Lüdinghausen, S. 88ff.; ders., Der Einfluß der Sozial- und Wirtschaftsstrukturen, 110f., der Ottmarsbocholt als eine „gewerblich-agrarische Gemeinde" wertet. Smula stuft jedoch die Bedeutung der Land- und Forstwirtschaft für die Gemeinde als „sehr hoch" ein.
[9] Noch 1970 zeichnete sich der Kreis Lüdinghausen mit der Durchschnittsgröße von 14 und mehr ha landwirtschaftlicher Nutzfläche pro Betrieb aus. Vgl. Beiträge zur Statistik des Landes Nordrhein-Westfalen, Heft 273, S. 11f.
[10] STAMS, Kreis Ahaus, Nr. 1269.
[11] Schreiben des Gemeindeschulzen an den Vorsitzenden des Kreisausschusses Ahaus betreffs Berufung von Gemeinderäten v. 1.6.1934; GA Heek, D 34.
[12] FS 150 Jahre Heimat- und Schützenverein St. Ludgerus Heek, S. 41ff. Zur Bedeutung der örtlichen Seidenindustrie für ökonomische und soziale Struktur der Gemeinde siehe auch FS SV 1920 Heek, S. 25 u. 31ff. u. Heimat- und Rathausspiegel 11 (1981), S. 268.

ßenzug nach der Firma benannt.[13] Erwartungsgemäß schlug sich die industrielle Prägung auch in der sozialen Schichtung des Dinkeldorfes nieder, das gegenüber Ottmarsbocholt in größerem Umfang Arbeiter(-Bauern) beherbergte, weswegen es in Heek auch mehr Kleinst- und Kleinbauern gab.[14] So galten 1940 als Hauptberufe Bauern und Weber.[15]

Trotz der industriellen und gewerblichen Betriebe war Heek als landwirtschaftlich geprägter Ort einzustufen. Zu Beginn der dreißiger Jahre waren noch 56 Prozent der Einwohner der landwirtschaftlichen Bevölkerung zuzurechnen, während auf Kreisebene dies nur für 33,3 Prozent galt.[16] Mit dieser landwirtschaftlichen Prägung zeichnete sich auch Heek als eine „Agrargemeinde" aus, jedoch mit stärkerer kleinbäuerlicher Prägung als Ottmarsbocholt.[17] Die Klein- und Kleinstbetriebe unter fünf Hektar machten Ende der dreißiger Jahre in Heek 53 Prozent der Höfe aus, wohingegen sie in der Kernmünsterland-Kommune nur auf 47,8 Prozent kamen.[18] Die Durchschnittsgröße der Agrarbetriebe im Kreis Ahaus war mit einem Mittel von elf bis 14 ha landwirtschaftlicher Nutzfläche niedriger als im Kreis Lüdinghausen, in dem Ottmarsbocholt lag.[19]

Wie Heek war auch Rödinghausen stärker gewerblich und industriell geprägt als Ottmarsbocholt, gilt doch das Ravensberger Land in der „industrialisierten ländlichen Region" Ostwestfalen-Lippe als klassisches Beispiel für eine Gemengelage von Landwirtschaft und Industrie.[20] Wenngleich die Gemeinde Rödinghausen mit Ausnahme einer Möbel- und Zementfabrik bis nach dem Zweiten Weltkrieg keine bedeutenden Industrieansiedlungen vorweisen konnte, so war der Hauptteil der Beschäftigten über den gesamten Zeitraum im verarbeitenden Gewerbe bzw. in der Industrie im Ort oder in den umliegenden Städten beschäftigt.[21] Vor allem die industriellen Zentren Bünde und Herford sowie die südlichen Nachbargemeinden im Amt, West- und Ostkilver, boten den zahlreichen Arbeitern Rödinghausens einen Broterwerb. Dortige industrielle Ansiedlungen wurden auch durch die Verkehrsanbindung an die Bahnstrecke Löhne-Osnabrück-Rheine begünstigt, eine Nebenlinie der im

---

13 FS SV 1920 Heek, S. 76.
14 So bezifferte im Jahre 1926 der Amtsbürgermeister die Zahl der Industriearbeiter im Amt auf 600 von 3807 Einwohnern. Schreiben des Amtsbürgermeisters an den Bezirksausschuß Münster v. 1.4.1926; STAMS, Kreis Ahaus, Nr. 1627. Siehe auch Berufe der Brautleute im Heiratsregister 1925 - 1932, 1932 - 1938, Familienbücher 1938 - 1941, 1941 - 1945, 1946 - 1948, 1948 - 1950, Familienerstbuch 1950 - 1952, 1952 - 1953, 1954 - 1956, Familienbuch 1956 - 1957, Heiratserstbuch 1958 - 1960, o. Sig.
15 Handbuch des Bistums Münster, Bd. 2, S. 507f.
16 VBBZ 1933, StDR, Bd. 455,15, S. 15/64; zum Kreismittel siehe VBBZ 1933, StDR, Bd. 458, S. 131.
17 Zur kleinbäuerlichen Struktur des Westmünsterlandes Theine, Westfälische Landwirtschaft in der Weimarer Republik, S. 24.
18 VBBZ 1939, StDR, Bd. 559,9, S. 9/6f.
19 Für 1970 siehe Beiträge zur Statistik des Landes Nordrhein-Westfalen, Heft 273, S. 11f.
20 Elsner/Spörel, Branchenentwicklung und Arbeitslosigkeit in einer industrialisierten ländlichen Region, S. 228ff.; Ipsen, Bemerkungen zum industriell-agraren Gemenge, S. 44.
21 Zur Industriearbeit in Rödinghausen siehe Botzet, Bauersleut und Heimarbeiter, S. 171 - 176.

vorigen Jahrhundert gebauten Verkehrsachse zwischen dem Ruhrgebiet und Hannover.[22]

Rödinghausen war grundsätzlich eine durch die Industrie stark bestimmte Gemeinde. Diese Prägung färbte auch auf die soziale Schichtung ab. Die Gemeinde im Ravensberger Land besaß im Gegensatz zu Ottmarsbocholt und Heek nur eine ausgesprochen dünne agrarische Oberschicht, was zum Beispiel die geringe Zahl von drei großbäuerlichen Betrieben im Jahre 1939 belegt.[23] Durch diesen ‚quantitativen Ausfall' der bäuerlichen Oberschicht fielen gesellschaftliche Führungsrollen vor allem den Mittelschichtangehörigen, also den Kleingewerbetreibenden, Handwerksmeistern und Kaufleuten, zu. Dabei darf nicht vergessen werden, daß Rödinghausen wegen seines hohen Arbeiteranteils und seiner Nähe zu den ostwestfälischen Industriezentren eine gut organisierte Arbeiterschaft beherbergte, die sich in der SPD artikulierte und die die Dorfpolitik selbstbewußt mitbestimmte. Für diese Arbeiter gab es unterhalb der Gemeindeebene ein identitätsstiftendes, lokal verdichtetes sozialmoralisches Milieu. Viele dieser Lohnabhängigen lebten in der beruflichen und sozialen Doppelexistenz der Arbeiterbauern, einer für Ostwestfalen charakteristischen Lebens- und Arbeitsform.[24] In Rödinghausen waren dies die mit geringem Grundeigentum ausgestatteten Zigarrenarbeiter.

B. Die Gewerbestruktur: Das Dorfhandwerk und andere außeragrarische Arbeitsbereiche

Ottmarsbocholt besaß die meisten Gewerbebetriebe in der Holz- und Metallverarbeitung sowie in der Nahrungs- und Genußmittelbranche.[25] Während die Zahl der Betriebe im Jahre 1919 unvollständig erscheint, geben die Werte aus der Mitte der zwanziger Jahre einen detaillierten Einblick in die Gewerbestruktur der Kernmünsterlandgemeinde. Die meisten außeragrarischen Selbständigen arbeiteten als Schreiner oder betrieben – meist als Zuerwerb – eine Gast- oder Schankwirtschaft. Aber auch die Textil- und Lederverarbeitung war mit je sechs Schneidern oder Schuhmachern stark vertreten.

Bedeutende Gewerbegeschäfte barg Heek im Dorfhandwerk und im Handel.[26] Das Dinkeldorf verkörperte in seiner Gewerbestruktur idealtypisch die organischen Wirtschaftsvorstellungen des Zentrums als der katholischen Milieupartei.[27] 1925 stellte der Handel mit 29 Geschäften, dicht gefolgt von der Textil- und Lederverarbeitung mit 27 Betrieben, vom Nahrungs- und Genußmittelbereich (26) sowie dem

---

[22] Elsner/Spörel, Branchenentwicklung und Arbeitslosigkeit in einer industrialisierten ländlichen Region, S. 229; Botzet, Kaiserzeit in Rödinghausen, S. 53; ders., Bauersleut und Heimarbeiter, S. 171.

[23] Dies ergab einen Anteil von 3,75% an allen Agrarbetrieben; VBBZ 1939, StDR, Bd. 559,9, S. 9/11. Demgegenüber war die großbäuerliche Prägung in Ottmarsbocholt mit 40 (19,5%) und Heek mit 60 (18,3%) großen Bauernhöfen bei weitem bedeutender; a.a.O., S. 9/6f.

[24] Mooser, Kleinstadt und Land im Industrialisierungsprozeß 1850 bis 1930, S. 129f., sieht Ostwestfalen neben Württemberg als klassische Region der Arbeiterbauern.

[25] Siehe Anhang, Tabelle Nr. 38.

[26] Siehe Anhang, Tabelle Nr. 40.

[27] Vogt, Parteien in der Weimarer Republik, S. 135.

holz- und metallverarbeitenden Handwerk die meisten Gewerbebetriebe. Auffallend dabei war die hohe Zahl der Gast- und Schankwirtschaften, von denen es 13 gab. Insgesamt waren Mitte der zwanziger Jahre 123 Gewerbebetriebe vorhanden.[28] Bis 1939 vermehrte sich die Zahl der Unternehmen in allen Gewerbezweigen, mit Ausnahme des Baugewerbes. Die Zahl der Betriebe wuchs um 39,3 Prozent auf 172 an. Vor allem die Zahl der Handelsgeschäfte nahm um 148 Prozent auf 62 Unternehmen zu. Dabei erhöhte sich die Zahl der Lebensmittelhandlungen um 300 Prozent. Gegenüber 1925 hatte sich das dörfliche Gewerbe also quantitativ ausgedehnt und qualitativ differenziert. Die Zahlen für 1949 dienen nicht unbedingt als Vergleichswerte mit der Vorkriegszeit, da in der kriegsbedingten Mangelsituation nicht alle Betriebe ihre Produktion wieder aufgenommen hatten. Die 1949er Daten können vielmehr Auskunft über die Situation des dörflichen Gewerbes in Heek an der Schwelle zum bundesrepublikanischen Wirtschaftsaufschwung geben.

Zum Vergleich eignen sich daher besser die Werte Mitte der fünfziger Jahre. Gegenüber der Vorkriegszeit war die Zahl der Betriebe um 8,1 Prozent auf 158 gesunken. Vor allem die Handwerksbetriebe, die mit Industriebetrieben wetteifern mußten, waren der maschinellen Konkurrenz erlegen. Abgenommen hatte beim holz- und metallverbeitenden Gewerbe die Zahl der Schreinereien und Schmieden. Besonders selbständige Handwerker und Handwerkerinnen aus der Textil- und Lederverarbeitung gaben angesichts der billiger produzierenden Fabriken auf. Damit starb das alte Dorfhandwerk nach und nach aus. Mitte der fünfziger Jahre gab es in Heek keinen einzigen Holzschuhmacher, Zimmermann und Stellmacher mehr, nur noch drei Näherinnen, Schlosser und Schmiede sowie zwei Müller.[29] Zugenommen hatten dagegen die Unternehmen aus dem Bauhandwerk und dem Handel, während sich andere Sparten wie der Nahrungs- und Genußmittelsektor sowie das Dienstleistungsgewerbe im großen und ganzen halten konnten.[30] Auch hier setzte sich der ökonomische Differenzierungsprozeß und Kapitalisierungsdruck durch, wie er auf dem westfälischen Agrarsektor noch zu beobachten sein wird.

Der bedeutendste lokale Beschäftigungsmarkt Rödinghausens war neben der Holz- die Tabakverarbeitung. Überhaupt waren in ganz Ostwestfalen wie auch im Kreis Herford die Möbel- und Genußmittelfabrikation wichtige industrielle Branchen.[31] Die Zigarrenherstellung erfuhr in Rödinghausen nach dem Ersten Weltkrieg eine Blüte und nahm unter den Autarkieplänen der Nationalsozialisten weiteren kräftigen Aufschwung.[32] Während auf Amtsebene um 1900 nur rund 500 Personen in der Tabakverarbeitung tätig waren, bot die Zigarrenproduktion „bei dem augen-

---

28 Adreßbuch für den Kreis Ahaus 1925, S. 282 - 294. Zum sozialhistorischen Quellenwert der Adreßbücher vgl. Smula, Der Einfluß der Sozial- und Wirtschaftsstrukturen, S. 107.
29 Vgl. Anhang, Tabelle Nr. 40.
30 Adreßbuch des Kreises Ahaus 1954/55, S. 276 - 282 u. 286 - 288.
31 Mooser, Kleinstadt und Land im Industrialisierungsprozeß 1850 bis 1930, S. 128; Botzet, Bauersleut und Heimarbeiter, S. 171ff.
32 Botzet, Ereygnisse, S. 193f. Zum Autarkiegedanken in der landwirtschaftlichen Erzeugung der NS-Zeit, der sogenannten „Nahrungsfreiheit", siehe Theine, Westfälische Landwirtschaft in der Weimarer Republik, S. 233. Als zeitgenössische Literatur siehe Neuhaus, Feldfutterbau im westfälischen Regierungsbezirk Minden, S. 11.

blicklichen flotten Geschäftsgang" Mitte der dreißiger Jahre ungefähr 1800 Menschen Brot und Arbeit.[33] Dieser Aufschwung hatte seine Ursache darin, daß die Nationalsozialisten in den Jahren 1933/34 die Wickelmaschine für die Zigarrenherstellung vernichtet und so die zuvor erfolgte Rationalisierung wieder rückgängig gemacht hatten.[34] Diese Maschinenstürmerei schuf aber nur kurzfristig Arbeitsplätze. In den fünfziger Jahren ging die Zigarrenproduktion bis zur Bedeutungslosigkeit zurück.[35] Die dabei weggefallenen Arbeitsplätze versuchte man zu ersetzen, indem man seither den Fremdenverkehr und Kurbetrieb systematisch ankurbelte. Jedoch erhielt die Gemeinde erst 1980 durch eine Entscheidung gegen eine weitere Industrialisierung die Bestätigung als „Staatlich anerkannter Luftkurort".[36]

Untersucht man die Rödinghauser Gewerbestruktur, so wird der Bedeutungszuwachs des Dienstleistungsbereiches noch unterstrichen. In den über zwanzig Jahren zwischen 1936 und 1957 gingen immer mehr Betriebe im verarbeitenden Gewerbe ab: im Holz-, Metall-, Textil- und Lederbereich, im Bauhandwerk und -gewerbe sowie in der Nahrungs- und Genußmittelherstellung, hier vor allem in der Tabakproduktion. Insgesamt schwand die Zahl der Betriebe um genau ein Viertel.[37] Wie in Ottmarsbocholt und Heek starb auch in Rödinghausen das Dorfhandwerk. 1957 besaß die Ravensberger Landgemeinde beispielsweise nur noch einen Schuhmacher und einen Schneider und keinen Hausschlachter mehr.[38] Allein die Zahl der Unternehmen im Handel und im Dienstleistungssektor nahm zu. Dabei fällt auf, daß die Dienstleistungsunternehmen gerade in den Bereichen aufkamen, die den sozioökonomischen Wandel auf dem Land belegen. Die zwei Tankstellen und das Fachgeschäft für Fahr- und Motorräder stehen hierfür als Beispiel. Zudem entstanden neue Berufe – auch für die Frauen – wie kaufmännische oder technische Angestellte(r), Stenotypistin, Elektriker, Kraftfahrzeugmechaniker u.a.m.[39]

C. Der stetige Personalabbau: Der Bedeutungsrückgang des Agrarsektors

1. Erwerbspersonen in der Landwirtschaft

Die Landwirtschaft verlor im Untersuchungszeitraum besonders als Erwerbs- und Beschäftigungsgrundlage im Vergleich zum Sekundär- und Tertiärsektor an Bedeutung, wie die Entwicklung der Zahl der Erwerbspersonen im Agrarsektor belegt. 1933 waren 487292 Personen in der westfälischen Landwirtschaft erwerbstätig. Sie

---

[33] Adreßbuch des Kreises Herford 1936, Herford 1936, S. 205.
[34] Botzet, Ereygnisse, S. 194.
[35] Zum Auf- und Abstieg der Tabakverarbeitung in Rödinghausen siehe Botzet, Bauersleut und Heimarbeiter, S. 114 - 142.
[36] Ders., a.a.O., S. 164 - 171.
[37] Siehe dazu Anhang, Tabelle Nr. 42. 1936 zählte Rödinghausen 44 Gewerbebetriebe, 21 Jahre später nur noch 33.
[38] Auch in der ebenfalls ostwestfälischen Gemeinde Lüchtringen existierte in der Nachkriegszeit kein Hausschlachter mehr. Siehe Fromme, Lüchtringen, S. 178.
[39] Anhang, Tabelle Nr. 42. Zu den Berufen siehe auch Heimat-Adreßbuch Landkreis Herford 1957, S. 385 - 448.

stellten mit 20,7 Prozent mehr als ein Fünftel aller Erwerbspersonen in Westfalen. Der Agrarsektor wies demnach weniger Erwerbstätige auf als die Industrie und das Handwerk, er rangierte aber noch vor dem Handel und Verkehr sowie den Dienstleistungen. Bereits sechs Jahre später hatte trotz verbalem Buhlen der NS-Ideologen „um die lebendige Grundlage des Volkes" die Anzahl der Erwerbspersonen im Primärsektor auf 470720 abgenommen.[40] Ihr Anteil an allen westfälischen Erwerbspersonen war auf 16,1 Prozent gesunken. Unmittelbar nach dem Krieg hingegen war der Anteil der im Primärsektor Erwerbstätigen auf 18,4 Prozent geklettert.[41] Dieser Anstieg ist – als kurzzeitige Reagrarisierungswelle – auf die verheerende Versorgungslage zurückzuführen, in der eine Beschäftigung in einem landwirtschaftlichen Betrieb der eigenen Existenzsicherung diente. Doch schon zu Beginn der fünfziger Jahre setzte sich der alte Trend fort. Die 418108 Erwerbstätigen in der Landwirtschaft im Jahre 1950 machten nur noch 14,9 Prozent aller Erwerbspersonen in Westfalen aus.[42] Daß der absolute Wert keinen Rückgang gegenüber 1946 bedeutete, war auch eine Folge der Eingliederung von 37999 Flüchtlingen in den Agrarsektor.[43] Dennoch waren gegenüber 1939 52620 Personen weniger, vorrangig Frauen, in der Landwirtschaft beschäftigt.[44]

In den fünfziger Jahren hatte die Zahl der Erwerbspersonen in den übrigen Wirtschaftsabteilungen, neben der Industrie und Handwerk nun auch im Handel und Verkehr sowie bei den Dienstleistungen, die Anzahl derer aus der Landwirtschaft überrundet und diese auf den letzten Platz verwiesen. Der Direktor der Landwirtschaftskammer Westfalen-Lippe, Dr. Fritz Tasch, klagte, „daß die Zahl der in der Landwirtschaft Tätigen immer geringer wird und die Bindungen der nichtlandwirtschaftlichen Bevölkerung ans Land, wie sie vor Jahrzehnten noch in viel stärkerem Maße vorhanden waren, mehr und mehr verloren gehen."[45] Hinsichtlich der Erwerbstätigenzahl blieb der Agrarsektor bis in die Gegenwart das Schlußlicht unter den Wirtschaftsabteilungen. In der Bundesrepublik ging in den fünfziger Jahren die Zahl der Beschäftigten im Agrarsektor um 1,4 Millionen zurück, während sie im sekundären Sektor um 3,4 Millionen zunahm.[46]

Aufschlußreich ist in diesem Zusammenhang auch die Unterteilung der Erwerbspersonen nach landwirtschaftlichen Berufen.[47] Hier zeigt sich, daß bereits in nationalsozialistischer Zeit die Zahl derer, die in Agrarberufen ihrem Broterwerb nach-

---

[40] Zitat siehe Westfälischer Bauernstand Jg. 1934, S. 473.
[41] Siehe Anhang, Tabelle Nr. 1.
[42] Dieser Trend zeichnete sich auch auf dem Gebiet des benachbarten Bundeslandes Niedersachsen, einer klassischen Agrarregion, ab. Dort sank der Anteil der Erwerbstätigen in der Landwirtschaft von 36,2 (1939) auf 30,4% (1950); Die Landwirtschaft Niedersachsens 1914 - 1964, S. 109.
[43] Siehe Anhang, Tabelle Nr. 1.
[44] Das entsprach rund der Hälfte der 103200 Erwerbspersonen, die in Nordrhein-Westfalen die Wirtschaftsabteilung Land- und Forstwirtschaft seit 1939 verlassen hatten; siehe Statistische Rundschau für das Land Nordrhein-Westfalen 4 (1952), 2. Sonderheft, S. 8.
[45] Fritz Tasch, Die Landwirtschaftskammer Westfalen-Lippe, ihre Entstehung und ihre Aufgaben, in: FS zum 50jährigen Bestehen der Landwirtschaftskammer Westfalen-Lippe 1949, S. 4.
[46] Die jährliche Abnahme bzw. Steigerung lag bei 2,7 bzw. 3,4%; Schildt/Sywottek, „Wiederaufbau" und „Modernisierung", S. 22.
[47] Siehe Anhang, Tabelle Nr. 2.

gingen, um drei Prozent von 182586 (1933) auf 176852 (1939) gefallen war. Besonders die Anzahl der Landwirte fiel um über ein Zehntel von 97511 auf 86928. Trotz propagandistischer Beteuerungen zugunsten des „Lebensmotors für das ganze Volk" mußten die Nationalsozialisten zusehen, wie das Rückgrat der Familienbetriebe schrumpfte.[48] Neben den Ackersleuten bestritten auch immer weniger Knechte und Mägde sowie Melker im angestammten Beruf ihren Lebensunterhalt. Im Vergleich dazu nahm 1939 die Zahl des landwirtschaftlichen Aufsichtspersonals, Inspektoren und Verwalter, und der Arbeiter mit eigenem oder gepachtetem Land zu.

OTTMARSBOCHOLT. ERWERBSPERSONEN/WIRTSCHAFTSSEKTOREN

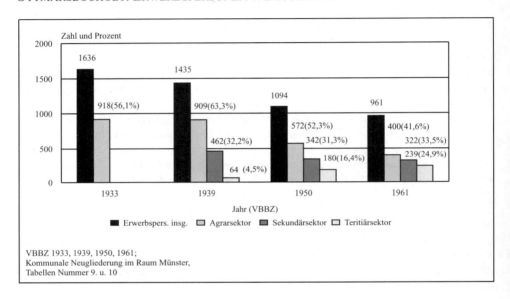

VBBZ 1933, 1939, 1950, 1961;
Kommunale Neugliederung im Raum Münster,
Tabellen Nummer 9. u. 10

Beim Verhältnis von Erwerbspersonen, unterteilt nach Wirtschaftssektoren, ist grundsätzlich festzuhalten, daß die absolute Zahl der Erwerbstätigen von 1636 (1933) auf 961 (1961) schwand. Dies belegt, daß Ottmarsbocholt für immer weniger Menschen Arbeitsplätze bot. Im Verbund mit der steigenden Bevölkerungsziffer seit Mitte der vierziger Jahre bedeutet dies, daß immer mehr Ottmarsbocholter außerhalb ihres Wohnortes eine Anstellung fanden.[49] Unmittelbar vor dem Krieg waren die meisten Erwerbstätigen im primären Sektor beschäftigt. Von 1435 amtlich erfaßten Erwerbspersonen (1939) waren 909 in der Landwirtschaft tätig (63,3%); 462 (32,2%) arbeiteten in der Industrie und dem Handwerk, lediglich 64 (4,5%) in Han-

---

[48] Zitat von Reichsbauernführer Richard Walther Darré, in: Westfälischer Bauernstand Jg. 1934, S. 82. Die NS-Agrarideologen gingen davon aus, daß „die Geburtenzahl der deutschen Bauersfrau...fast dreimal so hoch wie die der städtischen Frau" liegt; a.a.O., S. 476.

[49] Zum Pendlerwesen siehe Sechstes Kapitel, D.6.2.

del und Verkehr.[50] 1950 wurden 572 Erwerbspersonen (52,3%) dem Agrarsektor, 342 (31,3%) dem verarbeitenden Gewerbe und 180 (16,4%) dem Dienstleistungsbereich zugerechnet. Anfang der sechziger Jahre zählten nur noch 400 (41,6%) zur Landwirtschaft, 322 (33,5%) zum verarbeitenden Gewerbe und nunmehr 239 (24,9%) zum Dienstleistungssektor.[51] Es fällt auf, daß der Anteil der Erwerbspersonen in der Landwirtschaft zwischen 1939 und 1961 kontinuierlich sank, während der Prozentsatz derjenigen im sekundären oder tertiären Sektor stieg. Namentlich im sekundären Sektor und im Dienstleistungsbereich fanden die aus dem Agrarsektor kommenden Erwerbstätigen eine Anstellung. Ursache war neben dem Flüchtlingszuzug das gewandelte Ausbildungsverhalten der Jugendlichen, die bedingt durch die materielle Besserstellung der Landfamilien sich nicht mehr als Ungelernte in der Landwirtschaft verdingen wollten, sondern eine berufliche Ausbildung außerhalb des Agrarsektors anstrebten.[52]

RÖDINGHAUSEN. ERWERBSPERSONEN/WIRTSCHAFTSSEKTOREN

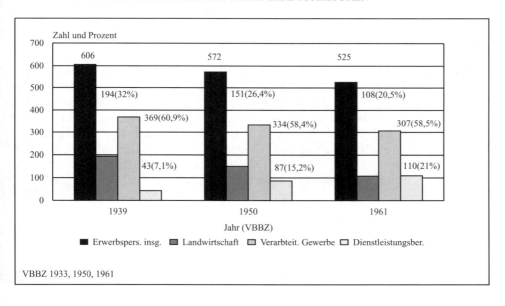

[50] Vgl. VBBZ 1939, StDR, Bd. 559,9, S. 9/7. Smula, Die Lage der Landwirtschaft im Kreis Lüdinghausen, S. 90, wertet die Bedeutung des Handwerks für die Gemeinde Ende der zwanziger Jahre als durchschnittlich.
[51] Kommunale Neugliederung im Raum Münster, Tabelle 9.
[52] Wurzbacher, Beiträge zur gegenwärtigen Verfassung und Entwicklung der westdeutschen Landfamilie, S. 255.

Dieselbe Entwicklung läßt sich auch in Rödinghausen ablesen.[53] Die absolute Zahl der Erwerbstätigen sank zwischen den dreißiger und den sechziger Jahren. Relativ wandelte sich der Anteil der Beschäftigten in den einzelnen Wirtschaftsbereichen. Dabei verlor die Landwirtschaft zwischen 1939 und 1961 nahezu die Hälfte ihres Kontingents vor allem aufgrund einer gestiegenen beruflichen Mobilität der Landjugend. Zu Beginn der sechziger Jahre verdiente folglich nur noch ein Fünftel der Rödinghauser Erwerbstätigen seinen Unterhalt im Agrarsektor. Bei der Volkszählung 1970 war deren Anteil weiter auf 11 Prozent gefallen.[54] Der Trend setzte sich weiter fort. Anfang der neunziger Jahre verdienten nur noch 4,6 Prozent aller Erwerbstätigen ihren Unterhalt in der Landwirtschaft.[55] Damit war der Agrarsektor als Arbeitsplatz in der Ravensberger Landgemeinde „praktisch bedeutungslos geworden".[56] Der Anteil der Erwerbstätigen im verarbeitenen Gewerbe hielt sich bei knapp 60 Prozent, so daß der Dienstleistungsbereich von dem Bedeutungsschwund der Landwirtschaft profitierte. Die Beschäftigtenquote stieg hier von 7,1 auf 21 Prozent. Anfang der sechziger Jahre überflügelte der Dienstleistungs- den Agrarsektor in seiner Bedeutung als Erwerbsgrundlage für die Rödinghauser Bevölkerung.

2. Berufszugehörige zur Landwirtschaft

Eine Untersuchung der Berufszugehörigen der Landwirtschaft bestätigt den oben gemachten Befund. Wie bei den Erwerbspersonen hielt auch hier der Abwärtstrend in nationalsozialistischer Zeit an und offenbarte sich bei der Volks-, Berufs- und Betriebszählung 1939. Die Anzahl der Berufszugehörigen fiel zwischen 1933 und 1950 von 707484 auf 588361. Gleichzeitig sank der Anteil der landwirtschaftlich Berufstätigen an der Wohnbevölkerung von 13,3 auf 9,1 Prozent. Besonders stark fielen die Werte bei der Zählung im Jahre 1950.[57] Der damalige nordrhein-westfälische Landwirtschaftsminister Heinrich Lübke beklagte das Ausmaß der „Berufsflucht" und sah Leistungsfähigkeit wie Arbeitsverfassung der Landwirtschaft gefährdet.[58] Bei diesem Rückgang wirkte sich der Zuzug der Vertriebenen aus, die dafür sorgten, daß der Anteil der Berufszugehörigen der Landwirtschaft an der Wohnbevölkerung deutlich abflaute.

---

[53] Vgl. dazu VBBZ 1939, StDR, Bd. 559,9, S. 9/11; Beiträge zur Statistik des Landes Nordrhein-Westfalen, Sonderreihe Volkszählung 1950, Heft 15, S. 182; Beiträge zur Statistik des Landes Nordrhein-Westfalen, Sonderreihe Volkszählung 1961, Heft 3a, S. 379 - 381.
[54] Schüttler, Rödinghausen im Ravensberger Land, S. 6.
[55] Botzet, Bauersleut und Heimarbeiter, S. 181.
[56] A.a.O., S. 173.
[57] Siehe Anhang, Tabelle Nr. 3.
[58] Heinrich Lübke, Der Landwirtschaftkammer Westfalen-Lippe zum Geleit! in: FS zum 50jährigen Bestehen der Landwirtschaftskammer Westfalen-Lippe 1949, S. 3 - 5, S. 4; Landwirtschaftliches Wochenblatt für Westfalen und Lippe 106 (1949), S. 1161f.

HEEK. BERUFSZUGEHÖRIGE/WIRTSCHAFTSSEKTOREN

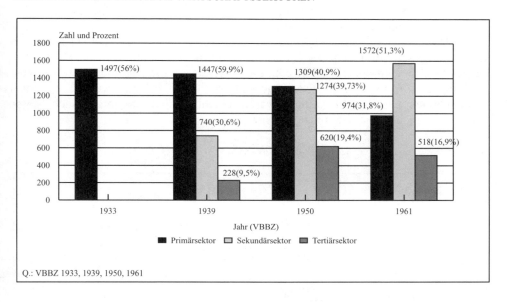

Q.: VBBZ 1933, 1939, 1950, 1961

In Heek bestritten 1933 mehr als die Hälfte der berufstätigen Dorfbewohner ihren Broterwerb in der Landwirtschaft.[59] Sechs Jahre später hatte sich dieser Prozentsatz noch auf 59,9 Prozent erhöht.[60] Durch die Zuwanderung zahlreicher Vertriebener sowie die sich ausweitende Landflucht sank der Anteil der Berufszugehörigen zum Primärsektor 1950 auf 40,9 Prozent, elf Jahre später auf 31,8 Prozent.[61] Im gleichen Zeitraum nahm dagegen der Anteil der Berufszugehörigen zum Sekundärsektor rapide zu, weil besonders die nachwachsende Generation eine Ausbildung im verarbeitenden Gewerbe der Landarbeit vorzog.[62] Lag der Prozentsatz der Zugehörigen zum produzierenden Gewerbe unmittelbar vor wie nach dem Krieg mit 30,6 bzw. 39,7 Prozent noch bei einem runden Drittel, so stieg er im Jahre 1961 auf 51,3 Prozent und überragte damit deutlich den Anteil der Angehörigen des Agrarsektors. Der Dienstleistungsbereich verzeichnete über dieselbe Zeitspanne ebenso eine Zunahme von 9,5 (1939) auf 16,9 Prozent (1961).[63] Betrachtet man die gesamte Entwicklung

---

[59] VBBZ 1933, StDR, Bd. 455,15, S. 15/64.
[60] VBBZ 1939, StDR, Bd. 559,9, S. 9/6.
[61] Beiträge zur Statistik des Landes Nordrhein-Westfalen, Sonderreihe Volkszählung 1950, Heft 15, S. 122; Beiträge zur Statistik des Landes Nordrhein-Westfalen, Sonderreihe Volkszählung 1961, Heft 3a, S. 259. Auf dem Gebiet des heutigen Kreises Borken vollzog sich dieser Wandel noch rascher. Dort sank der Anteil der im Agrarsektor Erwerbstätigen von 31,5 (1950) auf 20,9 Prozent (1961). Vgl. Rottmann, Kreis und Gemeinden im statistischen Überblick, Schaubild 2, S. 349.
[62] Zu den Folgen dieser beruflichen Mobilität im Hinblick auf Erziehungsideale und Familienbeziehungen siehe Wurzbacher, Beiträge zur gegenwärtigen Verfassung und Entwicklung der westdeutschen Landfamilie, S. 255ff.
[63] Beiträge zur Statistik des Landes Nordrhein-Westfalen, Sonderreihe Volkszählung 1961, Heft 3a, S. 259.

der Berufszugehörigen nach den drei Wirtschaftssektoren, so fallen folgende Stränge auf: Die Landwirtschaft verlor nach dem Krieg ihre herausragende Stellung und Bedeutung als Arbeitsplatz und Erwerbsgrundlage. Vor dem Krieg gehörte noch mehr als die Hälfte aller Berufszugehörigen dem Primärsektor an, zu Beginn der sechziger Jahre war dieses Kontingent auf ein Drittel zusammengeschmolzen. Zulauf erfuhren dagegen die beiden anderen Wirtschaftssektoren. Das produzierende Gewerbe zog 1950 mit dem Agrarsektor nahezu gleich und stellte 1961 den bedeutendsten Wirtschaftsbereich. Das Dienstleistungsgewerbe schraubte seine Rate in der Nachkriegszeit auf ein Sechstel der Berufszugehörigen.

RÖDINGHAUSEN. BERUFSZUGEHÖRIGE/WIRTSCHAFTSSEKTOREN

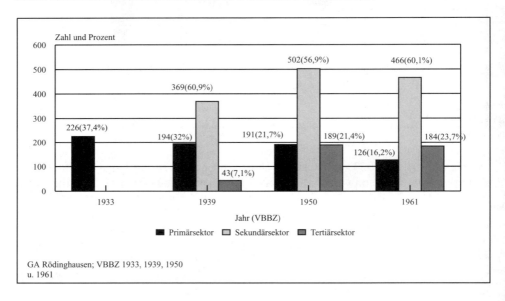

Bereits zu Beginn der dreißiger Jahre war Rödinghausen als eine gewerblich bzw. industriell geprägte Landgemeinde anzusehen.[64] Dennoch waren mit 37,4 Prozent mehr als ein Drittel der Berufszugehörigen dem Primärsektor zuzuordnen; im Kreis Herford lag der Prozentsatz nur bei 17,3 Prozent.[65] Rödinghausen war damit stärker landwirtschaftlich geprägt als die übrigen Amtsgemeinden, jedoch weitaus weniger als die beiden anderen Untersuchungsgemeinden.[66] Zu Beginn der sechziger Jahre

[64] Zum folgenden vgl. VBBZ 1933, StDR, Bd. 415,15, S. 15/65; Beiträge zur Statistik des Landes Nordrhein-Westfalen, Sonderreihe Volkszählung 1950, Heft 15, S. 182; Beiträge zur Statistik des Landes Nordrhein-Westfalen, Sonderreihe Volkszählung 1961, Heft 3a, S. 379.
[65] VBBZ 1933, StDR, Bd. 458, S. 132.
[66] Ottmarsbocholt und Heek weisen mit 56,1 bzw. 56% einen genau um die Hälfte größeren agrarischen Bevölkerungsanteil auf; VBBZ 1933, StDR Bd. 455,15, S. 15/64. Zu Rödinghausen und seinen Nachbargemeinden siehe a.a.O., S. 15/65.

war der Anteil der Berufszugehörigen zum Agrarsektor bereits auf 16,2 Prozent gesunken. Obwohl die Kommune im ländlichen Raum angesiedelt war, war spätestens jetzt die „Art und Lebensweise" der Bewohner „weitgehend ‚städtisch' geprägt".[67] Der Sekundärsektor erreichte 1939 wie 1961 einen Wert von knapp zwei Dritteln der Berufszugehörigen. Den Bedeutungsverlust des Agrarsektors fing vor allem der Tertiärsektor auf. Seine Quote der Berufszugehörigen steigerte sich kontinuierlich von 7,1 (1939) auf 23,7 Prozent (1961).

D. Wirtschaftsweise im Wandel: Von der arbeits- zur kapitalintensiven Produktion

Der traditionelle bäuerliche Betrieb war sozial eine Familienwirtschaft, wirtschaftlich eine Subsistenzwirtschaft, die mit „relativ geringer Marktanbindung" vorrangig auf Eigenversorgung ausgerichtet war.[68] Dieses geschlossene Wirtschaftssystem mit seinen ineinandergreifenden Produktionsabläufen orientierte sich daran, den Eigenbedarf zu decken. Es wurde „eigentlich nichts weggeworfen".[69] Dazugekauft wurden nur technische Betriebsmittel wie Dünger oder Kraftfutter, die rasche Ertragssteigerungen garantierten. Etwas Vieh- und Landbesitz sollten es gewährleisten, wirtschaftliche Krisen in ihren Auswirkungen für den Hof abmildern zu können. An Investitionen für eine Produktionssteigerung dominierte das Humankapital der bäuerlichen Familien und der Fremdarbeitskräfte.

Die kapitalintensive Produktionsweise dagegen versuchte, Leistungssteigerungen durch verstärkten Maschineneinsatz zu erzielen. Dabei richtete sich die gesamte Erzeugung an ökonomischen Aspekten aus. Für eine bedeutende Produktionssteigerung mußten umfangreiche, an der Rentabilität orientierte Kapitalinvestitionen getätigt werden, um die Arbeitsgänge und Produktionsabläufe zu straffen und zu rationalisieren. Das Betriebskapital wurde in Maschinen und technische Hilfsmittel investiert, die die teuren oder bereits abgewanderten Arbeitskräfte zu ersetzen hatten. Der landwirtschaftliche Strukturwandel, der neben der Produktion auf dem Gebiet der Betriebsorganisation einsetzte, brachte eine Wirtschaftsweise hervor, die versuchte, Absatzchancen auf dem Markt für den Betrieb zu erschließen. Mit dieser Marktintegration wurden im Agrarsektor „die letzten noch nicht kapitalisitsch integrierten Lebens- und Produktionsbereiche, die noch vorhandenen Nischen vorindustrieller Arbeits- und Lebensformen, endgültig absorbiert."[70] Bedeutende Wachstumsraten waren nur über arbeitsteilige Produktionsverfahren und eine Verringerung der einzelnen Betriebszweige zu erreichen. Diese Spezialisierung verlangte die optimale Anpassung an den natürlichen Standort wie Milch- oder Fleischproduktionsbe-

---

[67] Schüttler, Rödinghausen im Ravensberger Land, S. 6.
[68] Schmals/Voigt, Editorial, S. 12.
[69] Müller, Gesamtwirtschaftliche Entwicklungstendenzen und deren Folgen für die Landwirtschaftskammer, S. 2.
[70] Vgl. Brüggemann/Riehle, Das Dorf, S. 107f.

triebe in ausgewiesenen Grünlandgebieten und hochentwickeltes technisches Knowhow von seiten der Betriebsleiter.[71]

Die Spezialisierung auf ertragsgünstige Betriebszweige bedeutete jedoch das Ende der überlieferten Subsistenzwirtschaft, weil eine Vollmechanisierung bei vielseitiger Anbauweise zu teuer gekommen wäre. Die landwirtschaftliche Erzeugung richtete sich fortan an der wirtschaftlichen Nachfrage aus und ging zur marktorientierten Produktion über. Diese war zugleich auch eine mengen- und absatzorientierte Erzeugung. Den Trend zur Intensivierung belegte auch die gestiegene Produktionsleistung je landwirtschaftliche Arbeitskraft. Sie hatte sich in Deutschland vom Ende des 19. bis zur Mitte des 20. Jahrhunderts versiebenfacht.[72]

1. Ertragssteigerung durch Modernisierung: Landwirtschaftliche Bodennutzung im Übergang

Die Veränderungen im Agrarsektor haben die Ertragsleistungen der landwirtschaftlichen Betriebe sprunghaft erhöht. Produktionssteigerungen in der Landwirtschaft gab es während des gesamten 20. Jahrhunderts, jedoch stiegen sie während keiner Zeit so rasant wie in der Nachkriegszeit. Diese Ertragssteigerungen waren nur durch drei Phänomene möglich geworden: erstens durch neue Maschinen, die mehr Arbeit verrichten konnten und dies schneller taten als Menschen, zweitens durch den massiven Einsatz technischer Betriebsmittel wie Industriedünger und drittens durch Neuzüchtungen von Pflanzen.

Der Wandel in der Wirtschaftsweise änderte auch das Verhältnis von Ackerbau zu Weidewirtschaft bei gleichzeitiger Erweiterung des Rindviehbestands in Westfalen. Dabei ging das Ackerland von 59,8 (1933) auf 53,9 Prozent (1960) zurück.[73] Ebenso verringerten sich Ausmaß und Anteil der Wiesenflächen an der landwirtschaftlichen Nutzfläche von 15,5 (1960) auf 12,4 Prozent (1970).[74] Dagegen nahm der Anteil der Viehweiden an der landwirtschaftlichen Nutzfläche von 17,9 (1933) zu 29,8 Prozent (1960) ständig zu.[75] Die Zunahme des Dauergrünlandes belegt die wachsende Bedeutung der Veredelungswirtschaft, vor allem der Fleisch- und Milchproduktion. Die expandierenden Viehbestände verbrauchten immer mehr Rauhfutter. Darüber hinaus weist der Anstieg des Dauergrünlandes vor der umfassenden Maschinisierung der Agrarproduktion auf den Mangel an Arbeitskräften hin, denn die Grünlandwirtschaft war eine arbeitsextensive Bodennutzungsart.

---

[71] Siehe Artikel „Agrarstrukturprobleme in Nordrhein-Westfalen", in: Landwirtschaftliches Wochenblatt für Westfalen und Lippe 117 (1960), S. 3060ff.
[72] Priebe, Wer wird die Scheunen füllen? S. 212f.
[73] Siehe Anhang, Tabelle Nr. 8. Große Ackerflächen waren im Minden-Ravensberger Land anzutreffen, wie die Zahlen für den Kreis Herford belegen.
[74] Siehe Anhang, Tabelle Nr. 9.
[75] Siehe Anhang, Tabelle Nr. 10. 1907 hatte der Anteil der Dauerweiden noch 6,6% betragen; Landwirtschaftliches Wochenblatt für Westfalen und Lippe 106 (1949), S. 1176. – Einen hohen Grünlandanteil wiesen die Kreise des Münsterlandes wie zum Beispiel Ahaus oder Lüdinghausen auf, da hoher Grundwasserstand und reichhaltige Niederschläge diese Bodennutzungsart begünstigten.

Die Ertragszahlen bei den einzelnen Fruchtarten zeigen ebenfalls die Entwicklung zu intensiven Produktionsverfahren. Dies belegt in hervorragender Weise der Flächenertrag, d.h. das Verhältnis von Doppelzentner eingebrachter Frucht zu Hektar. Zwar ging das Ackerland als Getreidebaufläche zurück, dennoch konnten die westfälischen Landwirte auch bei den Winterfeldfrüchten den Ertrag beträchtlich steigern.[76] Beim Roggen erzielten sie pro Hektar 1933 noch 20,7, 37 Jahre später jedoch 34,1 Doppelzentner. Den Weizenertrag vermehrten sie im gleichen Zeitraum von 23 auf 39,9 Doppelzentner je Hektar. Bei der Gerste erhöhten sie den Gewinn von 24,3 (1933) auf 41 Doppelzentner pro Hektar (1970). Auch der Haferschnitt kletterte im selben Abschnitt von 21,8 auf 31,8 Doppelzentner je Hektar. Bei den Hackfrüchten bescherte die intensivierte Agrarproduktion ebenso laufend einen Mehrertrag. Bei der Spätkartoffel stieg der Hektarertrag von 167,4 (1933) auf 294,6 Doppelzentner (1970); bei den Zuckerrüben vergrößerte sich die Erntemenge von 280,1 auf 403,5 Doppelzentner pro Hektar. Das gleiche gilt für die Runkelrübe, die zur Futtergewinnung benötigt wurde und bei der der Ertrag von 448 auf 1107,6 Doppelzentner je Hektar anwuchs. Der Rauhfutterertrag vergrößerte sich von 11,7 (1933) auf 13,3 Millionen Doppelzentner (1970),[77] da der ansteigende Rindviehbestand eine stetig größer werdende Menge von Heu, Stroh und Spreu verlangte. Bei den Fruchtarten trugen mehrere Faktoren zur Steigerung der Getreideerträge bei. Der verstärkte Einsatz leistungsfähiger Bodenbearbeitungs- und Erntemaschinen sowie technischer Betriebsmittel wie verbessertes Saatgut und Handelsdünger ermöglichten eine intensive Produktion. Schädlingsbekämpfungsmittel verhinderten Ertragseinbrüche durch Ungeziefer wie den Kartoffelkäfer. Zudem sorgten Einrichtungen wie die Landwirtschaftsschulen und Wirtschaftsberatungsstellen für den Transfer des Knowhow.

Eine besondere Stellung kam dem Flachsanbau zu. Er dient als Beispiel für den Versuch der nationalsozialistischen Agrar- und Wirtschaftspolitik, die landwirtschaftliche Erzeugung unter der Vorgabe der Autarkie zu lenken.[78] Die Eingriffe erfolgten auf sanfte Art in Form der Adolf-Hitler-Flachsspende oder auf dem Wege des Zwangs in Gestalt von Anbauvorschriften.[79] Flachs war wegen seiner vielseitigen Verwendbarkeit begehrt und wurde für die Rüstungswirtschaft dringend benötigt.[80] Der ölhaltige Samen diente als Lieferant des Leinöls und die Fasern als Material zur Herstellung von Textilien. Verstärkter Flachsanbau sollte damit den Engpaß in der Fettversorgung, die sogenannte Fettlücke, schließen und den Rohstoff für

---

[76] Zu den folgenden Zahlen siehe Anhang, Tabelle Nr. 11. Die Werte beziehen sich auf Winterroggen, -weizen, -gerste und -hafer sowie auf die Spätkartoffel.

[77] Vgl. dazu die Zunahme der Rindviehbestände sowie die gestiegenen Erträge beim Rauhfutter in Tabelle Nr. 11.

[78] Henning, Landwirtschaft und ländliche Gesellschaft in Deutschland, S. 220 - 224; für Bayern siehe Bauern in Bayern, S. 231.

[79] Exemplarisch hierfür die Aufrufe „In letzter Stunde", „Flachsbau tut not" und „Westfälische Bauern! beteiligt Euch an der Adolf-Hitler-Flachsspende" in: Wochenblatt der Landesbauernschaft Westfalen Jg. 1934, 1935 und 1936, S. 484, 490f. u. 349.

[80] Vgl. z. B. Zehn Jahre Landesbauernschaft Westfalen. Sonderausgabe zur Westfalen-Beilage zum Zeitungsdienst des Reichsnährstandes, Münster o. J. (1943), S. 7.

Wehrmachtsuniformen liefern.[81] Während 1933 nur 1840 Doppelzentner Flachs eingebracht wurden, hatte sich der Ertrag sechs Jahre später mit 93487 Doppelzentnern vervielfacht. In der Nachkriegszeit ging er von 71036 (1949) auf 7097 Doppelzentner (1960) zurück. Pro Hektar konnten damit 36,1 (1933), 32,7 (1939), 39,9 (1949) und 51,4 Doppelzentner (1960) eingefahren werden. Dies zeigt, daß in nationalsozialistischer Zeit zwar die Anbaufläche erweitert wurde, die genannten Mittel zur Produktionssteigerung aber noch fehlten. Tatsächlich hatte die Anbaufläche für Flachs von nur 51 (1933) auf 5891 Hektar (1940) zugenommen.[82] Eines der deutschen Anbauzentren lag im Bielefelder Raum.

2. Die Entwicklung der Viehhaltung

Die veränderte Wirtschaftsweise schlug sich gleichermaßen in der Viehhaltung nieder. Auch hier kam es zur Konzentration in Gestalt größerer Einheiten. Zudem spezialisierten sich die Betriebe, um ein rentables Wirtschaften zu ermöglichen. Bereits in der Weimarer Zeit war die Viehwirtschaft zu einem bedeutenden Wirtschaftsfaktor in der westfälischen Landwirtschaft geworden. Gerade im Hinblick auf den großen Absatzmarkt des rheinisch-westfälischen Industrieviers herrschte eine große Nachfrage nach tierischen Veredelungsprodukten wie Fleisch, Milch, Butter, Käse und Fett. Ende der vierziger Jahre resultierte mehr als die Hälfte aller Einnahmen der landwirtschaftlichen Betriebe aus Verkaufserlösen von Tieren und tierischen Produkten.[83]

Pferde waren bis zur Einführung der Maschinen die unersetzliche Zugkraftquelle auf dem Hof. Jedoch waren sie betriebsökonomisch ein teurer Posten, da sie nur zur Bewältigung der Arbeitsspitzen eingesetzt wurden und ansonsten „durchgefuttert werden mußten".[84] Der Pferdebestand entwickelte sich von 180514 (1933) über 191554 (1938) und 197641 (1949) auf 61206 Tiere (1964), 1970 war er weiter auf 40000 Tiere gefallen.[85] Somit stieg der Pferdebesatz bis Ende der vierziger Jahre, ehe er seit den fünfziger Jahren fortwährend zurückging. Durch den rasant zunehmenden Schleppereinsatz wurden Pferde als Nutztiere überflüssig.[86] Besonders Kaltblutpferde, die bis dahin als Arbeitstiere sehr begehrt waren, verschwanden zunehmend aus den Ställen. Während bei der zentralen Hengstkörung in Münster im Jahre 1948 alle 650 Tiere mühelos verkauft werden konnten, wurden zehn Jahre später nur

---

[81] Siehe auch Strotdrees, Höfe, Bauern und Hungerjahre, S. 150. Zur Fettlücke Klein, Geschichte der deutschen Landwirtschaft im Industriezeitalter, S. 172; Blaich, Wirtschaft und Rüstung im „Dritten Reich", S. 34.
[82] Wirtschaftsmappen der Landesbauernschaft Westfalen 1933 - 1939 und 1940 - 1949, 1. Teil, C 4/14.
[83] Artikel „Die Förderung der Landestierzucht", in: Landwirtschaftliches Wochenblatt für Westfalen und Lippe 106 (1949), S. 1177 - 1179.
[84] Die Landwirtschaft Niedersachsens 1914 - 1964, S. 442.
[85] Siehe Anhang, Tabelle Nr. 12; Artikel „Pferd und Schlepper", in: Landwirtschaftliches Wochenblatt für Westfalen und Lippe 108 (1951), S. 354; Strotdrees, Höfe, Bauern und Hungerjahre, S. 235. Seit August 1939 waren auf dem Gebiet der Landesbauernschaft 22890 Pferde – das entsprach 17,5% aller über vier Jahre alten Tiere – für die Wehrmacht rekrutiert worden; STAMS, Oberpräsidium, Nr. 7456.
[86] Klein, Geschichte der deutschen Landwirtschaft im Industriezeitalter, S. 180.

noch 40 Hengste abgesetzt.[87] Pferde erlangten nunmehr als Zuchttiere nach hannoverschem Vorbild oder als Reitpferde für die Freizeit in ländlichen Reitervereinen Bedeutung.[88]

Die Masse an Rindvieh wuchs von 911868 (1933) auf 1177795 (1964) Stück. Lediglich 1949 ging der Bestand als Folge des Krieges auf 898941 Tiere zurück.[89] Während die Viehzahl zunahm, sank die Zahl der rindviehhaltenden Betriebe allein zwischen 1951 und 1956 von 130699 auf 117789.[90] Die Zahl fiel anhaltend. Zu Beginn der sechziger Jahre existierten nur noch 109837 Rindviehhalter.[91] Dieser Konzentrations- und Spezialisierungsprozeß betraf vor allem die Klein- und Parzellenbetriebe mit ein bis zwei Kühen, die in dieser Zeit ihre Viehwirtschaft aufgaben.

Die zunehmende Bedeutung der Veredelungswirtschaft belegte auch die Tatsache, daß Ende der fünfziger Jahre die Betriebseinnahmen aus der Viehhaltung mittlerweile auf durchschnittlich 70 Prozent angeklettert waren. Neben der Fleischerzeugung, die ein Drittel dieser Einnahmen stellte, sicherte die Milchproduktion zwei Drittel des Einkommens eines bäuerlichen Betriebes. Zwar ging die Zahl der Milchkühe von 524853 (1933) auf 501716 (1964) aufgrund der Tbc-Sanierung zurück, dafür nahm die jährliche Milchleistung der Kühe deutlich zu. Sie stieg von 1500 auf 2800 Kilogramm (1949) und erhöhte sich in den Folgejahren noch.[92] 1955 kletterte der Jahresmilchertrag pro Kuh auf 3569, 1964 auf 4015 und 1970 auf 4100 Kilogramm.[93] Auch hier erfolgte der entscheidende Sprung seit den fünfziger Jahren.[94] Die gesamte Milcherzeugung wuchs von 1434619 (1931) auf 2004364 Tonnen (1964).[95] Dies bedingten mehrere Faktoren. Die Anschaffung von Traktoren steigerte die Milchleistung der Kühe, da diese die Tiere von der schweren Zugarbeit entlasteten.[96] Die Erweiterung des Grünlandanteils sorgte für eine bessere Futterbasis. Der Ausbau des Veterinärwesens half mit, Tierkrankheiten wie die Maul- und Klauenseuche oder die Rinder-Tuberkulose unter Kontrolle zu bekommen. Melkmaschinen erlaubten einen rationelleren und kostengünstigeren Milchentzug. Die Milchleistungsprüfungen der Landwirtschaftskammer sorgten für eine ständige Qualitätsver-

---

[87] Entwicklung und Aufgaben der Landwirtschaftskammer Westfalen-Lippe, S. 126f.
[88] FS zum 50-jährigen Bestehen der Landwirtschaftskammer Westfalen-Lippe 1949, S. 38; Artikel „Muß der Schlepper das Pferd verdrängen?" in: Landwirtschaftliches Wochenblatt für Westfalen und Lippe 111 (1954), S. 1233; Die Landwirtschaftsschule und Beratungsstelle Münster, S. 76f.; Ditt, Struktur und Wandel westfälischer Agrarlandschaften, S. 41.
[89] Anhang, Tabelle Nr. 12.
[90] Artikel „Entwicklung und Stand der Milchleistungsprüfungen in Westfalen-Lippe", in: Landwirtschaftliches Wochenblatt für Westfalen und Lippe 114 (1957), S. 740.
[91] Artikel „Rindviehzucht und Rindviehhaltung in Westfalen-Lippe", in: a.a.O. 117 (1960), S. 444.
[92] FS zum 50-jährigen Bestehen der Landwirtschaftskammer Westfalen-Lippe 1949, S. 38.
[93] Beiträge zur Statistik des Landes Nordrhein-Westfalen, Heft 137, S. 95; Wirtschaftsmappen der Landwirtschaftskammer Westfalen-Lippe, 2. Teil, D 4/2.
[94] Während sich die Milchleistung je Kuh zwischen 1895 und 1938 von 1700 auf 2500 kg erhöhte, steigerte sie sich zwischen 1950 und 1986 von 2498 auf 4833 kg; Herrmann, Die Veränderung landwirtschaftlicher Arbeit, S. 206.
[95] Wirtschaftsmappen der Landwirtschaftskammer Westfalen-Lippe, 2. Teil, D 4/3 u. D 4/4.
[96] Artikel „Probleme des Kleinbetriebs im Grünen Plan 1959", in: Landwirtschaftliches Wochenblatt für Westfalen und Lippe 116 (1959), S. 1975f.

besserung in den Kontrollbetrieben.[97] Schließlich sicherte in der Nachkriegszeit ein dichteres Netz des Molkereiwesens einen besseren Absatz der Milchprodukte in lokale Märkte, vor allem in den Ballungsraum an Rhein und Ruhr. So stieg die Jahresmilchanlieferung an Molkereien und Händler von 70,1 (1951) auf über 83 Prozent (1964).[98]

Bei der Schweinehaltung wuchs der Tierbestand ständig und vervielfachte sich vor allem in der ‚Freßwelle' der fünfziger Jahre. Wurden 1933 noch 1,71 Mio. Tiere gehalten, so waren es sechs Jahre später 1,87 Mio. Schweine. Kriegsbedingt war der Bestand 1949 auf 1,29 Mio. Borstentiere gefallen, doch schon 1960 hatte er sich mit 2,11 Mio. Schweinen mehr als konsolidiert und war vier Jahre später auf 2,43 Mio. Tiere gestiegen.[99] 1970 waren es fast 3,3 Mio. Tiere.[100] Neben der bloßen Anzahl ist dabei auch die Gewichtszunahme der Tiere, vor allem der Mastschweine, durch züchterische Erfolge zu berücksichtigen.[101]

Den umgekehrten Weg beschritt die Schafhaltung. Die Zahl der Schafe nahm zwar infolge der NS-Wirtschaftspolitik von 81770 (1933) auf 129197 (1939) und 162784 (1949) zu, sank aber in der Nachkriegszeit rapide auf 75811 (1960) bzw. 61365 (1964). Zum einen traten im Schäferberuf Nachwuchsprobleme auf,[102] zum anderen war der Zwang zur Selbstversorgung mit Wolle weggefallen. 1935 hatte das zehnte Gebot der Erzeugungsschlacht für den deutschen Bauern gelautet: „Halte Schafe". Damit sollte die Zahl der Nutzschafe erhöht werden, um den inländischen Anteil an der Wolleproduktion zu erhöhen. Zu diesem Zweck wurde bei einer Grafik deutsche Wolle mit einem weißen Schaf gekennzeichnet, ausländische Wolle dagegen suggestiv mit einem schwarzen Schaf dargestellt.[103]

Auch die Ziege, ‚die Kuh des kleinen Mannes', verlor zunehmend ihre wirtschaftliche Bedeutung und wurden seit den sechziger Jahren zu einer Randerscheinung. Der Ziegenbestand fiel von 172815 (1933) auf 33289 Tiere (1960).[104] Hierzu trug neben dem Rückgang der Futterflächen auch die Abnahme des Getreidebaus bei, wodurch herbstliche Stoppelweiden rarer wurden.

Die Zahl der Hühner schließlich nahm in den fünfziger und sechziger Jahren infolge der Spezialisierung der Betriebe in der Geflügelzucht entscheidend zu. Der Federviehbestand von 6233143 (1933) fiel Ende der vierziger Jahre auf 4772466, um in der Nachkriegszeit rasant zuzulegen. 1964 hielten die Betriebsleiter 10,7 Mio. Hühner auf ihren Höfen.[105] Da gleichzeitig die kleine Hühnerhaltung zurückging,[106]

---

[97] Entwicklung und Aufgaben der Landwirtschaftskammer Westfalen-Lippe, S. 130.
[98] Wirtschaftsmappen der Landwirtschaftskammer Westfalen-Lippe, 2. Teil, D 4/5.
[99] Siehe Anhang, Tabelle Nr. 12.
[100] Strotdrees, Höfe, Bauern und Hungerjahre, S. 236.
[101] Vgl. FS zum 50-jährigen Bestehen der Landwirtschaftskammer Westfalen-Lippe 1949, S. 37.
[102] Bereits 1939 bestand ein Mangel an „berufstüchtigen" Schäfern; STAMS, Oberpräsidium, Nr. 7456, S. 212 u. 259.
[103] Artikel „Vermehrung des westfälischen Schafbestands", in: Wochenblatt der Landesbauernschaft Westfalen Jg. 1935, S. 446.
[104] Siehe Anhang, Tabelle, Nr. 12.
[105] Ebd.
[106] Die Landwirtschaftsschule und Beratungsstelle Münster, S. 84.

war diese Bestandserweiterung nur durch intensive Massentierhaltung möglich geworden.

3. „Einmal darüber – alles vorüber": Die Vollmotorisierung und -mechanisierung der landwirtschaftlichen Erzeugung

Die Mechanisierung und Motorisierung der landwirtschaftlichen Erzeugung war Ausdruck des Wandels von der arbeits- zur kapitalintensiven Produktion. Sie unterstützte den Differenzierungs- und Konzentrationsprozeß – ob nun in der Viehhaltung oder dem Ackerbau, der Außen- oder Hofwirtschaft. Bereits Ende der zwanziger Jahre war das Ausmaß der technischen Revolution auf dem Land erkennbar. Für die Bauern ergab sich aus dem sich anbahnenden Wandel zur kapitalintensiven Produktionsweise ein Erfordernis zur permanenten Innovation auf dem Gebiet maschineller und technischer Hilfsmittel. Den Landwirten blieb fortan „keine andere Wahl, um nicht Haus und Hof zu verlieren, der Technik die Hand zu reichen." Die „Technik läßt sie nicht mehr los, ob sie wollen oder nicht wollen".[107] Während der Maschineneinsatz in den zwanziger Jahren zunahm, aber infolge unzureichender Schulung der Besitzer und Störanfälligkeit der Geräte nicht optimal genutzt werden konnte,[108] brachte die Weltwirtschaftskrise einen deutlichen Rückgang im Absatz von Traktoren und anderen Landmaschinen.[109]

In der NS-Zeit wurde die fortschreitende Motorisierung der landwirtschaftlichen Erzeugung aufgrund ideologischer Vorgaben, vor allem aber infolge der Kriegsvorbereitung wie -führung weitgehend verschleppt.[110] Da die Rüstungswirtschaft absolute Priorität besaß, unterließ die NS-Wirtschaftspolitik eine durchgreifende Maschinisierung der landwirtschaftlichen Erzeugung. Darüber hinaus konnte der vorhandene Maschinenpark wegen Treibstoffmangels nicht hinreichend eingesetzt werden. Bereits seit 1934 nahm die Zahl der Inserate für ausländische Schlepper und Landmaschinen merklich ab.[111] Zudem fiel die jährliche Traktorenproduktion von 70000 Stück in den Kriegsjahren. „Wir hätten eine Jahresproduktion von 500000 Schleppern erreicht, wenn der Krieg nicht gekommen wäre," lautete die Einschätzung eines Agrarwissenschaftlers in der Nachkriegszeit.[112] Das rigide Zwangssystem des

---

[107] Artikel „Technik in der Landwirtschaft" von Prof. Dr. Ing. Vormfelde aus Bonn-Poppelsdorf, in: Landwirtschaftliche Zeitung für Westfalen und Lippe (86) 1929, S. 512 - 516, S. 513.

[108] Theine, Die westfälische Landwirtschaft, S. 468ff.; ders., Westfälische Landwirtschaft in der Weimarer Republik, S. 144, 182ff. u. 336.

[109] Als Beispiel für das gesamte Jahr 1932 siehe Artikel „Maschinen auf der diesjährigen DLG-Wanderausstellung in Mannheim", in: Landwirtschaftliche Zeitung für Westfalen und Lippe 89 (1932), S. 623 - 625.

[110] Borscheid, Vom Ersten zum Zweiten Weltkrieg (1914 - 1945), S. 432; Kluge, Vierzig Jahre Landwirtschaftspolitik der Bundesrepublik Deutschland 1945/49 - 1985, S. 18; Puhle, Politische Agrarbewegungen in kapitalistischen Industriegesellschaften, S. 102; Blum, Handgerät – Maschine – Computer, S. 110.

[111] Vgl. Jahrgang 1934 des Westfälischen Bauernstandes.

[112] Artikel „Der künftige Maschineneinsatz" von Prof. Dr.-Ing. C.H. Dencker, Bonn-Poppelsdorf, in: Landwirtschaftliches Wochenblatt für Westfalen und Lippe 105 (1948), S. 184.

Reichsnährstands und die Autarkiebestrebungen der NS-Agrar- und Wirtschaftspolitik hatten bewirkt, daß die westfälische Landwirtschaft am Ende der vierziger Jahre den Anschluß an den technischen Fortschritt verloren hatte und diesen erst wieder herstellen mußte.[113]

Bis in die Zeit des Zweiten Weltkriegs hinein zeigten zudem einzelne Bauern Vorbehalte gegen eine Maschinisierung der Produktion wegen Kapitalmangels, oder auch weil die traditionellen Orientierungsmuster in bezug auf die Erzeugung nicht mit der technischen Innovation weggespült worden waren. In Rödinghausen war man beispielsweise der Meinung, „Traktoren zerstörten das Ackerland" und erledigte Saat- und Bestellungsarbeiten lieber mit Gespannen als mit den bis dahin schweren, eisenbereiften Radschleppern.[114] Erst in der Nachkriegszeit setzte mit der Vollmotorisierung des bäuerlichen Familienbetriebes eine beispiellose Modernisierung des Maschinen- und Geräteparks ein.[115] Dabei ist zu berücksichtigen, daß im Schulterschluß mit einer quantitativen Zunahme von Landmaschinen auch eine bedeutende qualitative Steigerung der Geräte anhob. Leistungsstärkere Maschinen mit immer ausgefeilterer Technik ersetzten die älteren Apparate einfacher Bauart.

Bei den Maschinen für die Außenwirtschaft ragte der Schlepper als das Symbol für die technische Revolution in der landwirtschaftlichen Erzeugung heraus. Der Traktor war die „Schlüsselmaschine der bäuerlichen Mechanisierung".[116] Zu Beginn der dreißiger Jahre lösten die Motorschlepper mit Anhängegerät zunehmend die Gespann- und Dampfpflüge ab; ersteren waren sie im Ausgleich von Arbeitsspitzen und in der Einsparung laufender Kosten, letzteren im geringeren Anschaffungspreis überlegen.[117] Anfänglich nahmen die Traktorenfirmen beim Kauf einer Zugmaschine die Pferde in Zahlung.[118] Die Gesamtzahl der Traktoren nahm in Westfalen von 784 (1933) auf 1696 (1939) zu.[119] Die weitere Entwicklung des Schlepperbestandes zeigt, daß der Startschuß zur technischen Revolution in der Agrarproduktion Ende der vierziger Jahre, zeitgleich mit der Währungsreform, einsetzte.[120] Von 1947 bis 1960 stieg die Zahl dieser Bodenbearbeitungsmaschinen von 4056 über 20297

---

[113] Artikel „Ein Rückblick auf 50 Jahre bäuerliche Selbstverwaltung", in: a.a.O. 106 (1949), S. 1164 - 1167, S. 1165.

[114] Botzet, Bauersleut und Heimarbeiter, S. 144.

[115] Siehe dazu die Tabelle „Geschichtliche Entwicklung von Landarbeit und Landtechnik", in: Entwicklung und Aufgaben der Landwirtschaftskammer Westfalen-Lippe, S. 170.

[116] Artikel „Entwicklungslinien der bäuerlichen Mechanisierung", in: Landwirtschaftliches Wochenblatt für Westfalen und Lippe 110 (1953), S. 1047 - 1049, S. 1047; Strotdrees, Höfe, Bauern und Hungerjahre, S. 93ff.

[117] VBBZ 1933, StDR Bd. 462,2, S. 21; Artikel „Die neueren landwirtschaftlichen Maschinen auf der Ausstellung der Deutschen Landwirtschaftsgesellschaft in Berlin", in: Landwirtschaftliche Zeitung für Westfalen und Lippe 87 (1930), S. 423 - 427, S. 424; Borscheid, Vom Ersten zum Zweiten Weltkrieg, S. 339.

[118] Landwirtschaftliche Zeitung für Westfalen und Lippe 87 (1930), S. 276 u. 356f.

[119] Im Kammergebiet Hannover und Weser-Ems waren 1939 2618 bzw. 318 Traktoren registriert; Brelie-Lewien, Im Spannungsfeld zwischen Beharrung und Wandel, S. 363.

[120] So auch Niggemann, Strukturwandel der Landwirtschaft im technischen Zeitalter, S. 484.

(1953) auf 57050 (1960).[121] Alle drei Jahre verdoppelte sich der Schlepperbestand.[122] In Nordrhein-Westfalen erhöhte sich die Traktorenzahl innerhalb kürzester Zeit beispielsweise von 11936 (1949) auf 94266 (1958). Der Anteil der Betriebe mit eigenem Schlepper schnellte von 0,4 (1933) auf 40,4 Prozent (1960) in die Höhe.[123]

Die Entwicklung des Zugmaschineneinsatzes verdeutlicht darüber hinaus, daß die Zahl der Kleinschlepper auf den Höfen seit Mitte der vierziger Jahre die Zahl der höher motorisierten Zugmaschinen überrundete. 1947 wurden 2151 Kleinschlepper bis 22 PS und 1905 Ackerschlepper über 22 PS gekauft, zwei Jahre später 4115 Trecker unter bzw. 1733 über 25 PS und zu Beginn der sechziger Jahre 41244 bzw. 15806 Maschinen mit dieser Zugkraft angeschafft. Dies belegt, daß seit Ende der vierziger Jahre auch die klein- und mittelbäuerlichen Betriebe an der Maschinisierung in der westfälischen Landwirtschaft teilhatten, während in den dreißiger Jahren Traktoren vorrangig auf den größeren Höfen zum Einsatz gekommen waren. Durch Gummibereifung und Zapfwellen zum Antrieb angehängter Geräte avancierten die Traktoren zu Universalmaschinen. Aus dem „eisernen Pferd" wurde eine für die Leiter kleinerer Betriebe attraktive Vollerntemaschine.[124] Mit dem Höfesterben und dem Wandel der Betriebsgrößenstruktur hin zu größeren Einheiten erhöhte sich in den folgenden Jahren die Zahl leistungsstärkerer Zugmaschinen.[125]

Die Traktoren lösten die begrenzte Leistungsfähigkeit von Menschen und Zugtieren ab. Exemplarisch läßt sich diese Entwicklung in Rödinghausen verfolgen. In der benachbarten Amtsgemeinde Bieren gaben die Bauern 24 Pferde als Zugtiere auf und schafften sich gleichzeitig 28 Schlepper an.[126] Bereits zu Beginn der dreißiger Jahre hatte die Zahl der Zugochsen, die vor allem bei der Bodenbearbeitung eingesetzt wurden, beträchtlich abgenommen.[127] Die „fahrenden Kraftzentralen"[128] brachten gegenüber den Zugtieren eine bedeutende Leistungssteigerung und Zeitersparnis mit sich. Traktoren mit einem direkten Antrieb über eine Zapfwelle vermochten gleichzeitig mehrere Arbeitsgänge zu erledigen.[129] Während der gleichen Zeiteinheit,

---

121 Anhang, Tabellen Nr. 22, 24, 26, 28 u. 30; Beiträge zur Statistik des Landes Nordrhein-Westfalen, Heft 122, S. 2.
122 Entwicklung und Aufgaben der Landwirtschaftskammer Westfalen-Lippe, S. 172.
123 Das ergab von 1949 auf 1953 eine Zunahme von 222%; Statistik der Bundesrepublik Deutschland, Bd. 94, S. 6. In der Bundesrepublik verzehnfachte sich der Schlepperbestand zwischen 1950 und 1985; Herrmann, Die Veränderung landwirtschaftlicher Arbeit, S. 207.
124 Entwicklung und Aufgaben der Landwirtschaftskammer Westfalen-Lippe, S. 171; Blum, Handgerät – Maschine – Computer, S. 112. Siehe auch die Auswertung der Betriebszählung 1949, in: Statistik der Bundesrepublik Deutschland, Bd. 27, Heft 2, S. 70. Zu den Vorteilen der Luftbereifung siehe Artikel „Über die Motor- und Zughakenleistung bei Ackerschleppern", in: Landwirtschaftliches Wochenblatt für Westfalen und Lippe 106 (1949), S. 1044 - 1046.
125 Exemplarisch Artikel „Der Zug zum stärkeren Motor", in: Landwirtschaftliches Wochenblatt für Westfalen und Lippe 116 (1959), S. 1017 - 1019.
126 Botzet, Bauersleut und Heimarbeiter, S. 146.
127 Im Deutschen Reich sank der Bestand um rund ein Drittel von 54400 auf 383000 Tiere; VBBZ 1933, StDR Bd. 462,2, S. 8. In Nordrhein-Westfalen arbeiteten nur noch 19%, vor allem kleinere Betriebe mit Zugrindern; Statistisches Jahrbuch für die Bundesrepublik Deutschland 1953, S. 146.
128 Borscheid, Vom Ersten zum Zweiten Weltkrieg, S. 339.
129 Die Landwirtschaft in Baden-Württemberg, S. 15.

nämlich einer Stunde, konnte ein Bauer Ende der vierziger Jahre mit vier Pferden elf Ar Boden beackern. Mit einem 45-PS-Schlepper vermochte er 45 Ar Land umzupflügen.[130] Mit dem technisch aufgerüsteten Schlepper der fünfziger Jahre zeichnete sich die Entwicklung „zur Einmannbedienung" und zum „pferdelosem Betrieb" auf den Höfen ab.[131] Bis dahin hatten die Zugtiere häufig noch die Funktion einer Sicherheitsreserve eingenommen, wenn die anfangs störanfälligen Maschinen ausfielen. Dieser Doppelbesatz von tierischer wie maschineller Zugkraft hatte jedoch zu erheblichen Mehrkosten und einer unrentablen Wirtschaftsweise geführt.[132] Vielfach war der Schlepperkauf wie die Anschaffung weiterer Landmaschinen auch eine Antwort der Betriebsleiter auf den Arbeitskräftemangel und die steigenden Lohnkosten.[133]

Auch die Bestellungs- und Hackmaschinen fanden zunehmend Verwendung bei der Feldarbeit. Sä- oder Drillmaschinen waren bereits in den zwanziger Jahren die am weitesten verbreiteten Bestellungsmaschinen. Neben der Saatgutersparnis garantierten sie mit ihrer gleichmäßigen Aussaat höhere Erträge. Drillmaschinen kamen vor allem in Gebieten in Einsatz, in denen der Getreidebau verbreitet war wie in den Landkreisen der beiden Untersuchungsgemeinden Ottmarsbocholt und Rödinghausen. Während im Kreis Lüdinghausen der Getreidebau bereits zum Beginn des Untersuchungszeitraums weit verbreitet war, kam es im Landkreis Herford erst in der Nachkriegszeit zu einem Wandel im Ackerbau zugunsten von Getreide. In Westfalen sorgten 1933 23571, Anfang der sechziger Jahre 39899 Sämaschinen für eine in Stärke und Tiefe gleichförmige Einsaat.[134]

Kunstdüngerstreumaschinen wurden vor allem in Betrieben über 20 Hektar angewendet. Die Gesamtzahl der Düngerstreuer weitete sich von 13532 (1933) auf 40403 Exemplare (1960) aus.[135] Ebenso war der Einsatz von Hackmaschinen von der Betriebsgröße abhängig. Gegenüber der Handhacke, die in kleineren Betrieben mit zahlreichen mithelfenden Familienangehörigen verbreitet war, besaß die Hackmaschine eine größere Flächenleistung, die sich erst ab einer entsprechenden Größe der landwirtschaftlichen Nutzfläche auszahlte.[136] Hackmaschinen ersetzten die zahlreichen Saisonarbeiter und ermöglichten erst den Ausbau der Zuckerrübenkultur.[137] In der westfälischen Landwirtschaft wurde eine zunehmende Zahl von Hackmaschinen eingesetzt: 1933 waren es 5968 Maschinen; 1947 war die Zahl kriegsbedingt auf 5499 gefallen, doch 1964 waren wieder 34017 Geräte in Gebrauch.[138]

---

[130] Dieses Rechenbeispiel gibt Herrmann, Die Veränderung landwirtschaftlicher Arbeit, S. 219.
[131] Entwicklung und Aufgaben der Landwirtschaftskammer Westfalen-Lippe, S. 173; Bauern in Bayern, S. 254.
[132] Theine, Westfälische Landwirtschaft in der Weimarer Republik, S. 164ff.
[133] In den Kreisen Münster und Warendorf war 1956 in 90% der Betriebe ein Traktor im Einsatz. Kaiser, Die Entwicklung der Landarbeiterverhältnisse in den Kreisen Münster und Warendorf, S. 160.
[134] Siehe Anhang, Tabellen Nr. 22, 24, 26, 28 u. 30.
[135] Ebd.
[136] VBBZ 1933, StDR Bd. 462,2, S. 24.
[137] Herrmann, Die Veränderung landwirtschaftlicher Arbeit, S. 209f.
[138] Siehe Anhang, Tabellen Nr. 22, 24, 26, 28 u. 30.

Die klimatisch bedingte, relativ kurze Erntezeit in Westfalen bedingte das Aufkommen von Erntemaschinen. Besonders für den Grasschnitt sowie die Heu-, Getreide- und Hackfruchternte entstanden Spezialmaschinen. Sie fanden rasch Verbreitung, da die Mahd, der Lohndrusch oder die Rüben- und Kartoffelernte gleichermaßen zeit- wie kraftraubende und teuere Arbeiten waren.[139] Einer Mähmaschine bedienten sich seit den dreißiger Jahren immer mehr Betriebe. 1933 waren 59709 Geräte in Einsatz, 1947 war der Höchststand von 80639 Maschinen erreichtent. Danach sank die Zahl der Mähmaschinen auf 74570, weil die Betriebsleiter dazu übergingen, Mähdrescher zu benutzen. Bis dahin machten besonders die Mähmaschinen mit Bindeeinrichtung, die sogenannten Selbst- und Mähbinder, die Heu- und Getreidemahd erträglicher. Sie waren vorrangig in großbäuerlichen Betrieben in Gebrauch. Von den Selbstbindern gab es 1933 13074, 1949 24598 Stück, ehe auch ihre Zahl in den fünfziger Jahren abnahm.[140]

An ihre Stelle trat der Mähdrescher. Das erste deutsche Exemplar wurde 1932 anläßlich der DLG-Ausstellung in Mannheim der Öffentlichkeit vorgestellt.[141] Ein umfassender Gebrauch der neuen Technik blieb aber in der Folgezeit aus. Selbst in den fünfziger Jahren steckte der breite Einsatz noch in den Kinderschuhen und entwuchs diesen erst in den darauffolgenden Jahrzehnten.[142] Wie der Schlepper Ende der vierziger Jahre brachte der Mähdrescher eine enorme Zeitersparnis mit sich und war ein weiterer Meilenstein in der Revolution der landwirtschaftlichen Erzeugung, der die Getreideernte zu einem – im wahrsten Sinne des Wortes – Kinderspiel machte: 1953 konnten zwei Kinder im Alter von zwölf und vierzehn Jahren aus dem Landkreis Münster die gesamte Kornmenge von 100 Doppelzentnern mit Hilfe eines Mähdreschers in zwei Stunden ernten, verladen und abtransportieren.[143] Wurden früher 110 Stunden pro Hektar im Verfahren Binder-Bansendrusch gebraucht, so konnte jetzt die gleiche Fläche in sieben Stunden bearbeitet werden.[144] „Einmal darüber – alles vorüber" – lautete die auf eine Formel gebrachte Erfahrung der Ackersleute. Diese Devise verdeutlichte zudem die revolutionäre Zeit- und Arbeitsersparnis.[145] Die neue Technik reduzierte auch die Zahl der erforderlichen Arbeitskräfte drastisch. Benötigten Ernte und Drusch von drei Hektar Getreide im Jahre 1900 mit Hilfe eines Getreideablegers und einer Dreschmaschine 21 Personen, im Jahre 1925 mittels eines Mähbinders und einer Dreschmaschine noch 18 Arbeitskräfte, so genügten in den sechziger Jahren drei Personen für die Bedienung eines Mähdreschers.[146] Mit diesem Personalabbau beendete der Mähdrescher das Dreschen als

---

[139] Botzet, Bauersleut und Heimarbeiter, S. 144; VBBZ 1933, StDR Bd. 462,2, S. 27.
[140] Siehe Anhang, Tabellen Nr. 22, 24, 26, 28 u. 30.
[141] Landwirtschaftliche Zeitung für Westfalen und Lippe 89 (1932), S. 389.
[142] 1952 verwendeten in der gesamten Bundesrepublik nur 0,2% aller Betriebe einen Mähdrescher; Statistik der Bundesrepublik Deutschland, Bd. 94, S. 9.
[143] Bericht der Landwirtschaftlichen Kreisstelle Münster an die Landwirtschaftskammer v. 14.10.1953; STAMS, Landwirtschaftliche Kreisstelle Münster, Nr. 56.
[144] Die Landwirtschaft Niedersachsens 1914 - 1964, S. 111.
[145] Die Landwirtschaft im Kreise Beckum, S. 48.
[146] Siehe dazu die Graphik, in: Grünende Wälder – fruchtbare Felder, S. 67.

selbständige landwirtschaftliche Arbeit.[147] 1960 arbeiteten in Westfalen 1449 vorrangig mittel- und großbäuerliche Betriebsleiter mit einer eigenen Maschine.[148] Der Durchbruch erfolgte in den sechziger Jahren. Ende des Jahrzehnts liefen rund 12000 Mähdrescher auf westfälischen Getreidefeldern.[149]

Spezielle Erntemaschinen erleichterten und beschleunigten das Einbringen von Hackfrüchten. Wegen der besonderen Beanspruchung war die Ernte von Hackfrüchten oder Getreide mit Lohnarbeitern ein kapitalintensiver Posten. Ein angemessener Maschineneinsatz konnte die Kosten für die bäuerlichen Betriebe erträglicher gestalten. Die Abwanderung von familienfremden Arbeitskräften zwang Betriebe mit Leutemangel auch dazu, ihre Anbauschwerpunkte – weg vom arbeitsintensiven Hackfruchtbau, Umwandlung von Ackerfläche in Grünland – zu ändern.[150] Für die in der Landwirtschaft Tätigen wiederum war das Ernten von Hand, mit der Hacke, eine mühselige wie monotone Arbeit. „Hacken gibt breite Hände und schmale Backen", faßte ein Sprichwort diese Erfahrung zusammen.[151] Waren bei der Zuckerrübenernte von Hand früher 330 Stunden pro Hektar nötig, so reduzierte ein Rübenroder die Arbeitszeit auf 60 Stunden.

Auch die Handlese von Kartoffeln band zahlreiche Arbeitskräfte und verlangte viel Zeit. Eine Kartoffelerntemaschine hingegen verringerte die Erntezeit von 220 auf 60 Stunden je Hektar, ein moderner Sammelroder, der die in Bahnen angebauten Kartoffeln an die Erdoberfläche schleuderte, sogar auf nur noch zehn Stunden pro Hektar.[152] 1933 arbeiteten mit dieser Maschine 12289, 1961 28934 Betriebe – eine Zunahme von 135 Prozent. Da der Sammelroder erst auf größeren Ernteflächen rentabel arbeiten konnte, wurde er hauptsächlich in Betrieben mit mehr als 20 Hektar eingesetzt.[153]

Als letzte Erntemaschine sind noch die Heuerntemaschinen und Heuwender anzuführen. Heuwender lüfteten das geschnittene Gras, damit es an der Sonne und Luft besser trocknete. Sie fanden vor allem in Gebieten mit ausgeprägter Grünlandwirtschaft wie dem Landkreis Ahaus Verwendung. Die westfälischen Betriebe setzten 1933 38827 Heuerntemaschinen ein. 1939 schwand die Zahl auf 29232, weil die Nationalsozialisten mit dem Landjahr dem Agrarsektor Arbeitskräfte bereit stellten. 1947 und 1960 waren bereits wieder 65621 bzw. 56405 Heuerntemaschinen in Einsatz.[154]

---

[147] Herrmann, Die Veränderung landwirtschaftlicher Arbeit, S. 209.
[148] 1957 waren es noch 941, ein Jahr später 1175 Maschinen gewesen. Artikel „Mähdreschereinsatz in Westfalen-Lippe 1958", in: Landwirtschaftliches Wochenblatt für Westfalen und Lippe 115 (1958), S. 2695. 1961 waren es bereits 1784 Landwirte; STAMS, Landwirtschaftliche Kreisstelle Münster, Nr. 56.
[149] Strotdrees, Höfe, Bauern und Hungerjahre, S. 235. In der Bundesrepublik waren zu diesem Zeitpunkt 170000 Mähdrescher in Einsatz.
[150] Bericht der Wirtschaftsberatungsstelle Soest über das Wirtschaftsjahr 1960/61; STAMS, Landwirtschaftliche Kreisstelle Soest, Nr. 18. Kaiser, Die Entwicklung der Landarbeiterverhältnisse in den Kreisen Münster und Warendorf, S. 159.
[151] Herrmann, Die Veränderung landwirtschaftlicher Arbeit, S. 203.
[152] A.a.O., S. 221; Die Landwirtschaft Niedersachsens 1914 - 1964, S. 111; VBBZ, StDR Bd. 462,2, S. 29.
[153] Siehe Anhang, Tabellen Nr. 22, 24, 26 u. 30.
[154] Ebd. Die Betriebszählung 1949 erfaßte nur die Heuwender; vgl. Tabelle Nr. 28.

Der ansteigende Maschineneinsatz erleichterte auch in der Innenwirtschaft die Arbeit, wo über zwei Drittel aller Tätigkeiten in einem bäuerlichen Betrieb anfielen.[155] Mit dem Ausbau eines Maschinenparks ging die technische Ausrüstung und Rationalisierung der Hofwirtschaft einher, wenngleich die Hauswirtschaft, das traditionelle Arbeitsfeld der Bauersfrau, hier lange zurückblieb, wie noch zu sehen sein wird.

Für die Umgestaltungen in der Innenwirtschaft kam der Elektrizität eine Schlüsselstellung zu. Die Versorgung mit elektrischem Strom stellte ein herausragendes Mittel der Arbeitserleichterung dar.[156] Elektromotoren fanden mit dem Ausbau der Stromversorgung rasch Verbreitung. Waren 1933 noch 52889 Geräte in Betrieb, so waren es 1949 mit 109027 bereits doppelt so viele.[157]

Wasserleitungen erleichterten die Arbeit auf dem Hof. Neben der Rentabilität der Betriebe verbesserten diese Hilfsmittel auch die Lebens- und Arbeitsbedingungen der auf dem Hof Lebenden und Arbeitenden, wenngleich 1935 reichsweit erst 35 Prozent aller bäuerlichen Haushalte an die Wasserversorgung angeschlossen waren.[158] In Westfalen erhöhte sich die Zahl der Wasseranschlüsse von 69411 (1939) auf 91098 (1960).[159] Damit waren rund zwei Drittel aller Höfe an die Wasserversorgung angeschlossen. Dies kam vor allem den Landfrauen zugute. Hatte zuvor die Bäuerin eines Durchschnittsbetriebes täglich 461 Liter Wasser vom Brunnen in das Haus oder den Stall zu tragen, bescherte ihr ein Wasserhahn im Haushalt oder Hof eine immense Erleichterung.[160] Getreu dem Leitspruch „Trage nicht, was fließen kann" beendeten die Wasseranschlüsse die kräftezehrende Plackerei mit schweren Wassereimern.[161]

Bearbeitungsmaschinen wie Dreschmaschinen gehörten zu den ersten landwirtschaftlichen Maschinen, die bereits im 19. Jahrhundert auf einigen Gehöften anzutreffen waren. Sie verarbeiteten das gewonnene Korn für den Markt oder Eigenverbrauch weiter und waren daher für größere Getreidebaubetriebe ein unerläßliches Hilfsmittel. Für kleinere Höfe war eine Anschaffung dieser Geräte zu teuer, so daß sie diese leihweise oder im Lohndrusch nutzten. In der Zwischenkriegszeit lösten hierbei die Maschinen mit Kraft- diejenigen mit Göpelantrieb ab. Beim Göpelantrieb liefen Pferde als Zugtiere im Kreis und trieben mit einer Zahnradübersetzung die Dreschmaschine an. 1933 gab es noch 6311 Apparate, die mit tierischer oder menschlicher Muskelkraft betrieben wurden, sechs Jahre später nur noch 2998 und 1947

---

[155] Artikel „Betrachtungen zur Rationalisierung in Hof und Haus", in: Landwirtschaftliches Wochenblatt für Westfalen und Lippe 116 (1959), S. 2559f.
[156] Als Beispiel die Artikel „Die Elektrizität hilft", in: Wochenblatt der Landesbauernschaft Westfalen Jg. 1939, S. 90f.; „Elektroaufrüstung des Dorfes", a.a.O., S. 1197; „Die Verbesserung der Stromversorgung auf dem Lande", in: Landwirtschaftliches Wochenblatt für Westfalen und Lippe 109 (1952), S. 1176.
[157] Siehe Anhang, Tabellen Nr. 23, 25, 27 u. 29.
[158] Artikel „Die Elektrizität hilft", in: Wochenblatt der Landesbauernschaft Westfalen Jg. 1939, S. 90f.
[159] Siehe Anhang, Tabellen Nr. 25, 27 u. 29.
[160] Herrmann, Die Veränderung landwirtschaftlicher Arbeit, S. 224; Statistik der Bundesrepublik Deutschland, Bd. 27, Heft 2, S. 7.
[161] Zum Leitspruch siehe Lehrplan für die Mädchenabteilung; STAMS, Landwirtschaftliche Kreisstelle Soest, Nr. 141.

929 ‚Auslaufmodelle'. Weitaus mehr Höfe arbeiteten dagegen mit Kraftdreschern. 1933 waren es 24072, 1949 19017 Exemplare, ehe ihre Zahl zu Beginn der sechziger Jahre auf 13270 zurückging.[162]

Strohbinder und -pressen verarbeiteten das beim Dreschen anfallende Stroh, um es als Futterbeigabe oder Einstreu auf dem eigenen Hof zu verwenden oder um es zu verkaufen. Während es früher reine Handarbeit gewesen war, das lose Stroh zu binden, erledigten die zu Beginn der dreißiger Jahre verstärkt aufkommenden Maschinen diese personalintensive Tätigkeit und sorgten hauptsächlich auf den größeren Höfen dafür, daß das Stroh für den Transport oder die Lagerung platzsparend gebunden oder gepreßt wurde. In kleineren Betrieben erfolgte der Einsatz dieser Apparate wie bei den Dreschmaschinen auf Leihbasis.[163] 1933 kamen 3636, 1947 6126 betriebseigene Binder und Pressen auf den westfälischen Höfen in Einsatz, ehe ihre Zahl in den fünfziger Jahren infolge der neuen Produktionsschwerpunkte und des abnehmenden Pferdebestands in den Betrieben auf 2957 (1960) zurückging.[164]

Weitere Bearbeitungsmaschinen wie die kraftbetriebenen Häckselmaschinen fanden ebenfalls erst ab den dreißiger Jahren breite Verwendung und wurden in der Futterbereitung, besonders zur Pferdefütterung, benötigt. Die immer lückenlosere Elektrizitätsversorgung ermöglichte auch den Einsatz in kleineren Betrieben.[165] Anfang der dreißiger Jahre waren 83028, sechs Jahre später nur noch 67983 Häckselmaschinen in Gebrauch. In den fünfziger Jahren sank ihre Zahl parallel zum abnehmenden Pferdebestand auf 24076.[166]

Daneben gab es Schrotmühlen, die es ermöglichten, das Getreide im eigenen Betrieb und nicht mehr bei der nächstgelegenen Mühle zu mahlen. Auch die Verbreitung dieser Geräte wurde durch die immer dichtere Stromversorgung begünstigt.[167] 1933 zermalmten 20621, 1949 27459 Maschinen das betriebseigene Korn.[168] Schließlich sind noch die Saatgutreinigungsanlagen zu nennen. Diese Art von Bearbeitungsmaschinen garantierten die Selektion von makelloser Saat. Samenreinigungsmaschinen mit Kraftantrieb waren in Anschaffung wie Einsatz teuere technische Geräte und lohnten sich daher erst für größere Betriebe.[169] Ihre Zahl stieg sprunghaft von 718 zu Beginn der dreißiger Jahre auf 16832 im Jahre 1947.[170]

Maschinen für die Milchgewinnung und -verarbeitung sorgten für beträchtliche Zeiteinsparungen und setzten weitere landwirtschaftliche Arbeitskräfte frei. Melkmaschinen hielten ab den dreißiger Jahren langsam Einzug in die westfälischen Be-

---

[162] Siehe Anhang, Tabellen Nr. 22, 24, 26, 28 u. 30.
[163] VBBZ 1933, StDR Bd. 462,2, S. 6 u. 32.
[164] Siehe Anhang, Tabellen Nr. 12, 22, 24, 26, 28 u. 30.
[165] VBBZ 1933, StDR Bd. 462,2, S. 6 u. 32f.
[166] Siehe Anhang, Tabellen Nr. 23, 25, 27, 29 u. 31.
[167] VBBZ 1933, StDR Bd. 462,2, S. 33.
[168] Die geringe Zahl der Schrotmühlen im Jahre 1947 von 4106 war eine Kriegsfolge. 1960 wurde die Anzahl der Schrotmühlen nicht mehr erhoben; siehe Anhang, Tabellen Nr. 23, 25, 27, 29 u. 31.
[169] VBBZ 1933, StDR Bd. 462,2, S. 8.
[170] In den anderen Jahren wurde die Zahl der Saatgutreinigungsanlagen nicht ermittelt; siehe Anhang, Tabellen Nr. 23, 25 u. 27.

triebe. 1933 waren es noch 906, 1949 mit 1296 nur wenig mehr Anlagen.[171] Bis dahin hatten Probleme mit der Handhabung und der Hygiene, die Eutererkrankungen bei den Tieren hervorriefen, ein weiteres Aufkommen behindert.[172] Doch seit den fünfziger Jahren schafften sich immer mehr westfälische Viehbesitzer Melkanlagen an. Ihre Zahl stieg von 9662 (1956) auf rund 41000 Melkanlagen (1970) und damit um ein Vielfaches des alten Bestandes.[173] Wie beim Traktor begünstigten technische Neuerungen und ein Preisnachlaß auch bei der Melkmaschine die verstärkte Verbreitung in kleineren Betrieben.[174] Der sprunghaften Nachfrage mit einer jährlichen Verdoppelung des Bestandes Anfang der fünfziger Jahre versuchte die Landwirtschaftskammer nachzukommen, indem sie drei, später fünf mobile Melklehreinrichtungen anbot.[175] Die neue Maschine fand sofort Berücksichtigung im Unterricht der Landwirtschaftsschulen. Die Schülerinnen der Landwirtschaftsschule Münster suchten sich im Winterhalbjahr 1953 den Film „Die Melkmaschine hilft" aus, weil er ihre zukünftige Arbeitssituation behandelte. Den Film zeigte der Filmwagen des land- und hauswirtschaftlichen Auswertungs- und Informationsdienstes (AID).[176]

Die Melkmaschinen sorgten für einen enormen Zeitgewinn, da sie den Bäuerinnen wie den unterbäuerlichen Mägden die kraft- und zeitraubende Tätigkeit des Melkens abnahmen.[177] Eine Untersuchung aus dem Jahre 1953 ergab, daß mehrheitlich Frauen, nämlich zu 53 Prozent, das Melken verrichteten.[178] Der jährliche Arbeitsaufwand je Milchkuh sank durch eine Melkmaschine um zwei Drittel von 150 auf 50 Stunden.[179] Eine Folge dieser technischen Innovation war, daß die Melker ihre Arbeit verloren.[180] Bereits in nationalsozialistischer Zeit hatte die Anzahl der Berufsmelker abgenommen,[181] was man bereits zu Anfang des Jahrzehnts vorausgesehen

---

[171] VBBZ 1933, StDR Bd. 462,2, S. 6 u. 36. In Westfalen-Lippe lag der Anteil der Betriebe mit Melkmaschinen 1933 bei 0,5%; reichsweit bei 0,4%.
[172] Theine, Die westfälische Landwirtschaft, S. 472ff.; ders., Westfälische Landwirtschaft in der Weimarer Republik, S. 147 u. 189ff.
[173] Siehe Anhang, Tabellen Nr. 23, 25, 27, 29 u. 31; Artikel „Melkmaschinenbenutzung in Westfalen-Lippe", in: Landwirtschaftliches Wochenblatt für Westfalen und Lippe 114 (1957), S. 2160. – In nationalsozialistischer Zeit waren Melkmaschinen aus ideologischen und beschäftigungspolitischen Gründen unerwünscht. Ihre Zahl wurde deshalb bei der Betriebszählung 1939 nicht aufgenommen.
[174] Artikel „Entwicklungslinien der bäuerlichen Mechanisierung", in: a.a.O. 110 (1953), S. 1048; „Die Melkmaschine ist auch für den Kleinbetrieb geeignet", in: a.a.O. 114 (1957), S. 1241.
[175] Artikel „Erhebung über den Melkmaschineneinsatz", in: a.a.O. 110 (1953), S. 1806; a.a.O. 109 (1952), S. 2077f.
[176] Schreiben der Landwirtschaftsschule Münster an die Landwirtschaftskammer v. 20.11.1952; STAMS, Landwirtschaftliche Kreisstelle Münster, Nr. 99.
[177] Artikel „Arbeitskräfteersparnis durch die Melkmaschine", in: Wochenblatt der Landesbauernschaft Westfalen Jg. 1941, S. 686; „Der Einsatz der Melkmaschine", in: Landwirtschaftliches Wochenblatt für Westfalen und Lippe 107 (1950), S. 89; „Arbeitsvereinfachung durch Melkmaschinen", in: a.a.O. 114 (1957), S. 2159f.; Herrmann, Die Veränderung landwirtschaftlicher Arbeit, S. 205ff.
[178] STAMS, Regierung Arnsberg 14, Nr. 430.
[179] Die Landwirtschaft Niedersachsens 1914 - 1964, S. 112.
[180] Siehe Artikel „Wie steht es um den Melkerberuf?" u. „Die Melkerfrage", in: Landwirtschaftliches Wochenblatt für Westfalen und Lippe 106 (1949), S. 422 u. 1016.
[181] Bericht des Verwaltungsamtes der Landesbauernschaft über die Lage der westfälischen Landwirtschaft von Dezember 1938 bis Februar 1939; STAMS, Oberpräsidium, Nr. 7456, S. 213.

hatte: „Am liebsten würde vielleicht mancher jetzt auf die Melkmaschine verzichten, aber das geht heute auch nicht mehr".[182] Von 1951 bis 1957 sank die Zahl der im Kammerbezirk abgelegten Lehrlings- und Meisterprüfungen für Melker von 23 und 22 auf acht und vier.[183] Paradoxerweise traf diese Rationalisierung die wenigen Spezialisten unter den Landarbeitern, immerhin hatten die sogenannten Schweizer im Gegensatz zu den übrigen Landarbeitern eine besondere Ausbildung genossen.

Milchverarbeitungsmaschinen wie die Milchschleudern eigneten sich dazu, die Milch zu entrahmen. Im Vergleich zu älteren Entfettungsverfahren garantierten die Separatoren eine bessere Rahmgewinnung. Diese Milchzentrifugen waren durch ihren niedrigen Anschaffungspreis attraktiv und hatten sich daher schon vor den dreißiger Jahren auf den westfälischen Höfen etablieren können.[184] Die 94663 Schleudern im Jahre 1933 waren nahezu in allen Betriebsgrößenklassen gleichmäßig vertreten, doch nahm ihre Zahl in den Folgejahren ab. Besonders in der Nachkriegszeit übernahmen es die Großmolkereien, die gelieferte Milch zu entrahmen.

Mit den Melkmaschinen kamen auch maschinelle Kühlanlagen für Milch auf die westfälischen Höfe. Dementsprechend war ihre Zahl in den dreißiger und vierziger Jahren noch gering.[185] So wurden bei der Betriebszählung 1933 nur 473 Tiefkühlanlagen ermittelt. Erst mit dem sprunghaften Anstieg der Melkmaschinen in den fünfziger Jahren nahm auch die Zahl der Milchkühlanlagen auf 1535 (1960) zu.[186] Staatliche Zuschüsse von 15 Prozent des Anschaffungspreises für eine Einzelanlage sowie ein Viertel für Gemeinschaftsanlagen taten ein übriges, um die Kühlapparate auf den Höfen zu verbreiten.[187] Sie sollten durch Temperaturabsenkung dafür sorgen, daß die Keimbildung unterbunden und die Haltbarkeit der Milch gewährleistet wurde.

In der Stallarbeit brachten Stalldungstreuer spürbare Erleichterung. Diese Stallmiststreuer, die vor dem Zweiten Weltkrieg in Deutschland noch nicht gebaut worden waren, fanden daher erst in den fünfziger Jahren, dann aber rasant Verbreitung.[188] 1960 gab es bereits 17211 Geräte.[189] Das Ausbringen des Stallmistes, eine der beschwerlichsten körperlichen Arbeiten, hatte zuvor ein Fünftel der Arbeit im Stall belegt.[190] Mitte der fünfziger Jahre arbeitete in der Hälfte der Betriebe in den

---

[182] Siehe Anhang, Tabelle Nr. 2. Zitat aus Artikel „Technik in der Landwirtschaft" von Prof. Vormfelde, Bonn-Poppelsdorf, in: Landwirtschaftliche Zeitung für Westfalen und Lippe 86 (1929), S. 513.

[183] „Arbeitsvereinfachung durch Melkmaschinen", in: Landwirtschaftliches Wochenblatt für Westfalen und Lippe 114 (1957), S. 2160.

[184] VBBZ 1933, StDR Bd. 462,2, S. 35f.

[185] A.a.O., S. 6 u. 36.

[186] Siehe Anhang, Tabellen Nr. 23 u. 31.

[187] Artikel „Beihilfen des Bundes zur Anschaffung von Kühlanlagen auf dem Bauernhof", in: Landwirtschaftliches Wochenblatt für Westfalen und Lippe 113 (1956), S. 1774; „Zuschüsse des Bundes zur Anschaffung von Kühl- und Melkeinrichtungen", in: a.a.O. 114 (1957), S. 1555.

[188] Artikel „Entwicklungslinien der bäuerlichen Mechanisierung", in: a.a.O. 110 (1953), S. 1048.

[189] Beiträge zur Statistik der Landes Nordrhein-Westfalen, Sonderreihe Landwirtschaftszählung 1960, Heft 2, S. 35. Die Betriebszählung elf Jahre zuvor hatte diese Maschinen noch nicht erfaßt; vgl. Beiträge zur Statistik der Landes Nordrhein-Westfalen, Heft 7.

[190] Botzet, Bauersleut und Heimarbeiter, S. 145; Herrmann, Die Veränderung landwirtschaftlicher Arbeit, S. 212.

Kreisen Münster und Warendorf ein mechanischer Miststreuer.[191] Jauchepumpen übernahmen den Abtransport der Jauche aus dem Stall und schufen damit den Güllenumgang, eine der unerquicklichsten Arbeiten in Viehbetrieben, ab.[192]

Für die Versorgung der Betriebe mit wirtschaftseigenem Futter besaßen Silos eine herausragende Bedeutung. Die Gärfutterbehälter dienten dazu, pflanzliche Erzeugnisse zu konservieren. Gegenüber der Heugewinnung oder Futterrübenernte bot diese Art von Futtergewinnung den Vorteil, daß sie mit erheblich geringerem Arbeitsaufwand verbunden und witterungsunabhängig war.[193] Man unterschied zwischen Anlagen zur Einsäuerung von Grünfutter und Kartoffeln. Beide reduzierten im Unterschied zu den herkömmlichen Lagerverfahren die Futterverluste beträchtlich. Zudem rationalisierte das Silierungsverfahren den Wirtschaftsaufwand. Die „Sparbüchsen des Landwirts"[194] machten den Zukauf von Kraftfutter hinfällig, vielmehr konnte jetzt auf wirtschaftseigenes Futter zurückgegriffen werden.

Anfang der dreißiger Jahre waren erst 595 Gärfutterbehälter errichtet. Technische Innovationen wie das Kaltgärverfahren und die Zugabe von Mineralsäuren verfeinerten die Silierung.[195] Die Zahl der Grünfuttersilos, die eiweißreiches Winterfutter für die Viehbestände garantierten, war 1939 auf 7688 und zehn Jahre danach auf 12968 angestiegen. Anfang der sechziger Jahren standen auf westfälischen Höfen 18704 Grünfutterbehälter, zumeist runde Hochsilos aus Beton. Das Fassungsvermögen dieser Konservierungsanlagen weitete sich von 273006 (1939) 743614 (1960) Kubikmeter aus. Die Zahl der Gärfutterbehälter für Kartoffeln kletterte von 6612 Ende der dreißiger Jahre auf 14918 zu Beginn der sechziger Jahre. Deren Volumen expandierte von 114875 (1933) auf 277373 Kubikmeter (1960).[196] Das Füllen der Gärfutterbehälter erledigten Gebläsehäcksler oder andere Förderanlagen.

Ausschlaggebend für den raschen Anstieg der Silos dürften auch die staatlichen Behilfen gewesen sein, die seit den dreißiger Jahren gewährt wurden.[197] Zudem hatte sich bereits Ende der zwanziger Jahre der Siloring Westfalen gegründet, dessen Mitglieder in Silierungsfragen berieten. Bereits am 13. und 14. Januar 1930 konnten interessierte Bauern am ersten westfälischen Silo-Lehrgang teilnehmen. Dort hörten rund einhundert interessierte Landwirte einen Vortrag über den Stand der Silowirtschaft und nahmen an einer Exkursion zu Gärfutteranlagen in den Kreisen Warburg und Höxter unter Leitung des Vorsitzenden des westfälischen Silorings, Professor

---

191 Kaiser, Die Entwicklung der Landarbeiterverhältnisse in den Kreisen Münster und Warendorf, S. 160.
192 Zeitzeugenbefragung von Botzet, Bauersleut und Heimarbeiter, S. 145 u. 204.
193 Die Landwirtschaftsschule und Wirtschaftsberatungsstelle Münster, S. 167.
194 Das Zitat siehe bei Strotdrees, Höfe, Bauern und Hungerjahre, S. 106.
195 Das Kaltgärverfahren wurde von Professor Völz in Königsberg entwickelt, weswegen es auch das ostpreußische Verfahren genannt wurde; Landwirtschaftliche Zeitung für Westfalen und Lippe 87 (1930) u. 89 (1932), S 680 u. 243; Artikel „Welche Behälterarten für die Grünfuttereinsäuerung?" in: Landwirtschaftliches Wochenblatt für Westfalen und Lippe 111 (1954), S. 923.
196 Siehe Anhang, Tabellen Nr. 23, 25, 29 u. 31. Für das Fassungsvermögen siehe Die Betriebszählung nach Landesbauernschaften 1939, S. 168; Beiträge zur Statistik des Landes Nordrhein-Westfalen, Heft 7, S. 180; Beiträge zur Statistik des Landes Nordrhein-Westfalen, Sonderreihe Landwirtschaftszählung 1960, Heft 2, S. 77.
197 Artikel „Silokredite", in: Landwirtschaftliche Zeitung für Westfalen und Lippe 90 (1933), S. 340 u. 443; Zehn Jahre Landesbauernschaft Westfalen, S. 7f.

Dr. Gerland, teil.[198] Nach einem Stillstand in der Kriegs- und Nachkriegszeit erhielt der Bau von Gärfutterbehältern einen weiteren Schub durch die Fördermittel, die die Bundesregierung und das Land Nordrhein-Westfalen in den fünfziger Jahren bereitstellten.[199]

Seit den dreißiger Jahren wurden zunehmend Fördereinrichtungen wie Höhenförderer, Greifer und Gebläse auf den westfälischen Höfen installiert, die anfänglich mit tierischer Zug- oder menschlicher Muskelkraft, dann mit Generatoren oder Dieselmotoren betrieben wurden.[200] Sie brachten spürbare Arbeitserleichterung, denn das schweißtreibende und gesundheitsschädigende Säcketragen war mit ihnen hinfällig geworden.[201] Die Zahl der Fördereinrichtungen erhöhte sich von 3247 (1933) auf 42213 (1960).[202] Seit den sechziger und siebziger Jahren lösten Förderbänder oder Gebläse die alten Aufzüge ab.

Auch im bäuerlichen Haushalt tauchten immer mehr Maschinen und Apparate auf, die jedoch wie der Kühlschrank erst in den fünfziger und sechziger Jahren weite Verbreitung fanden.[203] Wegen der hohen Kosten für die Einzelanschaffung behalfen sich in den fünfziger Jahren viele Landfamilien damit, Gemeinschaftsanlagen mit ihren Nachbarn zu unterhalten: „Der Traum jeder Bäuerin, eine Gefriertruhe im eigenen Haus zu besitzen, (war) für die meisten noch zu kostspielig".[204] Bis Ende der fünfziger Jahre wurden dafür Landeszuschüsse in Höhe von rund viereinhalb Millionen DM bereitgestellt.[205] Zum Zeitpunkt der Betriebszählung im Mai 1960 existierten im Bundesgebiet 9268 Gemeinschaftsgefrieranlagen auf dem Lande. Der Zuwachs gegenüber dem Vorjahr bezifferte sich auf 20 Prozent. Die über 9000 Anlagen beinhalteten rund 350000 Lagerfächer. Damit besaß im Schnitt jeder fünfte landwirtschaftliche Betrieb ein solches Lagerfach.[206] In Westfalen wurden bis Ende 1959 517 Dorfgefrieranlagen errichtet.[207] Drei Jahre zuvor waren es noch 87 Apparate mit rund 3000 Fächern gewesen.[208] Die Gefrieranlagen erweiterten den Spielraum bei der Nahrungsmittelproduktion. Sie machten Pökelfleisch überflüssig und ermöglichten nun auch Sommer- und Notschlachtungen ohne Verluste.[209]

---

[198] Landwirtschaftliche Zeitung für Westfalen und Lippe 87 (1930), S. 4, 84f. u. 258.
[199] Die Landwirtschaftsschule und Wirtschaftsberatungsstelle Münster, S. 167; Entwicklung und Aufgaben der Landwirtschaftskammer Westfalen-Lippe, S. 101.
[200] VBBZ 1933, StDR Bd. 462,2, S. 6 u. 34.
[201] Herrmann, Die Veränderung landwirtschaftlicher Arbeit, S. 214ff.
[202] Siehe Anhang, Tabellen Nr. 23, 25, 27, 29 u. 31.
[203] Ende der fünfziger Jahre besaßen nur 17,5% der Höfe in Münster und Warendorf einen eigenen Kühlschrank; Kaiser, Die Entwicklung der Landarbeiterverhältnisse in den Kreisen Münster und Warendorf, S. 161.
[204] Landwirtschaftliches Wochenblatt für Westfalen und Lippe 116 (1959), S. 181.
[205] Entwicklung und Aufgaben der Landwirtschaftskammer Westfalen-Lippe, S. 194.
[206] Landwirtschaftliches Wochenblatt für Westfalen und Lippe 117 (1960), S. 2994.
[207] Entwicklung und Aufgaben der Landwirtschaftskammer Westfalen-Lippe, S. 195.
[208] Landwirtschaftliches Wochenblatt für Westfalen und Lippe 113 (1956), S. 681. Im Kreis Münster standen Anfang der sechziger Jahre 22 solcher Apparate, die gemeinschaftlich genutzt wurden; Die Landwirtschaftsschule und Wirtschaftsberatungsstelle Münster, S. 164.
[209] Landwirtschaftliches Wochenblatt für Westfalen und Lippe 113 (1956), S. 298; Artikel „Die Entwicklung der Dorfgefrieranlagen", a.a.O. 114 (1957), S. 2175.

Waschmaschinen trugen als ganzjährig einsetzbare Maschinen wesentlich dazu bei, die Arbeit der Landfrauen zu vereinfachen.[210] Ab Mitte der fünfziger Jahre rückten private Waschmaschinen für die meisten bäuerlichen Betriebe in den Kreisen Warendorf und Münster in den Bereich des Möglichen.[211] Deshalb stellten sich die Mädchenabteilungen der Landwirtschaftsschulen auf diese Entwicklung ein und bestellten die Broschüre „Eine moderne Waschmaschine" für ihren Unterricht.[212] Für Familien, die die Anschaffungskosten für eine eigene Waschmaschine nicht tragen konnten, waren Gemeinschaftswaschanlagen die Alternative.[213] Die ersten beiden neuen Dorfwaschanlagen nach dem Krieg wurde 1952 in Benolpe, Kreis Olpe, und Ahaus errichtet.[214] Mitte der fünfziger Jahre standen 37 Waschhäuser in Westfalen, weitere Anlagen waren in Bau.[215] Zu Ende des Jahrzehnts existieren bereits 63 Dorfwaschanlagen, die zusammen rund 50 Zentner Wäsche reinigen konnten.[216]

Schließlich fanden auch motorisierte Fortbewegungsmittel immer mehr Verwendung. Die Anschaffung von Lastkraftwagen war für entlegenere Höfe von Bedeutung, um die eigenen Erzeugnisse zu den Bahnhöfen oder Märkten transportieren zu können. Die Zahl der Lastkraftwagen nahm jedoch erst nach der Währungsreform zu. 1933 wie 1947 fanden mit 536 bzw. 584 fast genauso viele Lastwagen Verwendung. Seit der Währungsreform kletterte die Zahl der LKWs auf 1644 im Jahre 1960.[217] Zur gleichen Zeit waren 1843 Kombiwagen in Gebrauch. Vor allem die jetzt einsetzende Individualmotorisierung hatte die Menschen auf den Höfen erreicht. Anfang der sechziger Jahre standen ihnen 27889 Personenkraftwagen und 12631 Krafträder und Motorroller zur Verfügung.[218]

Dabei war es zuvorderst eine Frage des Kapitals, einen Maschinenpark anzulegen, weshalb hauptsächlich die Leiter mittlerer und größere Betriebe in der Lage waren, arbeits- und zeitsparende Maschinen zu kaufen. Bearbeitungsmaschinen wie Kraftdrescher und Saatgutreinigungsanlagen, Erntemaschinen wie Rüben- oder Kartoffelroder sowie Mähdrescher arbeiteten erst ab einer gewissen Ernteflache und -menge rentabel. Für Kleinbetriebe amortisierte sich der hohe Anschaffungspreis der neuen Techniken dagegen kaum. Umgekehrt waren die kleinen Höfe ohne maschinelle Hilfe auf Dauer im Verdrängungswettbewerb der fünfziger Jahre nicht konkurrenzfähig und mußten als Vollerwerbsbetriebe aufgeben. Den Betreibern blieb nur noch die

---

[210] Auswertung der Betriebszählung 1949, in: Statistik der Bundesrepublik Deutschland, Bd. 27, Heft 2, S. 73.
[211] Kaiser, Die Entwicklung der Landarbeiterverhältnisse in den Kreisen Münster und Warendorf, S. 161.
[212] Schreiben der Mädchenabteilung der Landwirtschaftsschule Münster an den Bundesausschuß für volkswirtschaftliche Aufklärung v. 22.6.1957; STAMS, Landwirtschaftliche Kreisstelle Münster, Nr. 99.
[213] Artikel „Die Hauswirtschaft nicht vergessen!" in: Landwirtschaftliches Wochenblatt für Westfalen und Lippe 111 (1954), S. 405f.
[214] A.a.O. 109 (1952), S. 1145 u. 1919.
[215] A.a.O. 113 (1956), S. 681.
[216] Entwicklung und Aufgaben der Landwirtschaftskammer Westfalen-Lippe, S. 195. Im Kreis Münster standen zum gleichen Zeitpunkt fünf Gemeinschaftswaschanlagen; Die Landwirtschaftsschule und Wirtschaftsberatungsstelle Münster, S. 164.
[217] Siehe Anhang, Tabellen Nr. 23, 27, 29 u. 31. 1939 wurde die Zahl der Lastkraftwagen nicht ermittelt.
[218] Siehe Anhang, Tabelle Nr. 31.

Möglichkeit, ihr Land zu verpachten, oder als Freizeitbauern den Hof im Nebenerwerb zu bewirtschaften.

Die zunehmende Vollmotorisierung und -mechanisierung der Betriebe brachte zahlreiche Folgen für die dort arbeitenden Menschen mit sich. Zum einen wandelte sie die Arbeitsanforderungen grundlegend. Gesundheitsschädigende und eintönige Arbeiten wie Mähen, Getreidedreschen, Rüben- und Kartoffelhacken fielen für die in der Landwirtschaft Beschäftigten weg. Demgegenüber wurde der Getreidedrusch oder die Ernte von Hackfrüchten für den Führer der Maschine wegen der zunehmenden technischen Innovation immer differenzierter. Höchst sensible Geräte setzten fundierte Kenntnisse und permanente Schulung in der Landtechnik voraus.

Daneben änderten sich Arbeitsverfahren und Arbeitszeit maßgeblich. Der verstärkte Maschinengebrauch senkte die benötigte Zeit für einen Arbeitsvorgang und schuf völlig neue Arbeitsverfahren. Die Vollmotorisierung führte zur Einmann-Bedienung und löste kollektive Arbeitsformen, an denen mehrere Personen beteiligt waren, ab. Für Arbeitsverfahren und Maschinenbedienung genügten maximal zwei bis drei Personen. Innerhalb kürzester Zeit verwandelte sich der bäuerliche Betrieb somit in einen familiären Rumpfbetrieb bestehend aus Bauersleuten und eventuell dem Hofnachfolger.

Die Zeitersparnis wurden jedoch nicht dazu verwandt, die tägliche Arbeitszeit der in der Landwirtschaft Tätigen zu verringern, vielmehr wurde sie zur Intensivierung der landwirtschaftlichen Erzeugung benutzt. Vor wie nach dem Zweiten Weltkrieg lag die tägliche Arbeitszeit auf den Höfen im Sommer bei zwölf bis 15 Stunden, im Winter drei Stunden darunter. Die Selbständigen und deren mithelfende Familienangehörige erreichten Mitte der sechziger Jahre eine Gesamtarbeitszeit von 3600 bis 4300 Stunden pro Jahr, während das jährliche Mittel in der Industrie und Gewerbe bei 2700 Arbeitsstunden lag.[219] Seit den siebziger Jahren lief die Arbeitsdauer zwischen den abhängig Beschäftigten und den Selbständigen in der Landwirtschaft wie eine Schere auseinander. Während gesetzliche Bestimmungen die tarifliche Wochenarbeitszeit der abhängig Beschäftigten von 49 auf 43 Stunden verminderten, stieg die Arbeitsbelastung der Bäuerinnen und Bauern Mitte der achtziger Jahre auf 51,9 bzw. 64,5 Stunden. Deren Wochenarbeitszeit lag somit bis zu 14 Stunden über dem Durchschnitt der selbständigen Handwerker im Sekundärsektor.[220] Daraus ergab sich die paradoxe Entwicklung, daß der verstärkte Maschinengebrauch die Arbeitszeit der Betriebsleiter nicht senkte, sondern sie im Gegenteil noch vergrößerte. Die Anschaffung von neuen Maschinen verlangte von dem Besitzer eine optimale Ausnutzung; nur dann waren die neuen Technologien rentabel. Die Maschine diktierte nun das Tempo und den Rhythmus der Arbeit.

Neben der Zeitersparnis je Arbeitsgang milderte der Maschineneinsatz das Ausmaß jahreszeitlicher Arbeitsspitzen wie zum Beispiel während der Ernte. Zum ersten Mal in der Agrargeschichte konnten die Früchte bäuerlicher Arbeit schneller einge-

---

[219] Diese hohe Arbeitszeit von über 3000 Stunden pro Jahr galt bereits Mitte der fünfziger Jahre; Priebe, Wer wird die Scheunen füllen? S. 213.
[220] Herrmann, Die Veränderung landwirtschaftlicher Arbeit, S. 232.

bracht werden und damit der finanzielle Ertrag gesichert werden.[221] Wetterunbillen wie Dauerregen oder Frost konnten mit ihren betriebsökonomischen Folgen besser aufgefangen werden, da dank der Maschinen reifes Getreide nun nicht mehr in überfluteten Äckern faulen mußte oder die ersten Kartoffeln vor den verheerenden Nachtfrösten gehackt werden konnten. Aber auch diese Loslösung von Witterungseinflüssen hatte Auswirkungen. Der althergebrachte bäuerliche Arbeits- und Lebensrhythmus, der bislang von der Natur vorgegeben war, weichte zusehends auf, weil technische Innovationen ein Arbeiten unabhängig von der Tageszeit und vom Wetter ermöglichten.

Schließlich reduzierte sich mit der Vollmotorisierung und -mechanisierung der landwirtschaftlichen Erzeugung die Kinderarbeit radikal. Kinder waren in gering industrialisierten Betrieben, vor allem in kleineren Höfen, dringend benötigte Arbeitskräfte.[222] In Spitzenzeiten wie den Erntemonaten wurden Kinder vor die gleichen Anforderungen wie die Erwachsenen gestellt und mußten körperlich hart arbeiten. Kinderarbeit von zwölf Stunden täglich stellten dabei keinen Sonderfall dar.[223] Daneben gab es ausgesprochene Kinderarbeiten wie Viehhüten, Unkraut jäten, Beerensammeln und Wasser holen. Überhaupt waren die Kinder so etwas wie die ‚Springer' auf den Höfen, die als verfügbarer wie billiger Notnagel bei anfallenden Arbeiten eingesetzt wurden.

Wie noch zu sehen sein wird, sank seit den fünfziger Jahren bei zunehmender Technisierung der Landwirtschaft die Anzahl der Kinder je Ehe.[224] Die Maschinen machten Kinder als Handlager auf dem Hof überflüssig: Automatische Tränken und Wasseranschlüsse befreiten sie davon, schwere Wassereimer zu schleppen; Mähdrescher entbanden sie von der Aufgabe, Ähren zu lesen; Rübenroder und Kartoffelleser setzten sie von anstrengender Erntemithilfe in den sogenannten Kartoffelferien frei. Mit diesen schweren körperlichen Arbeiten fielen auch die gesundheitlichen Schäden wie Haltungsfehler fort, unter denen mithelfende Kinder noch in den fünfziger Jahren litten.[225] Die neuen Techniken haben die Kinder allerdings von der Mithilfe in Haus und Hof nicht gänzlich befreit. Die Maschinen schufen neue und anspruchsvollere Aufgaben für die Kinder aus landwirtschaftlichen Betrieben. Aus körperlich hart arbeitenden Behelfskräften wurden kleine Maschinenführer, da die Kinder nun an den Geräten eingesetzt wurden.[226] Kinder blieben zwar die Arbeitskräftereserve der Agrarbetriebe, aber die zunehmende Technikbegeisterung der

---

[221] Siehe dazu auch Botzet, Bauersleut und Heimarbeiter, S. 145.
[222] Artikel „Kinderarbeit in kleinbäuerlichen Betrieben", in: Landwirtschaftliches Wochenblatt für Westfalen und Lippe 111 (1954), S. 2033.
[223] Zeitzeugenbefragung von Botzet, Bauersleut und Heimarbeiter, S. 147 u. 204.
[224] Siehe dazu in Teil II, Zweites Kapitel, C. zur ehelichen Kinderzahl in den Landgemeinden.
[225] Ein Dorfschneider mußte die Haltungsschäden seiner jugendlichen Kunden dadurch ausgleichen, indem er in deren Anzügen Watte in die rechte Schulter stopfte, um gleichhohe Schulterpartien zu erzielen; Artikel „Kinderarbeit in kleinbäuerlichen Betrieben", in: Landwirtschaftliches Wochenblatt für Westfalen und Lippe 111 (1954), S. 2033.
[226] Herrmann, Die Veränderung landwirtschaftlicher Arbeit, S. 226f.

Landjugend und der Wegfall beschwerlicher Arbeiten steigerten die „Arbeitsfreude"[227].

4. Der Einsatz künstlicher Betriebsmittel: Die Chemisierung der Agrarproduktion

Der Einsatz synthetischer Dünger stellte bereits zu Ende des vorigen Jahrhunderts einen revolutionierenden Schritt in der landwirtschaftlichen Erzeugung dar. Durch wissenschaftliche Rückkoppelung mit den technischen Fakultäten der Universitäten sorgten die Neuerungen für einen merklichen Produktionsanstieg.[228] In großem Ausmaß nahm der Einsatz von Kunstdünger erst den fünfziger Jahren zu.

Der Verbrauch von reinem Stickstoff (N) stieg von 33 Kilogramm im Wirtschaftsjahr 1938/39 stetig auf 50,6 im Wirtschaftsjahr 1960/61 pro Hektar landwirtschaftliche Nutzfläche; 1970 kamen auf den Hektar 80 Kilogramm. Der Phosphatverbrauch (P_2O_5) je Hektar landwirtschaftlicher Nutzfläche kletterte zur gleichen Zeit von 38 auf 49 Kilogramm. Vom Düngemittel Reinkali (K_2O) wurden pro Hektar landwirtschaftlicher Nutzfläche von 56,2, bis 73 Kilogramm genutzt; 1970 wurden durchschnittlich 82 Kilogramm ausgebracht. Lediglich beim Kalk (CaO) fiel die eingesetzte Menge in der Nachkriegszeit. Ende der dreißiger Jahre kamen auf den Hektar landwirtschaftlicher Nutzfläche 75,4, 22 Jahre später nur noch 40,4 Kilogramm.[229] Die hohe Verwendung von Kalk war auf die wirtschaftliche Situation im nationalsozialistischen Deutschland zurückzuführen, in dem es wegen der Autarkiepläne an anderen synthetischen Düngern mangelte und übermäßig auf Kalk zurückgegriffen wurde.[230] Dabei wurde bereits Anfang der dreißiger Jahre darauf hingewiesen, daß der optimale Gebrauch eines jeden Nährstoffs nur dann garantiert ist, wenn auch die übrigen Düngemittel in einem angemessenen Verhältnis gebraucht werden.[231] Der einseitige Rückgriff auf Kalk jedoch führte vielerorts dazu, daß der Boden überdüngt wurde.

In den Kriegsjahren und der unmittelbaren Nachkriegszeit herrschte eine „katastrophale Düngemittelknappheit", die erhebliche Ertragsrückgänge bescherte.[232] Im Regierungsbezirk Minden zeigten sich 1946 bei der Gerste und den Winterzwischenfrüchten bereits Nährstoffmangelerscheinungen.[233] Die vorhandene Menge

---

[227] Planck, Landjugend im sozialen Wandel, S. 108; Priebe, Wer wird die Scheunen füllen? S. 40f.
[228] Siehe dazu Nipperdey, Deutsche Geschichte 1866 - 1918, S. 192 - 225.
[229] Anhang, Tabelle Nr. 33; STAMS, Landwirtschaftliche Kreisstelle Soest, Nr. 130; Für die Zahlen von 1970 siehe Strotdrees, Höfe, Bauern und Hungerjahre, S. 235.
[230] Artikel „Kalk ist die Grundlage der Düngung", in: Wochenblatt der Landesbauernschaft Westfalen Jg. 1938, S. 79. Siehe auch den Nachlaß auf die kalkstoffhaltigen Dünger im Februar 1935; a.a.O. Jg. 1935, S. 259.
[231] Artikel „Ist die Zufuhr künstlicher Düngemittel wirtschaftlich noch berechtigt?" in: Landwirtschaftliche Zeitung für Westfalen und Lippe 87 (1930), S. 413f.
[232] Exemplarisch Artikel „So geht es weiter bergab", in: Landwirtschaftliches Wochenblatt für Westfalen und Lippe 105 (1948), S. 10; siehe auch Brelie-Lewien, Im Spannungsfeld zwischen Beharrung und Wandel, S. 359; Henning, Landwirtschaft und ländliche Gesellschaft in Deutschland, S. 224f.; Klein, Geschichte der deutschen Landwirtschaft im Industriezeitalter, S. 175f.
[233] STAMS, Oberpräsidium, Nr. 7365, S. 44.

Kalk deckte lediglich „10 v. H. des dringendsten Bedarfes"; an Stickstoff stand 1945 nur 2,5 Prozent des Jahresbedarfs zur Verfügung.[234] Auf dem Gebiet des Landes Nordrhein-Westfalen sackte der Stickstoffeinsatz vom Wirtschaftsjahr 1938/39 auf 1946/47 von 40,9 auf 29,9, der Phosphat-Verbrauch von 41,2 auf 25,3, die Kali-Verwendung von 62,8 auf 44,5 Kilogramm pro Hektar landwirtschaftlicher Nutzfläche.[235] In den fünfziger Jahren erhöhte sich der Gebrauch künstlicher Düngemittel spürbar durch Werbeaktionen der chemischen Industrie, durch staatliche Fördermaßnahmen sowie durch Schulung und Anleitung an den Landwirtschaftsschulen und Wirtschaftsberatungsstellen in den Kreisen. Wie gesehen, stieg bis Ende der fünfziger Jahre der Stickstoffeinsatz um 40, der Kali-Verbrauch um 35 und die Phosphatverwendung um 20 Prozent, während die Kalknutzung „in ständigem Rückgang begriffen" war. Auch der Einsatz von wirtschaftseigenem Dünger geriet gegenüber den synthetischen Düngemitteln ins Hintertreffen.[236]

Wie die Vollmotorisierung drückte auch die Chemisierung der landwirtschaftlichen Erzeugung die Zahl der benötigten Arbeitskäfte. 1973, als der Strukturwandel bereits in vollem Gange war, herrschte im Mittel ein Bedarf von 5,9 Vollzeitkräften pro Hektar landwirtschaftlicher Fläche; 15 Jahre später war der Durchschnitt weiter auf 4,9 gesunken.[237]

5. Der Zeitpunkt des landwirtschaftlichen Strukturwandels

Die einzelnen Bereiche der landwirtschaftlichen Erzeugung wie Mechanisierung, Maschinisierung, Einsatz technischer Betriebsmittel, Ernteerträge usf. zeigen, daß die Industrialisierung in der westfälischen Landwirtschaft in den fünfziger Jahren mit dem beschleunigten Übergang von der arbeits- zur kapitalintensiven und vollmotorisierten Produktionsweise einsetzte. Der Währungsreform kam bei diesem industriellen take-off die Funktion einer Initialzündung zu. Sie war ein entscheidendes Ereignis für die wirtschaftliche und soziale Konsolidierung der westdeutschen Nachkriegsgesellschaft.[238] In vielen Dorfgesellschaften hat seit der Währungsreform beginnend auf dem ökonomischen Sektor „mit atemberaubender Geschwindigkeit ein Wandel stattgefunden, der ein völlig anderes Dorf mit einem ganz anderen Gemeinschaftsleben hervorgebracht hat."[239] Die Währungsreform beendete abrupt den bis dahin florierenden Schwarzmarkt und zwang die Betriebe, auch die landwirtschaftlichen, zu strengerer Kalkulation.[240] Sie ebnete damit der für die folgenden Jahrzehnte

---

[234] STAMS, Oberpräsidium, Nr. 7392, S. 53 u. 136. Siehe auch Bericht des Kreisernährungsamtes an Landrat Coesfeld v. 23.1.1946; STAMS, Kreis Coesfeld, Nr. 967.
[235] Statistisches Jahrbuch für die Bundesrepublik Deutschland 1953, S. 179.
[236] Entwicklung und Aufgaben der Landwirtschaftskammer Westfalen-Lippe, S. 45ff.
[237] Westfalens Landwirtschaft im Wandel 1982 - 1988, S. 135.
[238] Zur Währungsreform und ihren Auswirkungen Birke, Nation ohne Haus, S. 126 - 156.
[239] Botzet, Ereygnisse, S. 248.
[240] Zur Währungsreform Waldmann, Die Eingliederung der ostdeutschen Vertriebenen in die westdeutsche Gesellschaft, S. 179. – Zum Schwarzmarkt und den Eindämmungsversuchen siehe STAMS, Oberpräsidium Nr. 7365 u. 7392; STAMS, Kreis Lüdinghausen, Nr. 1500; STAMS, Kreis Coesfeld, Nr. 948 u. 967; STAMS, Landesernährungsamt, Nr. 207. Der Schwarzmarkt avancierte in den Not- und Mangel-

charakteristischen Kapitalisierung der Landwirtschaft den Weg. Seit den fünfziger Jahren gerieten in vielen Dörfern die Berufszugehörigen der Landwirtschaft, Bauern wie Landarbeiter, in die Minderzahl gegenüber der nichtlandwirtschaftlichen Bevölkerung.[241]

Der Trend zu einer industriellen Agrarproduktion lief bereits im 19. Jahrhundert an und war in Ansätzen auch zu Beginn des 20. Jahrhunderts spürbar.[242] Die in nationalsozialistischer Zeit erreichten Erzeugungssteigerungen wurden von der immensen Intensivierung der fünfziger und sechziger Jahre leicht in den Schatten gestellt. Auch in anderen Agrarregionen wie beispielsweise Mecklenburg kam es in den dreißiger Jahren zu einer – wenngleich geringfügigen – Leistungssteigerung, doch auch hier sind die Werte aus der NS-Zeit in „langfristige historische Prozesse" einzuordnen.[243] In den Jahrzehnten nach dem Zweiten Weltkrieg entwickelte sich die mittlerweile industrielle Agrarproduktion in einem bis dahin nicht „auch nur annähernd vergleichbaren Tempo".[244] Eine Vollmotorisierung und -mechanisierung der landwirtschaftlichen Erzeugung, die bei gewichtigen Ertragssteigerungen tierische wie menschliche Arbeitskraft überflüssig machte, setzte in Westfalen erst in den fünfziger Jahren, den „goldenen Jahren der Mechanisierung", ein.[245]

6. Landflucht, Rumpfbetrieb und Nebenerwerb: Die Folgen der industrialisierten Agrarproduktion

6.1. Der landwirtschaftliche Arbeitsmarkt

Traditionell stellte der auf Selbstversorgung ausgerichtete Hof eine „nahezu geschlossene Hauswirtschaft" dar, die der bäuerlichen Familie Brot und Arbeit bot und der sich alle Familienangehörigen sowie das Gesinde unterzuordnen hatten.[246] Die familienwirtschaftliche Struktur und der Anerbengang, der im Gegensatz zur süd-

---

jahren der unmittelbaren Nachkriegszeiten zu einer unentbehrlichen „zweiten Ökonomie", die mithalf, die Versorgungsengpässe individuell zu überbrücken: „Die Kriegszerstörungen und die vollständige Auslaugung der Ressourcen durch die ‚Erzeugungsschlachten' des Dritten Reiches hatten eine Landwirtschaft hinterlassen, die selbst bei funktionierender Organisation den Anforderungen nicht annähernd hätte gerecht werden können"; Kleßmann, Untergänge – Übergänge, S. 91f. Strotdrees, Höfe, Bauern und Hungerjahre, S. 212ff. u. 219ff.

[241] So auch Priebe, Wer wird die Scheunen füllen? S. 32.
[242] Theine, Westfälische Landwirtschaft in der Weimarer Republik, S. 143 - 195; ders., Die westfälische Landwirtschaft, S. 464 - 482.
[243] Lehmann, Mecklenburgische Landwirtschaft und „Modernisierung" in den dreißiger Jahren, S. 341.
[244] Botzet, Bauersleut und Heimarbeiter, S. 143ff.; Bauern in Bayern, S. 252ff.
[245] Zitat Blum, Handgerät – Maschine – Computer, S. 115f. Siehe auch Entwicklung und Aufgaben der Landwirtschaftskammer Westfalen-Lippe, S. 171; Bauerkämper, Landwirtschaft und ländliche Gesellschaft in der Bundesrepublik in den 50er Jahren, S. 191 - 195, S. 199; Henning, Landwirtschaft und ländliche Gesellschaft in Deutschland, S. 267f.; Petzina, Industrieland im Wandel, S. 459; Schildt/Sywottek, „Wiederaufbau" und „Modernisierung", S. 22. Für Niedersachsen, das Emsland und Bayern gelangen zu demselben Ergebnis Brelie-Lewien, Im Spannungsfeld zwischen Beharrung und Wandel, S. 364; Bauerkämper, Wirtschaftliche Not, S. 78; Bauern in Bayern, S. 252 - 267.
[246] Wurzbacher, Die Familie als sozialer Eingliederungsfaktor, S. 109.

westdeutschen Realteilung dauerhafte bäuerliche Besitzungen schuf,[247] bestimmten den sozioökonomischen Charakter der westfälischen Agrarbetriebe.[248] Die familienwirtschaftliche Struktur der westfälischen Landwirtschaft belegt das Verhältnis von ständig beschäftigten familienfremden und familieneigenen Arbeitskräften. Letztere, Betriebsinhaber im Hauptberuf und ständig beschäftigte Familienangehörige der haupt- und nebenberuflichen Betriebsinhaber, stellten beispielsweise 1949 mit fast 70 Prozent die überragende Mehrheit.[249] In Westfalen waren 1933 allein 74,8 Prozent aller landwirtschaftlichen Betriebe Familienbetriebe.[250]

Bauersleute und Gesinde bildeten zusammen das personelle Rückgrat der westfälischen Landwirtschaft. Knechte und Mägde stellten über vier Fünftel der betriebsfremden Erwerbspersonen nach landwirtschaftlichen Berufen.[251] Verglichen mit dem Reichsdurchschnitt lag der Anteil des Gesindes in Westfalen fast um die Hälfte höher.[252] Demgegenüber war die Zahl der Landarbeiter in Westfalen deutlich geringer, bei den landlosen Landarbeitern und Taglöhnern beinahe halb so niedrig.[253] Das bedeutet, daß die westfälische Landwirtschaft gemessen am Reichsmittel Anfang der dreißiger Jahre einen bedeutend geringeren Anteil an unterbäuerlichen Schichten aufwies und den Landarbeiterinnen und -arbeitern bessere materielle Lebens- und Arbeitsbedingungen bot, da drei Viertel von ihnen dem Gesinde zuzurechnen waren, das in Haus- und Tischgemeinschaft mit der bäuerlichen Familie lebte.[254] Auch Ende der vierziger Jahre hatte dieses Gefüge noch Bestand.[255]

Betrachtet man das Personal der landwirtschaftlichen Betriebe, so muß man zwischen zwei Gruppen unterscheiden: den Betriebsinhabern und ihren mithelfenden Familienangehörigen sowie den familienfremden Arbeitskräften. Auch hier kam es

---

[247] In Westfalen begegneten seit dem 18. Jahrhundert wie in anderen Teilen Deutschlands, zum Beispiel Bayern, bäuerliche Betriebe, die durch geschlossene Vererbung Bestand hatten und das ländliche Produktions- und Sozialgefüge bestimmten; Troßbach, Bauern, S. 38.

[248] Zum Konnex von Anerbengang und mittelbäuerlicher Prägung Moeller, Zur Ökonomie des Agrarsektors, S. 293ff. Siehe ebenso Niggemann, Strukturwandel der Landwirtschaft im technischen Zeitalter, S. 488; Schmitt, Der Strukturwandel der deutschen Landwirtschaft, S. 36. – 1949 z. B. waren 44% der Betriebe der mittelbäuerlichen Größenklasse von 5 - 20 ha zuzurechnen; Artikel „Ein Rückblick auf 50 Jahre Selbstverwaltung", in: Landwirtschaftliches Wochenblatt für Westfalen und Lippe 106 (1949), S. 1164 - 1167, S. 1167.

[249] Auf bundesrepublikanischer Ebene lag der Prozentsatz bei über 80 Prozent; Statistik der Bundesrepublik Deutschland, Bd. 27, Heft 2, S. 76.

[250] In Lippe waren es 82,2%; VBBZ 1933, StDR Bd. 461,1 S. 11.

[251] In den zwanziger Jahren waren 80,3% der familienfremden Arbeitskräfte Knechte und Mägde; Theine, Die westfälische Landwirtschaft, S. 467; ders., Westfälische Landwirtschaft in der Weimarer Republik, S. 310f.

[252] Der Gesindeprozentsatz lag in Westfalen und Lippe bei 31,8, im Reichsmittel bei 23,2%; VBBZ 1933, StDR Bd. 455,15, S. 29; VBBZ 1933, StDR Bd. 455,22, S. 29; VBBZ 1933, StDR Bd. 458, S. 48.

[253] Während in Westfalen der Anteil der Arbeiter ohne eigenen Grund sich auf 8,9 bezifferte, kam er im Reichsdurchschnitt auf 16,9%; a.a.O.

[254] Boesler, Landarbeiter in Westdeutschland, S. 22.

[255] Auch 1949 lag Westfalen über dem Bundesmittel, wo noch 62% aller familienfremden Arbeitskräfte zum Gesinde zählten; Priebe, Wer wird die Scheunen füllen? S. 203. Zum Vergleich mit anderen Bundesländern siehe Tschirschky, Die westdeutschen land- und forstwirtschaftlichen Arbeitskräfte, S. 36.

zur Abwanderung aus dem Agrarsektor, wenngleich in beiden Gruppen in unterschiedlicher Intensität und zu verschiedenen Zeitpunkten.[256]

6.1.1. Familieneigene Arbeitskräfte

Die Zahl der familieneigenen Arbeitskräfte, Betriebsinhaber und Familienangehörigen, ging über den gesamten Zeitraum zurück, in erheblicherem Umfang jedoch erst in der Nachkriegszeit.[257] Sie schwand insgesamt um fast vierzig Prozent von 915547 (1933) auf 559028 (1960). Dabei fällt auf, daß die Kinderarbeit mit 42 Prozent am stärksten schrumpfte, während die Zahl der Personen über 14 Jahre um 37,7 Prozent abnahm.[258]

Die Zahl der Betriebsinhaber verringerte sich – abgesehen von einem Zwischenhoch 1939 – von 174591 (1933) auf 142894 (1960). Der zwischenzeitliche Anstieg in der NS-Zeit basierte auf einer Zunahme der kleinbäuerlichen und Parzellen-Betriebe, die meist im Nebenerwerb bewirtschaftet wurden. Waren es 1933 noch 68903 Landwirte, die einen Betrieb unter fünf Hektar nebenberuflich führten, so war deren Zahl sechs Jahre später auf 80286 gestiegen. Vor allem Arbeiter aus Industrie und Handwerk, die nahezu drei Viertel aller nebenberuflichen Betriebsinhaber stellten,[259] betrieben eine kleine Landwirtschaft, um ihre ökonomische Reproduktion zu sichern.

Die Entwicklung bei den Familienangehörigen verlief ähnlich. Die Anzahl der Angehörigen der hauptberuflichen Berufsinhaber von 426110 (1933) ging in der Nachkriegszeit auf 199108 (1960) kräftig zurück. Anfang der siebziger Jahre waren nur noch 89291 Familienarbeitskräfte zu verzeichnen.[260] Noch deutlicher griff dieser Abschwung bei den Familienangehörigen der nebenberuflichen Betriebsinhaber. Dort fiel die Zahl von 314846 (1933) auf 66211 (1960). Dieser krasse Abfall zu Beginn der sechziger Jahre resultierte daher, daß unrentable Nebenerwerbsbetriebe abgingen und ihre Arbeitskräfte freisetzten. Der zwischenzeitliche Anstieg auf 323221 Arbeitskräfte (1939) hingegen war die Folge davon, daß aus dem Berufsleben verdrängte Frauen verstärkt auf den Höfen ihrer Angehörigen Arbeit fanden. Insgesamt hielt bei den familieneigenen Arbeitskräften seit den dreißiger Jahren und „trotz der verhältnismäßig guten Absatzlage nach dem... Krieg" die Abwanderung unvermindert an.[261]

6.1.2. Familienfremde Arbeitskräfte

Wegen ihrer familienwirtschaftlichen Struktur wiesen die westfälischen Agrarbetriebe deutlich weniger familienfremde Arbeitskräfte als Betriebsinhaber und deren

---

[256] Zum Begriff der Landflucht siehe D.6.2. Die Landflucht und die Pendlerexistenz.
[257] Zur Definition der Begriffe Betriebsinhaber und Familienangehörige siehe VBBZ 1933, StDR Bd. 461,1, S. 12ff.
[258] Siehe Anhang, Tabellen Nr. 13, 15, 17 u. 19.
[259] Ihr Anteil belief sich exakt auf 72,2%; Die Landesbauernschaften in Zahlen, 3. Folge, 1939 - 1940, S. 206f.
[260] Westfalens Landwirtschaft im Wandel 1969 - 1973, S. 64.
[261] Statistische Rundschau für das Land Nordrhein-Westfalen 4 (1952), 2. Sonderheft, S. 7.

Angehörige auf. Auch die Anzahl der externen Arbeitskräfte fiel von 138452 (1933) auf 97981 (1960).[262] Das Zwischenhoch von 171991 familienfremden Kräften im Jahre 1949 war eine Folge der Bevölkerungsverschiebungen in der Kriegs- und Nachkriegszeit, die der westfälischen Landwirtschaft ein großes Angebot an landwirtschaftlichen Arbeitskräften, vor allem Vertriebenen, bescherte.[263] Bei dieser kurzfristigen Reagrarisierung erwies sich der Bauernhof als erste Anlaufstation und „Zufluchtsort für Menschen, die ein unglückliches Schicksal" erlitten hatten.[264] Der Anstieg der Fremdarbeitskräfte um 31 Prozent gegenüber 1939 stimmte mit der Entwicklung in der gesamten Bundesrepublik überein, wo der Zuwachs in den einzelnen Betriebsgrößenklassen zwischen 23 und 45 Prozent lag.[265] Die spätere Entwicklung relativierte diese temporäre Reagrarisierung jedoch. Anfang der siebziger Jahre waren nur noch 5967 Fremdarbeitskräfte ständig beschäftigt.[266] Zudem befand sich der landwirtschaftliche Arbeitsmarkt seit Ende der vierziger Jahre in einer schizophrenen Situation. Einer Steigerung der in der Landwirtschaft Beschäftigten stand eine ungebrochene Nachfrage an ausgebildeten Fachkräften gegenüber.[267] Lediglich bei den zeitweise beschäftigten familienfremden Arbeitskräften verlief die Entwicklung etwas anders. Deren Anzahl ging in der NS-Zeit von 41948 auf 38905 zurück, um nach dem Krieg wieder auf 49332 (1949) bzw. auf 58248 (1960) anzusteigen.

Die Zahl der ständig Beschäftigten unter den externen Arbeitskräften zeigte hingegen die bekannte Entwicklung. Arbeiteten 1933 noch 96504 Verwalter, Knechte, Mägde, Landarbeiter und Tagelöhner auf den westfälischen Höfen, sank deren Zahl trotz eines Zwischenhoches von 122659 (1949) auf nur noch 39733 (1960) ab; innerhalb der letzten Dekade hatte sich der Bestand der ständig beschäftigten familienfremden Kräfte mithin um zwei Drittel verringert. Dieser Schrumpfungsprozeß betraf vor allem die Knechte und Mägde. Verdingten sich 1933 noch 37320 Knechte in westfälischen Betrieben, so waren es 1960 nur noch 14765. Noch durchgreifender verlief der Prozeß bei den Mägden von 31890 (1933) auf 8444 (1960). Die Ursache für den Mägdemangel war die geschlechtsbezogene Entlohnung: Mägde erhielten lediglich zwei Drittel des Lohnes der Knechte.[268] Auch beim Gesinde kam es 1949 zu einem Zwischenhoch, als Knechte und Mägde zwei Drittel aller ständigen Fremd-

---

[262] Siehe Anhang, Tabellen Nr. 14, 16, 18 u. 21.
[263] Gleichermaßen verlief die Entwicklung auf dem Gebiet des späteren Baden-Württemberg und Niedersachsen. In Baden-Württemberg kletterte die Zahl der ständig beschäftigten Fremdarbeitskräfte von 88907 (1939) auf 105554 (1949) an, ehe sie 1965 auf 30960 abfiel; Die Landwirtschaft in Baden-Württemberg, S. 15. Ebenso Die Landwirtschaft Niedersachsens 1914 - 1964, S. 111.
[264] Priebe, Wer wird die Scheunen füllen? S. 210. Zur Reagrarisierung siehe Borscheid, Vom Ersten zum Zweiten Weltkrieg, S. 343f., der dieses Phänomen – als Unterbrechung des Industrialisierungstrends – erstmalig als Folge der Weltwirtschaftskrise erkennt.
[265] Statistik der Bundesrepublik Deutschland, Bd. 27, Heft 2, S. 76.
[266] Westfalens Landwirtschaft im Wandel 1969 - 1973, S. 65 u. Tabelle Nr. 18. In den Kreisen Münster und Warendorf sank die Zahl der familienfremden Arbeitskräfte von 1946 bis 1958 um mehr als die Hälfte; Kaiser, Die Entwicklung der Landarbeiterverhältnisse in den Kreisen Münster und Warendorf, S. 154.
[267] STAMS, Oberpräsidium, Nr. 7365, S. 66, Nr. 7392, S. 52f. u. Nr. 7478, S. 22. Bericht des Landrats Coesfeld v. 27.10.1945 u. Bericht des Landesernährungsamtes v. 23.2.1946; STAMS, Kreis Coesfeld, Nr. 967.
[268] Baldauf, Die Frauenarbeit in der Landwirtschaft, S. 81f.

arbeitskräfte stellten. Doch die nachfolgende Entwicklung relativierte diesen Höhenflug rasch. Ende der fünfziger Jahre brach die Gesindearbeitsverfassung vollständig zusammen, denn die Arbeits- und Lebensform der unverheirateten Arbeitskraft war „im Sozialstil der industriellen Gesellschaft ein Fremdkörper" geworden.[269] In ganz Westdeutschland existierten Anfang der fünfziger Jahren lediglich rund 100000 Stellen für verheiratete Landarbeiter. Während in der Bundesrepublik allgemein zwei Drittel der Erwerbspersonen eine Ehe geschlossen hatten, war nur jeder fünfte Landarbeiter vermählt;[270] 1949 waren sogar lediglich 15 Prozent der ständigen männlichen Arbeitskräfte verheiratet gewesen.[271] Mit den Mägden und Knechten, die in der Landwirtschaft keine Möglichkeit zu einer Familiengründung sahen,[272] schwand somit ein „besonderes Merkmal der arbeitswirtschaftlichen Verhältnisse in der Landwirtschaft, das sich aus der materiellen und personellen Einheit des bäuerlichen Betriebs mit dem Haushalt und der Familie des Betriebsinhabers" ergab, denn die ledigen Gesindekräfte wurden neben Bargeld mit Naturalleistungen sowie voller Kost und Logis auf dem Hof entlohnt.[273] Seit den sechziger Jahren gehörten Knechte und Mägde in den bäuerlichen Betrieben der Vergangenheit an.

Die Zahl der zumeist ungelernten Landarbeiter und Tagelöhner sank in substantiellem Ausmaß ebenso erst in den fünfziger Jahren. Sie stieg bis dahin von 22226 (1933) auf 26730 Ende der vierziger Jahre, um danach radikal auf 10669 (1960) abzusacken. Im Laufe der fünfziger Jahre konnte man feststellen, daß „ein eigentlicher Berufsstand des landwirtschaftlichen Arbeitnehmers heute kaum besteht."[274] Das geringe soziale Prestige dieses Berufs resultierte nicht zuletzt daraus, daß er eine geregelte Ausbildung nicht zwingend voraussetzte, und Berufsberatung wie Arbeitsvermittlung versuchten, schwer vermittelbare Arbeitnehmer und Jugendliche in der Landwirtschaft unterzubringen.[275] 1973 waren noch knapp die Hälfte der Fremdarbeitskräfte Ungelernte.[276] Zudem waren Aufstiegschancen selbst für Facharbeitskräfte gering, da die Arbeit in den landwirtschaftlichen Betrieben nur wenige selbständige Einsatzgebiete bot. Zusatzqualifikationen zahlten sich nur selten aus.[277] Den Arbeitskräftemangel versuchte man seit Mitte der fünfziger Jahre zu beheben, indem

---

[269] Kuhne, Landarbeiter, S. 41. Zum Problem des Gesindes siehe auch Linde, Das Gesinde in der bäuerlichen Familienwirtschaft, S. 69 - 79.
[270] Priebe, Wer wird die Scheunen füllen? S. 205f. u. 217ff. Zum „Gesindeproblem" als Problem der ledigen Arbeitskräfte Die Landwirtschaft Niedersachsens 1914 - 1964, S. 110.
[271] Artikel „Seßhaftmachung verheirateter Landarbeiter", in: a.a.O. 116 (1959), S. 1453; Reetz, Seßhaftmachung von Landarbeitern in Westfalen-Lippe, S. 68.
[272] Priebe, Wer wird die Scheunen füllen? S. 205f., zieht in diesem Fall den Begriff der Landvertreibung dem der Landflucht vor.
[273] Statistik der Bundesrepublik Deutschland, Bd. 27, Heft 2, S. 79; Kaiser, Die Entwicklung der Landarbeiterverhältnisse in den Kreisen Münster und Warendorf, S. 156.
[274] Priebe, Wer wird die Scheunen füllen? S. 205.
[275] Schelsky, Die Gestalt der Landfamilie im gegenwärtigen Wandel der Gesellschaft, S. 40 - 58.
[276] Dies waren 42,2%. Diese Spezialisierung setzte sich vor allem im Gartenbau, weniger in der übrigen Landwirtschaft durch; Kuhne, Landarbeiter, S. 43f.
[277] Das niedrige Gehalt der Landarbeiter war oft Grund zur Klage. Siehe Artikel „Landarbeiterlöhne – eine Kulturschande?" in: Landwirtschaftliches Wochenblatt für Westfalen und Lippe 107 (1950), S. 422f.; Kaiser, Die Entwicklung der Landarbeiterverhältnisse in den Kreisen Münster und Warendorf, S. 157f.

man italienische Landarbeiter anwarb,[278] was zu Fragen der Behandlung und Verköstigung führte. In der Rubrik „Für die Landfrau" überlegte die Leiterin einer Heimvolksschule „Was kochen wir für unseren Italiener?" und riet zu kohlehydratreichen Teigwaren.[279]

Der Schwund betraf auch die Heuerlinge oder Kötter, eine alte sozioökonomische Sonderform in der westfälischen Landwirtschaft, die in einigen Gegenden des Münsterlandes stark verbreitet war.[280] Heuerlinge, die kein Eigenland besaßen, erhielten von ihrem bäuerlichen Pächter gegen genau geregelte Sach- und Arbeitsleistungen eine Unterkunft mit Stallung sowie den erforderlichen Pachtgrund. Dieses sogenannte Heuerlingsland verkleinerte sich von 8793 Hektar (1939) auf 3280 Hektar (1960). Der Anteil des Heuerlingslandes an der gesamten Betriebsfläche schwand demzufolge von 0,5 auf 0,2 Prozent. Gleichermaßen verringerte sich die Zahl der Betriebe, in denen die Inhaber eine solche Arbeitsgemeinschaft mit einem Heuerling eingingen, wobei vor allem in Kleinst- und Kleinbetrieben dieses sozioökonomische Verhältnis verbreitet war. Sie stellten Ende der dreißiger Jahre 86,8 Prozent aller Höfe mit Heuerlingsland.[281] Insgesamt sank die Zahl dieser Betriebe von 3867 (1939) auf 1502 (1960), bis dieses alte, für Westfalens Landwirtschaft charakteristische Abhängigkeitsverhältnis mit seinem ausgeklügelten Geflecht von gegenseitigen Verpflichtungen im sozioökonomischen Strukturwandel gänzlich unterging.[282]

Lebten und arbeiteten zum Beispiel in der Untersuchungsgemeinde Rödinghausen zu Beginn des Jahrhunderts noch 44 Heuerlinge, so schmolz deren Zahl seit den fünfziger Jahren.[283] Während es um die Jahrhundertwende im Kreis Beckum noch 200 Heuerlingstellen gab, existierten Mitte der sechziger Jahre gerade noch 24.[284] In den Jahren der wirtschaftlichen Blüte in der Nachkriegszeit wechselten viele Heuerlinge nach der Entlassung aus dem Pachtvertrag mit einem Bauern direkt in ein Arbeitsverhältnis in der Industrie. Sie gaben den Bauern das gepachtete Land zurück und zogen mit ihren Familien als Arbeiter in eine städtische Mietwohnung. Die wirtschaftlichen Lücken, die ihr Weggang in den landwirtschaftlichen Betrieben hinterließ, mußten die Bauernfamilien tragen. Mit den Heuerstellen fiel auch das Reservoir weg, das die Bauernhöfe mit Knechten und Mägden versorgte. Die Landwirt-

---

[278] Als Auswahl Artikel „Das Arbeitskräfteproblem in der Landwirtschaft" u. „Was kostet die italienische Arbeitskraft", in: Landwirtschaftliches Wochenblatt für Westfalen und Lippe 112 (1955), S. 1981f. u. 2156; „Anwerbung italienischer Landarbeiter für das Jahr 1957" und „Einzelanforderung italienischer Landarbeiter", in: a.a.O. 114 (1957), S. 6 u. 192.
[279] A.a.O. 113 (1956), S. 537.
[280] Das Heuerlingswesen datierte aus der Notzeit nach dem Dreißigjährigen Krieg; Die Landwirtschaft im Kreise Beckum, S. 53; 100 Jahre landwirtschaftliche Fachschule im Kreis Steinfurt 1885 - 1985, S. 9.
[281] Die Betriebszählung 1939 nach Landesbauernschaften, Heft 2, S. 14f.
[282] Siehe Anhang, Tabelle Nr. 34. Die Strukturanalyse der land- und forstwirtschaftlichen Betriebe in Westfalen-Lippe zu Beginn der siebziger Jahre führte Heuerlinge weder als soziale noch als wirtschaftliche Größe auf; vgl. Westfalens Landwirtschaft im Wandel 1969 - 1973.
[283] Botzet, Bauersleut und Heimarbeiter, S. 143.
[284] Die Landwirtschaft im Kreis Beckum, S. 53.

schaft konnte ihren Nachwuchs mithin nicht mehr selbst reproduzieren, zumal die Stellen für verheiratete Landarbeiter wie gesehen rar waren.[285]

Die Hauptlast der anfallenden Arbeit fiel vor allem den Bäuerinnen zu, die neben dem Haushalt auch in der Innen- bzw. Außenwirtschaft arbeiten mußten. Als Folge davon fürchtete der Autor einer streng vertraulichen Denkschrift zur Lage der Landwirtschaft 1938, Dr. Paul Rintelen, einen „Geburtenrückgang auf dem Lande".[286] Erst die Anschaffung neuer Maschinen erleichterte diese Spitzenbelastung etwas. Die Abwanderung der Heuerlinge brachte somit einen weiteren Impuls zur Mechanisierung der landwirtschaftlichen Betriebe. Daneben hinterließen die abgewanderten Kötterfamilien auch soziale Lücken. Das differenzierte Bauer- und Heuerlingswesen hatte es mit sich gebracht, daß diese Arbeit und Pausen zusammen verbrachten. Der Weggang der Heuerlinge stellte die Bauern vor die Wahl, entweder Fremdarbeitskräfte zu entlohnen oder Maschinen anzuschaffen. Interessanterweise schafften sich die Bauernfamilien gerade zu diesem Zeitpunkt, als altgewohnte mitmenschliche Kontakte wegfielen, Radios an, die sie in Viehställen und auf Schleppern installierten.[287]

6.2. Die Landflucht und die Pendlerexistenz

Die Landflucht und vor allem das Pendlerwesen waren direkte Folgen der Revolutionierung der Agrarproduktion. Vor allem abhängig Beschäftigte, die nicht am Grundbesitz partizipierten, wanderten in die Städte ab. Gegen diese Tendenz sollten Maßnahmen wie Wohnungsbauprogramme dafür sorgen, diese Arbeitskräfte auf dem Land zu halten.

Bereits in der Weimarer Zeit, die mit der Vorläufigen Landarbeiterverordnung vom 21. Januar 1919 den Landarbeitern bessere Arbeitsmöglichkeiten und eine verbesserte Rechtsposition brachte, wurden mit Hilfe zinsloser Darlehen aus Mitteln der Arbeiterfürsorge im Kammerbereich Westfalen-Lippe 1538 Landarbeiterwohnungen gebaut.[288] Anfang der dreißiger Jahre dienten weitere 342 Anträge zum Wohnungsbau dazu, Landarbeiter in der Landwirtschaft zu binden, bis die desolate Finanzlage alle Bemühungen beendete.[289] Der Weggang vom Land konnte in der Weimarer Zeit nicht aufgehalten werden.[290]

---

[285] Artikel „Mehr verheiratete Landarbeiter", in: Landwirtschaftliches Wochenblatt für Westfalen und Lippe 111 (1954), S. 519.

[286] Denkschrift zur Lage der Landwirtschaft im Bezirk der Landesbauernschaft Westfalen; STAMS, Gauleitung Westfalen Nord, Gauinspekteure Nr. 25.

[287] Strotdrees, Höfe, Bauern und Hungerjahre, S. 91ff.; Botzet, Bauersleut und Heimarbeiter, S. 192.

[288] Kuhne, Landarbeiter, S. 36. Zur Vorläufigen Landarbeiterverordnung siehe a.a.O., S. 35; Priebe, Wer wird die Scheunen füllen? S. 51.

[289] Kuhne, a.a.O., S. 37. In der benachbarten Provinz Hannover wurden von 1924 bis 1932 1202 Werkwohnungen und 7159 Eigenheime gebaut; reichsweit wurden 41350 bzw. 25650 Projekte gefördert; Die Landwirtschaft Niedersachsens 1914 - 1964, S. 118.

[290] Theine, Westfälische Landwirtschaft in der Weimarer Republik, S. 333.

Die Versuche des NS-Systems, die Landflucht „endlich zum Stillstand" zu bringen und dem Zug in die Städte Einhalt zu gebieten, scheiterten allesamt.[291] Weder sanfter noch fester Zwang, weder Wohnungsbauprogramme noch Abwanderungs- oder Berufswechselverbote, weder Erbhofgesetzgebung noch freiwilliger Ernteeinsatz von Parteigenossen oder Landjahr bildeten den ersehnten Damm gegen die Landflucht.[292] Auch die Ernteeinsätze des Reichsarbeitsdienstes, der Wehrmacht, HJ und Schuljugend waren in ihrer Wirkung begrenzt.[293] Trotz der „erheblichen Propaganda... für eine Rückwanderung auf das Land"[294] und für den Erhalt von „des Volkes Bluterneuerungsquell"[295] hielt die Abnahme der Arbeitskräfte auf dem Land an. Im Interesse der industriellen Kriegsvorbereitung kam dies den NS-Machthabern nicht ungelegen.[296] Bis Kriegsbeginn waren „alle Versuche zur Behebung des Landarbeitermangels... ergebnislos verlaufen",[297] vielmehr verlor die Landwirtschaft durch das nationalsozialistische Aufrüstungsprogramm ein knappes Zehntel ihrer Beschäftigten.[298] Zudem war die nationalsozialistische Agrarpolitik einseitig auf den Bauernstand, „den Heger deutschen Blutes", ausgerichtet.[299] Dagegen erreichten die Landarbeiter keine berufständische Vertretung, vielmehr standen sie nach dem Gesetz zur Ordnung der nationalen Einheit vom 20. Januar 1934 unter Sonderrecht.[300] Förderungsmaßnahmen der Westfälisch-Lippischen Heimstätte für den Bau von Werkwohnungen und Eigenheimen liefen nach einer Pause erst 1937 wieder an, bis sie 1941 erneut eingestellt wurden.[301]

Die Folge dieses Weggangs war ein akutes Defizit an Beschäftigten in der Landwirtschaft. „Gebt uns Arbeitskräfte!" forderten die Rödinghauser Bauern, die immer mehr Heuerlinge, Landarbeiter und Gesinde fortziehen sahen. Ein großbäuerlicher Betrieb in der Ravensberger Landgemeinde umfaßte 1941 neben Bauer, Bäuerin und

---

[291] Artikel „Neubildung des deutschen Bauerntums" zum gleichlautenden Gesetz vom 14. Juli 1933, in: Landwirtschaftliche Zeitung 90 (1933), S. 527.
[292] Als Auswahl STAMS, Gauleitung Westfalen-Nord, Gauinspektoren Nr. 92 u. 93. Artikel „Arbeitslosigkeit in der Stadt – Arbeitermangel auf dem Lande", in: Westfälischer Bauernstand Jg. 1934, S. 443. Artikel „Landflucht ist Volkstod", in: Wochenblatt der Landesbauernschaft Westfalen Jg. 1935, S. 1958. – Die dezenten wie die rigiden Maßnahmen zeitigten auch auf dem Gebiet des heutigen Niedersachsens nicht den gewünschten Erfolg; Die Landwirtschaft Niedersachsens 1914 - 1964, S. 110. Für die sieben Friedensjahre der NS-Zeit siehe Herlemann, Bäuerliche Verhaltensweisen unterm Nationalsozialismus, S. 117.
[293] STAMS, Oberpräsidium, Nr. 7469, S. 4.
[294] Artikel „Wege zur Bekämpfung der Landflucht" von Ministerialdirektor Maier-Bode, Düsseldorf, in: Landwirtschaftliches Wochenblatt für Westfalen und Lippe 106 (1949), S. 1353f.
[295] Zitat von Reichsbauernführer Richard Walther Darré, in: Westfälischer Bauernstand Jg. 1934, S. 82.
[296] Vgl. Blaich, Wirtschaft und Rüstung im „Dritten Reich", S. 31; Puhle, Politische Agrarbewegungen in kapitalistischen Industriegesellschaften, S. 101f.
[297] Niederschrift über die Arbeitstagung aller an der Förderaktion für den Landarbeiterwohnungsbau beteiligten Stellen Westfalens in Münster am 9.2.1939; STAMS, Regierung Arnsberg, Nr. 284.
[298] Zehn Jahre Landesbauernschaft Westfalen, S. 16.
[299] Willrich, Bauerntum als Heger deutschen Blutes.
[300] Zum Gesetz zur Ordnung der nationalen Arbeit vom 20.1.1934 siehe RGBl.I, S. 45; Barkai, Das Wirtschaftssystem des Nationalsozialismus, S. 117; Priebe, Wer wird die Scheunen füllen? S. 52.
[301] Mit Zuschüssen in Höhe von knapp einer Million RM wurden 672 Landarbeiter- und Heuerlingswohnungen neu- bzw. umgebaut; STAMS, Regierung Arnsberg, Nr. 284.

zwei Töchtern nur einen Knecht und zwei Kriegsgefangene.[302] In der Kriegszeit verschärften die Einberufungen zur Wehrmacht den Arbeitskräftemangel,[303] zu dessen Entlastung Kriegsgefangene und Zwangsarbeiter eingesetzt wurden.[304] Nur durch diese zusätzlichen Arbeitskräfte war die Produktion aufrechtzuerhalten. Bereits zur Hackfruchternte 1939 wurden polnische Kriegsgefangene als Erntehelfer verpflichtet.[305] Im Jahre 1943 mußten fast 75000 ausländische Arbeitskräfte in der westfälischen Landwirtschaft arbeiten.[306] Damit hatte sich das NS-System selbst in eine Zwickmühle manövriert. Wenngleich wirtschaftlich notwendig, war vor allem der Einsatz von Kriegsgefangenen und Zwangsarbeitern aus dem Osten aus ideologischer Sicht problematisch, galt es doch in den Augen der Nationalsozialisten „bevölkerungs- und rassenpolitisch unerwünschte Beziehungen" zu verhindern.[307]

In den fünfziger Jahren wurden zur Lösung des Landarbeiterproblems verstärkt neue Unterkünfte geschaffen. Den Bau von Landarbeiterwohnungen zu fördern, hatte sich auch die 1949 wieder gewählte Landwirtschaftskammer Westfalen-Lippe auf ihre Fahnen geschrieben.[308] Die Wohnungsbauprogramme sollten die Seßhaftmachung der Landarbeiter begünstigen. Favorisiert wurde dabei der Bau von Eigenheimen, der dem Ziel dienen sollte, verheiratete Arbeitskräfte in der Landwirtschaft zu binden. Knapp die Hälfte der vorhandenen 21546 Werkwohnungen waren jedoch zweckentfremdet, da aufgrund des Vertriebenenzuzugs betriebsfremde Familien in ihnen wohnten.[309] Eine Untersuchung auf den westfälischen Höfen im Wirtschaftsjahr 1949/50 ergab, daß in 65 Prozent aller landwirtschaftlichen Werkwohnungen Personen wohnten, die nicht im Agrarsektor beschäftigt waren.[310] Das Land Nordrhein-Westfalen stellte 1954 Darlehen in Höhe von 2,04 Millionen DM für den Neu-

---

[302] Artikel „Die Arbeitskräfte in der Landwirtschaft im Kriegsjahr 1941", in: Chronik Rödinghausen (1942 - 1949); GA Rödinghausen, Buchbestand Nr. 23.

[303] Herbst, Der Totale Krieg und die Ordnung der Wirtschaft, S. 13f.; Klein, Geschichte der deutschen Landwirtschaft im Industriezeitalter, S. 175f.

[304] STAMS, Regierung Arnsberg, Nr. 23412.

[305] Bis Anfang Dezember 1939 waren in der westfälischen Landwirtschaft 12152 polnische Kriegsgefangene eingesetzt; STAMS, Oberpräsidium, Nr. 7456, S. 260; Wochenblatt der Landesbauernschaft Westfalen Jg. 1939, Folge 41 u. 42, o. S.

[306] Zehn Jahre Landesbauernschaft Westfalen, S. 16. STAMS, Oberpräsidium, Nr. 7456, S. 260 u. Nr. 8263, S. 271f.

[307] STAMS, Oberpräsidium, Nr. 7469, S. 6; STAMS, Regierung Arnsberg, Nr. 23412, S. 10. Siehe ebenso die Vorschriften für den Umgang mit den Arbeitskräften in den Artikeln „Kriegsgefangene in der Landwirtschaft", in: Wochenblatt der Landesbauernschaft Westfalen Jg. 1940, S. 320; „Ostarbeitereinsatz in der Landwirtschaft", a.a.O. Jg. 1942, S. 633f.

[308] Artikel „Die Aufgaben und die Organisation der Landwirtschaftskammer" von Direktor Dr. Fritz Tasch, in: Landwirtschaftliches Wochenblatt für Westfalen und Lippe 106 (1949), S. 1162 - 1164.

[309] Dies traf auf 10164 Werkwohnungen zu; Reetz, Seßhaftmachung von Landarbeitern in Westfalen-Lippe, S. 69; Artikel „Landarbeiter ohne Wohnungen", in: Landwirtschaftliches Wochenblatt für Westfalen und Lippe 106 (1949), S. 1125f. In Nordrhein-Westfalen war 1949 45% des Wohnraumes auf dem Lande von „berufsfremden oder arbeitsunfähigen Personen" belegt; Artikel „Wege zur Bekämpfung der Landflucht" von Ministerialdirektor Maier-Bode, Düsseldorf, in: ebd., S. 1353.

[310] Artikel „Räumung blockierter landwirtschaftlicher Werkwohnungen", in: a.a.O. 109 (1952), S. 1019.

bzw. den Um- und Ausbau von Werkwohnungen bereit.[311] Bis Mitte der fünfziger Jahre wurden durch die Betreuung der Westfälisch-Lippischen Heimstätte rund dreitausend Landarbeiterstellen als Eigenheime und Nebenerwerbsstellen gebaut.[312] 1957 stellte der Wiederaufbauminister des Landes weitere 8,425 Millionen DM für den Bau von Ersatzwohnungen für bisher blockierte Werkwohnungen sowie drei Millionen DM für die Schaffung neuer Werkwohnungen bereit.[313] Jedoch konnte die Errichtung neuer Heimstätten den Wegzug landwirtschaftlicher Arbeitskräfte ebensowenig aufhalten wie die Freimachung blockierter Wohnungen.

Die „menschliche Verarmung" des ländlichen Raumes und der Landwirtschaft erreichte vor allem in der zweiten Hälfte des 20. Jahrhunderts die Ausmaße eines ‚Exodus' in urbane Zentren,[314] die mit vielfältigen Angeboten lockten wie zum Beispiel leichterer Arbeit, geringerer Arbeitszeit, komfortableren Wohn- und Lebensbedingungen, bunterem Freizeit- und Konsumangebot sowie leichteren Aufstiegsmöglichkeiten und besserer Bezahlung. Während der Jahresdurchschnittslohn eines Industriearbeiters 1952 bei 3390 DM lag, verdiente ein Landarbeiter im Mittel 2489 DM, eine familieneigene Arbeitskraft nur 1778 DM. Der Bruttostundenverdienst in der Industrie gemessen an der Indexzahl von 100 im Jahre 1950 kletterte über 130 (1953) und 156 (1956) auf 190 (1960), indes stiegen die Erzeugerpreise für Agrarprodukte im gleichen Zeitraum nur von 100 über 112 und 127 auf 130.[315] Betrug die durchschnittliche Wochenarbeitszeit Ende der fünfziger Jahre bei einer Tätigkeit in der Industrie 48 bis 52 Stunden, so lag sie bei landwirtschaftlichen Arbeitnehmern im Sommer zwischen 60 und 75, im Winter bei 55 bis 70 Stunden.[316] Darüber hinaus trugen die eingeschränkten Heiratsmöglichkeiten, die schlechteren Aufstiegschancen und die „Eintönigkeit des Landlebens" dazu bei, daß landwirtschaftliche Arbeitskräfte in die Städte abwanderten.[317] Demgegenüber versuchten berufsständische Vertretungen, das Image des Landarbeiters als des „Dorftrottels" zugunsten eines abwechslungsreichen und anspruchsvollen Ausbildungsberufes abzulegen.[318]

---

311 Artikel „Neue Bestimmung für die Förderung des Werkwohnungsbaues in der Landwirtschaft", in: a.a.O. 111 (1954), S. 1037.
312 Werner, Die Förderung des Landarbeitereigenheims durch die Westfälisch-Lippische Heimstätte, S. 79 - 83; Reetz, Seßhaftmachung von Landarbeitern in Westfalen-Lippe, S. 76f. In Niedersachsen wurden zwischen 1952 und 1962 7660 Eigenheime, 2097 Werkwohnungen und 4963 Werkwohnungsersatzbauten errichtet; Die Landwirtschaft Niedersachsens 1914 - 1964, S. 118.
313 Artikel „Förderung von Werkwohnungen für Landarbeiter", in: Landwirtschaftliches Wochenblatt für Westfalen und Lippe 114 (1957), S. 1792.
314 Lübke, Der Landwirtschaftskammer Westfalen-Lippe zum Geleit! In: FS zum 50jährigen Bestehen der Landwirtschaftskammer Westfalen-Lippe 1949, S. 4; Artikel „Die Arbeiterfrage – ein Zentralproblem der Landwirtschaft", in: a.a.O. 117 (1960), S. 2815f.
315 STAMS, Regierung Arnsberg, Nr. 14, S. 430; Artikel „Aufschlußreiche Zahlen", in: Landwirtschaftliches Wochenblatt für Westfalen und Lippe 117 (1960), S. 1902.
316 Kaiser, Die Entwicklung der Landarbeiterverhältnisse in den Kreisen Münster und Warendorf, S. 155f.
317 Münkel, Bauern, Hakenkreuz und „Blut und Boden", S. 219; Priebe, Wer wird die Scheunen füllen? S. 40; Artikel „Zunehmende Flucht aus der Landarbeit", in: Landwirtschaftliches Wochenblatt für Westfalen und Lippe 107 (1950), S. 1408.
318 Dabei ergaben sich Spezialisierungen wie Landmaschinenschlosser, Schlepperfahrer, Verwalter, Viehpfleger, Schäfer, Melker u.a.m.. Vgl. Das Berufsbild des Landarbeiters, S. 2f. u. 10f.; Artikel „Landarbeit muß Facharbeit werden. Die landwirtschaftliche Erzeugung erfordert ausgebildete Kräfte", in: Die

Neben der Landflucht in Form einer endgültigen Übersiedlung in die Stadt existierte noch die weiche Form der Pendlerexistenz.[319] Die Pendler zogen nicht wie bei der Landflucht in eine Stadt, um dort Arbeit und Wohnung zu finden, sondern sie blieben im Dorf wohnen, gingen aber haupt- oder nebenberuflich in einer benachbarten Stadt zur Arbeit. Die Pendler wanderten also nicht vom Land, sondern aus der Landwirtschaft ab. Insofern kann man hier von einer Berufsflucht sprechen.

Pendlerbewegungen berührten die berufliche und regionale Mobilität innerhalb des Sozialsystems Dorf. Sie waren eine Form erwerbsbedingter Wanderungsbewegungen und führten zu einer graduellen, wenn auch nicht absoluten Ablösung der Pendler vom ländlichen Raum. Neben der harten Form beruflicher und regionaler Mobilität in Gestalt der Übersiedlung in die Stadt setzte sich die weiche Form der Pendlerexistenz immer weiter durch. Die Pendlerexistenz ländlicher Arbeiterbauern hatte ihre Ursache „sicherlich nicht deshalb, weil ihnen das dörfliche Leben etwa nur Sicherheit und Geborgenheit geboten hätte und weil es auch nach wie vor soziale Kontrolle, Diskriminierung, Unterdrückung bedeutete. Vielmehr erschienen ihnen offenbar die gesellschaftlichen Lebensalternativen immer noch ein Stückweit unattraktiver und unwirtlicher als die [dörfliche, P.E.] Welt. Hier kannte man wenigstens die Regeln und Gesetze des Alltags".[320]

Im Untersuchungszeitraum gab es zwei Pendlergruppen. Waren es vor 1945 die Arbeiter innerhalb der Dorfbevölkerung, die zum Broterwerb auspendelten, so wurde diese Gruppe seit 1945 um die Flüchtlinge erweitert, die in höherem Prozentsatz als die Alteingesessenen außerhalb des dörflichen Produktionsrahmens einer Arbeit nachgingen.[321] Vor allem die seit Mitte der vierziger Jahre „neugewonnenen Landarbeiter" unter den Neubürgern zogen in die wieder auflebende Industrie fort, blieben aber wegen des knappen städtischen Wohnraumes auf dem Land wohnen.[322] Dies galt auch für die Leiter von landwirtschaftlichen Kleinst- und Kleinbetrieben, die ihren Lebensunterhalt hauptsächlich aus einer Beschäftigung in der Stadt bestritten. Die Pendlerexistenz, die mit der Motorisierung der fünfziger Jahre verstärkt Verbreitung fand, war eine „Sonderform der räumlichen Mobilität"[323] und eine doppelgesichtige Erscheinung beim Schwund des Stadt-Land-Gegensatzes.[324] Der Pendler war „sowohl ein Agent als auch ein Produkt dieser Entwicklung."[325] Die Pendelzeit betrug 1958 bei nichtlandwirtschaftlichen Arbeitnehmern, die in Landgemeinden

---

Welt v. 12.12.1952; Artikel „Unsere Melkermeister", in: Landwirtschaftliches Wochenblatt für Westfalen und Lippe 109 (1952), S. 1289f.; Kuhne, Landarbeiter, S. 42 - 48; Boesler, Landarbeiter in Westdeutschland, S. 24ff.

[319] Zum Pendlerwesens Anfang der fünfziger Jahre siehe Statistische Rundschau für das Land Nordrhein-Westfalen 4 (1952), 2. Sonderheft, S. 38 - 63.

[320] Kaschuba, Volkskultur zwischen feudaler und bürgerlicher Gesellschaft, S. 238.

[321] Siehe auch Brändle, Die Eingliederung der Heimatvertriebenen, S. 148ff.

[322] Artikel „Wege zur Bekämpfung der Landflucht" von Ministerialdirektor Maier-Bode, Düsseldorf, in: Landwirtschaftliches Wochenblatt für Westfalen und Lippe 106 (1949), S. 1353.

[323] Schildt/Sywottek, „Wiederaufbau" und „Modernisierung", S. 23.

[324] Zum Schwinden des Stadt-Land-Gegensatzes siehe Kötter, Die Landwirtschaft, S. 120.

[325] Mooser, Arbeiterleben in Deutschland 1900 - 1970, S. 175.

wohnten, rund sechs Stunden pro Woche und verursachte Fahrtkosten in Höhe von 134 DM.

Neben den Arbeiterbauern und Dorfhandwerkern folgten auch die sozialen Gruppen der Heuerlinge und des Gesindes dem Sog des Arbeitskräftebedarfs in der städtischen Industrie. Handwerker hörten mit ihrem Gewerbe zugunsten einer Fabriktätigkeit auf, Arbeiterbauern gaben den landwirtschaftlichen Nebenerwerb auf und bewirtschafteten ihr geringes Grundeigentum nicht mehr selbst. Landarbeiter, Gesinde und Heuerlinge tauschten ihre von landbesitzenden Bauern abhängige Stellung in die Lohnabhängigkeit einer Industriebeschäftigung ein, womit wie gesehen altüberlieferte Arbeits- und Sozialorganisationen ausstarben, nämlich „die spannungsvolle Symbiose von Bauernschaft und ländlicher Unterschicht bzw. Arbeiterschaft".[326] An ihre Stelle rückte eine versachlichte Arbeitgeber-Arbeitnehmer-Beziehung; ein neues Mitarbeiterverhältnis löste das überlieferte patriarchalische System ab.[327] Dies galt auch für den Agrarsektor. Vergebens klagte Landwirtschaftsminister Heinrich Lübke 1949 eine „echte Partnerschaft [des Bauern, P.E.] mit seinen Mitarbeitern ein" und forderte „die Einbeziehung der Landarbeiter als der verantwortlichen Arbeitsgehilfen des Bauern in die berufsständische Selbstverwaltung".[328]

Nahtlos in die Pendlerexistenz der einheimischen Arbeiterbauern sahen sich arbeitsuchende Vertriebene gestellt. Die alliierten Behörden leiteten die neuen Dorfbewohnern in ländliche Regionen, die zwar über intakte Wohnreserven verfügten, den arbeitsuchenden Flüchtlingen jedoch keine beruflichen Perspektiven bieten konnten.[329] Anfänglich bot sich ihnen die dörfliche Landwirtschaft als Mittel zum Broterwerb. In der Mangelphase der unmittelbaren Nachkriegszeit mußte mancher Flüchtling in Fremdberufen das Überleben seiner Familie sichern. Nach einer Erhebung des ersten Lehrers der evangelischen Volksschule in Ottmarsbocholt waren 41,4 Prozent der Väter vertriebener Schulkinder nicht mehr in ihrem alten Beruf tätig. Viele Neubürger waren in ein wirtschaftliches Umfeld gekommen, in dem sie ihre spezifischen Fähigkeiten gar nicht entfalten konnten. „Das war natürlich kein Dauerzustand... Jeder strebte danach, zumal nach der Währungsreform 1948, wieder seinen alten Arbeitsplatz, wenn auch nicht in seiner Heimat, zurückzugewinnen."[330] Ottmarsbocholt beispielsweise bot außer in der Landwirtschaft und dem Dorfhandwerk keine wirtschaftliche Existenzmöglichkeit.[331] Bald aber nahmen die heimkeh-

---

[326] Ders., a.a.O., S. 174.
[327] Priebe, Wer wird die Scheunen füllen? S. 47ff.
[328] Landwirtschaftliches Wochenblatt für Westfalen und Lippe 106 (1949), S. 1161 sowie Grußwort Lübkes, Der Landwirtschaftskammer Westfalen-Lippe zum Geleit! In: FS zum 50jährigen Bestehen der Landwirtschaftskammer Westfalen-Lippe 1949, S. 4.
[329] Zum Vorrang des Wohnungs- und Versorgungspotentials gegenüber der Arbeitsmarktlage vgl. Waldmann, Die Eingliederung der ostdeutschen Vertriebenen in die westdeutsche Gesellschaft, S. 177f. und 180.
[330] Aussage des Vertriebenen und ersten Lehrers der evangelischen Volksschule in Ottmarsbocholt; Schulchronik der evangelischen Volksschule, Teil 2, in: Ottmarsbocholt. Geschichte und Geschichten 7 (1986), S. 35 u. Teil 3, in: a.a.O. 8 (1987), S. 13. Zur wirtschaftlichen Integration der Vertriebenen siehe auch Benz, Fremde in der Heimat, S. 384.
[331] Vgl. dazu auch die Studie für den Kreis Lüdinghausen von Irmgard Schulze-Westen, Das Flüchtlingsproblem, bes. S. 26 - 48.

renden Kriegsgefangenen die freigewordenen Plätze in der Landwirtschaft wieder ein und verdrängten damit die neuen Dorfbewohner aus diesem Beschäftigungssektor. Die Vertriebenen waren daher darauf angewiesen, außerhalb von Ottmarsbocholt eine ihren Fähigkeiten entsprechende Anstellung zu finden. Wer mit dem Arbeitsplatz nicht auch den Wohnort wechseln wollte, pendelte nun zu einer auswärtigen Arbeitsstelle. Dabei waren die Pendler auf private Fortbewegungsmittel bzw. den öffentlichen Busverkehr angewiesen. Ein Eisenbahnanschluß existierte im Dorf nicht, der nächste Bahnhof in Davensberg lag vier Kilometer, die beiden in Bösensell und Appelhülsen jeweils über zehn Kilometer weit entfernt.

Welche Ausmaße das Pendlerwesen in den fünfziger Jahren annahm, belegen folgende Zahlen. Im Jahre 1950 wies Ottmarsbocholt 1094 Erwerbspersonen auf, von denen 960 (88,7%) im Dorf eine Beschäftigung fanden.[332] Zehn Erwerbstätige pendelten in die Gemeinde ein, 134 pendelten zu auswärtigen Arbeitsstellen aus, davon 62 nach Münster.[333] Damit lag Ottmarsbocholt weit unter der allgemeinen Pendlerrate in allen Agrargebieten Nordrhein-Westfalens.[334] Elf Jahre später zählte Ottmarsbocholt nur noch 961 Erwerbspersonen, von denen lediglich 627 (65,2%) im Dorf eine Anstellung hatten. Zwar hatte sich die Zahl der Einpendler auf 20 erhöht, aber im gleichen Zug schnellte die Zahl der Auspendler um den zweieinhalbfachen Wert auf 347.[335] Rund die Hälfte fuhr zur Arbeit nach Münster.[336]

Gegenüber 1950 hatte sich also Anfang der sechziger Jahre die Zahl der Erwerbspersonen um 133 auf 87,8 Prozent reduziert, ebenso war die Zahl der im Dorf beschäftigten Ottmarsbocholter um 333 auf 65,2 Prozent gefallen. Die Zahl der Auspendler war gar um das Zweieinhalbfache auf 249,3 Prozent nach oben geschnellt. Gewandelt hatte sich neben dem Pendleranteil auch die Art des Verkehrsmittels, mit dem man pendelte. Waren es Anfang der fünfziger Jahre Krafträder oder der öffentliche Nahverkehr, so stieg zu Beginn der sechziger Jahre das eigene Auto zu dem Transportmittel schlechthin auf.[337]

Auch in Heek wanderten durch die verstärkte Motorisierung der Nachkriegsgesellschaft in Form von Busanschlüssen und privaten Fortbewegungsmitteln zunehmend Arbeitskräfte aus der Landwirtschaft ab. 1950 pendelten 153 Heekerinnen und Heeker aus und praktizierten damit die weiche Form der Landflucht. Das waren 4,8 Prozent der Erwerbspersonen, womit Heek aber den Auspendleranteil in allen ländlichen Gebieten Nordrhein-Westfalens von 25 Prozent erheblich unterschritt.[338] Die Pendlerexistenz unterstrich wiederum, wie sehr diese Dorfbewohner an ihren Besitz, ob nun Land oder Haus, gebunden waren, zu dem sie allabendlich zurückkehrten. Elf Jahre später war die Zahl der Auspendler auf 588, bereits 32,6 Prozent der Er-

---

[332] Kommunale Neugliederung im Raum Münster, Tabelle 11.
[333] Kommunale Neugliederung im Raum Münster, Tabelle 14.
[334] Der Anteil der Auspendler bezifferte sich in allen Agrargebieten Nordrhein-Westfalens auf 25%; siehe Ipsen, Bemerkungen zum industriell-agraren Gemenge, S. 48.
[335] Zu den Zahlen für 1950 und 1961 siehe Kommunale Neugliederung im Raum Münster, Tabelle 8.
[336] Vgl. a.a.O. Tabelle 14.
[337] 1958 überstieg bundesweit der PKW-Bestand die Zahl der Krafträder. Vgl. Maase, Freizeit, S. 220.
[338] Beiträge zur Statistik des Landes Nordrhein-Westfalen, Sonderreihe Volkszählung 1950, Heft 15, S. 122f.

werbstätigen, angeschnellt.[339] 1963 wiederum war dieser Wert etwas gefallen auf 520 Auspendler.[340] Eine weitere Industrieansiedlung hatte den Heeker Arbeitnehmern ortsansässige Beschäftigungen verschafft. Die Zahl der Einpendler nach Heek stieg in den fünfziger Jahren ebenfalls, ein zusätzliches Indiz für die zunehmende Bedeutung der örtlichen Industrie. 1950 suchten 75 Auswärtige Arbeit in der Dinkelgemeinde, vor allem in den Industriebetrieben. Sie stellten 4,7 Prozent der am Ort Beschäftigten.[341] 1961 war deren Zahl auf 104 angewachsen; 7,9 Prozent der in Heek Arbeitenden kamen nun von auswärts.[342]

Schließlich bewirkte die zunehmende regionale Mobilität ebenso in Rödinghausen einen Anstieg des Pendlerwesens, das dort bereits verbreitet war. Die gestiegene Motorisierung ermöglichte es im Jahre 1950 217 Rödinghausern, einer auswärtigen Beschäftigung nachzugehen. Das waren 37,9 Prozent aller Erwerbstätigen. Damit lag die Gemeinde mit mehr als der Hälfte über der Pendlerquote von 25 Prozent in allen Agrargebieten Nordrhein-Westfalens. Die meisten Pendler, insgesamt 69, arbeiten in der nächstgelegenen Industriestadt Bünde, während 62 ins benachbarte Schwenningdorf, sechs nach Ostkilver und fünf nach Bieren auspendelten. Umgekehrt pendelten täglich 137 Auswärtige, 27,8 Prozent der am Ort Arbeitenden, nach Rödinghausen ein.[343] Der Anteil der Auspendler nahm in den Folgejahren weiter zu. 1961 suchten 215 Rödinghauser ihr Auskommen außerhalb ihres Wohnorts. Das waren mittlerweile 41 Prozent aller Erwerbspersonen.[344]

Neben den erweiterten Arbeitsmöglichkeiten wirkte sich das Pendlerwesen in allen drei Dörfern auch sozial aus. Die Dorfbewohner, die allabendlich von ihren auswärtigen Arbeitsplätzen zurückkehrten, führten städtische Einstellungs- und Verhaltensmuster, von der neuesten Mode bis zum Freizeitverhalten, vom Rollen- bis zum Konsumverhalten, in ihren Wohnort ein. Sie verknüpften damit ihre Heimatgemeinde „in starkem Maße mit der außergemeindlichen Gesellschaft" und sorgten so dafür, daß sich die dörflichen Verhaltens- und Orientierungsmuster den städtischen schrittweise annäherten.[345]

---

[339] Beiträge zur Statistik des Landes Nordrhein-Westfalen, Sonderreihe Volkszählung 1961, Heft 3a, S. 261.
[340] Flächennutzungsplan der Gemeinde Heek v. 23.8.1963; GA Heek, Zwischenarchiv, Reg.-Nr. 0-13/1A.
[341] Beiträge zur Statistik des Landes Nordrhein-Westfalen, Sonderreihe Volkszählung 1950, Heft 15, S. 122f.
[342] A.a.O., Sonderreihe Volkszählung 1961, Heft 3a, S. 261.
[343] GA Rödinghausen, Zwischenarchiv, C 0-51/00; Beiträge zur Statistik des Landes Nordrhein-Westfalen, Sonderreihe Volkszählung 1950, Heft 15, S. 183.
[344] 96 Einpendler kamen von einem anderen Ort, um in der Ravensberger Landgemeinde ihren Unterhalt zu verdienen. Sie stellten 23,6 Prozent der in Rödinghausen Erwerbstätigen; Beiträge zur Statistik des Landes Nordrhein-Westfalen, Sonderreihe Volkszählung 1961, Heft 3a, S. 381.
[345] Pflaum, Von der Kleinbauerngemeinde zur Pendlergemeinde. Einführende Beschreibung, S. 11 - 28, Zitat S. 20 u. 24f.

6.3. Das Wechselspiel von Landflucht und Maschinisierung

Maschinisierung und Landflucht standen in einem wechselseitigen Verhältnis. Schon Ende der zwanziger Jahre brachte Professor Karl Vormfelde, Direktor des Landtechnischen Instituts an der Universität Bonn, diese Ambivalenz zum Ausdruck: „Die Technisierung läuft, und da gibt es kein Anhalten mehr. Der Leutemangel zwingt dazu."[346] Die seit langem beklagte Abwanderung „der besten Arbeitskräfte" in die „besser bezahlende Industrie" und die „zunehmende Abneigung der inländischen Bevölkerung, in der Landwirtschaft überhaupt noch Arbeit anzunehmen", machte die Mechanisierung notwendig, die wiederum weitere Arbeitskräfte freisetzte.[347] Die Leutenot war mithin Voraussetzung wie Folge des Maschineneinsatzes.

Die Landflucht und ihre weiche Form des Pendlerwesens führten dazu, daß die Landwirtschaft ihre traditionelle Rolle als führender Wirtschaftssektor verlor. Die ländliche Region entwickelte sich zum Reservoir für Arbeitskräfte, zur Filiale der Stadt.[348] Landflucht und Pendlerwesen verursachten darüber hinaus gravierende sozioökonomische Umwälzungen in der Lebens- und Arbeitswelt der ländlichen Bevölkerung. Die Schicht des Gesindes verschwand ebenso wie Heuerlinge und Landarbeiter. Bäuerliche Familienangehörige verdingten sich nicht mehr im Betrieb. Die anfallenden personellen Engpässe für die Betriebsinhaber infolge des Verlustes wie der Freisetzung von Arbeitskräften mußten durch verstärkten Maschineneinsatz kompensiert werden. Das spürbare Personaldefizit wurde so zwangsläufig zum „Schrittmacher für die Mechanisierung".[349] Umgekehrt forcierte die Arbeitskräfte sparende Maschinisierung und Motorisierung die Land- bzw. Berufsflucht aus der Landwirtschaft. Der verstärkte Maschineneinsatz ging also im Schulterschluß mit dem schwindenen Arbeitskräftebestand einher und umgekehrt.

6.4. „Wachse oder weiche": Die Veränderung im Größengefüge und beim Personal der Betriebe

Die Zahl der landwirtschaftlichen Betriebe nach landwirtschaftlicher Nutzfläche sank von 170507 (1933) auf 102118 (1974). Das Höfesterben hielt an, bis Ende der achtziger Jahre nur noch 58310 Betriebe existierten. Das Zwischenhoch in nationalsozialistischer Zeit von 186508 Betrieben (1939) flaute jedoch zehn Jahre später auf

---

[346] Artikel „Technik in der Landwirtschaft" von Prof. Vormfelde, Bonn-Poppelsdorf, in: Landwirtschaftliche Zeitung für Westfalen und Lippe 86 (1929), S. 512 - 516.
[347] Zitate a.a.O., S. 512; Landwirtschaftliche Zeitung für Westfalen und Lippe 87 (1930), S. 987; FS zum 50jährigen Bestehen der Landwirtschaftskammer Westfalen-Lippe 1949. – Der Vorsitzende des Landwirtschaftlichen Kreisvereins Beckum, Freiherr von Boeselager, klagte bereits 1846 über das Fehlen „guter Fachkräfte" in der Landwirtschaft; Die Landwirtschaft im Kreise Beckum, S. 52. Diese Klage wurde auch in der benachbarten Provinz Hannover geführt; Die Landwirtschaft Niedersachsens 1914 - 1964, S. 108. Siehe ebenso die bei Herrmann, Die Veränderung landwirtschaftlicher Arbeit, S. 205, zitierte zeitgenössische Literatur.
[348] Vgl. dazu die Studie von Abel, Stadt-Landbeziehungen, S. 9 - 23.
[349] Die Landwirtschaft in Baden-Württemberg, S. 15.

169982 ab, was dem Höfebestand zu Beginn der dreißiger Jahre entsprach. Der Anstieg im Jahre 1939 war auf eine verstärkte Anzahl kleinst- und kleinbäuerlicher Betriebe unter fünf Hektar zurückzuführen, die aber im wirtschaftlichen Strukturwandel der Nachkriegszeit keine Zukunftsperspektive besaßen und seit den fünfziger Jahren abgingen.[350]

In dieser Zeit ergab sich auch eine bedeutende Verschiebung der Betriebsgrößenstruktur. Eine Kapazitätsvergrößerung setzt grundsätzlich immer dann ein, „wenn die Rationalisierungsreserven der jeweiligen Betriebsgröße weitgehend erschöpft sind", und sich nur auf diesem Wege Produktivitäts- sowie Einkommenssteigerungen erzielen lassen.[351] So sank der Anteil der kleinst- und kleinbäuerlichen Betriebe unter fünf Hektar landwirtschaftlicher Nutzfläche, der 1939 mit seinem Spitzenwert noch 64,6 Prozent aller Höfe ausmachte, auf 50,6 Prozent (1972 und 1974). Dagegen stieg die Quote der mittel- und großbäuerlichen Betriebe. Bei den Anwesen von fünf bis zwanzig Hektar Betriebsfläche nahm sie von 28 (1933) auf 32,4 Prozent (1968) zu, ehe sie zu Beginn der siebziger Jahre stagnierte und in der Folgezeit auf 29,2 Prozent (1974) nachließ. Demgegenüber legte die Rate der Gehöfte mit mehr als zwanzig Hektar genau in diesem Zeitraum zu. Zu Beginn des Untersuchungszeitraums lag deren Anteil noch bei 8,5 (1933) bzw. 8,7 Prozent (1949). Doch seit den sechziger Jahren schnellte das Kontingent dieser Betriebe von 10,5 (1960) auf 20,2 Prozent der gesamten landwirtschaftlichen Nutzfläche. Um das Dreifache ihres Ausgangswerts legten dabei die Gehöfte über 50 Hektar von 0,8 in nationalsozialistischer Zeit auf 2,3 Prozent Mitte der siebziger Jahre zu.[352]

Dieser Konzentrationsprozeß ist in entsprechendem Ausmaß auch bei der landwirtschaftlichen Nutzfläche auszumachen.[353] Diese ging absolut zwischen 1933 und 1974 von 1189710 auf 1137612 Hektar zurück. Der Großteil davon fiel seit den fünfziger Jahren für den Siedlungs- und Wohnungsbau sowie für die britische Besatzungsmacht weg. Kleinere Posten beanspruchten die Industrie und das Gewerbe sowie der Verkehr.[354] Innerhalb der Betriebsgrößenklasse schrumpfte vor allem die Fläche, die die Kleinst- und Kleinbetriebe bewirtschafteten, stetig von 209412 (1933) auf 81685 Hektar (1974). Der Anteil dieser Höfe an der gesamten landwirt-

---

[350] Siehe Anhang, Tabelle Nr. 6. Zum Wert von 1939 siehe auch Niederschrift über die Arbeitstagung aller an der Förderaktion für den Landarbeiterwohnungsbau beteiligten Stellen Westfalens in Münster am 9.2.1939, die jedoch die Zahlen für Lippe nicht berücksichtigt; STAMS, Regierung Arnsberg, Nr. 284. Zur Situation Ende der fünfziger Jahre siehe auch Entwicklung und Aufgaben der Landwirtschaftskammer Westfalen-Lippe, S. 37.
[351] Schmitt, Der Strukturwandel der deutschen Landwirtschaft, S. 33. Für Nordrhein-Westfalen siehe das Schaubild bei Scheerer, Im Strom der Zeit, S. 70. Für Südwestdeutschland siehe Die Landwirtschaft in Baden-Württemberg, S. 14.
[352] Vgl. Anhang, Tabelle Nr. 6. Ähnlich verlief die Entwicklung bei den landwirtschaftlichen Betrieben nach Betriebsfläche. Dort fiel die Gesamtzahl von 172214 (1933) auf 141375 (1960). Auch hier verlagerte sich die Betriebsgrößenstruktur. Der Anteil der Parzellen- und Kleinbetriebe ging von 58,2 (1933) auf 56,5% (1960) zurück. Zulegen konnten hier v.a. die mittelbäuerlichen Betriebe von 29,6 auf 32,1%; vgl. Anhang, Tabelle Nr. 4.
[353] Siehe Anhang, Tabelle Nr. 7. Zu den Veränderungen bei der Betriebsfläche siehe Anhang, Tabelle Nr. 5.
[354] STAMS, Regierung Arnsberg, Nr. 288.

schaftlichen Nutzfläche verminderte sich von 17,6 (1933) auf 7,2 Prozent (1974). Dagegen vergrößerte sich die Fläche, die die mittel- und großbäuerlichen Betriebe bearbeiteten, kontinuierlich. Der Flächenanteil der Betriebe zwischen fünf und zwanzig Hektar wuchs von 40,1 (1933) auf 41,2 Prozent (1960) bis Ende der sechziger Jahre, als die Quote von 38,4 (1968) auf 29,8 Prozent (1974) wieder zurückging. Von diesem Zeitpunkt an dehnte sich nur noch die von den Großbetrieben bewirtschaftete Fläche aus. Deren Anteil an der gesamten landwirtschaftlichen Nutzfläche nahm von 42,3 (1933) auf 63 Prozent (1974) beständig zu. Ab Ende der sechziger Jahre stellten sich dabei beträchtliche Zuwachsraten ein, bis Mitte der siebziger Jahre knapp zwei Drittel der landwirtschaftlichen Nutzfläche von diesen Betrieben kultiviert wurden. Vor allem die Betriebe mit mehr als fünfzig Hektar konnten ihren Anteil von 10,6 (1949) auf 15 Prozent (1974) um fast die Hälfte steigern.

Der hier beschriebene Konzentrationsprozeß führte zu einer Veränderung der Betriebsgrößenstruktur und zu einer Umverteilung der landwirtschaftlichen Nutzfläche. Diese Umstrukturierung der Fläche geschah nach der Devise ‚Wanderung zum besseren Wirt', d.h. mittel- und großbäuerliche Betriebsleiter stockten ihre Betriebsfläche meistens mittels Pacht, seltener durch Kauf mit dem Boden aufgebender Ackersleute auf.[355] Damit etablierte sich eine „wechselseitige Abhängigkeit von Existenzaufgabe und Betriebsvergrößerung" als Prämisse für den einzelbetrieblichen Strukturwandel.[356]

Nur bei entsprechender Hofgröße lohnte sich der kostspielige Einsatz von Maschinen und technischen Betriebsmitteln.[357] Die Leiter von Kleinst- und Kleinbetrieben zwischen zwei und fünf Hektar befanden sich seit Ende der vierziger Jahren in dem Dilemma, daß ihre Anwesen für den Nebenerwerb zu groß und für den Vollerwerb zu klein waren. Die Ackersleute standen vor der Alternative ‚wachse oder weiche'. Nach der Währungsreform kam es zu einer größeren Landübergabe, der weitere folgen sollten.[358] In den fünfziger Jahre gingen viele ‚Feierabendbauern' dazu über, ihre Betriebsfläche auf 50 Ar, d. h. „auf die Größe von Hausgärten" zu verkleinern,[359] um die Bestellung dieses Bodens nebenberuflich bewältigen zu können.[360] Das dabei verpachtete Land diente dazu, die Fläche von Betrieben über fünf Hektar aufzustocken. Der Zwang zu größeren Betriebseinheiten erfolgte aufgrund

---

[355] Schmitt, Der Strukturwandel der deutschen Landwirtschaft, S. 34f.; Vogel/Nieder-Vahrenholz, Landwirtschaft und Landschaft im Industrieland Nordrhein-Westfalen, S. 128f.; Henning, Landwirtschaft und ländliche Gesellschaft in Deutschland, S. 229 - 235 u. 254 - 258. Zum Konzentrationsprozeß siehe auch Kleßmann, Die doppelte Staatsgründung, S. 39 - 56; Pohl, Die Konzentration in der deutschen Wirtschaft vom ausgehenden 19. Jahrhundert bis 1945, S. 4 - 44; Schildt, Nachkriegszeit, S. 572 - 578.
[356] Sauer, Krise und Zukunft der bäuerlichen Landwirtschaft, S. 266.
[357] Artikel „Probleme des Kleinbetriebs im Grünen Plan 1959", in: Landwirtschaftliches Wochenblatt für Westfalen und Lippe 116 (1959), S. 1975f.
[358] Artikel „Das Betriebsgrößenproblem in der Westfälischen Landwirtschaft", in: a.a.O. 111 (1954), S. 3.
[359] FS aus Anlaß des 75jährigen Bestehens der Landwirtschaftsschule und Wirtschaftsberatungsstelle Soest 1891 - 1966, S. 24.
[360] Artikel „Kein Bauernsterben in der Bundesrepublik?" in: Landwirtschaftliches Wochenblatt für Westfalen und Lippe 115 (1958), S. 1658.

der damit verbundenen Garantie größerer Ertragsleistung.[361] Ein Bauernhof, der eine Familie ernähren kann, umfaßte Anfang der neunziger Jahre 30 ha; das entspricht der Betriebsgröße eines Großbauern in den fünfziger und sechziger Jahren.
Wie gesehen war das Höfesterben also vorrangig ein Problem der Kleinst- und Kleinbetriebe. Da der Wandel der Betriebsgrößenstruktur vor allem die Parzellen- und Kleinbetriebe betraf, nahm sich auch die Redaktion des Landwirtschaftlichen Wochenblatts für Westfalen und Lippe dieser Problematik an und richtete in ihrer Zeitschrift seit 1953 eine Rubrik „Probleme in Kleinbetrieben" ein.[362] 1988 nahm die Landwirtschaftskammer Westfalen-Lippe Höfe unter fünf Hektar nicht mehr in ihr Verzeichnis landwirtschaftlicher Betriebe auf.[363] Im Umkehrschluß bedeutete das, daß diese Kleinst- und Kleinbetriebe aus der Sicht der Landwirtschaftskammer keine Agrarbetriebe mehr waren, vielmehr handelte es sich bei diesen „um einen mehr oder minder großen Garten".[364]

OTTMARSBOCHOLT. LANDWIRTSCHAFTLICHE BETRIEBE

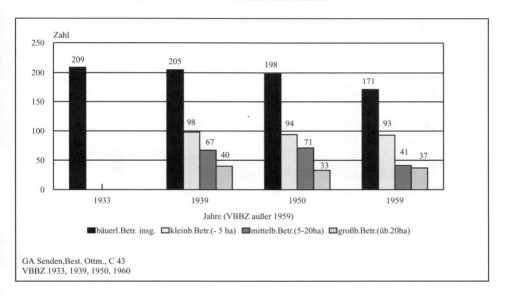

Beispielhaft läßt sich dieser Schrumpfungsprozeß in den drei Untersuchungsgemeinden zeigen. In Ottmarsbocholt existierten im Jahre 1933 209 Bauernhöfe. Dieser Wert wurde 1939 mit 205 Anwesen in etwa gehalten.[365] Die Zahl teilte sich auf in 98

---

[361] Vgl. Schröter-von Brandt/Westerheide, Zukunft für die Dörfer, S. 1 - 105.
[362] Erste Ausgabe der neuen Rubrik im Jahrgang 110 (1953), S. 1691.
[363] Sozialökonomische Betriebserhebung 1988; Westfalens Landwirtschaft im Wandel 1982 - 1988.
[364] Botzet, Bauersleut und Heimarbeiter, S. 151.
[365] Vgl. VBBZ 1939, StDR, Bd. 559,9, S. 9/7.

Kleinbetriebe bis fünf Hektar, in 67 mittelbäuerliche Betriebe von fünf bis 20 Hektar sowie 40 großbäuerliche Betriebe über 20 Hektar Betriebsfläche. Erst nach dem Krieg setzte zunächst eine zögerliche, dann aber immer deutlichere Abnahme bäuerlicher Betriebe ein. Gab es 1950 in Ottmarsbocholt noch 198 Höfe, so sank die Zahl landwirtschaftlicher Erzeugerstellen im Jahre 1959 auf 171,[366] Anfang der siebziger Jahre waren es nur noch 128 Betriebe.[367] Differenziert man diesen Schrumpfungsprozeß nach den Betriebsgrößenklassen, so zeigen sich zwei charakteristische Entwicklungen. Zum einen blieb die Zahl der kleinbäuerlichen Betriebe bis Ende der fünfziger Jahre verhältnismäßig gleich, was die Langlebigkeit der oben beschriebenen mentalen Disposition bei den Arbeiterbauern unterstreicht. Zum anderen setzte seit den sechziger Jahren oberhalb der Hofgrößen von fünf Hektar ein Konzentrationsprozeß hin zu größeren Einheiten ein. Anfang der siebziger Jahre war die Zahl der Kleinbetriebe angesichts der Alternative ‚wachse oder weiche' drastisch gesunken, und auch die Mittelbetriebe waren weniger geworden, während die Zahl der großbäuerlichen Höfe weiter zugenommen hatte.

HEEK. LANDWIRTSCHAFTLICHE BETRIEBE

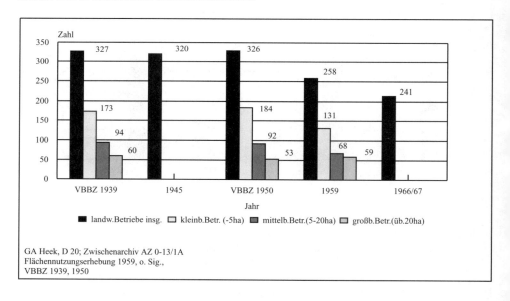

GA Heek, D 20; Zwischenarchiv AZ 0-13/1A
Flächennutzungserhebung 1959, o. Sig.,
VBBZ 1939, 1950

---

[366] Vgl. Beiträge zur Statistik des Landes Nordrhein-Westfalen, Sonderreihe Volkszählung 1950, Heft 15, S. 137 u. Grundeigentumsfläche (katasteramtl. Fläche lt. Mutterrolle bzw. Liegenschaftsbuch) während der Bodennutzungserhebung 1959; GA Senden, Bestand Ottmarsbocholt, C 45.

[367] Beiträge zur Statistik des Landes Nordrhein-Westfalen, Sonderreihe Landwirtschaftszählung 1971, S. 38f.

In Heek wurden 1939 327 landwirtschaftliche Betriebe bei nur 123 gewerblichen gezählt.[368] Gegen Ende des Krieges, im Mai 1945, hatten sich die Gewichte noch deutlicher zugunsten der Agrarbetriebe verschoben. 320 Gehöften standen nun 92 nichtlandwirtschaftliche Betriebe gegenüber.[369] Bei der Volkszählung 1950 wies Heek noch nahezu unverändert 329 Bauernhöfe auf,[370] aber in den fünfziger Jahren bahnte sich bereits ein landwirtschaftlicher Strukturwandel ab, der in den Folgejahrzehnten mit massenhaftem Höfesterben voll zum Durchbruch gelangte. In der Dinkelgemeinde begann die Umbruchphase im Agrarsektor ebenso in den fünfziger Jahren. 1959 hatte sich die Zahl der landwirtschaftlichen Anwesen deutlich auf 258 verringert.[371] Dieser Trend setzte sich auch in den sechziger Jahren weiter fort. Im Wirtschaftsjahr 1966/67 hielten sich in Heek nur noch 241 landwirtschaftliche Betriebe.[372]

Aufschlußreich ist auch die Unterscheidung der landwirtschaftlichen Betriebe nach Größenklassen. Vor dem Krieg zählten in Heek 173 Anwesen als kleinbäuerliche, 94 als mittelbäuerliche und 60 als großbäuerliche Betriebe.[373] Zu Beginn der fünfziger Jahre blieben diese Relationen gewahrt, darüber hinaus deutete sich ein kurzfristiger Reagrarisierungsprozeß als Folge der Mangeljahre an. Die Zahl der Kleinbetriebe bis fünf Hektar hatte sich geringfügig erhöht, was die Bedeutung der landwirtschaftlichen Selbstversorgung in der Notzeit unmittelbar nach Kriegsende unterstreicht. Insgesamt wies Heek im Jahre 1950 184 kleinbäuerliche, 92 mittelbäuerliche und 53 großbäuerliche Höfe auf.[374] In den fünfziger Jahren setzte nun mit der Kapitalisierung und zunehmenden Differenzierung der westfälischen Landwirtschaft ein Konzentrationsprozeß in den Größenverhältnissen ein. Vor allem die kapitalintensive Viehhaltung verlangte die Investition hoher finanzieller Summen.[375] Die Leiter kleinerer Betriebe sahen sich vor die Alternative gestellt, entweder ihren Betrieb zu modernisieren und die Fläche aufzustocken oder sie zu verpachten bzw. verkaufen. Viele Betriebe konnten dem Kapitalisierungsdruck nicht mehr standhalten und mußten aufgeben. So schwand in den fünfziger Jahren die Zahl der kleinbäuerlichen Betriebe um 28,8 Prozent auf 131 Anwesen ebenso die der mittelbäuerlichen Höfe um 26,1 Prozent auf 68 Gehöfte. Gewinner dieser Entwicklung waren die Leiter großbäuerlicher Betriebe, die die landwirtschaftlichen Nutzflächen der aufgegebenen Höfe pachteten und ihre Anbaufläche damit vergrößern konnten. Somit stieg die Zahl der großbäuerlichen Gehöfte um 11,3 Prozent auf 59.[376]

---

[368] VBBZ 1939, StDR, Bd. 559,9, S. 9/5 u. GA Heek, D 20.
[369] GA Heek, D 20.
[370] Beiträge zur Statistik des Landes Nordrhein-Westfalen, Sonderreihe Volkszählung 1950, Heft 15, S. 125.
[371] Bodennutzungserhebung 1959 des Statistischen Landesamtes; GA Heek, Zwischenarchiv, o. Sig.
[372] Flächennutzungsplan der Gemeinde Heek v. 23.8.1963; GA Heek, Zwischenarchiv, Reg.-Nr. 0-13/1A.
[373] VBBZ 1939, StDR, Bd. 559,9, S. 9/5.
[374] Beiträge zur Statistik des Landes Nordrhein-Westfalen, Sonderreihe Volkszählung 1950, Heft 15, S. 125.
[375] Zur Bedeutung der kapitalintensiven Tierproduktion im Westmünsterland siehe Stobbe, Die Landwirtschaft im Kreis Borken, S. 377 u. 379ff.
[376] Bodennutzungserhebung 1959; GA Heek, Zwischenarchiv, o. Sig.

RÖDINGHAUSEN. LANDWIRTSCHAFTLICHE BETRIEBE (AMT)

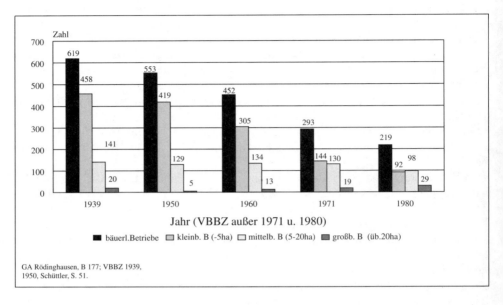

GA Rödinghausen, B 177; VBBZ 1939, 1950, Schüttler, S. 51.

Bei den Rödinghauser Agrarbetrieben dominierten im Vergleich zu Ottmarsbocholt und Heek die Klein- und Kleinstbetriebe.[377] Überhaupt wiesen die Höfe im Kreis Herford, zu dem Rödinghausen gehörte, mit einem Mittel von fünf bis acht Hektar landwirtschaftlicher Nutzfläche geringere Werte als die Anwesen in den Kreisen der beiden anderen Untersuchungsgemeinden auf.[378] Wie dort war in Rödinghausen ein deutlicher Rückgang der Agrarbetriebe festzustellen. Abgehende Gehöfte bei einem Konzentrationsprozeß zu größeren Betriebseinheiten waren hier ebenfalls das Hauptmerkmal der agrarischen Entwicklung.

Das Höfesterben kann man am Beispiel Rödinghausens eindrücklich dokumentieren.[379] Lag die Gesamtzahl der bäuerlichen Betriebe 1939 bei 619, so fiel die Zahl der Gehöfte innerhalb dreier Jahrzehnte von 553 (1950) auf 219 (1980), d.h. auf fast ein Drittel des Vorkriegsstands. Aufschlußreich ist zudem der Wandel bei den Größenverhältnissen. Wie bei den Vergleichsorten fällt die Konzentration zu größeren Betriebseinheiten bei gleichbleibender landwirtschaftlicher Nutzfläche auf. Beson-

[377] 1939 stellten die Klein- und Kleinstbetriebe unter fünf Hektar auf Amtsebene 74% der Höfe, in der Gemeinde selbst 67,5%. Dagegen stellten sie in Heek 52,9% und in Ottmarsbocholt sogar nur 47,8%; VBBZ 1939, StDR, Bd. 559,9, S. 9/6f. u. 9/11.
[378] Für 1970 siehe Beiträge zur Statistik des Landes Nordrhein-Westfalen, Heft 273, S. 11f.
[379] Leider liegen Erhebungen für die Gemeinde Rödinghausen nicht flächendeckend vor, so daß als Bemessungsgrundlage auf das Amt Rödinghausen bzw. ab 1969 die neugegründete Gemeinde Rödinghausen zurückgegriffen werden mußte. Vgl. hierzu GA Rödinghausen, B 177; VBBZ 1939, StDR, Bd. 559,9, S. 9/11; Beiträge zur Statistik des Landes Nordrhein-Westfalen, Sonderreihe Volkszählung 1950, Heft 15, S. 185; Schüttler, Rödinghausen im Ravensberger Land, S. 49 - 69, bes. 50f.

ders die anfänglich überwiegenden Klein- und Parzellenbetriebe, die als Neben- bzw. Zuerwerb bei der Subsistenzwirtschaft arbeiterbäuerlicher Familien eine wichtige Rolle spielten, verloren im ökonomischen Strukturwandel ihren existenzstützenden Charakter. Ihre Zahl fiel drastisch von 458 (1939) auf 92 Betriebe (1980).[380] Der Schrumpfungsprozeß bei den Klein- und Kleinstbetrieben erreichte in den drei Jahrzehnten zwischen 1950 und 1980 ein Minus von 78 Prozent. Noch Anfang der fünfziger Jahre machten die 419 Höfe unter fünf Hektar über drei Viertel aller Rödinghauser Gehöfte aus.[381] Drei Jahrzehnte später betrug ihr Anteil mit 42 Prozent nicht einmal mehr die Hälfte aller landwirtschaftlichen Anwesen. Die Parzellenbetriebe wurden nun von ‚Freizeitbauern' bewirtschaftet.[382] 1980 gab es insgesamt noch 219 Betriebe. 92 davon waren Kleinbetriebe bis fünf Hektar, 98 Höfe wiesen eine Betriebsfläche von fünf bis zwanzig Hektar auf, 29 Höfe waren mehr als zwanzig Hektar groß. Unterscheidet man die Betriebe nach ihrem Anteil an der gesamten agrarisch genutzten Fläche, so tritt der Konzentrationsprozeß zu Beginn der achtziger Jahre deutlich hervor. Die 92 Kleinbetriebe, knapp die Hälfte aller Gehöfte, bewirtschafteten lediglich zehn Prozent der Fläche, die mittelgroßen Betriebe weitere 13 Prozent. Die restlichen 29 Agrarunternehmen mit über zwanzig Hektar, das waren 13,2 Prozent aller Betriebe, teilten dagegen über drei Viertel der landwirtschaftlich genutzten Fläche unter sich auf.

Die mittel- und großbäuerlichen Betriebe sicherten sich dabei die Betriebs- bzw. Nutzfläche der kleinen Höfe. Während die Zahl der mittelbäuerlichen Betriebe bis Anfang der siebziger Jahre annähernd konstant blieb und erst in den siebziger Jahren einige mittelbäuerliche Gehöfte dem Konkurrenzdruck der großen Agrarbetriebe weichen mußten,[383] waren letztere die Gewinner des beschriebenen Konzentrationsprozesses. Die Großbetriebe konnten als einzige einen Zuwachs von fünf (1950) auf 29 (1980) (Agrar-)Unternehmen verzeichnen, was einem Anstieg von 480 Prozent entspricht.[384]

Mit dem Umbruch der Betriebsgrößenverhältnisse wandelten sich in Rödinghausen die Produktionsschwerpunkte, der von den Boden- und Klimaverhältnisse begünstigt wurde. Beim Ackerbau verdrängte das Getreide die arbeits- und damit kostenintensiven Hackfrüchte Kartoffel und Rübe. Da sich die tierische Veredelungswirtschaft auf Kosten der Milcherzeugung zunehmend auf die Fleischproduktion konzentrierte, ging neben dem Milchvieh der Anteil des Dauergrünlandes in Form

---

[380] Das Höfesterben der Kleinbetriebe betraf die gesamte Region Ostwestfalen; Fromme, Lüchtringen, S. 177.
[381] Davon zählten fast zwei Drittel zu den Parzellenbetrieben mit weniger als zwei Hektar Betriebsfläche; 158 Höfe hatten zwei bis fünf Hektar Betriebsfläche.
[382] Botzet, Bauersleut und Heimarbeiter, S. 151.
[383] Exemplarisch für die Gesamtentwicklung mag der Amtsvertreter Oberbäumer stehen, der bei seiner ersten Ratsmitgliedschaft 1961 noch einen mittelbäuerlichen Betrieb mit 8,45 ha Eigenland leitete. Acht Jahre später, bei der Wahl des Gemeinderats 1969, hatte Oberbäumer den Hof aufgegeben und verdiente seinen Unterhalt als Versicherungskaufmann. Bekanntmachung des Wahlergebnisses v. 21.4.1961 u. 26.3.1969; GA Rödinghausen, Zwischenarchiv, D 0-64/00-01 u. D 0-63/20-21.
[384] Beiträge zur Statistik des Landes Nordrhein-Westfalen, Sonderreihe Volkszählung 1971, S. 50f.; Botzet, Bauersleut und Heimarbeiter, S. 150ff.

von Wiesen und Weiden zurück. Die Zahl der Milchkühe fiel zwischen 1950 und 1982 von 1913 auf 1441, während die Zahl der Mastrinder und -ochsen von 500 auf 900 stieg. Im gleichen Zeitraum nahm die Zahl der Schweine von 7737 auf 20000 um ein mehrfaches zu. Als Folge entstand eine Spezialisierung der Betriebe auf die intensive Schweine- und Mastviehhaltung.[385] Daneben stellte sich eine Konzentration der Viehbestände pro Betrieb ein. Besaß ein Betriebsleiter 1973 noch durchschnittlich 7,2 Milchkühe, so waren dies 15 Jahre später bereits 11,2. Noch deutlicher stieg die Zahl der Mastschweine pro Hof, nämlich von 177 (1973) auf 392,7 (1988).[386]

Der Konzentrationsprozesse betraf überdies die Zahl der auf dem Hof arbeitenden Personen. Der landwirtschaftliche Betrieb schrumpfte zu einem Unternehmen mit einer minimalen Beschäftigtenzahl, mithin zum familiären Rumpfbetrieb bestehend aus Bauer, Bäuerin und übernehmendem Sohn. Bis dieser Schrumpfungsprozeß abgeschlossen war, ging in einer Übergangsphase, bei abwandernden Arbeitskräften und noch nicht angeschafften Maschinen, die anfallende Arbeit zu Last der bäuerlichen Familie und hier vor allem der Bäuerin.[387] Diese daraus folgende Überbelastung führte dazu, daß Bäuerinnen ihren Töchtern rieten, „in einen anderen Beruf zu heiraten, nicht aber einen Bauern."[388] Tatsächlich wählten die Bauerntöchter zunehmend außerlandwirtschaftliche Berufe.[389] Bäuerliches Leben und Arbeiten reduzierte sich also „innerhalb einer Generation zu einer Kleingruppenveranstaltung zwischen Frau, Mann und eventuell Nachfolger, also auf den Kern der bäuerlichen Familie".[390]

Somit verabschiedeten sich nicht nur landwirtschaftliche Arbeitskräfte, Heuerlinge bzw. Kötter, Landarbeiter, Gesinde und mithelfende Familienangehörige aus dem Agrarsektor. Zunehmend tauschten auch Bäuerinnen und Bauern ihre Selbständigkeit mit einer lohnabhängigen Stellung in der Industrie oder dem Dienstleistungsgewerbe. Bis es so weit war, versuchten viele Ackersmänner und -frauen sich ein Standbein in der Landwirtschaft zu erhalten. Dies führte dazu, daß in den siebziger und achtziger Jahren neue Formen bäuerlicher Existenz entstanden, um die Lebens-

---

[385] Schüttler, Rödinghausen im Ravensberger Land, S. 49f. u. 61ff.
[386] Botzet, Bauersleut und Heimarbeiter, S. 178. – Ein bedeutender Bewirtschaftungsschwerpunkt blieb der Wald, der hauptsächlich als Privatbesitz, Anfang der achtziger Jahre zu 91%, genutzt wurde. Im Jahre 1953 wurde die Waldgenossenschaft für das Amt Rödinghausen ins Leben gerufen, die neben dem Bau neuer Wege vor allem die Aufforstung des Niederwaldes in einen Hochwald zum Ziel hatte. Schüttler, Rödinghausen im Ravensberger Land, S. 65; Botzet, Bauersleut und Heimarbeiter, S. 158; ders., Ereygnisse, S. 222.
[387] Artikel „Zur Mitarbeit der Landwirtschaftskammer an der Lösung aktueller Probleme", in: Landwirtschaftliches Wochenblatt für Westfalen und Lippe 107 (1950), S. 1764; siehe auch Chronik Rödinghausen (1942 - 1949), die über einen Zeitraum berichtet, in dem Arbeitskräfte wie Maschinen Mangelware waren; GA Rödinghausen, Buchbestand Nr. 23.
[388] Diese Haltung beklagte der Vizepräsident des Westfälisch-Lippischen Landwirtschaftsverbandes, Antonius Freiherr von Oer, auf der Tagung der nordrhein-westfälischen Landwirtschaftsverbände am 13.3.1951 in Düsseldorf. Siehe Landwirtschaftliches Wochenblatt für Westfalen und Lippe 108 (1951), S. 431.
[389] Artikel „Landfrau und Landflucht", in: a.a.O. 109 (1952), S. 131; „Wirksame Hilfe für die bedrängte Bäuerin!" In: a.a.O. 115 (1958), S. 2352ff.
[390] Brüggemann/Riehle, Das Dorf, S. 30.

dauer des Hofes zu verlängern. Neben dem bislang normalen bäuerlichen Dasein in Gestalt des Haupterwerbs (HE) und dem Nebenerwerb (NE) schälten sich verschiedene Übergangsformen heraus. Haupterwerbsbetriebe wurden in Vollerwerbs (VE)-, Übergangs (UE)- und Zuerwerbsbetriebe (ZE) unterschieden.[391] Differenzierungsmerkmale dieser Betriebsklassifizierungen waren zum einen das Ausmaß der außeragrarischen Tätigkeit der Betriebsleiter, zum anderen die Höhe des jährlichen Betriebseinkommens bzw. der Einkünfte der Arbeitskräfte pro Jahr. Die Leiter von Vollerwerbs- und Übergangsbetrieben zeichneten sich dadurch aus, daß sie keiner Tätigkeit außerhalb der Landwirtschaft bzw. einer von weniger als 480 Stunden jährlich nachgingen. Sie unterschieden sich in der Höhe des erwirtschafteten Jahreseinkommens, wobei die Grenze in den achtziger Jahren bei 59000 DM pro Betrieb bzw. 29500 DM je Arbeitskraft lag. Als Übergangsbetriebe galten somit solche, die sich in einer Umstellungsphase befanden, in der sich entschied, ob es den Bauern gelingen sollte, ihre Betriebe in den Vollerwerb zu führen, oder ob sie gezwungen waren, den Weg in den Zuerwerb zu gehen. Bei Zuerwerbsbetrieben konnten die Landwirte einer außeragrarischen Beschäftigung nachgehen, die sie jährlich zwischen 480 und 960 Stunden in Anspruch nahm. Die Leiter von Nebenerwerbsbetrieben schließlich arbeiteten mehr als 960 Stunden im Jahr außerhalb der Landwirtschaft gegen Lohn.[392]

Damit zeichnete sich auch hier ein Konzentrations- und Spezialisierungsprozeß ab. Ende der achtziger Jahre wurde das Gros der westfälischen Agrarbetriebe entweder im Vollerwerb oder im Nebenerwerb geleitet. 1988 wurden von insgesamt 38348 Betrieben 13691 (35,7 Prozent) im Nebenerwerb bewirtschaftet. Die nächstgroße Gruppe stellten die 13221 Vollerwerbsbetriebe mit 34,4 Prozent. Als Übergangsbetriebe galten 10648 Höfe (27,7 Prozent), während lediglich 788 landwirtschaftliche Anwesen Zuerwerbsbetriebe waren (2,1 Prozent). Die Stellung des Betriebsleiters auf dem Hof unterstrich diesen Polarisierungseffekt. Während 95,2 Prozent der Nebenerwerbsbauern mehr als 480 Stunden im Jahr außerhalb der Landwirtschaft arbeiteten, taten dies nur knapp ein Prozent ihrer Kollegen in Vollerwerbsbetrieben und 1,6 Prozent der Leiter von Übergangsbetrieben. Die beiden letzteren vermochten ihre Existenz ohne Nebeneinkünfte zu sichern.[393]

Das Festhalten am althergebrachten Beruf, wie es sich in dem Vollerwerbsbetrieb und den vielen Nebenformen bäuerlicher Existenz widerspiegelte, war nicht nur ein Reflex auf den althergebrachten Selbstversorgungsgedanken, sondern hatte auch mit den traditionellen Orientierungs- und Verhaltensmuster der Landwirte und -frauen zu tun. Eigener Herr in Haus und Hof zu sein, war ebenso wichtig, wie die familiäre Tradition und den Fortbestand des Hofes zu garantieren. Der verinnerlichte Leitsatz „Was du von deinen Vätern hast geerbt, erwirb es, um es zu besitzen" motivierte manche Bauersleute zu einer erneuten Kraftanstrengung. Erst als die Folgeerschei-

---

[391] Zur Einteilung der Agrarbetriebe vgl. Sozialökonomische Betriebserhebung 1988; Westfalens Landwirtschaft im Wandel 1982 - 1988.
[392] Zur Klassifizierung siehe Westfalens Landwirtschaft im Wandel 1982 - 1988, S. 21.
[393] Siehe Anhang, Tabelle Nr. 20; Botzet, Bauersleut und Heimarbeiter, S. 152.

nungen des ökonomischen Strukturwandels es nicht mehr zuließen, wurde mit dieser überlieferten Einstellung gebrochen und der Hof aufgegeben.

E. Externe Eingriffe: Zur Rolle der Flüchtlingsbauern

Ein Indikator für den Grad der ökonomischen Integration der Flüchtlingsbauern ist die Entwicklung der Besitzverhältnisse in der westfälischen Landwirtschaft.[394] Aufgrund der familienwirtschaftlichen Struktur der westfälischen Höfe befand sich der überwiegende Teil der gesamten Betriebsfläche, 86,5 Prozent, zu Beginn der dreißiger Jahre in Privatbesitz. Lediglich 12,8 Prozent waren Pachtland, davon der größte Teil bei den Kleinst- und Kleinbetrieben, die mehr als ein Drittel der gesamten Pachtfläche bewirtschafteten.[395] Der Rest der Betriebsfläche verteilte sich auf den Deputatgrund und das sogenannte übrige Land mit 0,1 bzw. 0,5 Prozent. Ende der dreißiger Jahre war die Fläche der Betriebe mit eigenem Land von 1622286 auf 1601937 Hektar zurückgegangen. Damit ging der Anteil des Privatlandes an der gesamten Betriebsfläche leicht auf 85,8 Prozent zurück. Die Zunahme der Betriebe von 172241 auf 179797 war dadurch erreicht worden, daß die Fläche des übrigen Landes von 9876 auf 5996 Hektar nahezu halbiert worden war und damit die Fläche der Betriebe mit Pachtland von 240310 auf 249602 Hektar gestiegen war. Der Anteil der Betriebe mit gepachtetem Land nahm von 89193 auf 100466 um 12,6 Prozent zu. Dadurch konnten die NS-Agrarpolitiker zwar eine Zunahme der Bauerstellen, des „Lebensquells der Nation",[396] vorweisen, die neugeschaffenen Betriebe konnten aber nur auf der Basis von Pachtland wirtschaften.[397] Ende der vierziger Jahre war der Anteil des Pachtlandes mit 12,8 Prozent auf den Stand des Jahres 1933 zurückgegangen, weil in diesen Mangeljahren jede Wirtschaftsfläche zur Ernährungssicherung genutzt wurde und Pachtland damit wieder in die Hände seiner Besitzer zurückfiel. Demzufolge wuchs der Anteil des Privatlandes auf 86,7 Prozent und erreichte damit seinen höchsten Stand im Untersuchungszeitraum. Anfang der sechziger Jahre stieg der Anteil des Pachtlands infolge aufgebender kleinerer Betriebe wieder auf 15 Prozent. Der Anteil des eigenen Landes fiel auf 84,8 Prozent der Betriebsfläche.

Wie dieser Überblick zeigte, waren die Besitzverhältnisse in der westfälischen Landwirtschaft äußerst stabil. Fast neun Zehntel, zwischen 84 und 86 Prozent, der Betriebsfläche blieben über den gesamten Untersuchungszeitraum in privater Hand. Der Anteil des gepachteten Landes war ebenso eine feste Größe. Er schwankte zwischen 12 und 15 Prozent. Diese Manövriermasse fiel 1939 aus ideologischen Gründen vor allem Kleinbauern zu, um deren Wirtschaftsgrundlage zu arrondieren. In den fünfziger Jahren diente sie dazu, die Betriebsfläche der mittel- und großbäuerlichen Betriebe aufzustocken.

---

[394] Siehe Anhang, Tabelle Nr. 34.
[395] VBBZ 1933, StDR Bd. 459,1, S. 58f.
[396] Zitat Westfälischer Bauernstand Jg. 1934, S. 209; Wochenblatt der Landesbauernschaft Westfalen Jg. 1935, S. 394.
[397] Siehe dazu den Begleittext in VBBZ 1939, StDR Bd. 560, S. 46ff.

Mit dieser Situation, d.h. relativ starren Besitzverhältnissen und geringer Pachtfläche, sahen sich seit Mitte der vierziger Jahre die Flüchtlingsbauern konfrontiert, die in ihren angestammten und erlernten Beruf zurückkehren und sich dafür Grund und Boden erwerben wollten. In Westdeutschland blieb indes eine der in der SBZ vergleichbare Bodenreform aus.[398] Zu einer tiefgreifenden Umverteilung der Besitzverhältnisse kam es nicht.[399] Die Nahrungsmittelnot, die durch eine Störung der landwirtschaftlichen Erzeugung noch vergrößert worden wäre, sowie das radikale sowjetische Beispiel schreckten ab und schoben den Reformplänen einen Riegel vor.[400] Bereits die britischen Besatzungsbehörden hatten erkannt, daß eine Bodenreform, die an der Enteignung von Großgrundbesitz orientiert war, angesichts der mittelbäuerlichen Struktur der westfälischen Landwirtschaft ins Leere griff. Das vom Bundestag am 10. August 1949 verabschiedete Flüchtlings-Siedlungsgesetz beabsichtigte zwar noch eine zwangsweise Landübergabe, doch bereits der Teil „Landwirtschaft" im Bundesvertriebenengesetz von 1953 in der Fassung vom 14. August 1957 sah lediglich eine freiwillige Abgabe des Landes abgehender Betriebe bzw. die Übernahme dieser Höfe vor.[401] Deshalb glückte es nur wenigen der Flüchtlingsbauern, in ihrer neuen Heimat wieder einen landwirtschaftlichen Betrieb eigenständig zu leiten. Zeitgenössische Studien ermittelten, daß knapp fünf Prozent der ostdeutschen Ackersmänner erneut zu Vollbauern wurden.[402] Diese niedrige Eingliederungsquote in den ursprünglichen Beruf ergab sich daher, daß die Neubürger nicht die finanziellen Möglichkeiten hatten, Land zu kaufen. Für sie war grundsätzlich eine Heirat die einzige Möglichkeit, Grund und Boden zu erwerben. Daß diese Aussicht eher eine rein theoretische mit wenigen Ausnahmen war, zeigt das Heiratsverhalten der grundbesitzenden Schichten, das vorrangig auf Besitzstandwahrung und Schichtendogamie ausgerichtet war.[403] Aus diesem Grund waren die meisten ehemals vollbäuerlichen Vertriebenen gezwungen, in berufsfremden Beschäftigungen zu arbeiten oder im Agrarsektor als Landarbeiter einen sozialen Abstieg hinzunehmen.[404] Das Flüchtlingsschicksal bedeutete für lange Zeit eine „kollektive Deklassierung durch geminderte berufliche Stellung".[405] Der Anteil der Flüchtlingsbauern, die diesen

---

[398] Trittel, „Siedlung" statt „Bodenreform", S. 181 - 207; Nehrig, Zur sozialen Entwicklung der Bauern in der DDR 1945 - 1960, S. 66 - 76; Christoph Weisz, Versuch zur Standortbestimmung der Landwirtschaft, S. 125; Kleßmann, Die doppelte Staatsgründung, S. 84f. u. 81f.

[399] Exner, Agrarwirtschaft und ländliche Gesellschaft in Westdeutschland im Schatten der Bodenreformdiskussion, S. 181 - 219.

[400] Kötter, Die Landwirtschaft, S. 123 u. 128; Kluge, Vierzig Jahre Landwirtschaftspolitik, S. 3 u. 18, spricht von einem „Trauma des Massenhungers".

[401] Niggemann, Strukturwandel der Landwirtschaft im technischen Zeitalter, S. 497; Die Landwirtschaft Niedersachsens 1914 - 1964, S. 114f. Im gesamten Bundesgebiet übernahmen bis zum 31.12.1962 exakt 136362 Vertriebene einen Betrieb, in Baden-Württemberg waren es 19266; Grünende Wälder – fruchtbare Felder, S. 40.

[402] Müller, Die soziale Wirklichkeit des deutschen Dorfes von heute, S. 29; vgl. Waldmann, Die Eingliederung der ostdeutschen Vertriebenen in die westdeutsche Gesellschaft, S. 181.

[403] Siehe dazu Teil II, das zweite Kapitel zum generativen Verhalten in den jeweiligen Dörfern.

[404] Siehe dazu in der Untersuchung der Gemeinde Rödinghausen das Beispiel der Brüder Berger, zwei ehemalige Großbauern, die sich nun als Arbeiter verdingen mußten.

[405] Petzina, Industrieland im Wandel, S. 464.

Weg gehen mußten, lag bei über 95 Prozent.[406] Das Landesflüchtlingsamt empfahl daher den vertriebenen Landwirten im Sommer 1946, für das Optiker-, Uhrmacher- oder Feinmechanikerhandwerk umzuschulen.[407] Auch die Hoffnung des Arnsberger Regierungspräsidiums, daß sich durch eine Ansiedlung vormals selbständiger Landwirte auf Heuerlingsstellen das „Verhältnis zwischen einheimischen und vertriebenen Landwirten... einigermaßen erträglich" gestalten würde, erfüllte sich nicht.[408]

Anders verhielt es sich mit Flüchtlingen als Arbeitskräften auf westfälischen Höfen. Ende der vierziger Jahre arbeiteten 15491 Betriebe mit Flüchtlingen.[409] Der Anteil der Betriebe, die Neubürger beschäftigten, bezifferte sich auf 8,9 Prozent und lag damit knapp über dem Bundesdurchschnitt.[410] Nahezu alle der 33536 vertriebenen Arbeitskräfte waren als familienfremde Arbeitskräfte beschäftigt. Einen Betrieb in eigener Regie hingegen leiteten lediglich 2,3 Prozent der Flüchtlingsbauern wieder. Im Kreis Lüdinghausen betrieben im August 1948 von 623 Flüchtlingsbauern nur zehn, das waren 1,6 Prozent, wieder selbständig einen Hof.[411]

Auf den westfälischen Höfen waren die Vertriebenen, die vielfach dort einquartiert worden waren,[412] als Arbeitskräfte gern gesehen, weil sie die Lücken unter den Landarbeitern und Gesindekräften stopften.[413] Plötzlich sah man die Gelegenheit gekommen, der ständigen Leutenot „für Dauer ein Ende zu machen",[414] da ein Drittel der nach Westdeutschland Vertriebenen der Landwirtschaft entstammte.[415] Mit diesem Arbeitskräfteschub ergab sich für die Betriebsleiter vorübergehend die Möglichkeit, die Modernisierung der landwirtschaftlichen Produktion zu vertagen. Umgekehrt bildete die noch hohe Zahl der Beschäftigten in der Landwirtschaft ein Indiz dafür, daß die Maschinisierung der Agrarproduktion in diesen Jahren stockte.

In den Mangeljahren 1945 bis 1948 fanden die Landwirte vor allem dann Arbeitskräfte, wenn sie Entlohnung in Naturalien boten.[416] Für viele Flüchtlinge jedoch bil-

---

[406] Müller, Die soziale Wirklichkeit des deutschen Dorfes von heute, S. 29; Waldmann, Die Eingliederung der ostdeutschen Vertriebenen in die westdeutsche Gesellschaft, S. 181.
[407] STAMS, Oberpräsidium, Nr. 8263, S. 58.
[408] STAMS, Oberpräsidium, Nr. 7413, S. 17.
[409] Siehe Anhang, Tabelle Nr. 35.
[410] Dieser lag bei 8,8%. Im Gebiet des Vereinigten Wirtschaftsgebietes betrug das Mittel 10,8, in der französischen Zone 1,4%. Dabei gab es zwischen den einzelnen Ländern erhebliche Unterschiede. In Schleswig-Holstein beschäftigten 37,8% aller Betriebsleiter Flüchtlinge, während dies in Württemberg-Baden nur 6,9% taten. Dieses Gefälle leitete sich aus der je verschiedenen Betriebsgrößenstruktur und dem Bevölkerungsanteil der Vertriebenen ab; Statistik der Bundesrepublik Deutschland, Bd. 27, Heft 2, S. 89f.
[411] STAMS, Kreis Lüdinghausen, Nr. 1500.
[412] Im gesamten Bundesland Nordrhein-Westfalen waren 1949 28,3% der Vertriebenen in Räumlichkeiten der Landwirtschaft untergebracht; Statistik der Bundesrepublik Deutschland, Bd. 27, Heft 2, S. 87. In 29,1% der nordrhein-westfälischen Höfe waren zu diesem Zeitpunkt noch Vertriebene untergebracht; Statistisches Jahrbuch für die Bundesrepublik Deutschland 1952, S. 111.
[413] Priebe, Wer wird die Scheunen füllen? S. 208f.
[414] Artikel „Die Eingliederung der Ostvertriebenen", in: Landwirtschaftliches Wochenblatt für Westfalen und Lippe 105 (1948), S. 1.
[415] STAMS, Oberpräsidium, Nr. 7413, S. 5.
[416] Bericht des Kreisernährungsamtes an Landrat Coesfeld v. 20.3.1947; STAMS, Kreis Coesfeld, Nr. 968. STAMS, Oberpräsidium, Nr. 8263, S. 143.

deten die landwirtschaftlichen Betriebe bloß eine Durchgangsstation zu anderen Berufen. Wie für den gesamten Arbeitsmarkt kam auch bei der Erwerbstätigkeit der Neubürger in der Landwirtschaft der Währungsreform eine Signalwirkung zu. Nach der Währungsreform und dem anschließenden wirtschaftlichen Aufschwung wanderten viele Heimatvertriebene in industrielle Ballungsräume an Rhein und Ruhr ab. Diese konnten jetzt wieder Erwerbspersonen aufnehmen, die während und nach dem Krieg in die weniger vom Krieg betroffenen, ländlichen Gebiete geleitet worden waren.[417] Viele bislang in der Landwirtschaft beschäftigte und in notdürftigen Unterkünften untergebrachte Neubürger nutzten die Chance, in den Städten ihren alten Berufen wieder nach gehen zu können.[418] Andere wollten aus der sozial geringgeschätzten Stellung einer landwirtschaftlichen Arbeitskraft aufsteigen und fanden in den gewerblichen Berufen bessere Bezahlung und Arbeitsbedingungen.[419] Die günstige Arbeitsmarktlage für die Landwirtschaft hatte also nur über die Notjahre bis zur Währungsreform 1948 angedauert.

Auch in den fünfziger Jahren glückte es nur wenigen Flüchtlingsbauern, sich in der westfälischen Landwirtschaft eine eigene Existenz aufzubauen. Vielfach waren sie dabei auf Unterstützung wie die Rinderspende aus den USA angewiesen.[420] Im münsterländischen Landkreis Borken war es Anfang der fünfziger Jahre sogar nur drei von 500 ehemals selbständigen ostdeutschen Landwirten gelungen, wieder einen Hof eigenverantwortlich zu leiten. 37 Prozent der Flüchtlingsbauern waren als Hilfsarbeiter, 22 Prozent als Landarbeiter und sieben Prozent als Facharbeiter erwerbstätig; 35 Prozent hatten keine Arbeit.[421] 1960 waren dort 52 der 4162 Betriebsleiter Vertriebene. Das ergab einen Anteil von 1,2 Prozent.[422] In der gleichen Größenordnung bewegte sich das Ausmaß der Eingliederung von vertriebenen Landwirten in den Kreisen der drei Untersuchungsgemeinden. In Lüdinghausen und Ahaus bewirtschafteten 1953 zehn bis 15, in Herford 15 bis 20 Vertriebene einen von tausend Betrieben.[423]

In Ottmarsbocholt fiel es den Bauern unter den Neubürgern sehr schwer, in ihrem alten Beruf wieder Fuß zu fassen. Für die Neuankömmlinge gab es nur stark eingeschränkte Möglichkeiten, an Boden zu kommen. Den vertriebenen Landwirten war es praktisch unmöglich, Land zu kaufen, da sie kaum Geld besaßen und ihnen faktisch kein Land verkauft wurde. Schließlich blieb nur die Einheirat in einen Hof, was

---

[417] Statistische Rundschau für das Land Nordrhein-Westfalen 4 (1952), 2. Sonderheft, S. 15 - 22, bes. S. 15.
[418] Für die Bundesrepublik siehe Statistik der Bundesrepublik Deutschland, Bd. 27, Heft 2, S. 87.
[419] Rudolph, Strukturwandel eines Dorfes, S. 69.
[420] Artikel „Rinderspende aus den USA für heimatvertriebene Landwirte", in: Landwirtschaftliches Wochenblatt für Westfalen und Lippe 107 (1950), S. 949.
[421] Tenhumberg, Grundzüge im soziologischen Bild des deutschen Dorfes, S. 37 u. 44. In drei Gemeinden des niedersächsischen Landkreises Fallingbostel arbeiteten zwischen 0,8 und 7,7% der Neubürger in ihrem alten Beruf; Brelie-Lewien, Im Spannungsfeld zwischen Beharrung und Wandel, S. 360. Im Emsland leiteten 1946 rund 7% der Flüchtlingsbauern wieder einen Hof; Bauerkämper, Wirtschaftliche Not, S. 84.
[422] In der Bundesrepublik lag deren Anteil bei 2 - 3%; Brelie-Lewien, Zur Rolle der Flüchtlinge und Vertriebenen in der westdeutschen Nachkriegsgeschichte, S. 29.
[423] Siehe Graphik „Eingliederung der heimatvertriebenen Landwirte in Nordrhein-Westfalen 1953", in: Beiträge zur Statistik des Landes Nordrhein-Westfalen, Heft 33, Anhang.

nur den wenigsten gelang.[424] So kamen 1960 nur 87 der 3985 Landwirte im Landkreis Lüdinghausen aus Ostdeutschland. Sie stellten damit 2,2 Prozent der Bauern und bewirtschafteten 2,4 Prozent der Betriebsfläche. Lediglich 933 der 1434 Hektar waren Eigentum der vertriebenen Ackersmänner; 35 Prozent ihrer Betriebsfläche mußten sie hingegen pachten. Auch in Heek glückte es nur wenigen bäuerlichen Neubürgern, in ihrem alten Beruf wieder Fuß zu fassen. Unter den 4642 Ackersmännern im Landkreis Ahaus, die 1960 einen Agrarbetrieb leiteten, waren lediglich 53 Vertriebene. Diese 1,1 Prozent bearbeiteten 0,8 Prozent der gesamten Betriebsfläche; ein Viertel des bearbeiteten Landes war gepachtet.[425]

Zu Beginn der sechziger Jahre betrug der Anteil der Flüchtlinge unter den selbständigen Landwirten in Westfalen 2,8 Prozent.[426] Insgesamt waren es 4130 Flüchtlingsbauern, die für ihren Neuanfang in Westfalen zinsverbilligte Darlehen und Beihilfen aus öffentlichen Mitteln des Landes und aus dem Lastenausgleichsfonds erhielten.[427] Bemerkenswert ist, daß bei diesen 4130 Betrieben der Anteil des Pachtlandes mit 49,2 Prozent nahezu genauso hoch wie der des Privatlandes von 50,8 Prozent war. In allen Betriebsgrößen bis fünfzig Hektar überwog bei den Vertriebenenhöfen die Fläche des Pachtlandes die des Eigenlandes. Die Höfe der Einheimischen dagegen standen auf einer weitaus breiteren Grundlage von privatem Grund, der im Mittel 85 Prozent der Betriebsfläche ausmachte. Den 15 Prozent gepachtetem Land kam hierbei nur noch die Funktion zu, die Wirtschaftsgrundlage zu ergänzen. Desweiteren fällt bei den Betrieben der Flüchtlingsbauern auf, daß dies vor allem Parzellen- und Kleinbetriebe waren, die im ökonomischen Strukturwandel stark in ihrer Existenz gefährdet waren.[428] Mehr als die Hälfte der 4130 Höfe von 1960, exakt 56,6 Prozent, wiesen eine Betriebsfläche von einem halben bis fünf Hektar aus.[429] Den zu

---

[424] Siehe dazu Teil II, Zweites Kapitel, A.3. Trauungen mit Flüchtlingsbeteiligung – Die Heiratskreise zwischen 1946 und 1960.

[425] Beiträge zur Statistik des Landes Nordrhein-Westfalen, Sonderreihe Landwirtschaftszählung 1960, Heft 4a, S. 16f.

[426] Siehe Anhang, Tabelle Nr. 36.

[427] Heimatvertriebene Landwirte in Nordrhein-Westfalen, S. VIIff. In Niedersachsen lag die Zahl der Neusiedler bei 7790 und im Bundesgebiet bei 34564. Die Landwirtschaft Niedersachsens 1914 - 1964, S. 116; Die Zahl der Vertriebenen, die Inhaber landwirtschaftlicher Betriebe waren, lag mit 14976 in Niedersachsen und 46069 im Bundesgebiet noch höher; Statistisches Jahrbuch für die Bundesrepublik Deutschland 1960, S. 162.

[428] In der Bundesrepublik stellten die Vertriebenenlandwirte Anfang der fünfziger Jahre nur 0,5 Prozent der Inhaber von Betrieben über 0,5 Hektar, aber 13,5 Prozent der Eigentümer von Höfen unter 0,5 Hektar; Statistisches Jahrbuch für die Bundesrepublik Deutschland 1952, S. 30. Siehe auch Brändle, Die Eingliederung der Heimatvertriebenen, S. 159f.; Hund, Flüchtlinge in einem deutschen Dorf, S. 46 - 52; Bauerkämper, Landwirtschaft und ländliche Gesellschaft in der Bundesrepublik in den 50er Jahren, S. 189.

[429] Siehe Anhang, Tabelle Nr. 37. In Baden-Württemberg und der gesamten Bundesrepublik dagegen lag der Anteil der von Vertriebenen übernommenen Kleinst- und Kleinbetriebe mit 88 bzw. 78,1% deutlich höher. Vor allem im Südwesten versuchte man infolge des Landmangels Nebenerwerbssiedlungen zu schaffen, die faktisch vergrößerte Kleingärten darstellten; Grünende Wälder – fruchtbare Felder, S. 40.

diesem Zeitpunkt für Westfalen typischen mittelbäuerlichen Betrieben war mit 31,8 Prozent lediglich ein knappes Drittel der Vertriebenenbetriebe zuzurechnen.[430]

Neben der ökonomischen Dimension kam für den Erfolg der Integration auch der sozialen Dimension ein besonderer Stellenwert zu. Dabei glückte die Aufnahme in die Dorfgesellschaft den Neubürgern am raschesten und leichtesten, die angesichts des Frauenüberschusses als Miteigentümer in eine einheimische Familie einheirateten und damit die Hofnachfolge sicherstellten.[431] Anerkennung fanden die Flüchtlingslandwirte auch dann, wenn sie an Aufgaben mitarbeiteten, die die gesamte Dorfgesellschaft betrafen. Von daher erklärt sich auch der hohe Anteil von vertriebenen Bauern an Mitgliedschaften, Ehrenämtern und Vertrauenspositionen in der Genossenschaft, im Bauernverband oder anderen Interessenvereinigungen.[432]

Schließlich trug der Vertriebenenzuzug mit dazu bei, daß die Dörfer ihr ländliches Gepräge nach und nach verloren. Die vielen neuen Dorfbewohner brachten ihre urbane Sozialisation mit in den Sozialraum Dorf und prägten diesen nicht zuletzt durch ihre außeragrarische Arbeit, zu der sie täglich zumeist pendelten. Auch wenn die Dörfer erst in den sechziger und siebziger Jahren aus sich heraus, das heißt bedingt durch den rasant sinkenden Anteil der Agrarproduzenten und -arbeiter, ihre bäuerlich-ländlichen Merkmale ablegten, so hatten die Flüchtlinge im Vorfeld daran einen bescheidenen Anteil.[433]

F. „Wenn die Frauen Hosen tragen und die Wagen ohne Deichseln fahren, dann ändern sich die Zeiten"[434]: Westfälische Landwirtschaft im Wandel

Der vehemente Anpassungsdruck auf die Landwirtschaft und ländliche Bevölkerung durch die ökonomischen Phänomene einer forcierten Agrarmodernisierung wie Mechanisierung und Technisierung und dessen soziale Erscheinungsformen sowie die zunehmende Verstädterung des Dorfes durch die Übernahme urbaner Verhaltensweisen riefen letztlich unumkehrbare Veränderungen hervor.[435] Der Prozeß der forcierten Agrarmodernisierung begann Ende der vierziger bzw. Anfang der fünfziger

---

[430] Damit konnte Westfalen jedoch höhere Werte als andere Bundesländer oder das Bundesgebiet vorweisen. In Baden-Württemberg lag der Anteil der von Flüchtlingslandwirten übernommenen mittelbäuerlichen Betriebe bei 10,5, im Bund bei 16,6 Prozent; Grünende Wälder – fruchtbare Felder, S. 40.

[431] Heimatvertriebene Landwirte in Nordrhein-Westfalen, S. 104; Brelie-Lewien, Im Spannungsfeld zwischen Beharrung und Wandel, S. 362. Siehe auch Teil II, Zweites Kapitel, A.3. Trauungen mit Flüchtlingsbeteiligung – Die Heiratskreise zwischen 1946 und 1960.

[432] Von in den sechziger Jahren befragten 192 nordrhein-westfälischen Landwirten gehörten 53,1% dem Bauernverband und der Genossenschaft an; Heimatvertriebene Landwirte in Nordrhein-Westfalen, S. 105f.

[433] Siehe dazu Erker, Revolution des Dorfes? S. 367 - 425, bes. S. 377 - 409; Waldmann, Die Eingliederung der ostdeutschen Vertriebenen in die westdeutsche Gesellschaft, S. 188; Kötter, Vorschläge und Hypothese für die Erforschung der Rolle der Vertriebenen, S. 239 - 245; Herlemann, Vertriebene Bauern und Strukturwandel der Landwirtschaft, S. 53 - 165.

[434] Das Zitat stammt aus der Ortschronik der ostwestfälischen Landgemeinde Lüchtringen, die 1970 in die Stadt Höxter eingegliedert wurde; Fromme, Lüchtringen, S. 178.

[435] Die Übernahme städtischer Verhaltensweisen betraf u. a. das Konsum- und Freizeitverhalten. Zur Urbanisierung der Dörfer siehe auch die Schlußbetrachtung.

Jahre mit dem allumfassenden industriellen take-off in der Landwirtschaft und schlug in den sechziger und siebziger Jahren auf breiter Front durch. Bis zu dieser industriellen Revolution in den fünfziger Jahren hatte sich die westfälische Kulturlandschaft noch auf dem Stand des 19. Jahrhunderts befunden.[436] Die sozialen Folgen dieses ökonomischen Umbruchs wie die schleichende Entbäuerlichung des Dorfes, die Landflucht und das Pendlerwesen stellten faktisch eine Erosion der alten Dorfgemeinschaft mit ihren starken wechselseitigen Beziehungen dar.

Den Bauernstand als soziale Größe kann man bei diesem sozioökonomischen Transformationsprozeß als Verlierer ansehen, wenngleich einzelne Landwirte aus den sich wandelnden Rahmenbedingungen Kapital schlagen konnten, wenn sie durch Spezialisierung und erfolgreiche Investitionen Produktionsnischen im Agrarmarkt besetzen konnten. Trotzdem mußten sich viele Bauern auf dem industriellen und gewerblichen Sektor neu orientieren, weil sich ihre an der Subsistenzwirtschaft orientierten (Klein-)Betriebe als nicht mehr rentabel erwiesen.[437] Das Phänomen des Höfesterbens seit den fünfziger und sechziger Jahren ist ein beredtes Beispiel hierfür.[438] In der Nachkriegszeit ereigneten sich in der landwirtschaftlichen Erzeugung drastische sozioökonomische Umwälzungen, die sich in dem geschilderten Phänomen dramatisch bündelten. Der Strukturwandel in der Agrarproduktion führt zu einer „Kapitalisierung bäuerlichen Lebens"[439] sowie zu einer Mechanisierung mit der Tendenz zum familiären Rumpf-Betrieb und dem Wegfall kollektiver Arbeitsweisen, weil schließlich die Maschine die Arbeitsorganisation vorgab. Darauf fußend erfolgte eine gleichzeitige Spezialisierung und Chemisierung der Produktion mit dem Ziel einer raschen, umfangreichen und effizienten Ertragssteigerung sowie schließlich eine Konzentration der Erzeugung und der Produktionsfläche. Damit vereinten immer weniger Bauern immer mehr Betriebsfläche und landwirtschaftliche Nutzfläche auf sich, wobei die restlichen Bauern als Zuerwerbs- und Nebenerwerbs-Landwirte aus dem hauptberuflichen Agrarbereich verdrängt wurden. Diese Phänomene waren allesamt Charakteristika einer industrialisierten Agrarproduktion.

Die geschilderten Entwicklungen, von der Berufszugehörigkeit und der Erwerbstätigkeit der ländlichen Bevölkerung über das Höfesterben bis zum Pendlerwesen in den Landgemeinden, veranschaulichen den ökonomischen Strukturwandel auf dem Land, der in der Nachkriegszeit einsetzte, aber erst in den sechziger und siebziger Jahren voll durchschlagen sollte.

---

[436] Niggemann, Strukturwandel der Landwirtschaft im technischen Zeitalter, S. 496.
[437] Auch wenn viele Höfe in diesen Jahren abgehen mußten, kann man mit Erker, Revolution des Dorfes, S. 424f., die Bauern als relative Gewinner bezeichnen, partizipierten sie doch am steigenden Wohlstand in der jungen Bundesrepublik. Erker sieht hierin zu Recht den Grund dafür, daß im großen und ganzen in der Landwirtschaft heftige Verteilungskämpfe und gefährliche Radikalisierungstendenzen ausgeblieben sind.
[438] Auch im ostwestfälischen Lüchtringen gingen seit den fünfziger Jahren die kleinbäuerlichen Betriebe ab, denen in den sechziger und siebziger Jahren auch größere Gehöfte folgten, die dem Spezialisierungs- und Kapitalisierungsdruck nicht mehr standhalten konnten; Fromme, Lüchtringen, S. 177.
[439] Brüggemann/Riehle, Das Dorf, S. 30 u. 108.

Teil II
Traditionelle Orientierungs- und Verhaltensmuster zwischen Beharrung und Wandel: Elitenrekrutierung und Wahlverhalten, generatives Verhalten, Fest- und Vereinsleben

Erstes Kapitel: Die Herrschaft der Verwandtschaft: Die Rekrutierung dörflicher Eliten

Die Bedeutung des Faktors Familie bzw. Verwandtschaft für das Interaktionsfeld einer ländlichen Gemeinde als Face-to-face-Gesellschaft kann nicht hoch genug eingeschätzt werden. Allein bei der bloßen Betrachtung der Namen in der Amts- bzw. Gemeindevertretung einer ländlichen Gemeinde fällt auf, wie oft gleichnamige Vertreter in diesen Gremien auftauchen, die in der Regel derselben sozialen Schicht entstammten.[1] Verwandtschaft entschied über politische Wählbarkeit und gesellschaftlichen Einfluß im Sozialraum Dorf, weil die materielle Basis der Familie, der Besitz, streng kontrolliert weitergegeben wurde:[2] „Die Dorfgesellschaft war ein dichtes Netz von Verwandtschaften; Verwandtschaft definierte die soziale Position – mehr als alle individuellen Fähigkeiten."[3] Besitz war eine essentielle Macht- und Legitimitätsgrundlage, die von der Familie verwaltet wurde.[4] Auch die Kommunalpolitik war wesentlich geprägt von besitzenden Verwandtschaftskreisen.[5] Die politische Kompetenz und öffentliche Akzeptanz eines Kandidaten fußte „weniger auf persönliche(n) Fähigkeiten und Qualifikationen als vielmehr auf dessen sozialem und ökonomischem Hintergrund".[6] Selbst die im großen und ganzen autonom regierenden und ökonomisch autarken Hausväter mußten „bei ihren strategischen Entscheidungen" Verwandtschaftsinteressen berücksichtigen.[7]

Die traditionelle Form der Elitenrekrutierung, die sich an Besitz, Status und Prestige orientierte, bildete auch im 20. Jahrhundert die „natürliche Prädestination"[8] von

---

[1] Zum Beispiel saßen in der Amtsvertretung Ottmarsbocholts 1952 drei Angehörige derselben Familie – allesamt Maurer.
[2] Siehe dazu ausführlich das zweite Kapitel zum generativen Verhalten.
[3] Nipperdey, Deutsche Geschichte 1866 - 1918, S. 220.
[4] Zum Besitz als Basis sozialer Macht siehe auch Weber, Wirtschaft und Gesellschaft, Paragraph 20, S. 170 u. S. 180.
[5] Jeggle/Ilien, Die Dorfgemeinschaft als Not- und Terrorzusammenhang, S. 38f.
[6] Kaschuba/Lipp, Dörfliches Überleben, S. 573.
[7] Hausväter sind hier als Haushaltsvorstände zu begreifen. Zur Herrschaft des Hausvaters siehe Weber, Wirtschaft und Gesellschaft, Paragraph 16, S. 29. Zur Situation der Hausväter in der Neuzeit siehe Troßbach, Bauern, S. 98.
[8] Wagner, Leben auf dem Lande, S. 325.

Angehörigen gewisser sozialer Schichten für öffentliche Ämter. Nach Max Weber sind diese gemeindlichen Führungspersonen als „Honoratioren" zu bestimmen. Sie zeichneten sich durch ein stattliches Maß an ökonomischem und sozialem Kapital aus. Zum einen verfügten sie über wirtschaftliche Unabhängigkeit, die sie befähigte, ein gemeindliches (Ehren-)Amt zu bekleiden – nach Weber „für die Politik leben zu können, ohne von ihr leben zu müssen" –, zum anderen besaßen sie genügend gesellschaftliches Ansehen, das die Voraussetzung schuf, ein solches Amt auszuüben, nicht zuletzt eine zahlreiche Verwandtschaft, die sie wählte.[9] Nach diesem Verständnis sind Pfarrer und Lehrer „aufgrund ihrer außerdörflichen Herkunft und ihrer innerdörflichen Besitzlosigkeit" streng genommen nicht als dörfliche Honoratioren anzusehen.[10] Durch ihren Platz jenseits des ländlichen Produktionszusammenhanges und der Verwandtschaftskreise bewegten sie sich auch außerhalb des dörflichen Kommuniktations- und Interaktionsgefüges. Das heißt: Obwohl Lehrer und besonders Pfarrer mit ihrem Eintritt in die Dorfgesellschaft als privilegierte Personen angesehen wurden, besaßen sie im Unterschied zu den dörflichen Honoratioren als von außen Hinzugekommene weder ökonomische Interessen noch verwandtschaftliche Bande im Dorf.

Das Anforderungsprofil für gemeindliche Honoratioren erfüllten zuvorderst Angehörige der dörflichen Oberschicht, die über das Maß an materiellem und soziokulturellem Kapital verfügten, das sie zur Herrschaftspraxis und Repräsentation legitimierte. Die dörflichen Eliten waren dementsprechend auch in mehreren Gremien zugleich präsent: in den politischen Vertretungen, im Kirchenvorstand und in Spitzenpositionen der örtlichen Vereine.[11] Vereine stellten zum einen in Wechselwirkung mit der Kommunalpolitik ein personelles Reservoir für Bürgervertreter dar, zum anderen bildeten sie die Basis für ein Interaktionssystem der lokalen Eliten in Form informeller Absprachen, wohingegen ihr direkter Einfluß auf die Lokalpolitik eher gering anzusiedeln war.[12] Generell läßt sich feststellen: Die dörfliche Oberschicht in Gestalt der ökonomisch und sozial einflußreichen Familien stellte traditionell das Personal, aus dem sich diese Gremien zusammensetzten.[13] Diese Oberschichtfamilien betrachteten die Ausschüsse als Foren, um dort ihre Interessen durchzusetzen.[14]

---

[9] Vgl. Weber, Wirtschaft und Gesellschaft, Paragraph 20, S. 170f. sowie 179, 535f., 546f. u. 582. Nach Weber sind u. a. Saisonbetriebsleiter wie Landwirte als Honoratioren geeignet. Weber sieht es als ein Charakteristikum demokratischer Verwaltung an, daß den Besitzenden Verwaltungsfunktionen zufallen, weil sie autark sind. Zur Rolle einer weitverzweigten Verwandtschaft in der Lokalpolitik siehe Matter, Ein Beitrag zur historischen Analyse zentraler Werte und Bestimmung lokaler politischer Kultur am Beispiel eines Dorfes in der Hocheifel, S. 177.

[10] Matter, a.a.O. Vgl. zudem Köhle-Hezinger, Lokale Honoratioren, S. 56f.; Sommer, Bekenntnisgemeinden und nationalsozialistische Herrschaft auf lokaler Ebene in Oldenburg, S. 150; Zofka, Dorfeliten und NSDAP, S. 416; für Zofka ist der Lehrer „nicht einer von ihnen [den Gemeindebewohnern, P.E.], sondern ein dem Ort nicht so stark verbundener, dem Milieu doch etwas fremder, außenstehender" Dorfbewohner.

[11] Zur „Honoratiorenpolitik" in der Gemeinde siehe Siewert, Der Verein, S. 76.

[12] Siewert, Der Verein, S 78f. Zu den Vereinen in ländlicher Gesellschaft und der sie prägenden Sozialschicht siehe das dritte Kapitel zum Vereins- und Festleben.

[13] Jeggle, Krise der Gemeinde – Krise der Gemeindeforschung, S. 103. Das gemeindliche Vorsteheramt beispielsweise war seit der Neuzeit „im wesentlichen der dörflichen Oberschicht reserviert"; Troßbach,

Die Frage nach der Rekrutierung dörflicher Eliten ist deshalb von Interesse, weil sie·die Art und Weise der Ausübung politischer Macht im Sozialsystem Dorf aufzeigt. Eliten gelten als die politische, charismatische und administrative Führung der ländlichen Gemeinde. Sie traten am deutlichsten in dem wichtigsten Gemeindeorgan in Erscheinung, der Gemeindevertretung bzw. bei Amtsgemeinden zusätzlich in der Amtsvertretung: „Was Dorfgemeinde heißt, läßt sich am ehesten über die Gemeindeversammlung erfassen."[15] Dort offenbarten sich Kommunikations- und Interaktionsstrukturen, dort kamen Machtverhältnisse und Einflußmöglichkeiten über wirtschaftliche Abhängigkeiten oder Verwandtschaftsbeziehungen zu Tage. Demnach repräsentierte die Gemeindeversammlung nicht nur die Gemeinde, „sondern ist die Gemeinde".[16]

Unter politischer Macht sind die Möglichkeiten von Individuen oder gesellschaftlichen Gruppen zu verstehen, „in einem gegebenen sozialen System die eigenen Interessen und Bedürfnisse (auch im Hinblick auf die Produktion und Verteilung der Befriedigung der Bedürfnisse) gegen möglicherweise andersgeartete Interessen der übrigen Klassen durchzusetzen und realisieren zu können."[17] Herrschaft als „die Chance, für einen Befehl bestimmten Inhalts bei angebbaren Personen Gehorsam zu finden", bedeutet in diesem Zusammenhang die institutionalisierte Form der Macht(-ausübung).[18] Die lokalen Vertretungskörperschaften stellten eine Plattform dar, auf der einzelne Verwandtschaftkreise als ‚pressure-groups' ihre Interessen artikulierten und im erfolgreichen Fall ihre wirtschaftlichen und gesellschaftlichen Privilegien wahrten.[19]

Bauern, S. 28. Demzufolge kam diesem Amt, zu dem nur diese gesellschaftliche Schicht prädestiniert schien, ansehnliche Machtfülle und Bedeutung zu. Andere Gemeindeämter wie Wachtmeister, Gemeindesekretär oder -arbeiter wurden vorrangig aus funktionalen Gründen besetzt, ihre Auswahl war im Gegensatz zu den Leitungsämtern nicht an soziale oder politische Fragen geknüpft.

[14] So erhielten Handwerker mit Sitz und Stimme im Pfarrgemeinderat oft die offiziell zwar ausgeschriebenen Aufträge bei Baumaßnahmen am Gotteshaus zugespielt. Sie saßen deshalb auch im Bauausschuß des Kirchenvorstands; vgl. BAMS, PfA Ottmarsbocholt, KV 31, Protokollbuch der Kirchenvorstandssitzungen (1876 - 1971).

[15] Troßbach, Bauern, S. 21. Das Zitat geht zurück auf Blickle, Ländliche politische Kultur in Oberdeutschland, S. 251 - 264.

[16] Bierbrauer, Ländliche Gemeinde im oberdeutsch-schweizerischen Raum, S. 173.

[17] Wagner, Leben auf dem Lande, S. 245 unter Rekurs auf Weber, Wirtschaft und Gesellschaft, Paragraph 16, S. 28. Ebenso verstehen Kaschuba/Lipp, Dörfliches Überleben, S. 572, Macht als „die Chance einer Einheit in einem sozialen System, bei der Artikulation und Bestimmung von Bedürfnissen wie auch der Produktion und Verteilung von Mitteln der Befriedigung, die eigenen Bedürfnisse (‚Interessen') – bewußt oder unbewußt – auch gegen die Bedürfnisse (‚Interessen') anderer Systemeinheiten durchzusetzen, gleichgültig, worauf diese Chance beruht."

[18] Weber, Wirtschaft und Gesellschaft, Paragraph 16, S. 28.

[19] Jeggle/Ilien, Die Dorfgemeinschaft als Not- und Terrorzusammenhang, S. 40ff.; Pflaum, Politische Führung und politische Beteiligung als Ausdruck gemeindlicher Selbstgestaltung, S. 232f. Zu „pressure-groups" in Landgemeinden siehe Nell-Breuning, Bauer und Arbeiter im Staat, S. 18.

A. Die Leiter der Amtsverwaltung und die Amtsvertretungen

1. Die Leiter der Amtsverwaltung

Die Leiter der Kommunalverwaltung in Ottmarsbocholt waren zuständig für das gleichnamige Amt, das sich aus den Gemeinden Ottmarsbocholt und Venne zusammensetzte. Sie kamen bis zum Krieg mit einer Ausnahme aus Ottmarsbocholt,[20] der bedeutenderen der beiden Amtsgemeinden. Dem Ehrenbürgermeister standen zwei Beigeordnete, ebenfalls Ratsmitglieder, zur Seite.[21] Die Verwaltungsleiter übten ihre Funktion über den gesamten Untersuchungszeitraum ehrenamtlich aus und erhielten für ihre Arbeit eine Aufwandsentschädigung.[22] Diese Bedingungen verlangten vom Bewerber für diese Position eine entsprechende soziale Plazierung, finanzielle Unabhängigkeit und ausreichend Personal, um für die Amtstätigkeit abkömmlich sein zu können. Somit kamen für dieses Amt nur Repräsentanten einer gewissen gesellschaftlichen Schicht in Frage, die sozial angesehen und ökonomisch autark waren. Nach dem Zweiten Weltkrieg änderten sich die Anforderungen an das Amt und damit auch die soziale Herkunft der Amtsinhaber.

Die Position des Ehrenamtmannes in Ottmarsbocholt hatte von 1915 bis 1924 Anton Bracht aus der Kreuzbauerschaft inne.[23] Mit seiner Wahl zum Ehrenamtmann endete 1915 die seit dem 15. November 1856 bestehende, gemeinsame Verwaltung mit Senden.[24] In Weimarer Zeit wurde Bracht am 19. Dezember 1919 in sein Amt eingeführt und verpflichtet.[25] Seiner sozialen Herkunft nach war Bracht Großbauer und verfügte über einen Bodenbesitz von 71 ha.[26] Er gehörte somit als Gutsbesitzer der bäuerlichen Oberschicht in Ottmarsbocholt an.[27] Von 1921 bis 1924 gehörte Bracht dem Kreistag von Lüdinghausen an und trat dort als Delegierter der Zentrumspartei auf.[28] Bracht war Jahrgang 1854, trat seinen Dienst also mit 60 Jahren an. Er bekleidete die Funktion des Ehrenamtmannes rund neuneinhalb Jahre und starb während seiner Amtsperiode im 70. Lebensjahr.

---

[20] Von 1943 bis 1945 wurde das Amt Ottmarsbocholt in Personalunion mit dem Amt Senden unter Bürgermeister Friedrich Woltin verwaltet. Vgl. GA Senden, Chronik der Gemeinde Ottmarsbocholt, o. Sig., Eintrag v. 1.1.1943.
[21] Pflaum, Politische Führung und politische Beteiligung als Ausdruck gemeindlicher Selbstgestaltung, S. 233.
[22] Der Ehrenbürgermeister von 1936 erzielte zum Beispiel eine jährliche Aufwandsentschädigung von 720 Mark. GA Senden, Protokollbuch der Gemeinde Ottmarsbocholt von 1934 bis 1945, o. Sig., Sitzungsprotokoll v. 15.5.1936.
[23] Siehe Lüdinghauser Zeitung v. 23.4.1924, in: GA Senden, Bestand Ottmarsbocholt, B 19.
[24] Kloosterhuis, Schwarz-Weiß-Grüne Landgemeinden, S. 415.
[25] Protokoll der Amtsvertretersitzung v. 15.11.1919; STAMS, Kreis Lüdinghausen, Nr. 1784.
[26] Siehe gerichtliches Verzeichnis der Höfe, deren Eintrag in die Erbhofrolle in Aussicht genommen ist v. 15.6.1934; GA Senden, Bestand Ottmarsbocholt, C 197. GA Senden, Bestand Ottmarsbocholt, B 9.
[27] An seiner Telephonleitung wurde 1919 der Anschluß des Amtes Ottmarsbocholt gelegt. Schreiben des Ehrenamtmannes an den Vorsitzenden des Kreisausschusses v. 1.3.1920; STAMS, Kreis Lüdinghausen, Nr. 1784.
[28] GA Senden, Bestand Ottmarsbocholt, B 2.

Zum Nachfolger Brachts wurde Bernard Schulte-Vorwick, ebenfalls aus der Kreuzbauerschaft, bestellt.[29] Er wurde am 16. April 1925 in sein Amt investiert und fünf Tage später offiziell für zwölf Jahre ernannt.[30] Der neue Ehrenamtmann war ebenfalls Großbauer und nannte sich wie sein Vorgänger aufgrund der Größe seines Landbesitzes Gutsbesitzer.[31] Schulte-Vorwick verfügte über 76 ha Land.[32] Er entstammte somit denselben gesellschaftlichen Kreisen wie Bracht und stellte nicht nur in diesem Punkt eine Kontinuität dar. Auch politisch orientierte und engagierte sich Schulte-Vorwick wie sein Vorgänger. Bei den Wahlen zum Preußischen Landtag am 29. November 1925 sowie am 17. November 1929 trat Schulte-Vorwick als Kandidat des Zentrums auf und gehörte ab 1925 dem Kreistag in Lüdinghausen an,[33] im August 1928 bestimmte ihn der Kreisausschuß als Beisitzer für den Wahlausschuß zur Kreistagswahl 1929.[34] Im Unterschied zu Bracht war der 1893 geborene Schulte-Vorwick jedoch jünger. Bei Amtsantritt war er lediglich 32 Jahre alt. Aber dies bedeutete noch keinen Bruch mit der traditionellen Rekrutierungspraxis, denn außer dem Alter erfüllte der neue Amtsinhaber alle Anforderungen: Er gehörte zur bäuerlichen Oberschicht und verfügte demnach auch über gesellschaftliche Wertschätzung, was seine Kandidatur zum Preußischen Landtag genauso unterstreicht wie seine Mitgliedschaft im Kirchenvorstand von 1931 bis zu seinem Tode im Jahr 1949.[35] Zudem war die Bekleidung des einflußreichsten kommunalen Amtes auf Lebenszeit ausgerichtet, und nicht selten übte der Leiter der Kommunalverwaltung sein Amt bis zum Tode aus.[36] Es ist also anzunehmen, daß auch Schulte-Vorwick unter anderen politischen Umständen – länger als dies tatsächlich der Fall war – Ehrenamtmann in Ottmarsbocholt gewesen wäre.

Die politischen Verhältnisse änderten sich jedoch im Jahre 1933 so, daß Schulte-Vorwick auf eine längere Amtsarbeit verzichtete. Das Gesetz über die Beendigung der Amtszeit ehrenamtlicher Beamter vom 6. April 1933 beendete seine Tätigkeit als Ehrenamtmann, obwohl seine Ernennung ihn bis 1937 in dieser Funktion belassen hätte.[37] Das Gesetz über die Beendigung der Amtszeit ehrenamtlicher Beamter stand in engem Zusammenhang mit dem Gesetz zur Wiederherstellung des Berufsbeamtentums vom 7. April 1933; beide bildeten gemeinsam „eine wesentliche Grundlage der nationalsozialistischen Machtergreifung in der Verwaltung" und dokumentierten

---

[29] In allen Ottmarsbocholter Quellen wird dieser männliche Vorname so geschrieben.
[30] GA Senden, Bestand Ottmarsbocholt, C 21; Wermert, Die Zeit des Nationalsozialismus, S. 494.
[31] GA Senden, Bestand Ottmarsbocholt, B 9.
[32] Gerichtliches Verzeichnis der Höfe, deren Eintrag in die Erbhofrolle in Aussicht genommen ist v. 15.6.1934; GA Senden, Bestand Ottmarsbocholt, C 197.
[33] GA Senden, Bestand Ottmarsbocholt, B 5. Niederschrift über den Kreistag v. 14.12.1926; GA Senden, Bestand Ottmarsbocholt, B 2.
[34] Bekanntmachung des Kreisausschusses Lüdinghausen; STAMS, Kreis Lüdinghausen, Nr. 1703.
[35] BAMS, PfA Ottmarsbocholt, KV 31, Protokollbuch der Kirchenvorstandssitzungen (1876 - 1971).
[36] Zur Ausübung des Amtes bis zum Tod siehe die Beispiele Bracht und Adrian und vgl. Erstes Kapitel, B.1. Die Gemeindebürgermeister.
[37] GA Senden, Bestand Ottmarsbocholt, C 21. Die Amtszeit für Ehrenamtmänner war auf 12 Jahre festgesetzt.

die Absicht, mißliebige Personen „vergleichsweise willkürlich entlassen" zu können.[38]

Das Gesetz zur Wiederherstellung des Berufsbeamtentums von 7. April 1933 und dessen Durchführungsbestimmungen wirkten sich in Ottmarsbocholt nur geringfügig aus.[39] Zum einen gingen Ehrenamtmann Schulte-Vorwick wie auch Gemeindevorsteher Vollmer ihrer Aufgabe ehrenamtlich nach, zum anderen hatte die Gemeinde aufgrund ihrer Größe lediglich vier hauptamtliche Beamte: Alle vier, Amtsrentmeister, Amtsobersekretär, Polizeihauptwachtmeister und Gemeindearbeiter, konnten durch ihren Eintritt in die NSDAP im April 1933 im Dienst bleiben.[40] Das Gesetz über die Beendigung der Amtszeit ehrenamtlicher Beamter vom 6. April 1933 hingegen wirkte tiefgreifender. Indem es Angehörige der alteingesessenen Honoratiorenfamilien aus ihren angestammten Ämtern oder zur Mitarbeit im NS-Staat zu drängen versuchte, intendierte das Gesetz, traditionelle politische Loyalitäten und Orientierungen aufzuweichen. Gerade bei der Ämterbesetzung legten es die nationalsozialistischen Machthaber darauf an, entweder alte und neue Elite miteinander zu verschränken oder die sozial führenden Familien aus ihren herkömmlichen Spitzenpositionen zu drängen.[41]

Schulte-Vorwick sah sich im April 1933 vor die Wahl gestellt, entweder der NSDAP beizutreten oder sein Amt niederzulegen. Bei der verordneten Neuwahl des Ehrenbürgermeisters „wandte sich der Gemeindevorsteher Vollmer als Wortführer der Amtsverordneten an den Vorsitzenden, Ehrenbürgermeister Schulte-Vorwick und erklärte ihm gegenüber, daß sich die Amtsvertretung für seine einstimmige Wiederwahl entschlossen hätte, wenn er Mitglied der Nationalsozialistischen Deutschen Arbeiterpartei würde".[42] Hier versuchten die NSDAP-Repräsentanten, in einem konsensfähigen Kompromiß neues Regime und alte Eliten miteinander zu verklammern.[43] Schulte-Vorwick blieb jedoch seinen Wertvorstellungen treu und erwiderte, „daß er mit Rücksicht auf die gestellte Bedingung, Mitglied der NSDAP zu werden, aus grundsätzlichen Erwägungen auf Wiederwahl verzichten müsse".[44] In der an-

---

38 Broszat, Der Staat Hitlers, S. 250; Hildebrand, Das Dritte Reich, S. 3.
39 Zu den Stationen der sogenannten Machtergreifung auf Kreisebene siehe Grevelhörster, Der Kreis Coesfeld im Zugriff des Nationalsozialismus, S. 141 - 164.
40 Schreiben des Amtsbürgermeisters v. 24.9.1936; GA Senden, Bestand Ottmarsbocholt, C 19. Vgl. ebenso Besoldungsnachweise des Amtsrentmeisters und Amtsobersekretärs v. 30.5.1936 u. 14.5.1937; STAMS, Kreis Lüdinghausen, Nr. 1571. Die vier Genannten waren 1920 als Amtsbeamte auf Lebenszeit verpflichtet worden; Auszug aus dem Protokollbuch der Gemeindevertretung Ottmarsbocholt v. 8.9.1922; STAMS, Kreis Lüdinghausen, Nr. 1784. Im Falle des Gemeindearbeiters erwies sich eine vorherige Zentrumsmitgliedschaft bei Eintritt in die NSDAP als kein Hindernis.
41 Vgl. auch Münkel, Bauern, Hakenkreuz und „Blut und Boden", S. 225.
42 Auszug aus dem Sitzungsprotokoll der Amtsvertretung Ottmarsbocholt am 28.4.1933; GA Senden, Bestand Ottmarsbocholt, C 21.
43 Vgl. Zofka, Dorfeliten und NSDAP, S. 422f.
44 GA Senden, Bestand Ottmarsbocholt, C 21. – Die Verweigerungshaltung Schulte-Vorwicks gegenüber dem NS-Staat speiste sich offensichtlich aus grundsätzlichen Überlegungen und spricht damit gegen die These Zofkas, Dorfeliten und NSDAP, S. 383, oppositionelles Verhalten der „bäuerlich-mittelständischen Bevölkerung in der ,Provinz'„ wäre „weniger von prinzipiellen Einstellungen als von situationsbedingten Reaktionen abhängig" gewesen. – Von vergleichbarer Haltung einer konservativen agrarischen

schließenden Wahl erreichte der bisherige Amtsinhaber trotzdem noch drei Stimmen, der Großbauer Bernard Bracht, Sohn des vorherigen Ehrenamtmannes, fünf Stimmen; eine Stimme, ein unbeschriebener Stimmzettel, war ungültig.[45] Bracht jedoch, ebenfalls Gutsbesitzer, der dem katholischen Milieu wie Schulte-Vorwick entstammte, nahm die Wahl nicht an.[46] Es ist anzunehmen, daß Bracht es aus Standesbewußtsein ablehnte, als ‚Königsmörder' des Nachfolgers seines Vaters dazustehen. Der Erste Beigeordnete und nunmehr stellvertretende Ehrenbürgermeister, Gemeindevorsteher Vollmer, schlug daraufhin dem Landrat in Lüdinghausen den Gast- und Landwirt Franz Ermke vor.[47]

Franz Ermke war als Amtsbürgermeister in Ottmarsbocholt in mehrfacher Hinsicht ein homo novus: Er stammte nicht aus Ottmarsbocholt, sondern war am 27. Februar 1898 in Welbergen, Kreis Steinfurt, zur Welt gekommen. Von 1912 bis 1917 hatte er eine Lehrerausbildung in Langenhorst und Warendorf absolviert.[48] Nach zweijährigem Kriegseinsatz, aus dem er als Unteroffizier mit dem Eisernen Kreuz zweiter Klasse zurückgekehrt war, unterrichtete er vom 15. Juli 1919 bis zum 31. März 1920 an der Schule der Oberbauerschaft in Ottmarsbocholt.[49] Nach seiner Heirat beantragte er am 10. März 1920 seine Entlassung aus dem Schuldienst und betrieb seither eine Gast- und Landwirtschaft.[50]

Franz Ermke gehörte also in Ottmarsbocholt nicht zu der gesellschaftlichen Schicht, die altgewohnterweise das Reservoir bildete, aus dem sich die dörflichen (Macht-)Eliten rekrutierten. Aber für die nationalsozialistischen Machthaber stellte Ermke die geeignete Person dar; er war am 1. Mai 1933 der NSDAP beigetreten: „Herr Ermke erscheint mir in fachlicher Hinsicht zur Bekleidung des Amtes voll befähigt. Er ist national unbedingt zuverlässig, und mein Vorschlag erfolgt im Einvernehmen mit dem hiesigen Ortsgruppenleiter der NSDAP [Josef Adrian, dem späteren 1. Amtsbeigeordneten und kommissarischen Ehrenbürgermeister 1938 - 1942, P.E.]."[51] Ermke glich mit diesen Merkmalen anderen nationalsozialistischen Funktionsträgern. Auch der Lüdinghauser Landrat, der NSDAP-Kreisleiter und Gauinspekteur Herbert Barthel, „der älteste Parteigenosse der NSDAP von Westfalen", war als gebürtiger Schlesier ein Auswärtiger.[52] Am 21. Juli 1933 erklärte sich der Landrat

---

Elite auf Kammerebene berichtet Herlemann, Bäuerliche Verhaltensweisen unterm Nationalsozialismus, S. 111f.
[45] Die Stimmzettel haben sich erhalten; GA Senden, Bestand Ottmarsbocholt, C 21. Zum Wahlvorgang siehe auch Wermert, Die Zeit des Nationalsozialismus, S. 494.
[46] Siehe Erklärung Brachts v. 2.5.1933; GA Senden, Bestand Ottmarsbocholt, C 21.
[47] Schreiben Vollmer an den Landrat v. 3.5.1933; a.a.O.
[48] Ebd.
[49] GA Senden, Bestand Ottmarsbocholt, C 11. Chronik der Gemeinde Ottmarsbocholt o. Sig., Eintrag v. 1.9.1938.
[50] GA Senden, Bestand Ottmarsbocholt, B 93.
[51] Siehe Schreiben Vollmers an den Landrat von Lüdinghausen v. 3.5.1933; GA Senden, Bestand Ottmarsbocholt, C 21.
[52] Schmitz, Die Landräte und Oberkreisdirektoren der Kreise Coesfeld und Lüdinghausen, S. 346 - 365, S. 353.

mit dieser Lösung einverstanden, und Ermke konnte elf Tage später zum Ehrenbürgermeister gewählt werden.[53] Am 7. November wurde er in sein Amt eingeführt. Das neu geschaffene Amt des Ehrenbürgermeisters vereinte ab 1934 auch die Funktionen des früheren Gemeindevorstehers in Personalunion. Auf Grundlage der seit dem 1. November 1934 gültigen neuen Amtsordnung hatte der Amtsbürgermeister in der amtsangehörigen Gemeinde, in der er wohnte, zugleich auch Gemeindeschulze zu sein.[54] Ermke hatte neben den bisherigen Verwaltungsarbeiten nun auch Repräsentationsaufgaben zu übernehmen.[55] Seine andere regionale und soziale Herkunft scheinen Ermke die Führung der Amtsgeschäfte so erschwert zu haben, daß er am 1. September 1938 nach fünfjähriger Amtszeit die Geschäfte niederlegte; er „kehrte auf eigenen Wunsch in seinen früheren Lehrerberuf zurück" auf eine Stelle nach Olfen.[56] In seiner Abschiedsfeier würdigte sein späterer Nachfolger, der Erste Amtsbeigeordnete Josef Adrian, die Verdienste Ermkes: „den Bau der Schule in der Oberbauerschaft, Anlage des Sportplatzes, Schaffung einer Dampfheizung für die Dorfschule, Errichtung des HJ-Heimes und Anschaffung einer Motorspritze für die Feuerwehr".[57]

Vierzigjährig verabschiedete sich Ermke von der politisch-administrativen Bühne Ottmarsbocholts. Über die Gründe, die ihn zurücktreten ließen, schweigen die Quellen. An einigen Stellen klingt der Wunsch Ermkes an, seine Aufwandsentschädigung anzuheben,[58] jedoch scheint die freiwillige Rückkehr in die Schule auf tiefgreifendere Schwierigkeiten hinzudeuten. Zwar war er bei seinem Amtsantritt mit 35 Jahren ähnlich jung wie sein Vorgänger Schulte-Vorwick, aber die beiden trennten zwei wesentliche Merkmale. Ermke war kein Ottmarsbocholter, und er war kein Großbauer. Die aus dem Repräsentationsamt gedrängte, traditionelle Dorfelite war faktisch nicht entmachtet, sondern konnte sich immer noch auf althergebrachte Abhängigkeits- und Loyalitätsverhältnisse stützen. Damit waren Konflikte zwischen Ermke

---

[53] Auszug aus dem Protokollbuch der Amtsvertretung Ottmarsbocholt v. 1.8.1933; GA Senden, Bestand Ottmarsbocholt, C 21.

[54] GA Senden, Protokollbuch der Gemeinde Ottmarsbocholt von 1934 bis 1945, o. Sig., Sitzungsprotokoll v. 30.10.1934 u. 15.1.1935; siehe dazu auch Erstes Kapitel, B.1. Die Gemeindebürgermeister.

[55] So weihte er zum Beispiel am 27.2.1937 die neue Motorspritze der Freiwilligen Feuerwehr ein sowie 1938 beim Sommerfest der Schützen der vereinigten Bauerschaften die neue Bundesfahne; Chronik der Gemeinde Ottmarsbocholt.

[56] GA Senden, Bestand Ottmarsbocholt, C 21, Chronik der Gemeinde Ottmarsbocholt, o. Sig., Eintrag vom 1.9.1938.

[57] Ebd.

[58] Die Aufwandsentschädigung von 720 RM 1936 erschien ihm zu niedrig. Dieser Betrag errechnete sich nach einer Pro-Kopf-Pauschale von 40 Pf für jeden Amtsbewohner. Die tatsächlichen 1867 Einwohner wurden auf 1800 abgerundet. Als Argument für seine Forderung führte Ermke seinen Anfahrtsweg von seiner Wohnung in der Oberbauerschaft in das Dorf an, was seinem Motorrad eine zusätzliche Fahrleistung von wöchentlich 70 bis 80 Kilometer abverlange; GA Senden, Protokollbuch der Gemeinde Ottmarsbocholt von 1934 bis 1945, o. Sig., Sitzungsprotokoll v. 15.5.1936 sowie STAMS, Kreis Lüdinghausen, Nr. 1571. – Ermke forderte eine Aufwandsentschädigung in Höhe von 1000 RM jährlich, die ihm der Oberpräsident im Dezember genehmigte; Schreiben an den Landrat und Vorsitzenden des Kreisausschusses Lüdinghausen v. 16.5.1936; GA Senden, Bestand Ottmarsbocholt, C 11 sowie Schreiben des Oberpräsidenten der Provinz Westfalen v. 2.12.1936; STAMS, Kreis Lüdinghausen, Nr. 1571. Vgl. auch Wermert, Die Zeit des Nationalsozialismus, S. 494.

und der alten Dorfelite vorprogrammiert.[59] In den intakten Einflußmöglichkeiten der alteingesessenen Elite sind also die Ursachen zu finden, die Ermke das Leben als erstem Ehrenbürgermeister in nationalsozialistischer Zeit schwer machten.[60]

Nach Ermkes Rücktritt beratschlagten die Amtsvertreter unter dem Vorsitz des Ersten Amtsbeigeordneten Adrian über dessen Nachfolge. Adrian wies auf einen möglichen administrativen Zusammenschluß Ottmarsbocholts mit Senden hin, wie er von 1856 bis 1915 bestanden hatte, doch sprachen sich die Amtsältesten dagegen aus. Einen geeigneten Kandidaten für das Amt des Ehrenbürgermeisters konnten sie jedoch nicht finden. Der Zweite Amtsbeigeordnete Kovermann sagte „trotz eingehender Aussprachen und immer wieder an ihn gerichteter Fragen" nicht zu, und der Amtsvertreter und Ortsbauernführer, Bernard Bracht, der Sohn des ehemaligen Ehrenamtmanns Anton Bracht, winkte mit dem Hinweis auf den „Kräftemangel in der Landwirtschaft" ab und verzichtete wie schon 1933 abermals auf das administrative Spitzenamt.[61] Das Ehrenamt erschien Teilen der etablierten dörflichen Oberschicht spätestens seit Einführung der Deutschen Gemeindeordnung (DGO) am 30. Januar 1935 nicht mehr attraktiv. Amtsbürgermeister und Amtsvertretung schienen ihnen bloße Befehlsempfänger geworden zu sein und gestalterischen Einfluß eingebüßt zu haben.[62] De facto entmachtet waren die alten Dorfhonoratioren wie gesehen nicht, auch wenn sie sich dem neuen Staat nicht uneingeschränkt zur Verfügung stellten.[63] Daß Bernard Bracht nach seiner Ablehnung, Amtsbürgermeister zu werden, 1933 zum Ortsbauernführer avancierte, spricht gegen eine totale politische Absenz traditioneller Eliten, sondern vielmehr für deren intakte Machtposition.

Schließlich beauftragten die Amtsältesten den bisherigen Ersten Amtsbeigeordneten mit der Führung der Geschäfte. Josef Adrian hatte sich als Steiger a. D. in Ottmarsbocholt niedergelassen. Geboren war er am 10. August 1872 in Schoneberg, Kreis Soest. Er leistete von 1892 bis 1894 beim Westfälischen Infanterie Regiment 53 Militärdienst und heiratete ein Jahr nach seiner Entlassung.[64] Der Ehe entstammten fünf Kinder. Adrian schloß sich am 1. Mai 1933 der NSDAP an und avancierte zum Ortsgruppenleiter der NSDAP;[65] als solcher hatte er bis Oktober 1938 60 Mitglieder geworben.[66] Als Ortsgruppenleiter fiel Adrian aus dem Rahmen der sich betont jugendlich gebenden nationalsozialistischen Bewegung. Er war Ende 1934 bereits 62 Jahre alt und gehörte der nur ein Prozent starken Altersgruppe der über sech-

---

[59] Konflikte zwischen NS-Repräsentanten und der traditionellen Dorfelite konstatiert auch Herlemann, Bäuerliche Verhaltensweisen unterm Nationalsozialismus, S. 112.
[60] Auch in Billerbeck, Kreis Coesfeld, gab der Amtsbürgermeister, der ebenfalls auf Betreiben des NSDAP-Ortsgruppenleiters in sein Amt gelangt war, 1939 auf, „weil er in der Bevölkerung nicht das geringste Vertrauen besaß". Bericht des Amtsbürgermeisters an den Landrat von Coesfeld v. 20.7.1945; STAMS, Kreis Coesfeld, Nr. 948.
[61] GA Senden, Bestand Ottmarsbocholt, C 21.
[62] Zur DGO siehe Erstes Kapitel, A.2. Die Amtsvertretungen.
[63] Vgl. dazu auch Zofka, Dorfeliten und NSDAP, S. 386.
[64] Personalbogen Josef Adrian; GA Senden, Bestand Ottmarsbocholt, C 21.
[65] GA Senden, Chronik der Gemeinde Ottmarsbocholt, o. Sig., Eintrag v. 1.1.1937.
[66] Die NSDAP-Ortsgruppe Ottmarsbocholt wies 1936 insgesamt 113 Mitglieder auf; GA Senden, Bestand Ottmarsbocholt, C 8. Vgl. auch Wermert, Die Zeit des Nationalsozialismus, S. 501.

zigjährigen Ortsgruppenleiter an.⁶⁷ Seine Ernennung zum Ehrenbürgermeister verdankte Adrian wie Ermke dem neuen Rekrutierungskriterium, der Parteizugehörigkeit. Ansonsten hatte er wie sein Vorgänger dieselben sozialen Voraussetzungen: Er stammte nicht aus Ottmarsbocholt und gehörte nicht der Schicht der grundbesitzenden Großbauern an. Allein die Parteimitgliedschaft und die politische Funktion als Ortsgruppenleiter scheinen den Ausschlag für seine Investitur gegeben zu haben.⁶⁸

In der Kommunalverwaltung war Adrian kein gänzlich unbeschriebenes Blatt. Anfang März 1935 wurde er vom Beauftragten der NSDAP gemäß Paragraph 41 der DGO als Beigeordneter für das Amt Ottmarsbocholt vorgeschlagen,⁶⁹ am 25. März berief der Landrat Lüdinghausen den 62jährigen zu dieser Bestimmung für die Dauer von zwölf Jahren.⁷⁰ Vom 1. September 1938 an leitete er, mittlerweile 66jährig, kommissarisch die Geschäfte des Amtsbürgermeisters. Seine Amtsführung war dadurch gekennzeichnet, daß er in Personalunion Partei- und Verwaltungsamt miteinander verwob.⁷¹ Infolge einer Krankheit mußte Adrian Anfang 1942 die Arbeit als Ortsgruppenleiter ruhen lassen und sie an seinen Vertreter, den Bauern Bernard Schemmelmann,⁷² abgeben.⁷³ Er konnte auch nicht mehr die Arbeit als Amtsbürgermeister verrichten und wurde dabei von Wilhelm Kovermann vertreten.⁷⁴ Adrian starb 70jährig am 11. Oktober 1942.⁷⁵ Nach dem Tod Adrians stellte Ottmarsbocholt keinen neuen Amtsbürgermeister, sondern die Leitung des Amtes ging auf den

---

⁶⁷ Die Mehrheit der Ortsgruppenleiter (47%) entstammte am 31.12.1934 der Gruppe der 31- bis 40jährigen. Die meisten Mitglieder (37,6%) waren zu diesem Zeitpunkt zwischen 18 und 30 Jahren alt; Thamer, Verführung und Gewalt, S. 178.

⁶⁸ In anderen Landgemeinden übten sich die Ortsgruppen- bzw. Stützpunktleiter stärker in kommunalpolitischer Zurückhaltung. Im bayerischen Bezirk Günzburg in Mittelschwaben avancierten lediglich sechs der insgesamt 38 Ortsgruppenleiter zum Bürgermeister. Laut Parteistatistik von 1935 kam dort eine Personalunion der beiden Ämter – wie im Fall Ottmarsbocholt – in weniger als 10% der Gemeinden zustande; der Reichsdurchschnitt belief sich auf 7,67%. Vgl. Zofka, Dorfeliten und NSDAP, S. 416 u. Anm. 22.

⁶⁹ GA Senden, Bestand Ottmarsbocholt, C 11.

⁷⁰ GA Senden, Bestand Ottmarsbocholt, C 19. Am 20. Dezember 1938 wurde Adrian rückwirkend vom 25. März 1935 als Erster Beigeordneter der Gemeinde Ottmarsbocholt vereidigt.

⁷¹ So händigte er z. B. beim nationalsozialistischen „Gedenktag der Gefallenen der Bewegung" 1938 mehreren Parteianwärtern die rote Mitgliedskarte aus; im darauffolgenden Jahr weihte er die Geburtsglocke mit der Gravur ‚Der Mensch sei des Menschen Friede' und überreichte sie dem Leiter der Dorfschule, Hauptlehrer Franz Schneider; 1940 händigte er Westwallabzeichen für vorbildliche Arbeit am Westwall aus. Vgl. GA Senden, Chronik der Gemeinde Ottmarsbocholt, o. Sig., Einträge v. 9.11.1938, 22.1.1939 u. 23.4.1940.

⁷² Schemmelmann war gebürtiger Ottmarsbocholter und verfügte über 27 ha Land. Er gehörte 1935 und 1938 dem Schulbeirat an und gelangte 1942 als Ersatzmann für den parteilosen Hermann Högemann in die Amtsvertretung.

⁷³ GA Senden, Chronik der Gemeinde Ottmarsbocholt, o. Sig., Eintrag v. 14.1.1942. Schreiben des Amtsbürgermeisters an den Landrat v. 11.12.1942 bezüglich Erstattung der Arztkosten; STAMS, Kreis Lüdinghausen, Nr. 1571.

⁷⁴ Kovermann war Stielhersteller und wohnte in der Kreuzbauerschaft. Er wurde gleichzeitig mit Adrian zum Zweiten Amtsbeigeordneten berufen und fungierte als stellvertretender Amtsbürgermeister bis zum 11.10.1942.

⁷⁵ GA Senden, Bestand Ottmarsbocholt, C 21; Chronik der Gemeinde Ottmarsbocholt, o. Sig., Eintrag v. 11.10.1942.

hauptamtlichen Bürgermeister von Senden, Friedrich Woltin, über.[76] Damit verlor Ottmarsbocholt seine administrative Eigenständigkeit und wurde wie in der zweiten Hälfte des 19. und zu Beginn des 20. Jahrhunderts in Personalunion mit Senden verwaltet.[77]

Nach dem Einmarsch der alliierten Truppen wurden im Zuge der Entnazifizierung alle öffentlichen Funktionsträger von ihrem Posten suspendiert. Bürgermeister Woltin wurde seines Amtes enthoben und damit war auch in Ottmarsbocholt die Amtsverwaltung vakant. Auf der Suche nach unbelasteten politischen Kräften wandte sich die Militärregierung an die katholische Kirche. Sie erschien ihr als nicht diskreditierte Institution, die dem NS-Staat widerstanden hatte. Folglich war sie in den Augen der Besatzungsbehörden dazu legitimiert, beim demokratischen Neuaufbau in Westdeutschland mitzuarbeiten.[78] Am 8. April 1945 erschienen amerikanische Kommandanten in Ottmarsbocholt und eröffneten dem Pastor von St. Urban, Alois Schleppinghoff, daß er in Ermangelung politisch unbelasteter Kräfte das Bürgermeisteramt bekleiden sollte.[79] Schleppinghoff hatte naturgemäß keine Verwaltungserfahrung und wurde auf eigenen Wunsch am 30. September 1945 von seinen Pflichten entbunden. In die Pfarrchronik schrieb der Geistliche erleichtert: „Deo gratias!"[80]

In der Nachkriegszeit veranlaßte ein Eingriff der britischen Besatzungsbehörden eine grundlegende Reform der Amtsleitung nach britischem Vorbild in Form einer dualen Kommunalrepräsentation und -leitung. Das Amt des ehemaligen Ehrenbürgermeisters wurde durch die Verordnung Nr. 21 der Militärregierung vom 1. April 1946 gesplittet. Die sogenannte Norddeutsche Ratsverfassung veränderte nach englischem Muster die Bezeichnung des höchsten Verwaltungsbeamten, der nunmehr als Amtsdirektor einzig die Verwaltung leitete. Die Repräsentationsaufgaben hingegen fielen seither dem sogenannten Amtsbürgermeister zu, der dem Rat ehrenamtlich vorsaß und dem dort keine größeren Machtbefugnisse als den übrigen Mandatsträgern zukam.[81]

Für die Position des Amtsdirektors als Verwaltungschef wurde neben der Parteizugehörigkeit ein weiteres Kriterium für die Ernennung zum Leiter der Kommunal-

---

[76] GA Senden, Chronik der Gemeinde Ottmarsbocholt, o. Sig., Eintrag v. 1.1.1943; Protokollbuch der Gemeinde Ottmarsbocholt von 1934 bis 1945, o. Sig., Sitzung v. 2.8.1943.
[77] Die Frage einer behördlichen Zusammenlegung mit Senden bzw. Ascheberg war bereits mehrfach diskutiert worden: nach dem Ersten Weltkrieg, 1924 Jahre beim Tod des Ehrenamtmannes Bracht sowie erneut Mitte der dreißiger Jahre. Vgl. Vereinbarung des Landrats Lüdinghausen und der Amtsvertreter Senden und Ottmarsbocholt v. 15.11.1919 u. Schreiben der politischen Vertreter des Amtes Ottmarsbocholt und der NSDAP-Funktionsträger v. 3.11.1934; STAMS, Kreis Lüdinghausen, Nr. 1784.
[78] Vgl. dazu Kleßmann, Die doppelte Staatsgründung, S. 59 - 63; Frie, Die Eingliederung von Flüchtlingen in den Landkreis Münster nach dem Zweiten Weltkrieg, S. 126.
[79] Zur Amtsführung Schleppinghoffs STAMS, Kreis Lüdinghausen, Nr. 1572, passim. Vgl. ebenso Wermert, Alliierte Besatzungszeit und erste Nachkriegsjahre, S. 522. – Ein gleich gelagerter Fall trat auch im Erziehungswesen ein, als die Militärregierung den Schulrat des Kreises Lüdinghausen, Grimmelt, durch den geistlichen Rektor Surmann ersetzte, der vom Frühjahr 1945 bis zum 30.6.1951 Dienst tat; GA Senden, Schulchronik Venne, o. Sig., S. 42 sowie STAMS, Kreis Lüdinghausen, Nr. 1571.
[80] Das Ende des Krieges. Aus der Pfarrchronik, in: Ottmarsbocholt. Geschichte und Geschichten 6 (1985), S. 10.
[81] Zur neuen Kommunalverfassung nach englischem Vorbild siehe Teppe, Politisches System, S. 10f.

verwaltung relevant, die Sachkompetenz. Hermann Horn war im Herbst 1945 der erste Verwaltungsfachmann, der das Amt Ottmarsbocholt verwaltete. Am 3. April 1878 in Herbern geboren, hatte sich der Amtmann a. D. als Ruhestandsbeamter in Ottmarsbocholt niedergelassen.[82] Horn war am 13. April 1933 von der SA, die das Amtsgebäude in Freienohl im Sauerland besetzt hatte, gewaltsam dazu aufgefordert worden, als Bürgermeister zurückzutreten.[83] Offiziell entlassen wurde Horn im Gefolge der Maßnahmen, die das Gesetz zur Wiederherstellung des Berufsbeamtentums umsetzten.[84]

Nach seinem Umzug nach Ottmarsbocholt bewarb sich Horn um die vakante Amtsvorsteherstelle und wurde von der britischen Militärregierung reaktiviert.[85] Am 1. Oktober 1945 wurde er zum ehrenamtlichen Amtsbürgermeister auf der Basis einer Aufwandsentschädigung ernannt.[86] Politisch schloß er sich später der CDU an.[87] Bei seiner Amtseinführung wurde er vom Landrat „durch Handschlag zu treuer und gewissenhafter Amtsführung verpflichtet".[88] Am 2. April 1946, einen Tag vor seinem 68. Geburtstag, wurde Horn einstimmig zum ehrenamtlichen Amtsbürgermeister von Ottmarsbocholt gewählt.[89] Da jedoch seit dem 1. April 1946 die Ämter des Amtsbürgermeisters und Amtsdirektors personell zu trennen waren, wurde Horn zum Amtsdirektor bestimmt und als solcher am 24. Juli 1947 erneut gewählt.[90] Demnach sollte er die Verwaltung bis 1. April 1951 leiten, legte aber aus Rücksicht auf sein vorgeschrittenes Alter sein Amt nach knapp fünf Jahren zum 30. September 1950 nieder.[91]

---

[82] GA Senden, Bestand Ottmarsbocholt, C 11 u. 21.
[83] Der Ortsgruppenleiter nannte Horn einen „seit Jahren erbitterten Feind jeglicher nationaler Bestrebungen", der jetzt „unter der Kanzlerschaft Adolf Hitlers offene Sabotage gegen die Erfordernisse unseres nationalen Lebens" gewagt habe, und erklärte Horn für abgesetzt. Schreiben des Ortsgruppenleiters an den Kreisleiter in Arnsberg v. 13.4.1933; STAMS, Kreis Lüdinghausen, Nr. 1571.
[84] Schreiben des Preußischen Ministers des Inneren; a.a.O.
[85] GA Senden, Bestand Ottmarsbocholt, C 11.
[86] Bewerbungsschreiben Horns v. 28.7.1945; STAMS, Kreis Lüdinghausen, Nr. 1571. Zur Ernennung Horns siehe Antrittsbestätigung des Amtsbürgermeisters an den Landrat v. 2.10.1945 sowie schriftliche Vereinbarung zwischen Landrat, Schleppinghoff und Horn v. 28.9.1945; a.a.O.
[87] Schreiben der Amtsverwaltung an die Kreisverwaltung von Lüdinghausen v. 31.12.1949; GA Senden, Bestand Ottmarsbocholt, C 10.
[88] GA Senden, Bestand C, Ottmarsbocholt, C 10.
[89] Auszug aus dem Protokoll der Amtsvertretung Ottmarsbocholt v. 2.4.1946; STAMS, Kreis Lüdinghausen, Nr. 1571. GA Senden, Protokollbuch der Amtsvertretung Ottmarsbocholt von 1938 bis 1969, o. Sig., Sitzungsprotokoll v. 2.4.1946. – Einstimmigkeit bei Entscheidungen der politischen Gemeindevertretung wurde stets als Ziel angestrebt, vor allem bei der Besetzung von Spitzenämtern. Dies hat in seiner Studie der südwestdeutschen Gemeinde Bretten auch Luckmann, Politik in einer deutschen Kleinstadt, S. 131f., festgestellt. Wie sich dieses Streben unter dem Flüchtlingseinfluß veränderte, zeigt Erstes Kapitel, C. Die politische Integration der Neubürger.
[90] GA Senden, Protokollbuch der Amtsvertretung Ottmarsbocholt von 1938 bis 1969, o. Sig., Eintrag v. 8.5.1946. Siehe ebenso Schreiben des Amtmanns (Amtsdirektors) an den Oberkreisdirektor von Lüdinghausen v. 29.9.1947; GA Senden, Bestand Ottmarsbocholt, C 10. Zum neuen Amtsbürgermeister wurde Bernard Brüse bestimmt.
[91] Horn war zu diesem Zeitpunkt 72 Jahre alt. Schreiben Horns an den Amtsbürgermeister Brüse v. 13.6.1950; GA Senden, Bestand Ottmarsbocholt, C 21 und STAMS, Kreis Lüdinghausen, Nr. 1571.

Horns Nachfolger war ebenfalls ein Verwaltungsfachmann. Dr. Heinz Kreuzer hatte sich wie sein Vorgänger als Ruhestandsbeamter in Ottmarsbocholt angesiedelt.[92] Die Amtsvertretung wählte den 60jährigen Amtsbürgermeister a. D. aus Bork in der Sitzung vom 15. September 1950 zum neuen Amtsdirektor, der seine Stelle am 1. Oktober 1950 antrat.[93] Auch er bekleidete dieses Amt wie seine Vorgänger ehrenamtlich bis zu seinem Ausscheiden am 31. August 1954.[94]

Bereits am 12. August 1954 hatten die Amtsvertreter den Amtsobersekretär Richard Peters beauftragt, nach dem Abtritt Kreuzers kommissarisch die Dienstgeschäfte zu führen. Da die Amtsvertreter trotz intensiver Suche auf dem Gemeindetag Westfalen und beim Verband der Ruhestandsbeamten keinen geeigneten Kandidaten für die Amtsdirektorenstelle finden konnten, der bereit war, diese Funktion ehrenamtlich wahrzunehmen,[95] beschlossen sie in dieser Übergangszeit, Amtsbürgermeister Brüse die vakante Stelle zum 1. Oktober 1954 zu übertragen.[96] Dieses Interregnum eines Nichtfachmanns dauerte bis in die Mitte der sechziger Jahre. Erst dann löste Richard Peters den ehrenamtlich fungierenden Amtsbürgermeister Brüse ab. Peters war am 10. März 1919 zur Welt gekommen und hatte nach seiner Schulausbildung die Verwaltungslaufbahn eingeschlagen. Als Amtshauptsekretär im Ottmarsbocholter Amt kannte er die dortigen Verhältnisse bestens und war bis 1965 als stellvertretender Amtsdirektor die rechte Hand Brüses.[97] Im April 1965 votierten die Amts- und Gemeindevertreter trotz Stellenausschreibung für die hausinterne Lösung und bestimmten Peters „einstimmig" zum neuen Amts- und Gemeindedirektor.[98] Die Bürgervertreter beriefen Peters für eine Amtszeit von zwölf Jahren. Faktisch leitete dieser die Verwaltung bis zur kommunalen Neuordnung am 1. Januar 1975, um dann Beigeordneter der neuen Gemeinde Senden zu werden.

Die zweite Funktion innerhalb der dualen Kommunalleitung, das Repräsentationsamt, fiel im April 1946 dem Großbauern Bernard Brüse zu.[99] Brüse, geboren am 10. Juni 1898, setzte mit seiner Amtsdauer die Tradition der Lebensstellung fort.[100] Am 30. November 1951 wurde Brüse als ehrenamtlicher Bürgermeister einstimmig

---

[92] GA Senden, Bestand Ottmarsbocholt, C 10.
[93] Einführung des neugewählten Amtsdirektors v. 2.10.1950; STAMS, Kreis Lüdinghausen, Nr. 1571.
[94] GA Senden, Bestand Ottmarsbocholt, C 10.
[95] GA Senden, Protokollbuch der Amtsvertretung Ottmarsbocholt von 1938 bis 1969, o. Sig., Sitzungsprotokoll v. 29.6.1954.
[96] Zu Brüses Funktion als ehrenamtlicher Amtsdirektor siehe Verzeichnis der Hauptgemeindebeamten; STAMS, Kreis Lüdinghausen, Nr. 1195. Zu Brüse ausführlich siehe Erstes Kapitel, B.1. Die Gemeindebürgermeister.
[97] GA Senden, Bestand Ottmarsbocholt, D 8 u. D 16.
[98] Einladung zur Amtseinführung, Übersicht über die Besetzung der leitenden Stellen v. 5.4.1965 u. Auszug aus dem Protokollbuch der Gemeindevertretung Ottmarsbocholt v. 14.5.1965; GA Senden, Bestand Ottmarsbocholt, D 16 u. D 9.
[99] Brüse verfügte über 41 ha Land. Vgl. Gerichtliches Verzeichnis der Höfe, deren Eintrag in die Erbhofrolle in Aussicht genommen ist v. 15.6.1934 sowie Bodennutzungserhebung 1952 des Statistischen Landesamtes; GA Senden, Bestand Ottmarsbocholt, C 197 u. C 45.
[100] Verzeichnis der Vertretungskörperschaften; STAMS, Kreis Lüdinghausen, Nr. 1195.

wiedergewählt,[101] ein Jahr später mit elf zu einer Stimme,[102] 1958 mit dem Resultat von fünf zu einem Votum der Amtsvertreter,[103] fünf Jahre später wieder mit zehn zu einer Stimme[104] sowie auch 1964 und 1967.[105] Das CDU-Mitglied blieb von 1946 bis zur Kommunalwahl 1969 ehrenamtlicher Amtsbürgermeister,[106] zwischenzeitlich fungierte er wie geschildert von 1954 bis 1965 als ehrenamtlicher Amtsdirektor.[107]

Erst die Kommunalwahl 1969 brachte einen Bruch mit der bisherigen Rekrutierungspraxis. Die Gründung einer Unabhängigen Wählergemeinschaft (UWG) als dorfinterner Konkurrenzkraft sorgte dafür, daß in der Nachkriegszeit erstmals kein Unionsmitglied mehr auf dem Bürgermeisterstuhl Platz nehmen konnte. Wie in den Nachbargemeinden trugen auch die Folgen des ökonomischen Strukturwandels mit dazu bei, daß mit Paul Wiedau nun der Kandidat der Wählergemeinschaft, die hauptsächlich aus mittelständischen Angestellten bestand, dem Ottmarsbocholter Rat vorstand.[108] Mit dem am 22. Juni 1911 geborenen Kaufmann bekleidete kein (Groß-) Bauer aus der Oberschicht das Repräsentationsamt, sondern ein Mittelständler.[109] Wiedau wurde 1972 in seiner Funktion bestätigt und blieb bis zur Kommunalreform 1975 im Amt.[110]

Ein Profil der Leiter der Kommunalverwaltung in Ottmarsbocholt ergibt folgendes Bild:[111] Zunächst erscheint es beinahe überflüssig darauf hinzuweisen, daß sämtliche Amtsleiter in Ottmarsbocholt dem katholischen Bekenntnis angehörten. Ein Kandidat anderer Konfession wäre der Kernmünsterlandgemeinde mit rund 90 Prozent Katholiken über den gesamten Zeitraum nicht vermittelbar gewesen.[112]

Das Alter der Amtsleiter bei Dienstantritt und Ausscheiden sowie deren Amtsdauer zeigt folgendes Resultat: Das Durchschnittsalter der acht Amtsleiter zwischen

---

[101] Auszug aus dem Protokollbuch der Amtsvertreter-Sitzung v. 30.11.1951; GA Senden, Bestand Ottmarsbocholt, C 12.

[102] Auszug aus dem Protokollbuch der Amtsvertreter-Sitzung v. 17.11.1952; GA Senden, Bestand Ottmarsbocholt, C 11.

[103] Auszug aus dem Protokollbuch der Amtsvertreter-Sitzung v. 17.10.1958; a.a.O.

[104] Auszug aus dem Protokollbuch der Amtsvertreter-Sitzung v. 1.4.1963; a.a.O. Schreiben des Amtsdirektors an die Kreisverwaltung von Lüdinghausen v. 1.8.1963; GA Senden, Bestand Ottmarsbocholt, D 8.

[105] Schreiben des Amtsdirektors an die Kreisverwaltung von Lüdinghausen v. 16.11.1964 u. 19.1.1967; GA Senden, Bestand Ottmarsbocholt, D 8.

[106] Schreiben des Amtmanns (Amtsdirektors) an den Oberkreisdirektor von Lüdinghausen v. 22.11.1948 auf Anfrage nach Parteizugehörigkeit des Amtsbürgermeisters Brüse; GA Senden, Bestand Ottmarsbocholt, C 10.

[107] Vgl. dazu STAMS, Kreis Lüdinghausen, Nr. 1195.

[108] STAMS, Kreis Lüdinghausen, Nr. 1669. Unabhängige Wählergemeinschaften bildeten sich auch in den Nachbargemeinden Lüdinghausen, Senden und Südkirchen.

[109] Benennung der Bürgermeister und Stellvertreter v. 30.7.1969; GA Senden, Bestand Ottmarsbocholt, D 8. Zur UWG ausführlich siehe Erstes Kapitel, A.2. Die Amtsvertretungen.

[110] Benennung der Bürgermeister und deren Stellvertreter v. 25.1.1972; GA Senden, Bestand Ottmarsbocholt, D 8.

[111] Die beiden Übergangslösungen mit dem Sendener Bürgermeister Woltin (1943 - 1945) und dem katholischen Ortsgeistlichen Schleppinghoff im Sommer 1945 bleiben wegen ihres Interimscharakters und der kurzen Amtsdauer unberücksichtigt.

[112] Der Anteil der Katholiken unter den Bewohnern betrug 99,7% (1925), 99,2% (1933), 86,9% (1950) und 90,9% (1961).

1915 und 1969 betrug bei Amtsantritt 54,3 Jahre.[113] Dieser Schnitt wurde maßgeblich von den beiden Amtsleitern vor dem Krieg, Schulte-Vorwick und Ermke, gedrückt. Nach 1945 war man auf der Suche nach politisch nichtbelasteten wie fachlich kompetenten Amtsleitern auf Ruhestandsbeamte verwiesen, die mit ihrem Alter an die Vorgaben zu Ende des 19. und zu Beginn des 20. Jahrhunderts anknüpften.[114] Auch die beiden letzten Amtsbürgermeister des Untersuchungszeitraumes, Brüse und Wiedau, befanden sich bei ihrer Amtseinführung gleichfalls in vorgerücktem Alter. Aufgrund ihres hohen Eintrittsalters wiesen die Amtsleiter bei ihrem Abtritt mit Ausnahme Schulte-Vorwicks und Ermkes mit rund 68 Jahren ein Durchschnittsalter im Rentnerbereich auf.[115] Die durchschnittliche Amtsdauer belief sich auf rund sechseinhalb Jahre; die Amtsausübung schwankte bei den einzelnen Inhabern zwischen vier und zehn Jahren.

Ihrer regionalen Herkunft nach waren die Amtsleiter bis 1933 Einheimische (Bracht, Schulte-Vorwick), danach Auswärtige (Ermke, Adrian als NS-Bürgermeister, Horn und Kreuzer als Amtsdirektoren). Die Amtsbürgermeister der Nachkriegszeit knüpften an ihre Vorgänger vor der NS-Ära an. Brüse und Wiedau stammten beide aus Ottmarsbocholt.

Sozial stammten die Amtsleiter bis 1933 aus der gesellschaftlichen Oberschicht Ottmarsbocholts, den Großbauern. Hinter dieser Wahl stand die Vorstellung, daß derjenige, der einen großen Betrieb erfolgreich führen kann, auch imstande sei, eine Gemeinde zu leiten. Von einem begüterten Landwirt nahm man an, „daß er mehr verstand als solche Leute, die nie mit der Verwaltung eines größeren Besitzes zu tun hatten".[116] In der NS-Zeit hielten andere gesellschaftliche Kreise Einzug in die Amtsverwaltung: Ermke war ausgebildeter Lehrer und lebte vorübergehend von den Einkünften aus Gast- und Landwirtschaft,[117] Adrian war pensionierter Steiger.[118] Nach 1945 reihte sich aufgrund des Eingriffs der Besatzungsbehörden ein neues Rekrutierungskriterium ein, die fachliche Qualifikation. In der Nachkriegszeit ist wegen der Aufgabenteilung auch streng zwischen Amtsbürgermeistern und -direktoren zu unterscheiden. Die drei Amtsdirektoren Horn, Kreuzer und Peters waren gelernte Verwaltungskräfte. Daß man dabei mit Horn und Kreuzer auf Ruhestandsbeamte zurückgriff, ist mit der Sparsamkeit der Amtsvertretung und monetären Sachzwängen zu begründen. Die Wahl Brüses zum Amtsdirektor stellte einen notgedrungenen

---

[113] Die Interimslösungen Woltin und Schleppinghoff finden auch hier aus den genannten Gründen keine Beachtung.
[114] In einer unter diesem Gesichtspunkt vergleichbaren süddeutschen Landgemeinde war es bis in die zweite Hälfte dieses Jahrhunderts „undenkbar, daß einer unter 40 in den Gemeinderat kam: ‚Was will der junge Spund!'"; Jeggle/Ilien, Die Dorfgemeinschaft als Not- und Terrorzusammenhang, S. 44.
[115] Mit Schulte-Vorwick und Ermke rückte der Durchschnittswert mit 60,3 Jahren immerhin noch in die Nähe des Pensionsalters.
[116] Pflaum, Politische Führung und politische Beteiligung als Ausdruck gemeindlicher Selbstgestaltung, S. 238.
[117] Zur Bedeutung von Lehrern in der ländlichen Gesellschaft siehe oben sowie Köhle-Hezinger, Lokale Honoratioren, S. 54 - 64.
[118] Auch in dem von Wagner, Leben auf dem Lande, S. 330ff. u. 398ff., analysierten nordhessischen Dorf Körle trat der langjährige Amtsinhaber im März 1933 zurück, und der neue Bürgermeister war kein Oberschicht-Angehöriger mehr.

Sonderfall dar, weil trotz intensiver Suche kein kompetenter Verwaltungsspezialist gefunden werden konnte, vielleicht auch nicht so sehr gewünscht war. Somit war die hausinterne Berufung des Amtshauptsekretärs Peters, der sein Handwerk von der Pike auf gelernt hatte, nach dem Interregnum des Nichtfachmanns Brüse konsequent. Seinen Endpunkt fand dieser Professionalisierungsprozeß in der kommunalen Neuordnung, als leistungsfähigere administrative Einheiten mit fachlich qualifiziertem Personal geschaffen wurden.

Beim Repräsentationsamt hingegen beschritt man 1946 vertraute Pfade. Brüses Ernennung zum Amtsbürgermeister 1946 stellte den Versuch dar, die althergebrachten Verhältnisse bei der Amtsrepräsentation wiederaufzurichten, denn Brüse war wie seine Vorgänger vor 1933 ein Großbauer. Die großbäuerlichen Ehrenamtmänner bis 1933 waren politisch dem Zentrum zuzuordnen, obschon sie nicht gleichzeitig Parteimitglied waren.[119] In der NS-Zeit präsentierte sich Parteizugehörigkeit als entscheidendes Rekrutierungskriterium für Ermke wie Adrian, und nach dem Krieg erwies sich die CDU-Mitgliedschaft als vorteilhaft. Brüse gehörte der Union an. Ein Bruch mit dieser traditionellen Rekrutierungspraxis ergab sich erst 1969. Dabei leitete nicht wie 1933 ein äußerer Eingriff diesen Umschwung ein, sondern in Ottmarsbocholt bildete sich mit einer Unabhängigen Wählergemeinschaft eine neue politische Kraft, die keinen Großbauern mehr zum Ratsvorsitz berief: Hier zeichnet sich ab, was bei der Untersuchung der Amts- und Gemeindevertretungen deutlich werden wird. Der wirtschaftliche Strukturwandel im Dorf, der die Landwirtschaft und das Handwerk seit den fünfziger Jahren traf, strahlte auch auf das berufliche und soziale Profil der Bürgervertreter ab. Ende der sechziger Jahre vertrat kein Ackersmann mehr Ottmarsbocholt nach innen und nach außen.

Wie in Ottmarsbocholt war in der Gemeinde Heek der Einfluß verwandtschaftlicher Verbindungen groß. Manche öffentliche Funktion wurde innerhalb eines Verwandtschaftskreises weitergegeben, so daß der Eindruck eines „dynastischen Effekts" bei der Elitenrekrutierung entsteht.[120] Die Privilegierten der Dorfgesellschaft nutzten in den politischen Foren alle „Möglichkeiten politischer Interessenvertretung" gegen die Anliegen der sozial und materiell Minderbemittelten.[121] Auch in Heek sollte sich erst mit dem Schwellenjahr 1969 das berufliche und gesellschaftliche Profil der Bürgervertreter wandeln.

Die Behördenleiter des Amtes Nienborg-Heek saßen in Nienborg, Heeks Nachbargemeinde. Der erste Amtsbürgermeister im Untersuchungszeitraum war Hugo Krabbe, der aus Nienborg stammte. Krabbe war bereits seit dem 1. Januar 1904 im Amt Nienborg bedienstet.[122] Den höchsten Verwaltungsposten im Amt, durch den er

---

[119] Bracht gehörte 1921 - 24 als Zentrumsrepräsentant dem Kreistag in Lüdinghausen an, Schulte-Vorwick übernahm diese Funktion von seinem Vorgänger und kandidierte 1925 wie 1929 für die Zentrumsfraktion im Preußischen Landtag.
[120] Siewert, Der Verein, S. 76. Die Besetzung öffentlicher Ämter von Angehörigen einer Familie ist bei der politischen und administrativen Leitung wie bei den Gemeinderäten zu beobachten.
[121] Kaschuba/Lipp, Dörfliches Überleben, S. 103.
[122] Nachweisung zur Festsetzung der Versorgungsbezüge sowie Nachweisung zur Berechnung einer aus der Pensionskasse der Amtsverbände und Landgemeinden der Provinz Westfalen zu zahlenden Pension v. 15.8.1933; GA Heek, D 34.

zugleich Polizeichef in diesem Verwaltungsbezirk wurde,[123] trat er 38jährig am 20. April 1917 an und bekleidete ihn bis zum Frühjahr 1933.[124] Im Mai diesen Jahres reichte er beim Landrat in Ahaus das Gesuch ein, in den Ruhestand versetzt zu werden, offiziell wegen Dienstunfähigkeit,[125] vermutlich gaben aber politische Gründe den Ausschlag.[126] Krabbe führte die Amtsgeschäfte noch bis zum 31. Oktober 1933 weiter.[127]

In einer Übergangszeit leitete einer der beiden Amtsbeigeordneten, der Kaufmann Josef Nacke, die Verwaltung. Nacke war kommunalpolitisch bestens bewandert: Seit April 1933 war er der einzige Amtsbeigeordnete. Wie in Ottmarsbocholt konnte nach Paragraph 6 des Gesetzes über die Beendigung der Amtszeit ehrenamtlicher Beamter von Gemeinden und Gemeindeverbänden vom 6. April 1933 die Zahl der unbesoldeten Beamten verringert werden, um in der gemeindlichen Verwaltung weitere Einsparungen zu erzielen.[128] Die Amtsvertretung hatte demgemäß Nacke „einstimmig" und „durch Zuruf" als den einzigen Amtsbeigeordneten bestimmt.[129] Durch Krabbes Rücktritt fiel Nacke nun die gesamte Verantwortung zu. Ende 1933 ersuchte er Landrat Sümmermann „dringend, die Einweisung des gewählten Ehrenbürgermeisters vorzunehmen", da ihn die Arbeit überfordere.[130] Der Landrat reagierte prompt und sandte die Einführungsurkunde des neuen Ehrenbürgermeisters am folgenden Tag zu.[131] Im August 1938 wurde Nacke, der nicht der NSDAP beigetreten war,[132] von NSDAP-Kreisleiter Tewes dazu gedrängt, sein Amt als Amtsbeigeordneter niederzulegen.[133]

Der Nachfolger Krabbes, Johann Schlichtmann, genannt Suek, gehörte als Bauer mit mehr als 28 Hektar Eigenland zur obersten Gesellschaftsschicht in Heek und hatte sich bereits seit den zwanziger Jahren in der Amtsvertretung plazieren kön-

---

[123] Vgl. die von ihm ausgestellten Strafverfügungen und Polizeilichen Aufforderungen in Zwangsverfahren; STAMS, Kreis Ahaus, Nr. 1162.
[124] Siehe dazu Schreiben Krabbes als Amtsbürgermeister an den Landrat u. Auszug aus dem Protokollbuch der Gemeindeverordneten- Versammlung v. 1.12.1917; STAMS, Kreis Ahaus, Nr. 1086. Protokoll der Amtsvertretersitzung v. 15.11.1917 u. Auszug aus dem Protokollbuch der Amtsversammlung zu Nienborg v. 28.11.1917; STAMS, Kreis Ahaus, Nr. 1627. Auszug aus dem Protokollbuch der Amtsversammlung zu Nienborg vom 9.1.1920; STAMS, Kreis Ahaus, Nr. 1269. Siehe auch STAMS, Kreis Ahaus, Nr. 1470.
[125] Seine Vorgänger waren die Freiherren von Dalwigk und von Weichs gewesen; STAMS, Kreis Ahaus, Nr. 1086 u. 1791. Zu Krabbes Dienstzeit siehe Nachweisung über statistische und Personennachrichten an den Vorsitzenden des Kreisausschusses in Ahaus v. 30.3.1933; Schreiben des Landrats an den Amtsbürgermeister v. 22.7.1933; GA Heek, D 34.
[126] Politische Differenzen hatten auch in Ottmarsbocholt und der von Wagner, Leben auf dem Lande, S. 330ff. u. 398ff., untersuchten nordhessischen Gemeinde Körle zum Rücktritt der Amtsinhaber im Frühjahr 1933 geführt.
[127] Nachruf des Amtsdirektors v. 29.11.1949; GA Heek, D 34.
[128] Schreiben des Regierungspräsidiums v. 20.4.1933; GA Heek, D 34.
[129] Beschluß der Amtsvertretung v. 20.4.1933; a.a.O.
[130] Schreiben an den Landrat von Ahaus v. 19.12.1933; a.a.O.
[131] Schreiben des Landrats v. 20.12.1933; a.a.O.
[132] Vgl. Mitgliederverzeichnis der NSDAP-Ortsgruppe Heek; GA Heek, D 3.
[133] Vgl. Schreiben des NSDAP-Kreisleiters Tewes v. 12.5.1937, 4.8. u. 20.8.1938; Schreiben des Amtsbürgermeisters an den NSDAP-Kreisleiter v. 27.8.1938; GA Heek, D 34.

nen.[134] Der Großbauer ist als klassischer Vertreter der dörflichen Honoratiorenschicht anzusehen, der neben der unerläßlichen materiellen Legitimation auch kommunalpolitische Erfahrung vorweisen konnte. Seinem Sozialprestige gemäß übte er in Heek mehrere öffentliche Ämter aus: Schlichtmann gehörte dem Vorstand der Volksschule Heek von 1929 bis 1936 an;[135] er war Vorsitzender der Dinkelgenossenschaft oberhalb Heek, Kommissar der Provinzial-Feuersozietät und stand der Spar- und Darlehenskasse sowie der bäuerlichen Bezugs- und Absatzgenossenschaft vor;[136] zudem betrieb Schlichtmann einen Handel als Bierverleger – in einem westfälischen Dorf keine unbedeutende Tätigkeit.[137] Der neue Ehrenbürgermeister des Amtes Nienborg-Heek schwor 59jährig seinen Diensteid am 28. Dezember 1933 und erhielt am selben Tag seine Anstellungsurkunde.[138] Ausschlaggebend für seine Ernennung war die Tatsache, daß der Großbauer sich im Gegensatz zu seinem Vorgänger dazu bereit fand, der NSDAP beizutreten.[139] Schlichtmann, der das Dinkeldorf im Jahre 1945 vor der Zerstörung bewahrte,[140] hatte das Amt mit einer kurzfristigen Unterbrechung bis zum 15. August 1946 inne,[141] als er von seinen Funktionen als Amtsbürgermeister und Schulte der Gemeinde Heek „wegen seines Alters und seiner Krankheit" zurücktrat.[142] Mit seinem Abtritt als Ehrenbürgermeister aus dem

---

[134] Zu den Besitzverhältnissen Schlichtmanns siehe Niekammers Landwirtschaftliches Güteradreßbuch für Westfalen 1931, S. 7; GA Heek, D 538. In den dreißiger Jahren umfaßte sein Grundbesitz 28,64 ha. Siehe Gerichtliches Verzeichnis der Höfe, deren Eintragung in die Erbhöferolle in Aussicht genommen ist, Einlegeblatt Nr. 98; GA Heek, D 103. Ende der fünfziger Jahre lag der Landbesitz bei 26,71 ha. Siehe Bodennutzungserhebung 1959 des Statistischen Landesamtes; GA Heek, Zwischenarchiv, o. Sig. – Zu Schlichtmanns Amtsvertretertätigkeit siehe Erstes Kapitel, A.2. Die Amtsvertretungen.

[135] Protokollbuch der Gemeindevertretung Heek von 1925 bis 1933, Sitzungsprotokoll v. 18.12.1929 u. v. 12.4.1933; GA Heek, C 758. Beschluß der Gemeindevertretung Heek v. 18.12.1929, 14.1.1930 u. 12.4.1933; GA Heek, D 371.

[136] Auflistung des Amtsbürgermeisters auf Anfrage der NSDAP-Kreisleitung v. 26.9.1936; GA Heek, D 40. Fragebogen für die Kartei des Deutschen Gemeindetages über leitende Kommunalbeamte v. 15.2.1934; GA Heek, D 34.

[137] Vgl. Adreßbuch des Kreises Ahaus 1939, S. 283 u. Adreßbuch des Kreises Ahaus 1954/55, S. 286.

[138] Anstellungsurkunde v. 28.12.1933; GA Heek, D 34. Siehe auch Adreßbuch des Kreises Ahaus 1939, S. 270 – Schlichtmann war als Amtsbürgermeister auch Polizeichef des Amtes. Siehe Geschäftsverteilungsplan des Amtes Nienborg-Heek v. 16.1.1943; GA Heek, D 508 u. D 20.

[139] Schlichtmann war seit dem 1.5.1933 NSDAP-Mitglied. Siehe Liste der Angehörigen der NSDAP-Ortsgruppe Heek; GA Heek, D 3 u. Fragebogen über die Parteizugehörigkeit der beschäftigten Beamten; GA Heek, D 493.

[140] Schlichtmann lief trotz der Absicht von Verbänden der Waffen-SS, die anrückenden Alliierten zu beschießen, mit einer weißen Fahne auf die alliierten Panzer zu, um seine Gemeinde zu übergeben. Entwurf für eine Gemeindechronik im Jahre 1961; GA Heek, Zwischenarchiv, Reg.-Nr. 0-01/1B, FS SV 1920 Heek, S. 76f.; FS 150 Jahre Heimat- und Schützenverein St. Ludgerus, S. 46; Heimat- und Rathausspiegel 7 (1979), S. 114f. u. 118.

[141] In dieser Zeitspanne berief sich Schlichtmann wieder auf seine frühere politische Ausrichtung auf das Zentrum. In einer Beschwerde gegen die ehemaligen NSDAP-Mitglieder der Amtsverwaltung bezeichnete er sich als „zentrümlichen Amtsbürgermeister". Schreiben Schlichtmanns an den Landrat v. 12.11.1945; GA Heek, D 493.

[142] Schreiben des 1. Amtsbeigeordneten Fransbach an den Landrat von Ahaus v. 17.7.1946; GA Heek, D 34. Ende 1935 waren gegen Schlichtmann Vorwürfe „wegen Verächtlichmachung der Partei und des Nürnberger Parteitages" erhoben worden, die zu einer dreimonatigen Amtsenthebung geführt hatten.

kommunalpolitischen Rampenlicht war Schlichtmanns exponierte Stellung als Angehöriger der dörflichen Oberschicht keineswegs beendet. Seine Fortschrittlichkeit bescherte ihm im Prestigeverband Dorf hohes Ansehen. 1951 erlangte er bei einem Silo-Wettbewerb der Landwirtschaftskammer Westfalen-Lippe das Prädikat „sehr gut" und erhielt darüber hinaus einen vom nordrhein-westfälischen Landwirtschaftsminister Heinrich Lübke gestifteten Geldpreis.[143]

Im Vorfeld der Neuwahlen 1946 hatten sich auch im Aufbau der Heeker Amtsverwaltung grundlegende Neuerungen ergeben. Die Gemeindeordnung vom 1. April 1946 teilte das bisherige Spitzenamt zwischen zwei Funktionsträgern auf, zum einem dem „Amtsdirektor" als dem Hauptkommunalbeamten und Verwaltungschef, zum anderen dem Amtsbürgermeister mit seinen Repräsentationsaufgaben.[144] Bei dessen Neuwahl am 10. Oktober 1946, die die britische Militärregierung veranlaßt hatte, gelangte Heinrich Wischemann in diese Position. Wischemann konnte dasselbe Anforderungsprofil vorweisen wie sein Vorgänger. Der Großbauer besaß rund 63 Hektar Grund und kam aus der dörflichen Oberschicht.[145] Ebenfalls wie Schlichtmann hatte sich Wischemann vor seinem Amtsantritt bereits Verdienste in der Kommunalpolitik erworben und hatte 1924 in der Gemeindevertretung gesessen. Im Dezember 1945 wurde er zum Amtsbeigeordneten „einstimmig vorgeschlagen" und ernannt.[146] Wischemann trat sein Amt mit 51 Jahren an.[147] Der Vater von drei Kindern war politisch in der CDU beheimatet.[148] Wischemann bewarb sich als CDU-Kandidat in den Jahren 1948, 1952 und 1956 erfolgreich für den Kreistag Ahaus.[149] Er verstarb am 14. April 1959 während einer weiteren Amtsperiode.[150] Ihn beerbte der Sohn des vormaligen Amtsbürgermeisters, Hubert Schlichtmann, der im Alter von 43 Jahren das Repräsentationsamt bekleidete und diese Funktion bis zur kommunalen Neugliederung versah. Hier offenbarte sich wiederum der entscheidende Einfluß

Siehe Schreiben Schlichtmanns an den Landrat v. 12.11.1945; GA Heek, D 493 u. Schreiben des Landrats Sümmermann v. 6.12.1935; GA Heek, D 34.

[143] Westfälische Nachrichten v. 1.5.1951, Nr. 101, u. Kreis Ahauser Nachrichten v. 3.5.1951, Nr. 102; GA Heek, Zwischenarchiv, Reg.-Nr. 0-11/1A.

[144] Schreiben des Landrats v. 23.4.1946; GA Heek, D 493. Zur dualen Gemeindeordnung seit dem 1.4.1946 siehe Trautmann, Die Vertriebenen in Vreden und Ammeloe, S. 39.

[145] Vgl. Niekammers Landwirtschaftliches Güteradreßbuch für Westfalen 1931, S. 7; GA Heek, D 538. Anfang der dreißiger Jahre bemaß der Landbesitz 62,89 ha. Siehe ebenso Gerichtliches Verzeichnis der Höfe, deren Eintragung in die Erbhöferolle in Aussicht genommen ist, Einlegeblatt Nr. 51; GA Heek, D 103. Bodennutzungserhebung 1959 des Statistischen Landesamtes; GA Heek, Zwischenarchiv, o. Sig.

[146] Schreiben des Amtsbürgermeisters an den Landrat von Ahaus v. 7.1.1946 u. Ernennungsurkunde v. 25.2.1946; GA Heek, D 34. Zur Mitgliedschaft Schlichtmanns im Gemeinderat von 1924 siehe GA Heek, C 735.

[147] Schreiben des Amtsdirektors an den Oberkreisdirektor von Ahaus betreffs Personalien der Amtsbürgermeister v. 19.5.1949; GA Heek, D 34.

[148] Schreiben des Amtsdirektors an den Oberkreisdirektor von Ahaus v. 23.11.1949; a.a.O.

[149] Niederschrift über die Feststellung des Wahlergebnisses bei der Wahl zur Kreisvertretung am 17. Oktober 1948; KA Borken, 10.8/175. Bekanntmachung des Wahlergebnisses der Kreistagswahlen v. 9.11.1952 u. 28.10.1956; GA Heek, Zwischenarchiv, Reg.-Nr. 0-26/1A u. Reg.-Nr. 0-26/4A.

[150] Nachruf auf Heinrich Wischemann; GA Heek, Zwischenarchiv, Reg.-Nr. 0-01/31.

einzelner Familien auf die Dorfpolitik und -öffentlichkeit.[151] Das höchste Repräsentationsamt fiel ausschließlich einer der Familien zu, die dazu prädestiniert schien.

Der entscheidende Wandel in der Entwicklung des Schulzenamtes setzte Ende der sechziger Jahre ein. Zeitgleich mit Ottmarsbocholt, aber nach der Kommunalreform 1969 saß in Heek erstmals ein Mittelschichtangehöriger auf dem Stuhl des Ratsvorsitzenden. Auch hier führten die Folgen der forcierten Agrarmodernisierung und des wirtschaftlichen Strukturwandels im Dorf, Bauernsterben und Handwerkerschwinden, zum Wandel im Sozialprofil der Bürgermeister. Der Steuerbevollmächtigte Bernhard Suek, der 1969 zum Bürgermeister der neugeschaffenen Gemeinde Heek avancierte, unterschied sich zusätzlich noch in seiner beruflichen Herkunft. Er war der erste Nicht-Landwirt unter den Ratsvorstehern. Ihn löste am 15. September 1975 sein bisheriger Stellvertreter, der Mittelbauer Heinrich Mers, ab.

Unter britischer Besatzung wurde auch der Posten des Amtsdirektors erstmals besetzt. Die Amtsvertreter wählten am 9. Mai 1946 Anton Hessing zum Leiter der laufenden Amtsverwaltung.[152] Hessing war ein Verwaltungsfachmann, der nach dem Besuch der Volksschule die Verwaltungslaufbahn im Amt Wessum-Ottenstein eingeschlagen hatte.[153] In die Amtsverwaltung Nienborg-Heek trat der Vater von vier Kindern am 1. Dezember 1918 ein. Dort stieg er zum Amtssekretär und -inspektor auf, ehe er im Alter von 49 Jahren den Posten des Hauptverwaltungsbeamten bekleidete. Hessing behielt diesen Posten, neben dem er noch das Amt des Heeker Gemeindedirektors ehrenamtlich bekleidete, bis zu seiner Pensionierung im Jahre 1962 bei.[154]

Im zeitlichen Ablauf bis zur Kommunalreform zeigen die obersten Beamten des Amtes Nienborg-Heek nachstehendes Profil: Wie im Fall Ottmarsbocholts waren alle Verwaltungschefs römisch-katholischer Konfession – ein Umstand, der angesichts der angezeigten Bedeutung des konfessionellen Faktors geradezu selbstverständlich erscheint. Schließlich wies die Gemeinde Heek wie das gesamte Amt zu keinem Zeitpunkt einen geringeren Katholikenanteil als 91 Prozent auf.[155]

Die vier Amtsleiter bis 1969 traten ihr Amt im Alter von 49 bis 59 Jahren an, wobei lediglich Krabbe mit 38 Jahren eine Ausnahme bildete. Im Mittel waren die Be-

---

[151] Artikel zur Abschiedsfeier für Amtsdirektor Hessing v. 2.3.1962; GA Heek, Zwischenarchiv, Reg.-Nr. 0-11/1A. Nachruf auf Heinrich Viermann v. 21.2.1963; GA Heek, Zwischenarchiv, Reg.-Nr. 0-01/31. – Für Hubert Schlichtmann gelten dieselben Koordinaten für die materiellen und sozialkulturellen Verortung wie für seinen Vater; siehe oben.

[152] Schreiben des Landrats an die Ortsbehörden v. 25.7.1946; GA Heek, D 493.

[153] Schreiben des Amtsdirektors an den Oberkreisdirektor von Ahaus betreffs Personalien der Amtsbürgermeister v. 19.5.1949; GA Heek, D 34.

[154] Siehe den Artikel zur Verabschiedung Hessings in den Ruhestand in den Westfälischen Nachrichten, Kreis Ahauser Nachrichten v. 2.3.1962, Nr. 52; GA Heek, Zwischenarchiv, Reg.-Nr. 0-11/1A. Zum Nachfolger Hessings als Amtsdirektor und ehrenamtlichen Gemeindedirektor Heeks wurde Wilhelm Pieper bestellt, der diese Funktionen bis zur kommunalen Neugliederung 1969 und danach als Gemeindedirektor der neu gegründeten Gemeinde Heek bis zu seiner Pensionierung 1974 bekleidete.

[155] Die Gemeinde Heek verzeichnete 1934 einen Katholikenanteil von 99,4%, 1961 von 92,7%; GA Heek, D 123 u. 124, Beiträge zur Statistik des Landes Nordrhein-Westfalen, Sonderreihe Volkszählung 1961, Heft 3a, S. 257 sowie Konfessionsstatistik für den Landkreis Ahaus v. 13.3.1962; GA Heek, Zwischenarchiv, Reg.-Nr. 0-13/1A.

hördenleiter demnach 49,25 Jahre alt. Sie versahen die ihnen übertragene Aufgabe zwischen 13 und 16 Jahre, durchschnittlich 14,5 Jahre lang.

Professionell ergaben sich Unterschiede. Johann und Hubert Schlichtmann sowie Wischemann waren Großbauern mit zum Teil beträchtlichem Grundbesitz. Hessing zeichnete sich durch seine Verwaltungskenntnisse aus. Vor allem nach 1946 war diese fachliche Qualifikation dringend notwendig, als der Mangel an lebenswichtigen Gütern und die Aufnahme der Vertriebenen administratives Fachpersonal verlangte. Diesem Anspruch trug auch die Doppelung der Amtsleitung Rechnung. Wie in Ottmarsbocholt ergab sich dieser Professionalisierungsprozeß zum Teil durch einen äußeren Eingriff, zum Teil verlangten ihn die zeitbedingten Anforderungen.

Ihrer regionalen Herkunft nach kamen alle vier Amtsbürgermeister aus dem Bezirk selbst (Krabbe, Johann und Hubert Schlichtmann sowie Wischemann). Hessing stammte aus der Region; er war in Ahaus zur Welt gekommen. Da Hessing Amtsdirektor wurde, kam ihm nicht die Repräsentationsfunktion im Amt zu, weswegen er mit den vier Amtsbürgermeistern nur bedingt zu vergleichen ist. Gesellschaftlich gehörten alle vier als Honoratioren der Oberschicht an. Für eine angemessene Darstellung des Amtes nach innen und nach außen schien also nur ein kleiner Kreis angesehener Familien geeignet, aus dem sich das Personal für das Repräsentationsamt immer wieder selbst rekrutierte. Anhand der Familie Schlichtmann zeigte sich erneut die maßgebliche Herrschaft der Verwandtschaft: Sohn Hubert folgte seinem Vater Johann Schlichtmann als Amtsbürgermeister nach.

Erst die beiden ersten Gemeindeoberhäupter nach der Kommunalreform unterschieden sich von ihren Vorgängern. Bernhard Suek und Heinrich Mers, fielen mit ihrer Dienstdauer aus dem vorgegebenen Rahmen: Sie übten ihre Funktion nur sechs Jahre aus und lagen damit deutlich unter dem Mittel ihrer Amtsvorgänger. Viel bedeutender war jedoch, daß mit Suek erstmals ein Nichtlandwirt dem Rat vorsaß und daß die beiden jüngeren Bürgermeister aus dem Mittelstand kamen, wenngleich mit einem kleinen Unterschied. Während der Steuerberater Suek immerhin das Renommee aus seiner Verwandtschaft zu dem langjährigen Gemeindevorsteher, dem Großbauern Heinrich Suek-Epping, für sich in die Waagschaale werfen konnte, muß Mers als erster ‚richtiger' Bürgermeister aus der Mittelschicht angesehen werden.[156]

Im Gegensatz zur Entwicklung in Ottmarsbocholt kam es in nationalsozialistischer Zeit nicht zu einem Bruch in der Rekrutierungspraxis des Spitzenbeamten. Während des ‚Dritten Reiches' wurde in Heek kein Außenseiter gewählt. Vielmehr blieb hier die eingesessene Elite ihrer traditionellen Führungsrolle verbunden, indem sie sich in Form einer Elitenverschränkung mit den NS-Machthabern verband.[157] Die alte Dorfelite, die am Erhalt des Althergebrachten und ihrer sozialen Position in der Dorfhierarchie interessiert war, arrangierte sich durch Eintritt in die NSDAP mit

---

[156] Suek gehörte als Steuerbevollmächtigter dem neuen Mittelstand an; GA Heek, Zwischenarchiv, AZ 0-01/11B. Mers, der 1981 im Amt verstarb, betrieb einen landwirtschaftlichen Betrieb mit 10,62 ha Eigenland; Bodennutzungserhebung 1959 des Statistischen Landesamtes; GA Heek, Zwischenarchiv, o. Sig.

[157] Zur Elitenverschränkung in der NS-Zeit auf dem Land siehe Zofka, Dorfeliten und NSDAP, S. 422f.; Münkel, Bauern, Hakenkreuz und „Blut und Boden", S. 225; Schwartz, Zwischen „Reich" und „Nährstand", S. 303 - 336. Weitere Beispiele STAMS, Landwirtschaftliche Kreisstelle Olpe, Nr. 188 u. 193.

dem Regime. Umgekehrt band das Regime damit Vertreter der alten Elite an sich.[158] Diese Art von Elitenverschränkung wird noch bei der Zusammensetzung der Heeker Amts- und Gemeindevertretungen 1933 und 1935 begegnen, bei denen sich Mitglieder der traditionellen Elite aus der „Landwirtschaftsliste" mit der oppositionellen „Dorfgemeinschaftsliste" verbanden, deren Kandidaten überwiegend NSDAP-Parteimitglieder waren oder wurden. Seit 1933 war für Heek lediglich ein zusätzliches formales Merkmal der Elitenrekrutierung, die Parteimitgliedschaft des Amtsbürgermeisters, zu konstatieren. In der NS-Zeit wurde die Parteizugehörigkeit ein verbindliches Kriterium.

Auch in Rödinghausen versahen die Entscheidungsträger der Rödinghauser Amtsverwaltung ihre Aufgabe bis zur Intervention der britischen Militärregierung ehrenamtlich und mußten sich durch eine adäquate soziale Plazierung ausweisen. Somit kamen für dieses Amt nur Repräsentanten der gesellschaftlichen Führungsschicht infrage, die sozial angesehen und ökonomisch unabhängig waren. Durch den Eingriff nach dem Zweiten Weltkrieg änderten sich die Anforderungen an die Amtsverwaltung und damit auch die soziale Herkunft der Amtsinhaber.

Der erste Ehrenamtmann im Analyseabschnitt war ein Repräsentant der Honoratiorenschicht, in die er durch Heirat und Erbe sowie durch seine wirtschaftliche Tatkraft aufgestiegen war. Gottlieb Meier zur Capellen kam am 14. Januar 1841 als zweiter Sohn des Konditor- und Bäckermeisters Heinrich Meier zur Capellen in Herford zur Welt.[159] Nach dem Besuch der Volksschule in Ostkilver besuchte er die Landwirtschaftsschule in Herford und eignete sich praktische Kenntnisse bei der Arbeit auf dem Rittergut Waghorst in Ostkilver an. In den Jahren 1864 bis 1866 bekleidete er eine landwirtschaftliche Verwalterstelle in der Provinz Posen, ehe er 1868 als Verwalter auf das Rittergut zurückkehrte.[160] Dort bewirtschaftete der gelernte Landwirt als großbäuerlicher Pächter 26,66 ha Nutzfläche.[161]

Dieser berufliche Werdegang wurde mehrfach von Militäreinsätzen unterbrochen.[162] 1870 heiratete Meier die Nichte des Gutspächters von Rittergut Waghorst, Auguste Bäumer, was seine Karriere sehr förderte. Die Herausforderung, sich in der Leitung des Rittergutes zu beweisen, setzte Innovations- und Tatkraft frei, die den sozialen Aufstieg begünstigte und beschleunigte.[163] Nach dem Tod des Onkels seiner

---

158 Der spätere Amtsbürgermeister Johann Schlichtmann wechselte im Mai 1933 zur NSDAP über, obwohl er noch bei der Amtsvertreterwahl vier Jahre zuvor der Vertrauensmann des Zentrums gewesen war.
159 Zu Meiers Lebensdaten siehe Personalakte Meier zur Capellen; KA Herford, C 953. Siehe auch seinen Lebenslauf v. 30.7.1903; GA Rödinghausen, B 47. Sein älterer Bruder studierte Philologie und avancierte zum Gymnasiallehrer in Herford und Bielefeld, später zum Gymnasialdirektor und Geheimen Hofrat in Schleiz.
160 Siehe dazu Artikel „Zum 90. Geburtstag des Ökonomierats und Ehrenamtmanns a.D. Gottlieb Meier zur Capellen in Rödinghausen", in: Bünder General-Anzeiger, Nr. 10, v. 13.1.1931, S.3; GA Rödinghausen, B 47.
161 Nachweisung über die Bauernhöfe der Gemeinde Ostkilver v. 22.4.1945; GA Rödinghausen, Zwischenarchiv, D 0-05/2.
162 Lebenslauf v. 30.7.1903; GA Rödinghausen, B 47. Liste der vorhandenen Kriegsteilnehmer v. 1864, 1866 u. 1870/71 v. 22.7.1909; GA Rödinghausen, B 6.
163 Zum sozialen Aufstieg nach Einheirat siehe Inhetveen, Staatliche Macht und dörfliche Ehre, S. 140 u. Anm. 12.

Frau übernahm er 1871 das Rittergut und bekleidete das Rentmeisteramt der Freiherren von der Leyen bis 1907. Nachdem er schon 1861 die Verwaltungslaufbahn eingeschlagen hatte,[164] wurde Meier am 1. April 1888 im Alter von 47 Jahren offiziell zum Ehrenamtmann des Amtes Rödinghausen gewählt,[165] das bis dahin in Personalunion vom Amtmann in Bünde mitverwaltet worden war.[166] Diese Postition bekleidete Meier fast 36 Jahre lang, ehe er am 1. Oktober 1923 im 82. Lebensjahr den Amtsvorsitz niederlegte.[167] Während seiner Amtszeit befanden sich die Diensträume der Amtsverwaltung in Meiers Privathaus.[168]

Sein gesellschaftliches Emporkommen spiegelte sich auch in seinen zahlreichen Vereinsposten wider, die er nach und nach einnahm. Im Kriegerverein Rödinghausen, dem er als „Gründer und Führer" vorstand, stieg er vom Gründungsmitglied zum Vorsitzenden auf.[169] Der 1900 gegründeten Ortsgruppe des Deutschen Flottenvereins gehörte Meier mit weiteren dörflichen Honoratioren an.[170] Im örtlichen Kampfgenossen-Verband fungierte er als stellvertretender Schriftführer und Kassierer.[171] Auch im regionalen Vereinswesen gelangte Meier zu Amt und Würden. Im Herforder Landwirtschaftlichen Kreisverein brachte er es wiederum zum Vorsitzenden und wurde als dessen Abgesandter zur Wanderausstellung der Deutschen Landwirtschaftsgesellschaft nach Stuttgart entsandt. Der Chronist der Jubelfeier zum 90. Geburtstag konstatierte: „Es folgte eine Übertragung von Vertrauensposten der anderen, eine Ehrung... der anderen."[172] Ein deutlicher Beleg für die Honoratioren-Stellung Meiers war seine Bestellung als Wahlmann der Gemeinden Rödinghausen und Bieren für die Wahl von Abgeordneten aus drei Wahlkreisen des Regierungsbezirks Minden im Jahre 1913.[173] Gleichzeitig war er zum Kreistags-Abgeordneten und Mitglied des Kreisausschusses sowie zum Abgeordneten des Kreises Herford beim Provinziallandtag aufgerückt.[174]

Für seine Verdienste ernannte ihn Kaiser Wilhelm II. zum königlichen Ökonomierat und verlieh ihm den Roten Adlerorden sowie das Eiserne Kreuz am weißen Bande. Meier behielt seine nationalistische und monarchistische Grundhaltung, die

---

[164] Siehe Lebenslauf v. 30.7.1903; Nachweisung v. 15.1.1897; GA Rödinghausen, B 47.
[165] Ebd. Zur Amtsführung Meiers siehe KA Herford, C 21.
[166] Meier war jedoch schon im Vorjahr als Ehrenamtmann in Erscheinung getreten. Vgl. Niederschrift der Amtsbürgermeister-Versammlung v. 11.1.1887; GA Rödinghausen, B 47.
[167] Seine letzte Amtsvertreter-Sitzung leitete er am 25.10.1923; a.a.O.; KA Herford, C 21.
[168] Botzet, Ereygnisse, S. 179.
[169] Artikel „Zum 90. Geburtstag des Ökonomierats und Ehrenamtmanns a.D. Gottlieb Meier zur Capellen in Rödinghausen", in: Bünder General-Anzeiger, Nr. 10, v. 13.1.1931, S. 3; GA Rödinghausen, B 47. Namentliches Verzeichnis der Mitglieder des Krieger-Vereins Rödinghausen v. 28.11.1891; GA Rödinghausen, B 6.
[170] Botzet, Kaiserzeit in Rödinghausen, S. 53.
[171] Satzungen des Kampfgenossen-Vereins Rödinghausen v. 22.1.1905; GA Rödinghausen, B 6.
[172] Artikel „Zum 90. Geburtstag des Ökonomierats und Ehrenamtmanns a.D. Gottlieb Meier zur Capellen in Rödinghausen", in: Bünder General-Anzeiger, Nr. 10, v. 13.1.1931, S. 3; GA Rödinghausen, B 47.
[173] Es waren dies Stadt- und Landkreis Bielefeld und Herford sowie der Kreis Halle. Siehe Ergebnis der Wahl der Wahlmänner v. 16.5.1913; GA Rödinghausen B 32.
[174] Artikel „Zum 90. Geburtstag des Ökonomierats und Ehrenamtmanns a.D. Gottlieb Meier zur Capellen in Rödinghausen", in: Bünder General-Anzeiger, Nr. 10, v. 13.1.1931, S. 3; GA Rödinghausen, B 47.

sich bereits in seiner Vereinszugehörigkeit manifestiert hatte, auch in der Weimarer Republik offen bei. So weigerte er sich bis 1922, kaiserliche Büsten aus öffentlichen Gebäuden zu entfernen und zeigte kein Interesse, die Flagge der Weimarer Republik am Dienstgebäude zu hissen.[175] In der Kaiserzeit hatte Meier in seiner Doppelfunktion als Ehrenamtmann und Vorstand des Kriegervereins den Bau eines Kriegerdenkmals „mit einem Engagement (betrieben), wie er es kaum für ein anderes Projekt in seiner 35jährigen Dienstzeit aufgebracht hat".[176] Noch 1931 charakterisierte ihn der Chronist als „dem greisen Reichspräsidenten gleich" und „mit glühender Vaterlands- und Heimatliebe" in vielen Ämtern aktiv, „auch dann noch, als der Umsturz im Vaterland ihm den größten Schmerz seines Lebens bereitet hatte."[177] Meier steht somit exemplarisch für das die Weimarer Zeit kennzeichnende Auseinanderklaffen von politischer Kultur und demokratischem Staatsaufbau.

Der Nachfolger Meiers unterschied sich von seinem Vorgänger durch seine professionelle Qualifikation. Karl Werringloer war kein Landwirt, sondern hatte früh die preußische Verwaltungslaufbahn eingeschlagen.[178] Der gebürtige Rödinghauser begann 1909 als Verwaltungsanwärter beim Kreisausschuß, der Kreiskasse Soest und dem Amt Lehen, bevor er zwei Jahre später als Einjährig-Freiwilliger den Militärdienst ableistete. Von 1912 bis 1914 setzte er seine Ausbildung als Verwaltungsanwärter bei der Regierung in Minden und beim Landratsamt Soest fort. Vom Kommunal- in den Staatsdienst wechselte Werringloer 1914, als er Regierungsnumerar bei der Regierung Arnsberg und im Oberpräsidium Münster wurde. Dort schied er 1923 als Regierungsobersekretär aus, um den Posten des Ehrenamtmanns in Rödinghausen anzutreten.[179] Seit dem 1. Januar 1924 übte er diese Funktion kommissarisch aus,[180] ehe ihn der Oberpräsident Westfalen zum 1. April 1924 offiziell für 12 Jahre zum Amtmann ernannte.[181] 14 Tage später leitete Werringloer seine erste Amtssitzung.[182] Als Beistand fungierten ihm die beiden Amtsbeigeordneten Wilhelm Höpker, Besitzer des Großgrund-Ritterguts Haus Kilver, und der Großbauer Oberschulte.[183] Schon ihre Besitzverhältnisse wiesen die beiden als Dorfhonoratioren aus, was

---

[175] Botzet, Ereygnisse, S. 179f.
[176] Botzet, Kaiserzeit in Rödinghausen, S. 53. Zum Sedanstag 1910 ließ der Ehrenamtmann in die Amtschronik eintragen: „In dem Gedanken mal wieder eine schöne patriotische Feier erlebt zu haben, ging man heim"; GA Rödinghausen, B 47.
[177] Artikel „Zum 90. Geburtstag des Ökonomierats und Ehrenamtmanns a.D. Gottlieb Meier zur Capellen in Rödinghausen", in: Bünder General-Anzeiger, Nr. 10, v. 13.1.1931, S. 3; GA Rödinghausen, B 47; KA Herford, C 1232.
[178] Zu den folgenden Daten siehe auch Personalakte Werringloers; KA Herford, C 982.
[179] Bewerbungsschreiben Werringloers an die Amtsverwaltung v. 28.4.1914; GA Rödinghausen, B 47. Werringloer arbeitete vom 1.7.1920 – 11.11.1923 im Oberpräsidium Münster, vom 4.8.1914 – 10.12.1918 leistete er Kriegsdienst.
[180] Schreiben v. 21.2.1924; a.a.O.
[181] Schreiben des Landrats von Borries v. 8.4.1924; a.a.O.; KA Herford, C 1125.
[182] Ebd. u. Auszug aus dem Protokollbuch der Amtsvertretung Rödinghausen v. 30.4.1924; GA Rödinghausen, B 47.
[183] Vereidungsverhandlung v. 8.1.1929; GA Rödinghausen, B 47. Höpker verfügte als Rittergutsbesitzer über 78,74 ha Land, Oberschulte nannte 28,65 ha sein eigen. Nachweisung über die Bauernhöfe der Ge-

sich auch in ihrer Vereinszugehörigkeit und -funktion niederschlug.[184] Oberschulte erhielt 1940 vom Landesbauernführer eine Urkunde für seine Verdienste in der nationalsozialistischen „Erzeugungsschlacht".[185]

Seine berufliche Befähigung und Mitgliedschaft in der NSDAP beließen Werringloer auch in der NS-Zeit auf seinem Posten.[186] Vergleichbar mit der Entwicklung in Heek sorgte im Amt Rödinghausen eine Elitenverklammerung für personelle Kontinuität an der Spitze der Verwaltung, wenngleich die fachliche Kompetenz Werringloers diesen Vorgang begünstigt hatte. Schließlich waren die NS-Machthaber daran interessiert, dörfliche Autoritäten als Mittelsmänner ihrer Politik zu gewinnen.[187] Am 28. August 1934 wurde Werringloer nach dem Gesetz über die Vereidigung der Beamten und Soldaten vom 20. August 1934 auf die Person Adolf Hitlers vereidigt und trat 1936 in die Partei, SA, Waffen-SS, den NS-Reichskriegerbund und Reichsbund der Deutschen Beamten ein.[188] Werringloer behielt seinen Posten über das Ende der NS-Ära hinaus.[189] Der Amtsbürgermeister wurde erst mit dem Jahreswechsel 1945/46 nach rund 23 Dienstjahren vor allem auf Druck der Bevölkerung von seinem Amt entbunden.[190]

Die Neuwahl am 30. Januar 1946 setzte die Bestrebungen der Militärregierung um, eine doppelte Amtsspitze zu schaffen.[191] Als ersten Amtsbürgermeister mit reinen Repräsentationsaufgaben bestimmten die Amtsräte einstimmig den 40jährigen Karl Kiel aus Bieren.[192] Kiel war am 19. Mai 1905 zur Welt gekommen. Der Angehörige der evangelischen Freikirche kandidierte anfänglich als unabhängiger Parteiloser; erst später wurde er CDU-Mitglied und saß für seine Partei im Kreistag.[193] Für

---

meinde Rödinghausen u. der Gemeinde Westkilver v. 22.4.1945; GA Rödinghausen, Zwischenarchiv, D 0-05/2.

[184] Höpker z. B. war Vorsitzender des Amtskriegerverbandes und des landwirtschaftlichen Gemeindevereins Westkilver; beide waren Mitglied des Westfälischen Bauernvereins. Mitgliedsliste des Westfälischen Bauernvereins v. 5.7.1890, Liste des landwirtschaftlichen Gemeindevereins Westkilver v. 30.5.1922, Artikel „Zum 90. Geburtstag des Ökonomierats und Ehrenamtmanns a.D. Gottlieb Meier zur Capellen in Rödinghausen", in: Bünder General-Anzeiger, Nr. 10, v. 13.1.1931, S. 3; GA Rödinghausen, B 81 u. B 47.

[185] Siehe Chronik Rödinghausen (1942 - 1949); GA Rödinghausen, Buchbestand Nr. 23.

[186] Vgl. Namentliches Verzeichnis über die Parteigenossen der Gemeinde Rödinghausen v. 22.4.1945, Blatt II; GA Rödinghausen, Zwischenarchiv, D 0-05/2. Personalakte Werringloers; KA Herford, C 982.

[187] Vgl. dazu das Beispiel eines bayerischen Ortsbauernführers bei Inhetveen, Staatliche Macht und dörfliche Ehre, S. 137.

[188] Botzet, Ereygnisse, S. 207.

[189] Während Werringloers Kriegseinsatzes verwaltete der Amtsangestellte Paul Heemeyer das Amt. Personalakte Werringloers; KA Herford, C 982.

[190] Auszug aus dem Sitzungsprotokoll der Amtsvertretung v. 10.7.1948; GA Rödinghausen, Zwischenarchiv, D 0-23/10. Ruhestandsgesuch v. 21.7.1946; Personalakte Werringloers; KA Herford, C 982.

[191] Siehe Schreiben des Landrats v. 28.12.1945, das das Ergebnis der Besprechung des Herforder Landrats mit dem Kommandeur der Militärregierung wiedergab; GA Rödinghausen, Zwischenarchiv, D 0-23/10. Botzet, Ereygnisse, S. 214.

[192] Die Wahl fiel auf Kiel auf Vorschlag des Amtsvertreters Restemeier, „der von den übrigen Amtsverordneten (einstimmig) unterstützt wurde". Siehe Abschrift des Sitzungsprotokolls v. 30.1.1946, Schreiben an den Herforder Landrat v. 31.1.1946; a.a.O.

[193] Verzeichnis der gewählten Amtsvertreter v. 17.1.1946, Schreiben des Herforder Oberkreisdirektors v. 13.3.1946; a.a.O.

seine ehrenamtliche Tätigkeit sollte der Gärtnermeister, der zugleich dem Entnazifizierungs- und Amtsflüchtlings-Ausschuß vorsaß,[194] eine jährliche Aufwandsentschädigung in Höhe von 900 RM erhalten, was die Militärregierung jedoch nicht genehmigte.[195] Im Herbst 1946 wurde Kiel „einstimmig wiedergewählt" und von der Militärregierung bestätigt.[196]

Zum Stellvertreter wählte der Rat Ernst Steinmeier, der 1946 auch Mitglied des Amts-Wohnungs- und Amts-Flüchtlings-Ausschusses war und zum Gemeindevorsteher seines Heimatortes Schwenningdorf bestimmt wurde.[197] Der 47 Jahre alte Mittelbauer bewirtschaftete 15,41 Hektar Land.[198] Wie später auch Kiel gehörte Steinmeier der CDU an; beide Volksvertreter wurden zunächst für ein Jahr bzw. bis zu den nächsten Wahlen bestellt.[199] Steinmeiers Ernennung war auch auf die immense Bedeutung der Landwirtschaft für die Lebensmittelversorgung zurückzuführen. Der Kommandeur der britischen Militärregierung in Herford, Colonel-Lieutenant E.J.S. Donner, schrieb dazu an Amtsbürgermeister Kiel:

„Da die Landwirtschaft in der augenblicklichen Zeit von großer Bedeutung für die Allgemeinheit ist, und da die Bauern in Ihrer Amtsvertretung in der Minderheit sind, müssen Sie sich diese Tatsachen stets vergegenwärtigen und sich dessen versichern, daß die Erfordernisse der Landwirtschaft sorgfältig beraten werden, wenn sie auf der Tagesordnung stehen."[200]

Zweiter Stellvertreter Kiels wurde 1946 der 54 Jahre alte Zigarrenarbeiter Gustav Vogtländer, der im gleichen Jahr für den Entnazifizierungsausschuß des Kreises Herford vorgeschlagen worden war.[201]

Bei der nächsten Wahl 1948 mußte der Amtsbürgermeister dem allgemeinen Zug zur parteipolitischen Zugehörigkeit Tribut zollen. Karl Kiel wurde offensichtlich wegen seines politischen Unabhängigen-Status abgewählt.[202] Zu seinem Nachfolger

---

[194] Nachweisung der gewählten Ausschüsse des Amtes Rödinghausen v. 26.9.1946; GA Rödinghausen, Zwischenarchiv, C 0-00/20. Nachweisung über die Mitglieder des Denazifizierungsausschusses des Amtes Rödinghausen v. 16.2.1946; GA Rödinghausen, Zwischenarchiv, D 0-05/2. Zum Entnazifizierungsausschuß siehe auch KA Herford, D7.

[195] Schreiben der Militärregierung v. 5.2.1946; GA Rödinghausen, Zwischenarchiv, D 0-23/10. Zur Aufwandsentschädigung siehe KA Herford, C 892.

[196] Protokoll der Amtsvertreter-Sitzung v. 26.9.1946, Bekanntmachung v. 6.10.1946; GA Rödinghausen, Zwischenarchiv, D 0-23/10. Nachweisung der neugewählten Bürgermeister im Amtsbezirk Rödinghausen v. 26.9.1946; GA Rödinghausen, Zwischenarchiv, C 0-00/20.

[197] Vgl. Liste der Mitglieder des Amts-Wohnungs-Ausschusses 1946 v. 27.9.1946, Protokoll der Ausschußsitzung v. 30.9.1946 u. Nachweisung der gewählten Ausschüsse des Amtes Rödinghausen v. 26.9.1946; a.a.O. Protokoll der Amtsvertreter-Sitzung v. 20.8.1946; GA Rödinghausen, Zwischenarchiv, D 0-23/10.

[198] Nachweisung über die Bauernhöfe der Gemeinde Schwenningdorf v. 22.4.1945; GA Rödinghausen, Zwischenarchiv, D 0-05/2.

[199] Bestätigung durch die Militärregierung v. 5.2.1946; GA Rödinghausen, Zwischenarchiv, D 0-23/10.

[200] Ebd. Der Rang eines Colonel-Lieutenant entsprach dem eines Oberstleutnant.

[201] Schreiben des Amtsdirektors an den Landrat von Herford betreffs des Kreis-Denazifizierungsausschusses v. 18.2.1946; GA Rödinghausen, Zwischenarchiv, D 0-05/2; KA Herford, D 7.

[202] Kiel war der einzige Unabhängige unter den Amtsvertretern 1946 und 1948. Statistische Angaben für die Militärregierung 1948; GA Rödinghausen, Zwischenarchiv, C 0-00/20. Zur Zusammensetzung des Gremiums von 1952 siehe Erstes Kapitel, A.2. Die Amtsvertretungen.

stieg der gebürtige Rödinghauser Wilhelm Budde in seinem 44. Lebensjahr auf.[203] Da die Mehrheit der Amtsräte, acht von 13, der SPD angehörte, wurde der Maschinist und Schmiedemeister Budde, SPD-Mitglied, von seinen Parteigenossen Karl Vogt und Friedrich Blome vorschlagen und mit sieben gegen sechs Stimmen gewählt.[204] Mit dem Landarbeiter Karl Kröger aus Bieren wurde ebenfalls ein Sozialdemokrat stellvertretender Amtsbürgermeister.[205] Ein Jahr später wurde Budde in seinem Amt bestätigt. Diesmal erhielt er neun der zwölf Stimmen.[206] Für den Stellvertreterposten stand ebenfalls nur ein Bewerber zur Wahl: der Maurer Heinrich Petring aus Ostkilver, der mit demselben Resultat wie Budde berufen wurde.[207]

Diese Konstellation wiederholte sich in den folgenden Jahren bis 1956. 1950 beispielsweise erhielt Budde mit acht Voten die Gesamtzahl aller sozialdemokratischen Vertreter,[208] im Jahr darauf wieder alle Stimmen der SPD-Räte[209] und 1952 das Vertrauen von zehn der mittlerweile elf SPD-Mandatsträger.[210] Bei dieser Wahl stellte sich noch einmal Karl Kiel, nunmehr als CDU-Bewerber, zur Verfügung, konnte aber über seine Fraktion hinaus keine Stimmengewinne verbuchen und unterlag in beiden Wahlen zum Amtsbürgermeister und zum Ersatzmann den SPD-Kandidaten Budde und Petring.[211] Der Kraftfahrer Petring wurde mit wiederkehrender Regelmäßigkeit von den Parteigenossen zum Stellvertreter gemacht.[212]

Erst 1956 nach acht Amtsjahren Buddes wechselte der Amtsbürgermeister. Der 48jährige Bierener August Landwehr, der seit 1952 in der Amtsvertretung saß, war gleichfalls SPD-Mitglied.[213] Offensichtlich war er der ideale Kompromißkandidat,

---

[203] Nachweisung über die gewählten Amtsvertreter des Amtes Rödinghausen v. 1.12.1948; GA Rödinghausen, Zwischenarchiv, D 0-23/10. Einladung zur außerordentlichen Sitzung über Flüchtlingsangelegenheiten v. 19.11.1948; GA Rödinghausen, Zwischenarchiv, C 0-00/21.

[204] Nachweisung über die gewählten Amtsvertreter des Amts Rödinghausen v. 1.12.1948; GA Rödinghausen, Zwischenarchiv, D 0-23/10.

[205] Kröger wurde u.a. auch von Vogt vorgeschlagen und mit 8 Ja-Stimmen bei 5 Enthaltungen gewählt. Kröger verzichtete „aus gesundheitlichen Gründen" auf eine erneute Kandidatur und erklärte am 11.11.1949 seinen Rücktritt. Sitzungsprotokoll der Amtsvertreter-Sitzung v. 30.10.1948, Erklärung Krögers v. 11.11.1949; a.a.O.

[206] Lediglich drei Amtsvertreter votierten gegen ihn. Protokoll der Amtsvertreter-Sitzung v. 3.12.1949, Bekanntmachung v. 5.12.1949; a.a.O.

[207] Ebd. u. Schreiben des Amtsdirektors an den British Resident Officer (BRO) in Herford v. 3.12.1949; GA Rödinghausen, Zwischenarchiv, C 0-00/20 u. C 0-64/01. Petring war als Amtsbeigeordneter und stellvertretender Amtsbürgermeister zugleich zweiter Vorsitzender des Finanz-Auschusses.

[208] Auszug aus dem Protokoll der Amtsvertreter-Sitzung v. 4.11.1950; GA Rödinghausen, Zwischenarchiv, D 0-23/10.

[209] Auszug aus dem Protokoll der Amtsvertreter-Sitzung v. 10.12.1951, Nachweisung über die Amtsvertretung des Amtes Rödinghausen v. 19.3.1951; a.a.O. u. GA Rödinghausen, Zwischenarchiv, C 0-00/21.

[210] Auszug aus dem Protokoll der Amtsvertretung v. 22.11.1952; GA Rödinghausen, Zwischenarchiv, D 0-23/10.

[211] Ebd.

[212] Petring erhielt sogar mehr Stimmen als SPD-Räte vertreten waren. 1950 wie 1951 kam er auf elf Stimmen, während sich 1952 sein Abstimmungsergebnis mit der Zahl der Sozialdemokraten deckte; siehe dazu oben die Quellenverweise bei Budde.

[213] Auszug aus dem Protokoll der Amtsvertretung v. 22.11.1952, Zusammensetzung der Vertretungskörperschaften des Amtes Rödinghausen v. 28.10.1956, Vereidigung der Amtsvertreter v. 10.11.1956; GA Rödinghausen, Zwischenarchiv, D 0-23/10, D 0-64/00 u. D 0-23/10-16,30-34.

denn der Postfacharbeiter erhielt alle 18 Stimmen der Amtsvertreter. Die SPD-Fraktion allein konnte dazu nur zehn Stimmen beisteuern, d.h. auch die CDU-, FDP- und BHE-Amtsräte haben sich auf Landwehr geeinigt.[214] Budde selbst fiel die Funktion des zweiten Mannes im Amt zu, doch lehnte der mittlerweile 51jährige ab,[215] so daß der Stellvertreterposten mit dem Klempnermeister August König erstmals an einen Liberalen ging.[216]

Zwei Jahre danach wechselte der Ratsvorsitz erneut und wiederum innerhalb der SPD-Fraktion. Nach kurzer Interimszeit von zwei Jahren kehrte Heinrich Petring 1958 wieder auf einen Repräsentationsposten zurück und blieb Rödinghausens Amtsbürgermeister bis zur kommunalen Neugliederung Ende der sechziger Jahre. Der Maurer mit landwirtschaftlichem Kleinstbesitz wurde am 8. November 1958 im Alter von 63 Jahren investiert. Hatte er schon bei seinen Stellvertreter-Wahlen ein hohes Maß an Akzeptanz erfahren, auch über Parteigrenzen hinweg,[217] so konnte er sich diesmal eines einstimmigen Resultats erfreuen.[218] Drei Jahre später und 1963 gelang es ihm erneut, dieses Spitzenergebnis zu erzielen.[219] Erst 1964, bei der letzten Amtswahl in der Geschichte Rödinghausens, konnte die Union in Wilhelm Schürmann einen Gegenkandidaten aufstellen. Der 36jährige Mittelbauer aus Westkilver vereinte in der Wahl zwar acht Stimmen aus dem bürgerlichen Lager von CDU, FDP und Unabhängiger Wählergemeinschaft auf sich, dennoch muß einer dieser Bürgervertreter zusammen mit der SPD-Fraktion für Petring votiert haben.[220]

Die Wahlen zum stellvertretenden Amtsbürgermeister fielen nicht gleichermaßen eindeutig aus. Lediglich der Schwenningdorfer Robert Bauer wurde 1958 mit klaren Verhältnissen zu Petrings rechter Hand bestellt. Dem 60jährigen Kaufmann bescherte sein Parteiübertritt von den Liberalen zu den Sozialdemokraten den Posten. Bauer setzte sich mit 15 Stimmen gegen seinen ehemaligen Parteikollegen König, den amtierenden Vizevorsitzenden, durch.[221] Doch schon 1961 konnte sich der Fabrikarbeiter Gustav Hamburger (SPD) einen Tag vor seinem 49. Geburtstag mit ei-

---

[214] Auszug aus dem Protokoll der Amtsvertreter-Sitzung v. 10.11.1956; GA Rödinghausen, Zwischenarchiv, D 0-23/10-16,30-34.

[215] Für Budde rückte der Maurer Ernst Breitensträter, ebenfalls ein SPD-Mann, auf. Zusammensetzung der Vertretungskörperschaften des Amtes Rödinghausen v. 28.10.1956; GA Rödinghausen, Zwischenarchiv, D 0-64/00.

[216] Übersicht über die Zusammensetzung der Amtsvertretung; a.a.O.

[217] Siehe dazu oben die Wahlgänge von 1950 bis 1956.

[218] Auszug aus dem Protokoll der Amtsvertreter-Sitzung v. 10.11.1958, Zeitungsnotiz in der Freien Presse v. 11.11.1958; GA Rödinghausen, Zwischenarchiv, D 0-23/60-62.

[219] 1961 und 1963 vereinte Petring alle 19 bzw. 16 Ratsstimmen auf sich. Auszug aus dem Protokoll der Amtsvertreter-Sitzung v. 6.5.1961 u. v. 4.5.1963; GA Rödinghausen, Zwischenarchiv, D 0-23/10-16,30-34.

[220] Da die SPD nur zwölf Ratsposten besetzen konnte, muß die 13. Stimme für Petring aus dem bürgerlichen Block gekommen sein. Auszug aus dem Protokoll der Amtsvertreter-Sitzung v. 14.11.1964, Stimmzettel zur Wahl des Amtsbürgermeisters; a.a.O.

[221] Bauer war 1956 noch als FDP-Bewerber in die Amtsvertretung gelangt, jedoch zwei Jahre später in die SPD eingetreten. Vgl. Zusammensetzung der Vertretungskörperschaften des Amtes Rödinghausen v. 28.10.1956, Auszug aus dem Protokoll der Amtsvertreter-Sitzung v. 10.11.1958; GA Rödinghausen, Zwischenarchiv, D 0-23/60-62 u. D 0-64/00.

nem Vorsprung von elf zu acht Stimmen gegen den Bierener Mittelbauer Georg Oberbäumer (CDU) durchsetzen.[222] Hambürger, der wegen seiner permanenten Präsenz in den Amtsvertretungen von 1946 bis zur Kommunalreform 1969 als politische Nachkriegsgröße gilt, setzte sich zwar auch bei der Wahl 1961 durch, konnte diese aber erst im zweiten Wahlgang erfolgreich beenden.[223] 1964 wechselte der zweite Vorsitz wiederum innerhalb der SPD-Fraktion an August Landwehr, der nach seiner zweijährigen Tätigkeit als Amtsbürgermeister von 1956 bis 1958 nun als 55-jähriger erneut in eine Spitzenfunktion aufrückte. Der Postfacharbeiter mußte sich wie Heinrich Petring gegen den CDU-Bewerber Wilhelm Schürmann durchsetzen, der sich nach seiner gescheiterten Amtsbürgermeisterkandidatur aufs neue um das Stellvertreteramt bewarb, jedoch abermals mit neun zu zwölf Stimmen unterlag, weil Landwehr wie Petring über die eigenen Parteigenossen hinaus auch Anhänger aus dem bürgerlichen Lager für sich vereinnahmen konnten.[224]

Als erster Amts- und Gemeindedirektor Rödinghausens wurde auf Anordnung der Militärregierung Herford vom 28. Januar 1946 der Kasseninspektor Wilhelm Beckmann ernannt.[225] Der fachlich kompetente Verwaltungsleiter stand für einen Prozeß der Professionalisierung der Amtsverwaltung. Obwohl zunächst kommissarisch zum Amtsdirektror bestimmt, hatte Beckmann gute Chancen für eine feste Anstellung,[226] besaß er doch seit seinem beruflichen Einstieg 1909 ausreichende Verwaltungserfahrung.[227] Politisch war Beckmann jedoch nicht unumstritten. Nachdem seine politische Vergangenheit bekannt geworden war, beabsichtigte die Militärregierung ihn zu entlassen. Beckmann war am 1. Mai 1937 der NSDAP beigetreten und hatte nach eigenen Angaben zwischen 1936 und 1939 als Blockleiter und Dienstwart im Reichsbund für Leibesübungen Posten bekleidet.[228]. Darin sahen die Amtsvertreter aber keinen Grund zur Amtsenthebung und hielten Beckmann politisch für durchaus tragbar.[229] Für den Fall, daß die Kreis-Entnazifizierungskammer „diese Ansicht bestätigt", beabsichtigten die Amtsräte, Beckmann für die endgültige Wahl zum Amts-

---

[222] Auszug aus dem Protokoll der Amtsvertreter-Sitzung v. 6.5.1961; GA Rödinghausen, Zwischenarchiv, D 0-23/10-16,30-34. Oberbäumer hatte Landbesitz in Höhe von 8,45 ha. Nachweisung über die Bauernhöfe der Gemeinde Bieren v. 22.4.1945; GA Rödinghausen, Zwischenarchiv, D 0-05/2.
[223] Der zweite Wahlgang war gemäß Paragraph 32, Absatz 2, der Gemeindeordnung Nordrhein-Westfalen v. 21./28.10.1952 erforderlich geworden, weil keiner der Kandidaten mehr als die Hälfte der gültigen Stimmen erreichen konnte. Auszug aus dem Protokoll der Amtsvertreter-Sitzung v. 4.5.1963; GA Rödinghausen, D 0-23/10-16,30-34.
[224] Auszug aus dem Protokoll der Amtsvertreter-Sitzung v. 14.11.1964; a.a.O. Zur parteipolitischen Zusammensetzung des Gremiums siehe Erstes Kapitel, A.2. Die Amtsvertretungen.
[225] Grundlage der Entscheidung war der Befehl Nr. 911/522 der Militärregierung. Schreiben des Landrats v. 29.1.1946, Abschrift des Sitzungsprotokolls v. 30.1.1946, Bestätigung durch die Militärregierung v. 5.2.1946; GA Rödinghausen, Zwischenarchiv, D 0-23/10 u. D 0-23/60-62. Personalakte Beckmanns; KA Herford, C 930.
[226] Abschrift des Protokolls der Amtsvertreter-Sitzung v. 4.5.1946; GA Rödinghausen, Zwischenarchiv, D 0-23/10.
[227] Personalakte Beckmanns; KA Herford, C 930.
[228] Ebd.
[229] Protokoll der Amtsvertreter-Sitzung v. 27.4.1946; GA Rödinghausen, Zwischenarchiv, D 0-23/10.

direktor vorzuschlagen.[230] Obwohl bei der nächsten Amtsvertreter-Sitzung am 4. Mai 1946 die erforderlichen Voraussetzungen fehlten – u.a. lag die politische Beurteilung Beckmanns durch die Kreisentnazifizierungskammer noch nicht vor – wählten ihn die Amtsvertreter aufgrund des Urteils des Amtsentnazifizierungsausschusses einstimmig zum Amtsdirektor.[231] Die Wahl geschah ungeachtet der Tatsache, daß die Militärregierung zu diesem Zeitpunkt die Absetzung Beckmanns verlangte.[232] Der Grund für diesen „Schnellschuß" war die Bewerbung zweier auswärtiger Bewerber, denen gegenüber die Amtsräte den Lokalmatador favorisierten.[233] Im Juli 1946 bestätigte die Militärregierung Beckmann als Amtsdirektor und sanktionierte damit den Beschluß der Amtsvertretung vom 4. Mai 1946.[234] Damit übte Beckmann bis zu seiner Pensionierung 1958 12 Jahre lang das Amt des Amtsdirektors und das des Gemeindedirektors in allen Gemeinden des Amtes Rödinghausen in Personalunion aus.[235] Im Sommer 1954 wurde zwar die automatische Personalunion von Amts- und Gemeindedirektor in den amtsangehörigen Gemeinden aufgelöst, weil eine Bestimmung der Gemeindeordnung Nordrhein-Westfalens (Paragraph 60, Absatz 1) vom Landesverfassungsgericht in Münster als verfassungswidrig eingestuft wurde.[236] In der Folge aber wählten die Gemeindevertreter der Amtsgemeinden den Amtsdirektor Beckmann „einstimmig" zum jeweiligen Gemeindedirektor und wahrten damit in der Person Beckmanns wiederum die administrativ-fachliche Kontinuität.[237] Zu Beckmanns Stellvertreter wurde 1946 der 46jährige Verwaltungsangestellte Wilhelm Schwentker aus Westkilver berufen.[238] Der Verwaltungsexperte konnte sich fachlich empfehlen, doch dürfte auch seine Parteimitgliedschaft in der SPD ein ausschlaggebender Punkt gewesen sein, um so aus Parteienproporz dem hohen Wäh-

---

[230] Protokoll der Amtsvertreter-Sitzung v. 28.4.1946; a.a.O.
[231] Der einzige Vorbehalt, den die Amtsräte erhoben, war, daß die Ergebnisse der Kreisentnazifizierungskammer dem Urteil der örtlichen Institution entsprechen müssen. Abschrift des Protokolls der Amtsvertretersitzung v. 4.5.1946; a.a.O. Schreiben v. Amtsbürgermeister Kiel an den Oberkreisdirektor von Herford; KA Herford, C 930; Botzet, Ereygnisse, S. 214.
[232] Schreiben der Militärregierung v. 7.5.1946; GA Rödinghausen, Zwischenarchiv, D 0-23/10.
[233] Die Bewerber waren fachlich nicht minder qualifiziert als Beckmann: ein Kandidat war ein ehemaliger Oberstabsintendant aus Quernheim, der andere arbeitete in der Amtsverwaltung Löhne.
[234] Schreiben der Militärregierung v. 9.7.1946 u. Protokoll der Amtsvertreter-Sitzung v. 10.7.1946; a.a.O.
[235] Beckmann wurde am 9. Juli 1958 in den Ruhestand verabschiedet; GA Rödinghausen, Zwischenarchiv, D 0-23/60-62. Personalakte Beckmanns; KA Herford, C 930.
[236] Vgl. auch GA Rödinghausen, Zwischenarchiv, D 0-22/10-16,30.
[237] Auszüge der Protokolle der Vertretungen der Gemeinden Bieren, Ostkilver, Rödinghausen, Schwenningdorf und Westkilver v. 21., 22., 23., 17. u. 27.9.1954, Schreiben des Amtsdirektors an den Oberkreisdirektor von Herford v. 15.10.1954; GA Rödinghausen, Zwischenarchiv, D 0-23/60-62. – In der Gemeinde Rödinghausen wurde der Antrag der Ratsfrau Klara Wobker abgelehnt, den neuen ehrenamtlichen Gemeindedirektor aus der Ratsmitte zu bestellen. Auszug aus dem Protokoll der Vertreter-Sitzung v. 23.9.1954; a.a.O.
[238] Schwentker war am 18.10.1899 zur Welt gekommen. Protokoll der Amtsvertreter-Sitzung v. 13.3.1946; GA Rödinghausen, Zwischenarchiv, D 0-23/10.

leranteil der Sozialdemokratie auf Verwaltungsebene genüge zu tun. Das Mitglied des Amts-Entnazifizierungs-Ausschusses kandidierte 1946 auch für den Kreistag.[239]

Nachfolger Beckmanns wurde mit Fritz Imort ebenfalls ein Verwaltungsfachmann, der am 27. Juni vereidigt und am 1. Juli 1959 in sein Amt eingeführt wurde.[240] Zwischenzeitlich hatte Amtsinspektor Paul Heemeyer den Posten des Amtsdirektors als Interimslösung kommissarisch versehen.[241] Imort wurde wie sein Vorgänger in allen amtsangehörigen Kommunen zum Gemeindedirektor gewählt.[242] Diese Positionen und die Funktion des Amtsdirektors bekleidete Imort bis zur kommunalen Neugliederung im Jahre 1969.[243]

Betrachtet man die Rödinghauser (Ehren-)Beamten in der zeitlichen Abfolge, so ergibt sich folgendes Bild: In der Ravensberger Landgemeinde ist bezüglich des Berufs- und Sozialprofils der Amtsinhaber ein Wandel festzustellen. Dabei sind als Zeitraum für diesen Umbruch die Nachkriegsjahre, konkret die endfünfziger, anzuberaumen. Der Nationalsozialismus hingegen bewirkte in dieser Entwicklung keinen Wandel. Im Gegenteil: Durch die Elitenverschränkung, die der amtierende Ehrenamtmann Werringloer mit seinem Parteieintritt einlöste, blieb die Kontinuität zu seinem Vorgänger Meier zur Capellen und zu seinem Nachfolger Kiel gewahrt. Alle drei gehörten von Haus aus zur Mittelschicht.

Während der äußere Eingriff von seiten der Besatzungsmacht 1946 mit dem Amtsdirektor einen vornehmlich fachlich qualifizierten Verwaltungsbeamten hervorbrachte, stand der Amtsbürgermeister in der Tradition des vormaligen Ehrenamtmannes. Für seine Ernennung zum obersten Repräsentanten waren nach wie vor soziale Kriterien ausschlaggebend. Es ist hier zu fragen, ob sich dieses Anforderungsprofil in der Nachkriegszeit gewandelt hat.

Bei dem Alter und der Konfession der Kandidaten überwog das Althergebrachte. Wie zu erwarten war, bekannten sich alle sechs Amtsbürgermeister zur evangelischen Religion. Dies ist nicht weiter verwunderlich, wenn man bedenkt, daß selbst zum Zeitpunkt massiver Zuwanderung katholischer Flüchtlinge eine konfessionelle Mehrheit von 90,1 Prozent Protestanten das Amt prägte.[244] Ebensowenig ist es erstaunlich, daß alle sechs Amtsinhaber aus dem Amtsgebiet selbst kamen.[245] Die Ratsvorsitzenden waren bei ihrer Amtseinführung zwischen 40 und 63 Jahre alt, im Schnitt über 48 Jahre. Während die Amtszeiten der beiden ersten Ehrenamtmänner,

---

[239] Nachweisung über die Mitglieder des Denazifizierungsausschusses des Amtes Rödinghausen v. 16.2.1946; Protokoll der Amtsvertreter-Sitzung v. 20.8.1946; GA Rödinghausen, Zwischenarchiv, D 0-05/2 u. D 0-23/10; KA Herford, D 7.

[240] Bekanntmachung v. 22.6.1959; GA Rödinghausen, Zwischenarchiv, D 0-23/10-16,30-34. Zur Vereidigung und Amtseinführung siehe auch GA Rödinghausen, Zwischenarchiv, D 0-23/60-62; Botzet, Ereygnisse, S. 240.

[241] KA Herford, C 1143. Zum Beruf Heemeyers siehe Heimat-Adreßbuch Landkreis Herford 1957, S. 306.

[242] Siehe z. B. Ernennungsurkunden vom Juli 1959; GA Rödinghausen, Zwischenarchiv, D 0-23/60-62.

[243] Ernennungsurkunden vom April 1961 u. Oktober 1964 sowie Niederschriften über die Stadt- und Amtsdirektorenkonferenzen der Jahre 1963ff.; a.a.O.

[244] Beiträge zur Statistik des Landes Nordrhein-Westfalen, Sonderreihe Volkszählung 1950, Heft 15, S. 181.

[245] Meier zur Capellen war zwar in Herford geboren, jedoch in Ostkilver aufgewachsen.

Meier und Werringloer, 36 bzw. 21 Jahre, die These unterstreichen, daß dieser Posten eine Lebensstellung war, herrschte in der Nachkriegszeit ein häufiger Personalwechsel. In den 23 Jahren bis zur Auflösung des Amtes Rödinghausen lösten sich vier Bürgermeister ab. Daß bei dieser personellen Diskontinuität dennoch strukturelle Kontinuität überwog, verdeutlicht neben den genannten Konstanten der Blick auf das für die Nachkriegszeit bedeutende Kriterium der Parteizugehörigkeit.

Veränderungen im Sozialprofil der Bürgermeister sind bei deren sozialer und beruflicher Herkunft auszumachen. War dem ersten Amtsinhaber als gelerntem Landwirt durch die Pacht eines Ritterguts und eine vorteilhafte Heirat der Sprung in die Oberschicht geglückt,[246] so gelang dies keinem seiner Nachfolger mehr. Seine unmittelbaren Nachfolger verblieben in der Mittelschicht: der Verwaltungsbeamte Karl Werringloer, der Gärtnermeister Karl Kiel und der Schmiedemeister Wilhelm Budde. Mitte der fünfziger Jahre dann nahm mit dem Facharbeiter August Landwehr erstmals ein Unterschichtangehöriger den Amtsvorsitz ein und wurde darin 1958 gleichfalls von einem Unterschichtangehörigen, dem Maurer Heinrich Petring, abgelöst. Beide Arbeiter hatten – wie bereits Budde – den notwendigen Rückhalt in der SPD.[247] Damit soll aber nicht gesagt werden, daß nunmehr parteipolitische Erwägungen die Dorfpolitik dominierten, vielmehr fielen in den beschriebenen Fällen soziale Interessen und Parteizugehörigkeit deckungsgleich zusammen.[248] Dies läßt sich gut an den Wahlen Landwehrs 1956 sowie Petrings 1958, 1961 und 1963 darstellen. Bei diesen Abstimmungen wurden Landwehr und Petring einstimmig, über alle Parteigrenzen hinweg, berufen. Landwehr war 1956 der ideale Kompromißkandidat, und Petring konnte als Integrationsfaktor dreimal alle Stimmen der Amtsräte auf sich vereinen. Selbst bei der letzten Amtswahl 1964, als ein CDU-Bewerber gegen ihn antrat, erhielt Petring ein Votum auch über den Rahmen der eigenen Fraktion hinaus. Damit wird die These unterstrichen, daß Dorfpolitik sich nicht in Parteipolitik erschöpfte, sondern eine stark persönlichkeitsbezogene Interaktion darstellte.

2. Die Amtsvertretungen

Die Ottmarsbocholter Amtsvertretung setzte sich aus Bürgern der beiden Teilgemeinden Ottmarsbocholt und Venne zusammen. Die Dominanz des Faktors Verwandtschaft wird bei der personellen Zusammensetzung des Gremiums sichtbar. In ihm bildete sich auch der mit der Verwandtschaft eng verknüpfte Faktor Besitz ab.

---

[246] Meier zur Capellen gehörte als Sohn eines Konditormeisters dem Mittelstand an, aus dem er durch die genannten Umstände in die Oberschicht aufstieg. Diesen Honoratiorenstatus belegten seine zahlreichen Führungsposten in diversen Vereinen sowie die ihm verliehenen Auszeichnungen.

[247] Diese Entwicklung lief parallel auch bei den Stellvertretern ab. Während Amtsbürgermeister Kiel noch einen CDU-Bauern aus der Mittelschicht an seiner Seite hatte, waren seit 1948 die fünf Amtsbeigeordneten mit einer Ausnahme SPD-Mitglieder, drei davon Arbeiter aus der Unterschicht.

[248] Dieser Sachverhalt, die Kongruenz von Partei und sozialen Interessenlagen, wird noch bei der Analyse der Amts- und Gemeindevertretungen der Nachkriegszeit begegnen.

In den einzelnen Amtsvertretungen setzte sich dementsprechend die ökonomisch potenteste Dorfschicht, die Oberschicht, fest.[249]

Bei den Wahlen vom 28. April 1919 gelangten fünf Ottmarsbocholter in die Amtsvertretung:[250] die Großbauern Anton Bracht[251] und Gottfried Suntrup[252], der Gast- und Landwirt Kaspar Vollmer[253], der die Lokalpolitik in der Weimarer und der NS-Zeit maßgeblich beeinflussen sollte.[254] Weiter zogen der Maurermeister Bernard Unewisse und der Kötter Anton Droste, der als Kleinbauer seinen Lebensunterhalt bestritt,[255] in die Amtsvertretung ein. Zwei der Gewählten wohnten im Dorf, drei in den benachbarten Bauerschaften. Somit saßen in der Gemeindevertretung drei Sprecher der großbäuerlichen Oberschicht sowie jeweils ein Vertreter der Mittel- und Unterschicht.

Wie sehr der Faktor Verwandtschaft die Lokalpolitik steuerte, zeigte die Wahl des Amtssekretärs im Dezember 1919. Als Kandidaten standen die beiden Amtsgehilfen Josef Kovermann und Anton Unewisse zur Wahl. Die Amtsvertreter entschieden sich für Unewisse, den Sohn des genannten Ratsmitglieds Bernard Unewisse.[256] Gegen diese Entscheidung wandten sich die Kriegsbeschädigten der Ortsgruppe Ottmarsbocholt an den Landrat, die den kriegsversehrten Kovermann als Amtssekretär favorisierten.[257] Die Eingabe führte dazu, daß der Landrat eine Neuwahl verfügte. Bei dieser wurde jedoch abermals Anton Unewisse zum Amtssekretär gewählt, diesmal sogar einstimmig.[258] Schließlich bestätigte der Landrat die Wahl.[259] Unewisse wurde im Dezember 1920 nach bestandener Verwaltungsprüfung und beendeter Probezeit übernommen.[260] Hier setzte sich der Verwandtschaftskreis Unewisse mit dem Rückhalt des Amtsvertreters durch, indem er im Rat seine Interessen artikulierte und verwirklichte, mithin Machtpolitik betrieb. Dieser Vorgang ist ein prägnantes Beispiel für die Instrumentalisierung der politischen Institutionen im Dorf durch dörfliche Eliten.

---

[249] Zur Herausbildung dieser Position der dörflichen Oberschicht in der Neuzeit vgl. Troßbach, Bauern, S. 101f.
[250] Zur Wahl der Amtsvertretung 1919 GA Senden, Bestand Ottmarsbocholt, B 8.
[251] Bracht war der amtierende Ehrenamtmann.
[252] Suntrup besaß 21 ha Land. Siehe Gerichtliches Verzeichnis der Höfe, deren Eintrag in die Erbhofrolle in Aussicht genommen ist v. 15.6.1934; GA Senden, Bestand Ottmarsbocholt, C 197.
[253] Vollmer gehörte mit 24 ha Landbesitz ebenfalls zu der großbäuerlichen Schicht Ottmarsbocholts. Siehe ebd.
[254] Zu Vollmers Rolle bei der Wahl des Amtsbürgermeisters 1933 siehe Erstes Kapitel, A.1. Vollmer avancierte 1927 zum Gemeindebürgermeister.
[255] Droste besaß knapp vier Hektar Land. Siehe dazu Bodennutzungserhebung 1952 des Statistischen Landesamtes; GA Senden, Bestand Ottmarsbocholt, C 45.
[256] Auszug aus dem Protokollbuch der Amtsvertretung Ottmarsbocholt v. 10.12.1919; STAMS, Kreis Lüdinghausen, Nr. 1784.
[257] „Protesterhebung" der Wirtschaftlichen Vereinigung der Kriegsbeschädigten Ottmarsbocholt v. 14.12.1919; a.a.O.
[258] Auszug aus dem Protokollbuch der Amtsvertretung Ottmarsbocholt v. 29.12.1919; a.a.O.
[259] Bestätigungsschreiben des Landrats v. 31. 12. 1919 u. Verpflichtung Unewisses v. 2.1.1920; a.a.O.
[260] Auszug aus dem Protokollbuch der Amtsvertretung Ottmarsbocholt v. 5.12.1920; a.a.O.

Bei der nächsten Wahl der Amtsvertreter am 4. Mai 1924 standen den 918 Wahlberechtigten des Amtes Ottmarsbocholt 11 Kandidaten zur Auswahl, von denen sechs der Sprung in die Vertretung gelang. Wiedergewählt wurde der großbäuerliche Land- und Gastwirt Kaspar Vollmer[261], neu designiert wurden die vier Großbauern Theodor Närmann,[262] August Osthues,[263] Bernard Baumeister,[264] der zu einer lokalpolitischen Größe der Zwischenkriegszeit aufstieg und von 1931 bis 1940 im Kirchenvorstand saß,[265] sowie Hermann Lepmann, genannt Tomberge, der aus Venne stammte und dessen politischer Sprecher bis zur NS-Zeit blieb.[266] Das Gremium komplettierte der Schreinermeister Wilhelm Forsthövel. Er gehörte der Amtsvertretung als Interessenvertreter der größten Berufsgruppe des bedeutendsten Gewerbesektors bis 1935 an.[267] Ihrer lokalen Herkunft nach stammten zwei Vertreter aus dem Dorf, drei aus den Bauerschaften und einer aus Venne. Sozial waren fünf der großbäuerlichen Oberschicht zuzuordnen, der Handwerksmeister stammte aus der Mittelschicht. Zwar gehörte keiner der sechs einer Partei an, aber alle standen dem Zentrum nahe.[268]

Die Amtsvertretung 1929 war ein identisches Abbild des vorangegangenen Gremiums. Im Rat saßen ausnahmslos die Amtsräte von 1924: die fünf Großbauern Theodor Närmann, August Osthues, Bernard Baumeister und Hermann Lepmann, genannt Tomberge, und Kaspar Vollmer sowie der Schreinermeister Wilhelm Forsthövel.[269] Demzufolge entsprachen sich 1929 wie 1924 lokale wie professionelle Herkunft und Schichtzugehörigkeit der Amtsvertreter genauso wie die parteipolitische Orientierung der Gewählten. In einem Punkt ähnelten sich die Wahlen zu beiden Gremien noch zusätzlich: 1929 wie fünf Jahre zuvor waren die Abstimmungen bereits vor dem Urnengang entschieden. Eine im Vorfeld der Wahlen abgesprochene „Einheitsliste" legte die zu wählenden Kandidaten fest und mußte nur noch von einer Handvoll Wählern bestätigt werden. Nur wegen der Existenz einer Einheitsliste und der an Sicherheit grenzenden Wahrscheinlichkeit ihrer Bestätigung konnte die Lüdinghauser Zeitung die Wahlergebnisse bereits am Wahltag veröffentlichen.[270]

---

[261] Vollmer legte sein Mandat am 25.8.1927 nieder, weil er zum Gemeindevorsteher gewählt worden war. Als sein Ersatzmann rückte der Küster Johannes Rave auf.

[262] Närmann besaß 26 ha Grund. Siehe Gerichtliches Verzeichnis der Höfe, deren Eintrag in die Erbhofrolle in Aussicht genommen ist v. 15.6.1934; GA Senden, Bestand Ottmarsbocholt, C 197.

[263] Osthues war Herr über 24 ha Boden; ebd.

[264] Baumeisters Hof hatte eine Größe von 27 ha Land; ebd.

[265] BAMS, PfA Ottmarsbocholt, KV 31, Protokollbuch der Kirchenvorstandssitzungen (1876-1971).

[266] Tomberge war bereits 1919 zum Amtsverordneten bestimmt worden. Siehe dazu GA Senden, Bestand Ottmarsbocholt, B 8. Sein Grundbesitz umfaßte 42 ha.

[267] Ottmarsbocholt zählte 1925 Gewerbebetriebe 80 Betriebe, von denen die holz- und metallverarbeitenden mit 28 (35%) das stärkste Kontingent bildeten. Innerhalb des bedeutendsten Gewerbesektors stellten die Schreiner mit 12 Betrieben die größte Berufsgruppe; siehe dazu Anhang, Tabelle Nr. 38. Folgerichtig saß mit Forsthövel ein Repräsentant der größten Berufsgruppe des wichtigsten Gewerbezweiges in der Amtsvertretung. Zur Gewerbestruktur vgl. auch Wermert, Entwicklung von Industrie, Gewerbe und Dienstleistungen, S. 595f.

[268] GA Senden, Bestand Ottmarsbocholt, B 7.

[269] Ausschnitt aus der Lüdinghauser Zeitung v. 19.11.1929; STAMS, Kreis Lüdinghausen, Nr. 1572.

[270] Zur „Einheitsliste" und zur Veröffentlichung siehe ebd.

Hier zeigt sich deutlich, daß basisdemokratische Strukturen auch in der Weimarer Republik kein Wesensmerkmal der westfälischen Landgemeinde waren; essentielle Entscheidungen wurden von den lokalen Honoratioren bereits vorab getroffen, wodurch demokratische Wahlen zu einer Selbstbestätigung der Dorfelite wurden. Die Anstrengungen in Weimarer Zeit, die Gesellschaft zu demokratisieren, zeitigten im politischen Mikrokosmos des Dorfes mithin nur bedingt Erfolg.[271]

Die Zusammensetzung der Amtsvertretung 1935 stand gänzlich unter dem Einfluß der nationalsozialistischen Machthaber. Mit der Machtübertragung auf die Nationalsozialisten und der sogenannten Gleichschaltung änderte sich zwangsläufig das Berufungsverfahren der Amtsvertreter. Die rechtliche Grundlage lieferte die DGO von 1935, die der Partei großen Einfluß bei der Bestallung der Amtsvertreter einräumte.[272] Die Amtsräte, nunmehr Amtsälteste genannt, wurden nicht mehr direkt gewählt, sondern auf Vorschlag der NSDAP-Kreisleitung Lüdinghausen ernannt.[273] Damit etablierten die Nationalsozialisten ihr Führerprinzip auch in der Gemeindeverfassung. Der NSDAP-Kreisleiter als Beauftragter der Partei und der Landrat als Kommunalaufsichtsbehörde sollten eine stärkere Kommunalaufsicht gewährleisten. Am 1.10.1935 stockte der NSDAP-Kreisleiter die Zahl der Gremiumsmitglieder um die Hälfte auf und tauschte die Amtsvertretung komplett aus. Kreisleiter Barthel berief aufgrund Paragraph 51 DGO neun neue Amtsälteste:[274] den Steiger a.D. Josef Adrian, den Großbauer Bernard Bracht,[275] den Bauer August Becking,[276] den Fuhrunternehmer Wilhelm Droste, der im Vorjahr zum ersten Vorsitzenden der St. Johannes-Bruderschaft aufgerückt war,[277] ferner den Stielproduzenten Wilhelm Kovermann, den Hauptlehrer Franz Schneider, den Bauer Heinrich Wessel[278] sowie die Arbeiter Franz Tonnemann und Hermann Högemann. Högemanns Berufung war insofern bemerkenswert, da er als einziger weder NSDAP-Mitglied war noch einer Parteiorganisation angehörte. Sein gesellschaftliches Ansehen dürfte der Arbeiter aus

---

[271] Vgl. Wermert, Die Weimarer Zeit und die frühen dreißiger Jahre, S. 482.
[272] Siehe die Paragraphen 6, 33, 51, u. 54 der DGO; RGBl 1935, Teil I, S. 49ff. Zur DGO siehe Diehl-Thiele, Partei und Staat im Dritten Reich, S. 148ff.; Matzerath, Nationalsozialismus und kommunale Selbstverwaltung. S. 132ff., 159 u. 261f.
[273] GA Senden, Bestand Ottmarsbocholt, C 11. Zum gewandelten Bestimmungsverfahren siehe auch STAMS, NSDAP-Kreis- und Ortsgruppenleitungen, Nr. 109.
[274] Schreiben der Kreisleitung Lüdinghausen an den Ehrenbürgermeister Ermke v. 26.9.1935, GA Senden, Bestand Ottmarsbocholt, C 11, sowie Hauptsatzung des Amts Ottmarsbocholt v. 29.11.1935, STAMS, Kreis Lüdinghausen, Nr. 1572. Barthel war neben seiner Tätigkeit als Landrat auch Gauinspekteur des Gaus Westfalen-Nord. Vgl. GA Senden, Chronik der Gemeinde Ottmarsbocholt, o. Sig., Eintrag v. 9.11.1938.
[275] Bernard Bracht war der Sohn des 1924 verstorbenen Ehrenamtmannes Anton Bracht und verfügte demnach über denselben Grundbesitz von 71 ha; siehe Erstes Kapitel, A.1. Die Leiter der Amtsverwaltung.
[276] Becking ist mit 55 ha eigenem Land ebenfalls ein Repräsentant der großbäuerlichen Oberschicht; siehe Gerichtliches Verzeichnis der Höfe, deren Eintrag in die Erbhofrolle in Aussicht genommen ist v. 15.6.1934; GA Senden, Bestand Ottmarsbocholt, C 197.
[277] GA Senden, Bestand Ottmarsbocholt, C 64 und FS 275 Jahre St. Johannes-Bruderschaft Ottmarsbocholt 1716 - 1991, S. 217.
[278] Wessel verfügte mit knapp 8 ha Boden über einen mittelbäuerlichen Betrieb, siehe Gerichtliches Verzeichnis der Höfe, deren Eintrag in die Erbhofrolle in Aussicht genommen ist v. 15.6.1934; GA Senden, Bestand Ottmarsbocholt, C 197.

seiner Mitgliedschaft im Kirchenvorstand von St. Urban bezogen haben.[279] Högemann schied am 10. März 1942 aus der Amtsvertretung aus. Ihm folgte Bernard Schemmelmann, ein Großbauer, der im selben Jahr stellvertretender Ortsgruppenleiter wurde und folglich der NSDAP angehörte.[280] Ansonsten schlugen die neuen politischen Machtverhältnisse auch in Ottmarsbocholt durch. Die Amtsältesten gehörten alle außer Högemann der Partei oder ihren Gliederungen an: Adrian fungierte als NSDAP-Ortsgruppenleiter, Bracht war Ortsbauernführer,[281] Schneider stellte den Ortsamtsleiter der Nationalsozialistischen Volkswohlfahrt (NSV). Ein Amtsältester war Block-, einer Zellenleiter, ein anderer gehörte der Nationalsozialistischen Betriebszellenorganisation (NSBO) an.[282]

Die Amtsvertretung 1935 wies gegenüber ihren Vorgängerinnen einige Veränderungen auf. Schon formal versuchten die Nationalsozialisten mit den bestehenden Verhältnissen zu brechen. Die Zahl der Amtsältestem wurde um die Hälfte angehoben. Auch beruflich konstituierte sich das Gremium neu. Der Bauernanteil war trotz nationalsozialistischem Werben um den sogenannten ‚Blutquell des deutschen Volkes' auf ein Drittel geschrumpft.[283] Der alte Mittelstand in Gestalt von Handwerkern war gar nicht mehr vertreten. Die professionelle Formierung war nun weitaus heterogener: neben zwei Arbeitern, die in der Amtsvertretung Ottmarsbocholt bis dahin noch nie aufgetreten waren, saßen zwei Selbständige, ein Rentner und ein Lehrer in dem Gremium. Die Nationalsozialisten suchten augenscheinlich bei den sozialen Schichten Rückhalt, die vorher keinen oder nur geringen politischen Einfluß ausgeübt hatten.[284] Als wichtigste und bleibende Neuerung setzten die Nationalsozialisten die Parteimitgliedschaft ein.[285] Von den NS-Amtsältesten hatte zwar keiner lokalpolitische Erfahrungen gesammelt, jedoch war nun – bereits bei der Wahl des Amtsbürgermeisters – das Parteibuch als entscheidendes Rekrutierungsmerkmal eingeführt.

Die erste Amtsvertretung der Nachkriegszeit zeigte ein personell gewandeltes Bild. Mit nationalsozialistischen Ämtern und Würden diskreditierte Personen mußten unbelasteten weichen. Die neuen Amtsräte von 1946 waren der Großbauer und Amtsbürgermeister Bernard Brüse[286] sowie sein Stellvertreter, der Maurer Heinrich Unewisse, der von diesem Jahr ab auch dem Bau- und Wohnungsausschuß des Kreises Lüdinghausen angehörte.[287] Weiter wurden der Stielmacher Hubert Greive, der

---

[279] BAMS, PfA Ottmarsbocholt, KV 31, Protokollbuch der Kirchenvorstandssitzungen (1876 - 1971).
[280] GA Senden, Bestand Ottmarsbocholt, C 11.
[281] GA Senden, Chronik der Gemeinde Ottmarsbocholt, o. Sig., Eintrag v. 10.5.1937.
[282] Schreiben der Kreisleitung Lüdinghausen an den Ehrenbürgermeister Ermke v. 26.9.1935; GA Senden, Bestand Ottmarsbocholt, C 11.
[283] Lag der Bauernanteil 1924 noch bei 83,3%, so war er 1935 auf 33,3% gefallen.
[284] Auch Kaschuba/Lipp, Dörfliches Überleben, S. 588 - 598, konstatieren für ihre schwäbische, protestantisch geprägte Untersuchungsgemeinde einen Wandel in der Elitenrekrutierung durch den Nationalsozialismus, nachdem erstmals Angehörige der dörflichen Unterschicht in die Gemeindevertretung aufrückten.
[285] Zur Parteimitgliedschaft als Rekrutierungskriterium siehe Münkel, Bauern, Hakenkreuz, „Blut und Boden", S. 225.
[286] Zur Größe von Brüses Grundbesitz siehe Erstes Kapitel, A.1. Die Leiter der Amtsverwaltung.
[287] STAMS, Kreis Lüdinghausen, Nr. 1669.

Anstreicher Anton Lindfeld, der Kleinbauer Bernard Potthoff,[288] der als erster Vorsitzender der St. Johannes-Bruderschaft 1936 in Erscheinung getreten war,[289] die Großbauern Anton Reismann[290] und Alois Schwienhorst[291] gewählt, letzter wie Unewisse und Brüse eine der politischen Nachkriegsgrößen.[292] Auch Schwienhorst war 1946 und 1961 Amtsvertreter sowie über den gesamten Zeitraum von 1946 bis 1965 Gemeinderatsmitglied, wo er in verschiedenen Ausschüssen saß. 1948 gehörte er dem Schulvorstand an, von 1949 bis 1961 saß er im Kirchenvorstand.[293] Schließlich kamen noch der Stellmacher Heinrich Bülskämper, der Stielmacher Fritz Kasberg und der Maurer Alex Krutwage 1946 in die Amtsvertretung sowie der Venner Bürgermeister Adolf Leppmann, genannt Tomberge, und sein Stellvertreter Anton Könemann, beide Bauern.[294] Tomberge war ununterbrochen in den Jahren zwischen 1946 und 1965 Mitglied der Amtsvertretung.

Die Amtsvertreter lesen sich nur auf den ersten Blick wie gänzlich neue Namen. Zwar taucht unter ihnen kein Amtsältester von 1935 auf, aber aus einigen Familien kamen 1946 Angehörige aus der jüngeren Generation oder reaktivierte Vertreter, die sich schon vor der NS-Zeit lokalpolitisch engagiert hatten. So gesehen knüpfte man nach dem Krieg bei Repräsentanten aus bewährten Familien vor der nationalsozialistischen Ära an. Untersucht man die Mitglieder der Nachkriegsgremien genauer, so erkennt man rasch „eine starke personelle Kontinuität zu Weimar".[295] Der stellvertretende Amtsbürgermeister Heinrich Unewisse hatte bereits 1929 in der Gemeindevertretung gesessen.[296] Er war er ein Vetter der Brüder Bernard Unewisse und Franz Unewisse,[297] des Amts- und Gemeindevertreters von 1919 sowie des Gemeinderats von 1924;[298] Heinrich Unewisse war obendrein von 1931 bis 1961 Mitglied im Kir-

---

[288] Potthoff besaß laut Bodennutzungserhebung 1952 des Statistischen Landesamtes 3,47 ha Land; GA Senden, Bestand Ottmarsbocholt, C 45.
[289] GA Senden, Bestand Ottmarsbcholt, C 64 und FS 275 Jahre St. Johannes-Bruderschaft Ottmarsbocholt, S. 217.
[290] Reismann verfügte über Grundbesitz von 42,72 ha; vgl. Bodennutzungserhebung 1952 des Statistischen Landesamtes; GA Senden, Bestand Ottmarsbocholt, C 45.
[291] Mit 19 ha eigenem Boden und 26,11 ha bewirtschafteter Fläche lag Schwienhorst faktisch im Übergangsbereich zu großbäuerlichen Betrieben; ebd.
[292] Brüse war von 1946 bis 1969 Amtsbürgermeister in Ottmarsbocholt, von 1954 bis 1965 zugleich ehrenamtlicher Amtsdirektor; Heinrich Unewisse zog 1961 noch einmal in die Amtsvertretung ein und gehörte von 1946 bis 1965 ununterbrochen dem Gemeinderat an. In dieser Zeit arbeitete er in diversen Ausschüssen mit. 1946 und 1948 war er stellvertretender Amtsbürgermeister.
[293] BAMS, PfA Ottmarsbocholt, KV 31, Protokollbuch der Kirchenvorstandssitzungen (1876 - 1971).
[294] Könemann verwaltete einen Besitz von 12 ha, Tomberge 41,82 ha; vgl. Bodennutzungserhebung 1952 des Statistischen Landesamtes; GA Senden, Bestand Ottmarsbocholt, C 45.
[295] Kleßmann, Die doppelte Staatsgründung, S. 143.
[296] GA Senden, Bestand Ottmarsbocholt, C 14.
[297] GA Senden, Bestand Ottmarsbocholt, B 9. Franz Unewisse war 1889 geboren, Bernard Unewisse gehörte dem Jahrgang 1893 an.
[298] Alle drei übten denselben Beruf aus und wohnten in unmittelbarer Nachbarschaft. Die Brüder Bernard und Franz Unewisse wohnten Dorf 70, Bernard Unewisse zog später in die Dorfbauerschaft 21b. Die Adresse ihres Vetters Heinrich Unewisse lautete Dorfbauerschaft 21a.; GA Senden, Bestand Ottmarsbocholt, B 8, B 9, B 12, C 14. – Ein weiterer Verwandter war der damalige Amtsobersekretär Anton Unewisse.

chenvorstand, von 1951 bis 1961 bekleidete er das Amt des stellvertretenden Vorsitzenden.[299] Auch Hubert Greive und Alex Krutwage waren lokalpolitisch bereits in Erscheinung getreten. Beide hatten 1924 für den Gemeinderat kandidiert.[300] Greive hatte von 1931 bis 1940 dem Kirchenvorstand angehört,[301] zudem saß er 1946 noch im Flüchtlingsausschuß.[302] Anton Lindfeld war ein Verwandter des Gastwirts Bernard Lindfeld, der 1924 Gemeinderat gewesen war.[303] Der Bauer Bernard Potthoff war ein Verwandter des Arbeiterbauern Heinrich Potthoff, Gemeinderat von 1929 und 1933, sowie des Gemeindevertreters von 1933, des Schreinermeisters Wilhelm Potthoff.[304] Letzter war bereits 1924 der erste Vorsitzende der St. Johannes-Bruderschaft gewesen.[305] Der Venner Bürgermeister Adolf Leppmann, genannt Tomberge, folgte nicht nur in dieser Bestimmung seinem Vater nach. Auch Hermann Tomberge wurde 1919 und 1924 zum Amtsvertreter gewählt. Heinrich Bülskämper saß seit 1946 im Kirchenvorstand und beerbte in diesem Dienst seinen Vater, der von 1931 bis 1940 dort Sitz und Stimme hatte.[306]

Mit der Wahl Unewisses, Krutwages, Greives, Lindfelds, Potthoffs, Bülskämpers und Tomberges wollte man offensichtlich an die Verhältnisse vor der NS-Zeit anknüpfen. Die ersten drei hatten bereits lokalpolitische Erfahrungen gesammelt, die letzten vier stammten aus Familien, die sich ebenfalls bis 1933 schon engagiert hatten. Dieser Umstand spricht für eine Kontinuität personal- und parteipolitischer Einstellungs- und Verhaltensmuster von den zwanziger bis in die fünfziger Jahre hinein.[307] Vergleicht man die Amtsvertretung 1946 mit der vorangegangenen, so fallen Gemeinsamkeiten wie Unterschiede auf. Wie elf Jahre zuvor war auch jetzt die Mitgliedschaft in der stärksten politischen Partei unabdingbar, um einen Platz als Amtsvertreter zu erhalten. Lediglich zwei Mandatsträger, die beiden Venner Vertreter, waren unabhängig, die restlichen zehn Ottmarsbocholter waren allesamt Unionsmitglieder.[308] 1946 wurde die Zahl der Amtsvertreter noch einmal um ein Drittel auf zwölf aufgestockt. Weitaus gravierender waren jedoch die Veränderungen bei der beruflichen Zusammensetzung. Der Bauernanteil kletterte bei sechs Vertretern, von denen fünf zur großbäuerlichen Oberschicht zu zählen waren, mit 50 Prozent wieder in Richtung der Vorkriegswerte. Die restlichen 50 Prozent stellten die Handwerker, deren Anteil 1935 auf null abgesackt war. 1946 saßen – wie zuvor schon 1924 und 1919 – erneut traditionelle dörfliche Bevölkerungsschichten, Bauern und Handwer-

---

[299] BAMS, PfA Ottmarsbocholt, KV 31, Protokollbuch der Kirchenvorstandssitzungen (1876 - 1971).
[300] GA Senden, Bestand Ottmarsbocholt, B 9.
[301] BAMS, PfA Ottmarsbocholt, KV 31, Protokollbuch der Kirchenvorstandssitzungen (1876 - 1971).
[302] GA Senden, Bestand Ottmarsbocholt, Protokollbuch des Amtes Ottmarsbocholt von 1938 bis 1969, o. Sig., Eintrag v. 30.12.1947.
[303] Ebd.
[304] Die beiden Potthoffs verloren ihren Ältestensitz jedoch 1935; GA Senden, Bestand Ottmarsbocholt, C 14 und C 12.
[305] FS 275 Jahre St. Johannes-Bruderschaft Ottmarsbocholt, S. 217.
[306] BAMS, PfA Ottmarsbocholt, KV 31, Protokollbuch der Kirchenvorstandssitzungen (1876 - 1971).
[307] Vgl. dazu Mommsen, Der lange Schatten der untergehenden Republik, S. 362 - 404; Teppe, Politisches System, S. 13.
[308] Schreiben des Amtdirektors Horn an den Oberkreisdirektor von Lüdinghausen v. 3.7.1947; GA Senden, Bestand Ottmarsbocholt, C 11.

ker, im paritätischen Verhältnis in diesem politischen Gremium. All dies deutet auf eine politische Orientierung an herkömmlichen Gesellschaftsvorstellungen hin.[309]

Die Wahl der Amtsvertretung 1948 stand gleichermaßen unter dem Einfluß der bei der letzten Wahl praktizierten Rückkehr zur althergebrachten Ausrichtung wie auch des Flüchtlingszuzugs der Jahre 1946 und 1947. Das Gepräge dieser Amtsvertretung offenbarte damit erstmals eine für die endvierziger wie fünfziger Jahre charakteristische Gemengelage von neuen Einwirkungen und gewohnheitsgemäßen Ausrichtungen. Mit dem Arbeiter Hermann Drygalla und Bernard Metzner rückten zwei Interessenvertreter der in hoher Zahl in Ottmarsbocholt untergebrachten Flüchtlinge und Vertriebenen in das Gremium auf.[310] Die Flüchtlinge kamen hauptsächlich aus Schlesien und dem Sudetenland, wobei die Schlesier die weitaus zahlenstärkere Gruppe stellten.[311] Drygalla war ihr Fürsprecher in der Amtsvertretung. Er kandidierte zugleich als SPD-Bewerber für den Kreistag, unterlag jedoch deutlich dem etablierten CDU-Kandidaten Heinrich Unewisse.[312] Während Metzner bereits nach einem Jahr verzog und seinen Platz an den gebürtigen Ottmarsbocholter Karl Niehues abtrat,[313] entwickelte sich Drygalla zum Sprachrohr der Vertriebeneninteressen im Amtsrat und dessen Ausschüssen. 1895 in Weide-West im Kreis Breslau geboren, gehörte er der evangelischen Kirche an.[314] Politisch hatte Drygalla ebenfalls eine andere Sozialisation als die einheimischen Dorfbewohner erfahren. Der gelernte Bauarbeiter hatte sich der Arbeiterbewegung angeschlossen und trat wie viele vertriebenen Sozialdemokraten auch in seiner neuen Bleibe Ottmarsbocholt als SPD-Kandidat auf.[315]

Drygalla stellte in der Lokalpolitk also in zweifacher Hinsicht ein Novum dar.[316] Mit ihm hatte sich eine Minderheit in dem bislang konfessionell wie parteipolitisch homogenen Ottmarsbocholt artikuliert. Bis 1948 traten ausschließlich katholische Lokalpolitiker auf, und es dominierte jeweils eine Partei – entweder das Zentrum, die NSDAP oder die CDU – monopolartig das Gremium. 1948 kam es unter dem Einfluß der Flüchtlinge zum ersten Mal zur Präsenz zweier Parteien in der Amtsvertretung. Am 17. Oktober 1948 stimmten von 1036 Wählern 849 (81,9%) für CDU-

---

[309] Die Vergleichbarkeit „der beiden deutschen Nachkriegsgesellschaften" hebt auch Erker, Zeitgeschichte als Sozialgeschichte, S. 224f., hervor. Zur retrospektiven Parallelisierung und erfahrungsgeschichtlichen Anknüpfung an die dreißiger Jahre in der Nachkriegszeit bei der Ruhrgebietsbevölkerung siehe Herbert, „Die guten und die schlechten Zeiten", S. 67 - 96.

[310] Zum Zeitpunkt der Wahl lebten 703 Flüchtlinge in Ottmarsbocholt bei einer Einwohnerzahl von 2265. Der Flüchtlingsanteil lag demnach bei 31%; GA Senden, Bestand Ottmarsbocholt, C 43.

[311] Schreiben des Amtsdirektors an die Sudetendeutsche Landsmannschaft, Landesgruppe Nordrhein-Westfalen, v. 25.8.1960; GA Senden, Bestand Ottmarsbocholt, C 127 sowie C 64.

[312] STAMS, Kreis Lüdinghausen, Nr. 1669.

[313] Auszug aus dem Protokollbuch der Amtsvertretung Ottmarsbocholt von 1938 bis 1969, o. Sig., Sitzungsprotokoll v. 20.5.1949; GA Senden, Bestand Ottmarsbocholt, C 33.

[314] Auch der Flüchtling und vorübergehende Kollege Drygallas in der Amtsvertretung Metzner war Protestant.

[315] Nach Grebing, Die Parteien, S. 128, waren 90% der SPD-Mitglieder im Jahre 1946 bereits vor 1933 Parteiangehörige gewesen.

[316] Im Unterschied zu Drygalla schloß sich der zweite Flüchtlingsfürsprecher Metzner wie alle einheimischen Kandidaten der Union an; GA Senden, Bestand Ottmarsbocholt, C 33.

und 187 (18,1%) für SPD-Kandidaten. Die Wählerzahl läßt auf eine geringe Wahlbeteiligung im Amtsbezirk schließen. Allein Ottmarsbocholt zählte im Oktober 1948 2269 Einwohner. Es ist zu vermuten, daß sich vor allem die Flüchtlinge enthalten haben, denn die Zahl ihrer Sachwalter entsprach nicht ihrem Bevölkerungsanteil von einem knappen Drittel. Alle sechs Unionsräte wurden direkt gewählt, während Drygalla über die Reserveliste den Sprung schaffte.[317]

In der Person des Karl Niehues spiegelte sich die oben angesprochene Gemengelage von Neuerung und Rückwärtsgewandtheit wieder. Beruflich repräsentierte der kaufmännische Angestellte Niehues die soziale Schicht des neuen Mittelstandes, die mit der Wahl 1948 auf dem politischen Parkett Fuß faßte.[318] Andererseits wiederholte sich mit ihm das seit 1946 aufgetretene Phänomen, auf Angehörige von Familien zurückzugreifen, die sich in der Ortspolitik bereits profiliert hatten. Niehues war ein Verwandter des langjährigen Gemeindevorstehers Bernard Niehues.[319] Sein Verwandter August Niehues gehörte von 1931 bis 1949 ununterbrochen dem Kirchengemeinderat an.[320]

1948 wurden der Amtsbürgermeister Bernard Brüse, Hubert Greive, der sich auf der CDU-Reserveliste zur Kreistagswahl desselben Jahres um ein Mandat bewarb,[321] und der Venner Bürgermeister Tomberge wiedergewählt. Neu hinzugekommen waren neben den Flüchtlingsvertretern und Niehues der Großbauer Max Beckhove,[322] der bereits 1924 für die Wahl zu diesem Gremium kandidiert hatte und 1948 als Unions-Bewerber auf der Reserveliste für die Kreistagswahl stand,[323] sowie der Leiter eines mittelbäuerlichen Betriebes, Josef Hutters.[324] Ein Verwandter Hutters war 1926 der erste Vorsitzende der St. Johannes-Bruderschaft gewesen.[325] Auch in der Aufteilung nach Berufen offenbarte die Zusammensetzung der Amtsvertretung 1948 die Orientierung an gewohnheitsgemäßen Verhältnissen: Vier der Amtsräte waren Landwirte, wovon drei als Großbauern anzusehen waren. Handwerker, Angestellte und Arbeiter waren mit je einem Repräsentanten vertreten.

Auch an der Zusammensetzung der 1952 gewählten Amtsvertretung sind die seit 1946 herrschenden Trends zu erkennen: Brüse, Karl Niehues, Hutters, Tomberge und der Flüchtlingsfürsprecher Drygalla konnten ihre Tätigkeit fortsetzen. Ein zusätzliches Moment der Kontinuität bildete die Wahl Karl Schulte-Vorwicks, des Sohnes des Großbauern und vormaligen Ehrenamtmanns. Karl Schulte-Vorwick

---

[317] Zum unpolitischen Verhalten der Flüchtlinge siehe die ersten zeitgenössischen Analysen wie Schelsky, Die Flüchtlingsfamilie, S. 159ff.
[318] STAMS, Kreis Lüdinghausen, Nr. 1195.
[319] Der Großbauer Bernard Niehues stand der Gemeinde von 1894 bis 1927 rund 33 Jahre vor; siehe Erstes Kapitel, B.1. Die Gemeindebürgermeister.
[320] BAMS, PfA Ottmarsbocholt, KV 31, Protokollbuch der Kirchenvorstandssitzungen (1876 - 1971).
[321] GA Senden, Bestand Ottmarsbocholt, C 33 u. STAMS, Kreis Lüdinghausen, Nr. 1669.
[322] Beckhove hatte 55 ha Boden zur Verfügung; vgl. Gerichtliches Verzeichnis der Höfe, deren Eintrag in die Erbhofrolle in Aussicht genommen ist v. 15.6.1934 sowie Bodennutzungserhebung 1952 des Statistischen Landesamtes; GA Senden, Bestand Ottmarsbocholt, C 197 u. C 45.
[323] GA Senden, Bestand Ottmarsbocholt, B 7; STAMS, Kreis Lüdinghausen, Nr. 1669.
[324] Hutters besaß rund 6 ha, betrieb aber 11 ha Land. Siehe Bodennutzungserhebung 1952 des Statistischen Landesamtes; GA Senden, Bestand Ottmarsbocholt, C 45.
[325] FS 275 Jahre St. Johannes-Bruderschaft Ottmarsbocholt, S. 217.

stammte aus einer der angesehendsten Familien Ottmarsbocholt und avancierte – obwohl 1952 erstmalig in die Amtsvertretung gewählt – sofort zum stellvertretenden Amtsbürgermeister. Da das Gremium um knapp die Hälfte der Mandate auf zwölf ausgedehnt wurde, eröffnete sich für einige Ottmarsbocholter die Gelegenheit, sich auf der Bühne der Lokalpolitik zu etablieren. Der aus dem für Ottmarsbocholt wichtigen Gewerbezweig der Schreiner stammende Handwerksmeister Heinrich Möllers etablierte sich für zwei weitere Amtsperioden bis 1965 ebenso wie der Landwirt Bernard Sasse[326] und der Großbauer Bernard Niehues.[327] Der 1907 geborene Sasse hatte bereits in einem anderen Gremium Reputation gesammelt; von 1931 bis 1943 hatte er dem Kirchengemeinderat angehört.[328] Zur ersten Sitzung am 17. November 1952 waren noch der Flüchtlingsvertreter Günther Röhr, der als Renter im gleichen Jahr auch in den Gemeinderat aufstieg,[329] und der Bauer Josef Niehues neu hinzugekommen.[330]

Auch unter dem Aspekt der professionellen Segmentierung knüpfte die Wahl von 1952 an die eingeschlagenen Entwicklungslinien an. Von den acht Landwirten repräsentierte die Hälfte die großbäuerliche Oberschicht (Brüse, Bernard Niehues, Tomberge, Schulte-Vorwick). Handwerker, Angestellte, Arbeiter und Renter stellten je einen Vertreter. Der neue Mittelstand konnte sich also mit einem Beauftragten behaupten. Die seit 1948 bestehende konfessionelle und parteipolitische Segmentierung dauerte an: Von den zwölf Mandatsträgern stellten sich elf der Union zur Verfügung, darunter mit Günther Röhr auch ein Flüchtlingsvertreter. Die zehn Ottmarsbocholter CDU-Räte waren allesamt in der katholischen Kirche beheimatet, während der elfte, der Flüchtling Röhr ein Protestant war.[331] Lediglich Hermann Drygalla bildete weiterhin eine doppelte Ausnahme. Der Schlesier bekannte sich zur evangelischen Lehre und kandidierte für die SPD.[332] Schließlich ist diese Wahl der Amtsvertreter ein aussagekräftiges Beispiel für den Einfluß des Faktors Verwandtschaft. 1952 saßen drei Angehörige der Familie Niehues im Rat. Bernard, Josef und Karl Niehues profitierten dabei vom Sozialprestige ihrer Familie, das sich bereits in der jahrzehntelangen Gemeinderatszugehörigkeit ihres Vaters bzw. Verwandten Bernard

---

[326] Sasse verfügte zwar nur über geringen Eigenbesitz von 1,07 ha, bewirtschaftete aber durch Pacht einen mittelbäuerlichen Betrieb mit 13,56 ha Land. Siehe Bodennutzungserhebung 1952 des Statistischen Landesamtes; GA Senden, Bestand Ottmarsbocholt, C 45.
[327] Bernard Niehues war der Sohn und Anerbe des gleichnamigen, langjährigen Gemeindevorstehers und besaß 30,66 ha Boden; siehe ebd.
[328] BAMS, PfA Ottmarsbocholt, KV 31, Protokollbuch der Kirchenvorstandssitzungen (1876 - 1971).
[329] GA Senden, Bestand Ottmarsbocholt, C 14.
[330] Josef Niehues besaß 11,02 ha Boden, bewirtschaftete aber 18,26 ha. Siehe Bodennutzungserhebung 1952 des Statistischen Landesamtes; GA Senden, Bestand Ottmarsbocholt, C 45.
[331] Röhr gehörte im Gegensatz zu Drygalla der CDU an und bekannte sich zur evangelischen Konfession; siehe GA Senden, Bestand Ottmarsbocholt, C 14.
[332] Röhr und Drygalla, beide Schlesier aus dem Raum Breslau, waren Schwäger. Frau Röhr war eine geborene Drygalla.

Niehues niedergeschlagen hatte. Auch Karl Schulte-Vorwick folgte seinem drei Jahre zuvor verstorbenen Vater im gleichen Gremium nach.[333]

Das Jahr 1956 sah eine auf die Hälfte reduzierte Amtsvertretung. Nurmehr sechs Vertreter hatten Sitz und Stimme. Die am 28. Oktober 1956 gewählten Mandatsträger stellten eine Matrix des Vorgängergremiums dar: Amtsbürgermeister Bernard Brüse, sein neuer Stellvertreter Heinrich Möllers, Bernard und Karl Niehues, Bernard Sasse und Adolf Tomberge hatten eine erneute Amtszeit vor sich. Gegenüber den vorherigen Wahlen fällt auf, daß kein Flüchtlingsvertreter mehr dem Amtsrat angehörte. Röhr war bereits im November 1954 aus der Bürgervertretung ausgeschieden, und auch Drygalla gelang der Einzug nicht mehr, vermutlich aufgrund des gesunkenen Flüchtlingsanteils in der Bevölkerung.[334] Lag der Flüchtlingsanteil zum Zeitpunkt der Wahl zur Amtsvertretung 1948 bei rund 31 Prozent, so war er acht Jahre später auf 22 Prozent gefallen.[335] Durch den Ausfall Drygallas waren wieder alle Mandatsträger Mitglieder der CDU und katholisch.[336] Damit herrschte in der Amtsvertretung wieder wie 1946 eine parteipolitische und konfessionelle Homogenität. Die Formierung der Amtsvertretung spiegelte die konfessionelle Segmentierung der Einwohnerschaft wider. 1950 waren 12,8 Prozent der Bevölkerung protestantischer Konfession, 1961 noch 8,9 Prozent.[337] Der Anteil der Protestanten lag 1956 angesichts dieser Entwicklung bei geschätzten zehn Prozent. Selbst wenn alle Protestanten für einen Kandidaten votiert hätten, so hätte dies bei sechs Sitzen noch nicht für ein Mandat genügt. Der Bauernanteil lag bei vier Mittelsmännern. Drei der vier Agrarier waren Großbauern: Brüse, Bernard Niehues und Tomberge. Angestellte und Handwerker stellten jeweils einen Vertreter. Der Einfluß der Familie Niehues hatte sich bewahrt. Zwei ihrer Angehörigen wurden bei der ersten Sitzung am 8. November vereidigt.

Bei den Wahlen zur Amtsvertretung 1961 konnten fünf der Mandatsträger von 1956 ihren Sitz behalten: Amtsbürgermeister Brüse, Möllers als stellvertretender Amtsbürgermeister, Bernard Niehues, Sasse und Tomberge.[338] Lediglich Karl Niehues schied aus dem neuen Amtsrat aus. Dafür meldeten sich alte Bekannte zurück. Der Bauer Alois Schwienhorst und der Maurer Heinrich Unewisse rückten nach 1946 ein zweites Mal in die Amtsvertretung auf. Clemens Lindfeld war lokalpolitisch ebenfalls kein unbeschriebenes Blatt. Seit 1952 gehörte er dem Gemeinderat

---

[333] Siehe Protokoll der Sitzung nach dem Todesdatum Schulte-Vorwicks v. 30.7.1949; GA Senden, Protokollbuch der Amtsvertretung Ottmarsbocholt von 1938 bis 1969, o. Sig. Bernard Schulte-Vorwick war Ehrenamtmann von 1925 bis 1933 und Amtsältester von 1935 bis 1945.

[334] GA Senden, Bestand Ottmarsbocholt, C 14.

[335] Ottmarsbocholt zählte am 31.10.1948 703 Flüchtlinge bei 2269 Einwohnern; das Verhältnis von Flüchtlingen und Gesamtbevölkerung lag am 2.10.1956 bei 449 zu 2037. Siehe Graphik Ottmarsbocholt. Einwohner/Soziale Gruppen 1925 - 69 sowie GA Senden, Bestand Ottmarsbocholt, C 43.

[336] GA Senden, Bestand Ottmarsbocholt, C 10.

[337] Siehe Zahlen der VBBZ 1950 und 1961: Von den 2189 Bewohnern waren 1950 281 Protestanten, 1961 von 2060 noch 183; GA Senden, Bestand Ottmarsbocholt, C 43.

[338] Zu Brüse und Möllers siehe Verzeichnis der Vertretungskörperschaften; STAMS, Kreis Lüdinghausen, Nr. 1195.

an, 1920 war er bereits der Vorsitzende der St. Johannes-Bruderschaft gewesen.[339] Neu in die Amtsvertretung gekommen waren drei Einheimische und der Flüchtlingsvertreter Hugo Olbrich, ein evangelischer Zimmermann aus Zaughals, Kreis Glatz, der bereits seit 1956 Sitz und Stimme im Gemeinderat hatte.[340] Die Vertriebenenfamilie Olbrich baute wie die einheimischen Familien einen einflußreichen Verwandtschaftskreis auf. Ein Verwandter des Amtsrats, Max Olbrich, war seit 1954 als Amts- und Gemeindebeirat für Vertriebenen- und Flüchtlingsfragen der Vertrauensmann der neuen Dorfbewohner, ein weiterer Familienangehöriger, Richard Olbrich, stellte einen Ersatzmann.[341]

Die drei Einheimischen waren der Stielmacher Theodor Greive, der als Arbeiterbauer 7,51 ha Land bewirtschaftete,[342] der Großbauer Adolf Schulte Bölling[343] und der Angestellte Josef Bickeböller. Bickeböller war in der Öffentlichkeit kein Unbekannter. 1948 und 1956 hatte er im Fürsorge-Ausschuß der Gemeinde erste politische Erfahrungen gesammelt. Der Handelsvertreter war Vorsitzender des Junggesellenvereins der St. Johannes-Bruderschaft, deren Schützenkönigswürde er im selben Jahr errang. Zwei Jahre nach seiner Wahl in die Amtsvertretung avancierte er zum 1. Vorsitzenden der St. Johannes-Bruderschaft. Bickeböller ist ein typisches Beispiel für die enge Verzahnung von Verein und politischer Vertretung in einer Dorfgesellschaft: Seinen politischen Aufstieg vollzog Bickeböller über seine Vereinstätigkeit; seine soziale Plazierung an der Spitze des bedeutendsten Vereines Ottmarsbocholts erfolgte nach Antritt der politischen Ämter. Der soziale Aufstieg Bickeböllers stand exemplarisch für die Mittlerfunktion von Vereinen, als „lokales Interaktionssystem der Elite" den Vorständen Ansehen und Anhänger zu verleihen.[344] Umgekehrt war die Wahl zum Vorsitzenden ein Resultat von Popularität.[345] Auch der Klempnermeister Clemens Lindfeld war Mitglied der St. Johannes-Bruderschaft und wurde zwei Jahre nach seiner Wahl zum Amtsrat deren Schützenkönig – eine Würde, die nicht allein auf Schießkünste zurückzuführen ist, sondern sich vielfach Prestige und Solvenz verdankt.[346]

Gegenüber 1956 umfaßte die Amtsvertretung von 1961 doppelt so viele Mandatsträger. Unter ihnen war wieder ein Flüchtlingsfürsprecher. Jedoch überwogen wie bereits in den Vorjahren die beharrenden Faktoren. Auch 1961 blieb die Parteizugehörigkeit ein entscheidendes Kriterium für die Wählbarkeit eines Kandidaten. Sämtliche Mandatsträger waren CDU-Mitglieder.[347] Der Bauernanteil war von zwei Dritteln auf die Hälfte der Amtsräte leicht gesunken, wobei fünf der sechs Landwirte der

---

[339] FS 275 Jahre St. Johannes-Bruderschaft Ottmarsbocholt, S. 217.
[340] GA Senden, Bestand Ottmarsbocholt, C 14.
[341] KA Coesfeld, Bestand 5, Nr. 9.
[342] Bodennutzungserhebung 1952 des Statistischen Landesamtes; GA Senden, Bestand Ottmarsbocholt, C 45.
[343] Bölling nannte 52,45 ha Boden sein eigen; ebd.
[344] Siewert, Der Verein, S. 79.
[345] Zur Interdependenz von Verein und Verwandtschaft Ilien/Jeggle/Schelwies, Verwandtschaft und Verein, S. 95 - 104.
[346] GA Senden, Chronik der Gemeinde Ottmarsbocholt, o. Sig., Eintrag v. 23.3.1939.
[347] GA Senden, Bestand Ottmarsbocholt, C 14.

Schicht der Großbauern zuzuordnen waren. Dafür stieg der Handwerkeranteil auf fünf Delegierte wieder kräftig an. Wie schon vor sowie kurz nach dem Krieg stellten zu Beginn der sechziger Jahre wiederum die beiden herkömmlichen Erwerbsgruppen des Dorfes, Bauern und Handwerker, unangefochten die bedeutendsten professionellen Gruppen in der Amtsvertretung. Die Präsenz eines Angestellten durch den Handelsvertreter Bickeböller fiel da kaum mehr ins Gewicht, wenngleich seit 1948 ununterbrochen ein Repräsentant des neuen Mittelstands im Amtsrat saß.

Schließlich schlug 1961 der Einfluß von Verwandtschaftskreisen abermals zu Buche. Über die verwandtschaftlichen Beziehungskreise der wiedergewählten Unewisse und Niehues ist bereits gesprochen worden.[348] Die Familie des Großbauern Adolf Schulte Bölling hatte sich schon vor dem Krieg einen Namen in der Öffentlichkeit gemacht. Theodor Schulte Bölling war 1924 wie 1929 in den Gemeinderat gewählt worden und gehörte ihm auch von 1933 bis 1935 an.[349] Er hatte auch von 1931 bis 1952 einen Platz im Kirchenvorstand, die letzten drei Jahre als stellvertretender Vorsitzender.[350] Philipp Schulte Bölling war in der Zwischenkriegszeit Vorsitzender der örtlichen Kriegerkameradschaft, ein in diesen Jahren reputables Amt. Auch die Verwandtschaft des Klempnermeisters Clemens Lindfeld hatte sich vor 1961 lokalpolitisch engagiert. Bernard Lindfeld erhielt 1924 ein Mandat für den Gemeinderat, und der Anstreicher Anton Lindfeld, wie sein Namensvetter Clemens CDU-Mitglied,[351] saß 1946 in Amts- und Gemeindevertretung, im letzten Gremium auch 1948. Theodor Greive schließlich erbte von seinem Vater Hubert nicht nur das Handwerk des Stielmachers, sondern folgte diesem auch in der Amtsvertretung nach. Vater Hubert war in den Jahren 1946 und 1948 gewählt worden, Sohn Theodor 1961, beide als CDU-Mitglieder.

Die Mehrheit der Ratsmitglieder erhielt auch 1964 ein weiteres Mandat:[352] die Großbauern Bernhard Brüse als Amtsbürgermeister, Adolf Schulte Bölling, Bernard Niehues, Bernard Sasse und Adolf Schulze-Tomberge, der Klempnermeister Clemens Lindfeld, der Schreinermeister Heinrich Möllers, der Maurer Heinrich Unewisse als Stellvertreter,[353] der Stielmacher Theodor Greive und der Zimmermann Hugo Olbrich, ein Vertriebener. Gänzlicher Neuling auf der Bühne der Amtsvertretung war dagegen der Großbauer Bernard Isfort.[354] Schließlich kehrte der Angestellte Karl Niehues nach knapp vierjähriger Pause in das Gremium zurück. Alle zwölf Ratsmitglieder gehörten der Union an. Nach beruflicher und sozialer Herkunft der Bürgervertreter glich die Amtsverordnung 1964 exakt ihrer Vorgängerin. Die Bauern entsandten mit sechs immer noch die meisten Räte, ihnen folgten fünf Handwer-

---

[348] Zu Heinrich Unewisse siehe die Amtsvertretung 1946, zu Bernard Niehues siehe die Amtsvertretung von 1952.
[349] GA Senden, Bestand Ottmarsbocholt, B 9 und C 14.
[350] BAMS, PfA Ottmarsbocholt, KV 31, Protokollbuch der Kirchenvorstandssitzungen (1876 - 1971).
[351] GA Senden, Bestand Ottmarsbocholt, C 11 u. 14.
[352] Einladung zur ersten Sitzung der Amtsvertretung v. 5.11.1964; GA Senden, Bestand Ottmarsbocholt, D 8.
[353] Schreiben des Amtsdirektors an die Kreisverwaltung von Lüdinghausen v. 16.11.1964; a.a.O.
[354] Isfort bewirtschaftete 26,16 ha Eigenland. Bodennutzungserhebung 1952 des Statistischen Landesamtes; GA Senden, Bestand Ottmarsbocholt, C 45.

ker und ein Angestellter. Sechs Verordnete, nämlich die Großbauern, stammten aus der Oberschicht, jeweils drei kamen aus der Mittel- und Unterschicht. Daß hier die alte kommunalpolitische Garde Ottmarsbocholts saß, verdeutlicht der Blick auf die Amtsdauer der Räte. Bis zum Ende der Legislaturperiode 1969 gehörten Brüse und Tomberge dem Rat 23 Jahre, Möllers, Sasse und Bernard Niehues 17, Karl Niehues 13, Unewisse elf sowie Schulte Bölling, Greive, Lindfeld und Olbrich acht Jahre an. Diese Art von elitärer Selbstrekrutierung änderte sich Ende der sechziger Jahre.

Im Vorfeld der Kommunalwahl 1969 etablierte sich aus Unzufriedenheit mit der bisherigen CDU-Parteipolitik in der Unabhängigen Wählergemeinschaft (UWG) eine alternative Kraft. Deshalb konnte sich die UWG mit ihren Bewerbern auch bei der Kreistagswahl 1969 erfolgreich gegen die Unionskandidaten durchsetzen.[355] UWG und Union lieferten sich einen heftigen Wahlkampf, dessen Ende der ehemalige Bürgermeister Brüse bei der ersten Vertretersitzung einklagte. Er eröffnete die neue Sitzungsperiode mit den programmatischen Worten: „Der Wahlkampf ist zu Ende."[356] Trotz der mahnenden Worte hielten die unterschiedlichen Auffassungen unter den Angehörigen der beiden Lager bis zum Ende der Ratsperiode an,[357] die bis zur Kommunalreform 1975 dauerte.

Im Rat saßen nun sechs Unabhängige und sechs Unionsangehörige: auf seiten der UWG der Kaufmann Paul Wiedau als Amtsbürgermeister, der Lehrer Konrad Bienert als Fraktionsvorsitzender, der Forstwirt Filip Graf Sternberg, der Gastwirt Peter Engels, der Kaufmann Willi Ziege und der Maurer Ewald Riemann, auf seiten der CDU der Bankdirektor Franz Menninghaus als Fraktionsvorsitzender, der Architekt Paul Droste, der Kaufmann Bernard Schulte-Vorwick, der Schmiedemeister Heinrich Vorspohl sowie die Großbauern Adolf Schulze-Tomberge und Bernard Niehues.[358] Die UWG war jedoch mehr als eine politische Unmutsbewegung, sie war auch Ausdruck eines generativen und personellen Umbruchs. Allein das Alter der Räte verdeutlicht den Wechsel in diesem Gremium. Hatte das Altersmittel fünf Jahre zuvor noch bei 57,3 Jahren gelegen, so fiel es jetzt um mehr als neun auf 48,1 Jahre. Auch aus professioneller und sozialer Perspektive wandelte sich das Profil der Bürgervertreter. 1969 zeichnete sich auch auf der Ebene der Amtsvertretung der ökonomische Strukturwandel im Dorf ab, der sich in beruflicher Hinsicht im Handwerker- und Bauernschwinden niederschlug. Stellten diese bislang das Gros der Amtsverordneten, zogen nun Räte mit neuen Berufen in das Gremium. Die größte Gruppe stellten erstmals die Angestellten als sogenannter neuer Mittelstand mit fünf Verordneten. Dazu reihten sich noch zwei Selbständige und ein Beamter ein. Die althergebrachten Berufsgruppen, Bauern und Handwerker, kamen nur noch auf jeweils zwei Vertreter.

---

[355] Die UWG erreichte 1682 Stimmen, die Union lediglich 1598. Somit zogen sieben UWG- und sechs CDU-Mitglieder in den Kreistag ein. STAMS, Kreis Lüdinghausen, Nr. 1698.
[356] Ausschnitt aus der Lüdinghauser Zeitung v. 29.11.1969; GA Senden, Bestand Ottmarsbocholt, D 9.
[357] Niederschrift der letzten Sitzung v. 19.12.1974; a.a.O.
[358] Bekanntmachung des Wahlergebnisses v. 16.12.1969; GA Senden, Bestand Ottmarsbocholt, D 12. STAMS, Kreis Lüdinghausen, Nr. 1669.

Diese neue berufliche Zusammensetzung der Amtsverordnung wirkte sich auch auf die Schichtzugehörigkeit aus. Die großbäuerliche Oberschicht, deren Mitglieder zuvor noch allein die Hälfte aller Ratsplätze besetzen konnten, verlor durch den Rückgang landwirtschaftlicher Amtsräte ihre Spitzenposition an den Mittelstand mit seinen sieben Vertretern und konnte nur noch vier Ratsmitglieder aufbieten. Die meisten Mittelständler kamen aus den Reihen der UWG. Ein Amtsverordneter stammte aus der Unterschicht. Eine weitere Neuheit brachte die Berufung Maria Heitkötters für den 1970 verstorbenen Amtsrat Engels. Sie war die erste Frau, die in der Männerdomäne der Lokalpolitik Fuß fassen konnte und dies bezeichnenderweise in der neuen politischen Kraft der UWG.[359]

Betrachtet man die Amtsvertretung im chronologischen Ablauf von 1919 bis 1974, so kristallisiert sich folgende Entwicklungslinie heraus: Die Mehrheitsverhältnisse, wie sie die Wahlen von 1919, 1924 und 1929 widerspiegelten, waren auf dem Gebiet der beruflichen Zusammensetzung gekennzeichnet durch eine breite (groß-) bäuerliche Majorität und einen bemerkbaren Handwerkeranteil.[360] 1935 versuchten die Nationalsozialisten, mit diesen etablierten Zuständen zu brechen, nicht zuletzt um politische Loyalitäten und gewohnheitsgemäße Deutungs- und Handlungsmuster zu zerschlagen und damit die eigene Herrschaft zu festigen.[361] Der bäuerliche Anteil wurde entgegen allen ideologischen Lippenbekenntnissen für das „Bauerntum als Lebensquell der Nordischen Rasse"[362] drastisch reduziert. Bis 1969 hatte keine Amtsvertretung einen derart niedrigen Bauernanteil wie die von 1935 mit ihren 33 Prozent vorzuweisen; zum ersten und bislang einzigen Mal war die Quote der (groß-) bäuerlichen Amtsvertreter unter 50 Prozent gesunken.[363] Die zweite traditionelle Berufsgruppe der Handwerker, die sonst in jedem Amtsrat vertreten war, fiel 1935 gänzlich aus. Dafür hielten neue Berufsgruppen Einzug: Arbeiter, Rentner, Selbständige und Lehrer. Für die beiden letzten Berufssparten war es bis 1969 das einzige Mal, daß sie im Amtshaus saßen.

---

[359] Behändigungsliste für die Sitzung v. 14.12.1970; GA Senden, Bestand Ottmarsbocholt, D 9. Die Münstersche Zeitung titelte eingedenk dieses Anlasses in ihrer Lokalausgabe: „Es ist in der Gemeinde Ottmarsbocholt das erste Mal, daß eine Frau die Geschicke der Gemeinde mitlenkt"; Zeitungsausschnitt der Münsterschen Zeitung v. 18.12.1970; STAMS, Kreis Lüdinghausen, Nr. 1461.
[360] Siehe dazu unten die Graphik Ottmarsbocholt. Amtsvertreter nach Berufsgruppen.
[361] Ihren juristischen Niederschlag fanden diese Bemühungen in dem Gesetz über die Beendigung der Amtszeit ehrenamtlicher Beamter vom 6.4.1933.
[362] Als Auswahl zeitgenössischer Literatur siehe Darré, Das Bauerntum als Lebensquell der Nordischen Rasse; ders., Neuadel aus Blut und Boden; ders., Aufbruch des Bauerntums.; Müller, Deutsches Bauerntum zwischen gestern und morgen; Treppmann, Des Landvolks Beitrag zum Siege, S. 3, siehe STAMS, NSDAP-Kreis- und Ortsgruppenleitung, Nr. 136.
[363] Auch in der von Pflaum, Politische Führung und politische Beteiligung als Ausdruck gemeindlicher Selbstgestaltung, S. 250, untersuchten Westerwaldgemeinde sank Ende der 1960er Jahre der Anteil der Bauern unter den Gemeinderäten auf den bislang niedrigsten Prozentsatz.

OTTMARSBOCHOLT. AMTSVERTRETER NACH BERUFSGRUPPEN

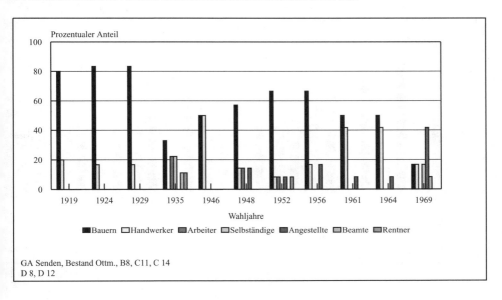

GA Senden, Bestand Ottm., B 8, C 11, C 14
D 8, D 12

Mit der Wahl der Amtsvertretung von 1946 lebten die alten politischen Einstellungs- und Verhaltensmuster wieder auf. Bauern, wie zuvor die Inhaber großbäuerlicher Betriebe, und Handwerker teilten sich nun die Sitze in deutlicher Abkehr von der professionellen Heterogenität der Amtsvertretung 1935. Das wiedererstarkte herkömmliche Wahlverhalten mußte jedoch schon zwei Jahre später durch Außendruck relativiert werden. Die zahlreichen Flüchtlinge brachten eine urbane Prägung, eine unterschiedliche konfessionelle Sozialisation und zum Teil auch parteipolitisch eine dezidiert andere Einstellung mit nach Ottmarsbocholt. Seit 1948 war eine Ungleichzeitigkeit von Neuerung und Rückwärtsgewandtheit für das Zustandekommen der Amtsvertretungen charakteristisch. Während Handwerker und Bauern ihre Repräsentanz behaupteten, letztere permanent mindestens die Hälfte der Amtssitze belegten, setzte sich der neue Mittelstand mit den Angestellten fest. Von 1956 an behaupteten sich nur noch (Groß-)Bauern, Handwerker und Angestellte im Rat. Andere gesellschaftliche Gruppen, Rentner und Arbeiter, tauchten lediglich vorübergehend von 1948 bis 1956 auf, beide bezeichnenderweise von Flüchtlingen verkörpert. Erst 1969 wurde die in den sechziger Jahren konstante berufliche Zusammensetzung der Amtsverordnung mit großbäuerlicher Mehrheit bei stattlichem Handwerkeranteil durcheinandergewirbelt. Der wirtschaftliche und landwirtschaftliche Strukturwandel in Gestalt von Handwerker- und Bauernschwinden strahlte nun auch auf die berufliche Formation der Amtsvertretung ab. In dem Maße wie Dorfhandwerker und Landwirte aus dem Dorfalltag abgingen, schwanden sie auch im Amtsrat. Die stärkste professionelle Fraktion stellten von nun an die Angestellten.

OTTMARSBOCHOLT. AMTSVERTRETER/SCHICHTZUGEHÖRIGKEIT

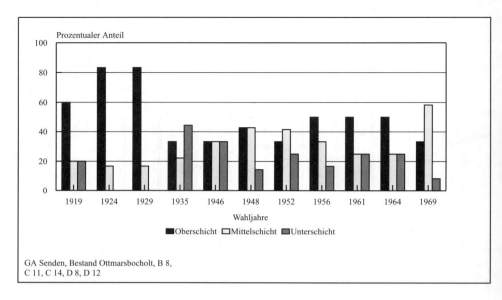

GA Senden, Bestand Ottmarsbocholt, B 8, C 11, C 14, D 8, D 12

Differenziert man die Ottmarsbocholter Amtsvertreter nach Gesellschaftsschichten, so wird dieser Befund noch unterstrichen. Das Übergewicht der Großbauern aus der Oberschicht, das die gesamten zwanziger Jahre bestimmte, erlitt erst mit der Regierungsgewalt der Nationalsozialisten einen Rückschlag. War die Amtsvertretung bis dahin fast vollständig mit Honoratioren besetzt, so überflügelten 1935 Vertreter der Unterschicht diese und stellten die Ratsmehrheit. Keine weitere Amtsverordnung zeichnete sich durch einen derart hohen Anteil an Unterschichtvertretern aus wie die von 1935. Ende der vierziger Jahre mußten sich die Vertreter der herkömmlichen Führungsschicht die Ratsmehrheit mit Angehörigen des Mittelstandes teilen. 1952 erlitt das Establishment einen Rückschlag, da der Mittelstand ihm die angestammte Führungsposition streitig machen konnte, ehe bei den beiden folgenden Amtswahlen wieder die althergebrachten Verhältnisse vorherrschten. Von der Mitte der fünfziger Jahre an dominierte im Rat des Amtes Ottmarsbocholt wieder die alte Elite bis zum Umbruch Ende der sechziger Jahre. Im Zuge des ökonomischen Strukturwandels fiel die großbäuerliche Oberschicht als Ratsmehrheit aus. 1969 rekrutierten sich die meisten Bürgervertreter aus den Reihen des neuen Mittelstandes.

Bei der Zusammensetzung der Amtsvertretungen versuchten die Dorfbewohner die neuen Einflüsse von außen zu begrenzen. Zwar entsandten die Flüchtlinge auch noch 1964 einen Mittelsmann in den Rat, doch war es den Beharrungskräften unter den Alteingesessenen gelungen, Neuerungen wie die die Existenz eines evangelischen Mandatsträgers mit SPD-Parteibuch zurückzudrängen. Nach dem Flüchtling Drygalla kam kein weiterer Arbeiter in das Gremium bis 1965, er blieb obendrein der letzte protestantische Amtsvertreter. Dieser Befund spricht für einen einseitigen

Assimilationsprozeß von seiten der Vertriebenen wie für eine generative Lösung der anfänglichen Konflikte zwischen Flüchtlingen und Einheimischen. Während es den Jüngeren unter den Heimatvertriebenen gelang, im gesellschaftlichen Leben durch Heirat und Vereine Fuß zu fassen, blieben die Älteren zurückhaltend, was aber aufgrund der ab Mitte der fünfziger Jahre sinkenden Zahl der Flüchtlinge ohne Auswirkung blieb.[364]

Überlagert wurden diese Veränderungen durch die Herrschaft der Verwandtschaft. Familien, die aufgrund ihres Besitzes und Sozialprestiges politische Ämter innehatten, bis die Nationalsozialisten 1935 bislang Unberücksichtigten den Weg in das Amtshaus bahnten, sorgten auch nach 1946 dafür, daß ihre Vertreter öffentliche Aufgaben wahrnahmen. An dieser Macht der Verwandtschaftskreise änderte auch die Präsenz von einem, vorübergehend sogar zwei Flüchtlingsfürsprechern nichts.

Im Rahmen der geschilderten Entwicklung nahm der Nationalsozialismus die Gestalt eines erratischen Blocks an. Was seine Modernisierungsfunktion anbelangt, blieb ihm nur eine geringe Wirkung beschieden. Zwar hat er die Elitenrekrutierung mit dem Prinzip der Parteizugehörigkeit geprägt, aber dieses neue Kriterium stellte lediglich ein zusätzliches Rekrutierungsmerkmal dar. „Was für die Vergangenheit festgestellt wurde, gilt auch heute [in der Nachkriegszeit, P.E.] noch": Das Persönlichkeitsprinzip dominierte alle anderen Kriterien der Elitenrekrutierung.[365] Den Nationalsozialisten ist es somit nicht gelungen, das herkömmliche Ausleseverfahren der Dorfelite und die konventionellen politischen Orientierungsmuster nachhaltig zu zerschlagen. Wer im Ottmarsbocholt der Nachkriegszeit ein öffentliches Amt bekleiden wollte, mußte sich als Persönlichkeit immer noch durch Besitz und Sozialprestige empfehlen sowie aus einflußreichen Familien stammen. Diesen Befund belegt der Wahlausgang 1946, der an die Verhältnisse vor 1933 anknüpfte.

Die Vertreter für das Amt Nienborg-Heek bestanden aus Honoratioren beider Teilgemeinden. 1919 stammten vier der sechs Amtsräte aus Heek:[366] der Gemeindevorsteher Heinrich Suek, genannt Epping, und der Landwirt Gerhard Weilinghoff, genannt Schwietert, beide Großbauern.[367] Dazu traten noch der Land- und Gastwirt Bernhard Hartmann und der praktische Arzt Dr. Georg Kückmann.[368] Das Gremium

---

[364] Zu diesem Ergebnis gelangt auch Brändle, Die Eingliederung von Heimatvertriebenen in ländlichen Orten, S. 179ff. Siehe dazu die Abschnitte zu Ottmarsbocholt im zweiten Kapitel zum Heiratsverhalten und im dritten Kapitel zum Vereinsleben.

[365] Pflaum, Politische Führung und politische Beteiligung als Ausdruck gemeindlicher Selbstgestaltung, S. 265.

[366] 1919 wurde die Zahl der Amtsverordneten aus der Gemeinde Heek von zwei auf vier heraufgesetzt. Siehe Amtsstatut für das Amt Nienborg-Heek v. 16.6.1919; GA Heek, C 734.

[367] Suek besaß rund 25 ha, Weilinghoff gehörten über 34 ha Land. Vgl. Niekammers Landwirtschaftliches Güteradreßbuch für Westfalen 1931, S. 7; GA Heek, D 538, und Gerichtliches Verzeichnis der Höfe, deren Eintragung in die Erbhöferolle in Aussicht genommen ist, Einlegeblätter Nr. 46 u. 80; GA Heek, D 103.

[368] Hartmann nannte 13,41 ha sein eigen, verfügte dank Pacht aber über 21,41 ha. Vgl. Bodennutzungserhebung 1959 des Statistischen Landesamtes; GA Heek, Zwischenarchiv, o. Sig.

vervollständigten die Nienborger Ortsgrößen, der Kaufmann Josef Nacke und der Rentner Bernhard Bernsmann.[369]

Ihrer sozialen Herkunft nach gehörten alle sechs Mandatsträger der Oberschicht an. Diese soziale Plazierung gilt auch für den Wirt Hartmann, der die Interessen der zahl- und einflußreichen Gast- und Schankwirte auf Amtsebene vertrat.[370] Neben drei Großbauern saßen zwei Selbständige und ein Rentner. Mit der sozialen Zusammensetzung des Gremiums waren nicht alle Amtsbürger zufrieden. In Heek begehrten 35 Angehörige der dörflichen Unterschicht, darunter auch der spätere Gemeinderat Johann Lammers, in einer Eingabe an die Gemeindevertretung gegen die Kandidatenauswahl auf. Die Unzufriedenen vermißten unter den Heeker Delegierten Kriegsbeschädigte und Arbeiter und forderten, daß bei der nächsten Wahl einer ihrer Vertreter berücksichtigt werde.[371]

Bei der Wahl zur Amtsvertretung am 4. Mai 1924 jedoch fanden die von den Antragstellern vorgeschlagenen Mittelsmänner, der Fabrikarbeiter Josef Büscher und der Bürogehilfe Bernhard Münstermann, keine Berücksichtigung.[372] Stattdessen führte der offizielle Wahlvorschlag, dessen Bestätigung nur ein formaler Akt war, ausschließlich Angehörige der Ober- und Mittelschicht auf. Neben dem Untermeister Bernhard Lammers befanden sich auf der „Einheitsliste" aus Heek erneut der Gast- und Landwirt Bernhard Hartmann sowie die beiden Landwirte Bernhard Anthorn, genannt Wüflinghoff, und der künftige Ehrenbürgermeister Johann Schlichtmann.[373] Die beiden letzten Kandidaten verfügten über großbäuerlichen Landbesitz.[374] Auch die Nienborger Vertreter wiesen dasselbe soziale Format auf. Der Vollziehungsbeamte Heinrich Tillmann und der Großbauer Hermann Anthorn, genannt Piegel, waren ebenfalls der Oberschicht zuzuordnen.[375]

Die Landwirte, von denen dreiviertel Großbauern waren, stellten mit vier Vertretern die berufliche Basis dieser Amtsvertretung. Dazu gesellten sich ein Handwerker und ein Beamter. Auch in der politischen Ausrichtung der Ratsherren herrschten klare Mehrheitsverhältnisse. Auf Anfrage des Regierungspräsidiums nach der Zugehö-

---

[369] Nachweisung der Amts- und Gemeindeverordneten v. 18.12.1919; GA Heek, C 741. Zur Zusammensetzung des Gremiums siehe auch Auszug aus dem Protokollbuch der Amtsversammlung zu Nienborg v. 6.3.1919 u. 22.10.1920; STAMS, Kreis Ahaus, Nr. 1649. Ebenso Auszug aus dem Protokollbuch der Amtsversammlung zu Nienborg v. 20.7. u. 17.8.1920; STAMS, Kreis Ahaus, Nr. 1470.

[370] Siehe dazu Anhang, Tabelle Nr. 40.

[371] Schreiben an die „Wohllöbliche Gemeindevertretung" Heek v. 1.2.1921; GA Heek, C 734.

[372] Den beiden Kandidaten gelang es auch später nicht, sich in der Kommunalpolitik zu etablieren. Büscher sollte 1929 in der Stichwahl zum stellvertretenden Gemeindevorsteher unterlegen, Münstermann wurde im gleichen Jahr auf den Posten eines Wahlhelfers abgeschoben. Vgl. Wahlniederschrift der Wahlen zur Amts- und Gemeindevertretung; GA Heek, C 734.

[373] Wahlvorschlag für die Amtsvertretung v. 16.4.1924; GA Heek, C 734.

[374] Anthorn hatte 52,29 ha, Schlichtmann 28,64 ha Grund zu eigen. Vgl. Niekammers Landwirtschaftliches Güteradreßbuch für Westfalen 1931, S. 7; GA Heek, D 538. Siehe Gerichtliches Verzeichnis der Höfe, deren Eintragung in die Erbhöferolle in Aussicht genommen ist, Einlegeblatt Nr. 89 u. 98; GA Heek, D 103. Bodennutzungserhebung 1959 des Statistischen Landesamtes; GA Heek, Zwischenarchiv, o. Sig.

[375] Bekanntmachung des Wahlergebnisses v. 6.5.1924; GA Heek, C 734. – Zu Piegels Bodenbesitz von 51,5 ha vgl. Niekammers Landwirtschaftliches Güteradreßbuch für Westfalen 1931, S. 7; GA Heek, D 538.

rigkeit der Ratsmitglieder zu politischen Parteien antwortete der Amtsbürgermeister mit dem Vermerk, daß sämtliche Amtsvertreter im Zentrum ihre politische Heimat sähen.[376]

Fünf Jahre später hatten die beschriebenen Verhältnisse gleicherweise Bestand. Einmal mehr ging 1929 einzig ein Wahlvorschlag ein, den der Wahlausschuß zuließ. Die Einheitsliste mit dem Kennwort „Zentrum" schloß 12 Bewerber ein, von denen die ersten sechs als sicher gewählt galten.[377] Da nur ein Wahlangebot vorlag, genügte theoretisch eine Stimme, diesen Vorschlag anzunehmen. Tatsächlich erhielt die Einheitliste fünf gültige Stimmen in Heek und vier in Nienborg. Damit waren die ersten sechs Kandidaten berufen.[378] Dies waren aus Heek abermals die Landwirte Johann Schlichtmann und Bernhard Anthorn. Desweiteren wurden aus Heek der Müllermeister Josef Flüeck und der Weber Franz Gausling entsandt, der als erster Arbeiter in den Rat einzog.[379] Die beiden Nienborger Delegierten waren der Landwirt Heinrich Schulze Wext und der Werkmeister Josef Franzbach, der später in den örtlichen Schulvorstand aufsteigen sollte.[380]

Die politische Orientierung der Repräsentaten blieb unverändert. Alle Ratsherren waren entweder Mitglieder der Zentrumspartei oder richteten sich nach deren Politik aus. Nicht umsonst trug die Einheitsliste als Erkennungszeichen den Namen der katholischen Partei, und war der Listenführer Johann Schlichtmann offiziell der Vertrauensmann des Zentrums.[381] Sozial setzte sich das Kollegium von 1929 einmal mehr mehrheitlich aus Oberschichtangehörigen zusammen. Zwei der Räte waren als Handwerks- bzw. Werkmeister in den Mittelstand einzustufen. Erstmals konnte sich ein Repräsentant der dörflichen Unterschicht in der Amtsvertretung etablieren. In beruflicher Zusammensetzung traten auch in diesem Gremium die Landwirte mit einer Rate von fünfzig Prozent deutlich hervor. Alle Ackermänner waren aufgrund ihres umfangreichen Bodenbesitzes Großbauern.[382]

1933 ging ein weiteres Mal nur ein Wahlvorschlag beim Wahlausschuß ein, der sich diesmal „Wählervereinigung Nienborg-Heek" nannte, aber alter Wein in neuen Schläuchen war. Der am 12. März gewählte Rat glich exakt der Vertreterriege von 1929.[383] Selbst die Listenplätze, auch die der Reservekandidaten, waren identisch mit

---

[376] Schreiben des Amtsbürgermeisters an das Regierungspräsidium in Münster und den Landrat von Ahaus v. 26.6.1924; GA Heek, C 734.
[377] Bekanntmachung des Wahlvorschlags v. 8.11.1929; GA Heek, C 734.
[378] Bekanntmachung des Wahlergebnisses v. 29.11.1929 u. Behändigungsliste der neu gewählten Räte; GA Heek, C 734.
[379] Gausling bewirtschaftete als Arbeiterbauer 4,21 ha Land, von denen 3,57 ha sein eigen waren. Bodennutzungserhebung 1959 des Statistischen Landesamtes; GA Heek, Zwischenarchiv, o. Sig.
[380] Bekanntmachungen bezüglich des Schulvorstands v. 3.1.1930 u. 12.9.1933; GA Heek, D 371.
[381] Schreiben der Zentrumspartei v. 28.10.1929; GA Heek, C 734.
[382] Heinrich Schulze Wext war Eigentümer von 66,73 ha Land. Vgl. Bodennutzungserhebung 1959 des Statistischen Landesamtes; GA Heek, Zwischenarchiv, o. Sig.- Zum Grundbesitz Schlichtmanns und Anthorns siehe oben.
[383] Bekanntmachung v. 14.3.1933; GA Heek, D 44. Siehe auch Protokollbuch der Amtsvertretung v. 1.7.1932 bis 20.8.1935; GA Heek, D 1052.

dem Wahlvorschlag von vier Jahren zuvor.[384] Somit blieben die soziale Herkunft und die politische Ausrichtung der Amtsvertreter unverändert.

Mit dieser Rekrutierungspraxis wurde 1935 gebrochen. Zwar kam es auch hier zu einer Elitenverschränkung wie an der Spitze der Amtsverwaltung, aber mehrheitlich hielten mit der Herrschaft der Nationalsozialisten neue Interessenvertreter Einzug in den Amtsrat. Vor allem Angehörige der dörflichen Unterschicht, die bereits Anfang der zwanziger Jahre ihre politische Repräsentanz eingeklagt hatten, besetzten die Sitze nun zahlreicher als bisher. Neu in das vormalige Honoratiorengremium gelangten der Arbeiter Bernhard Kemper, die Weber Franz Oellerich und Bernhard Böhmer, der Anstreichermeister Heinrich Lammers, der Bahnhofswärter Ferdinand Knappstein, der Gastwirt Franz Schulte,[385] die Landwirte Hermann Anthorn, Hermann Alfert und Bernhard Welmert sowie der Nienborger Bürgermeister Depenbrock. Die neuen Repräsentanten waren im Mittel exakt 42 Jahre alt. Dieser relativ niedrige Durchschnitt wurde von keinem Nachfolgegremium mehr unterboten. Der älteste unter Amtsräten zählte 65 Jahre, der jüngste brachte es gerade auf 27 Jahre.[386]

Bereits rein formal unterschied sich die Amtsvertretung in nationalsozialistischer Zeit durch eine Aufstockung um zwei weitere Räte auf zehn. Ein weitere gewichtige Neuregelung brachte auch die Rekrutierungspraxis mit sich, denn nun wurden die Amtsältesten nicht mehr gewählt, sondern von der NSDAP-Kreisleitung in Ahaus bestimmt.[387] Um ihre uneingeschränkte Loyalität gegenüber dem neuen Regime zu versichern, mußten die Amtsältesten den Eid auf Adolf Hitler schwören. Die neue Eidesformel war in der Verordnung des Gesetzes über die Vereidigung der Beamten und Soldaten der Wehrmacht vom 20. August 1934 festgelegt worden.[388]

Daß es sich bei diesem Rat nicht mehr um ein mehrheitliches Honoratiorengremium handelte, untermauert die soziale Herkunft der NS-Amtsältesten. Lediglich vier der zehn Vertreter gehörten der Oberschicht an: die Großbauern Alfert und Helmert aus Heek sowie der Bürgermeister Depenbrock und der Großbauer Anthorn aus Nienborg.[389] Demgegenüber standen zwei Mittelschichtangehörige (Lammers und Schulte) und vier Unterschichtvertreter (Böhmer, Knappstein, Kemper und Oellerich). Auch nach Berufen grenzten sich die Ratsmitglieder gegenüber ihren Vorgängern

---

[384] Bekanntmachung des Vorsitzenden des Wahlausschusses v. 2.3.1933; GA Heek, D 44.

[385] Zur Gastwirtschaft Schultes, die auch sechs Fremdenbetten beherbergte, siehe die Broschüre Hotels, Gasthöfe und Jugendherbergen im Münsterland, hg. v. Verkehrsverband Münsterland, Münster 1929, S. 8; GA Heek, D 218.

[386] Vereidigung der bestimmten Amtsältesten v. 15.10.1935; GA Heek, D 44. Protokollbuch der Amtsältesten des Amtes Nienborg von 15.10.1935 bis 17.12.1938; GA Heek, D 977. Siehe auch Adreßbuch des Kreises Ahaus 1939, S. 270.

[387] Vorschlagsliste für die Amtsältesten des Amtes Nienborg-Heek; GA Heek, D 44. Vgl. oben die parallele Entwicklung in Ottmarsbocholt.

[388] Der Eidestext lautete: „Ich schwöre dem Führer des Deutschen Reiches und Volkes, Adolf Hitler, treu und gehorsam zu sein, die Gesetze zu beachten und meine Amtspflichten gewissenhaft zu erfüllen, so wahr mir Gott helfe." Siehe Berufungsschreiben für die neu zu berufenden Gemeinde- und Amtsältesten v. 15.10.1935; GA Heek, D 44.

[389] Alfert besaß 22,96, Helmert 96,7 und Anthorn 54,1 ha Land. Siehe Niekammers Landwirtschaftliches Güteradreßbuch für Westfalen 1931, S. 7; GA Heek, D 538. Gerichtliches Verzeichnis der Höfe, deren Eintragung in die Erbhöferolle in Aussicht genommen ist, Einlegeblatt Nr. 2 u. 71; GA Heek, D 103.

ab. Der Bauernanteil sank auf seinen niedrigsten Wert. Mit nunmehr drei Mittelmännern verloren die Landwirte ihre bisherige professionelle Majorität. Deutlicher Verlierer neben den Bauern waren die Handwerker, die nur noch einen Delegierten entsenden konnten. Zulegen konnten dagegen die Arbeiter mit drei Abgeordneten,[390] während sich die Selbständigen mit einem Sachwalter wieder seit 1919 und die Beamten mit zwei Beauftragten seit 1924 vertraten sahen.

Politisch herrschte ebenso eine neue Ausrichtung vor. Sieben der zehn Amtsältesten waren Mitglieder der NSDAP, teilweise nach einer offiziellen Abkehr vom Zentrum.[391] Einige der Räte übten über ihre Mitgliedschaft hinaus noch Funktionen in der Partei und ihren Gliederungen aus: Heinrich Lammers war Stützpunktleiter in Nienborg, Ferdinand Knappstein sein Kollege in Heek.[392] Hermann Alfert fungierte als Jungbauernführer. Einer der Ältesten gehörte der SA-Reserve an, ein weiterer war Zellenwart. Von den Oberschichtangehörigen hatten sich also zwei der NSDAP angeschlossen und damit für den klassischen Fall einer Elitenverschränkung gesorgt. Zwei der Nationalsozialisten kamen aus der Mittel-, die restlichen drei aus der Unterschicht. Die neu ernannten Amtsältesten wurden zwei Monate nach ihrer Berufung von NSDAP-Kreisleiter Tewes persönlich im Beisein des Landrats in Ahaus in ihr Amt eingeführt, um „die besondere Bedeutung der Berufung" herauszustreichen.[393] Die geschilderte Zusammensetzung der Amtsvertretung hatte bis 1945 Bestand. Die nationalsozialistischen Verantwortlichen vermieden es während des Krieges, neue Amtsälteste zu ernennen, solange noch mehr als die Hälfte der Amtsältesten ihren Posten innehatten.[394]

Die erste Wahl in der Nachkriegszeit fand am 15. September 1946 statt.[395] Die Bürgerausschüsse in Heek und Nienborg schlugen insgesamt 21 Kandidaten vor, aus denen sich die 15 Amtsvertreter zusammensetzten. Die gewählten Räte hatten einen Eid abzulegen, der sich jetzt durch eine explizit religiöse Prägung auszeichnete.[396] Wegen der Auswahl politisch nicht diskreditierter Bürger war unter den 15 Delegierten eine Großzahl von Personen, die zum ersten Mal politisch in Erscheinung traten:

---

[390] Auch in der von Pflaum, Politische Führung und politische Beteiligung als Ausdruck gemeindlicher Selbstgestaltung, S. 250, untersuchten Westerwaldgemeinde erreichte der Arbeiteranteil 1935 seinen bislang höchsten Wert.
[391] Schreiben des NSDAP-Beauftragten an den Amtsbürgermeister v. 20.10.1935; GA Heek, D 34. Schreiben des Amtsbürgermeisters v. 15.8.1935; GA Heek, D 40. Liste der Angehörigen der NSDAP-Ortsgruppen Heek und Nienborg; GA Heek, D 3.
[392] Zu Knappsteins Tätigkeit als NSDAP-Stützpunktleiter in Heek siehe seinen Schriftverkehr; GA Heek, D 3.
[393] Schreiben des Landrats v. 15.12.1935; GA Heek, D 40.
[394] Schriftwechsel zwischen NSDAP-Kreisleiter und Amtsbürgermeister vom März 1942; GA Heek, D 44.
[395] Nachweisung der Kandidaten für die Amtsvertretung Nienborg-Heek v. 2. u. 4.8.1946; Ga Heek, D 712. Nachweisung der gewählten Vertreter für die Amts- und Gemeindevertretungen; KA Borken, 10.8/174.
[396] Die neue Eidesformel hatte den Wortlaut: „Ich schwöre bei Gott dem Allmächtigen, daß ich jederzeit das mir übertragene Amt nach bestem Wissen und Können unparteiisch und ohne Ansehen der Person ausüben werde und daß ich gewissenhaft die Verfassung und die Gesetze Deutschlands in ihrer derzeit bestehenden Form befolgen werde und daß ich jederzeit für das Wohl des Amtes Nienborg arbeiten und ihm unbestechlich und ohne Eingennutz dienen werde, so wahr mir Gott helfe." Amtseid v. 13.9.1946 u. v. 25.10.1948; GA Heek, D 712 u. 651. Siehe auch KA Borken, 10.8/174.

die Landwirte Heinrich Rottmann, Heinrich Weilinghoff, Heinrich Viermann und Josef Wolbeck, der zugleich in den Schulvorstand gewählt wurde,[397] die Schreinermeister Bernhard Lammers und Hermann Leusbrock, der Angestellte Gerhard Nakke sowie die Weber Josef Mensing und Heinrich Schepers.[398] Letzter avancierte zu einer politischen Nachkriegsgröße, die in allen Amtsvertretungen Sitz und Stimme besitzen sollte. Die ersten demokratisch legitimierten Amtsverordneten setzten sich gegenüber ihren nationalsozialistischen Vorgängern bezüglich des Alters deutlich ab. Die Mandatsträger von 1946 lagen an Lebensjahren erheblich über dem Alter ihrer Vorläufer von 1935. Mit durchschnittlich 50,2 Jahren waren sie mehr als acht Jahre älter.[399]

Zudem gab es auch wesentliche personelle Anknüpfungen an die Zeit vor der NS-Herrschaft. Viele vermeintlich neue Amtsverordnete setzten mit ihrer politischen Funktion eine Familientradition fort oder konnten an persönliche Erfahrungen in der Dorfpolitik anknüpfen, die sie vor der NS-Ära gesammelt hatten. Der Bauer Bernhard Wermelt hatte seinen Posten als Gemeindevorsteher bereits seit 1922 innegehabt und 1919 zum ersten Mal Sitz und Stimme im Heeker Gemeinderat besessen.[400] Der Arbeiterbauer Franz Gausling hatte schon 1929 und 1933 das Vertrauen als Amtsvertreter erhalten. Der Bäckermeister Franz Ahlers sowie der Landwirt Heinrich Wischemann hatten bereits 1924 dem Heeker Gemeinderat angehört.[401] Bernhard Weilinghoff war der Sohn eines bedeutenden Heeker Lokalpolitikers, Gerhard Weilinghoff, der von 1919 bis 1934 im Gemeinderat mitbestimmt hatte.[402] Der Müller Heinrich Flüeck schließlich folgte seinem Verwandten Josef Flüeck nach, der 1929 und 1933 zu diesem Gremium gehört hatte.

Unter professionellem Aspekt ist ebenfalls ein Rückbezug auf die Verhältnisse der zwanziger Jahre zu erkennen. Die Zahl der Landwirte stieg auf acht Personen merklich an und erreichte wieder einen Wert, wie sie ihn bei den Wahlen vor 1935 vorzuweisen hatte. Zweitstärkste Berufsgruppe waren jetzt wieder wie schon 1929 und 1933 die Handwerker mit vier Personen. Die Arbeiter kamen mit einer Zahl von zwei Vertretern auf einen Wert wie in den zwanziger Jahren. Erstmals im Gremium vertreten waren die Angestellten als der neue Mittelstand mit einem Mandatsträger.[403] Auch unter gesellschaftlichem Gesichtspunkt taten sich Parallelen zur Sozialstruktur der Amtsvertretungen in den zwanziger Jahren auf. Sieben Räte, d.h. knapp die Hälfte, kamen aus der Oberschicht. Diese waren allesamt Großbauern.[404] Diese

---

[397] Beschluß der Gemeindevertretung Heek v. 11.10.1946 u. Schreiben des Schulleiters der Dorfschule Heek an den Amtsbürgermeister v. 17.11.1946; GA Heek, D 371.
[398] Bekanntmachung des Wahlergebnisses; GA Heek, D 711. Feststellung des Wahlergebnisses v. 15.9.1946; GA Heek, D 712. Nachweisung der Mitglieder der Amtsvertretung Nienborg-Heek u. Schreiben des Wahlleiters an das Amt Nienborg-Heek v. 24.9.1946; GA Heek, D 40.
[399] Erklärung der Kandidaten v. 30.7 u. 6.8.1946; GA Heek, D 712.
[400] Siehe dazu Erstes Kapitel, B.1. Die Gemeindebürgermeister.
[401] Siehe dazu Erstes Kapitel, B.2. Die Gemeindevertretungen.
[402] Ebd.
[403] Zum neuen Mittelstand siehe oben die Parallelentwicklung in Ottmarsbocholt.
[404] Heinrich Viermann hatte 79,43 ha Boden in seinem Besitz, Heinrich Rottmann nannte 51,71 ha Land sein eigen, Heinrich Weilinghoff besaß 55 ha, Heinrich Wischemann verfügte über 53 ha, Josef Wol-

Mehrheit der Oberschicht spricht dafür, daß sich das soziale Gefüge der Amtsvertretung 1946 wieder am Honoratiorengremium der zwanziger Jahre ausrichtete. Wie zuvor waren auch die Mittel- und Unterschicht mit je vier Vertretern weniger stark repräsentiert. Politisch lebten ebenso die alten Orientierungen wieder auf, wenngleich sich die Bürgervertreter verstärkt der Union zuwandten, die das Zentrum als die beherrschende Partei beerbte. Von den 15 Repräsentanten hatten zwölf für die CDU kandidiert, lediglich drei gehörten offiziell keiner Partei an.[405] Die drei SPD-Kandidaten, der Sattlermeister Franz Bessmann, der Webereidisponent Johann Wehmöller und der Verwaltungsangestellte Andreas Winterberg, waren bei dieser Wahl chancenlos. Selbst bei einer Bündelung aller SPD-Stimmen auf einen Kandidaten, hätte dieser nicht das Resultat des schlechtesten CDU-Bewerbers erreicht.[406]

Die zwei Jahre zuvor vorgegebene Entwicklung setzte sich auch bei der nächsten Wahl am 17. Oktober 1948 fort.[407] Dabei schlug sich im Gegensatz zu Ottmarsbocholt der Vertriebenenzuzug in der Zusammensetzung der Amtsvertretung noch nicht nieder. In der Kernmünsterlandgemeinde konnte sich durch die Stimmen der Vertriebenen ein evangelischer SPD-Bewerber auf Amtsebene etablieren; in Heek hingegen fand der 1946 eingeschlagene Weg seine Bestätigung. Acht der zehn Mandatsträger wurden in ihrer Funktion bestätigt, die damit für Kontinuität standen: Heinrich Wischemann, der zum Amtsbürgermeister aufgestiegen war, Heinrich Weilinghoff als sein Stellvertreter, Gerhard Nacke, Heinrich Flüeck, Franz Gausling, Bernhard Wermelt und Heinrich Viermann.[408] Die beiden neuen Bürgervertreter waren Bernhard Hewing und Heinrich Schwieters, die in beruflicher und politischer Hinsicht Gemeinsamkeiten aufwiesen. Beide gehörten dem neuen Mittelstand an, Hewing war Buchhalter und Schwieters Kaufmann, beide waren politisch im Zentrum beheimatet.[409] Durch die hohe Zahl von Wiedergewählten nahm das Alter der Amtsvertreter weiter auf durchschnittlich 55,1 Jahre zu. Aus demselben Grund wandelte sich auch in beruflicher Hinsicht das Gefüge des Rates nicht. Die Landwirte

---

beck hatte 33,75 ha inne, Bernhard Weilinghoff hatte 34,34 ha Bodenbesitz und Bernhard Wermelt gehörten 28,97 ha. Vgl. Niekammers Landwirtschaftliches Güteradreßbuch für Westfalen 1931, S. 7; GA Heek, D 538. Gerichtliches Verzeichnis der Höfe, deren Eintragung in die Erbhöferolle in Aussicht genommen ist; GA Heek, D 103. Bodennutzungserhebung 1959 des Statistischen Landesamtes; GA Heek, Zwischenarchiv, o. Sig.

[405] Siehe auch Erklärungen der Kandidaten sowie Nachweisung der gewählten Vertreter für die Amts- und Gemeindevertretungen; KA Borken, 10.8/174.
[406] Vgl. Bekanntmachung des Wahlergebnisses; GA Heek, D 711.
[407] GA Heek, D 651. Siehe auch KA Borken, 10.8/175.
[408] Für die Ende 1948 und am 7.3.1950 verstorbenen Wermelt und Weilinghoff rückten aus der CDU-Reserveliste der Tischlermeister Bernhard Lammers und der Invalide Paul Stehr nach; GA Heek, D 651.
[409] Schreiben des Amtsdirektors an den Landrat von Ahaus betreffs Verzeichnis der neugewählten Vertretungskörperschaften v. 11.11.1948; GA Heek, D 40. Niederschrift über die Feststellung des Wahlergebnisses bei der Wahl zur Amtsvertretung; GA Heek, D 651. Für den am 29.6. verstorbenen Hewing rückte der Lehrer Günter Gebauer von Platz drei der Zentrumsliste auf. Siehe Schreiben des Amtsdirektors an das Regierungspräsidium v. 14.7.1949; GA Heek, D 651. Gebauer trat jedoch nach eineinhalb Jahren wegen Arbeitsüberlastung zurück und legte sein Mandat nieder. Für ihn rückte der Weber Bernhard Böhmer, der bereits 1935 in den Amtsrat gelangt war, nach. Vgl. Rücktrittsschreiben Gebauers an den Amtsdirektor v. 5.12.1950; Mitteilung des Amtsdirektors als Wahlleiter an das Regierungspräsidium v. 28.12.1950; Amtseid Böhmers v. 27.2.1951; GA Heek, D 651.

stellten mit fünf Repräsentanten die größte professionelle Fraktion und damit die Hälfte der Ratsmitglieder. Zweitstärkster Berufsblock war jetzt der neue Mittelstand. Die Angestellten erreichten einen Anteil von zwei Personen. An Boden verloren hatten die Handwerker, die es nur noch auf einen Vertreter brachten. Die Arbeiter und Selbständigen erzielten dasselbe Resultat.

Auf dem Gebiet der Sozialstruktur stellte sich ebenfalls kein tiefgreifender Wandel ein. Zwar hatte die Oberschicht drei ihrer Repräsentanten verloren, weil die Zahl der Ratsmitglieder um die Hälfte abgenommen hatte, aber sie stellte immer noch die meisten Amtsverordneten, wenngleich genausoviele Angehörige der Mittelschicht dem Gremium angehörten. Die Zahl der Unterschichtmitglieder hatte sich auf zwei Räte reduziert. Schließlich kam die Entwicklung, daß alle Bewerber um einen Ratssitz einer Partei angehörten, zu einem Abschluß. Während 1946 noch zwei der Amtsvertreter parteilos waren, waren jetzt alle Mitglied einer politischen Vereinigung. Acht Amtsverordnete waren CDU-Kandidaten, zwei bewarben sich für das Zentrum, das in der Nachbargemeinde Nienborg eine bedeutende politische Kraft geblieben war. Wiederum konnte sich kein SPD-Bewerber plazieren. Die Sozialdemokraten lagen mit ihrem Stimmenresultat unter der Fünf-Prozent-Hürde und erhielten damit auch über das Nachrückverfahren keinen Ratssitz.[410]

Vier Jahre später wurden die Sitze in der Amtsvertretung nahezu verdoppelt, so daß 18 Abgeordnete das Kollegium bildeten.[411] Eine weitere Amtszeit verbrachten die Weber Franz Gausling, Heinrich Schepers und der 1951 nachgerückte Bernhard Böhmer,[412] der Tischlermeister Bernhard Lammers, die Landwirte Heinrich Wischemann, Bernhard Weilinghoff und Heinrich Viermann. Neu in das Gremium gelangten ausschließlich Angehörige der Unter- und Mittelschicht wie die Fabrikarbeiter Martin Kleinsmann und Josef Pegel, der Schreiner Wilhelm Mrowietz, der Elektromeister Anton Albers sowie der Bäckermeister Karl Jöhne, der auch mit Drogerieprodukten und Kolonialwaren handelte.[413] Die übrigen Amtsvertreter hatten sich bereits in der Lokalpolitik engagiert oder setzten die traditionell einflußreiche Rolle ihrer Familie fort. Hubert Schlichtmann trat als der Sohn des ehemaligen Amtsbürgermeisters in die lokalpolitischen Fußstapfen seines Vaters. Bernhard Böckers war der Sohn des Ersten Beigeordneten der Gemeinde Heek von 1936.[414] Für Bernhard Weilinghoff war es die zweite Legislaturperiode nach 1946.[415] Der Landwirt Hermann Piegel, genannt Große Voß, war als Ortsbauernführer in den dreißiger Jahren in die nationalsozialistische Amtsvertretung nachgerückt und 1948 in den Kreistag gewählt

---

[410] Niederschrift über die Zuweisung der Sitze über die Reserveliste bei der Wahl am 17.10.1948; GA Heek, D 651.

[411] Verzeichnis der Mitglieder der Amtsvertretung Nienborg-Heek v. 1.12.1952; GA Heek, Zwischenarchiv, Reg.-Nr. 0-26/1A. Siehe auch KA Borken, 10.8/179.

[412] Böhmer war auch in der NS-Zeit in die Amtsvertretung gelangt. Adreßbuch des Kreises Ahaus 1939, S. 270.

[413] Vgl. Verzeichnis der freien Berufe, der Industrie, der Gewerbe- und Handelstreibenden der Gemeinden Heek und Nienborg, Adreßbuch des Kreises Ahaus 1954/55, S. 286 - 289.

[414] Adreßbuch des Kreises Ahaus 1939, S. 270.

[415] Daneben saß er seit 1946 ununterbrochen im Gemeinderat. Siehe dazu Erstes Kapitel, B.2. Die Gemeindevertretungen.

worden.[416] Gottfried Wensing war es bereits 1946 gelungen, erfolgreich für den Gemeinderat zu kandidieren.[417] Bernhard Lammers war ein Angehöriger einer weitverzweigten Verwandtschaft, die bereits mehrere Familienmitglieder in den lokalen Gremien unterbringen konnte.[418] Ein Vorfahre Bernhard Buesges hatte 1919 ein Mandat für die Gemeindevertretung erlangt.[419]

Durch die massive Aufstockung der Ratssitze verschoben sich die Gewichte in der beruflichen und sozialen Zusammensetzung der Amtsvertreter. Die Bauern büßten ihre Stellung als stärkste professionelle Fraktion ein. Sie stellten nur noch fünf Mandatsträger. Überrundet wurden die Landwirte von den Handwerkern und den Arbeitern, die gleichermaßen auf sechs Personen kamen. Die Beamten konnten sich noch einen Platz sichern, während die Angestellten und die Selbständigen nicht mehr in dem Gremium vertreten waren. Die Amtsvertretung glich nun ihren Vorgängerinnen von 1924 und 1929, da sich darin dieselben Berufsgruppen plaziert hatten – wenngleich in auffallend unterschiedlichen Größenverhältnissen. Auch die soziale Zusammensetzung änderte sich durch die Vielzahl von Amtsvertretern. Die Oberschicht stellte mit fünf Delegierten erstmals die kleinste Abgeordnetenzahl, während die Unterschicht mit sieben Ratsmitgliedern die bislang meisten Vertreter entsenden konnte. Die Mittelschicht kam auf sechs Ratsangehörige.

Die politischen Mehrheitsverhältnisse wandelten sich jedoch nicht. Die 14 CDU-Männer stellten nach wie vor die stärkste Fraktion. Das Zentrum konnte seine beiden Abgeordnetenplätze halten. Gewinnerin des Mitgliederzuwachses im Rat war die SPD. Erstmals zogen zwei Vertreter der Arbeiterpartei, die beiden Unterschichtangehörigen Kleinsmann und Mrowietz, in den Rat des Amtes ein. Der in Ottmarsbocholt beschriebene Einfluß der neuen Dorfbewohner auf die Formation der Amtsvertretung machte sich in Heek erst mit einer zeitlichen Verzögerung von vier Jahren bemerkbar. Im Rat des Amtes saßen von 1952 an auch zwei Sachwalter der Vertriebenen, der Lehrer Richard Herrmann und der Schreiner Wilhelm Mrowietz, die sich der CDU bzw. der SPD zur Verfügung stellten.[420]

1956 änderte sich die Zusammensetzung des Rats wieder in Richtung der ursprünglichen Verhältnisse. Zwar zählte das Gremium wiederum 17 Mitglieder, aber bezüglich der professionellen und sozialen Segmentierung wurden die Änderungen der Wahl von 1952 zurückgenommen. Die Großbauern Hermann Piegel, Hubert Schlichtmann und Heinrich Viermann errangen erneut einen Sitz genauso wie die Handwerks- und Werkmeister Ferdinand Helmich, Karl Jöhne und Bernhard Lammers, der Lehrer Richard Herrmann, der Schreiner Wilhelm Mrowietz und der We-

---

[416] Ernennungsurkunde v. 18.2.1938; GA Heek, D 44. Adreßbuch des Kreises Ahaus 1939, S. 270. Niederschrift über die Feststellung des Wahlergebnisses bei der Wahl zur Kreisvertretung am 17. Oktober 1948; KA Borken, 10.8/175.
[417] Siehe dazu Erstes Kapitel, B.2. Die Gemeindevertretungen.
[418] Der gleichnamige Untermeister hatte 1924 in der Amtsvertretung gesessen. Weitere vier Familienangehörige, darunter zwei gleichen Berufs, waren im Gemeinderat 1919, zwei zusätzliche im gleichen Gremium 1924 vertreten.
[419] Siehe dazu Erstes Kapitel, B.2. Die Gemeindevertretungen.
[420] Beide Flüchtlingsfürsprecher waren gebürtige Oberschlesier. Herrmann stammte aus Nakel im Kreis Oppeln; Mrowietz kam aus Eintrachtshütte, Kreis Kattowitz; GA Heek, D 1035.

ber Heinrich Schepers. Ihr erstes politisches Mandat erhielten der Bauunternehmer Hermann Blömer, der bis Ende der sechziger Jahre Amtsverordneter und Bürgermeister in Heek bleiben sollte,[421] die Landwirte Bernhard Brüggemann und Hermann Haget sowie der Müller Bernhard Nienhaus. Theodor Bendfeld war zwar zum ersten Mal im Rat des Amtes, aber er war bereits 1947 Vorsitzender des Flüchtlingsausschusses gewesen.[422] Der Schreiner Adolf Gausling folgte seinem Verwandten Franz Gausling im Rat nach. Der Geschäftsführer Franz Münstermann war ein Verwandter des stellvertretenden Heeker Bürgermeisters Adolf Münstermann. Der Angestellte Franz Münstermann war wie sein Ottmarsbocholter Berufskollege Bickeböller ein gutes Beispiel für die enge Verzahnung der beiden „Organisationsformen dörflichen Lebens",[423] Verein und Verwandtschaft. Bei beiden stellte sich die politische Plazierung als Folge eines Vereinsamtes ein, und das politische Amt war wiederum eine Stufe zur Präsidentschaft im traditionsreichsten Dorfverein, der Schützengilde. Franz Münstermann bekleidete das Amt des Schriftführers im Schützenverein seit 1952, ehe er vier Jahre später in den Amtsrat gewählt wurde. Von 1968 bis 1980 avancierte er zum Präsidenten der Schützen.[424] Das Gremium komplettierte Bernhard Litmeier aus Nienborg.[425]

Den stärksten Berufsblock stellen nun wieder die Landwirte, die allesamt Großbauern waren, zusammen mit den Handwerkern, von denen die überwiegende Mehrheit den Meisterbrief besaß.[426] Deren Anteil bezifferte sich auf je fünf Personen. Die Arbeiter mußten eine deutliche Einbuße hinnehmen und erhielten nur noch drei Plätze. Beamte, Angestellte und Selbständige kamen auf je einen Vertreter. Trotz der professionellen Vielfalt dominierte die Oberschicht nun wieder unangefochten. Sie entsandte mit sieben Angehörigen die meisten Amtsräte. Damit war die Konstellation von 1952 überwunden. Die Unterschicht dagegen, die sich vor vier Jahren noch in der Überzahl befunden hatte, war mit vier Delegierten wieder dort, wo sie sich sämtliche Legislaturperioden zuvor befunden hatte: in der Minderheit. Auch die Mittelschicht hatte eine Einbuße an Vertretern hinzunehmen.

Auch die Amtsvertretung von 1961 war durch ein Übergewicht von Oberschichtvertretern gekennzeichnet.[427] Alle Amtsvertreter waren zugleich Gemeinderäte und

---

[421] Siehe dazu Erstes Kapitel, B.1. Die Gemeindebürgermeister.
[422] Protokoll der Flüchtlingsausschußsitzung v. 18.12.1947; GA Heek, D 414.
[423] Ilien/Jeggle/Schelwies, Verwandtschaft und Verein, S. 95.
[424] FS 150 Jahre Heimat- und Schützenverein St. Ludgerus, S. 12.
[425] Über die Wahl zur Amtsvertretung 1956 haben sich nur unvollständige Unterlagen erhalten, die eine vergleichbare Auswertung hinsichtlich des Alters und der Parteizugehörigkeit der Ratsmitglieder nicht erlauben. Zu Bernhard Litmeier aus Nienborg konnten keine weiteren Daten ermittelt werden. Daher konnten nur 16 Amtsvertreter nach Schicht- und Berufszugehörigkeit untersucht werden. Weitere Angaben sind den Daten für das Adreßbuch des Kreises vom August 1957 entnommen; GA Heek, Zwischenarchiv, Reg.-Nr. 0-11/1A u. Reg.-Nr. 0-01/31B; KA Borken, 10.8/173. Adreßbuch des Kreises Ahaus 1954/55, S. 276 - 289.
[426] Haget war Eigner von 40,73 ha Land, Brüggemann besaß 36,53 ha Boden. Vgl. Bodennutzungserhebung 1959 des Statistischen Landesamtes; GA Heek, Zwischenarchiv, o. Sig.
[427] GA Heek, Zwischenarchiv, Reg.-Nr. 0-26/1A u. 2A. Siehe auch KA Borken, 10.8/181.

damit über die Angelegenheiten ihrer Kommune bestens im Bilde.[428] Die Zahl der Verordneten stieg bei dieser Wahl weiter auf zwanzig an. Seine erste Amtszeit trat ein Drittel der Räte an: der Schlossermeister Bernhard Benölken, der Angestellte Josef Böckers, der Kraftfahrer Heinz Wolf, der Maurer Adolf Büscher, der Mittelbauer Heinrich Mers,[429] der Kaufmann Karl Rohling, der ein Manufakturwarengewerbe leitete,[430] der Großbauer Heinrich Pieper, genannt Brinkhues,[431] und der Gastwirt Wilhelm Kuiper-Nonhoff.[432] Andere Ratsmitglieder hatten bereits politische Erfahrung gesammelt oder vertraten als weiterer Familienangehöriger ihre Verwandtschaft. Der Landwirt Hermann Haget erhielt abermals ein Mandat für die Amtsvertretung wie seine Berufskollegen Bernhard Weilinghoff und Heinrich Viermann; auch der Rentner Heinrich Schepers, der Vorspinner Martin Kleinsmann, der Schreinermeister Adolf Gausling, der Weber Josef Pegel und der Bauunternehmer Hermann Blömer konnten sich auf weitere vier Jahre Amtspolitik einstellen. Der Kaufmann Josef Nacke war der Sohn einer lokalpolitischen Größe. Sein gleichnamiger Vater hatte schon 1919 im Rat Mitspracherecht gehabt und war in den dreißiger Jahren fünf Jahre lang Amtsbeigeordneter gewesen. Der Bauunternehmer Adolf Münstermann stammte ebenfalls aus einer einflußreichen Familie.[433] Der stellvertretende Heeker Bürgermeister löste seinen Bruder Franz als Amtsvertreter ab. Der Buchhalter Bernhard Suek trat in die Fußstapfen seines Vorfahren Heinrich, der es als Heeker Gemeindevorsteher bereits 1919 zum Ratsmitglied gebracht hatte.

Beruflich splittete sich die Amtsvertretung weiter auf. 1961 waren Angehörige von sechs professionellen Sparten vertreten, so viele wie noch nie. Dabei behaupteten sich jedoch die Bauern mit sechs Delegierten als der stärkste Berufszweig. Als deutlicher Gewinner ging die Gruppe der Selbständigen hervor, die mit fünf Mandatsträgern ihren bislang höchsten Anteil erreichten. Klarer Verlierer waren die Handwerker, die mit zwei Personen ihr schlechtestes Ergebnis seit 1948 hinnehmen mußten. Die Arbeiter und Angestellten konnten je drei Plätze erringen, und die Rentner meldeten sich nach langer Abstinenz wieder auf dem politischen Parkett zurück.[434] Die Zunahme der Ratsmitglieder auf zwanzig kam offensichtlich nicht der dörflichen Unterschicht zugute. Vielmehr profitierte davon die Oberschicht, die mit

---

[428] Erfahrungsbericht des Amtsdirektors zur Amtswahl 1961 v. 29.1.1962; GA Heek, Zwischenarchiv, Reg.-Nr. 0-26/1A.

[429] Mers bewirtschaftete 10,62 ha Eigenland; Vgl. Bodennutzungserhebung 1959 des Statistischen Landesamtes; GA Heek, Zwischenarchiv, o. Sig.

[430] Adreßbuch des Kreises Ahaus 1954/55, S. 288.

[431] Piepers Grundbesitz maß 20,34 ha. Vgl. Bodennutzungserhebung 1959 des Statistischen Landesamtes; GA Heek, Zwischenarchiv, o. Sig. – Pieper war bereits 1946 in den Schulvorstand gewählt worden. Siehe Beschluß der Gemeindevertretung Heek v. 11.10.1946 u. Schreiben des Schulleiters der Dorfschule Heek an den Amtsbürgermeister v. 17.11.1946; GA Heek, D 371.

[432] Adreßbuch des Kreises Ahaus 1954/55, S. 289.

[433] Das Bauunternehmen war seit 1876 in Heek ansässig und befand sich seither in Familienbesitz. Adolf Münstermann war seit 1952 stellvertretender Bürgermeister und bis in die Mitte der sechziger Jahre im Gemeinderat präsent; Franz Münstermann zeichnete sich neben einer Sitzungsperiode im Amtsrat (1956 - 1961) durch seine Tätigkeit im Schützenverein als Schriftführer, Präsident und Ehrenpräsident aus.

[434] Die Rentner waren lediglich 1919 im Amtsrat präsent gewesen. Ihr Vertreter 1961 war Heinrich Schepers.

acht Repräsentanten die meisten Amtsvertreter beordern konnte. Die im stärker industriell geprägten Amt Nienborg-Heek einflußreichen Manufakturleiter und Bauunternehmer sowie ein neuer Großbauer sorgten für den Anstieg der Oberschichtvertreter. Die Mittelschicht verzeichnete einen leichten Zuwachs um zwei auf sieben Repräsentanten, die Unterschicht gewann einen Vertreter dazu, so daß sie nun fünf entsenden konnte.

Die parteipolitischen Proportionen blieben auch bei der letzten Amtswahl unberührt. Die CDU hatte mit 17 von zwanzig Fraktionsmitgliedern eine überwältigende Mehrheit. Zwei Sitze gingen an das Zentrum. Die Kandidaten dafür kamen aus Nienborg. Die SPD, die 1952 noch zwei Genossen stellen konnte, errang lediglich einen Sitz, den der Textilarbeiter Kleinsmann als Listenführer im Nachrückverfahren belegte. Die Einflußnahme der Vertriebenen auf die Zusammensetzung der Amtsvertretung blieb im Unterschied zu Ottmarsbocholt keine befristete Episode. 1961 befanden sich noch zwei Interessenvertreter der neuen Dorfbewohner unter den Ratsmitgliedern. Im Gegensatz zu dem Ottmarsbocholter Drygalla stellten sie aber nicht den Extremfall unterschiedlicher Sozialisation dar. Beide Flüchtlingsfürsprecher gehörten der katholischen Kirche an, und nur Kleinsmann war politisch in der SPD zu Hause. Wolf hingegen war als CDU-Kandidat für die örtlichen Gegebenheiten besser prädestiniert.

Bei der letzten Wahl vor der Kommunalreform umfaßte der Kreis der Gewählten 18 Räte.[435] 1964 traten drei Nienborger Bewerber, der Arbeiter Heinrich Vöcking, der Mittelbauer Hermann Alte-Epping und der Großbauer Heinrich Schulze-Hericks, politisch in Erscheinung.[436] Dazu traten sechs neue Räte aus Heek: der Kraftfahrer Bernhard Schaten, der Weber Heinrich Lammers und der Angestellte Andreas Winterberg, die Großbauern Heinrich Brüning und Freiherr Franz von Dalwigk[437] sowie der Rechtsanwalt Josef Hinkers.[438] Die restlichen Bürgervertreter konnten auf politische Praxis zurückschauen: seit 1952 der Großbauer Hubert Schlichtmann, mit Unterbrechung der Werkmeister Josef Pegel, seit 1956 der Großbauer Hermann Haget, die Bauunternehmer Hermann Blömer und Adolf Münstermann, schließlich seit der letzten Wahl 1961 der Kaufmann Josef Nacke, der Flüchtling und Kraftfahrer Heinz Wolf, der Werkmeister Bernhard Benölken sowie der Steuerbevollmächtigte Bernhard Suek.

Der Altersdurchschnitt dieser Verordneten lag mit 49,3 Jahren im Rahmen der bisherigen Ratsvertretungen und damit wieder über der Niedrigmarke von 1935. Parteipolitisch gehörte die große Mehrheit von 15 Räten der Union an. Zwei Verordnete, beide aus Nienborg, traten für das Zentrum ein. Für die SPD engagierte sich lediglich ein Amtsrat, der Angestellte Winterberg. Erneut waren die Bauern mit sechs Beauftragten in der Mehrheit. Sie stellten exakt ein Drittel der Mitglieder. Ihnen

---

[435] GA Heek, Zwischenarchiv, Reg.-Nr. 0-26/2A.
[436] Alte-Epping verfügte über 15,95 ha Eigenland, die er um 16 ha Pacht erweiterte. Der Großbauer Schulze Hericks nannte 35,24 ha Land sein eigen. Bodennutzungserhebung 1959 des Statistischen Landesamtes; GA Heek, Zwischenarchiv, o. Sig.
[437] Brüning hatte 27,21, Dalwigk 90,9 ha Boden inne; ebd.
[438] Alle sechs waren gleichzeitig in die Gemeindevertretung eingezogen.

folgten gleichauf mit je vier Vertretern die beiden Berufsgruppen der Arbeiter und Selbständigen. Die restlichen Anteile fielen auf die Angestellte und Handwerker mit je zwei Personen. Und auch in der Schichtzugehörigkeit war die Vorherrschaft der dörflichen Oberschicht ungebrochen. Sie allein stellte mit neun Verordneten die Hälfte der Ratssitze, während die Mittelschicht auf fünf und die Unterschicht auf vier Delegierte kamen.[439]

Die erste Amtsvertretungen Rödinghausens von 1919 war hauptsächlich eine Bauernversammlung.[440] Zu dem Ehrenamtmann und Colon Meier zur Capellen gesellten sich die Gemeindevorsteher der einzelnen Amtsgemeinden: aus Bieren der Großbauer Heinrich Meyer,[441] aus Ostkilver und Schwenningdorf die Mittelbauern Schreifer und Steinmeier,[442] aus Rödinghausen der Geschäftsführer Wilhelm Rieso sowie aus Westkilver der Großbauer Friedrich Kollmeier.[443] Dazu traten als Amtsverordnete der Großbauer Fritz Hartmann, der Maurer Wilhelm Meier, der Schlachter Heinz Pohlmann, der Amtsrentmeier Meyer sowie der Mittelbauer Heinrich Lepelmeier.[444] Die meisten der Amtsräte arbeiteten als Bauern. Sie stellten mit sieben Verordneten die stärkste Berufsgruppe. Daneben bestimmten noch ein Arbeiter, ein Selbständiger, ein Angestellter und ein Beamter die Amtspolitik. Der sozialen Herkunft nach stammten vier Verordnete aus der Oberschicht, die an Zahl noch von den fünf Mittelschichtlern übertroffen wurden. Zwei der insgesamt elf Räte kamen aus der Unterschicht.

Über die Amtsvertretung 1924 haben sich keine schriftlichen Nachweise erhalten. Der Amtsrat 1929 umfaßte ebenfalls elf Angehörige.[445] Auch hier ragten die Bauern mit sechs Verordneten als stärkste professionelle Fraktion heraus. Dazu traten je zwei Arbeiter und Selbständige und ein Handwerker.[446] Im einzelnen waren dies die Großbauern Emil Oberschulte, der Sohn des langjährigen Gemeindevorstehers und Schiedsmanns von 1925 bis 1934,[447] Wilhelm Höpker sowie die Mittelbauern Steinmeier, Heinrich Melchior, Gustav Hörstemeier und Wilhelm Depke.[448] Die restlichen

---

[439] Die Frage, welche Kontinuitäten und welche Veränderungen sich in einem zusammenfassenden Überblick herauskristallisieren lassen, wird im Anschluß an den Abschnitt zu den Gemeindevertretungen erörtert, zumal durch die kommunale Neugliederung 1969 die Vertretung der neugeschaffenen Gemeinde Heek an die Stelle der Amtsvertretungen Nienborg-Heek anknüpfte.
[440] Auszug aus dem Protokollbuch der Amtsvertretung v. 23.2.1922; GA Rödinghausen, B 47.
[441] Der Großbauer nannte 23,26 ha Boden sein eigen. Nachweisung über die Bauernhöfe der Gemeinde Rödinghausen u. der Gemeinde Westkilver v. 22.4.1945; GA Rödinghausen, Zwischenarchiv, D 0-05/2.
[442] Schreifer bewirtschaftete 12,75 ha, Steinmeier 15,41 ha Eigenland; a.a.O.
[443] Kollmeier besaß 21,15 ha Grund und Boden und avancierte in der NS-Zeit zum Amtsbauernführer; a.a.O., GA Rödinghausen B 88 u. Adreßbuch des Kreises Herford 1936, S. 204.
[444] Hartmann verfügte über 21,56 ha, Lepelmeier über 10,32 ha Land; a.a.O.
[445] GA Rödinghausen, B 204 u. 950.
[446] Der unselbständige Handwerker war der Werkmeister Kollmeier. Vgl. Adreßbuch des Kreises Herford 1936, S. 211.
[447] Beschluß des Präsidiums des Landgerichts Bielefeld v. 8.6.1925, Schreiben des Amtsgerichts Bünde v. 14.6.1928 u. 13.5.1931 u. Auszug aus dem Protokollbuch v. 8.12.1928; GA Rödinghausen, B 50.
[448] Die Großbauern Oberschulte und Höpker besaßen 28,65 bzw. 78,47 ha Land. Die Mittelbauern Melchior, Hörstemeier und Depke eigneten 7,86 bzw. 5,49 bzw. 5,24 ha Boden. Vgl. Nachweisung über die Bauernhöfe der Gemeinde Rödinghausen u. der Gemeinde Westkilver v. 22.4.1945; GA Rödinghausen, Zwischenarchiv, D 0-05/2; Bodennutzungserhebung 1957 u. 1959; a.a.O., D 0-51/20-22.

Räte stellten der Zigarrenfabrikant Richard Ortmann, der Müller Heinrich Klasing, der Werkmeister Wilhelm Kollmeier, der Zigarrenarbeiter Heinrich Restemeier sowie der Zementarbeiter Friedrich Blome. Verortet man die Vertreter nach ihrer Schichtzugehörigkeit, so blieben die Verhältnisse gegenüber dem Gremium von 1919 nahezu unverändert. Drei Vertreter zählten zur Oberschicht, sechs kamen aus dem Mittelstand und zwei aus der Unterschicht.

Bei der Amtswahl am 12. März 1933 polarisierten sich die politischen Verhältnisse im Amt Rödinghausen. Drei Wahlvorschläge diverser politischer Provenienz warben um die Wählergunst: Bei dem Arbeiter-Wahlvorschlag mit dem Vertrauensmann Gustav Breitensträter bildeten ausnahmslos Arbeiter, darunter vor allem SPD-Mitglieder, aus den industrialisierteren, südlichen Amtsgemeinden die Kandidaten.[449] Die „Nationale Front" um den Malermeister und Geschäftsführer Wilhelm Rieso rekrutierte sich vorrangig aus Mittelständlern, Mittelbauern und selbständigen Handwerkern, aber auch aus Angehörigen der Oberschicht wie Fabrikanten und Großbauern.[450] Exakt die Hälfte der zumeist deutschnationalen Kandidaten besaß später die NSDAP-Mitgliedschaft.[451] Schließlich stellte sich die „Einigung Rödinghausen" als Organisation dörflicher Interessen um den Mittelbauern Franz Möllering, den Rödinghauser Ortsbauernführer,[452] auf.[453] Bei einer Wahlbeteiligung von 78 Prozent konnte sich die „Nationale Front" mit 1356 vor dem Arbeiter-Wahlvorschlag mit 971 und der „Einigung Rödinghausen" plazieren.[454] Gemäß der Auszählung entsandte der Arbeiter-Wahlvorschlag zwei Amtsvertreter, den Zementarbeiter Friedrich Blome und den Kriegsbeschädigten Heinrich Niehaus,[455] die Nationalliste drei Räte: die Mittelbauern Friedrich Kemner und Karl Brömmelmeier, der die Ämter des NSDAP-Propagandaleiters und Schwenningdorfer Ortsbauernführers in Personalunion versah,[456] sowie den Zigarrenfabrikanten Richard Ortmann.[457] Damit war die Amtsvertretung auf die niedrigste Mitgliederrate in der gesamten Untersuchungsspanne geschrumpft. Insgesamt saßen lediglich zwei Bauern, ein Arbeiter, ein Selbständiger und ein Rentner im Rat. Nach Gesellschaftsschichten unterteilt gehör-

---

[449] Wahlvorschlag der Arbeiter v. 25.2.1933 u. Bekanntmachung v. 3.3.1933; GA Rödinghausen, Zwischenarchiv, B XII-1-4.
[450] Wahlvorschlag „Nationale Front" v. 25.2.1933 u. Bekanntmachung v. 3.3.1933; a.a.O.
[451] Ebd. u. namentliches Verzeichnis über die Parteigenossen der Gemeinden Bieren, Ostkilver, Rödinghausen, Schwenningdorf und Westkilver v. 22.4.1945; GA Rödinghausen, Zwischenarchiv, D 0-05/2.
[452] Adreßbuch des Kreises Herford 1936, S. 204; GA Rödinghausen B 88. Nachweisung über die Bauern der Gemeinde Rödinghausen, die der Partei angehörten; GA Rödinghausen, Zwischenarchiv, D 0-05/2. Siehe auch Artikel „Der Ortsbauernführer", in: Chronik Rödinghausen (1942 - 1949); GA Rödinghausen, Buchbestand Nr. 23.
[453] Wahlvorschlag „Einigung Rödinghausen" v. 25.2.1933 u. Bekanntmachung v. 3.3.1933; GA Rödinghausen, Zwischenarchiv, B XII-1-4.
[454] Zusammenstellung des Wahlergebnisses v. 13.3.1933; a.a.O. u. B 949. Von 436 Rödinghauser Bürgerinnen und Bürger stimmten 271 für die „Einigung Rödinghausen".
[455] Das SPD-Mitglied trat später zur NSDAP über und avancierte zum Leiter der NSBO-Ortsgruppe im Amt Rödinghausen. Liste der Parteigenossen in der Gemeinde Westkilver v. 22.4.1945; GA Rödinghausen, Zwischenarchiv, D 0-05/2. Adreßbuch des Kreises Herford 1936, S. 204.
[456] Sitzungsprotokoll v. 20.1.1937; GA Rödinghausen B 88 u. B 149.
[457] Bekanntmachung v. 14.3.1933; GA Rödinghausen, Zwischenarchiv, B XII-1-4.

ten je zwei Verordnete der Unter- und der Mittelschicht an, einer zählte zur Oberschicht.

1935 brachte der Eingriff der Nationalsozialisten in die Zusammensetzung der Amtsvertretung ein Personalrevirement, das wie in Ottmarsbocholt und Heek vor allem Parteigenossen berücksichtigen und althergebrachte politische Orientierungs- und Verhaltensmuster untergraben sollte. In der Tat waren drei Viertel der acht Amtsältesten nachweislich NSDAP-Mitglieder, die nicht zuletzt wegen ihrer mehrjährigen Parteizugehörigkeit als besonders zuverlässig galten sowie als Ortsbauernführer oder Propagandaleiter NS-Funktionen ausfüllten.[458] Wie in anderen Untersuchungsgemeinden war auch hier die Stellung zu oder in dem NS-System jetzt „die Machtquelle, die den Einzelnen in die Führungsgruppe herauftrug".[459] Gegenüber 1933 konnte sich die Mittelbauern Fritz Kemner und Karl Brömmelmeier sowie der Unternehmer Richard Ortmann halten, während die beiden Arbeitervertreter aus dem Gremium entfernt worden waren. Dafür waren die Mittelbauern Franz Möllering und Gustav Meyer,[460] der Kleinbauer Wilhelm Kirchhoff, der Arbeiter Wilhelm Winkelmann sowie der Werkmeister Fritz Bahrenkamp neu in die Abordnung gekommen.

In diesem Gremium waren die Bauern – besonders die Leiter mittlerer Betriebe – in der Mehrzahl, die sich von der NS-Propaganda besonders ansprechen ließen.[461] Von diesen Ackersmännern bekleidete zumindest einer als Ortsbauernführer einen NS-Posten.[462] Fünf der acht Ältesten arbeiteten als Ackersmänner, einer als Handwerker,[463] einer als Arbeiter, und einer war Unternehmer. Sozial fiel der Anteil der Oberschichtler mit einem Vertreter auf den niedrigsten Vorkriegsstand, während die Mittelschicht ihren Anteil auf fast zwei Drittel der Ratsmitglieder steigern konnte. Wie in den beiden Vergleichskommunen sank mit den politischen und gesellschaftlichen Folgen der sogenannten Gleichschaltung der Anteil der Räte aus der Oberschicht. Gleichzeitig aber stieg in Rödinghausen der Anteil der Ratsältesten vor allem aus der Mittelschicht auf den bislang höchsten Stand.

Dieser Personenkreis bildete die Amtsvertretung offiziell bis zum Einmarsch der Aliierten. Unmittelbar nach dem militärischen Zusammenbruch des Deutschen Reiches im Jahre 1945 wurden vom Landrat der Rödinghauser Gemeindevorsteher Wil-

---

[458] Namentliches Verzeichnis über die Parteigenossen der Gemeinden Bieren, Ostkilver, Rödinghausen, Schwenningdorf und Westkilver v. 22.4.1945; GA Rödinghausen, Zwischenarchiv, D 0-05/2.

[459] Das gilt neben Ottmarsbocholt und Heek für die von Pflaum, Politische Führung und politische Beteiligung als Ausdruck gemeindlicher Selbstgestaltung, S. 250, untersuchte Westerwaldgemeinde ebenso wie für die von Münkel, Bauern, Hakenkreuz und „Blut und Boden", S. 225, erforschten Landgemeinden im Kreis Celle.

[460] Möllering besaß 9,58 ha Boden, Meyer kultivierte 16,88 ha Eigenland. Vgl. Nachweisung über die Bauernhöfe der Gemeinde Rödinghausen u. der Gemeinde Westkilver v. 22.4.1945; GA Rödinghausen, Zwischenarchiv, D 0-05/2.

[461] Zur Akzeptanz der NSDAP in ländlich-protestantischen Kreisen, besonders bei Bauern, siehe Erstes Kapitel, C. zum Wahlverhalten.

[462] Auch in diesem Punkt unterschied sich die Ravensberger Landgemeinde von den Kommunen aus dem katholischen Münsterland, wo der Bauernanteil 1935 seinen bisherigen Tiefststand erreichte.

[463] Der Werkmeister Bahrenkamp leitete kein eigenständiges Gewerbe, sondern war bei einem lokalen Betrieb beschäftigt. Vgl. Adreßbuch des Kreises Herford 1936, S. 227ff.

helm Depke als Amtsbürgermeister und Emil Oberschulte als Amtsbeigeordneter beauftragt, einen Amtsausschuß zusammenzustellen.[464] Beide galten auch den Besatzungsbehörden als politisch integer, weil sie ihre politischen Posten mit dem Machtantritt der Nationalsozialisten verloren hatten: Depke war als Rödinghauser Schultheiß 1935 abgelöst worden, Oberschulte mußte „im Jahre 1933 aus politischen Gründen als Amtsvertreter ausscheiden" und seine Schiedsmannstelle abgeben.[465] Interessanterweise setzten die deutschen Zivilbehörden und die britische Militärregierung damit auf zwei ehemalige Ortsvorsteher vor der NS-Ära und Landwirte: Depke und Oberschulte waren Mittel- bzw. Großbauern.[466] Auch hier knüpften die Verantwortlichen 1945 an die Verhältnisse vor 1933/35 und deren Repräsentanten an, was bereits das Alter der Reaktivierten unterstreicht: Depke etwa stand bei seiner Ernennung im 63. Lebensjahr.[467]

Oberschulte und Depke wählten aus jeder Amtsgemeinde den Bürgermeister und ein zusätzliches Amtsausschußmitglied aus, so daß der Rat zehn Angehörige umfaßte.[468] Von denen hatten neben den genannten nur der Arbeiter Friedrich Blome, der von 1929 bis 1935 für die SPD aktiv gewesen war, bereits einer Amtsvertretung angehört. Dagegen saßen die Zigarrenarbeiter Gustav Vogtländer und Heinrich Restemeier, der Werkmeister Heinrich Aschemeyer, der Klempner und Elektromeister Julius Budde, der Schneidermeister Wilhelm Kiel, der Kleinbauer Heinrich Petring und der Mittelbauer Heinrich Grundmann erstmals in diesem Gremium.[469] Für Grundmann, Wilhelm Kiel, der 1946 als Kandidat für den Kreistag bestimmt wurde,[470] Julius Budde und Aschemeyer bedeutete das erste zugleich das letzte Mal.

Insgesamt befanden sich zwar vier Landwirte unter den Amtsausschußmitgliedern, jedoch entsprach diese Anzahl dem bislang niedrigsten Stand von 1933. Dagegen konnten die Vertreter der Arbeiter ihre Vertreterzahl auf drei erhöhen. Der Anteil der Handwerker und der Selbständigen mit einer bzw. zwei Personen kam den Vorkriegswerten gleich.[471] Der Amtsausschuß von 1945 barg mit dem Großbauern

---

[464] Schreiben an den Landrat von Herford v. 29.11.1945; GA Rödinghausen, Zwischenarchiv, C 0-00/4.

[465] Verzeichnis über die im Amtsbezirk Rödinghausen vorhandenen, bestätigten Schiedsmänner v. 7.3.1934, Aufstellung der Amtsausschuß-Angehörigen v. 30.6.1945 u. Einladung der Mitglieder des Amtsausschusses zur Sitzung v. 8.11.1945; GA Rödinghausen B 50 u. Zwischenarchiv, D 0-23/10.

[466] Depke besaß 5,24 ha Boden, Oberschulte verfügte über 28,65 ha Eigenland. Nachweisung über die Bauernhöfe der Gemeinde Rödinghausen; GA Rödinghausen, Zwischenarchiv, D 0-05/2; Bodennutzungserhebung 1957 u. 1959; a.a.O., D 0-51/20-22. Zur Gemeindevorstehertätigkeit der beiden siehe Erstes Kapitel, B.1. Die Gemeindebürgermeister.

[467] Vgl. Depkes Geburtsdatum im Verzeichnis der gewählten Amtsvertreter v. 17.1.1946; GA Rödinghausen, Zwischenarchiv, D 0-23/10.

[468] Protokoll der Amtsvertretersitzung v. 13.9.1945 u. Einladung der Mitglieder des Amtsausschusses zur Sitzung v. 8.1.1945; a.a.O.

[469] Meyer kultivierte 17,81 ha Eigenland. Nachweisung über die Bauernhöfe der Gemeinde Bieren; GA Rödinghausen, Zwischenarchiv, D 0-05/2. Zum Bodenbesitz Petrings siehe Erstes Kapitel, A.1. Die Leiter der Amtsverwaltung.

[470] Schreiben des Amtsbeigeordneten an den Landrat von Herford v. 12.1.1946; GA Rödinghausen, Zwischenarchiv, D 0-23/10.

[471] Der Schneidermeister Kiel sowie der Klempner und Elektromeister Budde betrieben ein eigenständiges Gewerbe. Siehe Adreßbuch des Kreises Herford 1936, S. 228 - 230 u. Heimat-Adreßbuch Landkreis

Oberschulte lediglich einen Oberschichtangehörigen in seinen Reihen. Den Hauptanteil stellte der Mittelstand mit fünf Ausschußmitgliedern, zu denen vier Bürgervertreter aus der Unterschicht traten.

Das gestiegene Ansehen von Arbeitervertretern, vor allem den politisch organisierten, unterstreicht die Existenz eines zweiten kommunalpolitischen Komitees. Der „Antifaschistische Ausschuß" nahm zeitweilig an den Sitzungen des Amtsausschusses teil und definierte sich als eine durch die Widerstandtätigkeit einzelner Arbeiterorganisationen legitimierte politische Kraft. Er rekrutierte sich nicht aus Neulingen, sondern stand in der Tradition der zahlreichen organisierten Arbeiter aus dem Amtsgebiet.[472] So stellten der Leiter und Stellvertreter der KPD-Ortsgruppe Westkilver, August Fuhrmann und Josef Zuralsky, zugleich die Spitze im Antifaschistischen Komitee.[473] Ebenso hatte der Zigarrenarbeiter Karl Homburg als SPD-Mitglied sich bereits als Kandidat des Arbeiter-Wahlvorschlags für die Amtsvertretung 1933 beworben.[474] Bei einer der üblichen Zusammenkünfte von Antifaschistischem und Amts-Ausschuß im November 1945 berieten die Versammelten zum Beispiel über die Sicherung des Amtes vor Raubüberfällen sowie die Einrichtung eines Wohnungsamtes.[475]

Gegen diese kommunalpolitische Konkurrenz wehrten sich die Angehörigen des Amtausschusses, da das von Kommunisten dominierte Rödinghauser Antifaschistische Komitee „alternative Ansätze zur traditionellen Verwaltungs- und Parteiorganisation" umsetzen wollte.[476] Die angestammten Lokalpolitiker sprachen beim Herforder Landrat vor,

„ob es zulässig ist... daß ein freigebildetes, sogenanntes antifaschistisches Komitee nicht nur an den Sitzungen des Amtsausschusses teilnimmt, sondern auch Beschlüsse mitfaßt und die Niederschrift mit unterschreibt, als ob die Mitglieder des Antifaschistischen Komitees ebenfalls zum Amtsausschuß gehörten."[477]

Anfänglich erfreute sich der Antifaschistische Ausschuß noch des Wohlwollens der Militärregierung. Diese schlug sogar noch eine Erweiterung der sechs Mitglieder um eine Frau vor. Die dafür vorgesehene Zigarrenarbeiterin Minna Brinkmann lehnte jedoch ab.[478] Die Suche nach einer Nachfolgerin zog sich so lange hin, bis zum Jahres-

---

Herford 1957, S. 431. Der Werkmeister Aschemeyer führte dagegen kein eigenes Geschäft; Adreßbuch des Kreises Herford 1936, S. 222.

[472] Siehe dazu die Wahlergebnisse der SPD und KPD in Tabelle Nr. 43. Zum Schulterschluß von SPD- und KDP-Anhängern in den Antifaschistischen Komitees siehe Kleßmann, Die doppelte Staatsgründung, S. 137.

[473] Anträge des Antifaschistischen Ausschusses u. der KPD-Ortsgruppe v. 4. u. 20.9.1945; GA Rödinghausen, Zwischenarchiv, C 0-05/01.

[474] Wahlvorschlag der Arbeiter v. 25.2.1933; GA Rödinghausen, Zwischenarchiv, B XII-1-4.

[475] Siehe gemeinsame Sitzung des Antifaschistischen und des Amts-Ausschusses v. 22.11.1945; GA Rödinghausen, Zwischenarchiv, D 0-23/10. Daß das Wohnungsamt später von den Vertriebenen vehement eingefordert wurde, ist ein weiterer Beleg für die soziale Einstufung der Flüchtlinge als Unterschichtler.

[476] Kleßmann, Die doppelte Staatsgründung, S. 72; ders., Ein stolzes Schiff und krächzende Möwen, S. 480f.

[477] Protokoll der Besprechung v. 28.11.1945; GA Rödinghausen, Zwischenarchiv, D 0-23/10.

[478] Niederschrift der Sitzung des Amtsausschusses und des antifaschistischen Komitees v. 22.11.1945; a.a.O.

beginn der kommissarische Amtsbürgermeister Depke vom Landrat die Weisung erhielt, es sei nicht mehr erforderlich, daß „eine Hausfrau" dem Ausschuß angehöre.[479] Dieser Kurswechsel ist zum einen im Zusammenhang mit der politischen Eingliederung der Antifaschistischen Komitees in die Parteien Ende 1945 zu sehen, zum anderen mit der von der Militärregierung intendierten Ausschaltung der Ausschüsse.[480] So wurde im September 1945 auch dem Rödinghauser Antifaschistischen Komitee eine Volksversammlungsreihe untersagt, auf der die Herforder KPD-Rednerin Thea Sefkow über „Nie wieder Faschismus. Aufbau der Demokratie" sprechen wollte.[481]

Im Januar 1946 wurde der Amtsrat erneut personell umgestaltet.[482] Im Durchschnitt waren die Bürgervertreter genau 53 Jahre alt. Von den 10 Amtsvertretern betraten fünf erstmals die Bühne der Amtspolitik: der Gärtnermeister Karl Kiel, der als Unabhängiger zum Amtsbürgermeister aufstieg, der Maurer Heinrich Oestreich, der Eisenbahner Heinrich Depke und der Mittelbauer Heinrich Wienker.[483] Hierbei ist auch wie in Ottmarsbocholt und Heek das Bemühen greifbar, Bürgervertreter aus der Zeit vor dem Nationalsozialismus wieder für ein Amt zu gewinnen.[484] So hatten der Mittelbauer Wilhelm Depke und der Zigarrenarbeiter Heinrich Restemeier bereits von 1929 bis 1933 der Amtsvertretung angehört, der Vater des Mittelbauern Ernst Steinmeier hatte dort im gleichen Zeitraum Sitz und Stimme besessen, ein Verwandter des Zigarrenarbeiters Fritz Schlömann hatte 1933 für den Arbeiter-Wahlvorschlag kandidiert; einem Verwandtem des Zigarrenfabrikanten August Uthoff aus Rödinghausen war 1924 der Aufstieg zum stellvertretenden Gemeindeschulzen gelungen.[485] Zudem erfuhr der Maurer und Kleinbauer Heinrich Petring, der ebenso zum Gemeindevorsteher in Ostkilver ernannt wurde, nach seiner Ernennung 1945 nun eine weitere Bestätigung. Vier der zehn Bürgervertreter saßen zugleich im Amts-Entnazifizierungsausschuß.[486]

Die Amtsvertretung vom Januar 1946 ähnelte in ihrer professionellen Zusammensetzung ihrer Vorgängerin. Während der Bauern- und Selbständigenanteil mit vier bzw. zwei Personen den Werten vor den NS-Eingriffen 1933 und nach der NS-Ära

---

[479] Schreiben des kommissarischen Amtsbürgermeisters Depke v. 2.1.1946; a.a.O.
[480] Zur Eingliederung der Angehörigen des Antifaschistischen Ausschusses in die politischen Parteien – vornehmlich, aber nicht nur in die SPD – siehe unten die politische Herkunft der Amts- und Gemeindevertreter. Zur Entmachtung der „Antifa-Komitees" siehe Kleßmann, Die doppelte Staatsgründung, S. 72 u. 121ff.
[481] Siehe Antrag des Antifaschistischen Komitees v. 4.9.1945 für vier Veranstaltungen v. 8. – 11.9.1945; GA Rödinghausen, Zwischenarchiv, C 0-05/01.
[482] Verzeichnis der Amtsvertreter v. 17.1.1946; GA Rödinghausen, Zwischenarchiv, D 0-23/10.
[483] Wienker bewirtschaftete 16,3 ha Land im Privatbesitz; Nachweisung über die Bauernhöfe der Gemeinde Westkilver v. 22.4.1945; GA Rödinghausen, Zwischenarchiv, D 0-05/2.
[484] Für den übergeordneten gesellschaftlichen Kontext siehe z. B. Sywottek, Wege in die 50er Jahre, S. 13 - 42; dies., „Wiederaufbau" und „Modernisierung", S. 18 - 32; Falter, Kontinuität und Neubeginn, S. 236 - 263; Kocka, Neubeginn oder Restauration? S. 141 - 168.
[485] Es handelte sich dabei um den Mittelbauern Heinrich Uthoff.
[486] Nachweisung über die Mitglieder des Denazifizierungsausschusses des Amtes Rödinghausen v. 16.2.1946; GA Rödinghausen, Zwischenarchiv, D 0-05/2; KA Herford, D 7.

1945 glich,[487] waren vier Arbeiter in das Gremium gekommen und erreichten damit ihren bislang höchsten Stand. Demzufolge war auch der Anteil der Unterschichtvertreter mit fünfzig Prozent so hoch wie nie zuvor, während die Quoten der Ober- und Mittelschichtangehörigen wiederum denen der Jahre 1933 und 1945 auffallend ähnelten. Schließlich erlangte die Parteizugehörigkeit als Plazierungskriterium zunehmend Bedeutung. Angesichts der professionellen und sozialen Segmentierung nimmt es kaum Wunder, daß mit fünf Amtsvertretern die meisten aus der Sozialdemokratie kamen. Gerade die SPD konnte an die organisatorischen Strukturen vor 1933 anknüpfen und darauf bauen, daß ehemalige Sozialdemokraten nun wieder aktiv wurden. Drei weitere Räte sahen ihre politische Heimat in der Union. Die restlichen zwei, unter ihnen der Amtsbürgermeister, hatten sich noch auf keine Vereinigung festgelegt.

Die erste demokratisch legitimierte Amtsvertretung ging aus der Wahl im Herbst 1946 hervor.[488] Jedoch beschränkte sich ihre demokratische Legitimation nur auf den Personenkreis der einheimischen Bevölkerung. Evakuierte und Flüchtlinge waren de facto von der Stimmabgabe ausgeschlossen, da als Wähler nur zugelassen war, wer seit zwei Jahren, d.h. vor dem 1. Januar 1944, seinen Wohnsitz in Rödinghausen gehabt hatte und dort permanent ansässig gewesen war. Demzufolge befanden sich keine neuen Dorfbewohner unter den 18 Bürgervertretern.

Elf Bürgervertreter hielten erstmals Einzug in die Amtsversammlung: die Mittelbauern Hermann Elbrecht, Gustav Nolte, August Brökemeier und Hermann Holtmeier,[489] der Zimmerermeister Karl Leimbrock, die Arbeiter Johann Kruse und Fritz Meyer, der Kraftfahrer Fritz Blome, der Fabrikarbeiter Gustav Hambürger, der von nun an bis zur Kommunalreform ununterbrochen der Amtsvertretung angehörte, der Hilfsarbeiter Gustav Hillingmeier und der Zigarrenarbeiter Karl Vogt. Gleichzeitig wurden neben diesen Neulingen alte Kommunalpolitiker aus der Weimarer Zeit reaktiviert. Der Zementarbeiter Friedrich Blome war schon von 1929 bis 1935 in der Amtsvertretung tätig gewesen, zwei Verwandte des Zigarrenarbeiters Mailänder hatten sich 1933 kommunalpolitisch engagiert.[490] Überdies erfuhren Gustav Vogtländer, der sich 1945 dem Antifaschistischen Komitee angeschlossen hatte, Heinrich Petring, Heinrich Restemeier und Karl Kiel per Wählerentscheid die Bestätigung ihrer Ernennung aus den Jahren 1945 und 1946. Der Amtsvertreter Wilhelm Budde schließlich war ein Verwandter des Amtsausschußmitglieds von 1945, Julius Budde.

---

[487] Als Selbständige gelten der Zigarrenhersteller Ortmann und der Gärtnermeister Kiel. Vgl. Adreßbuch des Kreises Herford 1936, S. 231, u. Heimat-Adreßbuch Landkreis Herford 1957, S. 404.

[488] Protokoll der Amtsvertretersitzung v. 26.9.1946 u. Schreiben des Amtsdirektors an den Kreis Resident Officer (KRO) in Herford v. 28.9.1946; GA Rödinghausen, Zwischenarchiv, D 0-23/10. Nachweisung der Amtsvertreter des Amtes Rödinghausen v. 26.9.1946 u. Aufstellung für die Militärregierung v. 1.9.1946; a.a.O., C 0-00/20. Namentliche Aufstellung der Amtsvertreter v. 19.10.1946; a.a.O., C 0-63/064.

[489] Nolte verfügte 10,33 ha eigenen Grund, Elbrecht gehörten 9,87 ha Land, Brökemeier besaß 12,61 ha Boden und Holtmeier 13,87 ha Land. Nachweisung über die Bauernhöfe der Gemeinden Schwenningdorf u. Westkilver v. 22.4.1945; GA Rödinghausen, Zwischenarchiv, D 0-05/2.

[490] Heinrich Mailänder hatte 1933 als Arbeitervertreter kandidiert, während Fritz Mailänder als Bewerber dieser Liste in den Rat gekommen war.

Im Mittel waren die Amtsräte 48,7 Jahre alt, mithin erheblich jünger als ihre Vorgänger. Dabei fällt auf, daß die SPD-Repräsentanten jünger als ihre Unionskollegen waren, die es durchschnittlich auf 53,8 Jahre brachten. In der beruflichen Zusammensetzung stellten die Bauern fünf Amtsvertreter. Die Selbständigen gewannen drei Plätze,[491] während sich die Arbeiter unter den Amtsvertretern, die allesamt in der SPD organisiert waren, mit zehn Plätzen die Mehrheit in diesem Gremium und zugleich ihr bestes Resultat sicherten. Daher war die Zahl der Unterschichtvertreter mit elf so hoch wie nie zuvor und ergab einen Prozentsatz von 61,1 Prozent. Während die Oberschicht gänzlich ausfiel, stammten noch sieben Amtsvertreter (38,8 Prozent) aus der Mittelschicht. Im Jahre 1946 hatte die Frage der Parteimitgliedschaft weiteres Gewicht gewonnen, so daß mittlerweile 16 Amtsräte einer politischen Fraktion beigetreten waren. Lediglich der amtierende Amtsbürgermeister Karl Kiel hatte sich immer noch nicht festgelegt, was schließlich dazu führte, daß er bei der nächsten Wahl 1948 in seinem Amt nicht mehr bestätigt wurde.[492] Die Übermacht der SPD auf der Ebene der Amtspolitik, der dort elf der 16 parteigebundenen Räte angehörten, wird auch durch die Parteizugehörigkeit der Amtsausschußmitglieder belegt. Von den 57 Mitarbeitern im Flüchtlings-, Finanz-, Wohnungs-, Verkehrs- und Jugend-Ausschuß trugen 32 das Parteibuch der Sozialdemokraten und nur acht das der Union. Demgegenüber standen 17 Unabhängige.[493]

Die Amtsvertretung 1948 setzte sich aus einem kleineren Mitgliederkreis zusammen. Nur noch 13 Amtsräte gingen aus der Wahl am 17. Oktober 1948 hervor, von denen aber die Mehrheit in ihrer Funktion bestätigt wurde.[494] Ein weiteres Mandat erhielten der Maschinist und Schmiedemeister Wilhelm Budde, der den parteilosen Karl Kiel als Amtsbürgermeister ablöste, die Mittelbauern Hermann Elbrecht und Gustav Nolte, der genannte Gärtnermeister Karl Kiel, der Fabrikarbeiter Gustav Hambürger, der Zementarbeiter Friedrich Blome, die Zigarrenarbeiter Heinrich Restemeier und Karl Vogt, der Maurer und Kleinbauer Heinrich Petring sowie der Hilfsarbeiter Gustav Hillingmeier. Allein drei Amtsvertreter, der Tischlermeister Wilhelm Schlattmeier, der Tischler und Stellmacher August Bergmann und der Landarbeiter Karl Kröger, stellten sich erstmalig für die Amtspolitik zur Verfügung. Kröger legte sein Mandat Ende November 1949 nieder und machte damit dem ersten Vertriebenen in der Rödinghauser Amtsvertretung, Bernhard Wreders, Platz. Der gebürtige Westpreuße hatte sich in den Jahren 1946 bis 1948 als Vertreter der Vertriebenenjugend und als Flüchtlingsfürsprecher bereits einen Namen gemacht.[495] Wreders hatte im Flüchtlings-Ausschuß der Gemeinde Rödinghausen 1946 einen Mißtrauensantrag gegen den einheimischen Vorsitzenden, den Landarbeiter Arnold

---

[491] Als Selbständige zählen der Gärtnermeister Kiel, der Schmiedemeister Budde und der Tischlermeister Leimbrock, die alle ein eigenständiges Gewerbe betreiben. Vgl. Heimat-Adreßbuch Landkreis Herford 1957, S. 404, 431 u. 448.
[492] Siehe Erstes Kapitel, A.1. Die Leiter der Amtsverwaltung.
[493] Statistische Angaben für die Militärregierung; GA Rödinghausen, Zwischenarchiv, C 0-00/20.
[494] Nachweisung über die gewählten Amtsvertreter des Amtes Rödinghausen v. 1.11.1948 u. Vereidigung v. 30.10.1948; GA Rödinghausen, Zwischenarchiv, D 0-23/10.
[495] Siehe Einladung zur außergewöhnlichen Sitzung über Flüchtlingsangelegenheiten v. 19.11.1948; GA Rödinghausen, Zwischenarchiv, C 0-00/21.

Masch, gestellt und war daraufhin selbst zum Vorstand avanciert.[496] Sein Parteieintritt und seine Kandidatur für die Sozialdemokratie hatten den Schachtmeister an die erste Stelle der SPD-Reserveliste gebracht, von wo er im Dezember 1949 zum Ratsmitglied aufrückte.[497]

Das Alter der Gremiumsangehörigen war erneut leicht gesunken. Die Amtsvertreter brachten es im Schnitt auf ein Alter von 48,5 Jahren.[498] Mit Ausnahme des als Amtsbürgermeister abgewählten Kiel hatten sich alle Amtsvertreter einer politischen Vereinigung angeschlossen. Die sozialdemokratischen Bürgervertreter saßen zu acht in doppelter Stärke gegenüber ihren Unionskollegen. Unter den Amtsräten befanden sich sechs Arbeiter, die mit ihrem Anteil knapp die Hälfte der Gremiumsmitglieder ausmachten. Dazu traten jeweils drei Bauern und Selbständige und ein Handwerker.[499] Die Verhältnisse bei der Schichtzugehörigkeit der Amtsvertreter änderten sich gegenüber 1946 nicht. Fünf Ratsmitglieder entstammten dem Mittelstand, die restlichen acht aus der Unterschicht stellten die Mehrheit. Dabei sticht hervor, daß soziale Interessenlage und Parteimitgliedschaft der Amtsräte zusammenfielen. Alle zehn Unterschichtangehörigen waren in der SPD politisch beheimatet,[500] wogegen die fünf Unionsmitglieder und der unabhängige Bewerber der Mittelschicht zugehörten. Diese Kongruenz von Parteibuch, politischer Beteiligung und Bindung an das sozialmoralische Milieu durchzog wie ein roter Faden alle Rödinghauser Bürgervertretungen und wurde besonders deutlich in der Konkurrenzsituation der beiden großen Volksparteien in bundesrepublikanischer Zeit.

Die nächste Amtswahl vier Jahre später brachte ein größeres Personalrevirement bei einer gleichzeitigen Aufstockung des Rats auf 18 Mitglieder.[501] Die eine Hälfte des Gremiums bestand aus wiedergewählten Bürgervertretern, die andere aus neu in den Rat entsandten. Einen Auftrag für eine weitere Amtszeit erhielten der Schmiedemeister Budde als Amtsschulze, der Gärtnermeister Kiel, der Mittelbauer Elbrecht, der Zementarbeiter Blome, der Maurer und Kleinbauer Petring, der Zigarrenarbeiter Vogt, der Fabrikarbeiter Hambürger, der Hilfsarbeiter Hillingmeier und der mittlerweile in Ruhestand getretene Restemeier. Unter den neugewählten Bürgervertretern befand sich auch ein Vertriebener. Leo Olejnik aus Schönlanke war wie sein Schicksalsgenosse Wreders über die SPD-Reserveliste in das Gremium gelangt. Der Dachdecker wurde zeitgleich „als Vertreter der Vertriebenenjugend" in den Amtsju-

---

[496] GA Rödinghausen, Zwischenarchiv, C 0-00/20; Adreßbuch des Kreises Herford 1936, S. 215.
[497] Protokoll der Amtsvertreter-Sitzung v. 3.12.1949; GA Rödinghausen, Zwischenarchiv, a.a.O. u. D 0-23/10. Nachweisung über die Amtsvertretung des Amtes Rödinghausen v. 19.3.1951; a.a.O., C 0-00/21.
[498] Das Alter des Tischlermeisters Schlattmeier konnte nicht ermittelt werden.
[499] Ein eigenes Geschäft führten der Gärtnermeister Kiel, der Schmiedemeister Budde und der Tischlermeister Schlattmeier. Siehe Heimat-Adreßbuch Landkreis Herford 1957, S. 404, 431 u. 441. Der Dachdecker Olejnik betrieb kein eigenes Gewerbe, sondern arbeitete im Beschäftigtenverhältnis; a.a.O., S. 307.
[500] Der elfte Sozialdemokrat, der Schmiedemeister Budde, entstammte dem Mittelstand.
[501] Auszug aus dem Protokoll der Amtsvertreter-Sitzung v. 22.11.1952 u. Einladung zur Sitzung am 29.1.1955; GA Rödinghausen, Zwischenarchiv, D 0-23/10 u. 0-23/10-16,30-34. Adreßbuch des Kreises Herford 1936, S. 206 - 224. Heimat-Adreßbuch Landkreis Herford 1957, S. 307.

gendausschuß delegiert.[502] Daneben erhielten auch die Mittelbauern Karl Schiereck und Wilhelm Stukemeier,[503] der Bäckermeister und Gastwirt Heinrich Bringewatt, der Klempnermeister August König, der Postfacharbeiter August Landwehr, der Maurer August Eimertenbrink sowie der Arbeiter Wilhelm Wisskamp erstmals einen Wählerauftrag. Der Großbauer Emil Oberschulte konnte bereits auf langjährige kommunalpolitische Erfahrungen zurückblicken.[504]

Das Durchschnittsalter der Amtsvertreter war gegenüber 1948 gestiegen. Bei dieser Wahl lag es bei 50,8 Jahren.[505] Die Berufszugehörigkeit der Gewählten entsprach nahezu identisch der ihrer Vorgänger. Vier Ratsmitglieder arbeiteten als Ackersmänner, und ebenso viele waren selbständig.[506] Einer befand sich bereits im Ruhestand. Das Gros der Gewählten waren die acht Arbeiter. Nach sozialer Herkunft überwogen infolgedessen erneut die zehn Unterschichtangehörigen. Sieben Bürgervertreter waren im Mittelstand zu Hause und nur einer in der Oberschicht. Wie eng auch bei diesen Amtsvertretern Schichtzugehörigkeit und politische Interessen verklammert waren, zeigt der Blick auf die Parteimitgliedschaft der Amtsräte. Alle zehn Unterschichtler waren ausnahmslos Sozialdemokraten,[507] während die sieben Unionsräte durchweg aus der Mittel- bzw. Oberschicht kamen.

Die folgende Amtsvertretung von 1956 stand unter dem Zeichen der Differenzierung. Sowohl nach beruflicher Herkunft als auch nach Parteizugehörigkeit fächerten sich die Plazierungskriterien der insgesamt 18 Amtsverordneten weiter auf. Gleichzeitig war mit der Wahl wiederum ein größerer Personalwechsel verbunden. Wie vier Jahre zuvor zog die Hälfte der Ratsmitglieder erstmals in das Gremium ein. Dies waren der Fuhrunternehmer Ernst Hanna,[508] die Mittelbauern Karl Broksieker und Ewald Bartelheimer,[509] der Kohlenhändler Gustav Gerber, der staatlich geprüfte Masseur Hans Binder, die Kaufleute Egon Büker und Robert Bauer, der Rentner Eduard Höhn sowie der Arbeiter Paul Hauswitzer, ein neuer Dorfbewohner. Der gebürtige Oberschlesier aus Gleiwitz unterschied sich von seinen Vorgängern Wreders

---

[502] Auszug aus dem Protokoll der Amtsvertretersitzung v. 22.11.1952 u. 6.3.1953; GA Rödinghausen, Zwischenarchiv, D 0-23/10-16/30-34.

[503] Schiereck verfügte über 8,97 ha Land in Privatbesitz. Stukemeier befand sich mit 19,95 eigenem Grund nahe an der Klassifizierung zum Großbauern. Nachweisung über die Bauernhöfe der Gemeinde Schwenningdorf v. 22.4.1945; GA Rödinghausen, Zwischenarchiv, D 0-05/2.

[504] Von 1915 bis 1929 hatte er als Stellvertreter des Ehrenamtmannes fungierte, von 1929 bis 1935 hatte er in der Amtsvertretung gesessen, bevor ihn 1945 die Militärregierung in den Amtsausschuß berief.

[505] Von zwei Ratsmitgliedern lagen die Geburtsdaten nicht vor.

[506] Selbständig ein Gewerbe betrieben der Gärtnermeister Kiel, der Bäckermeister und Gastwirt Bringewatt, der Klempnermeister König und der Schmiedemeister Budde. Vgl. Heimat-Adreßbuch Landkreis Herford 1957, S. 404, 406, 414 u. 431. Siehe ebenso Adreßbuch des Kreises Herford 1936, S. 210 u. 224.

[507] Der elfte SPD-Mann war der Mittelständler und Amtsbürgermeister Wilhelm Budde.

[508] Hanna hatte z. B. 1942 den Milchtransport der dörflichen Bauern zur Molkerei im Rahmen der NS-„Erzeugungsschlacht" übernommen. Artikel „Der Ortsbauernführer", in: Chronik Rödinghausen (1942 - 1949); GA Rödinghausen, Buchbestand Nr. 23.

[509] Broksieker besaß 6,7 ha Boden, Bartelheimer bewirtschaftete 9,34 ha Eigenland. Siehe Nachweisung über die Bauernhöfe der Gemeinden Rödinghausen u. Westkilver v. 22.4.1945; GA Rödinghausen, Zwischenarchiv, D 0-05/2.

und Olejnik in zwei Punkten. Hauswitzer gehörte der katholischen Konfession an und engagierte sich als Flüchtlingsfürsprecher im Block der Heimatvertriebenen und Entrechteten (BHE). Für weitere vier Jahre wurden der Postfacharbeiter August Landwehr als Amtsbürgermeister, der Klempnermeister August König als Stellvertreter sowie der Schmiedemeister Wilhelm Budde, die Maurer Heinrich Petring und August Eimertenbrink, der Packer August Blome,[510] der Arbeiter Johann Kruse,[511] der Tischler Gustav Hamburger und der Zigarrenarbeiter Karl Vogt zu Bürgervertretern bestellt.

Die Amtsverordneten waren durchschnittlich 50,4 Jahre alt und lagen dabei im Rahmen des Mittels von 1952.[512] Das Phänomen der Differenzierung kam deutlich bei der beruflichen Herkunft der Ratsmitglieder zum Vorschein. Mit den Kaufleuten Bauer und Büker betraten erstmals Angestellte die politische Bühne des Amtes. Wie in Ottmarsbocholt und Heek zeigten damit in der Nachkriegszeit zwei Vertreter des neuen Mittelstandes ihre Präsenz an.[513] Zudem gelangte mit dem Ruheständler Höhn seit fast zwanzig Jahren wieder ein Rentner in das Gremium.[514] Während unter den Amtsverordneten nun fünf Selbständige saßen,[515] sank die Zahl der Bauern mit zwei Vertretern auf den bislang niedrigsten Stand. Mit den Mandatsträgern des neuen Mittelstandes nahm die Zahl der Ratsmitglieder aus der Mittelschicht auf acht zu, so daß sie nun näher zu den Unterschichtangehörigen aufschliessen konnten. Aus der untersten gesellschaftlichen Schicht waren neun Verordnete im Amtsrat. Aus der Oberschicht kam wie vier Jahre zuvor ein Ratsangehöriger.[516]

Auch in parteipolitischer Hinsicht differenzierte sich die Amtsvertretung weiter aus. Statt der in der Nachkriegszeit bisher üblichen Mitglieder der beiden großen Volksparteien tauchten nun erstmals Kandidaten der FDP und des BHE auf. Die Freien Demokraten überflügelten mit vier Räten die drei Unionsmitglieder, während von der SPD zehn Parteiangehörige in den Rat gelangten. Von diesen zehn Sozialdemokraten glückte dies neun Bewerbern auf direktem Weg, nur einer wurde über die Reserveliste nominiert. Dabei wurde erneut die enge Verflechtung von Partei- und Schichtzugehörigkeit offenbar. So waren SPD-Räte und Unterschichtangehörige nahezu identisch.[517] Die Kandidaten aller anderen Parteien hingegen stammten mit Ausnahme des Vertriebenenvertreters aus der Mittel- und Oberschicht.

---

[510] August Blome war am 19.1.1954 für seinen Verwandten Friedrich Blome von der SPD-Reserveliste in den Amtsrat aufgerückt.
[511] Kruse hatte bereits 1946 in der Amtsvertretung gesessen. Siehe oben.
[512] Für den Renter Höhn lag kein Geburtsdatum vor.
[513] In den beiden anderen Untersuchungsgemeinden erschienen Vertreter des neuen Mittelstands bereits früher auf dem politischen Parkett: in der Heeker Amtsvertretung 1946 und in Ottmarsbocholt zwei Jahre später.
[514] 1933 hatten der Rentenempfänger und Invalide Heinrich Niehaus in der Amtsvertretung gesessen.
[515] Selbständig ein Gewerbe betrieben der Fuhrunternehmer Hanna, der Klempnermeister König, der Kohlenhändler Gerber, der Masseur Binder und der Schmiedemeister Budde. Vgl. Heimat-Adreßbuch Landkreis Herford 1957, S. 404, 414, 415, 422 u. 431.
[516] Der Unternehmer Hanna betrieb neben dem Fuhrgeschäft eine Kohlenhandlung. Seine gehobene soziale Stellung verdeutlicht der Umstand, daß Hanna zu den 14 Schwenningdorfer Bürgern zählte, die über einen Telefonanschluß verfügten. Siehe a.a.O., S. 308 - 311.
[517] Wie schon 1952 entstammte lediglich der Schmiedemeister Budde der Mittelschicht.

Mit der Amtsvertretung 1961 zeichnete sich ein personeller Umbruch ab, der von einem Generationenwechsel begleitet wurde.[518] 13 der insgesamt 19 Ratsmitglieder engagierten sich zum ersten Mal in der Kommunalpolitik, von denen acht bis zur kommunalen Neugliederung, sechs sogar bis 1972 die Amtspolitik mitgestalteten: die Mittelbauern Georg Oberbäumer und Wilhelm Schürmann,[519] der Müllermeister Herbert Strathmann, der Polizeiobermeister Gustav Möller, der Werkmeister Gerhard Kollmeier, der Tischler Friedrich Barz, der Gärtner Werner Greiwe, der Schlachter Karl Nehl, der Kraftfahrer Wilhelm Langhorst, der Dreher Anton Schweihoff, der Zigarrenarbeiter Karl Blomenkamp und der Rentner Gustav Breitensträter, ein Verwandter des Ratskollegen Ernst Breitensträter.[520] Die politischen Debütanten waren mit durchschnittlich 46,6 Jahren auch bedeutend jünger als ihre Vorgänger. Erst die sechs wiedergewählten Amtsräte, der Maurer Heinrich Petring als Amtsbürgermeister, der Tischler Gustav Hambürger als Stellvertreter, der Postfacharbeiter August Landwehr, der Packer August Blome und der Maurer Ernst Breitensträter sowie der bereits 1946 aktive Mittelbauer Ernst Steinmeier hoben den Altersdurchschnitt auf exakt 51 Jahre.

Bedeutendste Berufsgruppe blieben nach wie vor die Arbeiter. Sie stellten mit acht Mitgliedern einen Anteil von 47,3 Prozent. Als zweitgrößte professionelle Fraktionen konnten sich zu gleichen Teilen die Bauern und die Handwerker mit jeweils drei Amtsvertretern plazieren.[521] Dahinter standen die Selbständigen, aus deren Reihen sich zwei Amtsverordnete rekrutierten.[522] Auch dieser Amtsrat wurden von einer SPD-Mehrheit bestimmt. Elf Ratsmitglieder besaßen das Parteibuch der Sozialdemokraten, fünf gehörten der Union an. Die FDP war gegenüber 1956 auf einen Vertreter zurückgefallen, während der BHE als politische Kraft auf Amtsebene ausgefallen war. Dafür gelang es einer Unabhängigen Wählergemeinschaft, sich in der Amtspolitik zu etablieren. Aus ihren Reihen stammten mit dem Schlachter Nehl und dem Werkmeister Kollmeier zwei Delegierte. Unter den 19 Amtsverordneten befand sich wie seit 1949 ein Flüchtlingsfürsprecher. Richard Duncker war aus Schwerin in den Westen gezogen und hatte sich im Gegensatz zu seinen Vorgängern der CDU angeschlossen. Auch bei dieser personellen Zusammensetzung glich die Zahl der

---

[518] Bekanntmachung des Wahlergebnisses v. 21.4.1961; GA Rödinghausen, Zwischenarchiv, D 0-64/00-01. Auszug aus dem Protokoll der Amtsvertreter-Sitzung v. 6.5.1961; a.a.O., D 0-23/10-16,30-34. Heimat-Adreßbuch Landkreis Herford 1957, S. 301 - 315.

[519] Oberbäumer bewirtschaftete 8,45 ha privaten Grund, Schürmann 5,18 ha. Nachweisung über die Bauernhöfe der Gemeinden Bieren u. Westkilver v. 22.4.1945; GA Rödinghausen, Zwischenarchiv, D 0-05/2. Steinmeier saß bereits 1946 in der Amtsvertretung.

[520] Die Bürgervertreter, die sich auch noch in den siebziger Jahren lokalpolitisch engagierten, waren Oberbäumer, mittlerweile als Versicherungskaufmann, Schürmann, Ernst und Gustav Breitensträter, Greiwe und Langhorst. Siehe Bekanntmachung des Wahlergebnisses v. 26.3.1969; GA Rödinghausen, Zwischenarchiv, D 0-63/20 - 21.

[521] Die drei Handwerker waren der Schlachter Nehl, Gärtner Greiwe, der Tischler Möller, die allesamt in einem abhängigen Arbeitsverhältnis standen. Vgl. Heimat-Adreßbuch Landkreis Herford 1957, S. 402, 404f., 441.

[522] Die beiden Selbständigen waren der Mühlenbesitzer Strathmann und der Tischler Barz; a.a.O., S. 425 u. 441.

Sozialdemokraten genau der Menge der elf Unterschichtangehörigen. Die restlichen Amtsvertreter waren Mittelständler, aus der Oberschicht stammte kein Ratsmitglied. Personelle Kontinuität kennzeichnete die Amtsvertretung von 1964, die letzte vor der Kommunalreform.[523] Von den 21 Ratsmitgliedern stammten 13 aus dem Vorgängergremium, darüber hinaus mit dem Klempnermeister August König einer aus der Vertretung von 1956. Die 13 wiedergewählten Bürgervertreter von 1961 waren der Maurer Heinrich Petring in seiner Funktion als Amtsbürgermeister, der Postfacharbeiter August Landwehr als zweiter Mann, der Dreher Anton Schweihoff, der Gärtner Werner Greiwe, der Zigarrenarbeiter Karl Blomenkamp, der Packer August Blome, der Tischler Gustav Hambürger, der Kraftfahrer Wilhelm Langhorst, der Maurer Ernst Breitensträter, der Rentner Gustav Breitensträter, der Werkmeister Gerhard Kollmeier sowie die Mittelbauern Georg Oberbäumer und Wilhelm Schürmann. Das restliche Drittel unter den Amtsverordneten stellten der Kraftfahrer Hubertus Müller, der Malermeister Hermann Reeske, der Mechanikermeister Johannes Meyer, die Mittelbauern Wilfried Möllering und Heinrich Niehues,[524] der kaufmännische bzw. der technische Angestellte Wilhelm Johanningmeier und Günter Oberpenning, die alle erstmals für diese Aufgabe bestimmt wurden.[525]

Stärkste Berufsgruppe waren wie in der gesamten Nachkriegszeit die Arbeiter. Sie stellten mit zehn Amtsverordneten aus ihren Reihen die größte professionelle Fraktion. Ihnen folgten die vier Bauern. Aus den Gruppen der Selbständigen, Handwerker und Angestellten rekrutierten sich je zwei Bürgervertreter.[526] Auch 1964 waren die meisten Amtsvertreter Sozialdemokraten. Zwölf SPD-Mitgliedern standen sechs CDU-Mitglieder, zwei Unabhängige und ein Liberaler gegenüber.[527] Elf der zwölf Unterschichtler stellten sich der Arbeiterpartei zur Verfügung,[528] während die neun Vertreter der bürgerlichen Vereinigungen aus der materiell besser bemittelten Mittelschicht stammten. Die Frage nach Konstanz oder Wandel in der Amtsvertretung soll auch hier im Anschluß an die Untersuchung der Gemeindevertretung erörtert werden.

---

[523] Bekanntmachung des Wahlergebnisses v. 6.11.1964; GA Rödinghausen Zwischenarchiv, D 0-64/00-01. Auszug aus dem Protokoll der Amtsvertreter-Sitzung v. 14.11.1964; a.a.O. u. D 0-23/10-16,30-34.
[524] Möllering betrieb einen mittelbäuerlichen Betrieb von 9,58 ha, Niehues von 7,99 ha Eigenland. Nachweisung über die Bauernhöfe der Gemeinden Rödinghausen u. Schwenningdorf v. 22.4.1945; GA Rödinghausen, Zwischenarchiv, D 0-05/2.
[525] Zwei Familienangehörige der beiden Bürgervertreter Niehues und Möllering waren bereits früher Ratsmitglieder gewesen, der Vater Möllerings als NS-Amtsältester 1935 und ein Verwandter von Niehues zwei Jahre zuvor als Amtsvertreter.
[526] Leiter eines eigenen Gewerbes oder Geschäftes waren der Klempnermeister König und der Malermeister Reeske, die beiden lohnabhängigen Handwerker waren der Werkmeister Kollmeier und der Mechanikermeister Meyer. Vgl. Heimat-Adreßbuch Landkreis Herford 1957, S. 404f., 414 u. 420.
[527] Stimmzettel zur Wahl des Amtsbürgermeisters; GA Rödinghausen, Zwischenarchiv, D 0-23/10-16,30-34.
[528] Der zwölfte Sozialdemokrat war der technische Angestellte Oberpenning, der 1969 und 1973 für seine Partei in den Kreistag einzog.

B. Die Gemeindebürgermeister und -vertretungen

1. Die Gemeindebürgermeister

Die Vorsitzenden der Gemeindevertretungen in den drei Untersuchungsgemeinden übten eine ehrenamtliche Tätigkeit aus. Die Aufgabe der Gemeindebürgermeister oder auch -vorsteher war es, dem Gemeinderat vorzusitzen und die Gemeinde bei öffentlichen Anlässen zu vertreten. Bewerber für dieses reine Repräsentationsamt, das im Gegensatz zur Leitung der Kommunalverwaltung keine fachliche Qualifikation erforderte, benötigten demnach ein gewichtiges Maß an Sozialprestige und Einfluß.

Der erste Ottmarsbocholter Gemeindebürgermeister des Untersuchungszeitraumes besaß dies unzweifelhaft. Bernard Niehues war Großbauer und nannte 31 ha Land sein eigen.[529] Daß ein solches Repräsentationsamt bei entsprechendem öffentlichen Ansehen zu einer Lebensstellung werden kann, beweist die Person Niehues eindrucksvoll. Der 1849 geborene Niehues wurde am 1. Dezember 1894 im Alter von 45 Jahren zum Gemeindevorsteher bestimmt. In diesem Amt wurde er mehrfach bestätigt und übte es beinahe 33 Jahre bis zum 1. August 1927 aus.[530] Da Niehues diese Stellung seit gut einer Generation ausfüllte, wurde er 1924 von der Gemeindevertretung für die nächsten vier Jahre „durch Zuruf einstimmig wiedergewählt".[531] Wie passend die Etikette der Lebensstellung für das Amt des Gemeindevorstehers in dieser Zeit ist, verdeutlicht das Ausscheiden Niehues' aus seiner Funktion. Drei Jahre nach seiner Wiederwahl verstarb er am 1.8.1927 – im Amt. Der Nachruf in der Lüdinghauser Zeitung vom darauffolgenden Tag gedachte „dieses edlen Mannes, der seit dem 1. Dezember 1894 ununterbrochen die Geschicke der Gemeinde als Gemeindevorsteher in guten wie trüben Zeiten in uneigennützigster Weise zum Wohle der Gesamtheit geleitet hat." Der von Ehrenamtmann Schulte-Vorwick verfaßten Todesanzeige galt die langjährige Dienstzeit Niehues' als „Beweis für das Vertrauen, das ihm allseits und stets entgegengebracht wurde."[532] Dieses Vertrauen speiste sich aus dem Ansehen Niehues, das er aufgrund seines Status als Großbauer hatte.

Zum Nachfolger von Bernard Niehues wurde der Gast- und Landwirt Kaspar Vollmer bestellt, der ebenfalls aus der gesellschaftlichen Oberschicht der Großbauern stammte und mit seinem Wirtshaus einen Versammlungsort und damit eines der

---

[529] Gerichtliches Verzeichnis der Höfe, deren Eintrag in die Erbhofrolle in Aussicht genommen ist v. 15.6.1934; GA Senden, Bestand Ottmarsbocholt, C 197. Aufgrund der Hofgröße wird er in den Quellen auch als Großgrundbesitzer bezeichnet; GA Senden, Bestand Ottmarsbocholt, B 9.

[530] Zu Niehus' Tätigkeit als Gemeindevorsteher vor der Weimarer Republik siehe z. B. Auszug aus dem Protokollbuch v. 18.6.1913; STAMS, Kreis Lüdinghausen, Nr. 1572. 1911 wurde Niehues zum Beigeordneten für das Amt Ottmarsbocholt ernannt. Siehe Vereidigung Niehues v. 16.2.1911; STAMS, Kreis Lüdinghausen, Nr. 1571. Zur Bestätigung von Niehues im Jahre 1924 siehe Schreiben des Ehrenamtmanns an den Vorsitzenden des Kreisausschusses v. 21.6.1924 u. Auszug aus dem Protokollbuch der Gemeindevertretung Ottmarsbocholt v. 20.6.1924; STAMS, Kreis Lüdinghausen, Nr. 1791.

[531] Auszug aus dem Protokollbuch der Sitzung der Gemeindevertretung Ottmarsbocholt v. 20.6.1924; GA Senden, Bestand Ottmarsbocholt, B 9.

[532] Lüdinghauser Zeitung v. 2.8.1927; a.a.O.

dörflichen Kommunikationszentren besaß.[533] Vollmer gehörte dem Jahrgang 1867 an und war seit Anfang der Weimarer Zeit Gemeinderat.[534] Zum erstenmal wurde er am 2. März 1919 gewählt.[535] Fünf Jahre später kandidierte er als Listenführer des Wahlvorschlages I, der ausschließlich Kandidaten aus dem Dorf führte.[536] Auf diese Liste fielen die meisten Stimmen, nicht zuletzt deshalb, weil Vollmer als Interessenvertreter der Gast- und Schankwirte der stärksten selbständigen Berufsgruppe Ottmarsbocholts 1919 angehörte.[537] Nach dem Tod des Gemeindevorstehers Niehues wurde Vollmer am 17. August 1927 mit den Stimmen seiner Fraktion ‚Dorf‘, der mitgliederstärksten, zum neuen Gemeindevorsteher gewählt.[538] Zusätzlich wurde er 1928 zum Amtsbeigeordneten berufen und ein Jahr später „einstimmig wiedergewählt".[539] Vollmer versah das Vorsteheramt bis zum 30. September 1934, als das Repräsentationsamt der Gemeinde mit der Leitung der Kommunalverwaltung zusammenfiel. Nach der am 1. November 1934 in Kraft getretenen Amtsordnung, besonders aufgrund des Paragraphen 18, und der DGO vom 30. Januar 1935 mußte der Amtsbürgermeister in der amtsangehörigen Gemeinde, in der er wohnte, auch Gemeindeschulze sein.[540] Damit schied Vollmer als Gemeindevorsteher aus, sein Amt bekleidete nun in Personalunion der Amtsbürgermeister Franz Ermke, später der kommissarische Amtsbürgermeister Josef Adrian.[541] Vollmer verrichtete daraufhin die Geschäfte des Ersten Amtsbeigeordneten bis zum 25. März 1935, als die neuen Amtsbeigeordneten, Josef Adrian und Wilhelm Kovermann, bestellt wurden.[542]

Vollmers Stellvertreter war wiederum ein Großbauer. 1924 stand der 1870 geborene Anton Höwische auf Platz neun des Wahlvorschlags II ‚Bauerschaften‘, war aber nicht direkt in den Gemeinderat gewählt worden.[543] Stattdessen nominierte ihn die Fraktion ‚Bauerschaften‘ als Kandidaten bei der Wahl des neuen Gemeindeschulzen. Höwische unterlag dabei seinem Konkurrenten Vollmer mit drei zu vier Stimmen. Bei der anschließenden Designation des Stellvertreters erhielt er alle sieben

---

[533] Vollmer verfügte über 24 ha Grund und Boden. Vgl. Gerichtliches Verzeichnis der Höfe, deren Eintrag in die Erbhofrolle in Aussicht genommen ist v. 15.6.1934; GA Senden, Bestand Ottmarsbocholt, C 197.
[534] GA Senden, Bestand Ottmarsbocholt, C 11.
[535] GA Senden, Bestand Ottmarsbocholt, B 9.
[536] Dazu ausführlich siehe die Wahl zur Gemeindevertretung 1924.
[537] Siehe dazu Anhang, Tabelle Nr. 38; vgl. auch Wermert, Entwicklung von Industrie, Gewerbe und Dienstleistungen, S. 595. Gaststätten besaßen als Kommunikations- und Interaktionszentren und politische Versammlungsorte große Bedeutung im Sozialraum Dorf.
[538] GA Senden, Bestand Ottmarsbocholt, C 11.
[539] Vollmer übernahm das Amt des verstorbenen Franz Bette. Schreiben des Ehrenbürgermeisters an den Vorsitzenden des Kreisausschusses v. 2.5.1928 u. Auszug aus dem Protokollbuch der Gemeindevertretung Ottmarsbocholt v. 11.12.1929; STAMS, Kreis Lüdinghausen, Nr. 1784.
[540] Die juristische Grundlage lieferte der Paragraph 119; RGBl 1935, Teil I, S. 49ff.
[541] GA Senden, Bestand Ottmarsbocholt, Protokollbuch der Gemeinde Ottmarsbocholt von 1934 bis 1945, o. Sig., Sitzungsprotokoll v. 30.10.1934 u. 15.1.1935; Siehe dazu Erstes Kapitel, A.1. Die Leiter der Amtsverwaltung.
[542] GA Senden, Bestand Ottmarsbocholt, C 19.
[543] Mit 36 ha Grundbesitz gehörte Höwische zur gesellschaftlichen Oberschicht der Großbauern. Vgl. Gerichtliches Verzeichnis der Höfe, deren Eintrag in die Erbhofrolle in Aussicht genommen ist v. 15.6.1934; GA Senden, Bestand Ottmarsbocholt, C 197.

Voten der Gemeindevertreter und bekleidete wie Vollmer sein Amt bis zum 30. September 1934.[544]

Nach dem Krieg wurde das gemeindliche Repräsentationsamt wieder eingeführt, wenngleich in veränderter Form. Die britische Militärregierung setzte im April 1946 den Großbauern Bernard Brüse als Amts- und damit auch als Gemeindebürgermeister ein.[545] Mit Brüse erfuhr die langjährige Tradition der Lebensstellung bei Repräsentationsaufgaben eine Fortsetzung.[546] Wie bereits bei der Repräsentationsfunktion des Amtsbürgermeisters geschildert, blieb Brüse mehr als 23 Jahre lang, von 1946 bis zur Kommunalwahl 1969, ehrenamtlicher Gemeindebürgermeister.[547] Erst 1969 löste der Kaufmann Paul Wiedau den Großbauern Brüse als Gemeindevorsteher ab und amtierte als Aushängeschild eines sozialen, professionellen und politischen Wandels unter den Amtsverordneten bis zur Kommunalreform 1975.[548]

Die Entwicklung des gemeindlichen Repräsentationsamtes in Ottmarsbocholt weist folgende Grundzüge auf: Die Dauer der Amtsausübung bei den Gemeindevorstehern zwischen 1894 und 1974 unterstreicht den lebenslangen Charakter des Repräsentationsamtes.[549] Niehues hatte es fast 33 Jahre und Brüse über 23 Jahre inne. Welche Bedeutung der Faktor Sozialprestige auch für den Aufstieg in das Amt des Gemeindevorstehers besaß, verdeutlicht die berufliche und gesellschaftliche Herkunft der Amtsinhaber. Niehues, Vollmer und dessen Stellvertreter Höwische sowie Brüse gehörten mit Landbesitz zwischen 24 und 41 ha der großbäuerlichen Oberschicht des Dorfes an. Höwische hatte darüber hinaus auch im Kirchenvorstand von 1931 bis 1940 Sitz und Stimme.[550] Dieses Anforderungsprofil blieb mit Ausnahme der NS-Ära bis zum gesellschaftlichen, beruflichen und politischen Wechsel im Jahre 1969 in Kraft.

Bis dahin blieb umfangreicher Besitz, besonders der an Boden, eine essentielle Basis lokaler politischer Macht. Er legitimierte wie prädestinierte den Eigentümer zur Leitung und Repräsentation einer ländlichen Gemeinde. Diesen begüterten und damit einflußreichen Persönlichkeiten unter den Großbauern „kam das Ehrenamt des

---

[544] GA Senden, Bestand Ottmarsbocholt, B 9 u. C 19.
[545] Brüse verfügte über 41 ha Land. Vgl. Gerichtliches Verzeichnis der Höfe, deren Eintrag in die Erbhofrolle in Aussicht genommen ist v. 15.6.1934 wie Bodennutzungserhebung 1952 des Statistischen Landesamtes; GA Senden, Bestand Ottmarsbocholt, C 197 u. C 45.
[546] Zur Amtsdauer Brüses siehe Verzeichnis der Vertretungskörperschaften; STAMS, Kreis Lüdinghausen, Nr. 1195.
[547] STAMS, Kreis Lüdinghausen, Nr. 1195. Zwischenzeitlich fungierte Brüse von 1954 bis 1965 als ehrenamtlicher Amtsdirektor.
[548] Da in der Nachkriegszeit die Amtsbürgermeister zugleich auch Gemeindevorsteher waren, wird hier auf das erste Kapitel, A.1. Die Leiter der Amtsverwaltung verwiesen, um Doppelungen zu vermeiden.
[549] Zur lebenslangen Amtsausübung vgl. auch Ilien/Jeggle/Schelwies, Verwandtschaft und Verein, S. 99, in deren Untersuchungsgemeinde ein 22 Jahre lang amtierender Bürgermeister zu dem Ehrentitel „König des Dorfes" kam. Pflaum, Politische Führung und politische Beteiligung als Ausdruck gemeindlicher Selbstgestaltung, S. 240, ermittelt in ihrer Westerwaldgemeinde drei Gemeindevertreter, die je 30 Jahre im Amt blieben.
[550] BAMS, PfA Ottmarsbocholt, KV 31, Protokollbuch der Kirchenvorstandssitzungen (1876 - 1971).

Gemeindevertreters oft wie selbstverständlich zu".[551] Dahinter verbarg sich der Gedanke, daß eine ländlich geprägte Gemeinde nur derjenige vertreten kann, der einen großen Betrieb erfolgreich leitet. Bei ihm war sichergestellt, daß er genügend Personal beschäftigte, um sich den lokalpolitischen Aufgaben zu widmen. Ottmarsbocholt hat seine agrarische Prägung im gesamten Untersuchungszeitraum ja nie ganz abgelegt. Anfang der dreißiger Jahre gehörte mehr als jeder zweite Einwohner der landwirtschaftlichen Bevölkerung an, Anfang der sechziger Jahre waren es noch 41,6 Prozent.[552]

Das traditionelle Orientierungsmuster bei der Rekrutierung des Gemeindevorstehers hat auch der Nationalsozialismus nicht aufweichen können. Er hat außer dem Erfordernis, daß der ehrenamtliche Gemeindevorsteher Mitglied einer Partei sein mußte, keine Fernwirkung erzielt. Die NS-Amtsbürgermeister, die seit 1934/35 auch die Aufgaben der Gemeindeschulzen, Repräsentationsfunktion und den Vorsitz des Gemeinderats, übernommen hatten, waren keine Angehörigen der sozialen Schicht, aus der sich herkömmlicherweise die dörflichen Eliten formierten. Die großbäuerliche Oberschicht hingegen bekundete kein Interesse, den NS-Amtsbürgermeister zu stellen, da ihnen das neue Amt ohne Einfluß und damit ein reines Ausführungsorgan der NS-Hierarchie zu sein schien. Der Gutsbesitzer Bernard Bracht, immerhin der Sohn des ehemaligen Ehrenamtmanns Anton Bracht, lehnte das Angebot 1933 wie 1938 ab und wich auf das Amt des Ortsbauernführers aus, um seinen gesellschaftlichen und wirtschaftlichen Einfluß zu wahren. Franz Ermke, der Amtsbürgermeister von 1933 bis 1938, stellte wegen der immer noch funktionierenden Einwirkungsmöglichkeiten sein Amt zur Verfügung und zog sich in den Schuldienst zurück. Daß Josef Adrian, als NSDAP-Ortsgruppenleiter ein Glied der zentralistischen NS-Hierarchie, schließlich das Amt in Ermangelung weiterer Kandidaten übernahm, spricht für eine temporäre lokalpolitische Abstinenz der alten Eliten. 1946 hingegen, als die britische Militärregierung den ehrenamtlichen Repräsentationsposten und Gemeinderatsvorsitz neu begründete, war die herkömmliche Dorfelite wieder lokalpolitisch präsent. Der Großbauer Bernard Brüse bekleidete wie sein Vorgänger in vornationalsozialistischer Zeit, Bernard Niehues, das Amt des Gemeindebürgermeisters rund eine Generation lang.

Wer die Gemeinde Ottmarsbocholt vertreten wollte, mußte bis zum Ende der sechziger Jahre – mit Ausnahme der NS-Amtsbürgermeister, die sich in der geschilderten Entwicklung fundamental von ihren Vorgängern wie von ihrem Nachfolger unterschieden – nicht nur sozial, professionell und ökonomisch aus Familien der Honoratiorenschicht stammen, sondern auch ein entsprechendes Alter vorweisen. Erst eine durch Lebensjahre ausgewiesene Erfahrung machte einen Kandidaten geeignet. Niehues war bei Amtsantritt 45 Jahre, Vollmer 60 und Höwische 57 Jahre alt, Brüse wurde 47jährig investiert. Auch in diesem Punkt unterschieden sich die nationalso-

---

[551] Pflaum, Politische Führung und politische Beteiligung als Ausdruck gemeindlicher Selbstgestaltung, S. 239.
[552] VBBZ 1933, StDR 455,15, S. 15/64 und Volkszählung 1961, Beiträge zur Statistik des Landes Nordrhein-Westfalen, Sonderreihe Volkszählung 1961, Heft 3a, S. 296. Siehe ebenso Graphik Ottmarsbocholt. Erwerbspersonen/Wirtschaftssektoren.

zialistischen Würdenträger: Ermke war bei seiner Ernennung 35 Jahre alt. Adrian hingegen besaß mit 62 Jahren das erforderliche Alter, aber er durfte das Amt nur kommissarisch führen. Im Zweifelsfall erwies sich mithin die soziale und berufliche Herkunft als das entscheidende Rekrutierungsprinzip.

Insofern eignet sich für den Bereich der politischen Verhältnisse sowie der politischen Orientierungs- und Verhaltensmuster in Ottmarsbocholt das Paradigma der Rekonstituierung – wohlgemerkt: als der Versuch, die althergebrachten und als probat erachteten Verhältnisse wiederaufzurichten – besser als das der Modernisierung. Damit soll hier nicht der alten Restaurationsdebatte das Wort geredet werden.[553] Vielmehr soll in deutlicher Abgrenzung dazu betont werden, daß die Nachkriegszeit sich gerade dadurch auszeichnet, daß die überlieferten Gegebenheiten wieder eingerichtet und eine verbindende, personelle und strukturelle Brücke zu den zwanziger und anfangsdreißiger Jahren über die NS-Zeit hinweg geschlagen wurde.

Diese traditionelle Ausrichtung fand erst 1969 ihr Ende, als mit dem Kaufmann Paul Wiedau ein Nicht-Landwirt und Mittelständler aus der Unabhängigen Wählergemeinschaft dem Rat vorsaß. Im Unterschied zu den NS-Bürgermeistern wurde Wiedau von der Dorfmehrheit gewählt und nicht von oben ohne demokratische Legimitation eingesetzt.[554] Mit der Aufstellung einer unabhängigen Wählergemeinschaft als dorfinterner Gegenbewegung und als Ausdruck des ökonomischen Strukturwandels im Dorf wurde bei der Gemeindewahl 1969 mit langjährigen Rekrutierungsprinzipien gebrochen. Dieser Umbruch geschah nicht als Folge eines externen Eingriffs und galt bis zur kommunalen Neugliederung am 1. Januar 1975.[555]

Auch in Heek wurde die gemeindliche Repräsentationsfunktion bis in die siebziger Jahre hinein als Ehrenamt verstanden, für das nur Kandidaten mit entsprechendem sozialen und ökonomischen Hintergrund in Frage kamen.[556] Die materiellen Voraussetzungen – verbunden mit hohem Sozialprestige – erfüllte der erste Gemeindevorsteher Heinrich Suek, genannt Epping. Er war Herr über 25 Hektar Boden und zählte damit als Großbauer zur dörflichen Oberschicht.[557] Auch in Heek war der Posten des Gemeindebürgermeisters eine Lebensstellung, denn Suek amtierte von 1882 bis 1922 rund vierzig Jahre.[558] Der gebürtige Sohn der Gemeinde genoß auch über die Gemeindegrenzen hinaus Ansehen. Bei den Reichstagswahlen 1912 und 1919

---

[553] Siehe dazu die Einleitung, A. Forschungsstand.
[554] Auszug aus dem Niederschriftsbuch der Gemeindevertretung Ottmarsbocholt v. 27.11.1969; GA Senden, Bestand Ottmarsbocholt, D 9.
[555] 1972 wurde Wiedau in seinem Amt bestätigt. Benennung der Bürgermeister und deren Stellvertreter v. 25.1.1972; a.a.O.
[556] So auch Siewert, Der Verein, S. 76.
[557] Siehe Niekammers Landwirtschaftliches Güteradreßbuch für Westfalen 1931, S. 7; GA Heek, D 538. Mitte der dreißiger Jahre wurde sein Grundbesitz auf 23,48 ha Land beziffert. Vgl. Gerichtliches Verzeichnis der Höfe, deren Eintragung in die Erbhöferolle in Aussicht genommen ist, Einlegeblatt Nr. 80; GA Heek, D 103.
[558] Zu seiner Amtszeit siehe Nachweisung über die Gemeindevorsteher; STAMS, Kreis Ahaus, Nr. 1640. Auszüge aus den Protokollbüchern der Amtsverhandlungen zu Nienborg und der Gemeindeverordneten-Versammlungen zu Heek; STAMS, Kreis Ahaus, Nr. 1791 u. 1086. – 1920 wurde Suek auf die Verfassung der Weimarer Republik vereidigt. Siehe Vereidigungsnachweis v. 8.3.1920; GA Heek, C 733.

fungierte er als Wahlvorstand,⁵⁵⁹ nach der Wahl zum Kreistag Ahaus am 20. Januar 1921 wurde er als Mitglied in den Kreisrat aufgenommen.⁵⁶⁰ Am ersten Oktober 1922 schied er freiwillig aus seinem Amt und machte Platz für einen Nachfolger mit demselben Sozialprofil.⁵⁶¹

Bernhard Wermelt genügte ebenso den Anforderungen für das Amt des Gemeindeoberhaupts. Er war wie Suek auch Großbauer und nannte 29 Hektar Grund sein eigen. Damit zählte er zur traditionellen Dorfelite.⁵⁶² Wermelt war ebenso gebürtiger Heeker und kam am 17. Juli 1868 zur Welt. Er bekleidete das Repräsentationsamt seit 1922 und wurde in dieser Funktion am 18. Dezember 1929 vom Gemeinderat bestätigt.⁵⁶³ Bei dieser Wiederwahl mußte sich Wermelt gegen zwei Bewerber behaupten, die ebenfalls in der dörflichen Elite verwurzelt waren. Die Sozialprofile der Gegenkandidaten zeigen, wie sehr die Wahlen zum obersten Gemeindevertreter eine interne Veranstaltung der dörflichen Oberschicht waren. Beide Herausforderer, der gleichnamige Sohn des vormaligen Gemeindevorstehers, Heinrich Suek, und Johann Schlichtmann, der spätere Ehrenbürgermeister, waren wie Wermelt Großbauern. Die Gegenbewerber konnten sich aber nicht durchsetzen,⁵⁶⁴ denn Wermelt behauptete sich mit elf Stimmen der Gemeinderäte, drei optierten für Suek und einer für Schlichtmann.⁵⁶⁵

Bei der nächsten Wahl am 12. April 1933 mußte sich Wermelt wieder gegen zwei Bewerber aus der Oberschicht bewähren. Bei der Wahl erhielt keiner der drei Kandidaten im ersten Wahlgang die absolute Mehrheit, lediglich Heinrich Suek schied ohne Siegesaussicht mit zwei Stimmen aus. In der folgenden Stichwahl setzte sich Wermelt gegen den Auktionator Heinrich Schwieters mit dem knappsten aller Resultate durch.⁵⁶⁶ Die Wahl seines Stellvertreters erfolgte dagegen „einstimmig" und „durch Zuruf".⁵⁶⁷

Wermelt, der nicht der NSDAP beigetreten war, durfte seine Funktion in nationalsozialistischer Zeit, in der er die offizielle Amtsbezeichnung Gemeindeschulze trug, bis Ende der dreißiger Jahre ausüben. Dies war nicht zuletzt dem Engagement von Landrat Sümmermann zuzuschreiben, der dem Gemeindeschulzen genehmigte, sein

---

⁵⁵⁹ GA Heek, C 699 u. 700.
⁵⁶⁰ GA Heek, C 698.
⁵⁶¹ GA Heek, D 41.
⁵⁶² Siehe Niekammers Landwirtschaftliches Güteradreßbuch für Westfalen 1931, S. 7; GA Heek, D 538. Die nationalsozialistische Verwaltung gab seinen Bodenbesitz mit 28,25 ha an. Gerichtliches Verzeichnis der Höfe, deren Eintragung in die Erbhöferolle in Aussicht genommen ist, Einlegeblatt Nr. 49; GA Heek, D 103.
⁵⁶³ Schreiben an den Landrat Sümmermann v. 2.1.1930; GA Heek, C 735. Schreiben des Amtsbürgermeisters v. 15.1.1930; GA Heek, C 736.
⁵⁶⁴ Zu den Besitzverhältnissen Sueks und Schlichtmanns siehe oben.
⁵⁶⁵ Protokollbuch der Gemeinde Heek von 1925 bis 1933, Sitzung v. 18.12.1929; GA Heek, C 758. – In GA Heek, C 735, ist demgegenüber zu lesen, daß die Wiederwahl formal „durch Zuruf" geschah.
⁵⁶⁶ Wermelt erhielt eine Stimme mehr als Schwieters. Beschluß der Gemeindevertretung Heek v. 12.4.1933; GA Heek, D 43. Protokollbuch der Gemeindevertretung Heek von 1925 bis 1933, Sitzung v. 12.4.1933; GA Heek, C 758.
⁵⁶⁷ Beschluß der Gemeindevertretung Heek v. 12.4.1933; GA Heek, D 43.

Amt – allerdings „unter Vorbehalt jederzeitigen Widerrufs" – weiterzubekleiden.[568] Anfang September 1938 nahm der Druck des NSDAP-Kreisleiters Tewes auf den Ortsvorsteher so zu, daß Wermelt sein Amt zur Verfügung stellte.[569] Damit war auch in Heek das Gesetz über die Beendigung der Amtszeit ehrenamtlicher Beamter vom April 1933 zur Geltung gelangt, das die Zerschlagung althergebrachter Loyalitäten und Orientierungen intendierte.[570]

Die Geschäfte des Ortsvorstehers führte danach Johann Schlichtmann weiter.[571] Wie geschildert war er Wermelt in der Vorsteherwahl 1929 klar unterlegen und hatte im Nationalsozialismus seine Chance gesehen, ein gemeindliches Ehrenamt zu erlangen. Schlichtmann hatte sich im Frühjahr 1933 um Aufnahme in die NSDAP beworben und am 1. Mai 1933 den Mitgliedsausweis erhalten.[572] Seit Ende 1933 war der in Heek-Averbeck wohnende Großbauer Ehrenbürgermeister. Nach der 1935 eingeführten DGO fiel ihm aufgrund seines Wohnortes auch das Vorsteheramt zu. Landrat Sümmermann berief ihn Mitte September 1938 offiziell zum Bürgermeister der Gemeinde Heek.[573] Diese Aufgabe nahm Schlichtmann bis zu seiner Entlassung durch die Besatzungsbehörden am 15. August 1946 wahr.

Die Intervention der Militärregierung wandte das Blatt zwischen den beiden Kontrahenten um das gemeindliche Spitzenamt erneut. Jetzt war es Wermelt, der seinen Vorgänger beerbte. Wermelt war bereits 1945 zum Ersten Beigeordneten der Gemeinde ernannt worden und leitete die Geschicke der Gemeinde beinahe ein Jahr Seite an Seite mit seinem langjährigen Widersacher.[574] Nach der Amtsenthebung Schlichtmanns führte Wermelt die Dienstgeschäfte bis zur Neuwahl eines Nachfolgers.[575] Die Wahl der Gemeindevertreter am 11. Oktober 1946 fiel von neuem auf Wermelt, der jetzt offiziell für die CDU kandidierte.[576] Zu seinem Stellvertreter stieg der Weber Heinrich Schepers, ebenfalls Unionsmitglied, auf und begründete damit eine bis zur NS-Zeit gängige Praxis wieder: Von 1924 bis Mitte der dreißiger Jahre war der Weber und Arbeiterbauer Bernhard Kemper der zweithöchste kommunale Ehrenbeamte gewesen.[577] Wermelt stand dem Gemeinderat noch gute zwei Jahre vor, bis er achtzigjährig am 26. Oktober 1948 starb. In seinem Nachruf wurde Wermelt als ein Bürgermeister gewürdigt, der seiner Gemeinde „seit dem Jahre 1922 mit kurzer Unterbrechung" gedient habe.

---

568 Schreiben des Landrats v. 30.10.1934; GA Heek, D 34.
569 Antrag auf Entlassung aus dem Beamtenverhältnis v. 16.9.1938; GA Heek, D 43. – Siehe auch Erstes Kapitel, A.1. den ähnlich gelagerten Fall des Amtsbeigeordneten Nacke.
570 Münkel, Bauern, Hakenkreuz und „Blut und Boden", S. 225.
571 Zur beruflichen und sozialen Herkunft Schlichtmanns siehe Antrag auf Entlassung aus dem Beamtenverhältnis v. 16.9.1933; GA Heek, D 43.
572 Fragebogen über die Parteizugehörigkeit der beschäftigten Beamten; GA Heek, D 493.
573 Schreiben des Landrats Sümmermann an den Beauftragten der NSDAP in Ahaus v. 13.9.1938 u. Nachweisung der Bürgermeister und Beigeordneten v. 20.7.1939; GA Heek, D 34.
574 Ernennungsurkunde v. 11.11.1945; GA Heek, D 43.
575 Schreiben an den Landrat v. 17.8.1946; GA Heek, D 34.
576 Schreiben des Amtsbürgermeisters v. 15.10.1946; GA Heek, D 34.
577 Bestätigungsurkunde Kempers v. 22.7.1924; GA Heek, C 733. Schreiben des Landrats Sümmermann v. 2.1.1930, GA Heek; C 736. Beschluß der Gemeindevertretung Heek v. 12.4.1933; GA Heek, D 43.

Das neue Gemeindeoberhaupt war abermals ein Vertreter der traditionellen Dorfelite. Heinrich Viermann war am 14. September 1895 in Heek zur Welt gekommen und hatte die Volksschule der Bauerschaft Ahle besucht. Der ledige Viermann war ein typischer Vertreter der örtlichen Honoratioren. Er war einer der dörflichen Großgrundbesitzer und besaß über neunzig Hektar Land.[578] Wie sein Vorgänger Wermelt stellte sich auch Viermann der CDU zur Verfügung.[579] Sein gehöriges Sozialprestige dokumentierte die Installation eines Fernsprechanschlusses in seiner Privatwohnung, was „im öffentlichen Interesse (als) dringend notwendig" eingestuft wurde,[580] sowie seine Bestallung zum stellvertretenden Schiedsmann von 1948 bis 1951.[581] Viermann gewann auch die Bürgermeisterwahlen von 1950 und 1952, und stand dem Gemeinderat noch weitere vier Jahre vor.[582] Erst 1956 gab er sein Ehrenamt ab, ohne sich jedoch ganz aus der Politik zurückzuziehen. Viermann blieb bis zu seinem Tod am 20. Februar 1963 Amts- und Gemeindevertreter.[583] In beiden Gremien hatte er seit 1946 ununterbrochen 17 Jahre lang Sitz und Stimme besessen.

Der letzte Gemeindevorsteher Heeks bis zur kommunalen Neugliederung am 1. Juli 1969 war Hermann Blömer.[584] Auch er gehörte als Bauunternehmer in der Wiederaufbaugesellschaft der Nachkriegszeit der dörflichen Oberschicht an. In den fünfziger und sechziger Jahren wurde die dörfliche Schichtzugehörigkeit nicht mehr ausschließlich wie zuvor über den agrarischen Produzentenstatus bestimmt, sondern zunehmend über „Merkmale der außerlandwirtschaftlichen Produktionstätigkeit".[585] Seit 1946 gehörte er dem neugegründeten Vorstand der Volksschule Heek an.[586] 1948 hatte er sich in der Gemeindevertretung plazieren können, dem Amtsrat gehörte er seit 1956 an.[587] Blömer war wie sein Vorgänger zugleich Schiedsmann der Gemeinde Heek, was dessen gesellschaftliches Ansehen ebenso untermauerte wie seine Tätigkeit in der Freiwilligen Feuerwehr, deren Mitbegründer er im Jahre 1922 gewe-

---

[578] Sein Besitz von 355 preußischen Morgen entsprach exakt 90,6 ha. Schreiben des Amtsdirektors an den Kreisdirektor betreffs Personalien des Amtsbürgermeisters usw. v. 19.5.1949; GA Heek, D 34. Einen Grundbesitz von 79,43 ha ermittelte die Bodennutzungserhebung 1959 des Statistischen Landesamtes; GA Heek, Zwischenarchiv, o. Sig.
[579] Schreiben des Amtsdirektors an den Kreisdirektor von Ahaus v. 23.11.1949; GA Heek, D 34. Der Nienborger Amtskollege Nienhaus hingegen gehörte dem Zentrum an; ebd.
[580] Schreiben des Amtsdirektors an das Postamt Heek v. 27.12.1954; GA Heek, Zwischenarchiv, Reg.-Nr. 0-11/1A.
[581] GA Heek, Zwischenarchiv, Reg.-Nr. 0-01/31B.
[582] Verzeichnis der gewählten Amtsbürgermeister, Bürgermeister und Stellvertreter; GA Heek, Reg.-Nr. 0-26/1A. Schreiben des Amtsdirektors an die Allgemeine Verwaltung des Landkreises Ahaus v. 25.11.1950; GA Heek, Zwischenarchiv, Reg.-Nr. 0-00/4B.
[583] Nachruf v. 21.2.1963; GA Heek, Zwischenarchiv, Reg.-Nr. 0-01/31B.
[584] Zu Blömer siehe auch seinen Nachruf in: Unsere Heimat. Jahrbuch des Kreises Borken 1979, S. 5, sowie den Artikel zur Verleihung der Ehrenbürgermeisterwürde in der Lokalausgabe der Westfälischen Nachrichten v. 18.2.1970; GA Heek, Zwischenarchiv, Reg.-Nr. 0-01/30A.
[585] Erker, Der lange Abschied vom Agrarland.
[586] Beschluß der Gemeindevertretung Heek v. 11.10.1946 u. Schreiben des Schulleiters der Dorfschule Heek an den Amtsbürgermeister v. 17.11.1946; GA Heek, D 371.
[587] Vgl. auch Heimat- und Rathausspiegel 6 (1979), S. 2.

sen war und zu deren Brandmeister er aufstieg.[588] Blömer erhielt 1970 die Ehrenbürgermeisterwürde.[589]

Durch die Kommunalreform 1969 fiel das Amt des Heeker Gemeindeschulzen weg. Stattdessen gab es nur noch einen Bürgermeister für die neugeschaffene Gemeinde Heek. Da diese Bürgermeister bereits charakterisiert worden sind,[590] sollen sie hier nur noch einmal ins Gedächtnis gerufen werden, da sie für den entscheidenen Wandel im Schwellenjahr 1969 stehen. Der erste Bürgermeister nach der kommunalen Neugliederung war der Angestellte Bernhard Suek (1969 - 1975), der zwar wie sein Vorgänger Blömer ebenfalls kein Ackersmann war, sondern als Angestellter dem neuen Mittelstand zuzuordnen war. Auch Sueks Nachfolger, der Mittelbauer Heinrich Mers (1975 - 1981), gehörte der dörflichen Mittelschicht an.

Für Kandidaten, die in Heek das Amt des Gemeindebürgermeisters bekleiden wollten, galten bis Ende der sechziger Jahre hinsichtlich ihres gesellschaftlichen Profils fast die gleichen Anforderungen. Wer die Dinkelgemeinde nach innen und außen hin vertreten wollte, mußte zuallererst katholisch sein und der Landgemeinde entstammen. Das „Eingesessensein war... eine Voraussetzung dafür, als Kandidat überhaupt in Frage zu kommen."[591] Dazu mußte sich der Bewerber durch eine Fülle an ökonomischem und sozialem Einfluß auszeichnen.[592] Insofern blieb es dem dörflichen Establishment vorbehalten, dieses Würdenamt bis Ende der sechziger Jahre unter sich auszumachen. In der Tat stammten alle fünf Gemeindevorsteher bis 1969 aus der Oberschicht Heeks. Vier von ihnen, Suek, Wermelt, Schlichtmann und Viermann, hoben sich als Großbauern heraus, die beträchtliche Vermögenswerte an Grund und Boden vorweisen konnten. Der fünfte, Blömer, tat sich als Bauunternehmer hervor und erfüllte wie seine Vorgänger das entscheidende Kriterium für ein Honoratiorendasein. Alle fünf verfügten über die notwendige ökonomische Freiheit, die es ihnen erlaubte, das gemeindliche Repräsentationsamt anzunehmen. Auch hier blieb der (Grund-)Besitz neben den Verwandtschaftsbeziehungen die alles entscheidende Legitimation, das gemeindliche Ehrenamt gebührend auszufüllen.

Die Reputation der dörflichen Honoratioren offenbarte sich in den zahlreichen Ehrenämtern, die sie in Gremien und Vereinen innehatten und von denen aus sie Einfluß auf das öffentliche Leben nahmen.[593] War es der Posten des Brandmeisters bei der Freiwilligen Feuerwehr oder ein Platz im Schul- und Kirchenvorstand – alle

---

[588] Daten für das Adreßbuch des Kreises Ahaus v. August 1957; GA Heek, Zwischenarchiv, Reg.-Nr. 0-11/1A; Unsere Heimat. Jahrbuch des Kreises Borken 1979, S. 5; Heimat- und Rathausspiegel 6 (1979), S. 2.

[589] Artikel zur Verleihung der Ehrenbürgermeisterwürde in der Lokalausgabe der Westfälischen Nachrichten v. 18.2.1970; GA Heek, Zwischenarchiv, Reg.-Nr. 0-01/30A. Heimat- und Rathausspiegel 6 (1979), S. 2.

[590] Siehe dazu Erstes Kapitel, A.1. – Die Bürgermeister der neuen Gemeinde Heek standen in der Tradition der ehemaligen Amtsbürgermeister.

[591] Pflaum, Politische Führung und politische Beteiligung als Ausdruck gemeindlicher Selbstgestaltung, S. 240.

[592] Zum Anforderungsprofil von Besitz und verwandtschaftlichen Beziehungen siehe Kaschuba/Lipp, Dörfliches Überleben, S. 588.

[593] Zur Vereinsmitgliedschaft kommunalpolitischer Kandidaten oder Funktionsträger Ilien/Jeggle/Schelwies, Verwandtschaft und Verein, S. 97.

diese Funktionen untermauerten die soziale Reputation der Ortsvorsteher. Einen besonderen Rang unter diesen Ehrenämtern nahm die Aufgabe des gemeindlichen Schiedsmannes ein. Sie stellte eine einflußreiche Position dar, da der Schiedsmann einen Ausgleich in Streitfragen vermitteln sollte. Diese quasi richterliche Funktion füllten immerhin zwei Gemeindeoberhäupter aus sowie der Nachfolger Blömers, Bernhard Suek.[594]

Vier der fünf Gemeindeschulzen waren von Beruf Großbauern, deren Grundbesitz zwischen 25 und 90 Hektar lag. Erst mit dem Bauunternehmer Hermann Blömer wurde diese professionelle Kontinuität 1959 unterbrochen.[595] Die fünf Gemeindevorsteher versahen ihr Amt zwischen acht und vierzig Jahren. Die durchschnittliche Amtszeit betrug 17,4 Jahre.[596] Die Gemeindebürgermeister selbst waren allesamt fortgeschrittenen Alters, als sie zum Ratsvorstand gewählt wurden. Der jüngste zählte 52, der älteste 78 Jahre. Im Mittel war die Schulzen bei Amtsantritt 61 Jahre alt.[597]

Zusammenfassend läßt sich also festhalten: Wie in Ottmarsbocholt setzte der Umschwung bei der Kandidatenauswahl für das kommunale Repräsentationsamt erst Ende der sechziger Jahre ein. Bis dahin überwog bei den Vorstehern der Gemeinde Heek eindeutig das Moment der Kontinuität.

In Rödinghausen stand der Großbauer Ludwig Oberschulte der Gemeinde seit 1897 vor.[598] Er hatte sich mit seinem Berufskollegen Kreienkamp um die Nachfolge des amtierenden Schulzen, des Mittelbauern Heermeier,[599] beworben. Bei der Wahl hatten beide Kandidaten jeweils gleich viele Stimmen erhalten. So mußte das Los entscheiden.[600] Dabei zog Oberschulte das bessere Ende für sich und wurde zunächst für sechs Jahre zum Gemeindevorsteher ernannt.[601] Er behielt diese Funktion bis in den Ersten Weltkrieg hinein bei. Obwohl der Großbauer 1915 ein weiteres Mal für sechs Jahre gewählt worden war,[602] avancierte er 1916, ein Jahr nach seiner Ernennung zum Amtsbeigeordneten,[603] zum stellvertretenden Amtsbürgermeister. Oberschulte beabsichtigte deswegen, sein Schultheissenamt „aus gesundheitlichen Grün-

---

[594] Daten für das Adreßbuch des Kreises Ahaus; GA Heek, Zwischenarchiv, Reg.-Nr. 0-11/1A.
[595] Eine weitere Kontinuität stellte das Sozialprofil der Stellvertreter dar. Vor wie nach dem Eingreifen der Nationalsozialisten in die Gemeinderepräsentation waren die zweiten Vorsitzenden Weber aus der dörflichen Unterschicht: Der Weber Bernhard Kemper versah sein Amt als stellvertretender Gemeindevorsteher von 1924 bis 1936, der Weber Heinrich Schepers von 1946 bis 1952.
[596] Rechnet man die lange Amtsperiode des ersten Suek nicht hinzu, so lag die durchschnittliche Amtsdauer bei 11 Jahren und neun Monaten.
[597] Die beiden Amtszeiten Wermelts wurden getrennt behandelt. Vom ersten Bürgermeister Suek konnte das genaue Alter wegen des fehlenden Geburtsdatums nicht ermittelt werden.
[598] Oberschulte war Herr über 28,65 ha Boden. Zur Berufsbezeichnung als Colon siehe Sammlung für das Roon-Denkmal; GA Rödinghausen, B 1.
[599] Heermeier leitete einen Betrieb mit 11,07 ha Privatgrund; ebd.
[600] Protokoll der Gemeinderatssitzungen v. 9. u. 10.11.1897. Bekanntmachung v. 25.11.1897; GA Rödinghausen, B 61.
[601] Schreiben des Herforder Landrats v. 1.12.1897; a.a.O.
[602] Protokoll der Gemeinderatssitzung v. 8.11.1915 u. Bestätigung des Herforder Landrats v. 18.11.1915; GA Rödinghausen, B 61.
[603] Änderungen in den Personalnachrichten im Jahre 1916; GA Rödinghausen, B 46.

den", d.h. wegen der Doppelbelastung, niederzulegen.[604] Deshalb kam es 1916 zu einem Ämtertausch. Der bisherige Stellvertreter, Wilhelm Rieso, stieg zum Gemeindeoberhaupt auf, während sich Oberschulte mit dem Vizeposten begnügte, „um mit der Gemeinde die Verbindung zu halten".[605] Der Großbauer hielt an dem Stellvertreterposten bis 1924 fest und verstarb im November 1929.[606]

Wilhelm Rieso hatte die Lokalpolitik in exponierter Position seit 1905 geprägt. Im September dieses Jahres wurde der Geschäftsführer zum stellvertretenden Gemeindeschulzen bestimmt und sechs Jahre später in diesem Amt bestätigt.[607] Durch den Funktionswechsel im Jahre 1916 stand Rieso der Gemeinde vor und versah diese Aufgabe bis ins Jahr 1924.[608] Im Umfeld der Revolution von 1918/19 stellte er eine 32 Mann starke Sicherheitswehr „zum Schutz von Leben und Eigentum der Einwohner und zur Aufrechterhaltung der Ordnung" auf.[609] Bei seinem gesellschaftlichen Aufstieg hatte Rieso von der engmaschigen Verbindung der dörflichen Vereine mit der Politik profitiert. Der Mittelständler führte seit ihrer Gründung 1894 die Freiwillige Feuerwehr als Hauptmann und stand zudem dem örtlichen Landwirtschaftsverein vor.[610] Sein Sozialprestige bemaß darüber hinaus seine langjährige Tätigkeit als Schiedsmann, die er bis 1925 betrieb.[611]

1924 wurde Wilhelm Depke im Alter von 41 Jahren als neuer Gemeindevorsteher eingesetzt. Der Mittelbauer führte einen landwirtschaftlichen Betrieb mit 5,24 ha Privatgrund und hatte sich in seinem Beruf bereits Meriten verdienen können.[612] Zwei Jahre vor seiner Wahl zum Dorfschulzen war er zum Vorsitzenden des landwirtschaftlichen Gemeindevereins aufgestiegen.[613] Nachdem er 1929 und 1933 in seinem Vorsteheramt bestätigt worden war, mußte sich Depke Mitte der dreißiger Jahre dem NS-Staat gegenüber politisch bekennen.[614] Die neuen Machthaber wollten den deutschnationalen Mittelständler zugunsten eines Parteimannes aus dem Amt drängen. Dem Herrschaftsanspruch der Nationalsozialisten gegenüber konnte Depke

---

[604] Protokoll der Gemeinderatssitzung v. 15.7.1916 u. Schreiben des Ehrenamtmanns Meier v. 10.7.1916; GA Rödinghausen, B 61.
[605] Schreiben des Ehrenamtmanns Meier an Oberschulte v. 17.7.1916 u. Bestätigung des Herforder Landrats v. 20.7.1916; GA Rödinghausen, B 61. Protokoll der Amtsvertreter-Sitzung v. 6.11.1916; GA Rödinghausen, B 62.
[606] Erläuterungen zur Tagesordnung der Amtsvertretung v. 20.12.1929; GA Rödinghausen, B 204.
[607] Ernennungsschreiben vom Herforder Landrat v. 12.9.1905 u. Protokoll der Gemeinderatssitzung v. 23.10.1911; GA Rödinghausen, B 61.
[608] 1920 wurde Rieso für die nächsten vier Jahre gewählt. Vereidigungsverhandlung und Sitzungsprotokoll v. 13.3.1920; GA Rödinghausen, B 46.
[609] Mitgliederverzeichnis der Sicherheitswehr in Rödinghausen v. 15.3.1919 u. Haftpflichtbrief v. 14.4.1919; GA Rödinghausen, Zwischenarchiv, B XI-1-16a; KA Herford, A 1818, 1819 u. 1878. Im gesamten Amtsbezirk waren 250 Wehrleute eingesetzt.
[610] Artikel „Unsere Feuerwehr", in: Chronik Rödinghausen (1942 - 1949); GA Rödinghausen, Buchbestand Nr. 23; Botzet, Die Geschichte der Freiwilligen Feuerwehr Rödinghausen, S. 21. Liste der landwirtschaftlichen Gemeindevereine v. 30.5.1922; GA Rödinghausen, B 81.
[611] Beschluß des Präsidiums des Landgerichts Bielefeld v. 8.6.1925; GA Rödinghausen B 50.
[612] Nachweisung über die Bauernhöfe der Gemeinde Rödinghausen v. 22.4.1945; GA Rödinghausen, Zwischenarchiv, D 0-05/2.
[613] Mitgliederliste des landwirtschaftlichen Vereins Rödinghausen v. 30.5.1922; GA Rödinghausen, B 81.
[614] KA Herford, C 1125.

sich nur behaupten, indem er in die NSDAP eintrat.[615] Auf Vorschlag des Beauftragten der NSDAP berief ihn der Herforder Landrat im Juni 1935 für sechs Jahre zum Beigeordneten, weil Amtsbürgermeister Werringloer zugleich Gemeindeschulze geworden war.[616] Elitenverschränkung durch Übertritt zur NSDAP praktizierten auch die Stellvertreter Depkes. Der Mittelbauer Heinrich Uthoff wie der Schneidermeister Friedrich Farthmann, beide bezeichnenderweise auch Vertreter des alten Mittelstandes, erwarben sich die Mitgliedschaft bei den Nationalsozialisten.[617] Die Elitenverschränkung bildete eine wesentliche Voraussetzung für die Akzeptanz des NS-Systems im Dorf.[618]

Wilhelm Depke behielt seine Stellung als Gemeindebeigeordneter bis 1945 und auch nach der Einrichtung der britischen Militärregierung bei,[619] bis sich seine NSDAP-Zugehörigkeit als nachteilig erwies. Dennoch plädierten Ende April die zwölf Ratsmitglieder aus dem provisorischen Gemeinderat dafür, daß er das Amt des Gemeindevorstehers weiterbekleiden dürfe, mit dem Argument, daß Depke bei der NS-Machtübernahme Schwierigkeiten bekommen habe und aus seiner Stellung verdrängt werden sollte.[620] Ebenso beantragten 72 Einwohner mit einer Unterschriften-Aktion die Übernahme Depkes mit der Begründung, daß Depke 1933 von den Bewohnern Rödinghausens aufgefordert worden sei, in die NSDAP einzutreten, um weiter im Amt bleiben zu können.[621] Dieselbe Petition richteten sie auch an den Herforder Landrat.[622] Diese Bürger, Verwandte und Anhänger des Mittelbauern, waren der Kern der „Fraktion Depke", die eine Einsetzung dessen Stellvertreters und früheren Gegenkandidaten Uthoff verhindern wollten.[623] Ihre Aktion stellte einen Ausdruck der Existenz verschiedener Lager in der Dorfgesellschaft dar, die um die Durchsetzung ihrer Interessen rangen und damit die Dorfpolitik polarisierten. So vermerkte der provisorische Amtsbürgermeister im Juni 1945:

„Depke ist in seiner Eigenschaft als Bürgermeister [der Gemeinde Rödinghausen, P.E.] überlastet. Es wird zweckmäßig sein, [den Zigarrenhersteller, P.E.] Brink-

---

[615] Namentliches Verzeichnis über die Parteigenossen der Gemeinde Rödinghausen v. 22.4.1945; GA Rödinghausen, Zwischenarchiv, D 0-05/2. KA Herford, C 1250.

[616] Schreiben des Herforder Landrats v. 28.6.1935; GA Rödinghausen, B 55. Adreßbuch des Kreises Herford 1936, S. 213. Aufgrund der DGO von 1935 mußte Werringloer als Amtsbürgermeister in der amtsangehörigen Gemeinde, in der er wohnte, in Personalunion Gemeindeschulze sein; Depke wurde Amtsbeigeordneter. Vorwort, in: Chronik Rödinghausen (1942 - 1949); GA Rödinghausen, Buchbestand Nr. 23.

[617] Namentliches Verzeichnis über die Parteigenossen der Gemeinde Rödinghausen v. 22.4.1945 und Nachweisung über die Bauern der Gemeinde Rödinghausen, die der Partei angehörten; GA Rödinghausen, Zwischenarchiv, D 0-05/2.

[618] Herlemann, Bäuerliche Verhaltensweisen unterm Nationalsozialismus, S. 113.

[619] Zur Wiederwahl Depkes 1945 siehe KA Herford, D 352. Bestätigung durch den Herforder Landrat v. 2.5.1945; KA Herford C 1142.

[620] Erklärung des provisorischen Gemeinderats v. 29.4.1945; GA Rödinghausen, Zwischenarchiv, C 0-00/21.

[621] Unterschriften-Liste u. Erklärung v. 9.6.1945; a.a.O.

[622] KA Herford, D 323.

[623] Zu den verschiedenen „Fraktionen" siehe Erstes Kapitel, B.2. Die Gemeindevertretungen.

mann als Bürgermeister der Gemeinde Rödinghausen zu bestätigen, dann tritt auf der ganzen Linie Ruhe ein."

Die entscheidende Besprechung des Gemeindeausschusses fand am 27. Juni 1945 statt. Ein Sitzungsprotokoll und ein Bericht an den Herforder Landrat spiegeln die Art der Entscheidungsfindung wider. Depkes Fraktion fand sich nicht bereit, von ihrem Votum für den Amtsinhaber abzurücken.[624] Das Protokoll vermerkt eine Entscheidung erst nach „nach langer Besprechung"[625] – eine Formel, die unter dem Mantel der Einstimmigkeit die Konflikte zu verhüllen suchte. Die Bewerber verließen abwechselnd den Raum, um in inoffiziellen Absprachen ein Urteil herbeizuführen. Ein Ergebnis konnten die Ausschußmitglieder aber erst erzielen, als sich die Fraktion Uthoff aufgelöst hatte und Uthoff selbst sich bereit erklärte, Depke zu unterstützen.[626] Daraufhin konnte Depke Anfang 1946 zum Gemeindebürgermeister gewählt werden; ihm standen der Zigarrenhersteller August Uthoff, ein Verwandter des vormaligen Stellvertreters, und der Malermeister Karl Meyer als Gemeindebeigeordnete zur Seite.[627] Gegen diesen Schulterschluß ehemaliger NSDAP-Parteigenossen votierte lediglich der Invalide Heinrich Riedenschäfer, bezeichnenderweise ein SPD-Mitglied, der 1935 aus dem Gemeinderat gedrängt worden war. Riedenschäfer verließ nach dem Votum der Ausschußmitglieder für Depke demonstrativ die Versammlung.[628] Depke wurde dennoch vom Herforder Landrat bestätigt und übte seine Funktion noch bis Mai 1946 aus, ehe er „aus gesundheitlichen Gründen" die Militärregierung in Herford um seine Entlassung bat.[629]

Die Neuwahl, die im Mai 1946 wiederum im internen Kreis des Gemeindeausschusses stattfand, kürte den bisherigen Ersten Beigeordneten zum neuen Vorstand. Der Zigarrenhersteller August Uthoff, wurde von seinem CDU-Parteikollegen und Zweiten Beigeordneten Heinrich Meyer vorgeschlagen. Da der Sozialdemokrat Heinrich Riedenschäfer Uthoffs alte Position erhielt, war der Konsens zwischen den einzelnen Lagern hergestellt und beide Kandidaten konnten „einstimmig" gewählt werden.[630] Uthoffs Amtszeit währte nur vier Monate. Die ersten demokratisch legitimierten Gemeindevertreter bestimmten im September 1946 einen neuen Vorsitzenden. Der Großbauer Heinrich Meyer,[631] ein Verwandter des bisherigen Zweiten Bei-

---

[624] Sitzungsbericht des Bürgermeisters Depke an den Landrat von Herford v. 30.6.1945; GA Rödinghausen, Zwischenarchiv, C 0-00/21.
[625] Protokoll der Gemeindeausschuß-Sitzung v. 27.6.1945; GA Rödinghausen, Zwischenarchiv, C 0-04/3.
[626] Sitzungsbericht des Bürgermeisters Depke an den Landrat von Herford v. 30.6.1945; a.a.O.
[627] Schreiben an den Landrat von Herford v. 29.11.1945; GA Rödinghausen, Zwischenarchiv, C 0-00/4.
[628] Schreiben des Amtsbeigeordneten v. 5.1.1946 bezüglich der Gemeindeausschuß-Sitzung v. 2.1.1946; a.a.O. Sitzungsbericht des Bürgermeisters Depke an den Landrat von Herford v. 30.6.1945; GA Rödinghausen, Zwischenarchiv, C 0-04/3.
[629] KA Herford, C 1142. Rücktrittsgesuch v. 30.4.1946 u. Schreiben an den Gemeindeausschuß v. 3.5.1946; a.a.O.
[630] Protokoll der Gemeindeausschuß-Sitzung v. 14.5.1946; a.a.O. Schreiben des kommissarischen Amtsdirektors Beckmann an die CDU in Herford v. 7.6.1946; GA Rödinghausen, Zwischenarchiv, C 0-05/01.
[631] Meyer besaß einen Hof mit 24,54 ha Betriebsfläche. Nachweisung über die Bauernhöfe der Gemeinde Rödinghausen v. 22.4.1945; GA Rödinghausen, Zwischenarchiv, D 0-05/2. Zur Parteizugehörigkeit Meyers siehe Statistische Angaben für die Militärregierung; GA Rödinghausen, Zwischenarchiv, C 0-00/20.

geordneten Karl Meyer, gehörte der CDU an und wurde von den Ober- und Mittelschichtangehörigen, die sich als Majorität in der Union zusammengefunden hatten,[632] zum Gemeindeoberhaupt bestimmt.[633]

Die nächste Gemeindevertretung 1948 wählte abermals einen neuen Vorsitzenden.[634] Der Mittelbauer Karl Broksieker ging aus der ersten Sitzung des neuen Rats im Oktober 1948 als frisch gekürter Bürgermeister hervor.[635] Broksieker war durch seine Vergangenheit nicht vorbelastet, hatte er doch 1935 seinen zwei Jahre zuvor eingenommenen Ratssitz räumen müssen.[636] Aufgrund seiner permanenten politischen Präsenz im Gemeinderat der Nachkriegszeit, von 1948 bis 1969, ist Broksieker als lokalpolitische Größe zu betrachten. Der Maschinist und Schmiedemeister Wilhelm Budde wurde entsprechend der Anzahl der Sozialdemokraten im Rat zum Stellvertreter berufen. Mit der Wahl Broksiekers kehrte wieder Kontinuität in das Bürgermeisteramt ein. Der Ackersmann stellte sich mehrmals einer Wiederwahl und erhielt bis in die sechziger Jahre hinein jedesmal die Befugnis für eine weitere Amtszeit. Anfang Februar 1950 setzte er sich im Gemeinderat gegen seinen Ersatzmann Budde durch.[637] Im Oktober desselben Jahres und des folgenden Jahres erfuhr Broksieker einen neuerlichen Vertrauensbeweis der Verordneten.[638] Auch 1956 konnte Broksieker seinen Platz mit zehn zu einer Stimme gegen den Landwirt Wilhelm Balsmann behaupten.[639] Erst die neuen Mehrheitsverhältnisse im Gemeinderat fünf Jahre später, als mehr Unterschichtler und Sozialdemokraten als Vertreter aus den bürgerlichen Parteien in den Rat kamen, zwangen Broksieker, seinen Platz zu räumen.[640]

1961 vollzog sich ein Wandel an der Ratsspitze. Der 59jährige Sozialdemokrat Karl Blomenkamp gelangte auf den Ratsvorsitz. Mit dem Zigarrenarbeiter konnte

---

[632] Nachweisung der Gemeindevertretung Rödinghausen v. 25.9.1946; GA Rödinghausen, Zwischenarchiv, C 0-00/20. Zum Gemeinderat 1946 siehe Erstes Kapitel, B.2.

[633] Nachweisung der neugewählten Bürgermeister im Amtsbezirk Rödinghausen v. 26.9.1946; a.a.O.

[634] Vereidigung v. 27.10.1948 u. Nachweisung v. 30.10.1948; GA Rödinghausen, Zwischenarchiv D 0-22/10-16,30 u. C 0-04/3.

[635] Broksieker besaß 6,7 ha Boden. Nachweisung über die Bauernhöfe der Gemeinde Rödinghausen v. 22.4.1945; GA Rödinghausen, Zwischenarchiv, D 0-05/2.

[636] Broksieker war auch nicht in die NSDAP eingetreten. Namentliches Verzeichnis über die Parteigenossen der Gemeinde Rödinghausen v. 22.4.1945; a.a.O.

[637] In der Stichwahl votierten von den wählenden 582 Einwohnern 356 (61,2%) für Broksieker und 222 für Budde, der Vizevorsitzender blieb. Mitteilung an den British Resident Officer (BRO) in Herford v. 6.2. u. 25.2.1950; GA Rödinghausen, Zwischenarchiv, C 0-04/3. Artikel „Bürgermeisterwahl v. 5.2.1950", in: Chronik Rödinghausen (1942 - 1949); GA Rödinghausen, Buchbestand Nr. 23. Schreiben des Amtsdirektors an die Landkreisverwaltung in Herford v. 28.2.1950; GA Rödinghausen, Zwischenarchiv, D 0-22/10-16,30.

[638] Auszug aus dem Protokoll der Gemeinderatssitzung Rödinghausen v. 30.10.1950 u. v. 30.10.1951; GA Rödinghausen, C 0-04/3.

[639] Auszug aus dem Protokoll der Gemeinderatssitzung v. 9.1.1956; GA Rödinghausen, Zwischenarchiv, D 0-22/10-16,30 u. D 0-64/00. Der designierte Stellvertreter Budde nahm die Wahl an, trat aber bereits fünf Wochen später zurück. Sein Nachfolger Mailänder legte sein Amt 1958 nieder, so daß der Tischler Gustav Dedering auf den Vizeposten gelangte; a.a.O.

[640] Einladung zur ersten Sitzung des neu gewählten Gemeinderats v. 29.3.1961; GA Rödinghausen, Zwischenarchiv, D 0-22/10-16,30.

erstmals ein Angehöriger der dörflichen Unterschicht diese Position einnehmen. Blomenkamp sollte der letzte Vorsteher der selbständigen Gemeinde Rödinghausen werden, da er auch 1964 seinen Platz behaupten konnte, aber während seiner zweiten Amtszeit am 6. Januar 1966 verstarb. 1961 wurde er von den Gemeindevertretern einstimmig designiert,[641] 1964 erhielt er fünf der sieben Stimmen.[642] Zu seinem Nachfolger stieg sein Stellvertreter von 1961, Gustav Möller, auf. Der Tischler, wie Blomenkamp ein Unterschichtler und SPD-Mitglied, war im Alter von 55 Jahren gleich bei seiner ersten Ratsmitgliedschaft zur rechten Hand Blomenkamps ernannt worden und folgte ihm im Februar 1966 für die restliche Amtszeit als Ratsvorstand nach.[643]

Daß Personalentscheidungen nicht allein von der Parteipolitik bestimmt wurde, belegt zum Beispiel die Wahl des stellvertretenden Gemeindevorstehers 1952.[644] Um den Vizeposten bewarben sich der Elektromeister Ernst Dedering für die FDP ebenso wie der Schlachterei-Inhaber Karl Heidemann, mithin zwei Mittelständler,[645] sowie der Rentner Heinrich Depke von der SPD.[646] Quer zur parteipolitischen Sitzverteilung – fünf Mandate für die SPD, vier für die CDU und drei für die FDP – erhielt der Sozialdemokrat Depke lediglich eine Stimme, während bei zwei Enthaltungen für Dedering vier und für Heidemann fünf Gemeindevertreter votierten. Da von den drei Kandidaten somit keiner die erforderliche Mehrheit von mehr als der Hälfte der gültigen Stimmen erhalten hatte, sollte der zweite Wahlgang ein Ergebnis liefern. Auch hier stellte sich nahezu das gleiche Resultat ein: eine Stimme für Depke, jeweils fünf für Dedering und Heidemann bei einer Enthaltung.

Der dritte Wahlgang mußte gar in den Jahresanfang 1953 verschoben werden, da das Innenministerium zuerst den Begriff der „Urwählerstimmen" inhaltlich zu klären hatte.[647] Am 12. Januar 1953 stimmten die Bürgervertreter nun namentlich ab. Da Depke bereits verzichtet hatte, standen sich nur noch die beiden FDP-Kandidaten aus dem Mittelstand gegenüber, und erneut erzielten beide die gleiche Zahl von sechs Stimmen. Dabei hatten primär personalpolitische Gründe den Ausschlag für die Stimmenverteilung gegeben, die quer zur Fraktionszugehörigkeit erfolgt war: Heidemann erhielt das Vertrauen der vier Unionsräte sowie von einem Sozialdemokraten und einem Liberalen, Dedering von vier SPD- und zwei FDP-Vertretern.[648]

---

[641] Auszug aus dem Protokoll der Gemeinderatssitzung v. 10.4.1961; a.a.O.
[642] Auszug aus dem Protokoll der Gemeinderatssitzung v. 8.11.1961; a.a.O.
[643] Auszug aus dem Protokoll der Gemeinderatssitzung v. 10.4.1961 u. Auszug aus dem Protokoll der Gemeinderatssitzung v. 15.2.1966; a.a.O.
[644] Bekanntmachung über den wesentlichen Inhalt der Beschlüsse des Rates der Gemeinde Rödinghausen v. 1.12.1952 sowie Presseausschnitte der Westfalen-Zeitung und der Freien Presse v. 3.12.1952; GA Rödinghausen C 0-04/3.
[645] Ernst Dedering war ein Verwandter des stellv. Gemeindeschulzen von 1956, Gustav Dedering.
[646] Heinrich Depke war gehörte zur Familie des langjährigen Gemeindevorstehers Wilhelm Depke, der 1946 aus der Kommunalpolitik ausgeschieden war.
[647] Den bereits angelaufenen dritten Urnengang am 1.12.1952 hatte ein Fernschreiben des Innenministeriums abgebrochen, weil dort eine Rechtsverordnung über den Begriff der Urwähler erst ausgearbeitet werden mußte.
[648] Für Dedering stimmten Depke (SPD), Blomenkamp (SPD), Mailänder (SPD), Budde (SPD), Gerber (FDP) und er selbst (FDP); für Heidemann votierten Koch (CDU), Broksieker (CDU), Wobker (CDU),

Nach der Gemeindeordnung galt nun derjenige als gewählt, auf dessen Wahlmänner unter den Gemeindevertretern die meisten Urwählerstimmen entfallen waren. Mit einem knappen Vorsprung fiel dabei die letzte Entscheidung für Heidemann.[649]

Faßt man die Entwicklung des gemeindlichen Vorsteheramtes und seiner Inhaber in dem Zeitraum von mehr als fünfzig Jahren zusammen, so tritt folgender Strang deutlich hervor: Im Sozialprofil des Gemeindeschulzen trat in der Nachkriegszeit parallel zu dem des Amtsbürgermeisters ein deutlicher Wandel ein, wenngleich mit ein wenig zeitlicher Verzögerung. Dieser Rückstand ist auf die unterschiedliche Sozialstruktur Rödinghausens und der anderen Amtsgemeinden zurückzuführen. Im Gegensatz zu den weiter industrialisierten Gemeinden im Süden des Amtsbezirks war Rödinghausen stärker agrarisch und mittelständisch geprägt.[650] Die in Schwenningdorf und Westkilver regere und auf der gesamten Amtsebene zahlreiche Arbeiterschaft erreichte dort bereits Mitte der fünfziger Jahre die Einsetzung eines Unterschichtangehörigen und SPD-Mitglieds als Ratsvorstand, was ihr in Rödinghausen erst Anfang der sechziger Jahre gelang, als der Anteil der Berufstätigen in der Landwirtschaft auf 18,2 Prozent gestürzt war.[651] Die vorherigen Gemeindeschulzen gehörten entweder der Ober- oder der Mittelschicht an und waren mehrheitlich Bauern.

Auf einen Wandel deutet bereits die Amtsdauer der acht Schulzen hin.[652] Die durchschnittliche Amtszeit seit dem Gemeindevorsteher Oberschulte betrug 8,8 Jahre.[653] Dabei fällt auf, daß die Amtszeiten der Vorsteher vor dem Krieg mit 13 Jahren mehr als doppelt so lang ausfielen wie die ihrer Nachfolger nach 1945.[654] Selbst wenn der letzte Gemeindevorsteher Rödinghausens, Karl Blomenkamp, das Ende seiner zweite Amtsperiode noch erlebt hätte, wäre die Amtsdauer der Nachkriegsschulzen lediglich auf durchschnittlich 7,7 Jahre gekommen.

Der beim Amt des Gemeindevorstehers einsetzende Wechsel offenbart sich vollends, wenn man die Amtsinhaber nach Beruf und Schichtzugehörigkeit verortet. Der

---

Panzner (CDU), Berger (SPD) und er selbst (FDP). Das Votum der Unionsräte blieb nicht folgenlos: Heidemann kandidierte 1956 bereits für die CDU.

[649] Auszug aus dem Protokoll der Gemeinderatssitzung v. 1.12.1953; GA Rödinghausen, Zwischenarchiv, D 0-22/10-16,30.

[650] Der Anteil der landwirtschaftlichen Bevölkerung 1933 betrug in Rödinghausen 37,4%, in den Kommunen Schwenningdorf und Westkilver war er mit 25,9 bzw. 25,2% fast um die Hälfte weniger. Vgl. VBBZ 1933, StDR Bd. 455,15, S. 15/65.

[651] Beiträge zur Statistik des Landes Nordrhein-Westfalen, Sonderreihe Volkszählung 1961, Heft 3a, S. 379.

[652] Die viermonate Amtszeit August Uthoffs findet hier wie bei den folgenden Kriterien keine Berücksichtigung, da Uthoff vom kommissarischen Gemeindeausschuß nur vorübergehend bis zu den ersten demokratischen Wahl 1946 eingesetzt worden war. Das Alter bei Amtsantritt der Gemeindeoberhäupter variierte zwischen 41 und 62 Jahren, im Mittel lag es bei 51,6 Jahren.

[653] Die Amtszeit Depkes wurde durch die DGO unterbrochen. Seine erste Amtszeit dauerte somit von 1924 bis 1935, die zweite von 1945 bis 1946. – Die 1897 endende Amtsdauer Heermeiers konnte nicht rekonstruiert werden. Sie lag aber bereits deutlich vor dem Untersuchungsanfang 1919 und wäre daher nur bedingt aussagefähig.

[654] Oberschulte, Rieso und Depke kamen auf eine durchschnittliche Dauer von 12,6 Jahren, während Meyer, Broksieker, Blomenkamp und Möller auf 5,8 Jahre kamen.

Umschwung setzte 1961 ein, als der Zigarrenarbeiter Karl Blomenkamp gewählt wurde, den nach seinem Tod 1966 der Tischler Gustav Möller beerbte. Damit saß Anfang der sechziger Jahre erstmals ein Unterschichtangehöriger dem Gemeinderat vor. Bis dahin hatten vier bzw. zwei Angehörige der gesellschaftlichen Mittel- und Oberschicht den Stuhl des Vorsitzenden unter sich weitergereicht.

Auch die berufliche Herkunft der Gemeindeoberhäupter wandelte sich zu Beginn der sechziger Jahre. Mit Blomenkamp und später Möller erklommen zum erstenmal Arbeiter die Ratsspitze. Ihre Vorgänger waren mit Ausnahme des Geschäftsführers Rieso (1916 - 1924) Landwirte. Zwei Groß- und drei Mittelbauern hatten die Gemeinde vom Ende des 19. Jahrhunderts bis 1916 und von 1924 bis 1961 nach innen und nach außen repräsentiert. Bemerkenswerterweise setzte der Wandel in der professionellen Herkunft des Amtsinhabers genau zu dem Zeitpunkt ein, nämlich zu Beginn der sechziger Jahre, als die forcierte Agrarmodernisierung die sozioökonomischen Verhältnisse in der Rödinghauser Landwirtschaft einschneidend veränderte.

Die Parteizugehörigkeit der einzelnen Ratsvorsitzenden unterstreicht noch das Resultat des Umbruchs. Bis zum Anfang der sechziger Jahre schlossen sich die meisten von ihnen einer bürgerlichen Kraft an: bis 1933 war das die DNVP, der Oberschulte angehörte, nach dem Krieg reihten sich die Gemeindebürgermeister in die Union ein. Ab 1961 hingegen fiel der Ratssitz an einen Sozialdemokraten, und auch sein Nachfolger hatte sich der SPD angeschlossen. Für die dazwischen liegende NS-Ära ereignete sich das gleiche Phänomen wie auf Amtsebene oder in Heek. Der Dorfschulze der NS-Zeit schloß sich der NSDAP an. Auch hier garantierte eine Elitenverschränkung dem Gemeindevorsteher die Fortdauer seiner Amtszeit. An dem in den sechziger Jahren einsetzenden Wandel kommt der NS-Ära keine präfigurierende Funktion zu, denn unmittelbar nach dem Ende der NS-Herrschaft glichen die Gemeindebürgermeister im Sozialprofil exakt ihren Vorgängern der Jahre davor: Auch sie waren Bauern aus der Mittel- bzw. der Oberschicht, die ihre politische Heimat in einer bürgerlichen Partei sahen.

2. Die Gemeindevertretungen

Die Wahlen zur Gemeindevertretung waren ebenso ein Beleg für die soziale Plazierung im Prestigeverband Dorf. Den Ottmarsbocholter Gemeinderat von 1919 bildeten nach der Wahl vom 2. März die Großbauern Bernard Niehues als amtierender Gemeindevorsteher, Kaspar Vollmer und Gottfried Suntrup, die im gleichen Jahr auch in der Amtsvertretung saßen,[655] sowie Bernard Baumeister.[656] Weiter gehörten ihm der Maurer Bernard Unewisse, der Gärtner Heinrich Spiekers, der Schreiner Gerhard Holle und der Drechsler Wilhelm Kallwey an.[657] Die ersten beiden waren

---

[655] Suntrup war Eigentümer von 21 ha Land, Vollmer besaß 24 ha. Gerichtliches Verzeichnis der Höfe, deren Eintrag in die Erbhofrolle in Aussicht genommen ist v. 15.6.1934; GA Senden, Bestand Ottmarsbocholt, C 197.
[656] Baumeister besaß 27 ha Boden; ebd.
[657] Zu den Wahlvorschlägen GA Senden, Bestand Ottmarsbocholt, B 9; zur Zusammensetzung siehe GA Senden, Bestand Ottmarsbocholt, B 12.

1919 auch in den Amtsrat eingezogen, Kallwey kandidierte ebenfalls, scheiterte aber mit seiner Bewerbung. Kallwey und Holle waren in dieser Zeit auch im Vollzugsrat des Arbeiter- und Soldatenrates Ottmarsbocholt.[658] Die Gemeindevertretung komplettierte der Kötter Anton Droste, der auch Mitglied der Amtsvertretung war. Die Gemeindevertretung von 1919 bildete somit den erweiterten Kern des Amtsrats; die vier Amtsvertreter saßen zugleich auch im Gemeinderat. Unter sozialem Aspekt divergierte die Gemeindevertretung in zwei große, sozial und professionell identische Lager. Die großbäuerliche Oberschicht stellte ebenso wie die Handwerker aus der Mittelschicht vier Vertreter. Ein Arbeiter war in der dörflichen Unterschicht anzusiedeln. Ihrer lokalen Herkunft nach kamen drei der neun Gemeinderäte aus dem Dorf (Spiekers, Unewisse, Vollmer), doppelt so viele stammten aus den umliegenden Bauerschaften: drei aus der Dorfbauerschaft (Droste, Niehues, Suntrup), zwei aus der Oberbauerschaft (Baumeister und Holle) und einer aus der Kreuzbauerschaft (Kallwey). Die Unterscheidung nach Wohnbezirken sollte fünf Jahre später entscheidenden Stellenwert erlangen.

Bei der nächsten Gemeinderatswahl 1924 standen sich zwei konkurrierende Zusammenschlüsse, Dorf und Bauerschaften, gegenüber. Diese Lagerbildung spaltete die Dorfgesellschaft und sollte sich auch auf das Fest- und Vereinsleben auswirken. Bei den Wahlen vom 4. Mai 1924 waren nach der Wahlordnung neun Gemeinderäte zu bestimmen.[659] Wahlberechtigt waren 837 Gemeindebewohner, von denen 793 von ihrem Stimmrecht Gebrauch machten und so für die hohe Wahlbeteiligung von 94,7 Prozent sorgten. Diejenigen, die zur Wahlurne schritten, hatten zwischen zwei Wahlvorschlägen zu entscheiden, die en bloc anzunehmen waren. Die erste Liste bestand mit einer Ausnahme aus Kandidaten des Dorfes Ottmarsbocholt, die zweite Liste umfaßte ausschließlich Bewerber aus den angrenzenden Bauerschaften. Listenführer des Wahlvorschlags eins war der Großbauer und Gastwirt Kaspar Vollmer. Der Großbauer Bernard Baumeister, zugleich Bauerschaftsvorsteher der Oberbauerschaft, stand der zweiten Liste vor.

Von den 781 gültigen Stimmen entfielen 403 (51,6%) auf den ersten Wahlvorschlag, 378 Stimmberechtigte votierten für die Alternative. Den Ausschlag für den Sieg der Liste eins gab das Wahlverhalten von Angehörigen der sozialen Unterschicht in den Bauerschaften. Diese hatten für die Dorfliste votiert, wo auf Platz fünf ihr Vertreter, der Arbeiter Bernard Wiedeier, saß. Der Frontenwechsel bescherte der Dorfliste die relative Mehrheit und strahlte bis in das Fest- und Vereinsleben ab. Die Folge war nämlich, daß die Schützenvereine des Dorfes und der Bauerschaften, die bislang jährlich alternierend das Schützenfest ausgetragen hatten, getrennte Wege gingen.[660]

---

[658] Schreiben des ASR v. 28.4.1919 an die Gemeindevertretung; GA Senden, Bestand Ottmarsbocholt, B 12.
[659] Wahlordnung für Gemeindevertretungen, Kirchspiellandgemeinden, Landbürgermeisterei- und Amtsversammlungen v. 13.2.1924; GA Senden, Bestand Ottmarsbocholt, B 9.
[660] Zu den Folgen für das Fest- und Vereinsleben siehe Drittes Kapitel, A. über Schützenvereine und -feste in Ottmarsbocholt.

Die Verteilung der Vertretersitze auf die Wahlvorschläge erfolgte nach dem d'Hondtschen Verfahren. Nach dieser Auszählung entfielen auf den Wahlvorschlag I „Dorf" fünf Mandate, der Wahlvorschlag II „Bauerschaften" errang nur vier Sitze.[661] Die Liste Dorf stellte folgende Gemeinderäte: den Großbauern und Gastwirt Kaspar Vollmer, wie 1919 nochmals gewählt, den Schreinermeister Wilhelm Forsthövel, der die Interessen der Berufsgruppe mit den meisten selbständigen Betrieben in Ottmarsbocholt vertrat,[662] den Maurer Franz Unewisse,[663] den Gastwirt Bernard Lindfeld und den Arbeiter Bernard Wiedeier aus der Kreuzbauerschaft. Forsthövel wie Lindfeld betrieben als Arbeiterbauern neben ihrem Hauptberuf noch kleinbäuerliche Landwirtschaft.[664] Lindfeld und Vollmer gehörten der noch 1919 stärksten selbständigen Berufsgruppe Ottmarsbocholts an.[665] Die vier Mandatsträger des Wahlvorschlags „Bauerschaften" waren der Großbauer Bernard Baumeister, der Drechsler Wilhelm Kallwey, nach 1919 zum zweitenmal im Gemeinderat, sowie die beiden Großbauern Theodor Schulte Bölling und Theodor Närmann. Närmann hatte noch ein weiteres Repräsentationsamt inne: Von 1931 bis 1943 gehörte er dem Kirchenvorstand in Ottmarsbocholt an, die letzten sechs Jahre sogar als stellvertretender Vorsitzender.[666]

Auch 1924 fielen berufliche und gesellschaftliche Herkunft der Ratsmitglieder fast deckungsgleich zusammen. Vier großbäuerliche Bürgervertreter und drei Handwerker bildeten das Gerüst des Gremiums. Dazu gesellten sich ein Gastwirt und ein Arbeiter.[667] Vier Gemeinderäte stammten aus der Oberschicht, zwei aus dem Mittelstand und drei aus der Unterschicht. Gegenüber der Gemeindevertretung von 1919 hatte die Fraktion „Dorf" mit fünf zu vier Sitzen die Mehrheit. Der Faktor Verwandtschaft kam auch in diesem Gremium zum Tragen. Franz Unewisse beerbte seinem Verwandten Bernard mit Sitz und Stimme im Gemeinderat. Diese Gemeindevertretung ist auch hinsichtlich des Procedere ihrer Versammlungen interessant. Die Gemeinderatssitzungen der Jahre 1924 und folgende fanden oft Sonntag vormittags, eine halbe Stunde nach Beendigung des Hochamtes statt. Sitzungsorte waren entweder der Sitzungssaal im Amtshaus oder die Gastwirtschaft eines der Gemeinderäte.

Der Gemeinderat von 1929 wies folgende Besetzung auf: Vertreten waren der Großbauer und Ehrenamtmann Bernard Schulte-Vorwick, der Großbauer und Gemeindevorsteher Kaspar Vollmer und dessen Stellvertreter, der Großbauer Anton

---

[661] Übersicht über das Ergebnis der Gemeinde- und Amtsvertreterwahl v. 4.5.1924; STAMS, Kreis Lüdinghausen, Nr. 1572.
[662] Anhang, Tabelle Nr. 38.
[663] Unewisse sollte 1932 erster Vorsitzender der St. Johannes-Bruderschaft werden; FS 275 Jahre St. Johannes-Bruderschaft Ottmarsbocholt, S. 217.
[664] Forsthövel besaß 3,52 ha Land und verfügte durch Zupacht über 3,6 ha landwirtschaftliche Nutzfläche. Lindfeld nannte 3,78 ha sein eigen und hatte zusätzlich 5,77 ha Land gepachtet. Bodennutzungserhebung 1952 des Statistischen Landesamtes; GA Senden, Bestand Ottmarsbocholt, C 45.
[665] Anhang, Tabelle Nr. 38. Für Vollmer, der 1927 zum Gemeindevorsteher avancierte, rückte der Mühlenbesitzer Franz Kasberg nach. Schreiben des Ehrenbürgermeisters an den Vorsitzenden des Kreisausschusses; STAMS, Kreis Lüdinghausen, Nr. 1572.
[666] BAMS, PfA Ottmarsbocholt, KV 31, Protokollbuch der Kirchenvorstandssitzungen (1876 - 1971).
[667] Kaspar Vollmer wurde bei seinen Besitzverhältnissen zu den Großbauern gerechnet. Bernard Lindfeld wurde aufgrund seines geringen Eigentums an Boden als Arbeiter(bauer) gezählt.

Höwische.[668] Neben den beiden letzten wurden die Großbauern Theodor Närmann, Theodor Schulte Bölling und Bernard Baumeister, der Schreinermeister Wilhelm Forsthövel und der Mühlenbesitzer Franz Kasberg gewählt.[669] Neu hinzugekommen waren der Maurer Albert Urländer-Keuthage und der Arbeiter Heinrich Potthoff.[670]

Auch in dieser Formation stellten die Bauern mit sechs Räten die größte Berufsgruppe und erreichten damit mehr als die Hälfte aller Sitze. Alle Landwirte stammten aus der großbäuerlichen Oberschicht. Sie besaßen zwischen 24 und 76 ha Boden, der Mittelwert lag bei 40,16 ha.[671] Ihnen saßen drei Handwerker sowie je ein Arbeiter und Selbständiger gegenüber. Demgemäß stammten mit fünf Verordneten die Mehrheit des Gremiums aus der Oberschicht, zwei Vertreter aus der Mittel- und drei aus der Unterschicht. Das Verhältnis bei den Gemeindevertretern von Dorf zu Bauerschaften betrug vier zu sieben und knüpfte damit an die Relation von 1919 an. Der Gemeinderat 1929 trug auch der Herrschaft der Verwandtschaft Rechnung. Heinrich Unewisse setzte die Ämterfolge seiner Familie fort. Hatten seine Angehörigen Bernard und Franz diesen Verwandtschaftskreis 1919 und 1924 im Gemeinderat vertreten, so sicherte Heinrich Unewisse 1929 mit seinem Mandat die weitere Präsenz der Familie Unewisse in diesem Gremium.

Besonders bemerkenswert ist die Tatsache, daß der Ausgang dieser Gemeinderatswahl wie der der Abstimmungen zur Amtsvertretung 1924 und 1929 bereits im Vorfeld besiegelt wurde. Zur Wahl am 17. November 1929 existierte eine „Einheitsliste", die bereits alle Kandidaten vorbestimmte und so die faktische Wahlmöglichkeit entscheidend einschränkte. Schließlich genügten lediglich vier Voten, um der Einheitsliste zur Geltung zu verhelfen.[672] Auch hier konnte die Lüdinghauser Zeitung wegen der hohen Wahrscheinlichkeit, daß die Einheitsliste bestätigt werden würde, die Annahme schon frühzeitig verkünden.[673] Wiederum zeigte sich ein politisches Gremium der Dorföffentlichkeit als Instrument der dörflichen Eliten, die dort ihre Interessen verwirklichten.

Die Gemeindevertretung im ‚Dritten Reich' präsentierte sich bei ihrer Sitzung am 27. April 1933 in veränderter Gestalt. Der Schreinermeister Wilhelm Potthoff, der Maurer Heinrich Rüller und der Händler August Gühler waren erstmals im Rat vertreten. Die Großbauern Theodor Närmann, Bernard Baumeister, Theodor Schulte Bölling, Anton Höwische und Kaspar Vollmer als Gemeindevorsteher hatten ihren Platz behalten. Die berufliche Zusammensetzung der Vertretung ergab folgende Streuung: fünf Landwirte, die allesamt Großbauern waren, drei Handwerker sowie je ein Arbeiter und Selbständiger. Fünf Vertreter, das war die Hälfte des Rats, waren

---

[668] GA Senden, Bestand Ottmarsbocholt, C 14.

[669] Kasberg stand 1924 auf Platz sechs der Liste „Dorf" und war nach der Wahl Vollmers zum Gemeindevorsteher am 17.8.1927 an dessen Stelle gerückt; GA Senden, Bestand Ottmarsbocholt, B 9 u. B 12.

[670] Potthoff nutzte als Arbeiterbauer 4,65 ha landwirtschaftlich, von denen ihm nur 0,55 ha gehörten. Bodennutzungserhebung 1952 des Statistischen Landesamtes; GA Senden, Bestand Ottmarsbocholt, C 45.

[671] Gerichtliches Verzeichnis der Höfe, deren Eintrag in die Erbhofrolle in Aussicht genommen ist v. 15.6.1934; GA Senden, Bestand Ottmarsbocholt, C 197.

[672] Ergebnis der Wahlen zu den Gemeindevertretungen im Amtsbezirk Ottmarsbocholt; STAMS, Kreis Lüdinghausen, Nr. 1703.

[673] Ausschnitt aus der Lüdinghauser Zeitung v. 19.11.1929; STAMS, Kreis Lüdinghausen, Nr, 1572.

der Oberschicht zuzurechnen. Drei rekrutierten sich aus dem Mittelstand und zwei aus der Unterschicht. Der Einfluß von Verwandtschaftskreisen machte sich auch 1933 bemerkbar. Wilhelm Potthoff hatte bereits 1924 für den Gemeinderat kandidiert, konnte sich aber mit seinem Listenplatz neun des Wahlvorschlags I „Dorf" nicht plazieren. Erst nun Jahre später gelang ihm an der Seite seines Verwandten Heinrich Potthoff der Einzug in die Gemeindevertretung. Bei dieser Gemeindevertretung ist wiederum das Procedere, Entscheidungen bekanntzugeben, hervorhebenswert. Amtliche Veröffentlichungen der Landgemeinde wie Ortssatzungen wurden in der Pfarrkirche am Ende des sonntäglichen Hauptgottesdienstes verlesen, andere Bekanntmachungen im Gitterkasten an der Dorfschule ausgehängt.[674]

Im Jahre 1935 wurden die Gemeindevertreter auf Vorschlag des Gauleiters vom Landrat berufen. Der Gauleiter suchte vorrangig „den obersten örtlichen Führer der NSDAP und den rangältesten Führer der SA" aus.[675] Die Erwählten wurden am 25. März 1935 in das Amtshaus berufen, wo sie von ihrer Designation unterrichtet wurden. Es waren dies die Großbauern Bernard Schulte-Vorwick und Theodor Röckmann,[676] der Kleinbauer Rudolf Homann,[677] der Schreinermeister Wilhelm Forsthövel, der Anstreichermeister Heinrich Müer, der Arbeiter Wilhelm Beuckmann und der Maurer Albert Urländer-Keuthage, der jedoch lediglich bis 1938 für diesen Posten zur Verfügung stand.[678] Müer war bis 1926 Schriftführer der St. Johannes-Bruderschaft gewesen.[679] Diese sieben Gemeindeältesten wurden bis auf eine Ausnahme am 16. Oktober von Amtsbürgermeister Franz Ermke vereidigt.[680] Der Arbeiter Wilhelm Beuckmann jedoch war wegen seines niedrigen Alters von 25 Jahren der Dorföffentlichkeit nicht zu vermitteln; der Altersschnitt des Gremiums lag ohne Beuckmann ohnehin bei 45 Jahren. Für ihn rückte der Maurer Hermann Rüller nach. Gegenüber den vorangegangen Gemeindevertretungen hatten sich zwei formale Aspekte geändert: Die neue Bezeichnung für die Vertreter lautete nun Gemeindeälteste, und ihre Zahl hatte sich auf sieben reduziert.[681] Der Schreinermeister Wilhelm Forsthövel saß erneut in dem Gremium, dem er seit 1924 angehörte. Auch Bernard Schulte-Vorwick und Albert Urländer-Keuthage hatten bereits als vormaliger Ehrenamtmann und Gemeindevertreter von 1929 lokalpolitische Erfahrung gesammelt. Die

---

[674] Ortssatzung über die ortsübliche Bekanntmachung amtlicher Veröffentlichungen v. 26.3.1934; STAMS, Kreis Lüdinghausen, Nr. 1572.
[675] GA Senden, Bestand Ottmarsbocholt, C 12.
[676] Röckmann hatte Grundbesitz von 41 ha. Gerichtliches Verzeichnis der Höfe, deren Eintrag in die Erbhofrolle in Aussicht genommen ist v. 15.6.1934; GA Senden, Bestand Ottmarsbocholt, C 197.
[677] Homann hatte geringen Besitz von knapp einem Hektar, bewirtschaftete aber nahezu elf Hektar. Bodennutzungserhebung 1952 des Statistischen Landesamtes; GA Senden, Bestand Ottmarsbocholt, C 45.
[678] Schreiben des Amtsbürgermeisters an denselben v. 26.9.1938; GA Senden, Bestand Ottmarsbocholt, C 12.
[679] FS 275 Jahre St. Johannes-Bruderschaft Ottmarsbocholt, S. 79.
[680] GA Senden, Protokollbuch der Gemeinde Ottmarsbocholt von 1934 bis 1945, o. Sig., Sitzung v. 16.10.1935 u. Auszug aus dem Protokollbuch des Gemeinderats Ottmarsbocholt v. 16.10.1935; GA Senden, Bestand Ottmarsbocholt, C 12.
[681] Ortssatzung über die Zahl der Gemeindeältesten in der Landgemeinde Ottmarsbocholt v. 29.3.1934; STAMS, Kreis Lüdinghausen, Nr. 1572.

übrigen Gemeindeältesten stellten Personen dar, die bislang politisch nicht in Erscheinung getreten waren.

Die Nationalsozialisten verlangten andere Qualifikationen, als sie vorher gefragt waren. Durch die Bestallung von oben wurde 1935 die Parteimitgliedschaft oder die Zugehörigkeit zu einer NSDAP-Gliederung zum primären Rekrutierungskriterium. Vier der sieben Gemeindeältesten waren in die Partei eingetreten. Darüber hinaus waren sie Zellenleiter, Ortsamtsleiter oder gehörten der Ortsgruppe der NS-Gemeinschaft ‚Kraft durch Freude' an. Drei Gemeindeälteste waren keine Parteimitglieder, der Schreinermeister Wilhelm Forsthövel war weder der NSDAP beigetreten noch in einer ihrer Organisationen tätig. Daß er dennoch in der Gemeindevertretung saß, verdeutlicht, welches Ansehen er besaß. Zudem wies seine Wahl den Einfluß des bedeutendesten Gewerbezweiges Mitte der zwanziger Jahre, der Schreiner, hin.[682] Durch die Nationalsozialisten wandelte sich auch die Politik der Gemeindevertretung. Nationalsozialistische Partei- und Gesinnungsgenossen sollten offen favorisiert werden. Aufträge der Gemeinde, zum Beispiel beim Bau der neuen Schule der Oberbauerschaft, wollte man im Juni 1935 „mit Billigung der Gemeinderäte" bevorzugt an Firmen vergeben, deren Inhaber Mitglied der Deutschen Arbeitsfront (DAF) oder der NSDAP sind – selbst bei einer Preisdifferenz unter den Angeboten.[683] Wenig später sollte die Vergabe von Aufträgen von seiten der Gemeinde nur noch an Mitglieder der DAF erfolgen.[684] Zur gleichen Zeit beteiligte sich die Gemeindevertretung an der für das nationalsozialistische Deutschland charakteristischen Militarisierung des Alltags, als sie drei Gasmasken kaufte, die sie auch der Freiwilligen Feuerwehr zur Verfügung stellen wollte.[685]

Auch in sozialer und beruflicher Hinsicht änderte sich das Profil der Bürgervertreter. Die Zahl der Bauern, davon zwei Großbauern, fiel auf drei Älteste und entsprach damit der der Handwerker. Dieser Wert bestand auch Ende der dreißiger Jahre, als für den abberufenen Gemeindeältesten Albert Urländer-Keuthage der Schlosser und Klempner Albert Lindfeld in das Gremium aufrückte.[686] Den Ältestenrat vervollständigte ein Arbeiter. Nach Schichtzugehörigkeit waren die Unterschichtvertreter erstmals in der Geschichte des Gremiums in der Mehrheit. Zu den drei Unterschichtlern gesellten sich je zwei Ober- und Mittelschichtangehörige.

Die erste Gemeindevertretung nach dem Krieg war aus der Wahl vom 17. Oktober 1946 hervorgegangen.[687] Sie bestand aus zwölf Gemeinderäten, die zur ersten

---

[682] Anhang, Tabelle Nr. 38.
[683] GA Senden, Bestand Ottmarsbocholt, Protokollbuch der Gemeinde Ottmarsbocholt von 1934 bis 1945, o. Sig., Sitzungsprotokoll v. 31.5.1935. Auch sollten „verdiente Kämpfer der Bewegung" bei der Vergabe von Stellen eingeplant werden, was aber in Ottmarsbocholt keine Anwendung fand. Vgl. Wermert, Die Zeit des Nationalsozialismus, S. 494.
[684] A.a.O., Sitzung v. 16.10.1935.
[685] Ebd.
[686] A.a.O., Sitzung v. 30.12.1938. Lindfeld sollte später von 1949 bis 1961 Mitglied des Kirchenvorstands werden; BAMS, PfA Ottmarsbocholt, KV 31, Protokollbuch der Kirchenvorstandssitzungen (1876 - 1971).
[687] Schreiben des Amtmanns an den Oberkreisdirektor von Lüdinghausen v. 3.7.1947; GA Senden, Bestand Ottmarsbocholt, C 11.

Sitzung am 25. September 1946 zusammenkamen:[688] den Großbauern Anton Reismann, Alois Schwienhorst sowie Bernard Brüse als Bürgermeister, dem Mittelbauer Josef Hutters und dem Kleinbauer Bernard Potthoff, desweiteren den Maurern Bernard Austering,[689] Heinrich Unewisse und Alex Krutwage, den Stielmachern Fritz Kasberg[690] und Hubert Greive, dem Stellmacher Heinrich Bülskämper und dem Anstreicher Anton Lindfeld. Was sich auf den ersten Blick wie ein personeller Neuanfang liest, entpuppte sich wie schon bei der Amtsvertretung 1946 als Wiederauferstehung zwischenzeitlich entmachteter Verwandtschaftskreise, aus denen sich vor der NS-Zeit traditionellerweise die Ottmarsbocholter Eliten rekrutiert hatten. Heinrich Unewisse gehörte seit 1929 nun zum zweitenmal der Gemeindevertretung an. Er war ein Verwandter des Amts- und Gemeinderats von 1919 Bernard Unewisse sowie von Franz Unewisse, des Gemeinderats von 1924. Alle drei übten dasselbe Handwerk aus. Heinrich Unewisse setzte also 1946 die Familientradition der Jahre vor 1933 fort, in jeden Gemeinderat einen Familienangehörigen zu entsenden. 1946 brachte es Unewisse sogar zum stellvertretenden Amtsbürgermeister. Auch der Kleinbauer Bernard Potthoff knüpfte an Familienvertreter vor dem nationalsozialistischen Eingriff 1935 an. Der Arbeiterbauer Heinrich Potthoff hatte seine Familie im Gemeinderat 1929 und 1933 vertreten, der Schreinermeister Wilhelm Potthoff ebenfalls 1933. Alex Krutwage und Hubert Greive hatten sich bereits 1924 für die Gemeindevertretung auf den Plätzen sieben und acht des Wahlvorschlags I „Dorf" ebenso beworben wie die Verwandten von Fritz Kasberg und Bernard Potthoff, der Mühlenbesitzer Franz Kasberg und der Schreinermeister Wilhelm Potthoff, auf den Rängen sechs und neun. Greive war von 1931 bis 1949 mit einer kurzen Unterbrechung Mitglied im Kirchenvorstand von St. Urban.[691] Auch Heinrich Bülskämper gehörte 1946 dem Kirchengemeinderat an und folgte darin seinem Vater, der dort von 1931 bis 1940 saß.[692] Im Jahre 1946 bot sich also offensichtlich die Reserveliste der Dorffraktion direkt als Reservoir für nicht vom Nationalsozialismus diskreditierte Würdenträger wie indirekt als personeller Anknüpfungspunkt bestimmter Verwandtschaftskreise an die Zeit vor der NS-Ära an.

Die Gemeindevertretung 1946 war ein nahezu getreues Abbild der Amtsvertretung des gleichen Jahres. Von den zwölf Gemeinderäten saßen zehn auch in dem Parallelgremium. Allein Austering und Hutters hatten dort keine Stimme. Fünf der zwölf Gemeinderäte waren Landwirte, vier davon waren Großbauern. Die restlichen sieben betrieben ein Handwerk. Nach gesellschaftlichem Aspekt saßen sich je drei Vertreter aus der Oberschicht und dem Mittelstand, der sich in der Zusammenbruchgesellschaft erst langsam reorganisierte, sowie sechs Unterschichtler gegenüber.

---

[688] Behändigungsliste über die erste Sitzung der Gemeindevertretung Ottmarsbocholt; GA Senden, Bestand Ottmarsbocholt, C 14.
[689] Austering bewirtschaftete nebenbei als Arbeiterbauer 2,41 ha Land. Bodennutzungserhebung 1952 des Statistischen Landesamtes; GA Senden, Bestand Ottmarsbocholt, C 45.
[690] Kasberg ist mit Eigenbesitz von 2,23 ha Grund ebenfalls als Arbeiterbauer anzusehen. Mittels Pacht bearbeitete er eine Fläche von 3,42 ha; ebd.
[691] BAMS, PfA Ottmarsbocholt, KV 31, Protokollbuch der Kirchenvorstandssitzungen (1876 - 1971).
[692] Heinrich Bülskämper blieb im Kirchenvorstand bis 1955; ebd.

Wie bei der Wahl zur Amtsvertretung 1946 lebten bei der des Gemeinderats die altvertrauten politischen Grundhaltungsmuster wieder auf. Der sozialen und professionellen Herkunft seiner Mitglieder nach hielten die herkömmlichen Großgruppen, also Bauern, vor allem die Inhaber großbäuerlicher Betriebe, und Handwerker, Einzug in das Gremium. Parallel zu der Entwicklung der Amtsvertretung erlangte die Parteizugehörigkeit Bedeutung für die Rekrutierung der Kandidaten. 1946 gehörten alle zwölf Gemeinderäte der Union an. Wie bereits bei der Amtsvertreterwahl 1946 war die Zusammensetzung des Gemeinderats mithin eine deutliche Abkehr von den Verhältnissen der NS-Zeit und eine bewußte Hinwendung zu denen vor 1933/35: Die alten Eliten belegten ihre angestammten Plätze, und die traditionelle politische Ausrichtung der Räte lebte wieder auf, wenn auch nun in Gestalt einer Mitgliedschaft in der Union und mit dem formalen Kriterium der Parteimitgliedschaft.

Jedoch mußte die bewußte Wiederaufnahme des alten Kurses korrigiert werden. Die zahlreich zugewanderten Vertriebenen sorgten für eine seit 1946 charakteristische Ungleichzeitigkeit von Neuerung und Rückwärtsgewandtheit in Ottmarsbocholt. Dieser Außendruck wirkte sich auf die Gemeindevertretung von 1948 wie folgt aus: Die Wahl vom 17. Oktober brachte mit Hermann Drygalla einen Flüchtlingsvertreter in den Rat, der sich in Herkunft, Konfession und Parteizugehörigkeit fundamental von seinen Kollegen unterschied. Während alle übrigen sieben Kandidaten direkt gewählt wurden, zog Drygalla über die Reserveliste in das Gremium ein.[693] Von den 931 Wählern sprachen sich 766 (82,3%) für einen Unionskandidaten aus, 105 für den SPD-Mann.[694] Vermutlich hat Drygalla seine Stimmen von den protestantischen Vertriebenen erhalten.[695] Drygalla sollte in dieser Amtszeit nicht der einzige Flüchtlingsvertreter bleiben. Am 13. Oktober 1949 rückte Hans Henschen für den verstorbenen Bernard Schulte-Vorwick nach. Henschen, der aus Berlin-Altfriedrichsfelde kam, war von Beruf Maurer und wurde drei Jahre später zum Kulturwart der Vertriebenen bestimmt.[696]

Wiederbestätigt in ihrer Vertreterfunktion wurden im Jahre 1948 Bernard Brüse als Bürgermeister, der Bauer Bernard Potthoff, der Stielmacher Fritz Kasberg, der Anstreicher Anton Lindfeld, der Maurer Heinrich Unewisse, der im gleichen Jahr als CDU-Kandidat in den Kreistag gewählt wurde,[697] und der Bauer Alois Schwienhorst. Mit Ausnahme der Flüchtlingsvertreter handelte es sich hier also um eine verkleinerte Form des Gemeinderats von 1946. Bauern und Handwerker hatten daran mit je vier Verordneten paritätisch Anteil. Nach sozialer Herkunft polarisierte sich die Gemeindevertretung in der Übergangsphase der endvierziger. Während der Mittelstand sich erst allmählich konsolidierte, saßen sich gleichviele Vertreter aus der Ober- und

---

[693] GA Senden, Bestand Ottmarsbocholt, C 14. Zur Person Drygallas siehe Erstes Kapitel, A.2. zu den Amtsvertretungen.

[694] GA Senden, Bestand Ottmarsbocholt, C 33.

[695] GA Senden, Bestand Ottmarsbocholt, C 43. Zum Zeitpunkt der Wahl, im Oktober 1948, lebten 703 Flüchtlinge (31% der Bevölkerung) in Ottmarsbocholt. Bei der Volks-, Betriebs- und Berufszählung 1950 bekannten sich 281 Bewohner (12,8%) zur evangelischen Lehre.

[696] Siehe Erstes Kapitel, C. Die politische Integration der Neubürger.

[697] Unewisse setzte sich bei der Kreistagswahl gegen die SPD- und KPD-Bewerber, Drygalla und Skupin, durch; STAMS, Kreis Lüdinghausen, Nr. 1669.

der Unterschicht gegenüber. Zwei Räte kamen aus dem Dorf, sechs wohnten in den Bauerschaften.

Die Gemeindevertretung von 1952 ähnelte ihrem Vorgängerorgan.[698] Unter den sieben Vertretern fanden sich zwei Flüchtlingsvertreter: Franz Gröger, Jahrgang 1888, stammte aus dem schlesischen Krainsdorf und saß der Interessengemeinschaft der Ostvertriebenen (IGO) in Ottmarsbocholt vor.[699] Der Knappschaftsrentner befand sich wie Günther Röhr im Ruhestand. Auch Röhr schied im November 1954 aus dem Gremium aus. Seinen Platz nahm Hermann Drygalla ein. Drei Gemeinderäte konnten ihr Mandat von 1948 behalten: der Bürgermeister Bernard Brüse sowie die beiden politischen Nachkriegsgrößen Heinrich Unewisse, der auch dieses Jahr wieder in den Kreistag gelangte,[700] und Alois Schwienhorst. Neu hinzugekommen war der Klempnermeister Clemens Lindfeld und der Schmiedemeister Heinrich Vorspohl. Lindfeld war ein Verwandter des Gemeinderates von 1924, Bernard Lindfeld, und folgte direkt Anton Lindfeld nach, der in den beiden letzten Amtsperioden Gemeindevertreter gewesen war. Der Bauernanteil in diesem Gremium war auf zwei Landwirte gefallen, der Handwerkeranteil hatte sich mittlerweile erholt und belief sich auf drei Verordnete. Dazu traten die beiden Rentner als Flüchtlingsvertreter. Zwei Bürgervertreter rekrutierten sich aus der dörflichen Gesellschaftsspitze, zwei kamen aus der sozialen Mitte und – vor allem wegen der Neubürger – drei aus der Unterschicht. Drei Räte kamen aus dem Dorf, vier stammten aus den umliegenden Bauerschaften.

Kontinuität kennzeichnete auch die Gemeindevertretung von 1956.[701] Fünf der sechs Gemeinderäte hatten Sitz und Stimme im vorangegangenen Rat, drei davon gehörten dem Gremium seit 1946 an.[702] Alle sechs Vertreter waren CDU-Mitglied, auch der Vertrauensmann der Vertriebenen, Hugo Olbrich. Der Zimmermann aus dem schlesischen Waunefeld, Kreis Gardelegen, war im Gegensatz zu Hermann Drygalla Unionsmitglied und hatte sich als neuer Dorfbewohner gut assimiliert: Seit dem 7. September 1958 war er als Ersatzmann in den Kirchenvorstand von St. Urban aufgerückt und wurde bei den Neuwahlen im selben Jahr sowie 1961 gewählt.[703] Der Bauernanteil hielt sich in dieser personellen Zusammensetzung bei exakt einem Drittel, die Handwerker erreichten zwei Drittel. Zwei Vertreter kamen aus dem Dorf, die anderen vier aus den Bauerschaften.

Der nachfolgende Gemeinderat vom 19. März 1961 umfaßte wieder 12 Mitglieder und bot daher mehr Angehörigen der traditionellen Dorfelite die Möglichkeit zur Repräsentation. Bei einer Wahlbeteilung von 82 Prozent konnte die CDU alle 12

---

[698] GA Senden, Bestand Ottmarsbocholt, C 14.
[699] Schulchronik der evangelischen Volksschule, Teil 2, in: Ottmarsbocholt, Geschichte und Geschichten 7 (1986), S. 37. Gröger verzog im März 1953 nach Senden; sein Mandat fiel an den Bauern Bernard Potthoff, der bereits 1946 und 1948 Gemeinderat gewesen war.
[700] STAMS, Kreis Lüdinghausen, Nr. 1669.
[701] GA Senden, Bestand Ottmarsbocholt, C 10.
[702] Das Ratsmitglied Heinrich Unewisse wurde als CDU-Kandidat 1956 erneut in den Kreistag gewählt. STAMS, Kreis Lüdinghausen, Nr. 1669.
[703] BAMS, PfA Ottmarsbocholt, KV 31, Protokollbuch der Kirchenvorstandssitzungen (1876 - 1971).

Gemeinderäte stellen. Bewerber anderer Parteien standen nicht zur Wahl.[704] Ihren Platz behielten der Bürgermeister und Großbauer Bernard Brüse, dessen Stellvertreter, der Maurer Heinrich Unewisse, der abermals in den Kreistag gewählt wurde,[705] der Großbauer Alois Schwienhorst, der Klempnermeister Clemens Lindfeld, der Schmiedemeister Heinrich Vorspohl sowie der Flüchtlingsvertreter Hugo Olbrich.[706] Zum erstenmal in dieses Gremium gewählt wurden der Schreinermeister Heinrich Möllers, der Bauer Bernard Sasse, die Großbauern Adolf Schulte Bölling und Bernard Niehues sowie der Angestellte Josef Bickeböller. Seine erste Amtszeit trat auch der Stielmacher Theodor Greive an, der als Arbeiterbauer fünf Hektar Land besaß und 7,51 Hektar bewirtschaftete.[707]

Auch in dieser Volksvertretung dominierte eine personelle und familiäre Kontinuität. Brüse, Schwienhorst und Unewisse saßen seit 1946 ununterbrochen im Gemeinderat. Der Flüchtlingsvertreter Olbrich konnte sich ebenfalls auf kommunalpolitischer Bühne etablieren und trat seine zweite Amtsperiode an. Bernard Niehues, Sohn des gleichnamigen vormaligen Gemeindevorstehers, profitierte vom hohen Sozialprestige seiner Familie: Bereits 1952 hatte er der Amtsvertretung angehört. Zudem besaß er seit 1958 Sitz und Stimme im Kirchenvorstand St. Urban.[708] Adolf Schulte Bölling hatte ebenso angesehene Vorfahren: Theodor Schulte Bölling war Gemeinderat von 1924 bis 1935 und Kirchenvorstand von 1931 bis 1952.[709] Auch aus der Verwandtschaft Clemens Lindfelds waren Angehörige kommunalpolitisch aktiv gewesen: Neben den ehemaligen Gemeinderäten Bernard und Anton Lindfeld saß Albert Lindfeld 1951 der St. Johannes-Bruderschaft vor[710] und von 1949 bis 1961 im Kirchenvorstand.[711] Clemens Lindfeld selbst sollte 1963 noch der Schützenkönig der St. Johannes-Bruderschaft werden. Auch Heinrich Vorspohl hatte Verwandte, die öffentliche Ämter bekleideten: Franz Vorspohl war von 1949 bis 1958 Kirchengemeinderat gewesen.[712] Bernard Sasse hatte seit 1956 einen Platz in der Amtsvertretung inne sowie bereits vorher im Kirchenvorstand. Theodor Greive war der Sohn von Hubert Greive, dem er nicht nur im Handwerk nachfolgte, sondern auch in der Kommunalpolitik und der Parteizugehörigkeit: Das CDU-Mitglied Hubert Greive war 1946 zum Gemeindevertreter sowie 1946 und 1948 zum Amtsvertreter bestimmt worden, nachdem er bereits 1924 auf dem Wahlvorschlag „Dorf" für

---

[704] STAMS, Kreis Lüdinghausen, Nr. 1700.
[705] STAMS, Kreis Lüdinghausen, Nr. 1669.
[706] GA Senden, Bestand Ottmarsbocholt, C 14.
[707] Bodennutzungserhebung 1952 des Statistischen Landesamtes; GA Senden, Bestand Ottmarsbocholt, C 45.
[708] BAMS, PfA Ottmarsbocholt, KV 31, Protokollbuch der Kirchenvorstandssitzungen (1876 - 1971).
[709] Siehe dazu die Zusammensetzung der Gemeindevertretungen von 1924, 1929 und 1933.
[710] FS 275 Jahre St. Johannes-Bruderschaft Ottmarsbocholt, S. 217.
[711] BAMS, PfA Ottmarsbocholt, KV 31, Protokollbuch der Kirchenvorstandssitzungen (1876 - 1971). Zu den Amtszeiten von Bernard und Anton Lindfeld siehe die Gemeindevertretungen von 1924, 1946 und 1948.
[712] BAMS, PfA Ottmarsbocholt, KV 31, Protokollbuch der Kirchenvorstandssitzungen (1876 - 1971).

den Gemeinderat kandidiert hatte. Daneben saß er 1946 im Flüchtlingsausschuß und von 1931 bis 1949 im Kirchenvorstand.[713]

Wie 1956 besaßen alle zwölf Gemeinderäte das CDU-Parteibuch.[714] Der Bauernanteil betrug fünf Ratsmitglieder, vier der fünf Landwirte waren Großbauern. Der Handwerkeranteil wies vier Vertreter auf, der Angestelltenanteil belief sich auf einen Bürgervertreter. Anfang der sechziger Jahre saß die bäuerliche Oberschicht mit fünf Räten fest im Sattel und blieb dies bis zum Ende dieses Jahrzehnts. Nun überrundete der Mittelstand wieder die Unterschicht in der Zahl der Ratsmitglieder. Die Konstellation lautete nun vier zu drei. Das Verhältnis von Angehörigen des Dorfes und der Bauerschaften maß vier zu acht. Das Durchschnittsalter der Bürgervertreter war für ländliche Verhältnisse normal hoch: der jüngste zählte 38 Jahre, der älteste stand im 71. Lebensjahr.

Die neue Gemeindeverordnung von 1964 glich bis auf wenige Ausnahmen dem gleichzeitig gewählten Amtsrat,[715] weswegen hier darauf verzichtet wird, die in beiden Gremien sitzenden Bürgervertreter nochmals aufzuführen. Für den Venner Großbauer Schulze-Tomberge rückten der Schmiedemeister Heinrich Vorspohl und der Schreinermeister Hugo Wiedeier in die Ottmarsbocholter Gemeindevertretung auf. Dadurch stellten die Handwerker mit sieben Bürgervertretern die stärkste professionelle Fraktion. Die Bauern, allesamt Leiter großbäuerlicher Betriebe, kamen auf fünf Ratsmitglieder. Das professionelle Spektrum im Gremium vervollständigte ein Angestellter. Nach sozialer Herkunft behielten die großbäuerlichen Oberschichtler ihre Führungsposition mit fünf Räten bei. Der Mittelstand konnte jedoch seinen Anteil von vier Vertretern gegenüber drei Unterschichtlern halten. Wie auf Amtsebene besaßen alle 13 Ratsmitglieder das CDU-Parteibuch, ein weiteres Indiz für die starke Bindekraft des katholischen Milieus im Ort.

Die Wahl zum letzten Gemeinderat von 1969 brachte wie auf Amtsebene einen tiefgreifenden Wechsel, den die Unabhängige Wählergemeinschaft (UWG) als dorfinterne Konkurrenzbewegung und als Ausdruck des wirtschaflichen Strukturwandels im Dorf entscheidend mitauslöste.[716] Die designierten Gemeindeverordneten entsprachen fast vollständig den Amtsvertretern von 1969, so daß auch hier dieselben generativen, professionellen und sozialen Umbruchserscheinungen zu beobachten waren. Lediglich für den Venner Großbauern Schulze-Tomberge zogen die Berufs- und Standeskollegen Bernard Isfort und Friedhelm Jungmann in den Rat ein.[717] Wie im

---

[713] Ebd.
[714] Vgl. Liste der neugewählten Mitglieder des Gemeinderats Ottmarsbocholt; STAMS, Kreis Lüdinghausen, Nr. 1688.
[715] STAMS, Kreis Lüdinghausen, Nr. 1669. Schreiben des Amtsdirektors an die Siedlungs- und Wohnungsgesellschaft Lüdinghausen v. 23.11.1966; GA Senden, Bestand Ottmarsbocholt, D 9. Zur Amtsverordnung siehe Erstes Kapitel, A.2.
[716] Niederschrift über die Verpflichtung der neu gewählten Gemeinderäte v. 27.11.1969 u. Auflistung für die VEW; GA Senden, Bestand Ottmarsbocholt, D 9. Schreiben des Amtsdirektors an die Münstersche Zeitung v. 17.5.1973; GA Senden, Bestand Ottmarsbocholt, D 8. STAMS, Kreis Lüdinghausen, Nr. 1461.
[717] Jungmann besaß 26,85 ha Privatgrund. Bodennutzungserhebung 1952 des Statistischen Landesamtes; GA Senden, Bestand Ottmarsbocholt, C 45.

Amtsrat büßten in beruflicher Hinsicht die traditionellen Berufs- und Bürgervertretergruppen, Bauern und Handwerker, ihre Spitzenpositionen ein. Nur noch drei Bauern und zwei Handwerker waren unter den Ratsmitgliedern zu finden. Die stärkste professionelle Fraktion stellten 1969 erstmals die Angestellten, von denen fünf Vertreter, mehrheitlich aus der UWG-Fraktion, im Rat Sitz und Stimme erwerben konnten. Zum ersten Mal befand sich mit dem Lehrer Konrad Bienert ein Beamter unter den Ratsmitgliedern. Die berufliche Bandbreite unter den Bürgervertretern komplettierten zwei Selbständige. Aufgrund des gewachsenen Anteils der Angestellten stammten die meisten Verordneten nun aus der Mittelschicht, die erstmalig im Untersuchungszeitraum die dörflichen Honoratioren an Zahl überrunden konnten. Aus der Oberschicht, die traditionell das Gros der Gemeinderäte stellte, kamen hingegen nur noch fünf Ratsmitglieder, wohingegen der Anteil der Unterschichtvertreter auf ein Ratsmitglied gefallen war. Den generativen Wechsel schließlich veranschaulicht der Altersunterschied zu den Ratsangehörigen von 1964. Hatte deren Altersmittel noch über 55 Jahre betragen, so sank es im Jahre 1969 um rund neun auf 46,1 Jahre. Wie in der Amtsvertretung sorgte auch hier die Nominierung Maria Heitkötters zur Gemeinderätin für ein lokalpolitisches Novum ersten Ranges. Maria Heitkötter hatte sich als erste Frau auf der UWG-Reserveliste einen Platz in der bislang von Männern beherrschten Lokalpolitik erkämpfen können. Sie rückte für den 1970 verstorbenen Bürgervertreter Engels in die Gemeindeverordnung nach.

Betrachtet man zusammenfassend die Entwicklung des Gemeinderats Ottmarsbocholts, so läßt sich als bestimmendes Charakteristikum ein Streben nach Kontinuität deutlich feststellen, das bis Ende der sechziger Jahre auch von Erfolg gekrönt war. Nach Perioden wie die NS-Ära, in denen mit der Tradition gebrochen werden sollte, strebte die alte Elite danach, die althergebrachten Verhältnisse wieder aufzurichten. Mit der Gemeinderatswahl 1969 jedoch brachen die Ottmarsbocholter Wähler selbst mit der bislang üblichen Rekrutierungspraxis. Dabei wandelten sich die Herrschaftsverhältnisse so, daß die CDU ihre angestammte Mehrheit zugunsten einer unabhängigen Wählervereinigung verlor. Folgerichtig übernahm der Spitzenkandidat der Wählergemeinschaft, Paul Wiedau, den Ratsvorsitz bis zur kommunalen Neugliederung am 1. Januar 1975.[718] Die Bewerber der Wählervereinigung vermochten sich auch bei der Kreistagswahl desselben Jahres erfolgreich gegen die Unionskandidaten zu behaupten. Diese dorfinterne Opposition artikulierte ihre Unzufriedenheit mit der CDU-Gemeindefraktion, die zwanzig Jahre mit absoluter Mehrheit regiert hatte, und sorgte für den richtungweisenden Wechsel im Berufs- und Sozialprofil der Bürgervertreter.

---

[718] Ebd. Siehe Erstes Kapitel, B.1. Die Gemeindebürgermeister.

OTTMARSBOCHOLT. GEMEINDERÄTE/SCHICHTZUGEHÖRIGKEIT

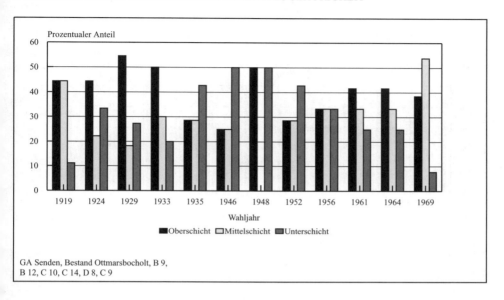

Auch in der Frage der sozialen Schichtzugehörigkeit stellte das Jahr 1969 ein Schwellenjahr dar. Bis dahin hatte die großbäuerliche Oberschicht mit wenigen Ausnahmen die diversen Gemeindeverordnungen dominiert. Besonders zu Anfang des Untersuchungszeitraumes gab diese „Besitzelite" den Ton im Gemeinderat an.[719] Lediglich der massive Eingriff der Nationalsozialisten 1935 sowie das von der Zusammenbruchsgesellschaft gezeichnete Gremium 1946 war von einer quantitativ dezimierten Honoratiorenriege charakterisiert. Nach der NS-Ära versuchten die Oberschichtrepräsentanten ihre Machtposition zurückzuerlangen, was ihnen 1956, spätestens 1961 gelungen war. Die Wahl 1969 aber mit der neuen politischen Kraft der UWG durchkreuzte dieses Streben nach Reetablierung der althergebrachten Verhältnisse. Jetzt dominierten die Vertreter des Mittelstandes, die bis dato meist im Schatten der großbäuerlichen Honoratioren gestanden hatten, und schufen in Verbindung mit neuen Berufsbildern eine gewandelte politische Elite. Die Unterschichtvertreter traten wie bereits betont lediglich in der Mitte des Jahrhunderts zahlenmäßig in Erscheinung. Einmal favorisierten die nationalsozialistischen Machthaber die Unterschichtler, ein andermal profitierten sie von der schleppenden Stabilisierung des Mittelstandes. 1952 endlich begünstigte die Existenz von Flüchtlingsfürsprechern eine Präsenz von Unterschichtangehörigen im Gemeinderat.

---

[719] Pflaum, Politische Führung und politische Beteiligung als Ausdruck gemeindlicher Selbstgestaltung, S. 238.

OTTMARSBOCHOLT. GEMEINDERÄTE/BERUFSGRUPPEN 1919 - 74

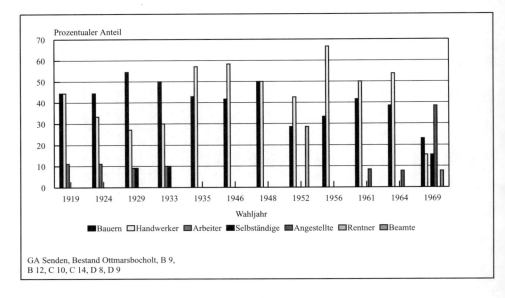

In professioneller Segmentierung änderte sich die Zusammensetzung des Gemeinderats zwischen den zwanziger und sechziger Jahren nicht wesentlich, bevor sich mit dem Jahr 1969 einschneidende Veränderungen einstellten. Bis dahin waren die herkömmlichen dörflichen Berufsgruppen, Bauern und Handwerker, in allen Legislaturperioden die stärksten; 1946 wie 1956 stellten ausschließlich sie die Gemeinderäte. Der Bauernanteil bewegte sich bis Ende der sechziger Jahre zwischen 33,3 und 54,5 Prozent, bevor er 1969 auf das Rekordtief von 23 Prozent purzelte. Lediglich 1952 fiel er wegen der geringen Zahl von sechs Vertretern auf 28,6 Prozent. Der Handwerkeranteil schwankte bis Ende der sechziger Jahre zwischen 27,2 (1929) und 66,6 Prozent (1956), ehe er 1969 auf die historische Marke von 15 Prozent absackte. Auch im Gemeinderat wirkten sich also ab Ende der sechziger Jahre die Folgen des ökonomischen Strukturwandels in Form von Bauern- und Handwerkersterben aus, was auch andernorts beobachtet werden konnte.[720] Der neue Mittelstand in Gestalt der Angestellten hingegen trat in der Kernmünsterlandgemeinde genau zu diesem Zeitpunkt auf den Plan. Im Jahre 1961 wie drei Jahre später gehörte ein Vertreter (8,4 bzw. 7,7%) zu dieser Berufsgruppe, bevor 1969 der Angestelltenanteil mit fünf Mandatsträgern (38,4%) explosionsartig in die Höhe schnellte, und der neue Mittel-

---

[720] In den nordwestdeutschen Untersuchungsgemeinden Cloppenburg und Westerstede war erst zwischen 1960 und 1976 ein deutlicher Rückgang der Gemeinderäte aus dem Wirtschaftssektor Landwirtschaft bzw. Handel „verbunden mit einem dramatischen Anstieg des Dienstleistungsbereichs" und bei gleichzeitigem Anstieg der Angestellten und Beamten erkennbar; vgl. Naßmacher/Rudzio, Das lokale Parteiensystem auf dem Lande, S. 137.

stand zur bedeutendsten professionellen Fraktion avancierte. Die Selbständigen stellten nur temporär Ratsmitglieder: 1929 und 1933 je einen, 1969 zwei Verordnete. Schließlich etablierte sich 1952 mit den beiden Flüchtlingsvertretern eine neue Gruppe, die Rentner, die jedoch ein einmaliges Phänomen blieben.

Wichtig scheint es in diesem Kontext noch zu betonen, daß bei der Gewichtung der beiden Orientierungskriterien Beruf und Familie meist letztere den Zuschlag erhielt. Gewöhnlich standen materiell bedingte Schichtenschranken hinten an, wenn Verwandtschaftsbeziehungen zum Tragen kamen, so zum Beispiel bei Verwandtschaftskreisen, in denen verschiedene Berufssparten vorherrschten: „Es sind scheinbar nicht ökonomische und soziale Unterschiede, die die dörflichen Gruppen trennen, sondern die familiären Bande, die Zugehörigkeit zur einen oder zur anderen Verwandtschaft...: Es sieht nach Familienbeziehungen und nicht nach ‚Klassenbeziehungen' aus."[721] Dies traf unter anderen bei den Familien Potthoff, Lindfeld, Kasberg und Niehues zu. Jedoch waren Fälle, in denen innerhalb einer Familie verschiedene Berufe vorkamen, die Ausnahme. Viel häufiger präsentierten sich einzelne Verwandtschaftskreise als reine Handwerkerdomänen, wie zum Beispiel bei den Familien Unewisse und Greive. Bei allen Bauern bestimmte der Landbesitz traditionell den Beruf der männlichen Erben.

Die Familienbeziehungen waren also die die Gemeindevertretung prägenden Strukturen. Wie bei den Amtsvertretungen verkörperten einzelne Familien Kontinuität. Verwandtschaftskreise wie die Familien Unewisse, Lindfeld, Schulte Bölling, Potthoff und Kasberg waren über den gesamten Zeitraum hinweg kommunalpolitisch präsent.[722] Auch Einzelpersonen konnten kontinuitätsstabilisierende Faktoren sein, erhielten doch einzelne Ratsmitglieder über lange Zeiträume ein Mandat. In vornationalsozialistischer Zeit prägten Kaspar Vollmer oder sein Gegenspieler bei der Wahl von 1924, Bernard Baumeister, die Gemeindevertretung. Während der gesamten Nachkriegszeit verfügten der Bürgermeister Brüse und die Gemeinderäte Heinrich Unewisse und Alois Schwienhorst über Sitz und Stimme im kommunalpolitischen Gremium. Vor allem wegen ihrer über 20jährigen Präsenz im Gemeinderat – von 1946 bis 1969 – werden sie als politische Nachkriegsgrößen in Ottmarsbocholt begriffen. Namentlich Brüse und Unewisse bildeten das maßgebliche lokalpolitische Gespann in den sogenannten langen fünfziger Jahren: Bernard Brüse blieb bis 1969 Bürgermeister in Ottmarsbocholt; ein Jahr später sprach ihm der neue Gemeinderat die Ehrenbezeichnung „Altbürgermeister" aus.[723] Heinrich Unewisse gehörte dem Gemeinderat wie Brüse von den ersten Nachkriegs-Kommunalwahlen bis

---

[721] Kaschuba, Volkskultur zwischen feudaler und bürgerlicher Gesellschaft, S. 233.
[722] Ein weiteres Mitglied dieses Verwandtschaftskreises, August Potthoff, war 1928 Vorsitzender der St. Johannes-Bruderschaft; GA Senden, Bestand Ottmarsbocholt, B 60.
[723] Die Verleihung der Ehrentitels erfolgte in der Gemeinderatssitzung v. 29.1.1970; STAMS, Kreis Lüdinghausen, Nr. 1461.

1969 an, die letzten Jahre als Stellvertreter Brüses.[724] Darüber hinaus saß er in den Jahren 1946 bis 1961 im Kreistag.[725]

Betrachtet man die politischen Strukturen der Gemeinde zwischen 1919 und der kommunalen Neuordnung 1975 im chronologischen Ablauf, so sind zwei Eingriffe von außen nennenswert: die Herrschaft der Nationalsozialisten und die Vertriebenenzuwanderung. Auf die Entwicklung der Gemeindevertretung nahmen diese beiden Ereignisse nur bedingt Einfluß. Die Gemeinderepräsentationen von 1933 und 1935 zeigten im Gegensatz zur Amtsvertretung von 1935 in ihrer professionellen Zusammensetzung keinen Wandel gegenüber den vorangegangen Gremien. Aus der NS-Ära blieb für die Nachkriegszeit nur die Parteizugehörigkeit haften, die jedoch lediglich ein formaler Aspekt war. Das Face-to-face-Gefüge der Landgemeinde erlaubte nach wie vor informelle Kontakte und Beziehungen wie auch andernorts: „Abends sitzen wir alle draußen auf den Milchkannen. Dann wird gesagt, was gesagt werden muß, da brauchen wir keine Parteien."[726]

Dem Einfluß der Neubürger ist ein Wandel in einer Facette der politischen Kultur, der institutionalisierten Form der Kommunikation und Interaktion der Individuen des Sozialgebildes Dorf, zuzuschreiben. Bedingt durch ihre hohe Zahl, ihre unterschiedliche Prägung und die unnachgiebigen Interessenkontroversen um knappe Ressourcen klagten die Flüchtlinge einen Wandel im Procedere der Gemeinde- wie auch der Amtsvertretungen ein. Die Sitzungen fanden vor dem Krieg oft sonntags nach dem Kirchgang in Wirtshäusern statt. Zum Beispiel fand die Gemeindevertretersitzung, die über den Antrag des Junggesellenvereins, ein Kriegerheimkehrfest zu veranstalten, beratschlagte, am Pfingstmontag, den 24. Mai 1920, unmittelbar nach dem Hochamt in der Gaststätte eines Mitglieds des damaligen Gemeinderates statt.[727] Die Bekanntgabe von amtlichen Beschlüssen erfolgte meist durch Verkünden nach dem sonntäglichen Gottesdienst.[728] Nach dem Krieg änderte sich dieses familiäre Procedere, und die Sitzungen wurden jetzt ausschließlich wochentags am Spätnachmittag abgehalten.[729] Dieser Wandel zu Transparenz der politischen Prozesse ist auf den Einfluß der schlesischen Neubürger zurückzuführen.[730] Sie wollten, gestützt auf „eigene kommunalpolitische Erfahrung" und auf „eine gut entwickelte traditionsreiche Selbstverwaltung" in ihrer Heimat, die lokalpolitische Entscheidungsfindung aus

---

[724] Unewisse verzichtete auf die Ehrenbezeichnung; ebd.
[725] STAMS, Kreis Lüdinghausen, Nr. 1669. Nachfolger Unewisses im Kreistag wurde der Lüdinghauser Bauer Franz Beckmann; ebd.
[726] Zitat aus einer UNESCO-Befragung Mitte der fünfziger Jahre in einer Gemeinde im Westerwald; Pflaum, Politische Führung und politische Beteiligung als Ausdruck gemeindlicher Selbstgestaltung, S. 265.
[727] GA Senden, Bestand Ottmarsbocholt, B 116.
[728] GA Senden, Bestand Ottmarsbocholt, C 7. Vgl. auch Wermert, Die Zeit des Nationalsozialismus, S. 494.
[729] GA Senden, Protokollbuch der Amtsvertretung Ottmarsbocholt von 1938 bis 1969, o. Sig., Sitzungsprotokolle ab 1946.
[730] Zum entschiedenen Auftreten schlesischer Neubürger siehe auch Hund, Flüchtlinge in einem deutschen Dorf, S. 151.

dem Wirkungsbereich familiärer Absprachen herausheben.[731] Dem evangelischen Teil unter ihnen war es eben nicht möglich, amtliche Verkündungen in der katholischen Kirche zu erfahren. Ebenso veränderte sich unter dem Eindruck des Vertriebenenzuzugs das Abstimmungsverhalten. Bislang waren Entscheidungen üblicherweise im Vorfeld gefällt worden, indem sich die Beteiligten inoffiziell besprachen, um dann nach außen hin mit dem Abstimmungsverhalten Einstimmigkeit zu demonstrieren.[732] Angesichts der geschilderten massiven Auseinandersetzungen zwischen den beiden Gruppen konnte die bislang gängige Praxis der Gemeindevertretungen, Anträge einhellig zu verabschieden, nicht beibehalten werden.[733]

Die zugezogenen Flüchtlinge, die die Dorfbevölkerung zeitweise um die Hälfte steigerten,[734] wälzten ebensowenig wie die Nationalsozialisten die wesentlichen Strukturen dörflicher Politik, zum Beispiel die Zusammensetzung der Bürgervertretungen, um. Zwar gelang es den Flüchtlingen seit 1948 einen, zuweilen auch zwei ihrer Interessenvertreter in den Gemeinderat zu entsenden, doch glichen sich diese unterschiedlichen Beauftragten immer mehr ihren einheimischen Kollegen an: Der Gemeinderattypus des evangelischen SPD-Mann blieb ein Intermezzo; seine Nachfolger sowie auch schon seine zeitweiligen Kollegen waren katholischer Konfession und fühlten sich in der Union politisch beheimatet.

Die erste Gemeinderatswahl nach dem Ersten Weltkrieg in Heek waren ein Spiegelbild der Besitzverhältnisse in der Dinkelgemeinde. Nach der Abstimmung am 4. November 1919 zogen mit dem Ortsvorsteher 17 Verordnete in das Gremium ein.[735] Darunter waren die Landwirte Heinrich Suek als Bürgermeister, Bernhard Wermelt, Gerhard Weilinghoff, genannt Schwietert, Bernhard Amshoff, Hermann Kottland, Bernhard Harling, Heinrich Wensing, Bernhard Lammers und Wilhelm Große Böwing. Weitere Gemeindeverordnete waren die drei Schreiner Josef und Heinrich Lammers und Georg Gelking, der auch einen mittelbäuerlichen Betrieb leitete,[736] der Untermeister Hermann Buesge und der Weber Bernhard Kemper.[737] Dazu kamen noch der praktische Arzt Dr. Georg Kückmann und die beiden Lehrer Heinrich Ber-

---

[731] Nach Erker, Revolution des Dorfes, S. 414, haben die Flüchtlinge in bayerischen Landgemeinden eine „umfassendere Bekanntgabe der Gemeinderatsbeschlüsse" eingefordert. Erker, S. 416, spricht von einer „getrennten Nutzung von Kirche und Wirtshaus als traditionelle Orte dörflichen Zusammenkommens und Meinungsaustausches."

[732] Vgl. Pflaum, Politische Führung und politische Beteiligung als Ausdruck gemeindlicher Selbstgestaltung, S. 242.

[733] GA Senden, Protokollbuch der Amtsvertretung Ottmarsbocholt von 1938 bis 1969, o. Sig., Sitzungsprotokolle ab 1946, passim.

[734] Siehe die Graphik Ottmatsbocholt. Einwohner/Soziale Gruppen 1925 - 69.

[735] Die Zahl der Gemeindevertreter war Anfang 1919 von zwölf auf 16 erhöht worden. Ortsstatut der Gemeinde Heek v. 12.2.1919; GA Heek, C 741. Zu den Verordneten siehe Auszug aus dem Protokollbuch v. 4.11.1919; GA Heek, C 733. Nachweisung der Amts- und Gemeindeverordneten v. 18.12.1919; GA Heek, C 741.

[736] Sein Grundbesitz maß 6,22 ha, mit dem Pachtland bewirtschaftete er knapp zehn ha Boden. Bodennutzungserhebung 1959 des Statistischen Landesamtes; GA Heek, Zwischenarchiv, o. Sig. Der Bodenbesitz von Josef und Heinrich wurde mit 0,96 bzw. 2,82 ha in einer kleinbäuerlichen Betriebsgröße beziffert; ebd.

[737] Kemper bewirtschaftete neben seiner Industrietätigkeit 1,22 ha Eigenland; ebd.

telmann und Josef Stücht, die seit 1919 für den Gemeinderat wählbar waren. Durch Paragraph vier der Verordnung über die anderweitige Regelung des Gemeindewahlrechts vom 24. Januar 1919 waren Lehrkräfte an öffentlichen Schulen nicht mehr wie bisher von den Wahlen zu Gemeindevertretungen ausgeschlossen.[738] Suek, Weilinghoff und Kückmann saßen zugleich im Amtsrat.

Mit neun Vertretern gehörte über die Hälfte der ersten Gemeinderäte dem Bauernstand an. Die Handwerker waren mit vier, die Beamten mit zwei Personen repräsentiert. Selbständige und Arbeiter kamen auf je einen Mandatsträger. Nach dem gesellschaftlichen Status seiner Mitglieder entpuppte sich dieser Gemeinderat nicht in dem Maße wie die Amtsvertretung von 1919 als eine Honoratiorenversammlung. Fünf Mitglieder gehörten der Oberschicht an.[739] Die große Mehrheit stellte die Mittelschicht mit zehn Gemeinderäten, während lediglich zwei Verordnete aus der Unterschicht kamen. Für die Angehörigen der Unterschicht war dies eine Enttäuschung, versprachen sie sich doch im neuen Staat von Weimar eine stärkere Partizipation an der Macht. Die „Erregung der ersten demokratischen Versuche" nach dem Untergang des Kaiserreiches erfaßte in erster Linie die bislang Unterprivilegierten.[740] Wie nach der Amtswahl richteten 35 Angehörige der dörflichen Unterschicht, unter ihnen der Gemeinderat von 1924 Johann Lammers, eine Petition an die Gemeindevertretung, in der sie die Kandidatenauswahl ablehnten, weil sie darunter nicht genügend Kriegsbeschädigte und Arbeiter sahen.[741]

Dieser Wunsch wurde bei dem Urnengang vom 4. Mai 1924 nur zum Teil erfüllt. Für die 16 Vertretersitze kandidierten 23 Bewerber, deren Auswahl jedoch nicht frei erfolgen konnte. Die Kandidaten waren festen Plätzen auf der Einheitsliste zugeordnet, welche vor der Wahl ausgehandelt worden war.[742] Die Unterschicht konnte bei insgesamt neun neuen Ratsmitglieder lediglich einen Vertreter mehr im Rat unterbringen und hatte somit immer noch die geringste Vertreterzahl. Wiedergewählt wurden Bernhard Wermelt, den die Gemeindeverordneten in der Wahl vom 5. Juli 1924 als Bürgermeister bestätigten, der Weber Bernhard Kemper und Josef Lammers. Dieser erhielt Beistand durch die Verwandten, die Untermeister Hermann und Bernhard sowie den Weber Johann Lammers.[743] Dazu traten der Kaufmann Bernhard Fabry, der Bäckermeister Franz Ahlers, der Weber Josef Bömer, der Gastwirt Franz Schulte, der Polizist Wilhelm Terhörst, der Bahnhofsvorsteher Ferdinand Knappstein und die Landwirte Anton Brüning und Heinrich Wischemann.[744]

---

[738] Schreiben des Ministeriums für Wissenschaft, Kunst und Volksbildung v. 14.8.1919; GA Heek, D 741.

[739] Der Grundbesitz Bernhard Amshoffs wurde mit 61 ha beziffert. Gerichtliches Verzeichnis der Höfe, deren Eintragung in die Erbhöferolle in Aussicht genommen ist, Einlegeblatt Nr. 19; GA Heek, D 103. – Zu den Besitzverhältnissen Sueks und Wermelts siehe Erstes Kapitel, B.1. Die Gemeindebürgermeister. Zu Weilinghoff und Kückmann siehe Erstes Kapitel, A.2. Die Amtsvertretungen.

[740] Pflaum, Politische Führung und politische Beteiligung als Ausdruck gemeindlicher Selbstgestaltung, S. 243.

[741] GA Heek, C 734.

[742] Bekanntmachung v. 29.4.1924; GA Heek, C 741.

[743] Hermann Lammers war 1924 auch Amtsrat geworden. Siehe oben Erstes Kapitel, A.2. Die Amtsvertretungen.

[744] GA Heek, C 735. Bestätigungsurkunden v. 22.7.1924; GA Heek, C 733.

Die Bauern mußte eine Einbuße um vier Vertreter hinnehmen. Ihr Anteil an den Ratsmitgliedern war auf fünf gesunken. Verbessern konnten sich die Handwerker auf die gleiche Zahl. Bei den Arbeitern war ein Anstieg drei Personen festzustellen. Die Selbständigen und Beamten konnten mit einer bzw. zwei Personen ihre Resultate halten. Die Verhältnisse bei der sozialen Herkunft der Räte verschoben sich leicht zugunsten der Unterschicht, die jetzt drei Vertreter stellte. Ihnen gegenüber stand die Mehrheit der Ratsmitglieder aus dem Mittelstand, die die Hälfte aller Sitze besetzten, und die Honoratiorenreihe von fünf Vertretern, die ein rundes Drittel des Gremiums verkörperten.

Auch bei der nächsten Kommunalwahl im November 1929 lag eine Einheitsliste mit 16 Kandidaten vor. Der Wahlvorschlag mit dem Kennwort Zentrum ließ keine Personenwahl zu, sondern konnte nur en bloc angenommen werden. Die entscheidende Belegung der Listenplätze fand intern statt.[745] Die Wähler hatten sie lediglich zu besiegeln. Insgesamt fünf Stimmen, drei aus Heek und zwei aus dem Ortsteil Ahle, genügten folglich, um dem Wahlvorschlag zur Annahme zu verhelfen. Damit kamen die Inhaber der ersten zwölf Listenplätze in den Gemeinderat.[746] Neu darunter waren der Arbeiter Josef Büscher, der Schreinermeister Heinrich Nienhaus, der zugleich in den Amtsrat gewählt wurde, der Sattler Bernhard Hericks, der Passierer Franz Kösters, der Händler Heinrich Alfert und der Bahnwärter Gerhard Schmeing, der zugleich in den Vorstand der Volksschule Heek aufrückte.[747] Dagegen konnten die Landwirte Hermann Kottland, Bernhard Amshoff und Gerhard Weilinghoff, genannt Schwietert, der Weber Bernhard Kemper und der Schankwirt Franz Schulte eine weitere Amtsperiode für sich verbuchen wie auch der Landwirt Johann Schlichtmann, der seit 1919 in der Amtsvertretung saß. Die zwölf Gemeindeverordneten wurden vom Bürgermeister in der ersten Ratssitzung „durch Handschlag eidesstattlich verpflichtet" und in ihr Amt eingeführt.[748]

Nach beruflicher Gliederung behaupteten die Bauern ihren Spitzenplatz. Fünf der zwölf Mandatsträger waren Ackersmänner. Zur zweitstärksten Berufsgruppe stiegen die Arbeiter mit drei Repräsentanten auf, die die Handwerker damit überrundeten. Letztere erhielten lediglich zwei Sitze. Die Selbständige konnten ihren Vertreter halten, die Beamten verloren einen Platz und konnten nur noch einen Beauftragten entsenden. Durch die Verkleinerung des Kollegiums um ein Viertel der Mandatsträger fiel der Anteil der Oberschichtangehörigen und der Mittelständler auf 3 bzw. 5 Personen. Gewinner dieser Maßnahme waren die Unterschichtmitglieder, aus deren Reihen sich nun vier Gemeinderäte rekrutierten.

Vier Jahre später kulminierten die sozialen Gegensätze, die sich im Aufbegehren der Unterschichtangehörigen nach der Wahl 1919 angedeutet und in deren ständig steigender Repräsentation in der Gemeindevertretung offenbart hatten. Zur Wahl am

---

[745] Zählliste der Gemeinde Heek v. 17.11.1929; GA Heek, C 735.
[746] Bekanntmachung v. 29.11.1929; GA Heek, C 734. Behändigungsliste der Gemeindevertretung 1929; GA Heek, C 735.
[747] Protokollbuch der Gemeindevertretung Heek von 1925 bis 1933, Sitzungsprotokoll v. 18.12.1929; GA Heek, C 758. Beschluß der Gemeindevertretung Heek v. 18.12.1929 u. 14.1.1930; GA Heek, D 371.
[748] Protokollbuch der Gemeinde Heek, Sitzung v. 18.12.1929; GA Heek, C 758.

12. März 1933 existierten erstmals zwei Wahlvorschläge, die wie ein Graben die Dorfgesellschaft nach Besitz und Sozialprestige durchtrennten. Die „Landwirtschaftliche Liste" setzte sich aus zwanzig Bauern zusammen, unter denen die Großbauern die Mehrheit bildeten.[749] Sie repräsentierten die grund- und ansehenbesitzende dörfliche Elite und machten gegen die zunehmenden Ansprüche der Unterschicht Front. Ihre Vertrauensmänner waren der zukünftige Ehrenbürgermeister Johann Schlichtmann und der langjährige Gemeindevorsteher Heinrich Suek, genannt Epping. Die Gegenseite formierte sich unter dem Kennwort „Dorfgemeinschaft" aus 22 Bewerbern des Mittelstands und der Unterschicht, die gegen die örtliche Oberschicht opponierten.[750] Die Kandidaten kamen hauptsächlich aus dem Dorfhandwerk und der Arbeiterschaft und wurden von dem Weber Hermann Wierling und seinem Stellvertreter, dem Buchhalter Heinrich Wigger, angeführt.[751] Beim Urnengang selbst entwickelte sich ein ausgesprochenes Kopf-an-Kopf-Rennen, das die Landwirtschaftliche Liste mit einer hauchdünnen Mehrheit für sich entschied. 688 Wähler stimmten für sie, für den Wahlvorschlag Dorfgemeinschaft votierten 677.[752] Aufgrund des knappen Ergebnisses errang jede Seite acht Sitze.

Für die Wählervereinigung Dorfgemeinschaft zogen in gleichem Verhältnis Mittelständler wie Unterschichtangehörige in den Rat ein, unter denen sich ein höherer Anteil von NSDAP-Mitglieder befand als in der Landwirtschaftsliste. Zwei der Mitglieder der Dorfgemeinschaftsfraktion betraten zum erstenmal das politische Parkett: die Weber Hermann Hessling und Anton Schaten. Unter den Mandatsträgern der Landwirtschaftsliste dominierten die Großbauern als traditionelle Führungsschicht, lediglich der Landwirt Hermann Kottland bewirtschaftete einen mittelbäuerlichen Betrieb. Alle Vertreter der Landwirtschaftlichen Liste hatten sich in der Lokalpolitik bereits profiliert.[753]

Insgesamt waren die Bauern in diesem Gremium mit acht von 16 Mandaten klar in der Überzahl. Der Anteil der Handwerker und Beamten stand nach wie vor bei zwei Sitzen bzw. einem Mandat. Die Arbeiter verloren einen Platz und errangen lediglich zwei Sitze. Dieselbe Anzahl erhielten die Selbständigen, die sich dadurch um einen Platz verbessern konnten. Die Pensionierung Schmeings hatte zur Folge, daß im Heeker Rat erstmals ein Rentner saß. Durch die hohe Zahl von Großbauern unter den Bürgervertretern war die Oberschicht gestärkt aus dieser Wahl hervorgegangen. Sieben Abgeordnete kamen aus ihren Reihen. Die Zahlen der Repräsentanten der Mittel- und Unterschicht waren zwar fünf bzw. vier die gleichen wie 1929.

Die nationalsozialistische Herrschaft ging auch am Heeker Gemeinderat und seinem Personal nicht spurlos vorüber. Bereits 1934 beschloß Gemeindeschulze Wer-

---

[749] Wahlvorschlag „Landwirtschaftliche Liste" v. 22.2.1933; GA Heek, D 43.
[750] Wahlvorschlag „Dorfgemeinschaft" v. 23.2.1933; a.a.O.
[751] Nach Berufen unterteilt waren es fünf Weber, vier Händler, drei Untermeister und Landwirte, zwei Bäcker und Tischler, ein Wirt, ein Bahnwärter und ein Sattler; ebd.
[752] Wahlermittlungsniederschrift v. 16.3.1933; GA Heek, D 43. Niederschriftenbuch des Gemeinderats Heek v. 11.4.1934 bis 10.1.1939, Eintrag v. 11.4.1934; GA Heek, D 1053.
[753] Neben Kottland waren dies Johann Schlichtmann, Heinrich Suek, Gerhard Weilinghoff, Bernhard Amshoff und Heinrich Große-Böwing. Bernhard Thesing und Bernhard Naber hatten 1929 auf den Listenplätzen zwölf und 15 für den Gemeinderat kandidiert.

melt nach Rücksprache mit den Gemeindeältesten, die Zahl der Ratsmitglieder „den Vorschriften entsprechend" auf acht festzuschreiben.[754] Im Oktober des folgenden Jahres war dieses Ziel Realität geworden. Zu den zwei lokalen Parteigrößen sollten noch sechs erfahrene und verdiente, das heißt in diesem Falle national gesinnte und dem neuen Staat loyal gesinnte, Männer dazutreten, die der Gauleiter ausgesucht hatte.[755] Unter Bezugnahme auf das Gemeindeverfassungsgesetz vom 15. Dezember 1933 sollte in ländlichen Gemeinden, „in denen die Landwirtschaft eine beachtliche Bedeutung hat" der bäuerliche Berufsstand bei der Bestellung der Gemeinderäte bevorzugt berücksichtigt werden, aber auch bedeutende Firmen sollten adäquat repräsentiert sein.[756] Die beiden örtlichen Parteigrößen waren der Stützpunktleiter Ferdinand Knappstein als der „oberste örtliche Leiter der NSDAP", der in dieser Funktion in den Schulvorstand beordert wurde,[757] sowie der SA-Sturmführer Josef Borgesholtförster als der „rangälteste Führer der Sturmabteilungen".[758] Zu weiteren Gemeindeältesten wurden die Landwirte Hermann Alfert, Gerhard Weilinghoff und Bernhard Helmer ernannt. Alle drei waren ihren Besitzverhältnissen nach Großbauern, aber nur Alfert war in die NSDAP eingetreten und hatte das Amt des Jungbauernführers übernommen, so daß nur in diesem Fall eine Elitenverschränkung bei der nachrückenden Oberschichtgeneration gelang.[759] Alfert war erheblich jünger als seine Standeskollegen, die im Unterschied zu ihm beide der ehemaligen Landwirtschaftsliste angehört hatten.[760] Der Gastwirt Franz Schulte und die Weber Franz Oellerich und Bernhard Kemper komplettierten den Rat. Die Gemeindeältesten waren im Mittel 49 Jahre und drei Monate alt, das jüngste Ratsmitglied kam auf 29 Jahre, das älteste, bezeichnenderweise ein Repräsentant der alten Elite, war fast 70 Jahre alt.[761]

Der Eingriff der Nationalsozialisten erschütterte auch die traditionelle Rekrutierung der Gemeindevertreter, wenn auch etwas abgeschwächter als es bei den Amtsältesten der Fall gewesen war. Wie in Ottmarsbocholt sank der Anteil der Landwirte

---

[754] Niederschriftsbuch des Leiters der Gemeinde Heek, Eintrag v. 12.4.1934; GA Heek, D 1055.
[755] Abschrift der Satzung über die Festlegung der Zahl der Gemeindeältesten v. 12.4.1934 u. Schreiben des Landrats an die Gemeindeschulzen v. 10.12.1934; GA Heek, D 43.
[756] Schnellbrief des Preußischen Ministers des Innern v. 10.1.1934; GA Heek, D 40. Vgl. auch Abschrift der Satzung über die Festsetzung der Zahl der Gemeinderäte v. 12.4.1934; GA Heek, D 43.
[757] Schreiben des NSDAP-Kreisleiters an Amtsbürgermeister Schlichtmann; GA Heek, D 371.
[758] Schnellbrief des Preußischen Ministers des Innern v. 10.1.1934; GA Heek, D 40. – Zu den Parteifunktionen siehe Nachweisung der für die Berufung als Gemeindeältesten in Vorschlag gebrachten Persönlichkeiten u. Fragebogen zum politischen Werdegang der Gemeindeältesten; GA Heek, D 43. Zu Borgesholtförster und seiner Funktion als Amtsbeigeordneter siehe Kreiszeitung für den Kreis Ahaus v. 22.1.1941; GA Heek, D 1087.
[759] Zu den Besitzverhältnissen Alferts, Weilinghoff und Helmers siehe Erstes Kapitel, A.2. Die Amtsvertretungen. – Zur Parteimitgliedschaft und -funktion Alferts siehe Nachweisung der für die Berufung als Gemeindeältesten in Vorschlag gebrachten Persönlichkeiten u. Fragebogen zum politischen Werdegang der Gemeindeältesten; GA Heek, D 43.
[760] Alfert war lediglich 29 Jahre alt, während Amshoff und Weilinghoff 62 bzw. 69 Jahre zählten; ebd.
[761] Niederschriftsbuch des Gemeinderats Heek, Eintrag v. 15.10.1935; GA Heek, D 1053. Schreiben des Beauftragten der NSDAP-Stadtlohn an den Amtsbürgermeister v. 28.10.1935 u. Schreiben des NSDAP-Kreisleiters an den Amtsbürgermeister v. 10.8.1937; GA Heek, D 40.

unter den Gemeinderäten trotz der von der NSDAP beabsichtigten Bevorzugung. Die Bauern waren mit 3 Beauftragten nicht mehr so stark vertreten wie 1933. Parallelen ergaben sich auch zu der Repräsentation der Handwerker. Diese fielen ganz aus der Gemeindevertretung, während die Arbeiter weiterhin zwei Mandatsträger abstellten. Die Selbständigen und Beamten waren wie zuvor mit zwei bzw. einer Person vertreten. Im Unterschied zu den Amtsältesten blieb die Oberschicht mit vier Gemeinderäten die einflußreichste Gesellschaftsschicht, vor der Unterschicht und dem Mittelstand, der mit einer Person seinen bislang geringsten Vertreteranteil hinnehmen mußte.

Bei der Wahl zur ersten Gemeindevertretung nach dem Krieg orientierte man sich wie in Ottmarsbocholt an den Verhältnissen der Zeit vor dem Nationalsozialismus. Der Rat von 1946 erinnerte in seiner Zusammensetzung an die Gremien der zwanziger Jahre, die eine breite Mehrheit des Mittelstandes und der Elite und ein kleiner Unterschichtenanteil ebenso charakterisiert hatten wie die Vorherrschaft der klassischen dörflichen Berufsgruppen, den Bauern und Handwerkern. Nach den Vorgaben der britischen Militärregierung waren in Gemeinden mit einer Bevölkerungszahl zwischen 3000 und 6000 Einwohnern 15 Vertreter zu wählen,[762] wenngleich der noch amtierende Bürgermeister Schlichtmann eine Zunahme der Ratsherren für nicht notwendig erachtete.[763] Der Bürgerausschuß Heek schlug für die Wahl am 15. September 18 Kandidaten vor, aus denen 15 als Volksvertreter hervorgehen sollten.[764] Neu darunter waren der Weber Heinrich Schepers, die Landwirte Heinrich Münstermann, Josef Wolbeck und Heinrich Viermann, die Schreinermeister Hermann Leusbrock und Franz Schlüter schließlich der Schuhmachermeister David Terwolbeck.[765]

Der verordnete personale Neuanfang war nur zum Teil verwirklicht worden.[766] Er wurde mit zahlreichen Bürgern bestritten, die schon vor der NS-Ära die Lokalpolitik mitgestaltet hatten und somit über die NS-Ära hinaus für Kontinuität sorgten.[767] So befand sich unter den Gemeinderäten der von den Nationalsozialisten aus dem Ortsvorsteheramt gedrängte Großbauer Josef Wermelt. Der Arbeiterbauer Franz Gausling war bereits 1929 und 1933 Mitglied des Amtsrats gewesen. Der Großbauer Heinrich Wischemann und der Bäckermeister Franz Ahlers hatten 1924 zusammen im Gemeinderat gesessen. Zudem dominierten einflußreiche Verwandtschaftskreise nach wie vor die Elitenrekrutierung. Bernhard Weilinghoff folgte seinem Vater Ger-

---

[762] Verordnung Nr. 26 der Militärregierung Deutschland, britisches Kontrollgebiet, Art. 1 v. 13.4.1946; GA Heek, D 712.
[763] Schreiben des Amtsbürgermeisters Schlichtmann an den Landrat v. 26.10.1946; GA Heek, D 40.
[764] Schreiben des Wahlleiters v. 24.4.1946 u. Nachweisung der Kandidaten für die Gemeindevertretung Heek v. 2.8.1946; GA Heek, D 712. KA Borken, 10.8/174.
[765] Nachweisung der Mitglieder der Gemeindevertretung; GA Heek, D 40. Schreiben des Wahlleiters v. 24.9.1946; GA Heek D 712.
[766] Schreiben des Landrats betreffs Weisung der Militärregierung über die Berufung von Ratsherren v. 5.10.1945; GA Heek, D 40.
[767] Zur personalpolitischen Anknüpfung in der Nachkriegszeit an die Mandatsträger aus Weimarer Zeit siehe Mommsen, Der lange Schatten der untergehenden Republik, S. 362-404; Teppe, Politisches System, S. 13.

hard nach, einem Ratsmitglied von 1919 bis 1934, und avancierte auch zu einer politischen Nachkriegsgröße, da er bis zu seinem Tode im Februar 1965 dem Gemeinderat zugehörte.[768] Der Arbeiter Bernhard Schmeing beerbte seinen Vater, der 1929 und 1933 in die Gemeindevertretung eingezogen war. Der Müller Heinrich Flüeck vertrat seine Familie nach seinem Angehörigen und Berufskollegen Josef Flüeck, der 1929 und 1933 Amtsrat gewesen war. Auch der Bäckermeister Gottfried Wensing trat die familiäre Nachfolge seines Verwandten Heinrich Wensing an, der dem Gemeinderat 1919 angehört hatte.

Mit einem Mittelwert von 53 Jahren und vier Monaten war dieses Kollegium wie auch die Amtsvertretung bedeutend älter als das zur NS-Zeit. Der Senior der Ratsmitglieder kam auf ein Alter von 78 Jahren.[769] Elf Gemeindeverordnete gehörten einer Partei an – es war bei allen die CDU.[770] Ihre vier Kollegen hatten sich noch keiner Partei angeschlossen. Die SPD hatte zwar drei Kandidaten aufgestellt, aber keinem von ihnen war es gelungen, in den Rat einzuziehen.[771] In dem Gremium waren die traditionellen Berufsgruppen wie die Bauern und Handwerkern mit je sechs Sitzen am zahlreichsten vertreten. Aus den Reihen der Arbeiter konnten sich drei Repräsentanten plazieren. Damit waren die Kräfteverhältnisse wiederbelebt worden, die die Gemeindevertretungen der zwanziger Jahre geprägt hatten. In seiner sozialen Zusammensetzung glich sich der Gemeinderat von 1946 ebenso diesen Vorgängern an. Die meisten Vertreter kamen mit sechs Personen aus der Mittelschicht. Der Oberschichtanteil belief sich auf fünf Delegierte,[772] und die Unterschicht stellte vier Vertretern.

Eine neue Verordnung reduzierte die Zahl der Ratsmitglieder der Gemeindevertretung 1948. Aufgrund der Bevölkerungsziffer, die über 3000 lag, wurden in Heek am 17. Oktober nur noch zehn Bürgervertreter gewählt.[773] Die Hälfte der Mandatsträger zog erstmals in den Rat ein, darunter wiederum einige, die zu festen Größen der Lokalpolitik aufrückten. Es waren dies der Bauunternehmer und spätere Bürgermeister Hermann Blömer, der Großbauer Bernhard Ostendorf,[774] der von nun an ständig im Gemeinderat sitzen sollte, der Lehrer Günter Gebauer,[775] der Kaufmann

---

[768] Nachruf v. 9.2.1965; GA Heek, Zwischenarchiv, Reg.-Nr. 0.01/31.
[769] Erklärung der Kandidaten v. 29. u. 30.7. u. 6.8.1946; GA Heek, D 712.
[770] Schreiben des Wahlleiters v. 24.9.1946; GA Heek, D 43.
[771] Es waren dies der Sattlermeister Franz Bessmann, der Webereidisponent Johann Wehmöller und der Angestellte Andreas Winterberg, die auch bei der Wahl zum Amtsrat ohne Erfolg kandidierten; GA Heek, D 712.
[772] Der Großbauer Josef Wolbeck besaß 33,75 ha. Bodennutzungserhebung 1959 des Statistischen Landesamtes; GA Heek, Zwischenarchiv, o. Sig. Zu den Besitzverhältnissen Viermanns und Wermelts siehe Erstes Kapitel, B.1. Die Gemeindebürgermeister, zu denen Weilinghoffs und Wischemanns siehe oben die Gemeindevertretung von 1924.
[773] Rundverfügung des Regierungspräsidiums betreffs Gemeindewahlen v. 7.7.1948; GA Heek, D 472. Heek zählte bei der Volkszählung 1946 3678 Einwohner; KA Borken, 10.8/175.
[774] Ostendorf besaß 21,64 ha Boden. Bodennutzungserhebung 1959 des Statistischen Landesamtes; GA Heek, Zwischenarchiv, o. Sig.
[775] Gebauer trat am 5.12.1950 von seinem Mandat zurück. Seinen Platz nahm der Maurer Johann Kösters ein. Mitteilung des Amtsdirektors als Wahlleiter an den Regierungspräsidenten v. 28.12.1950 u. Amtseid Kösters v. 18.1.1951; GA Heek, D 651.

und Auktionator Heinrich Schwieters und der Schlosser Bernhard Benölken. Wiedergewählt wurde der Großbauer Heinrich Viermann als Bürgermeister und der Schreinermeister Franz Schlüter als sein Stellvertreter sowie der Müller Heinrich Flüeck und die Großbauern Bernhard Weilinghoff und Heinrich Wischemann. Der Altersdurchschnitt war auf fünfzig Jahre und vier Monate gefallen.[776] Der Trend zu einer Parteimitgliedschaft der Bewerber war 1948 abgeschlossen, denn alle zehn Mandatsträger kandidierten für eine politische Vereinigung.[777] Sieben von ihnen traten für die Union ein, die restlichen drei engagierten sich für das Zentrum.[778] Die SPD hatte diesmal keine Bewerber nominiert. Die Ackersmänner blieben mit vier (Groß-)Bauern der bestimmende Berufsblock. Die Handwerker verloren vier Sitze und stellten noch zwei Vertreter. Die Selbständigen kamen nach ihrer temporären Abstinenz mit demselben Resultat in den Rat. Die Beamten und die Arbeiter erreichten je ein Mandat. Wegen des hohen Bauern- und Selbständigenanteils war die Oberschicht mit sechs Vertretern eindeutig in der Überzahl. Der Mittelstand hatte noch drei Vertreter im Rat, der Arbeiter Benölken war der einzige Angehörige der Unterschicht.

Der Zug zur Parteimitgliedschaft hatte sich 1952 endgültig durchgesetzt. Alle achtzehn Gemeinderäte gehörten einer politischen Vereinigung an. Davon bekannte sich die überwiegende Mehrheit zur Union, die in Heek die Zentrumskandidaten verdrängt hatte. Bis zur kommunalen Neuordnung Ende der sechziger Jahre gelang es keinem Zentrumsmitglied mehr, für den Heeker Gemeinderat erfolgreich zu kandidieren.[779] Die restlichen zwei Ratsmitglieder kamen aus dem Lager der SPD. Gegenüber dem Vorgängerrat hatte sich 1952 die Zahl der Verordneten mit 18 nahezu verdoppelt.[780] Eine weitere Amtszeit traten der Großbauer Heinrich Viermann als Bürgermeister, seine Standeskollegen Bernhard Ostendorf, Bernhard Weilinghoff und Heinrich Wischemann, der Bauunternehmer Hermann Blömer, der Müller Heinrich Flüeck und der mittlerweile zum Werkmeister aufgestiegene Bernhard Benölken. Als nominell neu waren fünf Gemeindevertreter in den Rat gewählt worden, die aber die Tradition der Familienrepräsentation aufrecht erhielten. Bernhard Suek folgte seinem Verwandten Heinrich, dem langjährigen Gemeindevorsteher, nach. Der Bahnarbeiter Bernhard Kösters trat in die lokalpolitischen Fußstapfen seines Vaters Franz, der bereits 1929 diesem Gremium angehört hatte. Auch der Vater des

---

[776] Schreiben des Amtsdirektors an den Landrat Ahaus betreffs Verzeichnis der neugewählten Vertretungskörperschaften v. 11.11.1948; GA Heek, D 40. Niederschrift über die Feststellung des Wahlergebnisses bei der Wahl zur Gemeindevertretung v. 17.10.1948; GA Heek, D 651.
[777] Bekanntmachung; GA Heek, D 472.
[778] Die Zentrumsräte waren Schwieters, Blömer und Gebauer. Blömer wechselte bereits bei der nächsten Wahl zur CDU.
[779] Im Gegensatz zur Nachbargemeinde Nienborg, wo von neun Gemeinderäten vier das Zentrum vertraten. Erst durch den Zusammenschluß Heeks mit der Gemeinde Nienborg konnten sich Zentrumsmitglieder für den neuformierten Gemeinderat plazieren. 1970 gehörten ebenso drei von 19 Ratsmitgliedern dem Zentrum an wie nach der Wahl 1972. GA Heek, Zwischenarchiv, Reg.-Nr. 0-01/1B. Resultate der Wahl zur Amts- und Gemeindevertretung von 1964; KA Borken, 10.9/142.
[780] Verzeichnis der Mitglieder der Gemeindevertretung Heek v. 1.12.1952; GA Heek, Zwischenarchiv, Reg.-Nr. 0-26/1A. Siehe auch KA Borken, 10.8/179.

Mittelbauern Hubert Große-Böwing war 1919 schon Mitglied des Rates gewesen.[781] Der Bauunternehmer Adolf Münstermann war ein Verwandter des Gemeinderats von 1946, Heinrich Münstermann. Ebenso hatte ein Vorfahre des Webers Bernhard Buesge 1919 im Rat gesessen. Der Kaufmann Anton Hartmann war ein Familienangehöriger des Amtsvertreters Bernhard Hartmann von 1919. Gänzlich neu waren noch fünf Ratsmitglieder, von denen die meisten als Vertreter eines Generationenwechsels für personelle Kontinuität bis Ende der sechziger Jahre standen: der Schlosser Rudolf Beinlich, der Untermeister Theodor Epping, der Fabrikarbeiter Martin Kleinsmann und der Schreiner Wilhelm Mrowietz und der Angestellte Josef Böckers.[782]

Vor allem die neuen Ratsmitglieder waren für die Verjüngung des Gremiums verantwortlich. Der Altersdurchschnitt war gegenüber 1948 um mehr als fünf auf 45,1 Jahre gesunken. Im neuen Gemeinderat konnten sich fünf Berufsgruppen plazieren, darunter erstmals die Angestellten. Sie stellten drei Vertreter, während die Selbständigen auf zwei Delegierte kamen. Stärkste professionelle Fraktion waren nun die Arbeiter zusammen mit den Landwirten, die beide fünf Mandate erreichten. Die Handwerker kamen auf drei Beauftragte. Dennoch blieb die Oberschicht die tonangebende gesellschaftliche Gruppe. Sieben Verordnete waren Angehörige der sozialen Führungsschicht. Den übrigen Schichten gelang es aber, den Abstand zur alten Elite zu verkürzen. Der Mittelstand war mit sechs Räten vertreten, die Unterschicht konnte fünf Sachwalter unterbringen.

Mit zeitlicher Verzögerung gegenüber Ottmarsbocholt saßen nun auch erstmals neue Dorfbewohner im Gemeinderat. Die drei Verordneten Rudolf Beinlich, Martin Kleinsmann und Wilhelm Mrowietz vertraten die Vertriebenen in ihrer neuen Umgebung.[783] Die Mehrheit der drei Flüchtlingsfürsprecher stammte aus Schlesien. Als Schlosser, Fabrikarbeiter und Schreiner waren sie ihrem Beruf nach zu den Arbeitern zu zählen. Sozial waren alle drei als dörfliche Unterschichtler anzusehen. Wie in Ottmarsbocholt kandidierten sie für beide bundesrepublikanischen Großparteien: Kleinsmann und Mrowietz, die zugleich in die Amtsvertretung eingezogen waren,[784] traten für die SPD an, während Beinlich sich als CDU-Bewerber dem Heeker Anforderungsprofil anpaßte.

Der 1956 gewählte Gemeinderat präsentierte sich mit 17 Verordneten in einer vergleichbaren Größe. Einmal mehr wurden die bestehenden Verhältnisse in sozialer, professioneller und parteipolitischer Hinsicht aufrechterhalten.[785] Drei Gemeinderäte taten sich erstmals auf der politischen Bühne Heeks hervor: der Kraftfahrer Heinz Wolf, der Bahnbeamte Josef Elsbernd, der Mittelbauer Heinrich Pieper-Brink-

---

[781] Große-Böwing bewirtschaftete über acht Hektar Eigenland. Bodennutzungserhebung 1959 des Statistischen Landesamtes; GA Heek, Zwischenarchiv, o. Sig.
[782] Böckers und Mrowietz gehörten dem Rat ebenso bis 1969 an wie Münstermann und Suek, Böckers darüber hinaus noch bis in die neunziger Jahre. Kleinsmann blieb bis 1964 Verordneter; GA Heek, Zwischenarchiv, Reg.-Nr. 0-26/3A u. 0-01/1B.
[783] Zu Mrowietz siehe auch Heimat- und Rathausspiegel 6 (1979), S. 2.
[784] Siehe dazu Erstes Kapitel, A.2. zu den Amtsvertretungen.
[785] GA Heek, Zwischenarchiv, Reg.-Nr. 0-01/31. KA Borken, 10.8/173.

haus und der Großbauer Josef Wittenberg.[786] Andere tauchten jetzt wieder in der politischen Dorföffentlichkeit auf. Der Weber Heinrich Schepers hatte in der ersten Gemeindevertretung nach dem Krieg gesessen. Der Großbauer Hermann Alfert trat eine zweite Ratsperiode nach 1935 an. Der Schreinermeister Adolf Gausling setzte die Familientradition fort, da sein Verwandter Franz Gausling auch 1946 dem Gemeinderat angehört hatte. Die letzte Gruppe, die Wiedergewählten, umfaßte die größte Zahl der Verordneten, den Weber Berhard Buesge, den Fabrikarbeiter Martin Kleinsmann, den Schreiner Wilhelm Mrowietz, den Schlossermeister Bernhard Benölken, den Angestellten Josef Böckers, den Buchhalter Bernhard Suek, die Bauunternehmer Hermann Blömer und Adolf Münstermann, schließlich die Großbauern Berhard Ostendorf und Heinrich Viermann.

Das Durchschnittsalter der Verordneten lag bei 46,8 Jahren.[787] Die Arbeiter und Ackersmänner behaupteten sich abermals als stärkste Berufsgruppe mit jeweils fünf Vertretern. Zusammen kamen diese beiden Fraktionen auf knapp zwei Drittel der Ratsherren. Die Handwerker wie die Angestellten mußten sich jeweils nach dem Verlust eines Sitzes mit je zwei Verordneten begnügen. Die zwei Selbständigen konnten sich mit demselben Anteil behaupten. Nach achtjähriger Abstinenz war wieder ein Beamter in den Rat zurückgekehrt. Sozial blieben die Kräfteverhältnisse bestehen. Aus der Oberschicht kam mit sieben Vertretern wieder die Mehrheit der Ratsmitglieder, dicht gefolgt von den fünf Repräsentanten der Unterschicht und des Mittelstands. Auch parteipolitisch hielt sich die Unionsmehrheit von 15 Verordneten unangefochten. Lediglich die beiden SPD-Räte Kleinsmann und Mrowietz sorgten für parteipolitische Vielfalt. Bemerkenswert dabei ist, daß sich unter den 15 Unionsräten drei ehemalige NSDAP-Mitglieder befanden, von denen zwei Parteiämter bekleidet hatten.[788] Auffallend bei der parteipolitischen Orientierung war auch, daß – wie schon 1952 – die beiden Sozialdemokraten Auswärtige waren,[789] während die Einheimischen lückenlos das CDU-Parteibuch besaßen. Wie schon in Ottmarsbocholt traten vorrangig Vertreter der neuen Dorfbewohner für die SPD an.

1961 behielten 14 Ratsherren ihren Sitz, die als Ratsmehrheit für personelle Beständigkeit sorgten.[790] Drei der vier neuen Verordneten waren wie bei den Wahlen zuvor entweder bereits Ratsmitglied gewesen oder folgten einem ihrer Verwandten nach.[791] Lediglich der Großbauer Hubert Lürick konnte als vierter Neuling solche fa-

---

[786] Wittenberg besaß 45,08, Pieper-Brinkhaus 17,76 ha eigenen Grund und Boden. Bodennutzungserhebung 1959 des Statistischen Landesamtes; GA Heek, Zwischenarchiv, o. Sig.
[787] Das Alter zweier Gemeinderäte konnte nicht ermittelt werden.
[788] Zur Entnazifizierung siehe GA Heek, D 3.
[789] Neben den Einheimischen war auch der Flüchtling Mrowietz als CDU-Repräsentant in den Rat aufgerückt.
[790] GA Heek, Zwischenarchiv, Reg.-Nr. 0-26/1A. KA Borken, 10.8/181.
[791] Der Arbeiterbauer Franz Gausling hatte bereits 1946 erfolgreich kandidiert. Hubert Schlichtmann profitiert vom Sozialprestige seines Vaters Johann, des vormaligen Ehrenbürgermeisters. Der Großbauer Heinrich Brüning (29,33 ha) trat kommunalpolitisch die Nachfolge seines Vater Anton, Gemeinderat 1924, an.

miliäre Kontinuitäten nicht vorweisen.[792] Das Durchschnittsalter der Ratsherren lag mit 52,2 Jahren wieder in der Nähe des Höchstwertes von 1946.[793] Die Bauern waren nach dem Zugewinn von zwei Mandate jetzt mit sieben Beauftragten die stärkste Berufsgruppe. Zweitstärkste Fraktion waren die vier Arbeitervertreter. Handwerker, Selbständige und Angestellte entsandten wie 1956 jeweils zwei Repräsentanten, während der eine Rentner nur eine Randerscheinung blieb. Diese Verhältnisse hatten im großen und ganzen auch noch bis Ende der sechziger Jahre Bestand.

Bei der letzten Wahl zur Gemeindevertretung 1964 überwog die Zahl der zwölf bestätigten Verordneten.[794] Erste Ratserfahrungen sammelten der Kraftfahrer Heinz Schaten, der Weber Heinrich Lammers, der Angestellte Josef Winterberg, der Kaufmann Bernhard Amshoff, der Rechtsanwalt Josef Hinkers und die Großbauern Gerhard Thesing und Freiherr Franz von Dalwigk.[795] Thesing und Amshoff setzten damit eine Familientradition fort, denn Bernhard Thesing war bereits 1929 und 1933 im Gemeinderat gesessen ebenso wie ein Verwandter Amshoffs von 1919 bis 1935.

Das Ratskollegium setzte sich somit aus fünf Bauern und Arbeitern, vier Angestellten, drei Selbständigen und zwei Handwerkern zusammen.[796] Die soziale Formation des Kollegiums war wie die der Gremien seit 1933 von einer starken Oberschichtrepräsentation geprägt. Mit neun Verordneten gehörte die Hälfte der Ratsherren der dörflichen Oberschicht an. Fünf Verordnete stammten aus dem Mittelstand, vier aus der Unterschicht. Auch diese Relation bestand bis Ende der sechziger Jahre weiter. In parteipolitischer Hinsicht konnte die CDU ihre Mehrheit noch um zwei Sitze ausbauen. 17 Gemeinderäte kamen aus dem Lager der Union, denen lediglich ein SPD-Vertreter, der Vorspinner Martin Kleinsmann, gegenüberstand. Auch Mitte der sechziger Jahre blieben diese Mehrheitsverhältnisse intakt. Bis 1969 saßen in der Gemeindevertretung 17 CDU- und zwei SPD-Räte.

Da die Amts- und Gemeindevertreter zum Teil identisch waren, ist es abschließend angebracht, das Personal der beiden Gremien zusammen zu analysieren. Ein wesentlicher Faktor der Elitenrekrutierung blieben verwandtschaftliche Beziehungen. Die permanente politische Präsenz einzelner Verwandtschaftskreise ließ die Vertretergremien als „reine Verwandtschaftsszenerie" erscheinen.[797] Die ständige Anwesenheit gewisser Familien sicherte ihnen die Durchsetzung ihrer Interessen und war ihrer Funktion nach „die stabilisierende Substruktur der politischen Herr-

---

[792] Lürick bewirtschaftete 28,08 ha Eigenland. Bodennutzungserhebung 1959 des Statistischen Landesamtes; GA Heek, Zwischenarchiv, o. Sig.
[793] 1946 war der Altersdurchschnitt 53,3 Jahre gewesen. Von drei Mitgliedern des Rats von 1961 war das Geburtsdatum nicht festzustellen.
[794] GA Heek, Zwischenarchiv, Reg.-Nr. 0-26/3A. Die zwölf wiedergewählten Räte waren der Arbeitsbauer Franz Gausling, der Steuerbevollmächtigte Bernhard Suek, der Angestellte Josef Böckers, der Werkmeister Bernhard Benölken, die Bauunternehmer Hermann Blömer und Adolf Münstermann sowie mit Unterbrechung der Fabrikarbeiter und Flüchtling Josef Mrowietz, der Tischlermeister Adolf Gausling, der Großbauer Josef Wittenberg sowie der Kraftfahrer und Vertriebene Heinz Wolf, schließlich die Großbauern Hubert Schlichtmann und Heinrich Brüning.
[795] Thesing besaß 49,23 und Dalwigk 90,9 ha eigenen Grund und Boden. Bodennutzungserhebung 1959 des Statistischen Landesamtes; GA Heek, Zwischenarchiv, o. Sig.
[796] Siehe GA Heek, Zwischenarchiv, Reg.-Nr. 0-26/3A u. 0-60/1A.
[797] Kaschuba, Volkskultur, S. 233.

schaft auf dem Dorf und zugleich auch ein Garant für die Kontinuität des politischen Konsenses".[798] Verwandtschaft blieb der wesentliche Faktor, um einflußreiche Position zu erlangen bzw. zu behalten.[799] Sie bildete das personelle Gerüst kontinuierlicher Gemeindepolitik. Mit dieser Form der Elitenrekrutierung wurden politische Zäsuren aufgefangen – auch über die NS-Ära hinweg. Da vor allem Angehörige der gesellschaftlichen Oberschicht eine innerfamiliäre Ämterpatronage praktizierten, besaß diese eine herrschaftsstabilisierende Funktion. Besonders die Söhne ehemaliger Ortsvorsteher oder Amtsbürgermeister hatten gute Chancen, in die kommunalpolitischen Fußstapfen ihrer Väter zu treten. Da sie von ihren Vorfahren auch deren materielles und sozialkulturelles Kapital als gesellschaftliche Mitgift erhielten, war ihre politische Präsenz prädestiniert.

Wie in Ottmarsbocholt ist auch in der Heeker Kommunalpolitik ein Nebeneinander von Wandel und Konstanz zu konstatieren, das aber klar gewichtet werden kann.[800] Dem Veränderungselement der Parteimitgliedschaft, das von der NS-Ära an auch für die bundesrepublikanische Zeit als neues Kriterium der Elitenauslese Gültigkeit hatte,[801] kam lediglich ein formaler Rang zu. Wie beispielsweise beim Gemeinderat 1956 gezeigt werden konnte, setzten ehemalige NSDAP-Mitglieder nach kurzer Unterbrechung ihre Ratsmitgliedschaft als Unionsangehörige weiter fort. Das bedeutet: Trotz wandelnder Parteizugehörigkeit herrschte personelle Kontinuität. Das Parteibuch war eine austauschbare Chiffre – „man kannte seine Leute".[802] Darüber hinaus war bei vielen vordergründig neuen Ratsmitgliedern die Vernetzung mit ehemaligen Gemeindeverordneten aus der Verwandtschaft deutlich nachweisbar.

Einen Wandel erfuhr auch das Procedere amtlicher Bekanntgaben. Diese erfolgte bis in die vierziger Jahre hinein nach den Statuten der Gemeinde Heek „in ortsüblicher Weise", das hieß „durch Ausruf an der Kirche in Heek und Ahle".[803] Diese althergebrachte Ansagepraxis war nach dem Krieg nicht mehr möglich. Der Zuzug protestantischer Vertriebener, die die konfessionelle Homogenität Heeks spalteten, erlaubte eine Bekanntgabe an einem bekenntnisgebundenen Ort nicht mehr, sondern verlangte – wie auch in Ottmarsbocholt – eine Verlegung in konfessionell neutrale Gefilde. Die neuen Dorfbewohner erwirkten auch die Transparenz politischer Entscheidungsprozesse. Sie erreichten, daß ein Teil der amtlichen Kommunikationsstrukturen aus der Dunsthülle verwandtschaftlicher Absprachen in Gast- und Gotteshaus herausgelöst wurde.

---

[798] Kaschuba/Lipp, Dörfliches Überleben, S. 576f.
[799] Dies traf auch in oldenburgischen Landgemeinden zu; Sommer, Bekenntnisgemeinden und nationalsozialistische Herrschaft auf lokaler Ebene in Oldenburg, S. 152.
[800] Ähnlich Kleßmann, Untergänge – Übergänge, S. 84.
[801] Wagner, Leben auf dem Lande, S. 326, konstatierte dieses neue Kriterium auch für seine hessische Untersuchungsgemeinde.
[802] Pflaum, Politische Führung und politische Beteiligung als Ausdruck gemeindlicher Selbstgestaltung, S. 243.
[803] Siehe dazu z. B. die Verkündung der Abschrift der Satzung über die Festsetzung der Zahl der Gemeinderäte v. 1.6.1934; GA Heek, D 43. Siehe auch Schreiben des Amtsbürgermeisters v. 21.3.1939; GA Heek, D 368.

Substantieller war die Veränderung beim Procedere bei Abstimmungen in den Gemeindegremien. Entscheidungen fielen nicht dadurch, daß man bei den Ratssitzungen unterschiedliche Meinungen artikulierte und dabei ein Kompromiß gesucht wurde, sondern man „war sich immer schon vorher einig."[804] Das bedeutet nicht, daß keine gegensätzlichen Meinungen oder Interessen existiert hätten, sondern interne Absprachen im Vorfeld der Ratssitzungen führten zu den üblichen einstimmigen Ergebnissen bzw. zu einer Pattsituation, wenn sich die Lager nicht vorher einigen konnten. So erfolgte die Auswahl der Ausschußmitglieder oder der Angehörigen des Schulvorstands traditionellerweise genauso „einstimmig" und „durch Zuruf" wie Beschlüsse in der Amtsvertretung und dem Gemeinderat, weil die Kandidaten bereits im voraus ausgehandelt worden waren.[805] In den Volksvertretungen der Nachkriegszeit, wo infolge des Vertriebenenzuzugs unterschiedlich sozialisierte und politisch orientierte Interessenvertreter saßen, konnte es nicht mehr zu einstimmigen Entschlüssen kommen. Damit wurden Abstimmungen nicht mehr durch Zuruf vorgenommen, sondern jetzt mußten Stimmen gezählt werden.[806]

Bei der Kandidatenauslese für die Volksvertretungen hatten bei den Urnengängen bis 1933 mehr oder minder undemokratische Einheitslisten existiert. Diese Einheitslisten, die die freie Kandidatenwahl blockierten, hatte die dörfliche Führungselite im Vorfeld der Wahl ausgehandelt. Die Annahme des einzigen Wahlvorschlags war lediglich ein formaler Akt, so daß eine symbolische Zahl von Stimmen zur Anerkennung genügte.[807] Auch die nationalsozialistische Rekrutierungspraxis – der NSDAP-Kreisleiter nominierte die Gemeinde- und Amtsältesten, der Landrat ernannte sie – erfolgte ohne direkte Wählerbeteiligung. Mit den Wahlen von 1946 an änderte sich die Art und Weise der Kandidatenauswahl. Eine durch den Vertriebenenzuzug an Zahl gewachsene Unterschicht artikulierte ihre Interessen von nun an in der SPD. Sie wurde die Partei der Dorfopposition und -unterschicht. Diese Entwicklung steht in engem Kontext mit dem gewandelten politischen und kulturellen Profil der Arbeiterschaft. Der Vertriebenenzuzug veränderte auch in Heek die Zusammensetzung der dörflichen Unterschicht. Die neuen Dorfbewohner wurden als ‚Habenichtse' in der Dorfgesellschaft untergeschichtet und stellten nun einen Großteil des dörflichen ‚Proletariats'.[808]

---

[804] Pflaum, Politische Führung und politische Beteiligung als Ausdruck gemeindlicher Selbstgestaltung, S. 239.
[805] Protokollbuch der Gemeindevertretung Heek von 1925 bis 1933, Sitzungsprotokoll v. 18.12.1929 u. v. 12.4.1933; GA Heek, C 758. Beschluß der Gemeindevertretung Heek v. 18.12.1929 u. 14.1.1930; GA Heek, D 371. Siehe auch die Wahl Nackes zum Amtsbeigeordneten und stellvertretenden Ortsvorsteher 1933. Beschluß der Amtsvertretung v. 20.4.1933; GA Heek, D 34. Beschluß der Gemeindevertretung Heek v. 12.4.1933; GA Heek, D 43.
[806] Exemplarisch steht hierfür neben den personellen Besetzungen der Ausschüsse auch die Delegation der Schulvorstände im Jahre 1946. Beschluß der Gemeindevertretung Heek v. 11.10.1946; GA Heek, D 371.
[807] Die Einheitslisten für die Amts- wie für die Gemeindewahl 1929 z. B. waren mit jeweils fünf Stimmen angenommen worden. Für die Amtswahl 1933 reichten 15 Voten aus.
[808] Mooser, Abschied von der „Proletarität", S. 173f.

Die Stellung der in der Sozialdemokratie organisierten Arbeiterschaft als Dorfopposition untermauerte die Kandidatenliste für die Gemeinderatswahl 1964.[809] Während unter den 27 CDU-Bewerber 24 Einheimische waren, das macht einen Anteil von fast 89 Prozent, war keiner der neun SPD-Kandidaten gebürtig aus Heek. Vielmehr traten sieben Vertriebene für die Sozialdemokratie ein,[810] während auf der CDU-Liste von 26 Bewerbern 23 aus Heek stammten, zwei aus der Umgebung (Schöppingen und Wessum) kamen, und nur ein Kandidat ein Ostvertriebener aus Breslau war. Diese Verhältnisse herrschten bereits bei den Wahlen zu den Gemeindevertretungen von 1952 bis 1961 vor. SPD-Bewerber waren in der Regel Ostdeutsche oder mit einer Vertriebenen verheiratete Einheimische, die sozial aus der Unterschicht stammten.[811] Durch die Existenz einer erkennbaren (partei-)politischen Alternative in der SPD war das Aufstellen einer Einheitliste nun nicht mehr möglich.

HEEK. AMTSVERTRETER NACH BERUFSGRUPPEN

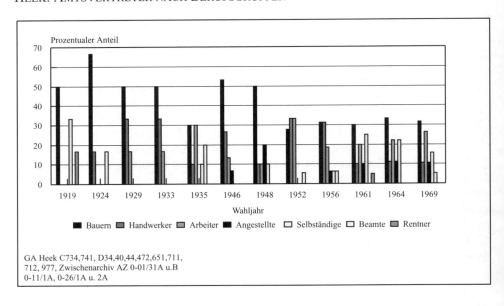

Auf den Gebieten der beruflichen und sozialen Herkunft der Mandatsträger überwog hingegen unverkennbar die Kontinuität. Ein wesentliches Moment der Beständigkeit war bei allen Amts- und Gemeindevertretungen die starke Präsenz der Bauern, wenngleich relativ eine Abnahme des Übergewichts der bäuerlichen Verordneten von 66,6 (1924) auf 30 Prozent (1961) im Amtsrat und von 52,9 (1919) auf 27,7

---

[809] KA Borken, 10.9/142.
[810] Dazu kam ein Kandidat vom Niederrhein (Kleve) und zwei aus Ahaus. Wahlunterlagen betr. Amts- und Gemeindevertretung am 27.9.1964; GA Heek, Zwischenarchiv, Reg.-Nr. 0-26/3A.
[811] Mit der Ausnahme eines Angestellten. KA Borken, 10.8/173, 10.8/181, 10.9/142.

Prozent (1952) im Gemeinderat festzustellen ist. Dieser relative Rückgang in den fünfziger und sechziger Jahren korrelierte mit den sozioökonomischen Folgen der forcierten Agrarmodernisierung.

Die delegierten Landwirte waren vorherrschend Großbauern aus der Oberschicht, deren Ansehen sich aus ihrem Besitz speiste. Neben den Großbauern galt dies auch für landbesitzende Gastwirte und Müller.[812] Diese Besitzelite war nachhaltig am Erhalt des Althergebrachten interessiert. Die ersten vier Wahlen vor allem auf Amtsebene erbrachten eine klare Mehrheit für die bäuerlichen Oberschichtangehörigen, bis die Nationalsozialisten mit der traditionellen Kandidatenauslese brachen. Wie in Ottmarsbocholt war in nationalsozialistischer Zeit der Anteil der Ackersmänner auf ein bislang nicht gekanntes Niveau abgesunken – trotz aller Verherrlichungen des Bauernstands als „Nährer und Mehrer der Nation".[813] Erst 1946 erreichten die Landwirte wieder eine Quote, wie sie in den zwanziger Jahren der Gewohnheit entsprach. Zu Beginn der fünfziger Jahre sank diese Quote noch einmal. Danach verloren die Bauern in den Folgejahren aber niemals ihre Stellung als die Fraktion mit den meisten Ratsmitgliedern. Im Gegenteil: Bis zur Kommunalreform 1969 waren die vorrangig großbäuerlichen Landwirte eine der bedeutendsten Berufsgruppen in beiden Volksvertretungen.

Wechselhafte Resultate, ohne daß dabei ein klarer Trend zu erkennen wäre, erzielten die Handwerker. Sie waren in den zwanziger Jahren fortwährend in beiden Räten präsent, wobei ihre Ergebnisse zwischen einem Achtel und einem Drittel der Gewählten schwankten. Diese Wechselhaftigkeit hatte auch nach dem Krieg Bestand. Erreichten die alten Mittelständler 1946 noch ein gutes Resultat, so fielen sie bereits vier Jahre später wieder ab. Dieses Auf und Ab dauerte dann bis in die sechziger Jahre hinein an.

---

[812] Pflaum, Politische Führung und politische Beteiligung als Ausdruck gemeindlicher Selbstgestaltung, S. 238.
[813] Herlemann, Bäuerliche Verhaltensweisen unterm Nationalsozialismus, S. 117f.

HEEK. GEMEINDERÄTE/BERUFSGRUPPEN 1919 - 69

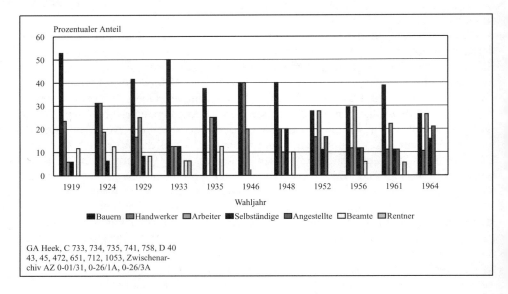

GA Heek, C 733, 734, 735, 741, 758, D 40
43, 45, 472, 651, 712, 1053, Zwischenarchiv AZ 0-01/31, 0-26/1A, 0-26/3A

Bei der Frage nach der Arbeiterrepräsentation ist zu beobachten, daß die Amtsvertretung eher eine Honoratiorenversammlung war als der Gemeinderat. Demnach gelang es einem Arbeiter erst 1929, erfolgreich für den Amtsrat zu kandidieren, was bereits zehn Jahre zuvor auf Gemeindeebene geglückt war. Ihre besten Resultate erzielten die Lohnempfänger interessanterweise dann, wenn die Zahl der (Groß-)Bauern schwand. Dies war vor allem in der Amtsvertretung 1935 und im Gemeinde- und Amtsrat 1952 der Fall, wie in der Graphik zu den Amts- und Gemeindevertretungen deutlich zu sehen ist. In beiden Jahren bewirkten äußere Eingriffe diese reziproken Zahlenverhältnisse. Mitte der dreißiger Jahre versuchten die Nationalsozialisten die alte Elite aus der politischen Repräsentation zu verdrängen. Anfang der fünfziger Jahren sorgte die Aufnahme vieler Vertriebener für einen quantitativen Anstieg der Arbeiter. Schließlich verdingten sich alle Flüchtlingsfürsprecher als Arbeiter.

Weitere nennenswerte berufliche Gruppen waren die Selbständigen und die Angestellten. Hervorzuheben ist in diesem Zusammenhang, daß die Angestellten auf der politischen Bühne Heeks eine eindeutige Nachkriegserscheinung darstellten. Es gelang den Vertretern des neuen Mittelstands erst Ende der vierziger, Anfang der fünfziger Jahre, sich in den Volksvertretungen zu plazieren. Dann aber avancierten sie als die neue professionelle Fraktion der Nachkriegszeit zu einer festen Größe in den politischen Gremien. Selbständige dagegen war nahezu über die gesamte Zeitspanne kommunalpolitisch präsent. Vor allem aus dem Gemeinderat Heeks waren sie nicht wegzudenken. Schließlich sollte ein Bauunternehmer aus ihrer Fraktion von 1956 bis zur Kommunalreform den Posten des Gemeindevorstehers bekleiden. Angehörige anderer beruflicher Gruppen wie Renter und Beamte tauchten zeitweilig auf und erzielten dabei sehr selten nennenswerte Zahlen.

Insgesamt ist über den fünfzigjährigen Zeitraum in der beruflichen Zusammensetzung der beiden kommunalpolitischen Kollegien ein Nebeneinander von Kontinuität und Veränderung auszumachen. Einerseits trat eine professionelle Differenzierung ein, die zum ersten Mal 1935 zu beobachten war und die die Amts- und Gemeindevertretungen in den folgenden Jahrzehnten kennzeichnete. Die berufliche Vielfalt 1935 war politisch bedingt, weil die nationalsozialistischen Machthaber so viele zuverlässige Parteimitglieder wie nur möglich im Ältestenrat sehen wollten und damit dem Parteibuch als formales Rekrutierungskriterium zum Durchbruch verhalfen.[814] Das führte dazu, daß Mitte der dreißiger Jahre Angehörige von so vielen Berufsständen wie noch nie in der Lokalpolitik präsent waren. Seit 1946 sorgten der Bevölkerungszuwachs durch die Flüchtlingszuzüge und eine zunehmende Verbreitung von Berufen des neuen Mittelstands dafür, daß die professionelle Differenzierung anhielt. Daneben ist als zweites Charakteristikum aber ein unbestrittenes Moment der Beständigkeit zu betonen. Nach wie vor bildeten die Bauern das berufliche Gerippe der beiden Volksvertretungen. Wenn es auch Anfang der fünfziger Jahre zu einem vorübergehenden Schwund der bäuerlichen Mehrheit kam, so konnten die Landwirte bereits 1956 auf Amtsebene diese Spitzenposition zusammen mit den Handwerkern, auf Gemeindeebene mit den Arbeitern erreichen. Betrachtet man aber den Anteil der Ackersmänner unter den Ratsmitgliedern Ende der sechziger Jahre, so stellt man – gemessen an den ersten Bürgervertretungen – einen Rückgang des bäuerlichen Elements fest.

---

[814] Die Mitgliedschaft der vorherigen Amtsräte zum Zentrum war zwar vorhanden, stellte aber mangels ernsthafter politischer Alternativen kein Entscheidungskriterium dar.

HEEK. GEMEINDERÄTE/SCHICHTZUGEHÖRIGKEIT

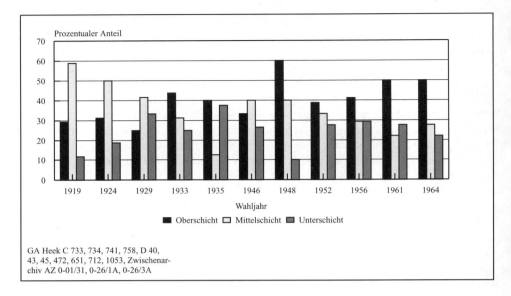

GA Heek C 733, 734, 741, 758, D 40, 43, 45, 472, 651, 712, 1053, Zwischenarchiv AZ 0-01/31, 0-26/1A, 0-26/3A

Der Rückgang der großbäuerlichen Ratsmitglieder ist auch bei der Zugehörigkeit der Ratsmitglieder zu den sozialen Schichten festzustellen. Hierbei muß man sich noch einmal vergegenwärtigen, daß Heek etwas stärker gewerblich und industriell geprägt war als die erste Untersuchungsgemeinde und daß die Mittel- und Unterschicht somit vielköpfiger war. Unter den kommunalpolitischen Bürgervertretern befanden sich deshalb auch immer viele Weber, denen die regionale Textilindustrie Beschäftigungsmöglichkeiten bot.[815]

---

[815] So entsandte die Seidenweberei Schniewind, die die Gemeinde bis 1931 nachhaltig geprägt hatte, üblicherweise einen Betriebsvertreter in den Gemeinderat. Schreiben des Gemeindeschulzen Heek an den Vorsitzenden des Kreisausschusses Ahaus betreffs Berufung der Gemeinderäte v. 1.6.1934; GA Heek, D 43. Zur Werksschließung 1931, bei der rund 400 Beschäftigte ihren Arbeitsplatz verloren, siehe GA Heek, Zwischenarchiv, Reg.-Nr. 0-01/1B.

HEEK. AMTSVERTRETER/SCHICHTZUGEHÖRIGKEIT

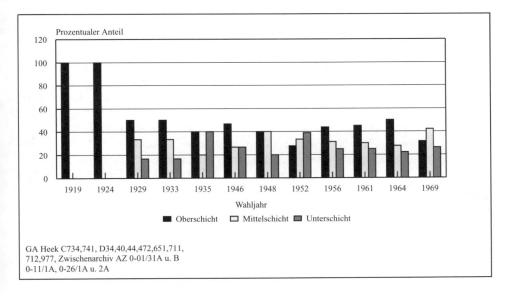

GA Heek C734,741, D34,40,44,472,651,711, 712,977, Zwischenarchiv AZ 0-01/31A u. B 0-11/1A, 0-26/1A u. 2A

Bis Ende der zwanziger Jahre war vor allem die Amtsvertretung fast eine reine Honoratiorenversammlung. Dann mußte die Oberschicht, deren Vertreter bislang monopolartig das Gremium unter sich aufgeteilt hatten, auch Angehörigen der Mittel- und Unterschicht ein Mitspracherecht in der Amtspolitik zugestehen – ein Vorgang, der auf Gemeindeebene bereits vollzogen war. Hier ergibt sich eine bemerkenswerte Parallele zu Ottmarsbocholt, wo sich die Oberschicht ebenfalls 1935 die Macht mit der Unterschicht teilen mußte. Wie bei der beruflichen Zusammensetzung des Gremiums mußte die konventionelle Führungsschicht in Heek während der nationalsozialistischen Herrschaft ihre Spitzenposition mit Angehörigen der Unterschicht teilen, die ihren Anspruch auf angemessene Repräsentation bereits nach den ersten demokratischen Wahlen angemeldet hatten. So konnte die alte Elite 1935 prozentual ihre wenigsten Interessenvertreter vor allem in der Amtsvertretung unterbringen. Nach dem Krieg gelang es der sozialen Elite, ihre angestammte Führungsposition wieder einzunehmen, die sie ebenfalls wie in Ottmarsbocholt mit Ausnahme der Amtswahl 1952 bis in die sechziger Jahre hinein behauptete. Besonders in der Ortsvertretung sicherte sich die Oberschicht in der Nachkriegszeit die Vorherrschaft unter den sozialen Gruppen. Die Unterschichtvertreter erfuhren Zuwachs durch die Neuankömmlinge. Die Zahlenverhältnisse bei der sozialen Zusammensetzung der Nachkriegsvertretungen bis 1969 verdeutlichen, daß die Unterschichtler zu den Mittelständlern an Zahl fast aufgeschlossen hatten. Vor dem Vertriebenenzuzug waren die Repräsentanten der gesellschaftlichen Unterschicht nur dann im Aufwind, wenn sich die großbäuerlichen Oberschichtrepräsentanten nicht entscheidend durchsetzen konnten.

Die Mitglieder der Mittelschicht konnten sich fest in den Gremien etablieren und lagen mit ihren Resultaten außer 1935 über denen der Unterschicht. Diese Entwicklung war eine Rückwirkung des Bedeutungszuwachses des Mittelstands für das Dorfleben, wie die Zahl der Handel- und Gewerbetreibenden untermauert. Lag ihre Zahl 1925 noch bei 123, so war sie Mitte der fünfziger Jahre um knapp ein Drittel auf 158 angewachsen. Besonders im Handel hatte die Zahl der Existenzgründungen spürbar zugenommen.[816]

Der Blick auf die Zusammensetzung des neuen Heeker Gemeinderats nach der Kommunalreform 1969 weist einen erhöhten Anteil an Mittelschichtvertretern auf.[817] Die zahlreicheren Mittelschichtangehörigen waren dafür verantwortlich, daß die Oberschicht ihre traditionelle Führungsposition in diesem Gremium einbüßte.[818] Dieser Wandel des Sozialprofils der Bürgervertreter war zeitgleich auch in Ottmarsbocholt zu beobachten. Demnach erwies sich also auch in Heek das Ende der sechziger Jahre als eine Zeit des Übergangs.

Insgesamt wird auch am Beispiel der politischen Vertretungen bis zur Kommunalreform deutlich, daß in der Untersuchungsspanne die althergebrachten Einstellungs- und Verhaltensmodelle zweimal durch exogene Eingriffe in Frage gestellt wurden. Zum einen gefährdete die nationalsozialistische Herrschaftspolitik die gesellschaftliche Vorreiterrolle der alten Elite, zum anderen sorgte der zahlreiche Zuzug neuer Dorfbewohner dafür, daß die traditionellen politischen Machtverhältnisse einer neuen Bewährungsprobe ausgesetzt waren. Die herkömmlichen Führungsschichten konnten beide Kraftproben überstehen. Beide Außeneinflüsse nötigten ihnen zeitweilig kleine Einbußen, keinesfalls aber den völligen Verlust ihres Einflusses ab. Die 1935 auf den Kopf gestellten Mehrheitsverhältnisse, wie sie sich vor allem auf Amtsebene eingestellt hatten, rückte bereits die erste demokratische Wahl 1946 wieder zurecht. Der politische Einfluß der neuen Dorfbewohner unterlag auch in Heek gleichsam einer ‚negativen Auslese', da sich die Flüchtlingsfürsprecher neben der erforderlichen Konfession auch noch dem lokalen politischen Anforderungsprofil anzupassen hatten oder sich der SPD als der Partei der auswärtigen Außenseiter anschließen mußten.[819] Erst Ende der sechziger Jahre zeichnete sich ein Wandel im sozialen und professionellen Profil der Ratsmitglieder ab, der auf den sozioökonomischen Strukturwandel auf dem Lande zurückzuführen ist.

Die Übersicht über die Gemeindevertretungen der dritten Untersuchungsgemeinde kann erst mit dem Jahr 1933 beginnen. Unterlagen über die Rödinghauser Gremien nach dem Ersten Weltkrieg und den zwanziger Jahren sind nicht überliefert. Am 12. März 1933 rangen fünf Wahlvorschläge um die Gunst der Bürger. Damit polarisierten sich – wie auch auf Amtsebene – die politischen Verhältnisse in der Gemein-

---

[816] Vgl. Anhang, Tabelle Nr. 40.
[817] Siehe die Graphik Heek. Amtsvertreter/Schichtzugehörigkeit.
[818] Bekanntmachung der Wahlergebnisse v. 12.11.1969; GA Heek, Zwischenarchiv, Aktenordner Kommunalwahl 9.11.1969, o. Sig.
[819] Daß die Neubürger in den fünfziger Jahren nicht nur in ländlichen Gemeinden, sondern auch in urbanen Ballungsräumen eine „Außenseiterposition" einnahmen, belegt Stefanski, Zuwanderungsbewegungen in das Ruhrgebiet, S. 427.

de. Die einzelnen Wahlempfehlungen waren nach ihrem Listenführer benannt und führten Bewerber unterschiedlicher professioneller und schichtspezifischer Herkunft auf: Die Liste „Broksieker" um den späteren Gemeindevorsteher enthielt bis auf die Ausnahme des vorsitzenden Mittelbauern Arbeiter, die wegen ihrer nationalen Gesinnung nicht in dem Milieu der Arbeiterbewegung beheimatet waren und von denen ein Drittel der NSDAP beitrat;[820] der Wahlvorschlag „Riedenschäfer" zählte ausschließlich Bewerber, die im Arbeitermilieu verwurzelt waren;[821] der Wahlhinweis „Hilling" nannte dagegen durchgängig Mittelständler, Bauern und Kaufleute, von denen sich wiederum ein Drittel der NSDAP anschloß;[822] die Aufstellung „Landwirtschaft" führte zu gleichen Teilen deutschnationale Groß- und Mittelbauern auf;[823] der Wahlvorschlag „Nösekabel" um den gleichnamigen Bäckermeister schließlich erfaßte wiederum Mittelständler, die allesamt das braune Parteibuch erwarben.[824] Bei der Stimmabgabe am 12. März lagen in der Gunst der 454 Wahlberechtigten die deutschnationale Landwirtschaftsliste und der Wahlvorschlag „Broksieker" am weitesten vorn.[825] Sie entsandten jeweils zwei Vertrauensmänner, den Zementarbeiter Wilhelm Mailänder und den Mittelbauern Karl Broksieker bzw. die Mittelbauern Heinrich Kreienkamp und Karl Koch, in das Gemeindegremium.[826] Die Wahlempfehlung „Nösekabel" beorderte den Bäckermeister August Nösekabel, und aus der Liste „Riedenschäfer" vervollständigte der Zigarrenarbeiter Heinrich Riedenschäfer die Gemeindevertretung, während der Wahlvorschlag „Hilling" leer ausging.[827] Vier der fünf Gemeindeverordneten gehörten der dörflichen Mittelschicht an, der fünfte war der einzige Unterschichtangehörige. Unter professionellem Aspekt stellten die Bauern mit drei Räten die größte Gruppe. Ein Bürgervertreter war als Arbeiter tätig, und einer führte selbständig ein Geschäft.[828] Dieses Wahlverhalten ist ein weiterer Bewies für die deutschnationalen, konservativ und agrarisch geprägten Denk- und Handlungsmuster der Rödinghauser Bevölkerung, die sich damit von

---

[820] Wahlvorschlag „Broksieker" v. 25.2.1933; GA Rödinghausen, Zwischenarchiv, B XII-1-4. Namentliches Verzeichnis über die Parteigenossen der Gemeinde Rödinghausen v. 22.4.1945; GA Rödinghausen, Zwischenarchiv, D 0-05/2.
[821] Wahlvorschlag „Riedenschäfer" v. 25.2.1933; GA Rödinghausen, Zwischenarchiv, B XII-1-4.
[822] Zwei der Kandidaten hatten Familienangehörige, die ebenfalls in der Partei waren. Wahlvorschlag „Hilling" v. 25.2.1933; a.a.O. Namentliches Verzeichnis über die Parteigenossen der Gemeinde Rödinghausen v. 22.4.1945; GA Rödinghausen, Zwischenarchiv, D 0-05/2.
[823] Diese zeigten sich den Nationalsozialisten gegenüber reserviert; lediglich ein Bewerber trat später der NSDAP bei. Wahlvorschlag „Landwirtschaft" v. 25.2.1933; GA Rödinghausen, Zwischenarchiv, B XII-1-4. Namentliches Verzeichnis über die Parteigenossen der Gemeinde Rödinghausen v. 22.4.1945; GA Rödinghausen, Zwischenarchiv, D 0-05/2.
[824] Wahlvorschlag „Nösekabel" v. 25.2.1933; GA Rödinghausen, Zwischenarchiv, B XII-1-4. Namentliches Verzeichnis über die Parteigenossen der Gemeinde Rödinghausen v. 22.4.1945 u. Verzeichnis der als Gemeindevertreter gewählten Angehörigen der NSDAP v. 28.4.1933; GA Rödinghausen B 949 u. Zwischenarchiv, D 0-05/2.
[825] Wahlniederschrift v. 12.3.1933; GA Rödinghausen, Zwischenarchiv, B XII-1-4.
[826] Kreienkamp bewirtschaftete 16,15 ha, Koch 6,49 ha Eigenland. Nachweisung über die Bauernhöfe der Gemeinde Rödinghausen v. 22.4.1945; GA Rödinghausen, Zwischenarchiv, D 0-05/2.
[827] Ermittlung des Wahlergebnisses v. 13.3.1933 u. Bekanntmachung v. 14.3.1933; GA Rödinghausen, Zwischenarchiv, B XII-1-4.
[828] Dies war der Bäckermeister Nösekabel; Adreßbuch des Kreises Herford 1936, S. 228.

umliegenden Amtsgemeinden abhob. Im Gegensatz zur Amtsvertretung des gleichen Jahres, wo die Liste der Sozialdemokraten gleich zwei Verordnetenplätze besetzen konnte, war unter den Gemeindevertretern nur ein Arbeiter.

Zwei Jahre später, im Januar 1935, gestalteten die Nationalsozialisten die Gemeindevertretung wie für Ottmarsbocholt und Heek beschrieben formal wie substantiell um.[829] Die Delegiertenzahl wurde auf acht angehoben. Die deutschnationalen Räte fanden ebenso wie die sozialdemokratischen Arbeiter aus dem Vorgängergremium keine Berücksichtigung mehr und fielen aus dem Kreis der Gemeindevertreter. Stattdessen besaßen nun bis auf zwei Ausnahmen, den Beigeordneten Farthmann und das Ratsmitglied Kreienkamp, alle Gemeindeälteste das Parteiabzeichen der NSDAP, das sich offensichtlich zum bedeutendsten Rekrutierungskriterium entwickelte.

Aus dem Gemeinderat von 1933 standen lediglich dem in die Partei eingetretenen Bäckermeister Nösekabel, der seit der Zeit auch die Schiedsstelle bekleidete,[830] und dem Mittelbauer Kreienkamp eine weitere Amtszeit bevor. Kreienkamp konnte sich als Deutschnationaler nur deshalb halten, weil er als Angehöriger der alten Elite noch Rückhalt unter den Bürgern besaß; er hatte 1933 für den deutschnationalen Wahlvorschlag „Landwirtschaft" kandidiert, der sich durchgängig aus Mittel- und Großbauern rekrutiert hatte.[831] Neu in den Rat gelangten der Zahnarzt Dr. Johannes Stursberg, der zugleich Filmstellenleiter der NSDAP-Ortsgruppe Rödinghausen war,[832] der Viehhändler Gustav Niederkleine, der Stellvertreter Nösekabels als Schiedsmann,[833] sowie die Zigarrenarbeiter August Meier, der spätere kommissarische Ortsgruppenleiter,[834] und Wilhelm Schulte.[835] Den Ältestenrat ergänzten die beiden Beigeordneten, der Mittelbauer und vormalige Gemeindevorsteher Wilhelm Depke und der Schneidermeister Fritz Farthmann.[836]

Auch unter beruflichem Gesichtspunkt änderte sich die Zusammensetzung des Kollegiums. 1935 saßen nur noch zwei Bauern im Rat, ebensoviele Arbeiter. Die

---

[829] Wie auch in den anderen Untersuchungsgemeinden setzten die Nationalsozialisten auf jüngere Vertreter. Von 48 berufs- und beschäftigungslosen Jugendlichen von 16 bis 25 Jahre gehörte exakt ein Viertel der NSDAP und der SA an; GA Rödinghausen, B IV-3-46.

[830] Verzeichnis über die im Amtsbezirk Rödinghausen vorhandenen, bestätigten Schiedsmänner v. 7.3.1934; GA Rödinghausen B 50.

[831] Auch in der von Pflaum, Politische Führung und politische Beteiligung als Ausdruck gemeindlicher Selbstgestaltung, S. 244, untersuchten Westerwaldgemeinde schloß sich die protestantische Besitzelite in Weimarer Zeit der DNVP an.

[832] Siehe dazu unten Drittes Kapitel, E. zu den Filmvorführungen. Johannes Stursberg war ein Verwandter des Kaufmanns Karl Stursberg, der 1933 für den Wahlvorschlag drei „Hilling" kandidiert hatte. Siehe auch Artikel „Karl Stursberg 80 Jahre alt", in: Chronik Rödinghausen (1942 - 1949); GA Rödinghausen, Buchbestand Nr. 23.

[833] Verzeichnis über die im Amtsbezirk Rödinghausen vorhandenen, bestätigten Schiedsmänner v. 7.3.1934; GA Rödinghausen B 50.

[834] Nachweisung über die Führer der Partei in den Gemeinden des Amtsbezirks Rödinghausen; GA Rödinghausen, Zwischenarchiv, D 0-05/2. Meiers Vorgänger war Ortsgruppenleiter Wegmann; KA Herford, C 1243.

[835] Protokoll der Gemeindeältestensitzung v. 19.6.1935; GA Rödinghausen, B 55.

[836] Zum Grundbesitz Depkes und Kreienkamps siehe oben Erstes Kapitel, B.1. Die Gemeindebürgermeister.

Zahl der Selbständigen schnellte jedoch nach oben; vier Älteste hatten einen Betrieb oder eine Praxis.[837] Auch ein Blick auf die Schichtzugehörigkeit der Gemeindeältesten verdeutlicht das vergrößerte Gewicht der Mittelständler: fünf Ratsmitglieder kamen aus der Mittelschicht, einer von der Spitze, zwei von der Basis der dörflichen Gesellschaft. Die hohe Zahl selbständiger Gewerbetreibender deutet darauf hin, daß der Nationalsozialismus gerade im Mittelstand Rödinghausens großen Rückhalt fand. Darüber wird in Form der These von der „Panik im Mittelstand" bei der Untersuchung des Wahlverhaltens noch zu sprechen sein.[838]

Dieser Ältestenkreis bildete bis 1945 die politische Repräsentation,[839] bis sich ein Gemeindeausschuß als vorläufiger Gemeinderat konstituierte.[840] Dieser wurde nicht von den Bürgern gewählt, sondern wie auf Amtsebene auf Initiative des Herforder Landrats zusammengestellt. Das kommissarische Gremium wies wesentlich politisch Unbelastete auf. Diese saßen entweder erstmals im Gemeinderat oder waren frühere Bürgervertreter, die die Nationalsozialisten aus ihren Ämtern gedrängt hatten wie den Mittelbauer Karl Broksieker und den Zigarrenarbeiter Heinrich Riedenschäfer. Beide waren 1933 gewählt worden, zwei Jahre später wurden sie jedoch ausgeschaltet. Lokalpolitisch unbeschriebene Blätter waren der Zigarrenhersteller August Uthoff, dem das Amt des Ratsvorsitzenden anvertraut wurde, der Großbauer Heinrich Meyer,[841] der pensionierte Polizeioberwachtmeister Caspar Hilker, der Malermeister Karl Meyer, der als amtierender Oberzugführer der Freiwilligen Feuerwehr zum Stellvertreter ausersehen wurde,[842] der Stellmacher August Bergmann, der Herdschlosser Wilhelm Narz und die Hausfrau Marie Pörtner.

Durch den Ansatz, Repräsentanten möglichst vieler Korporationen und Organisationen in den Ausschuß zu entsenden, verbreitete sich die professionelle Palette der Mitglieder. So repräsentierten zum Beispiel – noch in der Reichsnährstandsterminologie – der Mittelbauer Broksieker die Landwirte, der Großbauer Meyer die Bauern; der Ruheständler Caspar vertrat die Kirche; der Stellmacher Bergmann und der Malermeister Meyer standen für Handwerk und Gewerbe. Unter den Ausschußmitgliedern befanden sich auch soziale ‚Exoten': Mit Marie Pörtner betrat erstmalig eine Frau die Männerbastion Gemeinderat. Pörtner galt als Interessenwalterin der „Haus-

---

[837] Als Selbständige zählten der Zahnarzt Stursberg, der Bäckermeister Nösekabel, der Schneidermeister Farthmann u. der Viehhändler Niederkleine; vgl. Adreßbuch des Kreises Herford 1936, S. 216 u. Ärztetafel S. 227f. u. 230f.
[838] Die Formel stammt von Geiger, Die Panik im Mittelstand, S. 637 - 654. Zum Verhältnis von Mittelstand und NSDAP siehe Winkler, Vom Protest zur Panik: Der gewerbliche Mittelstand in der Weimarer Republik bzw. Der entbehrliche Stand im „Dritten Reich", in: Zwischen Marx und Monopolen, S. 17 - 37 bzw. 38 - 51.
[839] Auszug aus dem Protokollbuch v. 16.2.1937; GA Rödinghausen, B 204.
[840] Schreiben an den Landrat von Herford v. 29.11.1945, Aufstellung v. 12.12.1945 u. Schreiben des kommissarischen Amtsdirektors an die CDU in Herford v. 7.6.1946; GA Rödinghausen, Zwischenarchiv, C 0-00/4 u. C 0-05/1.
[841] Meyer besaß 24,54 ha eigenen Grund und Boden; Nachweisung über die Bauernhöfe der Gemeinde Rödinghausen v. 22.4.1945; GA Rödinghausen, Zwischenarchiv, D 0-05/2.
[842] Artikel „Unsere Feuerwehr", in: Chronik Rödinghausen (1942 - 1949); GA Rödinghausen, Buchbestand Nr. 23.

frauen".[843] Zum anderen war der Evakuierte Wilhelm Narz als Vertreter der einquartierten Neubürger der erste Katholik im gemeindlichen Repräsentationsorgan. Insgesamt bildeten drei Arbeiter, je zwei Bauern und Selbständige sowie ein Handwerker und Rentner und eine „Hausfrau" den Ausschuß.[844]

Ebenso waren alle drei dörflichen Gesellschaftsschichten unter den Ausschußmitgliederten vertreteten: zwei Oberschichtangehörige, drei Mittelständler und fünf Unterschichtzugehörige. Nachdem im Herbst 1945 die Alliierten die Bildung von Parteien erlaubt hatten, traten acht der zehn Bürgervertreter einer politischen Vereinigung bei, jeweils vier der SPD und der CDU. Zwei von ihnen, der Rentner Hilker und der Zigarrenhersteller Uthoff, gelangten als Unabhängige in den Ausschuß. Das durchschnittliche Alter der Gremiumsmitglieder von 56,1 Jahren war relativ hoch, weil man auch auf bewährte Lokalpolitiker der Generation vor 1933/35 zurückgegriffen hatte.[845] Ein Antifaschistisches Komitee schließlich, das wie auf Amtsebene in Konkurrenz zur Gemeinderepräsentation trat, kam in Rödinghausen nicht zustande, was wiederum mit dem unterschiedlichen soziale Gefüge der Gemeinde zu erklären ist.

Der erste Urnengang nach der NS-Zeit im Herbst 1946 unterband die durch die Demokratisierungsbestrebungen der Alliierten eingeleiteten Entwicklungen. Wie auch bei der Amtsvertretung ist bei dieser ersten freien Gemeinderatswahl der Nachkriegszeit das Bestreben erkennbar, die altgewohnten Verhältnisse zu reaktivieren.[846] Bei der Wahl errang kein Vertreter der neuen Dorfbewohner einen Sitz in der Bürgervertretung; damit gelangte auch kein Katholik in den Rat. Die Amtszeit des ersten weiblichen Gemeinderats blieb gleichermaßen eine rund zehnmonatige Episode. Die demokratische Legitimation für eine weitere Amtszeit erhielten der Großbauer Heinrich Meyer, der zum Gemeindebürgermeister aufstieg, der Mittelbauer Karl Broksieker, der als Gemeinderat von 1933 eine der personellen Brücken zur Zeit vor der NS-Ära darstellte, und der Stellmacher August Bergmann. In die Fußstapfen seines Verwandten trat der Hilfsarbeiter Friedrich Hilker. Ihre erste Amtszeit in einer Gemeindevertretung nahmen der Kleinbauer Friedrich Stockebrandt sowie die drei Sozialdemokraten, der Arbeiter Heinrich Mailänder, der Kraftfahrer Gustav Dedering und der Zigarrenarbeiter Walter Schlattmann auf.[847] Diese Vertreterriege war im Mittel 45,1 Jahre alt. Dabei fällt auf, daß die fünf Unionsräte mit einem Schnitt von 50,4 Jahren erheblich über dem Altersmittel der drei Sozialdemokraten von bislang unüblichen ‚jugendlichen' 36,3 Jahren lagen. Ein weiterer Aspekt unterschied die Bürgervertreter aus den beiden Volksparteien. Während die fünf CDU-Kandidaten

---

[843] Als Berufsbezeichnung führte Marie Pörtner den Titel „Ehefrau"; Aufstellung v. 12.12.1945; GA Rödinghausen, Zwischenarchiv, C 0-00/4.
[844] Ein eigenes Gewerbe führten der Malermeister Meyer und der Zigarrenhersteller Uthoff; Adreßbuch des Kreises Herford 1936, S. 213 u. 231 ; Heimat-Adreßbuch Landkreis Herford 1957, S. 421.
[845] Das Alter des Evakuierten Narz konnte nicht ermittelt werden.
[846] Zu den Demokratisierungsbestrebungen der Alliierten siehe GA Rödinghausen, Zwischenarchiv, C 0-64/00.
[847] Namentliche Aufstellung der Gemeindevertreter v. 19.10.1946, Nachweisung der Gemeindevertreter v. 25.9.1946 u. Auszug aus dem Protokoll der Gemeindevertretersitzung v. 1.2.1947; GA Rödinghausen, Zwischenarchiv, C 0-63/064, C 0-00/20 u. D 0-23/10.

auf direktem Weg ihr Mandat erreichten, rückten die SPD-Bewerber nur über die Reserveliste in das Ratskollegium auf. Dieses Wahlresultat läßt wiederum auf die im Unterschied zu den anderen Amtsgemeinden eher traditionellen politischen Denk- und Verhaltensweisen der Rödinghauser Bevölkerung schließen.

In diesen Kontext paßt auch der Umstand, daß mit drei Ackersmännern wieder absolut so viele Bauern im Gemeinderat saßen wie vor dem Eingriff der Nationalsozialisten. Gleichzeitig kletterte die Zahl der Arbeiter auf die bisherige Rekordmarke von vier, d.h. jeder zweite Bürgervertreter war ein Arbeiter. Der übrige Mandatsträger war ein Handwerker. Der gestiegene Arbeiteranteil wirkte sich freilich auch auf die schichtspezifische Zusammensetzung aus. Hier waren die sechs Ratsmitglieder aus der Unterschicht in der Mehrheit, zu denen sich jeweils ein Angehöriger der gesellschaftlichen Mitte und Spitze gesellte.

Zwei Jahre später, im Oktober 1948, ergab sich anfänglich ein kleines Ratskollegium von vier Bürgervertretern, von denen drei bereits lokalpolitische Verdienste hatten erwerben können:[848] der Mittelbauer Karl Broksieker, der 1933 Ratsmitglied gewesen war und jetzt zum Gemeindebürgermeister gekürt wurde,[849] sein Berufskollege Karl Koch, der wie Broksieker gleichfalls im 1933er Gremium Sitz und Stimme besessen hatte und der Bekleber Heinrich Mailänder, der an seine vorherige Ratszeit anknüpfen konnte.[850] Als viertes Ratsmitglied komplettierte der Maschinist und Schmiedemeister Wilhelm Budde das Kollegium. Budde war ebenfalls kein lokalpolitischer Neuling; der Sozialdemokrat war bereits zwei Jahre zuvor in die Amtsvertretung aufgerückt und zeitgleich zu seiner Nominierung als Gemeinderat zum Amtsbürgermeister bestellt worden.

Die Gemeindevertretung mußte im Frühjahr 1950 personell aufgestockt werden. Gemäß Paragraph 36a des novellierten Gemeindewahlgesetzes von 12. Dezember 1949 war die Gemeindeverordnung auf die Mindestzahl von sechs Vertretern zu erhöhen. Die fehlenden zwei Räte wurden aus der Reserveliste der beiden Großparteien rekrutiert.[851] Es waren dies die beiden Brüder Oswald und Alfons Berger, die bereits 1948 dem Schul- und Siedlungsausschuß angehört hatten und jeweils einer anderen politischen Vereinigung anhingen.[852] Die beiden Arbeiter hatten als ehemalige Großbauern eine soziale wie materielle Verlusterfahrung erleiden müssen. Ursprünglich stammten beide aus dem schlesischen Altweistritz und verloren bei ihrer Vertreibung umfangreiche landwirtschaftliche Anwesen von 24 bzw. 48,5 ha.[853] Die

---

[848] Nachweisung v. 30.10.1948; GA Rödinghausen, Zwischenarchiv C 0-04/3.
[849] Siehe darüber hinaus Einladung zur außerordentlichen Sitzung über Flüchtlingsangelegenheiten v. 19.11.1948; GA Rödinghausen, Zwischenarchiv, C 0-00/21.
[850] Zu den Besitzverhältnissen von Broksieker und Koch siehe oben die Daten zur Gemeindevertretung 1933.
[851] Verfügung der Landkreisverwaltung Herford v. 8.8.1950 u. Bestätigung des Amtsdirektors v. 11.2.1950; GA Rödinghausen, Zwischenarchiv, D 0-22/10-16,30.
[852] Nachweisung der gewählten Ausschüsse der Gemeinde Rödinghausen v. 30.10.1948; GA Rödinghausen, Zwischenarchiv, C 0-00/20.
[853] Fragebogen zur Erfassung des aus dem Osten vertriebenen Landvolks; GA Rödinghausen, Zwischenarchiv, C 4-40/2B. Die beiden Brüder gehörten zu den insgesamt zehn Vertriebenen, die als ehemalige

Gebrüder Berger repräsentierten als Sachwalter der neuen Dorfbewohner ein Drittel der Dorfbevölkerung.
Im ganzen saßen in beruflicher Hinsicht im Kollegium zwei Bauern und drei Arbeiter. Ein Ratsmitglied arbeitete als Selbständiger.[854] Aus der Mittelschicht rekrutierten sich drei Verordnete wie auch aus der dörflichen Unterschicht. Auch hier entsprach die gesellschaftliche Zuordnung wiederum exakt der parteipolitischen Bindung: Die drei Unterschichtangehörigen traten als Sozialdemokraten in das Kollegium, die drei Mittelständler nahmen als Christdemokraten an den Sitzungen des Gemeinderats teil. Nach politischer Orientierung herrschte also Parität. Das gegenüber den anderen Amtsgemeinden abweichende soziale Gefüge Rödinghausens und die unterschiedlichen Denk- und Verhaltensmuster seiner Bewohner sind besonders deutlich am politischen Werdegang des Wilhelm Budde. Der Maschinist wurde 1948 zeitgleich in den Gemeinde- und in den Amtsrat gewählt. In beiden Versammlungen stieg er in eine Leitungsfunktion auf, jedoch mit einem erheblichen Unterschied: Während Budde es auf Gemeindeebene nur zum Stellvertreter des CDU-Bürgermeisters brachte, avancierte er im Amt zum Bürgermeister mit Hilfe der dort zahlreicheren SPD-Arbeiter aus der Unterschicht.

Vier Jahre danach, bei der Wahl von 1952, errangen die Unterschichtler aus den Reihen der Sozialdemokratie mit 1351 die meisten Stimmen. Dennoch bestimmte der Zusammenschluß von Bewerbern aus der Union und von den Liberalen aufgrund der erhaltenen 1143 bzw. 729 Stimmen die Ratspolitik.[855] Diese Räte waren ausnahmslos in der sozialen Mitte wie Spitze Rödinghausens zu Hause. Folglich stammte der Bürgermeister Karl Broksieker (CDU) als Mittelbauer wie auch seine rechte Hand Karl Heidemann (FDP) als selbständiger Schlachter aus dem Mittelstand; Heidemann saß zwar erstmalig in der Gemeindeverordnung, hatte jedoch als stellvertretender Schiedsmann der Jahre 1930 bis 1933 soziales Ansehen erwerben können.[856] Der Mittelbauer Karl Koch, der Schmiedemeister Wilhelm Budde, der Arbeiter Oswald Berger, einer der beiden Flüchtlinge und Vorsitzender des Gemeindevertriebenenbeirats,[857] und der Bekleber Heinrich Mailänder übernahmen eine weitere Amtsperiode. Die erste Amtszeit standen dagegen der Kurbadbesitzerin Clara Wobker,[858] der zweiten einheimischen Frau im Gemeinderat, dem Kohlenhändler Gustav Gerber, dem Elektromeister Ernst Dedering, dem Werksmeister Gustav Panzner, dem

---

Landwirte Betriebe mit durchschnittlich 17,4 ha geleitet hatten. Zu ähnlichen Fällen sozialen Abstiegs von Ackersmännern siehe die Beispiele bei Hund, Flüchtlinge in einem deutschen Dorf, S. 46 - 51.

[854] Der Schmiedemeister Budde führte einen eigenen Betrieb; Heimat-Adreßbuch Landkreis Herford 1957, S. 431.

[855] Nachweisung über die Stimmenverteilung; GA Rödinghausen, Zwischenarchiv, D 0-64/01,3.

[856] Zu seiner Ernennung siehe Auszug aus dem Protokollbuch der Gemeindevertretung v. 8.11.1929; GA Rödinghausen B 50. Heidemann war Ende 1932 für weitere zwei Jahre vorgesehen, mußte aber 1933 seinen Platz räumen. Verzeichnis über die im Amtsbezirk Rödinghausen vorhandenen, bestätigten Schiedsmänner v. 7.3.1934; a.a.O.

[857] Schreiben des Flüchtlingsamtes an den Vorsitzenden des Gemeindevertriebenenbeirats Rödinghausen; GA Rödinghausen, Zwischenarchiv, C 4-40/2B.

[858] Siehe auch Artikel „Kurbad mit Sauna und Bastu [d.h. Badestube, P.E.]" zur Einweihung v. 14.12.1949, in: Chronik Rödinghausen (1942 - 1949); GA Rödinghausen, Buchbestand Nr. 23.

zweiten Ostvertriebenen,[859] dem Zigarrenarbeiter Karl Blomenkamp und dem Rentner und früheren Maurer Heinrich Depke bevor.[860] Immerhin waren dies keine lokalpolitischen Novizen. Karl Blomenkamp zum Beispiel hatte sich 1945 im Antifaschistischen Komitee engagiert, und der Rentner Depke hatte Mitte der vierziger Jahre als Schriftführer und Kassierer der Freiwilligen Feuerwehr fungiert.[861]

Die größte berufliche Gruppe stellten die Selbständigen mit vier Ratsmitgliedern,[862] gefolgt von ebenso vielen Arbeitern, zwei Bauern sowie je einem Handwerker und einem Rentner. Ein Ratsmitglied war in der Oberschicht beheimatet und vier in der gesellschaftlichen Basis. Die sieben Mittelständler stellten die Mehrheit der Gemeindeverordneten. Wie bereits angedeutet, befanden sich die fünf Sozialdemokraten in der Mehrheit, ihnen saßen vier CDU- und drei FDP-Räte gegenüber. Zwei der zwölf Bürgervertreter waren ehemals Mitglied der NSDAP gewesen.[863]

Die große Mehrheit der vier Jahre zuvor gewählten Bürgervertreter fand sich auch nach dem 28. Oktober 1956 im neuen Gemeinderat ein.[864] Das ist auch der Grund, warum das Durchschnittsalter der Verordneten auf 52,3 Jahre gestiegen war. Außer den Mittelbauern Fritz Seckfort und Wilhelm Balsmann sowie den Arbeitern Friedrich Meier und Heinrich Breitensträter bestand die Gemeindeverordnung 1956 aus altgedienten Kommunalpolitikern:[865] dem Mittelbauern Karl Broksieker, der Kurbadinhaberin Clara Wobker, dem Schmiedemeister Wilhelm Budde, dem Werkmeister Gustav Panzner, dem Schlachter Karl Heidemann, dem Bekleber Heinrich Mailänder, dem Zigarrenarbeiter Karl Blomenkamp und dem Arbeiterbauern Wilhelm Schöneberg, der bereits 1953 als Ersatzmann in das Ratskollegium nachnominiert worden war.[866]

Erneut waren die Arbeiter die zahlreichste berufliche Gruppe. Fünf Gemeinderäte standen in lohnabhängigen Anstellungen. Zu ihnen gesellten sich je drei Selbständige und Ackersmänner sowie ein Handwerker.[867] Die fünf Arbeiter stellten zugleich

---

[859] Panzner stammte aus Niemes. Zum Zeitpunkt der Wahl am 9.11.1952 lebten in Rödinghausen 277 Neubürger. Sie stellten 27,9% der gesamten Einwohnerschaft. Auf Amtsebene waren es nur 21,1%. Schreiben des Amtsdirektors an den British Resident Officer (BRO) in Herford; GA Rödinghausen, Zwischenarchiv, C 0-00/21.

[860] Einladung zur Gemeinderatssitzung v. 9.11.1952, Bekanntmachung des Wahlergebnisses v. 11.11.1952, Auszug aus dem Protokoll der Gemeindevertretersitzung v. 18.11.1952; GA Rödinghausen, Zwischenarchiv, C 0-04/3, D 0-63/21, D 0-22/10-16,30.

[861] Artikel „Unsere Feuerwehr", in: Chronik Rödinghausen (1942 - 1949); GA Rödinghausen, Buchbestand Nr. 23.

[862] Dies waren der Schlachter Heidemann, der Kohlenhändler Gerber, die Kurbadbesitzerin Wobker und der Schmiedemeister Budde; Heimat-Adreßbuch Landkreis Herford 1957, S. 402, 415, 416 u. 431.

[863] Namentliches Verzeichnis über die Parteigenossen der Gemeinde Rödinghausen v. 22.4.1945; GA Rödinghausen, Zwischenarchiv, D 0-05/2.

[864] Bekanntmachung des Wahlergebnisses v. 28.10.1956 u. namentliche Aufstellung der Gemeinderatsmitglieder; GA Rödinghausen, Zwischenarchiv D 0-64/01,3 u. D 0-64/00.

[865] Seckfort leitete einen Betrieb mit 15,92 ha Eigengrund. Nachweisung über die Bauernhöfe der Gemeinde Rödinghausen v. 22.4.1945; GA Rödinghausen, Zwischenarchiv, D 0-05/2.

[866] Schöneberg war an die Stelle von Heinrich Depke getreten; GA Rödinghausen, Zwischenarchiv, D 0-22/10-16,30.

[867] Die Selbständigen waren die Badbesitzerin Wobker, der Schmiedemeister Budde und der Schlachter Heidemann; Heimat-Adreßbuch Landkreis Herford 1957, S. 402, 416 u. 431.

die Unterschichtvertreter. Wie 1952 stammte ein Ratsmitglied aus der Oberschicht. Die meisten Gemeindeverordneten jedoch, sechs an der Zahl, kamen nach wie vor aus der Mittelschicht. Parteipolitisch gehörte das Gros der Gemeindeverordneten, die fünf Unterschichtler, der SPD an. Zwar gelangten diese allesamt auf direktem Weg in den Rat, doch konnten sie sich dort nicht entscheidend durchsetzen. Der Bürgermeister Broksieker kam aus der Union, obwohl nur vier Räte den Christdemokraten zuzuordnen waren. Sie bildeten zusammen mit den drei Liberalen einen „bürgerlichen Block". Auffallend ist, daß kein BHE-Vertreter in der Gemeindeverordnung saß, obwohl der BHE auch in Rödinghausen bei Bundes- oder Landtagswahlen Stimmen erhielt.[868] Wenngleich der BHE auch bei dieser Gemeinderatswahl sechs Kandidaten aufgeboten hatte, konnte sich keiner von ihnen qualifizieren.[869] Der einzige Neubürger im Gemeinderat hingegen, Gustav Panzner, hatte sich der Union angeschlossen.

Wie bei der Amtsvertretung kündigte sich mit dem Gemeinderat 1961 ein personeller Umbruch an, der auch mit einem Generationenwechsel verbunden war.[870] Allein das Abgeordnetenalter sank dabei gegenüber 1956 um über vier auf einen Schnitt von 48 Jahren. Dabei waren die vier neuen Ratskollegen erst 44 Jahre alt. Folgender Fakt verdeutlicht den personellen Wandel: Alle am 13. März 1961 gewählten Bürgervertreter blieben bis zur Kommunalreform 1969 auf der politischen Bühne aktiv: die Mittelbauern Karl Broksieker und Wilfried Möllering, der Tischler Gustav Möller, der Hilfsarbeiter Hubertus Müller, der Rentner Heinrich Metzdorf und der Zigarrenarbeiter Karl Blomenkamp.[871] Auch bei der sozialen Zusammensetzung des Ratskollegiums hatte sich ein Wandel ergeben. Die vier Gemeinderäte aus der Unterschicht machten nun die Mehrheit aus. Zwei Verordnete aus dem Mittelstand vervollständigten das Gremium. Demzufolge befanden sich auch die sozialdemokratischen Bürgervertreter in der Überzahl, aus deren Reihen erstmals der Ratsvorsitzende hervorging. Ihnen standen nur noch ein Unionsangehöriger und ein Mitglied der Freien Wählervereinigung zur Seite.[872] Auch nach Berufen herrschten veränderte Verhältnisse vor: Anfang der sechziger Jahre saßen im Rödinghauser Rat je zwei Bauern und Arbeiter, je ein Handwerker und Rentner, aber kein Selbständiger mehr. Überdies gehörte ab 1961 kein ostdeutscher Neubürger der Gemeindeverordnung mehr an.

Die letzte Wahl vor der kommunalen Neuordnung setzte diese Trends fort. Wie angedeutet, stand allen amtierenden Gemeindeverordneten auch nach dem Urnengang vom 27. September 1964 eine weitere Amtszeit bevor. Dazu reihte sich der

---

[868] Zu den Wahlresultaten siehe Anhang, Tabelle Nr. 43.
[869] Wahlvorschlag für die Gemeinderatswahl v. 28.10.1956 u. Zusammenstellung des endgültigen Wahlergebnisses v. 28.10.1956; GA Rödinghausen, Zwischenarchiv, D 0-64/00 u. D 0-64/01,3.
[870] Bekanntmachung des Wahlergebnisses v. 21.3.1961, Einladung zur ersten Sitzung des Gemeinderats v. 29.3.1961 u. Niederschriften über die Vereidigung der Gemeindverordneten v. 10.4.1961; GA Rödinghausen, Zwischenarchiv, D 0-63/21,2 u. D 0-22/10-16,30.
[871] Den 1964 wiederbestätigten Bürgermeister Blomenkamp ereilte in seiner zweiten Amtsperiode am 22.12.1965 der Tod. Siehe oben Erstes Kapitel, B.1. Die Gemeindebürgermeister.
[872] Siehe dazu auch die Stimmzettel zur Wahl am 19.3.1961; GA Rödinghausen, Zwischenarchiv, D 0-63/21,2.

Tischlermeister Wilhelm Meyer als weiterer Bürgervertreter ein.[873] Als die Gemeinderäte Metzdorf und Blomenkamp während der Legislaturperiode starben, nahmen der Kraftfahrer Heinrich Hoffmann und der Sattler Dieter Schulte 1964 bzw. 1966 die vakanten Plätze ein.[874] Mit ihrem Eintritt in das Ratskollegium rundete sich der Generationswechsel weiter ab. Das Antrittsalter der neuen Generation von Gemeinderäten betrug nur noch 44 Jahre; im September 1964 hatte es noch bei 52,6 Jahre gelegen.

Der letzte Rat der alten Gemeinde Rödinghausen bot die für alle Bürgervertretungen der sechziger Jahre typischen Merkmale. Die vier sozialdemokratischen Räte aus der dörflichen Unterschicht, Blomenkamp, Metzdorf, Möller und Müller, stellten vor den drei Mittelständlern aus den bürgerlichen Parteien die stärkste Ratsfraktion. Dies waren die Mittelbauern Broksieker und Möllering (CDU) sowie der Tischlermeister Meyer (FDP). Auch hier fielen soziale Herkunft und Interessenlage mit parteipolitischer Orientierung zusammen. Unter professionellem Aspekt barg das Gremium die bekannten Berufsgruppen: je zwei Bauern und Arbeiter sowie einen Handwerker, Selbständigen und Rentner.[875]

Die Frage nach Beharrlichkeit oder Umbruch in den Bürgervertretungen Rödinghausens beantwortet das Sozialprofil der Amts- und Gemeinderäte über einen Zeitraum von fünfzig Jahren: In Rödinghausen ersetzten Arbeiter die traditionelle Mehrheit der Großbauern sowie der gewerblichen und agrarischen Mittelständler. Damit hatte sich die soziale und berufliche Herkunft der Rödinghauser Bürgervertreter also früher als in Ottmarsbocholt oder Heek gewandelt.[876] Dieser Wandel ist als ein strukturelles Merkmal der Modernisierung zu sehen. In Form einer Demokratisierung der Dorfpolitik ermöglichte er einem größeren Kreis von Dorfbewohnern, politische Entscheidungen mitzubestimmen. Die Transformation fand jedoch mit einer unterschiedlichen Geschwindigkeit statt. Im Amtsrat setzte der personelle Austausch schon Ende der vierziger Jahre ein, in der Gemeindeverordnung erst zu Beginn der sechziger Jahre.

---

[873] Bekanntmachung des Wahlergebnisses v. 27.9.1964 u. Auszug aus dem Protokoll der Gemeindevertretersitzung v. 8.10.1964; GA Rödinghausen, Zwischenarchiv, D 0-22/10-16,30, D 0-63/21,2 u. D 0-63/00.
[874] Auszug aus dem Protokoll der Gemeinderatssitzung u. Niederschrift über die Vereidigung v. 17.12.1964 bzw. 6.1.1966; GA Rödinghausen, Zwischenarchiv, D 0-22/10-16,30.
[875] Der Tischlermeister Meyer betrieb ein eigenes Geschäft; Heimat-Adreßbuch Landkreis Herford 1957, S. 441.
[876] Als Abstimmungsmodus setzte sich in der Nachkriegszeit parallel zu der Entwicklung in Heek und Ottmarsbocholt die geheime Abstimmung per Stimmzettel durch. Siehe dazu z. B. die Wahl des Gemeindebürgermeisters 1952 oder seines Stellvertreters v. 1.12.1952. Bekanntmachung v. 18.11.1952 u. Auszug aus dem Protokoll der Gemeinderatssitzung v. 1.12.1952; GA Rödinghausen, Zwischenarchiv,C 0-04/3 u. D 0-22/10-16,30.

RÖDINGHAUSEN. AMTSVERTRETER/SCHICHTZUGEHÖRIGKEIT

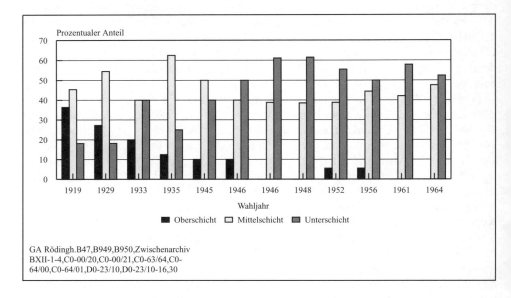

GA Rödingh.B47,B949,B950,Zwischenarchiv
BXII-1-4,C0-00/20,C0-00/21,C0-63/64,C0-
64/00,C0-64/01,D0-23/10,D0-23/10-16,30

Das Schaubild verdeutlicht den zeitlichen Vorsprung der Entwicklung in der Amtsvertretung. Dort überragten 1919 und 1929 die Ratsmitglieder aus der Ober- und Mittelschicht eindeutig die Unterschichtangehörigen. Letztere stellten erstmals 1946, mit den ersten demokratischen Wahlen in der Nachkriegszeit, die Mehrheit der Mandatsträger und behielten diese bis zum Ende des Amtes 1969. Der Mittelstand, der bemerkenswerterweise 1935 den höchsten Verordnetenanteil erreichte, blieb bis 1946 die gesellschaftliche Kraft, die die Rödinghauser Politik bestimmte. Von dem ‚Ausfall' der großbäuerlichen Honoratiorenschicht, die in Ottmarsbocholt und Heek die Dorfpolitik beherrschte, aufgrund der speziellen gesellschaftlichen Verfaßtheit Rödinghausens wurde bereits oben gesprochen.[877]

---

[877] Siehe dazu Teil I, Erstes Kapitel, C. Rödinghausen.

RÖDINGHAUSEN. GEMEINDERÄTE/SCHICHTZUGEHÖRIGKEIT

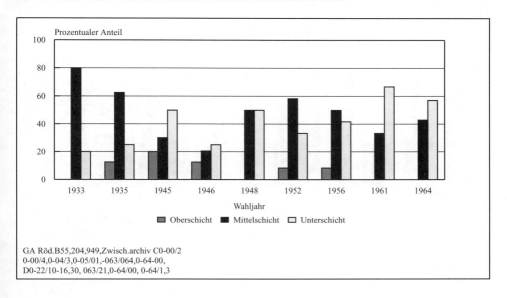

Dieselbe Entwicklung setzte in der Gemeindevertretung mit zeitlichem Aufschub ein. Dort befanden sich die Ratsmitglieder aus der Unterschicht erst Anfang der sechziger Jahre in der Überzahl und bestimmten den Vorsitzenden. Bis dahin saß mit Ausnahme der unmittelbaren Nachkriegsgremien immer noch ein hoher Anteil mittelständischer Mandatsträger im Rat. Der Grund für diesen zeitlichen Aufschub gegenüber der Amtsvertretung ist in dem besonderen Sozialgefüge der ostwestfälischen Landgemeinde zu sehen, die gegenüber den anderen Amtskommunen stärker agrarisch und mittelständisch geprägt war. Wegen seines relativ geringen Industrialisierungsgrades gegenüber den anderen Amtsgemeinden besaß Rödinghausen auch weniger organisierte Arbeiter. Aus diesem Grund bildete sich hier 1945 im Gegensatz zum Amt kein Antifaschistischer Ausschuß. Parallel zur veränderten sozialen Herkunft stellte sich auch im Berufsbild der Bürgervertreter ein Wechsel ein. An die Stelle selbständiger Bauern und gewerbetreibender Handwerksmeister traten lohnabhängige Arbeiter und Arbeitnehmer. Wiederum ereignete sich dieser personelle Austausch in einer zeitlichen Verschiebung zuerst in der Amtsvertretung, dann im Gemeinderat.

RÖDINGHAUSEN. AMTSVERTRETER NACH BERUFSGRUPPEN

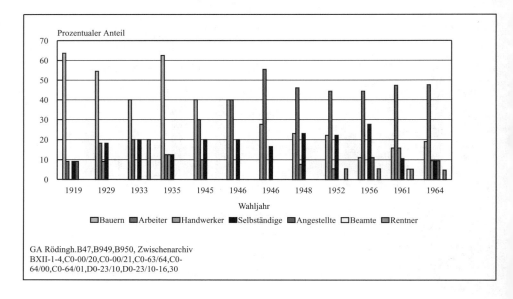

GA Rödingh.B47,B949,B950, Zwischenarchiv
BXII-1-4,C0-00/20,C0-00/21,C0-63/64,C0-
64/00,C0-64/01,D0-23/10,D0-23/10-16,30

Die Graphik veranschaulicht, wie der Anteil der bäuerlichen Amtsräte allmählich abnahm. Waren die ersten Amtsvertretungen überwiegend als Bauernversammlungen zu bezeichnen, und bildeten die Ackersmänner bis zur ersten demokratischen Nachkriegswahl die stärkste professionelle Ratsfraktion, so nahm ihre Zahl seit dem Ende der vierziger Jahre sukzessive ab. Bis dahin trugen vor allem die begüterten Groß- und Mittelbauern ihren Status „mit unverhohlenem Selbstbewußtsein" zur Schau.[878] Den Rang der stärksten Berufsgruppe liefen ihnen die Arbeiter ab, die bei jeder Wahl bis zur Auflösung des Amtes die meisten Räte stellten. Während der Anteil anderer Berufsgruppen wie der Selbständigen, Handwerker, Rentner und Angestellten annähernd konstant blieb, verlief der Auf- und Abstieg der Bauern und Arbeit reziprok: In dem Maße, wie Ackersmänner aus dem Gremium ausschieden, rückten Arbeiter nach.

---

[878] Botzet, Ereygnisse, S. 188.

RÖDINGHAUSEN. GEMEINDERÄTE/BERUFSGRUPPEN 1933 - 69

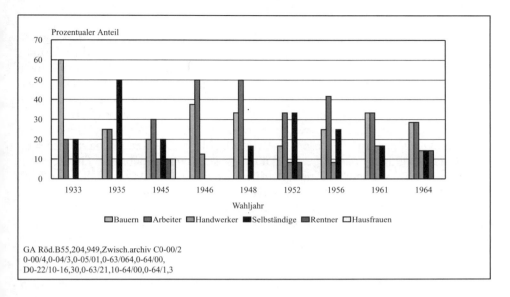

Die gleiche Entwicklung wie auf Amtsebene ereignete sich auch im Gemeinderat, wenngleich nicht so auffällig. Auch hier bietet sich als Erklärung für die hinausgeschobene Entwicklung die spezielle, stärker landwirtschaftliche und kleingewerbliche Verfaßtheit Rödinghausens gegenüber den anderen Amtskommunen an. Deren gesellschaftliche Folgen wirkten sich auch auf die berufliche Zusammensetzung der Gemeindeverordnungen aus. Besonders der Einfluß selbständiger Gewerbetreibender schlug sich in den einzelnen Gremien nieder. Trotzdem bleibt festzuhalten, daß der Anteil der Ackersmänner unter den Gemeindeverordneten genauso schleichend zurückging wie das Gewicht der Arbeiter unter den Ratsangehörigen stieg. Die dörfliche Arbeiterschaft wuchs durch den Vertriebenenzuzug an, zum einen weil bereits über ein Drittel der Flüchtlinge Arbeiter waren, zum anderen da viele Neubürger nicht in ihre alten Berufe zurückkehren konnten und durch den materiellen und sozialen Statusverlust Arbeiter wurden.[879] Die Brüder Berger sind hierfür ein Beispiel, die ihren großbäuerlichen Landbesitz in Schlesien verloren hatten und zu Arbeitern absteigen mußten.

Entsprechend dem sozialen und beruflichen Umbruch veränderte sich auch das Alter der Bürgervertreter. Mit dem Schwellenjahr 1961, das im Amts- und Gemeinderat einen Generationenwechsel brachte, sank der Altersdurchschnitt der Ratsmitglieder merklich. Maß dieser in der Gemeindevertretung zuvor noch über fünfzig

[879] Bereits 38% der Neubürger waren Arbeiter. Siehe dazu Mooser, Auflösung der proletarischen Milieus, S. 296.

Jahre,[880] so fiel er 1961 auf 48, drei Jahre später weiter auf 44 Jahre. In der Vertretung von 1969 betrug das Altersmittel der neuen Generation sogar nur noch ‚jugendliche' 39,5 Jahre.

Über den gesamten Zeitraum erfuhr das formale Kriterium der Parteimitgliedschaft an Gewicht. Das bedeutet jedoch keinesfalls, daß im politischen Mikrokosmos des Dorfes parteipolitische Einstellungen die Oberhand gewannen. Dorfpolitik blieb primär Persönlichkeitspolitik: „Was braucht man eine Partei, wenn man sich gegenseitig kennt, wozu bedarf es einer Organisation, die Interessen bündelt, wo man doch sowieso von jedem weiß, welche Interessen er und die Seinen haben."[881] Das Parteibuch allein genügte nicht, um gewählt zu werden, sondern „Beruf *und* Herkommen *und* Charakter *und* Besitz [Hervorh. i. Orig., P. E.]".[882] Dies untermauerten zum einen die einstimmigen, parteiübergreifenden Abstimmungsergebnisse für die SPD-Amtsbürgermeister Landwehr und Petring in den Jahren 1956, 1958, 1961 und 1963, für die auch CDU-, FDP- und BHE-Räte votiert haben. Zum anderen war die Zugehörigkeit zu einer politischen Vereinigung nicht auf immer bindend. Dafür standen die Parteiwechsel von Bürgervertretern. Hierzu einige Beispiele: Der Kaufmann Bauer wechselte 1958 vor seiner Wahl zum stellvertretenden Amtsbürgermeister von den Freien zu den Sozialdemokraten; der langjährige CDU-Gemeinderat und Ratsvorsitzende Broksieker schloß sich 1961 den Freien Wählern an, der Amtsrat König kandidierte nacheinander für die Union, die FDP und die Unabhängigen, und der Vertriebene Olejnik tauschte das Parteibuch der SPD mit dem des BHE. Insgesamt wechselten 27 aller Amts- und Gemeinderäte einmal oder mehrfach ihre parteipolitische Heimat; 17 von ihnen waren ehedem Mitglied der NSDAP gewesen.[883]

Das Gewicht des Parteibuches nahm schließlich deshalb zu, weil sich in den unterschiedlichen politischen Vereinigungen die Interessen sozialer Gruppen mit ihren unterschiedlichen gesellschaftlichen und materielle Besitzständen bündelten und äußerten. Die in ihrem Milieu beheimateten und organisierten Arbeiter sahen in der SPD das Sprachrohr ihrer Interessen, die mittelständischen Landwirte und Handwerksmeister fühlten sich in der Union, zum Teil auch in der FDP, zuhause. Die Nähe von sozialer Schicht- und Parteizugehörigkeit veranschaulicht zum Beispiel die Zusammensetzung der Amtsvertretung 1952. Hier stimmte die Zahl der Unterschichtangehörigen und der Sozialdemokraten genau überein wie auch 1948 oder 1961; die restlichen sieben der achtzehn Interessenvertreter aus der Mittel- und Oberschicht waren durchgängig Unionspolitiker.[884]

---

[880] 1945 betrug er zum Beispiel 56,1, 1956 52,3 Jahre.
[881] Jeggle/Ilien, Die Dorfgemeinschaft als Not- und Terrorzusammenhang, S. 39
[882] Pflaum, Politische Führung und politische Beteiligung als Ausdruck gemeindlicher Selbstgestaltung, S. 248.
[883] Namentliches Verzeichnis über die Parteigenossen der Gemeinde Rödinghausen v. 22.4.1945 und Nachweisung über die Führer der Partei in den Gemeinden des Amtsbezirks Rödinghausen; GA Rödinghausen, Zwischenarchiv, D 0-05/2.
[884] In Heek und Ottmarsbocholt dagegen kam es häufiger vor, daß Angehörige aller Gesellschaftsschichten für die CDU kandidierten. In Heek war das unterscheidende Merkmal zwischen SPD- und CDU-Kandidaten nicht die soziale, sondern die lokale Herkunft.

Fügt man die Analyse des Sozialprofils der Amts- und Gemeinderäte mit den bekannten Fakten um den wirtschaftlichen und landwirtschaftlichen Wandel zusammen, so kommt man zu dem Schluß, daß Rödinghausen im Schwellenjahr 1961 den Wandel vom landwirtschaftlich geprägten Dorf zur ländlichen Arbeitergemeinde schneller vollzogen hat als die beiden anderen Vergleichskommunen. Die Bewohner der ostwestfälischen Gemeinde haben überlieferte Einstellungs- und Handlungsmuster demnach zügiger abgelegt. Dort gelang es zum Beispiel mit Marie Pörtner 1945 und Clara Wobker 1952/56 einzelnen Frauen bereits früh, sich in der politischen Dorföffentlichkeit zu behaupten. In Ottmarsbocholt hingegen glückte einer einheimischen Frau der Einbruch in die Männerdomäne Amts- und Gemeinderat erst 1969, in Heek überhaupt nicht.

Rödinghausen hat also – weil es nicht so stark agrarisch geprägt war wie Heek oder gar Ottmarsbocholt – den strukturellen Übergang zu einer urbanisierten und entbäuerlichten Landgemeinde schneller vollzogen. Die Analyse des Wahlverhaltens wird diesen Befund bestätigen.

C. Die politische Integration der Neubürger

Wie im Überblick über den Fortgang der Elitenrekrutierung gezeigt werden konnte, glich die politische Integration der Flüchtlingsfürsprecher einer Assimilation an das lokale Anforderungsprofil. Insofern handelte es sich um eine Art ‚negativer Auslese'; der Typus des evangelischen Vertriebenen zum Beispiel, der als SPD-Vertreter auftrat, verschwand in den fünfziger Jahren aus der Bürgervertretungen der katholischen Untersuchungsgemeinden. Auf der kommunalpolitischen Bühne konnte nur der mitspielen, der sich von seinen einheimischen Kollegen lediglich in der Herkunft unterschied, ihnen in Konfession und parteipolitischer Präferenz aber entsprach. Auf politischem Gebiet war das Resultat des Zusammenlebens von neuen und alten Dorfbewohnern genau genommen „kein Kompromiß, sondern eine Anpassung der Vertriebenen".[885]

Darüber hinaus versuchten die neuen Dorfbewohner, ihren Interessen in den einzelnen Unterausschüssen der Bürgervertretungen Ausdruck zu verleihen.[886] Dem neunköpfigen Ottmarsbocholter Flüchtlingsausschuß vom 8. Mai 1946 gehörten drei Vertriebene an, unter ihnen auch – ein Novum in der Lokalpolitik – eine Frau.[887] Die Krankenschwester Eva Rodewald war die erste Frau, die in die bisherige Männerbastion der Dorföffentlichkeit eingedrungen war und ein Amt bekleidete.[888] Zwar hatte es zuvor schon eine Frau in einem öffentlichen Gremium gegeben, aber diese Zuge-

---

[885] Trautmann, Die Vertriebenen in Vreden und Ammeloe, S. 25.
[886] Zu Vertriebenenverbänden und Flüchtlingsorganisationen im Kreis Lüdinghausen STAMS, Kreis Lüdinghausen, Nr. 1505.
[887] GA Senden, Bestand Ottmarsbocholt, Protokollbuch des Amtes Ottmarsbocholt von 1938 bis 1969, o. Sig., Eintrag v. 8.5.1946. Dem Gremium gehörte auch die Dorfschullehrerin Theresia Wierling an.
[888] Daß die Dorföffentlichkeit und die darin behandelte Politik als „Männersache" angesehen wurde, bescheinigt die Aussage einer Arbeiterfrau aus dem hessischen Körle: „Wir Frauen, wir gingen doch auf keine politische Versammlungen oder in die Vereine oder so was... Die Politik und der Kram, das war doch reine Männersache"; Wagner, Leben auf dem Lande, S. 294.

hörigkeit war rechtlich vorgeschrieben und garantiert. Die weibliche Lehrkraft, die den Schulvorstand komplettierte, gehörte diesem gemäß Paragraph sieben des Schulgesetzes vom 7. Oktober 1920 automatisch an und stammte obendrein nicht aus dem Dorf.[889] In den Ottmarsbocholter Gemeinderat sollte erst im Jahre 1969 eine einheimische Frau gewählt werden.[890]

Der vertriebenen Krankenschwester Eva Rodewald standen 1946 zwei Männer zur Seite: Walter Koschnitzke und Oskar Soffke, ein ehemaliger Landwirt. Eva Rodewald wurde später durch Elfriede Peikert abgelöst. Peikert, die wie Soffke aus Schlesien stammte und evangelischer Konfession war, saß auch in dem Wohnungsausschuß, der angesichts der prekären Wohnraumsituation wichtige Aufgaben zu bewältigen hatte.[891] Dem neuen Flüchtlingskomitee vom 22. Oktober 1946, das eine reine Honoratiorenriege aus stellvertretendem Bürgermeister, Amtsvertretern und zwei Lehrern war, gehörte kein Vertriebener an. Der Kampf um die in der Nachkriegszeit so knappen Ressourcen zeitigte Wirkung, so daß die gebürtigen Ottmarsbocholter diese Mittel in ihrem Interesse verwaltet sehen wollten. Im Sammelausschuß der Gemeinde von 1947 saß ein Vertriebenenvertreter neben sieben Ottmarsbocholtern: dem Bürgermeister, Pfarrer, einer Lehrerin, zwei Bauern und zwei Handwerkern.[892] In der Wohnungskommission von 1948 saß wiederum die 1909 aus Zaughals in Schlesien stammende Elfriede Peikert mit vier Einheimischen: dem Bürgermeister, einem Bausachverständigen, einem Maurer und einem kaufmännischen Angestellten. Die Möglichkeit der politischen Partizipation von Flüchtlingen an Entscheidungsprozessen schien sich im Herbst 1948 zu bessern. Die Amtsvertretung beschloß, Flüchtlinge zu Ausschußsitzungen nach den Neuwahlen zur Amtsvertretung und zum Kreistag am 17. Oktober hinzuzuziehen.[893]

In der Realität sahen die politischen Beteiligungsmöglichkeiten für die Flüchtlinge so aus: Im Flüchtlings-, Wirtschafts-, Bau-, Finanz- und Marktleistungsausschuß saß keiner ihrer Beauftragten, im Wohnungsausschuß lediglich einer,[894] der erst vier Jahre später auf Vorschlag der Interessengruppe der Ostvertriebenen (IGO) Verstärkung erhielt.[895] Im Fürsorgeausschuß hatten zwei Flüchtlingssprecher Sitz und Stimme, im Siedlungsausschuß einer und in der Schlichtungsstelle ebenfalls einer. Bei der Zusammenstellung der Ausschüsse nach der Amts- und Gemeindevertreterwahl 1956 fand erneut kein Vertriebener Berücksichtigung im Haupt- und Finanzaus-

---

[889] Auszug aus dem Protokollbuch der Gemeindevertretung Ottmarsbocholt v. 15.3.1921; GA Senden, Bestand Ottmarsbocholt, B 91.

[890] Zur Wahl Maria Heitkötters siehe GA Senden, Bestand Ottmarsbocholt, D 9; STAMS, Kreis Lüdinghausen, Nr. 1461.

[891] GA Senden, Bestand Ottmarsbocholt, Protokollbuch des Amtes Ottmarsbocholt von 1938 bis 1969, o. Sig., Eintrag v. 30.12.1947.

[892] Behändigungsliste über die am 26.11.1947 stattfindende Sitzung des Sammelausschusses der Gemeinde Ottmarsbocholt, GA Senden, Bestand Ottmarsbocholt, C 14.

[893] GA Senden, Bestand Ottmarsbocholt, Protokollbuch des Amtes Ottmarsbocholt von 1938 bis 1969, o. Sig., Eintrag v. 3.9.1948.

[894] A.a.O., Eintrag v. 29.10.1948.

[895] Ab Februar saß neben dem schlesischen Renter Franz Gröger die Vertriebene Martha Göllner im Wohnungsausschuß; a.a.O., Einträge v. 30.4.1951 u. 22.2.1952.

schuß, die für die Kommunalpolitik weitreichenden Einfluß hatten. Dies galt auch für die Schiedsstelle, wo Auseinandersetzungen zwischen Einheimischen und Flüchtlinge unterhalb des Gerichts geschlichtet werden sollten.[896]

Im Jahre 1954 konstituierte sich ein Amts- und Gemeindebeirat für Vertriebenen- und Flüchtlingsfragen, der deren Interessen bei der Amts- bzw. Gemeindeverwaltung geltend machen sollte.[897] Am 27. Januar bestellte der Kreisbeirat für Vertriebenen- und Flüchtlingsfragen in Lüdinghausen Mittelsmänner und Stellvertreter für das Amt sowie einen Vertrauensmann und Ersatzmann für die Gemeinde Ottmarsbocholt. Das neue Gremium erwies sich jedoch als Papiertiger. Während in Nachbargemeinden wie Ascheberg oder Beckum-Hövel die Beiratsmitglieder zu kommunalpolitischen Themen, zumindest aber zu Flüchtlingsfragen, gehört wurden, erwiesen sich in Ottmarsbocholt Sitzungen der Kommissionsmitglieder „nicht als notwendig".[898] Zur kulturellen Betreuung der Flüchtlinge wählte die IGO gemäß Verfügung des Regierungspräsidiums vom 5. Januar 1951 den Maurer Hans Henschen, der zu dieser Zeit auch einen Platz im Gemeinderat hatte, zum Kulturwart. Obwohl sich dieser auf kulturellem Sektor noch nicht exponiert hatte, hielt ihn der Amtsdirektor für „voll und ganz dazu in der Lage, die Interessen der Vertriebenen in kultureller Hinsicht zu vertreten und fördern."[899] Der Ottmarsbocholter Beirat für Flüchtlings- und Vertriebenenfragen traf sich lediglich einmal im Jahre 1956, als eine Situation wie in Bork entstanden war, wo die Beiräte „ihre Arbeit für überflüssig h(ie)lten, da inzwischen nach 10 Jahren Vertreibung gesetzliche Regelungen ausreichend getroffen wurden."[900] Die erste Beiratssitzung blieb also zugleich die letzte.

Auch in Heek paßten sich einzelne Flüchtlingsfürsprecher an die gesellschaftlichen Rahmenbedingungen an, weil sie auch katholisch sozialisiert waren und sich der Union anschlossen. Wie in Ottmarsbocholt gestaltete sich auf politischem Sektor das Zusammenleben zwischen Alt- und Neubürgern nicht in der Form eines beiderseitigen Ausgleichs, sondern als einseitige Einfügung von seiten der Flüchtlinge. Ferner tauchten mit den Vertriebenen erstmals sozialdemokratische Bewerber für den Amts- und Gemeinderat auf, die die bislang vorherrschende parteipolitische Ausrichtung in Frage stellten. Dabei gelang es den urban sozialisierten Vertriebenen, sich in der SPD als Oppositionskraft zu artikulieren, wo sie an die Seite von Sozial-

---

[896] Im Fürsorgeausschuß saßen das CDU-Mitglied Bernard Metzner und Elfriede Peikert, im Siedlungsausschuß der frühere Landwirt Oskar Soffke und in der Schlichtungsstelle Bernhard Metzner; ebd., Eintrag v. 29.10.1948 u. 8.11.1956.
[897] Diese Beiräte wurden bereits in den vierziger Jahren mit derselben Intention landesweit auf allen Verwaltungsebenen gebildet. Vgl. Wiesemann, Zweite Heimat Nordrhein-Westfalen, S. 432f.; Stefanski, Zuwanderungsbewegungen in das Ruhrgebiet, S. 428.
[898] Schreiben des Kreisbeirats für Vertriebenen- und Flüchtlingsfragen an die Amtsverwaltung Ottmarsbocholt v. 15.6.1954, 18.11.1955 u. 28.10.1957; KA Coesfeld, Bestand 5, Nr. 9. Schreiben des Kreisbeirats für Vertriebenen- und Flüchtlingsfragen an die Amtsverwaltung Ottmarsbocholt v. 15.6.1954, 18.11.1955 u. 28.10.1957; KA Coesfeld, Bestand 5, Nr. 9.
[899] Schreiben der Amtsverwaltung Ottmarsbocholt an das Kreisflüchtlingsamt in Lüdinghausen v. 23.1.1951; KA Coesfeld, Bestand 5, Nr. 58.
[900] KA Coesfeld, Bestand 5, Nr. 9.

demokraten aus Weimarer Zeit und Verfolgten des NS-Regimes traten.[901] Von 1952 an war im Gemeinderat mindestens ein Vertriebenenvertreter als SPD-Rat präsent. Diese Neubürger gehörten zu dem Teil der Vertriebenen, die eine größere politische Aktivität als die Einheimischen an den Tag legten.[902]

In Rödinghausen sahen sich die Bürgervertreter aus den Reihen der Neubürger wie in den beiden anderen Untersuchungsgemeinden einem lokalen Anforderungsprofil gegenüber. Dabei ist wiederum zwischen der Amts- und Gemeindeebene zu unterscheiden. Bei den Amtswahlen gingen aus den Reihen der Neubürger mehr Unterschichtangehörige und Sozialdemokraten hervor.[903] In den Gemeinderat Rödinghausens gelangten eher die Mittelschichtangehörigen und Unionsbewerber unter den neuen Dorfbewohnern.[904] Identisch ist bei den Urnengängen zu beiden Gremien, daß mit der Wahl 1961 kein Flüchtlingsfürsprecher mehr in eine Bürgervertretung oder in einen Ausschuß entsandt wurde. Bis dahin war es diesen auch nur auf dem Weg über die Reserveliste gelungen. Keiner der neuen Dorfbewohner, für welche politische Kraft er sich auch zur Verfügung stellte, wurde direkt gewählt. Obwohl im Gemeinderat seit 1951 und mit der Wahl im folgenden Jahr zwei Zugewanderte saßen, bleibt festzuhalten, daß gemessen am Bevölkerungsanteil sich wenige Vertriebenenvertreter in beiden Gremien plazieren konnten.

Auch auf der Ebene der Ausschüsse herrschte der gleiche geringe Grad an politischer Partizipation der Neubürger. In dem im Januar 1946 zusammengestellten Amtsausschuß für Evakuierte und Flüchtlinge saß keiner der Betroffenen, dafür ausschließlich alteingesessene Bürger. Da die Kommission „bei auftretenden Schwierigkeiten" einschreiten sollte, schien es den Einheimischen wichtig, die Verfügungsgewalt in ihren Händen zu wissen.[905] Diese Regelung währte aber nicht lange. Wie später bei der Einrichtung eines eigenständigen Flüchtlingsamtes setzte der Umschwung nicht durch einen Sinneswandel der einheimischen Entscheidungsträger ein, sondern durch einen Erlaß von oben. Im Sommer 1946 ordnete das Oberpräsidium an,[906] die Flüchtlingsausschüsse neu zu bilden. Diese sollten sich nun paritätisch aus neuen und alten Dorfbewohnern zusammensetzen. So saßen sich ab August 1946 unter dem Vorsitz von Amtsbürgermeister Kiel vier Ortsansässige, die zugleich dem Amtsrat angehörten, und ebenso viele Vertriebene gegenüber.[907] Der Flüchtlingsausschuß der Gemeinde Rödinghausen rekrutierte sich nach demselben

---

[901] Der Angestellte Andreas Winterberg, der für den Gemeinderat 1946 kandidierte, stammte aus Kleve – er war somit wie die Vertriebenen ein Auswärtiger – und galt als politisch Verfolgter des NS-Regimes. Als „Opfer des Faschismus" erhielt er einen Ausweis für Sondervergünstigungen. Bescheinigung des Kreis-Sonderhilfsausschusses v. 20.12.1948; GA Heek, D 3. Schreiben Winterbergs an den Polizeichef des Kreises Ahaus v. 20.9.1945; GA Heek, D 493. Schreiben des Kreis-Sonderhilfsausschusses Ahaus an den Amtsbürgermeister v. 10.4.1947; GA Heek, D 7.
[902] Reigrotzki, Soziale Verflechtungen in der Bundesrepublik, S. 146.
[903] Wie zum Beispiel Bernhard Wreders 1948 und der Dackdecker Olejnik 1952.
[904] Dies traf auf den Werkmeister Panzner 1952 und 1956 zu.
[905] Abschrift des Sitzungsprotokolls v. 30.1.1946; GA Rödinghausen, Zwischenarchiv, D 0-23/10.
[906] Siehe die Erlasse vom 13.6. u. 16.7.1946; GA Rödinghausen, Zwischenarchiv, D 0-23/10.
[907] Protokoll der Amtsvertretersitzung v. 20.8.1946, Nachweisung der gewählten Ausschüsse des Amtes Rödinghausen v. 26.9.1946 u. Namen der Vorsitzenden des ständigen Ausschusses v. 4.10.1946; GA Rödinghausen, Zwischenarchiv, C 0-00/20 u. D 0-23/10.

Schema.[908] Im Wohnungs-, Finanz- und Personalausschuß des Amtes hingegen hatte noch im Oktober 1948 keiner der Neubürger Sitz oder Stimme; im Jugendausschuß einer als Vertreter des Bierener Sportvereins.[909] Im Wohnungsausschuß, wo die begehrte Ressource des Wohnraumes verwaltet wurde, kam es lediglich auf Initiative des Amtsflüchtlingsausschusses zur Wahl eines Flüchtlingsfürsprechers.[910] In der Kommune Rödinghausen konnte auch erst im Jahre 1948 je ein Neubürger im Wohnungs-, Schul-, Wohlfahrts- und Siedlungsausschuß mitarbeiten, nachdem dies zwei Jahre zuvor noch nicht möglich gewesen war.[911]

Die Integration von Vertriebenen in die politischen Gremien Rödinghausens setzte somit erst Ende der vierziger Jahre ein. Der Eingliederungsgrad entsprach dabei dem Anteil der Flüchtlinge an der Bevölkerung von 21,7 Prozent. Im Wohnungsausschuß des Amtes waren zwei von neun, im Wohlfahrtskomitee drei von elf und im Verbraucherausschuß gar vier von neun Mitgliedern zugezogene Neubürger;[912] im Amtswohnungsausschuß 1950 saßen vier Neubürger mit elf Alteingesessen zusammen.[913] Da sich im Rödinghauser Gemeinderat zu diesem Zeitpunkt keine Zugewanderten plazieren konnten, wurde wie in Schwenningdorf und Bieren der Vertriebenenbeirat aufgefordert, einen Flüchtlingsfürsprecher zu bestimmen, der zu allen Sitzungen eingeladen wurde, in denen Vertriebenenangelegenheiten besprochen wurden. Auch hier leitete eine Veranlassung von oben, von der Herforder Kreisverwaltung, die Neuerung ein.[914]

Die Ende der vierziger Jahre eingeleitete Entwicklung brach bereits Anfang der sechziger Jahre ab. Wie gesehen zog seit 1961 kein neuer Dorfbewohner mehr in den Gemeinderat, seit 1964 auch nicht mehr in die Amtsvertretung ein. Eine parallele Entwicklung dazu stellte sich auch in den diversen Ausschüssen ein. Im Haupt- und Jugendausschuß des Amtes zum Beispiel befand sich 1964 kein Zugewanderter mehr unter den Mitgliedern.[915] In den politischen Gremien und Ausschüssen schien keine Notwendigkeit mehr zu bestehen, daß die Neubürger bei öffentlichen Entscheidungen ihre Interessen vertreten ließen.

---

[908] Anordnung des Herforder Oberkreisdirektors v. 23.9.1946 u. Namen der Vorsitzenden der ständigen Ausschüsse v. 4.10.1946; GA Rödinghausen, Zwischenarchiv, C 0-00/20.
[909] Protokoll der Amtsvertretersitzung v. 30.10.1948; GA Rödinghausen, Zwischenarchiv, C 0-23/10.
[910] Auszug aus dem Sitzungsprotokoll der Amtsvertreter v. 10.7.1948; a.a.O.
[911] Nachweisung der gewählten Ausschüsse der Gemeinde Rödinghausen v. 30.10.1948; GA Rödinghausen, Zwischenarchiv, C 0-00/20.
[912] Schreiben der Amtsverwaltung an das Kreisflüchtlingsamt v. 1.3.1949; a.a.O.
[913] Protokoll der Amtsvertretersitzung v. 22.6.1950 u. Protokoll der Bürgermeisterbesprechung v. 25.4.1950; GA Rödinghausen, C 0-00/21 u. D 0-23/10.
[914] Verfügung der Landkreisverwaltung Herford v. 28. 2. u. Protokoll der Bürgermeisterkonferenz v. 17.3.1949; GA Rödinghausen, Zwischenarchiv, C 0-00/21.
[915] Auszug aus der Niederschrift der Amtsvertretersitzung v. 14.11.1964; GA Rödinghausen, Zwischenarchiv, D 0-23/10-16,30-34.

D. Präferenz politischer Parteien: Das Wahlverhalten zwischen Anstössen und Starrheit

Das Wahlverhalten in den drei Untersuchungsgemeinden wird hier anhand der Wahlen zu Volksvertretungen oberhalb der Gemeinde- oder Amtsebene untersucht. Diese Urnengänge werden deshalb gesondert aufgeführt, weil Kommunalwahlen im Gegensatz zu den genannten Wahlen ausgesprochene Persönlichkeitswahlen darstellen, bei denen parteipolitische Erwägungen nicht so ausschlaggebend waren wie bei den großen Wahlen. Generell gilt die Grundregel: Je näher das zu wählende Gremium für die Dorföffentlichkeit erfahrbar war, desto stärker fiel die Persönlichkeit der Kandidaten ins Gewicht.[916]

Ein systematischer wie chronologischer Überblick über die Wahlen in Ottmarsbocholt hilft, sich der bedeutendsten Entwicklungslinien gewahr zu werden. Über den gesamten Zeitraum ist bei allen Urnengängen eine gleichbleibend hohe Wahlbeteiligung festzustellen. Sieht man einmal von der Ausnahmeerscheinung der Wahl zum Provinziallandtag 1925 ab, so schwankte der Anteil der Urnengänger an der Zahl der Wahlberechtigten zwischen 71 und 93 Prozent.[917] Dabei fällt auf, daß in Ottmarsbocholt die Wahlbeteiligung in wirtschaftlichen Krisenjahren am niedrigsten war – im Gegensatz zum Deutschen Reich, wo die Wahlbeteiligung bei der Märzwahl 1933 am höchsten war, während die niedrigsten Quoten bei den Reichstagswahlen in den sogenannten goldenen Zwanzigern erzielt wurden.[918] In Ottmarsbocholt lag die Wahlbeteiligung Anfang der dreißiger Jahre mit Ausnahme der Märzwahl 1933 ebenso unter der 80-Prozent-Marke wie bei den ersten beiden Land- und Kreistagswahlen nach dem Krieg.

Als erstes sollen die politischen Gruppierungen behandelt werden, die über den gesamten Zeitrum politisch präsent waren. Unter diesen ragten in besonderer Weise die Parteien des christlich-konservativen Lagers heraus. Das Zentrum, das die politische Kraft des katholischen Milieus verkörperte,[919] dominierte in den zwanziger und zu Beginn der dreißiger Jahre unangefochten in der Gunst der Ottmarsbocholter Wähler. Selbst bei der Juliwahl 1932, die der NSDAP einen erdrutschartigen Stimmenzuwachs bescherte, hielten die traditionellen Ausrichtungs- und Handlungsweisen beim Wahlverhalten dem politischen Erdbeben stand. Nahezu vier Fünftel der Wählerinnen und Wähler votierten immer noch für das Zentrum; selbst bei der letzten halbdemokratischen Wahl im März 1933 büßte das Zentrum die absolute Mehrheit nicht ein, wenngleich die 52,5 Prozent das schlechteste Ergebnis in Weimarer

---

[916] Dies gilt für alle Gemeinde- und Amtsratswahlen, aber auch für die Urnengänge für den Kreistag. Auch hier rekrutierten sich die Kandidaten aus der Dorfgesellschaft und machten damit ihr materielles und soziales Kapital geltend. Deshalb unterschieden sich zuweilen die Resultate von Kreistagswahlen spürbar von den Abstimmungen auf Provinzialland- und Reichstagsebene bzw. auf Landtags- und Bundestagsebene.
[917] Siehe dazu Anhang, Tabelle Nr. 39.
[918] Die Wahlbeteiligung betrug reichsweit im März 1933 88,8%, bei den Maiwahlen 1924 und 1928 hingegen 77,4 und 75,6%. Siehe Falter, Wahlen und Wählerverhalten unter besonderer Berücksichtigung des Aufstiegs der NSDAP nach 1928, Tabelle 1, S. 486.
[919] Vogt, Parteien in der Weimarer Republik, S. 135 u. 141f.

Zeit bedeuteten. Nach dem Krieg spaltete sich das christlich-konservative Lager in zwei Parteien, die sich vorrangig in der Konfessionsfrage unterschieden, aber um den Vorzug der gleichen Klientel warben. CDU und Zentrum waren nur eine Zeit lang Konkurrenten, ehe die dezidiert katholische, politisch etwas weiter links stehende Gruppierung dem Sog der interkonfessionellen Union erlag,[920] die in der Kernmünsterlandgemeinde bei allen Nachkriegswahlen den Kreisdurchschnitt klar übertraf.[921] Allein bei den Landtagswahlen 1947 und 1950 sowie bei der Wahl zum ersten Bundestag erreichte das Zentrum nennenswerte, das heißt zweistellige Resultate. Bereits mit der Bundestagswahl 1953 kündigte sich an, was Ende der fünfziger Jahre Realität wurde: Das Zentrum war zu einer Splitterpartei geworden. Dieser Niedergang der Partei des politischen Katholizismus zu einer marginalen Größe bei gleichzeitiger Herausbildung einer konfessionsübergreifenden Volkspartei war letztlich auf die Auflösung des dezidiert katholischen Milieus zurückzuführen.

Die Parteien der Arbeiterbewegung taten sich im ländlich-katholischen Ottmarsbocholt schwer. Ihnen fehlte das urbane Industrieproletariat, das in Ottmarsbocholt nicht existierte, weil industrielle Ansiedlungen nicht vorhanden waren. Zudem waren die Arbeiterbauern aus der dörflichen Unterschicht mental eher in der bäuerlichen Lebenswelt als in der Arbeiterschaft verwurzelt.[922] Bezeichnenderweise gelang es der KPD nicht immer, Kandidaten aus dem Dorf zu gewinnen, sondern sie mußte ihre Bewerber zum Teil aus der nördlichen Ruhrgebietsperipherie nach Ottmarsbocholt exportieren. Dementsprechend führte die KPD dort die Existenz einer Splitterpartei.[923] Allein unmittelbar nach dem Krieg, als die KPD wegen ihrer Widerstandsarbeit gegen den Nationalsozialismus hohes Ansehen genoß, erlangte sie mit knapp fünf Prozent ihr bestes Ergebnis. Der Sozialdemokratie machten dieselben strukturellen Rahmenbedingungen zu schaffen wie der KPD. Bei den Volksabstimmungen in Weimarer Zeit kam die SPD mit ihren Ergebnissen nie über vier Prozent hinaus und konnte auch unter den Landarbeitern kaum Anhänger mobilisieren.[924] Dies lag neben der mentalen Disposition der ländlichen Unterschichtangehörigen auch an der Skepsis der Dorfgeistlichen gegenüber der Sozialdemokratie, so daß die kirchengebundene Bevölkerung nie für die „Vaterlandsverräter und Umstürzler" gestimmt hatte.[925] Nach dem Krieg profitierte die SPD von der Vertriebenenansiedlung. Dem Einfluß der neuen Dorfbewohner, die meist schon als Parteimitglieder nach Ottmars-

---

[920] Kleßmann, Die doppelte Staatsgründung, S. 151. Zum Wechsel der Landbevölkerung vom Zentrum zur CDU siehe auch Bericht des Bürgermeisters des Kirchspiels Coesfeld an den Landrat v. 1.2.1946; STAMS, Kreis Coesfeld, Nr. 948.
[921] Vgl. dazu Statistisches Jahrbuch Nordrhein-Westfalen 1 (1949), S. 321, 324 u. 328f.; a.a.O. 6 (1956), S. 77, 79 u. 81; a.a.O. 7 (1958), S. 78, 80 u. 82; a.a.O. 8 (1960), S. 77, 79 u. 81.
[922] Siehe dazu die Ausführungen zu den Arbeiterbauern in Teil I, Drittes Kapitel: Politik und soziale Schichtung.
[923] Ganz im Gegensatz zu den städtischen Hochburgen im westfälischen Industrierevier. Dort sammelten die Kommunisten bei den Landtagswahlen in bundesrepublikanischer Zeit gewöhnlich 14%. Vgl. Grebing, Die Parteien, S. 134.
[924] Potthoff, Die Sozialdemokratie von den Anfängen bis 1945, S. 115.
[925] Grebing, Die Parteien, S. 132; Pflaum, Politische Führung und politische Beteiligung als Ausdruck gemeindlicher Selbstgestaltung, S. 245.

bocholt gekommen waren, hatte es die SPD zu verdanken, daß sie sich als politische Kraft etablieren konnte. Seit der Bundestagswahl 1949 bewegte sie sich um die Zehn-Prozent-Marke, und zu Beginn der sechziger Jahre konnten die Sozialdemokraten weitere Stimmen sammeln.[926] Auch hier erwies sich das Jahr 1969 als Schwellenjahr. Wie bei den Amts- und Gemeinderatswahlen brachte der Urnengang zum Bundestag außergewöhnliche Ergebnisse. Während die Union unter die 75-Prozent-Marke rutschte, kletterte die SPD in der Gunst der Ottmarsbocholter Wähler erstmals über die 20-Prozent-Hürde und absorbierte nahezu ein Viertel der Stimmen.[927]

Daneben existierte in Ottmarsbocholt eine Reihe von Parteien, die nur zeitweilig um das Wohlwollen der Wählerinnen und Wähler warben. In Weimarer Zeit waren dies die Parteien aus dem bürgerlich-protestantischen Lager, DVP und DNVP, die jedoch, von einzelnen Achtungserfolgen abgesehen, kaum nennenswerte Ergebnisse vorweisen konnten. In bundesrepublikanischer Zeit sind hier die FDP und der Block der Heimatvertriebenen und Entrechteten (BHE) zu nennen. Die Wahlergebnisse dieser nahezu reinen Flüchtlingspartei stellten einen Hinweis auf den Grad der Integration der neuen Dorfbewohner dar.[928] Der BHE konnte bei der Wahl zum Bundestag 1953 und zum Landtag 1954 6,2 bzw. 10,8 Prozent der Stimmen auf sich vereinen. Bei beiden Urnengängen war der BHE-Anteil fast doppelt so hoch wie im Kreis, was einen höheren Grad der Unzufriedenheit der Neubürger in Ottmarsbocholt vermuten läßt.[929] 1957 gewann der BHE nochmals 1,8 Prozent, aber später verschwand er als eigenständige politische Formation wieder von den Ottmarsbocholter Stimmzetteln und erreichte zusammen mit der Deutschen Partei als Gesamtdeutsche Partei ein Splitterresultat von 0,3 Prozent.[930] Der Niedergang der Interessenvereinigung BHE in den sechziger Jahren war ein Beleg für eine allmählich glückende Integration der Vertriebenen bzw. für langsam abnehmende Konflikte zwischen Alt- und Neubürgern.

An dieser Stelle soll noch eigens auf die NSDAP und ihre Wahlresultate eingegangen werden. Die NSDAP trat in Ottmarsbocholt als politische Formation erstmals im Zuge der Reichstagswahlen 1930 erfolgreich auf und löste sich mit der Juliwahl 1932 von ihrem bisherigen Status einer Splittergruppe. Danach spiegelten sich in ihren Ottmarsbocholter Ergebnissen die Wahlerfolge auf Reichsebene wider. Im November 1932 erlitten die Nationalsozialisten einen Rückschlag, als sie auf fast die

---

[926] Die Kreistagswahl von 1948 bildet dabei eine Ausnahme. Da die Kandidaten dazu aus dem Dorf selbst kamen, war mit einem stärker persönlichkeitsbezogenen Wahlverhalten zu rechnen. Für die SPD kandidierte der aus der Amts- und Gemeindevertretung bekannte ostdeutsche Bauarbeiter Drygalla. Zudem kandidierten lediglich die Vertreter der drei Parteien, CDU, SPD und KPD, für das Gremium.

[927] Zum Ergebnis der Bundestagswahl 1969 in Ottmarsbocholt siehe STAMS, Kreis Lüdinghausen, Nr. 1693.

[928] Reigrotzki, Soziale Verflechtungen in der Bundesrepublik, S. 143; zum BHE siehe auch Lehmann, Zur Organisationssoziologie der Heimatvertriebenen, S. 136 - 139.

[929] Auf Kreisebene sammelte der BHE 1953 3,1 und 1954 5,8%. Vgl. Statistisches Jahrbuch Nordrhein-Westfalen 6 (1956), S. 77 u. 79. Zu den Protestpotentialen bei der Integration der Vertriebenen siehe Sywottek, Flüchtlingseingliederung in Westdeutschland, S. 39.

[930] GA Senden, Bestand Ottmarsbocholt, C 32.

Hälfte der Stimmen bei der Vorwahl zurückfielen. Erst mit den Wahlen im März 1933 brach der konfessionelle Damm gegen die NSDAP. Bis dahin standen die Nationalsozialisten in Ottmarsbocholt als typisch katholischer Agrargemeinde in der „Diaspora",[931] denn die vom Katholizismus geprägte Bevölkerung hatte sich bisher der braunen Bewegung gegenüber verschlossen gezeigt. Erst im März 1933 verblaßte die katholische Konfession „als starker Resistenzfaktor" und „negative Wahlnorm" gegen den Nationalsozialismus.[932] Bei diesem Urnengang, als die linken Parteien schon ausgeschaltet waren und sich auch das Zentrum dem offenen Terror der Nationalsozialisten ausgesetzt sah, schwenkten die Wählerinnen und Wähler in breiterer Front zur NSDAP über. Hierbei ist festgestellt worden, daß die Stimmengewinne der Nationalsozialisten auf Wechselwähler von anderen Parteien, dem Zentrum und der DNVP, sowie auf die Mobilisierung bisheriger – vor allem weiblicher – Nichtwähler zurückzuführen waren.[933] Namentlich landwirtschaftliche Selbständige kleinbäuerlicher Betriebe und Vertreter des vornehmlich alten Mittelstandes sowie deren mithelfende Familienangehörige bewegte die Angst vor sozialer Depravation. Die Furcht vor sozialem und materiellem Statusverlust, wie ihn Teile der Gesellschaft in Folge der Weltwirtschafts- und Agrarkrise erleiden mußten, motivierte zur Wahl der NSDAP. Jetzt verdrängte der Prozentsatz der im Agrarsektor tätigen Selbständigen sogar den Katholikenanteil vom ersten Platz unter den Einflußfaktoren des NSDAP-Stimmenanstiegs.[934] Die hohen Zustimmungsergebnisse bei den Volksabstimmungen in der NS-Zeit wiederum finden Aufschluß unter den spezifischen politischen und psychologischen Bedingungen des etablierten NS-Systems.

Alles in allem wurden trotz wechselnder politischer Rahmenbedingungen die Interpretations- und Verhaltensmodelle, die das Wahlverhalten leiteten, nicht erschüttert. Begreift man die NS-Ära als zwischenzeitlichen Einbruch, blieb über den gesamten Zeitraum die katholisch bzw. konfessionesübergreifend geprägte konservative Kraft, Zentrum bzw. CDU, dominierend.[935] Wie dominant die althergebrachte politische Ausrichtung unmittelbar nach dem Krieg – scheinbar unbeeinflußt von den Folgen der nationalsozialistischen Herrschaft – war, verdeutlicht ein Eintrag in der Pfarrchronik: „Hier in Ottmarsbocholt erübrigte sich ein Wahlgang [bei den ersten Gemeinderatswahlen im September 1946, P.E.], da nur ein Wahlvorschlag der CDU... vorlag."[936] Diese Orientierung hielt ungebrochen an. Folgerichtig kamen alle

---

[931] Falter, Hitlers Wähler, S. 163. Der Nachbarkreis Coesfeld galt noch im November 1932 als „Diaspora" mit besonders niedrigem NSDAP-Stimmenanteil; a.a.O., Tabelle 6.7, S. 160. – Zur Wählerneigung zur NSDAP siehe auch ders., Wahlen und Wählerverhalten unter besonderer Berücksichtigung der NSDAP nach 1928, S. 484 - 504.
[932] Ders., Hitlers Wähler, S. 186ff. u. 220.
[933] Ders., a.a.O., S. 140 u. 145f. In Ottmarsbocholt war die Wahlbeteiligung gegenüber der Novemberwahl 1932 um zehn auf 87,4% geklettert. Vgl. Anhang, Tabelle Nr. 39.
[934] Ders., a.a.O., S. 256.
[935] Dies wurde bereits bei der Bundestagswahl 1949 deutlich, die als Richtungswahl zu verstehen ist. Siehe Falter, Kontinuität und Neubeginn, S. 236 - 263. Falter konstatiert eine weitgehende Entsprechung der Wahlergebnisse von 1928/32 und 1949. Zur Bundestagswahl 1949 siehe Wollmann, Vierzig Jahre alte Bundesrepublik zwischen gesellschaftlich-politischem Status quo und Veränderung, S. 547 - 576.
[936] Flüchtlingselend und Wohnungsnot. Das Jahr 1946 aus der Pfarrchronik von Pfarrer Schleppinghoff, in: Ottmarsbocholt. Geschichte und Geschichten 7 (1986), S. 12. So konnte der Pfarrer der Nachbargemein-

anderen Parteien mit Ausnahme der durch den Vertriebenenzuzug zulegenden Sozialdemokratie, die erst in den sechziger Jahren zweistellige Resultate erreichte, nie über den Status einer Splittergruppe hinaus.

Bei den Wahlen in Heek zu den diversen Abgeordnetenhäusern auf Kreis-, Landes- und Reichs- bzw. Bundesebene werden folgende Grundzüge offenbar.[937] Im Procedere stellte sich nach dem Krieg wie schon auf Amts- und Gemeindeebene ein formeller Wandel zu einer erhöhten Transparenz politischer Prozesse ein. In den zwanziger und dreißiger Jahren lagen die Wählerlisten in der Wohnung des Gemeindevorstehers aus. Dort war die Einsichtnahme zwei Wochen lang möglich,[938] in nationalsozialistischer Zeit nur noch zwei Tage.[939] Anläßlich der Wahlen zum Landtag von Nordrhein-Westfalen 1947 lagen die Wahlunterlagen nun in einem öffentlichen Gebäude, im Kassenlokal der Amtskasse in Heek, aus. Einwände waren nicht mehr beim Gemeindevorsteher, sondern beim Wahlleiter geltend zu machen.[940]

Die Wahlbeteiligung in Heek war über den Zeitraum von rund fünfzig Jahren außerordentlich hoch. Bereits in den zwanziger Jahren und dreißiger Jahren lag sie bei über achtzig bis neunzig Prozent. Dieser hohe Mobilisierungsgrad der Heeker Wählerinnen und Wähler hielt auch in der Nachkriegszeit ungebrochen an. Die einzige Ausnahme stellten beide Wahlen unmittelbar nach Kriegsende dar, als die Wahlbeteiligung unter die 70-Prozent-Marke rutschte. Dieser Sonderfall leitete sich aus den spezifischen Lebensbedingungen in dieser Not- und Mangelphase ab, als die Sorge um das nackte Überleben eine gewisse politische Apathie hervorbrachte.[941] Mit der Kreistagswahl 1948, vier Monate nach der Währungsreform, schnellte die Wahlbeteiligung wieder auf über achtzig Prozent.[942] In der Folgezeit erreichte sie in bundesrepublikanischer Zeit von neuem die gewohnten Werte zwischen Mitte achtzig und Mitte neunzig Prozent, die auch noch an der Schwelle zu den siebziger Jahren normale Daten waren.

Vorab sollen die politischen Vereinigungen ins Blickfeld kommen, die über den gesamten Zeitraum in Heek präsent waren. Da ist zunächst die Partei des christlich-konservativen Lagers. Die Gemeinde Heek war in den zwanziger und zu Beginn der

---

de Venne noch im Sommer 1961 von der Kanzel verkünden, als der Hahn auf dem Kirchturm erneuert worden war: „Er wird unmißverständlich zeigen, woher in Venne der Wind weht;" GA Senden, Schulchronik Venne, o. Sig., S. 81. – Der alte Hahn zeigte die Windrichtung nicht mehr an, weil er durch ein Geschoß bei Kriegshandlungen festgeklemmt und schließlich vom Sturm fortgerissen worden war.

[937] Siehe dazu Anhang, Tabelle Nr. 41.
[938] Siehe zum Beispiel Bekanntmachung des Gemeindevorstehers v. 16.8. u. 14.9.1930 für die Reichstagswahl 1930; GA Heek, D 24. Bekanntmachung des Gemeindevorstehers v. 1.3. u. 24.3.1932 für die Reichspräsidentenwahl 1932; GA Heek, D 27.
[939] Siehe zum Beispiel Bekanntmachung des Gemeindevorstehers v. 26.3.1938 für die Volksabstimmung im März 1938; GA Heek, D 24.
[940] Bekanntmachung des Amtsbürgermeisters v. 14.2.1947; GA Heek, D 7.
[941] An den Wahlen zum Kreistag 1946 und zum Landtag 1947 nahmen bloß 69 bzw. 67,8% der Stimmberechtigten teil; GA Heek D 30 u. D 25. Auch in Ottmarsbocholt waren die ersten Nachkriegswahlen von einer niedrigen Wahlbeteiligung gekennzeichnet.
[942] Ergebnis der Wahlen am 17.10.1948; GA Heek, D 472 sowie 652 u. 653.

dreißiger Jahre als eine „Hochburg" des Zentrums anzusehen.[943] Unter einer Hochburg versteht man eine lokal begrenzte soziale Einheit, die durch das Zusammentreffen mehrerer Strukturdimensionen wie regionaler Tradition, wirtschaftlicher Lage, kultureller Ausrichtung, schichtspezifischer Zusammensetzung der intermediären Gruppen und – in diesem Falle besonders – der Religion gebildet werden.[944] Das Zentrum verkörperte „in geradezu chemisch reiner Form die konfessionelle Dimension."[945]. Entsprechend hoch fielen die Wahlerfolge der katholischen Partei in Heek aus. Sie sammelte bis zur Erdrutschwahl im Juli 1932 weit mehr als neunzig Prozent und hielt auch noch bei den Wahlen 1932 und 1933 ihren traditionell hohen Anteil von über achtzig Prozent der Stimmen.[946] Die einzige Ausnahme bildete die Kreistagswahl von 1925, als die Wählerinnen und Wähler mit 96,7 Prozent der „Wählervereinigung Heek" das Vertrauen aussprachen, von der sie sich eine bessere Vertretung ihrer Interessen auf Kreisebene versprachen.[947] Seinen größten Wählerzuspruch erfuhr das Zentrum 1921, als es bei den Wahlen zum preußischen Landtag und zum Provinziallandtag mit 97,3 bzw. 98,5 Prozent nahezu alle Stimmen auf sich vereinen konnte.[948] Auch die letzten quasidemokratischen Wahlen in den dreißiger Jahren überstand das Zentrum ohne einschneidende Verluste. Im März 1933 sprachen sich noch über achtzig Prozent für die katholische Partei aus.[949]

Diese Orientierung keimte bei den ersten Nachkriegswahlen wieder lebhaft auf, wenngleich sich eine Akzentverschiebung von der katholischen zur christlichen Partei der Union ergab. Die Wahlerfolge der beiden Parteien in den endvierziger und fünfziger Jahren standen in einem wechselseitigen Verhältnis. In dem Maße, in dem die überkonfessionelle Union vermehrt Stimmen sammelte, verlor die kategorisch katholische Partei an Akzeptanz und Wählerzuspruch. Bei den Landtagswahlen 1947 und 1950 erreichte das Zentrum noch ein Viertel des CDU-Anteils,[950] bei der

---

[943] Zu den regionalen Schwerpunkten des Zentrums, u.a. Westfalen, siehe Vogt, Parteien der Weimarer Republik, S. 141.
[944] Falter, Hitlers Wähler, S. 351, in Anlehnung an Lepsius, Parteiensystem und Sozialstruktur. Zum Problem der Demokratisierung der deutschen Gesellschaft, in: Wilhelm Abel (Hg.), Wirtschaft, Geschichte und Wirtschaftsgeschichte, FS zum 65. Geburtstag von Friedrich Lütge, Stuttgart 1966, S. 383.
[945] Falter, Wahlen und Wählerverhalten unter besonderer Berücksichtigung des Aufstiegs der NSDAP nach 1928, S. 494.
[946] Zum Vergleich die Zentrumsresultate bei RT-Wahlen im Kreis Ahaus: 1920 82,2%, Dezember 1924 79,2%, 1930 66,8%, 1933 59,8%; Terhalle, Die Entwicklung des Kreises Borken im 19. und 20. Jahrhundert, Tabelle 1, S. 120.
[947] GA Heek, C 698 und STAMS, Kreis Ahaus, Nr. 1725. Bereits bei der Kreistagswahl 1921 hatte eine „Liste Heek" existiert, die das Stammwählerreservoir des Zentrums aufgenommen hatte; GA Heek, C 700.
[948] Für die Wahlen von 1921 zum Kreis-, Provinzial- und preußischen Landtag siehe GA Heek C 700 u. STAMS, Kreis Ahaus, 1732. Bei den beiden Reichstagswahlen 1924 kam das Zentrum auf 98,5 und 95%; vgl. GA Heek, C 699.
[949] Bei der Reichstagswahl waren es exakt 80,2%; GA Heek, D 25. Bei den am selben Tag ausgetragenen Wahlen zum preußischen Landtag erhielt das Zentrum 80,7% der Stimmen; a.a.O. Bei den eine Woche später stattfindenen Abstimmungen zum Kreis- und Provinziallandtag waren es sogar 84,3 und 82,5%; siehe GA Heek, D 30.
[950] Bei der Landtagswahl 1947 betrugen die Ergebnisse von Zentrum und Union 16,5 bzw. 64,2%, bei den nächsten Landeswahlen 14,5 zu 65,9%. Vgl. GA Heek, D 25 und D 3.

Bundestagwahl 1949 sogar mehr als vierzig Prozent.[951] Ende der fünfziger Jahre hatte die CDU das Zentrum auf den Status einer Minderheitenpartei verdrängt und die große Mehrheit der Zentrumsstimmen absorbiert.[952] Auch hier verlief die Formierung der Union als Volkspartei und der gleichlaufende Niedergang des Zentrums parallel zur Auflösung des katholischen Milieus.

Die Parteien der Arbeiterbewegung hatten in Heek günstigere Ausgangsbedingungen als in Ottmarsbocholt, da in der Dinkelgemeinde selbst und in den Nachbarorten Industriebetriebe angesiedelt waren. Jedoch zeigen sich bei den Wahlergebnissen eindeutige Parallelen zur Kernmünsterlandgemeinde. Beide Arbeiterparteien konnten nicht aus dem Schatten von Zentrum bzw. Union heraustreten. Lediglich die SPD profitierte von der Ansiedlung neuer Dorfbewohner aus Ostdeutschland und konnte erst in den sechziger Jahren neue Wähler für sich gewinnen. Auch dieses Wahlverhalten ist ein Beleg für die traditionelle, am bäuerlichen Leben ausgerichtete, mentale Disposition der Arbeiterbauern.

Die KPD konnte zu keiner Zeit den Status einer Minderheitenpartei ablegen und kam in den zwanziger wie dreißiger Jahren nicht ein einzigesmal über ein Prozent. Nur bei den Wahlen zu Beginn der dreißiger Jahre, als die politischen Ränder Zuwachs erfuhren, nahm der KPD-Anteil geringfügig zu.[953] Nach dem Krieg zogen die Kommunisten einen gewissen Vorteil aus ihrem Widerstand gegen den Nationalsozialismus, konnten sich aber nicht entscheidend in Szene setzen. Auch in Heek mußten sie mangels Bewerber aus der Dorfbevölkerung die Kandidaten – zum Beispiel für den Kreistag 1948 – aus den größeren Städten des Westmünsterlandes importieren.[954]

Auch die SPD erzielte in den zwanziger und dreißiger Jahren kaum bemerkenswerte Ergebnisse. Allein bei den 1932er Wahlen konnte sie noch einmal zulegen, ehe sie im März 1933 bereits unter den Repressalien der Nationalsozialisten öffentlich nicht mehr ungehindert in Erscheinung treten konnte. Nach dem Zusammenbruch des NS-Regimes erlebte sie eine Blüte, zu dem die Vertriebenen aus dem Osten ihren Teil beitrugen. Vorrangig die bereits in der Arbeiterbewegung beheimateten, (ober-)schlesischen Arbeiter sorgten für den Stimmenzuwachs der Sozialdemokratie, der sich bei der Landtagswahl 1947 mit einem Paukenschlag von 17,3 Prozent ankündigte.[955] Danach bewegten sich die Resultate der Sozialdemokratie zwischen fünf und zehn Prozent bis auf die Stimmabgabe für den Kreistag 1952, als die SPD mit 13,1 Prozent erneut ein zweistelliges Ergebnis verbuchen konnte. Erst

---

[951] Das Zentrum kam auf 24,8, die CDU auf 57,2%. GA Heek, D 25.

[952] Bei der Bundestagwahl 1957 sammelte das Zentrum nur noch 1,1, bei den Landtagswahlen 1958 und 1962 2,0 und 2,5, bei der Bundestagwahl 1969 schließlich 0,5%, bis es 1972 bei der Bundestagwahl verschwand. Die CDU fuhr bei denselben Urnengängen 87,8, 88,4 und 86,9, 84 bzw. 82,7% ein. Vgl. GA Heek, Zwischenarchiv, Reg.-Nr. 0-26/5A und Reg.-Nr. 0-26/6A; Heeker Chronik des Jahres 1972, in: Heimat- und Rathausspiegel 32 (1992), S. 1408.

[953] Die Kommunisten erreichten im November 1932 mit 0,9% ihr bestes Resultat in den zwanziger und dreißiger Jahren; GA Heek, D 24.

[954] So war der Heeker KPD-Kandidat für die Kreistagswahl 1948 ein Elektriker aus Gronau; vgl. Kandidatenliste für die Wahl zum Kreistag von Ahaus; GA Heek, D 472.

[955] GA Heek, D 25.

Mitte und Ende der sechziger Jahre stellten sich nennenswerte Veränderungen ein. In dieser Zeit gelang der SPD mehrmals in Folge, sich im Sog der Düsseldorfer und Bonner Politik in Heek zu verbessern.[956] Bei entsprechend großer Abnahme des CDU-Anteils ist davon auszugehen, daß aus der anfänglich reservierten Dorfgesellschaft einzelne Wähler von der CDU zur SPD überwechselten.

Parteien, die lediglich in den zwanziger und dreißiger Jahren auf den Stimmzetteln der Heeker Bürgerinnen und Bürger auftauchten, standen unter der erdrückenden Dominanz des Zentrums. Die Deutschnationalen erzielten bei den einzelnen Urnengängen zwischen ein und zwei Prozent, die DVP erhielt niemals mehr als ein Prozent der Voten. Die Reichspartei des Deutschen Mittelstandes war lediglich bei den Wahlen 1930 und 1932 vertreten. In bundesrepublikanischer Zeit trat die FDP auf, die seit Ende der fünfziger Jahre zusammen mit den beiden großen Volksparteien, CDU und SPD, die politische Landschaft der alten Bundesrepublik lange Zeit als Drei-Parteien-System kennzeichnete. Allerdings gelang es den Freien Demokraten in Heek nicht ein einziges Mal, die Fünf-Prozent-Hürde zu überwinden. Die besten Ergebnisse der FDP lagen bei über zwei Prozent.[957] Der Block der Heimatvertriebenen und Entrechteten war seit den Wahlen zum Bundestag 1953 und zum Landtag 1954 auf den Stimmzetteln vertreten und konnte 8,7 bzw. 11,1 Prozent der Stimmen für sich vereinnahmen.[958] Wie in Ottmarsbocholt lagen die BHE-Resultate in Heek über dem Kreisdurchschnitt.[959] Auch diese Zahlen belegen, daß das Problem der Flüchtlingsintegration auf dem Land am schärfsten in Erscheinung trat.[960] Hier prallten die stärksten Ausgrenzungsversuche von seiten der Einheimischen auf die schwächste Anpassungsbereitschaft der Neuankömmlinge und riefen als Folge diese Wahlergebnisse hervor.[961] Der Rückgang des BHE im Laufe der fünfziger Jahre läßt sich schließlich als ein Indiz für eine – allerdings verzögerte und schrittweise – Integration der im Ort verbliebenen Neubürger werten. Bei der Bundestagswahl 1957 fielen noch 4,3 Prozent der Stimmen auf die Vertriebenenvereinigung. Vier Jahre später vereinigte sie sich mit der Deutschen Partei zur Gesamtdeutschen Partei, die nur noch 0,5 Prozent der Stimmen auf sich zog.[962]

---

[956] Bei der Landtagswahl 1964 sammelte die SPD 13,2, bei den Wahlen zum Bundestag 1965, 1969 und 1972 10,5, 12,8 bzw. 16,7%; GA Heek, Zwischenarchiv, Reg.-Nr. 0-26/5A; Heeker Chronik des Jahres 1972, in: Heimat- und Rathausspiegel 32 (1992), S. 1408.
[957] Die Freien Demokraten kamen bei der Wahl zum Kreistag 1952 auf 2,6, bei den Wahlen zum Bundestag 1961 und Landtag 1962 auf jeweils 2,1%; GA Heek, Zwischenarchiv, Reg.-Nr. 0-26/5A u. Reg.-Nr. 0-26/6A.
[958] GA Heek, Zwischenarchiv, Reg.-Nr. 0-26/5A u. Reg.-Nr. 0-26/6A.
[959] Der BHE kam im Kreis Ahaus bei der Bundestagswahl 1953 auf 5,6 und bei der Landtagswahl 1954 auf 8,7%. Vgl. Statistisches Jahrbuch Nordrhein-Westfalen 6 (1956), S. 77 u. 79.
[960] Brelie-Lewien, Zur Rolle der Flüchtlinge und Vertriebenen in der westdeutschen Nachkriegsgeschichte, S. 33.
[961] In städtischen Ballungsräumen dagegen lagen die Wahlergebnisse des BHE erheblich niedriger. Im Ruhrgebiet erlangte der BHE „kaum Resonanz". Vgl. Stefanski, Zuwanderungsbewegungen in das Ruhrgebiet, S. 429; Wiesemann, Zweite Heimat Nordrhein-Westfalen, S. 433.
[962] GA Heek, Zwischenarchiv, Reg.-Nr. 0-25/6A.

Die NSDAP tat sich in der Zentrums-Hochburg schwer. Sie befand sich auch hier in der „Diaspora"[963] und war erstmals anläßlich der Reichstagswahl 1930 in Erscheinung getreten, bei der sie 1,9 Prozent der Stimmen auf sich vereinen konnte.[964] Heek ist hier der typische Fall einer katholischen Kleingemeinde, in der bis zur Märzwahl 1933 die „niedrigsten NSDAP-Anteile" lagen.[965] Bei der Reichspräsidentenwahl im März 1932 votierten von 1020 Heeker Wählerinnen und Wählern im ersten Wahlgang 40 (3,9 Prozent), im zweiten 54 (5,3 Prozent) für Hitler.[966] Selbst bei der sogenannten Erdrutschwahl vom September 1930, die der NSDAP auf Reichsebene den Durchbruch bescherte, erreichte die braune Bewegung in Heek lediglich 1,9 Prozent, bei der Juli-Wahl 1932 mit 5,8 Prozent ebenfalls eine geringe Resonanz.[967] Noch zu Beginn des Jahres 1933 war eine „nach wie vor im Verhältnis zum Anteil der Wahlberechtigten dieses Gebiets ausgeprägte Unterrepräsentation der NSDAP zu erkennen."[968] Bis dahin hatte „kein anderes Sozialmerkmal die nationalsozialistischen Wahlerfolge so stark beeinflußt" wie die katholische Sozialisation.[969] Erst bei den Märzwahlen 1933 gelang es den Nationalsozialisten, in Heek ein zweistelliges Ergebnis einzufahren.[970] Jedoch standen die 16,9 Prozent bei der Abstimmung zum Reichstag eindeutig im Schatten der 80,2 Prozent, die das Zentrum erhielt.[971]

Die Wahlen in nationalsozialistischer Zeit sind hier wiederum nur als Richtschnur für die Systemnonkonformität von Interesse. Nach dem für die Nationalsozialisten nicht zufriedenstellenden Wahlausgang bei der Volksabstimmung über das Staatsoberhaupt vom 19. August 1934 erging eine Anordnung des Regierungspräsidiums Münster, den Gründen für das „verhältnismäßig schlecht(e) Wahlergebnis... überall da, wo die Ja-Stimmen nicht 80 Prozent der abgegebenen Stimmen" ergeben hatten, nachzugehen.[972] Auch in Heek hatte der Anteil der Ja-Stimmen nicht die 80-Prozent-Marke überschritten, was Amtsbürgermeister Schlichtmann den übergeordneten Dienststellen mit weltanschaulichen Unterschieden erklärte: Das Abstimmungsergebnis „ist nicht als eine Einstellung gegen den Herrn Reichskanzler anzusehen, sondern hat seinen Grund wohl nur in der Stellung des jetzigen Regimes zur katholischen Kirche... Man ist mit der kirchenpolitischen Lage nicht zufrieden und wünscht

---

[963] Falter, Hitlers Wähler, S. 159.
[964] GA Heek, D 24. Im Kreis Ahaus kam die NSDAP auf 4,2%; Terhalle, Die Entwicklung des Kreises Borken im 19. und 20. Jahrhundert, Tabelle 1, S. 120.
[965] Falter, Hitlers Wähler, S. 183.
[966] GA Heek, D 27.
[967] GA Heek, D 24.
[968] Falter, Hitlers Wähler, S. 161.
[969] Ders., a.a.O., S. 177.
[970] Kreisweit lag das NSDAP-Ergebnis mit 21,5% noch höher. Terhalle, Die Entwicklung des Kreises Borken im 19. und 20. Jahrhundert, Tabelle 1, S. 120.
[971] GA Heek, D 25. Bei den Wahlen zum preußischen Landtag am selben Tag und zum Provinziallandbzw. Kreistag eine Woche später erreichten die Nationalsozialisten mit 16,1, 15,2 und 13,5% noch weniger Stimmenanteile. GA Heek, a.a.O. u. D 30.
[972] Schreiben des Regierungspräsidiums und des Landrats v. 23. bzw. 28.8.1934; GA Heek, D 27. Reichsweit hatte der Anteil der Zustimmung 89,9% betragen.

mehr Bewegungsfreiheit in den religiösen Belangen."⁹⁷³ Welche Schwierigkeiten konfessionelle Fragen den örtlichen Parteirepräsentanten bereiten konnten, hat der geschilderte Fall des ortsfremden und protestantischen NSV-Ortsamtsleiter in seinem Streit mit dem katholischen Vikar bereits gezeigt. Zur Reichstagswahl am 29. März 1936 erhielt Amtsbürgermeister Schlichtmann von NSDAP-Kreisleiter Blanke aus Stadtlohn die Aufforderung, einen Wahlaufruf zu verfassen, „in dem die Bevölkerung aufgerufen wird, sich geschlossen hinter den Führer zu stellen".⁹⁷⁴ Dieser Anweisung kam der Amtsbürgermeister nach und wandte sich an die Bevölkerung, „dem Rufe des Führers, sei es Bauer, Handwerker, Arbeiter oder Gewerbetreibender, Folge zu leisten". Er appellierte ebenso, sich „geschlossen hinter den Führer" zu stellen und „freudig mit ‚Ja', zu stimmen: „Alles geht restlos zur Urne. Keiner darf fehlen."⁹⁷⁵ Beim Urnengang selbst stimmten für den NSDAP-Wahlvorschlag 97,7 Prozent. Unter den restlichen Stimmen, die als ungültig erklärt wurden, befanden sich trotz des Aufrufs mehrheitlich Nein-Stimmen.⁹⁷⁶ Bei der Reichstagswahl und Volksabstimmung über den Anschluß Österreichs am 10. April 1938, die mit der Wahl zum großdeutschen Reichstag verbunden war, erhielten die Nationalsozialisten wiederum nicht die gewünschte Zustimmung. Trotz eines Wahlappells, den der Amtsbürgermeister und alle örtlichen NS-Größen unterzeichnet hatten, bezifferte sich der Anteil der Nein-Stimmen auf 15,8 Prozent.⁹⁷⁷ Das Amt Nienborg-Heek wies mit 15,2 Prozent die meisten Nein-Stimmen im gesamten Kreis Ahaus auf, der wiederum mit rund 8,4 Prozent den größten Ablehnungsgrad in den Regierungsbezirken Münster und Minden erreichte.⁹⁷⁸

Insgesamt blühten in Heek wie in Ottmarsbocholt nach der nationalsozialistischen Ära die herkömmlichen politischen Einstellungen wieder auf und bestimmten wie gewohnt das Wahlverhalten der Heeker Bevölkerung. Besonders die Bundestagswahl 1949 stand unter dem Vorzeichen, „Wert- und Wahlpräferenzen" der Bevölkerung herauszukristallisieren.⁹⁷⁹ Die anfänglich trennende Linie zwischen CDU und Zentrum in der Konfessionsfrage löste sich im Laufe der Zeit zugunsten der konfessionsüberschreitenden Union. Zwar votierten noch in den sechziger Jahren vereinzelt Wähler für eine rein katholische Partei mit einem politisch weiter links angesiedelten Standort,⁹⁸⁰ doch etablierte sich die interkonfessionelle Union als Zentrums-Nachfolgerin mit Wahlerfolgen, die sich gewöhnlich mit einem Plus deutlich über

---

⁹⁷³ Schreiben des Amtsbürgermeisters an den Landrat Ahaus v. 10.9.1934; a.a.O. – Mit diesem Wahlverhalten ist eine grundsätzliche Ablehnung des Nationalsozialismus oder sogar eine Widerstandshaltung freilich weder in diesem noch in den folgenden Fällen gemeint.
⁹⁷⁴ Schreiben des NSDAP-Kreisleiters an den Amtsbürgermeister, v. 24.3.1936; GA Heek, D 24.
⁹⁷⁵ Bekanntmachung des Amtsbürgermeisters v. 29.3.1936; a.a.O.
⁹⁷⁶ Von den insgesamt 35 für ungültig erklärten Stimmen waren 31 Nein-Voten; a.a.O.
⁹⁷⁷ Im Kreisgebiet lag das Wahlresultat bei 91,64%, 6,8% der Wähler hatten mit Nein gestimmt, 1,56% der Stimmen waren ungültig; STAMS, Gauleitung Westfalen Nord, Gauinspekteure Nr. 12.
⁹⁷⁸ Ebd. Der Anteil der Nein-Stimmen betrug reichsweit offiziell 0,984%. Vgl. Münsterischer Anzeiger v. 11.4.1938; GA Heek, D 24.
⁹⁷⁹ Wollmann, Vierzig Jahre alte Bundesrepublik zwischen gesellschaftlich-politischem Status quo und Veränderung, S. 554 u. 557; Falter, Kontinuität und Neubeginn, S. 236 - 263.
⁹⁸⁰ Kleßmann, Die doppelte Staatsgründung, S. 151.

dem Durchschnitt des Kreises Ahaus, einer ehemaligen Zentrums- und nunmehr CDU-Hochburg, ansiedelten.[981] Der hohe Zuspruch zur Union hielt auch noch in den sechziger Jahren an, obschon ein leichter Rückgang konstatierbar war, der vor allem der SPD zugute kam.[982]

Auch bei den Rödinghauser Abstimmungen oberhalb der Kommunalebene läßt sich ein Umbruch zu Beginn der sechziger Jahre feststellen, wie er bereits für den Gemeinderat auszumachen war. Während mit Ausnahme der NS-Zeit bis dahin traditionell die bürgerlichen Parteien, erst die DNVP, dann die Union, klare Mehrheiten erhielten, stimmten von der Kreis- und Bundestagswahl 1961 an die Rödinghauser Bewohner überwiegend für die Sozialdemokraten.[983] Auch hier hat der Übergang von einem von Landwirten und Handwerkern dominierten Dorf zu einer urbanisierten Arbeiter-Landgemeinde das Wahlverhalten verändert.

Vor einer Analyse der einzelnen politischen Vereinigungen wird der Blick auf die Wahlbeteiligung gelenkt. Sie erreichte ihren höchsten Wert im Jahre 1919, in der Ruhelosigkeit erster demokratischer Wehen, nachdem sich im November 1918 ein zehnköpfiger Arbeiter- und Soldatenrat, zu dem ein Bauernrat hinzutrat, gebildet hatte.[984] Bei der Wahl zur verfassungsgebenden Nationalversammlung im Januar 1919 betrug die Wahlbeteiligung 95,4 Prozent.[985] Damals erschien für Landgemeinden bereits eine Quote von 80 Prozent als eine „unglaublich hohe Zahl".[986] Insgesamt lag die Beteiligung bei allen Urnengängen von 1919 bis 1975 zwischen siebzig und neunzig Prozent und war damit ähnlich hoch wie die der beiden Vergleichsorte.[987] Selbst in der Zusammenbruchsgesellschaft der Nachkriegszeit, als man „mit Politik nichts mehr zu tun haben" wollte,[988] betrug die Beteiligung bei der Kreistagswahl am 13. Oktober 1946 67,5 Prozent und bei der Landtagswahl am 20. Juli 1947 bereits 74,5 Prozent. Sie lag damit in Rödinghausen rund zur Hälfte über dem Amtsmittel von 46,4 bzw. 50,5 Prozent.

Als einzige Parteien waren nur die SPD, mit Abstrichen das Zentrum und die KPD, über den gesamten Zeitraum politisch präsent. Der politische Katholizismus

---

[981] Im Mittel waren die CDU-Ergebnisse in Heek über und die Zentrumsresultate unter denen des Kreises Ahaus. Bei der Wahl zum Landtag 1947 gewann in Heek die CDU 64,2 und das Zentrum 16,5%, im Kreis 41,6 und 29,9%. Bei der Wahl zum Kreistag 1948 waren die Relationen so: in Heek 66,6 und 27%, im Kreis 40,8 und 33,2% sowie bei der Bundestagswahl 1949 57,2 und 24% in Heek, 37,9 und 31,5% im Kreis. Diese Konstellation hielt auch noch bei der Landtagswahl 1958: 88,4 und 2% bzw. 74,2 und 3,1%. Vgl. dazu Statistisches Jahrbuch Nordrhein-Westfalen 1 (1949), S. 321, 324 u. 328f.; a.a.O. 6 (1956), S. 77, 79 u. 81; a.a.O. 7 (1958), S. 80 u. 82.

[982] Hatte die CDU bei der Bundestagswahl 1961 noch 89,4% der Stimmen auf sich vereinen können, so waren es vier Jahre später nur noch 87,2 und im Jahre 1969 84%. Vgl. GA Heek, Zwischenarchiv, Reg.-Nr. 0-26/6A.

[983] Siehe dazu Anhang, Tabelle Nr. 43.

[984] KA Herford, A 80, 84 u. 85; Botzet, Ereygnisse, S. 177.

[985] Zum Grad der Wählermobilisierung bei der Wahl zur Nationalversammlung 1919 siehe KA Herford, A 70.

[986] Pflaum, Politische Führung und politische Beteiligung als Ausdruck gemeindlicher Selbstgestaltung, S. 243.

[987] Lediglich die Beteiligung zur Wahl des Provinziallandtages 1925 fiel aus diesem Rahmen.

[988] Botzet, Ereygnisse, S. 213.

wie der Kommunismus führte in der protestantischen Landgemeinde die Existenz einer Splitterpartei. Die KPD profitierte bei den Reichstagswahlen 1932/33 von der Polarisierung der Parteienlandschaft und erreichte mit 5,6 Prozent bei der Novemberwahl 1932 ihr bestes Resultat. Mitte der vierziger Jahre zog sie einen Vorteil aus ihrem antifaschistischen Widerstandsbonus. Das Zentrum blieb im protestantischen Rödinghausen eine politische Randgröße und erhielt Stimmen nur von den wenigen Katholiken, die nach Rödinghausen evakuiert oder vertrieben worden waren.

Einzig der SPD, die schon in den zwanziger Jahren in Rödinghausen ein Vielfaches der Ottmarsbocholter und Heeker Ergebnisse verbuchen konnte, gelang es, im Laufe der Jahre ihren Stimmenanteil schrittweise zu vergrößern, bis sie Anfang der sechziger Jahre stärkste politische Kraft in Rödinghausen wurde. Bei der Wahl zur Nationalversammlung 1919 und den Urnengängen der zwanziger Jahre hatte die Sozialdemokratie noch deutlich im Schatten der bürgerlichen Parteien, der DVP und der DNVP, gestanden. Dabei konnte sie sich auf eine kleine, aber feste Stammwählerschaft stützen. Die Arbeiter und Zigarrenmacher hielten der SPD auch in den Krisenjahren der Weimarer Republik die Treue. Seit den zwanziger Jahren richteten die Sozialdemokraten ein dichtes Geflecht von Organisationen und Strukturen ein. Dies geschah beispielsweise in Gestalt einer Ortsgruppe des Reichsbanners Schwarz-Rot-Gold, der Gründung von Konsum-Verein-Nebenstellen, und der „Übernahme einer Wirtschaft... durch einen Genossen".[989] Bei den Urnengängen nach der Weltwirtschaftskrise konnte die SPD ihren Stimmenanteil von rund 25 Prozent halten, erlitt dann aber bei der halbdemokratischen Märzwahl 1933 einen Einbruch, als sie deutlich unter die Zwanzig-Prozent-Marke rutschte. Nach der NS-Ära, seit der Zulassung vom Februar 1946,[990] gelang es den Sozialdemokraten rasch, alte Mitglieder zu reaktivieren und ehemalige Organisationsformen zu erneuern.[991] Zudem sorgte der Vertriebenenzuzug dafür, daß das sozialdemokratische Wählerreservoir auf rund vierzig Prozent anwuchs und sich auch in den fünfziger Jahren in dieser Größenordnung bewegte. Erst das Rödinghauser Schwellenjahr 1961 bescherte der SPD den Durchbruch zur stärksten politischen Kraft, die sie fortan blieb. Wie zu sehen sein wird, waren für diesen Stimmenzuwachs nicht allein die vertriebenen ehemaligen oder neuen Arbeiter aus Ostdeutschland, sondern auch Wählerwanderungen von der Union zur Sozialdemokratie verantwortlich. Die SPD hatte sich aus dem Rahmen einer rein milieugebundenen Arbeiterpartei gelöst und damit auch in Rödinghausen zu einer Volkspartei entwickelt.[992]

---

[989] Kirchenchronik Rödinghausen (1804 - 1926), Eintrag von 1921.
[990] Die SPD erhielt ihre Genehmigung als politische Partei mit der CDU und der KPD am 12.2.1946 v. Herforder Landrat; GA Rödinghausen, Zwischenarchiv, C 0-05/01.
[991] Auch in der von Pflaum, Politische Führung und politische Beteiligung als Ausdruck gemeindlicher Selbstgestaltung, S. 252 untersuchten Westerwaldgemeinde wurden frühere Mitglieder und die „eingeübten Verhaltensweisen... wieder aufgenommen, ohne daß dazu eine Aufforderung von höherer Stelle nötig gewesen wäre."
[992] Mooser, Auflösung der proletarischen Milieus, S. 303.

Das bürgerliche Lager bildeten von 1919 an die DDP, DVP und DNVP.[993] In ihnen spiegelten sich verschiedene politische Grundrichtungen des Bürgertums wider. Während die DDP und DVP sich als links- bzw. rechtsliberale Kraft auf dem Verfassungsterrain bewegten, trat die DNVP unmißverständlich monarchistisch und damit „staatsfeindlich" auf; die beiden letzten Parteien, DVP und DNVP, standen überdies für eine starke, zentrale Staatsgewalt.[994] Zusammen repräsentierten sie zu Beginn der zwanziger Jahre über zwei Drittel der Rödinghauser Wähler. Da die DNVP sich agrarische Interessen auf ihre Fahnen geschrieben hatte, genoß sie bei der dörflichen Besitzelite wie auch unter national gesinnten (Land-)Arbeitern große Sympathien. Daher erntete sie zu Beginn der Weimarer Zeit in der Ravensberger Landgemeinde rund die Hälfte der Stimmen und konnte so den Reichsdurchschnitt weit übertreffen.[995] Seit der Mai-Wahl 1924 gelang es der „republik-gegnerischen" „Anti-Partei" DNVP, die gewerbliche und bäuerliche Mittelstandsklientel auf ihre Seite zu ziehen, die schon seit 1920 von der DDP zur DVP abgewandert war.[996] Die links- und rechtsliberale DDP und DVP verloren seither merklich an Rückhalt und wurden mit Resultaten von ein bis sieben Prozent zur politischen Bedeutungslosigkeit degradiert. Diese Wahlergebnisse spiegelten das anfänglich stark konservative, größtenteils kleinbürgerlich-protestantische Wählerpotential Rödinghausens wider, das in der Reichspräsidentenwahlen 1925 dem nationalkonservativen Kandidaten Hindenburg zum Vorteil gereichte.[997] Erst in den Krisenjahren der späten Weimarer Republik erlitten die bürgerlichen Parteien herbe Einbrüche. Vor allem die DNVP verlor in einer ihrer ländlichen Hochburgen nahezu ihre gesamte Klientel an die rasant zulegende NSDAP.[998] Diese Wählerwanderung zeichnete sich bereits in der Reichspräsidentenwahl 1932 ab, als Hitler in beiden Wahlgängen Hindenburg an Stimmen übertraf.[999]

Rödinghausen kann als idealtypisches Beispiel für den Umstand dienen, daß die Nationalsozialisten besonders in agrarisch-kleingewerblichen, rein protestantischen

---

[993] Vorher, etwa bei den Reichstagswahlen 1907 und 1912, kandidierten neben der SPD die Konservativen, die Nationalliberalen und die Christlich-Sozialen; GA Rödinghausen, B 31.
[994] Vogt, Parteien in der Weimarer Republik, S. 134ff., Zitat S. 144; Winkler, Einleitung, in: Zwischen Marx und Monopolen, S. 12.
[995] Bei der Wahl zur Nationalversammlung 1919 erhielt die DNVP reichsweit 10,35%, in Rödinghausen die dreifache Stimmenzahl; bei der Dezemberwahl 1924 erreichte sie im Reich 20,5%, in Rödinghausen 50,7%. Vgl. Anhang, Tabelle Nr. 43 mit Tabelle: Ergebnisse der Wahlen im Reich 1919 - 1933, in: Bracher/Funke/Jacobsen, Die Weimarer Republik 1918 – 1933, Anhang, S. 630f.
[996] Botzet, Ereygnisse, S. 183; Falter, Wahlen und Wählerverhalten unter besonderer Berücksichtigung des Aufstiegs der NSDAP nach 1928, S. 487; Vogt, Parteien in der Weimarer Republik, S. 142 - 145; Winkler, Zwischen Marx und Monopolen, S. 12 u. 44f.
[997] Siehe die Resultate des zweiten Wahlgangs am 26.4.1925, als Hindenburg 80,5 und Marx 19,5% der Stimmen bekam, Thälmann jedoch keine einzige; GA Rödinghausen B 32 u. 33; KA Herford, A 179.
[998] Die Kandidaten des Wahlvorschlags deutsch-„nationale Front" z. B. fanden sich nach 1933 zur Hälfte in der NSDAP wieder. Siehe Erstes Kapitel, A.2. Die Amtsvertretungen.
[999] Im zweiten Wahlgang am 10.4.1932 errangen Hitler 59,8, Hindenburg 39,4 und Thälmann 0,8%; GA Rödinghausen, B 33; KA Herford, A 80.

Landgemeinden ihre größten Wahlerfolge erzielen konnten.[1000] Den Nationalsozialisten gelang es in Rödinghausen bedeutend früher als in den milieubedingt immuneren katholischen Untersuchungsdörfern, Stimmen zu gewinnen. Dabei erzielte die NSDAP erheblich bessere Ergebnisse. Bereits seit der Reichstagswahl im Dezember 1924 waren die Nationalsozialisten in der Ravensberger Landgemeinde präsent, wohingegen sie in Ottmarsbocholt oder Heek erst sechs Jahre später in Erscheinung traten. Im Gefolge der Weltwirtschaftskrise schnellte in Rödinghausen der Anteil der NSDAP-Wähler sprunghaft an, und bereits bei der Reichstagswahl 1930 erhielten die Nationalsozialisten mit 43,6 Prozent mit Abstand die meisten Stimmen.[1001] Neben einer Wählerwanderung aus dem bürgerlich-nationalkonservativen Lager lassen sich die Gewinne der NSDAP in Rödinghausen auf den Umstand zurückführen, daß es der braunen Bewegung gelungen war, Nichtwähler und auch die Wähler von Splitterparteien für sich zu gewinnen. Dies belegen die Zunahme der Wahlbeteiligung und der Schwund der sonstigen Parteien.[1002] Bei der Juliwahl 1932 konnte die NSDAP ihr Ergebnis weiter auf 58,5 Prozent ausbauen und errang die absolute Mehrheit. Sie konnte damit nahezu doppelt so hohe Resultate wie auf Reichsebene einfahren.[1003] Wie im gesamten Deutschen Reich läßt sich in Rödinghausen ein steigender Anteil von in der Land- und Forstwirtschaft tätigen, protestantischen Bürgern konstatieren, die für Hitler stimmten.[1004] Damit kam der Konfession ein herausragender Stellenwert für die NS-Empfänglichkeit zu, wie er für kein weiteres Kriterium mehr zutraf.[1005] Die Wahlen während der voll entfalteten NS-Herrschaft wiesen demzufolge für Rödinghausen ebenfalls höhere Werte auf als in den katholischen Untersuchungsgemeinden. Bei der Volksabstimmung über das Staatsoberhaupt vom 19. August 1934 votierten 88,5 Prozent der Rödinghauser Wahlberechtigten für die Einsetzung Hitlers zum Führer und Reichskanzler, während 11,5 Prozent sich dagegen aussprachen.[1006] Die Ablehnung der katholischen Heeker Wählerinnen und Wähler war mit über 20 Prozent weitaus größer.[1007]

[1000] Siehe dazu Falter, Hitlers Wähler, S. 163, 177, 183 u. Tabelle; ders., Wahlen und Wählerverhalten unter besonderer Berücksichtigung des Aufstiegs der NSDAP nach 1928, S. 495 u. 497ff.; Winkler, Einleitung, in: Zwischen Marx und Monopolen, S. 13; Herlemann, Bäuerliche Verhaltensweisen unterm Nationalsozialismus, S. 110.

[1001] KA Herford, A 75. Auf Amtsebene lag das Resultat der NSDAP mit 37,9% etwas niedriger; Botzet, Ereygnisse, S. 183.

[1002] Siehe dazu Anhang, Tabelle Nr. 43.

[1003] KA Herford, A 76. Auf Amtsebene erreichte die NSDAP 53,4%; Botzet, Ereygnisse, S. 183. Zum Verhältnis mit den Resultaten auf Reichsebene vgl. Anhang, Tabelle Nr. 43 mit Falter, Wahlen und Wählerverhalten unter besonderer Berücksichtigung des Aufstiegs der NSDAP nach 1928, Tabelle 1, S. 486.

[1004] Münkel, Bauern, Hakenkreuz und „Blut und Boden", S. 206f. Bei der Juli-Wahl 1932 erhielt die NSDAP im Kreis Celle 46%.

[1005] Falter, Hitlers Wähler, S. 169 - 186, S. 177: „Protestanten waren im Schnitt doppelt so anfällig gegenüber der NSDAP wie Katholiken."

[1006] KA Herford, A 1861. Zu den 36 Neinstimmen wurden auch die 15 ungültigen Stimmen gerechnet, die unter den spezifischen politischen und psychologischen Bedingungen der NS-Herrschaft als Gegenstimme zu zählen waren und von den NS-Funktionsträgern auch so gewertet wurden.

[1007] Während der Reichsdurchschnitt der Ja-Stimmen bei 89,9% lag, betrug die Zustimmung in Heek unter 80%.

Betrachtet man die gesellschaftliche und berufliche Herkunft der Amts- und Gemeindeältesten in nationalsozialistischer Zeit, so hätte man gute Gründe, von einem Mittelstandsextremismus zu sprechen.[1008] Jedoch reicht dieser Erklärungssatz nicht vollständig aus, um den massenhaften Wählerzuspruch der NSDAP in Rödinghausen zu erklären. In Anbetracht der Resultate von über zwei Dritteln der Wählerschaft müssen auch andere soziale Schichten – über den Mittelstand hinaus – der NS-Propaganda erlegen sein und die NSDAP so zur ersten deutschen „Volks"- oder „Integrationspartei" gemacht haben.[1009]

Die Akzeptanz des Nationalsozialismus war hoch, solange die neuen Machthaber nicht die Fundamente dörflichen Lebens angriffen. Nur einmal regte sich öffentlicher Protest gegen das Regime und seine Repräsentanten. Dies geschah in einer Kirchenfrage – bemerkenswerterweise in einem Bereich, der auch in den katholischen Untersuchungsgemeinden den Nährboden für Nonkonformität bot. Als Reichsbischof Ludwig Müller, der von 1908 bis 1914 in der Rödinghauser Pfarrei St. Bartholomäus als Vikar tätig war, im April 1935 einen Gottesdienst an seiner alten Wirkungsstätte feiern wollte, lehnte das dortige Presbyterium dieses Anliegen mit sechs zu fünf Stimmen ab. Der Kirchenvorstand entschied, „zu Veranstaltungen der Deutschen Christen, also auch zu Gottesdiensten durch den derzeitigen Reichsbischof, trotz aller gebotenen Rücksichtnahme auf unseren früheren Gemeindepfarrer... unsere Kirche, kirchliche Gebäude und Einrichtungen nicht zu Verfügung zu stellen". Als Müller dennoch am 25. April 1935 – am zweiten Jahrestag seiner Ernennung zu Hitlers Bevollmächtigtem für die Angelegenheiten der evangelischen Kirche – nach Rödinghausen reiste, stand er vor verschlossener Kirchentüre; der Ortsgeistliche war spazieren gegangen.[1010]

In der Nachkriegszeit unterteilte sich das bürgerliche Lager in die FDP und die Union. Die FDP setzte als „klassische Mittelstandspartei" Traditionen fort, beschritt als links- wie rechtsliberales Sammelbecken aber auch neue Pfade.[1011] Sie konnte dabei auch ehemalige deutschnationale Wähler und Nationalsozialisten für sich gewinnen.[1012] Zu Anfang der fünfziger Jahre gelang es ihr, zeitweilig fast ein Drittel der Stimmen zu erobern. Danach verloren die Liberalen Wähler an die Union und bewegten sich fortan zwischen zehn und zwanzig Prozent, ehe sie – wiederum in der Übergangszeit Anfang der sechziger Jahre – auf einstellige Ergebnisse zurückfielen. Von da an kämpfte die FDP mit der Fünf-Prozent-Hürde und um den Einzug in diverse Gremien. Der BHE als Flüchtlingsfürsprecher erreichte nur Mitte der fünfziger

---

[1008] Zum sozialen und professionellen Profil der NS-Ältesten siehe oben die Kapiitel 1.1.2 und 1.2.2 zu den Amts- bzw. Gemeindevertretungen.

[1009] Falter, Hitlers Wähler, S. 284 u. Tabelle 7.19; ders., Wahlen und Wählerverhalten unter besonderer Berücksichtigung des Aufstiegs der NSDAP nach 1928, bes. S. 495 - 504, Zitat S. 496; Winkler, Mittelstandsbewegung oder Volkspartei? S. 112; ders., Einleitung, in: Zwischen Marx und Monopolen, S. 13.

[1010] Botzet, Ereygnisse, S. 207 u. 275.

[1011] Kleßmann, Die doppelte Staatsgründung, S. 151.

[1012] Von den 17 ehemaligen NSDAP-Parteimitgliedern, die auch in der Bundesrepublik Bürgervertreter waren, wechselten fünf zur FDP. Die Aufnahme ehemaliger NSDAP-Mitglieder in die FDP konstatiert auch Pflaum, Politische Führung und politische Beteiligung als Ausdruck gemeindlicher Selbstgestaltung, S. 256.

Jahre beachtliche Ergebnisse, als unter den Vertriebenen die Haltung, „nichts tun" zu können, verbreitet war.[1013] Erst im Gefolge der beruflichen und materiellen Besserstellung büßte er seine Aufgabe als Sachwalter der unterprivilegierten Neubürger ein.

Die Union wurde in Rödinghausen Erbin der Weimarer bürgerlichen Parteien. Viele der Bauern, die vor der NS-Zeit zur DNVP gehalten hatten, wandten sich nun der CDU zu. Aufgrund der lokalen Sozialstruktur erzielte die Union in Rödinghausen weitaus bessere Resultate als im Kreisgebiet.[1014] Sie stellte sich bei der Wahl zum Herforder Kreistag 1946 erstmals den Rödinghauser Wählern und gewann auf Anhieb die absolute Mehrheit. Bei der ersten Landtagswahl 1947 erzielte sie noch genausoviele Stimmen wie die SPD, doch in der Folgezeit gelang es der interkonfessionell-bürgerlichen Sammlungsbewegung, ihre Wählerbasis vor allem auf Kosten der Liberalen zu verbreitern und sich damit zur führenden Partei emporzuarbeiten. Besonders bei den Bundestagswahlen der fünfziger Jahren schnitt die CDU ständig als stärkste politische Kraft ab.[1015]

Erst das Schwellenjahr 1961 läutete auch hier eine Wachablösung in den politischen Mehrheitsverhältnissen ein. Zum ersten Mal fiel die CDU mit einem Abstand von zehn Prozent deutlich hinter die Sozialdemokratie zurück und konnte der anderen großen Volkspartei diese Spitzenstellung in Rödinghausen nicht mehr streitig machen. Rödinghausen hatte auch in seiner parteipolitischen Landschaft den Wandel von einem mittelständisch dominierten Bauern- und Handwerkerdorf zu einer verstädterten Arbeitersiedlung vollzogen.

[1013] Reigrotzki, Soziale Verflechtungen in der Bundesrepublik, S. 146.
[1014] Bei der Wahl zum Landtag 1947 erreichte die Union in Rödinghausen 44, im Kreis Herford nur 38,4%, zum Bundestag 1949 34,2 bzw. 27,9% und 1953 45,3 bzw. 38,9%, zum Kreistag 1956 34,2 bzw. 28%, zum Bundestag 1957 40,9 bzw. 35,8% und zum Landtag 1958 44,6 bzw. 34,7%. Vgl. Anhang, Tabelle Nr. 43 u. Statistisches Jahrbuch Nordrhein-Westfalen 1 (1949), S. 321 u. 324, sowie a.a.O. 6 (1956), S. 77, und a.a.O. 7 (1958), S. 78 u. 80.
[1015] Interessanterweise blieb die CDU auf Landesebene immer hinter der SPD zurück.

Zweites Kapitel: Acker zu Acker: Das Heiratsverhalten als Spiegelbild traditioneller Einstellungs- und Verhaltensmuster

Das generative Verhalten in den ländlichen Gemeinden war nachhaltig von traditionellen mentalen Deutungs- und Handlungsweisen geleitet. Daher soll namentlich im Rahmen der Untersuchung des Heiratsverhaltens auf den Begriff der Mentalität eingegangen werden, der eine ganze Schule von Geschichtsschreibern und -innen beeinflußt hat.[1]

Mentalität gilt als „Manifestation eines bestimmten Situationsverstehens und einer bestimmten Form der Weltorientierung".[2] Den Begriff der Mentalität hat der Soziologe Theodor Geiger als Gegenformel zum Terminus Ideologie eingeführt: „Mentalität ist *subjektiver* (wenn auch Kollektiv-)Geist, Ideologie ist *objektiver* Geist. Mentalität ist geistig-seelische *Haltung*, Ideologie aber geistiger *Gehalt*. Mentalität ist Geistes*verfassung* – Ideologie ist Reflexion, ist *Selbstauslegung*. Mentalität ist *früher*, ist erster Ordnung – Ideologie ist *später* oder zweiter Ordnung. Mentalität ist *formlos-fließend* – Ideologie aber *festgeformt*. Mentalität ist *Lebensrichtung*, Ideologie ist *Überzeugungsinhalt...* Mentalität ist, im Bilde gesprochen, *Atmosphäre* – Ideologie ist *Stratosphäre*. Mentalität ist eine *Haut* – Ideologie ein *Gewand*" [Hervorh. i. O., P.E.].[3] Mentalität meint hier als Brücke zwischen Realität und Ideologie „die unreflektierten Formen der Wirklichkeitsdeutung".[4] Sie bildet – und das ist in unserem Zusammenhang bedeutsam – eine äußerst langlebige Form der Realitätswahrnehmung.[5] Mentalität stellt ein im ursprünglichen Wortsinn wertbeständiges Orientierungs- und Verhaltensmuster dar. Sie ist „die Art und Weise, wie eine Kollektivität oder ein Individuum normalerweise und gewohnheitsmäßig Ereignisse und

---

[1] Die Mentalitätshistoriographie haben maßgeblich die Historiker im Umkreis der Zeitschrift Annales geprägt; siehe dazu Sellin, Mentalitäten in der Sozialgeschichte, S. 101. Diese Historiker propagierten eine umfassende Historiographie der Sozial-, Wirtschafts- und Kulturgeschichte, kurz: eine „histoire totale"; als Beleg dieses Anspruchs siehe die Einleitung von Le Roy Ladurie, Les Paysans de Languedoc. Nach Le Goff, Les mentalités: une histoire amibigue, S. 108, ist Mentalität, was ein großer Mann mit den übrigen Menschen seiner Epoche gemeinsam habe. – Siehe ebenso Ackermann, Aspekte der Mentalitätsgeschichte, S. 142 - 150; Raulff (Hg.), Mentalitäten-Geschichte; Schulze, Mentalitätsgeschichte – Chancen und Grenzen eines Paradigmas der französischen Geschichtswissenschaft, S. 247 - 270.

[2] Sellin, Mentalitäten in der Sozialgeschichte, S. 118; siehe auch ders., Mentalität und Mentalitätsgeschichte, S. 555 - 598.

[3] Geiger, Die soziale Schichtung des deutschen Volkes, S. 4f., v.a. 77f.

[4] Ackermann, Aspekte der Mentalitätsgeschichte, S. 142.

[5] Braudel, Histoire et sciences sociales, S. 51, geht von der relativen Zählebigkeit der Mentalitäten aus, wenn er sie als „Gefängnisse der langen Dauer" begreift. Nach Sellin, Mentalitäten in der Sozialgeschichte, S. 108, stellen Mentalitäten „ein Element widerständiger Trägheit und Irrationalität im historischen Prozeß" dar.

Situationen deutet: Mentalität ist eine Form der Wirklichkeitswahrnehmung in der ‚Lebenswelt'",[6] welche dann konstitutiv für das Handeln wird.

Bei der Untersuchung des Heiratsverhaltens von Angehörigen einer Familie gehört deren spezifische Mentalität „zu den Bestimmungsmomenten, durch die sich eine soziale Gruppe von anderen Gruppen unterscheiden läßt." Dies gilt besonders, wenn diese soziale Gemeinschaft „auch von ihren Angehörigen als solche empfunden wurde, bei der also ein Bewußtsein der Zusammengehörigkeit vorhanden war",[7] zum Beispiel in Form von Besitzverhältnissen. Hier präsentieren sich Mentalitäten als „kollektive Dispositionen einer sozialen Gruppe... in einer bestimmten Epoche..., und es wird angenommen, daß die Angehörigen einer Gruppe sich in der Regel, wenn auch nicht in jedem Einzelfall, entsprechend der Mentalität der Gruppe verhalten";[8] man „könnte auch sagen, die mentale Struktur definiere den vom Bewußtsein her gegebenen Handlungsspielraum, innerhalb dessen ein Akteur oder ein Kollektiv unter Berücksichtigung seiner wirtschaftlichen, technischen, rechtlichen und anderen realen Möglichkeiten wirken kann".[9] Die Frage nach den Mentalitäten geht also den dem Handeln zugrundeliegenden Strukturen nach; sie sucht nach den Determinanten eines bestimmten Verhaltens. Mentalität manifestiert sich „in den Handlungen oder in den Äußerungen eines Menschen... als ein durchgängiges Handlungsprinzip".[10] Mentalität ist als geistig-seelische Verfaßtheit vielfältigen Einflüssen ausgesetzt und als solche ein Ausdruck der Gesamtheit der gesammelten Lebenserfahrungen;[11] deshalb hängen „Mentalitäten somit aufs engste mit anderen sozialen und politischen Strukturen zusammen."[12]

Für die Analyse des generativen Verhaltens in ländlicher Gesellschaft stellt sich daher die Aufgabe, die hinter den Handlungen liegenden Verhaltensdispositionen herauszufiltern und die Voraussetzung der Mentalitäten für das bestimmte Verhalten offenzulegen. Der Komplex der generativen Reproduktion umfaßt hier die Partnerwahl, das Heiratsalter sowie die Kinderzahl pro Ehe. Gewißheit über die Richtigkeit der Interpretation und die Repräsentativität der mentalitätsgeschichtlichen Analyse erhält der Sozialhistoriker dann, „wenn mentalitätsgeschichtliche Fragestellungen von vornherein in einen engen Zusammenhang mit der gesamten materialen Lebens- und Entscheidungssituation der Akteure gebracht werden."[13]

---

[6] Ackermann, Aspekte der Mentalitätsgeschichte, S. 144. – Der Begriff der „Lebenswelt" geht zurück auf den Begründer der philosophischen Phänomenologie Husserl, Die Krisis der europäischen Wissenschaften und die transzendentale Phänomenologie, S. 105ff.
[7] Sellin, Mentalitäten in der Sozialgeschichte, S. 115f.
[8] Ders., a.a.O., S. 104.
[9] Ders., a.a.O., S. 103.
[10] Ders., a.a.O., S. 102.
[11] Es gilt jedoch zu beachten, daß Mentalität als spezifische Verhaltensdisposition und Ursache bestimmten Handelns in einem wechselseitigen Austausch und Spannungsfeld steht. Man muß daher untersuchen, auf welche Weise Mentalitäten Verhalten festlegen. Obendrein muß man die Rückkoppelung der Ereignisse auf die Mentalitäten beachten.
[12] Sellin, Mentalitäten in der Sozialgeschichte, S. 107.
[13] Ders., a.a.O., S. 118.

Das generative Verhalten wurde von zwei mentalitätsprägenden Faktoren bestimmt: Besitz und Familie. Besitz war nicht nur wie gesehen ein entscheidendes Merkmal für die Legitimation, lokale politische Macht auszuüben, sondern er stellte auch ein zentrales Entscheidungskriterium bei der Partnerwahl dar. Schließlich erfuhren Heiratsverhalten und -strategie ihre Bedeutung für die heiratswilligen Akteure dadurch, daß die Heirat neben dem Erbgang eine besondere Möglichkeit war, in den Besitz von Boden zu gelangen bzw. den Besitzstand an Boden zu bewahren oder auszudehnen.[14] Für die Angehörigen der Dorfgesellschaft war somit die quasi eherne „Kette von Reproduktion und Erbschaft" ein wesentliches Konstitutivum ihrer Lebensperspektiven.[15] In einer bäuerlichen, „auf agrarischen Produktionsmittelbesitz fundierten Familienwirtschaft besaß die Heirat zugleich den Charakter einer ‚ökonomischen Transaktion von großer Bedeutung', in der Güter und Produktionsressourcen in der Form des Heiratsgutes ihre Besitzer wechseln bzw. zwischen den Familien ausgetauscht werden."[16] Beziehungen innerhalb der Dorfgesellschaft in Form lebensprägender Riten wie zum Beispiel der Heirat waren mithin „weitgehend ökonomisch motiviert."[17] Begehrlichkeiten galten tendenziell eher dem Besitz als der Person des Partners. Traditionell orientierte sich Leidenschaft eher an Besitzständen als an Innerlichkeiten, eher an Materie als an Emotion.[18] Das wirtschaftliche und soziale Kapital einer Familie steckte den Rahmen ab, in dem sich „Bedürfnisse, Hoffnungen und Wünsche an einen künftigen Partner" entfalten durften.[19] Somit konnte die Partnerwahl nicht immer individuellen Neigungen des einzelnen Heiratswilligen nachgehen, sondern stellte eine fundamentale Anforderung an die gesamte Familie dar, um die Weitergabe ihres „materiellen und sozialkulturellen Kapitals" zu kontrollieren.[20] Schließlich legte eine Heirat nicht nur die soziale Plazierung einer Familie fest, sondern bestimmte auch „die Lebensperspektive einer neuen Generation".[21] Der Gattenwahl, als dem „zentralen Akt dörflicher Gemeinschaftsbildung", kam demnach eine unübersehbare Schlüsselstellung im Leben und in den Beziehungen der einzelnen Familien untereinander zu.[22] Gerade die grundbesitzende großbäuerliche Oberschicht orientierte sich deshalb seit Generationen am Ideal der innerdörflichen und standesgemäßen Verheiratung, wobei der sozialen und ökonomischen Abstammung ein größerer Stellenwert als der regionalen Herkunft eingeräumt wurde und deshalb auch standesgemäße Heiraten über den Dorfrahmen hinaus eingegangen wurden.

---

[14] Ilien/Jeggle/Schelwies, Verwandtschaft und Verein, S. 96; Sieder, Sozialgeschichte der Familie, S. 61.
[15] Tilly, Agenda for European Economic History in the 1970ies, S. 189; zitiert nach Kaschuba/Lipp, Dörfliches Überleben, S. 137.
[16] Kaschuba/Lipp, Dörfliches Überleben, S. 449.
[17] Siewert, Der Verein, S. 73. – Ein anderer Übergangsritus, der gleichermaßen dem wirtschaftlichen Antrieb unterlag, war z. B. ein Todesfall in Verbindung mit einer Erbschaft.
[18] Jeggle, Liebe auf dem Dorf, S. 10, nennt dies eine Inbrunst, die „auf Äcker scharf" ist.
[19] Kaschuba/Lipp, Dörfliches Überleben, S. 450.
[20] Medick/Sabean, Emotionen und matierelle Interessen in Familie und Verwandtschaft, S. 50; Sieder, Sozialgeschichte der Familie, S. 61.
[21] Kaschuba/Lipp, Dörfliches Überleben, S. 449.
[22] Linde, Zur sozialökonomischen Struktur und soziologischen Situation des deutschen Dorfes, S. 16.

Aus der Tradition heraus lebten die drei Dorfbevölkerungen „im tradierten bäuerlichen Sozialverhalten".[23]

A. Die Heiratskreise

Wegen der dichten Materialfülle wurde die Analyse des generativen, hier des Heiratsverhaltens, in den drei Landgemeinden auf die zeitliche Kernspanne der Untersuchung, den Zeitraum von 1930 bis 1960, konzentriert. Dabei wurden in Ottmarsbocholt 517 Brautpaare im Hinblick auf soziale und regionale Herkunft sowie auf ihre Konfession und ihr Alter hin untersucht und zugeordnet. Wie die Graphik belegt, kristallisierten sich drei Zeitspannen unterschiedlicher Heiratshäufigkeit heraus. Nach der Anfangsphase bis Ende der dreißiger Jahre folgte ein drastischer Rückgang der Heiraten in den Kriegsjahren, in denen unterdurchschnittlich oft Ehen geschlossen wurden. Von 1946 an kam es zu einem Heiratsboom, den ein kriegsbedingter Nachholbedarf und die Ansiedlung neuer Dorfbewohner auslösten. Besonders zu Beginn der fünfziger Jahre vermählte sich eine außerordentlich hohe Zahl von Brautleuten. Demnach bot sich für die Darstellung eine Einteilung in drei Zeitabschnitte an: den ersten von 1930 bis 1938, den zweiten über die Kriegsjahre und den dritten für die Jahre seit 1946. Da die Frage nach Kontinuität oder Wandel beim generativen Verhalten namentlich unter dem Einfluß neuer sozialer Gruppen im Dorf aufschlußreich ist, wird hier das Augenmerk vor allem auf die Nachkriegsjahre gelegt.

---

[23] Kloosterhuis, Schwarz-Weiß-Grüne Landgemeinden, S. 397.

EHESCHLIEẞUNGEN 1930 - 1960. OTTMARSBOCHOLT/HEEK/RÖDINGHAUSEN

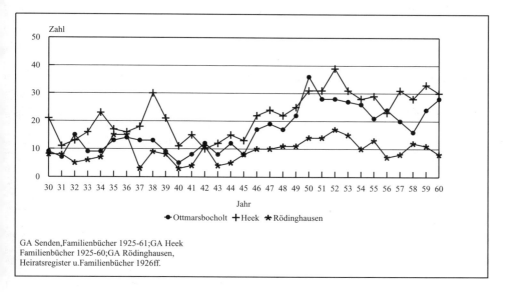

GA Senden,Familienbücher 1925-61;GA Heek
Familienbücher 1925-60;GA Rödinghausen,
Heiratsregister u.Familienbücher 1926ff.

In Heek wurden für die Kernphase von 1930 bis 1960 die 689 Brautpaare auf folgende Kriterien hin untersucht: soziale, professionelle und regionale Herkunft, Konfession und Alter.

Für die Analyse des generativen Verhaltens in der industriellen Landgemeinde Rödinghausen wurden die insgesamt 580 Brautleute, die sich von 1930 bis 1960 die Ehe versprachen, wie in den beiden anderen Gemeinden im Hinblick auf ihre regionale, berufliche und gesellschaftliche Zugehörigkeit, auf ihre Konfession und ihr Alter sowie ihre Kinderzahl hin untersucht. Wiederum bot es sich aufgrund unterschiedlicher Heiratshäufigkeit an, den oben genannten Zeitraum in drei Abschnitte zu unterteilen.

Die Graphik veranschaulicht, daß die Zahl der Trauungen in den dreißiger Jahren unter zehn blieb. Lediglich in den Jahren 1935 und 1936 ergab sich eine zwischenzeitliche Spitze. Seit 1939 aber sank die Zahl der Eheschließungen als eine Folge des Krieges, bevor mit der Evakuierteneinquartierung und dem Vertriebenenzuzug ein Heiratshoch einsetzte, das bis Mitte der fünfziger Jahre anhielt. Wegen dieses Bevölkerungszuwachses weist der Trend für die Eheschließungen zwischen 1930 und 1960 einen deutlichen Anstieg aus.

1. Hochzeiten in vertrauter sozialer und lokaler Umgebung: Die Heiratskreise zwischen 1930 und 1938

Die Heiratskreise in der katholischen Kernmünsterlandgemeinde Ottmarsbocholt waren bis 1946 völlig konstant.[24] Man heiratete einen Partner derselben sozialen Herkunft, und auch regional war die Partnersuche auf das Dorf und die Umgebung begrenzt. Im ersten Abschnitt betrug die Zahl der Hochzeiten 102. Pro Jahr schlossen von 1930 bis 1938 durchschnittlich 11,3 Paare den Ehebund. Der statistische Befund zeigt, daß die tatsächliche Wirkung der NS-Ehestandsdarlehen relativ gering war.[25] Die Zahl der Trauungen lag in den Jahren 1933 und 1934 noch deutlich unter dem Niveau von 1932, lediglich in den Folgejahren reichten die Heiratsziffern an diesen Wert heran.

OTTMARSBOCHOLT. HEIRATSKREISE NACH REGIONALER HERKUNFT 1930 - 38

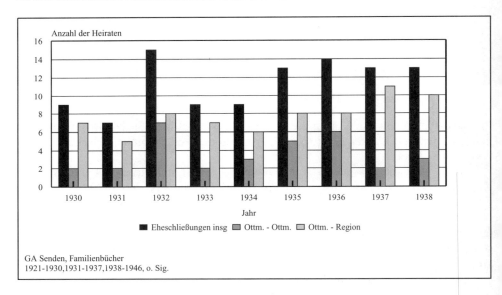

GA Senden, Familienbücher 1921-1930, 1931-1937, 1938-1946, o. Sig.

---

[24] Für alle Analysen hinsichtlich der Heiratskreise siehe GA Senden, Familienbücher 1921 - 1930, 1931 - 1937, 1938 - 1946, 1947 - 1950, 1951 - 1953, 1954 - 1956, 1957 - 1961, o. Sig. Für die berufliche Zugehörigkeit siehe Adreßbuch des Kreises Lüdinghausen 1928; für die Besitzverhältnisse siehe Bodennutzungserhebung 1952 des Statistischen Landesamtes; GA Senden, Bestand Ottmarsbocholt, C 45. Eine frühere Statistik der Besitzverhältnisse existiert zwar in Gestalt des gerichtlichen Verzeichnisses der Höfe, deren Eintrag in die Erbhofrolle in Aussicht genommen ist v. 15. 6. 1934; GA Senden, Bestand Ottmarsbocholt, C 197. Diese Liste erweist sich jedoch als unvollständig und ungenau. Sie erfaßt nur die Betriebe ab 7,5 Hektar und rundet deren Bodenbesitz jeweils auf. – Zu den Angaben über die berufslosen weiblichen Ehewilligen ist grundsätzlich zu sagen: Sie zählten als Tochter zu der sozialen Schicht, der ihre Familie über Beruf und Ansehen des Vaters angehörte.

[25] Seit dem 1. 6. 1933 erhielten Heiratswillige ein unverzinsliches Darlehen bis maximal 1000 RM.

Die Partnerwahl war in diesen neun Jahren auf das Amt Ottmarsbocholt und seine Umgebung begrenzt. Der regionalen Herkunft nach stammten die Verlobten mit einer Ausnahme aus Westfalen.[26] Ihrer Konfession nach gehörten sämtliche 204 Brautleute der katholischen Kirche an. Unter den 102 Eheversprechen zwischen 1930 und 1938 fiel der Hauptteil auf schichtinterne Verbindungen. Bei 98 Brautpaaren (96,1%) stammte der Partner aus der gleichen Gesellschaftsschicht. Nur bei vier Hochzeiten (3,9%) trauten sich Partner aus verschiedenen sozialen Schichten.[27]

In Heek gaben sich im ersten Untersuchungsabschnitt 165 Hochzeitspaare das Ja-Wort.[28] Daraus ergibt sich in den dreißiger Jahren ein Durchschnitt von 18,3 Eheschließungen pro Jahr. Bemerkenswert in dieser Zeitspanne ist der Rückgang der Heiraten zu Beginn der dreißiger Jahre und das Spitzenergebnis des Jahres 1938, in dem 30 Ehen geschlossen wurden. Es zeigt sich auch in der Dinkelgemeinde, daß die NS-Ehestandsdarlehen die Zahl der Heiratswilligen nicht wesentlich erhöht hat. Lediglich in den Jahren 1934 und 1938 stieg die Zahl der Eheversprechen über den Stand von 1930, während die Heiratsziffer der Jahre 1935 - 1937 der Rate von 1930 entsprach. Charakteristisch für das Heiratsverhalten in diesem Abschnitt war, daß die Partnersuche auf das Dorf oder auf umliegende Gemeinden des Westmünsterlands begrenzt war und daß bis auf eine Ausnahme bei allen Trauungen beide Verlobten der gleichen Konfession angehörten.[29] Die überragende Mehrheit der 165 Vermählungen von 89,7 Prozent waren Verbindungen zwischen zwei Partnern aus derselben Gesellschaftsschicht. Lediglich 10,3 Prozent der Lebensbünde wurden zwischen Partnern aus unterschiedlichen Schichten eingegangen.

---

[26] 1934 verband sich ein Holzhändler mit einer Frau aus Aachen.
[27] Von den schichtübergreifenden Verbindungen war eine zwischen einem Ober- und Mittelschichtangehörigen und drei zwischen einem Partner aus der Mittel- und der Unterschicht.
[28] Die Angaben über die Brautleute und deren Familien beziehen sich auf GA Heek, Heiratsregister 1925 - 1932, 1932 - 1938, Familienbücher 1938 - 1941, 1941 - 1945, 1946 - 1948, 1948 - 1950, Familienerstbuch 1950 - 1952, 1952 - 1953, 1954 - 1956, Familienbuch 1956 - 1957, Heiratserstbuch 1958 - 1960, o. Sig. Für die Berufsbezeichnungen siehe ebd. sowie Adreßbuch für den Kreis Ahaus 1925, S. 282 - 294, Adreßbuch des Kreises Ahaus 1939, S. 270 - 286 sowie Adreßbuch des Kreises Ahaus 1954/55, S. 276 - 282 u. 286 - 288. Bezüglich der Besitzverhältnisse siehe Bodennutzungserhebung 1959 des Statistischen Landesamtes; GA Heek, Zwischenarchiv, o. Sig. Frühere Statistiken der Besitzverhältnisse existieren in Gestalt eines landwirtschaftlichen Adreßbuches von 1925 und gerichtlichen Verzeichnisses der Höfe, deren Eintragung in die Erbhöferolle in Aussicht genommen ist; GA Heek, D 103. Auch hier sind diese Angaben unvollständig und ungenau. Sie führen nur die Betriebe über 7,5 Hektar an und runden deren Größe jeweils auf. Niekammers Landwirtschaftliches Güteradreßbuch für Westfalen 1931, S. 7; GA Heek, D 538, führt lediglich die Besitzungen der Großbauern auf.
[29] Lediglich bei einer Hochzeit gaben sich zwei Protestanten, die jedoch von auswärts zugezogen waren, das Ja-Wort.

HEEK. HEIRATSKREISE NACH REGIONALER HERKUNFT 1930 - 38

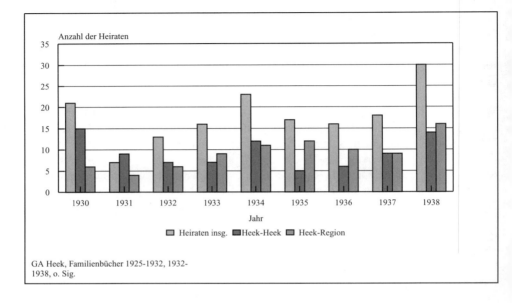

GA Heek, Familienbücher 1925-1932, 1932-1938, o. Sig.

Auch in Rödinghausen traute man sich im ersten Zeitraum nach dem Grundsatz ‚... denn das Gute liegt so nah'.[30] Die 152 Verlobten stammten allesamt aus Rödinghausen bzw. aus der Region. Ausnahmen stellten Hochzeiter wie ein 29jähriger Kaufmann aus Essen dar, der seine ein Jahr jüngere Braut, eine Schneidermeistertochter, in Rödinghausen fand. Solche Verbindungen waren vornehmlich der Ober- und Mittelschicht vorbehalten, wohingegen bei der Unterschicht das Dorf und seine Umgebung die Partnersuche begrenzte. 76 Paare traten vor den Traualtar; im Schnitt wurden pro Jahr 8,4 Lebensbünde geschlossen. Während zu Anfang und Ende der dreißiger Jahre die jährlichen Heiratsziffern einstellig blieben, ragten die Werte der Jahre 1935 und 1936 über den Durchschnitt hinaus. Dies könnte eine Folge der nationalsozialistischen Heiratspolitik sein, die Verlobten das Eheversprechen mit einem unverzinslichen Darlehen schmackhaft machen wollte, sowie ein Resultat des wirtschaftlichen Aufschwungs infolge der militärischen Aufrüstung des ‚Dritten Reiches'.

---

[30] Zur regionalen, professionellen und sozialen Herkunft der Hochzeiter siehe GA Rödinghausen, Heiratsregister 1926 - 1931, 1931 - 1932, 1932 - 1935, 1935 - 1937, 1937 - 1938, Familienbücher der Jahre 1938 bis 1957 sowie die Heiratsbücher von 1957 bis 1960. Die landwirtschaftlichen Besitzverhältnisse sind der Nachweisung über die Bauernhöfe der Gemeinden Bieren, Ostkilver Rödinghausen, Schwenningdorf und Westkilver v. 22. 4. 1945 sowie der Bodennutzungserhebungen 1957 u. 1959 entnommen; GA Rödinghausen, Zwischenarchiv, D 0-05/2, D 0-51/20-22. Herkunft und Berufe der Brautleute wurde anhand der Angaben im Adreßbuch des Kreises Herford 1936, S. 205 - 231 und Heimat-Adreßbuch Landkreis Herford 1957, S. 301 - 315 u. 385 - 448 überprüft.

RÖDINGHAUSEN. HEIRATSKREISE NACH REGIONALER HERKUNFT 1930 - 38

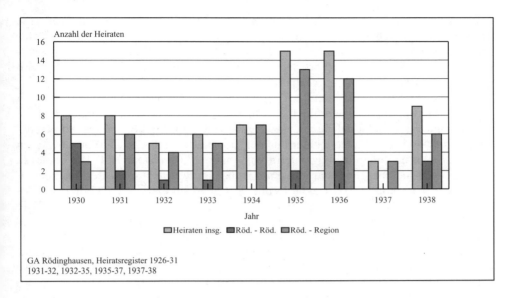

Somit war die regionale Mobilität auch in Rödinghausen gering entwickelt. Mehrheitlich kam es zu Heiraten zwischen Partnern aus dem Amt Rödinghausen. Wegen der geringeren Einwohnerzahl und der gegenüber den beiden anderen Untersuchungsgemeinden unterschiedlichen Siedlungslage gingen viele Rödinghauser die Ehe mit einem Partner aus einer der vier anderen Amtsgemeinden ein. Dorfinterne Vermählungen waren demgegenüber in der Minderzahl. Homogenität herrschte bei der Konfessionszugehörigkeit der Brautleute. Von den 152 Hochzeitern gehörten alle ausnahmslos der protestantischen Kirche an.[31] Bei den 76 Brautpaaren stellte sich ein hohes Maß an Schichtkonsistenz heraus, wenngleich diese nicht ganz so ausgeprägt war wie in der großbäuerlichen und nichtindustrialisierten, katholischen Landgemeinde Ottmarsbocholt.[32] Der Anteil der internen Verbindungen in allen drei sozialen Schichten belief sich in dem Ravensberger Dorf auf 92,1 Prozent. Lediglich bei sechs der 76 Brautpaare stammten die Verlobten aus unterschiedlichen Gesellschaftsschichten. Dabei kam es in über der Hälfte der Fälle zu Verbindungen zwischen mittelständischen Männern und Frauen aus der Unterschicht; Trauungen zwischen Brautleuten aus der Ober- und Unterschicht kamen überhaupt nicht zustande.[33]

---

[31] Nur in einem Fall heirateten dabei 1939 zwei protestantische, aber dennoch konfessionsverschiedene Partner, ein altlutherischer Tischler und eine evangelisch-lutherische Zigarrenarbeiterin aus Ennigloh.
[32] Der Grad der Schichtendogamie in diesem Zeitraum betrug in Heek 89,7, in Ottmarsbocholt sogar 96,1%.
[33] Viermal traten ein Mittelständler und eine Unterschichtfrau, einmal die umgekehrte Variante und einmal ein Mittelschichtmann und eine Oberschichtfrau vor den Traualtar.

1.1. Oberschichtverbindungen

Unter sozialem Aspekt herrschte in Ottmarsbocholt zwischen 1930 und 1938 eine für agrarisch geprägte Gesellschaften charakteristische, nahezu exklusive Schichtkonsistenz. Vor allem die bäuerliche Oberschicht heiratete in keinem Falle unter ihrem Stand und orientierte sich bei der Partnerwahl an Angehörigen von Familien mit ähnlich gelagerten materiellen Verhältnissen und öffentlicher Reputation.

1930 beispielsweise heiratete ein Großbauer aus der Kreuzbauerschaft mit 26 Hektar Grund eine Großbauerntochter von einer 41,45 Hektar besitzenden Familie aus dem gleichen Gemeindebezirk. 1932 gaben sich ein Großbauer aus der Kreuzbauerschaft und eine Bauerstochter aus der Dorfbauerschaft das Ja-Wort sowie ein Bauer aus Werne und eine Jungbäuerin von einem 18,69-Hektar-Hof. 1933 heirateten ein Großbauer aus Horstmar und eine Großbauernwitwe aus der Dorfbauerschaft von einem Betrieb mit 40,45 Hektar Grund. Für 1934 sind zwei reine Ottmarsbocholter Oberschichthochzeiten zu verzeichnen, beide Bräutigame prägten nach 1945 die Lokalpolitk: Ein Großbauer mit knapp 20 ha Eigenland, später mehrmaliger Gemeinderat, ging mit der Tochter eines 26,83-Hektar-Großbauern aus der Dorfbauerschaft und Gemeindeältesten die Ehe ein. Ferner nahm ein Großbauer mit 41 Hektar Landbesitz, Bürgermeister der Nachkriegsjahre, eine Gast- und Landwirtstochter zur Frau. Im gleichen Jahr vermählten sich noch ein Großbauer mit 24 Hektar aus der Dorfbauerschaft mit einer Jungbäuerin aus Lüdinghausen sowie ein Bauer aus Rinkerode und eine Großbauerntochter aus der Oberbauerschaft von einem 20,44-Hektar-Betrieb. 1935 trat die Heiratsstrategie des ‚Acker-zu-Acker' bei folgenden zwei Oberschichtehen ebenso präzise hervor: Ein Großbauer aus der Dorfbauerschaft mit 22,82 Hektar ehelichte eine Tochter aus einer Familie gleichen Standes (43,55 ha); ein Bauer aus Stockum führte eine Großbauerstochter aus der Dorfbauerschaft (24,29 ha) heim. Die nächsten Oberschichthochzeiten datieren von 1936. Da vermählte sich ein Bauer aus Lüdinghausen mit einer Jungbäuerin aus der Oberbauerschaft, die von einem 29,68-Hektar-Hof kam, ein Bauer aus Werne verband sich mit einer Großbauerntochter aus der Oberbauerschaft (20,44 ha), und schließlich gründeten ein Bauer aus Walstedde und die Tochter einer der einflußreichsten Familien mit rund 72 Hektar eine neue Familie. Im Jahr darauf vermählten sich genausoviele Oberschichtangehörige: ein Großbauer aus Senden nahm sich seine Frau aus einer Familie mit über 40 Hektar Grund, deren Schwester schloß den Bund fürs Leben mit einem Großbauer aus Amelsbüren, und ein Großbauer aus der Kreuzbauerschaft (41,45 ha) vermählte sich mit einer Jungbäuerin aus Beckum.

Das Heiratsverhalten der bäuerlichen Oberschicht zeigte im ersten Untersuchungsabschnitt eine feste Ausrichtung. Das Heiratsziel der lokalen Schichtendogamie konnte zwar nicht immer aufrechterhalten werden, und man mußte mangels angemessener Partner auch auf den großbäuerlichen Nachwuchs in der Umgebung ausgreifen.[34] Dennoch zeigte sich die soziale Schichtendogamie als oberstes Gebot der Heiratsstrategie, das heißt angestrebt wurde eine Heirat auf gleichem gesellschaftli-

---

[34] Vgl. dazu Troßbach, Bauern, S. 40.

chen und materiellen Stand.[35] Von 18 Trauungen mit Oberschichtbeteiligung war die überwältigende Mehrheit von 17 (94,4%) reine Oberschichtverbindungen. Nur einmal, im Jahre 1934, stellte sich eine Vermählung zwischen einem Oberschicht- und einer Mittelschichtangehörigen ein, deren Vater als Gast- und Landwirt genügend öffentliche Anerkennung zukam. Trauungen mit einem Partner aus der Unterschicht sind in diesem Zeitraum für Oberschichtangehörige nicht zu verzeichnen.

Dem Leitsatz sozialer Endogamie war auch die Heiratsstrategie der Heeker Oberschichtfamilien untergeordnet. Dazu suchte man einen Partner, dessen Familie den gleichen materiellen und sozialkulturellen Hintergrund mitbrachte. Ideal war es, wenn der Partner ebenso aus Heek stammte. War dies nicht der Fall, griff man auf geeignete Partner aus der Elite der Nachbardörfer aus.[36] Jedoch war in allen Fällen die entsprechende Abstammung oberstes Gebot. Soziale Abstammung rangierte somit vor regionaler Herkunft.

Ein paar Beispiele sollen dies belegen. 1930 verbanden sich bei zwei Vermählungen vier Heeker Großbauernfamilien. Der Großbauer eines 62,89-Hektar-Betriebs, der 1924 in die Gemeindevertretung eingezogen war, ging die Ehe mit der Tochter eines Eigners über 52,29 Hektar ein, der seit demselben Zeitpunkt im Amtsrat saß. Beide stammten aus der gleichen Bauerschaft. Bei der nächsten Verbindung heiratete ein Jungbauer die Tochter eines Berufs- und Standeskollegen. Beide Familien wiesen nahezu identische Besitzgrößen – 27,71 bzw. 27,40 Hektar – auf und wohnten in unmittelbarer Nachbarschaft. 1931 trauten sich der Sohn eines Großbauern mit 28,05 Hektar Eigenland, der 1961 in den Gemeinderat einziehen sollte, und die Großbauerntochter von einem 26,93-Hektar-Hof. 1935 vermählten sich ein Großbauer mit 27,40 Hektar Eigenland und eine Großbauerntochter aus Wessum. Im folgenden Jahr verband sich ein Eiergroßhändler mit der Tochter eines Großbauern, der 33,75 Hektar besaß. 1937 ging die Tochter eines Landwirts mit 41,01 Hektar Grund die Ehe mit einem Großbauern aus Ammeln und die Tochter eines 26,93-Hektar-Großbauern mit einem Großbauern aus Metelen ein.

Im Vergleich mit Ottmarsbocholt konnte in diesem Zeitraum das heiratsstrategische Ideal der Schichtendogamie nicht ganz so strikt verwirklicht werden. Vereinzelt kam es zu schichtübergreifenden Familienverbindungen, wenn Oberschichtmitglieder Partner aus der Mittelschicht heirateten. Dies ist zum einen darauf zurückzuführen, daß es im sandigen Westmünsterland nicht so viele Großbauern wie im Kleimünsterland gab. Zum anderen zeichneten sich auch die Partner aus den Mittelschichtfamilien durch Besitz und durch Sozialprestige aus. So vermählten sich 1937 ein Mittelbauer (15,08 ha), der 1919, 1929 und 1933 in den Gemeinderat gewählt worden war, und eine Großbauerntochter. Im Jahr darauf traten ein Großbauer (28,64 ha Eigenland) und die Tochter eines Mittelbauern und Gastwirts, der sich 1919 und 1924 als Amtsverordneter plazieren konnte, vor den Traualtar. Aufs ganze betrachtet waren solche schichtübergreifenden Eheschließungen jedoch die Aus-

---

[35] Zum Heiratsideal einer am Besitzstand ausgerichteten Endogamie Weber-Kellermann, Die deutsche Familie, S. 147ff.
[36] Nur in einem Fall wurde dieser räumliche Rahmen erweitert. 1934 heiratete einer der bedeutendsten Großbauern (103,11 ha) eine Unternehmertochter aus Dresden.

nahme. Von 28 Trauungen mit Führungsschichtbeteiligungen waren 23 reine Oberschichtverbindungen (82,2%), lediglich fünf Ehen (17,8%) wurden mit einem Mittelschichtpartner eingegangen. Schichtübergreifende Vermählungen hatten zudem eine deutliche soziale Schranke. Es kam in diesem Zeitraum zu keiner Verbindung zwischen einem Mitglied einer Oberschichtfamilie und einem Angehörigen der Unterschicht.

Aufgrund seiner wirtschaftlichen Struktur besaß Rödinghausen lediglich eine dünne Oberschicht. Vor allem Großbauern fehlten in der Ravensberger Landgemeinde. Deshalb bietet es sich an, das Heiratsverhalten der Oberschicht mit der gesellschaftlichen Mitte zusammen zu behandeln, zumal Angehörige des Mittelstands, wie gesehen, in der Dorfpolitik und -öffentlichkeit Leitungsfunktionen übernahmen. Reine Oberschichttrauungen waren daher rar. Insgesamt traten während des ersten Zeitraums zwei Oberschichtpaare vor den Traualtar. 1931 verbanden sich ein auswärtiger Doktor der Staatswissenschaften und die Tochter eines Lehrers und Kantors. Sieben Jahre später gingen ein Rödinghauser Kaufmann, Sohn eines Zigarrenfabrikanten, und die Tochter eines Tiefbauunternehmers aus Westkilver die Ehe ein.

Die Schichtendogamie war in der Rödinghauser Oberschicht zwischen 1930 und 1938 auffällig, aber nicht so hochgradig wie in den beiden stärker agrarisch geprägten, katholischen Gemeinden.[37] Von den drei Trauungen, bei denen mindestens ein Partner der Oberschicht entstammte, waren zwei schichtinterne Verbindungen.

1.2. Mittelschichtverbindungen

In Ottmarsbocholt läßt sich eine Schichtendogamie etwas abgeschwächt auch für die reinen Mittelschichtverbindungen feststellen. Wie prägend sich die Ausrichtung an gleichen materiellen und sozialkulturellen Besitzverhältnissen auswirkte, zeigt die Heirat von Kindern zweier mittelbäuerlicher Familien aus der Dorfbauerschaft im Jahre 1935. Dabei entsprachen sich die Besitzverhältnisse beinahe bis auf das Ar, „damit sich Wies' zu Wiese findet und Acker an Acker bindet".[38] Die Familie des Bräutigam konnte 17,36, die der Braut 17,56 Hektar vorweisen. Daß es sich bei dieser Konstellation um keine Einzelfälle handelt, belegt ein Beispiel aus dem Folgejahr: 1936 stammte ein bäuerlicher Gatte aus einer mittelbäuerlichen Familie mit 11,02, die Gattin mit 10,77 Hektar.

Die Mittelschicht konnte auch ein hohes Maß an Schichtkonsistenz vorweisen. Von 41 Hochzeiten, an denen Mittelschichtler beteiligt waren, sind 37 (90,2%) als schichtinterne Vermählungen anzusehen. Dreimal kam es zu schichtübergreifenden Verbindungen zwischen Mittel- und Unterschichtangehörigen, als 1938 ein und 1932 zwei Mittelschichtangehörige Partnerinnen aus der dörflichen Unterschicht freiten. Im einem Fall ist der Ehebund als eine sogenannte Mußehe zu kenn-

---

[37] In Ottmarsbocholt und Heek belief sich die Schichtkonsistenz in der Oberschicht auf 94,4 bzw. 82,2%.
[38] Jeggle, Krise der Gemeinde – Krise der Gemeindeforschung, S. 103. Den heiratsstrategischen Leitsatz „Drum prüfe wer sich ewig bindet, wie sich die Wies' zum Acker findet" führen auch Kaschuba/Lipp, Dörfliches Überleben, S. 452, Anm. 10, an.

zeichnen.[39] Insgesamt wurden in diesem Zeitabschnitt bei 102 Heiraten elf Verbindungen wegen unehelicher Nachkommen geschlossen. Interessant dabei ist, daß zehn davon von schichtspezifisch gleichwertigen Partnern eingegangen wurden. Bei jeweils fünf Mittel- und Unterschichtverbindungen war dies der Fall.

Auch bei den Heeker Mittelschichtverbindungen ist eine deutliche Schichtendogamie auszumachen, wenngleich es auch dort zu schichtübergreifenden Eheschließungen kam. Von insgesamt fünfzig Trauungen mit Mittelschichtbeteiligung waren zwei Drittel schichtinterne Verbindungen, während 34 Prozent schichtübergreifende Eheschließungen darstellten.[40]

Mittelschichtangehörige richteten sich häufig in ihrer Partnerwahl nach passenden Besitzverhältnissen oder beruflichen Aspekten aus. Wie bereits für Ottmarsbocholt festgestellt werden konnte, wurde bei Mittelschichtangehörigen oft „unter dem Gesichtspunkt der professionellen Endogamie geheiratet, d.h. es wurden Partner gewählt im Hinblick auf einen gemeinsamen Erfahrungshintergrund, der meist von der Lohnarbeit [oder der gewerblichen Tätigkeit, P.E.] bestimmt war und nicht mit Blick auf eventuelle agrarische Ressourcen",[41] wie man bei Vertretern der grundbesitzenden Oberschicht feststellen konnte. So nahmen zwei Drittel aller Mittelschichtler einen Partner aus derselben Schicht. Oft verbanden sich auch Verlobte aus Mittelbauerfamilien, deren Landbesitz vergleichbar war. 1930 etwa vermählte sich ein Landwirt mit 11,93 Hektar mit der Tochter eines Ackersmannes, der 13,25 Eigenland bewirtschaftete; 1938 gaben sich ein Mittelbauer (8,25 ha) und eine Landwirtstochter (6,13 ha) das Ja-Wort. Im gleichen Jahr vermählten sich ein Mittelbauer (5,05 ha) und die Tochter eines Bäckers und Landwirts 6,24 (ha).

Bei internen Mittelschichtverbindung gaben ebenso in Rödinghausen oft berufliche Berührungspunkte den Ausschlag für die Gattenwahl. So versprachen sich 1930 ein Tischler aus Büscherheid, Kreis Wittlage, und eine Tischlermeistertochter das Ja-Wort, drei Jahre später trauten sich ein Mittelbauer aus Schwenningdorf und die Tochter eines Mittelbauern und Schlachters. 1935 heirateten ein Tischler aus Ostkilver und eine Tischlertochter sowie ein Kaufmann aus Muccum und die Tochter eines Berufskollegen und Gemeindevertreters. Im gleichen Jahr vermählten sich die Kinder zweier mittelbäuerlicher Familien aus Rabber, Kreis Wittlage, und Rödinghausen. Im letzten Jahr des Zeitabschnitts schlossen bei einer innerdörflichen Hochzeit ein Mittelbauer mit 16,15 ha Eigenland und eine Jungbäuerin eines 9,6-Hektar-Hofes den Bund fürs Leben. Die Schichtendogamie war in der Rödinghauser Oberschicht zwischen 1930 und 1938 auffällig, aber nicht so hochgradig wie im großbäuerlich geprägten, katholischen Ottmarsbocholt.[42] 16 der 22 Vermählungen mit Mittelschichtbeteiligung waren schichtinterne Lebensbünde (72,7%). Bei dem restlichen Viertel fällt auf, daß die große Mehrheit dieser schichtübergreifende Beziehungen

---

[39] Bei dieser Verbindung zwischen einem technischen Angestellten aus Lünen und einer berufslosen Unterschichtfrau fand die Heirat im März 1932 statt, das Kind kam einen Monat später zur Welt.
[40] Bei 17 schichtübergreifenden Trauungen heirateten fünf Mittelschichtangehörige einen Partner aus der Oberschicht und zwölf einen aus der Unterschicht.
[41] Kaschuba/Lipp, Dörfliches Überleben, S. 462.
[42] In Ottmarsbocholt und Heek belief sich die Schichtkonsistenz in der Mittelschicht auf 90,2 bzw. 66%.

zwischen einem männlichen Mittelschicht- und einer weiblichen Unterschichtangehörigen geschlossen wurden.

1.3. Unterschichtverbindungen

Unterschichtangehörige waren in ihrer Partnerwahl freier von beruflichen und wirtschaftlichen Rücksichtnahmen als die Verlobten aus der Ober- und Mittelschicht. In der Realität aber kam für sie in der Hauptsache ein Partner aus der gleichen Gesellschaftsschicht in Betracht. So waren in Ottmarsbocholt 44 von 47 Trauungen (93,6%) interne Unterschichtheiraten. Zudem waren viele Unterschichttrauungen der beruflichen Herkunft der Verlobten nach gleichförmig.

Auch in Heek erzielte die Unterschicht eine beachtliche Schichtkonsistenz. 92 der 104 Eheschließungen mit Unterschichtbeteiligung (88,5%) stellten reine Unterschichtverbindungen dar. Nur 12 Ehebünde waren mit Mittelschichtangehörigen (11,5%).

Heiraten zwischen Unterschichtangehörigen machten in diesem Zeitabschnitt den Hauptteil der Eheschließungen in Rödinghausen aus. Wegen der ökonomischen Struktur der Landgemeinde, vor allem aber aufgrund der nationalsozialistischen Autarkiebestrebungen arbeiteten viele Unterschichtangehörige in der Tabakverarbeitung oder aber aufgrund der großen Waldflächen im Wiehengebirge in der Holzverwertung. Bei den typischen Verbindungen zwischen einer Zigarettenarbeiterin und einem -arbeiter bzw. Tischler kamen beide Verlobte entweder aus dem Dorf oder aus einer der Nachbargemeinden, vor allem aus dem nahegelegenen Schwenningdorf, das in seinem ökonomischen und sozialen Gefüge Rödinghausen sehr ähnelte. Die Schichtendogamie lag bei 91,2 Prozent und damit zwischen den Werten der beiden Vergleichskommunen.

Sozialer Aufstieg über Heirat eröffnete sich demnach den Unterschichtangehörigen extrem selten. In Ottmarsbocholt war es nur drei Unterschichtlern bei 47 Trauungen (6,3%), in Rödinghausen lediglich fünf bei 52 Hochzeiten (8,8%) gelungen, einen Partner aus dem Mittelstand zu finden. Die Masse heiratete einen gesellschaftlich Gleichsituierten.

2. Kriegsbedingter Heiratsstau: Die Heiratskreise zwischen 1939 und 1945

Auch über die Kriegszeit hinweg hielt das beschriebene Heiratsverhalten an, wenngleich die Zahl der Lebensbünde kriegsbedingt sank.[43]

---

[43] In Ottmarsbocholt war bereits während des Ersten Weltkriegs die Zahl der Eheschließungen von 13 (1914) auf 1 (1915) gefallen. GA Senden, Bestand Ottmarsbocholt, B 60.

OTTMARSBOCHOLT. HEIRATSKREISE NACH REGIONALER HERKUNFT 1939 - 45

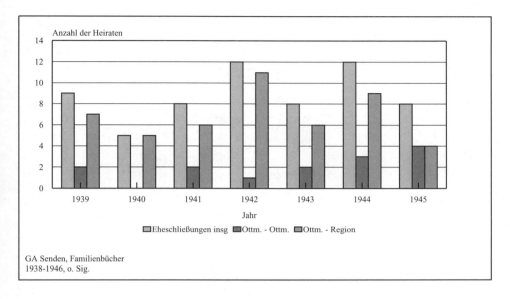

GA Senden, Familienbücher
1938-1946, o. Sig.

Wie im vorherigen Zeitraum waren die Heiratskreise in Ottmarsbocholt auf das Amt und seine Umgebung beschränkt. Wiederum gehörten alle 124 Brautleute der katholischen Konfession an, erneut war die große Masse der Vermählungen schichtinterne Lebensbünde. Bei 61 Paaren (98,3%) kamen beide Partner aus der gleichen Gesellschaftsschicht. Nur in einem Falle schlossen ein Schuhmachersohn und eine Gastwirtstochter die Ehe.

Infolge der unsicheren Zeitläufte sank auch in Heek die Zahl der Heiratswilligen. Zwischen 1939 und 1945 traten nur noch 97 Hochzeitspaare vor den Traualtar. Das ergab ein jährliches Mittel von 13,8 Vermählungen. Dabei bekannten sich 190 Brautleute zur katholischen Konfession und stammten aus Heek und Umgebung.[44] Unter diesen 97 Eheschließungen waren die schichtinternen Trauungen wiederum die Mehrheit. Bei 86 Brautpaaren (88,7%) stammte der Partner aus derselben Gesellschaftsschicht. Nur elf Heiratswillige (11,3%) gingen mit einem Partner aus einer anderen Schicht die Ehe ein.[45]

---

[44] 1940 kam es zu einer interkonfessionellen Heirat zwischen der Tochter eines Parteifunktionärs und einem HJ-Bannführer. Die Brautleute bezeichneten sich ein Jahr nach der Trauung als gottgläubig und traten aus ihren Kirchen aus. 1941 ehelichte ein evangelischer Fabrikant aus Gronau seine Sekretärin, die aus Dortmund stammte. Bezeichnenderweise kamen beide Brautpaare nicht aus Heek und waren dorthin nur zugezogen.

[45] Von den schichtübergreifenden Verbindungen waren zwei zwischen einem Ober- und Mittelschichtangehörigen, neunmal versprachen sich ein Mittel- und ein Unterschichtmitglied die Ehe.

HEEK. HEIRATSKREISE NACH REGIONALER HERKUNFT 1939 - 45

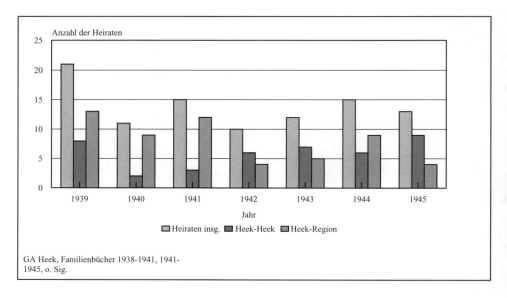

GA Heek, Familienbücher 1938-1941, 1941-1945, o. Sig.

Ebenso herrschten in Rödinghausen in den Kriegsjahren, in denen die persönliche Lebensplanung ungewiß war, strikte Standesgrenzen und eine niedrige Heiratsquote vor. Wie die Graphik veranschaulicht, fiel die Heiratsrate seit 1939 und kam erst 1945 wieder auf den gleichen Stand. Das Jahr 1942 bildete dabei eine Ausnahme. Das einmalige Heiratshoch ist vielleicht auf die optimistische Siegeszuversicht sowie die vorteilhafte Versorgungslage in dieser Zeitspanne zurückzuführen.[46] Insgesamt gaben sich zwischen 1939 und 1945 43 Paare das Ja-Wort. Die Rate sank demnach auf 6,1 Hochzeiten pro Jahr.

---

[46] Heinemann, Krieg und Frieden an der „inneren Front", S. 35ff.; Thamer, Verführung und Gewalt, S. 711ff.

RÖDINGHAUSEN. HEIRATSKREISE NACH REGIONALER HERKUNFT 1939 - 45

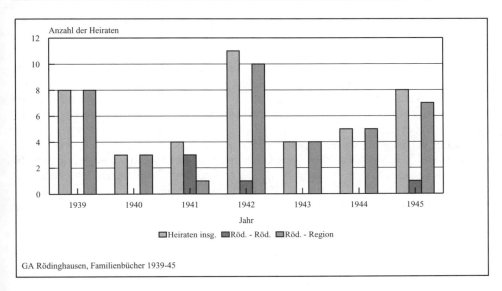

GA Rödinghausen, Familienbücher 1939-45

Auch in dieser Phase konzentrierte sich die Gattenwahl der heiratswilligen Rödinghauser auf ihre Heimatgemeinde und Umgebung. Eheschließungen mit den seit 1943 im Dorf einquartierten Evakuierten kamen nicht zustande. Viele Einquartierte stammten aus dem katholischen Rheinland, wie zum Beispiel Aachen und Stolberg; ihr Zwangsaufenthalt wurde als Provisorium angesehen. Deshalb lebten bei der Konfessionszugehörigkeit der Hochzeiter die altvertrauten Ausrichtungen weiter; Beziehungen konfessionsverschiedener Partner fanden demnach kaum den Weg vor den Traualtar.[47] Die 86 Brautleute gehörten mit einer Ausnahme allesamt der protestantischen Kirche an. Lediglich 1944 kam es zur Vermählung eines evangelischen Ingenieurs und einer ursprünglich katholischen Arzttochter, die jedoch vor der Trauung das Bekenntnis ihres Mannes annahm.[48] Die Exklusivität der schichtinternen Lebensbünde nahm gegenüber der Vorkriegszeit noch etwas zu.[49] Bei 40 der 43 Vermählungen, mithin 93 Prozent, gelobten sich Gatten aus der gleichen Gesellschaftsschicht lebenslange Treue. Nur in drei Fällen verbanden sich zwei sozial unterschiedlich gestellte Partner.

[47] Mit welchen Belastungen eine solche Partnerschaft beladen war, zeigen zwei Verbindungen aus dem Jahr 1943. Die Ehen zwischen den Bewohnern zweier Nachbargemeinden und ihren katholischen Gatten aus dem Münsterland hielten nicht lange und wurden in der Nachkriegszeit geschieden.
[48] Darüber hinaus gab es einen ‚innerprotestantischen' Fall, bei dem sich 1942 ein evangelisch-lutherischer Zigarrenfertiger aus Schwenningdorf und eine altlutherische Zigarrenarbeiterin verbanden.
[49] Dieses Phänomen war auch in Ottmarsbocholt zu beobachten. Dort stieg die Schichtexklusivität von 96,1 auf 98,3% an, während sie in Heek um einen Prozentpunkt auf 88,7% fiel.

2.1. Oberschichtverbindungen

Gerade in der kriegsbedingten Ausnahmezeit präsentierte sich die bäuerliche Oberschicht als ein exklusiver Heiratszirkel. Schichtgrenzen erwiesen sich in dieser Krisenzeit als undurchlässig.

Die Angehörigen der Ottmarsbocholter Oberschicht heirateten in allen 14 Fällen unter sich und sicherten dadurch ihren materiellen wie sozialkulturellen Besitzstand. Die Schichtkonsistenz betrug demnach zwischen 1939 und 1945 exakt einhundert Prozent. 1939 wurde eine Großbauerntochter aus Lüdinghausen die Frau eines Großbauern aus der Oberbauerschaft, der über 32,29 Hektar Land verfügte. Dessen Schwester vermählte sich mit einem Großbauern aus Beckum. Im Jahr darauf freite ein Wirt aus Leuth die Tochter eines Gastwirts und Großbauern aus dem Dorf (24 ha). 1941 liessen sich ein Bauer aus Albachten und eine Großbauerntochter aus der Oberbauerschaft (30,86 ha) trauen. 1941 wechselten ein Gast- und Landwirt aus Ladbergen und eine Großbauerntochter aus der Kreuzbauerschaft (43,55 ha) die Ringe, und ein Großbauer der Dorfbauerschaft nahm sich eine Bauerntochter aus Vohren zur Frau. 1944 beispielsweise führte ein Großbauer aus Neuenkirchen, Kreis Steinfurt, die Großbauerntochter eines 43,55-Hektar-Hofes aus der Kreuzbauerschaft heim, zwei Bauern aus Ascheberg ehelichten Großbauerntöchter eines 29,68-Hektar-Betriebes aus der Oberbauerschaft.

Auch in den Kriegsjahren konnten die Besitzverhältnisse nahezu identisch sein. Dies zeigt der Ehebund eines Großbauern aus der Oberbauerschaft mit 26,85 Hektar Besitz und einer Tochter eines 26,83-Hektar-Großbauern aus der Dorfbauerschaft. Welch materielles und sozialkulturelles Kapital eine Großbauerntochter in Zeiten mit Versorgungsengpässen in die Ehe einbringen konnte, verdeutlicht der Lebensbund zwischen einer Tochter aus einem 27,68-Hektar-Betrieb, den ein ehemaliger Gemeinde- und Amtsvertreter leitete, und einem Doktor der Staatswissenschaften aus Herste, Kreis Höxter, der als Sparkassenrendant arbeitete. Im letzten Kriegsjahr wurden noch zwei Oberschichtzusammenschlüsse eingegangen: Ein Großbauer aus der Dorfbauerschaft (24,49 ha) gründete mit einer Bauerntochter aus dem Dorf eine neue Familie, und ein Horstmarer Bauer nahm eine verwitwete Großbäuerin (25,16 ha) zur Frau.

In den Kriegsjahren ließ die Heiratsneigung bei den Heeker grundbesitzenden Oberschichtangehörigen nach. Die Kriegsereignisse machten in diesem klassischen Anerbengebiet die Frage der Erbfolge zu einer nicht kalkulierbaren Größe. Jedoch veränderte der quantitative Rückgang der Heiratsziffern die qualitativen Einstellungs- und Verhaltensmodelle beim Heiraten nicht. Nach wie vor blieb die Oberschicht ein sich scharf abgrenzender Heiratskreis, der sich in den Kriegsjahren – wie in Ottmarsbocholt – noch exklusiver zeigte. 1939 heirateten ein Großbauer aus Ochtrup und eine Jungbäuerin von einem 33,75-Hektar-Hof. 1943 kam es zu einer Geschwisterheirat unter zwei Großbauernfamilien, deren Hofgrößen sich auf 25,7 bzw. 33,13 Hektar beliefen. Unter heiratsstrategischem Aspekt war die Geschwisterheirat die perfekte Form von Besitzstandwahrung. 1944 ehelichte ein Großbauer mit 30,5 Hektar eine Witwe, die 52 Hektar Land in die Ehe mitbrachte. Im letzten

Kriegsjahr vermählten sich ein Jungbauer (61 ha) und eine Jungbäuerin (45,02 ha), deren Höfe in der Nachbarschaft lagen. Von 15 Eheschließungen mit Oberschichtbeteiligung waren 13 interne Elitenverbindungen, lediglich zwei Oberschichtangehörige heirateten einen Partner aus der Mittelschicht. Hatte der Anteil der reinen Oberschichtverbindungen im Zeitraum zuvor noch bei 82,2 Prozent gelegen, so war er nun auf 87,7 Prozent geklettert. Die Schichtdichte hatte also zugenommen.

Lediglich zwei Oberschichtheiraten sind in den sechs Kriegsjahren in Rödinghausen auszumachen. Dabei verbanden sich in dem oben beschriebenen Konversionsfall von 1944 zwei Oberschichtangehörige. Zwei Jahre zuvor hatten ein Gastwirt und die Tochter eines Großbauern aus Ostkilver, der einen 24,04-Hektar-Betrieb leitete, die Ringe getauscht.

2.2. Mittelschichtverbindungen

In den Kriegsjahren schlossen bei 26 Trauungen in Ottmarsbocholt Mittelschichtler den Bund fürs Leben. Darunter waren 25 reine Mittelschichtverbindungen. Die schichtspezifische Konsistenz war auch hier gegenüber den Nichtkriegsjahren ausgeprägter. Gegenüber den Jahren 1930 bis 1938 präsentierte sich diesmal nicht nur die Oberschicht in ihrem generativen Verhalten als exklusiv, sondern auch die Mittelschicht legte eine vergleichbare Schichtdichte an den Tag. ‚Mußehen' sind in diesem Zeitraum nicht zu verzeichnen.

Heeker Mittelschichtverbindungen ereigneten sich auch in der Kriegszeit nach den altvertrauten Gesetzmäßigkeiten. Ihre Schichtkonsistenz nahm zwar nicht wie bei der Oberschicht zu, aber die Mengenverhältnisse entsprachen denen der dreißiger Jahre. 61 Prozent der Mittelschichtangehörigen gingen mit einem Partner aus derselben Schicht die Ehe ein, während 39 Prozent eine schichtübergreifende Verbindung schlossen. Typische Mittelschichtehen war immer noch oft professionell motiviert. So traten 1939 ein Kaufmann und eine gelernte Verkäuferin aus Ochtrup vor den Traualtar. 1943 versprachen sich ein Maler aus Schöppingen und die Tochter eines Anstreichermeisters die Ehe. Im letzten Kriegsjahr trauten sich ein Kaufmann und eine Müllerstochter. Eine kriegsbedingte Besonderheit stellte eine posthume Heirat dar, als sich im Jahre 1942 eine Aushilfsangestellte mit ihrem gefallenen Verlobten nachträglich trauen ließ.

In Rödinghausen war bei den Heiraten mit Mittelstandsbeteiligung die Rate der schichtinternen Verbindungen minimal auf genau 70 Prozent gesunken. So gingen zum Beispiel 1941 ein Buchhalter aus Besenkamp und die Tochter eines Bierverlegers die Ehe ein, zwei Jahre später zogen ein Bierener Sparkassenangestellter und eine Malermeistertochter vor den Traualtar. Bei den Mittelschichtbeziehungen zeigten sich erneut die dafür typischen Phänomene der Besitzstandwahrung und der beruflichen Gemeinsamkeiten. Als exemplarischer Beleg seien zwei Hochzeiten von 1942 genannt, als sich Rödinghauser Mittelbauern mit auswärtigen Jüngbäuerinnen von entsprechender Hofgröße vermählten. In zwei Fällen traute sich ein männlicher Mittelständler mit einer Frau aus der Unterschicht. So verehelichten sich 1945 ein Kaufmannssohn und eine Tischlertochter. In dem anderen Fall von 1939 waren berufliche Berührungspunkte zwischen den Familien festzustellen, als ein Tischlermeister die Tochter eines Schreiners aus Dümme zur Frau nahm.

2.3. Unterschichtverbindungen

Zwischen 1939 und 1945 gaben sich bei 23 Hochzeiten Angehörige der Ottmarsbocholter Unterschicht das Ja-Wort. Darunter befanden sich 22 interne Unterschichtverbindungen. Die Schichtendogamie war auch hier gegenüber der Vorkriegszeit mit 95,6 Prozent höher.

Die Schichtkonsistenz in der Heeker Unterschicht nahm zwar nicht wie bei der Oberschicht zu, aber im großen und ganzen wurden Relationen wie in den dreißiger Jahre erreicht. So waren von 65 Heiraten, bei denen Unterschichtangehörige beteiligt waren, noch 56 (86,1%) reine Unterschichtverbindungen. Die Brautleute aus Unterschichtverbindungen arbeiteten als Kleinbauern und -bäuerinnen, einfache Handwerker oder Arbeiter und Arbeiterinnen. Beispielsweise schlossen 1939 ein Weber und eine Spulerin, deren Vater auch Arbeiter war, die Ehe. 1945 heiratete ein Kleinbauer mit 2,53 Hektar Grundbesitz die Tochter eines Kötters, der nur 19 Ar Eigenland hatte und seine restliche Nutzfläche pachten mußte. Auffallend ist, daß viele Frauen aus der Unterschicht eine Berufsbezeichnung führten. Dies rührt daher, daß sie in den örtlichen Textilfabriken arbeiten mußten, um ihren Lebensunterhalt zu verdienen. Frauen aus der Ober- und Mittelschicht hingegen wurden in den Familienbüchern oft nur als „Haustöchter" bezeichnet.

Wiederum machten in Rödinghausen die Eheschließungen von Unterschichtangehörigen das Gros der Hochzeiten aus. Bei 34 der insgesamt 43 Trauungen in dieser Zeitspanne war mindestens ein Unterschichtler beteiligt, was nochmals die unterschiedliche Sozialstruktur Rödinghausens beleuchtet. Die Schichtendogamie am Fuße der Gesellschaftspyramide war noch stärker ausgebildet als im vorherigen Zeitraum. 32 der 34 Eheschließungen waren reine Unterschichtverbindungen. Der Prozentsatz von 94,1 lag damit über dem der dreißiger Jahre. Nur zwei Unterschichtfrauen, einer Zigarrenarbeiterin und einer Tischlertochter, war es geglückt, einen Tischlermeister bzw. einen Kaufmannssohn zu ehelichen. 1942 kam es zu einer kriegsbedingten Besonderheit. Ein Wehrmachtsangehöriger und die Tochter eines Zigarrenarbeiters ließen sich ferntrauen. Der 26jährige Zigarrensortierer bekundete dabei nach der Personenstandsverordnung der Wehrmacht seinen schriftlichen Willen zur Eheschließung. Seine 23jährige Verlobte mußte daraufhin bei der Zeremonie im Standesamt die Frage des Standesbeamten nur noch mit Ja beantworten.[50]

3. Trauungen mit Flüchtlingsbeteiligung: Die Heiratskreise zwischen 1946 und 1960

In der Nachkriegszeit, vor allem zu Beginn der fünfziger Jahre, herrschte in den drei westfälischen Landgemeinden wie in der gesamten Bundesrepublik ein Heirats-

---

[50] Zu diesem Phänomen siehe Essner/Conte, „Fernehe", „Leichentrauung", „Totenscheidung", S. 201 - 227.

boom, der die Folge eines kriegsbedingten Nachholbedarfs, mehr noch das Resultat des Vertriebenenzuzugs war.[51] In Ottmarsbocholt schlossen zwischen 1946 und 1960 353 Brautpaare den Bund fürs Leben. Das ergab eine Heiratsziffer von 23,5 jährlich.[52] Davon wurden die meisten Ehen Anfang der fünfziger Jahre eingegangen mit dem Spitzenjahr 1950.[53]

OTTMARSBOCHOLT. HEIRATSKREISE NACH REGIONALER HERKUNFT 1946 - 60

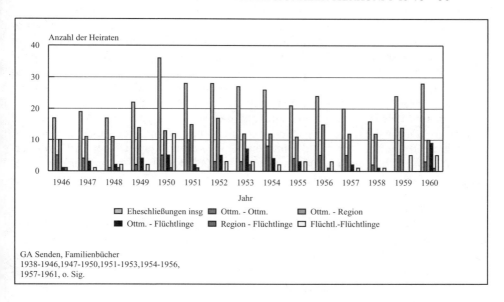

Mit dem Zuzug der ostdeutschen Heimatvertriebenen wandelte sich die Sozialstruktur in Ottmarsbocholt tiefgreifend. Die Ansiedlung von Hunderten von Flüchtlingen brachte potentiell neue Orientierungen bezüglich des generativen Verhaltens mit sich.[54] Von nun an lebten nicht nur Menschen mit verschiedener Sozialisation, zum Teil städtisch geprägter,[55] in Ottmarsbocholt, sondern auch mit unterschiedlicher

---

[51] Für die Bundesrepublik siehe Kromka, Die Bedeutung von Ehe und Familie für die ländliche Gesellschaft, Tabelle 1, S. 217.
[52] Im ersten Zeitabschnitt lag die Hochzeitenzahl bei 11,2, im zweiten bei 8,9 durchschnittlich pro Jahr.
[53] Für die Untersuchungsgemeinde ist ein regelrechtes Heiratshoch zu konstatieren: 1950 waren es 36, 1951 wie 1952 28, 1953 27 und 1954 26 Trauungen. – Damit widerspricht dieser Befund der These von Korte, Bevölkerungsstruktur und -entwicklung, S. 17, daß „eine relativ niedrige Anzahl von Eheschließungen... die Bevölkerungsentwicklung zwischen 1949 und 1956" gekennzeichnet habe.
[54] Im April 1947 wohnten 692 Ostvertriebene in Ottmarsbocholt, die 24,3% der Bewohner ausmachten; GA Senden, Bestand Ottmarsbocholt, C 10 u. C 43.
[55] Ein großer Teil der aus Schlesien Vertriebenen kam aus dem Raum Breslau oder aus dem ebenfalls niederschlesischen Kreis Glatz.

Konfession.[56] Damit prallten anders geartete Prägungen und mentale Dispositionen aufeinander. Die in Ottmarsbocholt das Heiratsverhalten beherrschenden Deutungs- und Handlungsmuster erwiesen sich jedoch als sehr beständig. Bei insgesamt 310 Verbindungen mit einheimischer Beteiligung heirateten 81,9 Prozent der Brautleute gemäß der althergebrachten Ausrichtung:[57] 254 Vermählungen schlossen Ottmarsbocholter untereinander oder mit Partnern aus der Umgebung.[58] Lediglich bei 56 Ehebünden (18,1%) waren ein Flüchtling und ein Bewohner Ottmarsbocholts beteiligt. Von dieser Art von Verbindung wird noch ausführlicher zu sprechen sein.

Die Schichtkonsistenz nahm geringfügig ab, erreichte aber immer noch einen hohen Anteil. Unter den 353 Vermählungen wurden 324 zwischen Partnern aus der gleichen Gesellschaftsschicht eingegangen und blieben somit die beherrschende Mehrheit. Die bäuerliche Oberschicht orientierte sich wie zuvor am materiellen und sozialkulturellen Kapital der Familie des Partners,[59] die mittelbäuerlichen und gewerblichen Mittelschichtangehörigen suchten ihre Lebensgefährten nach vergleichbarem materiellen Besitzstand und professionellen Fähigkeiten aus. Vor allem die einheimischen dörflichen Unterschichtler – sieht man einmal von einer individellen Ausnahme ab – gingen Ehebünde mit den Neubewohnern ein. Dieser Umstand verwundert nicht, galten doch beide bei einem Heiratsverhalten, das vom Denken in besitzhierarchischen Strukturen geleitet wurde, als gesellschaftlich tiefstehende ‚Habenichtse'.

Auch in Heek stieg die Zahl der Heiraten im letzten Untersuchungsabschnitt deutlich an. 427 Trauungen ergaben einen Jahresdurchschnitt von 28,5 Eheschließungen. Dieser Mittelwert lag deutlich über dem Schnitt der dreißiger Jahre und war mehr als doppelt so hoch wie in der Kriegszeit. Diese Zunahme hatte zwei Ursachen. Zum einen verursachte ein Nachholbedarf aus den Kriegsjahren das Heiratshoch, zum anderen hatten die zahlreichen neuen Dorfbewohner deutlichen Anteil an den gestiegenen Vermählungsziffern. Wie in der Bundesrepublik lag auch in Heek die größte Heiratshäufigkeit zu Beginn der fünziger Jahre.[60]

---

[56] Zur Zeit der VBBZ 1950 lebten 281 Protestanten in Ottmarsbocholt. Sie stellten 12,8% der Dorfbevölkerung; GA Senden, Bestand Ottmarsbocholt, C 10 u. C 43.
[57] Die 43 reinen Flüchtlingsehen und acht Trauungen zwischen Vertriebenen und Westfalen aus der Umgebung wirkten sich naturgemäß nicht auf das Heiratsverhalten der Ottmarsbocholter aus.
[58] Davon waren 65 Hochzeiten rein dorfinterne und 189 regionale Verbindungen. Das gleiche Verhalten konstatiert auch Hund, Flüchtlinge in einem deutschen Dorf, S. 176f.
[59] Brändle, Die Eingliederung der Heimatvertriebenen in ländliche Orte, S. 186.
[60] Die Zahl der Eheschließungen je 1000 Einwohner lag 1950 bundesweit bei 10,7, fünf Jahre später bereits bei 8,8. Auch das Zwischenhoch von 9,4 (1960) erreichte nicht mehr den Spitzenwert Anfang der fünfziger Jahre. Kromka, Die Bedeutung von Ehe und Familie für die ländliche Gesellschaft, S. 217.

HEEK. HEIRATSKREISE NACH REGIONALER HERKUNFT 1946 - 60

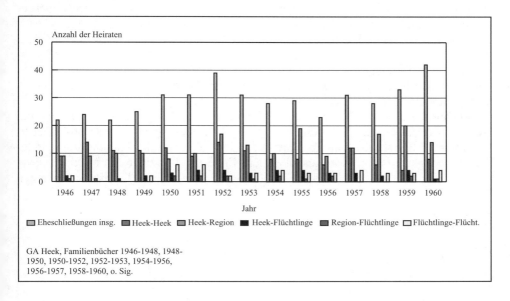

GA Heek, Familienbücher 1946-1948, 1948-1950, 1950-1952, 1952-1953, 1954-1956, 1956-1957, 1958-1960, o. Sig.

Hervorzuheben ist, daß die das Heiratsverhalten leitenden Orientierungs- und Verhaltensmodelle trotz des Heiratsbooms und der erweiterten Wahlmöglichkeiten fortdauerten. Die regionale Ausrichtung der Partnerwahl behauptete sich. Bei drei Vierteln der 427 Lebensgemeinschaften stammten die Partner aus dem Dorf oder der näheren Umgebung.[61] Besonders der Leitsatz schichtendogamer Vermählungen blieb weitgehend erhalten. Weiterhin waren über vier Fünftel der Ober- und Unterschichtheiraten und nahezu zwei Drittel der Mittelschichtverbindungen strikt schichtinterne Eheschließungen. Lediglich bei 62 der 427 Heiraten, das ergab einen Anteil von 14,5 Prozent, trauten sich Braut und Bräutigam aus differierenden sozialen Schichten.

Somit läßt sich an dieser Stelle für das Heiratsverhalten der Heeker Bevölkerung bereits ein erstes Fazit ziehen. Der heiratsstrategische Leitsatz der Schichtendogamie besaß vor allem in der Oberschicht über den gesamten Untersuchungszeitraum von dreißig Jahren hinweg seine volle Gültigkeit. Der Anteil der schichtinternen Verbindungen änderte sich kaum. Gültigkeit behielt auch die konfessionelle Ausrichtung der Heiratswilligen aus Heek und Umgebung. Abgesehen von den konfessionellen Mischehen bei Eheschließungen zwischen Vertriebenen und Einheimischen waren

---

[61] Dies waren 324 Trauungen. Auch Wurzbacher, Die Nachbarschaft als Ausgleichsfaktor gegen Vereinzelung und Anonymisierung, S. 148, stellte für seine Untersuchungsgemeinde aus dem Westerwald einen „erstaunlich große(n) Prozentsatz der Eheschließungen von Partnern, die im gleichen Wohnplatz... ansässig sind", fest. Dort waren bei 79,1% der Eheschließungen die Gatten aus dem Dorf bzw. der Nachbargemeinde.

die 324 Paare mit Brautleuten aus Heek und Umgebung bis auf eine Ausnahmme geschlossen katholisch. Die Heeker reagierten bei der Partnerwahl mit den althergebrachten Verhaltensmustern auf die veränderte Situation Mitte der vierziger Jahre. Die Alternative ‚fortsetzen oder neuorientieren' bestand lediglich in Sonderfällen.

Wie in den beiden Vergleichsgemeinden hatte auch im Rödinghausen der Nachkriegszeit das Heiraten Hochkonjunktur. Ein Nachholbedarf nach sechs Kriegsjahren und der Flüchtlingszuzug sorgten auch in der Ravensberger Landgemeinde für einen merklichen Anstieg der Trauungsaufgebote. Pro Jahr gaben sich durchschnittlich 11,4 Paare das Ja-Wort. Bereits 1946 hatte die Heiratshäufigkeit den Vorkriegstand von 1938 überschritten und steigerte sich in Zweijahresschritten bis zum Höchststand von 17 Eheversprechen im Jahre 1952. Erst 1956 war die Trauungsquote unter den Ausgangswert von 1946 gesunken, um Ende der fünfziger Jahre jedoch abermals emporzuklettern. 1960 fiel die Hochzeitsrate erneut unter die Bilanz des ersten Nachkriegsjahres.

RÖDINGHAUSEN. HEIRATSKREISE NACH REGIONALER HERKUNFT 1946 - 60

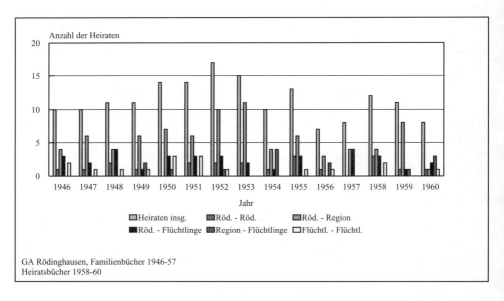

Der Bevölkerungsanstieg bescherte der Rödinghauser Jugend erweiterte Wahlmöglichkeiten bei der Partnersuche. Daß dabei eine vergrößerte Auswahl nur theoretisch existierte, belegt die Zahl der Trauungen von Einheimischen im Vergleich zu der von Brautleuten unterschiedlicher Herkunft. Bei 105 der insgesamt 154 Vermählungen, an denen Alteingesessene beteiligt waren, gaben sich Rödinghauser untereinander oder mit Partnern aus der Umgebung das Ja-Wort. Dies waren über zwei Drittel (68,2%) dieser Eheschließungen. Damit blieb im Hinblick auf die regionale Herkunft des Gatten das traditionelle Orientierungsmuster weiterhin handlungsleitend, wenngleich die Rödinghauser Quote die Werte der Vergleichsgemeinden unterschritt.[62] Demzufolge war der Anteil von Heiraten zwischen Einheimischen und Vertriebenen bedeutend höher als in den agrarischen und katholischen Vergleichskommunen.[63] Dies ist damit zu erklären, daß die Gattensuche in der Ravensberger Landgemeinde im Vergleich mit Ottmarsbocholt traditionell nicht allein auf das Dorf fixiert war, sondern bedingt durch geographische Lage und Pendlerwesen viele Rödinghauser schon vor 1946 auswärtige Partner gewählt hatten.[64]

Die Quote der schichtinternen Verbindungen war auf 87,7 Prozent gefallen. Sie war damit deutlich unter die Werte der vorherigen Zeitabschnitte abgesunken.[65] Wie noch zu zeigen sein wird, orientierten sich vor allem die Angehörigen des Mittelstands in ihrer Gattensuche neu und wählten in erhöhter Zahl Partner aus der Unterschicht, während an der Spitze und am Fuße der dörflichen Gesellschaftspyramide die Schichtkonsistenz in etwa gewahrt blieb. Die Rate schichtinterner Heiraten im letzten Zeitabschnitt lag in Rödinghausen zwischen denen der beiden Vergleichskommunen.[66] Da eine Vielzahl der Brautleute Neuankömmlinge waren, ergab sich für manches Paar die Schwierigkeit einer konfessionellen Mischehe. Dies traf auf 14 der insgesamt 66 herkunftsverschiedenen Vermählungen zu (21,2%), deren Anerkennung durch den konfessionellen Gegensatz noch erschwert wurde. Von den konfessionsverschiedenen Ehepaaren wird noch ausführlich zu sprechen sein.

3.1. Oberschichtverbindungen

Das schichtspezifische Heiratsverhalten erfuhr keine Veränderung durch die Vertriebenzuwanderung. Die bäuerliche Oberschicht blieb ein exklusiver Heiratskreis. Vor allem in den von Wohnungsnot und Ernährungsmangel gezeichneten, unmittelbaren Nachkriegsjahren war bei der Weitergabe der materiellen Reproduktionsbasis an die folgende Generation Sorgfalt geboten. Beim Heiraten übten die grundbesitzenden Großbauernfamilien Zurückhaltung. Die Ausrichtung an vergleichbarem Besitz hatte Bestand, und der Lebensbund wurde verhältnismäßig spät eingegangen.

In Ottmarsbocholt verband sich 1947 die Witwe eines 27,66-Hektar-Betriebes mit einem Coesfelder Großbauern.[67] Ein Jahr danach traten ein Seppenrader Großbauer und die Tochter eines 29,68-Hektar-Hofes vor den Traualtar. 1949 waren drei Oberschichtverbindungen zu vermelden, zwei davon sind als typisch anzusehen: Der Jungbauer eines 40,9 Hektar umfassenden Betriebes ging mit einer Tochter einer der einflußreichsten und am meisten Boden besitzenden Familie (76,48 ha) die Ehe ein. Welches Ansehen beide Familie genossen, belegt die Anzahl der Ämter, die Vertre-

---

[62] In Ottmarsbocholt entschieden sich 81,9% der Ehewilligen für einen einheimischen Gatten.
[63] In Ottmarsbocholt war der Anteil der herkunftsverschiedenen Ehen mit 18,1% fast halb so groß.
[64] Bis Mitte der vierziger Jahre kamen die Partner aus vergleichbaren Nachbargemeinden. Bei Eheschließungen zwischen Einheimischen und Vertriebenen jedoch konnten sich hinsichtlich Konfession und Sozialisation gravierende Unterschiede ergeben.
[65] In den dreißiger Jahren erreichte die Schichtendogamie 92,1, in der Kriegszeit sogar 93%.
[66] In Heek bezifferte sich die Schichtkonsistenz auf 85,5%, in Ottmarsbocholt erreichte sie 91,7%.
[67] Alle folgenden Ober-, Mittel- und Unterschichtverbindungen sind repräsentative Beispiele. Es werden nicht alle Ehebünde aufgeführt.

ter beider Familien bekleideten: Die Väter der Brautleute waren in nationalsozialistischer Zeit Gemeindeälteste gewesen, und der Brautvater 1948 war wieder in die Gemeindevertretung gewählt worden, dem er wie dem Kirchenvorstand bis zu seinem Tod 1949 angehörte.[68] Obendrein wurde der Bruder der Braut 1952 zum stellvertretenden Amtsbürgermeister bestimmt.[69] Der zweite charakteristische Ehebund bestand zwischen einem lange im Amt Ottmarsbocholt tätigen Lehrer und der Tochter eines der größten Bauern (41,82 ha) in Venne.

Der gleiche Typ von Ehebund kam 1950 wieder zustande: Ein Gewerbelehrer aus Gelsenkirchen und eine Tochter einer einflußreichen und grundbesitzenden Familie (76,48 ha) gründeten eine Familie. Im gleichen Jahr gab es noch eine charakteristische Großbauernhochzeit, bei der ein Jungbauer aus angesehener Familie[70] mit 34,10 Hektar Land und eine Tochter von einem nicht minder anerkanntem Hof[71] mit 29,68 Hektar Grund heirateten. Für 1951 ist der nicht unübliche Fall einer geschwisterlichen Doppelhochzeit festzuhalten. Dabei trat der 27jährige Jungbauer eines 22,82-Hektar-Betriebes mit der 28 Jahre alten Tochter eines Gast- und Landwirts aus der Oberbauerschaft (17,56 ha) vor den Traualtar. Deren Bruder vermählte sich am selben Tag mit der Schwester des genannten Jungbauern, beide 27 bzw. 24 Jahre alt.[72] Des weiteren heiratete ein Freckenhorster Bauer eine Tochter eines Großbauern mit 35,59 Hektar Eigenland aus der Kreuzbauerschaft.[73] Im folgenden Jahr heirateten drei Ottmarsbocholter Oberschichtangehörige gleichrangige Partner aus der Umgebung. Der Jungbauer eines 30,66-Hektar-Betriebes nahm sich eine Bäuerin aus Holthausen zur Frau,[74] der Erbe eines 25,88-Hektar-Hofes freite eine Bauerstochter aus Ascheberg, deren Mutter aus Ottmarsbocholt stammte, und eine Tochter eines Großbauern mit 35,59 Hektar Boden heiratete nach Nordkirchen.

1955 wurde eine Oberschichtverbindung geschlossen, die in klassischer Weise von besitzhierarchischem Denken bestimmt war. Dabei verbanden sich zwei einflußreiche Familien: Familienangehörige des Bräutigams hatten von 1924 bis 1935 im Gemeinderat und von 1931 bis 1952 im Kirchenvorstand gesessen. Der Bräutigam selbst sollte 1961 Amtsvertreter werden. Der Brautvater war 1952 zum Amtsvertre-

---

[68] Im Kirchenvorstand saß er von Beginn des Untersuchungszeitraums an; BAMS, PfA Ottmarsbocholt, K 31, Kirchenvorstands-Protokoll (1876 - 1971).

[69] GA Senden, Bestand Ottmarsbocholt, C 14.

[70] Der Vater war von 1919 bis 1935 Gemeinderat sowie 1924 Amtsvertreter gewesen und gehörte von 1931 bis 1940 dem Kirchenvorstand an; GA Senden, Bestand Ottmarsbocholt, B 7, B 9, B 12, C 14 und BAMS, PfA Ottmarsbocholt, K 31, Kirchenvorstands-Protokoll (1876 - 1971).

[71] Auch hier war der Vater im Kirchenvorstand der Jahre 1931 - 1943 sowie im örtlichen Schulvorstand von 1930 bis 1935; BAMS, a.a.O. u. GA Senden, Bestand Ottmarsbocholt, C 106.

[72] Die Doppelhochzeit fand im Juli 1951 statt.

[73] Der Vater der Ottmarsbocholterin gehörte von 1931 bis 1955 ununterbrochen dem Kirchenvorstand an und saß von 1942 - 45 als stellvertretender Ortsbauernführer im Schulbeirat; BAMS, PfA Ottmarsbocholt, K 31, Kirchenvorstands-Protokoll (1876 - 1971) und GA Senden, Bestand Ottmarsbocholt, C 106, C 192.

[74] Der Jungbauer stammte aus einer der angesehensten Ottmarsbocholter Familien und war seit 1952 Amtsvertreter. Von 1958 bis 1961 sollte er dem Kirchenvorstand angehören. Sein Vater war jahrzehntelang Gemeindevorsteher; BAMS, a.a.O.; GA Senden, Bestand Ottmarsbocholt, B 9, C 14.

ter gewählt worden.[75] Der Bräutigam stammte von einem Betrieb mit 52,45 Hektar, seine Gattin aus einer Gast- und Landwirtsfamilie in Venne (17,20 ha). Zusätzlich verheirateten sich noch zwei Töchter eines 35,59-Hektar-Großbauern nach Nordkirchen bzw. Dortmund. Im anschließenden Jahr ereignete sich wiederum eine charakteristische Oberschichtverbindung, bei der erneut zwei angesehene Ottmarsbocholter Familien zusammen kamen: Ein Enkel des langjährigen Gemeindevorstehers und Sohn des Amtsvertreters von 1952 verband sich mit der Tochter des ehemaligen Ehrenamtmanns. Die nächste dorfinterne Oberschichtheirat stellte sich 1957 ein. Die Tochter eines Großbauern aus der Oberbauerschaft (26,83 ha) wurde die Frau eines Jungbauern aus angesehener Familie.[76] Desweiteren heirateten ein Grevener Bauer und eine Großbauerntochter aus der Dorfbauerschaft (40,45 ha), ein Lüdinghauser Bauer und eine Großbauerntochter aus der Oberbauerschaft (24,31 ha). In einem Fall wurde sogar innerhalb der eigenen Verwandtschaft geheiratet: Der Jungbauer eines 25,16-Hektar-Hofes aus der Oberbauerschaft ging mit der gleichnamigen Bauerstochter aus Wettringen, Kreis Steinfurt, die Ehe ein. 1959 wurden drei Oberschichtehen geschlossen. Ein Bauer aus dem Kirchspiel Dülmen ehelichte eine Großbauerntochter aus der Kreuzbauerschaft (43,55 ha), ein Grevener Bauer eine Jungbäuerin aus der Dorfbauerschaft (40,45 ha) schließlich ein Werner Bauer eine Tochter eines Großbauern eines 35,59-Hektar-Betriebes.

Insgesamt lassen sich für den Zeitraum 1946 bis 1960 26 reine Oberschichtzusammenschlüsse feststellen. Fünfmal verbanden sich Mittelschichtangehörige mit Töchtern aus Oberschichtfamilien, wie das zum Beispiel 1946 ein Metzger aus Oberbrück und die Tochter eines Großbauern mit über 27 Hektar Eigenland taten. Im letzten Zeitraum kam es zu einer Neuheit. Zweimal traten ein Unterschichtler und eine Tochter aus einer Oberschichtfamilie vor den Traualtar, was als Beispiel für schichtübergreifende Neigungsehen zu werten ist. 1951 trauten sich ein Tischler aus Bork und die Tochter eines Großbauern aus der Dorfbauerschaft, der 20,84 Hektar Boden eignete. Im letzten Untersuchungsjahr wiederholte sich diese Konstellation. Ein Maurer aus der Dorfbauerschaft und die Tochter eines Großbauern (26,75 ha) versprachen sich die Ehe. Alles in allem erreichte der Anteil der schichtinternen Hochzeiten einen Anteil von 78,8 Prozent. Die Oberschicht blieb damit ein sich deutlich abgrenzender Heiratszirkel.

Die Heeker Oberschichtangehörigen, die in der Kriegszeit weniger Verbindungen eingegangen waren als in den dreißiger Jahren, entwickelten nun wieder ein regeres Heiratsverhalten. Vor allem die Mitglieder grundbesitzender Großbauernfamilien traten nun wieder häufiger mit adäquaten Partnern vor den Traualtar. Auch angesichts der Existenz möglicher Partner unter den neuen Dorfbewohnern dauerten die heiratsstrategischen Einstellungen und Verhaltensmuster fort. 1946 schlossen ein Großbauer (28,67 ha), Gemeinderat im gleichen Jahr, und die Tochter eines Groß-

---

[75] Ebd.
[76] Der Jungbauer war ein Verwandter des langjährigen Gemeindevorstehers. – Der Vater seiner Gattin gehörte 1935 und 1938 dem Schulbeirat an, im letzten Jahr stand er dem Schützenverein der vereinigten Bauerschaften vor. 1942 war er Amtsältester; GA Senden, Bestand Ottmarsbocholt, C 11, C 106 und Chronik der Gemeinde Ottmarsbocholt, o. Sig., Einträge vom 19 6.1938 und 14.1.1942.

bauern (25,46 ha) und ehemaligen Gemeindebeigeordneten die Ehe. 1947 kam es zu einem regelrechten Heiratsboom unter der führenden Sozialschicht. Unter anderem heirateten jeweils zwei Großbauernkinder (96,71 und 45,02 bzw. 62,89 und 52,29 ha) aus direkter Nachbarschaft im Ortsteil Ahle. Weiter gaben sich ein Ahauser Firmeninhaber und eine Heeker Fabrikantentochter das Ja-Wort. Alles in allem verbanden sich in diesem Jahr zwanzig Oberschichtfamilien durch neue Familiengründungen. Welche Rolle die Orientierung an gleichen materiellen und sozialkulturellen Besitzverhältnissen immer noch spielte, verdeutlicht die Heirat von Nachkommen zweier großbäuerlicher Familien aus dem Ortsteil Ahle im Jahre 1955. Dabei glichen sich die materiellen Grundlagen der beiden benachbarten Familien auffallend an: Die Familie des Bräutigams hatte 30,04, die der Braut 28,97 Hektar in ihrem Besitz.[77]

Die Schichtkonsistenz in der dörflichen Führungsschicht nahm etwas ab. Der Anteil der reinen Oberschichtverbindungen an allen Trauungen mit Oberschichtbeteiligung war auf 65,5 Prozent zurückgegangen. Vor allem in Richtung Mittelschicht weichten die Standesgrenzen seit den fünfziger Jahren etwas auf. Der Anteil der Verbindungen mit Mittelschichtangehörigen hatte sich mit 27,5 Prozent gegenüber den vorangegangenen Zeitspannen erweitert. Allerdings zeichneten sich viele dieser Mittelschichtler durch ihre Besitzverhältnisse und ihr Sozialprestige aus, so daß der Ehebund aus Sicht der Dorfelite nicht als sozialer Abstieg empfunden wurde. So ehelichte im Jahre 1950 ein Großbauer (21,91 ha) eine Witwe, die als Mitgift eine Gärtnerei in die Ehe mitbrachte. 1952 stammte der Bräutigam einer Großbauerntochter (34,34 ha) aus einer kommunalpolitisch angesehenen Familie: Der Vater des Verlobten war 1919 in den Gemeinderat gewählt worden, dem Bräutigam selbst gelang im Jahr der Eheschließung der Sprung in die Gemeindevertretung.

In den fünfziger Jahren kam es ebenfalls erstmals zu Eheschließungen zwischen Ober- und Unterschichtangehörigen. Zum erstenmal ereignete sich diese Konstellation im Jahre 1950, als ein Schreiner die Tochter eines Großbauern (45,02 ha) heiratete; sechs Jahre später trauten sich der Sohn eines Bauunternehmers und eine Vertriebene, die als Spulerin in der örtlichen Textilindustrie arbeitete. Allerdings schlugen solche schichtübergreifenden Heiraten quantitativ nicht bedeutend zu Buche. Insgesamt kamen sie lediglich viermal vor. Qualitativ standen diese Ausnahmefälle, die der traditionellen (Heirats-)Konvention zuwiderliefen, für einen säkularen Trend zur Neigungsehe, der vor allem bei den Angehörigen der Unterschicht zu beobachten sein wird.[78]

Die Rödinghauser Dorfelite behielt bei der Gattensuche ihre überlieferten Einstellungs- und Verhaltensmodelle bei. Mehrheitlich heirateten die Angehörigen der Oberschicht unter sich und blieben somit ein eng gesteckter Heiratszirkel. Das traf vor allem auf den kleinen Kreis der großbäuerlichen Familien zu. Weil die Dorfelite

---

[77] Diese Konstellationen wiederholten sich mehrfach, so zum Beispiel 1951 als sechs Verlobte aus Großbauernfamilien und demselben Heeker Ortsteil durch Eheschließungen neue Familien gründeten. Der Landbesitz ihrer Familien betrug 45,03 und 33,03, 28,35 und 26,93 sowie 45,08 und 49,22 Hektar.
[78] Siehe dazu in diesem Kapitel die Abschnitte A.3.3. und A.4. zum Heiratsverhalten der Unterschicht bzw. Neubürger sowie B.3. zum Heiratsalter in diesem Zeitraum.

so dünn war, verwundert es nicht, daß deren Mitglieder das Ideal der innerdörflichen Standesheirat kaum verwirklichen konnten. Sie waren es daher gewohnt, auch über den Rahmen des Amtsgebiets hinaus Partner zu suchen. 1952 verbanden sich zwei großbäuerliche Familien, als ein 30jähriger Jungbauer aus Rotenhagen die Tochter eines 28-Hektar-Hofes zur Frau nahm; 1958 heirateten ein Großbauer aus dem westfälischen Halle die Tochter eines Berufs- und Standeskollegen, der einen knapp 25 ha großen Betrieb führte.

In der Zeit nach 1946 fällt auf, daß die Oberschichtangehörigen auch sozial gleichgestellte Partner unter den neuen Dorfbewohnern annahmen. So trauten sich 1951 eine Jungbäuerin von einem großbäuerlichen 29-Hektar-Betrieb und ein Revierförster, der aus dem schlesischen Frankenstein nach Rödinghausen gekommen war. Hier wird sich das Sozialprestige eines Försters angesichts der Bedeutung des Waldes und der Holzverarbeitung in der Gemeinde vorteilhaft ausgewirkt haben. Im Jahr danach vermählte sich ein Kaufmann aus dem Erzgebirge, Sohn eines Fabrikbesitzers, mit einer Ingenieurstochter und 1956 ein Erfurter Ingenieur mit der Tochter eines Zigarrenfabrikanten. Dieses Heiratsverhalten deutet daraufhin, daß der einheimischen Elite die soziale Herkunft der Partner wichtiger war als die regionale. Vor allem aufgrund dieser Heiratsstrategie blieb die Schichtkonsistenz der Oberschicht mit 66,6 Prozent weitgehend gewahrt und entsprach mit diesem Wert dem der dreißiger Jahre.

3.2. Mittelschichtverbindungen

Die Mitte der drei Dorfgesellschaften bot ein vielschichtiges Bild. Bei ihr ist die Konstanz probater Orientierungen der sozialen und materiellen Reproduktion festzustellen, aber auch im Vergleich zu den beiden vorangegangenen Zeiträumen eine erhöhte soziale Mobilität vor allem nach unten auszumachen.

Das gewohnheitsgemäße Heiratsverhalten der Ottmarsbocholter Mittelschichtangehörigen war keineswegs außer Kraft gesetzt. 1947 gründeten ein Bauer eines mittelbäuerlichen Betriebes mit 13,77 Hektar Land und eine Landwirtstochter von einem Hof ähnlicher Größe (10,77 ha) sowie der Leiter einer Landwirtschaft von 6,76 Hektar und die Tochter eines Mittelbauern aus Ascheberg Familien. Ein Jahr später heiratete ein Mittelbauer aus der Dorfbauerschaft mit 12,08 Hektar Boden eine Bauerntochter aus Laer und ein Angestellter der Gemeinde eine Angestellte aus Saerbeck. 1948 vermählte sich ein kommunaler Verwaltungsangestellter mit einer Bauunternehmertochter aus Dorsten, und zwei Bauern aus Lüdinghausen verbanden sich mit den Töchtern von Mittelbauern (13,85 und 14,59 ha). Im Jahr darauf trauten sich ein Venner Mittelbauer (17,10 ha) und eine Bauerntochter aus Lüdinghausen. 1950 vermählte sich der Leiter einer 12,98-Hektar-Landwirtschaft mit der Tochter eines Mittelbauern (16,23 ha), beide aus der Dorfbauerschaft und aus Familien mit öffentlicher Reputation: Der Bräutigam hatte 1933 im Gemeinderat gesessen, und der Brautvater war neben seiner Tätigkeit im Flüchtlingsausschuß 1946 der erste Vorsitzende der St. Johannes-Bruderschaft von 1934 bis zum Zwangsauflösungsjahr 1936 gewesen.⁷⁹ 1951 gingen zwei Ehewillige aus vergleichbaren Familien die Ehe ein: zum Beispiel ein nachgeborener Sohn eines Hofes mit 15,79 Hektar, von Beruf Tischlergeselle, und die berufslose Tochter eines knapp 20-Hektar-Betriebes sowie ein Schneidermeister mit 12,08 Hektar Grund und die Tochter einer Familie mit 9,81 Hektar. 1953 vermählte sich ein Bauer aus Havixbeck mit der Tochter eines 11,63-Hektar-Hofes. 1954 heirateten der Jungbauer desselben Ottmarsbocholter Betriebes und die Tochter eines amtierenden Amtsvertreters (9,15 ha) sowie ein Schmiedemeister mit 5,11 Hektar Landbesitz und die Tochter von einem mit rund 5 Hektar vergleichbar großen Hof. Folgende Vermählung aus demselben Jahr war in puncto Besitzverhältnisse und Sozialprestige eine typische Mittelschichtverbindung: Ein Gast- und Landwirt und die Tochter eines Handwerkers, der eine gemeindepolitische Größe darstellte, traten vor den Traualtar. 1956 kamen bei einem Ehebund wieder Familien mit dorföffentlicher Reputation zusammen: Ein Verwaltungsangestellter, Sohn eines Gemeindeältesten von 1933, vermählte sich mit der Tochter eines Gemeindevertreters von 1924 bis 1935,⁸⁰ und ein Justizangestellter aus landwirtschaftlichem Elternhaus heiratete die Tochter des Dorfschullehrers. Ein Jahr später trauten sich ein 18,69-Hektar-Jungbauer und eine Bauerstochter von einem gleich großen Hof (17,20 ha). Im letzten Untersuchungsjahr verbanden sich zum Beispiel ein Bauer eines 9,22-Hektar-Betriebes und die Tochter eines Bauern mit 5,96 Hektar Land.

Für Mittelschichtverbindungen blieb die Partnerwahl charakteristisch, die sich nach der Zugehörigkeit zum selben Beruf ausrichtete.⁸¹ So heiratete 1947 ein Bäckermeister aus Ascheberg eine einheimische Bäckermeistertochter, ein Müllermeister aus dem Dorf eine Gast- und Landwirtstochter und ein Angestellter der Gemeinde und eine Angestellte aus Saerbeck. 1948 ging ein einheimischer Friseur die Ehe mit einer Friseurin aus Werne ein. 1949 ehelichte ein Schreiner aus Rinkerode eine Schuhmachermeistertochter aus der Kreuzbauerschaft. 1952 gaben sich ein kaufmännischer Angestellter und eine Verwaltungsangestellte aus Senden das Ja-Wort. 1957 gründeten ein Malermeister aus Milte und eine Malermeistertochter aus dem Dorf eine gemeinsame Existenz, und ein Lebensmittelhändler und eine Verkäuferin aus dem Dorf trauten sich. 1959 schlossen zwei Angehörige des neuen Mittelstandes die Ehe, die aus Familien des alten Mittelstandes stammten: ein Verwaltungsangestellter, Schmiedesohn, und eine Filialleiterin, Tochter eines Anstreichermeisters.

In der Mittelschicht sind schichtübergreifende Heiraten für die Nachkriegszeit zu vermerken. Dabei sind vor allem Verbindungen aus Mittel- und Unterschicht zu beobachten, weniger der soziale Aufstieg eines Mittelschichtangehörigen. 1949 entschied sich ein Bauer eines 14,35-Hektar-Hofes für eine Arbeitertochter aus Gelsenkirchen und ein Bäckermeister aus Beckum für eine Maurertochter. 1952 traten ein Schneidermeister und eine Arbeitertochter aus Bork, im folgenden Jahr ein Kaufmann und die Tochter eines 3,86-Hektar-Kötters vor den Traualtar. 1955 heirateten ein Handelsvertreter aus der Dorfbauerschaft, der auch als Mitglied des Fürsorge-

---

[79] GA Senden, Bestand Ottmarsbocholt, C 14, C 64 und Protokollbuch der Amtsvertretung Ottmarsbocholt von 1938 bis 1969, o. Sig., Sitzungsprotokoll v. 8. 5. 1946.
[80] GA Senden, Bestand Ottmarsbocholt, B 9, C 12 u. C 14.
[81] Zur „beruflichen Endogamie" siehe Sieder, Sozialgeschichte der Familie, S. 113.

Ausschusses 1948 und als Vorsitzender und Schützenkönig des Junggesellenvereines von 1950 über öffentliches Ansehen verfügte und weiteres soziokulturelles Kapital noch anhäufen sollte, und die Tochter eines Stielmachers.[82]

Alles in allem wurden zwischen 1946 und 1960 91 reine Mittelschichtverbindungen geschlossen. Darüber hinaus heirateten fünf Mittelschichtangehörige einen Partner aus der Oberschicht, 22 vermählten sich mit Lebensgefährten aus der Unterschicht. Damit waren über drei Viertel aller Eheschließungen, an denen Mittelschichtler beteiligt waren, schichtinterne Lebensgemeinschaften.

Typische Mittelschichtverbindungen orientierten sich auch in Heek am Besitzstand und Beruf der Brautleute bzw. deren Familien. Ein an Besitzverhältnissen orientiertes Heiratsverhalten bewahrten sich vor allem Angehörige mittelbäuerlicher Familien. 1946 heiratete ein Mittelbauer mit 5,44 Hektar Eigenland die Tochter eines Ackersmannes, der 6,23 Hektar Boden besaß. Im folgenden Jahr verbanden sich ein Mittelbauer (14,68 ha) und die Tochter eines Gast- und Landwirts, der neben seiner Gaststätte über einen vergleichbaren Grundbesitz von 12 Hektar eigenem Boden verfügte. 1953 schlossen zwei Landwirtskinder aus der Nachbarschaft im Ortsteil Ahle die Ehe; der elterliche Landbesitz entsprach mit 5,11 bzw. 8,77 wiederum dem heiratsstrategischen Ideal der standesgemäßen Verheiratung. Solche Verbindungen stellten sich häufig ein. Als letztes Beispiel sei eine Heirat aus dem Jahre 1960 genannt, als sich erneut Kinder aus sozial gleichstehenden Familien trauten. Beide Familien wohnten in direkter Nachbarschaft und wiesen einen nahezu gleich großen Landbesitz auf: Der Bräutigam besaß elf, die Familie der Braut 13,59 Hektar Boden.

Für die Mittelschichtfamilien, die als Handwerker nicht über größeren Grundbesitz verfügten, waren wie in den Zeitspannen zuvor beruflich endogame Verbindungen charakteristisch. 1947 traten der Sohn eines Bäckers und Gastwirts sowie die Tochter eines Bäckermeisters vor den Traualtar. Im Jahr darauf gaben sich ein Polizeiwachtmeister aus Stadtlohn und die Tochter eines örtlichen Gendarms das Ja-Wort. 1955 ehelichte ein Werkmeister aus dem ostdeutschen Wölfelsdorf, Kreis Habelschwerdt, die Tochter eines Heeker Werkmeisters. 1958 verbanden sich ein Heeker Bäcker und die Tochter eines Bäckermeisters aus Nienborg. 1959 vermählten sich ein Kaufmann aus Liesborn und die Tochter eines ansässigen Kaufmanns, der Manufakturwaren vertrieb. Im letzten Untersuchungsjahr vermählte sich ein Schuhmachermeister und die Tochter eines solchen.

Diese professionell motivierten Verbindungen machten einen Großteil der Heiraten von Mittelschichtlern aus. Häufig waren auch standesgemäße Heiraten zwischen zwei Familien von Handwerksmeistern aus unterschiedlichem Gewerbe. Zum Beispiel freite 1954 ein Schneidermeister die Tochter eines Schöppinger Bäckermeisters, führte 1957 ein Installationsmeister aus Metelen die Tochter eines Heeker Maurermeisters heim, und 1959 trauten sich ein niederschlesischer Metzgermeister

---

[82] Ein Jahr nach der Trauung wurde er erneut in den Fürsorge-Ausschuß der Amtsvertretung gewählt, 1961 schaffte er den Sprung in die Amtsvertretung selbst, und ebenfalls Anfang der sechziger Jahre avancierte er zum Präses der St. Johannes-Bruderschaft. GA Senden, Bestand Ottmarsbocholt C 14, Protokollbuch der Amtsvertretung Ottmarsbocholt von 1938 bis 1969, o. Sig., Sitzungsprotokoll v. 30.9.1948 u. v. 8.11.1956 sowie FS 275 Jahre St. Johannes-Bruderschaft Ottmarsbocholt, S. 217.

aus Martinsberg, Kreis Habelschwerdt, und die Tochter eines einheimischen Anstreichermeisters. In den Jahren nach 1946 kam es auch zu Eheschließungen zwischen Angehörigen des neuen Mittelstands, die in den fünfziger Jahren verstärkt unter den dörflichen Berufsgruppen zu finden waren und auch in den politischen Gremien vertreten waren.[83] Beispielsweise heirateten 1946 ein Kaufmann und eine Stenotypistin aus Billerbeck, 1950 ehelichte ein Viehhändler eine Buchhalterin aus Gelsenkirchen, 1958 vermählten sich ein Steuerassistent und eine kaufmännische Angestellte sowie ein Sparkassenangestellter aus Burgsteinfurt und eine Kollegin aus Heek.

Auch im letzten Zeitraum war das Heiratsverhalten der dörflichen Mittelschicht von Kontinuität gekennzeichnet. Das gewohnheitsgemäße Heiratsverhalten, das vor allem vom heiratsstrategischen Ideal der Besitzstandwahrung sowie von professioneller Orientierung bestimmt wurde, dauerte fort. Fast zwei Drittel der Heiraten mit Beteiligung von Mittelschichtangehörigen waren rein schichtinterne Verbindungen, während sich der Anteil der schichtübergreifenden Verbindungen etwas erhöhte.[84]

Die Konsistenz der Rödinghauser Mittelschicht dagegen war starken gesellschaftlichen Fliehkräften ausgesetzt. Vor allem der Übergang zur dörflichen Unterschicht weichte seit den fünfziger Jahren beträchtlich auf, weil sich Mittelständler in einem bislang außergewöhnlichen Maß mit Unterschichtangehörigen verbanden. Der Anteil dieser Verbindungen an allen Trauungen mit Mittelschichtbeteiligung war gegenüber den vorherigen Abschnitten um das Doppelte angewachsen und belief sich jetzt auf 47,5 Prozent. Dies war zugleich exakt die Quote, die die reinen Mittelstandtrauungen erreichten. Nur zwei Mittelständlerinnen gründeten mit einem Angehörigen der Oberschicht einen Hausstand.

Bei den schichtübergreifenden Heiraten fällt auf, daß sich Mittelschichtfrauen wie -männer gleichermaßen mit Partnern aus der Unterschicht trauten. In neun der 19 Fälle heiratete ein Mittelständler eine Unterschichtfrau, in zehn verbanden sich ein Unterschichtler und eine Mittelständlerin. Dazu jeweils ein Beispiel: 1953 vermählten sich ein kaufmännischer Angestellter aus Westkilver und eine Hausgehilfin, Tochter eines Telegraphenarbeiters. 1948 zogen ein Schmiedegeselle und eine Kontoristin, Tochter eines Malermeisters, vor den Traualtar.

Bei den schichtinternen Hochzeiten blieben traditionelle Orientierungen wie berufliche Nähe oder Erhalt des Besitzstands wie bisher handlungsleitend. Vor allem berufliche Anknüpfungspunkte ließen sich immer wieder unter den Brautleuten ausmachen. 1946 zum Beispiel gründeten ein Mittelbauer mit 15,39 ha Eigenland und

---

[83] Angestellte als Repräsentanten des neuen Mittelstands traten als Amts- und Gemeindeverordnete erst in den Nachkriegsjahren auf. Siehe dazu Teil I, Erstes Kapitel, A.2. und B.2. zur professionellen Zusammensetzung der Amtsvertretung von 1946 und des Gemeinderats von 1952.

[84] Der Anteil schichtübergreifender Eheschließungen mit Mittelschichtbeteiligung betrug in den Kriegsjahren 39%, im letzten Untersuchungsabschnitt war er mit 39,5% zu beziffern. Die schichtübergreifenden Verbindungen mit Oberschichtangehörigen wurden in diesem Kapitel, Abschnitt A.3.1., charakterisiert. Zu den Vermählungen mit Unterschichtmitgliedern siehe unten Abschnitt A.3.3. zum Heiratsverhalten der Unterschicht.

die Jungbäuerin eines 16,89-Hektar-Hofes eine Familie, und im gleichen Jahr wie auch 1953 vermählten sich jeweils zwei kaufmännische Angestellte.

3.3. Unterschichtverbindungen

Das Heiratsverhalten der dörflichen Unterschicht ist in mehrfacher Hinsicht interessant. Zum einen, weil vor allem dort schichtübergreifende Verbindungen soziale Mobilität, das heißt hier: gesellschaftlichen Aufstieg, bewirkten, zum anderen ist es von Interesse, weil man am Heiratsverhalten der Unterschichtangehörigen den Integrationsgrad der Heimatvertriebenen im Dorf ab 1946 beurteilen kann.

In Ottmarsbocholt wurden überwiegend reine Unterschichtverbindungen geschlossen, weil die Unterschichtangehörigen für sozial Höherstehende keine materielle oder sozialkulturelle Attraktivität besaßen. 89,6 Prozent aller Trauungen mit Unterschichtbeteiligung waren schichtinterne Hochzeiten.[85] Unterschichtverbindungen blieben im Gegensatz zu den Oberschichtzusammenschlüssen kein voluntativ exklusiver, sondern ein zwangsweise geschlossener Heiratskreis.

1946 gingen zum Beispiel bei einer dorfinternen Heirat ein Lokomotivführer und eine Verkäuferin sowie ein Schuhmacher und eine berufslose Kleinbauerntochter aus Rinkerode die Ehe ein. 1947 gaben sich ein Kleinbauer aus Ascheberg und die Tochter eines Kleinbauern ohne Landbesitz, lediglich mit 2,75 Hektar bewirtschaftetem Pachtland, das Ja-Wort. 1948 heiratete ein Postfacharbeiter eine Verkäuferin aus Sendenhorst und ein Tiefbauarbeiter eine Kleinbauerntochter aus Ascheberg. Im darauffolgenden Jahr trauten sich ein Arbeiter aus dem Dorf und eine berufslose Arbeitertochter aus Billerbeck sowie ein Hilfsarbeiter aus Senden und eine Arbeitertochter aus der Dorfbauerschaft, die als Strickerin arbeitete. 1950 verbanden sich ein Bäckergeselle aus Münster und eine Landarbeitertochter aus dem Dorf sowie ein Kleinbauer aus der Dorfbauerschaft und eine als Strickerin beschäftigte Bauerntochter. 1951 heirateten ein Bauhilfsarbeiter aus Nordkirchen und eine Maurerstochter aus der Oberbauerschaft. Auch für das Jahr 1952 lassen sich Beispiele für schichtendogame Verbindungen anführen: Ein Tischler heiratete eine Sendener Arbeitertochter, und ein Müllergeselle verband sich mit einer Landarbeitertochter. Diese Liste ließe sich mühelos für alle kommenden Jahre bis 1960 weiterführen.

Auch bei Unterschichtpartnerschaften stellte der Beruf ein entscheidendes Auswahlkriterium dar. 1947 vermählten sich ein auswärtiger Schreinergeselle und die Tochter eines Schreinermeisters aus dem Dorf, zudem ein Stuhl- und Sesselbauer aus Nordhorn und eine Sattlertochter, schließlich ein Hilfsschrankenwärter aus Unna und die Tochter eines einheimischen Hilfsweichenwärters. 1952 trauten sich ein Maschinist aus Albersloh und die Tochter eines Maschinenschlossers aus der Kreuzbauerschaft. 1955 verbanden sich ein Tischler aus Vechta und die Tochter eines Schreinermeisters aus dem Dorf. Im Jahr danach kamen bei einer dorfinternen Unterschichtverbindung wiederum die gleiche Berufsgruppe zusammen. Ein Tischler, Arbeitersohn, heiratete die Tochter eines Schreinermeisters.

---

[85] Von 231 Heiraten mit Unterschichtbeteiligung waren 207 schichtinterne Zusammenschlüsse.

Schichtübergreifende Heiraten zwischen Ober- und Unterschichtangehörigen wurden bereits genannt.[86] An dieser Stelle werden auszugsweise Paare aufgeführt, bei denen ein Partner aus einer Unterschichtfamilie stammte und die Ehe mit einem Gatten aus der Mittelschicht einging, was sich 22mal ereignete.[87] 1950 heiratete ein Maurer aus Ascheberg die Tochter eines Mittelbauern aus der Oberbauerschaft. 1951 gingen ein Schreiner aus Lüdinghausen und eine Kaufmannstochter aus dem Dorf die Ehe ein. 1958 versprachen sich ein Lagerarbeiter aus Amelsbüren und eine Postangestellte aus dem Dorf die Ehe. 1960 trauten sich ein Mittelbauer aus der Oberbauerschaft und eine Fabrikarbeiterin aus Amelsbüren.

Bei den Heeker Ehebünden mit Unterschichtbeteiligung kam es zu einem Nebeneinander von Phänomenen des Wandels und der Kontinuität. Die dörfliche Unterschicht zeichnete sich durch ein am Beruf des Partners orientiertes Heiratsverhalten sowie durch ein hohes Maß an schichtinternen Vereinigungen aus. Letzteres traf für mehr als vier Fünftel der Vermählungen in den Jahren von 1946 bis 1960 zu. Aus der Vielzahl dieser Heiraten, insgesamt waren es 238, sollen nur einige herausgegriffen werden, die exemplarischen Charakter besitzen. 1946 vermählten sich ein Arbeiter aus dem Ortsteil Ahle mit einer Köttertochter, die aus dem gleichen Wohnbezirk stammte. 1948 gaben sich ein Klempner und eine Maurertochter das Ja-Wort. 1951 verbanden sich ein Kraftfahrer und die Tochter eines Kleinbauern mit 2,93 Hektar eigenem Boden. Zwei Jahre später schritten ein Heizer und eine Fabrikarbeiterin vor den Traualtar. 1957 versprachen sich ein Metallgießer und eine Zettlerin die lebenslange Treue. 1960 schlossen ein Bahnarbeiter und eine Näherin den Bund fürs Leben. Im gleichen Jahr heirateten ein Kraftfahrzeug-Mechaniker aus dem ostdeutschen Insterburg und eine Verkäuferin aus Ahaus.

Auch bei Lebensgemeinschaften von Unterschichtlern stellte der Beruf ein wichtiges Merkmal dar. Vielfach ergab sich durch die gemeinsame berufliche Tätigkeit die Möglichkeit, sich kennenzulernen. Besonders bei der in Heek verbreiteten Fabrikarbeit in der Textilindustrie waren Unterschichtmitglieder unter sich. Sehr oft kam es zwischen 1949 und 1960 zu Ehen zwischen einem Weber bzw. Fabrikarbeiter und einer Näherin bzw. Passiererin, Spulerin, Büglerin oder Packerin. 1957 zum Beispiel freite ein Fabrikarbeiter aus Epe seine Betriebskollegin aus dem Ortsteil Averbeck. Auch die gemeinsame Erfahrung einer Kleinbauern- oder Kötterexistenz war ein Anknüpfungspunkt für einen Lebensbund. 1948 zum Beispiel verehelichten sich ein Kleinbauer aus Nordwalde und die Tochter eines Ackerers, dem lediglich 3,62 Hektar Land gehörten; 1958 verbanden sich ein Kleinbauer, der 2,22 Hektar Privatbesitz bewirtschaftete, und eine Kleinbauerntochter aus Coesfeld.

Der bedeutend geringere Anteil der Heiraten mit Beteiligung von Unterschichtangehörigen waren Trauungen über die Schichtschranken hinweg. Dabei kam es erstmalig zu Eheschließungen zwischen Ober- und Unterschichtlern, von denen bereits gesprochen wurde. Diese vier Heiraten waren jedoch Einzelerscheinungen. Ihr An-

---

[86] Zum Heiratsverhalten der Oberschichtmitglieder siehe in diesem Kapitel, Abschnitt A.3.1.
[87] Ein Teil davon wurde bereits in diesem Kapitel, Abschnitt A.3.2., zum Heiratsverhalten der Mittelschichtangehörigen vorgestellt.

teil von 1,4 Prozent aller Hochzeiten mit Unterschichtbeteiligung belegt sehr deutlich den Ausnahmecharakter. Alltäglicher waren dagegen Heiraten zwischen Brautleuten aus der Mittel- und der Unterschicht. Insgesamt traten 42 solcher Paare vor den Traualtar. 1948 trauten sich ein Weber und die Tochter eines Mittelbauern mit 12,55 Hektar Eigenland. Im Jahr darauf schlossen ein Buchhalter und eine Schreinertochter den Bund fürs Leben. 1952 verbanden sich ein Arbeiter und die Tochter eines Gastwirts, 1956 traten ein technischer Angestellter und ein Weberin vor den Traualtar. 1959 verbanden sich ein Maurermeister und eine Näherin. Häufig waren bei diesen schichtüberschreitenden Vermählungen Lebensbünde zwischen Angehörigen aus klein- bzw. mittelbäuerlichen Familien. Auch hier ergaben sich gemeinsame berufliche Erfahrungen. 1949 verbanden sich ein Kleinbauer mit 1,75 Hektar Eigenfläche und die Tochter eines Mittelbauern (8,02 ha). Im folgenden Jahr gingen ein Kleinbauer (2,24 ha) mit der Tochter des Leiters eines mittelbäuerlichen Betriebes (6,75 ha) die Ehe ein. 1957 schlossen ein Arbeiterbauer, der 1,56 Hektar eigenen Grund bewirtschaftete, und die Tochter eines Mittelbauern (8,6 ha) eine Lebensgemeinschaft. 1959 verehelichten sich ein Arbeiterbauer aus Epe und die Tochter eines Ackersmannes, der mit seinem Eigenland von 5,61 Hektar bereits zu den Mittelbauern zählte. Diese Kombinationen belegen, daß für eine Tochter aus mittelbäuerlichem Haushalt die Heirat mit einem Kleinbauern gewöhnlich war, besonders wenn sie ein nachgeborenes Kind war. Gravierender wäre in diesem klassischen Anerbengebiet dagegen die umgekehrte Kombination gewesen – mittelbäuerlicher Hoferbe heiratet standesungemäß eine Kleinbauerntochter –, die sich aber weitaus seltener einstellte.

Wie konstant die heiratsspezifischen Orientierungs- und Verhaltensweisen auch im letzten Untersuchungszeitraum waren, demonstriert der nach wie vor hohe Prozentsatz der schichtinternen Vermählungen. Dieser lag bei 83,8 Prozent der Heiraten mit Unterschichtbeteiligung. Vergleicht man diese Rate mit den Quoten der vorangegangenen Zeiträume, so wird deutlich, in welchem Maße die althergebrachten Einstellungs- und Verhaltensmodelle fortdauerten. In den dreißiger Jahren hatte die Rate bei 88,5 Prozent gelegen, in der Kriegszeit hatte sie 86,1 Prozent betragen. Die minimalen Unterschiede veranschaulichen somit die geringen Möglichkeiten zu sozialem Aufstieg, die sich heiratswilligen Unterschichtangehörigen eröffneten, wenngleich sich im Überblick vor allem im letzten Zeitabschnitt ein Trend zur Unterhöhlung der Schichtschranken andeutet.

Wie gesehen, glückte einigen Rödinghauser Unterschichtangehörigen der soziale Aufstieg an der Seite eines sozial höhergestellten Partners. Aufgrund der hohen Zahl von Heiraten, an denen Unterschichtler teilhatten, fielen die zwanzig schichtübergreifenden Verbindungen aber nicht so stark ins Gewicht wie bei der Mittelschicht. Während 19 Unterschichtangehörige mit einem Partner aus der Mittelschicht eine Familie gründeten, ging eine Unterschichtlerin mit einem Oberschichtangehörigen eine Lebensgemeinschaft ein. Das war auch in Rödinghausen eine Neuheit. Jedoch trat die Masse der Brautleute aus der Unterschicht mit einem sozial ebenbürtigen Gatten vor den Traualtar. Dies traf bei genau 124 der 144 Paare zu. Die Schichtkonsistenz lag demnach bei 87,1 Prozent. Sie war damit gegenüber den vorherigen Zeitspannen gesunken, erreichte aber dennoch ein hohes Ausmaß. Der Rödinghauser Wert lag erneut zwischen dem von Ottmarsbocholt und Heek.[88]

Insgesamt war in allen drei Landgemeinden der zahlenmäßige Anstieg der Unterschichtverbindungen – an vier von fünf Eheschließungen waren Unterschichtler beteiligt – wesentlich auf den Flüchtlingszuzug zurückzuführen. Die Vertriebenen wurden wie alle bisherigen mittellosen Neuankömmlinge der dörflichen Gesellschaft als ‚Habenichtse' untergeschichtet. Zwar waren nicht alle neuen Dorfbewohner vorher Unterschichtangehörige gewesen, jedoch hatten viele durch Krieg und Vertreibung einen materiellen wie sozialen Statusverlust erlitten. Insofern ist es von großem Interesse, ob und wie den Flüchtlingen die Integration über das Konnubium gelang.

4. Das Heiratsverhalten der Neubürger

Die Heimatvertriebenen wurden in allen drei Landgemeinden lediglich in die dörfliche Unterschicht eingeordnet, weil sie in einem Sozialsystem, dessen generatives Verhalten von den Lebenskoordinaten Besitz und Familie geradezu vorgezeichnet war, wie die einheimischen Unterschichtangehörigen im wahrsten Sinne des Wortes mittellos waren. Dennoch stellten sie Sonderfälle dörflicher Unterschichtler dar, da sie eine gegenüber den Einheimischen unterschiedliche Sozialisation und zum Teil auch Konfession mitbrachten. Bei den Heiraten mit Vertriebenenbeteiligung sind drei Gruppen zu unterscheiden, die getrennt behandelt und unterschiedlich bewertet werden müssen: reine Flüchtlingsverbindungen sowie konfessionell gleiche und gemischte Ehen zwischen Einheimischen und Vertriebenen.

Insgesamt sind in Ottmarsbocholt zwischen 1946 und 1960 einhundert Heiraten mit Flüchtlingsbeteiligung zu registrieren. Die erste Trauung mit Flüchtlingsbeteiligung fand im November 1946 statt. Gemessen an der Gesamtzahl von 353 Trauungen in diesen fünfzehn Jahren ergibt die Zahl der Flüchtlingsehen einen Anteil von 28,3 Prozent der Gesamtheiraten. Im Schnitt kam es jährlich zu 6,6 Hochzeiten mit Flüchtlingsbeteiligung.

Für die ostdeutschen Neubürger, die in Heek einen Partner fürs Leben suchten, war die Chance, gesellschaftlich aufzusteigen, verhältnismäßig gering. Die meisten Vertriebenen hatten ohne wirtschaftlichen und sozialkulturellen Rückhalt kaum Aussichten, unter den Einheimischen aus der dörflichen Mittel- und Oberschicht einen Ehegatten zu finden. Zudem unterschieden sie sich in Dialekt, Brauchtum, Sozialisation und nicht zuletzt in ihrer Konfession von den Alteingesessenen. Alles in allem wurden zwischen 1946 und 1960 103 Ehen geschlossen, bei denen zumindest ein neuer Dorfbewohner teilhatte. Die Gesamtzahl der Trauungen, die in dieser Zeitspanne stattfanden, bezifferte sich auf 427. Damit betrug der Anteil der Trauungen mit Vertriebenenbeteiligung 24,1 Prozent. Im jährlichen Mittel kam es zu 6,9 Hochzeiten. Beide Werte entsprechen verhältnismäßig genau denen für Ottmarsbocholt.

Auch in Rödinghausen genossen die zwangseinquartierten Neubürger wenig soziales Ansehen. Gleichwohl blieben sie nicht unter sich, sondern heirateten auch alt-

---

[88] In Ottmarsbocholt betrug die Schichtendogamie im letzten Abschnitt 89,6%, in Heek 83,8%.

eingesessene Partner. Bei 66 der insgesamt 171 Trauungen traten ein neuer und ein alter Dorfbewohner vor den Traualtar. Der Anteil der Heiraten mit Flüchtlingsbeteiligung von 38,6 Prozent lag damit höher als in Ottmarsbocholt und Heek. Aufgrund der geringeren Einwohnerzahl erreichten die jährlichen Heiraten mit 4,4 einen entsprechend niedrigeren Wert.[89]

Das für die Flüchtlingsintegration günstige Heiratsverhalten ist mit der vergleichsweise großen Zahl von Unterschichtangehörigen in der Ravensberger Landgemeinde zu erklären, zu denen die Vertriebenen gehörten. Schließlich hatten viele, wenngleich nicht alle Neubürger bei ihrem Neubeginn einen sozialen Abstieg erdulden müssen. Viele ehemalige Oberschichtangehörige oder Mittelständler rutschten in den Unterbau der Rödinghauser Gesellschaft ab. So mußte ein Flüchtlingspaar, das 1948 heiratete, als Landarbeiter arbeiten, obwohl die Eltern Bauern gewesen waren. In diesem Zusammenhang ist auch an das Schicksal der Brüder Berger, Gemeinderäte der Jahre 1950 und 1952, zu erinnern, die als ehemalige Großbauern aus Schlesien nach Rödinghausen kamen und dort als Landarbeiter in Dienst gehen mußten.

4.1. Reine Vertriebenenverbindungen

Aus der Sicht der Flüchtlinge lagen Lebensgemeinschaften mit Menschen, die die gleiche Sozialisation und vor allem das gleiche Schicksal erfahren hatten, nahe.[90] In Ottmarsbocholt fand die erste solche Verbindung im Jahre 1947 statt. Da die Flüchtlinge aus Nieder- und Oberschlesien sowie dem Sudetenland kamen, waren bei ihren Ehebünden alle konfessionellen Kombinationen möglich: rein katholische, rein evangelische und konfessionelle Mischehen. Tatsächlich sind unter den 44 Flüchtlingsehen, die ebensoviele Prozent aller Lebensbünde mit Vertriebenenbeteiligung stellten, alle drei Gruppen ungefähr gleich stark vertreten: 18 rein katholische, 14 rein evangelische und zwölf gemischt konfessionelle. Diese Gewichtung läßt den Schluß zu, daß für die Flüchtlinge der Faktor Konfession seine Prägekraft bei der Partnerwahl abgelegt hatte und andere Faktoren, wie zum Beispiel das gemeinsame Schicksal, größere Bedeutung erfuhren.

44 der 103 Eheschließungen in Heek, an denen Neubürger beteiligt waren, waren reine Vertriebenenverbindungen (42,7%). Dabei ergab sich eine durchschnittliche Anzahl von knapp drei Heiraten pro Jahr.[91] Auch hier zeigt sich wie in Ottmarsbocholt, daß bei diesen Trauungen primär das gemeinsame Schicksal von Flucht und Vertreibung die verbindende Klammer war, die angesichts der beschriebenen Min-

---

[89] In Ottmarsbocholt lag die Rate der Heiraten mit Flüchtlingsbeteiligung bei 28,3, in Heek bei 24,1%. Die jährliche Trauungsrate betrug 6,6 bzw. 6,9.
[90] Auch die zeitgenössische soziologische Literatur hat die besondere Bedeutung des Landsmannes aufgrund der gemeinsamen Prägung und Herkunft sowie infolge des gemeinsamen Schicksals hervorgehoben. Siehe z.B. Pfeil, Soziologische und psychologische Aspekte der Vertreibung, S. 40ff.
[91] Damit unterscheidet sich der Befund für Heek von dem für die Nachbargemeinden Vreden und Ammeloe, wo reine Vertriebenenverbindungen „gegenüber der ‚Mischehe' rasch zur Ausnahme" wurden. Siehe Trautmann, Die Vertriebenen in Vreden und Ammeloe, S. 91.

derheitensituation zusätzliche Prägekraft erlangte. Dazu trug auch die Fremdwahrnehmung durch die Einheimischen bei. Die Heeker sahen die Flüchtlinge trotz aller landsmannschaftlichen und konfessionellen Unterschiede als eine einheitliche Gruppe an. Vertriebenenkinder galten in ihrer neuen Umgebung als „Polenkinder".[92] Konfessionelle Aspekte traten dagegen im Gegensatz zu reinen Einheimischenehen bei der Partnerwahl zurück. Da die Vertriebenen im wesentlichen aus dem evangelischen Nieder- und dem katholischen Oberschlesien stammten, kam es bei den 44 Heiraten auch zu allen drei konfessionellen Verbindungsmöglichkeiten. Zu konfessionellen Mischehen kam es in sechs Fällen, die 13,6 Prozent der reinen Vertriebenenheiraten darstellten. Jeweils katholische Partner schlossen 21 Ehebünde (47,7%). 17mal gaben sich evangelische Brautleute das Eheversprechen (38,6%).

In Rödinghausen bestand der geringere Teil der Vermählungen mit Neubürgeranteil aus reinen Vertriebenenverbindungen. Lediglich bei 17 der 66 Vermählungen gaben sich zwei neue Dorfbewohner das Ja-Wort. Die niedrige Quote von 25,8 Prozent lag weit unter der der anderen Untersuchungsdörfer und stand damit für die vergleichsweise erfolgreiche Integration der Neubürger in Rödinghausen.[93] Dabei sticht hervor, daß diese kleine Gruppe der Neubürger mehrheitlich die überlieferten Einstellungs- und Handlungsmuster für die Gattenwahl weiterführten, und die Konfession des Partners dabei ein gewichtiges Kriterium blieb. Unter diesen 17 Brautpaaren befanden sich nur zwei konfessionsverschiedene. 88,2 Prozent dieser Gemeinschaften hingegen kamen in ihrer strikten Einstellung den bislang gängigen Erwartungen bezüglich der Partnersuche nach. Hinzu kommt noch, daß die konfessionsübergreifenden Trauungen erst spät eingegangen wurden. Die erste Vermählung fand 1951, die zweite 1955 statt. Wie bereits angesprochen, muß man bei den Lebensgemeinschaften zwischen neuen Dorfbewohnern den Faktor Zeit berücksichtigen. Sie waren vorzugsweise eine Erscheinung der endvierziger und zu Beginn der fünfziger Jahre. Bis 1952, dem Jahr der meisten Trauungen, waren fast drei Viertel der internen Flüchtlingsehen geschlossen.

Bei diesen Lebensgemeinschaften schien der soziale Status zweitrangig gewesen zu sein. Als Beleg hierfür dient die Verbindung zweier Vertriebener, die gesellschaftlich unterschiedlich gestellt waren. 1947 vermählten sich ein Geschäftsführer aus Schönau, Kreis Gülich, und eine Schuhverkäuferin aus dem schlesischen Mittelwalde, Kreis Habelschwerdt. Dies war zugleich der erste Lebensbund zwischen einem Ober- und einem Unterschichtangehörigen in Rödinghausen.

4.2. Trauungen zwischen Einheimischen und Flüchtlingen

Zwischen 1946 und 1960 kam es in Ottmarsbocholt zu 56 Verbindungen zwischen Einheimischen und Flüchtlingen, das heißt bei über der Hälfte der Heiraten mit

---

[92] Dies sagte eine Vertriebene bei einer Befragung aus; Heimat- und Rathausspiegel 31 (1991), S. 1358. Vgl. ebenso die Situation für die beiden benachbarten Gemeinden im Kreis Ahaus bei Trautmann, a.a.O., S. 86.
[93] In Ottmarsbocholt waren bei 44 von 100 Ehen mit Flüchtlingsbeteiligung beide Brautleute Neubürger, in Heek waren es 44 von 103 (42,7%).

Flüchtlingsbeteiligung kam es zu einer Heirat mit einem einheimischen Partner.[94] Hauptsächlich Angehörige der dörflichen Unterschicht gingen die Ehe mit Flüchtlingen ein, die nominell nicht alle zu dieser Schicht zu rechnen waren. Zum Beispiel heiratete 1946 ein Schlosser aus dem schlesischen Oppersdorf eine ortsansässige Hausgehilfin und ein Jahr später ein Bauer aus Pienki-Karlinski, Kreis Petsikan, eine Venner Bauerntochter. 1951 vermählten sich ein Dekorateur aus dem ostpreußischen Lötzen sowie 1953 ein Landgehilfe aus Zaughals, Kreis Glatz, jeweils mit einer berufslosen Ottmarsbocholterin. 1960 gaben sich ein Maurer und eine Arbeitertochter das Ja-Wort. Erst 1952 kam es zu Verbindungen von Flüchtlingen mit Ober- oder Mittelschichtfrauen: Ein 22jähriger Maurergeselle, Sohn eines Vertriebenenvertreters im Flüchtlings-Ausschuß,[95] verband sich mit einer zwanzig Jahre alten Großbauerntochter (20,84 ha), nachdem seine zukünftige Gattin schwanger geworden war. Im Jahr darauf traten ein Kalkspritzunternehmer aus Glasow, Kreis Teltow, und eine weitere Tochter desselben Großbauern vor den Traualter, nachdem die Frau ein Kind erwartete. 1960 heiratete ein Konditor aus Falkensee die als Diätassistentin arbeitende Tochter eines Großbauern (31 ha) und langjährigen Gemeindevorstehers.[96] Eine Verbindung eines einheimischen Oberschichtmannes und einer Flüchtlingsfrau kam erst 1960 vor: Der Sohn eines Großbauern, eines ehemaligen Ehrenamtmannes sowie Gemeinderates und Kirchenvorstands,[97] ging mit einer Stadtangestellten aus Altewalde, Kreis Neiße, die Ehe ein. Der Angestellte war als zweitgeborener Sohn in seiner Partnerwahl nicht an Boden und Besitz gebunden.

Einen größeren Anteil unter den Ehen mit Vertriebenenbeteiligung nahmen auch in Heek diejenigen ein, die mit einem alteingesessenen Partner geschlossen wurden. 59mal traten ein Einheimischer oder ein Heiratswilliger aus der Heeker Umgebung mit einem neuen Dorfbewohner vor den Traualtar.[98] Dabei dominierten ganz deutlich Eheschließungen zwischen einem Vertriebenen und einem Angehörigen der dörflichen Unterschicht, weil die Neuankömmlinge auf die (grund-)besitzenden Mittel- und Oberschichtangehörigen nur geringe Attraktivität ausübten. Hier zeichnete sich eine Konstellation ab, die auch für Ottmarsbocholt festgestellt wurde: „Wer wenig erbt [oder hat, P.E.], kann auch keine gute Partie machen."[99] Dazu einige Beispiele: 1946 trauten sich ein Maschinenschlosser aus Prag und eine Webertochter. 1949 verbanden sich ein Landarbeiter aus Heinrichsfeld und die Tochter eines Zimmermannes, die in der Textilindustrie als Spinnerin beschäftigt war. Im Jahr darauf versprachen sich ein Schlosser aus dem niederschlesischen Hirschberg eine einheimische Drechslerin lebenslange Treue. 1955 ehelichte ein Bauarbeiter aus Plottnitz

---

[94] Für die Bundesrepublik Sywottek, Flüchtlingseingliederung in Westdeutschland, S. 39.
[95] GA Senden, Protokollbuch der Amtsvertretung Ottmarsbocholt von 1938 bis 1969, o. Sig., Sitzungsprotokoll v. 30. 9. 1948.
[96] GA Senden, Bestand Ottmarsbocholt, B 9.
[97] GA Senden, Bestand Ottmarsbocholt, C 21, C 33 u. BAMS, PfA Ottmarsbocholt, K 31, Kirchenvorstands-Protokoll (1876 - 1971).
[98] Bei insgesamt 103 Vermählungen macht das einen Anteil von 57,3% aus.
[99] Ilien/Jeggle/Schelwies, Verwandtschaft und Verein, S. 96.

eine Kleinbauerntochter, deren Vater lediglich 12 Ar eigenes Land besaß, und 1960 vermählten sich ein Fabrikarbeiter aus Zielenzig und eine Heeker Fabrikarbeiterin.

Von allen Eheschließungen zwischen Ortsansässigen und Neubürgern waren zwei Drittel interne Unterschichtverbindungen. Heiraten mit einheimischen Mittelschichtangehörigen ergaben sich für die Vertriebenen lediglich bei beruflichen Anknüpfungsmöglichkeiten, oder wenn die einheimische Partnerin einen sozialen ‚Makel' wie ein uneheliches Kind hatte, das dann durch die Eheschließung legitimiert werden konnte. Allein der letzte Fall ist viermal festzustellen. Eine Heirat eines ortsansässigen Oberschichtangehörigen mit einer ostdeutschen Spulerin stellte sich erst 1956 ein, die zugleich auch die einzige dieser Verbindungen blieb. Sie kann als ein Beispiel für eine ‚Liebesheirat' gesehen werden, wie sie auch für Ottmarsbocholt in diesem Zeitraum konstatiert werden konnte.

In Rödinghausen war der Anteil herkunftsverschiedener Ehebünde ein weiteres Indiz für einen gegenüber Ottmarsbocholt und Heek höheren Integrationsgrad. Bei 49 der 66 Partnerschaften mit Flüchtlingsbeteiligung zwischen 1946 und 1960 verbanden sich ein alter und ein neuer Dorfbewohner. Diese Rate von 74,2 Prozent übertraf die Vergleichswerte von Ottmarsbocholt und Heek um rund ein Drittel.[100] Damit spiegelte sich in Rödinghausen die westdeutsche Entwicklung, nach der die Mehrzahl der Heiraten mit Flüchtlingsbeteiligung Lebensgemeinschaften mit Einheimischen waren, am ausgeprägtesten wider.[101] Der Großteil dieser Lebensbünde bestand aus einem vertriebenen Mann und einer einheimischen Frau – ein Befund, wie er sich auch im südwestdeutschen Schriesheim und in einer hessischen Gemeinde ergab.[102] Die agrarsoziologische Literatur der frühen fünfziger Jahre sah dieses Heiratsverhalten – einheimische Bäuerin heiratet vertriebenen Landwirt – im „Denken vom Hofe her" begründet.[103] Solche Verbindungen kamen den Wünschen beider Partner entgegen: Die Bauersfrau sah den Weiterbestand des Hofes gesichert, und dem Flüchtlingsbauer bot sich die Gelegenheit, wieder der Leiter eines landwirtschaftlichen Betriebes zu sein.[104] In Rödinghausen waren bei nahezu zwei Dritteln der Verbindungen zwischen einem Neu- und einem Altbürger die Vertriebenen Männer. Daran kann man ablesen, daß zum einen der Männermangel dieser Jahre die Heiratschancen gerade der männlichen Neubürger erhöhte. Zum anderen ermöglichte ihnen die Einheirat, soziales und vor allem materielles Startkapital zu gewinnen. Angesichts des Frauenüberschusses nach dem Krieg hatten es die neuen Dorfbewohnerinnen dagegen schwerer, in Ermangelung einer Mitgift einen einheimi-

---

[100] Dort trauten sich bei 56 von 100 bzw. 59 von 103 Vermählungen (57,3%) ein Alteingesessener und ein Neuankömmling.
[101] Sywottek, Flüchtlingseingliederung in Westdeutschland, S. 39.
[102] Hund, Flüchtlinge in einem deutschen Dorf, S. 172; Rudolph, Strukturwandel eines Dorfes, S. 72, sieht als Gründe die männliche Aktivität bei der Partnersuche und die höhere Bereitschaft der Neubürger zu Mischehen. Siehe auch Brändle, Die Eingliederung der Heimatvertriebenen in ländliche Orte, S. 186f.; Apel, Mardorf, S. 166.
[103] Tenhumberg, Grundzüge im soziologischen Bild des deutschen Dorfes, S. 30.
[104] Waren die Männer (noch) nicht aus dem Krieg wiedergekehrt, konnte es zur Heirat einer Einheimischen mit einem Flüchtlingsbauern kommen; vgl. für den niedersächsischen Landkreis Fallingbostel Brelie-Lewien, Im Spannungsfeld zwischen Beharrung und Wandel, S. 362.

schen Partner zu finden. Auch hier kam der Faktor Zeit zum Tragen. Vor allem in der ersten Hälfte der Zeit zwischen 1946 und 1960 verbanden sich bei fast siebzig Prozent der herkunftsverschiedenen Heiraten ein Vertriebener und eine Einheimische. Erst nach dem Jahr 1953, bemerkenswerterweise zeitgleich mit dem wirtschaftlichen Aufschwung, verschoben sich die Gewichte zugunsten der Flüchtlingsfrauen. Sie konnten nun mit den männlichen Neubürgern fast gleichziehen und stellten bei knapp der Hälfte dieser Vermählungen (47,8%) die Braut.

Bei den meisten dieser Lebensgemeinschaften, nahezu drei Vierteln, verbanden sich ein einheimischer Unterschichtler und ein Neuankömmling. Zudem waren weitere 8,2 bzw. 4,1 Prozent reine Mittel- bzw. Oberschichtverbindungen. Hier drängt sich folgender Schluß auf: Wenngleich die Zahl der herkunftsverschiedenen Ehen vergleichsweise hoch war, bestand unter diesen dennoch eine hochgradige Schichtkonsistenz von 85,7 Prozent, die nur wenig unter der allgemeinen Schichtendogamie in dieser Phase lag. Damit schälte sich eine Ungleichzeitigkeit in der heiratsspezifischen Einstellung dieser Brautleute heraus. Während sie sich bei der regionalen Herkunft ihres Partners neu orientierten, suchten sie ihren Gatten aber immer noch unter gesellschaftlich Gleichgestellten aus.

4.2.1. Konfessionell homogene Verbindungen

Von den 56 Ehen verschiedener lokaler Herkunft waren in Ottmarsbocholt 30 konfessionell homogene Verbindungen. 29 rein katholische Paare und ein rein evangelisches gaben sich das Ja-Wort. Von den 59 Eheschließungen zwischen Einheimischen und Vertriebenen in Heek waren 48 konfessionell homogene Verbindungen. Bedingt durch die Vielzahl katholischer Schlesier fanden sich 45 rein katholische Paare. Zudem versprachen sich drei evangelische Hochzeitspaare die Ehe. Wie in Ottmarsbocholt und Heek standen bei den Rödinghauser Brautpaaren unterschiedlicher Herkunft größtenteils Partner gleichen Bekenntnisses vor dem Altar. 33 der 49 Ehen zwischen 1946 und 1960 wurden somit nach einheitlichem Ritus getraut. Darunter fielen zwei katholische wie altlutherische und 29 evangelisch-lutherische Trauungen. Der Faktor Zeit schlug hier nicht so zu Buche wie bei den konfessionellen Mischehen, denn vor 1952 zogen annähernd genauso viele konfessionsgleiche Brautpaare vor den Traualtar wie danach: 15 vor dem Jahr mit der höchsten Heiratsrate, 18 seitdem.

4.2.2. Konfessionell heterogene Verbindungen

Partnerschaften zwischen Einheimischen und Vertriebenen standen unter der Last, zwei Familien unterschiedlicher Sozialisation zu vereinen. Erschwert wurde dieser Wunsch nach ehelicher Gemeinsamkeit, wenn die Brautleute verschiedenen Konfessionen angehörten. Hier ist als besonderes Phänomen zu beobachten, daß protestantische Flüchtlinge, die sich mit einer einheimischen Katholikin vermählen wollten, dazu die Konfession wechselten bzw. zur Konversion bewegt wurden. In Ottmarsbocholt gab es drei Fälle, in denen evangelische Vertriebene zur katholischen Konfession übertraten, um die Ehe mit einer Ortsansässigen eingehen zu können.[105] Da es zu diesem Zeitpunkt noch keine Möglichkeit einer ökumenischen Trauung gab, schien eine Konversion für die einheimische Seite der einzig akzeptable Weg gewesen zu sein. 1952 konvertierte ein dreißigjähriger Regierungsinspektor, um die drei Jahre jüngere Tochter eines Gast- und Landwirts heiraten zu können. Ein Jahr später traten ein Hilfsarbeiter aus Kautzheim, Kreis Posen, und ein Bauingenieur aus Klein Rade, Kreis Westernberg, zum katholischen Bekenntnis über, um ihre einheimischen Partnerinnen ehelichen zu können. Insgesamt kamen in Ottmarsbocholt zwischen gemischt konfessionellen Partnern 26 Ehen zustande.[106]

Daß das Problem konfessioneller Mischehen eine extreme Nagelprobe für die traditionellen Einstellungs- und Verhaltensmuster darstellte, belegt der Anteil von sogenannten Mußehen unter gemischt konfessionellen Lebensgemeinschaften. Von den 26 interkonfessionellen Verbindungen wurden 13 eingegangen, bei denen die Brautleute ein Kind erwarteten oder bereits eines geboren war. Damit war jede zweite konfessionelle Mischehe zwischen Einheimischen und Flüchtlingen als ‚Mußehe' zu kennzeichnen. Diese Feststellung verlangt eine Deutung.

Wertet man das Heiratsverhalten als Indikator für die Integrationskraft des Sozialraumes Dorf unter dem Eindruck des Vertriebenenzuzugs,[107] dann gelten Trauungen zwischen Einheimischen und Flüchtlingen als Kriterium für den Assimilationsgrad der neuen Dorfbewohner. Die Heirat ist hier als fester Teil der klassischen Integrationstrias – Kommerzium, Kommensalität und Konnubium – anzusehen.[108] Auffällig ist in diesem Zusammenhang jedoch die Häufigkeit von Eheschließungen wegen eines gemeinsamen Kindes. ‚Mußehen' hatte es auch schon vor 1946 gegeben. Zwischen 1930 und 1946 gingen 11 Paare eine Ehe ein, weil ein gemeinsamer Nachkomme unterwegs oder bereits geboren war. Der Prozentsatz von ‚Mußehen' lag hier bei 6,5 Prozent.[109] In der Zeit von der ersten Flüchtlingsniederlassung bis 1960 kam es zu 13 ‚Mußehen' bei Einheimischen. Das ergab bei insgesamt 254 Trauungen in diesem Heiratskreis 5,1 Prozent. Bedeutend höher war im gleichen Zeitabschnitt jedoch der Anteil von ‚Mußehen' bei Heiraten von Flüchtlingen und Einheimischen. Dabei kamen auf 56 Eheschließungen 18 aufgrund eines gemeinsamen Kinds.[110] Das entspricht einem Anteil von 32,1 Prozent, also einem knappen Drittel.

---

[105] Aussage des Vertriebenen und ersten Lehrers der evangelischen Volksschule Ottmarsbocholt, Günter Löhrke, in: Schulchronik der Evangelischen Volksschule, Teil 4, in: Ottmarsbocholt. Geschichte und Geschichten 8 (1987), S. 27.

[106] Das waren 7,4% aller in diesem Zeitraum geschlossenen Ehen. Mit 22,9% ermittelte Wurzbacher, Die Familie als sozialer Eingliederungsfaktor, S. 98, in seiner UNESCO-Studie einen erheblich höheren Anteil der konfessionellen Mischehen. In der Westerwaldgemeinde hatte der Anteil vorher bei 5,2% gelegen. Zu konfessionellen Mischehen unter Vertriebenen und Einheimischen siehe auch Kindermann, Religiöse Wandlungen und Probleme im katholischen Bereich, S. 154f.

[107] So auch Haerendel, Flüchtlinge und Vertriebene in der Bundesrepublik Deutschland, S. 37.

[108] Zum Heiratsverhalten als Integrationsindikator siehe Müller, Die Verschwägerung (Konnubium) als soziologischer Maßstab für die Einwurzelung der heimatvertriebenen Bevölkerungsgruppen, S. 117 - 133; ders., Die soziale Wirklichkeit des deutschen Dorfes von heute, S. 29; Köllmann, Die Bevölkerungsentwicklung der Bundesrepublik, S. 91.

[109] Dieser Hundertsatz ergibt sich aus 11 ‚Mußehen' auf 169 Heiraten.

[110] Hierunter sind alle Eheschließungen, heterogen wie homogen konfessionell, subsumiert.

Hinzugefügt werden muß, daß ausgesprochen junge Paare diese Ehebünde zwischen Einheimischen und Flüchtlingen bildeten. Das Altersmittel bei allen Eheschließungen in den Jahren 1946 bis 1960 war 28,4 Jahre, bei Ehen aus den beiden sozialen Gruppen lag es dagegen bei 26,4 Jahren. Noch geringer war das Heiratsalter bei ‚Mußehen' von konfessionell gemischten Verbindungen zwischen Einheimischen und Vertriebenen. Bei 13 von 26 Trauungen, die wegen eines gemeinsamen Kindes geschlossen wurden, gaben sich mit einem Altersdurchschnitt von 24,3 Jahren noch jüngere Brautleute das Ja-Wort.

Als Ursache für dieses erstaunliche Heiratsverhalten sind zwei Beweggründe denkbar: Zum einen ging von den zugewanderten Dorfbewohnern neben dem irritierenden Gefühl der Bedrohung ein individuell ansprechender „Reiz des Neuen" aus.[111] Diese Neugier ist darin begründet, daß die neuen Dorfbewohner als Fremde Faszination auf einzelne Alteingesessene ausübten und letztere durch ihre Andersartigkeit anzogen.[112] Gerade in der unmittelbaren Nachkriegszeit klagten Geistliche über die „Sexualisierung und Hedonisierung des Geschlechterverhältnisses" auf Dorffesten.[113]

Zum anderen muß man sich vor Augen führen, daß es sich bei den unverhältnismäßig vielen Mischehen unter Einheimischen und Vertriebenen, zumal den konfessionell verschiedenen, um Partnerschaften handelte, die als hinzunehmendes Übel von den verschiedenen Familien erst akzeptiert wurden, wenn sich Nachwuchs einstellte. Es ist gut vorstellbar, daß bei längeren Verbindungen zwischen Einheimischen und Flüchtlingen die Paare sich die bestehenden Normen zu eigen machten. Sie nutzen so den geltenden Moralkodex, um ihr Verhältnis bei eingetretener Schwangerschaft legalisieren zu lassen. In diesem Falle handelte es sich um quasi heiratsstrategisch erzwungene Liebesheiraten, denn nach bestehender Konvention mußte bei einer Schwangerschaft sofort geheiratet werden, um größeren moralischen Schaden abzuwenden.

Der Anteil der konfessionsverschiedenen Ehen fiel in Heek mit elf Lebensbünden (18,6%) geringer aus als in Ottmarsbocholt. Dennoch lassen sich auch in Heek die gleichen Begleitphänomene bei den konfessionellen Mischehen erkennen, da diese Heiraten nicht der gesellschaftlichen Konvention entsprachen. Wie sehr das Thema konfessionelle Mischehe eine Nagelprobe für die konventionellen Einstellungs- und Verhaltensmuster darstellen konnte, unterstreichen zum einen der beachtliche Anteil

---

[111] Davon zeugen die in Teil I, Viertes Kapitel, A. Rivalen um Ressourcen: Dörfliche Sozialgruppen zwischen Konfrontation und Koexistenz, ausgebreiteten Konflikte (siehe dazu besonders die Situation in Heek), die neben der handfesten materiellen Not auch durch das Gefühl der Bedrohung durch die fremden Neuankömmlingen hervorgerufen wurden. Hier offenbart sich die Ambiguität der Erscheinung des Fremden, die sich in Anziehung wie in Abstoßung äußern kann. Siehe auch Hund, Flüchtlinge in einem deutschen Dorf, S. 122f.
[112] Von einem „lustvollen Aufsuchen des Fremden", das der Faszination des Fremden entspringt, sprach der Psychologe C. F. Graumann in seinem Vortrag „Erfahrung des Fremden: Lockung und Bedrohung" vor dem Kolloquium „Westfalens Geschichte und die Fremden", das die Historische Kommission für Westfalen in Münster am 28./29. 1. 1994 ausrichtete.
[113] Vgl. die Ausführungen des Münsteraner Domvikars Tenhumberg, Grundzüge im soziologischen Bild des deutschen Dorfes, S. 30.

von sogenannten Mußehen und zum anderen die Fälle, in denen Vertriebene konvertieren mußten.

Vor allem bei den ersten konfessionellen Mischehen Anfang der fünfziger Jahre kam es zu diesen Bekenntnisübertritten, bei denen evangelische Neubürger die Konfession wechselten, um von der katholischen Familie des Partners akzeptiert zu werden. Dies war insgesamt fünfmal der Fall: Drei männliche und zwei weibliche neue Dorfbewohner hatten dabei ihrem evangelischen Bekenntnis zu entsagen. 1951 traten ein 28jähriger Vorarbeiter aus Schillen und ein 26jähriger Bauarbeiter aus Liegnitz zur katholischen Konfession über, um mit einer 33jährigen Müllerstochter bzw. einer 25 Jahre alten Hausgehilfin getraut werden zu können. Den gleichen Schritt hatte 1952 ein 26jähriger Weber aus Berlin zu tun, um eine Maurertochter vor den Traualtar führen zu können. Im selben Jahr hatte eine 21 Jahre alte Chemiearbeiterin aus Sommerfeld das andere Bekenntnis anzunehmen, wollte sie ihren Partner, einen 29jährigen Vertreter, ehelichen. Der letzte dieser Fälle ereignete sich 1956, als eine 22jährige Spulerin aus Mogannen konvertierte.

Auch in Heek gab es unter konfessionsverschiedenen Verbindungen ‚Mußehen'. Der Befund fiel jedoch nicht ganz so kraß aus wie in Ottmarsbocholt,[114] aber ein beachtlicher Anteil der konfessionellen Mischehen war durch eine außereheliche Schwangerschaft zustande gekommen. In vier von elf Fällen, das entsprach über einem Drittel, lieferte eine sich ankündigende Geburt den Auslöser für die Eheschließung. Auch unter Einheimischen fanden sich außereheliche Schwangerschaften – jedoch in weit geringerem Ausmaß.[115] Von 1930 bis 1938 kamen sie bei fünf von 165 Trauungen (3%) vor, in den Kriegsjahren waren sie bei neun von 97 Eheschließungen (9,3%) festzustellen, im letzten Untersuchungsabschnitt waren unter 324 Eheschließungen 13 ‚Mußehen', mithin ein Anteil von vier Prozent. Dabei muß man berücksichtigen, daß es unter den grundbesitzenden Oberschichtfamilien übliche Praxis war, die Fruchtbarkeit der sich anbahnenden Beziehung zu ‚erproben'.[116] Im Gegensatz dazu entsprachen uneheliche Schwangerschaften bei konfessionsverschiedenen Partnern nicht der gesellschaftlichen Konvention. Nach 1956 stellten sich unter den konfessionellen Mischehen keine unehelichen Schwangerschaften und damit keine ‚Mußehen' mehr ein. Dies spricht – wie die gleichzeitig endenden Fälle von heiratsbedingten Konfessionsübertritten – für eine allmähliche Akzeptanz unter den beiden Sozialgruppen, Einheimischen und Vertriebenen.

Ein Drittel der Brautpaare verschiedener Herkunft in Rödinghausen unterschied sich zusätzlich in seiner Konfession. Unterschiedliche Bekenntnisse waren in dem bis 1946 konfessionell fast einheitlichen Gebiet mit erheblichen Schwierigkeiten für das Paar verbunden. Um der Bürde abweichender Glaubensbekenntnisse zu entge-

---

[114] Dort war die Hälfte aller konfessionellen Mischehen als ‚Mußehen' anzusehen.
[115] Dies war indes herkömmliche Konvention: Im einzigen Fall einer konfessionsverschiedenen Ehe unter Einheimischen zwischen 1946 und 1960 war eine illegitime Schwangerschaft ebenfalls Heiratsgrund: Ein evangelischer Studienreferendar aus Ahaus und eine Heeker Finanzangestellte heirateten drei Monate vor der Geburt ihres gemeinsamen Kindes.
[116] Hausen, Familie und Familiengeschichte, S. 77, geht von einer strikten Bindung der genitalen Sexualität an ein Eheversprechen „bis weit in das 20. Jahrhundert hinein" aus.

hen, entschied sich bei nahezu der Hälfte der Mischehen der vertriebene Partner wohl oder übel zur Konversion. Auffallend ist dabei, daß mehrheitlich die neuen Dorfbewohnerinnen den Glauben wechseln mußten, um in ihrem neuen Umfeld akzeptiert zu werden.[117] Bei Eheschließungen zwischen Rödinghausern und Partnern aus der Umgebung hingegen kam es nur zu fünf konfessionellen Mischehen bei 105 Trauungen (4,8%), von denen die Mehrheit noch Verbindungen zwischen einem altlutherisch und einem evangelisch-lutherisch Gatten waren. Bei diesen Gemeinschaften dürfte der mentale Graben traditioneller Einstellungs- und Verhaltensmuster nicht so tief gewesen sein wie bei Verbindungen zwischen einem evangelischen und einem katholischen Partner. Schließlich war letzterer immer ein zugezogener ‚Habenichts'.

Hervorstechend ist auch der Anteil der Verbindungen, bei denen die Verlobten andersartiger Konfessionen bereits vor der Eheschließung ein Kind gezeugt hatten. Diese Rate lag bei den Paaren ungleicher Herkunft bei 48,6 Prozent. Bei denen, die sich zusätzlich noch in ihrem Bekenntnis voneinander abhoben, stieg die Quote weiter auf exakt zwei Drittel. Damit war die Zahl unehelicher Schwangerschaften bei diesen Beziehungen am höchsten. Dies hing mit den Akzeptanzproblemen zusammen, mit denen diese Partnerschaften zu ringen hatten. Ein gemeinsames Kind jedoch, das sich bereits ankündigte, erforderte nicht nur eine rasche Heirat, sondern ermöglichte diese aus der Sicht der Betroffenen erst – trotz aller Vorbehalte der beteiligten Familien. Auch hier muß man den Zeitfaktor in Rechnung stellen, denn die Mehrheit der konfessions- und herkunftsverschiedenen Ehen wurde ab 1952 eingegangen.[118] Je länger also die Neuankömmlinge in Rödinghausen lebten, desto mehr Verbindungen gingen sie auch mit den Einheimischen ein.

Als Problem herkunftsverschiedener Partnerschaften ließen sich in den beiden anderen Untersuchungsgemeinden die sogenannten Mußehen ausmachen. Mit Kindern, die die Verlobten bereits vor der Eheschließung gezeugt hatten, hatte es in Rödinghausen aber seine besondere Bewandtnis. Bereits vor der Vertriebenenansiedlung hatten die zukünftigen Eheleute dort schon Nachkommen in stattlicher Zahl in die Welt gesetzt. Diese „Brautkinder" galten als Fruchtbarkeitsprobe des jungen Paares, um die innerfamiliäre Hofnachfolge und damit den Erhalt des sozialen wie materiellen Familienkapitals sicherzustellen.[119] Bedeutsam war hierbei, daß es sich um Verlobte handelte, die herkömmlicherweise „dieselben Rechte und Pflichten" besaßen wie die bereits Vermählten, und daß deren Heirat kurz bevor stand. Diese Praxis war vor allem in protestantisch-ländlichen Gebieten verbreitet und tauchte deshalb in Rödinghausen als gängige Erscheinung auf, während in Ottmarsbocholt und Heek dieses Phänomen eher unbekannt war.[120]

---

[117] Vier der sechs Konvertierten waren Flüchtlingsfrauen.
[118] Sechs dieser Verbindungen wurden bis zum heiratsfreudigsten Jahr 1952 geschlossen, aber zehn in der Folgezeit.
[119] Zitat bei Baldauf, Die Frauenarbeit in der Landwirtschaft, S. 115.
[120] Dies., a.a.O., S. 115f. Vor allem in bäuerlichen Schichten waren Brautkinder eine gängige Erscheinung. Wie das Beispiel Rödinghausen aber zeigt, wurde dieses Verhalten auch von nichtbäuerlichen Ehewilligen übernommen und angewandt.

So setzten bis 1946 in Rödinghausen 16 der 119 verlobten Paare (13,4%) ein Kind in die Welt. Die zukünftigen Eheleute kamen aus allen drei Gesellschaftsschichten und stammten aus bäuerlichen wie nichtagrarischen Familien.[121] Nach dem Vertriebenenzuzug stieg der Anteil der Eheschließungen mit vorangegangener Kindeszeugung bei den reinen Einheimischenehen auf 24,1 Prozent an.[122] Die Neubürger, die sich einen Flüchtling auserwählt hatten, erreichten eine Quote 42,8 Prozent. Am höchsten aber war der Anteil bei den herkunftsverschiedenen Paaren, bei denen fast jede zweite Braut bereits schwanger war.[123] Zweifellos sind bei beiden Heiratskreisen unterschiedliche Ursachen anzunehmen. Bei den Paaren unterschiedlicher regionaler Abstammung ist neben dem Reiz des Neuen an heiratsstrategische Berechnungen zu denken.[124] Bei den Verbindungen zweier Alteingesessener hingegen tradierten diese die überlieferten Einstellungs- und Verhaltensmuster weiter. In den Fällen, in denen das Ziel der Besitzstandwahrung handlungsleitend blieb, kann man die Vermählungen strenggenommen nicht als Mußehen bezeichnen, da die Brautkinder ja bewußt gezeugt worden waren.

B. Das Heiratsalter

Wie bei der Analyse der Heiratskreise drängt sich bei der Untersuchung des Heiratsalters eine Gliederung in die drei Zeitspannen auf. Dabei wird offenbar, daß das Alter der Brautleute zwischen 1930 und 1960 von zeitbedingten Schwankungen beeinträchtigt war, insgesamt jedoch deutlich sank. Während in den Kriegsjahren das Heiratsalter außerordentlich hoch war, ging es in den Jahren nach 1946 sukzessive zurück. Dieser Umstand ist mit auf den Einfluß der Flüchtlinge zurückzuführen, denn seit 1946 sank das Durchschnittsalter der Brautleute merklich.

Über den gesamten Zeitraum betrachtet sank das Heiratsalter der insgesamt 1034 Brautleute in Ottmarsbocholt.[125] Auch in Heek war der Trend zu sinkendem Hochzeitsalter konstatierbar.[126] Gerade in den fünfziger Jahren sank das Heiratsalter merklich. Das Heiratsalter der 580 Rödinghauser Brautleute wiederum wies mit Ausnahme des Jahres 1945 nur minimale Schwankungen auf.[127] Bereits 1930 lag das durchschnittliche Heiratsalter der Rödinghauser Paare mit weniger als 30 Jahren im Ver-

---

[121] Die meisten Brautkinder, 14 an der Zahl (18,4%), wurden in den dreißiger Jahren gezeugt, die restlichen zwei in der Kriegszeit (4,7%).
[122] Die Suche vorehelich gezeugter Kinder muß mit dem Jahr 1955 schließen, da mit der Einführung der Heiratsbücher die Standesbeamten das Geburtsdatum der Kinder in spezielle Geburtsregister eintrugen.
[123] Bei 17 der 35 Trauungen war die Frau bereits schwanger.
[124] Siehe dazu die Überlegungen in der Untersuchung zu Ottmarsbocholt.
[125] Für alle Analysen des Heiratsalters vgl. GA Senden, Familienbücher 1921 - 1930, 1931 - 1937, 1938 - 1946, 1947 - 1950, 1951 - 1953, 1954 - 1956, 1957 - 1961, o. Sig.
[126] Für Angaben bezüglich des Heiratsalters vgl. GA Heek, Heiratsregister 1925 - 1932, 1932 - 1938, Familienbücher 1938 - 1941, 1941 - 1945, 1946 - 1948, 1948 - 1950, Familienerstbuch 1950 - 1952, 1952 - 1953, 1954 - 1956, Familienbuch 1956 - 1957, Heiratserstbuch 1958 - 1960, o. Sig.
[127] Zum Alter der Brautleute siehe GA Rödinghausen, Heiratsregister 1926 - 1931, 1931 - 1932, 1932 - 1935, 1935 - 1937, 1937 - 1938, Familienbücher der Jahre 1938 bis 1957 sowie die jeweiligen Heiratsbücher von 1957 bis 1960.

gleich zu den beiden anderen Untersuchungsgemeinden bedeutend niedriger. Insgesamt sank das mittlere Heiratsalter zwischen 1930 und 1960 auf einen etwas niedrigeren Wert und damit nicht so stark wie in Ottmarsbocholt oder Heek.

1. Das Heiratsalter zwischen 1930 und 1938

In den dreißiger Jahren lag das Heiratsalter der 102 Ottmarsbocholter Brautpaare bis einschließlich 1938 zwischen 27,6 und 32,4 Jahren. Der Durchschnittswert für diesen Zeitraum betrug 29,7 Jahre. Es fällt auf, daß die 36 Oberschichtvertreter mit 32,5 Jahren ein höheres Heiratsalter aufweisen als das Mittel.[128] Die Bindung an den elterlichen Hof sorgte bei der grundbesitzenden Oberschicht für die „Spätehe der Erben".[129]

OTTMARSBOCHOLT. HEIRATSALTER 1930 - 38

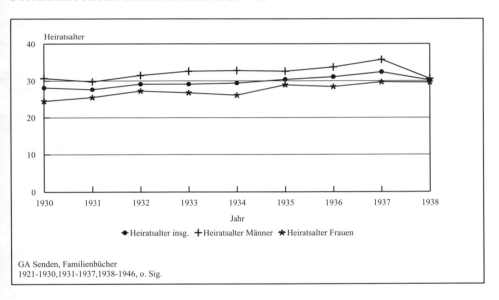

GA Senden, Familienbücher
1921-1930,1931-1937,1938-1946, o. Sig.

1930 lag das Durchschnittsalter bei 28,1 Jahren. 1931 bemaß das Alter 27,6, im darauffolgenden Jahr 29,1 Jahre. 1932 waren die Paare beim Ja-Wort genauso alt wie 1933, 1934 mit 29,4 Jahren nur geringfügig älter. 1935 waren sie mit 30,4 Jahren exakt ein Jahr älter. 1936 und 1937 lag das Alter der Brautleute noch höher: 31,1 Jahre bzw. 32,4 Jahre, bevor es 1938 wieder auf 30,2 Jahre fiel.

---

[128] Zum höheren Heiratsalter grundbesitzender Oberschichtangehöriger im 19. und zu Anfang des 20. Jahrhunderts siehe Ehmer, Heiratsverhalten, S. 113.
[129] Ipsen, Die Landfamilie in Wirtschaft und Gesellschaft, S. 17f.

Die Alterswerte der 190 Bräutigame pendelten zwischen 29,8 und 35,7 Jahren, die 190 Bräute waren zwischen 24,4 und 29,7 Jahren alt. In dem beschriebenen Zeitraum lagen die Männer mit ihrem Heiratsalter im Schnitt knapp fünf Jahre über dem der Frauen: Die Männer waren durchschnittlich 32,2, ihre Gattinnen 27,3 Jahre alt. Spätes Heiraten wirkte bis zur Mitte des 20. Jahrhunderts als „sicherstes Mittel der Geburtenbeschränkung."[130] Auch hier erreichten die Oberschichtangehörigen die höchsten Werte: Die Männer kamen beim Gang vor den Traualtar auf durchschnittlich 36,1, die Frauen auf 29 Jahre.

Das Hochzeitsalter der 330 Heeker Brautleute bewegte sich in den neun Jahren von 1930 bis 1938 zwischen 28,7 und 32,3 Jahren. Das ergab einen Altersdurchschnitt von 30,5 Jahren. Erwartungsgemäß wies die dörfliche Oberschicht mit 32,5 Jahren einen höheren Mittelwert auf, da sie wegen ihres besitzorientierten Heiratsverhaltens für die Auswahl des zukünftigen Partners eine längere Dauer zum Suchen in Anspruch nahm.

HEEK. HEIRATSALTER 1930 - 38

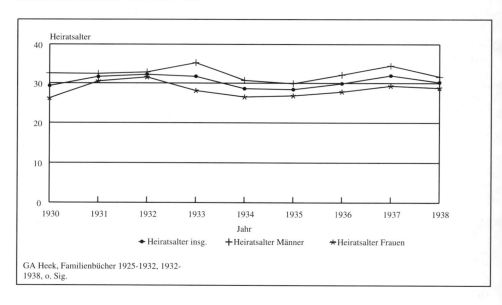

GA Heek, Familienbücher 1925-1932, 1932-1938, o. Sig.

Das Schaubild zeigt die durchschnittlichen Werte des Heiratsalters beider bis dahin üblichen Heiratskreise, zwischen Heekern untereinander und zwischen Ortsansässigen und Partnern aus umliegenden Gemeinden. Nach Geschlechtern unterteilt erreichten die Männer in diesem Zeitabschnitt durchweg höhere Werte als die Frauen. Durchschnittlich waren die Bräutigame fast vier Jahre älter, wenn sie ihre Braut vor den Traualtar führten. Das Heiratsalter der Männer schwankte zwischen 29,9 (1935)

---

[130] Hausen, Familie und Familiengeschichte, S. 77.

und 35,3 (1933) Jahre. Der Mittelwert bezifferte sich auf ein Hochzeitsalter von 32,4 Jahren. Die Frauen erreichten Werte zwischen 26,2 (1930) und 31,6 (1931) Jahren. Im Durchschnitt heirateten sie, wenn sie 28,5 Jahre alt waren. Oberschichtpaare erreichten auch hier ein höheres Heiratsalter. Oberschichtmänner heirateten im Mittel mit 35,8, Frauen aus der sozialen Führungsschicht mit 28,5 Jahren.

Das Alter der 76 Rödinghauser Brautpaare in den dreißiger Jahren schwankte zwischen 23 und 32,6 Jahren. Der Mittelwert bezifferte sich auf 26,6 Jahre und pendelte sich damit erheblich unter dem der Vergleichsgemeinden ein, wo sich die Verlobten gewöhnlich zwei bis drei Jahre später trauten.[131] Während die Unterschichtangehörigen wie beispielsweise ein 21jähriger Maurer und eine 20jährige Zigarettenarbeiterin im Jahre 1930 in jungen Lebensjahren vor den Traualtar traten, wiesen Mittelständler oder Oberschichtangehörige höhere Alterswerte auf. So heirateten 1936 ein Kaufmann aus Hagen und eine Kaufmannstochter im Alter von 43 bzw. 35 Jahren.

RÖDINGHAUSEN. HEIRATSALTER 1930 - 38

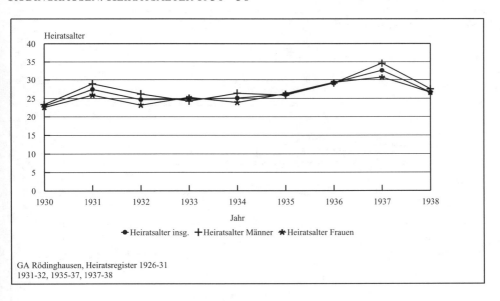

GA Rödinghausen, Heiratsregister 1926-31
1931-32, 1935-37, 1937-38

Interessant sind die geschlechtsspezifischen Altersunterschiede bei den 152 Hochzeitern. Die Männer waren im Mittel 27,3 Jahre alt, ihre im Schnitt eineinhalb Jahre jüngeren Partnerinnen 25,9 Jahre alt. Bereits im ersten Zeitabschnitt wichen die Alterswerte der Rödinghauser Paare beachtlich von denen der agrarisch-katholischen Vergleichsdörfer ab, wo die Männer durchschnittlich fünf, ihre Partnerinnen bis zu

---

[131] In Heek waren die Brautleute in diesem Zeitraum durchschnittlich 30,5, die in Ottmarsbocholt 29,7 Jahre alt.

zweieinhalb Jahre später heirateten.[132] Ferner war der Altersunterschied zwischen den Brautleuten in Rödinghausen mit 1,4 Jahren bedeutend geringer. In Ottmarsbocholt betrug die Differenz 4,9 Jahre, also dreieinhalbmal so viel, in Heek erreichte sie noch 3,9 Jahre und war damit fast dreimal so groß. Der Grund für das jüngere Heiratsalter ist in der stärker industriellen Prägung Rödinghausens und der daraus resultierenden sozialen Schichtung zu finden. Wie gesehen versprachen, sich gerade die Unterschichtangehörigen frühzeitig die Ehe im Gegensatz zu den grundbesitzenden Angehörigen des Mittelstandes und der Oberschicht, die für die richtige Gattenwahl mehr Zeit benötigten. Somit waren die Unterschichtler in ihrer großen Zahl maßgeblich für das niedrige Heiratsalter in der Ravensberger Landgemeinde verantwortlich.

2. Das Heiratsalter zwischen 1939 und 1945

In den Kriegsjahren sank die Bereitschaft wie auch die Möglichkeit, vor den Traualter zu treten. Deswegen waren die 138 Ottmarsbocholter Brautleute gegenüber über dem vorangestellten Zeitraum beim Ja-Wort mit 33,8 Jahren im Schnitt bemerkenswerte 4,1 Jahre älter.[133]

OTTMARSBOCHOLT. HEIRATSALTER 1939 - 45

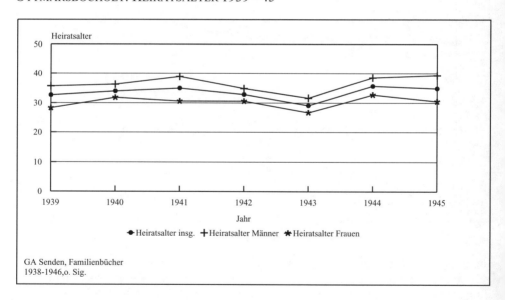

[132] In Heek heirateten die Männer gewöhnlich mit 32,4, die Frauen mit 28,5 Jahren, in Ottmarsbocholt mit 32,2 bzw. 27,3.
[133] In den Jahren 1930 bis 1938 lag der Altersdurchschnitt bei 29,7 Jahren.

Das durchschnittliche Heiratsalter schnellte im ersten Kriegsjahr um mehr als fünf Jahre gegenüber 1938 auf 35,4 Jahre, bis 1945 lag es mit Ausnahme der Jahre 1942 und 1943 ständig bei mittdreißig. 1940 waren die Paare beim Eheversprechen 33,9 Jahre alt, im darauffolgenden Jahr exakt ein Jahr älter. 1942 und 1943 sank der Wert etwas auf 32,8 bzw. 29,1 Jahre, um sich jedoch in den folgenden drei Jahren wieder bei Zahlen um Mitte der dreißiger einzurichten: 1944 bei 35,6 und 1945 bei 34,8 Jahren.

Nach Geschlechtern unterteilt haben gegenüber 1930 bis 1938 besonders die 69 Bräutigame an Alter zugenommen. Ihr Mittel stieg von 32,2 auf 36,3 Jahre, bei Oberschichtangehörigen von 36,1 sogar auf 39 Jahre. Das Alter der 69 Frauen stieg ebenfalls, jedoch nicht in diesem Maße, von 27,3 auf 30,2, bei Oberschichtfrauen von 29 auf 30,4 Jahre. Demzufolge kletterte die Altersdifferenz von Braut und Bräutigam zwischen den beiden Zeiträumen von 4,9 auf 6,1, bei reinen Oberschichtehen von 7,1 auf 9,4 Jahre.[134] Die Entwicklung der Jahre ab 1939 entspricht in Ottmarsbocholt voll und ganz dem üblichen Heiratsverhalten in Krisenzeiten. Steigendes Heiratsalter bei gleichzeitig sinkender Zahl der Hochzeiten und steigender Schichtkonsistenz vor allem der großbäuerlichen Oberschicht prägten das generative Verhalten der Ottmarsbocholter bis 1946.

Im Gegensatz zur Entwicklung in Ottmarsbocholt stieg das durchschnittliche Heiratsalter in Heek in den Kriegsjahren nicht. Vielmehr nahm es weiter ab, wenn auch nur geringfügig um 0,4 auf 30,1 Jahre. Dieser minimale Abschwung ist darauf zurückzuführen, daß unter den 194 Hochzeitern besonders die besitzlosen Unterschichtangehörigen in der Kriegszeit relativ jung eine Ehe schlossen und sich angesichts der ungewissen Zukunft vergleichsweise früh banden. So heirateten beispielsweise 1940 ein 26 Jahre alter Kraftfahrer eine 19jährige Kleinbauerntochter, im Jahr darauf ein 21jähriger Weber eine 24 Jahre alte Spulerin. Dieses Ergebnis erfährt seine Bestätigung, wenn man das Hochzeitsalter der dörflichen Eliten analysiert. Diese lagen nämlich mit einem Altersschnitt von 33 Jahren über dem allgemeinen Wert.[135]

---

[134] Zur höheren Altersdifferenz bei (groß-)bäuerlichen Verbindungen ebenso Sieder, Sozialgeschichte der Familie, S. 60.
[135] Dies traf auch für die Oberschichtmänner und -frauen zu, die mit durchschnittlich 35,7 und 30,3 Jahren über den allgemeinen Werten von 32,2 und 27,9 Jahren lagen.

HEEK. HEIRATSALTER 1939 - 45

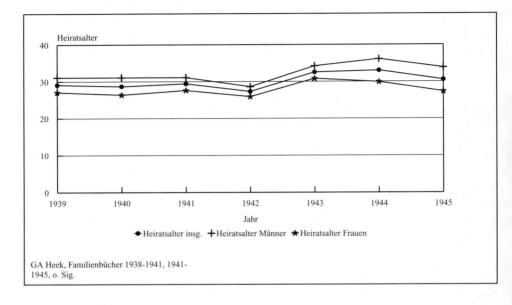

GA Heek, Familienbücher 1938-1941, 1941-1945, o. Sig.

Wie die Graphik nachweist, waren allein die weiblichen Heiratswilligen dafür verantwortlich, daß das Heiratsalter in diesem Abschnitt leicht zurückging. Während die Männer ihr Hochzeitsalter mit 32,3 Jahren gegenüber der Friedenszeit unverändert halten konnten, waren die Frauen mit 27,9 Jahren merklich jünger, wenn sie das Ja-Wort gaben. Demzufolge nahm auch die Altersdifferenz zwischen den Brautleuten etwas zu. Sie war in dieser Zeitspanne auf 4,4 Jahre angewachsen.

Die 43 Paare, die sich zwischen 1939 und 1945 in Rödinghausen vermählten, gaben sich gewöhnlich im Alter von 30,2 Jahre das Ja-Wort und waren damit dreieinhalb Jahre älter als ihre Vorgänger. Gerade in der ungewissen Kriegszeit ging, wie gesehen, nicht nur die Zahl der Eheschließungen zurück. Gleichzeitig stieg das Alter der Heiratswilligen, was auch die Entwicklung in den Vergleichsdörfern zeigte.[136] Wie die Graphik belegt, setzte sich diese Entwicklung mit zunehmender Kriegsdauer weiter fort. 1939 waren die Verlobten noch 27,4 Jahre alt, als sie das Aufgebot bestellten, im letzten Kriegsjahr hingegen gründeten die Paare erst mit 41,6 Jahren eine Familie.

---

[136] In Heek kletterte das Altersmittel auf 30,1, in Ottmarsbocholt sogar auf 33,8 Jahre.

RÖDINGHAUSEN. HEIRATSALTER 1939 - 45

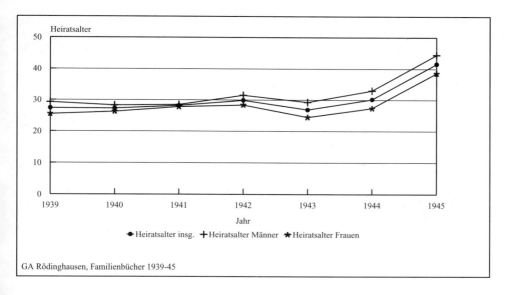

GA Rödinghausen, Familienbücher 1939-45

Dem allgemeinen Trend zufolge waren die 86 Brautleute älter. Die Männer waren mit 32,1 um fast fünf, die Frauen um genau zweieinhalb Jahre älter.[137] Der Altersunterschied innerhalb der Paare verdreifachte sich nahezu auf 3,7 Jahre. Wie bereits im vorangegangenen Zeitraum war die Differenz zwischen Bräutigam und Braut bedeutend geringer als in den Vergleichsgemeinden. Das schichtspezifische Vermählungsalter verfestigte sich unter den Kriegsbedingungen. Die Vertreter der Dorfelite und des Mittelstands heirateten zu einem späteren Zeitpunkt als die Unterschichtler. Dazu zwei Beispiele: 1942 vermählten sich ein Gastwirt und eine Großbauerntochter 39- bzw. 35jährig. Bei einer reinen Oberschichtvermählung verbanden sich im vorletzten Kriegsjahr ein Ingenieur und eine Arzttochter im Alter von 39 und 28 Jahren. Die Unterschichtangehörigen waren im Vergleich dazu jünger, wenn sie sich das Ja-Wort gaben. 1942 trauten sich ein Zigarrensortierer aus Holsen und die Tochter eines Zigarrenarbeiters im Alter von 26 und 23 Jahren. Dies waren nicht die niedrigsten, sondern durchschnittliche Alterswerte.[138]

---

[137] Im Spitzenjahr 1945 erreichten die Männer das Alter von 44,5, die Frauen von 38,6 Jahren.
[138] Es gab auch jüngere Paare wie den 24jährigen Reichsbahngehilfen und seine 22jährige Braut, die 1943 die Ringe tauschten.

3. Das Heiratsalter zwischen 1946 und 1960

Eine markante Zäsur erfuhr das generative Verhalten seit 1946 auch im Hinblick auf das Heiratsalter.[139] Wie bereits dargestellt, wirkte der Vertriebenenzuzug als Unterschichtungsprozeß sowohl auf die Heiratskreise als auch auf die konfessionelle Homogenität. Ebenso einschneidend wirkt sich die Zuwanderung der Heimatvertriebenen auf das Durchschnittsalter der Brautpaare aus.

OTTMARSBOCHOLT. HEIRATSALTER 1946 - 60

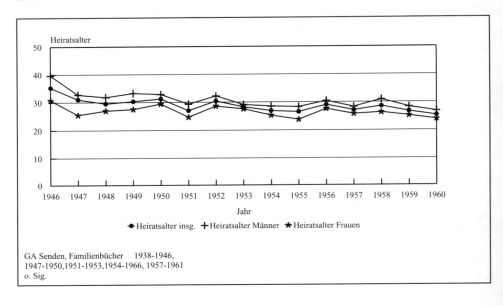

GA Senden, Familienbücher 1938-1946, 1947-1950,1951-1953,1954-1966, 1957-1961
o. Sig.

In Ottmarsbocholt fiel der Mittelwert 1947 auf genau 31 Jahre; im Vorjahr hatte er noch bei 35,2 Jahren gelegen. In der Folgezeit sackte das Trauungsalter sukzessive ab, bis es sich Ende der fünfziger Jahre auf die in Ottmarsbocholt bis dato nicht gekannten Werte von Mitte zwanzig einpendelte. Das Durchschnittsalter der 353 ehewilligen Paare von 1946 bis 1960 verzeichnete ein Mittel von nur noch 28,7 Jahren. Auffallend sind auch die niedrigeren Werte der Geschlechter: Der Altersschnitt rutschte bei den Männern auf 30,8, bei den Frauen auf 26,6 Jahre ab. Der Altersunterschied unter den Brautleuten erreichte hier den niedrigsten Wert. Er näherte sich auf 4,2 Jahre an.

Auch auf der Ebene der gesamten Bundesrepublik fiel das Heiratsalter, wenngleich der ländliche Raum in Gestalt von Ottmarsbocholt gegenüber den allgemeinen Werten mit höheren Vergleichsziffern aufwartete. Zwischen 1950 und 1960 fiel

---

[139] Zu sinkendem Heiratsalter in der Nachkriegszeit siehe auch Sieder, Sozialgeschichte der Familie, S. 256.

das durchschnittliche Heiratsalter der Männer bundesweit von 28,1 auf 25,9 und pendelte sich bei 27 Jahren ein; bei den Frauen sanken es von 25,4 auf 23,7 und erreichte im Mittel 24,5 Jahre; der Altersunterschied belief sich hier auf nur noch 2,5 Jahre.[140]

HEEK. HEIRATSALTER 1946 - 60

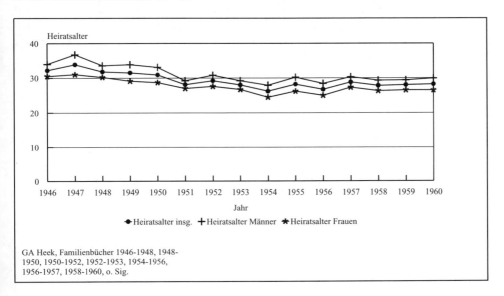

GA Heek, Familienbücher 1946-1948, 1948-1950, 1950-1952, 1952-1953, 1954-1956, 1956-1957, 1958-1960, o. Sig.

In Heek war das deutlich sinkendes Heiratsalter gleichfalls ein Charakteristikum für die Nachkriegszeit neben dem allgemeinen Heiratsboom und den Mischehen zwischen Einheimischen und Neubürgern.

Das Durchschnittsalter unter den 854 Brautleuten zwischen 1946 und 1960 fiel weiter auf durchschnittlich 29,3 Jahre ab. Ausgehend vom Höchststand in dieser Zeitspanne von 33,9 Jahren im Jahre 1947 sank der Mittelwert unter die Marke von dreißig Jahren. In den folgenden Jahren ging das durchschnittliche Hochzeitsalter nach und nach zurück, bis es 1954 den niedrigsten Wert von 26,2 Jahren erreichte. Danach schwankte das Mittel zwischen 26 und 28 Jahren. Dieser Trend stellte sich auch bei dem Heiratsalter der Männer wie der Frauen ein. Das Alter der Bräutigame rutschte mit 31,1 Jahren auf seinen tiefsten Stand ab, und auch die Bräute waren mit durchschnittlich 27,5 Jahren die jüngsten im gesamten Untersuchungszeitraum. Jedoch lagen die Heeker Werte damit immer noch über dem bundesrepublikanischen Mittel von 27 Jahren bei den Männern und von 24,5 bei den Frauen.[141] Konsequent fiel innerhalb dieser Entwicklung der Altersunterschied zwischen den Brautleuten.

[140] Kromka, Die Bedeutung von Ehe und Familie für die ländliche Gesellschaft, S. 217.
[141] Ebd.

Er erreichte mit 3,6 Jahren den geringsten Wert,[142] lag aber ebenfalls über dem Wert von 2,5 Jahren für die gesamte Bundesrepublik.[143]

Das Alter der Brautpaare in der Nachkriegszeit sank in Rödinghausen wie auch in den übrigen Untersuchungsgemeinden. Bereits in den unmittelbaren Nachkriegsjahren erreichte es einen Stand wie in der ersten Untersuchungsspanne, den es nach einigen Auf- und Abwärtsbewegungen Ende der fünfziger Jahre wieder einnahm. Die 324 Verlobten trauten sich im Schnitt mit 26,5 Jahren. Die Quote, die damit knapp unter dem Ausgangswert der dreißiger Jahre von 26,6 Jahren lag, erreichte hier den tiefsten Stand. Die Raten in den Vergleichsorten unterbot sie glatt um zwei bis drei Jahre.[144]

RÖDINGHAUSEN. HEIRATSALTER 1946 - 60

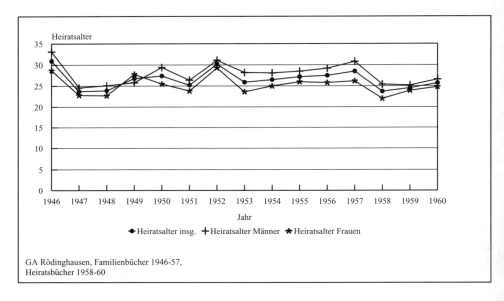

GA Rödinghausen, Familienbücher 1946-57, Heiratsbücher 1958-60

Das Durchschnittsalter der Brautleute nahm gegenüber der Kriegszeit kräftig ab. Die Bräutigame waren jetzt durchschnittlich 27,8 und ihre Lebensgefährtinnen 25,2 Jahre alt. Damit pendelte sich das Altersmittel in einer Größenordnung wie in den dreißiger Jahren ein. Zudem waren die Rödinghauser Hochzeiter erheblich jünger als die in Ottmarsbocholt oder Heek.[145] Die Brautleute in Rödinghausen lagen dem bundesrepublikanischen Mittel von 27 bei den Männern und 24,5 Jahren bei den Frauen am

---

[142] Insgesamt fiel die Altersdifferenz zwischen den Brautleuten von 4,4 über 3,9 auf 3,6 Jahre.
[143] Kromka, a.a.O.
[144] Das Durchschnittsalter in Heek und Ottmarsbocholt bezifferte sich auf 29,3 bzw. 28,8 Jahre.
[145] Dort waren die Bräutigame gewöhnlich 31,1 oder 30,8, die Bräute 27,5 oder 26,6 Jahre alt.

nächsten.[146] Der Altersunterschied zwischen den Geschlechtern verkürzte sich in dieser Zeitspanne auf 2,6 Jahre und kam damit denkbar knapp der Quote von 2,5 Jahren für die gesamte Bundesrepublik nahe.[147]

Abschließend ist zu betonen: Die allgemeine wie die geschlechtsspezifische Altersquote sank hier nicht so drastisch wie in den agrarisch-katholischen Kommunen. Der Grund dafür liegt bei den zahlreichen Unterschichtlern, die ihr überliefertes Heiratsverhalten weiterpflegten. Das hieß, daß sie wie bereits in den dreißiger Jahren in jungem Alter vor den Traualtar schritten und so für das niedrige Durchschnittsalter sorgten. In Rödinghausen fiel also das Heiratsverhalten der Neubürger, die in Ottmarsbocholt und Heek die Altersrate der Hochzeiter kräftig gedrückt hatten, nicht annähernd so stark ins Gewicht.

3.1. Das Heiratsalter der Einheimischen

Die Frage nach der Ursache für die deutliche Abnahme des Heiratsalters beantwortet eine Analyse zweier unterschiedlicher Heiratskreise.

OTTMARSBOCHOLT. HEIRATSALTER DER EINHEIMISCHEN 1946 - 60

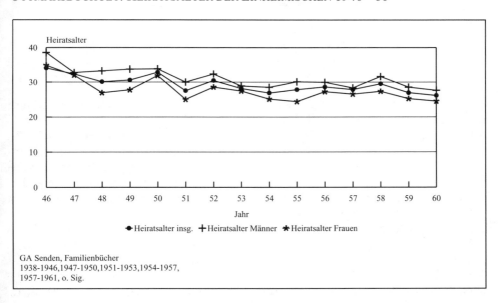

GA Senden, Familienbücher
1938-1946,1947-1950,1951-1953,1954-1957,
1957-1961, o. Sig.

Von 1946 bis 1960 lag in Ottmarsbocholt das Durchschnittsalter der einheimischen Brautleute bei 29,3 Jahren, also über dem Mittelwert aller Brautpaare dieses Zeitabschnitts, aber noch merklich unter dem Altersschnitt der beiden vorherigen Zeiträu-

---

[146] Kromka, Die Bedeutung von Ehe und Familie für die ländliche Gesellschaft, S. 217.
[147] Ebd. Die Durchschnittswerte in Ottmarsbocholt und Heek betrugen 4,2 und 3,6 Jahre.

me.[148] Höhere Werte erzielten auch die ortsansässigen Bräutigame mit 31,2 und die einheimischen Bräute mit 27,4 Jahren.

HEEK. HEIRATSALTER DER EINHEIMISCHEN 1946 - 60

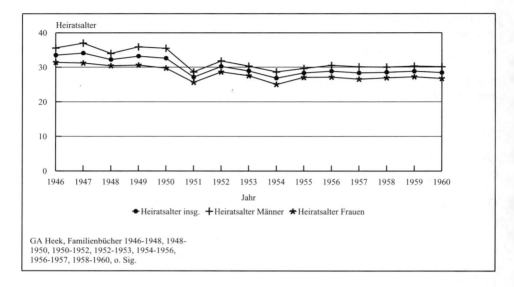

GA Heek, Familienbücher 1946-1948, 1948-1950, 1950-1952, 1952-1953, 1954-1956, 1956-1957, 1958-1960, o. Sig.

Die 648 einheimischen Heeker Hochzeiter erreichten einen Altersdurchschnitt von 30 Jahren. Die einheimischen Männer kamen auf 31,9 Jahre, die Frauen auf 28,1 Jahre, wenn sie eine Familie gründeten. Diese Werte lagen zwar unter denen der einheimischen Verlobten in den vorangegangenen Zeiträumen,[149] aber noch über dem mittleren Heiratsalter aller Brautleute in der Nachkriegszeit. Im Umkehrschluß folgt aus diesem Befund, daß die neuen Dorfbewohner auch in der Dinkelgemeinde die säkulare Strömung zu jüngerem Hochzeitsalter vorangetrieben haben müssen.

Die Untersuchung des Heiratsalters unter den Rödinghauser Alteingesessenen erbringt den Nachweis, daß die dort Beheimateten ein bemerkenswert niedriges Vermählungsalter aufwiesen, das sich von dem der neuen Dorfbewohner nicht abhob. Die einheimischen Verlobten gaben sich durchschnittlich mit 26,5 Jahren das Ja-Wort, was exakt dem Mittel aller Heiratswilligen in dieser Zeitspanne entspricht. Nach Geschlecht waren die zukünftigen Ehemänner mit 28,1 Jahren etwas älter, während die Bräute mit 24,9 unwesentlich jünger waren als alle Rödinghauser

---

[148] In den dreißiger Jahren und der Kriegszeit waren die Hochzeiter mit 29,7 bzw. 33,9 Jahren deutlich älter.
[149] In den vorangegangenen Zeitspannen waren die Hochzeiter, die in der Regel vollständig aus Heek und Umgebung stammten, gewöhnlich 30,5 bzw. 30,1 Jahre alt.

Brautleute in diesen Jahren.[150] Demzufolge pendelte sich die Altersdifferenz mit 3,2 Jahren über der allgemeinen Quote ein.

RÖDINGHAUSEN. HEIRATSALTER DER EINHEIMISCHEN 1946 - 60

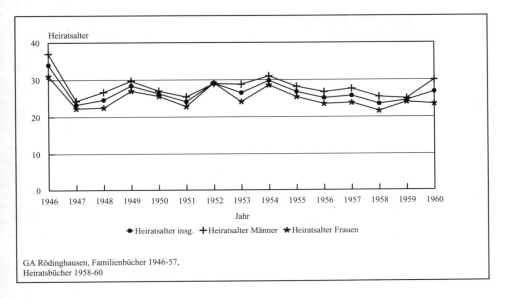

Im Vergleich zu den alteingesessenen Ottmarsbocholtern oder Heekern waren die ostwestfälischen Brautleute aber beträchtlich jünger. In den Münsterlandgemeinden waren die Verlobten rund drei Jahre älter, und der Altersunterschied innerhalb der Paare maß 3,8 Jahre.

3.2. Das Heiratsalter der neuen Dorfbewohner

Die Zahlen für das Heiratsalter der Einheimischen deuten indirekt darauf hin, daß vorrangig die Neubürger das sinkende Heiratsalter verursacht haben müssen. Diese These wird erhärtet, wenn man Verbindungen mit Flüchtlingsbeteiligung auf das Alter der Brautleute hin untersucht.

---

[150] Das Heiratsalter aller Männer maß 27,8, das der Frauen 25,2 Jahre.

OTTMARSBOCHOLT. HEIRATSALTER DER FLÜCHTLINGE 1946 - 60

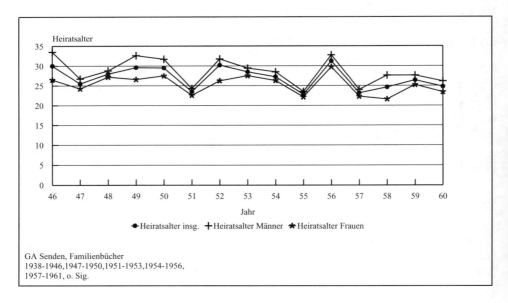

Das durchschnittliche Heiratsalter bei Ehebünden mit Flüchtlingsbeteiligung lag in Ottmarsbocholt bei 26,9 Jahren. Die Männer waren 28,6, ihre Partnerinnen 25,2 Jahre alt.[151] Die Entwicklung, wie sie die Graphik nachzeichnet, verdeutlicht, daß Ehen mit Vertriebenenbeteiligung über den gesamten Zeitraum deutlich früher als die der Einheimischen getraut wurden. Daß die Vertriebenenverbindungen wesentlich den Heiratsalterwert gedrückt haben, belegt auch eine Untersuchung schichtspezifischer Heiratskreise. Vergleicht man Oberschichtverbindungen, die sich nahezu ausschließlich aus einheimischen Großbauern und Großbauerntöchtern zusammensetzten, mit Flüchtlingstrauungen, die fast gänzlich als Unterschichtverbindungen zu kennzeichnen sind, so zeigt sich erneut: Einheimische heirateten später, Flüchtlinge früher.

---

[151] Das sind zum einen Verbindungen von Flüchtlingen mit Einheimischen und zum anderen reine Vertriebenenverbindungen.

HEEK. HEIRATSALTER DER FLÜCHTLINGE 1946 - 60

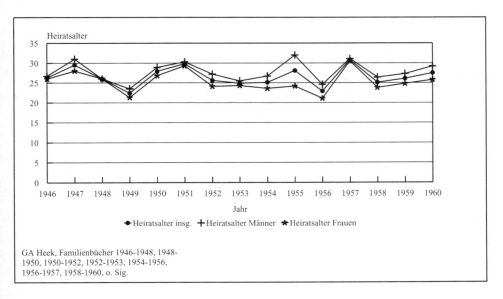

GA Heek, Familienbücher 1946-1948, 1948-1950, 1950-1952, 1952-1953, 1954-1956, 1956-1957, 1958-1960, o. Sig.

In Heek waren bei Eheschließungen mit Vertriebenenbeteiligung die Brautleute ebenfalls beträchtlich jünger. Die 206 Brautleute wiesen bei ihren Trauungen ein durchschnittliches Alter von 26,5 Jahren auf. Die Bräutigame waren 27,8 und ihre zukünftigen Gattinnen lediglich 25,3 Jahre alt. Zwar zeigen die Mittelwerte in diesem Schaubild einige Sprünge, aber dennoch ist anhand der Werte klar zu sehen, daß sich die Zahlen deutlich unter denen der einheimischen Hochzeiter bewegen. Somit galt auch für die neuen Dorfbewohner in Heek, was bereits für Ottmarsbocholt festgestellt werden konnte: Vertriebene heirateten frühzeitiger als ihre einheimischen Mitbürger.

RÖDINGHAUSEN. HEIRATSALTER DER FLÜCHTLINGE 1946 - 60

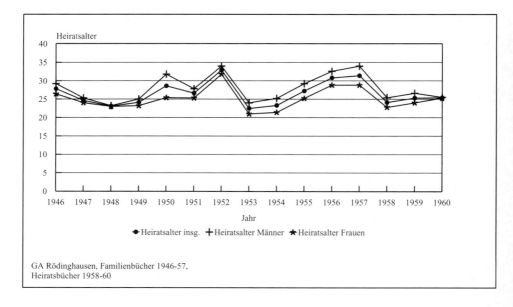

GA Rödinghausen, Familienbücher 1946-57,
Heiratsbücher 1958-60

Aus der Analyse des Heiratsalters der Rödinghauser Altbürger ergab sich unausgesprochen die Folgerung, daß die Vertriebenen den Altersschnitt zusätzlich nicht gesenkt hatten. Denn die neuen Dorfbewohner kamen mit 26,5 Jahren auf das gleiche Altersmittel wie die Alteingesessenen. Rödinghausen hob sich damit von den Verhältnissen in den katholisch-agrarischen Kommunen ab.[152] Die vertriebenen Bräutigame waren mit 27,9 Jahren minimal älter als der Rödinghauser Durchschnitt, ihre zukünftigen Ehefrauen mit 25,1 Jahren nur leicht jünger. Lediglich die Altersdifferenz unter den Neubürgern hob sich von der der Einheimischen ab. Die 2,8 Jahre zwischen den ostdeutschen Brautleuten stellten eine geringere Differenz gegenüber dem Altersunterschied zwischen einheimischen Männern und Frauen. Dies läßt darauf schließen, daß der Trend zu einer individualisierten Partnerwahl bei den neuen Dorfbewohnern am ausgeprägtesten vorkam, weil sie ihren Heiratsentschluß losgelöst von lokalen Traditionen treffen konnten. Wie gesehen, herrschten dagegen bei altherbrachtem Heiratsverhalten wie in den Vergleichsorten höhere Altersunterschiede.

4. Das Heiratsalter im Längsschnitt: Säkularer Trend und Vertriebenenbeitrag

Aufgrund der agrarischen Prägung Ottmarsbocholts wiesen die dortigen Brautleute im Vergleich mit den Hochzeitern der anderen Landgemeinden die höchsten Alters-

---

[152] Dort waren die zugezogenen Hochzeiter im Schnitt drei Jahre jünger als die einheimischen.

werte auf. Über den Untersuchungszeitraum von 1930 bis 1960 zeigte das Heiratsalter der 1034 Brautleute einen Abwärtstrend.

HEIRATSALTER 1930 - 60. OTTMARSBOCHOLT/HEEK/RÖDINGHAUSEN

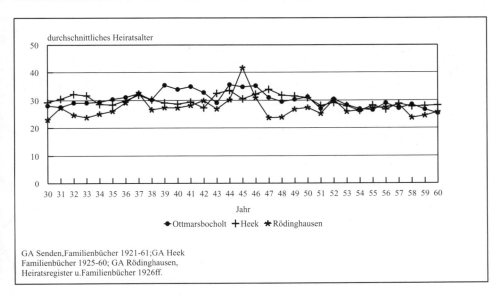

GA Senden,Familienbücher 1921-61;GA Heek Familienbücher 1925-60; GA Rödinghausen, Heiratsregister u.Familienbücher 1926ff.

Allerdings verlief diese Entwicklung nicht geradlinig, sie wies auch Brüche auf. Die Werte des Abschnitts von 1939 bis 1945 belegen dies. Hier stieg kriegsbedingt das Heiratsalter noch einmal, ehe es in der Nachkriegszeit unter dem Bann der Vertriebenenansiedlung kontinuierlich abnahm. Im Vergleich mit den vorangegangenen Zeiträumen erhielt das Durchschnittsalter der Brautpaare von 1946 bis 1960 erst seinen Stellenwert: Betrug es von 1930 bis 1938 29,7 und in den folgenden Kriegsjahren sogar 33,8 Jahre, weisen die weiteren Jahre bis 1960 ein Mittel von nur noch 28,7 Jahren auf.[153]

---

[153] Die These eines gewöhnlich hohen Heiratsalters in den fünfziger Jahren bei Korte, Bevölkerungsstruktur und -entwicklung, S. 17, findet im Untersuchungsgebiet keine Bestätigung, im Gegenteil: ein sinkendes Heiratsalter ist für diesen Zeitraum der zutreffende Befund.

OTTMARSBOCHOLT. HEIRATSALTER NACH GESCHLECHT 1930 - 1960

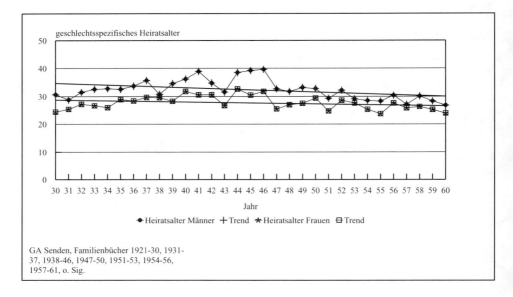

Bei den Brautleuten sank das Heiratsalter gleichermaßen. Im ersten Zeitraum waren die ehewilligen Männer 32,2, in der Kriegsepoche zwar 36,3, jedoch danach nur noch 30,8 Jahre alt;[154] hier fiel das Heiratsalter erst Anfang der fünfziger Jahre unter die 30-Jahre-Marke. Ähnlich verhielt es sich bei den Frauen. Dort lief die Entwicklungslinie von 27,3 über 30,2 auf schließlich nur noch 26,6 Jahre; dort näherte sich der Altersschnitt Mitte der fünfziger Jahre der 25-Jahre-Hürde, so daß bei der Partnerwahl „die Mädchen viel aktiver als in früheren Zeiten in Erscheinung" traten.[155] Dabei waren die Hochzeiter stets älter als ihre Partnerinnen. Der Altersunterschied zwischen Bräutigam und Braut zeigte demnach dieselbe Bewegungsrichtung: von 4,9 über 6,1 zu 4,2 Jahren Differenz. Auch hier offenbarte sich illustrativ der säkulare Trend zu sinkendem Heiratsalter, den in Ottmarsbocholt der Vertriebenenzuzug noch forciert hat.[156]

Die Entwicklung ging hier zum gleichaltrigen Partner, was auf eine bewußte Entscheidung und eine eigenverantwortliche Wahl der Brautleute hinweist. Der Wandel von der „vorwiegend arbeitsintegrierten zur stärker gefühlsintegrierten Ehe" hatte sich auch in anderen ländlichen Gegenden Deutschlands vollzogen. Bei einer Um-

---

[154] Im zweiten Untersuchungsabschnitt von 1939 bis 1945 lagen auch die höchsten Alterswerte der Hochzeiter: 1941 waren die Bräutigame 38,9 und 1945 39,2 Jahre alt.
[155] Wurzbacher, Beiträge zur gegenwärtigen Verfassung und Entwicklung der westdeutschen Landfamilie, S. 252.
[156] Auf der Betrachtungsebene der Bundesrepublik hat diese Entwicklung auch stattgefunden. Das Heiratsalter sank in der Nachkriegszeit bis Mitte der siebziger Jahre. Vgl. Köllmann, Die Bevölkerungsentwicklung der Bundesrepublik, S. 110.

frage in einer Westerwaldgemeinde im Rahmen einer UNESCO-Studie gaben die meisten Eltern an, das Kind solle die Gattenwahl treffen. Als Gründe wurden genannt: „weil die Eheleute miteinander auskommen müssen; weil man später keine Vorwürfe hören möchte; weil Liebe da sein muß".[157]

Da die bäuerliche Oberschicht ihre Heiratsstrategie nach wie vor am Ideal der Schichtendogamie sowie der materiellen und soziokulturellen Statuswahrung ausrichtete, setzte sich der Trend zur freien und selbstbestimmten Partnerwahl am ehesten in der dörflichen Mittel- und Unterschicht durch.[158] Bei Hochzeiten von dörflichen ‚Habenichtsen' – wozu nach 1946 auch die Flüchtlinge gehörten, die ja kein materielles oder soziales Kapital auf dem Heiratsmarkt verspielen konnten – war „ein Mehr an emotionalem Startkapital... als bei manchen bäuerlichen Modellheiraten" anzunehmen, „deren Kapital eben nur in Hektarzahlen zu bemessen war".[159] Für die Neuankömmlinge aus Ostdeutschland galt unabänderlich: Wer keine ökonomische und soziokulturelle Basis besaß, konnte sie auf dem Heiratsmarkt auch nicht verwirken. Sein vorrangiges Heiratsmotiv war in der persönlichen Zuneigung zu finden. Gerade bei den arbeiterbäuerlichen Unterschichtangehörigen setzte sich eine zunehmende „Individualisierung der Partnerwahl"[160] durch. Sinkendes Heiratsalter war bei der nichtbäuerlichen Unterschicht auf deren Abkoppelung vom Agrarsektor zurückzuführen. Die Loslösung von der die Partnerwahl lenkenden Kategorie (Grund-)Besitz ermöglichte es den zwar noch immer im Dorf lebenden, aber nicht mehr in der dörflichen Landwirtschaft arbeitenden Unterschichtangehörigen, früher zum Traualter zu schreiten.

Über den gesamten Zeitraum betrachtet klingt bei der Entwicklung in Ottmarsbocholt die säkulare Strömung zu sinkendem Heiratsalter und zur Liebesheirat an. Die Entwicklungslinie hin zur „Neigungsehe" ist besonders deutlich an bislang unüblichen, schichtübergreifenden Eheversprechen abzulesen.[161] Wenn, wie oben mehrfach angeführt, ein Handwerksmeister oder Mittelbauer eine besitz- und prestigelose Frau aus der dörflichen Unterschicht wählte, so sind außer der Zuneigung keine anderen Beweggründe vorstellbar, denn seine Gattin brachte kaum mehr mit in die Ehe als sich selbst.

In Heek offenbarte sich den Jahren zwischen 1930 und 1960 trotz zeitbedingter Schwankungen eine durchgehende Entwicklung zu sinkendem Heiratsalter.[162] Zwischen 1930 und 1938 waren die Hochzeitspaare im Mittel 30,5, in den Kriegsjahren 30,1 und in der Folgezeit 29,3 Jahre alt.

---

[157] Wurzbacher, Die Familie als sozialer Eingliederungsfaktor, S. 87 u. 99.
[158] Kaschuba/Lipp, Dörfliches Überleben, S. 451f., sprechen dagegen in ihrer Feldstudie im südwestdeutschen Realteilungsgebiet von einem niedrigen Heiratsalter der Oberschicht im 19. und beginnenden 20. Jahrhundert und deuten diesen Befund mit frühzeitigen Heiratsabsprachen unter den grundbesitzenden Familien. Demgegenüber konnte für die untersuchten drei Jahrzehnte in der Oberschicht Ottmarsbocholts ein charakteristisch hohes Heiratsalter festgestellt werden.
[159] Kaschuba, Volkskultur, S. 232.
[160] Sieder, Sozialgeschichte der Familie, S. 289.
[161] Hausen, Familie und Familiengeschichte, S. 81; Kaschuba, Lebenswelt und Kultur, S. 16 u. 24.
[162] Siehe oben Graphik Heiratsalter 1930 - 1960. Ottmarsbocholt/Heek/Rödinghausen.

HEEK. HEIRATSALTER NACH GESCHLECHT 1930 - 1960

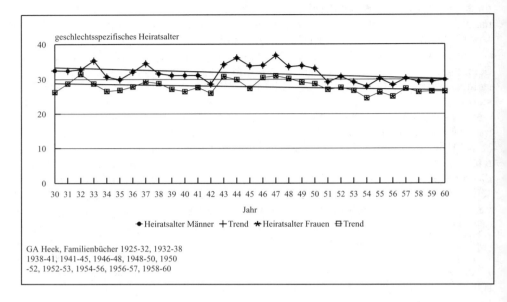

GA Heek, Familienbücher 1925-32, 1932-38
1938-41, 1941-45, 1946-48, 1948-50, 1950
-52, 1952-53, 1954-56, 1956-57, 1958-60

Auch unter den Geschlechtern zeigte sich das abnehmende Alter der Verlobten. Hier wiesen die Heeker Hochzeiter Alterswerte auf, die denen der Ottmarsbocholter Brautleute nahe kamen. Das Alter der Männer ging von 32,4 über 32,3 auf 31,1 Jahre zurück und unterschritt wie in Ottmarsbocholt Anfang der fünfziger Jahre teilweise die 30-Jahre-Grenze. Das Alter der Frauen nahm von 28,5 über 27,9 auf 27,5 Jahre ab und erreichte ebenfalls wie in Ottmarsbocholt Mitte der fünfziger Jahre auch die 25-Jahre-Marke. In der Dinkelgemeinde waren die heiratswilligen Männer durchweg älter als die Frauen. Die Altersdifferenz verringerte sich von 3,9 über 4,4 auf 3,8 Jahre nur gering.

Ebenso trat als weitere Eigentümlichkeit beim Heiratsverhalten in den fünfziger Jahren eine stärker eigenständige Partnerwahl hervor.[163] Diesem Phänomen wird man gewahr, wenn man das generative Verhalten in der Nachkriegszeit genauer betrachtet, d.h. die jeweiligen sozialen Schichten auf ihr Heiratsalter hin analysiert und dabei die nachrückende Generation der fünfziger Jahre am Alter ihrer Vorfahren mißt. Das niedrigste Heiratsalter zeigten die Dorfbewohner aus der Unterschicht und dort besonders die Vertriebenen. An ihnen läßt sich sehr gut der enge Zusammenhang von Heiratsalter und Neigungsehe aufzeigen. Vor allem die wachsende professionelle und regionale Mobilität, die die jugendlichen Unterschichtmitglieder in Berührung mit urbanen Einflüssen brachten, trug mit zur selbstbestimmten Partnerwahl bei. Familiengründungen von Unterschichtlern waren nicht an heiratsstrategische

---

[163] Zur „individualisierte(n) Form der Partnerwahl" siehe Wurzbacher, Beiträge zur gegenwärtigen Verfassung und Entwicklung der westdeutschen Landfamilie, S. 251f.

Überlegungen gekoppelt, die sich an Besitzverhältnissen ausrichteten. Ihre Partnerwahl besaß in diesem Punkt einen „größere(n) personale(n) Entfaltungsspielraum".[164] Sie konnte sich stärker von individuellen Neigungen leiten lassen, statt materielle und sozialkulturelle Sachzwänge mitzuberücksichtigen. Dieses Verhalten war auch bei den Angehörigen der Mittelschicht in Ansätzen erkennbar. Den Gegenpol dazu stellten die Mitglieder der grundbesitzenden Oberschicht dar. Sie orientierten sich in ihrer Wahl eines zukünftigen Ehepartners auch an dessen Besitz und Sozialprestige. Daß sich in solchen Fällen auch das Gefühl der Liebe einstellen konnte und gewiß auch eingestellt hat, soll hier nicht geleugnet werden. Jedoch war die Heirat eines Oberschichtangehörigen eine Angelegenheit, die auch seine Familie und damit deren Besitz und Ansehen berührte. Die heiratswilligen Oberschichtler mußten die daraus geformte Erwartungshaltung bei ihrer Partnersuche berücksichtigen. Dies trug letztlich dazu bei, daß die Angehörigen der obersten Gesellschaftsschicht in allen Zeitabschnitten das höchste Durchschnittsalter erreichten, wenn sie vor den Traualtar schritten.[165]

Das Heiratsalter in der Ravensberger Landgemeinde lag insgesamt niedriger als in den Vergleichsgemeinden – und das bereits zu Beginn des Untersuchungszeitraums. Wegen der niedrigen Ausgangswerte sank das Alter der Rödinghauser Brautleute nur in geringem Maße.[166] Auch die Brautleute waren im Schnitt immer jünger als die in Ottmarsbocholt oder Heek. Besonders der vergleichsweise geringe Altersunterschied ragt hier heraus.

---

[164] Ders., Die Familie als sozialer Eingliederungsfaktor, S. 109.
[165] Bei den jeweiligen Hoferben gab zusätzlich der Zeitpunkt der Hofübergabe einen Ausschlag.
[166] Siehe oben Graphik Heiratsalter 1930 - 1960. Ottmarsbocholt/Heek/Rödinghausen.

RÖDINGHAUSEN. HEIRATSALTER NACH GESCHLECHT 1930 - 1960

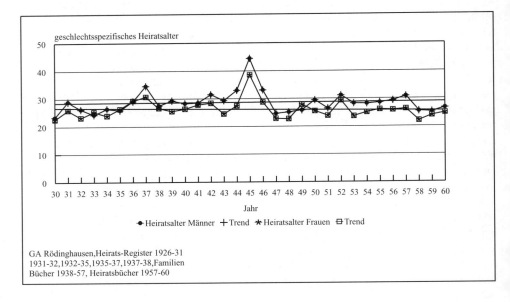

Die bei den katholisch-agrarischen Vergleichsgemeinden gewonnene Erkenntnisformel „Einheimische heirateten später, Flüchtlinge früher" galt in Rödinghausen nicht. Dies hatte einen einfachen Grund. Die alteingessenen Verlobten tauschten traditionell bereits in jungen Jahren die Trauringe, was in Ottmarsbocholt oder Heek nur die Flüchtlinge taten. Insofern bestand eine Parallele zwischen dem Heiratsalter der Rödinghauser Bevölkerung und der Vertriebenen; schließlich hatten sich ja zwischen heiratswilligen Alt- und Neubürgern keine altersbedingten Unterschiede ergeben. Den Grund lieferte auch in diesem Punkt die industrielle Prägung Rödinghausens. Sie sorgte dafür, daß die Bewohner herkömmlicherweise früh eine Familie gründeten, wie schon zu Beginn des analysierten Zeitraums ersichtlich war. Der industriell-urbane Einfluß, dem die zahlreichen Pendler aus dem gesellschaftlichen Unterbau unterworfen waren, hatte in der Ravensberger Landgemeinde althergebrachte Heiratsmuster früher abgeschliffen als in den anderen ländlichen, aber weniger industriell geprägten Untersuchungsorten.

C. Eheschließungen und Kinderzahl

Auch bei der elterlichen Familienplanung ist ein säkularer Trend zu weniger Nachkommen auszumachen, der als „das Ergebnis einer kulturellen Adaption der ländlichen Bevölkerung an das Idealbild der städtischen Kleinfamilie" zu deuten ist.[167]

1. Eheschließungen und Kinderzahl zwischen 1930 und 1955

OTTMARSBOCHOLT. HEIRATEN UND GEBURTENZAHL 1930 - 56

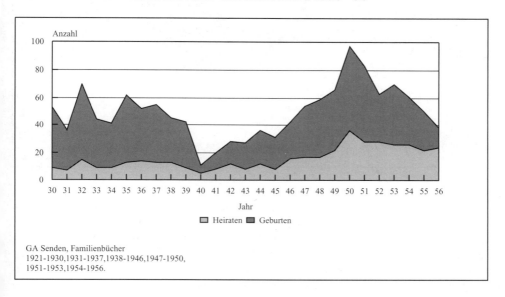

GA Senden, Familienbücher
1921-1930,1931-1937,1938-1946,1947-1950,
1951-1953,1954-1956.

Die Übersicht über die Gesamtzahl der Eheschließungen in Ottmarsbocholt und der daraus entstandenen Kinder erweckt den Eindruck, als habe die eheliche Kinderzahl zugenommen.[168] Jedoch trügt dieser Schein. Die Zunahme der ehelichen Geburten ist ausschließlich dem Umstand zuzuschreiben, daß seit sich der Vertriebenzuwanderung von 1946 ab die Einwohnerzahl Ottmarsbocholts gegenüber dem Vorkriegsstand um mehr als ein Viertel erhöht hat.[169] Der gewachsene Kinderreichtum war also relativ.

---

[167] Kaschuba/Lipp, Dörfliches Überleben, S. 543. Zu sinkender Kinderzahl pro Ehe als Grundlage des allgemeinen Geburtenrückgangs zwischen 1900 und 1960 siehe Sieder, Sozialgeschichte der Familie, S. 255 - 259.

[168] Ausschlaggebend für diese und die folgenden Werte der Kinderzahl ist das Eheschließungsjahr der Eltern. Für alle Angaben bezüglich der ehelichen Geburtenzahlen vgl. GA Senden, Familienbücher 1921 - 1930, 1931 - 1937, 1938 - 1946, 1947 - 1950, 1951 - 1953, 1954 - 1956, o. Sig. Die Untersuchung muß mit dem Jahr 1955 schließen, da von 1957 an keine Einträge mehr über gemeinsame Kinder der Ehegatten im Familienbuch getätigt wurden und statt dessen lediglich ein Heiratsbuch angelegt wurde.

[169] 1939 zählte Ottmarsbocholt 1637 Einwohner, im April 1947 hingegen 2251, von denen 692 Flüchtlinge

HEEK. HEIRATEN UND GEBURTENZAHL 1930 - 55

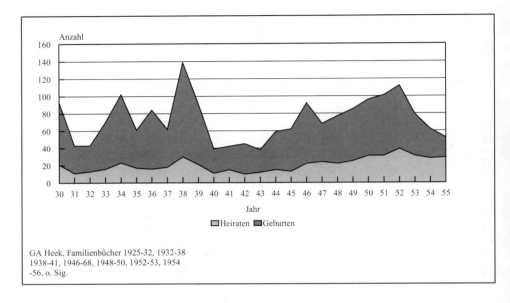

GA Heek, Familienbücher 1925-32, 1932-38
1938-41, 1946-68, 1948-50, 1952-53, 1954
-56, o. Sig.

Für das Verhältnis von Heiraten und Nachkommenzahl lassen sich auch in Heek drei unterschiedliche Zeitspannen ausfindig machen.[170] Die dreißiger Jahre waren gekennzeichnet von einzelnen Jahren mit hoher Geburtenzahl, aus denen das Spitzenjahr 1938 mit 109 Geburten herausragte. Der kriegsbedingte Geburtenrückgang zwischen 1939 und 1945 läßt sich gut erkennen. Zum einen verursachten die Einberufungen zur Wehrmacht diese Entwicklung, weil dadurch die Männer ständig abwesend waren. Zum anderen war die steigende Zahl der Gefallenen dafür verantwortlich, daß einige Ehen kinderlos blieben. Von 1946 an sorgte der Heiratsboom wieder für einen Anstieg der Geburtenrate. Dieser Zuwachs war ursächlich darauf zurückzuführen, daß die Einwohnerzahl sich mit den zugezogenen Neubürgern drastisch erhöht hatte.[171] Ob dadurch auch die Anzahl der Kinder pro Ehe zunahm, beantwortet die Analyse der ehelichen Geburtenrate.

waren. GA Senden, Bestand Ottmarsbocholt, B 60, C 10, C 43. Siehe auch Graphik Ottmarsbocholt. Einwohner/Soziale Gruppen 1925 - 69.
[170] Bezüglich der Angaben zum Thema Kinderzahl und Eheschließungen vgl. GA Heek, Heiratsregister 1925 - 1932, 1932 - 1938, Familienbücher 1938 - 1941, 1941 - 1945, 1946 - 1948, 1948 - 1950, Familienerstbuch 1950 - 1952, 1952, 1953, 1954 - 1956, o. Sig. Auch in Heek mußte die Untersuchung mit dem Jahr 1956 abbrechen.
[171] Siehe dazu in Teil I, Viertes Kapitel, zur Bevölkerungsentwicklung und die Graphik Heek. Einwohner/Soziale Gruppen 1925 - 63.

RÖDINGHAUSEN. HEIRATEN UND GEBURTENZAHL 1930 - 55

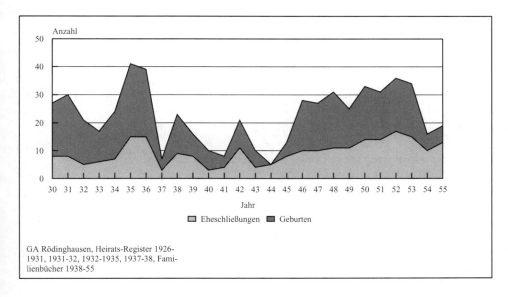

GA Rödinghausen, Heirats-Register 1926-1931, 1931-32, 1932-1935, 1937-38, Familienbücher 1938-55

In Rödinghausen bedingte eine relativ hohe Zahl von Vermählungen in den dreißiger Jahren, vor allem in der Mitte des Jahrzehnts, eine entsprechend hohe Geburtenzahl. Mit den Kriegsjahren sank die Trauungsziffer und damit auch die Zahl der Kinder. Erst mit dem Bevölkerungsanstieg in der zweiten Hälfte der vierziger Jahre erhöhte sich gleichzeitig die Zahl der Neugeborenen.

2. Die eheliche Kinderzahl zwischen 1930 und 1955

Setzt man die Kinderzahl mit der Gesamtzahl der Trauungen in den einzelnen Landgemeinden in Beziehung, so stellt sich die Entwicklung der ehelichen Kinderzahl anders dar. Wie beim Heiratsverhalten ein säkularer Trend zu sinkendem Heiratsalter bei allen dörflichen Schichten und zur Liebesheirat, vor allem bei der Unterschicht, zum Vorschein kam, so offenbarte sich bei der ehelichen Kinderzahl eine Emotionalisierung der Familienplanung. Dabei hatten Kinder nicht mehr vorrangig zur Sicherung des familiären Existenzminimums beizutragen, sondern gerieten in den Augen ihrer Eltern zum Sinn und Zweck der eigenen Existenz.[172]

---

[172] Zur emotional motivierten Familienplanung siehe die Ergebnisse der UNESCO-Studie bei Wurzbacher, Die Familie als sozialer Eingliederungsfaktor, S. 87.

EHELICHE KINDERZAHL 1930 - 55. OTTMARSBOCHOLT/HEEK/RÖDINGHAUSEN

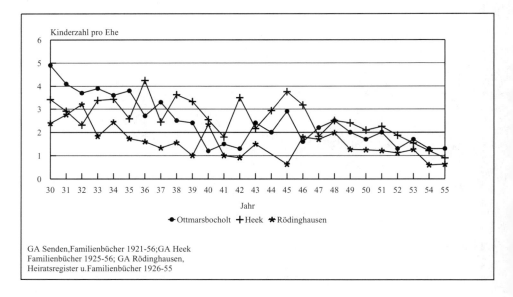

GA Senden,Familienbücher 1921-56;GA Heek
Familienbücher 1925-56; GA Rödinghausen,
Heiratsregister u.Familienbücher 1926-55

Wie das Schaubild für Ottmarsbocholt verdeutlicht, hat die Zahl der Kinder pro Ehe beständig abgenommen. Lag die Kinderzahl für die 1930 geschlossenen Ehebünde noch bei durchschnittlich 4,9, so war sie bei den Mitte der fünfziger Jahre eingegangenen Lebensgemeinschaften auf den Mittelwert von 1,3 gesunken. Auch in einer ländlichen Gemeinde des Kreises Tecklenburg lebten Mitte der fünfziger Jahre durchschnittlich 1,4 Kinder in einer Landfamilie.[173] Einen ersten Tiefpunkt erreichte die Entwicklung im Jahr 1940, als kriegsbedingt die Geburtenzahl der in diesem Jahr getrauten Paare auf 1,2 gesunken war. Während der Kriegsjahre blieb die Kinderzahl der im Krieg geschlossenen Ehen niedrig. Die Geburtenzahl erreichte Mitte und Ende der vierziger Jahre noch einmal einen Anstieg, der sich jedoch als eine vorübergehende Erscheinung herausstellte. In den fünfziger Jahren sank die eheliche Kinderzahl weiter, so daß sie, über den gesamten Untersuchungszeitraum betrachtet, kontinuierlich zurückging.

Die Graphik belegt auch für Heek, daß die Zahl der Kinder pro Ehe vor allem Ende der vierziger und Anfang der fünfziger Jahre abnahm. Bis in die vierziger Jahre schwankte die Nachkommenzahl pro Ehe zwischen 2,3 und 4,3 Kindern. Wie in Ottmarsbocholt stellte sich dann ein kriegsbedingter Rückgang der ehelichen Geburtenziffer auf 1,8 Kinder ein. Der erwartungsgemäße Anstieg der ehelichen Kinderzahl für die Jahre nach dem Krieg blieb aus. Lediglich die Quoten der Jahre 1945 und 1946 von 3,8 und 3,2 reichten an die oberen Werte der Vorkriegszeit heran. Viel-

---

[173] Artikel „Hat das Wort ‚Kindersegen' keine Gültigkeit mehr?", in: Landwirtschaftliches Wochenblatt für Westfalen und Lippe 113 (1956), S. 393.

mehr sank von 1948 an die Zahl der aus einer Eheschließung hervorgegangenen Nachfahren stetig. Lag im Jahre der Währungsreform die durchschnittliche Quote noch bei 2,5, so fiel sie auf 1,9 (1952) und 1,2 im Jahre 1954.

Auch am Beispiel Rödinghausen konnte die irrtümliche Vorstellung, mit der Zunahme der Trauungen habe sich auch die Geburtenrate erhöht, nicht aufrecht erhalten werden. Im Gegensatz zur faktisch gestiegenen Heiratsquote hat die eheliche Nachkommenzahl jedoch abgenommen.[174] Über den gesamten Zeitraum hinweg nahm der eheliche Kindersegen von durchschnittlich knapp zweieinhalb Kinder auf knapp ein Kind ab.[175] Anhand der Entwicklungskurve tritt die fallende Geburtenrate als Folge einer planenden Elternschaft klar hervor. Die Tendenz zur kleinbürgerlichen Zwei-Kinder-Familie zeichnete sich bereits zu Beginn der Untersuchungsspanne ab. Seit den frühen dreißiger Jahren sank die Kinderzahl pro Ehe. Auch hier sorgte die stärkere industriell-urbane Prägung der Rödinghauser Bevölkerung dafür, daß zu einem bedeutend früheren Zeitpunkt als in den Vergleichsgemeinden die Kinderzahl pro Ehe fiel.[176] Nach 1945 erfuhr die eheliche Nachkommenquote wieder einen Aufschwung, der jedoch nicht lange anhielt. Nach dem kleinen Zwischenhoch sank seit Ende der vierziger Jahre die Nachwuchsziffer der in diesen Jahren geschlossenen Lebensbünde. Damit setzte sich die „Rationalisierung des Geschlechtslebens" weiter fort.[177] Der maßgebliche Grund war auch hier, daß viele arbeiterbäuerliche Familien ihre landwirtschaftliche Subsistenzwirtschaft aufgaben. Dies hatte mit zur Folge, daß in diesen in Rödinghausen zahlreichen Unterschichtfamilien Kinder nicht mehr als notwendige landwirtschaftliche Arbeitskraft und Garant der elterlichen Altersversorgung gesehen wurden. Dabei erhielt der Kinderwunsch bzw. -segen einen anderen Sinngehalt. Er war nun nicht mehr wirtschaftlicher Notbehelf, sondern die „Erfüllung des Familienlebens mit nichtmateriellen Inhalten".[178]

2.1. Die eheliche Kinderzahl in der Oberschicht

Unterscheidet man die eheliche Kinderzahl nach sozialen Schichten, so erfährt der geschilderte Trend zu geringerer Kinderzahl eine Bestätigung. Deutlich ausgeprägt ist diese Entwicklung bei der bäuerlichen Oberschicht. Wie anhand der Graphik zu erkennen ist, schwand die anfangs hohe Kinderzahl von knapp fünf Kindern je Ehe am Ende der Untersuchung auf den bedeutend kleineren Wert von durchschnittlich zwei Kindern pro Lebensbund. Dieser Rückgang war auch bei den ehemals großbäuerlichen Vertriebenen auszumachen.[179]

---

[174] Zur gestiegenen Heiratsquote siehe Graphik Eheschließungen 1930 - 1960. Ottmarsbocholt/Heek/Rödinghausen.
[175] Ebenso Rudolph, Strukturwandel eines Dorfes, S. 49.
[176] In Heek lag die eheliche Kinderrate zu Beginn der Untersuchung bei dreieinhalb, in Ottmarsbocholt sogar bei knapp fünf Nachkommen.
[177] Müller, Die soziale Wirklichkeit des deutschen Dorfes von heute, S. 26.
[178] Wurzbacher, Beiträge zur gegenwärtigen Verfassung und Entwicklung der westdeutschen Landfamilie, S. 254; Zitat siehe ders., Die Familie als sozialer Eingliederungsfaktor, S. 110.
[179] Siehe dazu Rudolph, Strukturwandel eines Dorfes, S. 63.

Eheliche Kinderzahl/Oberschicht. Ottmarsbocholt/Heek/Rödinghausen

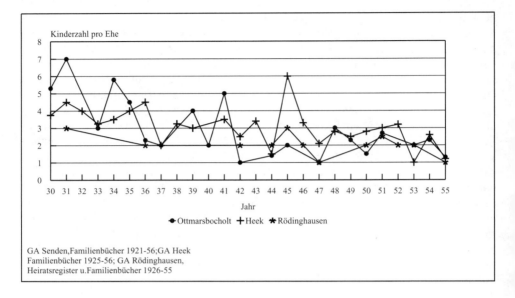

GA Senden, Familienbücher 1921-56; GA Heek Familienbücher 1925-56; GA Rödinghausen, Heiratsregister u. Familienbücher 1926-55

Die Anfang der dreißiger Jahre geschlossenen Ottmarsbocholter Ehen wiesen einen Mittelwert zwischen drei und acht Kindern auf.[180] Zwanzig Jahre später erreichten die Geburtenzahlen der Oberschicht kleinbürgerlich-städtische Werte. Die in den fünfziger Jahren eingegangenen Lebensgemeinschaften kamen auf Geburtenzahlen zwischen 1,3 und 2,7 Kindern. Für diesen Geburtenrückgang waren drei Prozesse verantwortlich. Zum einen waren die Spätehen der Oberschicht „vermindert fruchtbar".[181] Zum anderen zeitigte das Ausrichten nach dem bürgerlichen Muster der Kleinfamilie, das die bäuerliche Oberschicht adaptierte, direkte Folgen. Ebenso scheinen sozioökonomischen Faktoren das generative Verhalten beeinflußt zu haben. Entwicklungen wie Vollmechanisierung der landwirtschaftlichen Erzeugung haben mit dazu beigetragen, daß weniger Kinder aus Familien der Oberschicht geboren wurden.

Wie die Graphik zeigt, sank in Heek die durchschnittliche Nachkommenzahl pro Ehe von anfänglich vier auf zwei.[182] Mit Ausnahme des Jahres 1945 ging die Zahl der Kinder aus Oberschichtehen kontinuierlich zurück. Zur Verdeutlichung sollen ein paar Zahlenbeispiele dienen. Zu Beginn der dreißiger Jahre gingen aus einer

---

[180] 1932, 1938, 1943 1946 und 1952 fanden in Ottmarsbocholt keine Oberschichtverbindungen statt. – In einer Befragung des Bistums Münster unter um 1930 geschlossenen Großbauernehen lag die durchschnittliche Kinderzahl mit 8,1 noch höher; Tenhumberg, Grundzüge im soziologischen Bild des deutschen Dorfes, S. 33.

[181] Ipsen, Die Landfamilie in Wirtschaft und Gesellschaft, S. 18.

[182] Im Jahre 1940 kam es zu keiner Oberschichtverbindung in Heek. Dieses Jahr taucht daher nicht in der Graphik auf.

Oberschichtverbindung durchschnittlich zwischen drei und vier Kinder hervor: 1930 lag der Mittelwert bei 3,75, ein Jahr später bei 4,5, 1932 bei vier Kinder im Mittel usw. In den fünfziger Jahren hingegen war der Schnitt erheblich gesunken. Er pendelte sich bei Quoten zwischen einem und drei Kindern ein.

Aufgrund der dünnen Elite kam es, wie gesehen, in Rödinghausen zu wenig Oberschichtehen und demzufolge auch zu wenigen Nachkommen aus diesen Verbindungen. Dennoch erlauben es die sporadischen Angaben, eine Geburtenrate zu ermitteln, die tendenziell abnahm. Lag die Quote Anfang der dreißiger Jahre noch bei annähernd drei Kindern, so war sie Mitte der fünfziger Jahre auf rund eineinhalb Nachfahren gefallen. Auch im generativen Verhalten der Rödinghauser Dorfelite hatte sich der säkulare Trend zu weniger Nachkommen durchgesetzt.

2.2. Die eheliche Kinderzahl in der Mittelschicht

Das generative Verhalten von Mittelschichtangehörigen unterschied sich graduell von dem der Oberschicht. Im Gegensatz zu der Kinderzahl von Oberschichtehen zeigt die Entwicklung bei der Mitte der Dorfgesellschaft eine weniger ausgeprägte Abwärtsentwicklung.

EHELICHE KINDERZAHL/MITTELSCHICHT. OTTMARSBOCHOLT/HEEK/RÖDINGHAUSEN

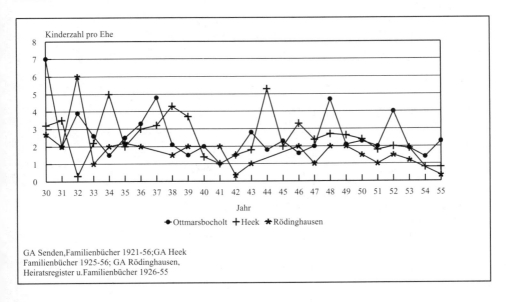

GA Senden,Familienbücher 1921-56;GA Heek Familienbücher 1925-56; GA Rödinghausen, Heiratsregister u.Familienbücher 1926-55

Sieht man einmal von dem Spitzenwert im Jahre 1930 ab, so zeigt das Schaubild, daß die Geburtenzahl von Ottmarsbocholter Mittelschichtverbindungen jährlich zwischen einem und fünf Kindern schwankte. Die durchschnittliche Zahl fiel von über drei auf unter zwei Kinder pro Ehe.

Wie in Ottmarsbocholt ist in Heek festzustellen, daß die gewöhnliche Kinderzahl pro Mittelschichtehe starken Schwankungen unterworfen war, auf die Dauer jedoch erkennbar abnahm. In beiden Gemeinden fiel der Rückgang der ehelichen Geburtenrate in der Mitte nicht so deutlich aus wie an der Spitze oder am Fuße der dörflichen Gesellschaft. Der Durchschnittswert ging von anfänglich mehr als drei Kindern auf knapp zwei Nachkommen je Lebensgemeinschaft zurück.

Bei den Rödinghauser Mittelschichtehen herrschte mit gewöhnlich drei Kindern pro Lebensbund zu Untersuchungsbeginn dieselbe Geburtenquote wie bei den Oberschichtbeziehungen. Trotz des hohen Wertes von 1932, dessen Ausnahmeerscheinung die Graphik belegt, klang auch unter den Mittelschichtpaaren die Neigung zu reichem Kindersegen ab. Bereits zu Ende der dreißiger Jahre war die durchschnittliche Geburtenquote auf zwei Kinder gefallen und verringerte sich in der Folgezeit weiter. Anfang der fünfziger Jahre schließlich setzten Mittelschichteltern im Schnitt ein Kind in die Welt.

2.3. Die eheliche Kinderzahl in der Unterschicht unter besonderer Berücksichtigung der Flüchtlinge

Die Entwicklung der Nachkommenzahl bei der Ottmarsbocholter Unterschicht ähnelt der der Oberschicht. Auch hier fiel die durchschnittliche Kinderzahl pro Ehe krasser, als es bei der Mittelschicht zu sehen war.

OTTMARSBOCHOLT. EHELICHE KINDERZAHL/UNTERSCHICHT-FLÜCHTLINGE

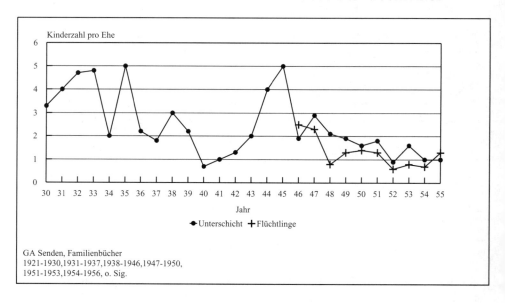

GA Senden, Familienbücher
1921-1930,1931-1937,1938-1946,1947-1950,
1951-1953,1954-1956, o. Sig.

Bei der dörflichen Unterschicht kam es zu einem Geburtenrückgang bei den Kriegsehen sowie zu einer steigenden Kinderzahl bei den Mitte und Ende der vierziger Jahre geschlossenen Ehen. Die hohen Geburtenraten in den dreißiger Jahren fallen genauso auf wie die bedeutend niedrigeren Werte in den fünfziger Jahren. Die niedrigeren Werte hatten besonders die Vertriebenen hervorgerufen, wie das Schaubild zeigt. Die Kinderzahl aus Eheschließungen mit Beteiligung der neuen Dorfbewohner lag im Mittel noch deutlich unter der der einheimischen Standesgenossen. Entstammten aus den zwischen 1946 und 1955 geschlossenen Verbindungen aller Unterschichtangehörigen durchschnittlich 1,7 Kinder, so lag die eheliche Kinderziffer von Verbindungen mit Flüchtlingsbeteiligung bei durchschnittlich 1,3. Insgesamt lassen die erstaunlich hohen Anfangswerte in den dreißiger Jahren darauf schließen, daß bei den Arbeiterbauerfamilien der dörflichen Unterschicht Kinderreichtum noch den Stellenwert der Altersvorsorge einnahm. Diese Bedeutung legte dieser aber, vor allem in den fünfziger Jahren, ab, weil die wirtschaftliche Entwicklung den Unterschichtkindern bessere und lukrativere Beschäftigungsmöglichkeiten in der Industrie bot. Ebenso ist es denkbar, daß die Unterschichtangehörigen bis dahin kein Wissen von bzw. keinen Zugang zu Verhütungsmitteln hatten, und sich deshalb eine größere Zahl von Nachkommen einstellte.[183] Im nichtagrarischen Sektor lieferte eine andersgelagerte Ursache zusätzlichen Grund für den Geburtenrückgang. Die weibliche Erwerbstätigkeit im Gewerbe oder der Industrie, vornehmlich bei der dörflichen Unterschicht anzutreffen, veränderte die Situation dieser Frauen. Deren Arbeit außerhalb des häuslichen sowie dörflichen Rahmens bescherte ihnen eine größere Selbständigkeit und „reduzierte möglicherweise ihre Bereitschaft, ihr Leben als ‚Gebärmaschine' zu verbringen".[184]

---

[183] Jedoch war ein Geburtenrückgang ohne verläßliche Kontrazeptiva auch schon in den zwanziger und dreißiger Jahren möglich. Vgl. Sieder, Sozialgeschichte der Familie, S. 257. Leider unterscheidet Sieder hier nicht nach Schichten.
[184] Kaschuba/Lipp, Dörfliches Überleben, S. 534.

HEEK. EHELICHE KINDERZAHL/UNTERSCHICHT-FLÜCHTLINGE

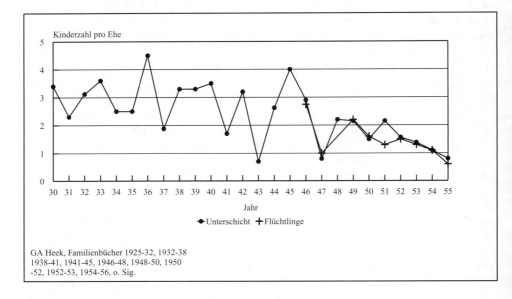

GA Heek, Familienbücher 1925-32, 1932-38
1938-41, 1941-45, 1946-48, 1948-50, 1950
-52, 1952-53, 1954-56, o. Sig.

Bei der Heeker Unterschicht zeigte sich wie bei der Oberschicht eine deutliche Abwärtsbewegung. Auch dieser Befund weist eine Parallele zur Entwicklung in Ottmarsbocholt auf. Waren es eingangs zwischen drei und vier Kinder, die aus einer Ehe von Unterschichtangehörigen hervorgegangen waren, so entstammten in den fünfziger Jahren lediglich ein bis zwei Kinder einem solchen Lebensbund. Zu dieser Entwicklung trugen die nach Heek gekommenen Neubürger bei. Aus ihren Lebensgemeinschaften gingen durchschnittlich 1,5 Nachkommen hervor, während die mittlere Kinderzahl bei allen Unterschichtverbindungen bei 1,9 Kindern lag.[185]

---

[185] 1948 wurde in Heek keine Ehe mit Vertriebenenbeteiligung geschlossen. Demzufolge erscheint dieses Jahr auch nicht im Schaubild.

RÖDINGHAUSEN. EHELICHE KINDERZAHL/UNTERSCHICHT-FLÜCHTLINGE

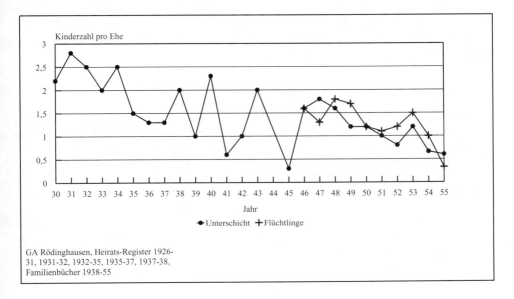

GA Rödinghausen, Heirats-Register 1926-31, 1931-32, 1932-35, 1935-37, 1937-38, Familienbücher 1938-55

Familien aus dem gesellschaftlichen Unterbau Rödinghausens wiesen bereits zu Beginn des Untersuchungszeitraums die wenigsten Kinder auf. Im Durchschnitt kamen in diesen Häusern etwas mehr als zwei Kinder zur Welt. Bereits Anfang der dreißiger Jahre – früher als in den beiden anderen Gesellschaftsschichten – ging die Zahl der Kinder auf zwei zurück. Während der folgenden beiden Jahrzehnte nahm die Nachkommenrate noch weiter ab und fiel bereits Ende der vierziger Jahre in Richtung der Ein-Kind-Marke, was sich in der Ober- und Mittelschicht gar nicht bzw. erst später vollzog.

Da die Entwicklung zu weniger Nachkommen in den Unterschichtfamilien am stärksten war, erhebt sich die Frage, ob die Flüchtlinge diesen säkularen Trend beschleunigt haben, wie es in Ottmarsbocholt und Heek der Fall gewesen war. In Rödinghausen allerdings lagen die lokalen Verhältnisse anders. Dort kamen in den Familien von Unterschichtangehörigen weniger Kinder zur Welt als in den beiden Vergleichskommunen. Der Zuzug der Vertriebenen sorgte deshalb in der Ravensberger Landgemeinde für keinen beschleunigten Wandel des generativen Verhaltens. Ein Vergleich der beiden Linien bestätigt diese Feststellung.

Die Geburtenzahlen bei reinen Vertriebenenverbindungen und Unterschichtehen allgemein sind nahezu identisch. In Lebensbünden aus dem Vergleichsjahr 1946 setzten Paare aus neuen Dorfbewohnern und Eltern aus der Unterschicht gleichviel Kinder in die Welt, nämlich durchschnittlich 1,8. In beiden Gruppen fiel die Geburtenquote Anfang der fünfziger Jahre unter die Ein-Kind-Grenze, bei den Unterschichteltern generell sogar etwas früher. Während zu Ende des Analysezeitraums sich die Trendmarke bei Flüchtlingsverbindungen bei durchschnittlich 0,6 Kindern einpendelte, unterschritt sie bei allen Unterschichtpaaren Mitte der fünfziger Jahre die Stufe von durchschnittlich 0,5 Nachkommen. Im Umkehrschluß ist daraus zu folgern, daß bei den einheimischen Unterschichtangehörigen eine etwas niedrigere Geburtenquote vorherrschte.

D. Generatives Verhalten in ländlicher Gesellschaft: Ein Überblick

Betrachtet man abschließend den gesamten Bereich des generativen Verhaltens in den drei Landgemeinden, so zeigt sich, daß die Partnerwahl sich nach wie vor an den Kriterien Besitz und Familie ausrichtete. Die „materiellen Lebensumstände einer Familie, die sozialen Erfahrungen und die Erwartungen an das einzelne Familienmitglied" leiteten unvermindert die Heiratsstrategie und schränkten den Kreis der möglichen Partner von vornherein ein.[186] Die Tradition klebte förmlich am Grund und Boden vor allem der landbesitzenden Ackersleute. Da in der dörflichen Face-to-face-Gesellschaft ein jeder die Besitzverhältnisse und das Sozialprestige des anderen genau kannte, kamen für eine Verbindung nur bestimmte Personen in Frage. Mentalitäten wirkten hier „als intervenierende Faktoren des Verhaltens".[187] Wie weit sich das gewohnheitsmäßige Heiratsverhalten halten konnte, belegt der hohe Anteil der schichtinternen Verbindungen in allen drei Zeitabschnitten.

Der Anteil der standesgemäßen Vermählungen bezifferte sich in Ottmarsbocholt in den dreißiger Jahren auf 96,1 Prozent. In der Kriegszeit nahm die Quote der Eheschließungen mit Gatten aus der gleichen Gesellschaftsschicht noch auf 98,3 Prozent zu, wobei sich die grundbesitzende dörfliche Elite als absolut exklusiver Heiratskreis mit 100prozentiger Schichtkonsistenz herausstellte. In den Jahren seit der Vertriebenenansiedlung betrug der Anteil schichtinterner Trauungen 91,7 Prozent. Auch in Heek behielten heiratsstrategische Leitsätze wie die soziale Endogamie ihre Gültigkeit und schrieben die gesellschaftliche Ordnung fest. Der Grad schichtinterner Verbindungen belegt das Ausmaß sozialer Stabilität. Er blieb während des gesamten Untersuchungszeitraumes beinahe unverändert hoch. In großer Mehrheit kam es in allen drei Zeiträumen zu standesgemäßen, das heißt schichtinternen, Heiraten. Von 1930 bis 1938 waren 89,7 Prozent aller Eheschließungen Lebensbünde zwischen Partnern aus der gleichen Gesellschaftsschicht. In der Kriegszeit waren es 88,7 Prozent, und in den Jahren von 1946 bis 1960 bezifferte sich dieser Anteil auf 85,5 Prozent. Wenngleich die Standesgrenzen damit etwas durchlässiger wurden, dominierte eine fast gleichbleibende Schichtkonsistenz, die allerdings nicht so hervorstechend war wie die in Ottmarsbocholt. Dies lag in der stärker industriellen Prägung Heeks begründet. Auch in Rödinghausen herrschte über den gesamten Zeitraum eine ausgeprägte Schichtkonsistenz vor. In den dreißiger Jahren verbanden sich 92,1 Prozent der Brautleute mit einem standesgemäßen Partner. In der Kriegszeit stieg der Anteil der schichtinternen Verbindungen noch auf 93 Prozent an. Erst im dritten Untersu-

---

[186] Kaschuba/Lipp, Dörfliches Überleben, S. 450.
[187] Sellin, Mentalitäten in der Sozialgeschichte, S. 102.

chungszeitraum erwiesen sich die sozialen Standesschranken als etwas durchlässiger, als zwischen 1946 und 1960 12,9 Prozent der Heiratenden mit einem Partner aus einer anderen Gesellschaftsschicht einen Hausstand gründeten. Damit reichten die Rödinghauser Hochzeiter zwar nicht an die Ottmarsbocholter Schichtendogamie heran, lagen aber noch vor der in Heek.

Die Angehörigen der grundbesitzenden Oberschicht orientierten sich nach wie vor primär an sozialen, sekundär an lokalen Endogamievorstellungen.[188] Da die Schichtendogamie unter der landbesitzenden Dorfelite in allen drei Untersuchungsabschnitten am ausgeprägtesten war, erschien gerade sie als eine nahezu „geschlossene erbbiologische Gruppe".[189] Schichtübergreifende Verbindungen mit Mittelschichtangehörigen kamen nur zustande, wenn sich diese durch ihre Besitzverhältnisse oder ihr Ansehen hervorheben konnten. Ehen mit Unterschichtlern waren Sonderfälle.[190] Auch die heiratsspezifischen Einstellungs- und Verhaltensweisen von Angehörigen der gesellschaftlichen Mitte hatten fortwährend Bestand. Dies unterstreicht die nahezu unveränderte Schichtkonsistenz, die nur leicht abnahm.[191] Zum einen achteten die Mittelschichtler auf die Besitzstände der Gegenseite, zum anderen sind über die gesamte Dauer berufliche Gemeinsamkeiten zwischen den Familien der Brautleute auffällig. Auch für Heiratswillige aus der Unterschicht kam im Regelfall lediglich ein Partner gleichen Standes – von 1946 an gehörten dazu auch die Vertriebenen – in Frage. Da die Angehörigen der dörflichen Unterschicht bei ihrer Gattensuche nicht so sehr auf die materiellen und soziokulturellen Interessen ihrer Familien Rücksicht zu nehmen brauchten, setzte sich bei ihnen eine „Individualisierung der Partnerwahl"[192] durch. Dieser Trend zur Neigungsehe ist jedoch nicht mit sozialer Mobilität gleichzusetzen. Auch am Fuße der dörflichen Gesellschaftspyramide hat die Schichtkonsistenz trotz leichtem Rückgang über die dreißig Jahre hinweg keine nennenswerten Einbrüche hinnehmen müssen.[193]

Die starke Ausrichtung des Heiratsverhaltens an den beiden Determinanten dörflicher Existenz bedingte das hohe Maß an gesellschaftlicher Stabilität. Familie und Besitz behaupteten ihre Funktion als „identitäts- und statusbildend(e)" Elemente und regelten in Gestalt gezielter Heiratspolitik die Weitergabe der materiellen Vermögenswerte im Produktionsverband Dorf sowie den Fortbestand öffentlichen Ansehens im Prestigeverband Dorf.[194]

Auch die konfessionelle Orientierung bei der Partnerwahl behauptete sich trotz konfessionsverschiedener Neubürger. Von 309 Eheschließungen in Ottmarsbocholt,

---

[188] Zum Prinzip der innerdörflichen Verheiratung siehe Kaschuba, Volkskultur, S. 231.
[189] Linde, Zur sozialökonomischen Struktur und soziologischen Situation des deutschen Dorfes, S. 16.
[190] In Heek kam es lediglich im letzten Untersuchungszeitraum zu vier solcher Verbindungen. Im Verhältnis zu allen Vermählungen in dieser Zeit, bei denen Oberschichtangehörige beteiligt waren, kommt ihnen ein geringer Anteil von 3,4% zu.
[191] Der Anteil der schichtinternen Mittelschichtverbindungen betrug beispielsweise in Heek im ersten Zeitraum 66, im zweiten 61 und im dritten 60,5%.
[192] Sieder, Sozialgeschichte der Familie, S. 289.
[193] Der Anteil der Vermählungen innerhalb der Heeker Unterschicht z. B. erreichte in den dreißiger Jahren 88,5, in den Kriegsjahren 86,1 und in der Folgezeit 83,8%.
[194] Kaschuba/Lipp, Dörfliches Überleben, S. 462.

an denen Einheimische teilhatten, wurden 282 zwischen katholischen Partnern geschlossen.[195] Zu konfessionellen Mischehen kam es nur in 26 Fällen.[196] Der Einfluß des Faktors Konfession ging sogar soweit, daß in Einzelfällen protestantische Vertriebene zur katholischen Konfession übertreten mußten, um von der Familie ihrer Braut akzeptiert zu werden. In Heek hatten sich bis zur Ankunft der neuen Dorfbewohner bis auf zwei Ausnahmen alle 262 Brautpaare aus zwei katholischen Partnern gebildet. Aber auch die Ansiedlung evangelischer Neubürger focht die altvertraute Ausrichtung nicht an. Von 383 Trauungen mit Beteiligung Einheimischer, waren 368 Eheschließungen zwischen katholischen Brautleuten. Lediglich in elf Fällen trauten sich ein katholischer und ein protestantischer Partner verschiedener Herkunft.[197] Wie sehr sich verschiedene Konfessionen beim Heiratswunsch als Problem erweisen konnten, unterstreichen zum einen der beachtliche Anteil von ‚Mußehen' bei konfessionellen Mischehen und zum anderen die dargelegten Fälle, in denen Vertriebene konvertierten, um den einheimischen katholischen Partner heiraten zu können.

Demgegenüber stehen die Entwicklungen zu sinkendem Heiratsalter und geringerer Kinderzahl pro Ehe. Bei beiden handelt es sich um säkulare Trends, die den Fortbestand der heiratsstrategischen Orientierungs- und Verhaltensmodelle bei der Partnerwahl nicht grundsätzlich beeinflußten.[198] Die beiden Strömungen sind über den gesamten Zeitraum greifbar, besonders deutlich bei den neuen Dorfbewohnern, und erfuhren einen zusätzlichen Anschub durch die erhöhte regionale und berufliche Mobilität in den fünfziger Jahren. Die eheliche Kinderzahl nahm in allen sozialen Schichten ab, am deutlichsten an der Spitze und am Fuße der dörflichen Gesellschaftspyramide: bei der bäuerlichen Oberschicht, weil sich diese am bürgerlichen Ideal der Kleinfamilie ausrichtete, und bei den Unterschichtfamilien, weil dort die Nachkommen die Funktion der Altersvorsorge verloren. In Landgemeinden aus Württemberg und dem heutigen südlichen Niedersachsen haben Untersuchungen ebenfalls einen Geburtenrückgang bei der dörflichen Ober- wie Unterschicht festgestellt.[199] Derlei „Verbürgerlichungstendenzen" waren auch in den Familien der westfälischen Landgemeinden konstatierbar.[200] Eine Rolle beim Wandel der ehelichen Kinderzahl hat auch die Vollmotorisierung der Agrarproduktion gespielt. Die technische Innovation in der Landwirtschaft machte die bislang benötigte zusätzliche Arbeitskraft eines Kindes nicht mehr notwendig. Wenn Maschinen und Kapitaleinsatz im Agrarsektor nun die betriebswirtschaftliche Rentabilität sicherten, waren Kinder

---

[195] Das ergab einen Anteil von 91,2%.
[196] Bei der restlichen Heirat verbanden sich zwei protestantische Verlobte. Zu den insgesamt 353 Vermählungen im letzten Zeitabschnitt kommen noch die 44 Ehen mit Vertriebenbeteiligung.
[197] Bei den restlichen vier Heiraten vermählten sich jeweils evangelische Partner.
[198] Den demographischen Säkulartrend zu nachkommenschwächeren Familien sieht auch Schildt, Nachkriegszeit, S. 574.
[199] In Wachenhausen in der Umgebung Göttingens „begnügt (man) sich schon seit etwa 1920 mit zwei bis drei Kindern, vier bilden eine Seltenheit, sechs Kinder aus einer Ehe finden schon die Mißbilligung der Dorfgemeinschaft; Berkenbrink, Wandlungsprozesse einer dörflichen Kultur, S. 41f.; zitiert nach William H. Hubbard (Hg.), Familiengeschichte, S. 199f.
[200] Hubbard, Familiengeschichte, S. 198.

„keine lohnende ‚Investition' mehr".[201] Vor allem beim Heiratsalter unterschieden sich die Rödinghauser Brautleute. Sie zogen bereits in den dreißiger Jahren in einem derart niedrigen Alter vor den Traualtar, wie es die Verlobten aus den beiden anderen Untersuchungsgemeinden nicht einmal in den fünfziger Jahren taten. Besonders markant war der niedrige Altersunterschied unter den Verlobten, der bereits im ersten Zeitabschnitt bei 1,4 Jahren lag. Ähnliches galt auch für die eheliche Kinderzahl. Auch hier lagen die Anfangswerte weit unter denen in Ottmarsbocholt oder Heek. Die „Tendenz zur planenden Elternschaft" schlug demnach in der Ravensberger Landgemeinde am frühesten an.[202]

Insgesamt ergibt sich hieraus: Da säkulare Trends wie sinkendes Heiratsalter, abnehmende Altersunterschiede zwischen den Brautleuten und vor allem schwindende Kinderzahl eine „verzögerte Reaktion der Menschen auf die Industrielle Revolution"[203] darstellten, griffen diese Strömungen in Rödinghausen – aufgrund seiner stärker industriellen Prägung – erheblich früher als in den agrarischen Vergleichsdörfern. Das bereits zu Anfang der Untersuchung niedrige Heiratsalter, das im Untersuchungszeitraum noch etwas weiter fiel, und die gegenüber den anderen Gemeinden bemerkenswert geringe Altersdifferenz zwischen den Brautleuten waren wie auch vereinzelte schichtübergreifende Verbindungen Indizien für eine eigenständige Partnerwahl. Sie wiesen auf eine „Individualisierung der Partnerwahl"[204] hin. Dieses moderne Element beim Heiratsverhalten war in Rödinghausen im Gegensatz zu den stärker agrarischen Vergleichsgemeinden verbreiteter. Die Gründe hierfür liegen zum einen in dem weitaus größeren Anteil der Unterschichtler innerhalb der Dorfgesellschaft, die ihre Partnerwahl relativ unabhängig von Erwartungen bezüglich des materiellen und sozialen Familienkapitals treffen konnten. Zum anderen waren gerade die Angehörigen dieser Gesellschaftsschicht stärker industriellen und urbanen Einflüssen ausgesetzt, zum Beispiel an ihren Arbeitsplätzen in der Stadt. Die abweichenden Einstellungs- und Verhaltensmustern brachten sie dann in ihr Dorf mit.

Die Integration der Vertriebenen durch Heirat glückte in Rödinghausen besser als in den katholisch-agrarischen Dörfern. Drei Viertel der Lebensbünde, an denen mindestens ein Neubürger teilhatte, waren herkunftsverschiedene Verbindungen. Nur bei 17 der 66 Trauungen blieben die neuen Dorfbewohner unter sich. Gleichwohl waren die Beziehungen von Paaren unterschiedlicher Herkunft von belastenden Begleiterscheinungen gekennzeichnet. Wie in Ottmarsbocholt oder Heek erwies sich dabei der Konfessionsunterschied als Problemfall, der in stattlicher Zahl Konversionen nach sich zog oder sogenannte Mußehen hervorrief.

---

[201] Kaschuba/Lipp, Dörfliches Überleben, S. 534. Sieder, Sozialgeschichte der Familie, S. 255. Zu diesem Befund gelangt für Bayern Erker, Der lange Abschied vom Agrarland.
[202] Wurzbacher, Die Familie als sozialer Eingliederungsfaktor, S. 84.
[203] Sieder, Sozialgeschichte der Familie, S. 255.
[204] Wurzbacher, Beiträge zur gegenwärtigen Verfassung und Entwicklung der westdeutschen Landfamilie, S. 252. Als zeitgenössische Literatur der fünfziger Jahre siehe Tenhumberg, Grundzüge im soziologischen Bild des deutschen Dorfes, S. 29f.

Drittes Kapitel: Vereine und Feste: Dörfliche Geselligkeits- und Freizeitformen

Die Formen dörflicher Interessen, Freizeit und Geselligkeit organisierten sich in verschiedenen Vereinen.[1] Diese wurden zu einem begrenzten und klar umrissenen Zwecke der sozialkulturellen Betätigung gegründet. Sie zeichneten sich in ihren Stauten durch rational gesetzte Ordnungen aus.[2] Vereine als intermediäre Institutionen dienten der „Bewußtmachung, Formulierung, Vertretung und Verstärkung von individuellen wie von Gruppeninteressen"[3] und der Geselligkeit. Unter Geselligkeit versteht man als Spielform der Vergesellschaftung „eine von allen Wurzeln an Inhalten befreite(n) Ausübung rein um ihrer selbst und des in dieser Gelöstheit von ihnen ausstrahlenden Reizes willen", kurz Spiel.[4]

Das primär urbane Phänomen Verein etablierte sich als städtischer Import im Laufe des 19. Jahrhunderts auch auf dem Land,[5] wobei die Schützenvereinigungen als Bürgerwehren schon vorher gegründet worden waren, aber im 19. Jahrhundert feste Vereinsregeln und Festformen erhielten.[6] Dabei wurden die bürgerliche Organisationsstruktur sowie Ziele der Vereine von den städtischen Vorbildern weitgehend übernommen.[7] Konstitutive Wesensmerkmale der Vereine sind neben einer bestimmten Zielsetzung auch der ungezwungene Beitritt[8] und die Rechtsgleichheit seiner Mitglieder,[9] die sich zur Regelung des Vereinslebens Statuten geben.[10] Vereine gelten somit als „freiwillige Assoziationen",[11] die ihren Mitgliedern neben der Geselligkeit auch eine öffentliche Repräsentation ermöglichte, die wiederum eine spe-

---

[1] Zum beziehungsreichen Wechselverhältnis von Verein und ländlicher Gesellschaft siehe Siewert, Der Verein, S. 65 - 83.
[2] Weber, Wirtschaft und Gesellschaft, S. 28.
[3] Siewert, Der Verein, S. 74.
[4] Simmel, Grundfragen der Soziologie, S. 52ff. Zur Geselligkeit als Wesensmerkmal des Vereins Kratzsch, Vereinsbildung und Vereinswesen, S. 4f.
[5] Zur urbanen Wurzel des ländlichen Vereinswesens siehe Wallner, Die Rezeption stadtbürgerlichen Vereinswesens durch die Bevölkerung auf dem Lande, S. 160 - 165; Wehling, Heimat Verein, S. 237; Pflaum, Die Vereine als Produkt und Gegengewicht sozialer Differenzierungen, S. 152f. u. 167ff.; Siewert, Der Verein, S. 68f.
[6] Die Übernahme der städtischen Erscheinung Verein auf dem Land zeigt sich deutlich bei den Schützenvereinen; zur geschichtlichen Einführung Kirchner, Westfälisches Schützenwesen im 19. und 20. Jahrhundert, S. 1 - 97; Sauermann, Volksfeste im Westmünsterland, S. 111 - 182; Prinz, Aus der älteren Geschichte des westfälischen Schützenwesens, S. 17 - 42; Kratzsch, Vereinsbildung und Vereinswesen, S. 5.
[7] Vgl. Wagner, Leben auf dem Lande, S. 295f., sowie Siewert, Der Verein, S. 68 - 70.
[8] Bausinger, Volkskultur und Sozialgeschichte, S. 39; Wehling, Heimat Verein, S. 236.
[9] Zur Rechtsgleichheit der Vereinsmitglieder siehe Krey, Realität einer Illusion, S. 23.
[10] Kratzsch, Vereinsbildung und Vereinswesen, S. 1f.
[11] Siewert, Der Verein, S. 66 u. Anm. 4.

zielle Vereins-Identität hervorbrachte.[12] Der Verein bildete auch in der ländlichen Gesellschaft ein Angebot, die „Lücke, die sich zwischen wachsender ‚Massenfreizeit' und zurückgehender Familiengeselligkeit" vor allem im 20. Jahrhundert auftat, zu füllen. Er bot als „lebensweltliche(s) Scharnier... Ersatz für die schwächer werdenden Familien- und Milieubindungen" an.[13]

Als Verein gilt „eine Vereinigung von Menschen, die sich, in der Regel auf lokaler Grundlage und einer überschaubaren Anzahl von Mitgliedern, die Realisierung einer partiellen, materiell überwiegend uneigennützigen Zielsetzung zur Aufgabe gestellt" hat. Hierbei „konnte es sich sowohl um sportliche, gesangliche, ausschließlich gesellige, aber auch politische, religiöse und wirtschaftliche Ziele handeln, die sich im wesentlichen ‚im Freizeitraum' abspielen".[14] Unter individuell verfügbarer Freizeit, die als modernes Phänomen den alten Feierabend ablöste und damit über die bloße Regeneration der Arbeitskraft hinausging,[15] ist „die verhaltensbeliebige Zeit jenseits von Berufsarbeit und -ausbildung sowie natürlichen (Schlaf, Ernährung) wie sozialen (Haushalt, Hygiene, Behördenverkehr, gesellschaftliches Engagement) Verpflichtungen" zu verstehen.[16] In der modernen Gesellschaft verkörperten die Vereine „die wichtigsten Träger organisierter Freizeit".[17] Auch im Freizeitverhalten zeigte sich eine schichtspezifische Prägung, wie sie bereits bei der Elitenrekrutierung und beim Heiratsverhalten zu ermitteln war. Muße als Demonstration wirtschaftlicher Potenz und Unabhängigkeit sowie als „Übernahme bürgerlicher Konsum- und Verhaltensmuster" tauchte in (groß)bäuerlichen Kreisen Nordwestdeutschlands bereits im 18. Jahrhundert auf.[18]

Das Vereinsleben der nichtkirchlichen Vereine spielte sich in Form von Versammlungen und von Geselligkeit nach den Übungsstunden in festen Orten, den Vereinslokalen, ab. Dies waren zumeist Gaststätten, die innerhalb der dörflichen Gesellschaft grundsätzlich die Funktion eines Kommunikationszentrums ausübten und den Raum für politische Versammlungen, Parteiveranstaltungen und zum Teil auch für die Gemeindevertretung stellten. Vereinslokale waren der Ort, an dem die Mitglieder die Ziele des Vereinsleben festlegten sowie Geselligkeit pflegten. Sie waren der Raum, an dem die Freizeit als persönliche Lebenswelt erfahren werden konnte.[19]

---

[12] Blessing, Fest und Vergnügen der „Kleinen Leute", S. 365.
[13] Zum Verein als Gelenk zwischen Stände- und Individualgesellschaft siehe Kaschuba, Volkskultur, S. 116.
[14] Wagner, Leben auf dem Lande, S. 245f. Es gab auch Vereine, die ökonomische Interessen vertraten: Raiffeisen- und Darlehenskassenvereine, Obstbau- und Viehversicherungsvereine u.a.m. Diese sollen aber hier nicht berücksichtigt werden, weil sie zwar Wirtschaftsvereine, aber keine Freizeitvereine waren. Zu Vereinen mit dem Ziel der Sicherung materieller Existenz sowie zu ideellem Zweck siehe Wallner, Die Rezeption stadtbürgerlichen Vereinswesens durch die Bevölkerung auf dem Lande, S. 163; Kratzsch, Vereinsbildung und Vereinswesen, S. 1ff. Zur Multifunktionalität des einzelnen Vereins Wehling, Heimat Verein, S. 237f.
[15] Blessing, Fest und Vergnügen der „Kleinen Leute", S. 365 u. 376.
[16] Maase, Freizeit, S. 209.
[17] Blessing, Fest und Vergnügen der „Kleinen Leute", S. 365; Kratzsch, Vereinsbildung und Vereinswesen, S. 3.
[18] Troßbach, Bauern, S. 74.
[19] Kaschuba, Lebenswelt und Kultur, S. 110.

Vereine standen in einem engen Beziehungszusammenhang mit den Verwandtschaftskreisen.[20] In den Vereinen bildete sich „oberhalb der Verwandtschaftsebene ein verzweigtes Netz sozialer Beziehungen und Informationskanäle". Beide standen jedoch nicht in einem Konkurrenzverhältnis, sondern waren personell miteinander verwoben und „ergänz(t)en sich gegenseitig in ihren Kommunikationsstrukturen".[21] Die Profilierung in Vereinen ermöglichte den Zugang zu öffentlichen Ämtern; Vereinsarbeit erwies sich als Sprungbrett zur sozialen Plazierung. Dies konnte schon bei der Rekrutierung der dörflichen Machtelite beobachtet werden, als ein Ottmarsbocholter Handelsvertreter über seine Vorstandschaft und Schützenkönigswürde im Junggesellenverein in die Gemeinde- und Amtsvertretung einziehen konnte, um zwei Jahre danach die Präsidentschaft in der St. Johannes-Bruderschaft zu übernehmen.[22] Vereine spiegelten in der ländlichen Gemeinde also die Macht- und Autoritätsstrukturen, wie sie im Rahmen der Dorfgesellschaft existierten, wider.[23] Folglich kann man Vereinsvorstände mit ihren Einflußmöglichkeiten auf die Dorfpolitik als moderne Honoratioren begreifen.[24]

Vereine gelten als „die wohl verbreitetste und wichtigste Form der gesellschaftlichen Mobilität".[25] Sie besaßen als gesellschaftliche Zwischeneinrichtungen eine integrative Funktion sowohl für das soziale System Gemeinde in Form der Systemintegration[26] als auch für das Individuum in Gestalt der Sozialintegration, die zur „Statusbildung und Statussicherheit des Individuums als Gesellschaftsmitglied" mithalf.[27] Schließlich bot die Mitgliedschaft in einem örtlichen Verein „eine Möglichkeit, Kontakte zu knüpfen, um mit deren Hilfe vielleicht in die inneren Kommunikationskreise des Dorfes vorzudringen."[28] Besonders aufschlußreich ist die Analyse des Vereinslebens im Hinblick auf die Eingliederung der Neubürger, das heißt die Integrationskraft und -bereitschaft des Sozialraumes Dorf gegenüber Zugezogenen. Da eine grundsätzliche Funktion der Vereine darin bestand, die Sozialstruktur der Dorfgesellschaft abzustützen oder zu erweitern,[29] ist die Art und Weise, wie die Mitglieder bestehender Vereine auf den Flüchtlingszuzug reagierten, von besonderem Interesse. Hierbei standen sich im Idealfall auf der einen Seite der Integrationswille vor allem der jüngeren Heimatvertriebenen und die Integrationsbereitschaft der ein-

---

[20] Siehe dazu Ilien/Jeggle/Schelwies, Verwandtschaft und Verein, S. 95 - 104.
[21] Kaschuba/Lipp, Dörfliches Überleben, S. 594.
[22] Siehe Teil II, Erstes Kapitel, A.2., zur Amtsvertretung 1961. Die gleiche Wechselbeziehung war auch in Heek zu beobachten, wo einem Geschäftsführer als Schriftführer im Schützenverein der Aufstieg zum Amtsvertreter gelang, ehe er zum Vorsitzenden und später zum Ehrenpräsidenten der Schützen avancierte; siehe dazu ebd. zur Heeker Amtsvertretung 1956.
[23] Nipperdey, Deutsche Geschichte 1866 - 1918, S. 223.
[24] Wehling, Heimat Verein, S. 240.
[25] Kratzsch, Vereinsbildung und Vereinswesen, S. 12.
[26] Weber, Wirtschaft und Gesellschaft, S. 205, nennt diesen Vorgang, der „Beziehungen zwischen den Beteiligten zu stiften pflegt", eine „Vergemeinschaftung".
[27] Zur Integrationsfunktion des Vereins siehe Siewert, Der Verein, S. 66, 74 u. 81ff., Zitat S. 74; Pflaum, Die Vereine als Produkt und Gegengewicht sozialer Differenzierungen, S. 167f. u. 180; Kratzsch, Vereinsbildung und Vereinswesen, S. 16.
[28] Kaschuba/Lipp, Dörfliches Überleben, S. 595.
[29] Tenbruck, Freundschaft – Ein Beitrag zu einer Soziologie der persönlichen Beziehungen, S. 445.

heimischen Bevölkerung gegenüber.[30] Zu untersuchen ist ferner, welche Vereine sich den Flüchtlingen gegenüber öffneten, welche sich exklusiv verhielten oder ob sich reine Flüchtlingsvereine bzw. neue Vereine mit dem Ziel der sozialen Integration der neuen Dorfbewohner gründeten.[31] Diese neuen Vereine mußten in ihrer Mitgliederselektion relativ durchlässig sein und Neubürgern ein Integrationsforum bieten.

Viele Vereine trugen ein Fest aus, das die Mitglieder als den Höhepunkt des jährlichen Vereinslebens begriffen.[32] Feste besaßen im Kontext der Dorfgesellschaft zwei Funktionen. Sie dienten der Geselligkeit wie der kollektiven Selbstinszenierung des ganzen Dorfes oder dörflicher Interessengruppen. Als „traditionelle Formen der Erholung wie der Selbstdarstellung"[33] war ihnen die Aufgabe der Identitätsstiftung zu eigen. Dorffeste haben traditionellerweise eine gemeinschaftsstiftende Ausrichtung.[34] Selbstverständlich waren die Feste als Manifestationen dörflicher Interessengruppen nicht frei von Konflikten, weswegen sie nur selten einen Schauplatz sozialer Harmonie darstellten. Vielmehr manifestierten sich dabei auch soziale Gegensätze innerhalb der Dorfgesellschaft.[35]

Während die Religionsphilosophie im Fest den Kontrapunkt zum Alltag sieht, begreifen die Mentalitätengeschichte und die Empirische Kulturwissenschaft das Fest als das inszenierte Abbild des Alltags, in dem „sich in symbolischer Überhöhung Alltagsbeziehungen reflektieren".[36] Wie genau Festhandlungen die gesellschaftliche Realität abbildeten, wird am Bespiel des Stephanustags in Ottmarsbocholt deutlich. Hier zeichnete sich im Brauchtum die Stratifikation der Dorfgesellschaft ab. Der Stephanustag war ein Opfergang der Bauern, um göttlichen Schutz gegen Schäden ihres Viehbestandes zu erbitten. Die Prozessionsordnung selbst stellte einen getreuen Abguß der dörflichen Schichtung dar: Die Bauern mit dem größten Grund- und Viehbesitz schritten an der Spitze des Zuges, die Besitzer kleinerer Betriebe und Viehbestände folgten ihnen nach. Diese Reihenfolge war – wie die Gesellschaftshierarchie – starr und durfte während der Prozession nicht aufgegeben werden.[37]

---

[30] Zum Integrationsaspekt bei Schützenvereinen Kirchner/Pahs, Zur volkskundlichen Vereinsforschung und regionalen Differenzierung des Schützenwesens in Westfalen, S. 293; Brändle, Die Eingliederung der Heimatvertriebenen in ländliche Orte, S. 185.

[31] In der nordhessischen Landgemeinde Körle führte der Interessenkonflikt zwischen Einheimischen und Vertriebenen zur Neugründung eines Fußballvereins aus Sudetendeutschen, nachdem der einheimische Sportverein die Aufnahme der Flüchtlinge als eingegliederte Fußballabteilung abgelehnt hatte; Wagner, Leben auf dem Lande, S. 417.

[32] Zum Begriff der Festkultur siehe Bausinger, Anmerkungen zum Verhältnis von öffentlicher und privater Festkultur, S. 390 - 404.

[33] Kaschuba, Lebenswelt und Kultur, S. 91.

[34] Vgl. auch Wunder, Die bäuerliche Gemeinde in Deutschland, S. 100.

[35] In Ottmarsbocholt wirkten sich die Gegensätze sozialer Gruppen im Rahmen der Wahl zur Gemeindevertretung 1924 auch auf die Austragung der dörflichen Schützenfeste aus.

[36] Wehling, Heimat Verein, S. 238; Kaschuba, Lebenswelt und Kultur, S. 110f.

[37] Artikel „Alte Bräuche in Ottmarsbocholt" aus Nr. 313 der Lüdinghauser Zeitung v. 14.11.1926. Ebenso die Wiederveröffentlichung Alte Bräuche in Ottmarsbocholt, in: Ottmarsbocholt. Geschichte und Geschichten 1 (1980), S 30f.

A. Das Hauptfest im Dorf und sein Trägerverein:
Schützenverein und -fest, Freiwillige Feuerwehr und Feuerwehrfest

Aus der Vielzahl ländlicher Vereine soll vor allem derjenige herausgesucht werden, der der traditionsreichste ist und der das bedeutendste Fest austrägt. In Westfalen sind die „mit Abstand ältesten, mitgliederstärksten und am weitesten verbreiteten Vereine" die Schützenvereine mit dem Schützenfest.[38] Im Jahr 1930 versuchten Volkskundler das bedeutendste Fest in Westfalen zu ermitteln.[39] Die 33. Frage des ersten Fragebogens zum Atlas der deutschen Volkskunde von 1930 lautete: „Welche weltlichen Feste werden als allgemein volkstümliche Feste am Ort gefeiert?"; die 127. Frage hieß: „Welche Vereine sind im Leben Ihres Ortes besonders wichtig?"[40] Die Umfrageergebnisse in Westfalen ergaben, daß der Schützenverein in Westfalen der bedeutendste Zusammenschluß war. Das wichtigste Dorffest war das Schützenfest, das vor anderen Festen wie der Kirmes oder der Fastnacht lag. Eine Umfrage der Volkskundlichen Kommission für Westfalen 1974/75 ging wiederum der Suche nach den gegenwärtig gefeierten Hauptfesten nach. In ihrem Fragebogen sollte als Hauptfest eines Ortes „das regelmäßig wiederkehrende Fest angesehen werden, das in der Öffentlichkeit gefeiert wird, und an dem der überwiegende Teil der Bevölkerung des Ortes entweder als aktive Teilnehmer oder als Zuschauer Anteil nimmt."[41] Auch Mitte der siebziger Jahre war das Schützenfest das wichtige Fest für die örtliche Festkultur in Westfalen, es hatte sogar an Bedeutung gewonnen.

In Ottmarsbocholt gab es drei Schützengilden: den Schützenverein der vereinigten Bauerschaften, den Junggesellenverein und die St. Johannes-Bruderschaft. Der 1829 gegründete Schützenverein der vereinigten Bauerschaften rekrutierte seine Mitglieder vorrangig aus den drei Bauerschaften um Ottmarsbocholt: der Dorf-, Kreuz- und Oberbauerschaft.[42] Der Junggesellenverein wurde 1796 ins Leben gerufen. Die Aktivitäten des Junggesellenvereins beschränkten sich nicht nur auf das Schützenwesen, sondern seine Mitglieder organisierten auch andere Veranstaltungen. Sie stellten den Grundstock einer Theatergruppe sowie eines Spielmannszuges. Das Verhältnis von Junggesellenverein und St. Johannes-Bruderschaft war so geregelt, daß die Mitglieder des ersteren nach der Heirat in letztere hinüberwechselten.

---

[38] Kirchner/Pahs, Zur volkskundlichen Vereinsforschung und regionalen Differenzierung des Schützenwesens in Westfalen, S. 295.

[39] Wichtigste Literatur zu Schützenvereinen und Schützenfest in Westfalen sind Kirchner, Westfälisches Schützenwesen im 19. und 20. Jahrhundert; ders./Pahs, Zur volkskundlichen Vereinsforschung und regionalen Differenzierung des Schützenwesens in Westfalen, S. 283 - 315; Sauermann, Hauptfeste in Westfalen, S. 152 - 180; ders., Studien zum Schützenwesen in den Kreisen Minden-Lübbecke und Herford, S. 309 - 322; ders., Zur Geschichte der Schützenvereine und Nachbarschaften, S. 1 - 20; ders., Vom alten Brauch in Stadt und Land, S. 109ff.; ders., Volksfeste im Westmünsterland, S. 111 - 182. Zur nationalistischen Vorgeschichte Klenke, Zwischen nationalkriegerischem Gemeinschaftsideal und bürgerlich-ziviler Modernität, S. 207 - 223.

[40] Die Umfrageergebnisse wurden lediglich in Form von Karten veröffentlicht. Siehe den kartographischen Niederschlag im Atlas zur deutschen Volkskunde, 1. Lieferung, Karten Nr. 11 - 13, bes. Nr. 11.

[41] Sauermann, Hauptfeste in Westfalen, S. 152.

[42] Über dessen Aktivitäten in den dreißiger Jahren informiert die Chronik der Gemeinde Ottmarsbocholt, die seit dem 1.1.1937 vom damaligen Dorfschullehrer Franz Doth geschrieben wurde.

Obwohl der Junggesellenverein auf den ersten Blick wie eine Jugendabteilung der Bruderschaft erschien, war er im Gegensatz dazu ein eigenständiger und kein kirchlich gebundener Zusammenschluß. Das zeigte sich im Fehlen caritativer und religiöser Zielsetzung und Praktiken. Zudem trug der Junggesellenverein sein Schützenfest bis 1949 autonom aus und feierte lediglich jedes zweite Jahr zusammen mit der Bruderschaft. Erst von diesem Jahr an richtete der Junggesellenverein jährlich ein gemeinsames Schützenfest mit der Bruderschaft aus. Seit 1951 wechselte dabei der Ausrichter.

Die Junggesellen legten ein vielgestaltes Vereinsleben an den Tag und behielten dieses über den gesamten Zeitraum bei, um sich ein eigenes Vereinsprofil und eine eigene Vereinsidentität zu geben. Sie veranstalteten in den dreißiger wie in den fünfziger Jahren Karnevalsumzüge und -bälle: 1937 und 1938 zum Beispiel boten sie genauso wie 1959 und 1960 einen Umzug und Kappenabend an.[43] Beim Karnevalsumzug 1938 führten die Junggesellen fünf Wagen mit, unter anderem mit dem Motiv einer alten Kaserne, einer von der Maul- und Klauenseuche befallenen Kuh[44] und einem früher gebräuchlichen Butterwagen.[45] Ebenso führten sie plattdeutsche Theaterstücke auf, die immer regen Zulauf erhielten,[46] und feierten kontinuierlich, zum Beispiel 1937 wie 1958 und 1960, im Januar den traditionellen ‚Blauen Montag‘, der im Zusammenhang mit dem Karneval begangen wurde.[47] Der Festtag des ‚Blauen Montags‘ hatte auch über den Untersuchungszeitraum hinaus Bestand. 1969 rollte ein festlicher Umzug mit 18 Wagen, darunter ein Wagen für das Funkenmariechen, der mit 20000 Rosen geschmückt war. Drei Kapellen sorgten für musikalische Unterhaltung.[48]

Der bedeutendste und traditionsreichste Schützenbund war die St. Johannes-Bruderschaft. Der 1716 gegründete Zusammenschluß war die älteste Schützengilde in Ottmarsbocholt, und er war mit seiner religiösen Ausrichtung zuleich mehr als ein der Geselligkeit verpflichteter Verein.[49] Die kirchliche Bruderschaft verfolgte ihrem Ursprung gemäß auch religiöse wie caritative Ziele, so zum Beispiel gegenseitigen

---

[43] Vgl. GA Senden, Bestand Ottmarsbocholt, C 93 und Chronik der Gemeinde Ottmarsbocholt, o. Sig., Eintrag v. 10.1.1937 sowie FS 275 Jahre St. Johannes-Bruderschaft Ottmarsbocholt, S. 31, 81 u. 124ff.

[44] Dies war ein Reflex auf die im November 1937 in Ottmarsbocholt ausgebrochene Seuche, die zu wirtschaftlichen Einbußen führte und das öffentliche Leben lahmlegte. So wurden von behördlicher Seite größere Versammlungen verboten. Vgl. GA Senden, Chronik der Gemeinde Ottmarsbocholt, o. Sig., Nachtrag für das Jahr 1937.

[45] A.a.O., Eintrag v. 7.2.1938.

[46] Unter den vielen Aufführungen seien exemplarisch genannt: 1936 der Einakter „Am Brunnen vor dem Tore", 1958 das Lustspiel „Do stimmt wat nich". Vgl. GA Senden, Bestand Ottmarsbocholt, C 93 sowie FS 275 Jahre St. Johannes-Bruderschaft Ottmarsbocholt, S. 31, 81 u. 122ff.

[47] Vgl. GA Senden, Chronik der Gemeinde Ottmarsbocholt, o. Sig., Eintrag v. 11.1.1937 u. 7.2.1938 sowie FS 275 Jahre St. Johannes-Bruderschaft Ottmarsbocholt, S. 122ff.

[48] STAMS, Kreis Lüdinghausen, Nr. 1461.

[49] Die religiöse Orientierung betonen auch Kirchner/Pahs, Zur volkskundlichen Vereinsforschung und regionalen Differenzierung des Schützenwesens in Westfalen, S. 292. Zur kirchlichen Verankerung siehe auch Handbuch des Bistums Münster, Bd. 2, S. 638.

Beistand im Trauerfall.[50] Die Solidargemeinschaft besaß also eine Doppelfunktion: Sie diente zugleich der Frömmigkeit wie dem Frohsinn.

Im Jahr 1922 feierte die Gemeinschaft ihr zweihundertstes Schützenfest, das zugleich das erste seit dem Ersten Weltkrieg war.[51] Im Vorfeld der Jubelfeier kam es zu Verhandlungen mit dem Junggesellenverein, damit dieser kein eigenes Schützenfest feierte und sich an dem Jubiläum beteiligte. Das Fest wurde am Vorabend mit Böllerschüssen eröffnet, wonach der Vogel auf der Fahnenstange aufgesetzt wurde. Am ersten Festtag wurden die Teilnehmer und Dorfbewohner um fünf Uhr morgens musikalisch geweckt. Um elf Uhr stellte sich eine Jäger-Kompanie am Dorfrand auf, ab 13 Uhr trafen 18 auswärtige Vereine ein. Um 15 Uhr marschierte der Festzug mit insgesamt 20 Vereinen, darunter mehreren Musikkapellen, zum Schulplatz, wo der Vorsitzende die Teilnehmer begrüßte. Sechs Ehrendamen zierten den Festakt.[52] Sie überreichten der Schützengilde Fahnenschleifen mit Widmung. Es folgte ein niederdeutsches Dankgebet. Den Gesang des Massenchores leitete der Lehrer an der Dorfschule Doth. Drei Angehörige der Bruderschaft beendeten mit historischem Fahnenschlagen den Festakt. Anschließend zog der Zug zum Festlokal, wo Ansprachen gehalten und Lieder vorgetragen wurden.[53] Den Hauptfesttag beschloß der abendliche Festball. Am zweiten Festtag begingen die Schützen zuerst ein Seelenamt für die verstorbenen Mitglieder. Um neun Uhr fand das Vogelschießen statt, nachmittags um drei wurden die Königinnen zur Kaffeetafel eingeholt, und abends ab neun beschloß eine Polonaise der 250 Teilnehmer und -innen im Festzelt die Jubelfeier.

1923 trug die Bruderschaft kein Schützenfest aus, hingegen fand „wie üblich" eine kirchliche Feier am Johannesfest statt.[54] Im Jahr darauf veranstalteten Bruderschaft und Junggesellenverein aufgrund der guten Erfahrungen von 1922 wieder ein gemeinsames Schützenfest. Jedoch zog die Gemeindewahl von 1924 einen tiefen Riß durch die Dorfbevölkerung und das Verhältnis der Schützengilden.[55] Angehörige der dörflichen Unterschicht aus den Bauerschaften hatten für die Dorfliste votiert, was dieser eine Mehrheit von fünf Gemeinderäten bescherte, während die Liste Bauerschaft nur vier Sitze erringen konnte. Darüber entflammte „eine kleine Spannung, die geschickt von einigen, nicht zur Bauerschaft gehörenden, kräftig geschürt und

---

50 Siehe Statuten von 1957, in: FS 275 Jahre St. Johannes-Bruderschaft Ottmarsbocholt, S. 121. Zur religiösen Verankerung der Schützengilden, die nach einem Schutzheiligen benannt wurden, Sauermann, Volksfeste im Westmünsterland, S. 117ff.
51 Der ursprüngliche Festtermin 1916 wurde kriegsbedingt verschoben. FS 275 Jahre St. Johannes-Bruderschaft Ottmarsbocholt, S. 71. Zur Schilderung des Festverlaufes siehe a.a.O., S. 71 - 78.
52 Von den sechs, unverheirateten Frauen stammten drei aus Unterschichtfamilien und zwei aus der großbäuerlichen Oberschicht. Alle fünf stammten aus Verwandtschaftskreisen, die lokalpolitisch eine Rolle spielten. Über die sechste Frau ist nichts bekannt.
53 Der Gesangverein aus Amelsbüren „trug ein von seinem Dirigenten... zu dem festlichen Anlaß eigens erdichtetes und in Musik gesetztes Lied mit solcher Stimmenausgeglichenheit und Feinheit, Wärme und Begeisterung vor, daß der Dirigent... es sich gefallen lassen mußte, im Triumph durch das Festzelt getragen zu werden"; FS 275 Jahre St. Johannes-Bruderschaft Ottmarsbocholt, S. 76 u. 78.
54 A.a.O., S. 78.
55 Zum lokalpolitischen Hintergrund der Gemeindewahl von 1924 siehe Teil II, Erstes Kapitel, B.2.

gehetzt wurde".[56] Die politischen Lager, die sich in den beiden Listen zur Kommunalwahl gruppiert hatten, spalteten die Dorfbevölkerung auch bei bei der Austragung eines gemeinsamen Schützenfestes. Die solventen Angehörigen der großbäuerlichen Oberschicht aus den Bauerschaften hielten nun ein gemeinsames Schützenfest, das Bauerschaftsfest, ab. Tonangebend präsentierte sich im Schützenverein der vereinigten Bauerschaften die Oberbauerschaft, wo der geschlagene Listenführer von 1924, Bernard Baumeister, wohnte. Die Schützengilde der Bauerschaften hatten zwar 30 Jahre lang kein Fest mehr begangen, erweckte jetzt aber die alte Tradition eines jährlichen Schützenfestes wieder zum Leben. Ottmarsbocholt hatte nun zwei Schützenfeste.

Von 1925 bis 1936 pendelte sich ein Festrhythmus ein. Mit Ausnahme von 1932 und 1934 wechselten das gemeinsame Schützenfest mit dem Junggesellenverein und die kirchliche Feier des Johannesfestes ab. Diesen Modus verursachte zum einen das Kriegerfest, das damals alternierend mit dem Fest der Bruderschaft ausgetragen wurde,[57] zum anderen die mageren Kassenbestände der Gilden.[58] Das gemeinsame Schützenfest mit dem Junggesellenverein scheiterte 1932 an der Lokalfrage,[59] im folgenden Jahr wurden Vogelstange und Kugelfang fest installiert und die Kosten von beiden Vereinen geteilt.

Das Schützenfest 1926 kennzeichnete folgender paradigmatischer Festverlauf:[60] Am Sonntag, den 18. Juli, eröffnete ein Hochamt die Feierlichkeiten. Darauf paradierte der Junggesellenverein auf dem Schulhof, später zog der Festzug durch das Dorf. Ab 17 Uhr vergnügte sich die Gesellschaft auf dem Ball. Am nächsten Tag erfolgte das Wecken um fünf Uhr morgens. Zwei Stunden später ging man in die Kirche. Um neun Uhr traten die Schützen zur Parade auf dem Schulhof an, um hernach zum Vogelschießen überzugehen. Um 13 Uhr nahmen die Teilnehmer das Mittagessen ein, danach wurden die erkorenen Königinnen und Ehrendamen abgeholt, um gegen 17 Uhr gemeinsam den Ball zu feiern bis 21 Uhr, als Zapfenstreich und Polonaise die Feier schlossen. Auch das Schützenfest 1928, das am 15. und 16. Juli wieder auf einen Sonntag und Montag fiel, zeigte die gleiche Festfolge: am Sonntag Antreten der Schützen, Abholen der Fahnen, Paraden, Konzert im Festlokal, Aufsetzen des Vogels und abendlicher Ball, am Montag Wecken, Kirchgang, Königsschießen, Festessen, Abholen der Königinnen, Festball und abschließender Zapfenstreich. 1934 ereigneten sich zwei Kuriositäten. Zum einen feierten alle drei Ottmarsbocholter Schützenvereine zum erstenmal ein gemeinsames Schützenfest, zum anderen errang ein zufällig anwesender Passant die Königswürde. Der Chronik nach soll der Lehrer der Oberbauerschaft, Hans Hoffstadt, mit seiner Schulklasse am Montag, den 19. Juli, aufgebrochen sein, um sich das Vogelschießen anzuschauen. Dort soll man ihn zum Mittrinken aufgefordert und ihm ein Gewehr in die Hand gedrückt haben,

---

[56] Chronik des damaligen Schriftührers und Kassierers Heinrich Müer, in: FS 275 Jahre St. Johannes-Bruderschaft Ottmarsbocholt, S. 79.
[57] Zum Bedeutungswandel des Kriegerfestes in der Nachkriegszeit siehe Drittes Kapitel, B.2.
[58] FS 275 Jahre St. Johannes-Bruderschaft Ottmarsbocholt, S. 81.
[59] A.a.O., S. 86f.
[60] GA Senden, Bestand Ottmarsbocholt, B 60.

womit Hoffstadt den Vogel abschoß. Zur Königin erwählte er sich die gerade 18jährige Margarete Kallwey, „worüber der Festwirt Kallwey [ihr Vater, P.E.] nicht gerade glücklich war. Denn erstens fehlte dem Wirt eine Bedienungskraft, und zum anderen durfte er sich noch finanziell am Schützenfest beteiligen."[61]

Bis zu ihrer Zwangsauflösung 1936 behielt die Gemeinschaft den Zwei-Jahres-Rhythmus bei. Laut Verfügung des Reichssportführers von Tschammer und Osten waren in diesem Jahr alle Schützenvereine verpflichtet, sich dem Reichsverband für Leibesübungen, Fachschaft Deutscher Schießsportverband, einzugliedern.[62] Die Schützengilde sah sich vor die Wahl gestellt, sich entweder dem Deutschen Schützenbund anzuschließen oder aufzulösen. Der Anschluß hätte für das Vereinsleben ein verstärktes Sportschießen zur Folge gehabt und bedeutet, daß die Bruderschaft paramilitärische Züge erhalten hätte und ihre kirchlich-religiöse Prägung hätte ablegen müssen. Vorstand und Mitglieder entschlossen sich für die Auflösung und beschränkten sich auf kirchlich-caritative Tätigkeiten.

Bis 1948 ruhten Vereinsleben und Festaktivitäten. Erst dann wurde es durch die Verordnung Nr. 122 der britischen Militärregierung zu Vereinen und Versammlungen wiederbelebt, die am 15. Januar des Jahres in Kraft trat.[63] 1949 konnten Junggesellenverein und Bruderschaft nach 13 Jahren Zwangspause wieder ein gemeinsames Schützenfest austragen.[64] Dabei knüpften sie unmittelbar an die Tradition der Jahre vor 1936 an. Wieder wurde an zwei Tagen gefeiert, und die kirchlich-religiöse Prägung trat deutlich hervor: Am Montag, den 18. Juli zelebrierte die Bruderschaft ein Hochamt für ihre gefallenen und verstorbenen Mitglieder. Die Solidargemeinschaft erinnerte sich also wieder einer ihrer ursprünglichen Zielsetzungen, nämlich der Toten zu gedenken. Beim Königsschießen am Vogelstand hatte die Bruderschaft jedoch Auflagen zu beachten. Auf Anordnung der Militärregierung durfte nur mit der Armbrust geschossen werden, und beim Festumzug durften die Schützen lediglich Gehstöcke als hölzerne Gewehrattrappen mit sich tragen.[65] Eine solche Erlaubnis hatten erstmals am 28. Mai die Schützen im sauerländischen Thülen, Kreis Brilon, vom britischen Kreiskommandanten erhalten. In Ottmarsbocholt wurden wie vor dem Krieg nach dem Aufmarsch die erwählten Königinnen und Ehrendamen zum Kaffee abgeholt, und die Polonaise beim abendlichen Ball bildete den Abschluß.

Mit dem Jahr 1950 stellten sich Veränderungen ein. Von nun an wurde die jährliche Generalversammlung auf einen festen Termin, den Ostermontag, gelegt, zum einen, um genügend Vorbereitungszeit für das Fest zu haben, zum anderen, um zu gewährleisten, daß an diesem Termin alle Vereinsangehörigen Zeit für die Sitzung hatten.[66] Zudem einigten sich die Mitglieder auf ein jährliches Schützenfest und be-

---

[61] FS 275 Jahre St. Johannes-Bruderschaft Ottmarsbocholt, S. 88f.
[62] Schreiben des Kreissportleiters Ebbers an die Amtsverwaltung v. 9.3.1936; GA Senden, Bestand Ottmarsbocholt, C 64.
[63] GA Senden, Bestand Ottmarsbocholt, C 64.
[64] Die Kirmes hatte in Ottmarsbocholt auch vor dem Krieg Tradition. GA Senden, Chronik der Gemeinde Ottmarsbocholt, o. Sig., Eintrag v. 16.10.1938.
[65] FS 275 Jahre St. Johannes-Bruderschaft Ottmarsbocholt, S. 93 sowie Bild S. 101.
[66] A.a.O., S. 101, 104, 107, 111 u. passim.

schlossen eine Lösung der heiklen Lokalitätenfrage, die schon 1932 Anlaß zu Streit und Trennung geliefert hatte. Sie vereinbarten, „in Zukunft das Fest an Ottmarsbocholter Wirte in der Reihenfolge Averbeck, Vollmer, Brüning-Geiping zu vergeben."[67] Das Schützenfest sollte wie 1949 als großes Volksfest begangen werden.[68] Erneut zeigte es die bekannten Festelemente. Im Jahre 1951 beschlossen der Junggesellenverein und die Bruderschaft, künftig nurmehr abwechselnd einen König auszuschießen.[69] Das Schützenfest fand wie üblich an zwei Tagen, dem 15. und 16. Juli, statt. Diesmal durften die Schützen wieder mit dem Gewehr schießen, allerdings unter der Aufsicht des Försters Küppers.[70] 1952 wurde ein Jahresbeitrag von drei DM erhoben und gleichzeitig der freie Eintritt für Mitglieder und Frauen vereinbart. Das Fest fand am 20. und 21. Juli beim Gastwirt Brüning-Geiping statt, der zwei Zelte mit einer Gesamtfläche von 600 qm aufgestellt hatte. Bei beiden Aktionen zeigt sich ein Trend zur Kommerzialisierung des Schützenfestes. Auch 1953 dauerte das Fest zwei Tage.

Bei der Generalversammlung am Ostermontag 1954 machte sich eine gewisse Feiermüdigkeit bemerkbar: Von 28 Mitgliedern stimmten lediglich 12 dafür, ein Schützenfest auszutragen. Auf der 14 Tage später einberufenen Versammlung mit dem Junggesellenverein, dessen junge Angehörige ein lebhafteres Engagement für ein jährliches Schützenfest aufbrachten, fand sich aber wieder eine deutliche Mehrheit. Das Schützenfest ging mit Verspätung am 29. und 30. Juli vonstatten, da der turnusgemäße Festwirt verzichtete, und sein Stellvertreter Zeit zur Vorbereitung benötigte. Die Folge war, daß man den Beschluß faßte, die Generalversammlung künftig noch früher, nämlich im Januar, abzuhalten, damit der Festwirt rechtzeitig ein Zelt bestellen konnte. 1955 schmückte sich bei dem traditionell zweitägigen Fest die Königin erstmals mit Krone und Schärpe.

Im Jahre 1956 machten die Vorstände der Bruderschaft und des Schützenvereins der vereinigten Bauerschaften ab, künftig ein gemeinsames Schützenfest mit wechselndem Ausrichter zu veranstalten. Ziel sollte „ein wahres Volksfest" sein.[71] Beim Fest selbst war die Teilnahme der Schützengilde aus den Bauerschaften genau geregelt. Sie sollte am Festzug mit König, Fahne, Vorstand und Schützenkompanie mitmarschieren. Obendrein wurde ihnen nahegelegt, an den beiden abendlichen Festbällen teilzunehmen. Der Ablauf am 1. und 2. Juli zeigte die bekannten Elemente: Am Sonntag Umzug, Parade, Fahnenschlag, Begrüßungsansprache, Festball, am Montag Kirchgang, Kranzniederlegung am Ehrenmal, Vogelschießen, Proklamation des

---

[67] A.a.O., S. 101. Der Gasthof Geiping war die Pension in Ottmarsbocholt, die dem Fremdenverkehr aufgeschlossen war. Mit ihrer kleinen Bettenkapazität bot sie auch Übernachtungen inklusive Frühstück an. Vgl. Verkehrskarte des Münsterlands vom Mai 1929, S. 15; GA Heek, D 218.

[68] Auf den Anspruch, ein Volksfest für die gesamte Dorfbevölkerung auszutragen, wird unten im Zusammenhang der Integration der neuen Dorfbewohner noch zu sprechen sein. Siehe auch abschließend die Schlußbetrachtung.

[69] Diese Lösung blieb für die folgenden Jahre gültig. FS 275 Jahre St. Johannes-Bruderschaft Ottmarsbocholt, S. 213.

[70] A.a.O., S. 107.

[71] A.a.O., S. 113.

neuen Königs, Fahnenschlag mit Parade, Einholen der Königin und Ehrendamen zum Kaffeetrinken und Festball.

1957 wurde zum Mitglieds- noch ein Fahnenbeitrag von einer DM erhoben. Zudem beschloß die Schützengilde die Vergabe des Schützenfestes an den Festwirt noch weiter vorzuverlegen: Sie sollte bereits im alten Jahr auf der dem Schützenfest unmittelbar folgenden Abrechnungsversammlung erfolgen, um organisatorische Engpässe zu entschärfen. Das Fest selbst wurde im Juni vom Schützenverein der vereinigten Bauerschaften ausgerichtet und dauerte nur einen Tag. Als Ausgleich veranstaltete die Bruderschaft am traditionellen Julitermin wie schon in den Jahren vor 1936 ein Sommerfest, das die Züge eines Schützenfestes in Kleinformat mit Rumpfprogramm trug: Dem Scheibenschießen, Platzkonzert und Kinderbelustigungen „unter Aufsicht der Lehrpersonen" am Nachmittag folgte abends der Sommerball mit Einzug der Königspaare und einer Polonaise durch das Dorf.[72]

Im folgenden Jahr führten die Mitglieder ein plattdeutsches Theaterstück auf, dessen Erlös der Renovierung des Kriegerdenkmals zugute kommen sollte. Die Bruderschaft war auch am traditionellen Karnevalsumzug der Junggesellen am ‚Blauen Montag' beteiligt. Das Schützenfest am 22. und 23. Juni trug sie wieder zusammen mit der Schützengilde der vereinigten Bauerschaften aus. In den Jahren 1959 und 1960 richtete die Bruderschaft das Schützenfest wieder wie üblich gemeinsam mit dem Junggesellenverein am 5./6. Juli bzw. am 26./27. Juni aus. Die Absprache von 1956, ein Schützenfest mit allen drei Vereinen zu veranstalten, hatte sich als nicht tragfähig erwiesen. Den Grund lieferte die Erfahrung von 1957, als das von der Bauerschafts-Schützengilde ausgetragene Fest nicht die gewünschte Resonanz erbrachte: „Die Beteiligung der Dorfbevölkerung war nicht besonders groß, da der Festplatz etwa 2 km außerhalb des Dorfes lag."[73]

Betrachtet man die Vorstände der St. Johannes-Bruderschaft, so lassen sich Parallelen zum Personal der politischen Vertretungen erkennen. Die ersten Vorsitzenden der St. Johannes-Bruderschaft, auch Schäffer genannt, hatten neben der Vorstandschaft die Aufgabe, bei kirchlichen Feiern und Beerdigungen die Fahne zu tragen, ferner die Feste zu organisieren und die Beiträge zu kassieren. Der Name Schäffer bedeutete nicht von ungefähr „anschaffen, vorstehen".[74] Vorsitzender und Stellvertreter wurden alle vier Jahre gewählt. Nach zwei Jahren trat der erste Vorsitzende zurück, sein Stellvertreter trat an seine Stelle, und die Mitglieder bestimmten einen neuen zweiten Mann. Von den zwölf Vorständen der Jahre 1924 bis 1963 waren sieben auch in einem politischen Gremium vertreten. Der Vorstand von 1924 zum Beispiel, der Schreinermeister Wilhelm Potthoff, kandidierte bereits im gleichen Jahr für den Gemeinderat, in den er aber erst 1933 gewählt wurde. Der Vorstand von 1932, der Maurer Franz Unewisse, war 1924 Gemeinderat gewesen, und der Vorstand von 1963, der Angestellte Josef Bickeböller, war zwei Jahre zuvor zum Gemeinde- und Amtsvertreter avanciert. Wie verwoben Verwandtschaftskreise und

---

[72] A.a.O., S. 123.
[73] A.a.O., S. 124.
[74] A.a.O., S. 87.

Vereine waren, zeigt die Tatsache, daß einzelne, lokalpolitisch bedeutende Verwandtschaftskreise das Vereinsleben personell besetzten und damit ihren Verwandten den Zugang in die dörfliche Exekutive sicherten.[75] Die die lokalpolitischen Vertretungen beeinflussenden Familien Unewisse, Potthoff und Lindfeld prägten auch die Entwicklung der Bruderschaft: Franz Unewisse war 1932 Schäffer, Wilhelm und Bernard Potthoff 1924 und 1937. Clemens, Albert und Max Lindfeld standen der Bruderschaft 1928, 1951 und 1953 jeweils für zwei Jahre vor. Einzelne Familien führten gleichzeitig den Verein und waren in den politischen Gremien präsent.[76] Hier versteht man die Bedeutung verwandtschaftlicher Fundierung des Vereinslebens. Die Symbiose von Verein und Verwandtschaft bildete „ein latentes Machtpotential, das jeweils dann aktiviert werden konnte, wenn es um Wahlen oder andere schwerwiegende kommunalpolitischen Entscheidungen ging."[77] Die Vereinszugehörigkeit bzw. -funktion stand in engem Kontext mit der Ausübung kommunalpolitischer Ämter.

Von besonderem Interesse an der Entwicklung des Schützenwesens und der Schützenvereine in Ottmarsbocholt sind zwei Erscheinungen. Zum ersten blieben die Festformen vor und nach der Auflösung die gleichen. Ob das Fest nun vor oder nach 1936 stattfand, der Ablauf war immer derselbe. Daher zeigte die Wiederbelebung der Tradition des Schützenfestes 1949 ausgeprägt restaurative Züge. Zum zweiten übernahm der Schützenverein nach dem Krieg Funktionen des Kriegervereins, da das bis dahin abwechselnd mit dem Schützenfest ausgetragene Kriegerfest nicht mehr wiederaufgenommen wurde.[78] 1949 sang man beim Schützenfest das Lied vom Guten Kameraden.[79] 1950 und 1956 zog der Festzug zum Kriegerdenkmal auf den Friedhof, um dort einen Kranz niederzulegen und eine Rede des Hauptmanns der Bruderschaft zu hören.[80] 1957 besprach die Bruderschaft „mit besonderem Interesse die Angelegenheit eines Kriegerdenkmals, das von der Gemeinde an einem günstigen Platz aufgestellt werden" sollte,[81] und im Jahr darauf stiftete sie den Erlös aus einer Theateraufführung für die Renovierung des Kriegerdenkmals. Beim Schützenfest 1959 trugen Vorstandsmitglieder auf dem Festball Weltkriegs-Orden.[82] Schießübungen mit scharfer Munition, wie sie der Kriegerverein bis Ende der dreißiger Jahre in dem vereinseigenen Schießstand abgehalten hatte, übernahm die Bruderschaft in veränderter Form. Wie der Junggesellenverein hatte die St. Johannes-Bruderschaft in den fünfziger und sechziger Jahren mehrfach ein öffentliches Preisschießen mit Luftgewehren ausgeschrieben. Behördliche Auflagen und geringe Re-

---

[75] Wehling, Heimat Verein, S. 240. An dem oben geschilderten Beispiel von Bickeböller läßt sich dies sehr stringent demonstrieren.
[76] Zum Beispiel war Franz Unewisse war von 1932 bis 1934 Schäffer, während sein Verwandter Heinrich von 1929 bis 1933 Gemeindevertreter war; Albert und Max Lindfeld saßen von 1951 bis 1955 der Bruderschaft vor, während ihr Verwandter Clemens von 1952 bis 1961 dem Gemeinderat angehörte.
[77] Kaschuba/Lipp, Dörfliches Überleben, S. 595.
[78] Zum Bedeutungsschwund der Kriegervereine und des Kriegerfestes siehe zudem Drittes Kapitel, B.2.
[79] FS 275 Jahre St. Johannes-Bruderschaft Ottmarsbocholt, S. 92ff.
[80] A.a.O., S. 101f. u. 113f.
[81] A.a.O., S. 123.
[82] Vgl. a.a.O., S. 124ff.

sonanz ließen diese Veranstaltung jedoch einschlafen. Von 1976 bis 1981 trug der Vorstand erneut öffentliche Preisschießen aus. Aus diesem Teilnehmerkreis entstand 1978 eine Schießriege innerhalb der Bruderschaft.[83]

Beide Phänomene widersprechen sich nicht, sie ergänzen sich vielmehr. Die integrierten Elemente des Kriegervereins bzw. -festes beeinträchtigten die äußerst konstanten Formen des Schützenfestes nicht. Sie erweiterten lediglich das Vereinsleben der Schützengilden. Offensichtlich herrschte in der Ottmarsbocholter Dorfgesellschaft ein Bedürfnis nach militärischen Vereinsformen. Da die Kriegervereine nach dem Zweiten Weltkrieg verboten, die ehemaligen Vereinsmitglieder aber noch vorhanden waren, wechselten die einstigen Kriegerkameraden in die Schützengilde, wo ein Rest von militärischem Zeremoniell noch erfahrbar war. Schließlich hatten sich die Schützengilden als Bürgerwehren gegründet und im 19. Jahrhundert eine patriotische Note in das Vereins- und Festleben aufgenommen.[84] Betrachtet man also die Nachfrage nach militärischen Vereins- und Festelementen genauer, so erkennt man eine Bedürfniskontinuität in Vereinsdiskontinuität.

Veränderungen, wie die Höhe des Mitglieds- und Fahnenbeitrags, die sukzessive Vorverlegung der Generalversammlung oder das vereinsübergreifende Austragen der Schützenfeste hatten lediglich organisatorischen Charakter und berührten weder die Vereinsstruktur noch den Festcharakter. Sie sollten lediglich einen reibungslosen Ablauf des Festes gewährleisten. Andere Neuerungen, wie Armbrustschießen und das Tragen von Gehstöcken, waren zwangsweise auferlegte Übergangslösungen, um trotz der Auflagen der britischen Militärregierung ein Schützenfest veranstalten zu können. Modifikationen, wie das Tragen von Krone und Schärpe der Königin, hatten im wahrsten Sinne des Wortes nichts anderes als schmückende Funktion. Das Schützenfest blieb immer das gewohnte. Grundsätzlich fand das Schützenfest an zwei Tagen im Sommer, an einem Sonntag und einem Montag, statt. Feste Programmpunkte des ersten Tages waren: Hochamt, Antreten der Schützen mit Paraden und Fahnenschwenken, Festzug, Aufsetzen des Vogels und abendlicher Ball. Den zweiten Tag füllten Wecken, Kirchgang, Königsschießen, Mittagessen, Abholen der Königinnen und Ehrendamen zur Kaffeetafel, abendlicher Ball mit Polonaise. Diese Grundformen bildeten in allen Festen der Untersuchungsspanne das Gerüst der Feier.[85] Wie prägend dieses Modell für die Festfolge war, zeigten die Schützenfeste am 18. Juli 1937 und am 17./18. Juli 1938, die der Junggesellenverein nach der Zwangsauflösung der St. Johannes-Bruderschaft alleine ausrichtete und die der üblichen Form glichen.[86]

---

[83] A.a.O., S. 225f.
[84] Die Bezeichnung „Schützen" geht in Begriff und Form auf ein Aufgebot von Schützen zurück, die sich durch ihr Schießgerät von anderen bewaffneten Einheiten abhoben; Sauermann, Volksfeste im Westmünsterland, S. 111ff. Zur Entstehungsgeschichte der Schützengilden vom Spätmittelalter bis zum Dreißigjährigen Krieg siehe ders., a.a.O., S. 111 - 126; zum 19. und 20. Jahrhundert siehe ders., a.a.O., S. 139 - 171 u. Kirchner, Westfälisches Schützenwesen, S. 15 - 97.
[85] Vgl. FS 275 Jahre St. Johannes-Bruderschaft Ottmarsbocholt, S. 57 - 132.
[86] A.a.O., S. 90ff.

Den restaurativen Charakter der Bruderschaft unterstrichen die Statuten von 1957. Sie zementierten die bestehende Form des patriarchalischen und katholischen Vereinslebens. Zweck der Solidargemeinschaft sollte es sein, daß sich die Mitglieder „in Not und Tod durch Wort und Tat" beistanden.[87] Der moralische Duktus des Vereinslebens sollte bei den Vereinsfesten zum Vorschein kommen: Sie sollten so begangen werden, „wie es Anstand und gute Sitte erfordern".[88] Auch das religiöse Fundament der Gemeinschaft sollten die Bruderschaftler bewahren und bekunden, zum Beispiel bei öffentlichen kirchlichen Feiern wie Prozessionen oder der jährlichen Gedächtnismesse für verstorbene Mitglieder am St. Johannes-Tag. Verpflichtend war auch die Teilnahme am Begräbnis eines Mitglieds. Im Verhinderungsfall mußte ein Familienangehöriger das Mitglied vertreten. Damit entsprachen diese Elemente des Vereinslebens der üblichen caritativen Bindung der Schützen. Zu den religiösen Hauptaufgaben der Schützen gehörte es, für den verstorbenen Schützenbruder zu beten, ihn zu Grabe zu tragen, an den Hauptprozessionen der Gemeinde teilzunehmen und das Kirchenfest des Schützenpatrons durch Kirchgang und Umzüge festlich zu begehen.[89]

Die Mitgliedschaft der St. Johannes-Bruderschaft konnten alle verheirateten Männer und Frauen erwerben, die die bürgerlichen Ehrenrechte besaßen, katholischer Konfession waren und in Ottmarsbocholt wohnten. Vorstand konnte nur derjenige werden, der seit wenigstens zehn Jahren in Ottmarsbocholt beheimatet war. Unverheiratete Männer und Frauen konnten theoretisch Mitglied werden, wenn sie einen eigenen Haushalt führten oder selbständig ein Geschäft betrieben, mindestens 25 Jahre alt waren und die Anforderungen des ersten Artikels erfüllten. Bei Tod eines Mitglieds ging die Mitgliedschaft auf seine Frau über.[90] Die Mitgliedschaft war auch erblich. Sie ging „bei Verheiratung des Erben, Sohn oder Tochter, auf diesen über."[91]

Im Hinblick auf die Integrationskraft des Sozialsystems Dorf präsentierten sich diese Statuten als restaurativ-exklusiv; restaurativ, weil die St. Johannes-Bruderschaft vorrangig ein Männerzusammenschluß blieb. Frauen konnten in der Tat nur als Verheiratete Mitglied werden, oder wenn ihr Mann verstarb und dessen Mitgliedschaft auf sie überging. Unverheirateten Frauen war zwar de jure der Eintritt eröffnet, aber de facto gab es in der ländlichen Gemeinde der fünfziger Jahre mit hoher Wahrscheinlichkeit keine alleinlebende oder eigenständig ein Gewerbe betreibende Junggesellin. Eine weibliche Single-Existenz schien nicht vorstellbar.[92] Hier

---

[87] A.a.O., S. 121.
[88] Ebd.
[89] Vgl. Sauermann, Volksfeste im Westmünsterland, S. 117 - 124.
[90] Zur lebenslangen Mitgliedschaft siehe auch Kirchner/Pahs, Zur volkskundlichen Vereinsforschung und regionalen Differenzierung des Schützenwesens in Westfalen, S. 293f.
[91] FS 275 Jahre St. Johannes-Bruderschaft Ottmarsbocholt, S. 121.
[92] Zu Beginn der sechziger Jahre bestanden 41 Einpersonenhaushalte in Ottmarsbocholt, die aber vermutlich ausschließlich männliche Junggesellen führten. Vgl. Beiträge zur Statistik des Landes Nordrhein-Westfalen, Sonderreihe Volkszählung 1961, Heft 3a, S. 293. Der Anteil der Einpersonenhaushalte in den Großstädten Nordrhein-Westfalens lag bei der VBBZ 1950 bei 19,7%, in den Landgemeinden bei 6,5%; Wurzbacher, Die Familie als sozialer Eingliederungsfaktor, S. 78.

offenbarte sich deutlich, daß Vereine das Normengefüge einer Gemeinde beeinflußten und im Rahmen ihres Vereinslebens und ihrer Veranstaltungen diese Werte reproduzierten. Die Statuten waren exklusiv, weil sich für die Gruppe der evangelischen Vertriebenen kein Zugang zu dem renommierten und das dörfliche Festleben prägenden Ottmarsbocholter Verein ergab.[93] Damit konnte eine Integration sozial externer Gruppen wie der konfessionsverschiedenen Neubürger in den Traditionsverein nicht gelingen.[94] In dem Maße wie die Bruderschaft ihre katholische Prägung aufrecht erhielt, verschloß sie sich gegenüber den protestantischen Flüchtlingen. Diese Barriere rief den neuen Dorfbewohnern immer wieder ins Gedächtnis, daran zu denken, „daß wir in einer Diasporagemeinde leben, und gerade im katholischen Münsterland ist das Vereinsleben oft konfessionell gebunden."[95] Diese neue Gruppe der dörflichen Gesellschaft mußte sich andere Vereine suchen, die ihnen offen standen oder selbst welche gründen.[96]

In Heek war der traditionsreichste Verein der 1835 begründete Heimat- und Schützenverein St. Ludgerus.[97] Das genaue Gründungsdatum des früheren Bürgerschützenvereins liegt noch weiter zurück,[98] denn die Schützengilde wurde 1835 lediglich reaktiviert.[99] Nach dem Ersten Weltkrieg fand erstmals nach einer Pause von acht Jahren ein Schützenfest im Jahre 1921 statt. Diesem schloß sich in den zwanziger Jahren eine jährliche Folge von Schützenfesten an, die nur im Jahr 1926 unterbrochen wurde.[100] Ein Zusammenschluß mit dem Vennker Schützenverein im März 1934, der eine gewisse Konkurrenz im Fest- und Vereinsleben gebildet hatte,[101] brachte der Gilde den Namen „Allgemeiner Bürgerschützenverein" ein. Diese Fusion legte die Basis dafür, im Jubeljahr 1935 „endlich ein gemeinsames großes Dorf-Schützenfest feiern zu können."[102] Ein Jahr später sah sich der Allgemeine Bürgerschützenverein mit der Anordnung des Reichssportführers von Tschammer und Osten konfrontiert, sich dem Reichsausschuß für Leibesübungen, Fachsäule Deutscher Schießsportverband, einzugliedern.[103] Im Gegensatz zur Ottmarsbocholter Gilde kam es in Heek zu keiner Vereinsauflösung, sondern die Schützen entschieden sich, dem

---

[93] Es handelt sich hierbei nach Weber, Wirtschaft und Gesellschaft, S. 205, um eine Auslese für die Zulassung zur Gemeinschaft, nach der auch ein geselliger Verein seine Mitglieder rekrutiert.
[94] Dieses Phänomen beobachtet auch Kirchner, Westfälisches Schützenwesen, S. 73.
[95] Aussage des ersten Lehrers der evangelischen Volksschule, Günter Löhrke, in: Schulchronik der evangelischen Volksschule, Teil 3, in: Ottmarsbocholt. Geschichte und Geschichten 8 (1987), S. 18.
[96] Siehe auch Kirchner, Westfälisches Schützenwesen, S. 74.
[97] Diesen Namen trug der vormalige Bürgerschützenverein erst durch die Fusion mit dem Heeker Heimatverein am 12.5.1968; FS 150 Jahre Heimat- und Schützenverein St. Ludgerus Heek, S. 78.
[98] Vermutlich ist die Schützengilde 1678 gegründet worden. Vgl. Heimat- und Rathausspiegel 24 (1988), S. 888 u. 942.
[99] FS 150 Jahre Heimat- und Schützenverein St. Ludgerus. S. 4f. u. 64; Heimat- und Rathausspiegel 17 (1984), S. 522. Der Schützenverein des Ortsteils Ahle wurde 1878 ins Leben gerufen. Siehe FS zum 100-jährigen Vereinsjubiläum des „Schützenvereins Ahle 1878".
[100] FS 150 Jahre Heimat- und Schützenverein St. Ludgerus. S. 70.
[101] Vgl. dazu a.a.O., S. 65-73.
[102] A.a.O., S. 73.
[103] Schreiben des Kreissportleiters Ahaus an die Amtsverwaltung vom 9. März 1936; Schreiben der Geheimen Staatspolizei Münster v. 15.3.1936; GA Heek, D 162.

Reichsverband beizutreten und suchten in ihren Reihen einen Schießwart und interessierte Schützen aus. 1937 beschlossen die Vereinsmitglieder, alljährlich ein Schützenfest am Pfingstmontag und -dienstag auszutragen. So fanden die restlichen Schützenfeste vor dem Zweiten Weltkrieg „in gewohnter Weise" statt.[104] In den Kriegs- und den anschließenden Mangeljahren kam das Fest- und Vereinsleben der Schützen völlig zum Erliegen.[105] Erst im Jahre 1950 feierte der ein Jahr zuvor wiederbelebte Verein ein Schützenfest,[106] das infolge der Auflagen äußerlich leicht verändert erschien: Die Schützen durften nur mit dem Luftgewehr schießen und beim Festumzug lediglich mit einem Handstock als hölzerner Gewehrattrappe marschieren, was sich bis in die sechziger Jahre hielt.[107] In den fünfziger Jahren wurde ein neuer Festrhythmus installiert, nach dem das Schützenfest alle zwei Jahre gefeiert wurde.[108]

Die Festfolge an sich blieb über die Jahre konstant und orientierte sich an dem bewährten Muster einer zweitägigen Veranstaltung.[109] In den fünfziger Jahren knüpften die Schützen an die Regelung der Vorkriegszeit, das Schützenfest am Pfingstmontag und -dienstag zu feiern, wieder an.[110] Am ersten Tag erfolgten der geschlossene Kirchgang der Schützen, Hochamt, Kranzniederlegung am Kriegerdenkmal, Platzkonzert auf dem Festplatz, Einmarsch der Schützen ins Festzelt, Einholung des Königspaares und Polonaise mit anschließendem Ball. Den zweiten Tag füllten Wekken, Vogelschießen, Proklamation des neuen Königs, Einholen der Königin mit Ehrendamen, Parade vor dem neuen König, Essen des Hofstaates und Polonaise mit anschließendem Königsball.[111] Der Festablauf zeigt damit eine auffallende Ähnlichkeit mit dem in Ottmarsbocholt. Ab 1955 wurde ein neuer Bestandteil der „Kinderbelustigungen bei Kuchen und Limonade unter Aufsicht der Lehrpersonen" in den Festablauf integriert.[112]

Durch den Ausfall der örtlichen Kriegerkameradschaft übernahm auch in Heek der Schützenverein Funktionen des Kriegervereins. Bei den Schützenfesten der fünfziger und sechziger Jahre marschierten die Schützen zur Kranzniederlegung an das

---

[104] FS 150 Jahre Heimat- und Schützenverein St. Ludgerus. S. 73.
[105] Nachweisung der Lustbarkeiten und Verlängerung der Polizeistunde; GA Heek, D 933.
[106] Im Gegensatz zum Sportverein, der bereits im Frühjahr 1946 seinen Spiel- und Übungsbetrieb wieder aufnahm, existierte der Bürgerschützenverein 1948 noch nicht wieder. Vgl. Anfrage der Militärregierung v. 15.7. u. Antwortschreiben v. 23.7.1948; GA Heek, D 185.
[107] FS 150 Jahre Heimat- und Schützenverein St. Ludgerus. S. 78, 134 u. 140ff.
[108] Vgl. auch Heimat- und Rathausspiegel 1 (1977), S. 10.
[109] „In all den vergangenen Jahren verliefen die Schützenfeste mehr oder weniger nach dem gleichen Muster"; siehe FS 150 Jahre Heimat- und Schützenverein St. Ludgerus. S. 79.
[110] Vgl. GA Heek, Zwischenarchiv, Reg.-Nr. 1-16/1A, 1-16/2, 1-16/2B. Diesen Rhythmus pflegten auch die umliegenden Schützenvereine Averbeck, Ahler Kapelle und Ahle Süd; vgl. ebd.
[111] Siehe dazu exemplarisch das Festprogramm von 1961; GA Heek, Zwischenarchiv, Reg.-Nr. 1-16/1A u. FS 150 Jahre Heimat- und Schützenverein St. Ludgerus. S. 76f. Siehe auch die Festprogramme von 1951, 1952, 1953, 1955, 1957; GA Heek, Zwischenarchiv, Reg.-Nr. 1-15/1A, 1-16/1A, 1-16/2.
[112] Siehe z. B. Festprogramm von 1955 u. 1961; GA Heek, Zwischenarchiv, Reg.-Nr. 1-16/1A; FS 150 Jahre Heimat- und Schützenverein St. Ludgerus. S. 76f.

„Kriegerehrenmal", während die Kapelle den „Großen Zapfenstreich" spielte.[113] Nach der Kranzniederlegung erfolgte eine Ansprache, an die sich das Stück „Ich hatt' einen Kameraden" anschloß.[114] Ganz offensichtlich herrschte auch in Heek das Bedürfnis, militärisch inspirierte Handlungen weiterzupflegen. Dieses Anliegen konnte nach dem Wegfall der Kriegerkameradschaft nun im Schützenverein, der ja ebenfalls militärisches Zeremoniell tradierte, ausgelebt werden.

Die äußerlichen Festmodalitäten waren einem Wechsel unterworfen. So wurde in der Nachkriegszeit das Festzelt an verschiedenen Plätzen im Dorf aufgestellt. Ebenso wechselte der Ort des Vogelschießens: Bis 1952 stand die Vogelstange im Bült, bis 1976 nahe des Ludgerusbrunnen am Kalvarienberg. Die Festvergabe wechselte in Heek nicht turnusgemäß unter einem Kreis von Gastwirten wie in Ottmarsbocholt, sondern der Zuschlag erfolgte an den meistbietenden Schankwirt.[115]

Beachtenswert war die Ambition der Schützen, mit ihrem Schützenfest ein „echte(s) Volksfest" auszutragen, „wobei Jung und Alt aus dem Dorfe geschlossen mitfeiern" sollten.[116] Die Veranstalter des Schützenfestes erhoben den Anspruch, mit ihrer Veranstaltung „ein(en) feste(n) Bestandteil der Dorfgemeinschaft" zu bilden.[117] Dieser Anspruch ist auf seine Richtigkeit hin zu überprüfen; es ist zu fragen, ob nicht auch hier wie in Ottmarsbocholt der Wunsch der Vater des Gedankens war. Der formulierte Anspruch spiegelte tatsächlich die Selbstwahrnehmung der Festgemeinde wider, die sich jedoch hauptsächlich aus Alteingesessenen zusammensetzte. Noch in den sechziger Jahren bestimmte die Generalversammlung der Schützen den Kreis der Teilnehmer am Schützenfest: „Heeker, die Mitglied sein können und nicht sind, haben zu keiner Veranstaltung Zutritt."[118] Unter den 45 Vereinsvorständen und Zweiten Vorsitzenden, Schriftführern und Schatzmeistern, Besitzern und Chronisten sowie den 22 Offizieren der Nachkriegsjahre befand sich bis in die achtziger Jahre hinein kein Vertriebener.[119] Auch unter den Schützenkönigen gab es keinen neuen Dorfbewohner.[120] Schützenverein und Schützenfest blieben eine Domäne der Einheimischen. Hier war die alteingesessene Dorfbevölkerung unter sich.

---

113 Dies geschah bei den Schützenfesten 1952, 1953, 1955, 1957, 1959, 1961 u. 1963; GA Heek, Zwischenarchiv, Reg.-Nr. 1-16/1A u. 1-16/2; FS 150 Jahre Heimat- und Schützenverein St. Ludgerus. S. 77 u.144. Dieser Punkt fand sich auch in den Programmen der Schützenfeste der oben genannten Nachbarvereine Averbeck und Ahler Kapelle v. 1952, 1955, 1956 u. 1957; GA Heek, Zwischenarchiv, Reg.-Nr. 1-16/1A.
114 Schützenfest 1955, 1957, 1959 u. 1961; GA Heek, Zwischenarchiv, Reg.-Nr. 1-16/2, 1-16/1A u. FS 150 Jahre Heimat- und Schützenverein St. Ludgerus. S. 77.
115 FS 150 Jahre Heimat- und Schützenverein St. Ludgerus. S. 76 u. 102.
116 Siehe dazu Einladungen zum Schützenfest 1959 u. 1961: „Die Einwohner von Heek werden gebeten zu flaggen und das Dorf zu schmücken. Alle machen mit, Alt mit Jung feiert das Volksfest des Dorfes"; GA Heek, Zwischenarchiv, Reg.-Nr. 1-16/1A, FS 150 Jahre Heimat- und Schützenverein St. Ludgerus Heek, S. 76 u. 80. Siehe auch Heimat- und Rathausspiegel 17 (1984), S. 523.
117 FS 150 Jahre Heimat- und Schützenverein St. Ludgerus. S. 76. Vgl. auch Heimat- und Rathausspiegel 1 (1977), S. 10.
118 Auszüge aus der Geschäftsordnung und den Beschlüssen der Generalversammlung; GA Heek, Zwischenarchiv, Reg.-Nr. 1-16/1A; 150 Jahre Heimat- und Schützenverein St. Ludgerus. S. 78.
119 FS 150 Jahre Heimat- und Schützenverein St. Ludgerus, S. 92-97.
120 A.a.O., S. 117-121.

Aufschluß über diesen geringen Integrationsgrad der neuen Dorfbewohner ergibt der Umstand, daß das statusbildende Kriterium Verwandtschaft in der traditionsreichen Schützengilde starken Einfluß ausübte. Während der Sportverein ein soziales Sprungbrett für Nichtprivilegierte war,[121] bildete der Traditionsverein die Plattform für die soziale Plazierung von Angehörigen aus Ober- und Mittelschichtfamilien. In der Regel saßen Privilegierte der Dorfgesellschaft dem Traditionsverein vor. Die zehn Vereinsvorstände zwischen 1909 und 1981 entstammten bis auf eine Ausnahme der Ober- bzw. der Mittelschicht.[122] Bemerkenswert war dabei der enge Zusammenhang von Vereinsvorstand und politischer Plazierung. Der Händler und Wirt Heinrich Alfert zum Beispiel zog unmittelbar nach seiner Präsidentschaft im Schützenverein von 1927 bis 1929 in die Gemeindevertretung ein. Seinem Nachfolger Franz Weber gelang mit dem Vereinsvorsitz 1934 gleichzeitig der Aufstieg in den Gemeinderat und ein Jahr später in den Amtsrat. Der Müller Heinrich Flüeck konnte während seiner Präsidentschaft von 1941 bis 1952 erfolgreich für den Gemeinde- und Amtsrat kandidieren.[123] Der Geschäftsführer Franz Münstermann zog als Vereinsschriftführer 1956 in die Amtsvertretung ein; zwölf Jahre später saß er der Schützengilde vor.[124] Der einflußreiche Traditionsverein erwies sich als die „Basis kommunaler Karrieren" sowie als „Hausmacht" bereits etablierter Gemeinderatsmitglieder.[125] Es erscheint beinahe überflüssig zu betonen, daß der für das Dorfleben bedeutende Verein auch die Dorfpolitik mitgestaltete.[126] Der dortige Vorstandsposten erwies sich als ein „allemal gutes Sprungbrett" für die politische Karriere.[127]

Das geschilderte Beziehungsgeflecht von Vereinsfunktion und politischem Posten war möglich, weil in dem Traditionsverein das Moment der Verwandtschaft eine große Rolle spielte. Drei der Vorsitzenden etwa gehörten dem Verwandtschaftskreis Münstermann an. Der Amtsoberrentmeister Bernhard Münstermann leitete die Geschicke des Vereins von 1909 bis 1927, der Rendant Josef Münstermann von 1952 bis 1954; gesundheitliche Gründe hinderten ihn an einer längeren Vorstandszeit.[128] Der Geschäftsführer Franz Münstermann präsidierte von 1968 bis 1981;[129] sein Bruder Adolf Münstermann war Bauunternehmer und stellvertretender Bürgermeister.[130]

---

[121] Zum Sportverein siehe die Ausführungen in Drittes Kapitel, B.3.
[122] Es war dies der Weber Franz Oellerich. Zu den Vereinsvorständen FS 150 Jahre Heimat- und Schützenverein St. Ludgerus. S. 92ff.
[123] Flüeck gehörte dem Gemeinderat von 1946 bis 1956, der Amtsvertretung von 1946 bis 1952 an. Zu seiner Präsidentschaft siehe auch Schreiben des Amtsdirektors an den Diözesanverband der historischen Bruderschaften im Bistum Münster v. 16.4.1951; GA Heek, Zwischenarchiv, Reg.-Nr. 1-16/1A.
[124] Zur Schriftführertätigkeit seit 1952 siehe auch GA Heek, Zwischenarchiv, Reg.-Nr. 1-16/1A.
[125] Wehling, Heimat Verein, S. 240.
[126] Noch 1972 richtete sich der Rat der neugegründeten Gemeinde Heek bei der Wahl neuer Straßennamen nach den Anregungen des Heimat- und Schützenvereins; Chronik des Jahres 1972, in: Heimat- und Rathausspiegel 32 (1992), S. 1408.
[127] Vgl. Wehling, Heimat Verein, S. 240.
[128] FS 150 Jahre Heimat- und Schützenverein St. Ludgerus. S. 94.
[129] GA Heek, Zwischenarchiv, Reg.-Nr. 1-16/1A.
[130] Adolf Münstermann hatte von 1952 bis in die siebziger Jahre Sitz und Stimme in der Gemeindevertretung. Siehe dazu Teil II, Erstes Kapitel, B.2.

Der wichtigste Verein in Rödinghausen war die Freiwillige Feuerwehr. Dementsprechend entwickelte sich das Feuerwehrfest zum „wichtigsten gesellschaftlichen Ereignis des Jahres".[131] Vor allem seit der Auflösung des Kriegervereins und des Kampfgenossenbundes in der Zeit nach dem Zweiten Weltkrieg war die Freiwillige Feuerwehr konkurrenzlos im dörflichen Fest- und Vereinsleben. Sie rückte zu einer der „Säulen des Dorfgemeinschaftslebens" auf.[132]

Die Brandwehr als notwendiger Selbstschutz gegen Feuersbrünste und als gesellschaftlicher Zusammenschluß hatte eine lange Vorgeschichte, bis am 5. September 1894 die Freiwillige Feuerwehr Rödinghausen aus der Taufe gehoben wurde.[133] Vereinsmitglieder waren vornehmlich Angehörige des alten Mittelstands, Handwerker, Handwerksmeister, Gewerbetreibende und Kaufleute, die meist im Ortskern wohnten und daher rasch einsatzbereit waren. Eine Mitgliedschaft in der Feuerwehr konnte für sie lohnend sein, denn als Mitglieder konnten sie sich selbst bei der Vergabe von Aufträgen begünstigen. Dem Verein wiederum kam das technische Know-how seiner Mitglieder zugute. Wie in vielen anderen Vereinen waren auch in der Brandwehr Landwirte und Landarbeiter auffallend gering vertreten, weil deren Arbeitsrhythmus mit einer steten Einsatzbereitschaft nicht vereinbar war. Arbeiter waren erst seit 1919 in der Wehr vertreten, da sie bis dahin die hohen Selbstbeteiligungskosten für Uniform und Geräte gescheut hatten.

Aufgrund ihres mittelständischen Gepräges setzte sich die Feuerwehr von den dörflichen Institutionen ab, die wie zum Beispiel der Gemeinderat unter dem beherrschen Einfluß der Großbauern standen.[134] In der Freiwilligen Feuerwehr konnten auch mittelständische Bürger zu großem gesellschaftliches Ansehen gelangen, weil ihr Verein als gemeinnütziger Zusammenschluß der gesamten Dorfgesellschaft diente. Nicht von ungefähr stieg der erste und langjährige Wehrhauptmann, Wilhelm Rieso, bezeichnenderweise ein Angehöriger der dörflichen Mittelschicht, neben seiner Vereinsarbeit 1905 zum stellvertretenden Gemeindevorsteher, 1916 gar zum Dorfschulzen auf.[135] Rieso, der auch dem örtlichen Landwirtschaftsverein vorstand, führte „seine Leute durch Dick und Dünn" und wurde daher als „Zeichen kameradschaftlicher Liebe und Anhänglichkeit" regelmäßig wiedergewählt. Vielleicht erfolgte seine stete Wiederwahl auch aufgrund der Tatsache, daß er sich dafür gewohnheitsgemäß mit einem Faß Bier bedankte.[136] Die 25 Gründungsmitglieder befehligte er mit straffen Statuten, die jeder Feuerwehrmann stets bei sich zu tragen hatte. Der Feuerwehrverein war in der Kaiserzeit „ein Kontrollinstrument der Vereinsmitglieder untereinander und... der Herrschenden".[137] Das Ordnungsprinzip von Befehl und Gehorsam sowie das konservativ-restaurative Vereinsklima schoben demokratischen

---

[131] Botzet, Die Geschichte der Freiwilligen Feuerwehr Rödinghausen, S. 38.
[132] A.a.O., S. 69.
[133] A.a.O., S. 10 - 17.
[134] Siehe dazu oben das soziale und berufliche Profil der Amts- und Gemeindevertreter.
[135] Chronik Rödinghausen (1942 - 1949), Buchbestand Nr. 23. Zu Rieso als Gemeindevorsteher Rödinghausens siehe Teil II, Erstes Kapitel, B.1.
[136] Protokollbuch, Einträge v. 8.10.1898 u. 10.11.1905; zit. nach Botzet, Die Geschichte der Freiwilligen Feuerwehr Rödinghausen, S. 24.
[137] A.a.O., S. 32.

Tendenzen einen Riegel vor. Trotz des strengen Normenkatalogs klagte der Schriftführer oft über unentschuldigtes Fehlen oder mangelhafte Zahlungsmoral bei Mitgliedsbeiträgen oder Ordnungsstrafen.[138] 1891 erhielt die Feuerwehr ein Spritzenhaus, zu Übungszwecken wurde 1895 ein Steigerturm gebaut.

Am 1. September 1928, nach 34 Jahren, legte Feuerwehrhauptmann Rieso sein Amt nieder. Ihm folgte Friedrich Farthmann. Auch er war als Schneidermeister ein Mittelständler, dem wie sein Vorgänger über die Vereinsarbeit der Aufstieg in die Dorfpolitik glückte. Farthmann wurde 1929 zum stellvertretenden Gemeindevorsteher gewählt und blieb bis 1945 Beigeordneter.[139] Auch der Posten des stellvertretenden Brandmeisters war in den Händen eines Mittelständlers. Der Müller Heinrich Johannsmann bekleidete diese Funktion bis 1933, als er Anfang April sein Amt zur Verfügung stellte.[140] Zu seinem Nachfolger wurde der Malermeister Karl Meyer, erneut ein mittelständischer Gewerbetreibender, bestellt, der im Jahr seiner Wahl auch für den Gemeinderat kandidierte und nach der organisatorischen Umwandlung der Feuerwehr Mitte der dreißiger Jahre zum Hauptbrandmeister aufrückte.[141] Wie in den anderen Untersuchungsgemeinden wird an diesen Beispielen die enge Verzahnung von Verein und Politik im Dorf offenbar.

Die Mitgliederzahl der Freiwilligen Feuerwehr war während des Ersten Weltkriegs stark zurückgegangen, so daß Frauen – bislang lediglich schmückende Zier bei gesellschaftlichen Anlässen – sogar bei Löscheinsätzen in die Bresche springen mußten. Nach Kriegsende wuchs die Mitgliederzahl wieder auf Sollstärke an, und die Frauen traten erneut lediglich als Gattinnen von Feuerwehrmännern in Erscheinung.

Die Nationalsozialisten erfreuten sich mit ihrer Umgestaltung der politischen Verhältnisse des Zuspruchs vieler Feuerwehrmänner und trafen demzufolge auch keine Vorbehalte an, als sie die Freiwillige Feuerwehr Rödinghausen rechtlich und organisatorisch in eine Feuerlöschpolizei umgestalteten. Somit übernahm die Feuerwehr Aufgaben einer Sicherheitspolizei. Aus einem freiwilligen Selbstschutz war ein Instrument des NS-Systems geworden. Im Frühjahr 1941 stellten die Nationalsozialisten in allen Amtsgemeinden Hitlerjugend-Feuerwehrscharen auf, die bei feindlichen Luftangriffen Brandherde löschen sollten. Da die Wehr im Zweiten Weltkrieg erneut stark personell und materiell dezimiert worden war, konnte sie nach Kriegsende einen wirksamen Brandschutz nur durch Notdienstverpflichtungen und wiederum durch Aufnahme von Frauen garantieren.

Erst die Rückbesinnung der Feuerwehr auf ihre ureigensten Aufgaben, Brandschutz und -bekämpfung, und die Einbettung in demokratische Strukturen legten den

---

[138] Vgl. a.a.O., S. 22ff.
[139] Zu Farthmann siehe Teil II, Erstes Kapitel, B.1., zu den Gemeindevorstehern Rödinghausens.
[140] Mitteilung der Freiwilligen Feuerwehr an die Amtsverwaltung von Rödinghausen v. 10.4.1933; GA Rödinghausen, B-VI-5-3/1. Zu Johannsmann siehe Adreßbuch des Kreises Herford 1936, S. 229.
[141] Schreiben des Landrats an den Amtsbürgermeister v. 13.4.1933 u. Bekanntmachung v. 20.4.1933; GA Rödinghausen, B-VI-5-3/1. Schreiben des Amtsbürgermeisters an den Landrat von Herford v. 7.10.1935; GA Rödinghausen, B-VI-2-5. Chronik Rödinghausen (1942 - 1949), Buchbestand Nr. 23. Meier stand bei der Wahl 1933 auf der Liste des Wahlvorschlags „Einigung Rödinghausen".

Grundstein, auf dem die Rödinghauser Freiwillige Feuerwehr in bundesrepublikanischer Zeit aufbauen konnte. Im Jahre 1951 zählte die Wehr wieder 23 Feuerwehrmänner, drei Jahre später 27 und 1967 gar 29 aktive und 31 passive Mitglieder. Ein Profil der Mitglieder von 1954 belegt, daß sich die soziale und professionelle Zusammensetzung kaum verändert hatte. Die meisten Feuerwehrmänner kamen aus dem Mittelstand. 16 betrieben ein Handwerk, darunter fünf als Meister. Von den sechs Selbständigen waren drei Bauern, zwei Kaufleute und einer Gastwirt. Dazu gesellten sich noch vier Rentner und ein Versehrter.[142]

Als Traditionsverein wie die Schützengilden in Heek und Ottmarsbocholt verhielt sich der Feuerwehrverein neuen Dorfbewohnern gegenüber als abweisend. Obwohl die Mitgliederzahl seit den fünfziger Jahren um rund zehn Feuerwehrmänner gestiegen war, befand sich keiner der vielen Zugezogenen darunter.[143] Im Feuerwehrverein blieben die Rödinghauser unter sich. Erst die Nachwuchssorgen der siebziger und achtziger Jahre führten zu einer gewissen Öffnung. Aus der Löschgruppe Schwenningdorf ging eine Frauenfeuerwehr hervor, der zu Anfang fünf Frauen angehörten. Die Schwenningdorfer Feuerwehrfrauen fristeten jahrelang ein gesondertes Dasein, während in Rödinghausen das erste weibliche Mitglied 1987 sofort in den aktiven Dienst aufgenommen wurde. Ein Umstand begünstigte diese gravierende Wandlung: Die nicht berufstätigen Frauen waren im Ernstfall bei Tage besser zu erreichen als ihre auspendelnden Kameraden.[144]

Das Vereinsleben bestand nicht nur aus praktischen Übungen und Löscheinsätzen, sondern auch aus Versammlungen und geselligen Zusammenkünften. Dem Wunsch nach Geselligkeit hatte bereits die Gründung einer Gesangsabteilung im Jahre 1895 unter der Leitung des Rödinghauser Lehrers Engelhard entsprochen. In der Kaiserzeit boten öffentliche Feierlichkeiten wie Kaisers Geburtstag oder die 25-jahrfeier der Selbständigkeit Rödinghausens im Jahre 1903 willkommene Gelegenheit, in der Paradeuniform zu repräsentieren. Auch bei anderen nationalen Festen wie dem Gedenktag zur Leipziger Völkerschlacht 1913 oder Bismarcks Geburtstag trat die Brandwehr in Erscheinung. Als Organisatorin dieser Feste nationaler Identitätsstiftung entwickelte sich die Feuerwehr zu „einer der wichtigsten Stützen des konservativen, antidemokratischen, autoritären und hierarchisch gegliederten Kaiserreichs".[145] Selbst in den dreißiger Jahren wurde weiterhin am 1. April der Geburtstag Bismarcks – über vierzig Jahre nach dessen Tod – mit einer Feier begangen. Gänzlich sinnentleert war dieses „richtige Dorffest" nicht, sondern es war ein Ausdruck der nationalen bis nationalistischen politischen Kultur, die im Verein vorherrschte. 1932 gedachte Ehrenhauptmann Rieso „in kernigen Worten Wirken und Walten des ehemaligen Reichskanzlers... und forderte die Kameraden auf, Treue zur Wehr und Treue zum Deutschen Vaterlande... hegen und pflegen zu wollen."[146] Am

---

[142] Botzet, Die Geschichte der Freiwilligen Feuerwehr Rödinghausen, S. 59ff.
[143] A.a.O., S. 65.
[144] Ebd. Siehe auch die weiblichen Mitglieder auf dem Gruppenbild anläßlich des 100. Geburtstag der Wehr 1994.
[145] A.a.O., S. 32.
[146] Protokollbuch, Eintrag zum 1.4.1932; zit. a.a.O., S. 40.

1. April 1933 feierten die Feuerwehrleute neben Bismarcks Geburtstag auch die neuen politischen Verhältnisse in Deutschland. Alle nachfolgenden Generalversammlungen schlossen die Vereinsmitglieder mit einem „Sieg Heil" auf Adolf Hitler.[147] An diese politische Kultur konnten auch die Nationalsozialisten mühelos mit ihrem Herrschaftsanspruch, ihren weltanschaulichen Erziehungsidealen und (para-)militärischen Zielen ansetzen.

Neben den politisch eingefärbten Festen organisierte die Freiwillige Feuerwehr noch weitere Feste ohne ideologischen Hintergrund, die allein dem Bedürfnis nach geselligem Beisammensein dienten. Bei der sogenannten Familienfeier sorgte eine Lotterie für eine Aufbesserung der Vereinskasse. Mitglieder mit weiblicher Begleitung hatten im Gegensatz zu sonstigen Gästen dazu freien Eintritt. In den dreißiger Jahren wurde mit dem alljährlichen Winterfest eine Tradition begründet, die über den Zweiten Weltkrieg hinaus bis 1957 Bestand hatte. Danach wurde das Winterfest von Ausflügen und Tagesfahrten abgelöst. In den sechziger und siebziger Jahre erfreuten sich das Frühlings- bzw. Nikolausfest großen Zulaufs. Letzteres gehört auch in der Gegenwart noch zu den regelmäßigen Vereinsfeiern.[148]

B. Andere Vereine und Feste

1. Das Erntefest

Das Fest des Erntedanks war in Westfalen nicht so verbreitet wie das Schützenfest. 1930 wurde es in 16 von 242 (6,6%) westfälischen Gemeinden als Hauptfest begangen.[149] Wie das Kriegerfest war es zu diesem Zeitpunkt eines der modernen Volksfeste.[150] Es bildete im Herbst den feierlichen Ernteabschluß. Je nach Region wies es unterschiedliche Symbole auf: einen Nußstrauch im westlichen Münsterland, einen grünen Busch im südöstlichen Münsterland sowie einen Erntehahn bzw. den Erntekranz in Nord- und Ostwestfalen.[151] Grundsätzlich ist bei dieser Feier zwischen ihrem kirchlichen Kern, dem Erntedank oder Kirchweih, und dem weltlichen Erntefest zu unterscheiden; besonders in nationalsozialistischer Zeit entluden sich darüber Spannungen.

Spürbare Wertschätzung erfuhr das Erntefest durch die Erntefeiern der Nationalsozialisten, deren ideologisch-propagandistische Aufwertung ländlicher Lebenswelt eine „Verführung des Dorfes" zur Folge hatte, die am wirkungsvollsten in ländlich-protestantischen Gegenden und unter Arbeiterbauern griff.[152] Die Nationalsozialisten popularisierten das Erntefest als völkisch-nationale Würdigung des deutschen Bauern und instrumentalisierten es für ihre Propagandazwecke.[153] Dabei normierten sie

---

[147] A.a.O., S. 53.
[148] A.a.O., S. 63.
[149] Sauermann, Hauptfeste in Westfalen, S. 154.
[150] Ders., a.a.O., S. 156.
[151] Zum Brauchtum siehe ders., Vom alten Brauch in Stadt und Land, S. 128 - 131.
[152] Kaschuba, Lebenswelt und Kultur, S. 47f.
[153] Münkel, Bauern, Hakenkreuz, „Blut und Boden", S. 225f.; Strotdrees, Höfe, Bauern und Hungerjahre, S. 143ff.; Kaschuba/Lipp, Kein Volk steht auf, S. 137ff. u. 144.

es in einer „Welle der Dorffolklore mit Festumzügen" mit einem der kirchlichen Liturgie nachempfundenen kerygmatischen Höhepunkt, dem gemeinschaftlichen Rundfunkempfang.[154] Das gemeinsame Hören von Reden diverser Parteigrößen sollte zwei Funktionen erfüllen: das Einheitsgefühl fördern und die propagandistische Indoktrination vorantreiben.[155] Bei den Abendveranstaltungen sollte die Landjugend in ortsüblichen Trachten Volks- und Erntetanzgruppen bilden sowie kleinere Mundart-Theaterstücke wie „Dat leste Foer" oder „Vulle Schuer – frohe Fier" von Natz Thier aufführen. Da jedoch Laienschauspieler diese Stücke aufführten, fürchteten die NS-Agrarpolitiker, daß die Schauspiele zu einer „Mißachtung des Bauern führen" könnten.[156] Das erhoffte Ziel dieser NS-Agitation war die zunehmende Entkernung des Festes von seinen religiösen Inhalten. Parteiveranstaltungen wurden dazu demonstrativ auf Gottesdienstzeiten gelegt, was sich in Ottmarsbocholt jedoch nicht durchsetzen ließ. Erst die offene Konfrontation mit dem kirchlichen Kern der Kirchweihe erregte den Unmut der Bevölkerung.[157] Um den Gemeinschaftsgedanken zu forcieren, gab es auch in Westfalen den verbindlichen Festkatalog, der landesweit die gleichen Elemente aufwies.[158] Als der Termin für alle Erntefeiern wurde bemerkenswerterweise der erste Sonntag nach Michaelis, 29. September, festgelegt.[159]

Wie in anderen Teilen Westfalens versuchten die Nationalsozialisten auch in Ottmarsbocholt ihre ideologische Vorstellung von einem Erntefest auf dem lokalen Festkalender zu etablieren. Am 1. Oktobers 1933 begab sich „bei strahlendem Herbstsonnenschein am Nachmittag die eben abkömmliche Bevölkerung... nach Ottmarsbocholt, um an dem feierlichen Umzug, der nach altem Brauch und Sitte zusammengestellt war", teilzunehmen.[160] Nach dem attraktiven Vorbild des Schützenfestes versuchten die Nationalsozialisten, alle Altersstufen anzusprechen: „Während die Erwachsenen sich bei Kaffee und Kuchen gütlich taten, fanden auf dem Schulhofe in Ottmarsbocholt Kinderbelustigungen statt, wobei mancher Bube und manches Mädel... in edlem Wetteifer schöne Preise holten."[161] Im folgenden Jahr fand das Erntefest in Zusammenhang mit der Sportplatzeinweihung statt, für dessen Gestaltung die Gemeindevertretung eine Vorbesprechung in einem Gasthaus im Dorf abhielt.[162]

---

[154] Kaschuba, Lebenswelt und Kultur, S. 48. 1937 verschickte die Landesbauernschaft an jede Kreisbauernschaft 13 Broschüren „Deutsches Erntedankfest"; STAMS, Landwirtschaftliche Kreisstelle Siegen, Nr. 14.

[155] STAMS, NSDAP-Kreis- und Ortsgruppenleitungen, Nr. 109. Von einer regelrechten „Berieselung" in diesem Kontext spricht Münkel, Bauern, Hakenkreuz, „Blut und Boden", S. 226.

[156] Schreiben des Verwaltungsamtes der Landesbauernschaft an alle Kreisbauernschaften v. 6.9.1938; STAMS, Landwirtschaftliche Kreisstelle Siegen, Nr. 14.

[157] Ebd. Zum engen Konnex von Kirche und Kirchweih siehe Blessing, Fest und Vergnügen der „Kleinen Leute", S. 354ff.

[158] Siehe dazu das Programm der NSDAP für das Erntedankfest am 1.10.1933; STAMS, Landwirtschaftliche Kreisstelle Olpe, Nr. 194, 199, 203, 370 u. 396.

[159] Der Termin galt reichsweit; siehe Bauern in Bayern, S. 230.

[160] So die Schilderung des Ottmarsbocholter Erntefestes von 1933 durch den Venner Dorfschullehrer; vgl. GA Senden, Schulchronik Venne, o. Sig., S. 109f.

[161] Ebd.

[162] GA Senden, Bestand Ottmarsbocholt, C 160.

Die Bemühungen der örtlichen NSDAP, das Erntefest für die weiteren Jahre im Festkalender zu etablieren, liefen ins Leere, weil im katholischen Münsterland keine ausgeprägte Tradition dieser Feier herrschte bzw. sich im kirchlichen Rahmen erschöpfte.[163] 1937 wurde in Ottmarsbocholt „von der Veranstaltung einer größeren Festlichkeit [zum Erntefest, P.E.]... Abstand genommen."[164] Zwar fanden in einigen Wirtshäusern Tanzveranstaltungen statt, ansonsten verlief der Tag des Erntedanks in der Kernmünsterland-Gemeinde ruhig. Die Parteioffiziellen fürchteten wohl eine zu geringe Beteiligung. 1938 wiederum richtete die Partei an dem verordneten Datum ein Erntefest aus.[165] Die Einladungsschrift belegt, daß Elemente der nationalsozialistischen Inszenierung genauso zum Tragen kamen wie religiöse.[166] Wegen der traditionell starken kirchlichen Bindung der Münsterländer Landbevölkerung mußte die NSDAP auf religiöse Befindlichkeiten Rücksicht nehmen. Es hätte den katholisch sozialisierten Teilnehmern auch seltsam angemutet, wenn die kirchliche Dankandacht nicht im Programm erschienen wäre.

So kam es 1938 zu einer Verschränkung kirchlicher und nationalsozialistischer Festformen. Die Dankandacht eröffnete um 15 Uhr die Festfolge. Danach zog der Festzug durch das Dorf, bei dem drei Erntewagen mitgeführt wurden, die von den Mägden und Knechten begleitet wurden. Ortsbauernführer Bernard Bracht „nahm den Erntespruch entgegen und gedachte des Führers".[167] Charakteristisch für die ideologisch eingefärbte Feierlichkeit am Erntefest war die Betonung völkischer Gemeinschaft und Geselligkeit. So sorgten Schulkinder der Dorfschule mit einem Reigentanz für „volkstümliche Unterhaltung" der Festgäste beim Kaffeetrinken. Symbolträchtig war auch die Übergabe eines Erntekranzes als Sinnbild der Ernte, den der Ortsbauernführer dem Ortsgruppenleiter Schemmelmann im Jahre 1942 überreichte.[168] Beim Erntetanz, der um 18 Uhr begann, erhoben die Veranstalter einen Eintrittspreis von 0,50 RM, nachdem die Kaffeegäste bereits 70 Pfennig entrichten mußten. Trotz der Kosten erwarteten der Ortsbauernführer Bernard Bracht sowie der Ortsgruppenleiter und kommissarische Amtsbürgermeister Josef Adrian die „geschlossene Teilnahme an der Erntedankfeier".[169] Der Kompromiß, den die Nationalsozialisten eingehen mußten, belegt, daß Teilen der ländlichen Bevölkerung eher am Erhalt alter Traditionen als an den NS-Propagandaparolen gelegen war, die gemessen an der Lebensrealität sich rasch als Lippenbekenntnisse entpuppt hatten.

Ansonsten hatte das Erntefest, das der nationalsozialistischen Blut- und Boden-Ideologie gemäß anfangs als eine Art ideologisch intendiertes ‚Dorfgemeinschaftsfest' konzipiert war, zusätzliche Veränderungen erfahren. Kriegsbedingt waren Belustigungen und Tanzvergnügen weggefallen, und das Erntefest war in den vierziger

---

[163] Sauermann, Hauptfeste in Westfalen, Tab. 14, S. 171.
[164] GA Senden, Chronik der Gemeinde Ottmarsbocholt, o. Sig., Eintrag v. 3.10.1937.
[165] A.a.O., Eintrag v. 1.10.1938.
[166] Von dem Wurfzettel zur Einladung hat sich ein Exemplar erhalten; ebd.
[167] Ebd.
[168] A.a.O., Eintrag v. 4.10.1942.
[169] A.a.O., Eintrag v. 1.10.1938.

Jahren zu einer parteiinternen Veranstaltung in einer Gaststätte geschrumpft ohne öffentliche Inszenierung in Form eines Umzugs.

Abschließend steht das Erntefest exemplarisch für die Versuche der Nationalsozialisten, dörfliche Kultur zu vereinnahmen. Hier „wird besonders deutlich, wie unauffällig das braune Virus in soziales Gewebe einzudringen, sich an vorhandene Strukturen und Traditionen anzulagern" vermochte.[170] Mit dem propagandistisch aufgeladenen, mit ‚Blut-und-Boden'-Symbolen gespickten Erntefest sollte die Dorfbevölkerung der propagandistischen Chimäre namens ‚Volksgemeinschaft' nacheifern. In Westfalen gelang dies jedoch nur partiell. Hier war es charakteristisch, daß das Erntefest regionale Schwerpunkte, vor allem in Ostwestfalen wegen der Nähe zur Kultstätte des NS-Erntefestes auf dem Bückeberg im Weserbergland, besaß und daß diese Traditionen nach 1945 versiegten. Dies geschah besonders leicht – das demonstriert das Beispiel Ottmarsbocholt –, wo die Feiern von den Nationalsozialisten ins dörfliche Festleben verpflanzt und künstlich belebt worden waren. Das Erntefest, das 1930 einen gewissen Anteil an den Hauptfesten besessen hatte, wurde in der Nachkriegszeit zunehmend auf „lokale Bedeutung" reduziert.[171] Der kirchliche Kern des Festes, der Erntedank, lebte in der Nachkriegszeit in Gebieten mit starker kirchlicher Bindung – das zeigt das Beispiel Ottmarsbocholt ebenfalls – weiter.[172]

2. Kriegerverein und Kriegerfest

Kriegervereine waren Teil der patriotischen Bewegung, die in Preußen besonders nach den napoleonischen Befreiungskriegen 1813/15 anhob.[173] Einen weiteren Gründungsschub von Kriegervereinen brachten die Kriege im Zuge der Gründung des Kaiserreiches.[174] Die Kriegervereine hatten eine dezidiert vaterländische Ausrichtung und dienten vor allem der Erinnerung der oben genannten Kriege sowie ab 1870/71 dem Gedenken des militärischen Sieges über Frankreich und des ihm folgenden Friedensschlusses von Frankfurt.[175] Die Nation avancierte zu einer „politischen Religion" vor allem des Bürgertums, aber auch anderer sozialer Schichten, und nahm als eine letztgültige gesellschaftliche Norm quasireligiösen Charakter an, die in solchermaßen überhöhter Gestalt vom Einzelnen die Hingabe des Lebens for-

---

[170] Kaschuba, Lebenswelt und Kultur, S. 48; Herlemann, Bäuerliche Verhaltensweisen unterm Nationalsozialismus, S. 110.

[171] Sauermann, Hauptfeste in Westfalen, S. 156.

[172] Siehe auch das Programm des Erntedankfestes im Bezirk der Landwirtschaftsschule Soest; STAMS, Landwirtschaftliche Kreisstelle Soest, Nr. 215.

[173] Allgemein zu Kriegervereinen und -festen siehe Trox, Militärischer Konservativismus, Stuttgart 1990; Rohkrämer, Der Militarismus der „kleinen Leute". Für Westfalen Sauermann, Volksfeste im Westmünsterland, S. 183 - 186.

[174] Damit sind der preußisch-dänische Waffenkampf von 1864, der preußisch-österreichische Feldzug im Jahre 1866 und der deutsch-französische Krieg von 1870/71 gemeint. Vgl. Trox, Militärischer Konservativismsus, S 286; Wurzbacher, Die Familie als sozialer Eingliederungsfaktor, S. 103.

[175] Zur Feier des Sedanstags siehe Rohkrämer, Der Militarismus der „kleinen Leute", S. 60ff.; Blessing, Fest und Vergnügen der „Kleinen Leute", S. 367.

dern konnte.[176] Folgerichtig nahm die Heldenverehrung der gefallenen Soldaten bei den Kriegervereinen nach dem Ersten Weltkrieg einen großen Stellenwert ein,[177] der sich oft in Denkmälern plastisch manifestierte. Gesellschaftlich leisteten Kriegervereine und -feste einen Beitrag zur Nationalisierung und Militarisierung des kleinen Mannes.[178] Bei dieser Ausrichtung des Vereins nimmt es nicht Wunder, daß die Kriegervereine in nationalsozialistischer Zeit eine Blüte erlebten. Die Nationalsozialisten waren bestrebt, die deutsche Gesellschaft ideologisch und waffentechnisch aufzurüsten. Diese „Militarisierung des Alltags" stärkte die Bedeutung des Kriegervereins.[179]

Die Kriegerkameradschaft Ottmarsbocholt-Venne gehörte dem Kyffhäuserbund an.[180] Im Fest- und Vereinsleben trat der am 19. April 1891 aus der Taufe gehobene Kriegerverein in Konkurrenz zur St. Johannes-Bruderschaft im Mitgliederwerben oder bei den Festen.[181] 1908 zählte der Verein 122 Mitglieder, seine Haltung galt als „gut", was getreu dem Wahlspruch „Für König und Vaterland" hieß: monarchistisch und patriotisch.[182] Von 1921 bis zur Kriegszeit richtete die Kriegerkameradschaft alle zwei Jahre ein Kriegerfest aus, das im jährlichen Wechsel mit dem Schützenfest der Bruderschaft stattfand. 1920 regte der Junggesellenverein ein Kriegerheimkehrfest an, der zu diesem Zweck bereits eine finanzielle Rücklage angelegt hatte. Zum Zeitpunkt der Antragsstellung war der bisherige Hinderungsgrund, ein Kriegerheimkehrfest abzuhalten, weggefallen: „Der größte Teil unserer Kriegsgefangenen ist nunmehr zurückgekehrt."[183] Die Gemeindevertreter stimmten dem Begehren zu und bildeten einen Festausschuß für die Feier, der sich aus folgenden Personen zusammensetzte: dem Ehrenamtmann Bracht, dem späteren Ehrenamtmann und Großbauern Schulte-Vorwick, den Gemeindevorstehern von Ottmarsbocholt und Venne, Niehues und Prinz, Vikar Bütsering und Pastor Elsfeld sowie dem Gastwirt und späteren Gemeindevorsteher Kaspar Vollmer. Dieses Aufgebot sämtlicher Amtsinhaber und

---

[176] Zur Nation als „politischer Religion" und als „politischem Glauben" Nipperdey, Religion im Umbruch, S. 138ff.; Thamer, Verführung und Gewalt, S. 417. Zum „nationalistischen Weltbild" in den Kriegervereinen Rohkrämer, Der Militarismus der „kleinen Leute", S. 175 - 262, 266. Zum Nationalismus Mommsen, Nation und Nationalismus in sozialgeschichtlicher Perspektive, S. 166ff.

[177] Zu den öffentlichen Auftritten von Kriegervereinen bei Beerdigungen von Mitgliedern Rohkrämer, Der Militarismus der „kleinen Leute", S. 58.

[178] Nipperdey, Religion im Umbruch, S. 50; Rohkrämer, Der Militarismus der „kleinen Leute", S. 55, 74 u. 82.

[179] Wagner/Wilke, Dorfleben im Dritten Reich, S. 85 - 106, Zitat S. 99; Kaschuba/Lipp, Kein Volk steht auf, S. 135 - 147.

[180] Zur Entstehungsgeschichte des Ottmarsbocholter und anderer Kriegervereine des Kreises Lüdinghausen siehe STAMS, Kreis Lüdinghausen, Nr. 561 u. 972. Zur Ottmarsbocholter Kriegerkameradschaft siehe ferner Wermert, Kriegervereine und Denkmäler, S. 535 - 538.

[181] Mit diesem Gründungsdatum gehörte der Ottmarsbocholter Verein zu den jüngeren Kriegerkameradschaften im Kreis Lüdinghausen. Schreiben des Kreis-Krieger-Verbandes vom 3.12.1908, STAMS, Kreis Lüdinghausen, Nr. 972. – Die FS 275 Jahre St. Johannes-Bruderschaft Ottmarsbocholt, S. 225, nennt dagegen als Gründungsdatum das Jahr 1893.

[182] STAMS, Kreis Lüdinghausen, Nr. 972. Zum Monarchismus vgl. Rohkrämer, Der Militarismus der „kleinen Leute", S. 194 - 203.

[183] Schreiben des Junggesellenvereins an den Ehrenamtmann und an die Gemeindevertretung v. 16.2.1920; GA Senden, Bestand Ottmarsbocholt, B 116.

angesehener Honoratioren verdeutlichte den Stellenwert einer militärisch inspirierten Feier in der Zwischenkriegszeit. Bemerkenswert war auch der hohe Mobilisierungsgrad, den diese Feier auf die Dorfbevölkerung und ihre Vereine ausübte. An den Vorbereitungen wirkten neben dem Kriegerverein der Junggesellenverein, Kirchenchor, Mütterverein und der landwirtschaftliche Ortsverein, die St. Johannes-Bruderschaft, Kriegsbeschädigtenvereinigung, Freiwillige Feuerwehr und die Jungbäuerinnen mit. Die Gemeindevertretung rief zum Fest alle „Eingesessene(n) des Amtsbezirks" auf, „damit die Feier eine würdige werde. Männer und Frauen, Greise und Kinder, alle müssen erscheinen!"[184]

Derweil übten sich die Kriegerkameraden im Umgang mit Gewehren. Bis in die Zeit des Zweiten Weltkriegs hinein fanden im vereinseigenen Schießstand am Dilln Schießübungen mit scharfer Munition statt.[185] Auch der Ottmarsbocholter Kriegerverein erfuhr durch die nationalsozialistische Militarisierung des Alltags ein gesellschaftliches Bedeutungshoch. Am 31. August 1937 veranstaltete er eine „Heldengedenkfeier" in einer örtlichen Gaststätte, wo der Lehrer, Chronist und Ortspropagandaleiter Franz Doth eine Rede hielt.[186] Zuvor hatte der Verein nach der „Seelenmesse für die verstorbenen Kameraden" morgens um 7.15 Uhr einen Kranz an der Gedenktafel in der Kirche St. Urban niedergelegt.[187] Die Festfolge sah noch ein nachmittägliches Preisschießen am Schießstand im Dilln vor.[188] Der gemeinsame „Rückmarsch" sollte zu Konzert und Tanz überleiten. Die „Kameradschaft alter Soldaten" verpflichtete ihre Mitglieder zur Teilnahme: „Es ist Ehrenpflicht für alle Kameraden, den Gottesdienst und am Nachmittage das Fest zu besuchen."[189] Im Sommer desselben Jahres richtete der Kriegerverein ein Sommerfest bei einem „Kameraden" aus, bei dem nach dem Seelenamt für die verstorbenen und gefallenen Mitglieder ein Scheibenschießen auf dem vereinseigenen Schießstand abgehalten wurde.[190] Aufgrund gemeinsamer Anliegen richtete die Kriegerkameradschaft 1938 ein Opferschießen für das nationalsozialistische Winterhilfswerk (WHW) aus, dem auch der Erlös von 18,95 RM zugute kam. Wiederum beteiligte sie sich am ‚Heldengedenktag' der NSDAP mit einer Kranzniederlegung und einer Abordnung, die die Fahne, das „Vereinskleinod",[191] mit sich trug.[192] Im Januar 1939 richtete der Kriegerbund eine Straßensammlung zugunsten der Nationalsozialistischen Volkswohlfahrt (NSV)

---

[184] Ebd. Die Feier fand am 15. Juni 1920 statt.
[185] FS 275 Jahre St. Johannes-Bruderschaft Ottmarsbocholt, S. 225. Diese und andere Funktionen (Gefallenengedenken) des Kriegervereines übernahm nach 1949 die St. Johannes-Bruderschaft.
[186] GA Senden, Chronik der Gemeinde Ottmarsbocholt, o. Sig., Eintrag v. 21.2.1937.
[187] GA Senden, Bestand Ottmarsbocholt, C 93.
[188] Militärisches Schießen hatte sich reichsweit in den Kriegervereinen erst kurz vor dem Ersten Weltkrieg durchgesetzt; Rohkrämer, Der Militarismus der „kleinen Leute", S. 73.
[189] Das Einladungsschreiben hat sich erhalten; GA Senden, Bestand Ottmarsbocholt, C 93.
[190] A.a.O. u. Chronik der Gemeinde Ottmarsbocholt, o. Sig., Eintrag v. 31.7.1937.
[191] Rohkrämer, Der Militarismus der „kleinen Leute", S. 59.
[192] GA Senden, Chronik der Gemeinde Ottmarsbocholt, o. Sig., Eintrag v. 27.2. u. v. 13.3.1938.

aus.¹⁹³ 1941 erhielten die Kriegerkameraden vom Heereszeugamt Ingolstadt sechs Gewehre des Modells 88 als Salutgewehre.¹⁹⁴

Nach dem Krieg gründete sich der Kriegerverein nicht wieder. Zum einen ließ die britische Militärregierung eine Wiederauferstehung von Kriegervereinen nicht zu. Zum anderen ist es denkbar, daß unmittelbar nach der militärischen Katastrophe 1945 das Bemühen, den Kriegerverein wieder mit Leben zu füllen, keine Resonanz fand. Jedenfalls erreichten militärisch motivierte Feiern den Stellenwert, den sie noch in der Zwischenkriegszeit eingenommen hatten, nicht mehr. Auch einen Mobilisierungsgrad der Dorfbevölkerung und -vereine, wie ihn das Kriegerheimkehrerfest 1920 erreicht hatte, konnte diese Art von Zusammenschluß und Feier nicht mehr aufweisen.

Der Heeker Kriegerverein stellte wie in Ottmarsbocholt bis zur Jahrhundertmitte eine Größe im gesellschaftlichen Leben dar. Die Heeker Kriegerkameradschaft wurde im August 1876 gegründet und erhielt ihr Statut sowie die polizeiliche Bestätigung am 18. März 1899.¹⁹⁵ Die ministerielle Erlaubnis, eine Fahne, „das wichtigste Symbol der Kriegervereine",¹⁹⁶ zu führen, empfing er am 30. Juni 1899.¹⁹⁷ Zu den Aktivitäten des Kriegervereins gehörten patriotische Gedächtnisfeiern am Kriegerdenkmal und ein Fest, das im Zwei-Jahre-Turnus ausgetragen wurde. Bis in die dreißiger Jahre hinein feierten die Mitglieder des Kriegervereins ihr Fest im Wechsel mit den Nienborger Kameraden.¹⁹⁸ Das Fest bestand zumeist aus einem Ball.¹⁹⁹ 1925 übernahm die Gemeinde die Kosten für die Beleuchtung und Bepflanzung des Kriegerdenkmals unter der Voraussetzung, daß „der vorhandene Geldbestand, welcher für das Kriegerdenkmal gesammelt worden ist, der Gemeinde überreicht wird."²⁰⁰ Das Kriegerdenkmal, mitten in Heek gelegen, bildete den monumentalen Ausdruck des nationalistischen Weltbildes.²⁰¹ Anfang der sechziger Jahre mußte es dem Verkehrsfluß weichen.²⁰²

In nationalsozialistischer Zeit erfuhr die Organisation zusätzliche Anerkennung. Sie verfügte über einen eigenen Schießstand, an dem auch die SA-Ortsgruppe

---

¹⁹³ A.a.O., Eintrag v. 15.1.1939.
¹⁹⁴ GA Senden, Bestand Ottmarsbocholt, C 64.
¹⁹⁵ GA Heek, C 670; STAMS, Kreis Ahaus, Nr. 652 u. 1717; Heimat- und Rathausspiegel 32 (1992), S. 1382. Auch im benachbarten Nienborg lieferte der deutsch-französische Krieg von 1870/71 den Anlaß für 21 Soldaten und Reservisten, am 11. November 1894 einen Kriegerverein zu gründen; Heimat- und Rathausspiegel 6 (1979) u. 31 (1991), S. 89 bzw. 1352.
¹⁹⁶ Rohkrämer, Der Militarismus der „kleinen Leute", S. 58ff. Zur Bedeutung der Fahne und Fahnenweihen siehe auch Westphal, Handbuch für die Kriegervereine des preußischen Landeskriegerverbands, S. 89 - 103.
¹⁹⁷ STAMS, Kreis Ahaus, Nr. 1717.
¹⁹⁸ GA Heek, D 933.
¹⁹⁹ Ebd. Zu dieser Art von Vereinsfesten siehe Rohkrämer, Der Militarismus der „kleinen Leute", S. 57.
²⁰⁰ Protokollbuch der Gemeinde Heek, Sitzung v. 7.2.1925; GA Heek, C 758. Siehe auch Heimat- und Rathausspiegel 6 (1979) u. 31 (1991), S. 89 u. 1352.
²⁰¹ Rohkrämer, Der Militarismus der „kleinen Leute", S. 266.
²⁰² Kreis Ahauser Nachrichten v. 17.3.1962; GA Heek, Zwischenarchiv, Reg.-Nr. 0-11/1A. Heimat- und Rathausspiegel 6 (1979) u. 24 (1988), S. 90 bzw. 932.

Schießübungen vornahm.²⁰³ Wie in Ottmarsbocholt kam es auch hier zu gemeinsamen Veranstaltungen des Kriegervereins und nationalsozialistischer Formationen. Am Heldengedenktag 1935 beispielsweise marschierten die Abgeordneten des Kriegervereins beim Umzug durch das Dorf an der Seite der HJ und des BDM.²⁰⁴ Nach dem Zusammenbruch des NS-Regimes löste die britische Militärregierung den Zusammenschluß auf. Die Militärregierung zog das Barvermögen der Vereins ein, das der Amtsbürgermeister auf 143 RM bezifferte.²⁰⁵

Den Kriegerverein Rödinghausen hob im Jahre 1871 Ehrenamtmann Meier zur Capellen aus der Taufe, der zugleich den Posten des Vorsitzenden einnahm. Fahne und Statut, unerläßliche Requisiten, erhielt der Kriegerverein am 30. Juli 1871.²⁰⁶ Auch hier benutzten die Honoratioren den Verein „als Forum, um ihre kulturellen und sozialpolitischen Vorstellungen gegenüber der Öffentlichkeit zu artikulieren."²⁰⁷ Den militärischen Grundzug des Vereins hob die Mitgliederrekrutierung deutlich hervor. Lediglich Anwärter, „die Feldzüge mitgemacht haben", fanden Aufnahme.²⁰⁸ Anfang der 1890er Jahre zählte der Zusammenschluß 65 Mitglieder.²⁰⁹ Der Rödinghauser Kriegerverein war zu diesem Zeitpunkt eine der sechzig Vereinigungen des Deutschen Kriegerbundes im Regierungsbezirk Minden.²¹⁰ Wie in den anderen Untersuchungsgemeinden setzte sich der Rödinghauser Kriegerbund erfolgreich für den Bau eines Kriegerdenkmals ein. An vorderster Front des Gründungskomitees, das sich am 16. Mai 1890 gebildet hatte, stand der Vereinsvorsitzende und Ehrenamtmann Meier zur Capellen. Eine Sammlung im Amtsgebiet, bei der im September 1890 583 Spender 1.764,75 RM zusammengetragen hatten, sicherte die Finanzierung des Prestigeobjektes.²¹¹ Entsprechend feierlich gestaltete sich die Enthüllung des Denkmals am 18. Oktober 1890, bei der unter anderem die anderen Ortsvereine anwesend waren und Pfarrer Gronemeyer und Ehrenamtmann Meier zur Capellen Ansprachen hielten. Gesang und Gewehrsalven sollten den feierlichen Charakter unterstreichen.²¹²

Als nach der Jahrhundertwende die Zahl der ehemaligen Kriegsteilnehmer schwand, durften sich auch Reservisten in den Verein eintragen. Eine Unterschei-

---

203 Schreiben des Gendarmerie-Hauptwachtmeisters v. 12.10.1935; GA Heek, D 162.
204 Schreiben des Oberpräsidenten der Provinz Westfalen v. 22.2.1935; GA Heek, D 355.
205 Schreiben des Referenten der Militärregierung v. 7.5.1946 sowie Schreiben des Amtsbürgermeisters an den Referenten der Militärregierung v. 21.5.1946; GA Heek, D 656.
206 Verzeichnis der Kriegervereine v. 6.1.1891; GA Rödinghausen, B 6. KA Herford, A 1814 - 1816. Zu den Fahnenentwürfen siehe KA Herford, A 1817.
207 Botzet, Kaiserzeit in Rödinghausen, S. 53.
208 Verzeichnis der Kriegervereine v. 6.1.1891; GA Rödinghausen, B 6.
209 Namentliches Verzeichnis der Mitglieder des Kriegervereins Rödinghausen v. 28.11.1891; a.a.O.
210 23. Geschäftsbericht des Deutschen Kriegerbundes v. 1894; a.a.O. Neben dem Kriegerverein existierte in Rödinghausen ein Kampfgenossenbund, der 1880 gegründet worden war; GA Rödinghausen, B 6; Botzet, Kaiserzeit in Rödinghausen, S. 53.
211 In Rödinghausen spendeten 103 Bürger 395 RM. Verzeichnis der gezeichneten Beträge zu einem Kriegerdenkmal in Rödinghausen; GA Rödinghausen, B 208.
212 Festordnung v. 18.10.1890; Konservativer Volksfreund, Organ der konservativen Partei in Minden, Ravensberg und Lippe, v. 22.10.1890, Nr. 84, S. 3; Herforder Kreisblatt v. 21.10.1890, Nr. 126, S. 2; a.a.O.

dung zwischen Kriegsteilnehmern und Gedienten schuf innerhalb des Vereins eine Zweiklassengesellschaft.[213] Nach dem Zusammenbruch des Kaiserreiches versuchten die Krieger, sich in der Öffentlichkeit Gehör zu verschaffen, indem sie zum Beispiel Ende der zwanziger Jahre eine Kundgebung gegen die „Kriegsschuldlüge" veranstalteten.[214] In nationalsozialistischer Zeit erlebte der Kriegerbund eine kurzfristige Blüte, als militärisches Gedankengut wieder Konjunktur hatte: Ende Juli 1938 feierten alle örtlichen Kriegerkameradschaften das Amtskriegerverbandsfest in Rödinghausen.[215] Mit dem Zusammenbruch des ‚Dritten Reiches' ging auch der Rödinghauser Kriegerverein unter.

3. „Leibesübungen auf dem Land" und Sportvereine

In Deutschland erwachte die Begeisterung für den Sport in den zwanziger Jahren. In der Weimarer Zeit avancierte „das Freizeitmuster Sport"[216] zu einem gesellschaftlichen Ereignis, das eine breite Zahl von Menschen mobilisierte.[217] Das aus den USA importierte Phänomen weckte so viel Begeisterung, weil diese Freizeitform neue Wertmuster wie Leistung, Offenheit und den Fairneßgedanken propagierte. Die Nationalsozialisten favorisierten und forcierten später mit aufwendigem Propagandaeinsatz den Sport auf dem Lande und erreichten somit, daß in den Untersuchungsgemeinden wie in vielen anderen Dörfern Sport- und Schwimmstätten entstanden. Hier war der Sport „Ausdruck eines veränderten, verweltlichten Körpergefühls".[218]

Allerdings wies die nationalsozialistische Variante von sportlicher Betätigung auf dem Land deutlich unterschiedliche, nämlich paramilitärische Konnotationen auf. Die „methodische Instrumentalisierung des Sports" schimmerte in der Rubrik „Leibesübungen auf dem Lande" im Wochenblatt der Landesbauernschaft Westfalen durch, die seit 1935 regelmäßig erschien.[219] Die darin angeregten Kampfspiele, Boxen, Hindernisüberwinden, Wurf-, Stoß- und Schießübungen, Handgranatenwerfen u.a.m. zielten im Laufe der Zeit immer unverhohlener darauf ab, die Jugend militärisch vorzubereiten.[220] Spätestens seit 1937 hatten Wehrmachtssoldaten die Sportler von den Bildern auf der Seite „Leibesübungen auf dem Lande" verdrängt. Mit den

---

[213] Statuten des Kriegervereins Rödinghausen v. 22.1.1905; a.a.O.
[214] Schreiben des Amtskriegerverbandes v. 22.6.1929; GA Rödinghausen, B 10.
[215] Die Feier fand am 30. und 31.7.1938 statt; GA Rödinghausen, Zwischenarchiv, C 9-43. Seit Mitte der dreißiger Jahre führten der Mittelbauer Karl Koch und der Arzt Dr. Kramer die Krieger; Schreiben an den Herforder Landrat v. 7.10.1935; GA Rödinghausen, B-VI-2-5.
[216] Kaschuba, Lebenswelt und Kultur, S. 42.
[217] Becher, Geschichte des modernen Lebensstils, S. 179; Pflaum, Die Vereine als Produkt und Gegengewicht sozialer Differenzierungen, S. 154; Eisenberg, Massensport in der Weimarer Republik, S. 137 - 176; Saldern, Massenfreizeitkultur im Visier, S. 21 - 58; Müller, Turnen und Sport im sozialen Wandel, S. 107 - 136.
[218] Zur Ausbreitung des Phänomens Sport in ländlichen Regionen in der NS-Zeit siehe auch Thamer, Verführung und Gewalt, S. 415.
[219] Wochenblatt der Landesbauernschaft Westfalen Jg. 1935, passim. Becher, Geschichte des modernen Lebensstils, S. 184.
[220] Zum Handgranatenwurf siehe das Bild in: Wochenblatt der Landesbauernschaft Westfalen Jg. 1937, S. 4917.

Sparten „Jedem Dorf sein Schwimmbad" und „Landjugend, lerne schwimmen" im Wochenblatt der Landesbauernschaft wollten die NS-Machthaber sicherstellen, daß die männlichen Rekruten bei ihrem Eintritt in die Wehrmacht bereits schwimmen konnten.[221] Um die Aktion zu unterstützen, richtete die Landesbauernschaft ein Preisausschreiben aus.[222] Die Bedeutung dieser Aktion unterstrich die Redaktion des Westfälischen Bauernstands, die mit der Schreckensnachricht „4000 Volksgenossen ertrinken jährlich" aufwartete.[223] Allerdings stieß die Werbeaktion nicht überall auf Sympathie. Ein Ortsbauernführer aus Olpe beschwerte sich bei der Kreisbauernschaft, daß „das Wochenblatt eine landwirtschaftliche Nachrichten- und Schulungszeitung wie früher sein soll und keine Sportzeitung".[224] In der bundesrepublikanischen Nachkriegsgesellschaft setzte sich die sportliche Betätigung jedoch losgelöst von ideologischem Nebensinn als gesamtgesellschaftliches Freizeitmuster durch. Sport wurde eine „schichtübergreifende Struktur lebensweltlicher Orientierung,"[225] so daß bald nahezu jede Dorfgesellschaft zumindest einen Sportverein und -platz besaß.[226] Diese Entwicklung führte in den sechziger und siebziger Jahren dazu, daß aus dem ehedem städtischen Import Verein ein ländliches Eigengewächs wurde.

Sport war und ist ein „Element oder auch... Korrelat der Industriegesellschaft",[227] weil deren Leistungsprinzip dem Wettkampf- und Erfolgsgedanken des Sports entsprach. Sporttreiben war möglich geworden, weil durch die fortentwickelte Industrie Freizeit entstanden war. Die Arbeitszeitverkürzung brachte vor allem den Menschen, die in der Industrie beschäftigt waren, „die Möglichkeit, eigene Gewohnheiten für einen nun nennenswerten Teil des Tages auszubilden, für immerhin 4 bis 5 Stunden wacher, arbeitsfreier Zeit."[228] In den Sportvereinen wurde demnach die durch industrielle Arbeit gewonnene Freizeit organisiert. Für die in der Landwirtschaft Tätigen war es jedoch schwierig, an den abendlichen Übungsstunden teilzunehmen, vor allem in den Sommermonaten, weil die Termine der Trainingseinheiten mit dem bäuerlichen Arbeitsrhythmus kollidierten. Im Gegensatz zu den in der Industrie Beschäftigten kannte der Arbeitstag der bäuerlichen Bevölkerung keine ausgewiesene Freizeit.[229] Wie noch zu sehen sein wird, stand vor allem die in der Landwirtschaft tätige Bevölkerung dem Sport sehr reserviert gegenüber und übte sich in Zurückhal-

---

[221] Als Beispiel Artikel „Soldatendienst – Kameradschaftsleben. Der Ausbildungsgang unter Rekruten", in: Wochenblatt der Landesbauernschaft Westfalen Jg. 1937, S. 454. – Zu den Sparten siehe a.a.O. Jg. 1936, S. 1374; a.a.O. Jg. 1938, S. 1607.
[222] Schreiben der Landesbauernschaft an die Kreisbauernschaften v. 25.5. u. 18.6.1937; STAMS. Landwirtschaftliche Kreisstelle Siegen, Nr. 14.
[223] Westfälischer Bauernstand Jg. 1937, Nr. 29 v. 17.7.1937; STAMS, Landwirtschaftliche Kreisstelle Olpe, Nr. 257.
[224] Schreiben des Ortsbauernführers an die Kreisbauernschaft Olpe v. 13.6.1937; STAMS, Landwirtschaftliche Kreisstelle Olpe, Nr. 188.
[225] Kaschuba, Lebenswelt und Kultur, S. 57.
[226] Vor allem seit den sechziger Jahren erhöhte sich die Mitgliederzahl in Vereinen des Deutschen Sportbundes von 5,3 (1960) auf 10,1 (1970) und 16,9 Millionen (1980). Vgl. Maase, Freizeit, S. 221.
[227] Becher, Geschichte des modernen Lebensstils, S. 180; Jeggle/Ilien, Die Dorfgemeinschaft als Not- und Terrorzusammenhang, S. 50.
[228] Kaschuba, Lebenswelt und Kultur, S. 32.
[229] Vgl. Pflaum, Die Vereine als Produkt und Gegengewicht sozialer Differenzierungen, S. 151.

tung. Für die bäuerliche Bevölkerung war der Boden, der zu einem Sportplatz umfunktioniert werden sollte, eine viel zu wertvolle Ressource, um ihn unbearbeitet zu lassen. Ferner strebten die in der Landwirtschaft physisch stark beanspruchten und hart arbeitenden Menschen nicht unbedingt nach weiterer körperlicher Ertüchtigung.[230] Gerade die bäuerliche Bevölkerung argumentierte, bei der Landarbeit genügend „Leibesübungen" zu verrichten.[231] Arbeitsfreie Zeit bedeutete für sie Ruhezeit.[232] Deshalb blieb Sport zunächst ein Phänomen der dörflichen Unterschichten, die nicht an Feld- oder Stallarbeit gebunden waren. Sie stellten vorrangig die Mitglieder der Sportvereine, bevor sich diese „besondere Form der Freizeitaktivität" im Laufe des 20. Jahrhunderts als ein „wirkliches Massenphänomen" auch auf dem Land verbreiten konnte.[233]

In Ottmarsbocholt riefen die Nationalsozialisten sportliche Aktivitäten und Veranstaltungen ins Leben. Nach intensiven Verhandlungen mit Grundbesitzern gelang es der Gemeinde im August 1934, ein Gelände von 2,5 Morgen zu bekommen, um darauf einen Sportplatz zu errichten.[234] Am 30. September konnte das Sportgelände an der Venner Straße zusammen mit der Feier des Erntefestes eingeweiht werden. Allerdings waren die Nutzungsmöglichkeiten auf dem neuen Sportgelände stark eingeschränkt: „Der Sportplatz (Rasen) ist für besondere Sportarten nicht eingerichtet."[235] Das Gelände war zugleich eine Pferdeweide, die vertraglich vom Besitzer als solche genutzt werden konnte. Deshalb durfte laut Pachtvertrag „unter keinen Umständen... das Gras geschnitten werden."[236] Zwar hatte sich der Verpächter verpflichtet, alle 14 Tage Pferdedung und Unebenheiten im Boden durch den Pferdeauftrieb zu beseitigen, doch war ein geregelter Sportbetrieb auf diesem Untergrund nicht möglich.

Bis Kriegsende nutzten hauptsächlich die Nationalsozialisten das Sportgelände, um darauf Wettkämpfe auszutragen.[237] Nach dem Krieg wollte der 1946 ins Leben gerufene Sport-Club „Blau-Weiß" Ottmarsbocholt darauf Fußballspiele austragen, aber der Platz hatte nicht die erforderlichen Mindestmaße. Sachverständige des Westdeutschen Fußballverbandes hatten beanstandet, daß die Länge des Spielfelds lediglich 80 Meter bemaß und die Spielfläche obendrein nicht rechtwinklig war, weswegen man Eckstöße lediglich von einer Seite treten konnte.[238] Daher drängte der Sportverein die Gemeindeverwaltung, das Gelände um 30 Meter zu verlängern, damit es die vom Fußballverband Nordrhein-Westfalen geforderte Norm von 105 m Länge und 70 m Breite aufwies. Die Kicker fürchteten, nun nicht mehr zum Spielbe-

---

[230] Vgl. Becher, Geschichte des modernen Lebensstils, S. 180.
[231] Schröder, Sport und Leibesübungen, S. 48.
[232] Pflaum, Die Vereine als Produkt und Gegengewicht sozialer Differenzierungen, S. 154.
[233] Kratzsch, Vereinsbildung und Vereinswesen, S. 16; Kaschuba, Lebenswelt und Kultur, S. 42.
[234] GA Senden, Bestand Ottmarsbocholt, C 160.
[235] Schreiben des Amtsbürgermeisters Schleppinghoff an den Landrat von Lüdinghausen v. 5.7.1945; a.a.O.
[236] A.a.O.
[237] Vgl. GA Senden, Chronik der Gemeinde Ottmarsbocholt, o. Sig., Eintrag v. 5./6.6.1937 u. 2.6.1938; GA Senden, Schulchronik Venne, o. Sig., S. 110f. u. 115; 40 Jahre Sport in Ottmarsbocholt, S. 10.
[238] 40 Jahre Sport in Ottmarsbocholt, S. 25.

trieb der Ersten Kreisklasse in der Saison 1948/49 zugelassen zu werden und versuchten, die Gemeindevertretung umzustimmen: „Es gibt wohl im Kreis Lüdinghausen keine selbständige Gemeinde, die nicht im Besitz eines vorschriftsmäßigen Sportplatzes ist. Warum kann es hier in Ottmarsbocholt nicht so sein?"[239]

Zwar hatten die Nationalsozialisten den Sport auf dem Lande massiv propagiert und praktiziert, aber auch noch in der Nachkriegszeit war die Zurückhaltung der landwirtschaftlich tätigen Bevölkerung gegenüber sportlicher Betätigung verbreitet. Ähnlich wie der Sportclub „Blau-Weiß" argumentierte folglich der Kreissportverband Lüdinghausen: „Wir verstehen es nicht, daß die dortige Gemeindevertretung dem Sport so ablehnend gegenübersteht, wenn man bedenkt, daß unter dem Nationalsozialismus freudig die Herstellung eines Platzes übernommen wurde."[240] Die sportliche Begeisterung hatte sich in den Köpfen der vielen bäuerlichen Gemeindevertreter noch nicht durchgesetzt. Obwohl sich zwischenzeitlich auch die Schulabteilung des Regierungspräsidiums eingeschaltet hatte,[241] unternahm die Gemeindevertretung keinerlei Initiativen, um den Sportplatz zu vergrößern. Daher stellten die Fußballspieler erneut einen Antrag, da sie in den Meisterschaftsspielen der Saison 1948/49 gezwungen waren, alle nominellen Heimspiele auf des Gegners Platz auszutragen, und drohten: „Sollte unser Antrag nicht genehmigt werden, sind wir verpflichtet, es umgehend dem Westdeutschen Fußballverband zu melden, damit der Verband diese Angelegenheit dem Kultusminister unterbreitet."[242] Der Westdeutsche Fußballverband unterstützte das Anliegen mit einem Betrag von 2.000 DM.[243]

Im Sommer 1950 gelang es der Gemeindeverwaltung endlich, ein neues Grundstück von der Vikarie zu pachten,[244] um so „die leidige Sportplatzangelegenheit ein für allemal aus der Welt zu schaffen."[245] Das neue Spielfeld lag nun nördlich der Sendener Straße und blieb bis 1968 das Sportgelände in Ottmarsbocholt.[246] Es besaß eine Länge von 133,5 m und Breite von 70 m und hatte eine Zuschauerkapazität von rund 500 Besuchern.[247] Die divergierenden ökonomischen Interessen an Grund und Boden waren durch den Pachtvertrag für den neuen Sportplatz nicht gänzlich aus der Welt. Einem Kleinbauern war es vertraglich erlaubt, das Gras auf dem Spielfeld zu schneiden. Dieser verrichtete diese Arbeit jedoch nicht selbst und mußte mehrmals darauf hingewiesen werden, „daß das Weiden von Kühen und Pferden auf dem

---

[239] Schreiben des Schriftführers des SC „Blau-Weiß" Ottmarsbocholt an die Gemeindevertretung v. 24.3.1948; GA Senden, Bestand Ottmarsbocholt, C 160.
[240] Schreiben des Vorstands des Kreisverbandes an den Amtsdirektor v. 6.4.1948; a.a.O.
[241] Schreiben des Regierungspräsidiums Münster, Schulabteilung, v. 30.12.1948; a.a.O.
[242] Schreiben des SC „Blau-Weiß" Ottmarsbocholt an die Gemeindevertretung v. 19.11.1949; a.a.O.
[243] Vgl. auch Schreiben des Regierungspräsidiums Münster an die Amtsverwaltung betreffs „Zuwendung von Toten Mitteln an Sportvereine" v. 2.3.1950; a.a.O.
[244] Schreiben des Kirchenvorstands, Vorsitzender Pfarrer Schleppinghoff, an die Gemeindeverwaltung v. 7.8.1950; a.a.O. Zur Sportplatzsituation im Vorjahr siehe Feststellung von Sport- und Übungsplätzen im Jahre 1949 v. 27.3.1950; STAMS, Kreis Lüdinghausen, Nr. 1505.
[245] Schreiben des Amtsdirektors Horn v. 20.7.1950; GA Senden, Bestand Ottmarsbocholt, C 160.
[246] 40 Jahre Sport in Ottmarsbocholt, S. 3 u. 26f.
[247] Schreiben der Amtsverwaltung an das Ordnungsamt des Kreises Lüdinghausen v. 20.11.1950 u. v. 10.4.1953; GA Senden, Bestand Ottmarsbocholt, C 160.

Sportplatz nicht gestattet ist".[248] Zudem nutzten Reitfreunde das Gelände für ihre Übungsstunden. Wie das Spielfeld wechselte auch das Vereinslokal des Sportclubs im Laufe der Zeit zwischen drei örtlichen Gaststätten, wo nicht nur die Geselligkeit gepflegt wurde. Die jeweiligen Vereinswirte stellten auch Privaträume als Umkleiden zur Verfügung, bis 1969 in der Turnhalle Umkleidekabinen geschaffen wurden.[249]

Die ausführliche Schilderung des Sportplatzbaus in Ottmarsbocholt weist auf zwei Dinge hin, die miteinander verquickt waren: die Kollision unterschiedlicher Vorstellungen zur Bodenverwendung und den Interessenkonflikt zwischen Sportverein und Gemeindevertretung. Im ersten Fall prallten althergebrachte Vorstellungen zur wirtschaftlichen Bodennutzung und ein neuer, am Freizeitgedanken ausgerichteter Verwendungszweck des Bodens aufeinander. Die erste Position nahmen die Gemeindevertreter ein, die sich mehrheitlich am bäuerlichen Produzentenstatus orientierten. In ihrem Erfahrungshorizont hatte Grundbesitz eine viel zu bedeutende Funktion als Erwerbsquelle und als traditionelles Mittel zur sozialen Plazierung, um als Spielfeld abgegeben zu werden. Die zweite Position vertraten Vorstand und Fußballspieler des Sportvereins, zumeist Unterschichtvertreter, deren Tagesablauf eine klare Scheidung von Arbeits- und Freizeit kannte. Daß sich der Sport als Phänomen der Massenfreizeit etablieren konnte und deshalb auch Spielfelder – in Ottmarsbocholt im größeren Rahmen 1969 – gebaut wurden, hat mit den oben dargelegten sozioökonomischen Veränderungen im Agrarsektor zu tun und weist auf einen Bedeutungs- und Funktionswandel des Bodens hin. Boden war nicht mehr nur unerläßliche materielle und soziale Reproduktionsbasis, sondern erfuhr die Funktion eines Bau- und Spekulationsobjektes. Diese Funktion wuchs dem Grund vollends in den sechziger und siebziger Jahren zu, als bauhungrige Städter das Land zum bevorzugten Wohnort erkoren und bereit waren, dafür hohe Grundstückspreise zu bezahlen.

Auch der soziale Hintergrund der Vereinsmitglieder trägt dazu bei, den Streit in der Sportplatzfrage zu erklären. Dazu soll an dieser Stelle die Entstehungsgeschichte des Sportclubs „Blau-Weiß" Ottmarsbocholt betrachtet werden. Der Verein konstituierte sich 1946 aus Mitgliedern des Junggesellenvereins.[250] Neben den Einheimischen gehörten auch Vertriebene, die im Gründungsjahr nach Ottmarsbocholt gekommen waren, dem Fußballklub an. Die Alteingesessenen stammten auch hauptsächlich aus der Unterschicht. Gerade zwei Spieler der Gründungsmannschaft von 1947 waren Oberschichtangehörige.[251] Die Mitgliedszahlen des Sportclubs hielten sich im Untersuchungszeitraum auf gleichem Niveau: 1952 zählte der Sportclub 69, zehn Jahre später 71 Mitglieder.[252] Sport als gesellschaftliches Phänomen konnte sich in der Landgemeinde Ottmarsbocholt erst ab Mitte der sechziger Jahre auf breiter Basis etablieren. Von diesem Zeitpunkt an stiegen die Mitgliederzahlen stetig

---

[248] Schreiben des Amtsdirektors an den Kleinbauern v. 16.4.1963; a.a.O.
[249] 40 Jahre Sport in Ottmarsbocholt, S. 35.
[250] Ebd.
[251] Zum Sportgeschehen 1946 siehe STAMS, Kreis Lüdinghausen, Nr. 1505. Zur namentlichen Nennung der Spieler der ersten Mannschaft von 1947 siehe 40 Jahre Sport in Ottmarsbocholt, S. 10.
[252] Ebd.

von 188 (1965) über 280 (1978) auf 600 (1985), so daß im Jubiläumsjahr nahezu jeder vierte Bewohner Ottmarsbocholts Vereinsangehöriger war.[253] Zudem fächerte sich das Freizeitangebot des Sportvereins auf: Anfänglich als ausgesprochener Fußballverein mit einer aktiven Mannschaft gegründet, schickte der Sportclub im Jubiläumsjahr zwei Senioren-, fünf Jugend- und eine Altherren-Mannschaft in den Spielbetrieb und bot darüber hinaus weitere Sportarten wie Aerobic, Sportkegeln, Leichtathletik, Judo, Volleyball und Turnen an.

Der anfänglich reine Fußballerverein erwies sich gegenüber den Neubürgern, die als Habenichtse auch der Unterschicht angehörten, als offen. Der Sohn des Vertriebenenvertreters im Flüchtlingsausschuß von 1946,[254] Hans Soffke, hütete das Tor der damaligen A-Jugendmannschaft und später das der aktiven Mannschaft.[255] Vater und Sohn Soffke erhielten beim Vereinsjubiläum 1971 für langjährige Mitgliedschaft und ihre Verdienste um den Sportclub das goldene und silberne Vereinsabzeichen.[256] Ohne die Neugründung des Fußballvereins hätten sportbegeisterte evangelische Jugendliche keine Entfaltungsmöglichkeit vorgefunden. Angesichts der strikten Aufnahmebedingungen der St. Johannes-Bruderschaft durften sich „streng genommen... nur katholische Kinder sportlich betätigen, da ja der Schützenverein nur katholische Gläubige aufnimmt."[257]

Die Frage, warum sich der Sportverein integrativer als die Ottmarsbocholter Schützengilden erwies, ist leicht zu beantworten: Er hatte nicht auf Traditionen und Erwartungen Rücksicht zu nehmen wie die anderen Zusammenschlüsse. Im ersten Nachkriegsjahr aus der Taufe gehoben, fiel seine Gründung just mit dem einsetzenden Vertriebenenzuzug zusammen. Überdies stellte der Sportverein ganz andere Anforderungen an seine Mitglieder als die Repräsentationsvereinigung der Schützen. Bei dieser waren Besitz und das sich davon herleitende Sozialprestige gefragt, um eine tonangebende Rolle zu spielen. Zudem mußte man die Bedingungen bezüglich der Herkunft und Konfession erfüllen.[258] Die Satzung des Sportclubs „Blau-Weiß" 1946 Ottmarsbocholt hingegen regelte die Mitgliedschaft lapidar: „Mitglieder können einzelne Personen und Personengemeinschaften werden."[259]

Im Fußballverein zählten also andere Werte und vor allem individuelle Fähigkeiten. Hier war weniger das aus Besitzverhältnissen gespeiste Sozialprestige gefragt, sondern Ansehen konnte sich erwerben, wer schlicht das Tor traf. Der Fußballclub stand für eine egalitäre Einstellung. Er präsentierte sich als dynamischer Zusammen-

---

[253] Hier korrespondiert die Entwicklung der Mitgliederzahl in Ottmarsbocholt mit der im Deutschen Sportbund.
[254] Gustav Soffke gehörte dem ersten Flüchtlingsausschuß von 1946 an; GA Senden, Bestand Ottmarsbocholt, Protokollbuch des Amtes Ottmarsbocholt von 1938 bis 1969, o. Sig., Eintrag v. 8.5.1946.
[255] 40 Jahre Sport in Ottmarsbocholt, S. 11 u. 27.
[256] A.a.O., S. 21ff.
[257] Aussage des ersten Lehrers der evangelischen Volksschule, Günter Löhrke, in: Schulchronik der evangelischen Volksschule, Teil 3, in: Ottmarsbocholt. Geschichte und Geschichten 8 (1987), S. 18.
[258] Vgl. dazu in Drittes Kapitel, A., die Statuten der St. Johannes-Bruderschaft, nach der jedes Mitglied der katholischen Konfession angehören mußte, und die Vorsitzenden seit mindestens 10 Jahren in Ottmarsbocholt beheimatet zu sein hatten.
[259] 40 Jahre Sport in Ottmarsbocholt, S. 17.

schluß im Ort; in ihm war ein Höchstmaß an sozialer Mobilität für die sonst statische Dorfgesellschaft vorhanden. Und er war ein Weg zu sozialem Aufstieg an der verwandtschaftlich organisierten und besitzorientierten dörflichen Sozialhierarchie vorbei. Damit avancierten die Sportvereine quasi zu einer „Revisionsinstanz der blutsmäßig organisierten Verwandtschaft".[260]

Doch erwiesen sich nicht alle Vereine, die in der Nachkriegszeit gegründet wurden, so integrativ und mobil wie der Fußballverein. Freunde des Reitsports und der Pferdezucht hoben 1947 den bäuerlichen Zucht-, Reit- und Fahrverein Ottmarsbocholt aus der Taufe mit dem Ziel, „durch Zucht und Pflege ein vielseitiges Pferd zu schaffen", nicht zuletzt für die Anforderungen der Landwirtschaft.[261] Neben dem Züchten verschrieben sich die Mitglieder der Reiterausbildung und nahmen an Reitturnieren teil. Alljährlich richteten sie im Herbst eine Fuchsjagd aus. Zur Abhaltung der Reitstunden nutzten die Pferdefreunde anfänglich den Sportplatz in Ottmarsbocholt, später erbauten sie einen Reitplatz an der Nordkirchener Straße. Auch am Festleben beteiligten sich die Vereinsangehörigen. Bei Hochzeiten oder der Investitur eines neuen Ortsgeistlichen defilierten sie hoch zu Roß oder fuhren das Brautpaar oder den Pfarrer in der Kutsche zur Pfarrkirche.

Das Freizeitvergnügen, dem hier nachgegangen wurde, sorgte dafür, daß die Ottmarsbocholter unter sich blieben. Ein eigenes Pferd halten oder dem Reitsport nachgehen konnte sich keiner der Flüchtlinge leisten, die noch Anfang der fünfziger Jahre zum Teil in Notunterkünften lebten. Diese ökonomische Hürde wirkte wie eine Mitgliederschleuse: Lediglich Großbauern und vermögende Ottmarsbocholter fanden Einlaß in den Verein.[262] Aufnahme fand nur der Bewerber, für dessen schriftliches „Bittgesuch" sich zwei Drittel der Vereinsversammlung aussprachen.[263] Nur Oberschichtangehörige hatten die ökonomische Basis und innerhalb des Sozialsystems Dorf die Legitimation, sich hoch zu Roß darzustellen. „Demonstrativer Konsum" hatte die Funktion, daß materiell Minderbemittelte ferngehalten wurden und dieser Sport auf die dörfliche Oberschicht beschränkt blieb.[264] Folgerichtig war der erste Vorsitzende der Großbauer Philipp Schulte Bölling, der vor dem Krieg die Präsidentschaft der Kriegerkameradschaft inne gehabt hatte. Sein Stellvertreter war der Großbauer und Bürgermeister Bernard Brüse, der der nächste Vereinsvorsitzende

---

[260] Jeggle/Ilien, Die Dorfgemeinschaft als Not- und Terrorzusammenhang, S. 50, schildern in ihrer Dorfstudie den Aufstieg eines ‚Newcomers', über den man urteilte: Er „ist zwar ein Speidel (= ein Lügner), aber im SV, da schießt er die Tore."

[261] Antrag auf Gründung eines Sportvereins v. 14.12.1947 u. Satzungen des bäuerlichen Zucht,- Reit- und Fahrvereins Ottmarsbocholt; STAMS, Kreis Lüdinghausen, Nr. 1505, sowie Artikel „Zucht-, Reit- und Fahrverein Ottmarsbocholt", in: Ottmarsbocholt. Geschichte und Geschichten 8 (1987), S. 4 - 6.

[262] Abgrenzungsmechanismen von Vereinen erkennt auch Hund, Flüchtlinge in einem deutschen Dorf, S. 170f.; Krey, Realität einer Illusion, S. 23, hebt allgemein hervor, daß „immer eine bewußte Abgrenzung gegenüber unerwünschten Interessenten durch die Anwendung subtiler Selektionsmechanismen vorgenommen (wird), die sich beispielsweise in der Höhe des Mitgliedsbeitrags ausdrücken."

[263] Satzungen des bäuerlichen Zucht,- Reit- und Fahrvereins Ottmarsbocholt; STAMS, Kreis Lüdinghausen, Nr. 1505. Wie bei den Statuten der Schützenbruderschaft handelt es sich hier wiederum um eine Auslese für die Zulassung zur Gemeinschaft. Vgl. Weber, Wirtschaft und Gesellschaft, S. 205.

[264] Wehling, Heimat Verein, Zitat S. 239; Schröder, Sport und Leibesübungen, S. 50.

werden sollte.²⁶⁵ Der Verein löste sich 1968 im Kontext der Vollmotorisierung der Landwirtschaft auf.

In Heek wurde im Zusammenhang mit dem Aufschwung des Sportgedankens in Deutschland am 20. Juli 1920 ein Sportverein aus der Taufe gehoben.²⁶⁶ Der Verein schloß sich 1922 der Deutschen Jugendkraft (DJK) an und wollte „als katholischer Verein nach den Gesichtspunkten der Kirche vernunftgemäße Leibesübungen zur körperlichen und geistigen Ertüchtigung" betreiben.²⁶⁷ In dem früher als in Ottmarsbocholt gegründeten Sportverein wurde vor allem Fußball gespielt und Leichtathletik betrieben. Eine eigene Sportstätte besaßen die rund zwanzig Sportfreunde nicht, sondern hielten ihre Übungsstunden auf einer Viehweide ab. Die Vereinslokale der Sportler wechselten. In den zwanziger und dreißiger Jahren war die Gaststätte Schulte-Schlichtmann der Treffpunkt der Sportler, in den fünfziger war es das Wirtshaus Schwieters. Der Gastwirt war in den Jahren 1922 - 1923, 1928 und 1954 der Erste Vorsitzende.²⁶⁸ Durch sportliche Erfolge angesport, erlebte der Verein einen Mitgliederzuwachs, der bereits zu Beginn der zwanziger Jahre die Gründung einer zweiten Fußballmannschaft ermöglichte.²⁶⁹ Wie in Ottmarsbocholt war auch hier der Sport ein Unterschicht-Phänomen.²⁷⁰ Von den 22 Spielern kamen lediglich vier aus der Oberschicht.²⁷¹

Auch in Heek stand den Sportlern eine ablehnende Gemeindevertretung gegenüber. Sportliche Betätigung und der Sportverein hatten anfänglich erhebliche Akzeptanzprobleme, unter anderem wegen der ungewöhnlichen Kleidung der Athleten.²⁷² Die Sportplatzfrage offenbarte hier ebenso den Konflikt zwischen einer am bäuerlichen Produzentenstatus ausgerichteten Wertvorstellung von Boden und dem Wunsch der Spieler, eine eigene Sportstätte zu erhalten. Ein solches Gesuch lehnte der Gemeinderat im März 1921 ab.²⁷³ Daraufhin mieteten die Kicker und Leichtathleten Anfang der zwanziger Jahre ein Waldgrundstück, das die erforderlichen Maße be-

---

265 In seiner Funktion als Bürgermeister empfahl Brüse den Behörden „die Bewilligung des Vereins". Antrag auf Gründung eines Sportvereins v. 14.12.1947 u. Satzungen des bäuerlichen Zucht-, Reit- und Fahrvereins Ottmarsbocholt; STAMS, Kreis Lüdinghausen, Nr. 1505; Artikel „Zucht-, Reit- und Fahrverein Ottmarsbocholt", in: Ottmarsbocholt. Geschichte und Geschichten 8 (1987), S. 4 - 6.
266 FS SV 1920 Heek, S. 11; Heimat- und Rathausspiegel 32 (1992), S. 1390.
267 Schreiben des Vereinsvorstands an den Bürgermeister v. 20.2.1932; GA Heek, D 438; FS SV Heek 1920, S. 13.
268 Vereinsbriefkopf v. 24.6.1949 u. 15.2.1951; GA Heek, D 453 u. Zwischenarchiv, Reg.-Nr. 1-16/2B. Zum Gasthof Schwieters, der auch über vier Betten für den Fremdenverkehr verfügte, siehe Hotels, Gasthöfe und Jugendherbergen im Münsterland, S. 8; GA Heek, D 218.
269 FS SV 1920 Heek, S. 9ff.
270 Vgl. dazu Becher, Geschichte des modernen Lebensstils, S. 183f.
271 Bezeichnenderweise waren die Oberschichtangehörigen keine Jungbauern, sondern Fabrikantensöhne. Vgl. FS SV 1920 Heek, S. 13.
272 A.a.O., S. 9 u. 11.
273 GA Heek, C 666. Ein zweiter Antrag wurde 1930 abgelehnt; Beschluß der Gemeindevertretung Heek v. 2.12.1930; GA Heek, D 438. Zur zweimaligen Ablehnung siehe auch Heimat- und Rathausspiegel 9 (1980), S. 201 u. 32 (1992), S. 1391.

saß, rodeten und präparierten es als Spielfeld.[274] Auch hier dokumentierte der Sportplatzbau einen Funktionswandel des Boden von einer Lebensgrundlage zu einem Gegenstand der Freizeitgestaltung.

Wenngleich die Gemeindevertretung behauptete, dem Sportverein „jede Unterstützung zuteil werden zu lassen",[275] zeigte sich die reservierte Haltung der Gemeindevertreter auch darin, daß Gesuche der Sportler betreffs Übernahme weiterer Pacht oder Unterstützung abgelehnt wurden.[276] In der wirtschaftlichen Krisenzeit Anfang 1934 riefen die Sportler der Gemeindevertretung „Punkt 24 (sic!) des Programmes der NSDAP" und die „Anordnung unseres Führers Adolf Hitler" in Erinnerung, daß „den Sportvereinen größte Unterstützung zu gewähren" sei.[277]

Sportlich waren die zwanziger und beginnenden dreißiger Jahre eine erfolgreiche Zeit für die Leichtathleten wie auch für die Fußballspieler. Die Kicker stiegen von der C-Klasse bis in die Gauklasse auf.[278] Durch den Niedergang der örtlichen Seidenindustrie infolge der Weltwirtschaftskrise wanderten bis Mitte der dreißiger Jahre viele Weber in die Fabriken nach Gütersloh, Peine und Bielefeld ab,[279] so daß die Spielstärke der Fußballelf kontinuierlich abnahm, bis schließlich keine Mannschaft mehr gemeldet werden konnte. Die Wiederbelebung der örtlichen Textilfabrikation hatte eine Reaktivierung des Sportbetriebs zur Folge, der aber später durch den Zweiten Weltkrieg abermals unterbrochen wurde. Mitte der dreißiger Jahre war auch im Heeker Sportverein die nationalsozialistische Vereinnahmung sportlicher Betätigung für paramilitärische Zwecke greifbar. Nachdem der Klub 1934 dem Reichsbund für Leibesübungen eingegliedert worden war, hatten die Kicker und Leichtathleten „auch an vormilitärischen Übungen und Geländesport" teilzunehmen.[280]

In nationalsozialistischer Zeit kam es in Heek zudem zu einer Kollision unterschiedlicher Einstellungs- und Verhaltensmuster, als ein säkularisiertes Körpergefühl mit der traditionellen Sicht von Leiblichkeit zusammenstieß. Der Streit entzündete sich an den Leibes- und Schwimmübungen auf dem Land, die die Nationalso-

---

[274] 1931 wurde ein neuer Sportplatz eingeweiht; Schreiben des Vereinsvorstands an die Polizeibehörde des Amtes Nienborg-Heek v. 1.4.1931; GA Heek, D 438. FS SV 1920 Heek, S. 13 u. 25. Zu den Ausmaßen des Spielfelds siehe Erhebung der Übungsstätten nach dem Stande vom 1.10.1935; GA Heek, D 536.

[275] Tätigkeitsberichte über den Stand der Jugendpflege und Leibesübungen im Amte Nienborg in den Rechnungsjahren 1930 - 1941; GA Heek, D 536 u. 437.

[276] 1926 beschloß die Gemeindevertretung, die Pacht zu tragen, weil der Sportplatz auch als schulischer Turnplatz genutzt wurde. Beschluß der Gemeindevertetung Heek v. 21.5.1926; GA Heek, D 438; siehe auch GA Heek, D 536. – Weitere Unterstützungsgesuche wurden indes abgelehnt. Zu den Absagen siehe Protokollbuch der Gemeindevertretung Heek von 1925 bis 1933, Eintrag v. 2.12.1930; GA Heek, C 758. Niederschriftsbuch des Leiters der Gemeinde Heek, Eintrag v. 21.9.1934; GA Heek, D 1055.

[277] Schreiben an den Gemeinderat Heek v. 19.1.1934; GA Heek, D 536. Richtig mußte es heißen Punkt 21 des NSDAP-Programmes.

[278] FS SV Heek 1920, S. 13 - 31.

[279] A.a.O., S. 23f. u. 76; FS 150 Jahre Heimat- und Schützenverein St. Ludgerus Heek, S. 43; Heimat- und Rathausspiegel 12 (1982). S. 309. Die abgewanderten Industriearbeiter blieben dennoch mit ihrer Heimatgemeinde verbunden, wie ihr Heiratsverhalten belegt. Siehe dazu GA Heek, Heiratsregister 1925 - 1932, 1932 - 1938, Familienbücher 1938 - 1941, 1941 - 1945, 1946 - 1948, 1948 - 1950, Familienerstbuch 1950 - 1952, 1952 - 1953, 1954 - 1956, Familienbuch 1956 - 1957, Heiratserstbuch 1958 - 1960, o. Sig.

[280] FS SV Heek 1920, S. 31.

zialisten vorantrieben. Bereits zu Beginn der dreißiger Jahre hatten sich im Regierungsbezirk Münster die Beschwerden über „grobe Auswüchse des Freibadebetriebes" gehäuft, bei denen „eine das gesunde Empfinden für Sitte und Scham verletzende Bade- und Sportbekleidung" und „das jeder Sitte und Anstand hohnsprechende Treiben mancher Elemente" beklagt wurde.[281] In Heek entzündete sich der Streit an der Einrichtung eines Arbeitslagers des Nationalsozialistischen Arbeitsdienstes, dessen Mitglieder des Nacktbadens verdächtigt wurden. Der örtliche Gendarmeriewachtmeister hatte die Arbeitsdienstwilligen dabei gesehen und Anzeige erstattet, welche die wiederholten Klagen des örtlichen Pfarrers und mehrerer Gemeinderäte mitberücksichtigte. Zudem hatten einige Arbeitsdienstwillige in unangemessener Kleidung eine Prozession beobachtet mit der Begründung, „sie wollten sich doch nur die Mädchen ansehen", was nach Aussage des Amtsbürgermeisters „von der ganzen Gemeinde schärfstens verurteilt wurd(e) und zu großer Erbitterung führt(e)."[282] Der Feldmeister des Arbeitslagers führte dagegen das tadellose Verhalten seiner Untergebenen an und wies die erhobenen Vorwürfe „als unbegründet" zurück.[283]

Der Heeker Sportverein wurde bereits im August 1945 wieder gegründet, und die Fußballspieler nahmen im Frühjahr 1946 wieder an einer Punkterunde teil.[284] Zum Zeitpunkt der Reaktivierung zählte der Verein 52 aktive Mitglieder.[285] Erneut wurde die Sportplatzfrage wie in den zwanziger Jahren in Eigenregie gelöst. Auf einem gepachteten Grundstück am Wasserwerk errichteten die Sportler eine neue Übungs- und Wettkampfstätte.[286] 1953 entstand dort auch ein Gerätehaus mit Umkleidekabinen.

Sport, speziell der Fußball, blieb eine Sache der dörflichen Unterschicht. Die Wiederbegründungsmannschaft von 1946 bestand wiederum mehrheitlich aus Unterschichtangehörigen, lediglich zwei Angehörige der Oberschicht waren in ihren Reihen.[287] Auch die Vorstandsmitglieder von 1946 stammten mehrheitlich aus der Unterschicht,[288] wenngleich sich unter den Vereinsvorsitzenden von 1920 bis 1970 auch Oberschichtangehörige befanden. Für die Vorstandsmitglieder von 1946 präsentierte sich der Sportverein als dynamischer Zusammenschluß im Ort. Er war ein soziales Sprungbrett für Nichtangehörige der traditionellen Eliten, denn über ihn ergab sich die Möglichkeit zu sozialem Aufstieg an der besitzorientierten dörflichen

---

[281] Siehe Schreiben des Regierungspräsidenten v. 7.8.1931 u. v. 2.6.1932; GA Heek, D 192.
[282] Schreiben des Amtsbürgermeisters v. 12.5., 26.5. u. 4.6.1934; a.a.O.
[283] Antwortschreiben des Feldmeisters des Arbeitslagers „Haus Wohnung" v. 4.6.1934; a.a.O.
[284] Statistische Erhebungen der Gemeinde Heek v. 4.2.1949; GA Heek, D 134.
[285] Davon waren 30 über, 22 unter 18 Jahre alt. Schreiben an das Kreisjugendamt v. 2.10.1946; GA Heek, D 437.
[286] Zum Sportplatz am Wasserwerk vgl. Vereinsbriefkopf v. 24.6.1949; GA Heek, D 453. Siehe auch GA Heek, D 438.
[287] Vgl. Mannschaftsaufstellung von 1946; FS SV Heek 1920, S. 44.
[288] Drei waren Arbeiter, einer Invalide und einer Kleinbauer mit 4,4 Hektar; zwei Bäcker betrieben ein eigenständiges Gewerbe. Vgl. Schreiben des Amtsbürgermeisters an das Kreisjugendamt v. 17.1.1946; GA Heek, D 437. Adreßbuch des Kreises Ahaus 1939, S. 283. Bodennutzungserhebung 1959 des Statistischen Landesamtes; GA Heek, Zwischenarchiv, o. Sig.

Sozialhierarchie vorbei. Dem Bäcker Gottfried Wensing gelang wie dem Arbeiter Bernhard Schmeing im Jahre 1946 neben der Wahl zum Vorstandsmitglied der Sprung in den Gemeinderat.[289] Der Vorstand der Jahre 1947 - 1950, der Schmied Bernhard Böckers, zog kurz nach seiner Präsidentschaft in den Amtsrat von 1952 ein.[290] Der Vorsitzende der Jahre 1922 bis 1923, 1928 und 1954, der Kaufmann Heinrich Schwieters, scheiterte 1933 bei der Wahl zum Gemeindevorsteher denkbar knapp, konnte sich aber 1948 in den Amts- und Gemeinderat plazieren.[291] Dies war bereits 1933 dem Weber Anton Schaten gelungen, der als Kandidat der Dorfgemeinschaftsliste nach zweijähriger Vorstandschaft von 1929 bis 1931 im Sportverein im Jahre 1933 in den Gemeinderat einzogen war.[292]

Die Integration sportbegeisterter Neubürger verlief in Heek schleppender als im Ottmarsbocholter Sportverein. Unter den Spielern der Ersten Mannschaft der Jahre 1948 und 1950 befanden sich anfänglich nur jeweils ein Vertriebener.[293] Offensichtlich erwies sich für Neuankömmlinge die Eingliederung in ein bestehendes Vereinsgefüge schwieriger als der Einstieg in eine neugegründete Vereinigung, wie es sie in Ottmarsbocholt gab.[294] Erst Mitte der fünfziger Jahre fanden mehr Vertriebene Aufnahme in dem Heeker Sportklub. Im Spieljahr 1954/55 schnürten zwei neue Dorfbewohner die Stiefel für die Erste Fußballmannschaft. In der A-Jugend des Jahres 1956 jagten drei Jugendliche aus ostdeutschen Familien dem runden Leder nach und in der Ersten Fußballmannschaft 1959 spielten vier neue Dorfbewohner.[295] Hier offenbarte sich erneut, daß jüngere Flüchtlinge eine höhere Eingliederungsbereitschaft zeigten und sie ihnen in der Tat glückte.[296] Wie bereits in Ottmarsbocholt zeigte sich auch hier: Vereine, vor allem Sportvereine, „verkörperten und waren gleichzeitig das Einfallstor des Neuen".[297]

Wie in den anderen Untersuchungsgemeinden versuchten die Nationalsozialisten auch in Rödinghausen, dem Sport Akzeptanz zu verschaffen. Im Vorfeld der Olympischen Spiele 1936 trat deshalb in jeder Amtsgemeinde ein Sachbearbeiter auf, um

---

[289] Zur Plazierung in der Gemeindevertretung siehe Teil II, Erstes Kapitel, B.2. Zur Vorstandsmitgliedschaft vgl. Schreiben des Amtsbürgermeisters an das Kreisjugendamt v. 17.1.1946; GA Heek, D 437.

[290] Zur Plazierung in der Amtsvertretung siehe Teil II, Erstes Kapitel, A.2. Zur Präsidentschaft vgl. FS SV Heek 1920, S. 37 u. 70.

[291] Zur Plazierung im Amts- und Gemeinderat siehe a.a.O.

[292] Ebd. Noch 1972 war der Vorsitzende Hermann Schabbing zugleich CDU-Gemeinderat, bevor er Mitte der achtziger Jahre zum Präsidenten des Heimat- und Schützenvereins St. Ludgerus avancierte; GA Heek, Zwischenarchiv, Reg.-Nr. 0-11/1A; 150 Jahre Heimat- und Schützenverein St. Ludgerus, S. 4, 10f., 13.

[293] Vgl. die Mannschaftsaufstellungen der Jahre 1948, 1950 u. 1952; FS SV Heek 1920, S. 46 - 48.

[294] Der Sportclub Blau-Weiß Ottmarsbocholt war 1946, zum Zeitpunkt der ersten Vertriebenenansiedlung, ins Leben gerufen worden.

[295] Vgl. Mannschaftsaufstellungen von 1954, 1956 u. 1959; FS SV Heek 1920, S. 50f. u. 53.

[296] Sywottek, Flüchtlingseingliederung in Westdeutschland, S. 39.

[297] Ilien/Jeggle/Schelwies, Verwandtschaft und Verein, S. 104. Vereine als „Neuerungsagens" sieht auch Wallner, Die Rezeption stadtbürgerlichen Vereinswesens durch die Bevölkerung auf dem Lande, S. 162.

für den Sport zu werben.[298] So wandte sich die Kreisbauernschaft Herford im Sommer 1937 an den Rödinghauser Amtsbürgermeister mit der Bitte „darauf hinzuwirken, daß in den Gemeinden Schwimmbäder eingerichtet werden." Obwohl der Amtsbürgermeister Werringloer fünf Exemplare der Broschüre „Schafft ländliche Schwimmbäder" erbeten hatte,[299] sollte es dennoch fast dreißig Jahre dauern, bis Rödinghausen ein eigenes Schwimmbad erhielt.[300] Zahlreiche Initiativen vor allem der jüngeren Dorfbewohner in den vierziger und fünfziger Jahren versandeten; Anträge, wie sie beispielsweise der Schwenningdorfer Turn- und Sportverein sowie die örtliche Jugendgruppe gestellt hatte, blieben erfolglos.[301] Erst am 1. August 1964 wurde ein Schwimmbad der Öffentlichkeit übergeben.[302]

C. Exkurs: Nationalsozialistische Feiern, Fest- und Vereinspolitik

Das ideologische Werben der Nationalsozialisten um den Bauernstand trieb wie gesehen vor allem im Brauchtum und Festleben Blüten. Auf keinem anderen Sektor des dörflichen Lebens gelang es dem Nationalsozialismus in vergleichbarem Maße, „sich alte Formen der Dorfkultur anzueignen und sie zu travestieren wie auf der Ebene der Feste."[303] Hier wurden dem Identifikationsstreben ländlicher Gesellschaften symphon klingende, ideologische Versatzstücke übergestülpt, um im Blut-und-Boden-Kult Gemeinsamkeiten vorzuspielen. Das Erntefest mit der normierten Festabfolge stand stellvertretend für den Versuch, das Festleben mit brauner Tünche auszumalen. Ideologisch motivierte Feste spannten sich über den gesamten Jahresverlauf und sollten neue, normierte Identifikationsangebote hervorbringen, die in einer ambivalenten Weise Anleihe bzw. Konkurrenz zum Jahreskreis der Kirchenfeiern bildeten.[304] Auch das liturgische Gerüst kirchlicher Feste übernahmen die Regisseure nationalsozialistischer Feiern, besonders beim Erntefest. Darüber hinaus entfalteten die Nationalsozialisten eine Vielzahl von Aktivitäten und Veranstaltungen, um das dörfliche Festleben anzureichern.

---

[298] Schreiben des Amtsbürgermeisters an den Vertrauensmann des Sportbeauftragen in Bünde v. 30.4.1935; GA Rödinghausen, B-IV-3-54; Ernennungsschreiben der Sachbearbeiter für die Sportwerbung v. 3.11.1934; a.a.O.

[299] Schreiben der Kreisbauernschaft Herford v. 17.6.1937; GA Rödinghausen, B-IV-3-32. Werringloer hatte sich bereits für den Bau einer Turnhalle stark gemacht; Botzet, Ereygnisse, S. 184. – Zur Broschüre siehe STAMS, Landwirtschaftliche Kreisstelle Siegen, Nr. 14.

[300] Noch in den fünfziger Jahren wurde in der westdeutschen agrarsoziologischen Literatur beklagt, wie sehr der Wassersport in der Landbevölkerung vernachlässigt worden sei, was die große Zahl der Nichtschwimmer belege; Schröder, Sport und Leibesübungen, S. 49.

[301] Einladung zur Gemeinderatssitzung v. 4.3.1947; GA Rödinghausen, Zwischenarchiv, C-0-04/3. Bekanntmachung über den wesentlichen Inhalt der Beschlüsse des Rates der Gemeinde Rödinghausen v. 25.4.1953; GA Rödinghausen, Zwischenarchiv, D 0-22/10-16,30.

[302] Botzet, Ereygnisse, S. 235.

[303] Kaschuba/Lipp, Kein Volk steht auf, S. 144.

[304] Zu den nationalsozialistischen Feiern als Konkurrenz zum kirchlichen Festkalender sowie ihren Anleihen aus diesem vgl. Thamer, Verführung und Gewalt, S. 418ff.

So bildete sich in Ottmarsbocholt eine Verschönerungskommission mit dem Ziel, das dörfliche Erscheinungsbild zu verbessern,[305] und Schauspielgruppen brachten Theaterstücke, meist plattdeutsche Schwänke, zur Aufführung: Am 2. Januar 1938 spielte die KdF-Schar Drensteinfurt das Stück „Wenn de Brüdigam kümp" vor vollbesetztem Saal, drei Wochen später die Spielschar der NS-Gemeinschaft „Kraft durch Freude" aus Werne das Lustspiel „Gastwät Gonbel".[306] Am 6. Februar 1943 fand ein Theaterabend des Junggesellenvereins und der NS-Gemeinschaft „Kraft durch Freude" mit dem niederdeutschen Stück „Up Baunenstrunks Iärwe" statt.[307] Gerade die mobilen KdF-Theaterwagen brachten eine Form der vormals exklusivbürgerlichen „Hochkultur ins Dorf" – wenn auch mit gänzlich unterschiedlichem Inhalt und anderer Qualität.[308] Obendrein organisierten die Nationalsozialisten sonntägliche Eintopfessen, die als kulinarischer Ausdruck der Volksgemeinschaftsideologie der nationalsozialistischen Winterhilfe Geldspenden bringen sollten.[309]

Wie vielgestalt der genormte nationalsozialistische Festkalender war, zeigt ein Blick auf die NSDAP-Veranstaltungen in Ottmarsbocholt.[310] Den Anfang im Jahreskreis bildete die Gedenkfeier zum 30. Januar, bei der sich die Partei mit Reden und „Liedern der Bewegung" selbst feierte.[311] Der nationalsozialistische Totenkult erfuhr seine Inszenierung bei dem „Heldengedenktag".[312] Einen atmosphärischen Eindruck gibt die Schilderung des damaligen Lehrers und Chronisten wieder:

„Die Fahnen der NS-Formationen und Vereine gruppierten sich um die vom Fakkelschein erleuchteten Symbole des Krieges, Gewehr und Stahlhelm. In Liedern und Sprechchören, vorgetragen vom Jungvolk und den Jungmädeln, ehrte die Jugend die Toten des Weltkriegs. Ehrfürchtiges Schweigen herrschte im Saale, als die Namen der gefallenen Söhne der Heimat verlesen wurden."[313]

Einen besonderen Stellenwert im nationalsozialistischen Festkalender nahm der Geburtstag Hitlers am 20. April ein.[314] Ihm folgte der 1934 als Nationalfeiertag eingeführte „Tag der nationalen Arbeit" am 1. Mai, der als Volksfeiertag neben Ansprachen der lokalen NSDAP-Größen einen Umzug und Tanzveranstaltungen bot.[315] Am Vorabend des 1. Mai 1937 pflanzte die Ottmarsbocholter HJ einen Maibaum auf

---

[305] GA Senden, Chronik der Gemeinde Ottmarsbocholt, o. Sig., Eintrag v. 26.3.1937.

[306] A.a.O., Einträge v. 2.1. und 23.1.1938.

[307] A.a.O., Eintrag v. 6.2.1938.

[308] Frei, Führerstaat, S. 115.

[309] Vgl. GA Senden, Chronik der Gemeinde Ottmarsbocholt, o. Sig., Einträge v. 10.1., 14.2., 13.3., 10.10., 19.12.1937 und 9.1., 13.2., 13.3., 5.10., 13.11., 11.12.1938 und 8.1., 12.3.1939.

[310] Zur jährlichen Folge nationalsozialistischer Feiern auf Reichsebene siehe Thamer, Verführung und Gewalt, S. 420f.; Frei, Führerstaat, S. 100f.

[311] GA Senden, Chronik der Gemeinde Ottmarsbocholt, o. Sig., Eintrag v. 31.1.1943. Siehe auch Einträge v. 30.1.1938 u. 1.2.1942.

[312] A.a.O., Einträge v. 21.2.1937 u. 13.3.1938. Zum NS-Totenkult siehe auch Thamer, Verführung und Gewalt, S. 422.

[313] GA Senden, Chronik der Gemeinde Ottmarsbocholt, o. Sig., Eintrag v. 13.3.1938.

[314] GA Senden, Chronik der Gemeinde Ottmarsbocholt, o. Sig., Eintrag v. 23.4.1940. Zum Führerkult siehe Kershaw, Der Hitler-Mythos.

[315] GA Senden, Chronik der Gemeinde Ottmarsbocholt, o. Sig., Einträge v. 1.5.1937, 1938 u. 1939.

dem Festplatz.³¹⁶ In der Ortschaft Venne ließ der Dorfschullehrer Alois Denkler am 1. Mai 1933 alle Schüler „vollzählig zu einer Feierstunde" versammeln, bei der Vorträge und vaterländische Lieder vorgebracht wurden; die Schulfeier schloß mit dem Horst-Wessel-Lied und einem „dreifachen Sieg Heil! auf den Volkskanzler Adolf Hitler."³¹⁷ Nach dem Erntefest Anfang Oktober folgte im November die „Gedenkfeier des Marsches auf die Feldherrnhalle". Bei der Erinnerung an die „Blutzeugen der Bewegung" im 1936 errichteten HJ-Heim lebte wiederum der nationalsozialistische Totenkult auf.³¹⁸ All diese Feiern waren ideologisch motiviert und durchdrungen. Sie dienten der Selbstinszenierung und -stilisierung der Partei und ihrem Anspruch auf „kulturelle Hegemonie".³¹⁹ Andere Feiertage hatten ökonomische Ursachen wie das „Fest der deutschen Traube und des deutschen Weines", das der von der Parteipropaganda angeregten Konsumsteigerung deutschen Weines förderlich sein sollte,³²⁰ der nationale Spartag³²¹ oder der Tag der nationalen Solidarität, an dem die Nationalsozialistische Volkswohlfahrt (NSV) sammelte.³²²

Die öffentlichen Veranstaltungen in Ottmarsbocholt gerieten zunehmend in den Bannkreis der Ideologisierung und Militarisierung des Alltags. Im Jahre 1937 sprachen der Kreis-Werbewart Mundt in einer Gaststätte über Luftschutz auf dem Lande und der Gauamtsleiter Betzler, ehemaliger Kreisleiter von Lüdinghausen, über den zweiten Vierjahresplan und die Gemeinschaftsschule; im Juli desselben Jahres sollte eine Übung des zivilen Luftschutzes auf dem Hof eines Ottmarsbocholter Landwirts zeigen, „wie im Ernstfalle ein Bauernhof luftschutzbereit gemacht werden kann."³²³ Im März 1938 referierte der Gauredner Schuckenberg in einem Lokal über das Freimaurertum.³²⁴ Nach dem Anschluß Österreichs, der mit einem Fackelzug begangen wurde, fanden im Hinblick auf die anstehende Volksabstimmung im April 1938 mehrere Kundgebungen und Aufmärsche statt. Der Bürgermeister von Dülmen sprach über den „Wandel des deutschen Volkes und die Aufwärtsentwicklung Deutschlands auf allen Gebieten in den letzten fünf Jahren", und NS-Organisationen aus Ottmarsbocholt und anderen Gemeinden marschierten durch das Dorf.³²⁵ Der neue Gemeindegruppenführer im zivilen Luftschutz hielt mit übrigen Parteifunktionären eine

---

316 A.a.O., Eintrag v. 30.4.1937.
317 GA Senden, Schulchronik Venne, S. 109. Als Verfasser der Chronik präsentierte sich der Dorflehrer Alois Denkler selbst als überzeugter Nationalsozialist. Seine Gesinnung wird deutlich in seinen Kommentaren zu den Ereignissen seit März 1933.
318 Vgl. GA Senden, Chronik der Gemeinde Ottmarsbocholt, o. Sig., Einträge v. 9.11.1937 u. 1938.
319 Frei, Führerstaat, S. 101.
320 GA Senden, Bestand Ottmarsbocholt, C 93 und Chronik der Gemeinde Ottmarsbocholt, o. Sig., Eintrag v. 21.9.1937. Über die verordnete Konsumsteigerung beratschlagte auch der Gemeinderat; siehe GA Senden, Protokollbuch der Gemeinde Ottmarsbocholt von 1934 bis 1945, o. Sig., Sitzungsprotokoll v. 16.10.1935.
321 GA Senden, Chronik der Gemeinde Ottmarsbocholt, o. Sig., Eintrag v. 28.10.1938 sowie GA Senden, Schulchronik Venne, o. Sig., S. 115f.
322 Vgl. GA Senden, Chronik der Gemeinde Ottmarsbocholt, o. Sig., Eintrag v. 5.12.1937 u. 3.12.1938.
323 A.a.O., Eintrag v. 9.2., 16.4. u. 4.7.1937.
324 A.a.O., Eintrag v. 7.3.1938.
325 A.a.O., Einträge v. 13.3., 31.3. und 3.4.1938.

Werbeaktion ab.[326] Im Oktober präsentierte die Partei bei der Ausstellung „Schaffendes Volk" neue Werkstoffe, die die Bevölkerung jedoch „sehr mäßig" annahm.[327] Im Frühjahr 1939 war in Ottmarsbocholt beim „Tag der Wehrmacht" eine Werbeaktion für die deutschen Streitkräfte mitzuerleben.[328]

Wie sehr ideologisch-propagandistische Vorgaben die nationalsozialistischen Feiern beherrschten, verdeutlichte die Feierstunde für die Block- und Zellenwalter der Nationalsozialistischen Volkswohlfahrt (NSV) sowie für sämtliche Sammler des Winterhilfswerks (WHW) im November 1938. Die Feier stand unter dem Motto „Der unbekannte Kämpfer" und „Der Dank an den Führer für die Friedenstat von München soll heißen: die doppelte Spende".[329] Im Rahmen der Aktion „1000 Versammlungen im Gau Westfalen-Nord" 1939 sprach der Kreisredner Reiner aus Altona in einer örtlichen Gaststätte über den „wirtschaftliche(n) Wiederaufstieg Deutschlands und die Judenfrage".[330] Noch fünf Jahre später referierte Schulrat Grimmelt aus Lüdinghausen „über den Juden als den ewigen Unruhestifter und Verderber der Menschheit",[331] obwohl in Ottmarsbocholt seit Ende des 19. Jahrhunderts keine Juden mehr lebten.[332] Ein Redner des Vereins für das Deutschtum im Ausland (VDA) berichtete über das Auslandsdeutschtum.[333] Im März 1940 sprach der Gauredner Jäger aus Münster in einem Gasthaus „über das wahre Gesicht Englands".[334]

D. „Streng geschlossene Gesellschaft": Reine Vertriebenenvereinigungen

Die Interessengemeinschaft der Ostvertriebenen wurde aus politischen Gründen gegründet, um die Interessen der Flüchtlinge zu vertreten. Darüber hinaus hatte sich die Organisation, die bis in die siebziger Jahre hinein bestand,[335] auch die „kulturelle Betreuung der Ostvertriebenen" zur Aufgabe gemacht.[336] In Heek veranstaltete die IGO alljährlich einen Heimatabend, der der Geselligkeit wie der Brauchtumspflege gewidmet war. Neben dem Tanzvergnügen bildete auch die Präsentation von Heimatfilmen wie „Unvergessener deutscher Osten – von Eger bis Memel" einen festen Programmpunkt.[337] Diese rückwärtsgewandte sozialkulturelle Orientierung der Neu-

---

[326] A.a.O., Eintrag v. 29.6.1938.
[327] A.a.O., Eintrag v. 5.10.1938.
[328] A.a.O., Eintrag v. 19.3.1939.
[329] A.a.O., Eintrag v. 11.11.1938.
[330] A.a.O., Eintrag v. 8.2.1939.
[331] A.a.O., Eintrag v. 30.7.1944.
[332] Kloosterhuis, Schwarz-Weiß-Grüne Landgemeinden, S. 397 u. 424, Anm. 11. Siehe auch Aschoff, Zur Geschichte der Juden im Kreis Coesfeld, S. 278 - 283; Rahe, Die jüdischen Gemeinden in Olfen und Lüdinghausen seit 1918, S. 195. – Bei der VBBZ 1933 meldet die Ottmarsbocholter Gemeindeverwaltung für die Konfession „Israeliten" Fehlanzeige; GA Senden, Bestand Ottmarsbocholt, C 43.
[333] GA Senden, Chronik der Gemeinde Ottmarsbocholt, o. Sig., Eintrag v. 4.3.1939.
[334] A.a.O., Eintrag v. 15.3.1940.
[335] Schriftliche Belege liegen für 1972 vor; GA Heek, Zwischenarchiv, Reg.-Nr. 0-01/1B. Siehe auch Liste der Vereine im Amtsbezirk Nienborg v. 12.2.1969; GA Heek, Zwischenarchiv, Reg.-Nr. 1-16/1A.
[336] GA Heek, Zwischenarchiv, Reg.-Nr. 1-16/2B.
[337] Vgl. Programme der Heimatabende von 1950 bis 1959; GA Heek, D 182 sowie Zwischenarchiv, Reg.-Nr. 1-16/1A u. Reg.-Nr. 1-16/2B.

bürger hat jedoch wenig auf die gesamte dörfliche Kultur eingewirkt, die in den fünfziger Jahren stärker von Modernisierungs- und Internationalisierungsimpulsen beeinflußt wurde.[338]

Die Mitglieder der IGO versuchten, ihre kulturelle Identität zu wahren und diese auch nach außen hin auszustellen – durchaus zur Abgrenzung von den Einheimischen. Wie gesehen, lasteten diese den neuen Dorfbewohnern ihre Andersartigkeit an und forderten deren rasche Anpassung.[339] Dieses Verlangen nach einseitiger Einfügung verstärkte bei den neuen Dorfbewohnern wiederum den Wunsch, unter sich zu sein und die kulturelle Eigenständigkeit zu erhalten. So deklarierten die Vertriebenen ihre jährliche Veranstaltung als „streng geschlossene Gesellschaft".[340] Eine Kontaktaufnahme mit den Alteingesessenen strebten sie folglich nicht an.[341] Die IGO trug zwar damit zur „psychischen Stabilität in der Fremde" für die entwurzelten Neubürger bei,[342] erwies sich dadurch aber auch ebenso exklusiv wie manche Einheimischenfeier oder mancher alteingesessener Traditionsverein. Dieser Befund unterstreicht die These zweier sich größtenteils unvermittelt gegenüberstehenden Gruppen im Dorf der Nachkriegsgesellschaft.[343]

E. „Der holt sich die Welt ins Zimmer und behält seine Kinder und Leute zu Hause": Kino, Filmvorführungen und Hörfunk

Filmvorführungen und Kino waren das Theater der kleinen Leute. Sie boten die Möglichkeit, die Kette biographischer und religiös gesetzter Feiern um einen Festtag zu erweitern. Filmvorführungen verhießen dem Besucher, außerhalb der kirchlichen Feiern beispielsweise einen zusätzlichen festlichen Höhepunkt begehen zu können. Der Kinobesuch erlaubte zudem „eine Flucht vor dem Unbehagen der sozialen Wirklichkeit", weshalb der durchschnittliche Kinobesuch in den Kriegsjahren den der frühen fünfziger Jahre übertraf.[344] Auch der Rundfunk und das Grammophon gehörten bald „fest zur akustischen Kulisse der Freizeit".[345] Kino und Radio sorgten als frei disponible Freizeitvergnügen über den gesamten Untersuchungszeitraum stetig

---

[338] Vgl. dazu Sywottek, Flüchtlingseingliederung in Westdeutschland, S. 43.
[339] Ähnliches beobachtete auch Wurzbacher, Die Nachbarschaft als Ausgleichsfaktor gegen Vereinzelung und Anonymisierung, S. 143, in einer Westerwaldgemeinde der fünfziger Jahre: „Man [die einheimische Bevölkerung, P.E.] fordert eine soziale Anpassung in weit größerem Maße von den Flüchtlingen, als man selbst zu ihr bereit ist."
[340] Schreiben der IGO an die Amtsverwaltung v. 16.12.1951; GA Heek, Zwischenarchiv, Reg.-Nr. 1-16/2B.
[341] Ähnliches berichtet auch Hund, Flüchtlinge in einem deutschen Dorf, S. 124, in seiner Untersuchung über das badische Schriesheim.
[342] Stefanski, Zuwanderungsbewegungen in das Ruhrgebiet, S. 427; Wurzbacher, Die Nachbarschaft als Ausgleichsfaktor gegen Vereinzelung und Anonymisierung, S. 144.
[343] Ein sudetendeutscher Bauer im badischen Schriesheim beantwortete die Frage nach gesellschaftlichem Anschluß mit: „Nein, aus unserem Dorf ist sonst niemand hier"; Hund, Flüchtlinge in einem deutschen Dorf, S. 158.
[344] Reigrotzki, Soziale Verflechtungen in der Bundesrepublik, S. 226 u. 230.
[345] Kaschuba, Lebenswelt und Kultur, S. 116.

für eine „Ausweitung massenkultureller Verhaltensmuster" und damit für eine zunehmende Angleichung ruraler an urbane Lebensformen.[346]

Die neuen Medien waren anfänglich relativ teuer, so daß sich nicht jeder Dorfbewohner ein Runkfunkgerät leisten konnte. Ein Netzempfänger eines deutschen Herstellers mit vier Röhren kostete 375 Mark, ein Gerät mit zwei Röhren und eingebautem Lautsprecher noch 150 Mark.[347] Jedoch eroberten sich die Radioapparate und Grammophone einen Platz in den dorföffentlichen Kommunikationszentren, den Gaststätten, und steigerten deren Attraktivität. Dadurch formten sie ein Freizeitverhalten mit, das neben traditionell innerfamiliären nun auch öffentliche Formen kannte.

In den zwanziger Jahren bereicherten die neuen Medien Film und Funk das kulturelle Leben. Beide fanden vorab in den Städten Verbreitung. Durch ihre Attraktivität und die mobilen Ausstrahlungsmöglichkeiten erfaßten sie auch bald ländliche Regionen. 1932 veröffentlichte die Landwirtschaftliche Zeitung für Westfalen und Lippe erstmals ein Rundfunksonderheft, in dem das Medium Radio mit Artikeln wie „Rundfunk und bäuerlicher Lebenskreis" oder „Was muß der Landwirt von der Rundfunktechnik wissen?" dem ländlichen Adressatenkreis nähergebracht werden sollte.[348] Vor allem die Nationalsozialisten spielten mit den modernen Medien auf der Unterhaltungsklaviatur ihre ambivalente Herrschaft von Verlockung und Zwang.[349] Sie nutzten die sich ihnen bietenden Möglichkeiten auf dem Unterhaltungssektor, um über die attraktiven, weil neuen Medien die Massen zu unterhalten sowie ideologisch zu indoktrinieren. Sie griffen technische und kulturelle Entwicklungen aus der Weimarer Zeit auf und perfektionierten den Einsatz der neuen Medien in ihrer Suggestivkraft auf den Zuschauer und -hörer. Neben den ideologisch gestrickten Filmen mit systemkonformen Aussagen und Handlungsmustern wie „Hitlerjunge Quex", „Jud Süß" oder „Ich klage an", die quasi eine geistige Volksgemeinschaft intendierten, zielte auch der gemeinsame Rundfunkempfang in (halb-)öffentlicher Atmosphäre auf eine gesteigerte „ideologische Aufnahmebereitschaft".[350] Daß andere Produktionen nicht plakativ ideologische Konformität propagierten, sondern entschlackte Unterhaltung boten, arbeitete der Akzeptanz des NS-Systems nicht entgegen, im Gegenteil: sie steigerten die Anerkennung seiner kulturellen Errungenschaften und erwiesen somit einen politischen Dienst, gerade weil sie nicht vordergründig politisch erschienen. Wie attraktiv das Freizeitangebot Film reichsweit war, belegt die Steigerung der verkauften Kinokarten im Jahre 1942 gegenüber 1933 um das Vierfache.[351]

---

[346] Schildt, Nachkriegszeit, S. 576; Becher, Geschichte des modernen Lebensstils, S. 187; Blessing, Fest und Vergnügen der „Kleinen Leute", S. 375.
[347] Landwirtschaftliche Zeitung für Westfalen und Lippe 87 (1930), S. 424.
[348] A.a.O. 89 (1932), S. 880ff.
[349] Zur propagandistischen Vereinnahmung des Rundfunks durch die Nationalsozialisten siehe Becher, Geschichte des modernen Lebensstils, S. 190.
[350] Kaschuba, Lebenswelt und Kultur, S. 50; Becher, a.a.O.
[351] 1942 wurden in Deutschland eine Milliarde Kinokarten verkauft; Frei, Der Führerstaat, S. 110ff.

Auch in den Untersuchungsgemeinden fanden Filmvorführungen statt. Vor allem die Nationalsozialisten holten in Form von Filmvorführwagen die Welt in ihrer Anschauung ins Dorf und setzten dieses neue Medium ein, um auch dort ideologisch-propagandistische (Ver-)Führung in Unterhaltungshäppchen zu verabreichen. Während zuvor nur Lehrfilme wie „Billige Kartoffelkultur" oder „Neuzeitliche Schweineställe" aus der 1930 vom preußischen Ministerium für Landwirtschaft, Domänen und Forsten eingerichteten Bildstelle zu sehen waren,[352] boten in der NS-Zeit die eigens eingerichteten Gaufilmstellen der Gaue Westfalen-Nord und -Süd ein Programm aus einer Mischung von Unterhaltung und Indoktrination. Im Frühjahr 1934 tingelte ein Vorführwagen wochenlang über die Dörfer und lockte die Bewohner mit „Filme(n), die ihr sehen müßt" wie „Blut und Boden". In 56 Tagen wurden 142 Vorführungen gezeigt.[353] Zwei Jahre später waren bereits zwei Tonfilmwagen der Landesbauernschaft auf sechswöchiger Filmreise.[354]

In bundesrepublikanischer Zeit war der Kinobesuch „nahezu überall möglich".[355] Ortsfeste Lichtspieltheater gab es aber nicht in jeder Kommune.[356] Freilich war der Kinobesuch in Städten häufiger und leichter zu ermöglichen als in Landgemeinden.[357] Wer ein Kino besuchen wollte, mußte mobil sein, um in die nächstgrößere Stadt zu gelangen. Dennoch strömte in den fünfziger Jahren eine stattliche Besucherzahl in die Filmpaläste. 88 Prozent der Bevölkerung gingen 1953 regelmäßig ins Kino; jeder Bürger wohnte im Mittel 13mal im Jahr einer Filmvorführung bei.[358] Obwohl sich Landwirte unter allen Berufstätigen mit dem Kinobesuch am meisten zurückhielten,[359] war der Film bei der Landjugend besonders beliebt, wie eine Untersuchung unter landwirtschaftlichen Berufsschülern in Schleswig-Holstein zeigte. Dort ging jeder Schüler im Jahr gewöhnlich 29mal ins Kino.[360] Erst in den Folgejahren lief das Fernsehen als Heimkino den Filmpalästen allmählich den Rang ab.[361]

Auch Rundfunkübertragungen erfüllten vor allem in nationalsozialistischer Zeit eine ideologisch-propagandistische Funktion. Volksempfänger sollten gemeinschaftsstiftende Vorboten der angestrebten Volksgemeinschaft sein. Sie hatten die – tatsächlich nie erreichte – soziale Zielvorstellung der Nationalsozialisten zu verkünden. Sonntägliche Wunschkonzerte erfüllten dienstbar diese Funktion, denn auch „ideologisch vorgeformte Realitätsbilder können eine eigene Realität vorantreiben, wenn sie zu handlungsleitenden Zukunftsmodellen werden."[362] Das war die Aufgabe

---

[352] STAMS, Regierung Arnsberg, Nr. 23703.
[353] Westfälischer Bauernstand Jg. 1934, S. 528, 580, 615, 662, 719, 795, 837 u. 1000.
[354] A.a.O. Jg. 1936, S. 250.
[355] Reigrotzki, Soziale Verflechtungen in der Bundesrepublik, S. 225.
[356] Während in Ottmarsbocholt und Rödinghausen kein Kino existierte, öffnete in Heek in den fünfziger Jahren vorübergehend ein Filmpalast.
[357] Reigrotzki, Soziale Verflechtungen in der Bundesrepublik, S. 229.
[358] Filmstatistisches Jahrbuch 1952/53; zit. nach a.a.O., S. 225ff.
[359] Vgl. die Untersuchung a.a.O., S. 229f.
[360] Christensen, Soziale Verhältnisse landwirtschaftlicher Berufsschüler in Schleswig-Holstein, S. 79f.
[361] Becher, Geschichte des modernen Lebensstils, S. 193.
[362] Zu diesem Gedanken siehe Langewiesche, Republik, konstitutionelle Monarchie und „soziale Frage", S. 547.

des nationalsozialistischen Volksempfängers: Er sollte für die Volksgemeinschaftsvision als handlungsleitende Maxime und sozialen Ordnungsfaktor werben; Geschlossenes Radiohören sollte ein Gefühl von Volksgemeinschaft vermitteln.[363] Die die nationalsozialistische Gesellschaftspolitik kennzeichnenden Pole von Führung und Verführung drückten auch diesem neuen Zerstreuungs- und Manipulationsmedium den Stempel auf.

Bei den neuen Unterhaltungsmedien zeigt sich idealtypisch die Janusköpfigkeit der nationalsozialistischen Variante von Moderne. Hier standen „sehr effektive Formen einer gesellschaftlichen und kulturellen *Modernisierung* [Hervorh. i. Orig., P.E.]" neben einer „grobschlächtigen Folklorisierung und Musealisierung bäuerlicher Kultur";[364] hier wurde zum Teil Blut-und-Boden-Folklore und Rassepolitik mit den Mitteln moderner Medien propagiert. Das war auch in Westfalen so. Das Programm des Landfunks, der bereits seit den zwanziger Jahren existierte,[365] aus dem Reichssender Köln war in Anlehnung an den Aufbau des Reichsnährstands in die drei Abteilungen „Hof und Stall", „Markt und Wirtschaft" sowie „Sippe, Bauerntum und Volk" gegliedert. Die Sendungen aus der letzten Sparte füllten zu drei Vierteln den Spielplan.[366]

Auch nach dem Krieg behauptete sich das Medium in der Konsumentengunst. Nach der Mangelphase der Zusammenbruchsgesellschaft war der Rundfunkempfang seit dem wirtschaftlichen Aufschwung in den fünfziger Jahren – nun im Gegensatz zur nationalsozialistischen Epoche – im Rahmen der eigenen vier Wände- "mit den beliebten ‚Bunten Abenden'... *der* [Hervorh.i.Orig., P.E.] Gestalter der Abende daheim".[367] Der private Besitz eines Rundfunkapparates ermöglichte den die fünfziger Jahre charakterisierenden „Rückzug ins Private".[368] Eine Umfrage unter den Bewohnern von 136 Gemeinden Mitte der fünfziger Jahre ergab, daß 83 Prozent ein eigenes Radio zu Hause hatten. Die Mehrheit der Radiobesitzer hörte täglich bis zu zwei Stunden.[369] Spezielle Sendeangebote für die ländliche Bevölkerung wie der Landfunk wurden von zwei Dritteln der Landwirte wahrgenommen.[370] Gerade den Bauern wurden Radio und Fernsehen als probate Mittel empfohlen, Hofnachfolger wie Arbeitskräfte auf dem Hof zu halten:[371] „Wer Wert darauf legt, zufriedene und bleibende Mitarbeiter um sich zu haben, wird auf die Dauer nicht darum herumkommen, dem Beispiel amerikanischer Farmer... zu folgen und den Rundfunk wie das Fernse-

---

[363] Zur gesellschaftlichen Realität der nationalsozialistischen Volksgemeinschaft siehe Winkler, Vom Mythos der Volksgemeinschaft, S. 484 - 490; Thamer, Verführung und Gewalt, S. 502f.
[364] Kaschuba, Lebenswelt und Kultur, S. 51.
[365] Strotdrees, Höfe, Bauern und Hungerjahre, S. 92f.
[366] Siehe dazu exemplarisch die Ausstrahlungen in der Woche vom 4. bis zum 10. Oktober 1936, in: Wochenblatt der Landesbauernschaft Westfalen Jg. 1936, S. 1837.
[367] Zur „Privatisierung der Mediennutzung" siehe Becher, Geschichte des modernen Lebensstils, S. 192. Maase, Freizeit, S. 212.
[368] Kleßmann, Ein stolzes Schiff und krächzende Möwen, S. 487.
[369] Reigrotzki, Soziale Verflechtungen in der Bundesrepublik, S. 203f.
[370] A.a.O., S. 220.
[371] Ein Hoetmarer Bauer kaufte ein Radio, weil er seine Söhne „zu Hause halten wollte"; Strotdrees, Höfe, Bauern und Hungerjahre, S. 92.

hen im eigenen Hause einzuführen... (Der) holt sich die Welt ins Zimmer und behält seine Kinder und Leute zu Hause".[372]

Fernsehgeräte als Heimkino stellten nach dem Krieg einen kaum bezahlbaren Luxus dar.[373] Die hohen Kosten für einen Apparat konnten lediglich solvente und gutsituierte Oberschichthaushalte in den ländlichen Gemeinden aufbringen,[374] wenngleich sich manche Gaststätte mit einem Apparat als Attraktion zierte. Dort wurde zum Beispiel die Übertragung der Krönung Königin Elisabeth II. im Jahre 1953 oder des Endspiels der Fußball-Weltmeisterschaft 1954 in der Schweiz zu neuartigen Konsumerlebnissen. Mit dem ökonomischen Aufschwung wurden in immer mehr Haushalten Fernsehapparte angeschafft. Seit 1960 druckte auch das Landwirtschaftliche Wochenblatt Hinweise auf das wöchentliche Fernsehprogramm ab.[375]

In Ottmarsbocholt waren bewegte Bilder erstmals in den dreißiger Jahren zu sehen. Um die Vorführungen konkurrierten zwei Veranstalter, kirchliche Organisationen und die NSDAP, deren Filme verschiedenen Inhalts unterschiedliche Wirkungen erzielen sollten. Am 1. November 1936 zeigte die Missionshilfe für das ehemalige Deutsch-Südwest-Afrika aus Köln den Film „Die schwarze Schwester". Das Bildwerk hatte von der Filmprüfstelle die Prädikate „volksbildend", „Lehrfilm im Unterricht", „vor Jugendlichen zugelassen" und „zur Vorführung am Karfreitag, am Bußtag und am Heldengedenktag geeignet" erhalten. Es wurde im größten Saal der Ottmarsbocholter Gaststätten zweimal, nachmittags um vier und abends um acht Uhr, gespielt. Am 27. August veranstaltete die MIVA (Missions-Verkehrs-Arbeitsgemeinschaft) im Pfarrheim der Kirchengemeinde St. Urban mehrere Filmvorführungen: für Kinder um elf und um 13 Uhr, für Erwachsene um 15.15, um 17.30 und um 20 Uhr. Sie zeigte den Schmalfilm „Eismission – Ein Mivafilm aus Kanada".[376] Auch in der Schule griff man auf das neue Medium zurück. Im März 1939 erhielt die Dorfschule ein neues Schmalfilmgerät. Die Kosten wurden mit den Lernmittelbeiträgen der Schulkinder beglichen.[377]

Die Nationalsozialisten entfalteten größere Aktivitäten auf dem Gebiet der modernen Unterhaltungsindustrie. Wie dicht die Abfolge von Filmvorführungen war, um auch das ‚platte Land' ideologisch zu erreichen und mit Unterhaltung zu versorgen, zeigt die seit 1937 in Ottmarsbocholt vom damaligen Dorfschullehrer Franz Doth geführte Chronik. Am 4. November 1937 zeigte die Gaufilmstelle Westfalen-Nord den Spionagefilm „Verräter", eine Melange aus Manipulation und Kurzweil. Die Veranstaltung im größten Saal aller Ottmarsbocholter Wirtshäuser „war gut be-

---

[372] Artikel „Fernsehen und Rundfunk helfen Landflucht bekämpfen", in: Landwirtschaftliches Wochenblatt für Westfalen und Lippe 110 (1953), S. 1952.
[373] Bis 1958 waren bundesweit lediglich eine Million Apparate gemeldet. Vgl. Maase, Freizeit, S. 212; Schildt, Nachkriegszeit, S. 577, setzt diese Zahl bereits für 1957.
[374] Bundesweit überrundete der Fernsehapparat das Radio erst im Laufe der sechziger Jahre. 1960 gab es vier Millionen Fernseh-Haushalte, 1965 besaß die Hälfte der bundesdeutschen Haushalte einen TV-Apparat; vgl. Schildt, Nachkriegszeit, S. 577; Maase, Freizeit, S. 220.
[375] Landwirtschaftliches Wochenblatt für Westfalen und Lippe 107 (1960), passim.
[376] GA Senden, Bestand Ottmarsbocholt, C 93.
[377] GA Senden, Chronik der Gemeinde Ottmarsbocholt, o. Sig., Eintrag v. 22.2.1939.

sucht".[378] Dieselbe Parteigliederung veranstaltete am 8. Januar 1938 eine „gut besucht(e)" Vorführung, bei der der Film „Schlußakkord" gezeigt wurde.[379] Gut drei Wochen später brachte die Gaufilmstelle mit dem Tonfilm „Truxa" Zerstreuung pur zur Aufführung, „einen spannenden Film aus dem Zirkus und Varietéleben".[380] Am 1. April präsentierte sie „Ave Maria". Der mit 190 Zuschauern „sehr gut besuchte Film" war vermutlich wegen seines Titels ein Spitzenreiter im Zuschauerzuspruch.[381] Am 8. Mai gab es den Film „Julika" zu sehen und einen Monat später den Lustspielfilm „Wie der Hase läuft".[382] Der Film „Etappenhase", ein damals sehr beliebtes Stück auch für Laienschauspielbühnen, fand „starken Anklang".[383] Am 6. Juli spielte die Gaufilmstelle den Tonfilm „Der Bettelstudent", der die Ottmarsbocholter „ins heitere Land der Operette" führte.[384] Der Bildstreifen spielte vor „der großen Zahl von 250 Zuschauern"[385], das entsprach zu diesem Zeitpunkt einem Sechstel der Einwohnerzahl.[386] Auch das „Unternehmen Michael" wies eine Besucherzahl von über 200 Zuschauern auf.[387] Im folgenden Jahre führte die Gaufilmstelle den Film „Gasparon" vor, eine Operette, die „ziemlich guten Besuch" erhielt.[388] Weitere Filmvorführungen fielen in den späteren Jahren dem Krieg zum Opfer. Lediglich zur Weitergabe ideologisch-propagandistischer Botschaften wurden noch Filme gezeigt. Beim Vortrag des Adjutanten beim zivilen Luftschutz über „die Notwendigkeit des Lichtschutzes im Kriege" wurde das visuelle Medium eingesetzt: „Eine Bilderreihe zeigt die Wirkung der verschiedensten Bomben."[389]

In bundesrepublikanischer Zeit gab es keine Institution, die bewegte Bilder nach Ottmarsbocholt brachte. Da sich in dieser Zeit wie schon in den dreißiger und vierziger Jahren kein Lichtspieltheater etablieren konnte, kamen Filme lediglich als schulisches Unterrichtsmedium vor. In der zum Amt Ottmarsbocholt gehörenden Gemeinde Venne konnte der Film im März 1952 als Anschauungsmaterial eingesetzt werden, nachdem das Klassenzimmer einen Stromanschluß erhalten hatte.[390] Die von den Kindern mit Spannung erwartete erste Vorführung ereignete sich im Rahmen der Schulentlaßfeier am 29. März 1952. Der Venner Lehrer notierte: „Die Kinder waren ganz begeistert."[391] Wer dem für die fünfziger Jahre charakteristischen Kinovergnügen nachgehen wollte, mußte in die benachbarten Städte Lüdinghausen oder

---

378 A.a.O., Eintrag v. 4.11.1937.
379 A.a.O., Eintrag v. 8.1.1938.
380 A.a.O., Eintrag v. 1.2.1938.
381 A.a.O., Eintrag v. 1.4.1938.
382 A.a.O., Einträge v. 8.5. u. 8.6.1938.
383 A.a.O., Eintrag v. 27.6.1938.
384 A.a.O., Eintrag v. 6.7.1938.
385 A.a.O., Eintrag v. 10.10.1938.
386 Ottmarsbocholt zählte im folgenden Jahr (1939) 1616 Einwohner. Vgl. GA Senden, Bestand Ottmarsbocholt, C 10.
387 GA Senden, Chronik der Gemeinde Ottmarsbocholt, o. Sig., Eintrag v. 10.11.1938.
388 A.a.O., Eintrag v. 11.1.1938.
389 A.a.O., Eintrag v. 29.4.1940.
390 GA Senden, Schulchronik Venne, o. Sig., S. 125.
391 Ebd.

Selm fahren, um im dortigen „Stadt-Kino" oder „Metropol-Theater" Leinwandabenteuer zu erleben.[392]

Die Nationalsozialisten führten auch Rundfunkübertragungen in Ottmarsbocholt ein. Der gemeinschaftliche Radioempfang sollte in der Dorfgesellschaft neue Unterhaltungsformen und ideologische Inhalte im Bewußtsein der Hörer implantieren. Dementsprechend hörten die Dorfbewohner neben politisch-propagandistischen Ansprachen zu Ereignissen nationalen Ranges auch seichte Unterhaltungsmusik. Bereits am 1. Mai 1933 organisierte der Venner Dorfschullehrer Alois Denkler für seine Schüler eine Feier für „den Volkskanzler Adolf Hitler", bei dem die „Rundfunkübertragung vom Tempelhofer Feld in Berlin" gehört wurde. Gemeinschaftlicher Hörfunkempfang bildete einen festen Bestandteil bei jedem Erntefest und sonstigen nationalsozialistischen Feiern oder Öffentlichkeitsaktionen. Bei der Weihnachtsbescherung für die vom NS-Winterhilfswerk (WHW) Betreuten am 23. Dezember 1937 lauschten Erwachsene und Kinder „der Weihnachtsansprache von Dr. Göbbels (sic!)".[393]

Wie sehr das Medium Hörfunk Sprachrohr der nationalsozialistischen Politik war, zeigen die festgehaltenen Nachrichten. Der Lehrer Alois Denkler hielt in seiner Schulchronik die Meldungen über die „Besetzung Dänemarks und Norwegens" am 9. April 1940, den Angriff auf Holland, Belgien und Frankreich am 10. Mai 1940 sowie die Sondermeldung über den Balkanfeldzug am 19. April 1941 fest.[394] Wie tief die nationalsozialistische Demagogie in die Köpfe der Zuhörer eingedrungen war, belegt die Reaktion Denklers auf das politische Ereignis des 20. Juli 1944, der die Sprachregelung „von dem feigen Mordanschlag auf den Führer" in sein Vokabular übernahm.[395] Nach dem Krieg fiel die ideologisch-propagandistische Instrumentalisierung des Rundfunks weg. Radioempfang diente danach der Unterhaltung und ausgewogener Information. Die Venner Schule erhielt zusätzlich zu dem Filmgerät einen Radioapparat, der ab 1953 die ersehnte Teilnahme am Schulfunk ermöglichte.[396]

Auch in Heek versuchten die Nationalsozialisten schon früh, das neue Medium Film für sich einzusetzen. Bereits im April 1933 bemühten sie sich, die Vergnügungssteuer für Filmvorführungen drastisch zu senken, die später ganz entfallen sollte.[397] In der Folgezeit gelangte eine Reihe von Filmen durch die NSDAP-Gaufilmstelle zur Vorführung: beispielsweise im November 1934 der Film „Flüchtlinge",[398] im Mai des folgenden Jahres der Film „Stoßtrupp 1917".[399] Im November 1933 zeigte die „Westmark" Tonfilm-Gesellschaft den Militärschwank „Annemarie,

---

[392] Siehe STAMS, Kreis Lüdinghausen, Nr. 1461.
[393] GA Senden, Chronik der Gemeinde Ottmarsbocholt, o. Sig., Eintrag v. 23.12.1937. Zum Einsatz des neuen Mediums in der Schule siehe Becher, Geschichte des modernen Lebensstils, S. 190.
[394] GA Senden, Schulchronik Venne, S. 113f.
[395] A.a.O., S. 118.
[396] A.a.O., S. 125.
[397] Schreiben des Reichs- und Preußischen Ministers des Innern v. 14.4.1938 u. Rundschreiben des Preußischen Landgemeindetags West v. 19.4.1933; GA Heek, D 453.
[398] Schreiben des Ortsfilmwarts an den Amtsbürgermeister v. 8.11.1934; GA Heek, D 166.
[399] Schreiben desselben an denselben v. 28.5.1935; a.a.O.

die Braut der Kompanie".[400] Auch hier manifestierte sich, daß die ersten Filmschauen der Nationalsozialisten unverhüllt ideologisch durchdrungen waren. Anfang 1940 waren parteiamtliche Filmvorstellungen in kinolosen Orten von der Vergnügungssteuer befreit, „wenn in dem Programm außer der Wochenschau mindestens ein Film mit propagandistischem Charakter gezeigt wird."[401]

Wie in Ottmarsbocholt waren kirchliche Institutionen als Anbieter von Filmvorführungen eine Konkurrenz für die Nationalsozialisten. Auch in Heek zeigte die Missionshilfe für das ehemalige Deutsch-Süd-West-Afrika aus Köln den Film „Die schwarze Schwester". Der Bildstreifen wurde zweimal in einer Gaststätte, nachmittags um fünf und abends um acht Uhr, gespielt.[402] Nach dem Krieg stellte erneut eine kirchliche Einrichtung Filmmaterial bereit. Die bildenden und belehrenden Filmvorführungen des katholischen Lichtspielverbands sollten nicht dem Vergnügen, sondern allein „gemeinnützigen und kirchlichen Zwecken" dienen.[403]

Daneben traten nun private Anbieter mit ihren Wanderkinos auf, die den Wunsch der Heeker Bevölkerung nach bewegten Bildern befriedigten.[404] Das Lichtspiel-Theater-Legden beabsichtigte, das Amt Nienborg-Heek in seinen mobilen Kino-Turnus aufzunehmen,[405] während der Besitzer des Eper Kapitol-Theaters sich bereits im August 1948 die Erlaubnis der Amtsvertretung eingeholt hatte, wöchentlich in Heek einen Film zu zeigen. Die Amtsverordneten machten es dem Lizenzträger des Kinos allerdings zur Auflage, „nur einwandfreie Filme zur Vorführung" zu bringen und behielten sich die Absetzung untragbarer Streifen vor.[406] Der Betreiber des Wanderkinos aus Epe versicherte dem Amtsdirektor, bessere Filme zu zeigen als „die vielfach noch gezeigte Ramschware".[407] Unter der Zusage, daß nur „den örtlichen ländlichen Verhältnissen entsprechende Filme zur Aufführung kommen", erhielt der Kinobesitzer eine Ermäßigung der Vergnügungssteuer.[408] Im Jahr 1949 zog sein mobiler „Ahauser Landfilm" bei sechs Vorstellungen 362 Besucher an.[409] Anfang 1950 mußte er zwar sein Wanderkino aufgeben,[410] das Bedürfnis nach regelmäßigen Filmvorstellung aber blieb ungebrochen. Der „Landfilm Wanderlichtspielbetrieb" aus Vlotho bewarb sich um die Nachfolge.

Große Anziehungskraft übten die Filmtheater der benachbarten Städte aus. Das „Schaupielhaus" und die „Schauburg" in Vreden, das Ahauser „Lichtspielhaus", das Stadtlohner „Union-Theater", das „Apollo" und die „Walhalla" in Gronau und das

---

[400] Ankündigung v. 8.11.1933; a.a.O.
[401] Verfügung des Regierungspräsidiums v. 11.3.1940; GA Heek, D 453.
[402] GA Heek, D 166. Siehe oben den entsprechenden Passus zu Ottmarsbocholt.
[403] Vgl. Schreiben des Katholischen Lichtspielverbands v. 18.10.1949; GA Heek, D 453.
[404] Schreiben des Direktors des Kapitol-Theaters Epe v. 6.10.1949; a.a.O.
[405] Schreiben des Direktors des Lichtspiel-Theaters Legden an den Amtsbürgermeister v. 3.3.1949; GA Heek, D 166.
[406] Korrespondenz zwischen Amtsdirektor und dem Betreiber des Kapitol-Theaters Epe v. 1., 20. u. 30.8.1949; a.a.O.
[407] Schreiben des Direktors des Kapitol-Theaters Epe v. 6.10.1949; GA Heek, D 453.
[408] Beschluß der Gemeindevertretung v. 5.12.1949; a.a.O.
[409] Schreiben des Direktors des Kapitol-Theaters Epe v. 6.10.1949; a.a.O.
[410] Schreiben des Amtsdirektors v. 5.1.1950; GA Heek, D 166.

Eper „Capitol" warben um die Gunst der Heeker Kinobegeisterten. In den Kinos waren deutsche Herstellungen wie „Wiener Mädeln" oder der „Hans-Albers-Großfilm: Sergeant Perry" und religiöse Themen wie „Das Lied der Bernadette, dem Mädchen von Lourdes" zu sehen. Daneben wurde auch eine Reihe amerikanischer Produktionen angeboten: „Mit Büchse und Lasso" mit John Wayne oder „Spiel mit dem Schicksal" mit Ingrid Bergmann und Gary Cooper.[411]

Im November 1951 öffnete in Heek ein Lichtspieltheater seine Pforten, das eine Kapazität von 220 Sitzplätzen aufwies. Allein in den letzten beiden Monaten des Jahres strömten 2050 Besucher in den Filmpalast.[412] Bereits im darauffolgenden Frühjahr kam es zu einem Streit zwischen den Betreibern und der Gemeindevertretung aufgrund unterschiedlicher Ansichten über die Qualität der angebotenen Filmwerke. Die Gemeinderäte wollten, daß nur solche Filme ausgestrahlt werden, „die als nützlich für die Gemeinde Heek angesprochen werden können", und forderten die Betreiber auf, dem Gemeindewunsch zu entsprechen.[413] Diese wiederum beteuerten, ausschließlich jugendfreie und kirchlicherseits freigegebene Filme vorzuführen und hoben hervor, „daß jugendfrei zensierte Filme, (die) vor Jugendlichen ab 10 Jahren im gesamten Bundesgebiet gezeigt werden, für die Heeker Bevölkerung angemessen erscheinen."[414] Der Popularität des Heeker Filmpalasts tat dieser Streit keinen Abbruch. Die Zahl der jährlichen Kinobesucher wuchs in den fünfziger Jahren von Jahr zu Jahr und erreichte 1960 den Höchststand von 16000 Zuschauern.[415]

Die Anfänge des Rundfunkwesens lagen in Heek ebenfalls in den dreißiger Jahren. 1932 beschloß die staatliche Schulaufsicht, die Unterrichtsanstalten des Kreises Ahaus mit Rundfunkgeräten auszustatten.[416] Die Gemeinde Heek erhielt für ihre Schulen daraufhin acht Apparate.[417] Die Nationalsozialisten waren sich der Suggestivkraft dieses neuen Mediums bewußt und machten es sich zu eigen. Bereits im Mai 1933 wurden die Schulleiter angewiesen, mit den Rundfunkgeräten in ihren Anstalten die reichsweit ausgestrahlte „Schlageter-Feierstunde" zu empfangen.[418] Dementsprechend bat die örtliche HJ gleich nach ihrer Gründung 1936 die Gemeindeverwaltung um finanzielle Unterstützung für die Anschaffung eines Rundfunkgerätes.[419] Im Januar 1939 investierte die Gemeindeverwaltung in die Anlage eines Gemeinderundfunks.[420] Gleichzeitig erwirkte das Regierungspräsidium eine Verringerung der

---

411 Siehe zum Beispiel die Kino-Anzeigen in den Kreis Ahauser Nachrichten v. 7.8. u. 21.10.1950 u. v. 4.5.1951; GA Heek, Zwischenarchiv, Reg.-Nr. 0-11/1A.
412 Fragebogen über kulturelle Einrichtungen der Gemeinde v. 28.4.1952; GA Heek, Zwischenarchiv, Reg.-Nr. 3-00/1A.
413 Schreiben des Amtsdirektors an das Heeker Lichtspielhaus v. 23.5.1952; a.a.O.
414 Antwortschreiben v. 14.6.1952; a.a.O.
415 Fragebogen über kulturelle Einrichtungen der Gemeinde v. 15.5.1961; a.a.O. 1952 bis 1954 waren es 13.000, 1955 13.800, 1957 13.500, 1958 14.000, 1959 13.500. Vgl. Fragebögen v. 29.5.1953, 4.6.1954, 6.6.1955, 7.6.1956, 2.6.1958, 5.5.1959, 14.5.1960; a.a.O.
416 Schreiben des Regierungspräsidiums Münster v. 4. u. 25.4.1932; GA Heek, D 563. Schreiben des Westdeutschen Rundfunks bezüglich der Schulkonferenzen Borken-Ahaus v. 11.5.1932; GA Heek, D 368.
417 Schreiben des Amtsbürgermeisters v. 7.6.1932; GA Heek, D 563.
418 Schreiben des Regierungspräsidiums Münster v. 23.5.1933; a.a.O.
419 Schreiben des HJ-Scharführers an den Bürgermeister v. 10.2.1936; a.a.O.
420 GA Heek, D 45.

Vergnügenssteuerordnung für Radios in Gaststätten,[421] die in Heek vier Gasthäuser betraf.[422] Um eine möglichst hohe Verbreitungsquote der Volksempfänger zu erreichen, senkte die Gemeindeverwaltung die Vergnügungssteuer für Rundfunkgeräte auf den niedrigsten Satz.[423] Die öffentlichen Radiogeräte, die sich in den Schulen befunden hatten, wurden nach dem Einmarsch der Alliierten von den belgischen Besatzungstruppen beschlagnahmt.[424] Noch 1953 waren nicht alle Geräte in die Lehranstalten zurückgelangt. Die katholische Volksschule in Heek beabsichtigte, ein neues Rundfunkgerät zu anzuschaffen,[425] das die Schulaufsichtsbehörde zu günstigen Konditionen anbot.[426] Derweil blieben Radioapparte für Privatpersonen ein Luxusartikel. Anfang der fünfziger Jahre kostete ein UKW-Empfänger laut Liste 321,70 DM.[427]

Da in Rödinghausen kein lokales Lichtspielhaus existierte, sorgten Wanderkinos für Unterhaltung mit bewegten Bildern. Der Startschuß in die moderne Unterhaltungsindustrie fiel hier Ende der zwanziger Jahre. Die Verordnung vom 28. März 1929 erleichterte es Wanderlichtspielen, Orte ohne eigenes Kino mit Filmen zu versorgen. Sie nahm Wanderkinos von den allgemeinen Sicherheitsbestimmungen und Auflagen aus.[428] So gastierten im September 1930 die Bielefelder Lichtspiele in Rödinghausen und zeigten das Lustspiel „Bankhaus Pat und Patachon" im Saal des Gastwirts Möller.[429] In zwei Preisklassen konnten Karten für fünfzig und siebzig Pfennig erworben werden. Im Frühjahr 1932 präsentierte der Lichtspielunternehmer Hugo Lungwitz im Rahmen einer geschlossenen Schülervorstellung die Filme „Liebe und Knallbonbons" und „Die Perle des Regiments".[430] Spürbaren Aufschwung erlebten Filmvorführungen in der NS-Zeit. Vor allem jugendliche Zuschauer wurden mit dem neuen Medium geködert, um militärische Botschaften und die Verherrlichung soldatischer Tugenden zu konsumieren. Die NSDAP-Gruppe Rödinghausen richtete den Posten eines Filmstellenleiters ein, den der örtliche Zahnarzt, Dr. Johannes Stursberg, bekleidete.[431] 1933 zeigten die Nationalsozialisten den Propagandastreifen „Deutschland erwacht".[432] Die Ortsgruppe intensivierte ihr Filmangebot in Zusammenarbeit mit der Gaufilmstelle Westfalen-Nord so weit, daß sie im Sommer 1936 und 1937 monatlich mit einem Film aufwarten konnte. 1936 zeigte sie die Filme „Die Werft zum Grauen Hecht", „Das Mädchen vom Moorhof", „Wo bist Du" sowie „Heldentum und Todeskampf unserer Emden".[433] Im Jahr darauf bekamen die

---

[421] Verfügung des Regierungspräsidenten Münster v. 7.1.1939; GA Heek, D 453.
[422] Verzeichnis der Gaststätten mit Radiogeräten v. 27.1.1939; a.a.O.
[423] Beschluß des Leiters der Gemeinde Heek v. 28.2.1939; a.a.O.
[424] Schreiben des Amtsbürgermeisters an den Landrat in Ahaus v. 12.4.1946; GA Heek, D 362.
[425] Schreiben des Schulleiters v. 30.1.1953; GA Heek, D 1035.
[426] Schreiben des Schulrats v. 21.1.1953; a.a.O.
[427] Siehe Anzeige in Kreis Ahauser Nachrichten v. 26.5.1951; GA Heek, Zwischenarchiv, Reg.-Nr. 0-11/1A.
[428] Zur rechtlichen Grundlage siehe den Verordnungstext; GA Rödinghausen, B-IV-4-14.
[429] Antrag v. 9.9.1930 und Veranstaltungsplakat; a.a.O.
[430] Antrag v. 2.6.1932; a.a.O.
[431] Namentliches Verzeichnis über die Parteigenossen der Gemeinde Rödinghausen v. 22.4.1945, Blatt II; GA Rödinghausen, Zwischenarchiv, D 0-05/2.
[432] Genehmigung des Films v. 3.11.1933; GA Rödinghausen, B-IV-4-14.
[433] Anträge und Genehmigungen der Filme v. 22.6., 22.7., 15.8. u. 29.9.1936; a.a.O.

Rödinghauser mit „Ein ganzer Kerl", „Du kannst nicht treu sein", „Im weißen Rössl" und „Schlußakkord" unbeschwerte Unterhaltung zu sehen.[434] Aus dem militärischen Milieu war der Film „Soldaten-Kameraden", der der Bevölkerung einen Einblick in „unser Volksheer" bieten sollte.[435] Aber auch der Erfahrungshorizont der Dorfbewohner sollte angesprochen werden. Der Film „Junges Blut" suggerierte den Besuchern: „Wir steigen tief hinein in masurisches Volksleben, erleben die Johannisnacht, Erntefest und Bauernhochzeit."[436] Bei diesem Film manifestierte sich erneut die Überformung dörflicher Kultur und Lebensweise durch die NS-Propagandaklischees. Schon der Titel wies in die Richtung des nationalsozialistischen Blut- und-Boden-Kultes. Er knüpfte an die bäuerlichen Lebens- und Arbeitsweisen an, handelte es sich bei den Bauersleuten im Film doch um „Menschen aus echtem Schrot und Korn", die „in treuer Pflichterfüllung ihr Tagewerk vollbringen." In der Charakterisierung der masurischen Bauern sollte sich „jener harte, eigensinnige, pflichtdurchglühte Mensch (offenbaren), der immer nur das Beste will, gleich wie er es anpackt". Neben der NS-Ortsgruppe boten noch der evangelische Blau-Kreuz-Verein und ein Unternehmer aus Enger Filme an. Die kirchliche Institution trat lediglich am Buß-und Bettag mit einer Produktion über Missionsstationen in China auf.[437] Es ist zu vermuten, daß diesem Film nicht der gleiche Publikumszuspruch zuteil wurde wie den attraktiveren Erzeugnissen der NS-Unterhaltungsindustrie.

In der Nachkriegszeit gab es im Dorf nur noch wenige Filmvorführungen. Dies lag daran, daß die steigende Individualmotorisierung einem zunehmenden Kreis von Dorfbewohnern einen Besuch städtischer Lichtspielhäuser ermöglichte. Zwar gaben Anfang der fünfziger Jahre noch einige private Wanderkinos wie die „Olympia-Lichtspiele" aus Lübbecke in Rödinghausen ihr Stelldichein, jedoch beugten sich diese rasch der zugkräftigeren städtischen Konkurrenz.[438] Für die zunehmend mobilere Dorfgesellschaft der Nachkriegszeit, vor allem für die Jugend, war es keine Unmöglichkeit mehr, für einen Kinobesuch nach Bünde oder Herford zu fahren.

---

434 Ankündigung und Plakate für die Filme v. 25.6, 20.7., 16.8. u. 19.10.1937; a.a.O.
435 Genehmigung und Ankündigung des Films v. 26.5.1937; a.a.O.
436 Zum Folgenden siehe Ankündigung des Films v. 27.1.1937; a.a.O.
437 Schreiben des Amtsbürgermeisters v. 17.11.1936; a.a.O.
438 Siehe dazu die Korrespondenz zwischen dem Besitzer des Wanderkinos und dem Amtsdirektor in den Jahren 1951 u. 1952; GA Rödinghausen, Zwischenarchiv, C 9-00.

Schlußbetrachtung

Die allumfassende industrielle Revolution in der westfälischen Landwirtschaft bewirkte in der zweiten Hälfte des 20. Jahrhunderts, daß immer weniger Menschen immer weitere Flächen und zahlreichere Viehbestände in immer größeren und spezielleren Betrieben bewirtschafteten und dabei die Produktivität und Produktion ständig steigerten. Diese forcierte Agrarmodernisierung führte also zu einer Konzentration der landwirtschaftlichen Nutzfläche in den Händen immer weniger Betriebsleiter. Als logische Konsequenz gab es in den Dörfern immer weniger Bauersleute und in der Landwirtschaft Beschäftigte. Zudem sorgte der Kapitalisierungsdruck auf die bäuerlichen Betriebe für ein Höfesterben. Arbeits- und Lebensformen wie die Gesindeverfassung oder das Heuerlingswesen starben ebenfalls aus. Mit den kleinen landwirtschaftlichen Betrieben verschwand auch das Dorfhandwerk nach und nach. Die Dorfhandwerker, die ihre berufliche Existenz nahezu allein der örtlichen Landwirtschaft verdankten, waren dieser meist noch durch einen kleinen landwirtschaftlichen Grundbesitz verbunden. Mit dem Dorfhandwerk gingen natürlich auch althergebrachte Berufe wie zum Beispiel Holzschuhmacher, Schmied, Stellmacher und andere.

Dieser tiefgreifende sozioökonomische Strukturwandel erfaßte alle Bereiche dörflichen Lebens. Einer davon war die Rekrutierung dörflicher Eliten. Während die Zusammensetzung der Gemeindeleitungen der drei Untersuchungsgemeinden von den zwanziger bis in die sechziger Jahre von den Kriterien Verwandtschaft und Besitz beeinflußt war,[1] setzte der entscheidende Umbruch in den sechziger Jahren ein. Die Auswirkungen des Übergangs von einem landwirtschaftlich geprägten Dorf zu einer verstädterten und entbäuerlichten Landgemeinde auf die Elitenrekrutierung stellten sich in Rödinghausen im Jahre 1961, in Heek und Ottmarsbocholt 1969 ein. Mit den Kommunalwahlen dieser Jahre brachen die althergebrachten politischen Einstellungs- und Handlungsmuster um. An die Spitze der Gemeinde trat in Rödinghausen 1961 zum ersten Mal ein sozialdemokratischer Arbeiter aus der Unterschicht, der die bisherigen Bauern aus der Oberschicht und dem Mittelstand – in der Nachkriegszeit durchweg Unionsangehörige – ablöste. In Ottmarsbocholt und Heek repräsentierte in dem Schwellenjahr 1969 erstmals ein Angestellter aus dem Mittelstand die Gemeinde, was dort bisher das Privileg großbäuerlicher Oberschichtangehöriger gewesen war. Auch in den Bürgervertretungen der sechziger Jahre wandelte sich neben dem Alter und der Parteimitgliedschaft das Berufs- und Sozialprofil der Bürgervertreter. In Rödinghausen ersetzten seit 1961 SPD-Arbeiter aus der Unterschicht die traditionelle Majorität großbäuerlicher Oberschichtler bzw. gewerblicher und agrarischer Mittelständler aus der Union. In Ottmarsbocholt kristallisierten sich 1969 neue

---

[1] Mit dem landwirtschaftlichen Strukturwandel rückte der Hausbesitz an die Stelle des Grundbesitzes; Matter, Sozioökonomische Entwicklung, kollektives Gedächtnis und Dorfpolitik, S. 175; Jeggle, Krise der Gemeinde – Krise der Gemeindeforschung, S. 103.

Mehrheitsverhältnisse heraus, als mittelständische Angestellte einer Unabhängigen Wählergemeinschaft die bislang dominierenden Großbauern und Handwerker, die sich der CDU angeschlossen hatten, verdrängten. In Heek schließlich nahmen ebenfalls 1969 die mittelständischen Bürgervertreter den Ratsmitgliedern aus der Oberschicht die Führungsrolle ab. Da mit diesen Umbrüchen einem größeren Kreis von Bewohnern eine aktive Rolle in der Ortspolitik beschieden war, kann man in dieser Demokratisierung der Dorfpolitik ein Kriterium von Modernisierung sehen.

Dieser Wandel in der Elitenrekrutierung war die Folge des langen Prozesses des sozioökonomischen Strukturwandels und nicht des Nationalsozialismus oder des Vertriebenenzuzugs. Er war mithin ein Wandel ‚von innen heraus' und nicht die Auswirkung eines kurzfristigen äußeren Eingriffs. Die Veränderungen durch die Nationalsozialisten waren deshalb von geringer Wirkung, weil nach dem Krieg die althergebrachten Verhältnisse in den Bürgervertretungen wiederhergestellt wurden. Gerade auf personeller wie politisch-programmatischer Ebene ist das Bestreben greifbar, an die als probat angesehenen Zustände vor der NS-Ära wiederanzuknüpfen. Das zeigen die Beispiele aller drei Landgemeinden, bei denen die Amts- und Gemeindevertretungen von 1946 an in ihrer Zusammensetzung denen vor der NS-Zeit ähnelten. Am ausgeprägtesten war dies in den Volksvertretungen der Gemeinde Ottmarsbocholt der Fall. Als zweiter äußerer Faktor, der die dörfliche Elitenrekrutierung hätte umgestalten können, ist der Zuzug zahlreicher Vertriebener zu nennen. Trotz der großen Zahl von Neubürgern, die zeitweise bis zu einem Drittel der Dorfbevölkerung stellten, erlangten sie nicht eine entsprechende Repräsentanz in den politischen Gremien. Einfluß hatten die Neubürger lediglich auf bestimmte Verfahrensweisen wie zum Beispiel die Transparenz von Entscheidungsprozessen in den Bürgervertretungen. Es glückte den neuen Gemeindebürgern, bislang übliche familiäre Absprachen aus der Dunsthülle von Gottes- und Gasthaus hervorzuziehen und in das Amtshaus zu verlagern. Auch die Abstimmungskonstellationen änderten sich unter dem Einfluß der Vertriebenen. Die bislang praktizierte Einstimmigkeit bei den Abstimmungen konnte nicht mehr beibehalten werden, weil die neuen Dorfbewohner ihre Interessen artikulierten.

Auch der zweite Untersuchungsgegenstand, nämlich das Heiratsverhalten der Dorfbewohner, war wie die Elitenrekrutierung grundsätzlich von Kontinuität geprägt. Auch hier spielten Familie und Besitz eine entscheidende Rolle, d.h. die meisten Eheschließungen im Untersuchungszeitraum fanden zwischen Partnern derselben sozialen Schicht statt. Neben der Schichtendogamie blieben Ortsendogamie, Konfession und Alter wie ehedem heiratsstrategische Kriterien. Heiraten über Schichtgrenzen hinweg besaßen Ausnahmecharakter und hatten ihre Ursache meist in einem außergewöhnlichen Beweggrund, zum Beispiel einer ungewollten Schwangerschaft. Beim Heiratsverhalten erwiesen sich in besonderer Weise die Familie und mit ihr der Besitz als „Rückzugspotential von Traditionalität";[2] besonders die Familie gab „soziale Erfahrungen und Erwartung" sowie „moralische Formen und Werte"

---

[2] Medick, Zur strukturellen Funktion von Haushalt und Familie, S. 257.

weiter.[3] Diese beiden Determinanten dörflicher Existenz ordneten nach wie vor in Gestalt gezielter Heiratspolitik die Weitergabe des materiellen Besitzstandes im Produktionsverband Dorf sowie den Fortbestand öffentlicher Reputation im Prestigeverband Dorf.

Betrachtet man das generative Verhalten der einzelnen dörflichen Gesellschaftsschichten im Hinblick auf soziale Mobilität, so treten schichtspezifische Orientierungen hervor. Am ausgeprägtesten war die Schichtkonsistenz in der Oberschicht. Die bäuerliche Oberschicht legte „eine sozial homogenere Partnerwahl bei der Eheschließung" an den Tag, als dies bei Angehörigen der anderen sozialen Schichten der Fall war.[4] Ihr Heiratsverhalten war gleichermaßen von sozialen wie lokalen Endogamievorstellungen geleitet. Hier war die Partnersuche a priori ökonomisch-sozial und lokal bestimmt, sie orientierte sich am Ideal der innerdörflichen Verheiratung. Da dieses Ziel generativer Reproduktion dazu diente, den Besitzstand zu wahren, kam es auch vor, daß der dörfliche Heiratsmarkt für die Oberschicht begrenzt war, so daß die großbäuerliche Schicht bei der Suche nach materiell und sozial gleichrangigen Partnern regional ausgreifen mußte, wie vor allem in Rödinghausen gut zu beobachten war. Diese Heiratspraxis, nach der der Partner der gleichen sozialen und möglichst lokalen Status-Gruppe entstammen sollte, bildete eine statische Gesellschaftsordnung ab. Das Festhalten am Denken in besitzhierarchischen Strukturen schränkte die soziale Mobilität drastisch ein. Die starre Ausrichtung am Grund- und Hausbesitz, im ursprünglichen Wortsinn Immobilien, festigte die Ortsbindung und zementierte zugleich die soziale Schichtung. Mobilität war im großbäuerlichen Heiratskreis nicht erwünscht. Das exklusive Heiratsverhalten sollte als Besitzstandswahrung dienen und so die gesellschaftlichen Verhältnisse festzurren. Das in generativer Erbfolge tradierte materielle und sozialkulturelle Kapital der Familie zu erhalten, war oberstes Gebot bei der Partnersuche. Daß der jeweilige Hoferbe bei diesen familiären Auflagen gegebenenfalls lange suchen mußte, bis er eine adäquate Partnerin gefunden hatte, wurde dabei in Kauf genommen. Dies unterstrich die Untersuchung des Alters der Heiratspaare. Dabei wurde festgestellt, daß das Altersmittel bei Oberschichtpartnerschaften sowie die Altersdifferenz zwischen den Eheleuten erheblich über dem Durchschnitt lag.

Das generative Verhalten der Mittelschicht, vor allem des gewerblichen und angestellten Mittelstandes, zeigte ein höheres Maß an sozialer Mobilität. Die Mitte der Dorfgesellschaft war nach beiden Seiten hin offen: Heiraten nach oben war einzelnen Gewerbetreibenden oder Vertretern des neuen Mittelstandes möglich, wenn sie über ein entsprechendes materielles oder sozialkulturelles Kapital verfügten. Andererseits wurden auch Ehen mit Partnern aus der Unterschicht geschlossen. Gegen Ende der fünfziger Jahre ist ein Aufweichen der Standesbarrieren zwischen bäuerlicher Mittel- und Unterschicht zu bemerken. Dies stand in Zusammenhang mit der betriebswirtschaftlichen Situation der Agrarbetriebe. Angesichts des zunehmenden Kapitalisierungsdrucks und Konzentrationsprozesses und besonders der Abwande-

---

[3] Kaschuba, Lebenswelt und Kultur, S. 88.
[4] Mooser, Auflösung der proletarischen Milieus, S. 292.

rung von Arbeitskräften aus der Landwirtschaft war es für die bäuerlichen Betriebsleiter weniger bedeutend, eine Angehörige der gleichen Schicht zu erwählen. Wichtiger war vielmehr, überhaupt eine mit der Landwirtschaft vertraute Partnerin zu finden.

Für die Angehörigen der Unterschicht waren (Land-)Besitz, familiärer Erbgang und andere ökonomische Aspekte nicht in dem Maße entscheidende Faktoren für die Partnerwahl wie für die besitzende Ober- und Mittelschicht. Zum sozialen Heiratskreis der dörflichen ‚Habenichtse' gehörten nach 1945 auch die Flüchtlinge, die ebenfalls kein materielles oder soziales Kapital auf dem Heiratsmarkt vorweisen konnten. Die Unterschichtangehörigen waren also bei ihrer Partnersuche von ökonomischen und sozialkulturellen ‚Erblasten' frei. Aus diesem Grund setzte sich gerade bei den Unterschichtangehörigen eine Individualisierung der Partnerwahl durch, d.h. persönliche Neigungen kamen stärker zum Tragen.

Die Individualisierung der Partnerwahl bedeutete jedoch noch keine soziale Mobilität. Grundsätzlich blieben die schichtspezifischen Heiratszirkel weitgehend geschlossen, wenngleich sich seit den fünfziger Jahren in größerem Maße schichtübergreifende Trauungen feststellen lassen. Die Schichtkonsistenz nahm zwar im Untersuchungszeitraum in allen drei Untersuchungsgemeinden etwas ab, sie sank jedoch in keiner unter den Wert von 85 Prozent.[5]

Sinkendes Heiratsalter und geringere Kinderzahl pro Ehe stellten säkulare Trends dar, die auch die ländliche Gesellschaft erfaßten.[6] Bereits in den dreißiger Jahren hatte sich in den Landgemeinden Westfalens wie des Deutschen Reiches bei relativ gleichbleibender Eheschließungsziffer die Zahl der kinderlosen Ehepaare wie die Zahl der Eheleute mit einem Kind vergrößert, während sich die Zahl der Familien mit zwei oder mehr Nachkommen spürbar verringert hatte. Die eheliche Kinderzahl nahm in allen sozialen Schichten ab, am deutlichsten in der Unter- und Oberschicht der Untersuchungsgemeinden. Bei der bäuerlichen Oberschicht war der Rückgang der Nachkommenzahl darauf zurückzuführen, daß sich diese am bürgerlichen Ideal der Kleinfamilie ausrichtete. Die abnehmende Geburtenziffer pro Ehe war eine Antwort auf den (land-)wirtschaftlichen Strukturwandel, weil die Kinder die Funktion der Altersvorsorge verloren hatten. Wachsender Wohlstand seit den fünfziger Jahren beendete die jahrhundertelange Mitarbeit der Kinder im elterlichen Betrieb. Einen Beitrag zu dieser Entwicklung hat bei den bäuerlichen Familien die forcierte Agrarmodernisierung geleistet, denn infolge der Mechanisierung der landwirtschaftlichen Erzeugung wurden Kinder nicht mehr als Arbeitskräfte benötigt.[7] Allgemein war der Nachwuchs nun weniger ökonomisches Mittel zur eigenen Altersvorsorge, sondern der Kinderwunsch als Erfüllung des eigenen Daseins war vielmehr emotional motiviert. Das Heiratsalter in den untersuchten Landgemeinden zeigte dieselbe Entwick-

---

[5] In Ottmarsbocholt sank die Schichtkonsistenz von 96,1 auf 91,7%, in Heek von 89,7 auf 85,5% und in Rödinghausen von 92,1 auf 87,1%.
[6] Die beiden Trends griffen auch in anderen ländlichen Regionen. Die Landwirtschaft Niedersachsens 1914 - 1964, S. 120f; Die Landwirtschaft in Baden-Württemberg, S. 19.
[7] Zur in den siebziger und achtziger Jahren weiter sinkenden Geburtenziffer siehe Kohli, Gesellschaftszeit und Lebenszeit, S. 198.

lung, wie sie für ganz Deutschland ermittelt wurde, und zwar ein generell sinkendes Heiratsalter bei Braut und Bräutigam. Dieser Trend wurde erst Mitte der siebziger Jahre umgekehrt, als das Heiratsalter wieder anstieg.[8]

Wie bei der Elitenrekrutierung und dem Heiratsverhalten läßt sich auch bei dem dritten Bereich dörflichen Lebens, der Fest- und Vereinskultur, ein hohes Maß an Kontinuität ausmachen. Im großen und ganzen blieben die traditionellen Formen dörflicher Geselligkeit erhalten. Das Schützenfest als das wichtigste westfälische Dorffest überhaupt blieb in seinem Ablauf nahezu unverändert. Auch wenn wie im Fall Ottmarsbocholt der Schützenverein in der NS-Zeit seine Aktivitäten zwangsweise einstellen mußte, scheint es im Freizeitbereich genauso wie auf politischem Gebiet, „als habe man nach dem Ende des Zweiten Weltkrieges dort wieder angeknüpft, wo die nationalsozialistische Machtergreifung und der Krieg die Entwicklung unterbrochen hatten."[9] Ein Wandel im dörflichen Festleben zeigte sich darin, daß einzelne Feste wie das Kriegerfest oder die Dorfkirmes verschwanden. Von beiden Festen übernahm das Schützenfest einzelne Elemente. So wurden zum Beispiel Kirmesbestandteile wie Buden oder Stände mühelos in das Rahmenprogramm des Schützenfestes integriert.

Ansonsten blieben Schützenfest und der dazugehörige Verein in ihrer Struktur und in ihrer Bedeutung für die Dorfgesellschaft weitestgehend konstant. Allerdings erwuchs den traditionsreichen Dorfvereinen Konkurrenz durch die Sportklubs, in denen nicht die Faktoren Verwandtschaft oder Besitz gefragt waren, sondern individuelle Fähigkeiten. Durch gute sportliche Leistungen konnte man sich hier gesellschaftliche Anerkennung erwerben. Daher boten sich die Sportvereine zur Sozialintegration für einzelne neue Dorfbewohner an. Da die Sportvereine in ihrer Mitgliederaufnahme weit aufgeschlossener waren als die alteingesessenen Vereine, avancierten sie quasi zu einer Revisionsinstanz der verwandtschaftlich organisierten, hierarchischen Dorfgesellschaft. Bei ihnen stellten nicht die durch ihre ökonomische Basis legitmierten politischen Eliten die Vereinsspitze, sondern vorrangig Unterschichtler.

Wie bereits erwähnt, war der massive Flüchtlingszuzug Mitte der vierziger Jahre ein Ereignis, das die Dorfgesellschaft vor zahlreiche Herausforderungen stellte. Die wichtigste Herausforderung war die Eingliederung der Neubürger in die dörflichen Strukturen. Diese vollzog sich als allmählicher, mit starken Retardierungsmomenten behafteter, einseitiger Adaptationsprozeß von seiten der Vertriebenen. Die einseitige Anpassung der neuen Dorfbewohner kann man auf allen drei Untersuchungsfeldern feststellen.[10] Im Bereich der Politik zeigte sich besonders deutlich, daß die Flüchtlingsintegration eine eingleisige Assimilation war, denn auf kommunalpolitischer Bühne konnte sich auf lange Sicht nur derjenige Neubürger etablieren, der dem örtlichen Anforderungsprofil genügte, das heißt der sich von seinen einheimischen Kollegen lediglich in der Herkunft unterschied, ihnen in Konfession und Parteizuge-

---

[8] Ders., a.a.O., S. 197.
[9] Becher, Geschichte des modernen Lebensstils, S. 178f.
[10] Vgl. Hund, Flüchtlinge in einem deutschen Dorf, S. 117 - 193, bes. S. 144ff.; Brändle, Die Eingliederung der Heimatvertriebenen in ländlichen Orten unter besonderer Berücksichtigung des Landvolks, passim.

hörigkeit aber entsprach. Flüchtlingsfürsprecher, die sich im Parteibuch, in ihrer Konfession sowie ihrem sozialen und beruflichen Profil von den einheimischen Ratskollegen unterschieden, konnten nach 1946 nur für kurze Zeit erfolgreich kandidieren; ihre Amtszeit stellte daher nur eine ‚exotische Episode' dar.

Auch beim Heiratsverhalten blieben die beiden sozialen Gruppen, Einheimische und Vertriebene, eingangs überwiegend unter sich. Regionale und darunter besonders konfessionelle Mischehen stießen erst mit der Zeit auf Akzeptanz. Ein Indiz dafür ist der Rückgang der Fälle, in denen Neubürger und -bürgerinnen konvertieren mußten, um eine Einheimische oder einen Einheimischen heiraten zu können. Insgesamt unterstreicht das analysierte Heiratsverhalten die These einer sukzessiven Integration. Schließlich gab es am Ende des Untersuchungsabschnitts mehr Vermählungen von Einheimischen mit Neubürgern als reine Vertriebenenverbindungen.

Das Fest- und Vereinsleben erwies sich im Hinblick auf die Integrationskraft des Sozialsystems Dorf als zwiespältig. Die einheimische Bevölkerung gestaltete ihr traditionelles Vereinsleben und feierte ihre Feste nach wie vor unter sich,[11] und es gelang nur wenigen Vertriebenen in die bestehenden Organisationen aufgenommen zu werden. In den Heeker und Ottmarsbocholter Schützengilden ließen sich unter den Vereinsoffiziellen, ob Vorsitzende, Schützenkönige oder Angehörige des Offizierskorps, keine Vertriebenen ausmachen. Aufgrund der Exklusivität der Traditionsvereine blieb denjenigen Neubürgern, die ihre Freizeit in einem Verein verbringen wollten, nur die Möglichkeit, neue Vereine zu gründen.

Wenn die Funktion von Vereinen in der System- bzw. der Sozialintegration liegt, dann bedeuteten Vereinsneugründungen, daß sich die Eingliederung nicht in den traditionellen Zusammenschlüssen ereignete. Schützengilde und das westfälische Hauptfest, das Schützenfest, blieben also eine Domäne der Alteingesessenen. Selbst Mitte der siebziger Jahre, als bereits die zweite Generation der Heimatvertriebenen in den westfälischen Landgemeinden lebte, war die Eingliederung keineswegs „so nachhaltig und vollständig erfolgt... wie man es immer annimmt."[12] Der empirische Befund läßt „die frommen Hoffnungen von der integrativen Wirkung des Vereinslebens recht fragwürdig erscheinen".[13] Sicherlich ist die „globale Aussage einer bereits zu Ende der fünfziger Jahre geglückten Integration... nicht aufrecht zu erhalten".[14] Allenfalls die Sportvereine erwiesen sich als integrativ. Auf das Sozialsystem Dorf bezogen erwies sich die vollständige und schnelle Integration der Vertriebenen somit als „Mythos".[15]

Eine der leitenden Fragestellungen war die der Periodisierung sozialer und ökonomischer Entwicklungen auf dem Land. Vergleicht man die Entwicklung in den Be-

---

[11] Siehe dazu das Beispiel des Ottmarsbocholter Zucht-, Reit- und Fahrvereins.
[12] Noch 1974 erzielten nach einer Umfrage der Volkskundlichen Kommission für Westfalen die Alteingesessenen den höchsten Beteiligungsgrad am Schützenfest, während demgegenüber deutlich weniger Vertriebene teilnahmen; Sauermann, Hauptfeste in Westfalen, S. 169.
[13] Siewert, Der Verein, S. 83.
[14] Lüttinger, Integration der Vertriebenen, S. 240.
[15] Ders., Der Mythos der schnellen Integration, S. 20 - 36. Siehe auch Siewert, Der Verein, S. 83; Kirchner, Westfälisches Schützenwesen, S. 74.

reichen Landwirtschaft und ländliche Gesellschaft, so ergibt sich eine Ungleichzeitigkeit wirtschaftlicher und sozialer Entwicklungen. Diese betrifft die unterschiedlich lange Konstanz bestehender Strukturen bzw. ihren ungleich raschen Wandel. Angesichts der komplexen historischen Realität in Gestalt einer Gemengelage aus Kontinuitäten und Diskontinuitäten kann man speziell die Rekonstitutierungsphase der Nachkriegszeit mit der Formel von der „Modernisierung unter konservativen Auspizien" charakterisieren.[16] Die „Einheit der Epoche von der Weltwirtschaftskrise bis zum Ende der fünfziger Jahre" galt für alle Bereiche der ländlichen Gesellschaft und ragte in einzelnen Bereichen zeitlich sogar darüber hinaus.[17] Wie der empirische Befund belegt, dauerten die Verhältnisse in den einzelnen Untersuchungsbereichen verschieden lange an; es existierte also ein Nebeneinander von Wandel und Konstanz. Die „Langen Fünfziger Jahre"[18] bestanden vornehmlich dort, wo sich die dörflichen Strukturen bis weit in die sechziger Jahre hinein erhielten. Dies geschah vor allem auf dem Gebiet der Elitenrekrutierung sowie dem Wahl- und Heiratsverhalten. Dort dominierte ein ausgeprägter Drang nach althergebrachten Denk- und Verhaltensmustern und drückte somit der „konservative(n), ordentliche(n), traditionelle(n) Physiognomie der Adenauer-Ära" seinen unverkennbaren Stempel auf.[19] Demgegenüber betrafen die „Kurzen Fünfziger Jahre" die Bereiche, in denen sich ein Wandel rascher vollzog.[20] Dies galt zum Beispiel für die sozioökonomischen Strukturen, also die Zahl der Beschäftigten in und der Berufszugehörigen zur Landwirtschaft, die Berufsflucht aus dem Agrarsektor, das Handwerker- und Höfesterben sowie den Wandel der landwirtschaftlichen Betriebsgrößen, das geänderte Freizeit- und Konsumverhalten sowie die steigende regionale Mobilität, die sinnbildlich für das Weiten und Aufbrechen des dörflichen Horizonts stand.

Abschließend läßt sich resümieren: Die entscheidenden Wandlungen der Landwirtschaft und ländlichen Gesellschaft Westfalens traten erst in den sechziger Jahren zutage, um dann in den Folgedekaden mit Vehemenz durchzuschlagen. Bis zu diesem Umbruch jedoch bildeten die Dörfer in ihrem wirtschaftlichen und sozialen Gefüge Inseln erstaunlicher Stabilität.[21] Für diese Umbrüche sind zwei miteinander verwobene Prozesse verantwortlich, die bereits vorher angelaufen waren, in diesen Jahren aber ganz durchbrachen: zum einen der wirtschaftliche Strukturwandel, neben dem Abgang des Dorfhandwerks die forcierte Agrarmodernisierung mit der Entbäuerlichung der Landgemeinden, zum anderen die Urbanisierung der Dörfer bzw. die

---

[16] Kleßmann, Ein stolzes Schiff und krächzende Möwen, S. 485. Siehe auch Hockerts, Ausblick: Bürgerliche Sozialreform nach 1945, S. 245 - 273. Siehe ebenso die Formel vom „Modernisierungsschub unter konservativen Vorzeichen" bei Waldmann, Die Eingliederung der ostdeutschen Vertriebenen in die westdeutsche Gesellschaft, S. 188.
[17] Doering-Manteuffel, Deutsche Zeitgeschichte nach 1945, S. 23.
[18] Der Terminus stammt von Abelshauser, Wirtschaft und Gesellschaft der Bundesrepublik Deutschland 1949 - 1966.
[19] Doering-Manteuffel, Deutsche Zeitgeschichte, S. 21.
[20] Zum Begriff der „Kurzen 50er Jahre" siehe Schildt, Nachkriegszeit, S. 577f., u. analog Doering-Manteuffel, Deutsche Zeitgeschichte nach 1945, S. 9 u. 26f.
[21] Exner, Beständigkeit und Veränderung; siehe dazu den Forschungsbericht in: AHF-Information Nr. 29 v. 16. 6. 1994, S. 1 - 8.

wachsende regionale Mobilität ihrer Bewohner über die Gemarkungsgrenze der Gemeinde hinaus.

Die vor allem durch die Individualmotorisierung gestiegene Mobilität führte als eine alltagswandelnde Konsequenz zu einer zunehmenden Ausrichtung der ländlichen Bevölkerung an städtischen Verhaltensmustern und sorgte neben dem Vertriebenenzuzug dafür, daß die ländlichen Gebiete immer mehr ihren provinziellen Charakter und ihr konfessionelles Gepräge ablegten. Dadurch trat die Verstädterung ländlicher Arbeits- und Lebenswelten in „die beschleunigte Endphase".[22] Mit den Nachkriegssymbolen der Motorisierung, erst dem Motorroller bzw. -rad, dann dem Auto, wurde die Stadt in Form von urbanen Orientierungs- und Verhaltensmustern in das Dorf ‚geholt'. Mit diesen neuen Fortbewegungsmitteln erweiterte sich der Bewegungsraum und der Erfahrungshorizont der Dorfbewohner. Eine Rolle spielte dabei auch die Zunahme der Berufspendler, die gleichermaßen eine Bedingung und Folge der ökonomischen Rationalisierung der landwirtschaftlichen Betriebe waren. Ferner erfolgte die Urbanisierung des ländlichen Raumes durch eine verbesserte Infrastruktur und nicht zuletzt durch ein allgegenwärtiges Medienangebot der modernen Freizeitindustrie. Dieses Medienangebot, anfänglich als Mittel gegen die Landflucht propagiert, erlaubte es, ferne Lebenswelten via Radio oder Fernseher in die eigene Wohnstube zu importieren. Das dabei eintretende Gefühl, Bewohner eines „soziale(n) Verbannungsort(es) mit minderen Sozialchancen" zu sein,[23] verstärkte die Ausrichtung an urbanen Verhaltensmustern. Darüber hinaus entdeckten seit den sechziger Jahren urbane Kreise das Land als Absatzmarkt für industrielle Konsumgüter oder als Wohnlage mit höherer Lebensqualität. Sie leiteten mit ihrer Stadtflucht eine Gegenbewegung zur bislang üblichen Landflucht ein. Letzteres belegte die Neigung städtischer Schichten, ‚auf dem Land', aber mit Stadtanschluß zu wohnen.[24] Der Landhunger bauwilliger Städter gestaltete die Landgemeinden mehr und mehr zu Vor-Städten um. Das Dorf entwickelte sich zum „Wohnstandort für anderweitig Beschäftigte", zum Wohn- und Schlafplatz von in der Stadt Arbeitenden.[25] Als Konsequenz daraus – sowie im Gefolge der erhöhten regionalen wie professionellen Mobilität – verlor das Dorf für seine Bewohner die traditionelle Mitte als Arbeits- und Lebenswelt.

Neben dem steigenden Grad der Urbanisierung sorgte der ökonomische Strukturwandel für den entscheidenden sozialkulturellen Umbruch im Dorf. Wie zu erwarten war, stellte sich ein tiefgreifender Wandel der dörflichen Sozialstruktur erst mit der sukzessiven Abnahme der landwirtschaftlichen Produzenten ein. Das heißt: Die ländliche Gesellschaft konnte erst dann umfassend mobil werden – und wurde es umwälzend in den sechziger und siebziger Jahren –, als das bäuerlich-ländliche

---

[22] Wiegelmann, Gemeinde im Wandel, S. 9.
[23] Müller, Die soziale Wirklichkeit des deutschen Dorfes von heute, S. 28.
[24] Die Gemeinde Rödinghausen beispielsweise gehörte in den achtziger Jahre zu den wenigen Gemeinden im Regierungsbezirk Detmold, die wuchsen; Botzet, Ereygnisse, S. 242.
[25] Für das Dorf, S. 4; Haller, Dorfentwicklung im Vorarlberg, S. 87f. In den achtziger Jahren sah man für das Dorf die Gefahr, zu einem „Wohnpendlerstandort ohne Autonomie, Infrastruktur und Arbeitsplätze" degradiert zu werden; Tagungsbericht „Schadet die Wissenschaft dem Dorf?", S. 108.

Element im Dorf sank, als die ökonomische Situation und die mentale Disposition der Agrarproduzenten ihren prägenden Einfluß für die Dorfgesellschaft verlor. Der Strukturwandel im Agrarsektor führte schließlich dazu, daß die ländlichen Gemeinden Westfalens zunehmend ihr von der bäuerlichen Familienwirtschaft geprägtes Erscheinungsbild ablegten, kurz: entbäuerlicht wurden. Bäuerinnen wie Bauern bzw. in der Landwirtschaft Beschäftigte wurden zu einer ökonomischen und sozialen Randgröße im Dorf.[26] Im Sog dieser sozioökonomischen Prozesse vollzog sich, wie gesehen, auch ein Wandel der Einstellungs- und Handlungsmuster im Freizeitverhalten, ansatzweise auch im generativen Verhalten, vor allem aber im Wahlverhalten und in der Elitenrekrutierung, dort mit nachträglicher Beschleunigung. Damit trug der ökonomische Strukturwandel im Schulterschluß mit der oben genannten Verstädterung dazu bei, daß sich die Dörfer von Bauernsiedlungen in mehr oder weniger gewerblich geprägte, urbanisierte Wohngemeinden verwandelten.

---

[26] Interessant ist hier der Vergleich mit österreichischen Dörfern, bei denen die Bauern unter dem Eindruck des Massentourismus ebenso zur gesellschaftlichen und wirtschaftlichen Minderheit wurden; Haller, Dorfentwicklung im Vorarlberg, S. 100f.

Anhang

Verzeichnis der Tabellen

Tabelle Nr. 1: Westfalen-Lippe. Gesamtbevölkerung, landwirtschaftliche Bevölkerung und Erwerbspersonen nach Wirtschaftsabteilungen 1933, 1939, 1946, 1950 457

Tabelle Nr. 2: Westfalen-Lippe. Erwerbspersonen nach landwirtschaftlichen Berufen 1933, 1939 458

Tabelle Nr. 3: Westfalen-Lippe. Berufszugehörige der Land- und Forstwirtschaft, Gärtnerei, Tierzucht und Fischerei 1933, 1939, 1950 absolut und in Prozent der Wohnbevölkerung 458

Tabelle Nr. 4: Westfalen-Lippe. Zahl der land- und forstwirtschaftlichen Betriebe nach Betriebsfläche 1933, 1939, 1949, 1960 459

Tabelle Nr. 5: Westfalen-Lippe. Betriebsfläche der land- und forstwirtschaftlichen Betriebe 1933, 1939, 1949, 1960 459

Tabelle Nr. 6: Westfalen-Lippe. Zahl der land- und forstwirtschaftlichen Betriebe nach landwirtschaftlicher Nutzfläche 1933, 1939, 1949, 1960, 1968, 1970, 1972, 1974 460

Tabelle Nr. 7: Westfalen-Lippe. Landwirtschaftliche Nutzfläche der land- und forstwirtschaftlichen Betriebe 1933, 1939, 1949, 1960, 1968, 1970, 1972, 1974 461

Tabelle Nr. 8: Westfalen-Lippe. Ackerland (einschl. Erwerbsgärten) in Hektar und Prozent der landwirtschaftlichen Nutzfläche 1933, 1939, 1949, 1960, 1970 461

Tabelle Nr. 9: Westfalen-Lippe. Wiesenfläche (einschließlich Streuwiesen) in Hektar und Prozent der landwirtschaftlichen Nutzfläche 1960, 1970 462

Tabelle Nr. 10: Westfalen-Lippe. Viehweisen (Dauerweiden) in Hektar und Prozent der landwirtschaftlichen Nutzfläche 1933, 1939, 1950, 1960, 1970 462

Tabelle Nr. 11: Westfalen-Lippe. Erträge insgesamt und je Hektar in Doppelzentner 1933, 1939, 1949, 1960, 1970 463

Tabelle Nr. 12: Westfalen-Lippe. Viehbestand 1933, 1939, 1949, 1960, 1970 .. 464

Tabelle Nr. 13: Westfalen-Lippe. Personal der land- und forstwirtschaftlichen Betriebe 1933: Betriebsinhaber und ihre Familienangehörigen . 464

Tabelle Nr. 14: Westfalen-Lippe. Personal der land- und forstwirtschaftlichen Betriebe 1933: Familienfremde Arbeitskräfte 465

Tabelle Nr. 15: Westfalen-Lippe. Personal der land- und forstwirtschaftlichen Betriebe 1939: Betriebsinhaber und ihre Familienangehörigen . 466
Tabelle Nr. 16: Westfalen-Lippe. Personal der land- und forstwirtschaftlichen Betriebe 1939: Familienfremde Arbeitskräfte 467
Tabelle Nr. 17: Westfalen-Lippe. Personal der land- und forstwirtschaftlichen Betriebe 1949: Betriebsinhaber und ihre Familienangehörigen . 468
Tabelle Nr. 18: Westfalen-Lippe. Personal der land- und forstwirtschaftlichen Betriebe 1949: Familienfremde Arbeitskräfte 469
Tabelle Nr. 19: Westfalen-Lippe. Personal der land- und forstwirtschaftlichen Betriebe 1960: Betriebsinhaber und ihre Familienangehörigen . 470
Tabelle Nr. 20: Westfalen-Lippe. Betriebe und Höhe der außerlandwirtschaftlichen Beschäftigung von Betriebsleitern 1988 470
Tabelle Nr. 21: Westfalen-Lippe. Personal der land- und forstwirtschaftlichen Betriebe 1960: Familienfremde Arbeitskräfte 471
Tabelle Nr. 22: Westfalen-Lippe. Maschineneinsatz in den land- und forstwirtschaftlichen Betrieben 1933 472
Tabelle Nr. 23: Westfalen-Lippe. Technische Geräte in den land- und forstwirtschaftlichen Betrieben 1933 473
Tabelle Nr. 24: Westfalen-Lippe. Maschineneinsatz in den land- und forstwirtschaftlichen Betrieben 1939 474
Tabelle Nr. 25: Westfalen-Lippe. Technische Geräte in den land- und forstwirtschaftlichen Betrieben 1939 475
Tabelle Nr. 26: Westfalen-Lippe. Maschineneinsatz in den land- und forstwirtschaftlichen Betrieben 1947 476
Tabelle Nr. 27: Westfalen-Lippe. Technische Geräte in den land- und forstwirtschaftlichen Betrieben 1947 477
Tabelle Nr. 28: Westfalen-Lippe. Maschineneinsatz in den land- und forstwirtschaftlichen Betrieben 1949 478
Tabelle Nr. 29: Westfalen-Lippe. Technische Geräte in den land- und forstwirtschaftlichen Betrieben 1949 479
Tabelle Nr. 30: Westfalen-Lippe. Maschineneinsatz in den land- und forstwirtschaftlichen Betrieben 1960 480
Tabelle Nr. 31: Westfalen-Lippe. Technische Geräte in den land- und forstwirtschaftlichen Betrieben 1960 481
Tabelle Nr. 32: Westfalen-Lippe. Technische Geräte in den land- und forstwirtschaftlichen Betrieben in gemeinsamer Nutzung 1960 482
Tabelle Nr. 33: Westfalen-Lippe. Düngemittelabsatz und -verbrauch in den Wirtschaftsjahren 1938/39 und 1954/55 - 1960/61 482
Tabelle Nr. 34: Westfalen-Lippe. Besitzverhältnisse 1933, 1939, 1949, 1960 .. 483
Tabelle Nr. 35: Westfalen-Lippe. Vertriebene in der Landwirtschaft 1949 483
Tabelle Nr. 36: Westfalen-Lippe. Vertriebene und landwirtschaftliche Betriebe 1960 484
Tabelle Nr. 37: Westfalen-Lippe. Betriebe von Flüchtlingsbauern 1960 484

Tabelle Nr. 38: Ottmarsbocholt. Gewerbestruktur 1919 und 1925 485
Tabelle Nr. 39: Ottmarsbocholt. Präferenz politischer Parteien/Wahlergebnisse
 in Prozent 486
Tabelle Nr. 40: Heek. Gewerbestruktur 1925, 1939, 1949, 1954/55 487
Tabelle Nr. 41: Heek. Präferenz politischer Parteien/Wahlergebnisse in Prozent 489
Tabelle Nr. 42: Rödinghausen. Gewerbestruktur 1936, 1957 490
Tabelle Nr. 43: Rödinghausen. Präferenz politischer Parteien/Wahlergebnisse
 in Prozent 491

Tabelle Nr. 1: Westfalen-Lippe
Gesamtbevölkerung, landwirtschaftliche Bevölkerung und Erwerbspersonen nach Wirtschaftsabteilungen 1933[1], 1939[2], 1946[3], 1950[4]

Jahr	Gesamt-bevöl-kerung	davon landwirt-schaftliche Bevöl-kerung	Erwerbs-perso-nen	davon		Land- und Forst-wirt-schaft	davon		Industrie und Hand-werk	Handel und Ver-kehr	Dienst-leist-ungen
				erwerbs-tätig	erwerbs-los		erw.-tätig	erw.-los			
1933	5215501	1736844	2348652	1847461	500651	487292	473104	14188	1215018	376188	270154
1939	5330504		2925624	2485206	440418	470728			1299368	383745	331365
1946	5809952		2263963	2189232	74681	416413			1132019	338657	376874
1950	6451017		2794750			418108			1503465	406389	432750

1 VBBZ 1933, StDR Bd. 455,15, S. 2, 4f. u. 58f.; VBBZ 1933, StDR Bd. 455,22, S. 2 u. 4f.; VBBZ 1933, StDR Bd. 458, S. 131f. u. 148; Statistisches Jahrbuch für das Deutsche Reich 1934. S. 21-23. Vgl. auch Wirtschaftsmappe der Landesbauernschaft Westfalen 1940-1949, B1/1.
2 VBBZ 1939, StDR, Bd. 559,9, S.4; VBBZ 1939, StDR Bd.557,18, S. 2f. u. 10f.; Statistisches Jahrbuch für das Deutsche Reich 1941/42, S. 56 u. 61. Siehe auch den Rückblick in Beiträge zur Statistik des Landes Nordrhein-Westfalen, Sonderreihe Volkszählung 1950, Heft 5b, S. 4-7, 72-75, 132-135 u. 238-241, Wirtschaftsmappe der Landesbauernschaft Westfalen 1940-1949, B1/1 sowie Landwirtschaftliches Wochenblatt für Westfalen und Lippe 104 (1947), S. 130.
3 Statistisches Jahrbuch Nordrhein-Westfalen 1 (1949), S. 18-23. Vgl. auch Wirtschaftsmappe der Landwirtschaftskammer Westfalen-Lippe 1940-1949, B 1/1 u. Landwirtschaftliches Wochenblatt für Westfalen und Lippe 104 (1947), S. 130.
4 37999 der 418108 Erwerbspersonen in der Landwirtschaft waren Heimatvertriebene. Insgesamt ergänzen 34038 Sonstige die Statistik. Beiträge zur Statistik des Landes Nordrhein-Westfalen, Sonderreihe Volkszählung 1950, Heft 5b, S. 4-7, 72-75, 132-135 u. 238-241.

Tabelle Nr. 2: Westfalen-Lippe
Erwerbspersonen nach landwirtschaftlichen Berufen 1933[1], 1939[2]

Jahr	insgesamt	Landwirte	Inspektoren u Verwalter	Arbeiter u. Tagelöhner mit eigenem o. gepachtetem Land	Arbeiter u. Tagelöhner m. Deputat- o. Dienstland	Gesinde	davon		Melker	Gärtner
							Knechte	Mägde		
1933	182586	97511	1573	3202	1126	35491	28650		4064	10969
1939	176852	86928	9333	4088	1141	29516	29797		3981	12068

Tabelle Nr. 3: Westfalen-Lippe
Berufszugehörige der Land- und Forstwirtschaft, Gärtnerei, Tierzucht und Fischerei 1933, 1939 und 1950 absolut und in Prozent der Wohnbevölkerung[3]

	1933		1939		1950	
	absolut	in %	absolut	in %	absolut	in %
Ahaus	24852	33,3	23790	30,2	22388	23,0
Herford	21167	13,8	18647	11,5	17638	8,3
Lüdinghausen	21319	24,7	19461	22,2	18813	15,8
Westf.-Lippe	707484	13,3	643696	11,8	588361	9,1

1 VBBZ 1933, StDR Bd. 455,15, S. 29; VBBZ 1933, StDR Bd. 455,22, S. 29.
2 VBBZ 1939, StDR Bd. 557,18, S. 29.
3 Wirtschaftsmappe der Landesbauernschaft Westfalen 1940-1949, B1/1 u. B1/4; Wirtschaftsmappe der Landwirtschaftskammer Westfalen-Lippe 1940-1949, B1/1. Vgl. auch Die Landesbauernschaften in Zahlen, 3. Folge, 1939-40, S.3.

Tabelle Nr. 4: Westfalen-Lippe
Zahl der land- und forstwirtschaftlichen Betriebe nach Betriebsfläche
1933[1], 1939[2], 1949[3], 1960[4]

Jahr	Betriebsgrößenklasse in ha						
	gesamt	bis 5	5-10	10-20	20-50	50-100	ü.100
1933	172214	100297	28719	22203	16387	3434	1174
1939	189497	115978	28641	23338	17015	3346	1179
1949	172780	101975	27068	22601	16551	3351	1234
1960	141375	79980	22706	22662	14372	1655	

Tabelle Nr. 5: Westfalen-Lippe
Betriebsfläche der land- und forstwirtschaftlichen Betriebe 1933[5], 1939[6], 1949[7], 1960[8]

Jahr	Betriebs-fläche gesamt	Davon entfielen auf d. Betriebsgrößenklasse von					
		bis 5	5-10	10-20	20-50	50-100	über 100
1933	1874526	203349	201059	311656	494781	226394	437287
1939	1931646	221367	203502	331200	513670	221954	439953
1949	1876822	200556	192505	321143	501220	221745	439653
1960	1805407						

1 Wirtschaftsmappe der Landesbauernschaft Westfalen 1930-1939, B2/1; VBBZ 1933, StDR Bd. 459,1, S. 40, 62-65 u. 74-77; VBBZ 1933, StDR Bd. 459,3, S. 64f. u. 80f.
2 Wirtschaftsmappe der Landesbauernschaft Westfalen 1940-1949, B2/1; VBBZ 1939, StDR Bd. 560, S. 58f., 66f. u. 254-257.
3 Wirtschaftsmappe der Landwirtschaftskammer Westfalen-Lippe 1940-1949, B2/1.
4 Statistisches Jahrbuch Nordrhein-Westfalen 9 (1962), S. 100f.
5 Wirtschaftsmappe der Landesbauernschaft Westfalen 1930-1939, B2/4.
6 Wirtschaftsmappe der Landesbauernschaft Westfalen 1940-1949, B2/4.
7 Wirtschaftsmappe der Landwirtschaftskammer Westfalen-Lippe 1940-1949, B2/4.
8 Sonderreihe Landwirtschaftszählung 1960, Heft 4a, S. 30.

Tabelle Nr. 6: Westfalen-Lippe
Zahl der land- und forstwirtschaftlichen Betriebe nach landwirtschaftlicher Nutzfläche 1933[1], 1939[2], 1949[3], 1960[4], 1968[5], 1970[6], 1972[7], 1974[8]

Jahr	Größenklasse in ha						
	gesamt	bis 5	5-10	10-20	20-50	50-100	ü.100
1933	170507	108339	27484	20255	12814	1356	259
1939	186508	120541	28298	22318	13739	1329	283
1949	169982	107458	26368	21451	13188	1283	234
1960	141375	79980	22706	22662	14372	1434	221
1968	122835	65186	17810	21981	16075	1783	
1970	114349	58754	16108	20576	17040	1871	
1972	107344	54343	14552	18505	17873	2071	
1974	102118	51702	13176	16661	18274	2305	

1 Wirtschaftsmappe der Landesbauernschaft Westfalen 1930-1939, B2/3.
2 Wirtschaftsmappe der Landesbauernschaft Westfalen 1940-1949, B2/3.
3 Wirtschaftsmappe der Landwirtschaftskammer Westfalen-Lippe 1940-1949, B2/3; Landwirtschaftliches Wochenblatt für Westfalen und Lippe Nr. 111 v. 7.1.1954, S. 3f.
4 Wirtschaftsmappe der Landwirtschaftskammer Westfalen-Lippe 1960, B2/3, Blatt 1 u. 2; Vgl. auch Beiträge zur Statistik des Landes Nordrhein-Westfalen, Sonderreihe Landwirtschaftszählung 1960, Heft 1, S. 8f.
5 Wirtschaftsmappe der Landwirtschaftskammer Westfalen-Lippe 1968, B2/7, Blatt 1 u. 2.
6 Wirtschaftsmappe der Landwirtschaftskammer Westfalen-Lippe 1970, B2/7, Blatt 1 u. 2.
7 Wirtschaftsmappe der Landwirtschaftskammer Westfalen-Lippe 1972, B2/7, Blatt 1 u. 2.
8 Wirtschaftsmappe der Landwirtschaftskammer Westfalen-Lippe 1974, B2/7, Blatt 1 u. 2.

Tabelle Nr. 7: Westfalen-Lippe
Landwirtschaftliche Nutzfläche der land- und forstwirtschaftlichen Betriebe 1933[1], 1939[2], 1949[3], 1960[4], 1968[5], 1970[6], 1972[7], 1974[8]

Jahr	Landw. Nutzfläche gesamt	Davon entfielen auf die Betriebsgrößenklasse in ha					
		bis 5	5-10	10-20	20-50	50-100	über 100
1933	1189710	209412	193390	283343	372339	86733	44493
1939	1271580	220947	201369	313839	400451	85262	49712
1949	1196292	198632	188174	302669	385901	82015	38901
1960	1179280	146196	164262	321523	422287	90813	34199
1968	1162042	113881	128912	317715	466066	135468	
1970	1150795	99401	116127	299184	494961	141122	
1972	1144719	89391	104944	270392	525353	154639	
1974	1137612	81685	95189	244022	545759	170957	

Tabelle Nr. 8: Westfalen-Lippe
Ackerland (einschließlich Erwerbsgärten) in Hektar und Prozent der landwirtschaftlichen Nutzfläche 1933, 1939, 1950, 1960, 1970[9]

	1933		1939		1950		1960		1970	
	ha	%	ha	%	ha	%	ha	%	ha	%
Ahaus	19067	44,6	18182	38,8	17414	37,3	17524	37,3	20551	42,0
Herford	28457	80,5	25525	75,3	23002	69,9	22687	70,8	22982	73,8
Lüdinghausen	32134	62,7	29681	58,0	26964	53,7	27466	55,0	28083	57,9
Westf.-Lippe	855493	59,8	766909	58,6	717356	55,9	700691	55,5	662255	53,9

1 Wirtschaftsmappe der Landesbauernschaft Westfalen 1930-1939, B2/5.
2 Wirtschaftsmappe der Landesbauernschaft Westfalen 1940-1949 B2/5; Landwirtschaftliches Wochenblatt für Westfalen und Lippe 105 (1948), S. 214.
3 Wirtschaftsmappe der Landwirtschaftskammer Westfalen-Lippe 1940-1949, B2/5.
4 Wirtschaftsmappe der Landwirtschaftskammer Westfalen-Lippe 1960, B2/5, Blatt 1 u. 2; Beiträge zur Statistik des Landes Nordrhein-Westfalen, Sonderreihe Landwirtschaftszählung 1960, Heft 4a, S. 30.
5 Wirtschaftsmappe der Landwirtschaftskammer Westfalen-Lippe 1968, B2/8, Blatt 1 u. 2.
6 Wirtschaftsmappe der Landwirtschaftskammer Westfalen-Lippe 1970, B2/5, Blatt 1 u. 2.
7 Wirtschaftsmappe der Landwirtschaftskammer Westfalen-Lippe 1972, B2/8, Blatt 1 u. 2.
8 Wirtschaftsmappe der Landwirtschaftskammer Westfalen-Lippe 1974, B2/5, Blatt 1 u. 2
9 Wirtschaftsmappen der Landesbauernschaft Westfalen 1933-1939 und 1940-1949 sowie Wirtschaftsmappen der Landwirtschaftskammer Westfalen-Lippe 1940-1949, 1960 und 1970, I. Teil, C 1/8.

Tabelle Nr. 9: Westfalen-Lippe
Wiesenflächen (einschließlich Streuwiesen) in Hektar und Prozent der landwirtschaftlichen Nutzfläche 1960, 1970[1]

	1960		1970	
	ha	%	ha	%
Ahaus	11386	24,3	3999	8,2
Herford	3368	10,5	2429	7,8
Lüdinghausen	5055	10,1	2938	6,1
Westf.-Lippe	195817	15,5	151923	12,4

Tabelle Nr. 10: Westfalen-Lippe
Viehweiden (Dauerweiden) in Hektar und Prozent der landwirtschaftlichen Nutzfläche 1933, 1939, 1950, 1960, 1970[2]

	1933		1939		1950		1960		1970	
	ha	%	ha	%	ha	%	ha	%	ha	%
Ahaus	15225	35,6	16779	35,8	17403	37,3	16844	35,9	23450	48,0
Herford	1574	4,4	2780	8,2	3560	10,8	3467	10,8	3762	12,1
Lüdinghausen	13313	26,0	15344	30,0	15668	31,2	15601	31,2	16167	33,4
Westf.-Lippe	237443	17,9	290375	22,2	309293	24,1	305665	24,2	365940	29,8

1 Wirtschaftsmappen der Landwirtschaftskammer Westfalen-Lippe 1960 und 1970, I. Teil, C 1/8.
2 Wirtschaftsmappen der Landesbauernschaft Westfalen 1933-1939 und 1940-1949 sowie Wirtschaftsmappen der Landwirtschaftskammer Westfalen-Lippe 1940-1949, 1960 und 1970, I. Teil, C 1/10.

Tabelle Nr. 11: Westfalen-Lippe
Erträge insgesamt und je Hektar in Doppelzentner 1933, 1939, 1949, 1960, 1970[1]

Frucht-arten	1933		1939		1949		1960		1970	
	dz	dz/ha	dz	dz/ha	dz	dz/ha	dz	dz/ha	dz	dz/ha
Roggen	4841326	20,7	3947022	21,3	3544723	23,6	5082848	27,6	4695750	34,1
Weizen	1845862	23,0	1468602	24,1	1366009	27,4	2195957	30,1	3150110	39,9
Gerste	681630	24,3	884557	22,7	604091	26,4	1459464	30,8	3949210	41,0
Hafer	3597676	21,8	3489051	21,0	3060542	24,3	1918490	27,7	2421220	31,8
Kartoffel	15992624	167,4	18920057	201,2	18466890	202,4	19197268	225,5	10077168	294,6
Zuckerrübe	709563	280,1	1408842	279,7	1939266	266,5	4490858	367,7	4405010	403,5
Futterrübe	21237778	448,0	27206848	477,4	32448071	460,2	34869997	641,2	34548843	1107,6
Flachs[a]	1840	36,1	93487	32,7	71036	39,9	7097	51,4		
Rauhfutter	11730962		10212167		12681955		12055497		13355010	

a. Die Werte in der Rubrik für 1960 beziehen sich auf das Jahr 1956.

1 Wirtschaftsmappen der Landesbauernschaft Westfalen 1933-1939 und 1940-1949 sowie Wirtschaftsmappen der Landwirtschaftskammer Westfalen-Lippe 1940-1949, 1960 und 1970, I. Teil, C 7/1, C 7/3, C 7/5, C 7/7, C 7/10, C 7/11, C 7/12, C 7/15, C 7/23.

Tabelle Nr. 12: Westfalen-Lippe
Viehbestand 1933, 1939, 1949, 1960, 1964[1]

Viehbestände	1933	1939	1949	1960	1964
Pferde	180514	172411	197641	85762	61206
Rindvieh	911868	939468	898941	1130360	1177795
Milchkühe	524853	533376	502030	510345	501716
Schweine	1719166	1876424	1290519	2117538	2437114
Schlachtschweine	598840	715251	484777	501827	
Schafe	81770	129197	162784	75811	61365
Ziegen	172815	138861	127806	33289	
Hühner	6233143	6477427	4772466	7921481	10710338

Tabelle Nr. 13: Westfalen-Lippe
Personal der land- und forstwirtschaftlichen Betriebe 1933: Betriebsinhaber und ihre Familienangehörigen[2]

Größenklasse nach der Betriebsfläche in Hektar	Betriebsinhaber und Familienangehörige							
	insgesamt	davon		Betriebsinh.		Familienangehörige		
		Personen über 14 Jahre	Kinder unter 14 Jahre	hauptberuflich	nebenberuflich	der hauptber. Betriebsinhaber		der nebenber. Betriebsinhaber	
						üb. 14	unt. 14	üb. 14	unt. 14
0,5- 1	116538	83970	32568	2302	22447	4911	1972	54310	30596
1- 2	161157	114836	46321	6770	25471	15134	6738	67461	39583
2- 5	234439	167100	67339	25535	20985	60659	32079	59921	35260
5- 10	159251	112907	46344	23777	4843	69907	38979	14380	7365
10- 20	126174	90905	35269	20890	1149	65699	33853	3167	1416
20- 50	95573	69483	26090	16191	318	52242	25807	732	283
50- 100	18960	13879	5081	3111	90	10517	5008	161	73
100- 200	2756	2079	677	501	37	1480	653	61	24
200- 500	479	334	145	104	15	197	129	18	16
500-1000	128	92	36	28	2	57	33	5	3
über1000	92	60	32	23	2	28	28	7	4
insges.	915547	655645	259902	99232	75359	280831	145279	200223	114623

1 Wirtschaftsmappen der Landesbauernschaft Westfalen 1933-1939 und 1940-1949 sowie Wirtschaftsmappen der Landwirtschaftskammer Westfalen-Lippe 1940-1949, 1960 und 1970, II. Teil, D 2/1, D 2/3, D 2/8, D 2/10, D 2/12, D 2/13, D 2/14, D 2/15 u. D 2/17.
2 VBBZ 1933, StDR Bd. 461,1, S. 37f., 51f., 66-69, 94-105.

Tabelle Nr. 14: Westfalen-Lippe
Personal der land- und forstwirtschaftlichen Betriebe 1933: Familienfremde Arbeitskräfte[1]

Größenklasse nach der Betriebsfläche in Hektar	Familienfremde Arbeitskräfte								
	insgesamt	ständig beschäftigt						zeitweise beschäftigt[a]	
				davon arbeiteten als					
		Personen üb.14 Jahre	Kinder u.14 Jahre	Verwaltungspersonal	Knechte	Mägde	Tagelöhner, Arbeiter	Personen über 14 Jahre	Kinder unter 14 Jahre
0,5- 1	2047	1622	13	86	96	571	869	410	2
1- 2	3778	2787	33	152	326	1249	1060	945	13
2- 5	8901	6228	52	272	1277	3175	1504	2607	14
5- 10	13328	8770	72	297	3234	3971	1268	4452	34
10- 20	26805	17311	120	405	8181	6809	1916	9293	81
20- 50	45339	32509	111	834	16068	11227	4380		229
50- 100	18290	13670	52	740	5965	3630	3335	12490	57
100- 200	6890	5137		532	1565	890	2150	4511	43
200- 500	4562	2916		429	441	242	1804	1710	4
500-1000	1838	1150		204	100	66	780	1642	15
über1000	6674	3951		664	67	60	3160	673 2723	
insges.	138452	96051	453	4615	37320	31890	22226	41456	492

a. Unter zeitweise beschäftigten familienfremden Arbeitskräften sind z.B. Wander- und Saisonarbeiter zu sehen. Darunter fielen auch die 2228 ausländischen Wanderarbeiter, die sich in 1380 Männer, 837 Frauen und elf Kinder unterteilten; a.a.O., S. 54 - 56.

1 VBBZ 1933, StDR Bd. 461,1, S. 37f., 51f., 66-69, 94-105.

Tabelle Nr. 15: Westfalen-Lippe
Personal der land- und forstwirtschaftlichen Betriebe 1939: Betriebsinhaber und ihre Familienangehörigen[1]

Größenklasse nach der Betriebs fläche in Hektar	Betriebsinhaber und Familienangehörige							
	insgesamt	davon		Betriebsinh.		Familienangehörige			
						der hauptber. Betriebsinhaber		der nebenber. Betriebsinhaber	
		Personen über14 Jahre	Kinder unter 14 Jahre	hauptberuflich	nebenberuflich	üb. 14	unt.14	üb. 14	unt.14
0,5- 5	576390	445774	130616	30782	80286	140601	27224	194105	103392
5 - 10	140676	101436	39240	24103	4817	58521	32013	13995	7227
10 - 20	109802	78254	31548	20738	1019	54045	30393	2452	1155
20 - 50	73664	50775	22889	13094	347	36791	22719	543	170
50 - 100	8512	4327	4185	1227	109	2929	4156	62	29
über 100	1378	645	733	192	106	277	712	70	21
insges.	910422	681211	229211	90136	86684	293164	117217	211227	111994

1 Die Betriebszählung 1939 nach Landesbauernschaften, Heft 2, S. 38-45 u. 64-68; Die Landesbauernschaften in Zahlen, 3. Folge, S. 204; Statistisches Handbuch von Deutschland, S. 84f.; Landwirtschaftliche Statistik der britischen Zone 1938-1944, S. 65.

Tabelle Nr. 16: Westfalen-Lippe
Personal der land- und forstwirtschaftlichen Betriebe 1939: Familienfremde Arbeitskräfte[1]

Größenklasse nach der Betriebsfläche in Hektar	Familienfremde Arbeitskräfte								
	insgesamt	ständig beschäftigt						zeitweise beschäftigt [a]	
				davon arbeiteten als					
		Personen über 14 Jahre	Kinder u. 14 Jahr	Verwalt. personal	Knechte	Mägde	Tagelöhner, Arbeiter	Personen über 14 Jahre	Kinder unter 14 Jahre
0,5- 5	18873	12229	66	1979	1281	5813	3156	6386	192
5- 10	13543	7795	39	768	2099	3633	1295	5586	123
10- 20	26855	15773	63	1132	5906	6372	2363	10911	108
20- 50	41960	30521	118	2420	12203	10494	5404	11150	171
50-100	15494	12942	9	1578	4263	3354	3747	2456	87
über 100	14558	12819	4	2331	1377	1124	7987	1733	2
insges.	131283	92079	299	10208	27129	30790	23952	38222	683

a. Unter zeitweise beschäftigten familienfremden Arbeitskräfte sind z. B. Wander- und Saisonarbeiter zu sehen. Darunter fielen auch die 2228 ausländischen Wanderarbeiter, die sich in 1380 Männer, 837 Frauen und elf Kinder unter 14 Jahren unterteilten; Die Betriebszählung 1939 nach Landesbauernschaften, Heft 2, S. 54-56.

1 Die Betriebszählung 1939 nach Landesbauernschaften, Heft 2, S. 48-53, 69-73 u. 78-80; Die Landesbauernschaften in Zahlen, 3. Folge, 1939-1940, S. 205; Statistisches Handbuch von Deutschland, S. 85; Landwirtschaftliche Statistik der britischen Zone 1938-1944, S. 65.

Tabelle Nr. 17: Westfalen-Lippe
Personal der land- und forstwirtschaftlichen Betriebe 1949: Betriebsinhaber und ihre Familienangehörigen[1]

Größenklasse nach d. Betriebsfläche in Hektar	Betriebsinhaber und Familienangehörige									
	insgesamt	davon		Betriebsinh.		Familienangehörige					
		Personen über 14 Jahre	Kinder unter 14 Jahre	hauptberuflich	nebenberuflich	der hauptberuflichen Betriebsinhaber			d. nebenberuflichen Betriebsinhaber		
						über 14	davon ständ.	unter 14	über 14	davon ständ.	unter 14
0 -0,5	26874	22167	4707	711	7544	838	544	344	13074	7134	4363
0,5- 1	111208	88493	22715	2626	24111	5526	3397	1996	56230	31041	20719
1 - 2	141888	111378	30510	7093	23483	17244	10443	6143	63558	36961	24367
2 - 5	194900	152405	42495	23665	14759	68629	46102	24687	45352	28287	17808
5 - 10	129404	100324	29080	22979	1820	69657	53475	26979	5868	3981	2101
10 - 20	106732	82372	24360	19631	293	61527	50572	24058	921	646	302
20 - 50	66802	51468	15334	11925	78	39217	32020	15262	248	206	72
50 -100	6021	4475	1546	1073	8	3374	2494	1541	20	17	5
100-200	641	479	162	118	1	358	207	162	2	1	
über 200	152	103	49	28		75	41	49			
insges.	784622	613664	170958	89849	72097	266445	199295	101221	185273	108274	69737

---

1 Beiträge zur Statistik des Landes Nordrhein-Westfalen, Heft 7, S. 30-35 u. 38f.; Wirtschaftsmappe der Landesbauernschaft Westfalen 1940-1949, B 1a.

Tabelle Nr. 18: Westfalen-Lippe
Personal der land- und forstwirtschaftlichen Betriebe 1949: Familienfremde Arbeitskräfte[1]

Größenklasse nach der Betriebsfläche in Hektar	insgesamt	familienfremde Arbeitskräfte						zeitweise beschäftigt
		ständig beschäftigt						
		insgesamt	davon arbeiteten als					
			Verwaltungspersonal	Lehrlinge	Knechte	Mägde	Tagelöhner, Arbeiter	
0 -0,5	6397	5093	1943	105	159	586	2300	1304
0,5 - 1	4904	3771	533	569	482	1129	1058	1133
1 - 2	6727	5174	553	504	726	2054	1337	1553
2 - 5	14630	10513	827	432	2431	4768	2055	4117
5- 10	21008	14298	771	299	5526	5477	2225	6710
10- 20	39249	26151	1045	679	12182	9143	3102	13098
20- 50	54964	39471	1627	2847	17446	11385	6166	15493
50- 100	15262	11274	882	1314	3231	1858	3989	3988
100- 200	5803	4464	457	316	597	393	2701	1339
über 200	3047	2450	238	85	176	154	1797	597
insges.	171991	122659	8876	7150	42956	36947	26730	49332

[1] Beiträge zur Statistik des Landes Nordrhein-Westfalen, Heft 7, S. 36-39; Wirtschaftsmappe der Landesbauernschaft Westfalen 1940-1949, B 1a.

Tabelle Nr. 19: Westfalen-Lippe
Personal der land- und forstwirtschaftlichen Betriebe 1960: Betriebsinhaber und ihre Familienangehörigen[1]

Größenklasse nach d. Betriebsfläche in Hektar	Betriebsinhaber und Familienangehörige								
	insgesamt	davon		Betriebsinhaber		Familienangehörige			
		Personen über 14 Jahre	Kinder unter 14 Jahre	hauptberuflich	nebenberuflich	der hauptberuflichen Betriebsinh.		der nebenberuflichen Betriebsinh.	
						insgesamt	davon Ehefrauen	insgesamt	davon Ehefrauen
0 - 0,5	25726	20325	5401	1830	8718	6495	4880	3282	861
0,5 - 2	137542	102856	34686	8700	32559	39420	27159	22177	2745
2 - 5	119913	87300	32613	10840	19204	37606	21347	19650	1498
5 - 10	97386	70329	27057	15928	6659	37218	17232	10524	615
10 - 20	103963	74915	29048	19874	2701	45382	18059	6958	386
20 - 50	67779	47872	19907	13165	1135	30257	11365	3315	200
50 - 100	6077	4183	1894	1208	179	2509	1046	287	27
über 100	642	433	209	136	58	221	119	18	4
insges.	559028	408213	150815	71681	71213	199108	101207	66211	6336

Tabelle Nr. 20: Westfalen-Lippe
Betriebe und Höhe der außerlandwirtschaftlichen Beschäftigung von Betriebsleitern 1988[2]

	Betriebe[a]				
	insgesamt	VE	UE	ZE	NE
Betriebe	38348	13221	10648	788	13691
Betriebsleiter mit über 480 h/a	13941	131	167	615	13028

a. VE - Vollerwerb,
   UE - Übergangserwerb,
   ZE - Zuerwerb,
   NE - Nebenerwerb,

1 Beiträge zur Statistik des Landes Nordrhein-Westfalen, Sonderreihe Landwirtschaftszählung 1960, Heft 3, S. 8f. u. 264f.
2 Westfalens Landwirtschaft im Wandel 1982-1988, S. 115.

Tabelle Nr. 21: Westfalen-Lippe
Personal der land- und forstwirtschaftlichen Betriebe 1960: Familienfremde Arbeitskräfte[1]

Größenklasse nach d. Betriebsfläche in Hektar	familienfremde Arbeitskräfte							
	insgesamt	ständig beschäftigt						zeitweise beschäftigt
		insgesamt	davon arbeiteten als					
			Verwaltungspersonal	Lehrlinge	Knechte	Mägde	Arbeiter	
0 -0,5	4675	1926	577	69	41	42	1197	2749
0,5- 2	5804	2086	129	371	395	355	836	3718
2- 5	5735	2030	170	144	473	576	667	3705
5- 10	8663	2438	156	93	862	746	581	6225
10- 20	21468	5811	241	233	2821	1509	1007	15657
20- 50	37061	16748	382	1454	7962	3779	3171	20313
50-100	10800	6053	390	756	1829	1111	1967	4747
über100	3775	2641	501	189	382	326	1243	1134
insges.	97981	39733	2546	3309	14765	8444	10669	58248

1 Beiträge zur Statistik des Landes Nordrhein-Westfalen, Sonderreihe Landwirtschaftszählung 1960, Heft 3, S. 10f.

Tabelle Nr. 22: Westfalen-Lippe
Maschineneinsatz in den land- und forstwirtschaftlichen Betrieben 1933[1]

Größenklassen nach der Betriebsfläche in ha	Kleinschlepper unter 16 PS	Motorschlepper u. Pflüge über 16 PS	Drill- o. Sämaschinen	Düngerstreumaschinen	Hackmaschinen	Mähmaschinen insgesamt	davon Selbstbinder	Heuwender bzw. -erntemaschinen	Kartoffelerntemaschinen	Dreschmaschinen mit Kraftantrieb	mit Göpelantrieb	Strohbinder und -pressen
0,5 - 1	2		10	4	3	5	1	5		50	5	9
1 - 2	19	4	33	78	22	50	12	26	12	327	75	36
2 - 5	32	11	389	558	81	1275	190	515	220	2589	724	103
5 - 10	23	12	2274	2868	299	9664	2308	4275	1020	4600	2015	183
10 - 20	34	14	7113	6947	971	19475	7375	11772	3188	6815	2092	573
20 - 50	53	101	10372	2314	2852	21487	2358	16249	5550	7260	1226	1648
50 - 100	30	223	2659	531	1226	5712	579	4510	1710	1910	154	743
100 - 200	19	121	526	173	347	1394	197	1018	428	404	17	249
200 - 500	5	61	144	33	133	501	33	338	125	91	3	75
500 - 1000	1	12	27	26	17	81	21	62	20	14		11
über 1000	4	3	24		17	65		57	16	12		6
Westf.-L	222	562	23571	13532	5968	59709	13074	38827	12289	24072	6311	3636
Ahaus	1	3	323	267	246	1958	172	1841	356	1640		
Herford	7	9	730	363	152	1627	257	968	750	1662		
Lüdingh.	10	27	913	695	178	2088	808	1379	179	516		

1 VBBZ 1933, StDR Bd. 461,2, S. 82-84, 138-140, 146f. u. 154.

Tabelle Nr. 23: Westfalen-Lippe
Technische Geräte in den land- und forstwirtschaftlichen Betrieben 1933[1]

Größenklassen nach der Betriebsfläche in ha	Zahl der in den Betrieben installierten Geräte									
	Elektromotoren	Schrotmühlen	Saatgutreinigungsmaschinen	Häckselmaschinen	Kreissägen u.and. Sägemaschinen	Melkmaschinen	Milchzentrifugen	Tiefkühlanlagen für Milch	Futtersilos	Höhenförderer, Greiferaufzüge, Gebläse	Lastkraftwagen
0,5 - 1	184	26	2	1444	53	6	3908	6	5	1	37
1 - 2	979	147	14	7659	228	38	13348	11	3	5	50
2 - 5	5937	1397	73	20146	1133	74	26345	46	18	32	106
5 - 10	8912	3114	108	19192	1965	66	19562	57	20	108	99
10 - 20	13177	5601	155	17244	3742	111	15961	60	61	464	81
20 - 50	17049	7795	193	13772	5778	384	12428	154	196	1476	88
50 -100	4892	2038	96	2849	1931	174	2545	76	143	838	47
100 -200	1190	386	35	535	427	45	435	46	91	219	19
200 -500	409	93	35	138	129	5	96	12	35	82	6
500-1000	81	13	3	24	36	2	20	2	4	10	2
über 1000	79	11	4	25	38	1	15	3	19	12	1
Westf.-L	52889	20621	718	83028	15460	906	94663	473	595	3247	536
Ahaus	2076	1267		2967	752		2693		20	99	
Herford	3060	919		3957	660		3678		27	44	
Lüdingh.	2178	736		3641	449		3503		22	51	

1 VBBZ 1933, StDR Bd. 461,2, S. 84f., 140f. u. 146.

Tabelle Nr. 24: Westfalen-Lippe
Maschineneinsatz in den land- und forstwirtschaftlichen Betrieben 1939[1]

Größenklassen nach der Betriebsfläche in ha	Kleinschlepper von 8-22 PS	Ackerschlepper per m. über 22-PS	Drill- o. Sämaschinen	Düngerstreumaschinen	Hackmaschinen	Mähmaschinen		Heuwender bzw. -erntemaschinen	Kartoffelerntemaschinen	Dreschmaschinen		Strohbinder und -pressen	Rübenroder und -heber
						insgesamt	davon Selbstbinder			mit Kraftantrieb	mit Göpelantrieb		
0,5 - 5	59	56	1122	336	295		108	999	653	4241	607	359	45
5 - 10	57	26	4861	2246	928		819	5588	2130	5912	1205	474	135
10 - 20	75	56	11192	7329	2659		6770	10657	5117	7119	865	1418	480
20 - 50	344	352	11087	9846	4842		10781	10265	6074	5366	312	2614	704
50 - 100	120	386	1259	1433	951		1479	1313	889	658	9	551	164
über 100	25	240	316	434	326		497	410	275	186		180	72
Westf.-L.	680	1116	29837	21624	10001	76200	20454	29232	15138	23482	2998	5596	1600

1 Die Betriebszählung 1939 nach Landesbauernschaften, Heft 2, S. 98-124, 126-185; Die Landesbauernschaften in Zahlen, 3. Folge, 1939-1940, S. 256-265. Vgl. auch Landwirtschaftliche Statistik der britischen Zone 1938-1944, S. 69.

Tabelle Nr. 25: Westfalen-Lippe
Technische Geräte in den land- und forstwirtschaftlichen Betrieben 1939[1]

Größenklassen nach der Betriebsfläche in ha	Zahl der in den land- und forstwirtschaftlichen Betrieben installierten Geräte											
	Elektromotoren	Schrotmühlen	Häckselmaschinen	Kreissägen u. and. Sägemaschinen	Elektrisches Licht	Wasserleitungen	Tiefkühlanlagen für Milch	Gärfutterbehälter		Höhenförderer, Greiferaufzüge, Gebläse	Lastkraftwagen	Waschmaschinen
								für Grünfutter	für Kartoffeln			
0,5 - 5	16719	2967	22916		87240	42387		399	465	417		12194
5 - 10	16987	5415	17356		22139	8803		1054	951	967		6003
10 - 20	24538	8631	15803		18699	9450		2453	2008	2451		8225
20 - 50	25763	8335	10548		12201	7541		3107	2631	4133		7473
50 - 100	4034	964	1075		1230	1006		533	444	871		962
über 100	1353	217	285		247	224		142	113	237		185
Westf.-L	89394	26529	67983	17300	141756	69411		7688	6612	9076		35042

1 Die Betriebszählung 1939 nach Landesbauernschaften, Heft 2, S. 126-185; Die Landesbauernschaften in Zahlen, 3. Folge, 1939-1940, S. 134-139, 263-265. Vgl. auch Landwirtschaftliche Statistik der britischen Zone 1938-1944, S. 69.

Tabelle Nr. 26: Westfalen-Lippe
Maschineneinsatz in den land- und forstwirtschaftlichen Betrieben 1947[1]

	Zahl der in den land- und forstwirtschaftlichen Betrieben eingesetzten Maschinen											
	Kleinschlepper von 8-22 PS	Ackerschlepper m. über 22 PS	Drill- o. Sämaschinen	Düngerstreumaschinen	Hackmaschinen	Mähmaschinen		Heuwender bzw. -erntemaschinen	Kartoffelerntemaschinen	Dreschmaschinen		Strohbinder und -pressen	Rübenroder und -heber
						insgesamt	davon Selbstbinder			mit Kraftantrieb	mit Göpelantrieb		
Westf.-L.	2151	1905	37731	20546	5499	80639	23194	65621	20137	21053	929	6126	1805
Ahaus	49	1427			2949		2954	549	1683				
Herford	4	1257			2429		1771	1092	1347				
Lüdingh.	141	1338			2880		2202	321	904				

1 Die landwirtschaftliche Maschinenzählung 1947 in Westfalen, S. 1-46.

Tabelle Nr. 27: Westfalen-Lippe
Technische Geräte in den land- und forstwirtschaftlichen Betrieben 1947[1]

	Zahl der in den land- und forstwirtschaftlichen Betrieben installierten Geräte										
	Elektromotoren	Schrotmühlen	Saatgutreinigungsmaschinen	Häckselmaschinen	Melkmaschinen	Milchzentrifugen	Tiefkühlanlagen für Milch	Gärfutterbehälter		Höhenförderer, Greiferaufzüge, Gebläse	Lastkraftwagen	Waschmaschinen
								für Grünfutter	für Kartoffeln			
Westf.-L	89038	4106	16832	68241	1019	4174				13429	584	
Ahaus	2526			2784							3	
Herford	64			3109								
Lüdingh.	3971			3384							10	

1 Ebd.

Tabelle Nr. 28: Westfalen-Lippe
Maschineneinsatz in den land- und forstwirtschaftlichen Betrieben 1949[1]

	Zahl der in den land- und forstwirtschaftlichen Betrieben eingesetzten Maschinen											
	Schlepper		Drill- o. Sämaschinen	Düngerstreumaschinen	Hackmaschinen	Mähmaschinen		Heuwender	Kartoffelerntemaschinen	Dreschmaschinen		Strohbinder und -pressen	Rübenroder und -heber
	unter 25 PS	über 25 PS				insgesamt	davon Selbstbinder			bis 7,5dz Stundenleistungen	über 7,5dz Stundenleistungen		
Westf.-L.	4115	1733	32186	25790	8988		24598	33497	24642	15292	3725	3948	1198
Ahaus	78	15	659	867	387		692	1498	759	1310	139	121	13
Herford	177	38	1092	646	315		858	885	1288	944	208	148	67
Lüdingh.	165	80	1196	1099	179		1134	1087	426	167	81	89	15

1 Beiträge zur Statistik des Landes Nordrhein-Westfalen, Heft 7, S. 162-183. Siehe auch Statistik der Bundesrepublik Deutschland, Bd. 27, Heft 2, S. 69-73 u. 91-96 sowie Statistisches Jahrbuch für die Bundesrepublik Deutschland 1953, S. 146.

Tabelle Nr. 29: Westfalen-Lippe
Technische Geräte in den land- und forstwirtschaftlichen Betrieben 1949[1]

	Zahl der in den land- und forstwirtschaftlichen Betrieben installierten Geräte											
	Elektromotoren	Schrotmühlen	Häckselmaschinen	Elektroherde	Melkmaschinen	Elektrische Stromversorgung	Wasserleitungen	Gärfutterbehälter		Höhenförderer, Greiferaufzüge, Gebläse	Lastkraftwagen	Waschmaschinen
								für Grünfutter	für Kartoffeln			
Westf.-L	109027	27459	50168	13211	1296	159475	86669	12968	9158	15306	1201	47452
Ahaus	2133	1441	2507	328	2	4751	946	1061	251	600	19	1125
Herford	2714	1436	2433	577	20	4969	1709	607	432	226	39	2098
Lüdingh.	2327	1099	2645	423	8	4366	1899	206	176	415	25	1993

1 Ebd.

Tabelle Nr. 30: Westfalen-Lippe
Maschineneinsatz in den land- und forstwirtschaftlichen Betrieben 1960[1]

Größenklassen nach der Betriebsfläche in ha	Zahl d. in den land- und forstwirtschaftlichen Betrieben eingesetzten Maschinen									
	Vierrad- und Kettenschlepper		Drill- o. Sämaschinen	Düngerstreumaschinen	Hackmaschinen und Vielfachgerät	Mähmaschinen		Heuwender bzw. -erntemaschinen	Kartoffelerntemaschinen	Dreschmaschinen	Strohbinder und -erntepressen	Rübenroder und -maschinen
	unter 25 PS	über 25 PS				insgesamt	davon Mähdrescher					
0 - 2	1297	117	60	42	40	229	2	115	98	123	8	3
2 - 5	7592	334	1882	1467	1102	6226	49	4465	2274	1401	90	27
5 - 10	9390	806	7705	7230	5084	16668	76	14273	5606	2825	272	121
10 - 20	13842	3710	15338	15406	12877	26341	218	20221	10786	4855	801	718
20 - 50	8060	8395	13127	13828	12665	21632	670	14977	8724	3512	1245	1569
50 - 100	885	1848	1490	1971	1822	2757	341	1907	1181	420	360	458
über 100	178	596	297	459	427	717	143	447	265	134	181	178
Westf.-L	41244	15806	39899	40403	34017	74570	1449	56405	28934	13270	2957	3074
Ahaus	1361	356	1009	1197	984	3194	10	2655	416	704	74	10
Herford	1547	491	1371	1235	1037	4155	69	1531	1565	630	239	212
Lüdingh.	1307	712	1564	1660	1232	4951	43	2062	630	175	55	34

1 Beiträge zur Statistik des Landes Nordrhein-Westfalen, Sonderreihe Landwirtschaftszählung 1960, Heft 2, S. 18-25, 34-37, 42-49, 62-65, 90-97, 102-105, 110-117 u. 130-133; a.a.O., Heft 4a, S. 158-165. Zu den Kreisergebnissen siehe auch a.a.O., Heft 4a, S. 194-196 u. 202-204; zu den Schleppern siehe auch Statistisches Jahrbuch Nordrhein-Westfalen 9 (1962), S. 106.

Tabelle Nr. 31: Westfalen-Lippe
Technische Geräte in den land- und forstwirtschaftlichen Betrieben 1960[1]

Größen-klassen nach der Betriebs-fläche in ha	Zahl der in den land- und forstwirtschaftlichen Betrieben installierten Geräte													
	Häck-sel-maschi-nen	Elek-trische Stromver-sorgung	Wasser-leitun-gen	Melk-ma-schi-nen	Milch-kühl-anla-gen	Gärfutter-behälter		Höhen-förde-rer, Grei-fer-auf-züge, Gebläse	Last-kraft-wagen	Kombi-wagen	Perso-nen-kraft-wagen	Kraft-räder inkl. Motor-roller	Wasch-ma-schi-nen	Kühl-schrän-ke
						für Grün-futter	für Kar-toffeln							
0 - 2	173	8140	5504	24		29	28	104	162	115	767	354	2075	1133
2 - 5	2896	47191	26739	803	40	1033	699	2272	688	592	3494	3668	15604	3639
5 - 10	5934	42003	21196	3954	136	3491	2348	6933	395	493	4029	3446	14535	2573
10 - 20	8322	44158	21917	11249	511	6610	5381	14860	239	316	8047	3250	17349	3786
20 - 50	5942	28337	14109	11202	711	5962	5617	15369	106	253	10019	1682	11664	4780
50 -100	652	2823	1413	1110	104	796	712	2250	33	53	1296	182	1093	812
über 100	157	437	220	181	33	153	133	425	21	21	237	49	151	157
West.-L	24076	173089	91098	28523	1535	18074	14918	42213	1644	1843	27889	12631	62471	16880
Ahaus	1424	6812	3533	730	37	741	313	1573	39	67	1096	275	2539	323
Herford	1145	5498	2763	1059	45	678	568	226	55	47	973	380	2021	411
Lüdingh.	1315	5915	2934	754	38	294	430	415	54	77	1146	248	2440	457

1 Beiträge zur Statistik des Landes Nordrhein-Westfalen, Sonderreihe Landwirtschaftszählung 1960, Heft 2, S. 62-65, 70-73, 76-83, 130-133, 138-141 u. 144-151. Zu den Kreisergebnissen siehe auch a.a.O., Heft 4a, S. 196f. u. 204f.

Tabelle Nr. 32: Westfalen-Lippe
Technische Geräte in den land- und forstwirtschaftlichen Betrieben in gemeinsamer Nutzung 1960[1]

Größenklassen nach der Betriebsfläche in ha	Zahl der Geräte in gemeinschaftlicher Nutzung							
	In gemeinschaftlichem Besitz mit anderen Betrieben				Lohnverfahren o. genossenschaftliche Basis		In Nachbarschaftshilfe	
	Gefrierfach in Gemeinschaftsanlage	Melkmaschinen	Milchkühlanlagen	Waschmaschinen	Melkmaschinen	Waschmaschinen	Melkmaschinen	Waschmaschinen
0 - 2	213	1		8		134		30
2 - 5	2285	8	1	75	8	739	2	107
5 - 10	2593	12	2	71	31	455	3	44
10 - 20	4138	22	4	50	63	395	5	27
20 - 50	3941	21	11	34	85	553	8	29
50 - 100	491	3	2	6	11	109		4
über 100	67	1			1	8		
Westf.-L	13728	68	20	244	199	2393	18	241
Ahaus	814			6	12	73	1	5
Herford	234	3		8	5	63	3	11
Lüdingh.	162	7	1	3	4	70		3

Tabelle Nr. 33: Westfalen-Lippe
Düngemittelabsatz und -verbrauch in den Wirtschaftsjahren 1938/39 und 1954/55 - 1960/61[2]

Düngemittelart	Absatz (absolut in Tonnen)					Verbrauch (je ha landw. Nutzfläche)				
	1938/9	1954/5	1956/7	1958/9	1960/1	1938/9	1954/5	1956/7	1958/9	1960/1
Stickstoff	45000	50752	60785	62648	63965	33,0	39,0	46,9	48,5	50,6
Phosphat	51000	51716	59593	59508	61891	38,0	39,7	45,9	46,1	49,0
Kali	73857	91379	86849	97655	92172	56,2	70,2	67,0	75,6	73,0
Kalk	99200	75722	82400	77258	51005	75,4	58,2	63,5	59,8	40,4

1 Beiträge zur Statistik des Landes Nordrhein-Westfalen, Sonderreihe Landwirtschaftszählung 1960, Heft 2, S. 78f. u. 150f. Zu den Kreisergebnissen siehe auch a.a.O., Heft 4a, S. 196f. u. 204f.
2 Statistisches Handbuch von Deutschland, S. 188; Landwirtschaftliche Statistik der britischen Zone 1938-1944, S. 68; Statistisches Jahrbuch Nordrhein-Westfalen 8 (1960), S. 101; a.a.O. 9 (1962), S. 107. - Das Wirtschaftsjahr dauert vom 1. Juli bis 30. Juni.

Tabelle Nr. 34: Westfalen-Lippe
Besitzverhältnisse 1933[1], 1939[2], 1949[3], 1960[4]

Jahr	Zahl der Betriebe	Gesamt- fläche der Betriebe in ha	davon [a]					
			eigenes Land		gepachtetes Land		Deputatland	
			Betriebe	Fläche	Betriebe	Fläche	Betriebe	Fläche
1933	172241	1874526	152136	1622286	89193	240310	1833	2054
1939	179797	1866328	158791	1601937	100466	249602	3867	8793
1949	172780	1876822	154832	1627027	95705	239862	3222	7538
1960	145190	1805407	133674	1531173	74619	270954	1502	3280

a. Fläche des sonstigen Landes: 9876 ha (1933), 5996 ha (1939), 3190 ha (1949).

Tabelle Nr. 35: Westfalen-Lippe
Vertriebene in der Landwirtschaft 1949[5]

	Betriebe		Flüchtlinge in den Betrieben				
	ins- gesamt	mit be- schäf- tigten Flücht- lingen	insg.	als			
				Inhaber		Beschäftigte	
					davon weibl		davon weibl.
Ahaus	5081	314	516	13	0	503	234
Herford	5436	514	1119	30	5	1089	513
Lüdinghausen	4591	610	1231	15	0	1216	648
West.-Lippe	172780	15491	33536	763	88	32773	14908

1 VBBZ 1933, StDR Bd. 459,1, S. 58f., 99f. u. 113.
2 VBBZ 1939, StDR Bd. 560, S. 46-48, 126f., 134f, 150-153; zum Heuerlingsland siehe auch Die Betriebszählung 1939 nach Landesbauernschaften, Heft 2, S. 2f. u. 14f.
3 Beiträge zur Statistik des Landes Nordrhein-Westfalen, Heft 7: Landwirtschaftliche Betriebszählung 1949, S. 10f.; Beiträge zur Statistik des Landes Nordrhein-Westfalen, Heft 25: Landwirtschaftliche Betriebszählung 1949, S. 2f. u. 6-9; Wirtschaftsmappe der Landesbauernschaft Westfalen 1940-1949, B2b.
4 Beiträge zur Statistik des Landes Nordrhein-Westfalen, Sonderreihe Landwirtschaftszählung 1960, Heft 1, S. 54f.; Beiträge zur Statistik des Landes Nordrhein-Westfalen, Sonderreihe Landwirtschafts- zählung 1960, Heft 3, S. 8f.; Beiträge zur Statistik des Landes Nordrhein-Westfalen, Sonderreihe Landwirtschaftszählung 1960, Heft 4a, S. 30f.; Statistisches Jahrbuch Nordrhein-Westfalen 9 (1962), S. 100f.
5 Beiträge zur Statistik des Landes Nordrhein-Westfalen, Heft 7: Landwirtschaftliche Betriebszählung 1949, S. 138-141.

Tabelle Nr. 36: Westfalen-Lippe
Vertriebene und landwirtschaftliche Betriebe 1960[1]

Betriebs-fläche in Hektar	land- und forstwirtschaftliche Betriebe			davon mit Vertriebenen als Leitern		
	ins-gesamt	Fläche		Betriebe	Fläche	
		eigenes Land	Pachtland		eigenes Land	Pachtland
0,5- 2	45066	36920	11760	1595	801	799
2 - 5	32039	76185	26940	743	854	1402
5 - 10	23218	122577	44042	510	1279	2370
10 - 20	22962	253309	74760	802	5117	6423
20 - 50	17388	443494	81422	400	4277	7022
über 50	4517	598688	32030	80	8920	2602
insges.	145190	1531173	270954	4130	21248	20618

Tabelle Nr. 37: Westfalen-Lippe
Betriebe von Flüchtlingsbauern 1960[2]

Größen-klasse nach der Betriebs-fläche in Hektar	Betriebe, deren Inhaber Vertriebene sind								
	insgesamt		mit eigenem Land			mit Pacht oder sonstigem Land			
	Be-triebe	Fläche	Be-triebe	Fläche		Be-triebe	Fläche		
				zusam-men	eigene		zusam-men	Pacht	son-stige
0,5-2 ha	1595	1654	1035	1068	801	1005	1091	799	54
2 - 5 ha	743	2382	415	1325	854	622	1996	1402	126
5-7,5 ha	289	1779	157	966	603	243	1498	1157	19
7,5-10ha	221	1906	106	918	676	182	1563	1213	
10-15 ha	463	5768	234	2924	2353	367	4545	3383	31
15-20 ha	339	5805	186	3172	2764	246	4229	3040	
20-30 ha	277	6712	122	2927	2503	219	5307	4206	
30-50 ha	123	4595	55	2036	1774	90	3375	2816	
50-100ha	57	3825	36	2519	2271	38	2490	1552	
üb.100ha	23	7699	17	6745	6649	11	1555	1050	
insges.	4130	42125	2636	24600	21248	3029	27819	20618	259

1 Beiträge zur Statistik des Landes Nordrhein-Westfalen, Sonderreihe Landwirtschaftszählung 1960, Heft 4a, S. 16-31.
2 Beiträge zur Statistik des Landes Nordrhein-Westfalen, Sonderreihe Landwirtschaftszählung 1960, Heft 1, S. 56f.

Tabelle Nr. 38: Ottmarsbocholt
Gewerbestruktur 1919 und 1925[1]

		1919	1925
1.	Holz- und metallverarbeitendes Gewerbe total	7	28
	Dampfsägewerk	1	1
	Holzschuhmacher		4
	Klempner		1
	Schlosser	2	2
	Schmied	1	3
	Schreiner	1	12
	Stellmacher	1	1
	Stielfabrikant	1	3
	Stuhlmacher	1	1
2.	Nahrungs- und Genußmittel total	12	15
	Bäcker	1	1
	Metzger		1
	Gast- und Schankwirte	9	11
	Mühlenbesitzer	2	2
3.	Textil- und Lederverarbeitung total	2	14
	Manufakturen	2	1
	Modistin		1
	Schneider		6
	Schuhmacher		6
4.	Handel total		11
	Bierhandlung		1
	Eisenwarenhandlung		2
	Fahrradhandlung		1
	Kolonialwarenhandlung		4
	Kohlenhandlung		1
	Kurzwarenhandlung		1
	Tabakwarenhandlung		1
5.	Bauhandwerk und -gewerbe total	1	7
	Anstreicher		3
	Maurer		2
	Zimmermann		1
	Bauunternehmer		1
6.	Dienstleistungsgewerbe total		2
	Friseur		2
7.	Sonstige total	1	3
	Auktionator		1
	Buchbinder		1
	Gärtnerei		1

1 GA Senden, Bestand Ottmarsbocholt, B 43, B 62.

Tabelle Nr. 39: Ottmarsbocholt
Präferenz politischer Parteien / Wahlergebnisse in Prozent[1]

Wahl	Partei										Wahlbet. %
	Z	CDU	DNVP	DVP	SPD	KPD	BHE	FDP	WP[a]	NSDAP	Sonstige	
RT 1924M	88,3		2,9	1,4	1,2						6,3	
KT 1925	94,5				2,2	0,1			3,2		0,0	81,2
PT 1925	92,6		3,2	1,4	1,4						2,8	98,8
RT 1928	91,9		3,3	1,0	2,4						1,4	86,0
LT 1928	92,0		3,3	1,0	2,7						1,0	89,6
KT 1929	83,9				3,2	0,7			5,3		6,9[c]	84,9
PT 1929	88,2		0,4	0,7	3,3	0,3			5,3		1,8	85,2
RT 1930	80,8		2,2	0,9	2,0	1,6			8,0	2,7	1,8	
PT 1932	70,4		2,1	0,7	1,3	0,4			2,4	15,8	6,9	
RT 1932J	77,8		4,0	0,7	1,5	1,8			1,0	11,6	1,6	79,3
RT 1932N	84,3		3,7		1,4	1,4			0,3	6,2	2,7[d]	77,2
RT 1933	52,5			0,5	0,1	0,9				39,8	6,2[e]	87,4
KT 1933	61,7				0,0	0,2				34,8	3,3[f]	71,9
LT 1947	25,7	59,0			7,7	4,2		3,4			0,0	71,7
KT 1948		77,9			21,1	1,0					0,0	
BT 1949	18,6	56,6			9,2	0,8		2,2			12,6[g]	85,3
LT 1950	12,2	65,6			16,0	0,6		4,5			1,0	81,2
KT 1952	8,4	72,7			13,1			2,6			3,2	83,6
BT 1953	2,5	80,1			8,0		6,2	2,4			0,8	93,1
LT 1954	5,6	73,2			7,0	0,2	10,8	9,1			0,0	82,7
KT 1956	9,4	74,9			13,1			2,6			0,0	83,0
BT 1957	1,4	85,8			6,8		1,8	2,7			1,5	91,1
LT 1958	2,8	82,4			9,7			4,4			0,6[h]	87,9
KT 1961		85,8			11,5			2,7			0,0	82,4
BT 1961		82,0			10,0		0,3[b]	6,7			1,0	88,2
LT 1962	3,2	78,9			12,8			4,6			0,5	84,3
BT 1965		85,0			10,9			3,6			0,5	86,2
LT 1966		81,3			15,5			3,3			0,0	84,1
BT 1969	0,2	74,2			23,4			1,8			0,4	87,1

a. Die Wirtschaftspartei trat auch unter dem Namen Reichspartei des deutschen Mittelstandes in Erscheinung wie z. B. bei der Reichstagswahl im Juli 1932; vgl. STAMS, Kreis Lüdinghausen, Nr. 1766.
b. Der BHE bildete bei der Bundestagswahl 1961 zusammen mit der Deutschen Partei (DP) die Gesamtdeutsche Partei; vgl. GA Senden, Bestand Ottmarsbocholt, C 32.
c. Davon erzielte die Bürgerliste für Stadt und Land mit 6,7% insgesamt das höchste Resultat; vgl. GA Senden, Bestand Ottmarsbocholt, B 5.
d. Davon erzielte die Partei des Deutschen Landvolks 2,1%; vgl. STAMS, Kreis Lüdinghausen, Nr. 1766.
e. Davon errang die Kampffront Schwarz-Weiß-Rot allein 6,0%; vgl. STAMS, Kreis Lüdinghausen, Nr. 1696.
f. Hier erhielt die Kampffront Schwarz-Weiß-Rot 0,3%; vgl. STAMS, Kreis Lüdinghausen, Nr. 1703.
g. Die Gruppierung der Unabhängigen vereinte dabei auf sich 11,4%; vgl. GA Senden, Bestand Ottmarsbocholt, C 34.
h. Diesen Stimmenanteil sammelte die Deutsche Partei; vgl. GA Senden, Bestand Ottmarsbocholt, C 32.

1 Zu den Wahlergebnissen siehe GA Senden, Bestand Ottmarsbocholt, B 5, C 31, C 32, C 33, C 34 sowie STAMS, Kreis Lüdinghausen, Nr. 1692, 1693, 1696, 1697, 1700, 1701, 1702, 1703, 1762, 1763, 1764, 1765, 1766, 1771 u. 1773.

Tabelle Nr. 40: Heek
Gewerbestruktur 1925, 1939, 1949, 1954/55[1]

		1925	1939	1949	1954/55
1.	Holz- u. metallverarb. Gewerbe total	20	24	21	19
	Sägewerk		1	1	1
	Klempner u. Installateure	1	3	4	4
	Schlosser u. Schmiede	2	5	3	3
	Schreiner	9	13	7	9
	Holzschuhmacher	5		4	
	Drechsler	1	1	1	1
	Stellmacher	1			
	Uhrmacher	1	1	1	1
2.	Nahrungs- und Genußmittel total	26	40	12	38
	Bäcker	8	11	8	10
	Metzger		11		10
	Gast- u. Schankwirte	13	15		16
	Müller u. Drescher	3	3	3	2
	Molkereien	2		1	
3.	Textil- und Lederverarbeitung total	27	25	19	18
	Manufakturen/Webereien	3	4	2	1
	Schneider	6	5	6	6
	Näherinnen	8	7	7	3
	Putzmacherinnen	2			
	Schuhmacher	5	7		5
	Seidenfabrik	1			
	Sattler u. Polsterer	2	2	4	3
4.	Handel total	29	60	43	61
	Eier- u. Butterhändler	11	13		7
	Pferdehändler	2			
	Viehhändler	1	7		6
	Bierverleger		2		2
	Manufakturwarenhandlungen		1	5	6
	Öl- u. Fetthandlungen		1		
	Haus- u. Küchengeräte	4	2	4	
	Eisenwarenhandlungen		1	4	
	Fahrradhandlungen u. Reparaturwerkstätten	1	4		4
	Maschinenhandlungen	1			
	Kolonialwarenhandlungen/Lebensmittel	5	20	24	26
	Kohlenhändler	2	3	3	3
	Holzhändler		1		1
	Tabakwarenhandlungen		1		1
	Buchhandlungen/Schreibwaren	1	1	2	1
	Landwirtschaftliche Erzeugnisse		2	1	3
	Spediteur	1	1		1

[1] GA Heek, D 134 und Lensings Adreßbücher für den Kreis Ahaus 1925, S. 282-294; 1939, S. 273-278 u. 283-285; 1954/55, S. 276-282 u. 286-288.

5.	Bauhandwerk und -gewerbe total	12	9	9	10
	Anstreicher u. Maler	6	4	4	6
	Maurer/Baugeschäfte	5	5	4	4
	Zimmermann	1			
	Elektriker			1	
6.	Dienstleistungsgewerbe total	2	3	1	3
	Friseure	1	2		2
	Fuhrgeschäfte	1	1	1	1
7.	Sonstige total	7	11	5	9
	Apotheker	1	1		1
	Drogerien	1	4		4
	(Tier-)Ärzte	1	3	2	
	Hebammen		3		2
	Tierheilkundiger	1			1
	Banken	2		2	
	Gärtner	1		1	
	Matratzenhersteller				1

Tabelle Nr. 41: Heek
Präferenz politischer Parteien / Wahlergebnisse in Prozent[1]

Wahl		Partei										Wahlbet. %
		Z	CDU	DNVP[a]	DVP	SPD	KPD	BHE	FDP	RDM	NSDAP	Sonstige	
LT	1921	97,3		0,4	0,8	1,0	0,4					0,0	
PT	1921	98,5			0,5	1,0							
RT	1924M	95,0		1,5	0,4	2,1	0,4					0,6[d]	
RT	1924D	92,8		1,2	0,6	2,7	0,4					2,3[e]	
KT	1925	1,1[b]				0,6			1,1			97,2[f]	81,2
RT	1930	92,9		0,8	0,2	0,2	0,5		2,7		1,9	0,8[g]	95,4
PT	1932	84,4		1,1	0,2	0,9	0,1		5,2		5,9	2,2	
RT	1932J	87,2		1,4	0,1	2,5	0,1		1,8		5,8	1,0	
RT	1932N	87,1		1,7	1,5	3,1	0,9		0,2		4,3	1,2	
RT	1933	80,2		2,0		0,5	0,3				16,9	0,1	
LT	1933	80,7		1,7		0,6	0,4				16,1	0,5	
PT	1933	82,5		1,0		0,6	0,2				15,2	0,5	92,0
KT	1933	84,3		1,1		0,4					13,5	0,7	92,0
KT	1946	4,7	91,2			4,1						0,0	69,0
LT	1947	16,5	64,2			17,3	1,3					0,3	67,8
KT	1948	27,0	66,6			5,6	0,8					0,0	82,2
BT	1949	24,8	57,2			4,7	1,2		0,2			11,9[h]	91,3
LT	1950	14,5	65,9			6,4	1,1		1,7			10,4[i]	84,6
KT	1952	8,4	72,7			13,1			2,6			3,2	83,6
BT	1953	2,5	81,1			6,6	0,2	8,7	0,5			0,4	94,9
LT	1954	7,2	73,7			6,1	0,6	11,1	1,2			0,1	92,8
KT	1956												
BT	1957	1,1	87,8			5,8		4,3	0,8			0,2	95,5
LT	1958	2,0	88,4			6,9			1,9			0,9	94,5
BT	1961		89,4			7,6		0,5	2,1			0,9	93,3
LT	1962	2,5	86,9			8,1			2,1			0,4	88,9
LT	1964		85,1			13,2			1,7			0,0	85,0
BT	1965		87,2			10,5			1,3			1,0	90,6
BT	1969	0,5	84,0			12,8			1,2		1,2[c]	0,3	90,1
BT	1972		82,7			16,7			1,3			0,2	

a. Bei den Wahlen 1933 trat die politische Gruppierung unter der Bezeichnung 'Kampffront Schwarz-Weiß-Rot' an; vgl. GA Heek, D24, D 25, D 30.
b. Die Stammwählerschaft des Zentrums votierte bei der Kreistagswahl 1925 für die 'Wählervereinigung Heek'; GA Heek, C 698.
c. Diesen Stimmenanteil erreichte die neonazistische NDP, die vier Jahre zuvor 0,1% erreicht hatte; GA Heek, Zwischenarchiv, AZ 0-26/6A.
d. Dabei kam die DDP auf 0,1%; GA Heek, C 698.
e. Die DDP kam hierbei auf 1,3%; GA Heek, C 699.
f. Davon erzielte die 'Wählervereinigung Heek' allein 96,7%, von der sich die Heeker Bevölkerung eine bessere Vertretung ihrer Interessen versprach; vgl. GA Heek, C 698.
g. Davon sicherte sich die Reichspartei des Deutschen Mittelstandes allein 2,7%; vgl. GA Heek, D 24.
h. Die Gruppierung der Unabhängigen errang davon allein 11,8%; vgl. GA Heek, D 25.
i. Dies entsprach dem Anteil der Deutschen Reichspartei (DRP); vgl. GA Heek, C 3 u. D 25.

1 Zu den Wahlergebnissen siehe GA Heek, C 698, 699, C 700, D 3, D 24, D 25, D 30, D 652, D 653 sowie GA Heek, Zwischenarchiv, AZ 0-26/5A, AZ 0-26/6A; STAMS, Kreis Ahaus, Nr. 1725, 1732 u. 1799.

Tabelle Nr. 42: Rödinghausen
Gewerbestruktur 1936, 1957[1]

		1936	1957
1.	Holz- u. metallverarbbeitendes Gewerbe total	5	3
	Schlosser u. Schmiede	1	2
	Schreiner	3	1
	Uhrmacher	1	
2.	Nahrungs- und Genußmittel total	13	10
	Bäcker	2	2
	Gast- u. Schankwirte	4	4
	Molkereien/Sahnehandel	1	1
	Schlachter	2	
	Zigarrenhersteller	4	3
3.	Textil- und Lederverarbeitung total	9	2
	Schneider(-innen)	6	1
	Schuhmacher	3	1
4.	Handel total	9	11
	Viehhändler	3	2
	Kolonialwarenhandlungen/Lebensmittel	3	5
	Textilwarenhandel	1	
	Gemischtwarenhandel	2	
	Kohlenhändler		1
	Fahr- und Motorräder		1
	Tankstellen		2
5.	Bauhandwerk und -gewerbe total	4	2
	Anstreicher u. Maler	2	1
	Maurer/Baugeschäfte	1	
	Elektriker		1
	Klempner	1	
6.	Diensteistungsunternehmen total	0	3
	Friseure		1
	Transportunternehmen		1
	Agenturen/Handelsvertretungen		1
7.	Sonstige total	4	4
	Apotheker	1	1
	(Tier-)Ärzte	2	2
	Banken		1
	Gärtner	1	

1 Für die folgenden Angaben vgl. Adreßbuch des Kreises Herford 1936, Herford 1936, S. 213-216, 227-231 u. Heimat-Adreßbuch Landkreis Herford 1957, Köln 1957, S. 385-448.

Tabelle Nr. 43: Rödinghausen
Präferenz politischer Parteien/ Wahlergebnisse in Prozent[1]

Wahl	Partei											Wahlbet. %
	Z	CDU	DNVP	DVP	SPD	KPD	BHE	FDP	DDP	NSDAP	Sonst	
NV 1919	0,6		36,9	18,9	24,6				18,9			95,4
LV 1919			41,1	22,9	19,5				16,5			85,2
RT 1920			59,1	4,9	18,7				11,8		5,4[g]	
PT 1921			46,1	27,3	23,6				3,0			76,9
RT 1924M			49,5	14,7	16,9				2,2		17,2	
RT 1924D	2,0		50,7	16,3	19,7	2,0			3,3	2,0[e]	6,0	71,3
LT 1924	0,3		53,4	17,1	20,1	2,0			2,3	2,0	2,7	71,3
PT 1925			49,0	24,0	11,5				6,3		9,4	23,1
RT 1928			16,2	7,2	21,9	1,4			1,1	6,5	45,7[h]	66,3
LT 1928	1,1		16,5	7,3	21,2	0,7			1,1	6,6	44,7	66,3
KT 1929					29,1					6,1	64,7[i]	66,1
PT 1929	0,7		34,5	10,4	27,7	0,4			0,7	4,7	20,8	66,1
RT 1930			13,4	3,9	21,0	3,0				43,6	16,2	77,1
RT 1932J	0,5		9,3	0,5	24,6	3,8				58,5	2,8	82,1
RT 1932N			11,0	1,3	22,8	5,6				55,9	3,2	83,4
PT 1932			6,8	1,1	21,1	1,4				51,6	5,2	75,4
RT 1933			8,8[c]	0,5	14,5	2,7				69,3	3,9	91,1
LT 1933[a]			5,6		25,3	3,1				63,6	2,4	85,8
PT 1933			8,3	0,6	19,4	1,1				67,6	3,0	73,5
KT 1946		52,2			47,1	0,7					0,0	67,5
LT 1947	0,8	44,0			44,0	1,4		7,6			0,0	74,7
BT 1949	5,5	34,2			39,6	2,3		10,2			8,3	83,4
LT 1950	9,9	0,0[b]			40,4	0,6		38,5			6,9	72,3
KT 1952		23,6			42,1	0,9		33,4			0,0	
BT 1953	0,3	45,3			37,4	0,3	1,9	11,6			2,9	88,4
LT 1954	1,4	22,6			39,0	0,2	6,5	18,4			0,0	73,2
KT 1956		34,2			40,9		7,0	17,9			0,0	81,0
BT 1957		40,9			38,6		2,3	4,4			13,8	91,2
LT 1958		44,6			44,8			5,8			4,8	75,8
KT 1961		34,6			53,4			12,0			0,0	87,0
BT 1961		37,0			47,3		1,9[d]	12,3			1,5	91,3
LT 1962		37,4			51,1		0,9	10,6			0,0	84,3
KT 1964		31,5			56,7			11,8			0,0	86,3
BT 1965		40,9			47,9			8,5		1,8[f]	0,8	84,9
LT 1966		35,6			53,2			11,2			0,0	74,3
KT 1969		33,9			52,2			7,1		6,6	0,2	73,5
BT 1969		42,0			47,6			6,3		3,3	0,9	84,1
LT 1970		45,2			48,5	0,6		4,6		1,2	0,0	69,7
BT 1972		41,2			51,8			6,9		0,1	0,0	87,5
KT 1973		43,6			51,4			4,9			0,0	64,4
LT 1975		41,6			49,1			8,4		0,3	0,0	82,4

a. Von der Landtagswahl 1933 haben sich lediglich die Wahlergebnisse auf Amtsebene erhalten; vgl. GA Rödinghausen, Zwischenarchiv, C 0-64/00.
b. Die CDU konnte keinen Kandidaten nominieren, vgl. GA Rödinghausen, Zwischenarchiv, C 0-62/00.
c. Diese Quote erhielt der deutschnationale "Kampfbund Schwarz-Weiß-Rot" bei der Reichs- und Landtagswahl vom 5.3.1933; vgl. a.a.O.

d. Bei der Bundestagswahl am 19.9.1961 schloß sich der BHE mit der Deutschen Partei (DP) zur Gesamtdeutschen Partei (GDP) zusammen; GA Rödinghausen, Zwischenarchiv, D 0-61 u. 0-62/00.
e. Die NSDAP-Ersatzorganisation „Nationalsozialistische Freiheitsbewegung" Ludendorffs und Gregor Straßers erzielte hier und bei der zugleich stattfindenden Landtagswahl vom 7.12.1924 exakt 2%; GA Rödinghausen, B 31.
f. Dieser Stimmenanteil fiel wie bei den nachfolgenden Wahlen auf die NPD; GA Rödinghausen, Zwischenarchiv, D 0-61.
g. Diesen Anteil sicherte sich die USPD; GA Rödinghausen, B XI-2-14.
h. Die christlich-nationale Bauern- und Landvolkpartei sowie die Volksrecht-Partei erreichten hier und bei der zeitgleich ausgetragenen Landtagswahl vom 20.5.1928 jeweils 20,5%; vgl. a.a.O.
i. Dieser Stimmenanteil fiel ausschließlich auf die „Berufsstandsliste"; GA Rödinghausen, B 38.

[1] Zu den Wahlergebnissen siehe GA Rödinghausen B 31, B 32, B 33, B 37, B 38, B XI-2-14, Zwischenarchiv, C 0-05/01, C 0-61/1, C 0-62/00, C 0-63/00, C 0-64/00, D 0-61, D 0-61/01,5, D 0-61/2, D 0-62/00, D 0-62/02, D 0-63/00, D 0-63/10-11, D 0-64/00, D 0-64/01; KA Herford A 56-59, A 70-78, D 61-76, A 1862, D 100-122, D 145-163, D 178f., D 192-195.

Abkürzungsverzeichnis

AfS	Archiv für Sozialgeschichte
APuZ	Aus Politik und Zeitgeschichte. Beilage zur Zeitschrift Das Parlament
ASR	Arbeiter- und Soldatenrat
BAMS	Bistumsarchiv Münster
BDM	Bund Deutscher Mädel
BHE	Block der Heimatvertriebenen und Entrechteten
BRO	British Resident Officer
BT	Bundestag
CDU	Christlich Demokratische Union
DAF	Deutsche Arbeitsfront
Deula	Deutsche Landmaschinenschulen des KTBL
DJK	Deutsche Jugendkraft
DGO	Deutsche Gemeindeordnung
DLG	Deutsche Landwirtschafts-Gesellschaft
DNVP	Deutschnationale Volkspartei
DDP	Deutsche Demokratische Partei
DP	Deutsche Partei
DPs	Displaced Persons
DRP	Deutsche Reichs-Partei
DVP	Deutsche Volkspartei
DRK	Deutsches Rotes Kreuz
FDP	Freie Demokratische Partei Deutschlands
FS	Festschrift
GA	Gemeindearchiv
GG	Geschichte und Gesellschaft
GVP	Gesamtdeutsche Volkspartei
GWU	Geschichte in Wissenschaft und Unterricht
HJ	Hitler-Jugend
HZ	Historische Zeitschrift
HJb	Historisches Jahrbuch
IGO	Interessengemeinschaft der Ostvertriebenen
KA	Kreisarchiv
KdF	Kraft durch Freude
KPD	Kommunistische Partei Deutschlands
KRO	Kreis Resident Officer

KT	Kreistag
KTBL	Kuratorium für Technik und Bauwesen in der Landwirtschaft
KZfSS	Kölner Zeitschrift für Soziologie und Sozialpsychologie
LT	Landtag
masch.	maschinenschriftlich
Mio.	Million
NE	Nebenerwerb
NPL	Neue Politische Literatur
NDP	Nationaldemokratische Partei Deutschlands
NSBO	Nationalsozialistische Betriebszellenorganisation
NSDAP	Nationalsozialistische Deutsche Arbeiterpartei
NSV	Nationalsozialistische Volkswohlfahrt
PfA	Pfarrarchiv
PT	Provinziallandtag
PVS	Politische Vierteljahresschrift
RDM	Reichspartei des deutschen Mittelstandes
RNSt	Reichsnährstand
RSF	Radikal-Soziale Freiheitspartei
RT	Reichstag
SBZ	Sowjetische Besatzungszone
SPD	Sozialdemokratische Partei Deutschlands
STAMS	Staatsarchiv Münster
StDR	Statistik des Deutschen Reiches
ÜE	Übergangserwerb
USPD	Unabhängige Sozialdemokratische Partei Deutschlands
UWG	Unabhängige Wählergemeinschaft
VBBZ	Volks-, Berufs- und Betriebszählung
VDA	Verein für das Deutschtum im Ausland
VE	Vollerwerb
VfZ	Vierteljahrshefte für Zeitgeschichte
VWSG	Vierteljahrsschrift für Wirtschafts- und Zeitgeschichte
WF	Westfälische Forschungen
WHW	Winterhilfswerk
WP	Wirtschaftspartei (auch RDM)
Z	Zentrum
ZAA	Zeitschrift für Agrargeschichte und Agrarsoziologie
ZE	Zuerwerb
ZfS	Zeitschrift für Soziologie

Quellen- und Literatur

A. Ungedruckte Quellen

Staatsarchiv Münster

Oberpräsidium Münster
Land- und Forstwirtschaft

Regierung Arnsberg
Präsidialregistratur, Landwirtschaft;
Polizeiangelegenheiten, Politische Parteien;
Natur- und Landschaftsschutz, Wohnungsbauförderung, Wohnungsangelegenheiten

Regierung Münster
Präsidialregistratur, Schulen, Wohnungsbauförderung

Kreise
Ahaus: Statistik, Volkszählungen; Vereinspolizei, allgemein, Kriegervereine, Schützenvereine; Kreisausschuß, allgemein, Wahlen, Beihilfen für Vereine, Landgemeinden und Ämter, Verwaltung der Ämter, Anstellung der Gemeindebediensteten, Beigeordnete und Gemeindevorsteher, Coesfeld, Lüdinghausen, Recklinghausen, Steinfurt

Landesernährungsamt, Abt. A (Landesbauernschaft)

Landwirtschaftliche Kreisstellen
Münster (zum Teil noch unverzeichnete Bestände), Siegen, Olpe, Soest

Der Abwickler des Reichsnährstands und seiner wirtschaftlichen Zusammenschlüsse, Landestreuhänder Westfalen

Gauleitung Westfalen-Nord
Gauinspekteure, Gauamt für Volkswohlfahrt

NS-Frauenschaft Westfalen-Nord

NSDAP-Kreis- und Ortsgruppenleitungen

Bistumsarchiv Münster

Pfarrarchiv Ottmarsbocholt K 31, Kirchenvorstands-Protokoll (1876 - 1971)

Kreisarchiv Borken

Flüchtlingsamt, Ortsbestand Nienborg
Kreistags-, Amts- und Gemeinderatswahlen

Kreisarchiv Coesfeld

    Bestand 5, Flüchtlingswesen

Kreisarchiv Herford

Bestand A (Landrat Herford 1816 - 1946)
Wahlen; Bevölkerung, Statistik; Ordnungspolizei (Sportveranstaltungen); Landwirtschaft; Kriegervereine; Bürgerwehren, Flurschutz

Bestand C (Kreisausschuß Herford ab 1886)
Kommunalaufsicht; Parteipolitische Organisationen; Rechtswesen (Schiedsmänner)

Bestand D (Zwischenarchiv)
Wahlen

Gemeindearchiv Senden

Bestand A, Ottmarsbocholt
Schule und Kultur

Bestand B, Ottmarsbocholt
Allgemeine Verwaltungsaufgaben; Hoheitssachen: Reich, Provinz, Kreis; Kommunalverfassung, Kommunalwahlen und -vertretungen; Kommunalverwaltung: Organisation und innerer Dienstbetrieb; Steuersachen, Abgaben und Gebühren; Statistik; Öffentliche Ordnung und Sicherheit: Lustbarkeiten, Meldewesen; Kultur und Schule; Archiv und Heimatpflege; Kirchenangelegenheiten; Schulsachen; Wohlfahrtspflege; Vaterländischer Frauenverein; Landaufenthalt für Stadtkinder; Fürsorge; Landwirtschaft; Bau- und Katastersachen

Bestand C, Ottmarsbocholt
Allgemeine Verwaltungsaufgaben; Gemeindevertretung und -beamte; Personenstand; Öffentliche Sicherheit und Ordnung; Statistik; Allgemeine Polizeiverwaltung und Strafverfolgung: Öffentliche Lustbarkeiten; Staatsangehörigkeit, Paß- und Meldewesen; Vereins- und Versammlungswesen und Rechtspflege; Kultur, Kirche und Schule; Heimatpflege und Denkmalschutz; Kirchen- und Religionswesen; Schulwesen; Sozialverwaltung; Bau- und Vermessungsverwaltung; Wirtschaft und Verkehr; Einsatz ausländischer Arbeitskräfte; Landwirtschaft und Kleingartenwesen; Verkehrsförderung; Wirtschaftliche Betätigung und öffentliche Einrichtungen

Bestand D, Ottmarsbocholt
Verwaltungsreform; Gemeinde-, Amts- und Kreisordnungen; Gemeindeorgane; Gemeindevertretungen; Amtsvertetungen; Leitende Beamte; Oberste

Kreisorgane; Berichte und Statistiken; Personalakten

Chronik der Gemeinde Ottmarsbocholt; Schulchronik Venne; Protokollbuch über die Sitzungen der Gemeindevertretung Ottmarsbocholt, Januar 1925 – März 1934; Protokollbuch der Gemeinde Ottmarsbocholt von 1934 bis 1945; Protokollbuch des Amtes Ottmarsbocholt von 1938 bis 1969; Familienbücher 1921 - 1930, 1931 - 1937, 1938 - 1946, 1947 - 1950, 1951 - 1953, 1954 - 1956, 1957 - 1961

Gemeindearchiv Heek

Bestand C
Wahlen; Gemeindevertretung; Vereine

Bestand D
Kommunalverwaltung; Allg. Verwaltungsangelegenheiten; Gemeindeverordnete und Kommunalbedienstete; Gemeindevermögensverwaltung; Kommunalabgaben und Steuern; Schulwesen; Schulbauten; Fortbildungsstätten und -unterricht; Katholische Volksschule Heek; Religions- und Kirchenwesen; Kulturpflege; Fürsorgewesen; Armenunterstützung der Gemeinde Heek; Öffentliche Fürsorge; Flüchtlingsfürsorge; Jugendfürsorge; Hilfsaktionen; Polizeiwesen; Ordnungs- und Sicherheitspolizei; Polizeiliche An- und Abmeldung; Vereine und Versammlungen; Theater, Volksbelustigungen und Presse; Verkehrswesen; Landwirtschaftliche Polizei; Land- und Forstwirtschaft; Gewerbepolizei; Wirtschaftsamt; Lebensmittelversorgung; Wohnraumbewirtschaftung; Allgemeine Staats-, Provinzial- und Kreisangelegenheiten; Wahlen und Volksentscheide; Parteiwesen; Wehrpflichtige und Kriegsgefangene; Luftschutz und Kriegsschäden; Militärische Besetzung; Justizverwaltung; Statistik; Volkszählung; Sonstige Statistiken

Zwischenarchiv (Aktenplan der 50er Jahre)
Allgemeine Verwaltung, Hauptverwaltung; Behördenaufbau und Verfassungsfragen; Amts- und Gemeindeverwaltung; Amts- und Gemeindechroniken; Gemeinde – Einwohner und Bürger; Personalwesen; Personal; Besondere Verwaltungsstellen zur Durchführung eigener Angelegenheiten; Nachrichtenwesen; Verkehrswesen; Statistik; Bodennutzungserhebung 1959; Besondere Angelegenheiten zur Durchführung von Antragsangelegenheiten; Besatzungsamt; Wahlamt; Aktenordner Kommunalwahl 9.11.1969; Wohnungsamt; Beiträge zu Vereinen, Verbänden und dergleichen, sonstige Pflichtleistungen; Parteien, Gewerkschafts- und Betriebsratswesen, Arbeitsamt; Parteien; Militärregierung; Ordnungs- und Sicherheitswesen, Gewerbeamt, Preisüberwachung; Gemeindliches Ordnungs- und Sicherheitswesen; Verkehrswesen; Meldewesen; Fremdenwesen; Paßwesen; Vereins- und Versammlungswesen; Sonderangelegenheiten; Schulwesen, Allgemeine Schulverwaltung; Schulgesetzgebung und Schulordnung; Volksschulen, Hilfsschulen; Lehrpersonen;

Schulbetrieb und Unterricht; Schulkinderspeisung; Kultur- und Gemeinschaftspflege; Kulturangelegenheiten; Heimatpflege; Kirchliche Angelegenheiten; Fürsorgewesen und Jugendhilfe; Kriegsfolgekosten des Fürsorgewesens; Fürsorge für eigentliche Flüchtlinge und Vertriebene; Fürsorge für den Flüchtlingen gleichgestellte Zugewanderte; Flüchtlingswesen

Heiratsregister 1925 - 1932, 1932 - 1938, Familienbücher 1938 - 1941, 1941 - 1945, 1946 - 1948, 1948 - 1950, Familienerstbuch 1950 - 1952, 1952 - 1953, 1954 - 1956, Familienbuch 1956 - 1957, Heiratserstbuch 1958 - 1960

Gemeindearchiv Rödinghausen

Bestand B

Allgemeine Verwaltung; Ein- und Auswanderung; Verfassung des Preußischen Staats-, Reichs- und Landtages; Provinzial- und Kreisvertretungen; Gesetzsammlung, Ortssatzung; Unmittelbare und mittelbare Staatsbeamte; Landeskultur und Landwirtschaft; Viehzucht; Landgemeindeordnung; Gemeindeverwaltung; Gemeindebausachen; Gemeinde-Kassen-Rechnungswesen; Fürsorge; Gesundheitspolizei; Kirchhöfe, Bestattungen; Sicherheitspolizei; Sitten- und Ordnungspolizei; Politische und Preßpolizei; Gewerbepolizei; Bau- und Feuerpolizei; Vieh-, Hagel- und Feuerversicherung; Gewerbeinstitute und -schulwesen; Kirchenwesen; Unterrichts- und Schulwesen; Truppenverpflegung; Kriegs- und Zwangswirtschaft; Verschiedenes

Bestand C

Allgemeine Verwaltung; Namen der Gemeinde und des Amtes; Politische Parteien; Staats- und Kommunalaufsicht; Verwaltungsgliederung; Beschaffungswesen; Personalverwaltung; Beamte; Angestellte; Arbeiter; Standesamt; Erfassungswesen; Rechtsangelegenheiten; Statistik; Ernährungsstelle; Wirtschaftsstelle; Polizeiverordnungen; Sicherheitspolizei; Verkehrsüberwachung; Fremden-, Paß- und Meldewesen; Gewerbeüberwachung; Arbeiterschutz; Feld- und Forstaufsicht; Feuerüberwachung- und löschwesen; Verschiedene Sonderpolizeisachen; Schulaufsicht; Gast- und Fremdenschulwesen; Volksschulen; Landwirtschaftliche Berufsschule; Sonstiges Schulwesen; Volksbücherei; Gemeinschaftsveranstaltungen; Volksfeste; Heimatpflege; Evangelische Kirche; Verschiedene kirchliche Angelegenheiten; Gehobene Fürsorge; Flüchtlingsamt; Einrichtungen der Jugendhilfe; Jugendertüchtigung; Sportplätze; Badeanstalten; Katasteramt; Hochbauamt; Siedlungswesen; Wohnungswesen; Förderung der Landwirtschaft; Betriebsbeiräte; Landwirtschaftliche Betriebe

Bestand D

Allgemeine Verwaltung; Gemeinde; Ausschüsse der Gemeinden; Amtsorgane; Ausschüsse des Amtes; Fremde Ausschüsse; Ehrenamtliche Tätigkeiten; Leitende Beamte des Amtes; Berichte und Statistiken; Eigene Repräsentation; Bekanntmachungen; Denkschriften; Informationsdienst; Datenschutz; Zählungen und Statistik; Wahlen und Abstimmungen; Öffentliche Sicherheit; Sicherheit des Staates; Vereine und Versammlungen; Lustbarkeiten; Schiedsmannswesen; Meldewesen; Feuerschutz; Feuerwehren; Schulausschuß; Einzelne Volksschulen; Allgemeine Volkspflege; Ortschronik; Pflege von Sport- und Leibesübungen; Einrichtungen von Sport- und Leibesübungen; Gesundheitswesen; Wirtschaft und Verkehr; Fremdenverkehr; Badeanstalt; Spiel- und Sportplätze; Vergnügenssteuer; Kinosteuer

Chronik des Amtes Rödinghausen (1888ff.); Chronik Rödinghausen (1942 - 1949), Buchbestand Nr. 23; Kirchenchronik Rödinghausen (1804 - 1926); Schulchronik der evangelischen Schule zu Rödinghausen (1811 - 1951); Verordnungsbuch der evangelischen Schule zu Rödinghausen (1883 - 1928); Heiratsregister 1926 - 1931, 1931 - 1932, 1932 - 1935, 1935 - 1937, 1937 - 1938, Familienbücher 1938 - 1957, Heiratsbücher 1957 - 1960.

B. Gedruckte Quellen

Adreßbuch für den Kreis Ahaus 1925, Ahaus 1925.
Adreßbuch des Kreises Ahaus 1939, Ahaus 1939.
Adreßbuch des Kreises Ahaus 1954/55, Ahaus 1954/55.
Adreßbuch des Kreises Herford 1936, Herford 1936.
Adreßbuch des Kreises Lüdinghausen 1928, Lüdinghausen 1928.
Beiträge zur Statistik des Landes Nordrhein-Westfalen, Heft 7: Landwirtschaftliche Betriebszählung 1949, hg. v. Statistischen Landesamt Nordrhein-Westfalen, Düsseldorf 1951.
Beiträge zur Statistik des Landes Nordrhein-Westfalen, Heft 25: Landwirtschaftliche Betriebszählung 1949, hg. v. Statistischen Landesamt Nordrhein-Westfalen, Düsseldorf 1951.
Beiträge zur Statistik des Landes Nordrhein-Westfalen, Sonderreihe Volkszählung 1950, Heft 5b: Die Wohnbevölkerung nach der Erwerbstätigkeit in Nordrhein-Westfalen. Ergebnisse der Berufszählung vom 13. September 1950, hg. v. Statistischen Landesamt Nordrhein-Westfalen, Düsseldorf 1952.
Beiträge zur Statistik des Landes Nordrhein-Westfalen, Sonderreihe Volkszählung 1950, Heft 15: Gemeindestatistik des Landes Nordrhein-Westfalen, hg. v. Statistischen Landesamt Nordrhein-Westfalen, Düsseldorf 1952.
Beiträge zur Statistik des Landes Nordrhein-Westfalen, Heft 33: Die Landwirtschaft in Nordrhein-Westfalen 1953, hg. v. Statistischen Landesamt Nordrhein-Westfalen, Düsseldorf 1954.
Beiträge zur Statistik des Landes Nordrhein-Westfalen, Heft 122: Die Landwirtschaft in Nordrhein-Westfalen 1959, hg. v. Statistischen Landesamt Nordrhein-Westfalen, Düsseldorf 1960.

Beiträge zur Statistik des Landes Nordrhein-Westfalen, Heft 137: Die Landwirtschaft in Nordrhein-Westfalen 1960, hg. v. Statistischen Landesamt Nordrhein-Westfalen, Düsseldorf 1961.
Beiträge zur Statistik des Landes Nordrhein-Westfalen, Sonderreihe Landwirtschaftszählung 1960, Heft 1: Betriebsgrößen und Betriebsverhältnisse, Bodennutzung und Viehhaltung in den land- und forstwirtschaftlichen Betrieben in Nordrhein-Westfalen. Ergebnisse der Haupterhebung v. 31. Mai 1960, hg. v. Statistischen Landesamt Nordrhein-Westfalen, Düsseldorf 1963.
Beiträge zur Statistik des Landes Nordrhein-Westfalen, Sonderreihe Landwirtschaftszählung 1960, Heft 2: Maschinenbesatz und technische Einrichtungen in den land- und forstwirtschaftlichen Betrieben in Nordrhein-Westfalen. Ergebnisse der Haupterhebung v. 31. Mai 1960, hg. v. Statistischen Landesamt Nordrhein-Westfalen, Düsseldorf 1964.
Beiträge zur Statistik des Landes Nordrhein-Westfalen, Sonderreihe Landwirtschaftszählung 1960, Heft 3: Personalverhältnisse in den land- und forstwirtschaftlichen Betrieben in Nordrhein-Westfalen. Ergebnisse der Haupterhebung am 31. Mai 1960, hg. v. Statistischen Landesamt Nordrhein-Westfalen, Düsseldorf 1964.
Beiträge zur Statistik des Landes Nordrhein-Westfalen, Sonderreihe Landwirtschaftszählung 1960, Heft 4a: Betriebsgrößen und Besitzverhältnisse, Bodennutzung und Viehhaltung, Maschinenbesatz und technische Einrichtungen in den land- und forstwirtschaftlichen Betrieben in Nordrhein-Westfalen. Ergebnisse der Haupterhebung am 31. Mai 1960, hg. v. Statistischen Landesamt Nordrhein-Westfalen, Düsseldorf 1965.
Beiträge zur Statistik des Landes Nordrhein-Westfalen, Sonderreihe Landwirtschaftszählung 1960, Heft 4b: Personalverhältnisse in den land- und forstwirtschaftlichen Betrieben in Nordrhein-Westfalen. Ergebnisse der Haupterhebung am 31. Mai 1960, hg. v. Statistischen Landesamt Nordrhein-Westfalen, Düsseldorf 1965.
Beiträge zur Statistik des Landes Nordrhein-Westfalen, Sonderreihe Volkszählung 1961, Heft 3a: Gemeindestatistik des Landes Nordrhein-Westfalen, hg. v. Statistischen Landesamt Nordrhein-Westfalen, Düsseldorf 1964.
Beiträge zur Statistik des Landes Nordrhein-Westfalen, Heft 270: Erwerbstätige in Nordrhein-Westfalen 1959 - 1969. Ergebnisse des Mikrozensus, hg. v. Statistischen Landesamt Nordrhein-Westfalen, Düsseldorf 1971.
Beiträge zur Statistik des Landes Nordrhein-Westfalen, Heft 273: Die Landwirtschaft in Nordrhein-Westfalen 1970, hg. v. Statistischen Landesamt Nordrhein-Westfalen, Düsseldorf 1971.
Beiträge zur Statistik des Landes Nordrhein-Westfalen, Sonderreihe Landwirtschaftszählung 1971, Heft 1: Betriebsgrößen, Bodennutzung und Viehhaltung in den landwirtschaftlichen Betrieben in Nordrhein-Westfalen 1971, Gemeindeergebnisse, hg. v. Statistischen Landesamt Nordrhein-Westfalen, Düsseldorf 1972.
Sozialökonomische Betriebserhebung 1973, hg. v. d. Landwirtschaftskammer Westfalen-Lippe, Münster 1973.
Sozialökonomische Betriebserhebung 1977, hg. v. d. Landwirtschaftskammer Westfalen-Lippe, Münster 1977.

Sozialökonomische Betriebserhebung 1982, hg. v. d. Landwirtschaftskammer Westfalen-Lippe, Münster 1982.
Sozialökonomische Betriebserhebung 1988, hg. v. d. Landwirtschaftskammer Westfalen-Lippe, Münster 1988.
Die Betriebszählung 1939 nach Landesbauernschaften, Heft 2: Personalverhältnisse und Maschinenverwendung, hg. v. Reichsnährstand (RNSt), o.O. u. o.J.
Handbuch des Bistums Münsters, Bd. 2, bearbeitet von Heinrich Börsting, Münster 1946.
Statistisches Handbuch von Deutschland, Stuttgart 1949.
Heimat-Adreßbuch Landkreis Herford 1957, Köln 1957.
Statistisches Jahrbuch für das Deutsche Reich 1934, Berlin 1934.
Statistisches Jahrbuch für das Deutsche Reich 1941/42, Berlin 1942.
Statistisches Jahrbuch für die Bundesrepublik Deutschland 1952, hg. v. Statistischen Bundesamt, Stuttgart/Mainz 1952.
Statistisches Jahrbuch für die Bundesrepublik Deutschland 1953, hg. v. Statistischen Bundesamt, Stuttgart/Mainz 1953.
Statistisches Jahrbuch für die Bundesrepublik Deutschland 1960, hg. v. Statistischen Bundesamt, Stuttgart/Mainz 1960.
Statistisches Jahrbuch Nordrhein-Westfalen 1 (1949), hg. v. Statistischen Landesamt Nordrhein-Westfalen, Düsseldorf 1950.
Statistisches Jahrbuch Nordrhein-Westfalen 6 (1956), hg. v. Statistischen Landesamt Nordrhein-Westfalen, Düsseldorf 1956.
Statistisches Jahrbuch Nordrhein-Westfalen 7 (1958), hg. v. Statistischen Landesamt Nordrhein-Westfalen, Düsseldorf 1958.
Statistisches Jahrbuch Nordrhein-Westfalen 8 (1960), hg. v. Statistischen Landesamt Nordrhein-Westfalen, Düsseldorf 1960.
Statistisches Jahrbuch Nordrhein-Westfalen 9 (1962), hg. v. Statistischen Landesamt Nordrhein-Westfalen, Düsseldorf 1962.
Die Landesbauernschaften in Zahlen, 3. Folge, 1939 - 1940, bearbeitet vom Verwaltungsamt des Reichsbauernführers, o.O. u. O.J.
Kommunale Neugliederung im Raum Münster, hg. v. Oberstadtdirektor Münster, Münster 1971.
Die landwirtschaftliche Maschinenzählung 1947 in Westfalen. Erhebungen über den Bestand an landwirtschaftlichen Maschinen und Geräten vom 4. Februar 1947 nach dem Stand vom 3. Dezember 1946, hg. v. d. Verwaltung des Provinzialverbandes Westfalen, Landesamt für Statistik, Münster 1948.
Statistische Rundschau für das Land Nordrhein-Westfalen 4 (1952), 1. Sonderheft: Ergebnisse der Volks-, Berufs-, Wohnungs- und Arbeitsstättenzählung 1950. 1. Volkszählung, hg. v. Statistischen Landesamt Nordrhein-Westfalen, Düsseldorf 1952.
Statistische Rundschau für das Land Nordrhein-Westfalen 4 (1952), 2. Sonderheft: Ergebnisse der Volks-, Berufs-, Wohnungs- und Arbeitsstättenzählung 1950. 2. Berufszählung, hg. v. Statistischen Landesamt Nordrhein-Westfalen, Düsseldorf 1952.

Statistik der Bundesrepublik Deutschland, Bd. 27: Struktur der land- und forstwirtschaftlichen Betriebe, Heft 2: Zusammenfassende Auswertung der landwirtschaftlichen Betriebszählung vom 22. Mai 1949, hg. v. Statistischen Bundesamt, Stuttgart/Köln 1954.

Statistik der Bundesrepublik Deutschland, Bd. 94: Die Verwendung von Schleppern, Bodenfräsen und Mähdreschern in der Land- und Forstwirtschaft. Ergebnisse der Schleppererhebung vom Mai 1953, hg. v. Statistischen Bundesamt, Stuttgart/ Köln 1954.

Landwirtschaftliche Statistik 1938, zusammengestellt vom Verwaltungsamt des Reichsbauernführers, o.O. u. o.J.

Landwirtschaftliche Statistik der britischen Zone 1938 - 1944, hg. v. d. Zentralstelle für Ernährung und Landwirtschaft, o.O. 1945.

Volks-, Berufs- und Betriebszählung 1933 (VBBZ 1933), Statistik des Deutschen Reiches (StDR) Bd. 450: Amtliches Gemeindeverzeichnis für das Deutsche Reich auf Grund der Volkszählung 1933, hg. v. Statistischen Reichsamt, Berlin 1934.

VBBZ 1933, StDR Bd. 451: Volkszählung. Die Bevölkerung des Deutschen Reiches nach den Ergebnissen der Volks- und Berufszählung 1933, Heft 1: Stand, Entwicklung und Siedlungsweise der Bevölkerung des Deutschen Reiches, hg. v. Statistischen Reichsamt, Berlin 1935.

VBBZ 1933, StDR Bd. 452: Volkszählung. Die Familien und Haushaltungen nach den Ergebnissen der Volks- und Berufszählung 1933, Heft 1: Die Ehen im Deutschen Reich nach der Zahl der geborenen Kinder, hg. v. Statistischen Reichsamt, Berlin 1933.

VBBZ 1933, StDR Bd. 452: Volkszählung. Die Familien und Haushaltungen nach den Ergebnissen der Volks- und Berufszählung 1933, Heft 3: Die Haushaltungen im Deutschen Reich, hg. v. Statistischen Reichsamt, Berlin 1936.

VBBZ 1933, StDR Bd. 455: Berufszählung. Die berufliche und soziale Gliederung der Bevölkerung in den Ländern und Landesteilen. Nord- und Westdeutschland, Heft 15: Provinz Westfalen, hg. v. Statistischen Reichsamt, Berlin, 1936.

VBBZ 1933, StDR Bd. 455: Berufszählung. Die berufliche und soziale Gliederung der Bevölkerung in den Ländern und Landesteilen. Nord- und Westdeutschland, Heft 22: Land Lippe, hg. v. Statistischen Reichsamt, Berlin 1936.

VBBZ 1933, StDR Bd. 458: Berufszählung. Die berufliche und soziale Gliederung des Deutschen Volkes. Textliche Darstellung der Ergebnisse, hg. v. Statistischen Reichsamt, Berlin 1937.

VBBZ 1933, StDR Bd. 459: Landwirtschaftliche Betriebszählung. Die land- und forstwirtschaftlichen Betriebe nach Betriebsgröße, Besitzverhältnissen und Viehhaltung, Heft 2: Viehhaltung in den land- und forstwirtschaftlichen Betrieben, hg. v. Statistischen Reichsamt, Berlin 1936.

VBBZ 1933, StDR Bd. 459: Landwirtschaftliche Betriebszählung. Die land- und forstwirtschaftlichen Betriebe nach Betriebsgröße, Besitzverhältnissen und Viehhaltung, Heft 3: Hauptergebnisse nach Größenklassen der landwirtschaftlich genutzten Fläche; weitere nachträglich ausgezählte Ergebnisse, hg. v. Statistischen Reichsamt, Berlin 1937.

VBBZ 1933, StDR Bd. 460: Landwirtschaftliche Betriebszählung. Bodenbenutzung der land- und forstwirtschaftlichen Betriebe, hg. v. Statistischen Reichsamt, Berlin 1937.

VBBZ 1933, StDR Bd. 461: Landwirtschaftliche Betriebszählung. Personal- und Maschinenverwendung in den land- und forstwirtschaftlichen Betrieben, Heft 1: Das Personal der land- und forstwirtschaftlichen Betriebe, hg. v. Statistischen Reichsamt, Berlin 1936.

VBBZ 1933, StDR Bd. 461: Landwirtschaftliche Betriebszählung. Personal- und Maschinenverwendung in den land- und forstwirtschaftlichen Betrieben, Heft 2: Maschinenverwendung in den land- und forstwirtschaftlichen Betrieben, hg. v. Statistischen Reichsamt, Berlin 1936.

VBZZ 1933, StDR Bd. 468: Landwirtschaftliche Betriebszählung. Gartenbauerhebung 1933/34, hg. v. Statistischen Reichsamt, Berlin 1936.

Volks-, Berufs- und Betriebszählung 1939 (VBBZ 1939), StDR Bd. 550: Amtliches Gemeindeverzeichnis für das Deutsche Reich auf Grund der Volkszählung 1939, hg. v. Statistischen Reichsamt, Berlin 1940.

VBBZ 1939, StDR Bd. 553: Volkszählung. Die Haushaltungen im Deutschen Reich, hg. v. Statistischen Reichsamt, Berlin 1944.

VBBZ 1939, StDR Bd. 554: Volkszählung. Die Familien im Deutschen Reich. Die Ehen nach der Zahl der geborenen Kinder, hg. v. Statistischen Reichsamt, Berlin 1943.

VBBZ 1939, StDR Bd. 557: Berufszählung. Die Berufstätigkeit der Bevölkerung in den Reichsteilen, Heft 18: Provinz Westfalen mit Lippe, hg. v. Statistischen Reichsamt, Berlin o.J.

VBBZ 1939, StDR Bd. 559: Gemeindestatistik. Ergebnisse der Volks-, Berufs- und landwirtschaftlichen Betriebszählung 1939 in den Gemeinden, Heft 9: Provinz Westfalen, Lippe, hg. v. Statistischen Reichsamt, Berlin 1943.

VBBZ 1939, StDR Bd. 560: Landwirtschaftliche Betriebszählung. Einführung, Zahl und Fläche der Betriebe, Besitzverhältnisse, hg. v. Statistischen Reichsamt, Berlin 1943.

Westfalens Landwirtschaft im Wandel 1969 - 1973, hg. v. d. Landwirtschaftskammer Westfalen-Lippe, Münster 1974.

Westfalens Landwirtschaft im Wandel 1973 - 1977, hg. v. d. Landwirtschaftskammer Westfalen-Lippe, Münster 1978.

Westfalens Landwirtschaft im Wandel 1977 - 1982, hg. v. d. Landwirtschaftskammer Westfalen-Lippe, Münster 1983.

Westfalens Landwirtschaft im Wandel 1982 - 1988, hg. v. d. Landwirtschaftskammer Westfalen-Lippe, Münster 1989.

Wirtschaftsmappe der Landesbauernschaft Westfalen 1930 - 1939, I. u. II. Teil, zusammengestellt von der Landesbauernschaft Westfalen, Münster o. J.

Wirtschaftsmappe der Landesbauernschaft Westfalen 1940 - 1949, I. u. II. Teil, zusammengestellt von der Landesbauernschaft Westfalen, Münster o. J.

Wirtschaftsmappe der Landwirtschaftskammer Westfalen-Lippe 1940 - 1949, I. u. II. Teil, zusammengestellt von der Landwirtschaftskammer Westfalen-Lippe, Münster o. J.

Wirtschaftsmappe der Landwirtschaftskammer Westfalen-Lippe der Jahre 1949 – 1974, I. u. II. Teil, zusammengestellt von der Landwirtschaftskammer Westfalen-Lippe, Münster o. J.

C. Literatur

1. Wissenschaftliche Abhandlungen

Abel, Wilhelm, Stadt-Landbeziehungen, in: Dorfuntersuchungen (Sonderheft der Berichte über Landwirtschaft, N. F. 162), Hamburg 1955, S. 9 - 23.

Abelshauser, Werner, Wirtschaft und Gesellschaft der Bundesrepublik Deutschland 1949 - 1966, Düsseldorf 1987.

Ders./Faust, Anselm, Wirtschafts- und Sozialpolitik: Eine nationalsozialistische Sozialrevolution? (=Nationalsozialismus im Unterricht, Studieneinheit 4, hg. v. Deutschen Institut für Fernstudien an der Universität Tübingen), Tübingen 1983.

Ackermann, Volker, Aspekte der Mentalitätsgeschichte. Fragestellungen und Interpretationsmethoden für die Regionalgeschichte, in: Geschichte im Westen 5 (1990), S. 142 - 150.

Alber, Jens, Nationalsozialismus und Modernisierung, in: Kölner Zeitschrift für Soziologie und Sozialpsychologie 41 (1989), S. 346 - 365.

Altevogt, Gustav, Die natürlichen Grundlagen des Kreises, in: Der Kreis Borken, hg. v. Kreis Borken, Stuttgart 1982, S. 29 - 43.

Apel, Karl, Mardorf, Kreis Marburg, das Trachtendorf in der Krise, in: Eugen Lemberg/Ludwig Krecker (Hg.), Die Entstehung eines neuen Volkes aus Binnendeutschen und Ostvertriebenen. Untersuchungen zum Strukturwandel von Land und Leuten unter dem Einfluß des Vertriebenen-Zustroms, Marburg 1950, S. 152 - 168.

Arbeitskreis für kirchliche Zeitgeschichte (AKKZG), Münster, Katholiken zwischen Tradition und Moderne. Das katholische Milieu als Forschungsaufgabe, in: Westfälische Forschungen 43 (1993), S. 588 - 654.

Aschoff, Dieter, Zur Geschichte der Juden im Kreis Coesfeld, in: Kreis Coesfeld, hg. v. Kreis Coesfeld, 2. Aufl., Dülmen 1987, S. 278 - 283.

Atlas zur deutschen Volkskunde, 1. Lieferung, hg. v. Heinrich Harmjanz/Erich Röhr, Leipzig 1937.

Backes, Uwe/Jesse, Eckhard/Zitelmann, Rainer, Was heißt: „Historisierung" des Nationalsozialismus, in: Dies. (Hg.), Die Schatten der Vergangenheit. Impulse zur Historisierung des Nationalsozialismus, Frankfurt a.M./Berlin 1990, S. 25 - 57.

Bade, Klaus J., Einführung: Das Eigene und das Fremde – Grenzerfahrungen in Geschichte und Gegenwart, in: Ders. (Hg.), Deutsche im Ausland – Fremde in Deutschland. Migration in Geschichte und Gegenwart, München 1992, S. 15 - 25.
Ders., Einheimische Ausländer: „Gastarbeiter" – Dauergäste – Einwanderer, in: Ders. (Hg.), Deutsche im Ausland – Fremde in Deutschland. Migration in Geschichte und Gegenwart, München 1992, S. 393 - 401.
Ders., Migration und Migrationsforschung. Vom Kaiserreich bis zur Bundesrepublik, in: Westfälische Forschungen 39 (1989), S. 393 - 407.
Ders., Sozialhistorische Migrationsforschung und „Flüchtlingsintegration", in: Rainer Schulze/Doris von der Brelie-Lewien/Helga Grebing (Hg.), Flüchtlinge und Vertriebene in der westdeutschen Nachkriegsgeschichte. Bilanzierung der Forschung und Perspektiven für die künftige Forschungsarbeit, Hildesheim 1987, S. 126 - 162.
Baldauf, Elisabeth, Die Frauenarbeit in der Landwirtschaft (Diss. Kiel), Borna-Leipzig 1932.
Barkai, Avraham, Das Wirtschaftssystem des Nationalsozialismus. Ideologie, Theorie, Politik 1933 - 1945, Frankfurt am Main 1988.
Barten, Gerhard/Braumann, Georg, Evangelische Kirche im Kreis Coesfeld, in: Kreis Coesfeld, hg. v. Kreis Coesfeld, 2. Aufl., Dülmen 1987, S. 269 - 277.
Bauerkämper, Arnd, Landwirtschaft und ländliche Gesellschaft in der Bundesrepublik in den 50er Jahren, in: Axel Schildt/Arnold Sywottek (Hg.), Modernisierung im Wiederaufbau. Die westdeutsche Gesellschaft der 50er Jahre, Bonn 1993, S. 188 - 200.
Ders., Wirtschaftliche Not, politische Herausforderungen und neue Initiativen zur Landeserschließung – Zur Scharnierfunktion der Nachkriegszeit für die Entwicklung der emsländischen Landwirtschaft, in: Jahrbuch des Emsländischen Heimatbundes 39 (1993), S. 78 - 93.
Bauern in Bayern. Von der Römerzeit bis zur Gegenwart, hg. v. Michael Henker unter der Mitarbeit von Evamaria Brockhoff (Katalog zur Ausstellung „Bauern in Bayern"), München 1992.
Bausinger, Hermann, Anmerkungen zum Verhältnis von öffentlicher und privater Festkultur, in: Dieter Düding/Peter Friedemann/Paul Münch (Hg.), Öffentliche Festkultur. Politische Feste in Deutschland von der Aufklärung bis zum Ersten Weltkrieg, Reinbek b. Hamburg 1988, S. 390 - 404.
Ders., Volkskultur und Sozialgeschichte, in: Wolfgang Schieder/Volker Sellin (Hg.), Sozialgeschichte in Deutschland, Bd. 3: Soziales Verhalten und soziale Aktionsformen in der Geschichte, Göttingen 1987, S. 32 - 49.
Ders., Beharrung und Einfügung. Zur Typik des Einlebens der Flüchtlinge, in: Jahrbuch für Volkskunde der Heimatvertriebenen 2 (1956), S. 9 - 16.
Becher, Ursula A.J., Geschichte des modernen Lebensstils. Essen-Wohnen-Freizeit-Reisen, München 1990.
Beck-Gernsheim, Elisabeth, Von der Liebe zur Beziehung? Veränderungen im Verhältnis von Mann und Frau in der individualisierten Gesellschaft, in: Die Moderne – Kontinuitäten und Zäsuren, hg. v. Johannes Berger, Göttingen 1986

(Soziale Welt: Sonderband 4), S. 209 - 233.

Bendix, Reinhard, Modernisierung und soziale Ungleichheit, in: Wolfram Fischer (Hg.), Wirtschafts- und sozialgeschichtliche Probleme der frühen Industrialisierung, Berlin 1968, S. 179 - 246.

Benz, Wolfgang, Fremde in der Heimat: Flucht – Vertreibung – Integration, in: Klaus J. Bade (Hg.), Deutsche im Ausland – Fremde in Deutschland. Migration in Geschichte und Gegenwart, München 1992, S. 374 - 386.

Ders., Zwischen Adenauer und Hitler. Studien zur deutschen Nachkriegsgesellschaft, Frankfurt 1991.

Berkenbrink, Gerd, Wandlungsprozesse einer dörflichen Kultur – Wachenhausen, Kreis Northeim, Göttingen 1974.

Das Berufsbild des Landarbeiters, hg. v. Sekretariat der Agrarsozialen Gesellschaft, Göttingen 1958.

Bieback-Diehl, Lieselotte/Bohler, Karl Friedrich/Hildenbrand, Bruno/Oberle, Helmut, Der soziale Wandel auf dem Lande: seine Bewältigung und Formen des Scheiterns, in: Soziale Welt 1993, Heft 1, S. 120 - 135.

Bierbrauer, Peter, Ländliche Gemeinde im oberdeutsch-schweizerischen Raum, in: Landgemeinde und Stadtgemeinde in Mitteleuropa. Ein struktureller Vergleich, hg. v. Peter Blickle, München 1991, S. 169 - 190.

Birke, Adolf M., Nation ohne Haus. Deutschland 1945 - 1961 (Die Deutschen und ihre Nation, Bd. 6), Berlin 1994.

Blaich, Fritz, Wirtschaft und Rüstung im „Dritten Reich" (Historisches Seminar; Bd. 1), Düsseldorf 1987.

Blessing, Werner K., Fest und Vergnügen der „Kleinen Leute". Wandlungen vom 18. bis zum 20. Jahrhundert, in: Richard van Dülmen/Norbert Schindler (Hg.), Volkskultur. Zur Wiederentdeckung des vergessenen Alltags (16. - 20. Jahrhundert), Frankfurt 1984, S. 352 - 379.

Blickle, Peter, Ländliche politische Kultur in Oberdeutschland. Zur historischen Bedeutung der Dorfgemeinde, in: Nord-Süd-Unterschiede in der städtischen und ländlichen Kultur Mitteleuropas, hg. v. Günter Wiegelmann, Münster 1985, S. 251 - 264.

Blohm, Georg, Der westdeutsche Bauer, in: Lebensformen auf dem Lande. Mit Beiträgen von Dems. u.a. (Schriftenreihe für ländliche Sozialfragen, Heft 27), Hannover 1959, S. 5 - 17.

Blum, Walter-Robert, Handgerät – Maschine – Computer. Ohne Technik geht es nicht, in: Unsere Landwirtschaft. Eine Zwischenbilanz, hg. v. d. Deutschen Landwirtschaftsgesellschaft (DLG), Frankfurt u.a. 1985, S. 109 - 121.

Boesler, Martin, Landarbeiter in Westdeutschland, in: Lebensformen auf dem Lande. Mit Beiträgen von Georg Blohm u.a. (Schriftenreihe für ländliche Sozialfragen, Heft 27), Hannover 1959, S. 18 - 26.

Borchardt, Knut, Zäsuren in der wirtschaftlichen Entwicklung. Zwei, drei oder vier Perioden? in: Martin Broszat (Hg.), Zäsuren nach 1945. Essays zur Periodisierung der deutschen Nachkriegsgeschichte, München 1990, S. 21 - 34.

Ders., Die Bundesrepublik in den säkularen Trends der wirtschaftlichen Entwicklung, in: Werner Conze/M. Rainer Lepsius (Hg.), Sozialgeschichte der Bundesrepublik Deutschland. Beiträge zum Kontinuitätsproblem, Stuttgart 1983, S. 20 - 45.

Borscheid, Peter, Vom Ersten zum Zweiten Weltkrieg (1914 - 1945), in: Wilhelm Kohl (Hg.), Westfälische Geschichte, Bd. 3: Das 19. und 20. Jahrhundert. Wirtschaft und Gesellschaft, Düsseldorf 1984, S. 316 - 438.

Botzet, Rolf, Die Geschichte der Freiwilligen Feuerwehr Rödinghausen: anläßlich des 100. Geburtstages der Wehr, Rödinghausen 1994.

Ders., Bauersleut und Heimarbeiter. Feldarbeit und Hausgewerbe im Ravensberger Land, Herford 1992 (Herforder Forschungen, Bd. 7) (Zugl. Diss. Innsbruck 1990).

Ders., Kaiserzeit in Rödinghausen. Eine Archivausstellung, in: Archivpflege in Westfalen und Lippe 36 (1991), S. 52 - 54.

Ders., Rödinghausen. Die Denkmäler – Zeugnisse von Kunst, Kultur und Natur, Rödinghausen 1991.

Ders., Ereygnisse, Merckwürdigkeiten und Begehbenheiten aus Rödinghausen, Rödinghausen 1988.

Brändle, Thea, Die Eingliederung der Heimatvertriebenen in ländlichen Orten unter besonderer Berücksichtigung des Landvolks, dargestellt an fünf Gemeinden des Zabergäus im Landkreis Heilbronn, Diss. Hohenheim 1953.

Braudel, Fernand, Histoire et sciences sociales. La longue durée, in: Ders., Ecrits sur l'histoire, Paris 1969, S. 41 - 83.

Brelie-Lewien, Doris von der, Im Spannungsfeld zwischen Beharrung und Wandel. Fremdarbeiter und Kriegsgefangene, Ausgebombte und Flüchtlinge in ländlichen Regionen Niedersachsens, in: Frank Bajohr (Hg.), Norddeutschland im Nationalsozialismus (Forum Zeitgeschichte; Bd. 1), Hamburg 1993, S. 347 - 370.

Dies., Zur Rolle der Flüchtlinge und Vertriebenen in der westdeutschen Nachkriegsgeschichte – Ein Forschungsbericht, in: Rainer Schulze/Dies./Helga Grebing (Hg.), Flüchtlinge und Vertriebene in der westdeutschen Nachkriegsgeschichte: Bilanzierung der Forschung und Perspektiven für die künftige Forschungsarbeit, Hildesheim 1987, S. 24 - 45.

Breyvogel, Wilfried/Lohmann, Thomas, Schulalltag im Nationalsozialismus, in: Detlev J.K. Peukert/Jürgen Reulecke (Hg.), Die Reihen fast geschlossen. Beiträge zur Geschichte des Alltags unterm Nationalsozialismus, Wuppertal 1981, S. 199 - 221.

Broszat, Martin (Hg.), Zäsuren nach 1945. Essays zur Periodisierung der deutschen Nachkriegsgeschichte (Schriftenreihe der Vierteljahrshefte für Zeitgeschichte, Bd. 61), München 1990.

Ders., Was heißt Historisierung des Nationalsozialismus?, in: Historische Zeitschrift 247 (1988), S. 1 - 26.

Ders./Henke, Klaus-Dieter/Woller, Hans (Hg.), Von Stalingrad zur Währungsreform. Zur Sozialgeschichte des Umbruchs in Deutschland, München 1988 (Quellen und Darstellungen zur Zeitgeschichte, Bd. 26).

Ders., Nach Hitler. Der schwierige Umgang mit unserer Geschichte. Beiträge von Martin Broszat, hg. von Hermann Graml/Klaus-Dieter Henke, 2. Aufl., München 1987.

Ders., Der Staat Hitlers, 11. Aufl., München 1986.
Ders., Plädoyer für eine Historisierung des Nationalsozialismus, in: Merkur 39 (1985), S. 373 - 385 (Wiederabdruck in: Ders., Nach Hitler. Der schwierige Umgang mit unserer Geschichte, S. 159 - 173).
Ders. u.a. (Hg.), Bayern in der NS-Zeit, 6 Bde, München 1977 - 1983.
Ders., Soziale Motivation und Führer-Bindung des Nationalsozialismus, in: Vierteljahrshefte für Zeitgeschichte 18 (1970), S. 392 - 408.
Brüggemann, Beate/Riehle, Rainer, Das Dorf. Über die Modernisierung einer Idylle, Frankfurt a.M./New York 1986.
Brunhöber, Hannelore, Wohnen, in: Die Bundesrepublik Deutschland, hg. v. Wolfgang Benz, Bd.2: Gesellschaft, Frankfurt 1983, S. 183 - 208.
Bühl, Walter L., Strukturkrise und Strukturwandel. Zur Situation der Bundesrepublik, in: Die Moderne – Kontinuitäten und Zäsuren, hg. v. Johannes Berger, Göttingen 1986 (Soziale Welt: Sonderband 4), S. 141 - 166.
Carr, Edward Hawlett, „Was ist Geschichte?", Stuttgart 1963.
Chaussy, Ulrich, Jugend, in: Die Bundesrepublik Deutschland, hg. v. Wolfgang Benz, Bd.2: Gesellschaft, Frankfurt 1983, S. 35 - 67.
Conze, Werner/Lepsius, M. Rainer (Hg.), Sozialgeschichte der Bundesrepublik Deutschland. Beiträge zum Kontinuitätsproblem, Stuttgart 1983.
Christensen, August-Wilhelm, Soziale Verhältnisse landwirtschaftlicher Berufsschüler in Schleswig-Holstein, in: Wie steht die Jugend zur Landarbeit? (Schriftenreihe für ländliche Sozialfragen, Heft 19), Hannover 1956, S. 49 - 88.
Dahrendorf, Ralf, Gesellschaft und Demokratie in Deutschland, München 1965.
Darré, Walther R., Aufbruch des Bauerntums. Reichsbauerntagsrede, Berlin 1942.
Ders., Das Bauerntum als Lebensquell der Nordischen Rasse, 4. Aufl., München 1934 (Erstauflage München 1929).
Ders., Neuadel aus Blut und Boden, München 1930.
Diehl-Thiele, Peter, Partei und Staat im Dritten Reich. Untersuchungen zum Verhältnis von NSDAP und allgemeiner innerer Selbstverwaltung 1933 - 1945, München 1969.
Dipper, Christoph, Bauern als Gegenstand der Sozialgeschichte, in: Wolfgang Schieder/Volker Sellin (Hg.), Sozialgeschichte in Deutschland, Bd. 4: Soziale Gruppen in der Geschichte, Göttingen 1987, S. 9 - 33.
Dirks, Walter, Die Aussichten der Restauration. Über die gesellschaftlichen Grundlagen der Zeit, in: Frankfurter Hefte 7 (1952), Heft 3, S. 165 - 177.
Ders., Der restaurative Charakter der Epoche, in: Frankfurter Hefte 5 (1950), Heft 9, S. 942 - 954.
Ditt, Hildegard, Siedlungs- und wirtschaftsgeographischer Überblick, in: Der Kreis Borken, hg. v. Kreis Borken, Stuttgart 1982, S. 15 - 28.
Dies., Struktur und Wandel westfälischer Agrarlandschaften (Veröffentlichungen des Provinzialinstituts für westfälische Landes- und Volkskunde, Reihe 1, Heft 13), Münster 1965.
Doering-Manteuffel, Anselm, Deutsche Zeitgeschichte nach 1945. Entwicklung und Problemlagen der historischen Forschung zur Nachkriegszeit, in: Vierteljahrshef-

te für Zeitgeschichte 41 (1993), S. 1 - 29.

Für das Dorf. Gestaltung des ländlichen Lebensraums durch Dorfentwicklung. Stellungnahme des Fachbeirats „Dorfentwicklung" des Instituts für Kommunalwissenschaft der Konrad-Adenauer-Stiftung, Köln u.a. 1983.

Ehmer, Josef, Heiratsverhalten, Sozialstruktur, ökonomischer Wandel. England und Mitteleuropa in der Formationsperiode des Kapitalismus, Göttingen 1991 (Kritische Studien zur Geschichtswissenschaft; Bd. 92).

Eisenberg, Christiane, Massensport in der Weimarer Republik. Ein statistischer Überblick, in: Archiv für Sozialgeschichte 33 (1993), S. 137 - 176.

Elsner, Wolfram/Spörel, Ulrich, Branchenentwicklung und Arbeitslosigkeit in einer industrialisierten ländlichen Region – das Beispiel der Region Ostwestfalen-Lippe, in: Klaus M. Schmals u. Rüdiger Voigt (Hg.), Krise ländlicher Lebenswelten. Analysen, Erklärungsansätze und Lösungsperspektiven, Frankfurt/New York 1986, S. 228 - 248.

Endruweit, Günter, Modernisierung, in: Ders./Gisela Trommsdorff (Hg.), Wörterbuch der Soziologie, Bd. 2, Stuttgart 1989, S. 454f.

Entwicklung und Aufgaben der Landwirtschaftskammer Westfalen-Lippe. Vom Beginn des Jahrhunderts bis heute, hg. v. d. Landwirtschaftskammer Westfalen-Lippe, Hiltrup bei Münster o. J. (1959).

Erker, Paul, Der lange Abschied vom Agrarland. Zur Sozialgeschichte der Bauern im Industrialisierungsprozeß 1920 - 1960 in Bayern, in: Matthias Frese/Michael Prinz (Hg.), Politische Zäsuren und gesellschaftlicher Wandel im 20. Jahrhundert. Regionale und vergleichende Perspektiven (Forschungen zur Regionalgeschichte, Bd. 18), Paderborn 1996.

Ders., Zeitgeschichte als Sozialgeschichte. Forschungsstand und Forschungsdefizite, in: Geschichte und Gesellschaft 19 (1993), S. 202 - 238.

Ders., Keine Sehnsucht nach der Ruhr. Grundzüge der Industrialisierung in Bayern 1900 - 1970, in: Geschichte und Gesellschaft 17 (1991), S. 480 - 511.

Ders., Revolution des Dorfes? Ländliche Bevölkerung zwischen Flüchtlingsstrom und landwirtschaftlichem Strukturwandel, in: Martin Broszat/Klaus-Dieter Henke/Hans Woller (Hg.), Von Stalingrad zur Währungsreform, Zur Sozialgeschichte des Umbruchs in Deutschland, München 1988 (Quellen und Darstellungen zur Zeitgeschichte, Bd. 26), S. 367 - 425.

Esser, Hartmut, Gastarbeiter, in: Die Bundesrepublik Deutschland, hg. v. Wolfgang Benz, Bd. 2: Gesellschaft, Frankfurt 1983, S. 127 - 156.

Essner, Cornelia/Conte, Edouard, „Fernehe", „Leichentrauung", und „Totenscheidung". Metamorphosen des Eherechts im Dritten Reich, in: Vierteljahrshefte für Zeitgeschichte 44 (1996), S. 201 - 227.

Evans, Richard J./Lee, William R. (Hg.), The German Peasantry: conflict and community in rural society from the eighteenth to the twentieth century, Kent 1986.

Exner, Peter, Beständigkeit und Veränderung. Konstanz und Wandel traditioneller Orientierungs- und Verhaltensmuster in Landwirtschaft und ländlicher Gesellschaft in Westfalen 1919 - 1969. Dargestellt am Beispiel zweier münsterländischer Landgemeinden, in: Matthias Frese/Michael Prinz (Hg.), Politische Zäsuren und gesellschaftlicher Wandel im 20. Jahrhundert. Regionale und vergleichende Perspektiven (Forschungen zur Regionalgeschichte, Bd. 18), Paderborn 1996, S. 279 - 326.

Ders., Agrarwirtschaft und ländliche Gesellschaft in Westdeutschland im Schatten der Bodenreformdiskussion. Kontinuität und Neubeginn in Westfalen, 1945 - 1949, in: Arnd Bauerkämper (Hg.), „Junkerland in Bauernhand"? Durchführung, Auswirkungen und Stellenwert der Bodenreform in der Sowjetischen Besatzungszone, Stuttgart 1996, S. 181 - 219.

Falter, Jürgen W., Hitlers Wähler, München 1991.

Ders., Wahlen und Wählerverhalten unter besonderer Berücksichtigung des Aufstiegs der NSDAP nach 1928, in: Karl Dietrich Bracher/Manfred Funke/Hans-Adolf Jacobsen (Hg.), Die Weimarer Republik 1918 – 1933. Politik – Wirtschaft – Gesellschaft, 2. Aufl., Bonn 1988, S. 484 - 504.

Ders., Kontinuität und Neubeginn. Die Bundestagswahl 1949 zwischen Weimar und Bonn, in: Politische Vierteljahresschrift 22 (1981), S. 236 - 263.

Fischer, Wolfram, Sozialgeschichte und Wirtschaftsgeschichte, in: Wolfgang Schieder/Volker Sellin (Hg.), Sozialgeschichte in Deutschland, Bd. 1: Die Sozialgeschichte innerhalb der Geschichtswissenschaft, Göttingen 1986, S. 53 - 66.

Focke, Harald/Reimer, Uwe, Alltag unterm Hakenkreuz. Wie die Nazis das Leben der Deutschen veränderten, Hamburg 1979.

Frank, Claudia, Der Reichsnährstand und seine Ursprünge. Struktur, Funktion und ideologische Konzeption, Hamburg 1988 (zugl. Diss. Hamburg).

Franz, Günther, Quellen zur Geschichte des deutschen Bauernstandes in der Neuzeit, Darmstadt 1976.

Frei, Norbert, Wie modern war der Nationalsozialismus? in: Geschichte und Gesellschaft 19 (1993), S. 367 - 387.

Ders., Der Führerstaat. Nationalsozialistische Herrschaft 1933 - 1945, München 1987.

Frese, Matthias/Kersting, Franz-Werner/Prinz, Michael/Rouette, Susanne/Teppe, Karl, Gesellschaft in Westfalen. Kontinuität und Wandel 1930 - 1960. Ein Forschungsprojekt des Westfälischen Instituts für Regionalgeschichte, in: Westfälische Forschungen 41 (1991), S. 444 - 467.

Frie, Ewald, Die Eingliederung von Flüchtlingen in den Landkreis Münster nach dem Zweiten Weltkrieg – Aspekte eines noch unerforschten Themas, in: Geschichtsblätter des Kreises Coesfeld 13 (1988), S. 125 - 131.

Fröhlich, Elke, Die Partei auf lokaler Ebene. Zwischen gesellschaftlicher Assimilation und Veränderungsdynamik, in: Gerhard Hirschfeld/Lothar Kettenacker (Hg.), Der „Führerstaat": Mythos und Realität: Studien zur Struktur und Politik des Dritten Reiches, Stuttgart 1981, S. 255 - 269.

Dies./Broszat, Martin, Politische und soziale Macht auf dem Lande. Die Durchsetzung der NSDAP im Kreis Memmingen, in: Vierteljahrshefte für Zeitgeschichte 25 (1977), S. 546 - 572.

Fromme, Franz, Lüchtringen. Grenzdorf zwischen Weser und Sölling, Holzminden 1980.

Geiger, Theodor, Die soziale Schichtung des deutschen Volkes. Soziographischer Versuch auf statistischer Grundlage, Stuttgart 1967 (Erstdruck Stuttgart 1932).
Ders., Die Panik im Mittelstand, in: Die Arbeit 7 (1930), S. 637 - 654.
Gies, Horst, Von der Verwaltung des „Überflusses" zur Verwaltung des „Mangels". Instrumente staatlicher Marktregelung für Nahrungsmittel vor und nach 1933, in: Dieter Rebentisch/Karl Teppe (Hg.), Verwaltung contra Menschenführung. Studien zum politisch-administrativen System, Göttingen 1986, S. 302 - 333.
Ders., Die Rolle des Reichsnährstandes im nationalsozialistischen Herrschaftssystem, in: Gerhard Hirschfeld/Lothar Kettenacker (Hg.): Der „Führerstaat": Mythos und Realität: Studien zur Struktur und Politik des Dritten Reiches, Stuttgart 1981, S. 270 - 304.
Ders., Aufgaben und Probleme der nationalsozialistischen Ernährungswirtschaft 1933 - 1939, in: Vierteljahrschrift für Wirtschafts- und Sozialgeschichte 66 (1979), S. 466 - 499.
Goetze, Dieter, Entwicklungssoziologie, München 1976.
Grebing, Helga, Die Parteien, in: Die Bundesrepublik Deutschland, hg. v. Wolfgang Benz, Bd. 1: Politik, Frankfurt 1983, S. 126 - 191.
Grevelhörster, Ludger, Der Kreis Coesfeld im Zugriff des Nationalsozialismus, in: Kreis Coesfeld, hg. v. Kreis Coesfeld, 2. Aufl., Dülmen 1987, S. 141 - 164.
Haerendel, Ulrike, Flüchtlinge und Vertriebene in der Bundesrepublik Deutschland. Forschungen zu ihrer Integration, in: Jahrbuch der historischen Forschungen in der Bundesrepublik Deutschland 1989, München 1990, S. 35 - 42.
Haller, Elmar, Dorfentwicklung im Vorarlberg, in: Karl Pellens (Hg.), Dorf – Stadt – Nation. Beispiele und Vergleiche aus Süddeutschland, der Schweiz, Österreich und Südtirol, Stuttgart 1987, S. 87 - 105.
Hartfiel, Günter/Hillmann, Karl-Heinz, Modernisierung, in: Wörterbuch der Soziologie, 3. Aufl., Stuttgart 1982, S. 510f.
Hauptmeyer, Carl Hans/Henckel, Heinar/Ilien, Albert/Reinecke, Karsten/Wöbse, Hans-Hermann, Annäherungen an das Dorf. Geschichte, Veränderung und Zukunft, Hannover 1983.
Hausen, Karin, Familie und Familiengeschichte, in: Wolfgang Schieder/Volker Sellin (Hg.), Sozialgeschichte in Deutschland, Bd. 2: Handlungsräume der Menschen in der Geschichte, Göttingen 1986, S. 64 - 89.
Haushofer, Heinz, Die deutsche Landwirtschaft im technischen Zeitalter (Deutsche Agrargeschichte, Bd. 5), 2. Aufl., Stuttgart 1972.
Hecht, Moritz, Drei Dörfer im badischen Hard, Leipzig 1895.
Heinemann, Ulrich, Krieg und Frieden an der „inneren Front". Normalität und Zustimmung, Terror und Opposition im Dritten Reich, in: Christoph Kleßmann (Hg.), Nicht nur Hitlers Krieg. Der Zweite Weltkrieg und die Deutschen, Düsseldorf 1989, S. 25 - 50.
Henkel, Gerhard (Hg.), Schadet die Wissenschaft dem Dorf? Vorträge und Ergebnisse des 7. Dorfsymposiums in Bleiwäsche vom 7. bis 8. Mai 1990 (Essener geographische Arbeiten, Bd. 22), Paderborn 1990.

Henning, Friedrich-Wilhelm, Landwirtschaft und ländliche Gesellschaft in Deutschland, Bd. 2: von 1750 bis 1976, 2. Aufl., Paderborn 1988.

Ders., Die agrargeschichtliche Forschung in der Bundesrepublik Deutschland von 1949 bis 1986, in: Hermann Kellenbenz/Hans Pohl (Hg.), Historia socialis et oeconomia. Festschrift für Wolfgang Zorn zum 65. Geb., Stuttgart 1987, S. 72 - 80.

Herbert, Ulrich, „Ausländer-Einsatz" in der deutschen Kriegswirtschaft, in: Klaus J. Bade (Hg.), Deutsche im Ausland – Fremde in Deutschland. Migration in Geschichte und Gegenwart, München 1992, S. 354 - 367.

Ders., Zwangsarbeiter – Vertriebene – Gastarbeiter: Kontinuitätsaspekt des Wanderungsgeschehens in Deutschland, in: Rainer Schulze/Doris von der Brelie-Lewien/Helga Grebing (Hg.), Flüchtlinge und Vertriebene in der westdeutschen Nachkriegsgeschichte. Bilanzierung der Forschung und Perspektiven für die künftige Forschungsarbeit, Hildesheim 1987, S. 171 - 174.

Ders., „Die guten und die schlechten Zeiten". Überlegungen zur diachronen Analyse lebensgeschichtlicher Interviews, in: Lutz Niethammer (Hg.), „Die Jahre weiß man nicht, wo man die heute hinsetzen soll". Faschismuserfahrungen im Ruhrgebiet, Berlin/Bonn 1983, S. 67 - 96.

Herbst, Ludolf, Der Totale Krieg und die Ordnung der Wirtschaft. Die Kriegswirtschaft im Spannungsfeld von Politik, Ideologie und Propaganda 1939 - 1945, Stuttgart 1982.

Herlemann, Beatrix, Bäuerliche Verhaltensweisen unterm Nationalsozialismus am Beispiel Niedersachsens, in: Frank Bajohr (Hg.), Norddeutschland im Nationalsozialismus (Forum Zeitgeschichte; Bd. 1), Hamburg 1993, S. 109 - 122.

Herlemann, Hans-Heinrich, Vertriebene Bauern und Strukturwandel der Landwirtschaft, in: Friedrich Edding/Eugen Lemberg (Hg.), Die Vertriebenen in Westdeutschland. Ihre Eingliederung und ihr Einfluß auf Gesellschaft, Politik und Geistesleben, Bd. 2, Kiel 1959, S. 53 - 165.

Herrmann, Klaus, Die Veränderung landwirtschaftlicher Arbeit durch Einführung neuer Technologien im 20. Jahrhundert, in: Archiv für Sozialgeschichte 28 (1988), S. 203 - 237.

Hildebrand, Klaus, Das Dritte Reich, 3. Aufl., München 1987.

Hilger, Dietrich, Die mobilisierte Gesellschaft, in: Richard Löwenthal/Hans-Peter Schwarz (Hg.), Die zweite Republik. 25 Jahre Bundesrepublik Deutschland – eine Bilanz, Stuttgart 1974, S. 95 - 122.

Hinrichs, Ernst, Regionale Sozialgeschichte als Methode der modernen Geschichtswissenschaft, in: Ders./Wilhelm Norden, Regionalgeschichte. Probleme und Beispiele, Hildesheim 1980, S. 1 - 20.

Ders., Mentalitätsgeschichte und regionale Aufklärungsforschung, in: Ders./Wilhelm Norden, Regionalgeschichte: Probleme und Beispiele, Hildesheim 1980, S. 21 - 42.

Hockerts, Hans Günter, Zeitgeschichte in Deutschland. Begriff, Methoden, Themenfelder, in: Historisches Jahrbuch 113 (1993), S. 98 - 127 (ebenso erschienen in: Aus Politik und Zeitgeschichte B 29 - 30/93, S. 3 - 19).

Ders., Metamorphosen des Wohlfahrtsstaates, in: Martin Broszat (Hg.), Zäsuren nach

1945. Essays zur Periodisierung der deutschen Nachkriegsgeschichte, München 1990, S. 35 - 45.
Ders., Ausblick: Bürgerliche Sozialreform nach 1945, in: Rüdiger vom Bruch (Hg.), Weder Kommunismus noch Kapitalismus, Bürgerliche Sozialreform in Deutschland vom Vormärz bis zur Ära Adenauer, München 1985, S. 245 - 273.
Hoffmann, Frank, Flüchtlinge und Einheimische. Beobachtungen in Velbert nach 1945, in: Geschichte im Westen 6 (1991), S. 162 - 172.
Hollenstein, Günter, Die Katholische Kirche, in: Die Bundesrepublik Deutschland, hg. v. Wolfgang Benz, Bd. 2: Gesellschaft, Frankfurt 1983, S. 234 - 264.
Hubbard, William H. (Hg.), Familiengeschichte. Materialien zur deutschen Familie seit dem Ende des 18. Jahrhunderts, München 1983.
Hund, Heinrich, Flüchtlinge in einem deutschen Dorf. Eine soziographische Untersuchung über den wirtschaftlichen und gesellschaftlichen Einbau von Ostvertriebenen in eine Landgemeinde an der Bergstraße, Diss. phil. Heidelberg 1950.
Husserl, Edmund, Die Krisis der europäischen Wissenschaften und die transzendentale Phänomenologie, hg. v. W. Biemel, Den Haag 1954.
Ilien, Albert, Prestige in dörflicher Lebenswelt. Eine explorative Studie (Untersuchungen des Ludwig-Uhland-Instituts der Universität Tübingen, Bd. 43), Tübingen 1977.
Ders./Jeggle, Utz, Leben auf dem Dorf. Zur Sozialgeschichte des Dorfes und Sozialpsychologie seiner Bewohner, Opladen 1978.
Ders./Jeggle, Utz/Schelwies, Willi, Verwandtschaft und Verein. Zum Verhältnis zweier Organisationsformen des dörflichen Lebens, in: Forschungen und Berichte zur Volkskunde in Baden-Württemberg 3 (1974 - 1977), S. 95 - 104.
Imhof, Arthur E., Historische Demographie, in: Wolfgang Schieder/Volker Sellin (Hg.), Sozialgeschichte in Deutschland, Bd. 2: Handlungsräume der Menschen in der Geschichte, Göttingen 1986, S. 32 - 63.
Inhetveen, Heide, Staatliche Macht und dörfliche Ehre: Die Geschichte eines Ortsbauernführers, in: Klaus M. Schmals u. Rüdiger Voigt (Hg.), Krise ländlicher Lebenswelten. Analysen, Erklärungsansätze und Lösungsperspektiven, Frankfurt/New York 1986, S. 133 - 162.
Ipsen, Gunther, Bemerkungen zum industriell-agraren Gemenge, in: Industrialisierung ländlicher Räume (Schriftenreihe für ländliche Sozialfragen, Heft 18), Hannover 1956, S. 44 - 53.
Ders., Die Landfamilie in Wirtschaft und Gesellschaft, in: Die Landfamilie (Schriftenreihe für ländliche Sozialfragen, Heft 9), Hannover 1953, S. 14 - 39.
Jacobmeyer, Wolfgang, Ortlos am Ende des Grauens: „Displaced Persons" in der Nachkriegszeit, in: Klaus J. Bade (Hg.), Deutsche im Ausland – Fremde in Deutschland. Migration in Geschichte und Gegenwart, München 1992, S. 367 - 373.
Ders., Die Displaced Persons (DPs), in: Rainer Schulze/Doris von der Brelie-Lewien/Helga Grebing (Hg.), Flüchtlinge und Vertriebene in der westdeutschen Nachkriegsgeschichte. Bilanzierung der Forschung und Perspektiven für die künftige Forschungsarbeit, Hildesheim 1987, S. 175 - 179.

Jeggle, Utz, Liebe auf dem Dorf, in: Journal für die Geschichte, Heft 5 (1982), S. 4 - 11.

Ders., Krise der Gemeinde – Krise der Gemeindeforschung, in: Wiegelmann, Günter (Hg.), Gemeinde im Wandel. Volkskundliche Gemeindestudien in Europa (Beiträge des 21. Deutschen Volkskundekongresses in Braunschweig), Münster 1979, S. 101 - 109.

Ders./Ilien, Albert, Die Dorfgemeinschaft als Not- und Terrorzusammenhang. Ein Beitrag zur Sozialgeschichte des Dorfes und zur Sozialpsychologie seiner Bewohner, in: Hans-Georg Wehling (Hg.), Dorfpolitik. Fachwissenschaftliche Analysen und didaktische Hilfen, Opladen 1978, S. 38 - 53 (Ebenso erschienen unter dem Pseudonym Albert Jakob, Das Ende der Dorfpolitik. Zur Sozialgeschichte des Dorfes und zur Sozialpsychologie seiner Bewohner, in: Der Bürger im Staat 25 (1975), S. 26 - 31).

Ders., Kiebingen – eine Heimatgeschichte. Zum Prozeß der Zivilisation in einem schwäbischen Dorf, Tübingen 1977.

Ders., Fremdheit und Initiative. Vorbemerkungen zu einer Variante des soziokulturellen Wandels, in: Zeitschrift für Volkskunde 68 (1972), S. 42 - 60.

Kaelble, Hartmut u.a., Probleme der Modernisierung in Deutschland. Sozialhistorische Studien zum 19. und 20. Jahrhundert (Schriften des Zentralinstituts für Sozialwissenschaftliche Forschungen der Freien Universität Berlin, Bd. 27), Opladen 1976.

Kaiser, Wolfgang, Die Entwicklung der Landarbeiterverhältnisse in den Kreisen Münster und Warendorf (masch. Diss.), Bonn 1959.

Karasek-Langer, Alfred, Volkskundliche Erkenntnisse aus der Vertreibung und Eingliederung der Ostdeutschen, in: Jahrbuch für Volkskunde der Heimatvertriebenen 1 (1955), S. 11 - 65.

Kaschuba, Wolfgang, Lebenswelt und Kultur der unterbürgerlichen Schichten im 19. und 20. Jahrhundert, München 1990.

Ders., Volkskultur zwischen feudaler und bürgerlicher Gesellschaft. Zur Geschichte eines Begriffs und seiner gesellschaftlichen Wirklichkeit, Frankfurt/New York 1988.

Ders./Lipp, Carola, Dörfliches Überleben. Zur Geschichte materieller und sozialer Reproduktion ländlicher Gesellschaft im 19. und frühen 20. Jahrhundert (Untersuchungen des Ludwig-Uhland-Instituts der Universität Tübingen im Auftrag der Tübinger Vereinigung für Volkskunde, Bd. 56), Tübingen 1982.

Ders./Lipp, Carola, Kein Volk steht auf, kein Sturm bricht los. Stationen dörflichen Lebens auf dem Weg in den Faschismus, in: Johannes Beck u.a. (Hg.), Terror und Hoffnung in Deutschland 1933 - 1945, Reinbek b. Hamburg 1980, S. 111 - 150.

Kershaw, Ian, Das Dritte Reich: „Soziale Reaktion" oder „Soziale Revolution", in: Ders., Der NS-Staat. Geschichtsinterpretationen und Kontroversen im Überblick. Reinbek b. Hamburg 1988 (engl. 1985), S. 253 - 288.

Ders., „Normalität" und Genozid: Das Problem der „Historisierung", in: a.a.O., S. 289 - 320.

Ders., Der Hitler-Mythos. Volksmeinung und Propaganda im Dritten Reich, Stuttgart 1980.
Kettenacker, Lothar, Sozialpsychologische Aspekte der Führer-Herrschaft, in: Gerhard Hirschfeld/ders. (Hg.), Der „Führerstaat": Mythos und Realität: Studien zur Struktur und Politik des Dritten Reiches, Stuttgart 1981, S. 98 - 131.
Kindermann, Adolf, Religiöse Wandlungen und Probleme im katholischen Bereich, in: Eugen Lemberg/Friedrich Edding (Hg.), Die Vertriebenen in Westdeutschland. Ihre Eingliederung und ihr Einfluß auf Gesellschaft, Wirtschaft, Politik und Geistesleben, Bd. 3, Kiel 1959, S. 92 - 158.
Kirchner, Norbert, Westfälisches Schützenwesen im 19. und 20. Jahrhundert: Wandel und gegenwärtige Stellung, Münster/New York 1992 (zugl.: Münster, Univ., Diss., 1989).
Ders./Pahs, Stephan, Zur volkskundlichen Vereinsforschung und regionalen Differenzierung des Schützenwesens in Westfalen, in: Westfälische Forschungen 39 (1989), S. 283 - 315.
Klein, Ernst, Geschichte der deutschen Landwirtschaft im Industriezeitalter, Wiesbaden 1973.
Klenke, Dietmar, Zwischen nationalkriegerischem Gemeinschaftsideal und bürgerlich-ziviler Modernität. Zum Vereinsnationalismus der Sänger, Schützen und Turner im Deutschen Kaiserreich, in: Geschichte in Wissenschaft und Unterricht 45 (1994), S. 207 - 223.
Kleßmann, Christoph, Untergänge – Übergänge. Gesellschaftliche Brüche und Kontinuitätslinien vor und nach 1945, in: Ders. (Hg.), Nicht nur Hitlers Krieg. Der Zweite Weltkrieg und die Deutschen, Düsseldorf 1989, S. 83 - 97.
Ders., Die doppelte Staatsgründung. Deutsche Geschichte 1945 - 1955, 4. Aufl., Bonn 1986.
Ders., Ein stolzes Schiff und krächzende Möwen. Die Geschichte der Bundesrepublik und ihre Kritiker, in: Geschichte und Gesellschaft 11 (1985), S. 476 - 494.
Kloosterhuis, Jürgen, Schwarz-Weiß-Grüne Landgemeinden. Senden und seine Verwaltung in der preußischen Provinz Westfalen, 1816 bis 1914, in: Senden. Eine Geschichte der Gemeinde Senden mit Ottmarsbocholt, Bösensell und Venne, hg. v. d. Gemeinde Senden, Senden 1992, S. 395 - 454.
Kluge, Ulrich, Vierzig Jahre Landwirtschaftspolitik der Bundesrepublik Deutschland 1945/49 - 1985, in: Aus Politik und Zeitgeschichte B 42/86, S. 3 - 19.
Kocka, Jürgen, Sozialgeschichte zwischen Strukturgeschichte und Erfahrungsgeschichte, in: Wolfgang Schieder/Volker Sellin (Hg.), Sozialgeschichte in Deutschland, Bd. 1: Die Sozialgeschichte innerhalb der Geschichtswissenschaft, Göttingen 1986, S. 67 - 88.
Ders. u.a. (Hg.), Familie und soziale Plazierung. Studien zum Verhältnis von Familie, sozialer Mobilität und Heiratsverhalten an westfälischen Beispielen im späten 18. und 19. Jahrhundert, Opladen 1980.
Ders., Neubeginn oder Restauration? in: Carola Stern/Heinrich A. Winkler (Hg.), Wendepunkte deutscher Geschichte. 1848 - 1945, Frankfurt a.M. 1979, S. 141 - 168 (Neuausgabe 1994, S. 159 - 182).

Ders., Sozialgeschichte. Begriff, Entwicklung, Probleme, Göttingen 1977.
Ders., Sozialgeschichte – Strukturgeschichte – Gesellschaftsgeschichte, in: Archiv für Sozialgeschichte 15 (1975), S. 1 - 42.
Ders., Theorien in der Sozial- und Gesellschaftsgeschichte. Vorschläge zur historischen Schichtungsanalyse, in: Geschichte und Gesellschaft 1 (1975), S. 9 - 42.
Köhle-Hezinger, Christel, Lokale Honoratioren. Zur Rolle von Pfarrer und Lehrer im Dorf, in: Hans-Georg Wehling (Hg.), Dorfpolitik. Fachwissenschaftliche Analysen und didaktische Hilfen, Opladen 1978, S. 54 - 64.
Köllmann, Wolfgang, Bevölkerungsgeschichte, in: Wolfgang Schieder/Volker Sellin (Hg.), Sozialgeschichte in Deutschland, Bd. 2: Handlungsräume der Menschen in der Geschichte, Göttingen 1986, S. 9 - 31.
Ders., Die Bevölkerungsentwicklung der Bundesrepublik, in: Werner Conze/M. Rainer Lepsius (Hg.), Sozialgeschichte der Bundesrepublik Deutschland. Beiträge zum Kontinuitätsproblem, Stuttgart 1983, S. 66 - 114.
Ders., Zur Bedeutung der Regionalgeschichte im Rahmen struktur- und sozialgeschichtlicher Konzeptionen, in: Archiv für Sozialgeschichte 15 (1975), S. 43 - 50.
König, René, Grundformen der Gesellschaft: Die Gemeinde, Hamburg 1958.
Köppen, Anne-Marie, Die deutsche Bäuerin, in: Deutsches Bauerntum. Sein Werden, Niedergang und Aufstieg, hg. v. Karl Scheda, Reutlingen 1935, S. 476 - 488.
Kohli, Martin, Gesellschaftszeit und Lebenszeit. Der Lebenslauf im Strukturwandel der Moderne, in: Die Moderne – Kontinuitäten und Zäsuren, hg. v. Johannes Berger, Göttingen 1986 (Soziale Welt: Sonderband 4), S. 183 - 208.
Korte, Hermann, Bevölkerungsstruktur und -entwicklung, in: Die Bundesrepublik Deutschland, hg. v. Wolfgang Benz, Bd. 2: Gesellschaft, Frankfurt 1983, S. 13 - 34.
Kötter, Herbert, Vorschläge und Hypothesen für die Erforschung der Rolle der Vertriebenen bei den Veränderungsprozesse in der Landwirtschaft und in den ländlichen Gebieten der Bundesrepublik Deutschland seit 1946, in: Rainer Schulze/Doris von der Brelie-Lewien/Helga Grebing (Hg.), Flüchtlinge und Vertriebene in der westdeutschen Nachkriegsgeschichte. Bilanzierung der Forschung und Perspektiven für die künftige Forschungsarbeit, Hildesheim 1987, S. 239 - 245.
Ders., Die Landwirtschaft, in: Werner Conze/M. Rainer Lepsius (Hg.), Sozialgeschichte der Bundesrepublik Deutschland. Beiträge zum Kontinuitätsproblem, Stuttgart 1983, S. 115 - 142.
Krabbe, Wolfgang R., Alltag zwischen Kriegsende und Währungsreform. Wirtschaftliche Lageberichte aus dem Kreis Coesfeld von 1945 bis 1948, in: Geschichtsblätter des Kreises Coesfeld 10 (1985), S. 165 - 176.
Kratzsch, Gerhard, Vereinsbildung und Vereinswesen, in: Westfälische Forschungen 39 (1989), S. 1 - 17.
Ders., Der Gauwirtschaftsberater im Gau Westfalen-Süd, in: Dieter Rebentisch/Karl Teppe (Hg.), Verwaltung contra Menschenführung im Staat Hitlers: Studien zum politisch-administrativen System, Göttingen 1986, S. 173 - 207.

Krey, Ursula, Realität einer Illusion: Gesellschaftliche Spannungen und das Vereinswesen in Westfalen zwischen 1840 und 1854, in: Westfälische Forschungen 39 (1989), S. 19 - 56.

Kromka, Franz, Die Bedeutung von Ehe und Familie für die ländliche Gesellschaft, in: Zeitschrift für Agrargeschichte und Agrarsoziologie 39 (1989), Heft 2, S. 214 - 232.

Ders., Sozialkulturelle Bedeutung des Dorfes, in: Zeitschrift für Agrargeschichte und Agrarsoziologie 37 (1989), Heft 1, S. 64 - 72.

Kuhne, Wilhelm, Landarbeiter. Ein Beitrag zur Geschichte eines Berufsstandes, Paderborn 1977.

Kuropka, Joachim, Münster in nationalsozialistischer Zeit, in: Geschichte der Stadt Münster, hg. v. Franz-Josef Jakobi, Bd. 2, Münster 1993, S. 285 - 330.

Heimatvertriebene Landwirte in Nordrhein-Westfalen, bearbeitet im Sekretariat der Agrarsozialen Gesellschaft e.V. durch Heinz Griesbach/Harald von Auenmöller, Göttingen 1968.

Die Landwirtschaft in Baden-Württemberg, hg. v. Ministerium für Ernährung, Landwirtschaft, Weinbau und Forsten, Stuttgart o.J. (1966).

Die Landwirtschaft im Kreise Beckum. Ein Rückblick auf ihre Entwicklung von der Gründung des Landwirtschaftlichen Kreisvereins bis zur Gegenwart, hg. v. Landwirtschaftlichen Kreisverein Beckum, Oelde 1965.

Die Landwirtschaft Niedersachsens 1914 - 1964, hg. v. d. Albrecht-Thaer-Gesellschaft, Hannover o.J. (1964).

Langewiesche, Dieter, Republik, konstitutionelle Monarchie und „soziale Frage". Grundprobleme der deutschen Revolution 1848/49, in: Historische Zeitschrift 230 (1980), S. 529 - 547.

Latzel, Klaus, „Freie Bahn dem Tüchtigen!" Kriegserfahrung und Perspektiven für die Nachkriegszeit in Feldpostbriefen aus dem Zweiten Weltkrieg, in: Gottfried Niedhart/Dieter Riesenberger, Lernen aus dem Krieg? Deutsche Nachkriegszeiten 1918 und 1945, München 1992, S. 331 - 343.

Le Goff, Jacques, Comment écrire une biographie historique aujourd'hui, in: Le débat 54 (1989), S. 48 - 53 (dt.: Der Historiker als Menschenfresser, in: Freibeuter 41 (1989), S. 21 - 28).

Ders., Les mentalités: une histoire ambigue, in: Ders./Pierre Nora (Hg.), Faire de l'histoire III: Nouveau objets, Paris 1974, S. 106 - 129.

Le Roy Ladurie, Emmanuel, Les Paysans de Languedoc, 2 Bde., 2. Aufl., Paris/La Haye 1966.

Lehmann, Ernst, Zur Organisationssoziologie der Heimatvertriebenen, in: Raum und Gesellschaft 1 (1950), S. 136 - 139.

Lehmann, Joachim, Mecklenburgische Landwirtschaft und „Modernisierung" in den dreißiger Jahren, in: Frank Bajohr (Hg.), Norddeutschland im Nationalsozialismus (Forum Zeitgeschichte, Bd. 1), Hamburg 1993, S. 335 - 346.

Lemberg, Eugen/Krecker, Ludwig (Hg.), Die Entstehung eines neuen Volkes aus Binnendeutschen und Ostvertriebenen. Untersuchungen zum Strukturwandel von Land und Leuten unter dem Einfluß des Vertriebenen-Zustroms, Marburg 1950.

Lepsius, M. Rainer, Sozialstruktur und soziale Schichtung in der Bundesrepublik Deutschland, in: Richard Löwenthal/Hans-Peter Schwarz (Hg.), Die zweite Republik. 25 Jahre Bundesrepublik Deutschland – eine Bilanz, Stuttgart 1984, S. 263 - 288.

Ders., Soziologische Theoreme über die Sozialstruktur der „Moderne" und der „Modernisierung", in: Reinhart Koselleck, Studien zum Beginn der modernen Welt, Stuttgart 1977 (Industrielle Welt; Bd. 20), S. 10 - 29.

Lerner, D., Die Modernisierung des Lebensstils: eine Theorie, in: Wolfgang Zapf (Hg.), Theorien des sozialen Wandels, Köln 1972, S. 362 - 381.

Linde, Hans, Zur sozialökonomischen Struktur und soziologischen Situation des deutschen Dorfes, in: Das Dorf. Gestalt und Aufgabe ländlichen Zusammenlebens (Schriftenreihe für ländliche Sozialfragen, Heft 11), Hannover 1954, S. 5 - 24.

Ders., Das Gesinde in der bäuerlichen Familienwirtschaft, in: Die Landfamilie (Schriftenreihe für ländliche Sozialfragen, Heft 9), Hannover 1953, S. 69 - 79.

Lovin, Clifford R., Die Erzeugungsschlacht 1934 - 1936, in: Zeitschrift für Agrargeschichte und Agrarsoziologie 22 (1974), S. 209 - 220.

Löwenthal, Richard, Bonn und Weimar: Zwei deutsche Demokratien, in: Politische Weichenstellungen im Nachkriegsdeutschland 1945 - 1953, hg. v. Heinrich A. Winkler, Göttingen 1979 (Geschichte und Gesellschaft: Sonderheft; 5).

Luckmann, Benita, Politik in einer deutschen Kleinstadt (Soziologische Gegenwartsfragen, N.F. 35), Stuttgart 1970.

Lüttig, Andreas, Fremde im Dorf. Flüchtlingsintegration im westfälischen Wewelsburg 1945 - 1958 (Historische Schriften des Kreismuseums Wewelsburg, Bd. 1), Essen 1993.

Lüttinger, Paul, Integration der Vertriebenen. Eine empirische Analyse, Frankfurt/New York 1989.

Ders., Der Mythos der schnellen Integration. Eine empirische Untersuchung der Integration der Vertriebenen und Flüchtlinge in der Bundesrepublik Deutschland bis 1971, in: Zeitschrift für Soziologie 15 (1986), S. 20 - 36.

Lutz, Burkart, Die Bauern und die Industrialisierung. Ein Beitrag zur Erklärung von Diskontinuität der Entwicklung industriell-kapitalistischer Gesellschaften, in: Die Moderne – Kontinuitäten und Zäsuren, hg. v. Johannes Berger, Göttingen 1986 (Soziale Welt: Sonderband 4), S. 119 - 137.

Maase, Kaspar, Freizeit, in: Die Bundesrepublik Deutschland, hg. v. Wolfgang Benz, Bd. 2: Die Gesellschaft, München 1983, S. 209 - 233.

Marßolek, Inge, Der Nationalsozialismus und der Januskopf der Moderne, in: Frank Bajohr (Hg.), Norddeutschland im Nationalsozialismus (Forum Zeitgeschichte; Bd. 1), Hamburg 1993, S. 312 - 334.

Matter, Max, Ein Beitrag zur historischen Analyse zentraler Werte und Bestimmung lokaler politischer Kultur am Beispiel eines Dorfes in der Hocheifel, in: Klaus M. Schmals/Rüdiger Voigt (Hg.), Krise ländlicher Lebenswelten. Analysen, Erklärungsansätze und Lösungsperspektiven, Frankfurt/New York 1986, S. 163 - 189.

Matzerath, Horst/Volkmann, Heinrich, Modernisierungstheorie und Nationalsozialismus, in: Jürgen Kocka (Hg.), Theorien in der Praxis des Historikers. Forschungsbeispiele und ihre Diskussion, Göttingen 1977, S. 86 - 116.
Ders., Nationalsozialismus und kommunale Selbstverwaltung, Berlin u.a. 1970.
Medick, Hans/Sabean, David, Emotionen und materielle Interessen in Familie und Verwandtschaft, in: Dies., Emotionen und materielle Interessen, Göttingen 1984, S. 27 - 54.
Ders., Zur strukturellen Funktion von Haushalt und Familie im Übergang von der traditionellen Agrargesellschaft zum industriellen Kapitalismus: die protoindustrielle Familienwirtschaft, in: Werner Conze (Hg.), Sozialgeschichte der Familie in der Neuzeit Europas: neue Forschungen, Stuttgart 1976, S. 254 - 282.
Menges, Walter, Wandel und Auflösung von Konfessionszonen, in: Eugen Lemberg/Friedrich Edding (Hg.), Die Vertriebenen in Westdeutschland. Ihre Eingliederung und ihr Einfluß auf Gesellschaft, Wirtschaft, Politik und Geistesleben, Bd. 3, Kiel 1959, S. 1 - 22.
Merkatz, Hans-Joachim von (Hg.), Aus Trümmern wurden Fundamente. Vertriebene, Flüchtlinge, Aussiedler. Drei Jahrzehnte Integration, Düsseldorf 1979.
Meyhoeffer, Wolf-Eckart, Struktureller Wandel und gesellschaftliches Bewußtsein in zehn ehemals kleinbäuerlichen Dörfern der Bundesrepublik (1953 - 1973), Bonn 1976.
Miller, Susanne, Die SPD – die linke Volkspartei, in: Heinrich Potthoff/dies., Kleine Geschichte der SPD, 7. Aufl., Berlin 1991, S. 175 - 274.
Moeller, Robert G., Zur Ökonomie des Agrarsektors in den Provinzen Rheinland und Westfalen 1896 - 1933, in: Kurt Düwell/Wolfgang Köllmann (Hg.), Rheinland-Westfalen im Industriezeitalter, Bd. 2: Von der Reichsgründung bis zur Weimarer Republik, Wuppertal 1984, S. 290 - 313.
Möller, Horst, Das Ende der Weimarer Demokratie und die nationalsozialistische Revolution von 1933, in: Martin Broszat/ders. (Hg.), Das Dritte Reich: Herrschaftsstruktur und Geschichte, 2. Aufl., München 1986, S. 9 - 37.
Mommsen, Hans, Der lange Schatten der untergehenden Republik. Zur Kontinuität politischer Denkhaltungen von der späten Weimarer zur frühen Bundesrepublik, in: Ders., Der Nationalsozialismus und die deutsche Gesellschaft. Ausgewählte Aufsätze. Zum 60. Geburtstag hg. von Lutz Niethammer/Bernd Weisbrod, Reinbek b. Hamburg 1991, S. 362 - 404 (zuerst in: Karl Dietrich Bracher/Manfred Funke/Hans-Adolf Jacobsen (Hg.), Die Weimarer Republik 1918 - 1933. Politik – Wirtschaft – Gesellschaft, 2. Aufl., Bonn 1988, S. 527 - 586).
Ders., Der Nationalsozialismus als vorgetäuschte Modernisierung, in: Walther Pehle (Hg.), Der historische Ort des Nationalsozialismus, Frankfurt 1990, S. 31 - 46 (in erweiterter Form in: Ders., Der Nationalsozialismus und die deutsche Gesellschaft. Ausgewählte Aufsätze. Zum 60. Geburtstag hg. v. Lutz Niethammer/ Bernd Weisbrod, Reinbek b. Hamburg 1991, S. 405 - 427).
Ders., Nation und Nationalismus in sozialgeschichtlicher Perspektive, in: Wolfgang Schieder/Volker Sellin (Hg.), Sozialgeschichte in Deutschland, Bd. 2: Handlungsräume der Menschen in der Geschichte, Göttingen 1986, S. 162 - 184.

Ders., Hitlers Stellung im nationalsozialistischen Herrschaftssystem, in: Gerhard Hirschfeld/Lothar Kettenacker (Hg.), Der „Führerstaat": Mythos und Realität: Studien zur Struktur und Politik des Dritten Reiches, Stuttgart 1981, S. 43 - 72.

Mommsen, Wolfgang J., Diskussionsbeitrag zum Vortrag von Matzerath/Volkmann, in: Jürgen Kocka (Hg.), Theorien in der Praxis des Historikers. Forschungsbeispiele und ihre Diskussion, Göttingen 1977, S. 117.

Mooser, Josef, Kleinstadt und Land im Industrialisierungsprozeß 1850 bis 1930. Das Beispiel Ostwestfalen, in: Manfred Hettling (Hg.), Was ist Gesellschaftsgeschichte? Positionen, Themen, Analysen, München 1991, S. 124 - 134.

Ders., Arbeiterleben in Deutschland 1900 - 1970. Klassenlagen, Kultur und Politik, Frankfurt 1984.

Ders., Abschied von der „Proletarität". Sozialstruktur und Lage der Arbeiterschaft in der Bundesrepublik in historischer Perspektive, in: Richard Löwenthal/Hans-Peter Schwarz (Hg.), Die zweite Republik. 25 Jahre Bundesrepublik Deutschland – eine Bilanz, Stuttgart 1984, S. 143 - 186.

Ders., Auflösung der proletarischen Milieus. Klassenbindung und Individualisierung in der Arbeiterschaft vom Kaiserreich bis in die Bundesrepublik Deutschland, in: Soziale Welt 34 (1983), S. 270 - 306.

Müller, Georg/Simon, Heinz, Aufnahme und Unterbringung, in: Eugen Lemberg/ Friedrich Edding (Hg.), Die Vertriebenen in Westdeutschland. Ihre Eingliederung und ihr Einfluß auf Gesellschaft, Wirtschaft, Politik und Geistesleben, Bd. 1, Kiel 1959, S. 300 - 446.

Müller, G., Gesamtwirtschaftliche Entwicklungstendenzen und deren Folgen für die Landwirtschaftskammer, Münster o. J.

Müller, J., Deutsches Bauerntum zwischen gestern und morgen, Würzburg 1940.

Müller, Karl Valentin, Die soziale Wirklichkeit des deutschen Dorfes von heute, in: Das Dorf. Gestalt und Aufgabe ländlichen Zusammenlebens (Schriftenreihe für ländliche Sozialfragen, Heft 11), Hannover 1954, S. 25 - 35.

Ders., Die Verschwägerung (Konnubium) als soziologischer Maßstab für die Einwurzelung der heimatvertriebenen Bevölkerungsgruppen, in: Raum und Gesellschaft 1 (1950), S. 117 - 133.

Müller, Martin L., Turnen und Sport im sozialen Wandel. Körperkultur in Frankfurt am Main während des Kaiserreiches und der Weimarer Republik, in: Archiv für Sozialgeschichte 33 (1993), S. 107 - 136.

Münkel, Daniela, Bauern, Hakenkreuz und „Blut und Boden". Bäuerliches Leben im Lankreis Celle, in: Zeitschrift für Agrargeschichte und Agrarsoziologie 40 (1992), S. 206 - 247.

Dies., Bauern und Nationalsozialismus. Der Landkreis Celle im Dritten Reich (Hannoversche Schriften zur Lokal- und Regionalgeschichte, Bd.2), Bielefeld 1991.

Nacke, Aloys, Heek-Nienborg. „Porzellanwaren, Bilder und Spiegel wurden zerschlagen", in: August Bierhaus (Hg.), „Es ist nicht leicht, darüber zu sprechen". Der Novemberpogrom 1938 im Kreis Borken, Borken 1988, S. 80.

Naßmacher, Karl-Heinz/Rudzio, Wolfgang, Das lokale Parteiensystem auf dem Lande. Dargestellt am Beispiel der Rekrutierung von Gemeinderäten, in: Hans-

Georg Wehling (Hg.), Dorfpolitik. Fachwissenschaftliche Analysen und didaktische Hilfen, Opladen 1978, S. 127 - 142.

Nehrig, Christel, Zur sozialen Entwicklung der Bauern in der DDR 1945 - 1960, in: Zeitschrift für Agrargeschichte und Agrarsoziologie 41 (1993), S. 66 - 76.

Nell-Breuning, Oswald von, Bauer und Arbeiter im Staat, in: Industrialisierung ländlicher Räume (Schriftenreihe für ländliche Sozialfragen, Heft 18), Hannover 1956, S. 8 - 21.

Neuhaus, Ernst, Feldfutterbau im westfälischen Regierungsbezirk Minden, Diss. Gießen 1934.

Neundörfer, Ludwig, Unser Schicksal, Frankfurt 1948.

Niedhart, Gottfried, „So viel Anfang war nie" oder: „Das Leben und nichts anderes" – deutsche Nachkriegszeiten im Vergleich, in: Ders./Dieter Riesenberger (Hg.), Lernen aus dem Krieg? Deutsche Nachkriegszeiten 1918 und 1945, München 1992, S. 11 - 38.

Niehaus, Heinrich, Sorgenkind Landwirtschaft: Verwandlung oder Ende der Bauern? in: Richard Löwenthal/Hans-Peter Schwarz (Hg.), Die zweite Republik. 25 Jahre Bundesrepublik Deutschland – eine Bilanz, Stuttgart 1974, S. 728 - 761.

Niethammer, Lutz, Zum Wandel der Kontinuitätsdiskussion, in: Ludolf Herbst (Hg.), Westdeutschland 1945 - 1955. Unterwerfung, Kontrolle, Integration, München 1986, S. 61 - 83.

Ders., Alltagserfahrung und politische Kultur, in: Kurt Düwell/Wolfgang Köllmann (Hg.), Rheinland-Westfalen im Industriezeitalter, Bd. 3: Vom Ende der Weimarer Republik bis zum Land Nordrhein-Westfalen, Wuppertal 1984, S. 362 - 379.

Ders. u.a. (Hg.), „Die Jahre weiß man nicht, wo man die heute hinsetzen soll". Faschismuserfahrungen im Ruhrgebiet, Bd. 1, Berlin/Bonn 1983.

Niggemann, Josef, Strukturwandel der Landwirtschaft im technischen Zeitalter, in: Westfälische Forschungen 40 (1990), S. 483 - 500.

Nipperdey, Thomas, Deutsche Geschichte 1866 - 1918, Bd. 1: Arbeitswelt und Bürgergeist, München 1990, S. 192 - 225.

Ders., Religion im Umbruch. Deutschland 1870 - 1918, München 1988.

Ders., Probleme der Modernisierung in Deutschland, in: Saeculum 30 (1979), S. 292 - 303.

Ort, Walter, Ländlicher Raum ohne Zukunft? Zur Problematik der Entleerung ländlicher Räume in der Bundesrepublik, in: Auf dem Lande leben. Mit Beiträgen von Herbert Kötter u.a., Stuttgart u.a. 1983, S. 43 - 63.

Parsons, Talcott, Demokratie und Sozialstruktur in Deutschland vor der Zeit des Nationalsozialismus (1942), in: Ders., Beiträge zur soziologischen Theorie, 2. Aufl., Neuwied 1968, (engl. 1949) S. 256 - 281.

Petzina, Dietmar, Industrieland im Wandel (1945 - 1980), in: Wilhelm Kohl (Hg.), Westfälische Geschichte, Bd. 3: Das 19. und das 20. Jahrhundert. Wirtschaft und Gesellschaft, Düsseldorf 1984, S. 439 - 532.

Peukert, Detlev J.K., Max Webers Diagnose der Moderne, Göttingen 1989.

Ders., Die Weimarer Republik. Krisenjahre der klassischen Moderne, Frankfurt 1987.

Ders., Volksgenossen und Gemeinschaftsfremde. Anpassung, Ausmerze und Aufbegehren unter dem Nationalsozialismus, Köln 1982.
Pfeil, Elisabeth, Regionale Seßhaftmachung, in: Eugen Lemberg/Friedrich Edding (Hg.), Die Vertriebenen in Westdeutschland. Ihre Eingliederung und ihr Einfluß auf Gesellschaft, Wirtschaft, Politik und Geistesleben, Bd. 1, Kiel 1959, S. 446 - 455.
Dies., Soziologische und psychologische Aspekte der Vertreibung, in: Europa und die deutschen Flüchtlinge. Mit Beiträgen von Gabriele Wächter u.a., Frankfurt 1952, S. 40 - 71.
Dies., Der Flüchtling. Gestalt einer Zeitenwende, Hamburg 1948.
Pflaum, Renate, Von der Kleinbauerngemeinde zur Pendlergemeinde. Einführende Beschreibung, in: Gerhard Wurzbacher, Das Dorf im Spannungsfeld industrieller Entwicklung. Untersuchung an den 45 Dörfern einer westdeutschen ländlichen Gemeinde. Unter Mitarbeit von ders. (Schriftenreihe des UNESCO-Institutes für Sozialwissenschaften, Bd. 1), Stuttgart 1954, S. 11 - 28.
Dies., Die Vereine als Produkt und Gegengewicht sozialer Differenzierungen, in: a.a.O., S. 151 - 182.
Dies., Politische Führung und politische Beteiligung als Ausdruck gemeindlicher Selbstgestaltung, in: a.a.O., S. 232 - 279.
Planck, Ulrich, Das Dorf: Alternative zur Großstadt?, in: Unsere Landwirtschaft. Eine Zwischenbilanz, hg. v. d. Deutschen Landwirtschaftsgesellschaft (DLG), Frankfurt u.a. 1985, S. 242 - 259.
Ders./Ziche, Joachim, Land- und Agrarsoziologie. Eine Einführung in die Soziologie des ländlichen Siedlungsraumes und des Agrarbereiches, Stuttgart 1979.
Ders., Landjugend im sozialen Wandel. Ergebnisse einer Trenduntersuchung über die Lebenslage der westdeutschen Landjugend, München 1970.
Plato, Alexander von, Fremde Heimat. Zur Integration von Flüchtlingen und Einheimischen in die Neue Zeit, in: Lutz Niethammer/ders. (Hg.), „Wir kriegen jetzt andere Zeiten". Auf der Suche nach Erfahrungen des Volkes in nachfaschistischen Ländern, Berlin/Bonn 1985, S. 172 - 219.
Pohl, Hans, Die Konzentration in der deutschen Wirtschaft vom ausgehenden 19. Jahrhundert bis 1945, in: Ders./Wilhelm Treue (Hg.), Die Konzentration in der deutschen Wirtschaft seit dem 19. Jahrhundert, Wiesbaden 1978, S. 4 - 44.
Potthoff, Heinrich, Die Sozialdemokratie von den Anfängen bis 1945, in: Ders./Susanne Miller, Kleine Geschichte der SPD. Darstellung und Dokumentation, 7. Aufl., Berlin 1991, S. 13 - 171.
Priebe, Hermann, Wer wird die Scheunen füllen? Sozialprobleme der deutschen Landwirtschaft, Düsseldorf 1954.
Prinz, Joseph, Aus der älteren Geschichte des westfälischen Schützenwesens, in: Schützengeschichte in Westfalen-Lippe, hg. v. Westfälischen Schützenbund in Westfalen-Lippe aus Anlaß der Jahrhundertfeier 1961, Dortmund-Hoerde 1961, S. 17 - 42.
Prinz, Michael, Demokratische Stabilisierung, Problemlagen von Modernisierung im Selbstbezug und historische Kontinuität – Leitbegriffe einer Zeitsozialgeschich-

te, in: Westfälische Forschungen 43 (1993), S. 655 - 675.
Ders., Fragestellung, Zeitraum, Begriffe, in: Matthias Frese/Franz-Werner Kersting/ ders./Susanne Rouette/Karl Teppe, Gesellschaft in Westfalen. Kontinuität und Wandel 1930 - 1960. Ein Forschungsprojekt des Westfälischen Instituts für Regionalgeschichte, in: Westfälische Forschungen 41 (1991), S. 444 - 467.
Ders., Der Nationalsozialismus – Eine „Braune Revolution"?, in: Manfred Hettling (Hg.), Revolution in Deutschland? 1789 - 1989, Göttingen 1991, S. 70 - 89.
Ders., Moderne Elemente in der Gesellschaftspolitik des Nationalsozialismus, in: Ders./Rainer Zitelmann (Hg.), Nationalsozialismus und Modernisierung, Darmstadt 1991, S. 297 - 327.
Ders., Vom neuen Mittelstand zum Volksgenossen. Die Entwicklung des sozialen Status der Angestellten von der Weimarer Republik bis zum Ende der NS-Zeit, München 1986.
Puhle, Hans-Jürgen, Politische Agrarbewegungen in kapitalistischen Industriegesellschaften. Deutschland, USA und Frankreich im 20. Jahrhundert, Göttingen 1975 (zugl. Habil. Münster 1978).
Rahe, Thomas, Die jüdischen Gemeinden in Olfen und Lüdinghausen seit 1918, in: Juden im Kreis Coesfeld, hg. v. Kreis Coesfeld, bearb. v.. Dieter Aschoff, Dülmen 1990, S. 195 - 216.
Rauh, Manfred, Anti-Modernismus im nationalsozialistischen Staat, in: Historisches Jahrbuch 107 (1987), S. 94 - 121.
Raulff, Ulrich (Hg.), Mentalitäten-Geschichte. Zur historischen Rekonstruktion geistiger Prozesse, Berlin 1987.
Rebentisch, Dieter/Teppe, Karl, Einleitung, in: Dies. (Hg.), Verwaltung contra Menschenführung im Staat Hitlers, Göttingen 1986, S. 7 - 31.
Reetz, Seßhaftmachung von Landarbeitern in Westfalen-Lippe, in: Seßhaftmachung von Landarbeitern, hg. v. d. Agrarsozialen Gesellschaft e. V., Göttingen 1956 (masch.), S. 68 - 78.
Reichling, Gerhard, Flucht und Vertreibung der Deutschen. Statistische Grundlagen und terminologische Probleme, in: Rainer Schulze/Doris von der Brelie-Lewien/Helga Grebing (Hg.), Flüchtlinge und Vertriebene in der westdeutschen Nachkriegsgeschichte. Bilanzierung der Forschung und Perspektiven für die künftige Forschungsarbeit, Hildesheim 1987, S. 46 - 56.
Reigrotzki, Erich, Soziale Verflechtungen in der Bundesrepublik. Elemente der sozialen Teilnahme in Kirche, Politik, Organisationen und Freizeit, Tübingen 1956.
Reulecke, Jürgen, Von der Landesgeschichte zur Regionalgeschichte, in: Geschichte im Westen 6 (1991), S. 202 - 208.
Ritschl, Albrecht, Die NS-Wirtschaftsideologie – Modernisierungsprogramm oder reaktionäre Utopie? in: Michael Prinz/Rainer Zitelmann (Hg.), Nationalsozialismus und Modernisierung, Darmstadt 1991, S. 48 - 70.
Rohkrämer, Thomas, Der Militarismus der „kleinen Leute". Die Kriegervereine im Deutschen Kaiserreich 1871 - 1914, München 1990 (Beiträge zur Militärgeschichte; Bd. 29) (zugl.: Freiburg/Breisgau, Univ., Diss., 1989).

Rottmann, Joseph, Kreis und Gemeinden im statistischen Überblick, in: Der Kreis Borken, hg. v. Kreis Borken, Stuttgart 1982, S. 346 - 351.

Rudolph, Fritz, Strukturwandel eines Dorfes (Friedewalder Beiträge zur sozialen Frage, Bd. 6), Berlin 1955.

Rusinek, Bernd-A., Was heißt: „Es entstanden neue Strukturen"?, Überlegungen am landesgeschichtlichen Beispiel, in: Geschichte im Westen 5 (1990), S. 150 - 161.

Saldern, Adelheid von, Massenfreizeitkultur im Visier. Ein Beitrag zu den Deutungs- und Einwirkungsversuchen während der Weimarer Republik, in: Archiv für Sozialgeschichte 33 (1993), S. 21 - 58.

Sauer, Matthias F., Krise und Zukunft der bäuerlichen Landwirtschaft, in: Ländliche Gesellschaft im Umbruch. Beiträge zur agrarsoziologischen Diskussion, hg. v. d. Agrarsozialen Gesellschaft e.V. Göttingen (Schriften für ländliche Sozialfragen, Heft 101, 1988), S. 261 - 290.

Sauermann, Dieter, Zur Geschichte der Schützenvereine und Nachbarschaften, in: Beiträge zur Geschichte der Gemeinde Recke 1 (1990), S. 1 - 20.

Ders., Vom alten Brauch in Stadt und Land. Ländliches Brauchtum im Jahreslauf in Bildern und Berichten aus dem Archiv für Westfälische Volkskunde, Rheda-Wiedenbrück 1988.

Ders., Volksfeste im Westmünsterland, Bd. 2, hg. v. Heimatverein Vreden, Vreden 1985, S. 111 - 182.

Ders., Studien zum Schützenwesen in den Kreisen Minden-Lübbecke und Herford, in: An Weser und Wiehen. Beiträge zur Geschichte und Kultur einer Landschaft, Festschrift für Wilhelm Brepohl, hg. v. Hans Nordsiek, Minden 1983, S. 309 - 322.

Ders., Hauptfeste in Westfalen, in: Rheinisch-westfälische Zeitschrift für Volkskunde 22 (1976), S. 152 - 180.

Scherer, Werner, Im Strom der Zeit. Werden und Wirken des Ministeriums für Ernährung, Landwirtschaft und Forsten des Landes Nordrhein-Westfalen, Hiltrup bei Münster 1970.

Schelsky, Helmut, Die Gestalt der Landfamilie im gegenwärtigen Wandel der Gesellschaft, in: Die Landfamilie (Schriftenreihe für ländliche Sozialfragen, Heft 9), Hannover 1953, S. 40 - 58.

Ders., Die Flüchtlingsfamilie, in: Kölner Zeitschrift für Soziologie und Sozialpsychologie 3 (1950), S. 159 - 177.

Schieder, Wolfgang, Religion in der Sozialgeschichte, in: Ders./Volker Sellin, (Hg.), Sozialgeschichte in Deutschland, Bd. 3: Soziales Verhalten und soziale Aktionsformen in der Geschichte, Göttingen 1987, S. 9 - 31.

Schildt, Axel, Nachkriegszeit. Möglichkeiten und Probleme einer Periodisierung der westdeutschen Geschichte nach dem Zweiten Weltkrieg und ihrer Einordnung in die deutsche Geschichte des 20. Jahrhunderts, in: Geschichte in Wissenschaft und Unterricht 44 (1993), S. 567 - 584.

Ders., „Mach mal Pause!" Freie Zeit, Freizeitverhalten und Freizeit-Diskurse in der westdeutschen Wiederaufbau-Gesellschaft der 1950er Jahre, in: Archiv für Sozialgeschichte 33 (1993), S. 357 - 406.

Ders./Sywottek, Arnold (Hg.), Modernisierung im Wiederaufbau. Die westdeutsche Gesellschaft der 50er Jahre, Bonn 1993 (Reihe Politik und Gesellschaftsgeschichte, Bd. 33).

Ders./Sywottek, Arnold, „Wiederaufbau" und „Modernisierung". Zur westdeutschen Gesellschaftsgeschichte in den fünfziger Jahren, in: Aus Politik und Zeitgeschichte, B 6-7/89, S. 18-32.

Schissler, Hanna, Theorien des sozialen Wandels, in: Neue Politische Literatur 19 (1974), S. 155 - 189.

Schlange-Schöningen, Hans, Im Schatten des Hungers – Dokumentarisches zur Ernährungspolitik und Ernährungswirtschaft in den Jahren 1945 - 1949, Hamburg/Berlin 1955.

Schlesinger, Karin, Die Integration von Flüchtlingen in den Amtsbezirk Gescher nach 1945, in: Westmünsterland. Jahrbuch des Kreises Borken 1992, S. 112 - 116.

Schmals, Klaus M./Voigt, Rüdiger, Editorial, in: Dies. (Hg.), Krise ländlicher Lebenswelten. Analysen, Erklärungsansätze und Lösungsperspektiven, New York 1986, S. 7 - 17.

Schmitt, Günther, Der Strukturwandel der deutschen Landwirtschaft. Sein Ausmaß, seine Ursachen, seine voraussichtliche Entwicklung, in: Auf dem Lande leben. Mit Beiträgen von Herbert Kötter u.a., Stuttgart u.a. 1983, S. 24 - 42.

Schmitz, Willy, Die Landräte und Oberkreisdirektoren der Kreise Coesfeld und Lüdinghausen, in: Kreis Coesfeld, hg. v. Kreis Coesfeld, 2. Aufl., Dülmen 1987, S. 346 - 365.

Schmuhl, Hans-Walter, Reformpsychiatrie und Massenmord, in: Michael Prinz/Rainer Zitelmann (Hg.), Nationalsozialismus und Modernisierung, Darmstadt 1991, S. 239 - 266.

Schoenbaum, David, Die braune Revolution. Eine Sozialgeschichte des Dritten Reiches, München 1980 (engl.: Hitler's Social Revolution. Class and Status in Nazi Germany 1933 - 1939, Garden City, N.Y., 1966).

Schröder, E., Sport und Leibesübungen, in: Ders., Gesundheit und Gesundheitspflege der Landbevölkerung (Schriftenreihe für ländliche Sozialfragen, Heft 5), Hannover 1952, S. 48 - 50.

Schröter-von Brandt, Hildegard/Westerheide, Rolf, Zukunft für die Dörfer, in: Die alte Stadt 18 (1991), S. 1 - 105.

Schulz, Günter, Gesellschaftliche Veränderungen in Rheinland-Westfalen zur Zeit der Weimarer Republik, in: Kurt Düwell/Wolfgang Köllmann (Hg.), Rheinland-Westfalen im Industriezeitalter, Bd.3: Vom Ende der Weimarer Republik bis zum Land Nordrhein-Westfalen, S. 35 - 50.

Schulze, Hagen, Mentalitätsgeschichte – Chancen und Grenzen eines Paradigmas der französischen Geschichtswissenschaft, in: Geschichte in Wissenschaft und Unterricht 36 (1985), S. 247 - 270.

Schulze, Rainer/Brelie-Lewien, Doris von der/Grebing, Helga (Hg.), Flüchtlinge und Vertriebene in der westdeutschen Nachkriegsgeschichte. Bilanzierung der Forschung und Perspektiven für die künftige Forschungsarbeit, Hildesheim 1987.

Schulze-Westen, Irmgard, Das Flüchtlingsproblem. Ein repräsentatives Beispiel für

die Notwendigkeit des Lastenausgleiches. Untersuchung der Verhältnisse in einem westfälischen Landkreis Lüdinghausen, Hamburg 1948.
Schumacher, Martin, Agrarpolitische Weichenstellung 1945 - 1950. Karl Müller – Ein rheinischer Agrarier im Bannkreis Konrad Adenauers, in: Kurt Düwell/Wolfgang Köllmann (Hg.), Rheinland-Westfalen im Industriezeitalter, Bd.3: Vom Ende der Weimarer Republik bis zum Land Nordrhein-Westfalen, S. 257 - 277.
Schüttler, Adolf, Rödinghausen im Ravensberger Land. Ökologisch-ökonomische Strukturen und Wandlungen, Rödinghausen o. J.
Schwartz, Michael, Zwischen „Reich" und „Nährstand". Zur soziostrukturellen und politischen Heterogenität der Landesbauernschaft Westfalen im „Dritten Reich", in: Westfälische Forschungen 40 (1990), S. 303 - 336.
Schwarz, Hans-Peter, Die Fünfziger Jahre als Epochenzäsur, in: Jürgen Heideking/ Gerhard Hufnagel/Franz Knipping (Hg.), Wege in die Zeitgeschichte. FS zum 65. Geburtstag von Gerhard Schulz, Berlin 1989, S. 473 - 496.
Ders., Modernisierung oder Restauration? Einige Vorfragen zur künftigen Sozialgeschichtsforschung der Ära Adenauer, in: Kurt Düwell/Wolfgang Köllmann (Hg.), Rheinland-Westfalen im Industriezeitalter, Bd. 3: Vom Ende der Weimarer Republik bis zum Land Nordrhein-Westfalen, Wuppertal 1984, S. 278 - 293.
Sellin, Volker, Mentalitäten in der Sozialgeschichte, in: Wolfgang Schieder/ders. (Hg.), Sozialgeschichte in Deutschland, Bd. 3: Soziales Verhalten und soziale Aktionsformen in der Geschichte, Göttingen 1987, S. 101 - 121.
Ders., Mentalität und Mentaltätsgeschichte, in: Historische Zeitschrift 241 (1985), S. 555 - 598.
Sieder, Reinhard, Sozialgeschichte der Familie, Frankfurt a. M. 1987.
Siewert, H.-Jörg, Der Verein. Zur lokalpolitischen und sozialen Funktion der Vereine in der Gemeinde, in: Hans-Georg Wehling (Hg.), Dorfpolitik. Fachwissenschaftliche Analysen und didaktische Hilfen, Opladen 1978, S. 65 - 83.
Simmel, Georg, Grundfragen der Soziologie, 3. Aufl., Berlin 1970.
Smelser, Ronald, Die Sozialplanung der Deutschen Arbeitsfront, in: Michael Prinz/Rainer Zitelmann (Hg.), Nationalsozialismus und Modernisierung, Darmstadt 1991, S. 71 - 92.
Smula, Hans-Jürgen, Die Lage der Landwirtschaft im Kreis Lüdinghausen 1925 bis 1933 – Wirtschaftskrisen und politisches Verhalten der Bauern, in: Geschichtsblätter des Kreises Coesfeld 12 (1987), S. 81 - 105.
Ders., Der Einfluß der Sozial- und Wirtschaftsstrukturen auf die Wahlergebnisse der Zentrumspartei bei den Reichstagswahlen im Landkreis Lüdinghausen 1928 bis 1933, in: Geschichtsblätter des Kreises Coesfeld 11 (1986), S. 106 - 120.
Sommer, Karl-Ludwig, Bekenntnisgemeinden und nationalsozialistische Herrschaft auf lokaler Ebene in Oldenburg, in: Frank Bajohr (Hg.), Norddeutschland im Nationalsozialismus (Forum Zeitgeschichte; Bd. 1), Hamburg 1993, S. 148 - 165.
Sonnenberger, Franz, Die vollstreckte Reform – Die Einführung der Gemeinschaftsschule in Bayern 1935 - 1938, in: Michael Prinz/Rainer Zitelmann (Hg.), Nationalsozialismus und Modernisierung, Darmstadt 1991, S. 172 - 198.

Ders., Der neue „Kulturkampf". Die Gemeinschaftsschule und ihre historische Voraussetzungen, in: Martin Broszat/Elke Fröhlich/Anton Grossmann (Hg.), Bayern in der NS-Zeit, Bd. III: Herrschaft und Gesellschaft im Konflikt, München-Wien 1981, S. 235 - 328.

Spiegel-Schmidt, Franz, Religiöse Wandlungen und Probleme im evangelischen Bereich, in: Eugen Lemberg/Friedrich Edding (Hg.), Die Vertriebenen in Westdeutschland. Ihre Eingliederung und ihr Einfluß auf Gesellschaft, Wirtschaft, Politik und Geistesleben, Bd. 3, Kiel 1959, S. 23 - 91.

Stand und Perspektiven der Forschungen über den ländlichen Raum. Ergebnisse eines Forschungskolloquiums im Rahmen der Europäischen Kampagne für den ländlichen Raum (EKL) (Schriftenreihe Forschung des Bundesministers für Raumordnung, Bauwesen und Städtebau, Nr. 464), Remscheid 1987.

Stefanski, Valentina Maria, Zuwanderungsbewegungen in das Ruhrgebiet von den „Ruhrpolen" im späten 19. Jahrhundert bis zu den ausländischen Arbeiternehmern unserer Tage, in: Westfälische Forschungen 39 (1989), S. 408 - 429.

Steinberg, Heinz Günter, Die Bevölkerungsentwicklung Nordrhein-Westfalens bis 1970, in: Kurt Düwell/Wolfgang Köllmann (Hg.), Rheinland-Westfalen im Industriezeitalter, Bd. 3: Vom Ende der Weimarer Republik bis zum Land Nordrhein-Westfalen, Wuppertal 1984, S. 21 - 34.

Stephenson, Jill, Widerstand gegen soziale Modernisierung am Beispiel Württembergs 1939 - 1945, in: Michael Prinz/Rainer Zitelmann (Hg.), Nationalsozialismus und Modernisierung, Darmstadt 1991, S. 93 - 116.

Stobbe, Ferdinand, Die Landwirtschaft im Kreis Borken, in: Der Kreis Borken, hg. v. Kreis Borken, Stuttgart 1982, S. 377 - 386.

Strotdrees, Gisbert, Höfe, Bauern und Hungerjahre. Aus der Geschichte der westfälischen Landwirtschaft 1890 - 1950, Münster-Hiltrup 1991.

Sywottek, Arnold, Freizeit und Freizeitgestaltung – ein Problem der Gesellschaftsgeschichte, in: Archiv für Sozialgeschichte 33 (1993), S. 1 - 19.

Ders., Wege in die 50er Jahre, in: Axel Schildt/ders., Modernisierung im Wiederaufbau. Die westdeutsche Gesellschaft der 50er Jahre, Bonn 1933 (Reihe Politik und Gesellschaftsgeschichte, Bd.33), S. 13 - 42.

Ders., Flüchtlingseingliederung in Westdeutschland. Stand und Probleme der Forschung, in: Aus Politik und Zeitgeschichte, B 51/89, S. 38 - 46.

Tagungsbericht „Schadet die Wissenschaft dem Dorf?" 7. interdisziplinäres Essener Dorfsymposium in Bleiwäsche vom 7. bis 8. Mai 1990, in: Die alte Stadt 19 (1991), S. 107 - 110.

Tenbruck, Friedrich H., Freundschaft – Ein Beitrag zu einer Soziologie der persönlichen Beziehungen, in: Kölner Zeitschrift für Soziologie und Sozialpsychologie 16 (1964), S. 431 - 456.

Tenfelde, Klaus, 1914 bis 1990: Die Einheit der Epoche, in: Manfred Hettling (Hg.), Was ist Gesellschaftsgeschichte? Positionen, Themen, Analysen, München 1991, S. 70 - 80.

Tenhumberg, Heinrich, Grundzüge im soziologischen Bild des deutschen Dorfes, in: Landvolk in der Industriegesellschaft (Schriftenreihe für ländliche Sozialfragen, Heft 7), Hannover 1952, S. 20 - 50.

Teppe, Karl, Trümmergesellschaft im Wiederaufbau, in: Aus Politik und Zeitgeschichte B 18/95, S. 22 - 33.

Ders., Politisches System, gesellschaftliche Strukturen und kulturelles Leben seit dem Zweiten Weltkrieg, in: Geschichte der Stadt Münster, hg. v. Franz-Josef Jakobi, Bd. 3, Münster 1993, S. 1 - 82.

Terhalle, Hermann, Die Entwicklung des Kreises Borken im 19. und 20. Jahrhundert; in: Der Kreis Borken, hg. v. Kreis Borken, Stuttgart 1982, S. 103 - 124.

Teuteberg, Hans-Jürgen, Agrarhistorische Forschungen in Westfalen im 19. und 20. Jahrhundert: Entwicklungen, Quellen und Aufgaben, in: Westfälische Forschungen 40 (1990), S. 1 - 44.

Thamer, Hans-Ulrich, Der Januskopf der Moderne, in: 1910 – Halbzeit der Moderne, hg. v. Klaus Bußmann im Auftrag des Landschaftsverbandes Westfalen-Lippe, Stuttgart 1992, S. 169 - 183.

Ders., Monumentalität oder Banalität des Bösen? Von der Notwendigkeit einer Historisierung des „Dritten Reiches", in: Streitfall Deutsche Geschichte, Geschichts- und Gegenwartsbewußtsein in den 80er Jahren, hg. v. d. Landeszentrale für politische Bildung Nordrhein-Westfalen, Essen 1988, S. 185 - 195.

Ders., Verführung und Gewalt. Deutschland 1933 - 1945 (Die Deutschen und ihre Nation, Bd. 5), Berlin 1986 (Neudruck Berlin 1994).

Ders., Nationalsozialismus – Faschismus (= Nationalsozialismus im Unterricht, hg. v. Deutschen Institut für Fernstudien, Bd. 12), Tübingen 1983.

Theine, Burkhard, Westfälische Landwirtschaft in der Weimarer Republik. Ökonomische Lage, Produktionsformen und Interessenpolitik, Paderborn 1991 (Veröffentlichungen des Provinzialinstituts für Westfälische Landes- und Volksforschung, Bd. 28) (Zugl. Phil. Diss. Münster 1989).

Ders., Die westfälische Landwirtschaft: Risiken der Technisierung, Chancen der Veredelungsproduktion, in: Westfälische Forschungen 40 (1990), S. 464 - 482.

Tilly, Charles and Richard, Agenda for European Economic History in the 1970ies, in: Journal of Economic History 31 (1979), S. 184 - 198.

Trautmann, Ansgar und Markus, Die Vertriebenen in Vreden und Ammeloe. Vertreibung – Ankunft – Aufnahme – Eingliederung, Vreden 1988 (Beiträge des Heimatvereins Vreden zur Landes- und Volkskunde, Heft 35).

Treppmann, Fritz, Des Landvolks Beitrag zum Siege, in: Zehn Jahre Landesbauernschaft Westfalen. Sonderausgabe zur Westfalen-Beilage zum Zeitungsdienst des Reichsnährstandes, Münster o. J. (1943).

Trittel, Günter J., „Siedlung" statt „Bodenreform" – Die Erhaltung der Agrarbesitzstruktur in Westdeutschland (1948/49), in: Zeitschrift für Agrargeschichte und Agrarsoziologie 27 (1989), S. 181 - 207.

Ders., Die westlichen Besatzungsmächte und der Kampf gegen den Mangel 1945 - 1949, in: Aus Politik und Zeitgeschichte, B 22/86, S. 18 - 29.

Troßbach, Werner, Bauern 1648 - 1806, München 1993.

Trox, Eckhard, Militärischer Konservativismus: Kriegervereine und „Militärpartei" in Preussen zwischen 1815 und 1848/49, Stuttgart 1990 (Studien zur modernen Geschichte; Bd. 42) (Zugl.: Hamburg, Univ., Diss., 1989).

Tschirschky, Otto von, Landwirtschaftsschüler – Landwirtschaftliche Berufsschüler. Ein Vergleich, in: Wie steht die Jugend zur Landarbeit? (Schriftenreihe für ländliche Sozialfragen, Heft 19), Hannover 1956, S. 89 - 96.

Ders., Die westdeutschen land- und forstwirtschaftlichen Arbeitskräfte, in: Die Arbeitskräfte der westdeutschen Landwirtschaft (Schriftenreihe für ländliche Sozialfragen, Heft 3), Hannover 1951, S. 31 - 53.

Turner, Henry Ashby jr., Faschismus und Anti-Modernismus, in: Ders., Faschismus und Kapitalismus in Deutschland. Studien zum Verhältnis zwischen Nationalsozialismus und Wirtschaft, Göttingen 1977, S. 157 - 182.

Uffelmann, Uwe, Gesellschaftspolitik zwischen Tradition und Innovation in der Gründungsphase der Bundesrepublik Deutschland, in: Aus Politik und Zeitgeschichte, B 6-7/89, S. 3 - 17.

Varga, Lucie, Ein Tal im Vorarlberg – zwischen Vorgestern und Heute, in: Dies., Mentalitätshistorische Studien 1936 - 1939. Hg., übersetzt und eingeleitet von Peter Schöttler, Frankfurt a.M. 1991, S. 146 - 169 (Zuerst erschienen auf frz., Dies., Dans une vallée du Vorarlberg: d'avant-hier à aujourd'hui, in: Annales d'histoire économique et sociale 8 (1936), S. 1 - 20).

Vogel, Angela, Familie, in: Die Bundesrepublik Deutschland, hg. v. Wolfgang Benz, Bd. 2: Gesellschaft, Frankfurt 1983, S. 98 - 126.

Vogel, Gisbert/Nieder-Vahrenholz, Joachim, Landwirtschaft und Landschaft im Industrieland Nordrhein-Westfalen, in: Ludwig Bußmann (Hg.), Die Wirtschaft des Landes Nordrhein-Westfalen, Köln 1988, S. 124 - 137.

Vogt, Martin, Parteien in der Weimarer Republik, in: Karl Dietrich Bracher/Manfred Funke/Hans-Adolf Jacobsen (Hg.), Die Weimarer Republik 1918 – 1933. Politik – Wirtschaft – Gesellschaft, 2. Aufl., Bonn 1988, S. 134 - 157.

Grünende Wälder – fruchtbare Felder. Die Land- und Forstwirtschaft in Baden-Württemberg, hg. v. Ministerium für Ernährung, Landwirtschaft, Weinbau und Forsten, Karlsruhe 1963.

Wagner, Kurt, Leben auf dem Lande im Wandel der Industrialisierung. „Das Dorf war früher auch keine heile Welt." Die Veränderung der dörflichen Lebensweise und der politischen Kultur vor dem Hintergrund der Industrialisierung – am Beispiel des nordhessischen Dorfes Körle, Frankfurt a.M. 1986.

Ders./Wilke, Gerhard, Dorfleben im Dritten Reich: Körle in Hessen, in: Detlev J.K. Peukert/Jürgen Reulecke (Hg.), Die Reihen fast geschlossen. Beiträge zur Geschichte des Alltags unterm Nationalsozialismus, Wuppertal 1981, S. 85 - 106.

Waldmann, Peter, Die Eingliederung der ostdeutschen Vertriebenen in die westdeutsche Gesellschaft, in: Josef Becker/Theo Stammen/ders. (Hg.), Vorgeschichte der Bundesrepublik Deutschland. Zwischen Kapitulation und Grundgesetz, München 1979, S. 163 - 192.

Wallner, Ernst M., Die Rezeption stadtbürgerlichen Vereinswesens durch die Bevölkerung auf dem Lande, in: Günter Wiegelmann (Hg.), Kultureller Wandel im 19.

Jahrhundert (Verhandlungen des 18. Deutschen Volkskundekongresses in Trier 1971), Göttingen 1973, S. 160 - 173.
Wallthor, Alfred Hartlieb von/Petri, Franz (Hg.), Grundfragen der Gebiets- und Verwaltungsreform in Deutschland, Münster 1973 (Veröffentlichungen des Provinzialinstituts für Westfälische Landes- und Volkskunde, Reihe 1, Heft 16).
Weber, Max, Wirtschaft und Gesellschaft. Grundriß der verstehenden Soziologie, 5. Aufl., Tübingen 1985.
Weber-Kellermann, Ingeborg, Die deutsche Familie. Versuch einer Sozialgeschichte, Frankfurt 1974.
Weghe, Hermann van den, Leitbilder des Dorfes aus der Sicht der Agrarwissenschaft, in: Gerhard Henkel (Hg.), Leitbilder des Dorfes. Neue Perspektiven für den ländlichen Raum, Berlin 1984, S. 13 - 32.
Wehler, Hans-Ulrich, Deutsche Gesellschaftsgeschichte, Bd. 1: Vom Feudalismus des Alten Reiches bis zur Defensiven Modernisierung der Reformära 1700 - 1815, München 1987, S. 6 - 31.
Ders., Modernisierungstheorie und Geschichte, Göttingen 1974.
Wehling, Hans-Georg, Heimat Verein. Leistung und Funktionen des lokalen Vereinswesens, in: Der Bürger im Staat 33 (1983), S. 236 - 240.
Weidner, Marcus, Nur Gräber als Spuren: das Leben und Sterben von Kriegsgefangenen und Fremdarbeitern in Münster während der Kriegszeit 1939 - 1945, Münster 1984.
Weisz, Christoph, Versuch zur Standortbestimmung der Landwirtschaft, in: Ludolf Herbst (Hg.), Westdeutschland 1945 - 1955: Unterwerfung, Kontrolle, Integration, München 1986, S. 117 - 126.
Wenzel, Rolf, Wirtschafts- und Sozialordnung, in: Josef Becker/Theo Stammen/Peter Waldmann (Hg.), Vorgeschichte der Bundesrepublik Deutschland. Zwischen Kapitulation und Grundgesetz, München 1979, S. 293 - 339.
Wermert, Christian, Die Weimarer Zeit und die frühen dreißiger Jahre, in: Senden. Eine Geschichte der Gemeinde Senden mit Ottmarsbocholt, Bösensell und Venne, hg. v. d. Gemeinde Senden, Senden 1992, S. 465 - 492.
Ders., Die Zeit des Nationalsozialismus, in: a.a.O., S. 493 - 520.
Ders., Alliierte Besatzungszeit und erste Nachkriegsjahre, in: a.a.O., S. 521 - 540.
Ders., Kriegervereine und Denkmäler, in: a.a.O., S. 535 - 538.
Ders., Die Land- und Forstwirtschaft, in: a.a.O., S. 553 - 580.
Ders., Die Entwicklung von Industrie, Gewerbe und Dienstleistung, in: a.a.O., S. 581 - 620.
Ders., Senden in den neunziger Jahren des 20. Jahrhunderts, in: a.a.O., S. 655 - 673.
Werner, Friedrich, Die Förderung des Landarbeitereigenheims durch die Westfälisch-Lippische Heimstätte, in: Seßhaftmachung von Landarbeitern, hg. v. d. Agrarsozialen Gesellschaft e. V., Göttingen 1956 (masch.). S. 79 - 83.
Westphal, Alfred, Handbuch für die Kriegervereine des preußischen Landeskriegerverbands, 5. Aufl., Berlin 1917.

Wiegelmann, Günter (Hg.), Gemeinde im Wandel. Volkskundliche Gemeindestudien in Europa (Beiträge des 21. Deutschen Volkskundekongresses in Braunschweig), Münster 1979.

Wiesemann, Falk, Zweite Heimat Nordrhein-Westfalen – Zur Flüchtlingsproblematik in den Jahren 1945 bis 1960, in: Westfälische Forschungen 39 (1989), S. 430 - 439.

Ders., Konflikte im agrarisch-katholischen Milieu Oberbayerns am Beispiel des Bezirks Aichach 1933 - 1938, in: Martin Broszat/Elke Fröhlich/ders. (Hg.), Bayern in der NS-Zeit. Soziale Lage und politisches Verhalten der Bevölkerung im Spiegel vertraulicher Berichte, Bd. 1, München 1977, S. 327 - 368.

Willrich, Wolf, Bauerntum als Heger deutschen Blutes, Goslar 1933.

Winkler, Heinrich A., Zwischen Marx und Monopolen. Der deutsche Mittelstand vom Kaiserreich zur Bundesrepublik Deutschland, Frankfurt a.M. 1991.

Ders., Sozialer Umbruch zwischen Stalingrad und Währungsreform, in: Geschichte und Gesellschaft 16 (1990), S. 403 - 409.

Ders., Mittelstandsbewegung oder Volkspartei? Zur sozialen Basis der NSDAP, in: Wolfgang Schieder (Hg.), Faschismus als soziale Bewegung, 2. Aufl., Göttingen 1978, S. 97 - 118.

Ders., Vom Mythos der Volksgemeinschaft, in: Archiv für Sozialgeschichte 17 (1977), S. 484 - 490.

Wöbse, Hans-Hermann, Genutzte und ausgenutzte Landschaft, in: Carl-Hans Hauptmeyer/Heinar Henckel/Albert Ilien/Karsten Reinecke/ders. (Hg), Annäherungen an das Dorf: Geschichte, Veränderung und Zukunft, Hannover 1983, S. 21 - 35.

Wollmann, Hellmut, Vierzig Jahre alte Bundesrepublik zwischen gesellschaftlich-politischem Status quo und Veränderung, in: Bernhard Blanke/ders. (Hg.), Die alte Bundesrepublik. Kontinuität und Wandel, Opladen 1991 (Leviathan Sonderheft 12/1991), S. 547 - 576.

Wunder, Heide, Die bäuerliche Gemeinde in Deutschland, Göttingen 1986.

Wurzbacher, Gerhard, Dorf, in: Handwörterbuch der Sozialwissenschaften, Bd. 3, Stuttgart/Tübingen/Göttingen 1961, S. 7 - 11.

Ders., Beiträge zur gegenwärtigen Verfassung und Entwicklung der westdeutschen Landfamilie, in: Recherches sur la famille. Studies of the Family. Untersuchungen über die Familie, Bd. 1 (Schriftenreihe des UNESCO-Institutes für Sozialwissenschaften, Bd. 3), Tübingen 1956, S. 247 - 261.

Ders., Die Familie als sozialer Eingliederungsfaktor, in: Ders. (Hg.), Das Dorf im Spannungsfeld industrieller Entwicklung. Untersuchung an den 45 Dörfern einer westdeutschen ländlichen Gemeinde. Unter Mitarbeit von Renate Pflaum (Schriftenreihe des UNESCO-Institutes für Sozialwissenschaften, Bd. 1), Stuttgart 1954, S. 74 - 111.

Ders., Die Nachbarschaft als Ausgleichsfaktor gegen Vereinzelung und Anonymisierung, in: a.a.O., S. S. 112 - 150.

Zapf, Wolfgang, Zum Verhältnis von sozialstrukturellem Wandel und politischem Wandel: Die Bundesrepublik 1949 - 89, in: Bernhard Blanke/Hellmut Wollmann (Hg.), Die alte Bundesrepublik. Kontinuität und Wandel, Opladen 1991 (Leviathan Sonderheft 12/1991), S. 130 - 139.

Ders. (Hg.), Die Modernisierung moderner Gesellschaften. Verhandlungen des 25. Deutschen Soziologentages in Frankfurt a.M. 1990, Frankfurt/New York 1991.

Ders. (Hg.), Probleme der Modernisierungspolitik, Meisenheim am Glan 1977 (Mannheimer Sozialwissenschaftliche Studien; Bd. 14).

Ders. (Hg.), Theorien des sozialen Wandels, Köln 1969.

Zehn Jahre Landesbauernschaft Westfalen. Sonderausgabe zur Westfalen-Beilage zum Zeitungsdienst des Reichsnährstandes, Münster o. J. (1943).

Ziegler, Peter, Dorfentwicklung in der Ostschweiz und am Zürichsee, in: Karl Pellens (Hg.), Dorf – Stadt – Nation. Beispiele und Vergleiche aus Süddeutschland, der Schweiz, Österreich und Südtirol, Stuttgart 1987, S. 105 - 116.

Zimmermann, Clemens, Dorf und Land in der Sozialgeschichte, in: Wolfgang Schieder/Volker Sellin (Hg.), Sozialgeschichte in Deutschland, Bd. 2: Handlungsräume der Menschen in der Geschichte, Göttingen 1986, S. 90 - 112.

Zitelmann, Rainer, Die totalitäre Seite der Moderne, in: Michael Prinz/ders. (Hg.), Nationalsozialismus und Modernisierung, Darmstadt 1991, S. 1 - 20.

Ders., Nationalsozialismus und Moderne. Eine Zwischenbilanz, in: Übergänge, Zeitgeschichte zwischen Utopie und Machbarkeit: Beiträge zu Philosophie, Gesellschaft und Politik; Hellmuth G. Bütow zum 65. Geburtstag, hg. v. Werner Süss, 2. Aufl., Berlin 1989, S. 195 - 223.

Zofka, Zdenek, Dorfeliten und NSDAP. Fallbeispiele der Gleichschaltung aus dem Bezirk Günzburg, in: Martin Broszat/Elke Fröhlich/Anton Grossmann (Hg.), Bayern in der NS-Zeit. Herrschaft und Gesellschaft im Konflikt, Bd. 4, München-Wien 1981, S. 383 - 433.

Zorn, Wolfgang, Territorium und Region in der Sozialgeschichte, in: Wolfgang Schieder/Volker Sellin (Hg.), Sozialgeschichte in Deutschland, Bd. 2: Handlungsräume der Menschen in der Geschichte, Göttingen 1986, S. 137 - 161.

2. Zeit- und Festschriften

Westfälischer Bauernstand Jg. 1934

Festschrift aus Anlaß des 75jährigen Bestehens der Landwirtschaftsschule und Wirtschaftsberatungsstelle Soest 1891 - 1966, Soest 1966.

Festschrift 150 Jahre Heimat- und Schützenverein St. Ludgerus Heek, hg. v. Heimat- und Schützenverein St. Ludgerus Heek, Heek 1985.

Festschrift 275 Jahre St. Johannes-Bruderschaft Ottmarsbocholt 1716 - 1991, hg. v. d. St. Johannes-Bruderschaft Ottmarsbocholt, Ottmarsbocholt 1991.

Festschrift 800 Jahre St. Urban Ottmarsbocholt, hg. v. d. Katholischen Kirchengemeinde St. Urban, Ottmarsbocholt 1988.

Festschrift zum 100jährigen Vereinsjubiläums des „Schützenvereins Ahle 1878", hg. v. Schützenverein Ahle 1878, Heek/Nienborg 1978.

Festschrift zum 50jährigen Bestehen der Landwirtschaftskammer Westfalen-Lippe 1949, hg. v. d. Vorläufigen Landwirtschaftskammer Westfalen-Lippe, Hiltrup bei Münster o.J. (1949).

Festschrift zum 50jährigen Vereins-Jubiläum SV 1920 Heek, hg. v. Sportverein 1920 Heek, Ahaus 1970.
Geschichtsblätter des Kreises Coesfeld 1 (1976) – 17 (1992).
Heimat- und Rathausspiegel. Informationsschrift der Verwaltung und der Heimatvereine Heek und Nienborg 1 (1977) – 35 (1993).
Unsere Heimat. Jahrbuch für den Kreis Borken.
100 Jahre landwirtschaftliche Fachschule im Kreis Steinfurt 1885 - 1985, hg. v. d. Kreisstelle Steinfurt der Landwirtschaftskammer Westfalen-Lippe, o.O. u. o.J. (1985).
40 Jahre Sport in Ottmarsbocholt. Festschrift des SC „Blau-Weiß" 1946 Ottmarsbocholt e.V., hg. v. SC „Blau-Weiß" 1946 Ottmarsbocholt e.V., Ottmarsbocholt 1986.
Die Landwirtschaftsschule und Wirtschaftsberatungsstelle Münster. Fünfzigjähriges Wirken im Dienste münsterländischer Landwirtschaft, hg. v. d. Landwirtschaftsschule und Wirtschaftsberatungsstelle Münster, Telgte 1962.
Ottmarsbocholt. Geschichte und Geschichten 1 (1980)ff.
Wochenblatt der Landesbauernschaft Westfalen Jg. 1935 – Jg. 1945
Landwirtschaftliches Wochenblatt für Westfalen und Lippe 103 (1946) – 117 (1960)
Landwirtschaftliche Zeitung für Westfalen und Lippe 86 (1929) – 90 (1933)

Register

A. Ortsregister

Aachen 309, 319
Ahaus
- *NSDAP-Kreisleitung* 192, 221
- *NSV-Kreisleitung* 68
- *Kreis* 18, 38, 39, 44, 53, 75, 77, 88, 98, 137 - 138, 220, 240, 291, 293 - 296, 340, 439, 461 - 462, 472 - 473, 476 - 483
- *Landrat* 53, 68, 193, 220 - 221, 235
- *Militärregierung* 53
- *Evangelisches Pfarramt* 67
- *Stadt* 38, 76, 105, 161, 260, 330, 336, 348, 438

Albachten 320
Albersloh 335
Altewalde 341
Altona 430
Altwaltersdorf 61
Altweistritz 271
Amelsbüren 312, 336, 393
Ammeln 313
Ammeloe 339
Appelhülsen 122
Arnsberg
- *Regierungsbezirk u. -präsidium* 136, 164

Ascheberg
- *Evangelische Kirchengemeinde* 73 - 74
- *Platte* 17
- *Stadt* 283, 320, 328, 331 - 332, 335 - 336

Baden-Württemberg 113, 135, 138 - 139
Bayern 110 - 111, 385
Beckum
- *Kreis* 52, 115
- *Landwirtschaftlicher Kreisverein* 124
- *Stadt* 312, 320, 332

Beckum-Hövel 283
Benolpe 105
Berlin 38, 346, 437
- *Altfriedrichsfelde* 238

Besenkamp 321
Bielefeld
- *Stadt* 42, 58, 90, 162 - 163, 424, 440
- *Kreis* 163

Bieren 19, 46, 59, 95, 123, 163, 165, 201, 285, 321
Billerbeck 149, 334 - 335
Bochum 33, 41
Bösensell 122
Bonn 293
Bork 153, 283, 332
Borken
 Kreis 18, 85
Bottrop 33, 38, 41
Breslau 34, 53, 181, 323
- *Kreis* 179, 181, 323
Bretten 152
Brilon
- *Kreis* 395
Bückeberg 411
Bünde 77, 123, 441
- *Amt* 163
Büscherheid 315
Burgsteinfurt 334
Castrop-Rauxel 33
Celle
- *Kreis* 203, 299
Cloppenburg 244
Coesfeld
- *Kreis* 17, 56, 149, 289
- *Stadt* 327, 336
Davensberg 50, 122
Davert 17
Detmold
- *Regierungsbezirk bzw. -präsidium* 19, 45, 450
Deutschland 9, 43, 432
Deutsch-Südwest-Afrika 435, 438
Dorsten 331
Dortmund 33, 41, 317, 329
Drensteinfurt 30, 428
- *Kirchspiel* 52
Dresden 313
Dülmen 429
- *Kirchspiel* 329
Dümme 322

Düsseldorf 38, 118, 120, 132, 293
Duisburg 38
Eger 430
Eintrachtshütte 197
Emsland 110, 137
Enger 441
England 430
Ennigloh 311
Epe 76, 336, 438 - 439
Erfurt 330
Erzgebirge 330
Essen 33, 38, 310
Fallingbostel 137, 342
Falkensee 341
Frankenstein 330
Frankfurt 5, 411
Frankreich 411
Freckenhorst 328
Freienohl
 -Amt 152
Gardelegen
 -Kreis 240
Gelsenkirchen 33, 38, 41, 328, 332, 334
Gescher
 -Amt 44, 67
Gladbeck 41
Glasow 341
Glatz
 -Kreis 34, 41, 61, 183, 323, 341
Gleiwitz 210
Göttingen 384
Greven 329
Gronau 76, 292, 317, 438
Gülich
 -Kreis 340
Günzburg 150
Gütersloh 424
Habelschwerdt
 -Kreis 34, 61, 334, 340
Halle/Westfalen
 -Kreis 163
Hannover
 -Kammer 94
 -Provinz 116, 124
 -Stadt 78
Havixbeck 332
Heek
 -Amt Nienborg-Heek 18, 38, 56, 67, 156 - 162, 165, 189 - 201, 203, 206, 211, 295, 299, 389, 438
 -NSV-Amtsleitung 68
 -Bezugs- und Absatzgenossenschaft 158
 -Dinkelgenossenschaft 158
 -Gemeinde 2, 15 - 19, 36 - 39, 44, 47, 53, 56 - 57, 60, 62 - 63, 67 - 68, 75 - 80, 85 - 86, 122 - 123, 128 - 130, 138, 156, 158, 160, 162, 189 - 191, 193, 200, 219 - 224, 231, 247 - 266, 268, 275 - 276, 280 - 281, 283 - 284, 290 - 297, 299, 307, 309 - 311, 313 - 322, 324 - 327, 329, 333 - 334, 336, 338 - 343, 345 - 354, 357 - 361, 363, 367 - 370, 372, 374, 375 - 378, 380 - 381, 383 - 385, 389, 401 - 404, 407, 424 - 426, 430, 433, 437 - 440, 443, 446, 448, 455, 487 - 489
 -Heimat- und Schützenverein St. Ludgerus 401 - 404, 407
 -Deutsche Jugendkraft (DJK) 423 - 426
 -Kriegerkameradschaft 414 - 415
 -Ortsteil Ahle 36, 62, 222, 249, 258, 330, 334, 401
 -Ortsteil Averbeck 56, 221, 336
 -Ortsteil Gemen 36
 -Spar- und Darlehenskasse 158
 -Volksschule 158, 160, 222, 249
Heinrichsfeld 341
Herbern 152
Herford
 -Kreis 19, 41, 58 - 59, 63, 75, 79, 86, 88, 96, 130, 137, 163, 166, 285, 301, 461 - 462, 472 - 473, 476 - 483
 -Kreisbauernschaft 427
 -Landwirtschaftlicher Kreisverein 163
 -Landrat 63, 205 - 206, 226 - 227, 269
 -Landwirtschaftsschule 162
 -Militärregierung 166, 169, 227
 -Stadt 58, 77, 162 - 163, 171, 206, 441
Herste 320
Hirschberg 341
Hoetmar 434
Höxter 2, 139
 -Kreis 103, 320
Holsen 355
Holthausen 328
Horstmar 312, 320
Ingolstadt 414
Insterburg 336

535

Italien 27
Jülich 38
Kattowitz
 -*Kreis* 197
Kautzheim 344
Kernmünsterland (siehe auch Kleimünsterland) 8, 17, 18, 23, 195, 287, 410
Kleimünsterland (siehe auch Kernmünsterland) 17, 18, 313
Klein Rade 344
Kleve 260, 284
Köln
 -*Missionshilfe* 435, 438
 -*Reichssender* 434
 -*Stadt* 33
Königsberg 103
Körle 155, 157, 281, 390
Krainsdorf 61, 239
Ladbergen 320
Laer 331
Langenhorst 147
Legden 438
Lehen
 -*Amt* 164
Leipzig 407
Lemgo 38
Leuth 320
Liegnitz 346
Liesborn 33
Lippe (siehe auch Westfalen-Lippe)
 -*Land* 8, 38, 77
Löhne 77
 -*Amt* 170
Lötzen 341
Lübbecke 441
Lüchtringen 2, 80, 139 - 140
Lüdinghausen
 -*Kreis* 17, 34, 35, 43, 49, 50, 52, 66, 75 - 77, 88, 96, 136 - 138, 151, 283, 412, 418, 429, 461 - 462, 472 - 473, 476 - 483
 -*Kreisbau- und Wohnungsausschuß* 176
 -*Kreisflüchtlingsamt* 43
 -*NSDAP-Kreisleitung* 175
 -*Kreissportverband* 418
 -*Kreistag* 144 - 145, 185, 239
 -*Landrat* 147 - 148, 150, 152
 -*Militärregierung* 151
 -*Stadt* 154, 312, 320, 329, 331, 336,
430, 436
Lünen
 -*Arbeitsamt* 29, 31
 -*Stadt* 33, 315
Mannheim 97
Martinsberg 334
Mecklenburg 110
Memel 430
Memelgebiet 63
Metelen 313, 333
Milte 332
Minden
 -*Regierungsbezirk bzw. -präsidium* 19, 45, 108, 163 - 164, 295, 415
Mittelschwaben 150
Mittelwalde 340
Mogannen 346
Muccum 315
Mülheim/Ruhr 33
München 429
 -*Institut für Zeitgeschichte* 10
Münster
 -*Amtsgericht* 31
 -*Kreis* 34, 66, 96 - 97, 103 - 105, 113
 -*Landesverfassungsgericht* 170
 -*Landwirtschaftsschule* 101
 -*Oberpräsidium* 53, 148, 164
 -*Regierungsbezirk bzw. -präsidium* 52, 72, 295, 425
 -*Geheime Staatspolizei* 30, 68
 -*Stadt* 17, 33, 38, 90, 122, 125, 335, 345, 430
Münsterland 18 - 19, 88, 115, 203, 319, 361, 408, 410
Nakel 197
Neiße
 -*Kreis* 341
Neuenkirchen 320
Niederrhein 260
Niedersachsen 81, 110, 113, 117, 137 - 138, 342, 384
Niederschlesien 34, 323, 333, 339 - 341
Niemes 273
Nienborg
 -*Gemeinde* 18, 36, 55, 67, 156, 190 - 193, 198, 200, 222, 254, 333, 414
 -*Amt Nienborg-Heek* (siehe Heek)
 -*Ortsteil Wichum* 36
Nordhessen 342, 390

536

Nordhorn 335
Nordkirchen 328 - 329, 335
Nordwalde 336
Nordwestdeutschland 23
Nordwestfalen 408
Nordrhein-Westfalen 8, 56, 81, 95, 104, 108, 118, 122 - 123, 125, 132, 136, 138 - 139, 170, 391, 400, 418
 - *Innenministerium* 229
 - *Sozialministerium* 56
Oberbrück 329
Oberschlesien 34, 197, 210, 339 - 340
Ochtrup 320 - 321
Österreich 429
Olfen
 - *Amt* 52
 - *Kirchspiel* 52, 148
Olpe
 - *Kreis* 105, 417
Oppeln
 - *Kreis* 197
Oppersdorf 341
Osnabrück 77
Ostdeutschland 297, 334, 336, 367
Ostkilver 19, 46, 77, 123, 162, 171, 201, 315, 321
 - *Rittergut Waghorst* 162
Ostpreußen 34, 63, 341
Ostwestfalen 8, 19, 23, 38, 77 - 79, 131, 361, 408, 411
Ottmarsbocholt
 - *Amt* 17, 51, 52, 141, 144 - 157, 160 - 161, 172 - 189, 194 - 195, 197 - 198, 200, 203, 206, 211, 215, 309, 328, 436
 - *Arbeiter und Soldatenrat* 232
 - *Gemeinde* 15 - 19, 28 - 36, 39, 43, 47, 49 - 52, 57, 61, 65 - 66, 71 - 73, 75 - 78, 80, 82, 86, 96, 121 - 122, 127, 130, 137, 144, 147 - 148, 150, 152 - 153, 155, 172 - 174, 179 - 181, 198, 215 - 219, 224, 231 - 247, 251 - 252, 255 - 256, 258, 261, 264 - 266, 268, 275 - 276, 280 - 283, 286 - 290, 292 - 293, 295, 297, 299, 306 - 317, 319 - 324, 327 - 329, 331 - 332, 335, 338 - 343, 345 - 354, 356, 358 - 359, 361 - 371, 374 - 378, 380 - 383, 385, 389 - 403, 407, 409 - 412, 414 - 415, 418, 428 - 430, 433, 435 - 438, 443 - 444, 446 - 448, 454 - 455, 485 - 486
 - *Evangelische Kirchengemeinde* 73
 - *Katholische Kirchengemeinde St. Urban* 73, 176 - 178, 180, 184, 233, 237, 240, 413
 - *Kriegerkameradschaft Ottmarsbocholt-Venne* 412 - 415
 - *Ortsteil Dorf* 17, 173 - 174, 232 - 234, 239 - 241, 281
 - *Ortsteil Dorfbauerschaft* 17, 173 - 174, 232 - 234, 239 - 241, 312, 314, 320, 329, 331 - 332, 335, 391
 - *Ortsteil Kreuzbauerschaft* 17, 144 - 145, 173 - 174, 232 - 234, 239 - 241, 312, 320, 328 - 329, 332, 335, 391
 - *Ortsteil Oberbauerschaft* 17, 72, 147, 173 - 174, 232 - 234, 236, 239 - 241, 312, 320, 328 - 329, 335 - 336, 391, 394
 - *Ortspolizeibehörde* 30
 - *Sportclub „Blau-Weiß"* 418 - 422, 426
 - *St. Johannes-Bruderschaft* 175, 177 - 178, 180, 183, 235, 240, 246, 389, 391 - 401, 407, 412
 - *Zucht-, Reit- und Fahrverein* 422 - 423
Peine 424
Petsikan
 - *Kreis* 341
Pienki-Karlinski 341
Polen 32
Pommern 63
Posen
 - *Kreis* 342
 - *Provinz* 162
Pottnitz 341
Prag 38, 341
Preußen 411
 - *Ministerium für Landwirtschaft, Domänen und Forsten* 433
Quernheim 170
Rabber 315
Ravensberger Land 18, 77 - 78, 88, 203, 299, 327, 339, 352, 370, 381
Recklinghausen 33, 38
Rheda 38
Rheine 77
Rheinland 38, 319
Rinkerode 312, 332, 335

537

Ruhrgebiet 33, 38, 41, 78, 90, 92, 137, 179, 287, 293
Rödinghausen
- *Amt* 41, 45, 46, 63, 130, 132, 162 - 172, 201 - 213, 225, 231, 285, 311
- *Amtskriegerverband* 165
- *Freiwillige Feuerwehr* 225, 269, 273, 405 - 408
- *Gemeinde* 15, 16, 17, 18, 19, 40, 41, 42, 45, 46, 47, 57 - 59, 62 - 63, 70, 75, 77 - 80, 83 - 84, 86, 95 - 96, 115, 117, 123, 130, 135, 163 - 164, 169 - 170, 201, 207 - 208, 224 - 231, 266 - 281, 284 - 285, 296 - 301, 310 - 311, 314 - 316, 318 - 319, 321 - 322, 326 - 327, 330, 334, 337 - 340, 342, 346 - 348, 351 - 352, 354 - 355, 358 - 361, 364 - 365, 370, 373 - 378, 381 - 383, 385, 426 - 427, 433, 440 - 441, 443, 445 - 446, 450, 455, 490 - 491
- *Evangelisch-lutherische Kirchengemeinde St. Bartholomäus* 70
- *Kriegerverein* 415 - 416
- *Sicherheitswehr* 225
Rom 27
Rotenhagen 330
Saerbeck 331 - 332
Sandmünsterland (siehe auch Westmünsterland) 18
Sauerland 152
Schillen 346
Schleiz 162
Schlesien 34, 42, 63, 178, 279, 282, 323, 330, 339 - 341, 343
Schleswig-Holstein 136, 433
Schönau 340
Schönlanke 209
Schöppingen 260, 321, 333
Schoneberg 149
Schriesheim 60, 342, 431
Schweiz 435
Schwenningdorf 19, 70, 123, 166, 168, 201, 230, 285, 315 - 316, 319, 407
- *Turn- und Sportverein* 427
Schwerin 212
Selm 437
Senden
- *Amt* 144, 149, 151
- *Gemeinde* 17, 153 - 154, 240, 312, 332, 335
Sendenhorst 335
Seppenrade 48
Soest
- *Kreis* 149
- *Kreiskasse* 164
- *Landratsamt* 164
Sommerfeld 346
Sprenge 63
Steinfurt
- *Kreis* 147, 320, 329
Stockum 312
Stolberg 319
Stuttgart 163
Sudetenland 34, 42, 66, 178, 339
Südkirchen 154
Stadtlohn 38, 295, 438
Stalingrad 10
Südeuropa 27
Südwestdeutschland 125, 342
Tecklenburg
- *Kreis* 375
Teltow
- *Kreis* 341
Thülen 395
Unna 335
USA 416
Vechta 335
Venne 17, 33, 52, 76, 144, 172 - 174, 177 - 178, 180, 241, 290, 328 - 329, 331, 341, 409, 412, 429, 436 - 437
Vennke 401
Vlotho 328
Vohren 320
Vreden 339, 438
Wachenhausen 384
Walsrode 45
Walstedde 52, 312
Wanne-Eickel 41
Warburg
- *Kreis* 103
Warendorf
- *Kreis* 96, 103, 105, 113
- *Stadt* 147
Waunefeld 240
Weide-West 179
Welbergen 147
Werne 312, 329, 332, 428
Weserbergland 18, 411

Weser-Ems
- *Kammer* 94
Wessum 260, 313
Wessum-Ottenstein
- *Amt* 160
Westdeutschland 114
Westernberg
- *Kreis* 344
Westerstede 244
Westerwald 325, 344, 367, 431
Westfalen (siehe auch Westfalen-Lippe)
 2, 3, 8, 9, 11, 16, 23, 52, 76, 80, 88, 94,
 98 - 100, 102, 104 - 105, 110 - 113,
 115, 134, 136, 138 - 140, 153, 291, 309,
 322, 345, 384, 390, 408 - 409, 411, 434,
 446 - 449, 451
- *Gau Westfalen-Nord* 429, 433, 435,
 440
- *Gau Westfalen-Süd* 433
- *Gemeindetag* 153
- *Siloring* 103, 125
Westfalen-Lippe (siehe auch Westfalen)
 453 - 454, 456 - 484
- *Heimstätte* 119

- *Landesbauernschaft* 116, 416
- *Landwirtschaftskammer* 49, 75, 81,
 84, 127, 159
- *Landwirtschaftliches
 Wochenblatt/Landwirtschaftliche Zeitung* 127, 432
Westkilver
- *Gemeinde* 19, 41, 46, 77, 168, 170,
 201, 230, 314, 334
- *Landwirtschaftlicher Gemeindeverein*
 165
Westmünsterland 8, 17, 18, 23, 292, 309,
 313, 408
Westpreußen 34, 62, 208
Wettringen 329
Wiehengebirge 18, 19
Wittlage
- *Kreis* 315
Wölfelsdorf 333
Württemberg 78, 384
Württemberg-Baden 136
Wuppertal 33
Zaughals 61, 183, 282, 341
Zielenzig 342

B. Personenregister

Adrian, Josef (NSDAP-Ortsgruppenleiter
 1933 - 1942, Amtsvertreter 1935 -
 1942, kommissarischer Amtsbürgermeister Ottmarsbocholt 1938 - 1942,
 Gemeindebürgermeister 1938 - 1942)
 29, 76, 145, 147 - 150, 155 - 156, 175 -
 176, 216 - 219, 410
Ahlers, Franz (Amtsvertreter Nienborg-
 Heek 1946 - 1948, Gemeindevertreter
 Heek 1924 - 1929 u. 1946 - 1948) 194,
 248, 252
Albers, Anton (Amtsvertreter Nienborg-
 Heek 1952 - 1956) 196
Albers, Hans 439
Albers, Helene 12
Alfert, Heinrich (Gemeindevertreter Heek
 1929 - 1933, Vorsitzender Heimat- und
 Schützenverein St. Ludgerus 1927 -
 1929) 249
Alfert, Hermann (Jungbauernführer Heek,

Amtsvertreter Nienborg-Heek 1935,
 Gemeindevertreter Heek 1935 u. 1956 -
 1961) 192 - 193, 251, 256, 404
Alte-Epping, Hermann (Amtsvertreter
 Nienborg-Heek 1964 - 1969) 200
Amshoff, Bernhard (Gemeindevertreter
 Heek 1919 - 1933) 247 - 249, 251, 257
Amshoff, Bernhard (Gemeindevertreter
 Heek 1964 - 1969) 257
Anthorn, Hermann (Amtsvertreter Nienborg-Heek 1924 - 1929, 1935) 190,
 192
Anthorn, genannt Wülfinghoff, Bernhard
 (Amtsvertreter Nienborg-Heek 1924 -
 1935) 190 - 191
Aschemeyer, Heinrich (Amtsausschußmitglied Rödinghausen 1945) 204 - 205
Austering, Bernard (Gemeindevertreter
 Ottmarsbocholt 1946 - 1948) 237
Averbeck (Gastwirt Ottmarsbocholt) 396

539

Bäumer, Auguste 162
Bahrenkamp, Fritz (Amtsvertreter Rödinghausen 1935) 203
Balsmann, Wilhelm (Gemeindevertreter Rödinghausen 1956 - 1961) 228, 273
Bartelheimer, Ewald (Amtsvertreter Rödinghausen 1956 - 1961) 210
Barthel, Herbert (Landrat Lüdinghausen, NSDAP-Kreisleiter und Gauinspekteur des Gaus Westfalen-Nord) 147, 175
Bartsch, Hermann (stellv. IGO-Vorsitzender Ottmarsbocholt 1948) 61
Barz, Friedrich (Amtsvertreter Rödinghausen 1961 - 1964) 212
Bassmann, Franz (Kandidat für Amtsvertretung Nienborg-Heek 1946) 195
Bauer, Robert (Amtsvertreter 1956 - 1958, stellv. Amtsbürgermeister Rödinghausen 10.11.1958 - 5.5.1961) 168, 210 - 211
Baumeister, Bernard (Amtsvertreter Ottmarsbocholt 1924 - 1933, Gemeindevertreter 1919 - 1935) 174, 231 - 234, 245, 394
Beckhove, Max (Amtsvertreter Ottmarsbocholt 1948 - 1952) 180
Becking, August (Amtsvertreter Ottmarsbocholt 1935) 175
Beckmann, Wilhelm (Amts- und Gemeindedirektor Rödinghausen 28.1.1946 - 31.12.1958) 45, 59, 169 - 171
Beinlich, Rudolf (Gemeindevertreter Heek 1952 - 1956) 255
Bendfeld, Theodor (Amtsvertreter Nienborg-Heek 1956 - 1961) 198
Benölken, Bernhard (Amtsvertreter Nienborg-Heek 1961 - 1969, Gemeindevertreter Heek 1948 - 1969) 199 - 200, 254 - 257
Berger, Alfons (Gemeindevertreter Rödinghausen 1950 - 1952) 135, 230, 271 - 272, 279, 339
Berger, Oswald (Gemeindevertreter Rödinghausen 1950 - 1956) 135, 271 - 272, 279, 339
Bergmann, Ingrid 439
Bergmann, August (Amtsvertreter Rödinghausen 1948 - 1952, Mitglied des Gemeindeausschusses 1945 - 1946,
Gemeindevertreter 1946 - 1948) 208, 269 - 270
Bernsmann, Bernhard (Amtsvertreter Nienborg-Heek 1919 - 1924) 190
Bertelmann, Heinrich (Gemeindevertreter Heek 1919 - 1924) 247 - 248
Bessmann, Franz (Kandidat Gemeindevertreter Heek 1946) 253
Betzler (NSDAP-Gauamtsleiter Gau Westfalen-Nord) 429
Beuckmann, Wilhelm (Gemeindevertreter Ottmarsbocholt 1935) 235
Bickeböller, Josef (Amts- und Gemeindevertreter Ottmarsbocholt 1961 - 1964, Vorsitzender St. Johannes-Bruderschaft 1963) 183 - 184, 198, 240, 397 - 398
Bienert, Konrad (Amts- und Gemeindevertreter Ottmarsbocholt 1969 - 1975) 185
Binder, Hans (Amtsvertreter Rödinghausen 1956 - 1961) 210 - 211
Bismarck, Otto von 407 - 408
Blanke (NSDAP-Kreisleiter Ahaus) 295
Blömer, Hermann (Amtsvertreter Nienborg-Heek 1956 - 1969, Gemeindevertreter 1948 - 1969, Gemeindebürgermeister Heek 1956 - 30.6.1969) 198 - 199, 222 - 224, 253 - 257
Blome, August (Amtsvertreter Rödinghausen 1954 - 1969) 211 - 213
Blome, Friedrich (Amtsvertreter Rödinghausen 1929 - 1935, 1945 - 1954) 167, 202, 207 - 211
Blome, Fritz (Amtsvertreter Rödinghausen 1946 - 1948) 207
Blomenkamp, Karl (Amtsvertreter Rödinghausen 1961 - 1969, Gemeindevertreter 1952 - 1961, Gemeindebürgermeister 10.4.1961 - 22.12.1965) 212 - 213, 227 - 231, 273 - 275
Böckers, Bernhard (Amtsvertreter Nienborg-Heek 1952 - 1956) 196 - 200
Böckers, Josef (Amtsvertreter Nienborg-Heek 1961 - 1964, Gemeindevertreter Heek 1952 - 1969, Vorsitzender DJK 1947 - 1950) 199, 255 - 257, 426
Böhmer, Bernhard (Amtsvertreter Nienborg-Heek 1935 u. 1951 - 1956) 192, 195 - 196

Bömer, Josef (Gemeindevertreter Heek 1924 - 1929) 248
Boeselager, Freiherr von (Vorsitzender des landwirtschaftlichen Kreisvereins Beckum 1846) 124
Borgesholtförster, Josef (Gemeindevertreter Heek 1935) 250
Bracht, Anton (Amtsbürgermeister Ottmarsbocholt 1915 - 1924) 144 - 145, 147, 149, 155 - 156, 173, 175, 218, 412
Bracht, Bernard (Ortsbauernführer, Amtsvertreter Ottmarsbocholt 1935) 76, 149, 175 - 176, 218, 410
Breitensträter, Ernst (Amtsvertreter Rödinghausen 1956 - 1969, Gemeindevertreter 1969 - 1972) 168, 212 - 213
Breitensträter, Gustav 202
Breitensträter, Gustav (Amtsvertreter Rödinghausen 1961 - 1969) 212 - 213
Breitensträter, Heinrich (Gemeindevertreter Rödinghausen 1956 - 1961) 273
Bringewatt, Heinrich (Amtsvertreter Rödinghausen 1952 - 1956) 210
Brinkmann 226 - 227
Brinkmann, Minna (Kandidatin Antifaschistisches Komitee Rödinghausen 1945) 205
Brökemeier, August (Amtsvertreter Rödinghausen 1946 - 1948) 207
Brömmelmeier, Karl (NSDAP-Ortspropagandaleiter, Amtsvertreter Rödinghausen 1933, 1935) 202 - 203
Broksieker, Karl (Amtsvertreter Rödinghausen 1956 - 1961, Gemeindevertreter 1933 - 1935, Mitglied des Gemeindeausschusses 1945 - 1946, Gemeindebürgermeister 1948 - 1961) 210, 228 - 230, 267, 269 - 275, 280
Brüggemann, Bernhard (Amtsvertreter Nienborg-Heek 1956 - 1961) 198
Brüning, Anton (Gemeindevertreter Heek 1924 - 1929) 248, 256
Brüning, Heinrich (Amtsvertreter Nienborg-Heek 1964 - 1969, Gemeindevertreter Heek 1961 - 1969) 200, 256 - 257
Brüning-Geiping (Gastwirt Ottmarsbocholt) 396
Brüse, Bernard (Amtsbürgermeister Ottmarsbocholt 1.5.1946 - 1969, Amtsdirektor 1.10.1954 - 31.3.1965, Gemeindebürgermeister 1.5.1946 - 30.7.1969, Vorsitzender des Zucht-, Reit- und Fahrvereins) 72, 153 - 156, 176, 180 - 182, 184 - 185, 217 - 218, 237 - 240, 245 - 246, 422 - 423
Budde, Julius (Amtsausschußmitglied Rödinghausen 1945) 204
Budde, Wilhelm (Amtsvertreter 1946 - 1948 u. 1956 - 1961, Amtsbürgermeister Rödinghausen 1.12.1948 - 27.10.1956, stellv. Gemeindebürgermeister 1948 - 1952, Gemeindevertreter 1952 - 1961) 167 - 168, 172, 207 - 211, 228 - 229, 271 - 273
Büker, Egon (Amtsvertreter Rödinghausen 1956 - 1961) 210 - 211
Bülskämper, Heinrich (Amts- und Gemeindevertreter Ottmarsbocholt 1946 - 1948) 177 - 178, 237
Büscher (Vikar Heek 1937) 68 - 69
Büscher, Adolf (Amtsvertreter Nienborg-Heek 1961 - 1964) 199
Büscher, Josef (Gemeindevertreter Heek 1929 - 1933) 190, 249
Buesge, Bernhard (Amtsvertreter Nienborg-Heek u. Gemeindevertreter Heek 1952 - 1961) 197, 255 - 256
Buesge, Hermann (Gemeindevertreter Heek 1919 - 1924) 197, 247, 255
Bütsering (Vikar Ottmarsbocholt 1920) 412
Cooper, Gary 439
Dahrendorf, Ralf 6
Dalwigk, Franz Freiherr von (Amtsvertreter Nienborg-Heek u. Gemeindevertreter Heek 1964 - 1969) 200, 257
Darré, Richard Walther (Reichsbauernführer 4.4.1933 - 1945) 82, 117
Dedering, Ernst (Kandidat stellv. Gemeindebürgermeister Rödinghausen 1952 - 1956) 229, 272
Dedering, Gustav (Gemeindevertreter 1946 - 1948, stellv. Gemeindebürgermeister Rödinghausen 1958 - 1961) 228 - 229, 270
Dencker, Prof. Dr. Ing. C.H. (Bonn-Poppelsdorf) 93
Denkler, Alois (Dorfschullehrer Venne)

429, 437
Depenbrock (Amtsvertreter Nienborg-Heek 1935) 192
Depke, Heinrich (Amtsvertreter Rödinghausen 1946, Gemeindevertreter 1952 - 1953) 206, 229, 273
Depke, Wilhelm (Amtsvertreter Rödinghausen 1929 - 1933, Amtsbürgermeister 1945, Amtsvertreter 1946 - 1948, Gemeindebürgermeister 1924 - 1935 u. 1945 - 30.4.1946, Gemeindebeigeordneter 1935 - 1945) 201, 203 - 204, 206, 225 - 227, 229 - 230, 268
Dipper, Christoph 2
Donner, E.J.S., Colonel-Lieutenant (Kommandeur der britischen Militärregierung Herford) 166
Doth, Franz (Lehrer an der Volksschule Ottmarsbocholt) 29, 391, 393, 413, 435
Drake (Regierungspräsident Detmold) 45
Droste, Anton (Amts- und Gemeindevertreter Ottmarsbocholt 1919 - 1924) 173, 232
Droste, Paul (Amtsvertreter Ottmarsbocholt 1969 - 1975) 185
Droste, Wilhelm (Amtsvertreter Ottmarsbocholt 1935) 175
Drygalla, Hermann (Amtsvertreter Ottmarsbocholt 1948 - 1956, Gemeindevertreter 1948 - 1952 u. 1954 - 1956) 79 - 182, 188, 200, 238 - 240, 288
Duncker, Richard (Amtsvertreter Rödinghausen 1961 - 1964) 212
Eimertenbrink, August (Amtsvertreter Rödinghausen 1952 - 1961) 210 - 211
Elbrecht, Hermann (Amtsvertreter Rödinghausen 1946 - 1956) 207 - 209
Elizabeth II. 435
Elsbernd, Josef (Gemeindevertreter Heek 1956 - 1961) 255
Elsfeld (Pastor Ottmarsbocholt 1920) 412
Engelhard (Lehrer Rödinghausen) 407
Engels, Peter (Amts- und Gemeindevertreter Ottmarsbocholt 1969 - 1970) 185 - 186, 241
Epping, Theodor (Gemeindevertreter Heek 1952 - 1956) 255
Ermke, Franz (Amtsbürgermeister Ottmarsbocholt 1933 - 1938, Gemeindebürgermeister 1.10.1934 - 1938) 76, 147 - 150, 155 - 156, 216 - 219, 235
Fabry, Bernhard (Gemeindevertreter Heek 1924 - 1929) 248
Farthmann, Friedrich (stellv. Gemeindebürgermeister Rödinghausen 1935 - 1945, Vorsitzender Freiwillige Feuerwehr 1928) 206, 226, 268 - 269, 406
Flüeck, Heinrich (Amtsvertreter Nienborg-Heek 1946 - 1952, Gemeindevertreter Heek 1946 - 1956, Heimat- und Schützenverein St. Ludgerus 1941 - 1952) 194 - 195, 253 - 254, 404
Flüeck, Josef (Amtsvertreter Nienborg-Heek 1929 - 1935) 191, 194, 253
Forsthövel, Wilhelm (Amtsvertreter Ottmarsbocholt 1924 - 1933 u. 1935, Gemeindevertreter Ottmarsbocholt 1924 - 1929) 174, 233 - 236
Franzbach, Josef (Amtsvertreter Nienborg-Heek 1929 - 1935) 191
Fuhrmann, August (Mitglied Antifaschistisches Komitee Rödinghausen 1945) 205
Gausling, Adolf (Amtsvertreter Nienborg-Heek 1956 - 1964, Gemeindevertreter Heek 1956 - 1961 u. 1964 - 1969) 198 - 199, 256 - 257
Gausling, Franz (Amtsvertreter Nienborg-Heek 1929 - 1935 u. 1946 - 1956, Gemeindevertreter Heek 1946 - 1948 u. 1961 - 1969) 191, 194 - 196, 252, 256 - 257
Gebauer, Günter (Amtsvertreter Nienborg-Heek 1949 - 1951, Gemeindevertreter Heek 1948 - 1950) 195, 253 - 254
Geiger, Theodor 303
Gelking, Georg (Gemeindevertreter Heek 1919 - 1924) 247
Gerber, Gustav (Amtsvertreter Rödinghausen 1956 - 1961, Gemeindevertreter 1952 - 1956) 210 - 211, 229, 272 - 273
Gerland, Prof. Dr. (Vorsitzender des Silorings Westfalen) 103 - 104
Göllner, Maria 282
Graumann, C.F. 345
Greive, Hubert (Amtsvertreter Ottmars-

bocholt 1946 - 1952, Gemeindevertreter 1946 - 1948) 176, 178, 180, 184, 237, 240
Greive, Theodor (Amtsvertreter Ottmarsbocholt 1961 - 1969, Gemeindevertreter 1961 - 1969) 183 - 185, 240
Greiwe, Werner (Amtsvertreter Rödinghausen 1961 - 1969) 212 - 213
Grimmelt (Schulrat Lüdinghausen) 430
Gröger, Franz (IGO-Vorsitzender Ottmarsbocholt 1948, Gemeindevertreter 1952 - 1953) 61, 239 - 240, 282
Gronemeyer (Pfarrer Rödinghausen 1890) 415
Große Böwing, Wilhelm (Gemeindevertreter Heek 1919 - 1924) 247, 250
Große Böwing, Hubert (Gemeindevertreter Heek 1952 - 1956) 255
Grundmann, Heinrich (Amtsausschußmitglied Rödinghausen 1945) 204
Gühler, August (Gemeindevertreter Ottmarsbocholt 1933 - 1935) 234
Haget, Hermann (Amtsvertreter Nienborg-Heek 1956 - 1969) 199 - 200
Hambürger, Gustav (Amtsvertreter 1946 - 1969, stellv. Amtsbürgermeister Rödinghausen 6.5.1961 - 13.11.1964) 168 - 169, 207 - 213
Hanna, Ernst (Amtsvertreter Rödinghausen 1956 - 1961) 210 - 211
Harling, Bernhard (Gemeindevertreter Heek 1919 - 1924) 247
Hartmann, Anton (Gemeindevertreter Heek 1952 - 1956) 255
Hartmann, Bernhard (Amtsvertreter Nienborg-Heek 1919 - 1929) 189 - 190, 255
Hartmann, Fritz (Amtsvertreter Rödinghausen 1919 - 1924) 201
Hauswitzer, Hans (Vorsitzender des Amtsflüchtlingsausschusses Rödinghausen) 46, 59, 63
Hauswitzer, Paul (Amtsvertreter Rödinghausen 1956 - 1961) 210 - 211
Heemeyer, Paul (Amtsangestellter Rödinghausen, kommissarischer Amtsdirektor 1.1. - 30.6.1958) 165, 171
Heermeier (Gemeindebürgermeister Rödinghausen 1897) 224, 230

Heidemann, Karl (stellv. Gemeindebürgermeister Rödinghausen 1952 - 1961) 229 - 230, 272 - 273
Heitkötter, Maria (Amts- und Gemeindevertreterin Ottmarsbocholt 1970 - 1975) 186, 282
Helmer, Bernhard (Gemeindevertreter Heek 1935) 251
Helmich, Ferdinand (Amtsvertreter Nienborg-Heek 1956 - 1961) 197
Henning, Friedrich-Wilhelm 2
Henschen, Hans (Gemeindevertreter Ottmarsbocholt 1949 - 1952) 238, 283
Hericks, Bernhard (Gemeindevertreter Heek 1929 - 1933) 249
Herrmann, Richard (Amtsvertreter Nienborg-Heek 1952 - 1961) 197
Hessing, Anton (Amtsdirektor Nienborg-Heek, Gemeindedirektor Heek 9.5.1946 - 1962) 160 - 161
Hessling, Hermann (Gemeindevertreter Heek 1933) 250
Hewing, Bernhard (Amtsvertreter Nienborg-Heek 1948 - 1949) 195
Hilling (Kandidat Gemeindevertreter Rödinghausen 1933) 267
Hillingmeier, Gustav (Amtsvertreter Rödinghausen 1946 - 1956) 207 - 209
Hilker, Caspar (Mitglied des Gemeindeausschusses Rödinghausen 1945 - 1946) 269 - 270
Hilker, Friedrich (Gemeindevertreter Rödinghausen 1946 - 1948) 270
Hindenburg, Paul von 298
Hinkers, Josef (Amtsvertreter Nienborg-Heek u. Gemeindevertreter Heek 1964 - 69) 200, 257
Hitler, Adolf 152, 165, 192, 294, 298 - 300, 408, 424, 428, 437
Högemann, Hermann (Amtsvertreter Ottmarsbocholt 1935 - 1942) 175 - 176
Höhn, Eduard (Amtsvertreter Rödinghausen 1956 - 1961) 210 - 211
Höpker, Wilhelm (Amtsvertreter 1929 - 1933, Amtsbeigeordneter Rödinghausen 1919 - 1929) 164 - 165, 201
Hörstemeier, Gustav (Amtsvertreter Rödinghausen 1929 - 1933) 201
Höwische, Anton (stellv. Gemeindebür-

germeister Ottmarsbocholt 2.8.1927 - 30.9.1934) 216 - 218, 234
Hoffmann, Heinrich (Gemeindevertreter Rödinghausen 1964 - 1969) 275
Hoffstadt, Hans (Lehrer an der Schule Oberbauerschaft Ottmarsbocholt 1934) 394 - 395
Homann, Rudolf (Gemeindevertreter Ottmarsbocholt 1935) 235
Homburg, Karl (Mitglied Antifaschistisches Komitee Rödinghausen 1945) 204
Holle, Gerhard (Gemeindevertreter Ottmarsbocholt 1919 - 1924) 231 - 232
Holtmeier, Hermann (Amtsvertreter Rödinghausen 1946 - 1948) 207
Horn, Hermann (Amtsbürgermeister 1.10.1945 - 31.3.1946, Amtsdirektor Ottmarsbocholt 2.4.1946 - 30.9.1950) 49, 152, 155
Husserl, Edmund 304
Hutters, Josef (Amtsvertreter Ottmarsbocholt 1948 - 1952, Gemeindevertreter 1946 - 1948) 180, 237
Imort, Fritz (Amtsdirektor Rödinghausen 1.7.1958 - 31.12.1968) 171
Isfort, Bernard (Amts- und Gemeindevertreter Ottmarsbocholt 1964 - 1975) 184, 241
Jäger (NSDAP-Gauredner Gau Westfalen-Nord) 430
Jöhne, Karl (Amtsvertreter Nienborg-Heek 1952 - 1961) 196 - 197
Johanningmeier, Wilhelm (Amtsvertreter Rödinghausen 1964 - 1969) 213
Johannsmann, Heinrich (stellv. Vorsitzender Freiwillige Feuerwehr Rödinghausen 1928 - 1933) 406
Jungmann, Friedhelm (Gemeindevertreter Ottmarsbocholt 1969 - 1975) 241
Kallwey, Margarete 395
Kallwey, Wilhelm (Gemeindevertreter Ottmarsbocholt 1919 - 1929) 231 - 233, 395
Kasberg, Franz (Gemeindevertreter Ottmarsbocholt 1927 - 1933) 233, 237
Kasberg, Fritz (Amts- und Gemeindevertreter Ottmarsbocholt 1946 - 1952) 177, 237 - 238

Kemner, Friedrich (Amtsvertreter Rödinghausen 1933, 1935) 202 - 203
Kemper, Bernhard (Amtsvertreter Nienborg-Heek 1935, Gemeindevertreter 1919 - 1924, stellv. Gemeindebürgermeister Heek 1924 - 1936) 192, 211, 224, 247 - 251
Kiel, Karl (Amtsbürgermeister 30.1.1946 - 30.11.1948, Amtsvertreter Rödinghausen 1948 - 1956) 165 - 167, 172, 206 - 209, 284
Kiel, Wilhelm (Amtsausschußmitglied Rödinghausen 1945) 204
Kinolt, Ernst (NSV-Ortsamtsleiter Heek) 68 - 69
Kirchhoff, Wilhelm (Amtsvertreter Rödinghausen 1935) 203
Klassing, Heinrich (Amtsvertreter Rödinghausen 1929 - 1933) 202
Klein (Vorsitzender des Flüchtlingsausschusses Bieren 1948) 46
Kleinsmann, Martin (Amtsvertreter Nienborg-Heek 1952 - 1956, 1961 - 1964, Gemeindevertreter Heek 1952 - 1961) 196 - 197, 199 - 200, 255 - 256
Kleßmann, Christoph 4
Knappstein, Ferdinand (Amtsvertreter Nienborg-Heek 1935, Gemeindevertreter Heek 1924 - 1929, NSDAP-Stützpunktleiter Heek) 192 - 193, 248, 251
Koch 229
Koch, Karl (Gemeindevertreter Rödinghausen 1933 u. 1948 - 1956, Vorsitzender Kriegerverein 1938) 267, 271 - 272, 416
König, August (Amtsvertreter 1956 - 1961 u. 1964 - 1969, stellv. Amtsbürgermeister Rödinghausen 10.11.1956 - 10.11.1958) 168, 210 - 213, 280
Könnemann, Anton (Amtsvertreter Ottmarsbocholt 1946 - 1948) 177
Kösters, Bernhard (Gemeindevertreter Heek 1952 - 1956) 254
Kösters, Franz (Gemeindevertreter Heek 1929 - 1933) 249
Kösters, Johann (Gemeindevertreter Heek 1950 - 1952) 253
Kollmeier, Friedrich (Amtsvertreter Rödinghausen 1919 - 1924) 201

Kollmeier, Gerhard (Amtsvertreter Rödinghausen 1961 - 1969) 212 - 213
Kollmeier, Wilhelm (Amtsvertreter Rödinghausen 1929 - 1933) 201 - 202
Koschnitzke, Walter 282
Kottland, Hermann (Gemeindevertreter Heek 1919 - 1935) 247 - 250
Kovermann, Josef (Amtsgehilfe Ottmarsbocholt) 173
Kovermann, Wilhelm (Zweiter Amtsbeigeordneter Ottmarsbocholt 1935 - 1945) 149 - 150, 175, 216
Krabbe, Hugo (Amtsbürgermeister Nienborg-Heek 20.4.1917 - 31.10.1933) 156 - 157, 160 - 161
Kramer, Dr. (Vorsitzender Kriegerverein Rödinghausen 1938) 416
Kreienkamp (Kandidat Gemeindebürgermeister Rödinghausen 1897) 224
Kreienkamp, Heinrich (Gemeindevertreter Rödinghausen 1933 - 1945) 267 - 268
Kreuzer, Dr. Heinz (Amtsdirektor Ottmarsbocholt 15.9.1950 - 31.8.1954) 153, 155
Kröger, Karl (stellv. Amtsbürgermeister Rödinghausen 1.12.1948 - 2.12.1949) 167, 208
Kruse, Johann (Amtsvertreter Rödinghausen 1946 - 1948 u. 1956 - 1961) 207, 211
Krutwage, Alex (Amts- und Gemeindevertreter Ottmarsbocholt 1946 - 1948) 176, 178, 237
Kückmann, Dr. Georg (Amts- und Gemeindevertreter Nienborg-Heek 1919 - 1924) 189, 247 - 248
Küpper (Förster Ottmarsbocholt) 396
Kuiper-Nonhoff, Wilhelm (Amtsvertreter Nienborg-Heek 1961 - 1964) 199
Lammers, Bernhard (Amtsvertreter Nienborg-Heek 1924 - 1929 u. 1946 - 1961, Gemeindevertreter Heek 1919 - 1929) 190, 194 - 197, 247 - 248
Lammers, Heinrich (Gemeindevertreter Heek 1919 - 1924) 247
Lammers, Heinrich (NSDAP-Stützpunktleiter Nienborg, Amtsvertreter Nienborg-Heek 1935) 192 - 193
Lammers, Heinrich (Amtsvertreter Nienborg-Heek u. Gemeindevertreter Heek 1964 - 1969) 200, 257
Lammers, Hermann (Gemeindevertreter Heek 1924 - 1929) 248
Lammers, Johann (Gemeindevertreter Heek 1919 - 1929) 190, 248
Lammers, Josef (Gemeindevertreter Heek 1919 - 1929) 247 - 248
Landwehr, August (Amtsbürgermeister Rödinghausen 28.10.1956 - 7.11.1958, Amtsvertreter 1956 - 1969, stellv. Amtsbürgermeister 6.5.1961 - 13.11.1964) 167 - 169, 172, 210 - 213, 280
Langhorst, Wilhelm (Amtsvertreter Rödinghausen 1961 - 1969) 212 - 213
Laubenstein (Vorsitzender des Flüchtlingsausschusses Ostkilver 1948) 46
Le Goff, Jacques 1
Leimbrock, Karl (Amtsvertreter Rödinghausen 1946 - 1948) 207
Lemberg, Eugen 13
Lepelmeier, Heinrich (Amtsvertreter Rödinghausen 1919 - 1924) 201
Lepmann, genannt Tomberge, Hermann (Amtsvertreter Ottmarsbocholt 1924 - 1933) 174, 178
Leusbrock, Hermann (Amtsvertreter Nienborg-Heek u. Gemeindevertreter Heek 1946 - 1948) 194, 252
Leyen, Freiherren von 163
Lindfeld, Albert (Gemeindevertreter Ottmarsbocholt 1938, Vorsitzender St. Johannes- Bruderschaft 1951) 236, 240
Lindfeld, Anton (Amtsvertreter 1946 - 1948, Gemeindevertreter Ottmarsbocholt 1946 - 1952) 177 - 178, 184, 237 - 240
Lindfeld, Bernard (Gemeindevertreter Ottmarsbocholt 1924 - 1929) 178, 184, 233, 239 - 240
Lindfeld, Clemens (Amtsvertreter 1961 - 1969, Gemeindevertreter Ottmarsbocholt 1952 - 1969, Vorsitzender St. Johannes-Bruderschaft 1928) 182 - 185, 239 - 240
Lindfeld, Max (Vorsitzender St. Johannes-Bruderschaft 1953) 398

Litmeier, Bernhard (Amtsvertreter Nienborg-Heek 1956 - 1961) 198
Löhrke, Günther (Lehrer der evangelischen Volksschule Ottmarsbocholt) 14, 50, 51, 61, 73, 121, 344, 401, 421
Ludendorff, Erich 492
Lübke, Heinrich (Nordrhein-westfälischer Landwirtschaftsminister) 84, 121, 159
Lürick, Hubert (Gemeindevertreter Heek 1961 - 1964) 256 - 257
Lungwitz, Hugo (Lichtspielunternehmer) 440
Maier-Bode (Ministerialdirektor im nordrhein-westfälischen Landwirtschaftsministerium) 118, 120
Mailänder, Friedrich (Amtsvertreter Rödinghausen 1946 - 1948, Gemeindevertreter 1933, stellv. Gemeindebürgermeister 1956 - 1958) 207, 228, 267
Mailänder, Heinrich (Gemeindevertreter Rödinghausen 1946 - 1961) 207, 229, 270 - 273
Marx, Wilhelm 298
Masch, Arnold (Vorsitzender des Flüchtlingsausschusses Rödinghausen 1946) 208 - 209
Meier, August (kommissarischer NSDAP-Ortsgruppenleiter, Gemeindevertreter Rödinghausen 1935) 268
Meier, Friedrich (Gemeindevertreter Rödinghausen 1956 - 1961) 273
Meier, Gerd 13
Meier, Wilhelm (Amtsvertreter Rödinghausen 1919 - 1924) 201
Meier zur Capellen, Gottlieb (Amtsbürgermeister Rödinghausen 1.4.1888 - 31.12.1923) 162 - 164, 171 - 172, 201, 415
Meier zur Capellen, Heinrich 162
Melchior, Heinrich (Amtsvertreter Rödinghausen 1929 - 1933) 201
Menninghaus, Franz (Amtsvertreter Ottmarsbocholt 1969 - 1975) 185
Mensing, Josef (Amtsvertreter Nienborg-Heek 1946 - 1948) 194
Mers, Heinrich (Amtsvertreter Nienborg-Heek 1961 - 1964, Gemeindebürgermeister Heek 15.9.1975 - 22.5.1981) 160 - 161, 199, 223

Metzdorf, Heinrich (Gemeindevertreter Rödinghausen 1961 - 1964) 274 - 275
Metzner, Bernard (Amtsvertreter Ottmarsbocholt 1946 - 1948) 179, 283
Meyer (Amtsrentmeister, Amtsvertreter Rödinghausen 1919 - 1924) 201
Meyer, Fritz (Amtsvertreter Rödinghausen 1946 - 1948) 207
Meyer, Gustav (Amtsvertreter Rödinghausen 1935) 203
Meyer, Heinrich (Amtsvertreter Rödinghausen 1919 - 1924, Mitglied des Gemeindeausschusses 1945 - 1946, Gemeindebürgermeister 1946 - 1948, Gemeindebeigeordneter 1948 - 1952) 201, 227, 230, 269 - 270
Meyer, Johannes (Amtsvertreter Rödinghausen 1964 - 1969) 213
Meyer, Karl (Mitglied des Gemeindeausschusses Rödinghausen 1945 - 1946, Gemeindebeigeordneter 1946, stellv. Vorsitzender Freiwillige Feuerwehr) 227 - 228, 269 - 270, 406
Meyer, Wilhelm (Gemeindevertreter Rödinghausen 1964 - 1969) 275
Möller, Gustav (Amtsvertreter Rödinghausen 1961 - 1964, stellv. Gemeindebürgermeister 1961 - 1966, Gemeindebürgermeister 1966 - 1969) 212, 229 - 231, 274 - 275
Möllering, Franz (Amtsvertreter Rödinghausen 1935, Ortsbauernführer) 202 - 203
Möllering, Wilfried (Amtsvertreter Rödinghausen 1964 - 1969, Gemeindevertreter 1961 - 1969) 213, 274 - 275
Möllers, Heinrich (Amtsvertreter 1952 - 1964, stellv. Amtsbürgermeister 1956 - 1969 Ottmarsbocholt, Gemeindevertreter 1961 - 1969) 181 - 182, 184 - 185, 240
Mrowietz, Wilhelm (Amtsvertreter Nienborg-Heek 1952 - 1961, Gemeindevertreter Heek 1952 - 1961 u. 1964 - 1969) 196 - 197, 255 - 257
Müer, Heinrich (Gemeindevertreter Ottmarsbocholt 1935, Schriftführer und Kassierer St. Johannes-Bruderschaft) 235, 394

Müller, Hubertus (Amtsvertreter Rödinghausen 1964 - 1969, Gemeindevertreter 1961 - 1969) 211, 213, 274 - 275
Müller, Ludwig (Reichsbischof, Vikar St. Bartholomäus-Gemeinde Rödinghausen 1908 - 1914) 300
Münstermann, Adolf (Amtsvertreter Nienborg-Heek 1961 - 1969, stellv. Gemeindebürgermeister 1952 - 1956, Gemeidevertreter Heek 1952 - 1969 u. 1969 - 1972) 198 - 200, 255 - 257
Münstermann, Bernhard (Amtsoberrentmeister, Vorsitzender Heimat- und Schützenverein St. Ludgerus 1909 - 1927) 190, 404
Münstermann, Franz (Amtsvertreter Nienborg-Heek 1956 - 1961, Heimat- und Schützenverein St. Ludgerus 1968 - 1981) 198 - 199
Münstermann, Heinrich (Gemeindevertreter Heek 1946 - 1948) 252, 255
Münstermann, Josef (Vorsitzender Heimat- und Schützenverein St. Ludgerus 1952 - 1954) 404
Mundt (NSDAP-Kreiswerbewart Lüdinghausen) 429
Naber, Bernhard (Gemeindevertreter Heek 1933) 250
Nacke, Gerhard (Amtsvertreter Nienborg-Heek 1946 - 1952) 194 - 195
Nacke, Josef (Amtsvertreter 1919 - 1924, Amtsbeigeordneter Nienborg-Heek 20.4.1933 - 27.7.1938) 157, 190, 259
Nacke, Josef (Amtsvertreter Nienborg-Heek 1961 - 1969) 199 - 200
Närmann, Theodor (Amtsvertreter Ottmarsbocholt 1924 - 1935) 174, 233 - 234
Narz, Wilhelm (Mitglied des Gemeindeausschusses Rödinghausen 1945 - 1946) 269 - 270
Nehl, Karl (Amtsvertreter Rödinghausen 1961 - 1964) 212
Niederkleine (Gemeindevertreter Rödinghausen 1935 - 1945) 268 - 269
Niehaus, Heinrich (Amtsvertreter Rödinghausen 1933) 202, 211
Niehues, August (Kirchengemeinderat Ottmarsbocholt 1931 - 1949) 180

Niehues, Bernard (Gemeindebürgermeister Ottmarsbocholt 1.12.1894 - 31.7.1927) 180 - 181, 215 - 218, 231 - 232, 240, 412
Niehues, Bernard (Amtsvertreter Ottmarsbocholt 1952 - 1975, Gemeindevertreter 1961 - 1969) 181 - 185, 240
Niehues, Heinrich (Amtsvertreter Rödinghausen 1964 - 1969) 213
Niehues, Josef (Amtsvertreter Ottmarsbocholt 1952 - 1956) 181
Niehues, Karl (Amtsvertreter Ottmarsbocholt 1949 - 1961 u. 1964 - 1969) 179 - 185
Nienhaus, Bernhard (Amtsvertreter Nienborg-Heek 1956 - 1961) 198, 222
Nienhaus, Heinrich (Gemeindevertreter Heek 1929 - 1933) 249
Nösekabel, August (Gemeindevertreter Rödinghausen 1933 - 1945) 267 - 269
Nolte, Gustav (Amtsvertreter Rödinghausen 1946 - 1952) 207 - 208
Oberbäumer, Georg (Amtsvertreter 1961 - 1969, Gemeindevertreter Rödinghausen 1969 - 1972) 131, 169, 212 - 213
Oberpennig, Günter (Amtsvertreter Rödinghausen 1964 - 1969) 213
Oberschulte, Ludwig (Gemeindebürgermeister 1897 - 1916, stellv. Gemeindebürgermeister Rödinghausen 1916 - 1924) 164 - 165, 224 - 225, 230 - 231
Oberschulte, Emil (Amtsvertreter u. Amtsbeigeordneter 1929 - 1933, Amtsbeigeordneter 1945, Amtsvertreter Rödinghausen 1952 - 1956) 201, 204 - 205, 209
Oellerich, Franz (Amtsvertreter Nienborg-Heek 1935, Gemeindevertreter Heek 1935, Vorsitzender Heimat- und Schützenverein St. Ludgerus) 192, 251, 404
Oer, Antonius Freiherr von (Vizepräsident des Westfälisch-Lippischen Landwirtschaftsverbands) 132
Oestreich, Heinrich (Amtsvertreter Rödinghausen 1946) 206
Ohlenburg (evang. Pfarrer Ascheberg 1954) 73
Olbrich, Hugo (Amtsvertreter Ottmarsbocholt 1961 - 1969, Gemeindevertre-

ter 1956 - 1961) 183 - 185, 240
Olbrich, Max (Amts- und Gemeindebeirat für Vertriebenen- und Flüchtlingsfragen Ottmarsbocholt 1954) 183
Olbrich, Richard (stellv. Amts- und Gemeindebeirat für Vertriebenen- und Flüchtlingsfragen Ottmarsbocholt 1954) 183
Olejnik, Leo (Amtsvertreter Rödinghausen 1952 - 1956) 209 - 211, 280, 284
Ortmann, Richard (Amtsvertreter Rödinghausen 1929 - 1933, 1935) 202 - 203
Ostendorf, Bernhard (Gemeindevertreter Heek 1948 - 1961) 253 - 256
Osthues, August (Amtsvertreter Ottmarsbocholt 1924 - 1933) 174
Panzner, Gustav (Gemeindevertreter Rödinghausen 1952 - 1961) 230, 272 - 274, 284
Pegel, Josef (Amtsvertreter Nienborg-Heek 1952 - 1956, 1961 - 1969) 196, 199 - 200
Peikert, Elfriede (IGO-Kassiererin Ottmarsbocholt 1948) 61, 282 - 283
Peters, Richard (Amtsdirektor Ottmarsbocholt 12.8. - 30.9.1954 u. 5.4.1965 - 31.12.1974) 153, 155 - 156
Petring, Heinrich (Amtsausschußmitglied 1945, Amtsvertreter 1946 - 1969, stellv. Amtsbürgermeister 3.12.1948 - 9.11.1956, Amtsbürgermeister Rödinghausen 8.11.1958 - 31.12.1968) 167 - 169, 172, 204, 206 - 213, 280
Piegel, genannt Große Voß, Hermann (Ortsbauernführer Heek, Amtsvertreter Nienborg-Heek 1938 u. 1952 - 1961) 37, 196 - 197
Pieper, Wilhelm (Amtsdirektor Nienborg-Heek 1962 - 1969, Gemeindedirektor Heek 1969 - 1974) 160
Pieper, genannt Brinkhues, Heinrich (Amtsvertreter Nienborg - Heek 1961 - 1964, Gemeindevertreter Heek 1956 - 1961) 199, 255 - 256
Pörtner, Marie (Mitglied des Gemeindeausschusses Rödinghausen 1945 - 1946) 269 - 270, 281
Pohlmann, Heinz (Amtsvertreter Rödinghausen 1919 - 1924) 201

Potthoff, August (Vorsitzender der St. Johannes-Bruderschaft) 245
Potthoff, Bernard (Amts- und Gemeindevertreter Ottmarsbocholt 1946 - 1952 u. 1953 - 1956) 177 - 178, 237 - 238
Potthoff, Heinrich (Gemeindevertreter Ottmarsbocholt 1929 - 1935) 178, 234, 237
Potthoff, Wilhelm (Gemeindevertreter Ottmarsbocholt 1933 - 1935, Vorsitzender St. Johannes- Bruderschaft 1924) 178, 234, 237, 397
Prinz (Gemeindebürgermeister Venne 1920) 412
Rave, Johannes (Amtsvertreter Ottmarsbocholt 1927 - 1929) 174
Reeske, Hermann (Amtsvertreter Rödinghausen 1964 - 1969) 213
Reiner (NSDAP-Kreisredner Altona) 430
Reismann, Anton (Amts- und Gemeindevertreter Ottmarsbocholt 1946 - 1948) 177, 237
Restemeier, Heinrich (Amtsvertreter 1929 - 1933 u. 1946 - 1956, Amtsausschußmitglied Rödinghausen 1945) 202, 204, 206 - 209
Riedenschäfer, Heinrich (Amtsvertreter Rödinghausen 1946, Gemeindevertreter 1933, Mitglied des Gemeindeausschusses 1945 - 1946) 227, 267, 269
Riemann, Ewald (Amtsvertreter Ottmarsbocholt 1969 - 1975) 185
Rieso, Wilhelm (Amtsvertreter Rödinghausen 1919 - 1924, stellv. Gemeindebürgermeister 12.9.1905 - 19.7.1916, Gemeindebürgermgermeister 20.7.1916 - 1924, Vorsitzender Freiwillige Feuerwehr 1894 - 1928) 201 - 202, 225, 230 - 231, 405 - 407
Rintelen, Dr. Paul (Abteilungsleiter Betriebswirtschaft der Landesbauernschaft Westfalen 1938) 116
Rodewald, Eva 281 - 282
Röckmann, Theodor (Gemeindevertreter Ottmarsbocholt 1935) 235
Röhr, Günther (IGO-Vorsitzender 1951, Amts- und Gemeindevertreter Ottmarsbocholt 1952 - 1954) 61, 181 - 182, 239

Rohling, Karl (Amtsvertreter Nienborg-Heek 1961 - 1964) 199
Rottmann, Heinrich (Amtsvertreter Nienborg-Heek 1946 - 1948) 194
Rüller, Heinrich (Gemeindevertreter Ottmarsbocholt 1933 - 1935 u. 1935) 234 - 235
Sasse, Bernard (Amtsvertreter Ottmarsbocholt 1952 - 1969, Gemeindevertreter 1961 - 1969) 181 - 185, 240
Schabbing, Hermann (Vorsitzender DJK Heek 1972) 426
Schaten, Anton (Gemeindevertreter Heek 1933, Vorsitzender DJK 1929 - 1931) 250, 416
Schaten, Bernhard (Amtsvertreter Nienborg-Heek 1964 - 1969) 200
Schaten, Heinz (Gemeindevertreter Heek 1964 - 1969) 257
Schemmelmann, Bernard (Amtsvertreter 1942, kommissarischer NSDAP-Ortsgruppenleiter Ottmarsbocholt 1942) 150, 176, 410
Schepers, Heinrich (Amtsvertreter Nienborg-Heek 1946 - 1964, stellv. Gemeindebürgermeister Heek 1946 - 1952 u. 1956 - 1961) 194 - 199, 221, 224, 252, 256
Schiereck, Karl (Amtsvertreter Rödinghausen 1952 - 1956) 210
Schlattmann, Walter (Gemeindevertreter Rödinghausen 1946 - 1948) 270
Schlattmeier, Wilhelm (Amtsvertreter Rödinghausen 1948 - 1952) 208 - 209
Schleppinghoff, Alois (Pastor Ottmarsbocholt 1930 - 52, kommissarischer Amtsbürgermeister 8.4. - 30.9.1945) 48, 50, 72, 151, 154, 289
Schlichtmann, Hubert (Amtsvertreter 1952 - 1969, Amtsbürgermeister Nienborg-Heek 1959 - 1969, Gemeindevertreter Heek 1961 - 1969) 159 - 161, 196 - 197, 200, 256 - 257
Schlichtmann, genannt Suek, Johann (Amtsvertreter Nienborg-Heek 1924 - 1933, Amtsbürgermeister 28.12.1933 - 30.9.1946, Gemeindevertreter 1919 - 1935, Gemeindebürgermeister Heek 13.9.1939 - 15.8.1946) 54, 68 - 69, 157 - 162, 190, 194, 220 - 224, 247 - 250, 252, 256, 294 - 295
Schlömann, Fritz (Amtsvertreter Rödinghausen 1946) 206
Schlüter, Franz (Gemeindevertreter Heek 1946 - 1952) 252 - 254
Schmeing, Gerhard (Gemeindevertreter Heek 1929 - 1935) 249 - 250
Schmeing, Gerhard (Gemeindevertreter Heek 1946 - 1948, Vorsitzender DJK 1946) 253
Schneider, Franz (Hauptlehrer, NSV-Ortsamtsleiter, Amtsvertreter Ottmarsbocholt 1935) 72, 150, 175 - 176
Schoenbaum, David 6
Schöneberg, Wilhelm (Gemeindevertreter Rödinghausen 1953 - 1961) 273
Schreifer (Amtsvertreter Rödinghausen 1919 - 1924) 201
Schuckenberg (NSDAP-Gauredner Gau Westfalen-Nord) 429
Schürmann, Wilhelm (Amtsvertreter Rödinghausen 1961 - 1969, Gemeindevertreter 1969 - 1972) 168 - 169, 212 - 213
Schulte, Dieter (Gemeindevertreter Rödinghausen 1966 - 1969) 275
Schulte, Franz (Amtsvertreter Nienborg-Heek 1935, Gemeindevertreter Heek 1924 - 1933, 1935 - 1945) 192, 248 - 249, 268
Schulte Bölling, Adolf (Amtsvertreter Ottmarsbocholt 1961 - 1969, Gemeindevertreter 1961 - 1969) 183 - 185, 240
Schulte Bölling, Philipp (Vorsitzender der Kriegerkameradschaft u. des Zucht-, Reit- und Fahrvereins Ottmarsbocholt) 184, 422
Schulte Bölling, Theodor (Gemeindevertreter Ottmarsbocholt 1924 - 1935) 184, 233 - 234, 240
Schulte-Vorwick, Bernard (Amtsbürgermeister Ottmarsbocholt 1925 - 1933, Gemeindevertreter 1929 - 1933, 1935 u. 1948 - 1949) 145 - 146, 148, 155 - 156, 180, 182, 215, 233, 235, 238, 412
Schulte-Vorwick, Bernard (Amtsvertreter Ottmarsbocholt 1969 - 1975) 185
Schulte-Vorwick, Karl (Amtsvertreter Ott-

marsbocholt 1952 - 1956) 180 - 182
Schulze-Hericks, Heinrich (Amtsvertreter Nienborg-Heek 1964 - 1969) 200
Schulze-Tomberge, (siehe Tomberge)
Schulze Wext, Heinrich (Amtsvertreter Nienborg-Heek 1929 - 1935) 191
Schwarz, Hans-Peter 3
Schweihoff, Anton (Amtsvertreter Rödinghausen 1961 - 1969) 212 - 213
Schwentker, Wilhelm (stellv. Amtsdirektor Rödinghausen 13.3.1946) 170
Schwienhorst, Alois (Amtsvertreter 1946 - 1948, 1961 - 1964, Gemeindevertreter Ottmarsbocholt 1946 - 1964) 177, 182, 236 - 240, 245
Schwieters, Heinrich (Amtsvertreter Nienborg-Heek u. Gemeindevertreter Heek 1948 - 1952, Vorsitzender DJK 1922 - 1923, 1928, 1954) 195, 220, 254, 426
Seckfort, Fritz (Gemeindevertreter Rödinghausen 1956 - 1961) 273
Sefkow, Thea (KPD-Rednerin 1945) 206
Skupin (Kandidat für Kreistagswahl Lüdinghausen) 238
Soffke, Hans (IGO-Landwirtschaftsreferent Ottmarsbocholt 1948) 61, 421
Soffke, Oskar 282 - 283, 421
Spiekers, Heinrich (Gemeindevertreter Ottmarsbocholt 1919 - 1924) 231 - 232
Sümmermann (Landrat Ahaus) 53, 55, 68, 157, 220 - 221
Stehr, Paul (Amtsvertreter Nienborg-Heek 1950 - 1952) 195
Steinmeier, Ernst (Amtsvertreter 1919 - 1924 u. 1929 - 1933) 166, 201, 206
Steinmeier, Ernst (stellv. Amtsbürgermeister 30.1.1946 - 30.11.1948, Amtsvertreter Rödinghausen 1961 - 1964) 166, 206, 212
Sternberg, Filip Graf (Amtsvertreter Ottmarsbocholt 1969 - 1975) 185
Stockebrandt, Friedrich (Gemeindevertreter Rödinghausen 1946 - 1948) 270
Strasser, Gregor 492
Strathmann, Herbert (Amtsvertreter Rödinghausen 1961 - 1964) 212
Stücht, Josef (Gemeindevertreter Heek 1919 - 1924) 248

Stukemeier, Wilhelm (Amtsvertreter Rödinghausen 1952 - 1956) 210
Stursberg, Johannes Dr. (Filmstellenleiter der NSDAP-Ortsgruppe, Gemeindevertreter Rödinghausen 1935) 268 - 269, 440
Stursberg, Karl (Kandidat Gemeindevertreter Rödinghausen 1933) 268
Suek, Bernhard (Amtsvertreter Nienborg-Heek 1961 - 1969, Gemeindevertreter 1952 - 1969, Gemeindebürgermeister Heek 1.7.1969 - 14.9.1975) 160 - 161, 199 - 200, 223 - 224, 254 - 257
Suek, genannt Epping, Heinrich (Amtsvertreter Nienborg-Heek 1919 - 1924, Gemeindebürgermeister Heek 1882 - 1.10.1922) 161, 189, 199, 219 - 220, 247 - 250, 254
Suek-Epping (siehe Suek, genannt Epping)
Suntrup, Gottfried (Amts- und Gemeindevertreter Ottmarsbocholt 1919 - 1924) 173, 231 - 232
Surmann (geistlicher Rektor, Schulrat des Kreises Lüdinghausen 1945 - 30.6.1951) 151
Tasch, Fritz Dr. (Direktor der Landwirtschaftskammer Westfalen-Lippe) 81
Terhörst, Wilhelm (Gemeindevertreter Heek 1924 - 1929) 248
Terwolbeck, David (Gemeindevertreter Heek 1946 - 1948) 252
Teuteberg, Hans-Jürgen 2
Tewes (NSDAP-Kreisleiter Ahaus) 157, 193, 221
Thälmann, Ernst 298
Thesing, Bernhard (Gemeindevertreter Heek 1933) 250, 257
Thesing, Bernhard (Gemeindevertreter Heek 1964 - 1969) 257
Thier, Natz 409
Tiemann, Hermann (Vorsitzender des Kreisflüchtlingsausschusses Herford 1948) 63
Tillmann, Heinrich (Amtsvertreter Nienborg-Heek 1924 - 1929) 190
Tomberge, Adolf (Amtsvertreter Ottmarsbocholt 1946 - 1975) 177 - 178, 181 - 182, 184 - 185, 241

Tonnemann, Franz (Amtsvertreter Ottmarsbocholt 1935) 175
Tschammer und Osten, Hans von (Reichssportführer 1933 - 1943) 395, 401
Unewisse, Anton (Amtsobersekretär Ottmarsbocholt) 173, 177
Unewisse, Bernard (Amtsvertreter 1919 - 1924, Gemeindevertreter Ottmarsbocholt 1919 - 1929, Vorsitzender St. Johannes- Bruderschaft 1937) 173, 177, 231 - 234, 237, 398
Unewisse, Franz (Gemeindevertreter Ottmarsbocholt 1924 - 1929, Vorsitzender St. Johannes- Bruderschaft 1932) 233 - 234, 237, 397 - 398
Unewisse, Heinrich (stellv. Amtsbürgermeister 1.5.1946 - 1948 u. 1964 - 1969, Amtsvertreter 1946 - 1948 u. 1961 - 1969, Gemeindevertreter Ottmarsbocholt 1929 - 1933 u. 1946 - 1969) 176 - 179, 182 - 185, 234, 237 - 240, 245, 398
Unewisse, Wilhelm (Vorsitzender St. Johannes- Bruderschaft 1924) 398
Urländer-Keuthage, Albert (Gemeindevertreter Ottmarsbocholt 1929 - 1933 u. 1935 - 1938) 234 - 236
Uthoff, August (Amtsvertreter Rödinghausen 1946, Mitglied des Gemeindeausschusses 1945 - 1946, Gemeindebürgermeister 1946) 206, 227, 230, 269 - 270
Utthoff, Heinrich (stellv. Gemeindebürgermeister Rödinghausen 1924 - 1945) 206, 226 - 227
Viermann, Heinrich (Amtsvertreter Nienborg-Heek 1946 - 1963, Gemeindebürgermeister Heek 1948 - 1956, Gemeindevertreter 1946 - 1948 u. 1956 - 1963) 194 - 199, 222 - 223, 252 - 256
Vöcking, Heinrich (Amtsvertreter Nienborg-Heek 1964 - 1969) 200
Vogt, Karl (Amtsvertreter Rödinghausen 1946 - 1961) 167, 207 - 211
Vogtländer, Gustav (Amtsausschußmitglied 1945, Amtsvertreter 1946 - 1948, stellv. Amtsbürgermeister Rödinghausen 30.1.1946 - 30.11.1948) 166, 204, 207

Vollmer, Kaspar (Amtsvertreter Ottmarsbocholt 1919 - 1927, 1. Amtsbeigeordneter 1.10.1934 - 25.3.1935, Gemeindevertreter 1919 - 1927, Gemeindebürgermeister 17.8.1927 - 30.9.1934) 76, 146 - 147, 173 - 174, 215 - 218, 231 - 234, 245, 396, 412
Volz, Prof. (Königsberg) 103
Vormfelde, Karl Prof. Dr. Ing. (Direktor des Landtechnischen Instituts der Universität Bonn) 93, 102, 124
Vorspohl, Heinrich (Amtsvertreter Ottmarsbocholt 1969 - 1975, Gemeindevertreter 1952 - 1969) 185, 239 - 241
Wayne, John 439
Weber, Franz (Amtsvertreter Nienborg-Heek 1935, Gemeindevertreter Heek 1934, Vorsitzender Heimat- und Schützenverein St. Ludgerus 1934) 404
Weber, Max 142
Wehmöller, Johann (Kandidat für Amtsvertretung Nienborg-Heek 1946 u. Gemeindevertretung Heek) 195, 253
Weilinghoff, Bernhard (Amtsvertreter Nienborg-Heek 1946 - 1964, Gemeindevertreter Heek 1946 - 1956) 194 - 199, 252 - 254
Weilinghoff, Heinrich (Amtsvertreter Nienborg-Heek 1948 - 1950) 195
Weilinghoff, genannt Schwietert, Gerhard (Amtsvertreter Nienborg-Heek 1919 - 1924 u. 1946 - 1948, Gemeindevertreter Heek 1919 - 1934) 189, 194, 247 - 253
Welmert, Bernhard (Amtsvertreter Nienborg-Heek 1935) 192
Wensing, Gottfried (Amtsvertreter Nienborg-Heek 1952 - 1956, Gemeindevertreter Heek 1946 - 1948, Vorsitzender DJK) 196 - 197, 253, 426
Wensing, Heinrich (Gemeindevertreter Heek 1919 - 1924) 247, 253
Wermelt, Bernhard (Amtsvertreter Nienborg-Heek 1946 - 1952, Gemeindevertreter 1919 - 1922, Gemeindebürgermeister Heek 10.2.1922 - 16.9.1938, 1946 - 1948) 56, 194 - 195, 220 - 221 - 223, 247 - 253
Werringloer, Karl (Amtsbürgermeister

Rödinghausen 1.1.1924 - 1945, Gemeindebürgermeister 1935 - 1945) 164 - 165, 171 - 172, 194, 226, 427
Wessel, Heinrich (Amtsvertreter Ottmarsbocholt 1935) 175
Wessels, Horst 429
Wiedau, Paul (Amtsbürgermeister Ottmarsbocholt 30.7.1969 - 31.12.1974) 154 - 155, 185, 217 - 219, 241
Wiedeier, Bernard (Gemeindevertreter Ottmarsbocholt 1924 - 1929) 232 - 233
Wiedeier, Hugo (Gemeindevertreter Ottmarsbocholt 1964 - 1969) 241
Wienker, Heinrich (Amtsvertreter Rödinghausen 1946) 206
Wierling, Hermann (Kandidat Gemeindevertreter Heek 1933) 250
Wierling, Theresia (Lehrerin Dorfschule Ottmarsbocholt) 281
Wigger, Heinrich (Kandidat Gemeindevertreter Heek 1933) 250
Wilhelm II. (Deutscher Kaiser, König von Preußen 1888 - 1918) 163
Winkelmann, Wilhelm (Amtsvertreter Rödinghausen 1935) 203
Winterberg, Andreas (Kandidat für Amtsvertretung Nienborg - Heek u. Gemeindevertretung Heek 1946, Amts- u. Gemeindevertreter 1964 - 1969) 195, 200, 253, 257, 284
Wischemann, Heinrich (Amtsbürgermeister Nienborg-Heek 10.10.1946 - 14.4.1959, Gemeindevertreter Heek 1924 - 1929 u. 1946 - 1956) 159, 161, 194 - 196, 248, 252 - 254
Wisskamp, Wilhelm (Amtsvertreter Rödinghausen 1952 - 1956) 210
Wittenberg, Josef (Gemeindevertreter Heek 1956 - 1961 u. 1964 - 1969) 256 - 257
Wobker, Klara (Gemeindevertreterin Rödinghausen 1952 - 1961) 160, 229, 272 - 273, 281
Wolbeck, Josef (Amtsvertreter Nienborg-Heek u. Gemeindevertreter Heek 1946 - 1948) 194 - 195, 252 - 253
Wolf, Heinz (Amtsvertreter Nienborg-Heek 1961 - 69, Gemeindevertreter Heek 1956 - 1961 u. 1964 - 1969) 199 - 200, 255, 257
Woltin, Friedrich (Amtsbürgermeister Senden, Amtsbürgermeister Ottmarsbocholt 1943 - 1945) 144, 151, 154
Wreders, Bernhard (Vorsitzender des Flüchtlingsausschusses 1948, IGO-Vorsitzender 1948, Amtsvertreter Rödinghausen 1948 - 1952) 46, 63, 208 - 210, 284
Ziege, Willi (Amtsvertreter Ottmarsbocholt 1969 - 1975) 185
Zuralsky, Josef (Mitglied Antifaschistisches Komitee Rödinghausen 1945) 205

WESTFÄLISCHES INSTITUT FÜR REGIONALGESCHICHTE
LANDSCHAFTSVERBAND WESTFALEN-LIPPE

FORSCHUNGEN ZUR REGIONALGESCHICHTE

Band 1: Stefan Brakensiek
Agrarreform und ländliche Gesellschaft
Die Privatisierung der Marken in Nordwestdeutschland 1750-1850
1991, 516 Seiten, gebunden, ISBN 3-506-79573-2

Band 2: Matthias Frese
Betriebspolitik im „Dritten Reich"
Deutsche Arbeitsfront, Unternehmer und Staatsbürokratie in der westdeutschen Großindustrie 1933-1939
1991, 545 Seiten, gebunden, ISBN 3-506-79574-0

Band 3: Karl Teppe/Michael Epkenhans (Hg.)
Westfalen und Preußen
Integration und Regionalismus
1991, 370 Seiten, gebunden, ISBN 3-506-79575-9

Band 4: Volker Jarren
Schmuggel und Schmuggelbekämpfung in den preußischen Westprovinzen 1818-1854
1992, 304 Seiten, gebunden, ISBN 3-506-79576-7

Band 5: Karl Ditt/Sidney Pollard (Hg.)
Von der Heimarbeit in die Fabrik
Industrialisierung und Arbeiterschaft in Leinen- und Baumwollregionen Westeuropas während des 18. und 19. Jahrhunderts
1992, 508 Seiten, gebunden, ISBN 3-506-79577-5

Band 6: Dagmar Kift (Hg.)
Kirmes - Kneipe - Kino
Arbeiterkultur im Ruhrgebiet zwischen Kommerz und Kontrolle (1850-1914)
1992, 257 Seiten, gebunden, ISBN 3-506-79579-1

Band 7: Franz-Werner Kersting/Karl Teppe/Bernd Walter (Hg.)
Nach Hadamar
Zum Verhältnis von Psychiatrie und Gesellschaft im 20. Jahrhundert
1993, 322 Seiten, gebunden, ISBN 3-506-79578-3

FERDINAND SCHÖNINGH PADERBORN

Band 8: Ewald Frie
Wohlfahrtsstaat und Provinz
Fürsorgepolitik des Provinzialverbandes Westfalen und des Landes Sachsen 1880-1930
1993, 332 Seiten, gebunden, ISBN 3-506-79580-5

Band 9: Rainer Walz
Hexenglaube und magische Kommunikation im Dorf der Frühen Neuzeit
Die Verfolgungen in der Grafschaft Lippe
1993, 546 Seiten, gebunden, ISBN 3-506-79581-3

Band 10: Ursula Krey
Vereine in Westfalen 1840-1855
Strukturwandel, soziale Spannungen, kulturelle Entfaltung
1993, 470 Seiten, gebunden, ISBN 3-506-79582-1

Band 11: Georg Wagner
Sozialstaat gegen Wohnungsnot
Wohnraumbewirtschaftung und Sozialer Wohnungsbau im Bund und in Nordrhein-Westfalen 1950-1970
1995, 492 Seiten, gebunden, ISBN 3-506-79583-X

Band 12: Ulrike Gilhaus
„Schmerzenskinder der Industrie"
Umweltverschmutzung, Umweltpolitik und sozialer Protest im Industriezeitalter in Westfalen 1845-1914
1995, 601 Seiten, gebunden, ISBN 3-506-79584-8

Band 13: Bernward Selter
Waldnutzung und ländliche Gesellschaft
Landwirtschaftlicher ‚Nährwald' und neue Holzökonomie im Sauerland des 18. und 19. Jahrhunderts
1995, 482 Seiten, gebunden, ISBN 3-506-79585-6

Band 14: Lothar Albertin/Petra Gödecke
Der Aufbau des Friedens
Historische Herausforderungen und politische Parteien in Ostwestfalen-Lippe ab 1945
(In Vorbereitung)

FERDINAND SCHÖNINGH PADERBORN

Band 15: Peter Burg
Verwaltung in der Modernisierung
Französische und preußische Regionalverwaltung vom Ancien Régime zum Revolutionszeitalter
1994, 243 Seiten, gebunden, ISBN 3-506-79587-2

Band 16: Bernd Walter
Psychiatrie und Gesellschaft in der Moderne
Geisteskrankenfürsorge in der Provinz Westfalen zwischen Kaiserreich und NS-Regime
1996, 1043 Seiten, gebunden, ISBN 3-506-79588-0

Band 17: Franz-Werner Kersting
Anstaltsärzte zwischen Kaiserreich und Bundesrepublik
Das Beispiel Westfalen
1996, 437 Seiten, gebunden, ISBN 3-506-79589-9

Band 18: Matthias Frese/Michael Prinz (Hg.)
Politische Zäsuren und gesellschaftlicher Wandel im 20. Jahrhundert
Regionale und vergleichende Perspektiven
1996, 806 Seiten, gebunden, ISBN 3-506-79590-2

Band 19: Norbert Wex
Staatliche Bürokratie und städtische Autonomie
Entstehung, Einführung und Rezeption der Revidierten Städteordnung von 1831 in Westfalen
1997, ca. 450 Seiten, gebunden, ISBN 3-506-79591-0

Band 21: Jörg Deventer
Das Abseits als sicherer Ort?
Jüdische Minderheit und christliche Gesellschaft im Alten Reich am Beispiel der Fürstabtei Corvey (1550-1807)
1996, 226 Seiten, gebunden, ISBN 3-506-79593-7

Band 22: Andreas Wollasch (Hg.)
Wohlfahrtspflege in der Region
Westfalen-Lippe während des 19. und 20. Jahrhunderts im historischen Vergleich
1997, 322 Seiten, gebunden, ISBN 3-506-79594-5

FERDINAND SCHÖNINGH PADERBORN